Interior Architectural Representation

# 3DS MAX
## +AutoCAD+Photoshop

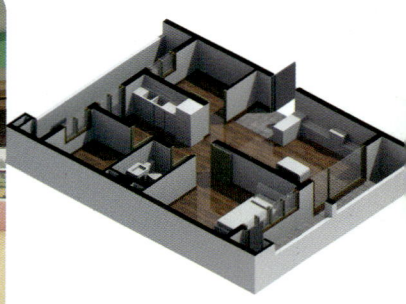

15강으로 익히는
# 인테리어·건축
# 디지털 렌더링

이혁준 저

도서출판 건기원

## 머리말

본서의 기획 의도는 3DS MAX를 처음 입문하는 독자를 대상으로 15강이라는 짧은 학습 시간으로 인테리어 및 건축과 관련된 상당 수준의 렌더링 결과를 얻을 수 있도록 구성하였습니다. 이를 위해 독자가 쉽게 학습할 수 있도록 화면의 크기를 크게 편집하였으며, 작업 과정의 설명과 함께 실습 내용을 놓치는 경우라도 예제마다 별도의 파일을 제공함으로써 이러한 점을 해소하려고 노력하였습니다. 더불어 별도의 실습 예제를 추가하여 스스로 평가할 수 있도록 내용을 구성하였습니다.

3DS MAX 프로그램을 처음 접하는 경우는 말할 것도 없고, 이미 많은 양의 학습으로도 간단한 투시도를 만들어 내지 못하는 경우를 종종 보게 됩니다. 이러한 까닭에 필자는 불필요한 부분은 과감히 생략하고 꼭 필요한 내용만을 설명함으로써 쉽게 익힐 수 있도록 구성하였습니다. 때로는 많은 명령어를 알고 있다고 마치 자랑삼아 자신하는 학생들도 보아왔습니다. 물론 필자도 3DS MAX의 방대한 분량의 명령을 모두 알고 있지는 못합니다. 그러나 애플리케이션 프로그램도 개발자가 아닌 이상은 수많은 명령어 학습보다는 자신의 분야에 맞게 효과적으로 활용하는 것이 더욱 중요하다고 생각합니다. 더욱이 3DS MAX를 공부하는 궁극적인 목적은 자신이 설계한 내용을 빠르고 정확하게 시각적인 표현으로 결과를 만드는 것입니다.

혹시 책의 내용 중에서 잘못된 부분이나 빠진 내용이 있다면 독자 여러분의 너그러운 마음으로 이해해 주시기 바라며, 인테리어 및 건축을 공부하는 독자들께서 이 책을 시작으로 완성도 있는 결과를 만드시기 바라며, 끝으로 집필과 교정을 도와준 최준효 군에게 감사의 말씀을 전합니다.

2021. 2.
저자 씀

# 이 책의 차례

## 15강으로 익히는 인테리어·건축 디지털 렌더링

### 01 무조건 따라해 보자 (1) (CAD 도면을 이용한 공간 모델링) / 11

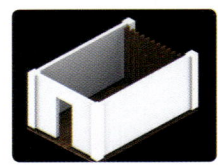

1. AutoCAD에서 제작된 도면 정리 ·················································· 14
2. 3DS MAX의 작업 환경 설정(작업단위 설정) ································· 18
   - **알고 갑시다** 3DS MAX의 화면 구성을 초기 환경으로 돌리고 싶어요. ······ 20
   - **알고 갑시다** 초기 UI 화면으로 구성하고 싶어요. ································· 21
3. AutoCAD 파일을 불러오기 및 수정 ············································ 22
4. 바닥 모델링 ················································································ 28
   - **알고 갑시다** 재질의 적용 전, 후의 표시 상태 ····································· 40
   - **알고 갑시다** 슬롯의 모양 및 개수를 변경하고 싶어요. ························ 40
   - **알고 갑시다** 원하는 객체의 선택 및 잠금 ·········································· 46
   - **알고 갑시다** 뷰포트(Viewport) 구성의 변경 ······································ 47
5. 기둥 모델링 ················································································ 49
6. 벽체 모델링 ················································································ 70
7. 수직 루버 모델링 ········································································ 81
8. 렌더링 이미지 제작 ····································································· 87

### 02 무조건 따라해 보자 (2) (조명, 카메라 배치를 통한 투시도 제작) / 95

1. 외부 모델링 개체 삽입 및 이동 ··················································· 96
2. 투시도 시점 설정을 위한 카메라 배치 ······································ 104
3. VRay 설정 및 조명 배치 ··························································· 113
4. 배경 이미지 설정 ····································································· 127
5. VRay 재질 설정 ······································································· 131
6. 렌더링 이미지 제작 ································································· 139

### 03 기초 모델링 & 편집 (1) / 143

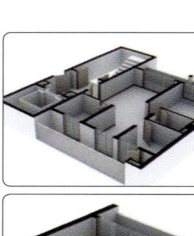

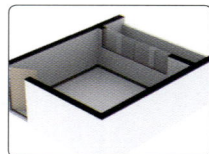

1. 선택 툴을 이용한 구조체 단면의 선택 및 분리 ························ 145
   - • **실습 예제** AutoCAD 모델링을 이용한 단면 분리 및 개념도 작성 ········ 170
   - **알고 갑시다** 카메라 및 카메라 타깃의 위치/카메라의 렌즈 크기 ·········· 171
   - • **실습 예제** AutoCAD 모델링을 이용한 단면 개념도 작성 ···················· 172
   - **알고 갑시다** 2D Spline 개체의 렌더링 설정 방법 ······························· 173
   - **알고 갑시다** 색상 및 재질 속성 ························································ 174

# CONTENTS

**3DS MAX + AutoCAD + Photoshop**

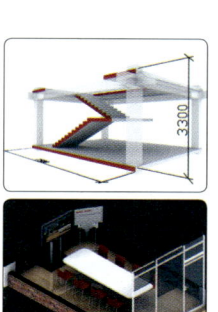

| 알고 갑시다 | Show Safe Frames를 이용한 Viewport의 비율 설정 ············ 175
2. 선택, 이동, 회전, 스케일 명령의 연습 ························· 177
• 실습 예제 Move, Rotate, Scale 명령의 연습 ···················· 187
| 알고 갑시다 | Move, Rotate, Scale 명령과 기즈모 ··············· 188
| 알고 갑시다 | Transform Gizmo의 크기를 변경하고 싶어요. ··········· 190
| 알고 갑시다 | 기초 모델링을 위한 명령 ···························· 191

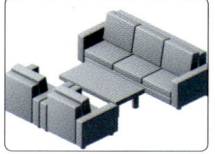
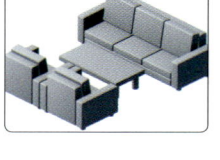

## 04 기초 모델링 & 편집 (2) / 197

1. 모델링, Boolean 및 정렬 명령을 이용한 수납장 제작 ············ 198
2. 복사, Boolean 및 정렬 명령을 이용한 선반 제작 ················ 222
• 실습 예제 기초 모델링 명령과 정렬 명령을 이용한 테이블 제작 ······· 230
• 실습 예제 기초 모델링 명령과 정렬 명령을 이용한 소파 제작 (1) ······· 232
• 실습 예제 기초 모델링 명령과 정렬 명령을 이용한 소파 제작 (2) ······· 234
• 실습 예제 완성된 소파 및 테이블을 이용한 장면 연출 ············ 235

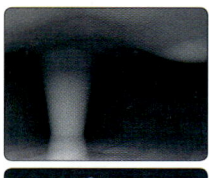
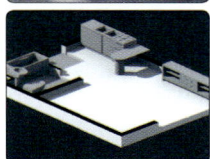

## 05 기초 모델링 & 편집 (3) / 237

1. 기초 모델링 명령과 수정 명령을 이용한 스툴 의자 ············ 238
2. 모델링, 수정 명령을 이용한 인테리어 테이블 제작 ············ 246
| 알고 갑시다 | 모델링 편집을 위한 Modifier 패널 ··············· 255
3. Smooth Selection을 이용한 비선형 공간 구조 제작 ············ 257
4. 개체 변형을 위한 Edit Mesh 명령의 응용 ···················· 266
5. 기초 모델링 명령을 이용한 창호, 문 개체 작성 ················ 274

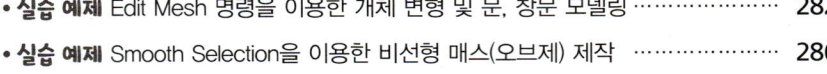

## 이 책의 차례

**15강으로 익히는** 인테리어·건축 디지털 렌더링

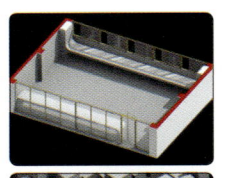

- **실습 예제** Edit Mesh 명령을 이용한 개체 변형 및 문, 창문 모델링 ········· 282
- **실습 예제** Smooth Selection을 이용한 비선형 매스(오브제) 제작 ········· 286

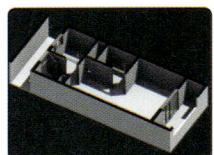

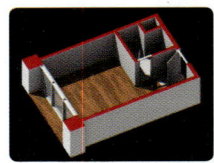

### 06 모델링을 위한 CAD 도면의 활용 (1) / 289

1. AutoCAD 도면의 활용 방법 ································································ 290
2. CAD 도면을 놓고 MAX에서 2D 드로잉 작업 진행 ······················· 291
- **실습 예제** 작성된 CAD 파일을 이용한 드로잉 및 모델링 연습하기 ········· 318
3. AutoCAD 3D 모델링 데이터를 불러와 작업하기 ···························· 322
4. AutoCAD 도면을 활용한 그리드 표현하기 ······································· 329
- **실습 예제** CAD 모델링 및 2D 드로잉 개체를 이용한 공간개념 표현 ······· 335
- **실습 예제** CAD 모델링 및 2D 드로잉 개체를 이용한 ISOMETRIC 이미지 제작 ······ 338

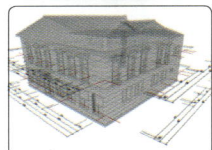
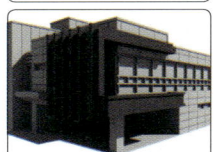
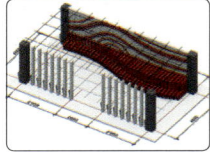
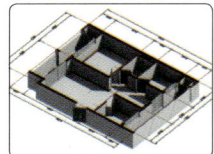

### 07 모델링을 위한 CAD 도면의 활용 (2) / 341

1. CAD에서 PLINE 작업 후, MAX에서 모델링하기 (1) ············· 342
2. CAD에서 PLINE 작업 후, MAX에서 모델링하기 (2) ·············357
- **알고 갑시다** 불러온 캐드 도면을 이용한 모델링 객체의 곡면 처리 ·········· 377
- **실습 예제** 도면을 이용한 단위세대 Isometric 모델링 ······························ 379

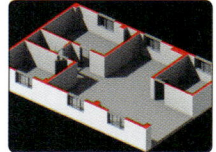

## 3DS MAX + AutoCAD + Photoshop

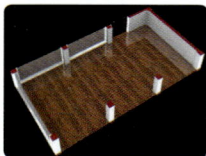

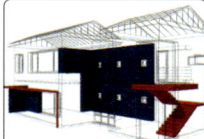

### 08 재질 제작과 활용 (1) / 383

1. 3DS MAX에서의 재질 설정 및 적용 방법 ········· 385
2. Material Editor(재질 편집기) ········· 387
- 알고 갑시다  이전 설정값으로 렌더러와 재질 타입 설정 ········· 392
3. Material과 Map의 개념 ········· 394
4. Map과 Material에 대한 이해를 위한 재질 연습 ········· 395
- 실습 예제  재질 편집을 이용한 마감재 대안 스터디 ········· 402
5. 재질의 색상, 광택, 투명도, 반사 및 2-Sided 옵션 ········· 405
6. 와이어 프레임 재질 설정과 개념 이미지 제작 ········· 414
- 실습 예제  와이어 프레임 재질을 이용한 이미지 합성 ········· 417
- 알고 갑시다  Blinn Basic Parameters ········· 419
7. 입면 디자인을 위한 재질 편집 ········· 424
- 알고 갑시다  Extended Parameters ········· 441
- 알고 갑시다  Maps ········· 443

### 09 재질 제작과 활용 (2) / 447

1. Opacity 맵을 이용한 나무 표현 ········· 448
- 알고 갑시다  MAX에서 기본적으로 제공하는 나무 제작 명령어 ········· 457
- 실습 예제  Opacity 맵 재질을 이용한 나무 표현 ········· 458
- 실습 예제  Opacity 맵 재질을 이용한 사람(실루엣) 표현 ········· 459
2. 스테인드 글라스, 벽돌, 나무로 표현되는 재질 표현 ········· 462
- 알고 갑시다  Material Type ········· 476

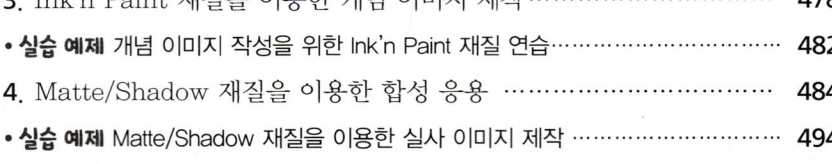

## 이 책의 차례

**15강으로 익히는 인테리어·건축 디지털 렌더링**

3. Ink'n Paint 재질을 이용한 개념 이미지 제작 ·········· 478
• **실습 예제** 개념 이미지 작성을 위한 Ink'n Paint 재질 연습 ·········· 482
4. Matte/Shadow 재질을 이용한 합성 응용 ·········· 484
• **실습 예제** Matte/Shadow 재질을 이용한 실사 이미지 제작 ·········· 494

 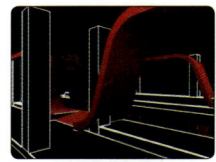 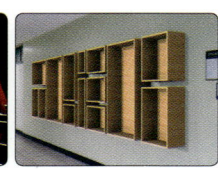 

### 10 재질 제작과 활용 (3) / 497

1. Multi/Sub-Object 재질을 이용한 계단 재질 설정 ·········· 498
2. AecTemplates 재질 라이브러리의 활용 ·········· 506
3. 콘크리트, 수면 표현을 이용한 재질 설정 ·········· 523
4. 다른 모델링에 적용된 재질 추출하여 사용하기 ·········· 533
   **알고 갑시다** UVW Map ·········· 538
5. 도면 이미지를 이용한 표현 기법 ·········· 540
• **실습 예제** 도면을 이용한 대지 주변 이미지 표현 ·········· 547
   **알고 갑시다** 흩어져 있는 재질 이미지를 원하는 경로로 이동 및 설정하기 ·········· 549
   **알고 갑시다** 자주 사용되는 재질을 라이브러리 파일로 만들기 ·········· 552

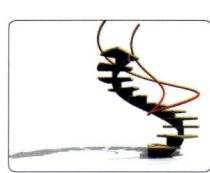
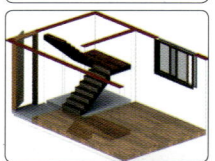

 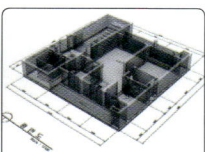 

### 11 아이소메트릭 제작하기 / 555

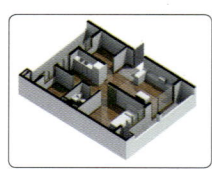

1. AutoCAD에서 도면 정리하기 ·········· 557
2. 준비된 CAD 도면을 이용한 모델링 ·········· 567
3. 재질 제작 및 설정 ·········· 574
4. 조명 및 렌더링 설정 ·········· 581
5. 준비된 캐드 데이터를 이용한 창문 모델링 및 재질 설정 ·········· 586
6. 가구 모델링 데이터 불러오기 ·········· 590

# CONTENTS

**3DS MAX + AutoCAD + Photoshop**

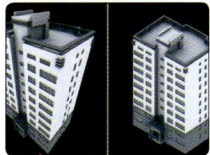
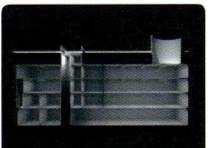
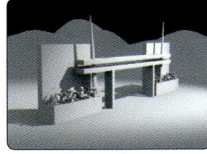

## 12 카메라와 조명 /591

1. Camera(카메라)와 시점 설정 ··················································· 592
2. Camera 옵션 ············································································ 594
3. 동적 장면 연출 ········································································· 596
4. 카메라를 이용한 정사영 시점 설정 ············································· 601
5. 단면 투시 시점 연출 ································································· 604
6. Standard 조명의 이해와 활용 ···················································· 607
7. Standard Light와 Sky Light의 이해 ··········································· 609
- 실습 예제 Skylight 조명과 Light Tracer를 이용한 렌더링 ············· 619
8. Omni, Target Spot 조명을 이용한 야경 제작 ······························ 621
9. Standard 조명의 Attenuation 설정값의 이해 ······························· 629

## 13 VRay (1) /639

1. VRay(VRay 환경 설정과 재질, 조명 설정 방법) ···························· 640
2. VRay 환경 설정, 재질 및 렌더링 작업 과정 ································ 643
3. VRay를 이용한 재질 및 간접 조명 설정 ····································· 652
- 실습 예제 VRay 환경 설정 및 조명 설정 연습 (1) ························ 674
- 실습 예제 VRay 환경 설정 및 조명 설정 연습 (2) ························ 676

## 이 책의 차례

**15강으로 익히는** 인테리어·건축 디지털 렌더링

### 14 VRay (2) / 679

1. VRay의 다양한 환경 설정 및 조명 활용 방법 ·········· 680
2. VRayLightMtl을 활용한 스크린 화면 연출 ·········· 693
- 실습 예제 VRay 재질 및 조명 설정을 이용한 렌더링 연습 ·········· 698

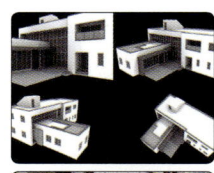

### 15 연습하기/편리한 기능들 / 701

1. 애니메이션 기능을 이용한 다중 이미지 제작 ·········· 702
2. 실내 파노라마 이미지 제작 ·········· 709
3. 렌더링 이미지 저장 및 합성 ·········· 718
- 실습 예제 CAD 도면을 이용한 인테리어 투시도 연습 ·········· 725

# 01

## 무조건 따라해 보자 (1)
### (CAD 도면을 이용한 공간 모델링)

3DS MAX를 이용하여 무슨 작업을 수행할 수 있을까요? 이번 첫 예제에서는 3DS MAX를 처음으로 접하는 분들을 대상으로 필자가 설명하는 내용을 그대로 따라하면서 3DS MAX를 이용하여 실내건축, 건축 분야에서 어떻게 작업을 진행하는지, 그리고 어떤 결과를 만들 수 있는지 경험해 보도록 하겠습니다. 특히 이번에서는 AutoCAD로 제작된 도면을 시작으로 투시도 제작을 위한 3D 모델링 및 카메라 배치를 통해 다음 그림과 같은 이미지를 제작해 보도록 하겠습니다.

이 책을 공부하면서 투시도나 조감도 작업을 어떻게 진행하는지에 대한 전반적인 작업의 흐름을 익혀보도록 하겠습니다. 처음으로 투시도 작업을 접해보시는 독자들은 1장과 2장에서 설명되는 작업 과정을 학습하면서 투시도 이미지를 어떻게 만들어내는지 전체적인 과정을 경험해 보실 수 있을 것입니다.

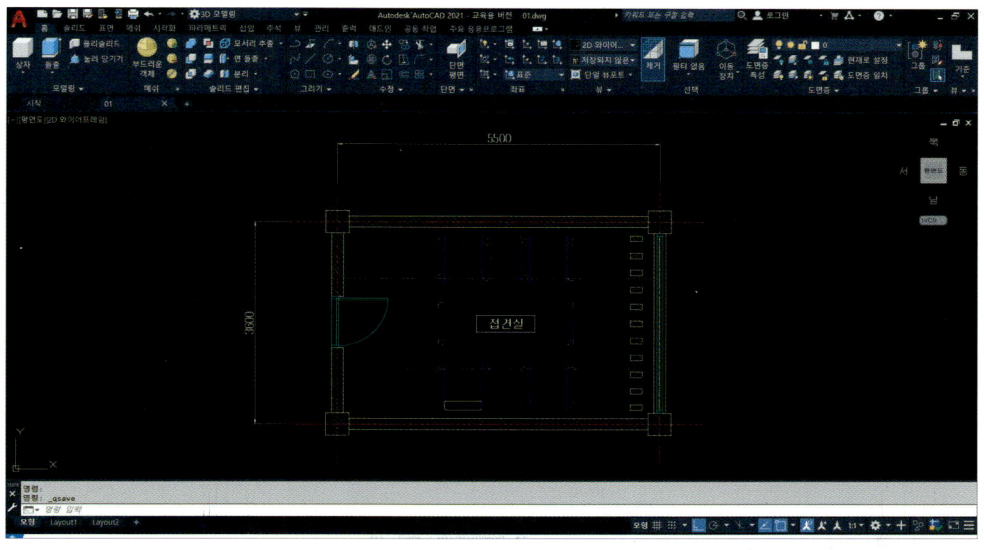

▲ 준비된 도면

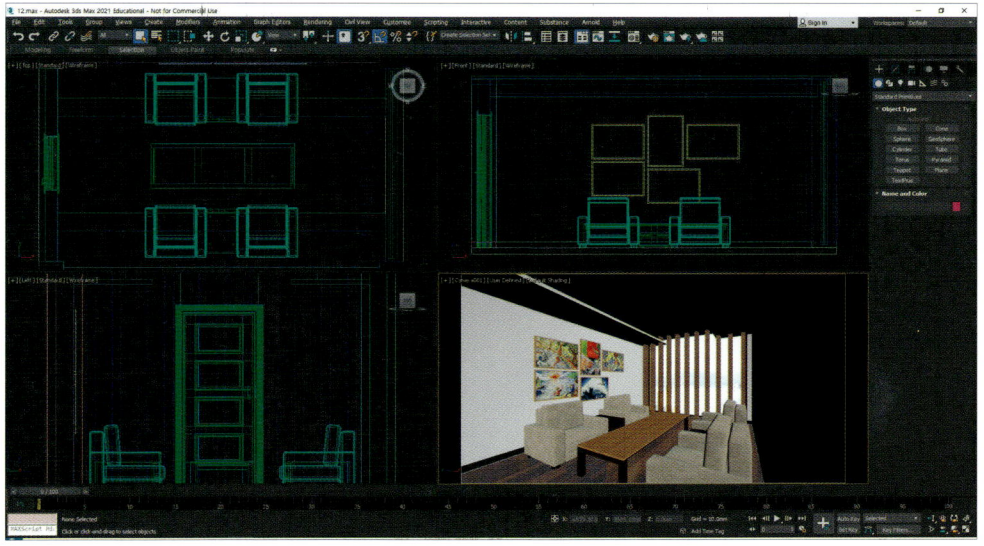

▲ 준비된 도면을 이용하여 작성된 내부 공간 모델링

**01**. 무조건 따라해 보자 (1)

# 1. AutoCAD에서 제작된 도면 정리

지금부터는 AutoCAD에서 작성된 평면도를 이용하여 3차원 투시도를 제작해 보도록 하겠습니다. 우선 3DS MAX에서 모델링 작업을 진행하기 전에 AutoCAD에서 작성된 도면(평면도)을 작업하기 용이한 구성(레이어)으로 정리한 뒤, 3DS MAX로 불러오도록 하겠습니다.

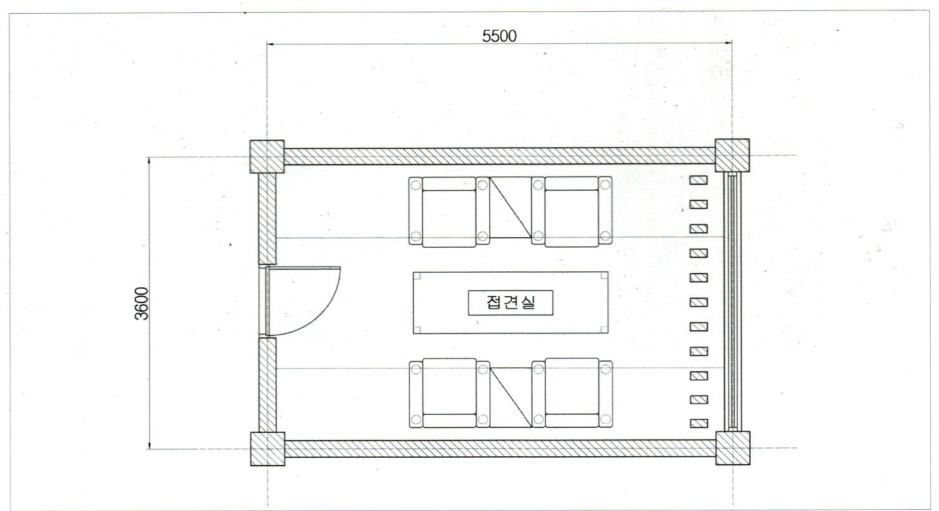

▲ 준비된 평면도(도면 정리 전)

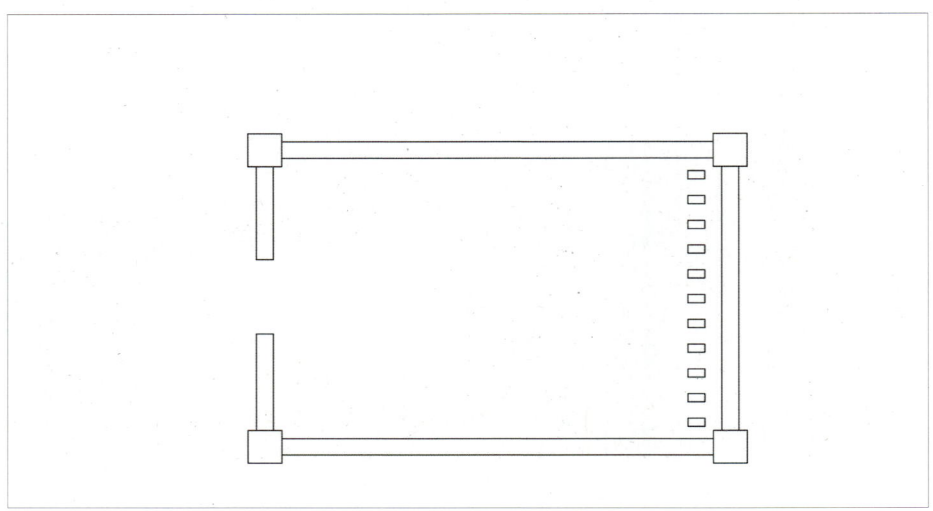

▲ 준비된 평면도(도면 정리 후)

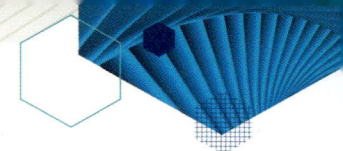

**1** AutoCAD에서 준비된 도면 파일(01\01.dwg)을 불러와 줍니다. 불러온 도면은 3D 모델링 작업을 하기 위해 준비한 간단한 도면(평면도)입니다. 물론 현재 상태를 그대로 3DS MAX에서 불러와서 작업을 진행할 수도 있지만, 작업에 불필요한 객체를 삭제 또는 보이지 않게 레이어를 정리한 뒤, 작업하면 훨씬 편리할 수 있습니다.

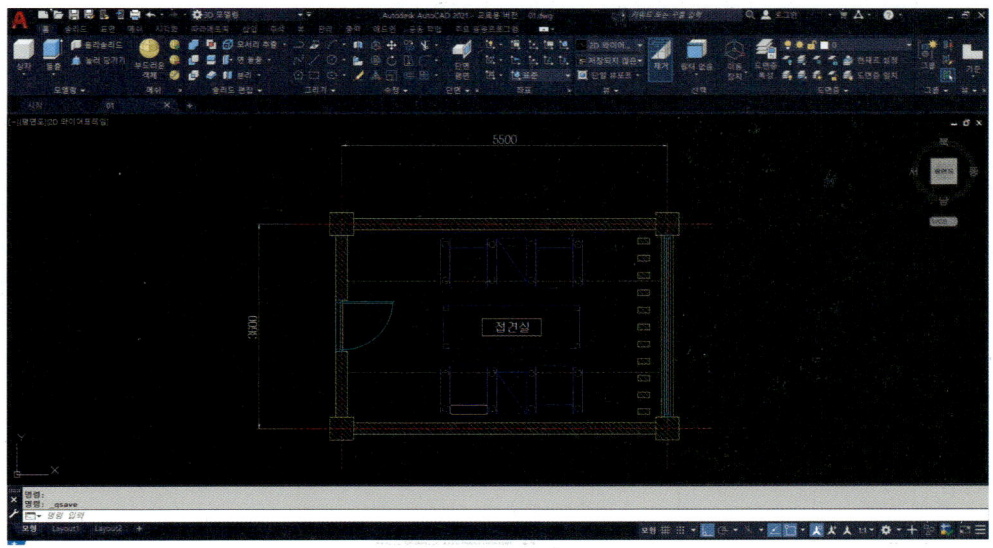

(01\01.dwg)

**2** 우선 AutoCAD에서 아래 그림과 같이 3D 모델링 작업을 위해 불필요한 레이어인 Center(중심선), Defpoints, Dim(치수), Door(문), Furni(가구), Hatch(해치), Hidden(은선), Txt(글씨), Win(창문) 레이어를 동결(Freeze)시켜 줍니다.

**01**. 무조건 따라해 보자 (1)  15

③ 불필요한 레이어를 동결시켜 준 뒤, 필요한 레이어만 보이도록 설정하여 아래 그림과 같은 화면으로 구성시켜 줍니다.

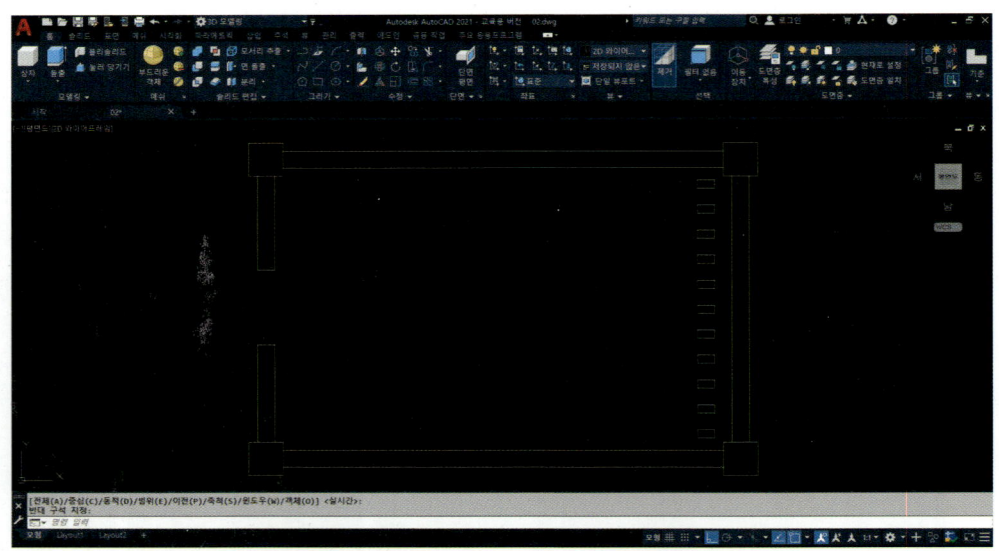

 ※ 본서에서 제공되는 예제 파일은 AutoCAD 2021을 기준으로 화면을 구성하였으나, 하위 버전에서 모두 작업할 수 있도록 구성하였습니다.

④ 레이어 설정을 마친 뒤, 아래 그림과 같이 다른 이름으로 저장 명령을 수행하여 저장해 줍니다.

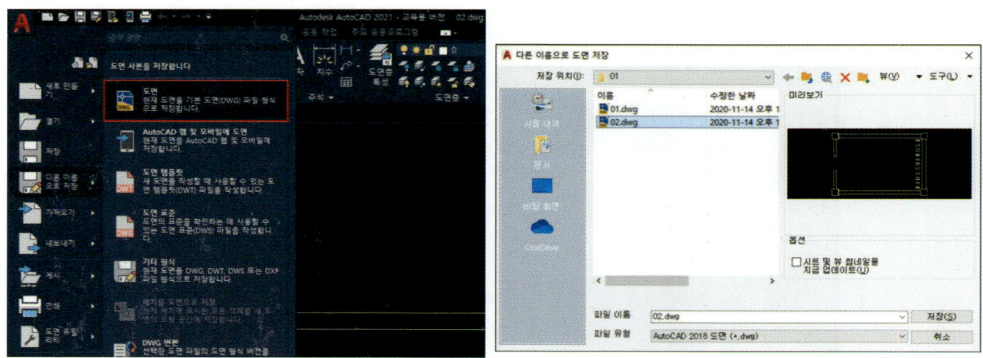

(01\02.dwg)

15강으로 익히는 인테리어·건축 디지털 렌더링

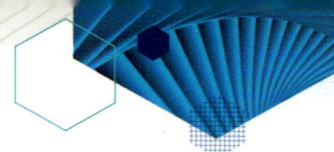

※ 본서에서는 작업 단계별마다 각각의 예제 파일을 제공하고 있습니다. 만약 AutoCAD에서의 작업이 어려울 경우에는 위의 과정을 그냥 넘어가셔도 무관합니다. 그러나 필자의 생각으로는 실내건축(인테리어) 및 건축을 전공하시는 분이라면 AutoCAD 정도는 반드시 익혀두시는 것이 좋습니다.

※ 필자의 생각으로는 AutoCAD에서 작성한 2D 도면을 기초로 하여 3DS MAX에서 모델링을 수행하는 것도 좋지만, AutoCAD에서 기본적인 구조체(바닥, 벽체, 기둥, 보, 지붕, 등) 모델링을 수행한 뒤, 부족한 모델링을 3DS MAX에서 수행하는 것도 좋은 방법입니다. 다만 본서에서는 3DS MAX만을 설명하고 있기 때문에 AutoCAD에 대해서는 자세한 설명은 생략하도록 하겠습니다.

## 2. 3DS MAX의 작업 환경 설정(작업단위 설정)

　지금부터는 AutoCAD에서 작업된 평면도를 이용하여 투시도 제작을 위한 3D 모델링을 진행해 보도록 하겠습니다. 우선 3DS MAX에서 모델링 작업을 수행하기 전에 작성되는 모델링 객체의 치수를 보다 정확히 설정하기 위해서 기본적으로 설정되어 있는 inch(인치) 단위를 밀리미터(mm)로 변경해 보도록 하겠습니다.

**❶** 3DS MAX 프로그램을 실행합니다. 프로그램을 실행하면 아래와 같은 화면 구성으로 3DS MAX가 실행됩니다.

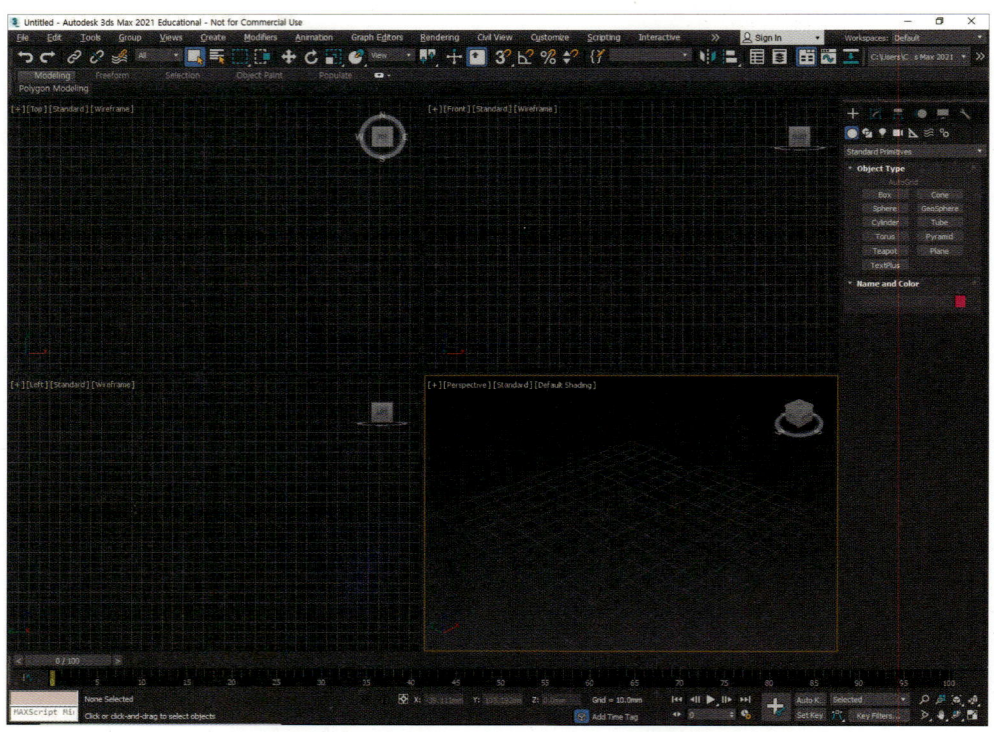

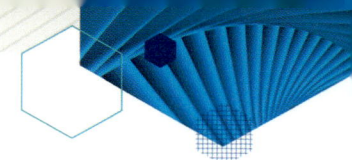

**2** 작성된 AutoCAD 데이터를 불러오기 전에 작업의 치수 단위 환경을 설정해 보도록 하겠습니다. 화면 위쪽에 있는 메뉴에서 Customize▶Units Setup... 명령을 수행합니다. 나타나는 Units Setup 대화상자에서 아래 그림과 같이 Display Unit Scale 항목에서 Metric 항목을 밀리미터(Millimeters)로 설정합니다.

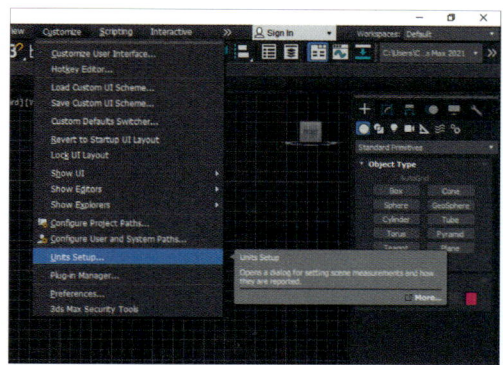
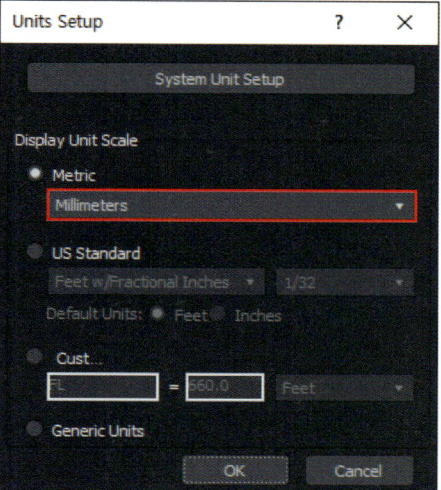

**3** 계속해서 아래의 화면과 같이 System Unit Setup 버튼을 클릭합니다. 나타나는 System Unit Setup 대화상자에서 System Unit Scale 값을 밀리미터로 설정한 뒤, OK 버튼을 클릭해 줍니다.

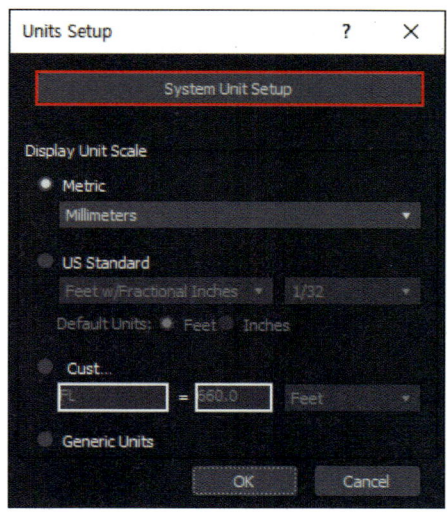
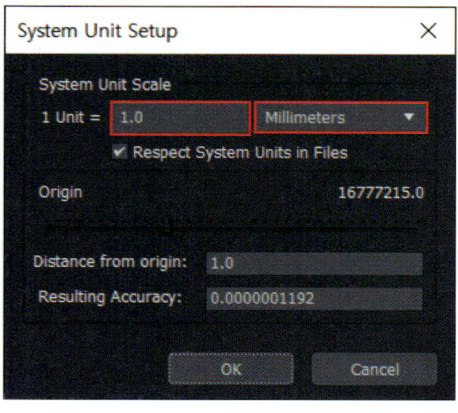

## 3DS MAX의 화면 구성을 초기 환경으로 돌리고 싶어요.

3DS MAX를 실행한 뒤, 기본적으로 설정된 화면이 아래와 같지 않거나 메뉴바, 메인 툴바, 커맨드 패널의 위치가 변경되어 있거나 보이지 않을 경우 초보자를 당황하게 합니다. 이러한 경우 간단한 방법으로 화면을 초깃값으로 되돌릴 수 있습니다.

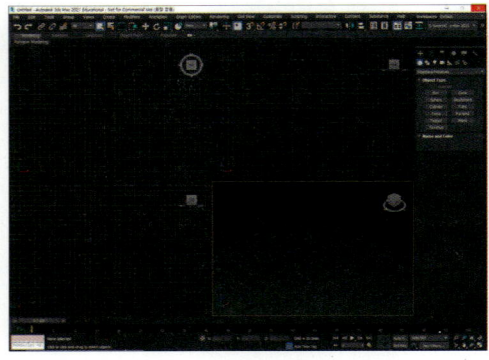
▲ 3DS MAX의 초기 화면 구성

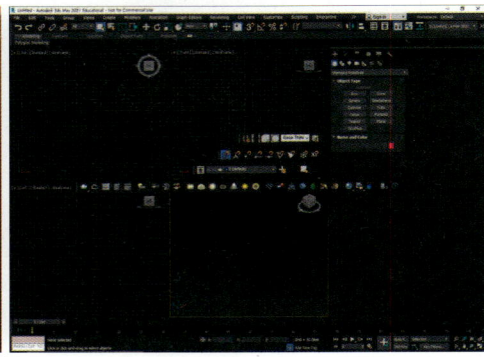
▲ 변경된 화면 구성

화면 메뉴 및 레이아웃을 초기화시키기 위해서 아래 화면과 같이 메뉴에서 Customize ▶ Revert to Startup UI Layout 명령을 수행합니다. 나타나는 대화상자에서 Yes 버튼을 클릭하면 초기 화면 구성으로 되돌릴 수 있습니다.

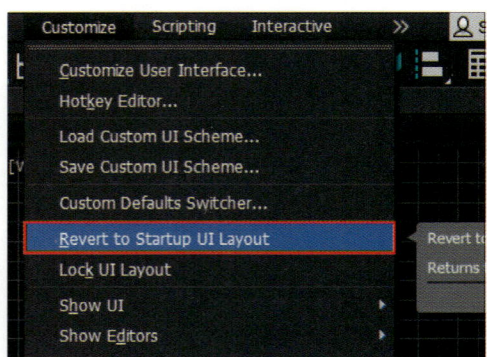

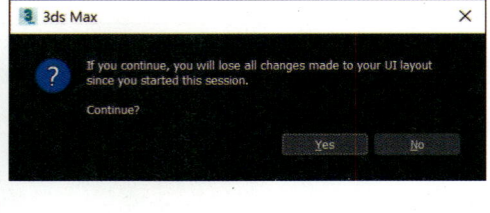

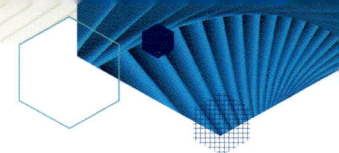

**1** File▶Import▶Import... 명령을 클릭하여 나타나는 Select File to Import 대화상자에서 준비된 예제(01\02.dwg)를 선택해 줍니다.

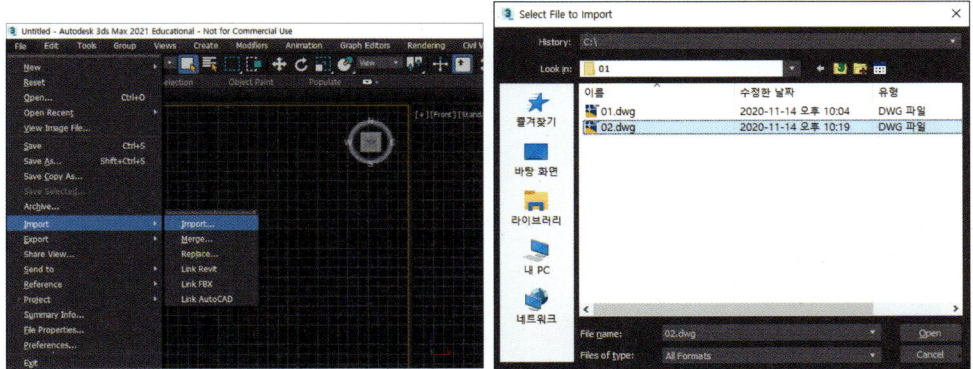

(01\02.dwg)

**2** 나타나는 AutoCAD DWG/DXF Import Options 대화상자에서 Layers 탭을 클릭해 줍니다. 나타나는 모든 레이어를 선택 해제한 뒤, 불러올 'Wall' 레이어만 선택해 줍니다.

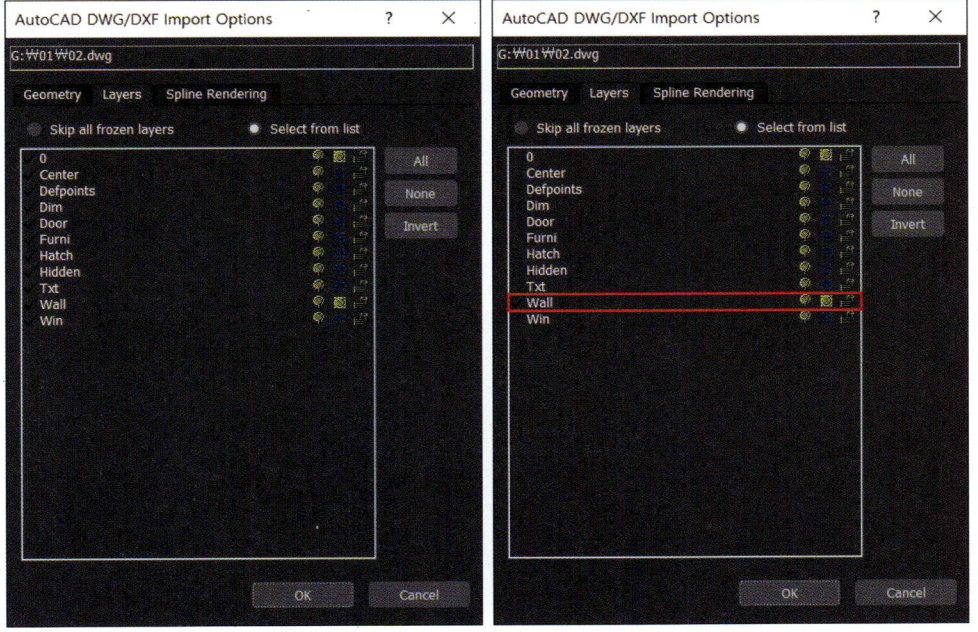

**01**. 무조건 따라해 보자 (1)

❸ 아래 그림과 같이 AutoCAD에서 작성한 도면(평면도)에서 'Wall' 레이어에 포함된 객체만 3DS MAX로 불러온 것을 확인할 수 있습니다.

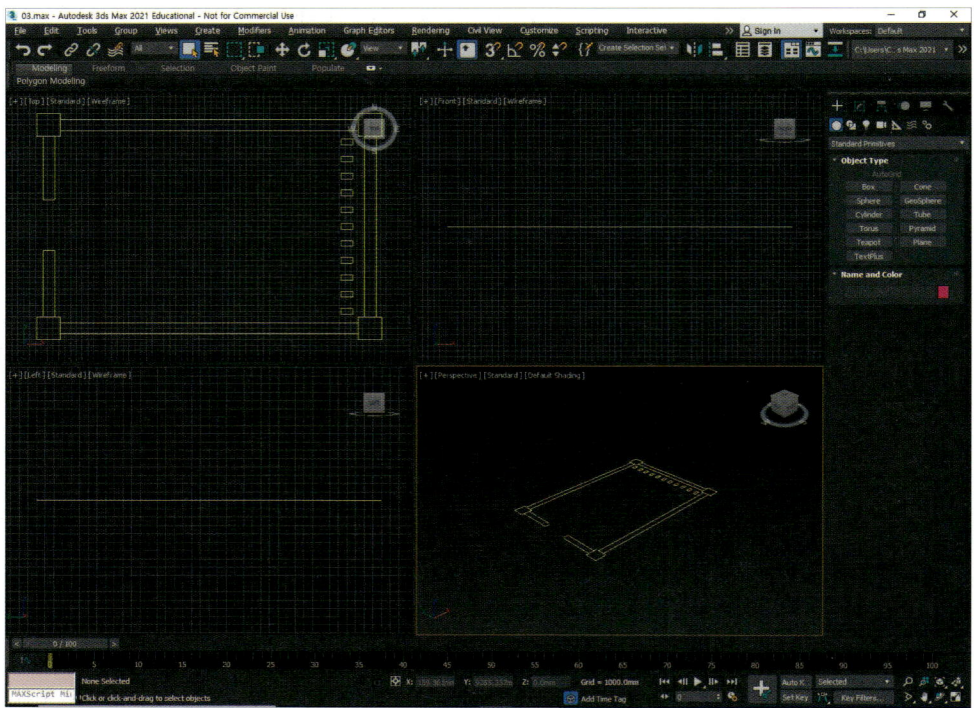

(부록 CD 01\04.max)

❹ 다음 작업을 편리하게 진행하기 위해서 뷰포트 좌측 상단에 있는 [+] 버튼을 클릭하여 나타나는 메뉴에서 Show Grids 옵션을 클릭하여 설정된 그리드를 보이지 않도록 설정해 줍니다. 동일한 방법으로 나머지 모든 뷰포트의 그리드를 보이지 않도록 설정해 줍니다.

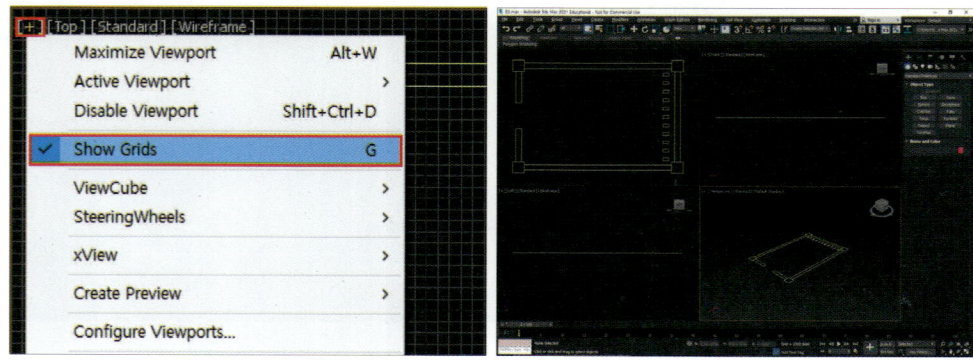

15강으로 익히는 인테리어·건축 디지털 렌더링

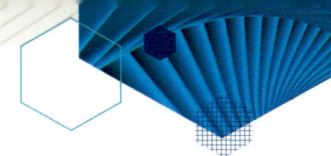

**5** AutoCAD에서 작성된 평면도를 불러온 뒤, 불러온 객체를 선택해 보도록 하겠습니다. 객체를 선택하는 방법은 여러 가지 방법이 있지만, 여기서는 객체(Object)의 이름으로 선택하는 방법을 사용하도록 하겠습니다. 툴바에서 Select by Name 아이콘을 클릭하여 나타나는 Select From Scene 대화상자에서 Layer:Wall 객체를 선택해 줍니다.

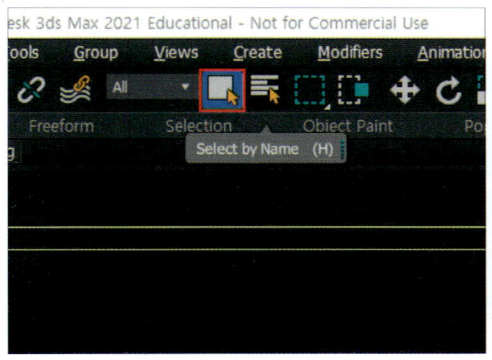
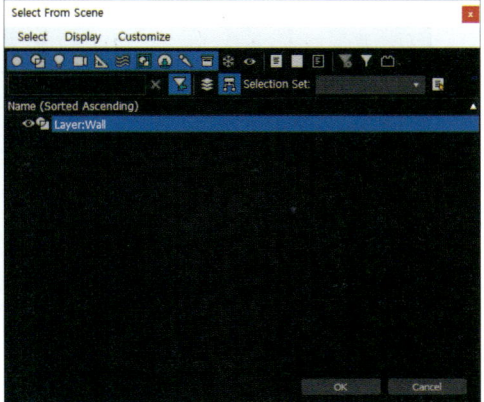

**6** 선택된 객체는 흰색으로 하이라이트 됩니다. 이번에는 선택한 객체의 이름과 색상을 변경해 보도록 하겠습니다. 객체가 선택된 상태에서 화면 전체에서 오른쪽을 살펴보면 아래 화면과 같이 커맨드 패널이 있으며, 커맨드 패널의 상단을 살펴보면 Modify 메뉴가 있습니다. 이름과 색상을 수정하기 위해서 Modify 아이콘을 클릭합니다.

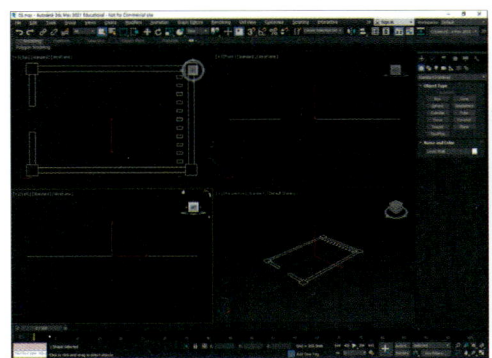
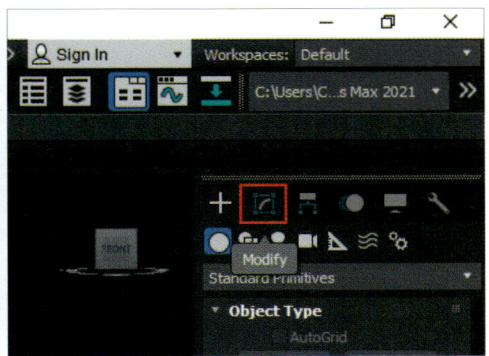

※ 앞에서 설명한 바와 같이 객체(Object)의 이름으로 선택하는 이유는 실제 프로젝트를 수행하다 보면 발생(작성)되는 객체의 수가 엄청나게 많기 때문에 원하는 객체를 단순히 클릭하여 선택하는 것이 현실적으로 불가능할 경우가 많기 때문입니다.

**01**. 무조건 따라해 보자 (1)   25

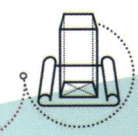

**7** Modify 아이콘을 클릭하면, 아래 그림과 같이 선택한 객체의 이름과 더불어 객체의 색상이 나타나게 됩니다. 먼저 아래 화면과 같이 객체의 이름을 'Layer:Wall'에서 '2D_Wall'로 변경해 줍니다.

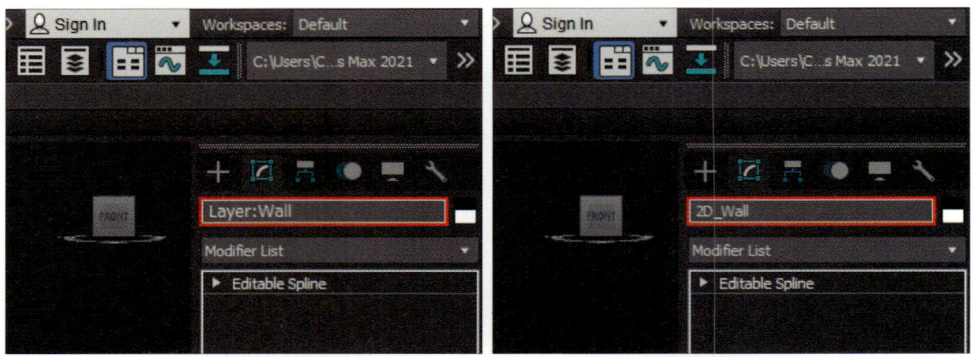

**8** 계속해서 선택된 객체의 색상을 변경해 보도록 하겠습니다. 선택한 객체의 이름 옆에 있는 색상 아이콘을 클릭합니다. 나타나는 Object Color 대화상자에서 원하는 색상을 클릭하여 변경해 줍니다.

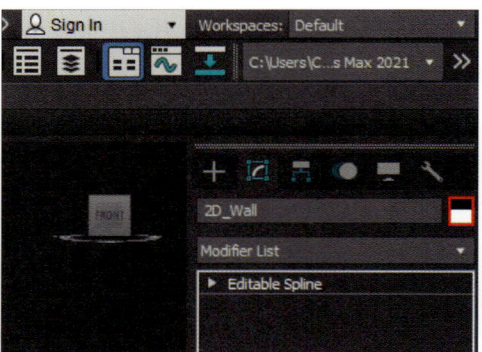 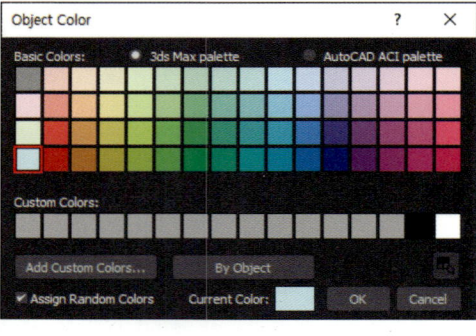

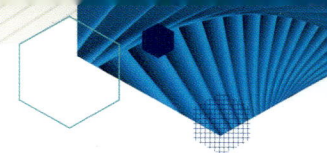

**9** 객체가 선택된 상태에서는 흰색으로 하이라이트 되어 보이기 때문에 화면 빈 곳을 클릭하여 선택을 취소해 줍니다. 지정한 색상으로 변경된 것을 확인해 줄 수 있습니다.

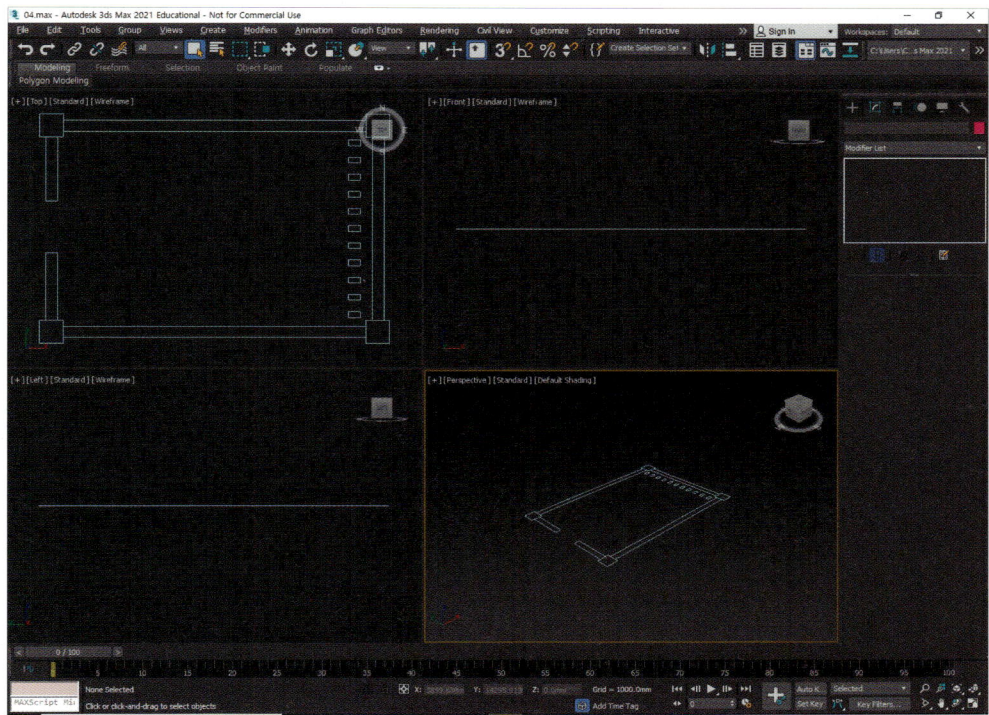

(01\03.max)

## 4. 바닥 모델링

    지금부터는 AutoCAD에서 불러온 평면도를 이용하여 3차원 투시도 제작을 위한 모델링 작업을 진행해 보도록 하겠습니다. 작업 과정은 캐드에서 작업한 도면을 바탕에 놓고 이를 이용하여 바닥 및 벽체 등의 모델링을 제작해 보도록 하겠습니다.

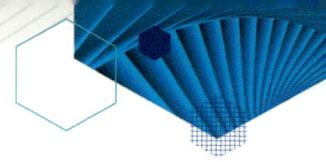

**1** 모델링 작업을 수행하기 전에 도면을 이용한 정확한 모델링 작업을 수행하기 위해서 Snaps Toggle 버튼을 클릭, 계속해서 마우스 오른쪽 버튼을 클릭해 줍니다. 나타나는 Grid and Snap Settings 대화상자가 나타나면 Endpoint만 설정해 줍니다.

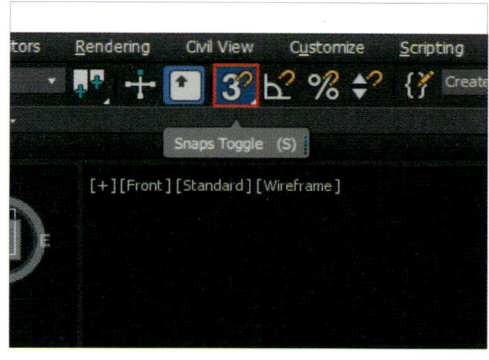
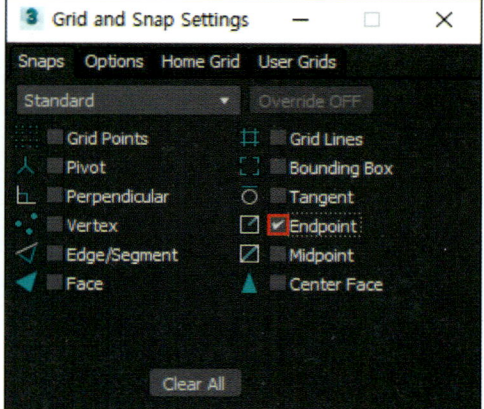

**2** 스냅을 설정한 뒤 4개의 뷰포트 중에서 Perspective를 클릭하여 선택한 뒤, 뷰포트 좌측 상단에 있는 [Perspective]를 클릭해 줍니다.

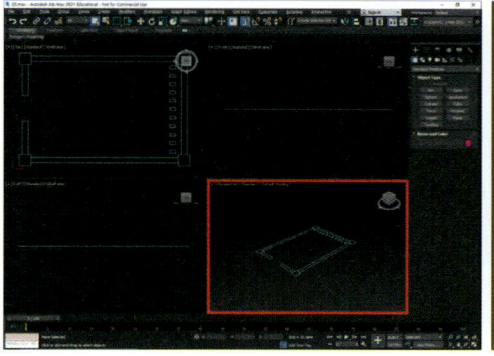
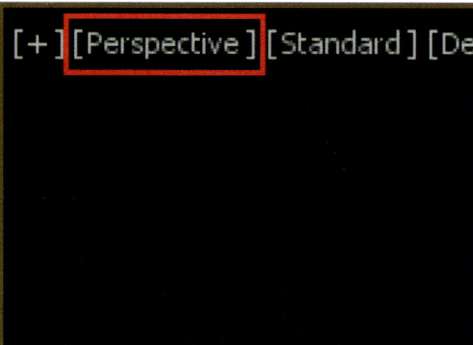

**3** 나타나는 메뉴에서 Orthographic 항목을 클릭하여 시점을 투시도 시점에서 정사영 시점으로 변경해 줍니다.

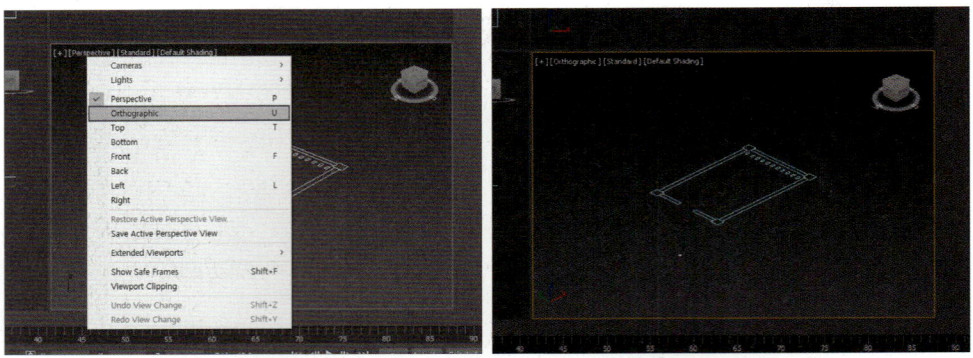

**4** 계속해서 다음 작업을 편리하게 진행하기 위해 프로그램의 가장 우측하단에 있는 Maximize Viewport Toggle 버튼을 클릭하여 선택된 뷰포트를 전체 화면으로 구성해 줍니다. 계속해서 Zoom 명령을 클릭해 줍니다.

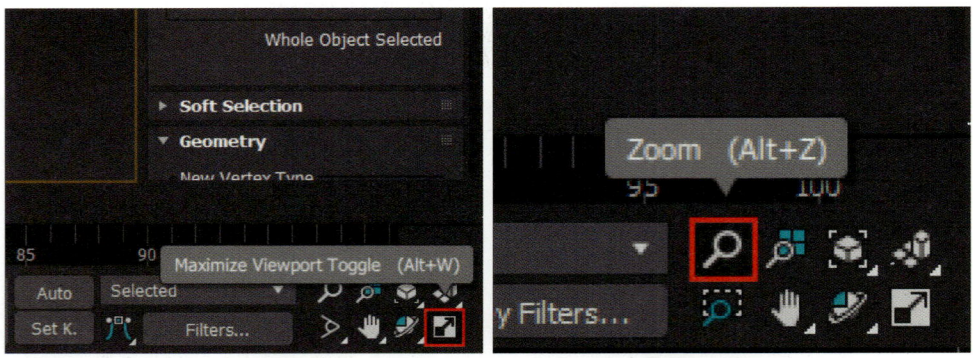

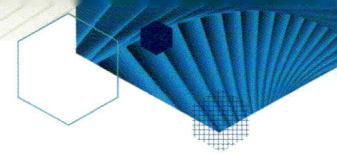

**5** Zoom 명령을 이용하여 아래 그림과 같은 화면으로 구성해 줍니다.

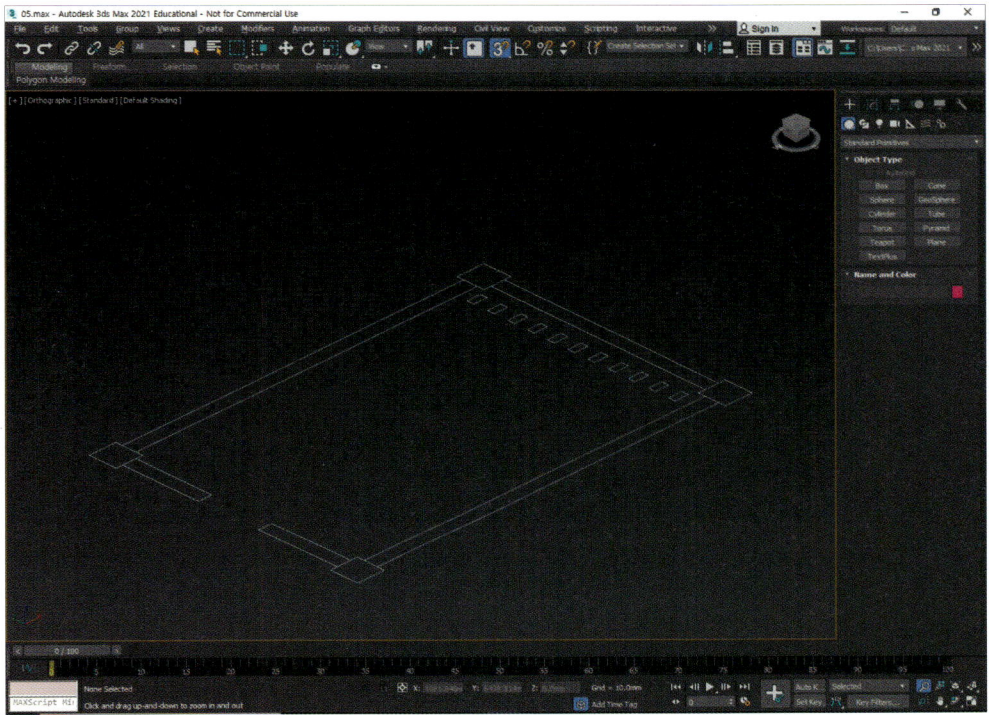

**6** 가장 먼저 바닥 모델링을 진행해 보도록 하겠습니다. 화면 우측에 있는 커맨드 패널에서 Create 탭을 클릭한 뒤, 나타나는 하위 메뉴에서 Geometry 버튼을 클릭해 줍니다.

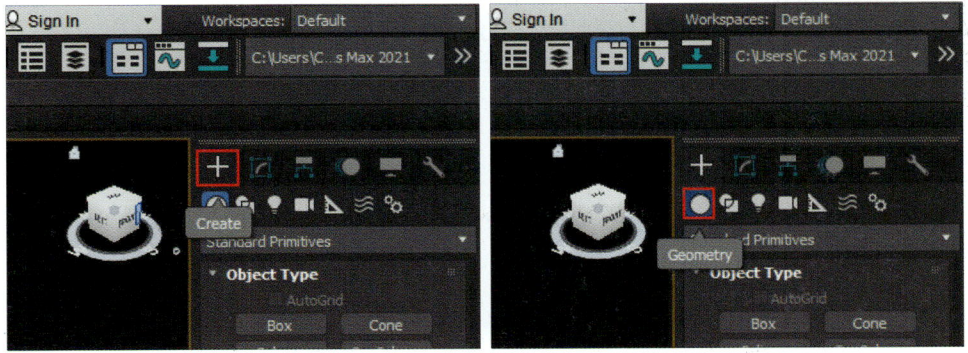

**01**. 무조건 따라해 보자 (1)   **31**

**7** Geometry 버튼을 클릭한 뒤, 나타나는 3D 모델링 명령 중에서 Box 버튼을 클릭합니다. 그림과 같이 도면의 모서리 점으로 클릭, 드래그하여 육면체를 그려줍니다. 이미 스냅(Snap)이 설정되어 있어 정확하게 모서리 점부터 드로잉 작업을 수행할 수 있습니다.

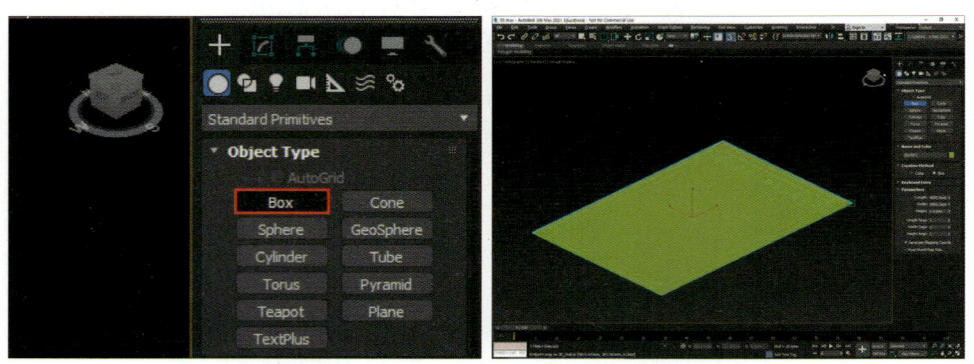

**8** 아래 그림과 같이 육면체를 그려줍니다. 중요한 점은 Box 명령을 수행하여 드래그하면 사각형을 작성한 뒤, 계속해서 임의의 방향으로 드래그하면 높이를 지정할 수 있으며, 높이(Height) 값은 임의의 크기로 작도해 줍니다.

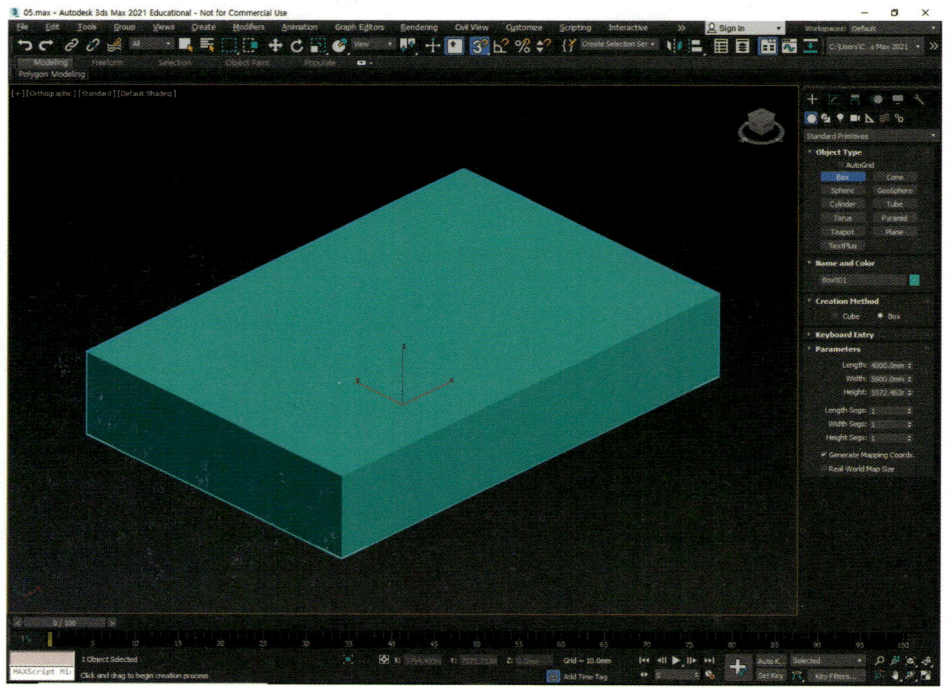

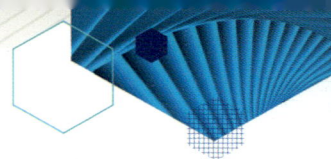

⑨ 작성된 객체가 선택된 상태에서 커맨드 패널의 Modify 탭을 클릭하면 선택된 객체의 이름을 확인해 줄 수 있습니다. 현재는 'Box001'로 되어 있습니다.

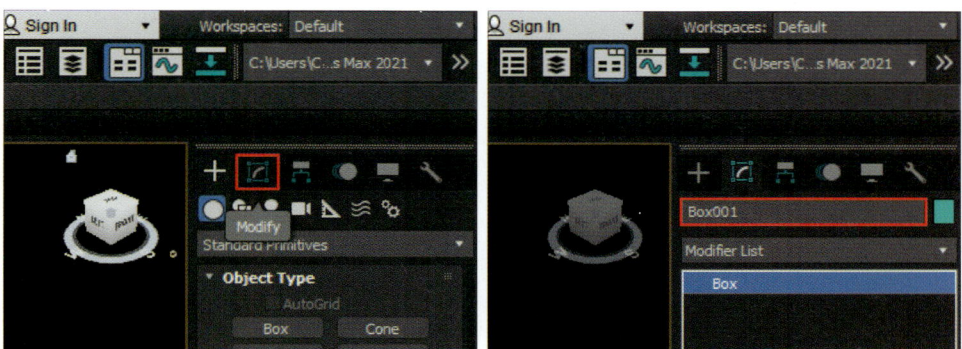

⑩ 객체의 이름을 '3D_Floor'로 변경한 뒤, Parameters 항목의 Height(높이) 값을 '-100mm'로 변경해 줍니다. 작성된 객체의 크기가 변경된 것을 확인할 수 있습니다.

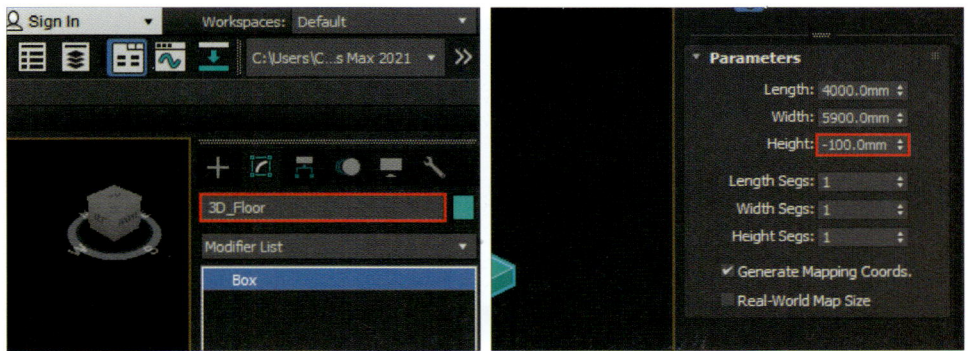

**01**. 무조건 따라해 보자 (1)　33

**11** 이제 작성된 내용의 결과를 확인해 보도록 하겠습니다. Rendering▶Render Setup… 명령을 클릭해 줍니다. 나타나는 Render Setup 창에서 기본적으로 Renderer 항목의 렌더러가 Arnold 렌더러로 설정되어 있습니다.

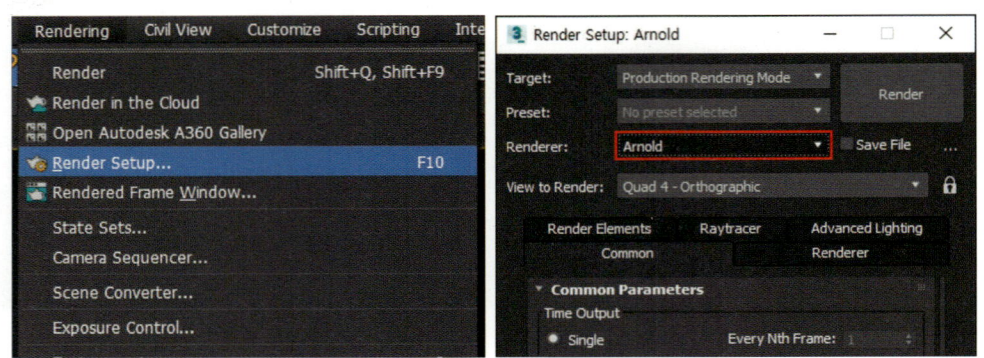

※ 본서는 3DS MAX 2021 버전으로 구성되어 있기 때문에 기본적인 렌더러가 Arnold로 설정되어 있습니다. 혹시 이전 버전의 경우에는 기본적으로 Scanline Renderer로 설정되어 있기 때문에 별도로 설정값을 변경하실 필요가 없습니다.

**12** 기본적으로 설정된 Arnold 렌더러를 Scanline Renderer로 설정값을 변경해 줍니다.

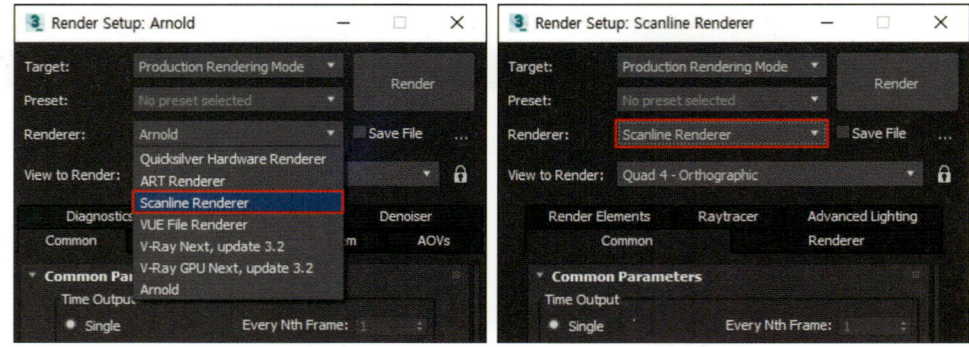

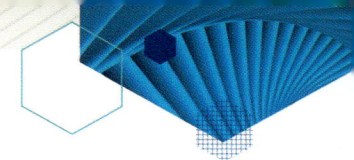

**13** 렌더러의 설정값을 변경한 뒤, Render Setup 중간에 있는 Output Size 설정값을 1280×720으로 변경해 줍니다. 이제 Render 버튼을 클릭하여 렌더링을 진행해 줍니다.

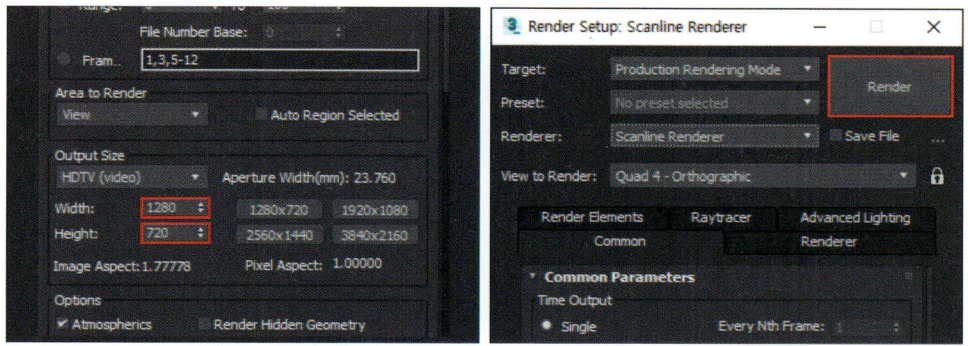

**14** 아래 그림과 같이 작성된 육면체 객체가 렌더링된 모습을 확인해 줄 수 있습니다. 다만 도면(평면도)의 경우 2D 객체이기 때문에 렌더링 결과에는 나타나지 않으며, 바닥으로 사용될 육면체 객체만 렌더링 결과에 나타나게 됩니다.

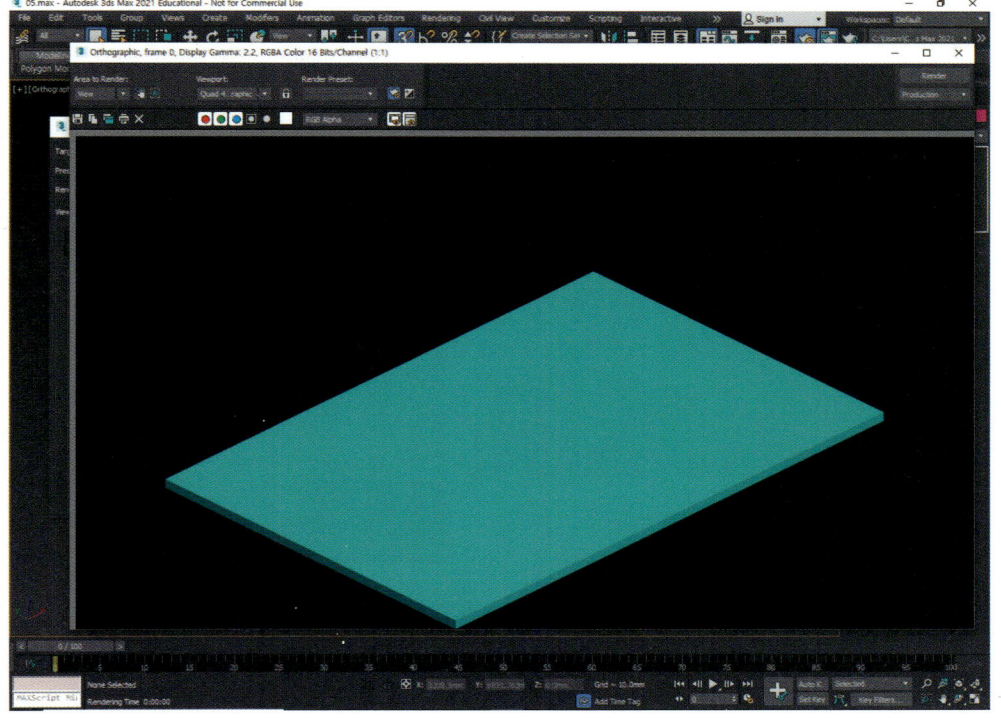

⑮ 이제 '3D-Floor' 이름으로 작성된 육면체 객체의 재질을 적용해 보도록 하겠습니다. 툴바를 살펴보면 아래 화면과 같이 Material Editor 버튼이 있으며, 이 버튼을 클릭하면 다음과 같이 Material Editor 대화상자가 나타나게 됩니다.

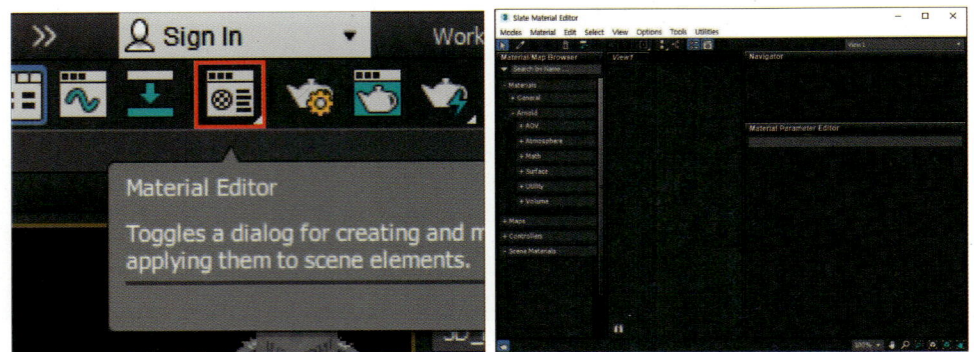

⑯ 기본적으로 나타나는 대화상자의 형태는 Slate Material Editor로 나타나게 됩니다. 과거부터 전통적으로 사용되던 대화상자의 형태로 변경하기 위해서 Modes▶Compact Material Editor… 명령을 수행합니다. 아래 그림과 같이 대화상자의 모양이 변경되면 첫 번째 구 모양의 슬롯을 선택한 상태에서 가장 기본적인 재질 타입(Material Type)을 변경하기 위해서 'Physical Material' 값으로 설정되어 있는 Material Type 버튼을 클릭해 줍니다.

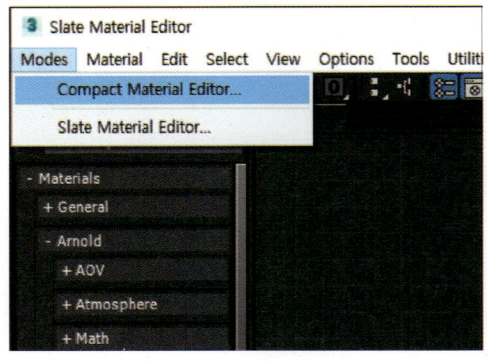 

※ 화면의 해상도가 낮아 Material Editor 버튼이 보이지 않을 경우가 있습니다. 이러한 경우, 마우스를 메인 툴바의 빈 곳으로 이동한 뒤, 손바닥 모양으로 마우스의 모양이 변경되었을 경우 좌우로 드래그함으로써 나머지 아이콘을 표시할 수 있습니다.

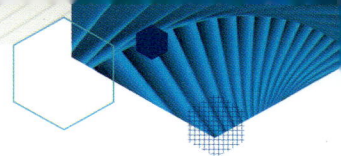

**17** 나타나는 Material/Map Browser에서 Materials ▶ Scanline ▶ Standard(Legacy) 재질 속성을 선택한 뒤, OK 버튼을 클릭해 줍니다. 아래 그림과 같이 Material Type이 Standard(Legacy)로 변경되는 것을 볼 수 있습니다.

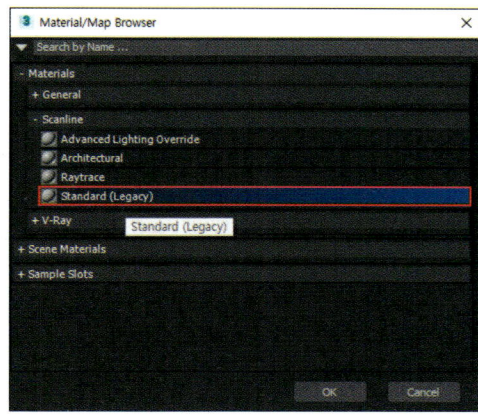
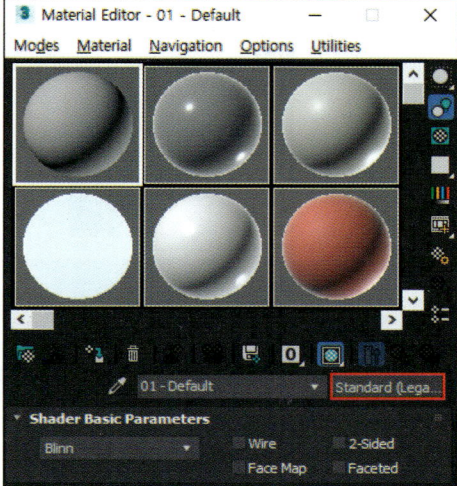

**18** 현재 선택된 재질에 준비된 이미지를 설정하기 위해서 아래 화면과 같이 Diffuse 컬러를 설정하는 아이콘 우측에 있는 빈 사각형 아이콘을 클릭해 줍니다. 나타나는 Material/Map Browser 대화상자에서 아래 화면과 같이 Maps▶General▶Bitmap을 더블클릭해 줍니다.

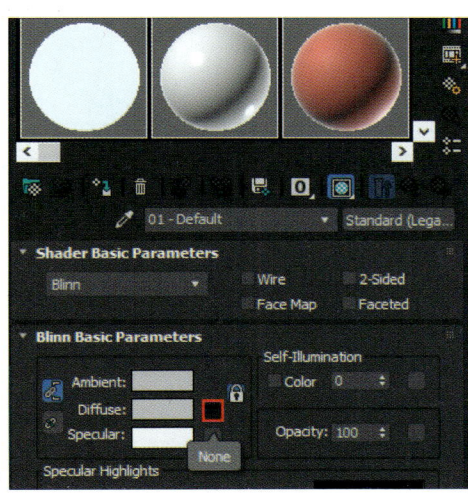
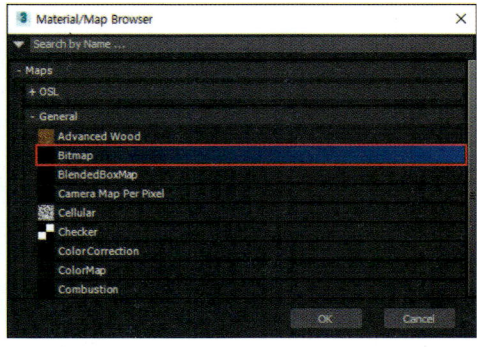

**01**. 무조건 따라해 보자 (1)

**19** 나타나는 Select Bitmap Image File 대화상자에서 '01\maps\map_1(wood).jpg' 파일을 선택해 줍니다. 재질 이미지를 선택하고 나면, 선택된 이미지가 재질에 적용된 모습을 확인해 줄 수 있습니다.

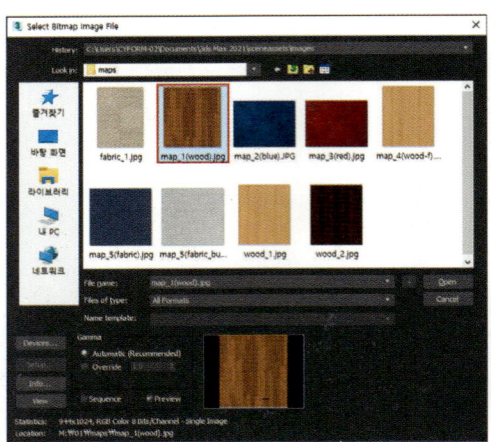
(01\maps\map_1(wood).jpg)

**20** 이제 Material Editor 대화상자에서 아래 그림과 같이 Go to Parent 아이콘을 클릭하여 상위 메뉴로 이동한 뒤, 선택한 재질 이미지가 뷰포트에서 보이도록 Show Shaded Material in Viewport 아이콘을 클릭해 줍니다.

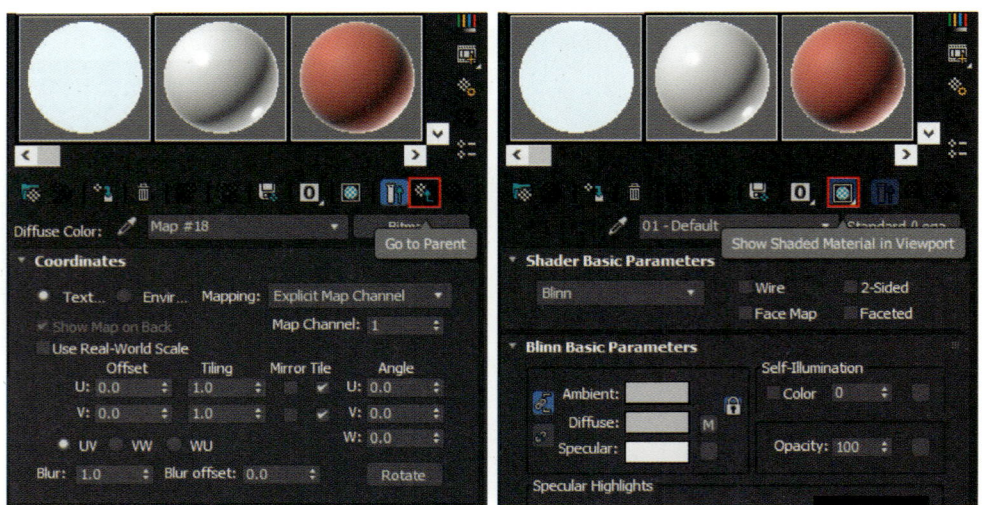

**21** 현재 선택된 재질 슬롯을 살펴보면 선택된 이미지가 재질에 적용된 것을 확인할 수 있으며, Diffuse 색상 옆에 빈 사각형에 M이라는 표시가 나타난 것을 알 수 있습니다. 계속해서 아래 그림과 같이 현재 선택된 재질의 이름을 '3D-Floor'라고 변경해 줍니다.

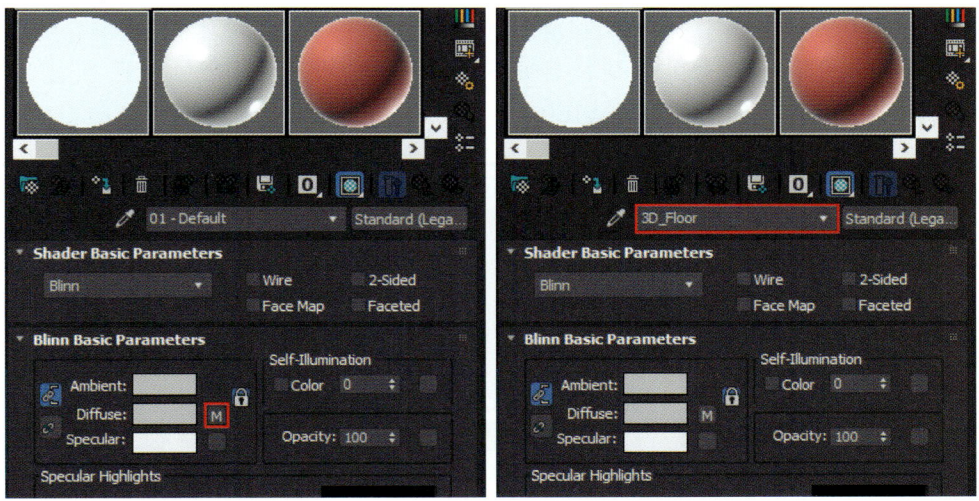

**22** 마지막으로 Assign Material to Selection 아이콘을 클릭하여 선택된 객체에 재질을 적용하면, 뷰포트에 재질이 적용된 모습을 확인할 수 있습니다.

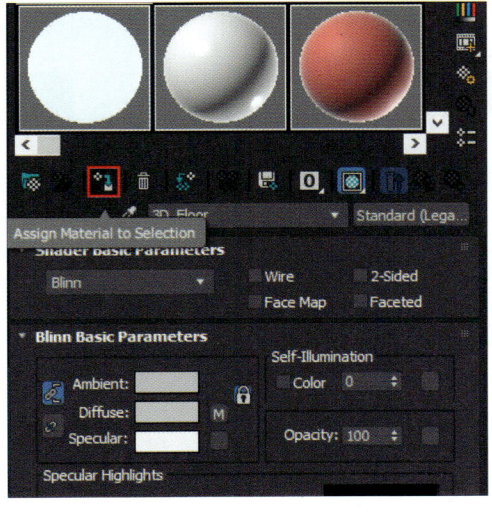
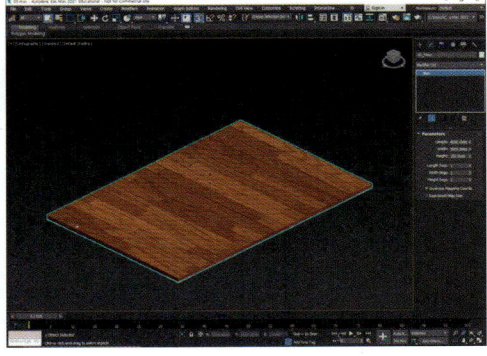

## 재질의 적용 전, 후의 표시 상태

    Material Editor에서 여러분이 원하는 재질을 만든 뒤, 선택한 객체에서 재질을 부여하면 아래 그림과 같이 재질 슬롯 사각 모서리에 표시가 나타납니다. 만약 선택된 객체에 다른 재질을 적용하면 재질 슬롯 모서리의 표시가 사라지면서 다른 재질 슬롯 사각 모서리의 표시가 나타나게 됩니다.

 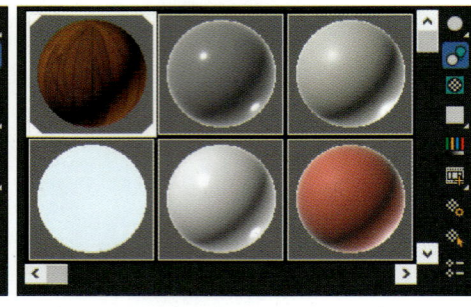

▲ 재질을 객체에 설정하기 전      ▲ 재질을 객체에 설정한 후

### 슬롯의 모양 및 개수를 변경하고 싶어요.

    Compact Material Editor 대화상자에서 재질 슬롯의 수를 다르게 표현하고 싶을 경우가 많습니다. 슬롯의 수를 적게 표현하면 구의 형태가 크게 보이는 장점이 있으며, 슬롯의 수가 많을 경우 한 번에 많은 재질을 볼 수 있는 장점이 있기 때문입니다.

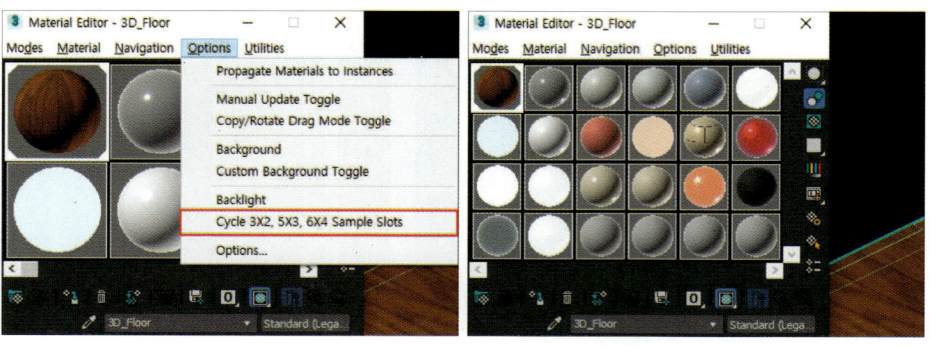

    슬롯의 개수를 변경하기 위해서는 그림과 같이 Options▶Cycle 3×2, 5×3, 6×4 Sample Slots 명령을 수행하면, 원하는 슬롯의 개수를 표현할 수 있습니다.

**23** 재질을 적용한 뒤, Rendering▶Render Setup… 명령을 수행합니다. 나타나는 Render Setup 대화상자에서 Render 버튼을 클릭하여 지금까지 작성된 결과를 렌더링해 줍니다.

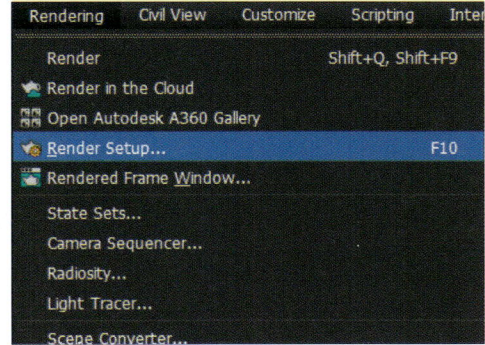
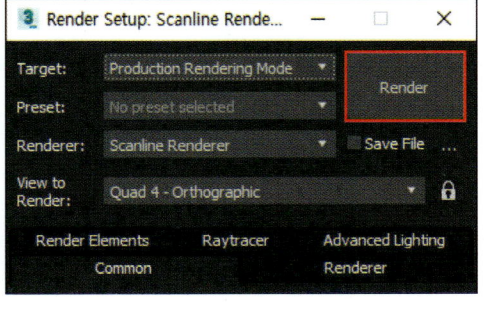

**24** 아래 그림과 같이 지금까지 진행된 결과 이미지가 나타나는 것을 볼 수 있습니다. 다만 바닥 객체에 비례하여 패턴의 크기가 크게 설정된 것을 알 수 있습니다. 렌더링 창을 닫은 뒤, 마감재의 패턴 크기를 조절하기 위해 바닥 객체가 선택된 상태에서 커맨드 패널의 Modify 탭을 클릭해 줍니다.

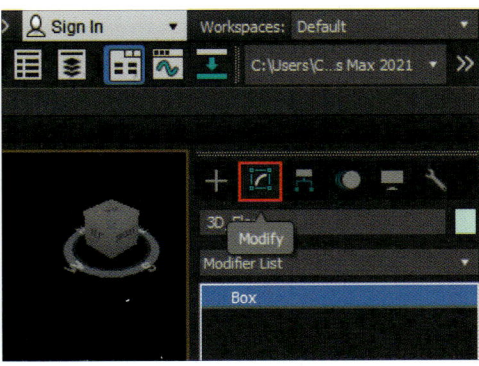

**25** Modify 버튼을 클릭한 뒤, 아래 그림과 같이 Modifier List를 클릭하여 나타나는 여러 명령 중에서 UVW Map 명령을 클릭하여 적용해 줍니다.

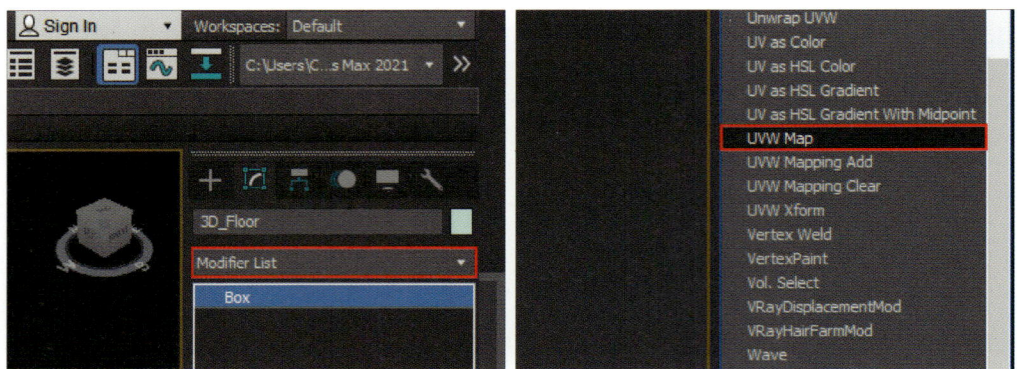

**26** UVW Map 명령을 수행한 뒤, 나타나는 옵션 값 중에서 아래 그림과 같이 맵핑 방법, 즉 Parameters의 Mapping 값을 Planar로 설정하고, 기즈모의 크기를 Length: 2000mm, Width: 2000mm로 설정해 줍니다. 계속해서 재질 패턴의 방향을 수정하기 위해서 Modifier Stack에 등록된 UVW Map 명령을 클릭하여 나타나는 Gizmo를 선택해 줍니다.

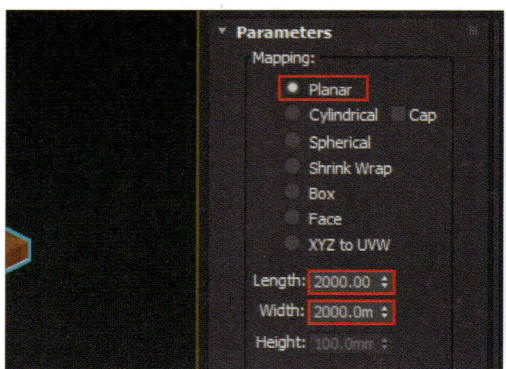 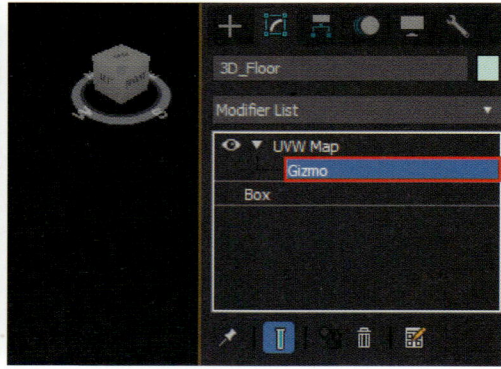

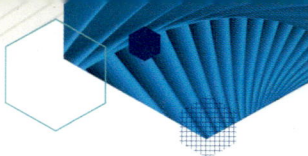

**27** Gizmo를 선택한 상태에서 아래 그림과 같이 상단에 있는 메인 툴바에 Select and Rotate 명령을 클릭한 뒤, Angle Snap Toggle 명령을 추가로 클릭하여 설정해 줍니다.

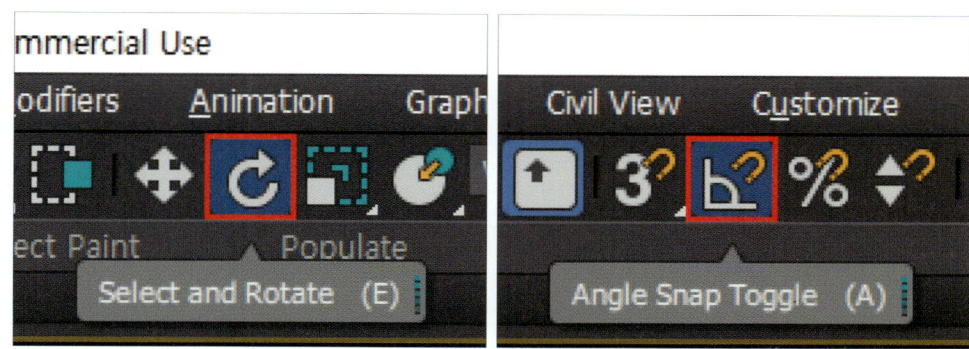

**28** 이제 아래 그림과 같이 화면에 있는 기즈모(Gizmo)를 회전하여 마감재 패턴의 방향을 변경해 줍니다. Angle Snap Toggle이 설정됐기 때문에 쉽게 90도를 회전시켜 줄 수 있습니다.

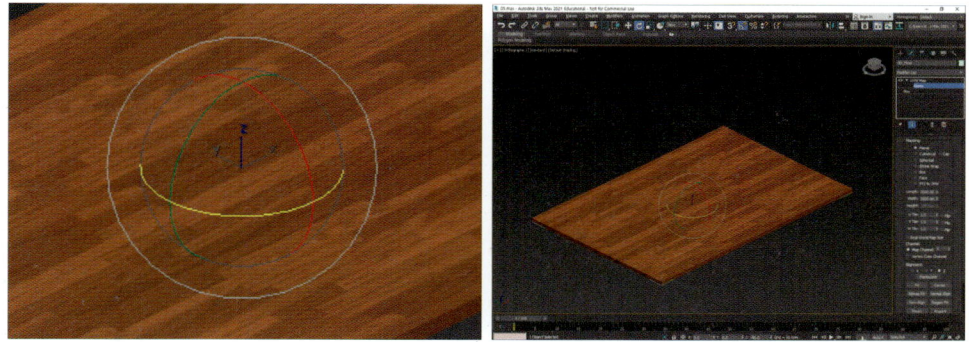

**01**. 무조건 따라해 보자 (1)

㉙ 이제 명령을 종료하기 위해서 Modifier Stack에 등록된 UVW Map 명령을 다시 클릭하여 기즈모 설정을 해제하여 명령을 종료해 줍니다.

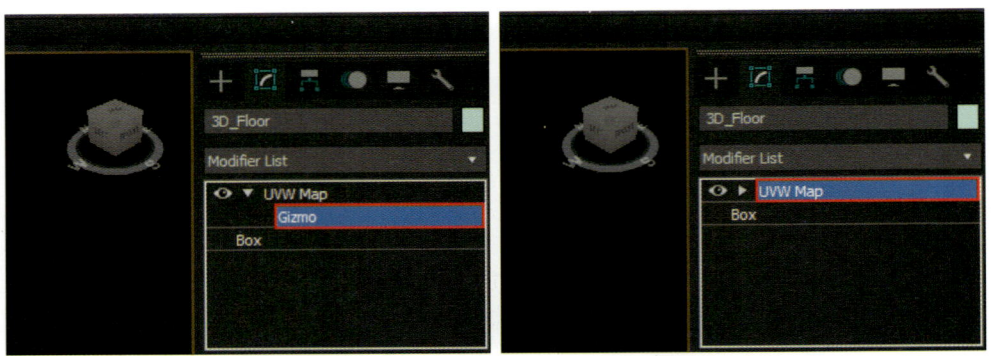

㉚ 이제 Rendering▶Render 명령을 수행하여 결과를 확인해 봅니다. 아래 그림과 같이 재질의 크기 및 방향이 회전되어 원하는 결과물이 만들어진 것을 확인해 줄 수 있습니다.

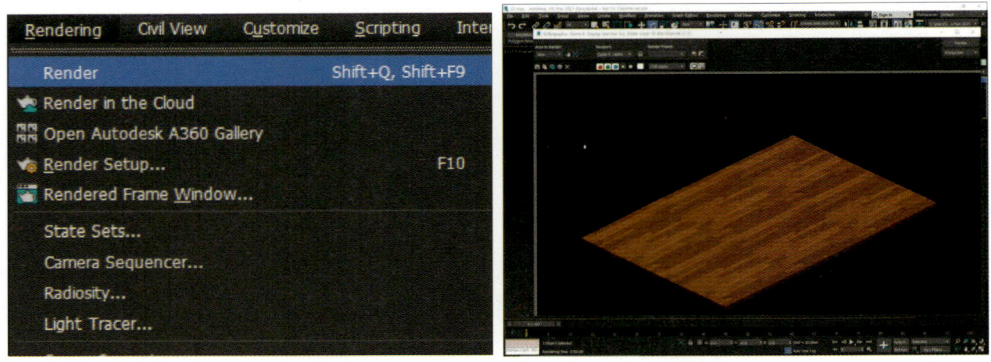

(01\04.max)

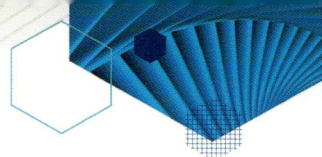

**31** 이제 다음 작업을 편리하게 진행하기 위해서 작성된 객체를 잠시 보이지 않도록 설정해 보도록 하겠습니다. '3D_Floor' 객체가 선택된 상태에서 커맨드 패널의 Display 탭을 클릭해 줍니다. 나타나는 항목 중에서 Hide 카테고리를 선택한 뒤, Hide Selected 명령을 수행하여 선택된 객체를 잠시 보이지 않도록 설정해 줍니다.

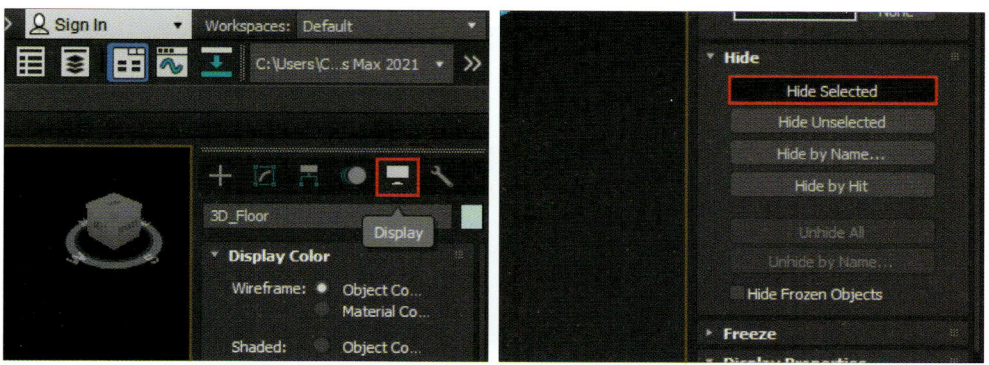

**32** 작성된 '3D_Floor' 바닥 객체가 보이지 않고 도면만 남게 됩니다.

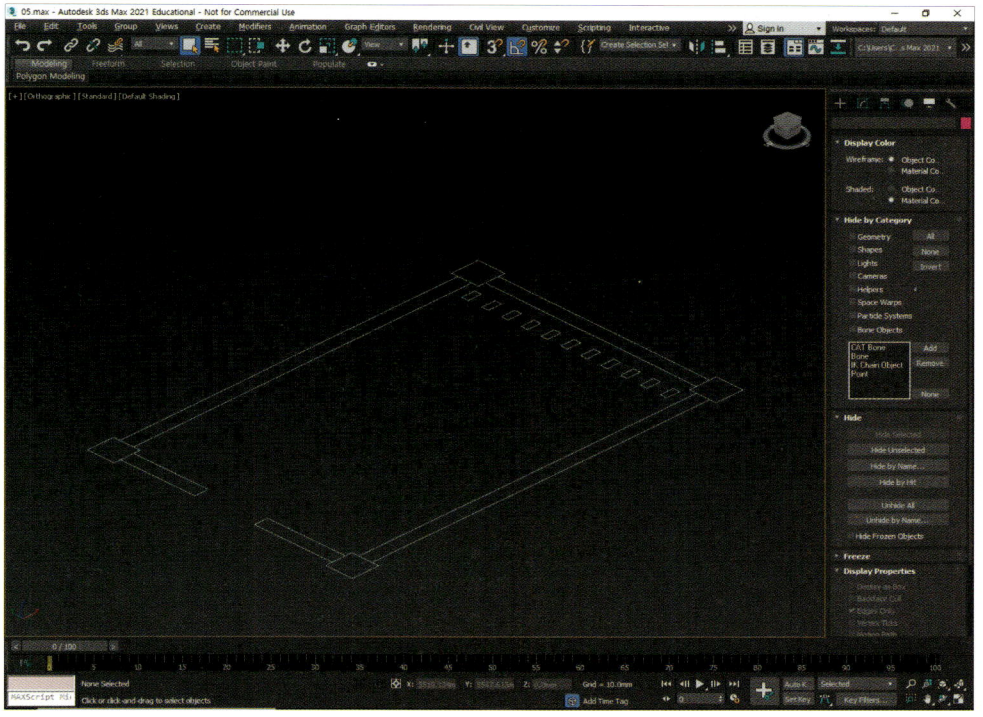

(01\05.max)

**01**. 무조건 따라해 보자 (1)

## 원하는 객체의 선택 및 잠금

객체를 선택하는 방법은 Select by Name 아이콘을 클릭하여 '3D-Floor' 객체를 선택하거나, 메인 툴바에 있는 Select Object 명령을 이용하여 화면에서 객체를 직접 클릭하셔도 됩니다. 그러나 복잡한 작업일수록 이름을 정확히 설정한 뒤, 객체의 이름으로 선택하는 것이 좋습니다.

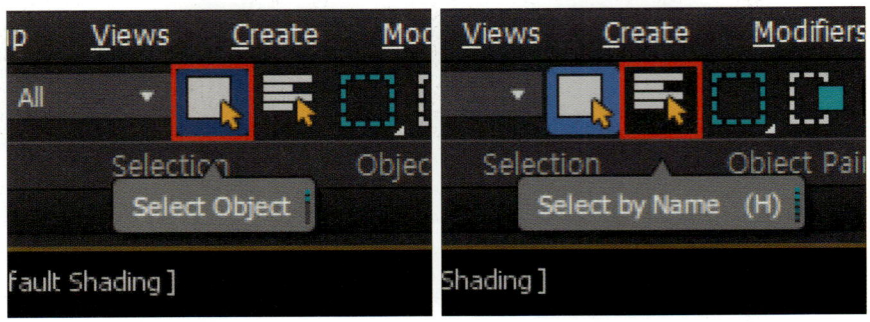

더불어 3DS MAX를 처음 접하는 경우, 여러 명령을 수행하다 보면 선택한 객체가 자주 취소되는 경우가 발생합니다. 이러한 경우마다 객체를 다시 선택하는 것이 대단히 귀찮은 일 중 하나입니다. 객체를 선택한 뒤, 화면 하단에 있는 Selection Lock Toggle 버튼( Shift + Ctrl + N )을 클릭하여 선택을 잠가 줄 수 있습니다.

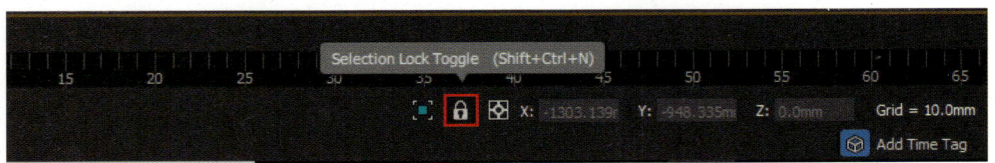

## 뷰포트(Viewport) 구성의 변경

기본적으로 3DS MAX를 실행하면 기본적으로 4개의 뷰포트(ViewPort)로 구성된 화면이 나타나게 됩니다. 물론 필자의 경우 기본적으로 설정된 화면 구성을 사용하지만, 필요에 따라서는 다른 형태의 뷰포트(Viewport)를 구성해야 할 경우가 있습니다.

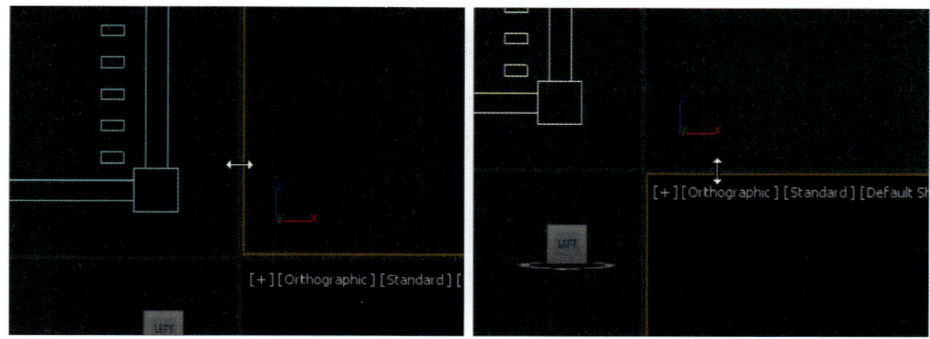

기본적으로 뷰포트와 뷰포트 사이에 있는 경계를 드래그하여 뷰포트의 크기를 조절할 수 있습니다. 또한, 원래의 크기로 복구시키려면 경계에서 마우스의 오른쪽 버튼을 클릭하여 나타나는 Reset Layout 버튼을 클릭하여 복구시킬 수 있습니다.

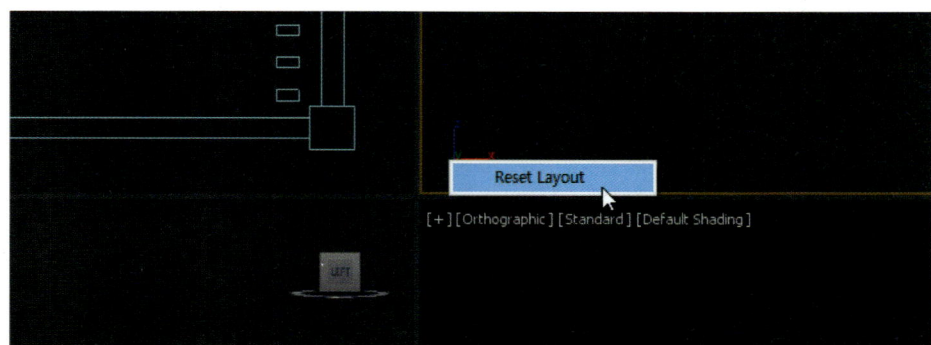

이번에는 뷰포트의 크기가 아니라 화면구성의 레이아웃(Layout)을 변경해 보도록 하겠습니다. 메뉴 바에서 Views▶Viewport Configuration…을 클릭하여 나타나는 Viewport Configuration 대화상자에서 Layout 탭을 클릭합니다. 여기서 여러분이 원하시는 레이아웃을 선택하면 됩니다.

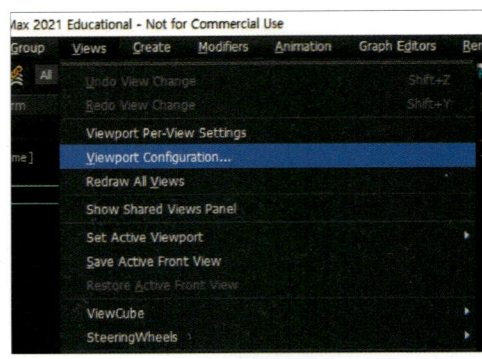 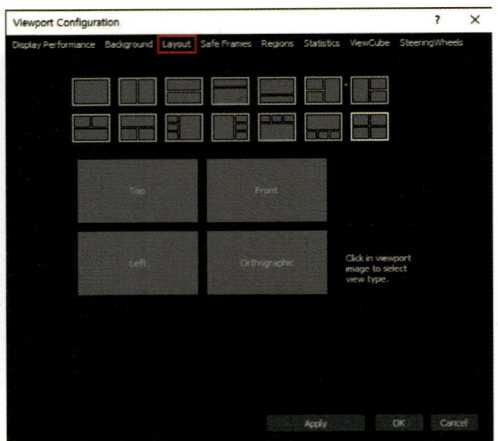

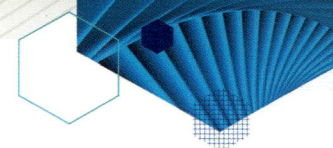

## 5. 기둥 모델링

이번에는 작성된 캐드 도면을 바탕으로 기둥 및 기둥하단에 있는 걸레받이 모델링을 제작해 보도록 하겠습니다.

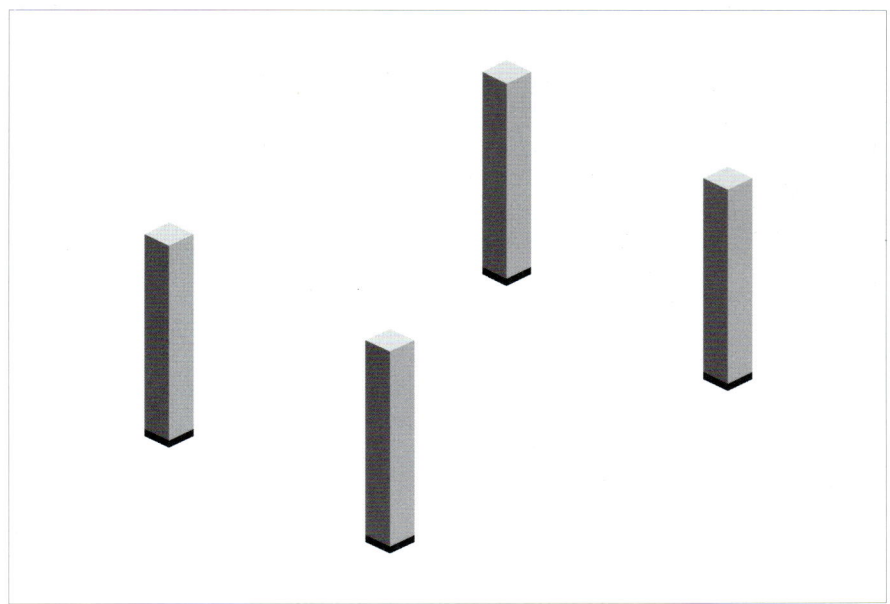

1 이제 기둥 모델링 작업을 수행할 때 필요한 부분을 확대해 보도록 하겠습니다. 화면 우측 하단에 배치된 Zoom Region 아이콘을 클릭한 뒤, 아래 그림과 같이 기둥 모델링 작업을 위해 필요한 부분을 드래그하여 확대합니다.

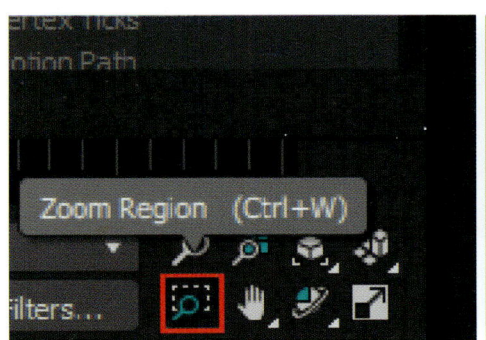 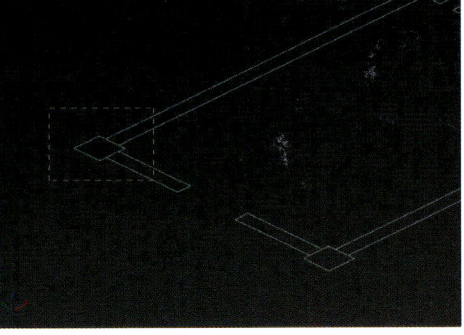

❷ 아래 그림과 비슷한 형태의 화면으로 구성해 줍니다. 3D 모델링을 진행하기 위해서 Snaps Toggle 버튼을 클릭, 다시 Snaps Toggle 버튼 위에서 마우스 오른쪽 버튼을 클릭합니다.

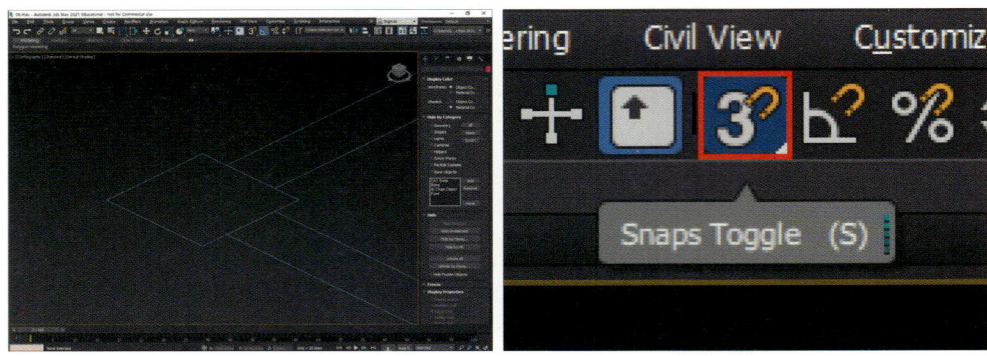

※ 스냅 설정은 이미 앞에서 수행하였기 때문에 이미 설정된 상태라면 다시 설정할 필요는 없습니다. 여기서 초보자의 경우 스냅을 해제하였을 경우를 대비하여 다시 설명하고 있으니, 이미 설정된 경우에는 그냥 지나가시면 됩니다.

❸ 기둥 하부의 걸레받이 객체를 그리기 위해서 오른쪽에 있는 커맨드 패널의 Create 탭을 클릭, 계속해서 Geometry 탭을 클릭해 줍니다.

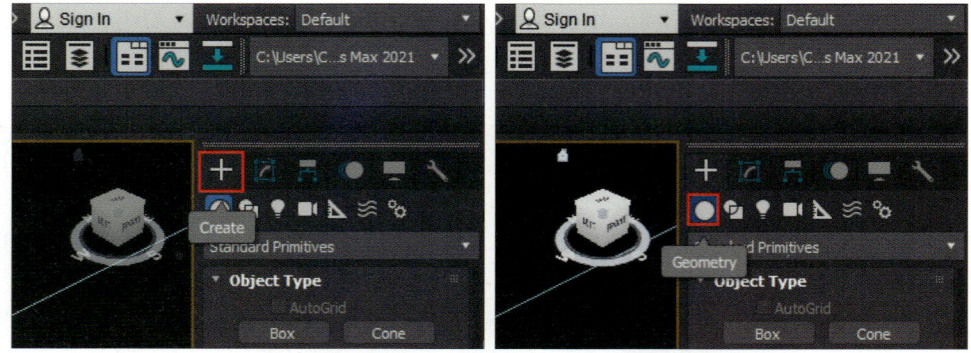

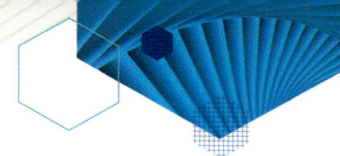

④ 나타나는 메뉴에서 Standard Primitives 항목을 선택한 뒤, Box 명령을 클릭해 줍니다.

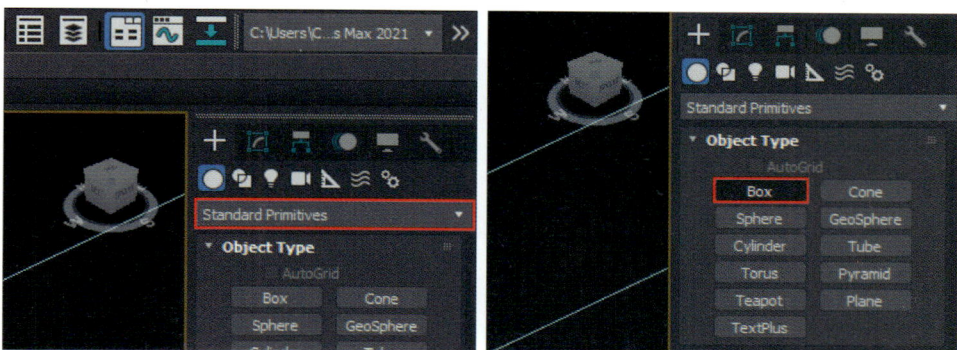

⑤ Box 명령을 수행한 뒤, 아래 그림과 같이 모서리 점에 클릭, 드래그하여 육면체를 그려 줍니다. 이미 스냅이 설정됐기 때문에 정확하게 모서리 점부터 드로잉을 수행할 수 있습니다. 다만 높이 값은 대략적인 크기로 작성해 줍니다.

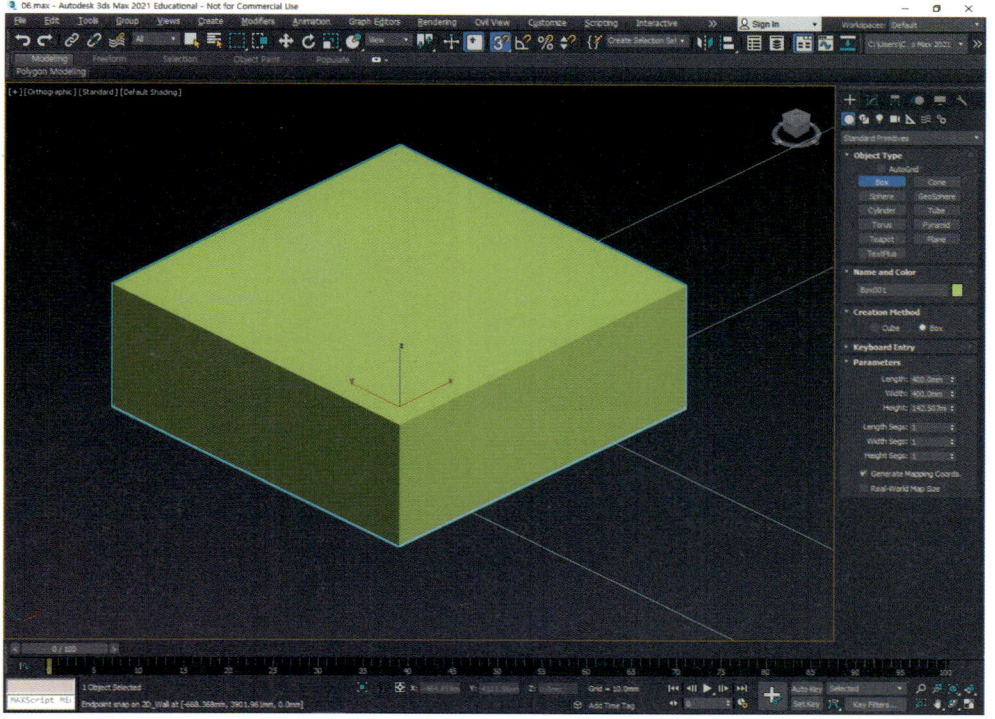

**01**. 무조건 따라해 보자 (1)

**6** 걸레받이로 사용될 객체를 그려준 뒤, 그려진 육면체 객체를 수정해 보도록 하겠습니다. 작성된 육면체를 선택한 상태에서 Modify 탭을 클릭해 줍니다. 가장 먼저 그려진 육면체의 객체 이름을 '3D_Col(Base)_01'로 수정해 줍니다.

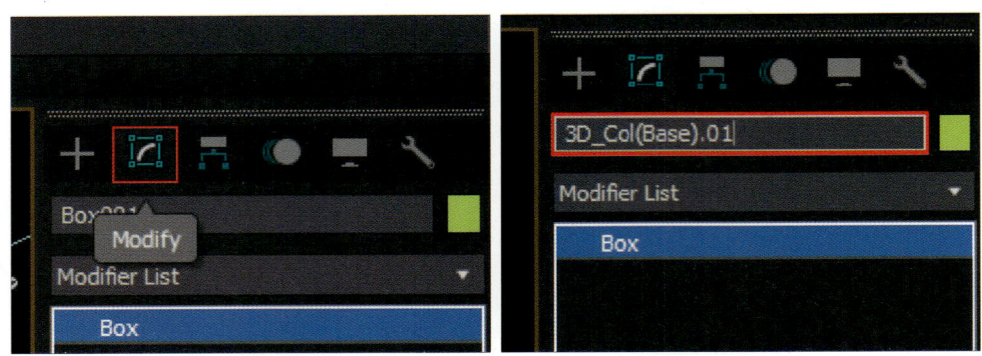

**7** 계속해서 커맨드 패널을 살펴보면 육면체의 크기를 변경할 수 있는 설정값이 나타나게 됩니다. 길이와 폭은 정확히 작도하였기 때문에 그대로 두고, 높이 값을 '100mm'로 설정해 줍니다.

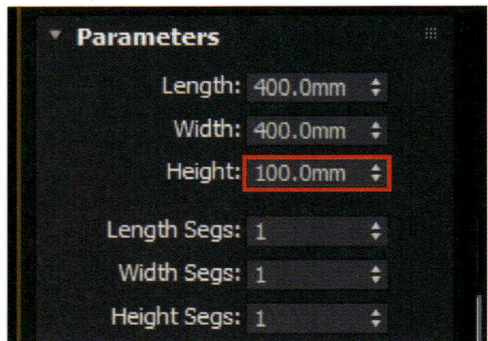
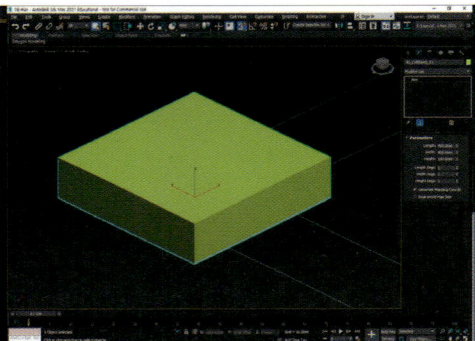

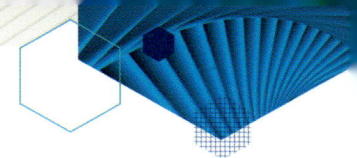

8  모델링을 완료한 뒤, 객체의 색상을 변경시켜 보도록 하겠습니다. 앞에서 작성한 '3D_Col(Base).01' 객체가 선택된 상태에서 아래 그림과 같이 Material Editor 아이콘을 클릭해 줍니다. 아래 그림과 같이 Material Editor 대화상자가 나타나면 두 번째 빈 슬롯을 클릭하여 선택해 줍니다.

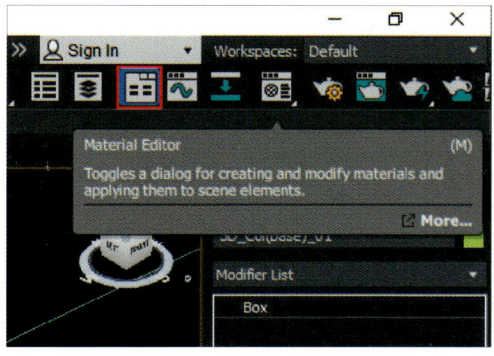

9  두 번째 구 모양의 슬롯을 선택한 상태에서 가장 기본적인 재질 타입(Material Type)을 변경하기 위해서 'Physical Material' 값으로 설정되어 있는 Material Type 버튼을 클릭해 줍니다. 나타나는 Material/Map Browser에서 Materials▶Scanline▶Standard(Legacy) 재질 속성을 선택한 뒤, OK 버튼을 클릭해 줍니다.

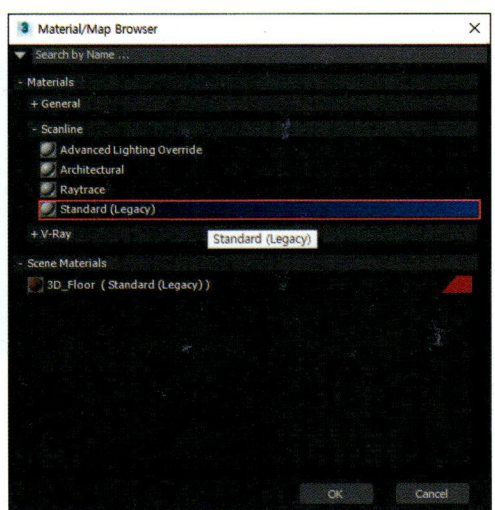

**10** 아래 그림과 같이 Material Type이 Standard(Legacy)로 변경된 것을 확인한 뒤, 재질 이름을 '3D_Base'로 변경해 줍니다.

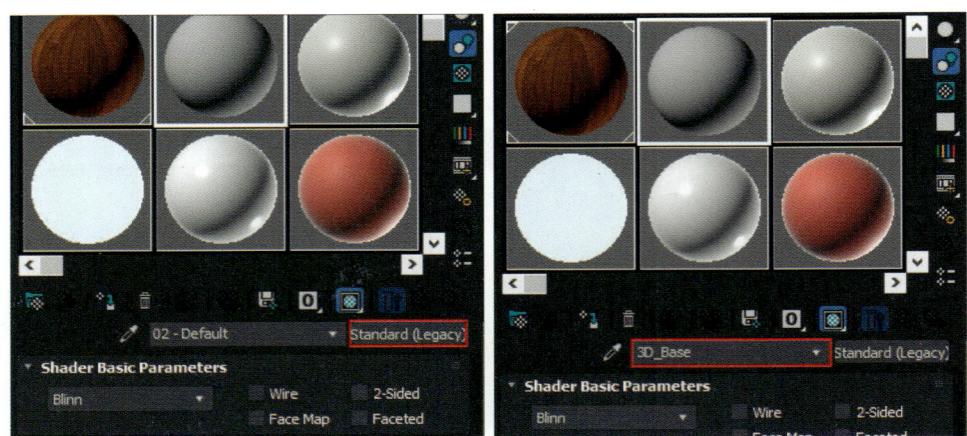

**11** 이제 재질의 색상을 변경시켜 보도록 하겠습니다. 아래 그림과 같이 Diffuse 컬러의 색상 버튼을 클릭한 뒤 나타나는 Color Selector 대화상자에서 Red: 10, Green: 10, Blue: 10으로 설정한 뒤, OK 버튼을 클릭해 줍니다.

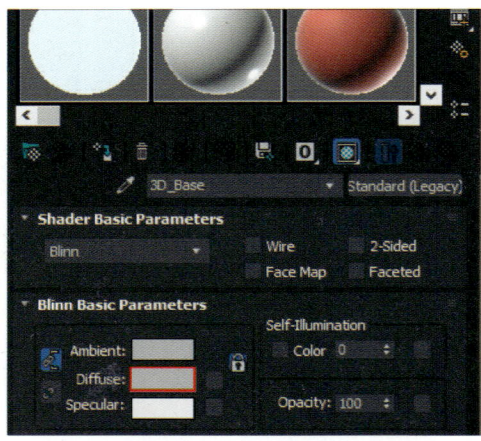
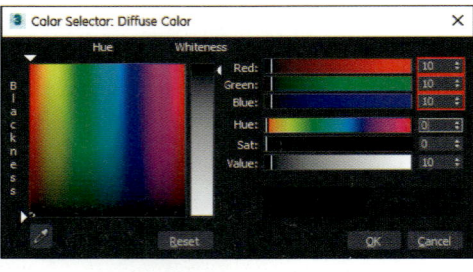

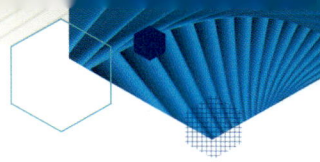

**12** 재질의 색상을 설정한 뒤, Assign Material to Selection 아이콘을 클릭하여 선택된 객체에 재질을 적용합니다. 아래 그림과 같이 객체의 색상이 변경된 모습을 볼 수 있습니다.

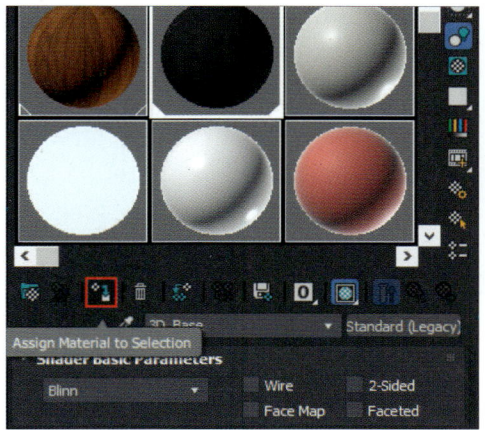 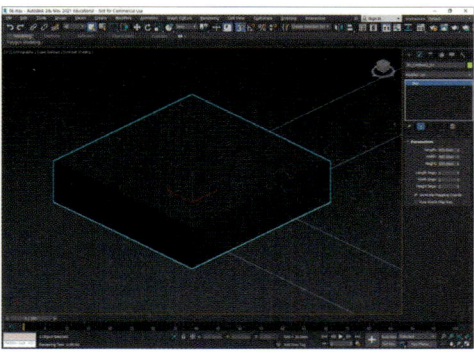

**13** 결과를 확인하기 위해서 Rendering ▶ Render 버튼을 클릭하여 렌더링 작업을 진행해 줍니다. 아래 그림과 같은 결과를 확인할 수 있습니다.

 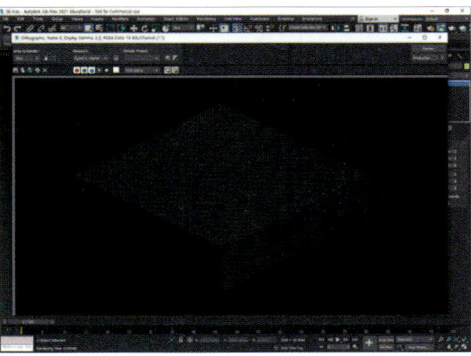

**14** 계속해서 이번에는 기둥 객체를 그리기 위해서 커맨드 패널에서 Create 탭을 클릭한 뒤, Geometry 아이콘을 클릭합니다.

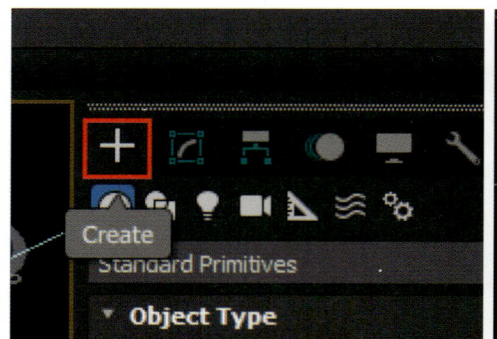 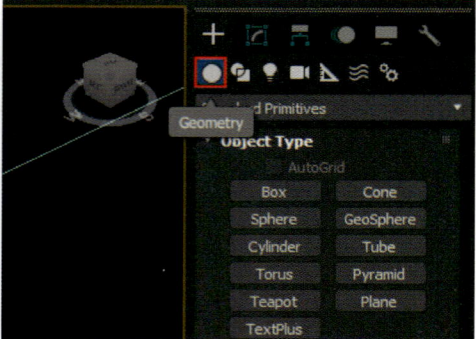

**15** Box 명령을 클릭하여, 아래 그림과 같이 앞에서 작성된 걸레받이 객체 위로 육면체를 그려줍니다. 높이 값은 정확하게 지정할 수 없으므로, 대략적으로 그려줍니다.

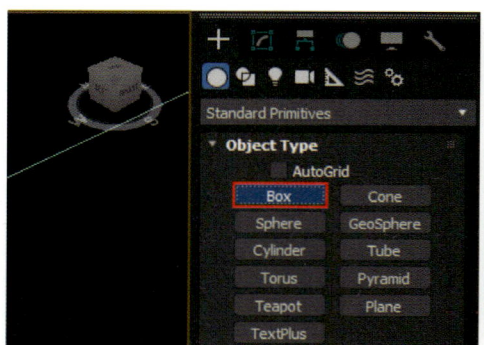 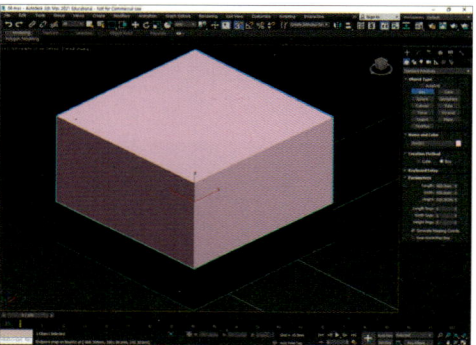

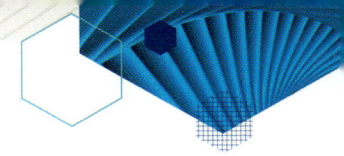

**16** Modify 탭을 클릭한 뒤, 작성된 객체의 이름을 '3D_Col.01'로 변경시켜 줍니다. 계속해서 아래 그림과 같이 Parameters의 Height 값을 '2700'으로 설정합니다.

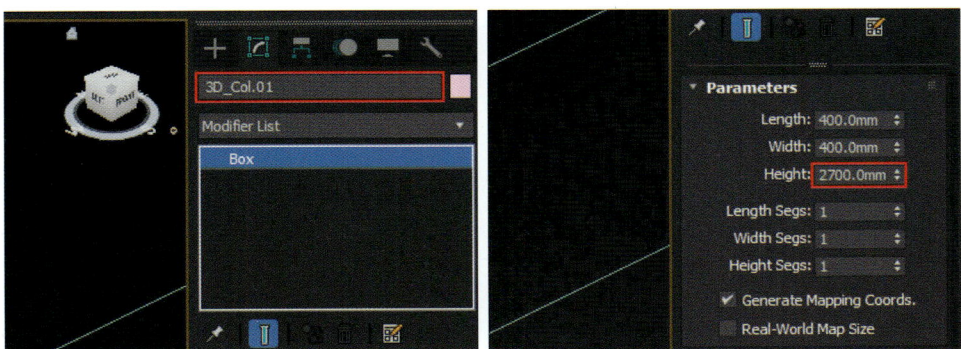

**17** 작성된 객체를 확인하기 위해서 화면 우측 하단에 있는 Zoom Extents Selected 아이콘을 클릭해 줍니다. 작성된 객체를 확인해 줄 수 있습니다.

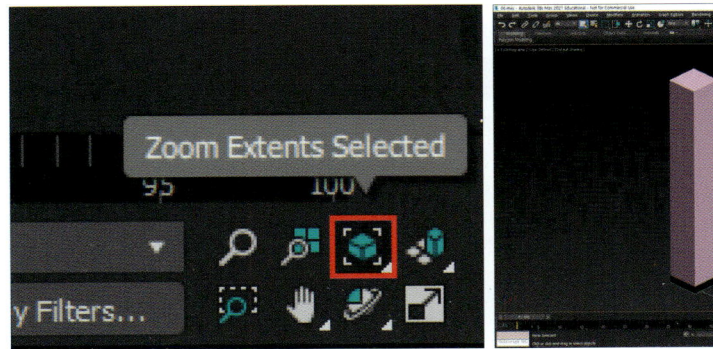
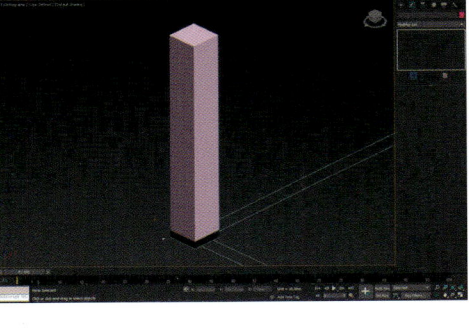

**01**. 무조건 따라해 보자 (1)　**57**

**18** 기둥 객체의 재질을 설정하기 위해서 Material Editor 아이콘을 클릭합니다. 나타나는 Material Editor 대화상자에서 세 번째 빈 슬롯을 클릭하여 선택해 줍니다.

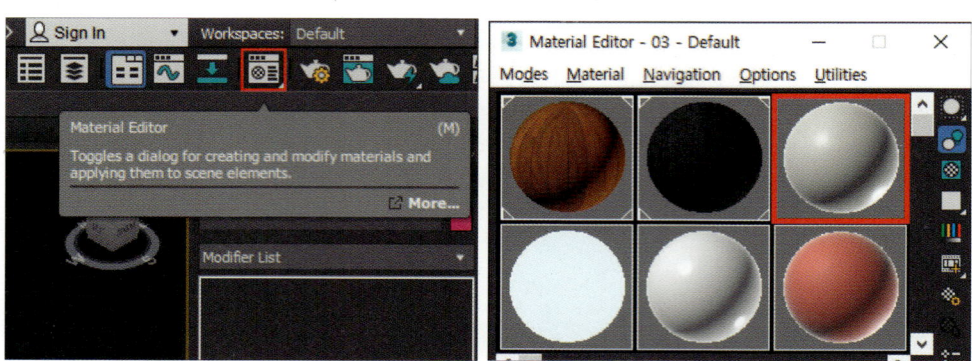

**19** 우선 선택된 슬롯의 재질 이름을 '3D_Col'로 변경한 뒤, 계속해서 재질 타입(Material Type)을 변경하기 위해서 Material Type 버튼을 클릭해 줍니다. 나타나는 Material/Map Browser에서는 재질의 속성을 'Standard'로 선택해 줍니다.

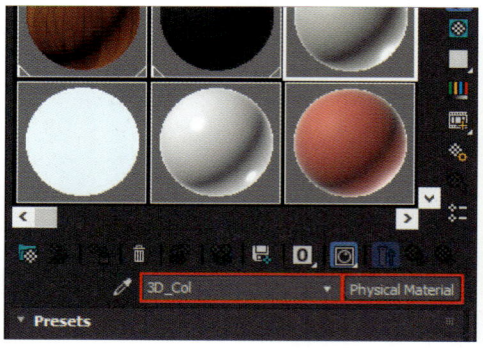
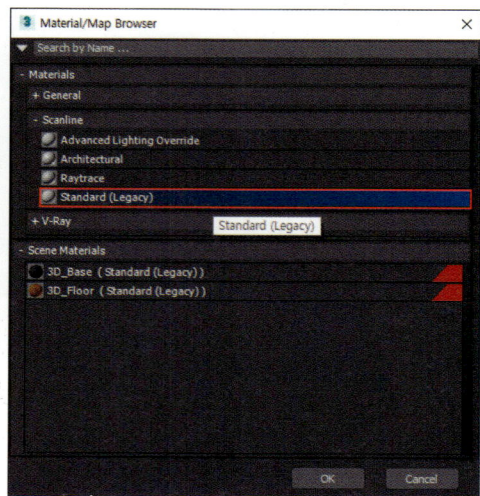

**20** 아래 그림과 같이 Material Type이 Standard로 변경되는 것을 볼 수 있습니다. 계속해서 재질의 표면 속성을 무광으로 표현하기 위해서 Shader 항목을 'Oren-Nayar-Blinn'으로 설정해 줍니다.

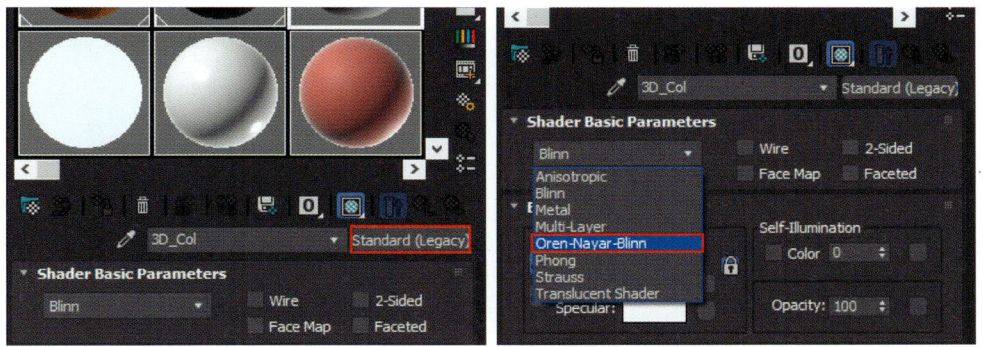

**21** 이제 재질의 색상을 변경시켜 보도록 하겠습니다. 아래 그림과 같이 Diffuse 컬러의 색상 버튼을 클릭하여 나타나는 Color Selector 대화상자에서 Red: 255, Green: 255, Blue: 255로 설정한 뒤, OK 버튼을 클릭해 줍니다.

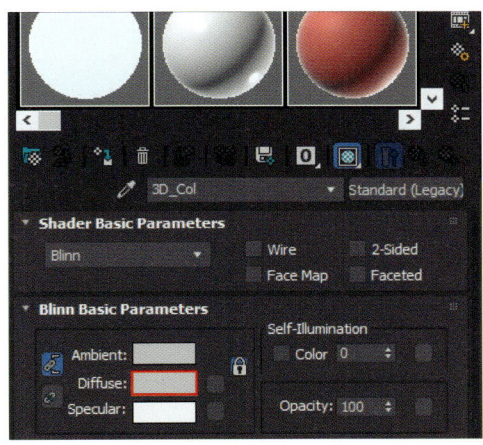
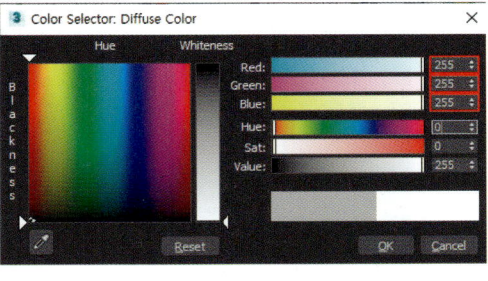

**01**. 무조건 따라해 보자 (1)

㉒ 재질의 색상을 설정한 뒤, Assign Material to Selection 아이콘을 클릭하여 선택된 객체에 재질을 적용시켜 줍니다. 아래 그림과 같이 객체의 색상이 변경된 모습을 볼 수 있습니다.

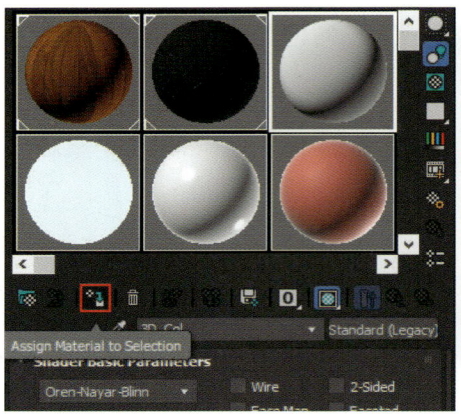
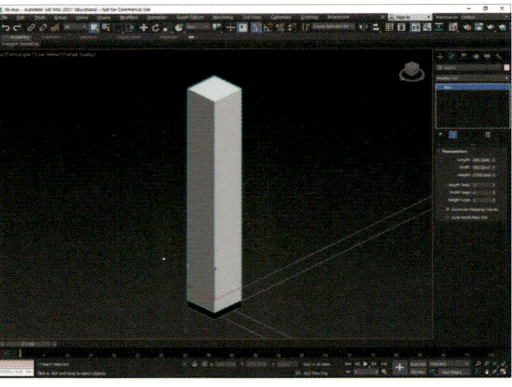

㉓ 결과를 확인하기 위해서 렌더링을 진행하여 결과를 확인해 봅니다.

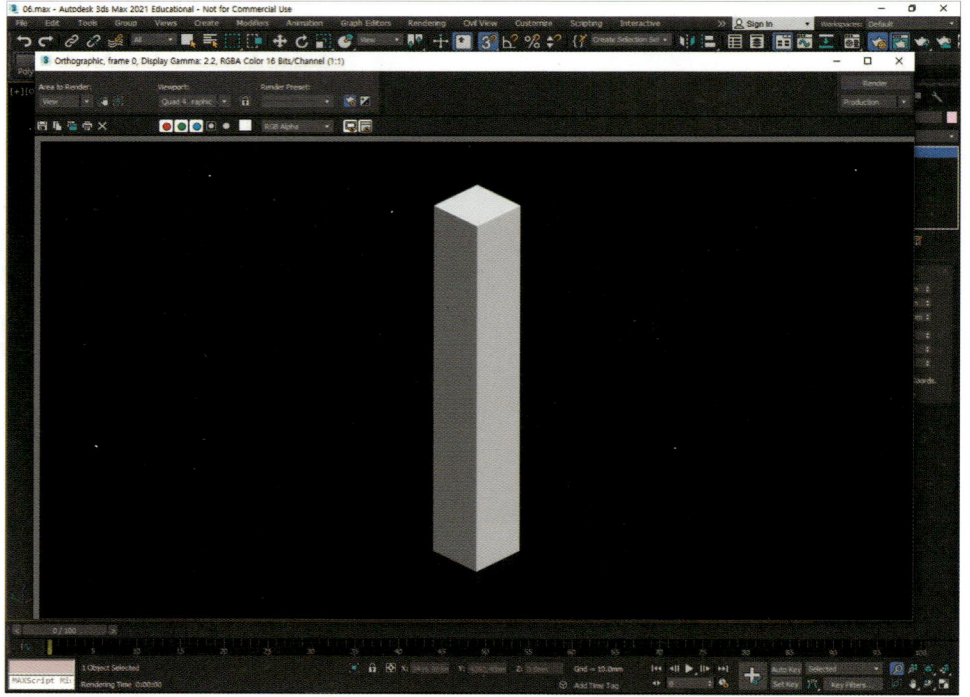

(01\06.max)

24 이제 다른 위치에 있는 걸레받이, 기둥 객체를 그려보도록 하겠습니다. Pan View, Zoom Region 명령을 이용하여 원하는 작업 시점을 구성시켜 줍니다.

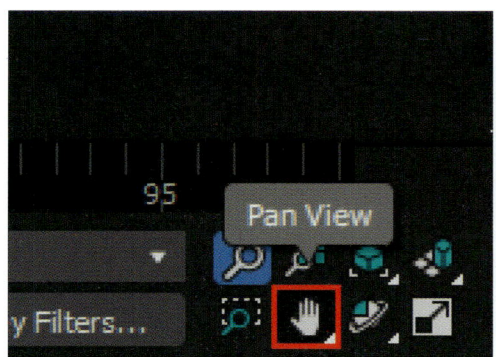 

※ 실제 작업에서 시점 변경 아이콘을 이용하여 원하는 시점을 구성하는 경우는 거의 없을 것으로 생각됩니다. 이유는 대부분의 사용자들은 마우스의 가운데 있는 휠을 이용할 경우 확대, 축소와 같은 Zoom 명령을 수행할 수 있을 뿐만 아니라, 휠을 누른 상태에서 드래그하면 원하는 화면으로 이동할 수 있는 Pan 명령까지 쉽게 수행할 수 있기 때문에 별도의 명령 없이 마우스만으로 원하는 작업 화면을 구성할 수 있습니다.

25 아래 그림과 같이 작업 화면을 구성한 뒤, 육면체를 그리기 위해서 Box 명령을 수행합니다.

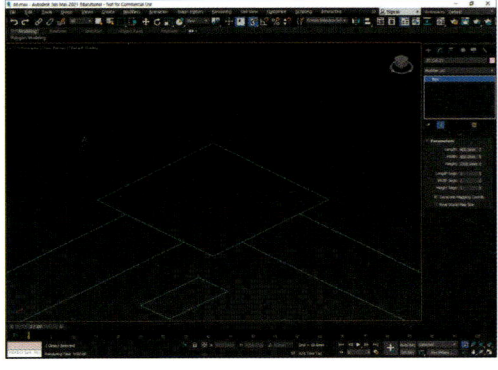 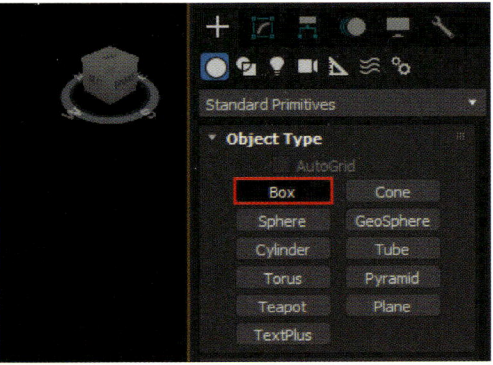

**26** Box 명령을 이용하여 아래 그림과 같이 육면체를 그려줍니다. 계속해서 그려진 객체가 선택된 상태에서 Modify 탭을 클릭한 뒤, 그려진 객체의 이름을 '3D_Col(Base).02'로 변경하고 높이(Height) 값을 '100'으로 설정해 줍니다.

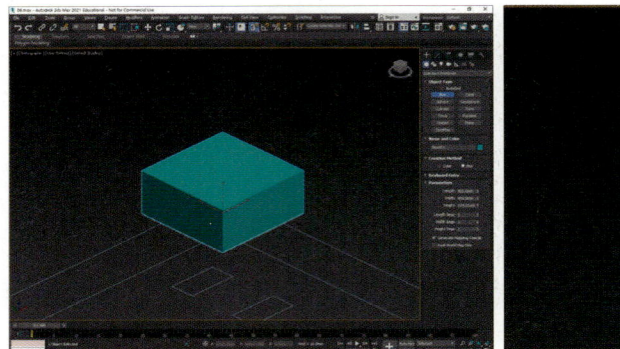
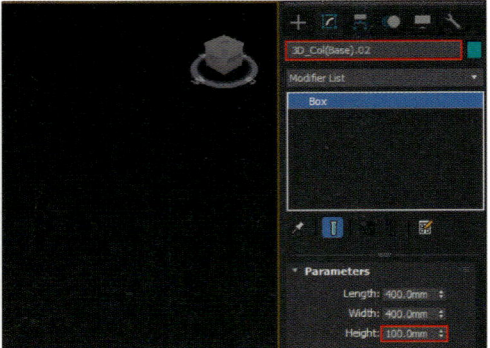

**27** 그려진 객체의 재질 및 색상을 설정하기 위해서 Material Editor 명령을 수행한 뒤, 나타나는 Material Editor 대화상자에서 두 번째 슬롯에 설정된 '3D_Base' 재질을 선택합니다.

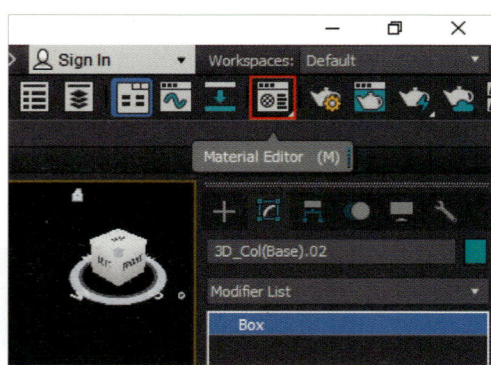
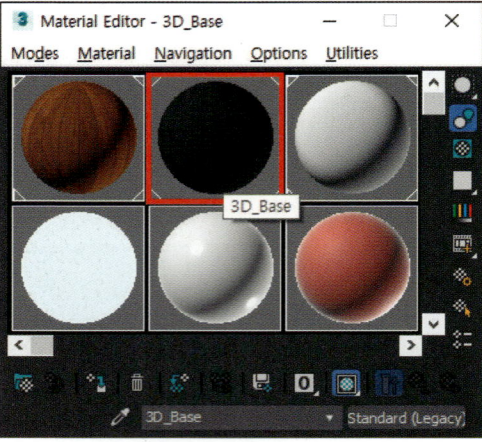

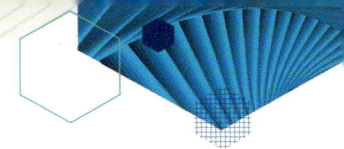

**28** 적용한 재질을 선택한 뒤, Assign Material to Selection 버튼을 클릭하여, 선택된 걸레받이 객체에 적용해 줍니다.

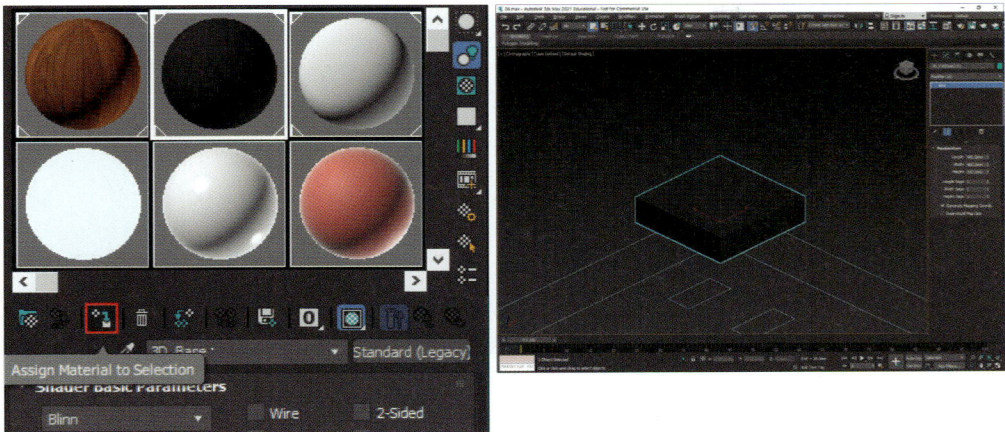

**29** 계속해서 Box 명령을 이용하여 그려진 걸레받이 객체 위쪽으로 육면체를 그려줍니다.

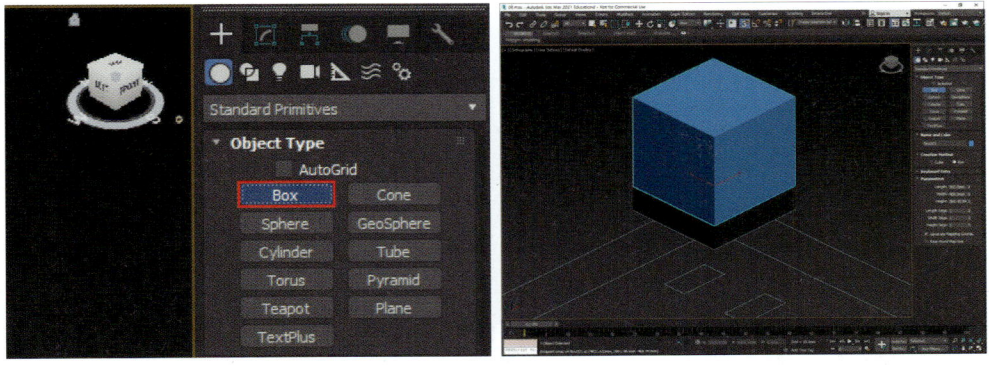

**01**. 무조건 따라해 보자 (1)

**30** 그려진 객체의 이름을 '3D_Col.02'로 변경하고 높이(Height) 값을 '2700'mm로 설정해 줍니다. 재질을 적용하기 위해서 Material Editor 명령을 수행합니다.

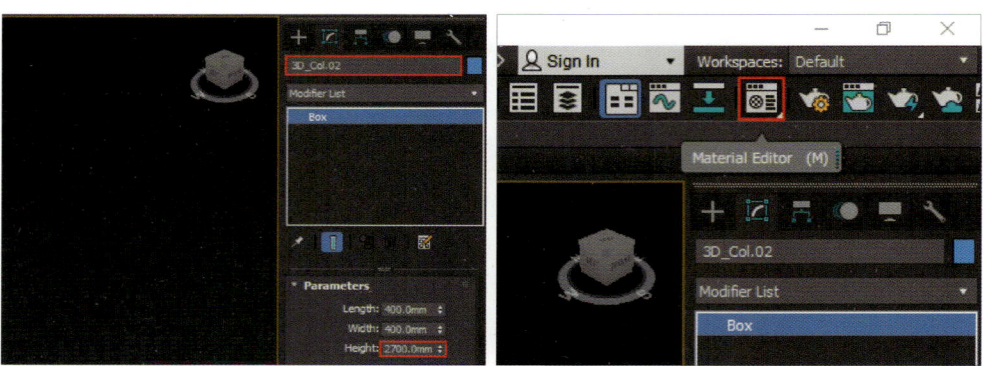

**31** 나타나는 Material Editor 대화상자에서 세 번째 슬롯에 설정된 '3D_Col' 재질을 선택한 뒤, Assign Material to Selection 버튼을 클릭하여 선택된 기둥 객체에 적용해 줍니다.

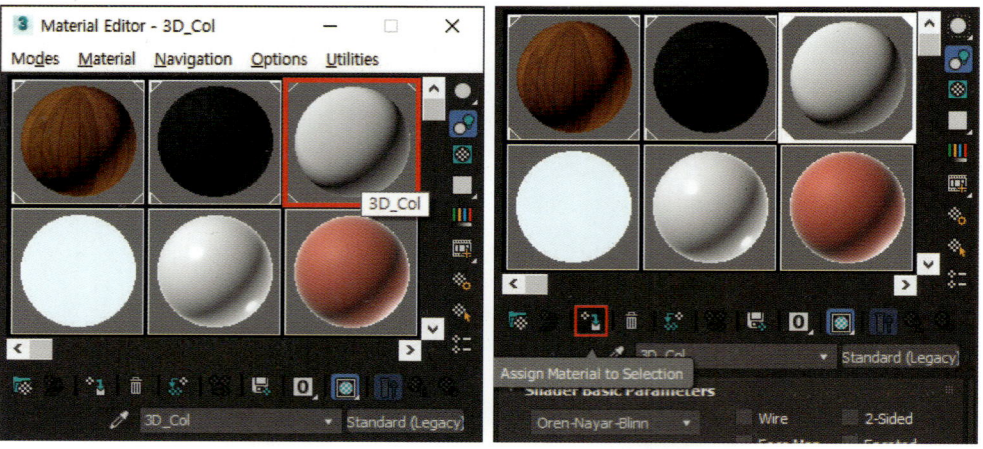

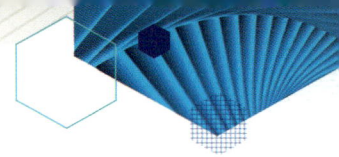

**32** 아래 그림과 같은 결과가 만들어진 것을 확인할 수 있으며, 이번에는 Zoom Extents 명령을 수행하여 지금까지 작성된 모든 객체를 보이도록 설정해 줍니다.

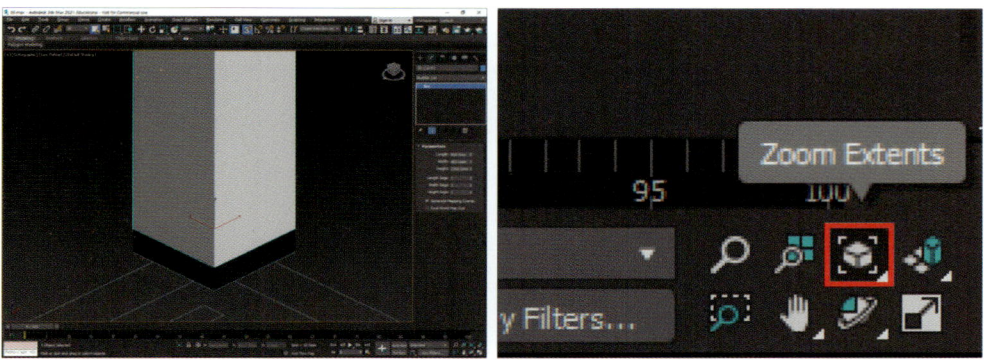

※ Zoom Extents 명령은 Zoom Extents Selected 아이콘을 계속 누르고 있으면 나타나는 메뉴에서 Zoom Extents 또는 Zoom Extents Selected 명령 중 하나를 선택할 수 있습니다.

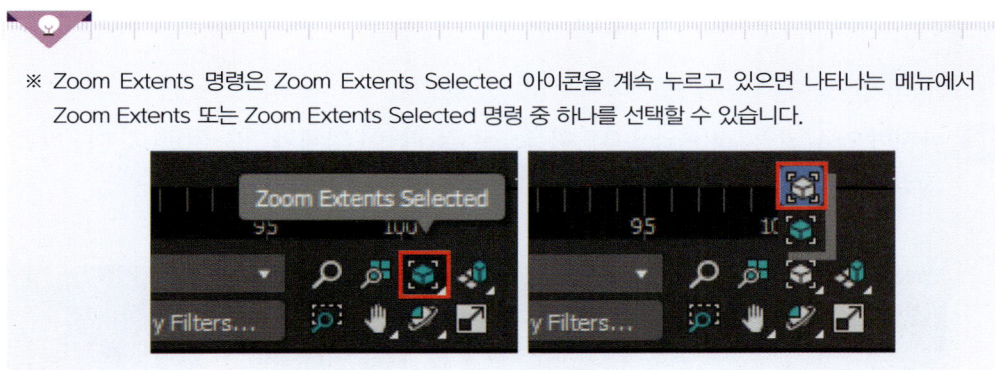

**33** 계속해서 Zoom 명령을 이용하여 지금까지 작성된 두 개의 기둥 객체를 확인한 뒤, 렌더링을 수행하여 지금까지 작업한 결과를 확인해 봅니다.

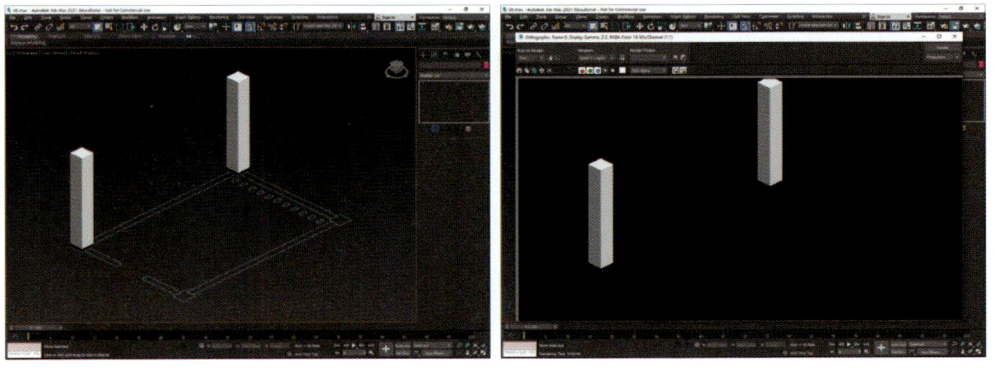

**01**. 무조건 따라해 보자 (1)

**34** 지금부터는 앞에서 작업한 것과 동일한 과정이기 때문에 별도의 설명은 생략하도록 하겠습니다. 아래 그림과 같은 위치에서 걸레받이 객체의 이름을 '3D_Col(Base).03'으로, 기둥 객체 '3D_Col.03'으로 작성한 뒤, 앞에서 설정한 재질을 적용해 줍니다.

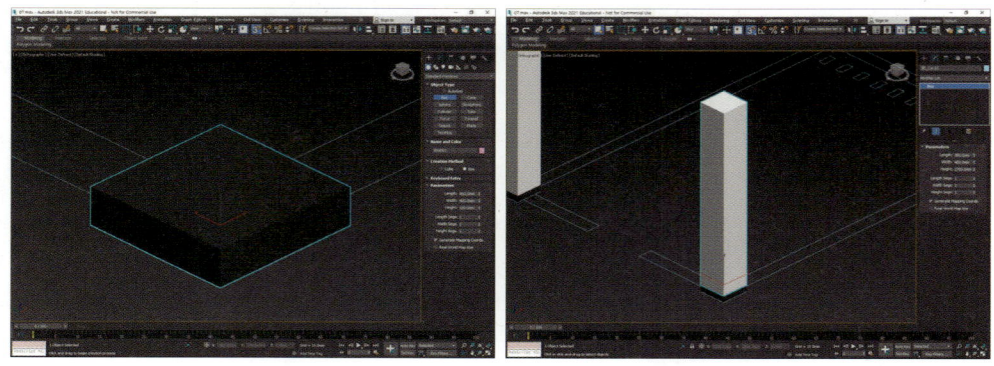

**35** 마지막으로 '3D_Col(Base).04' 이름으로 걸레받이 객체와 '3D_Col.04' 이름으로 기둥 객체를 작성한 뒤, 재질을 적용하여 결과를 완성해 줍니다.

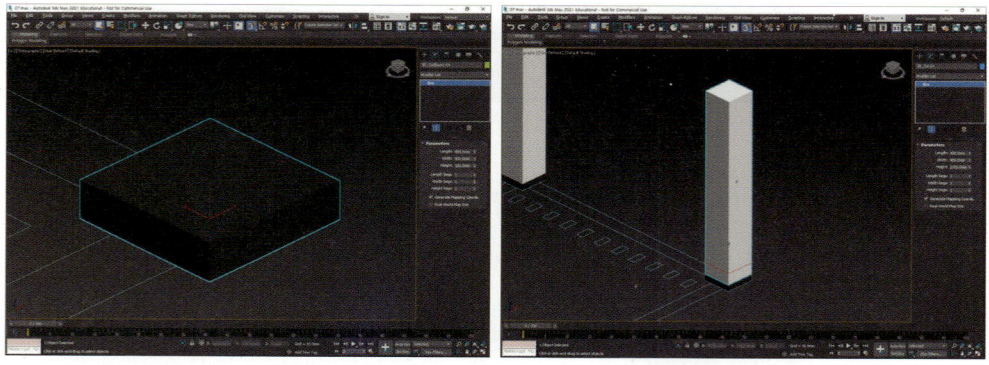

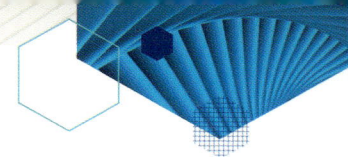

**36** Zoom Extents 명령을 수행하여 지금까지 작업한 모든 내용을 확인해 봅니다.

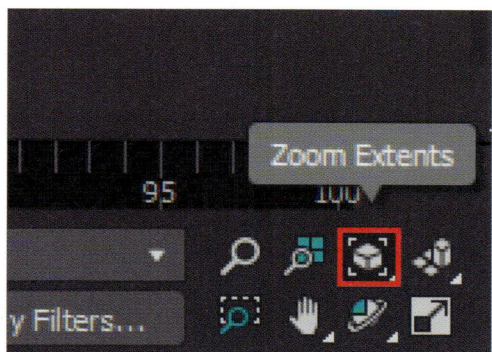 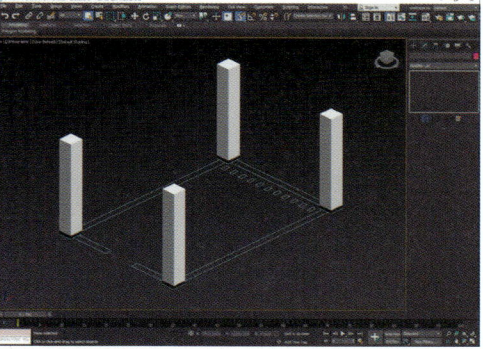

**37** Select by Name 아이콘을 클릭한 뒤, 나타나는 Select From Scene 대화상자에서 '3D_'로 시작되는 이름의 객체를 모두 선택해 줍니다.

 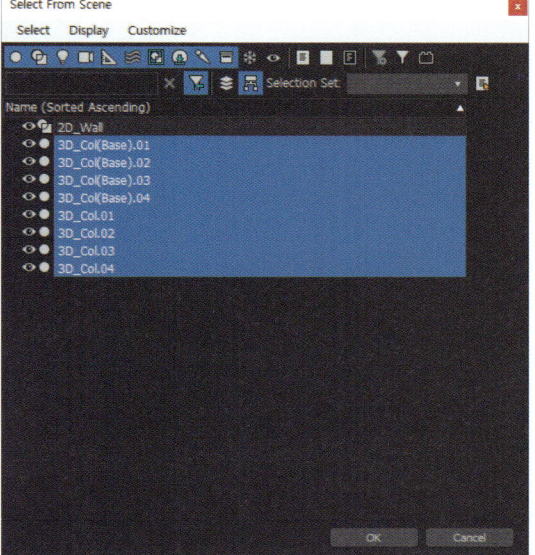

**38** 모두 8개의 객체를 선택한 뒤, Group▶Group... 명령을 수행하여 나타나는 Group 대화상자에서 '3D_Column'이라는 그룹 이름을 설정해 줍니다. 작업 내용은 선택된 8개의 객체를 '3D_Column'라는 이름으로 묶어줌으로써 보다 쉽게 모델링 데이터를 관리할 수 있게 작업한 것입니다.

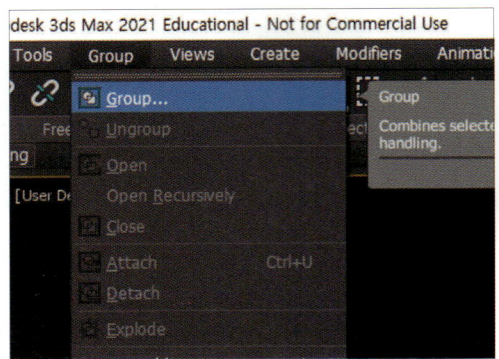
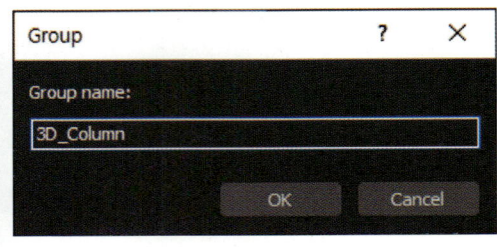

**39** 결과를 확인하기 위해서 Rendering▶Render 명령을 수행하여 결과를 확인해 줍니다.

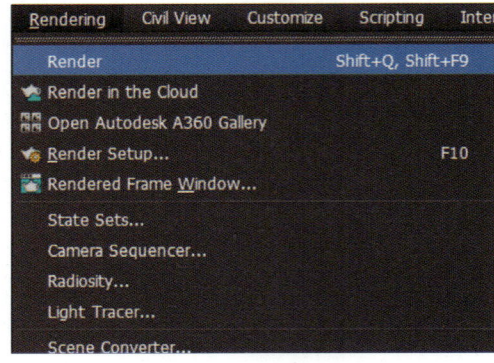
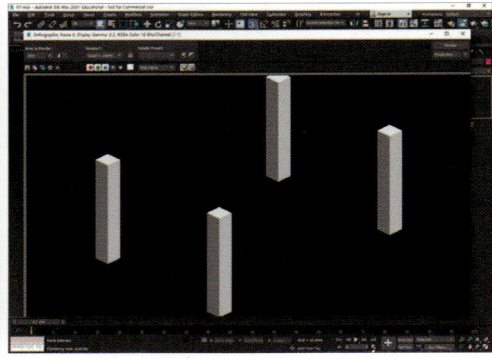

(01\07.max)

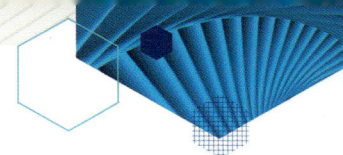

**40** 그룹 객체가 선택된 상태에서 다음 작업을 위해 커맨드 패널의 Display 탭을 클릭한 뒤, 나타나는 항목에서 아래 그림과 같이 Hide 카테고리의 Hide Selected 명령을 수행합니다.

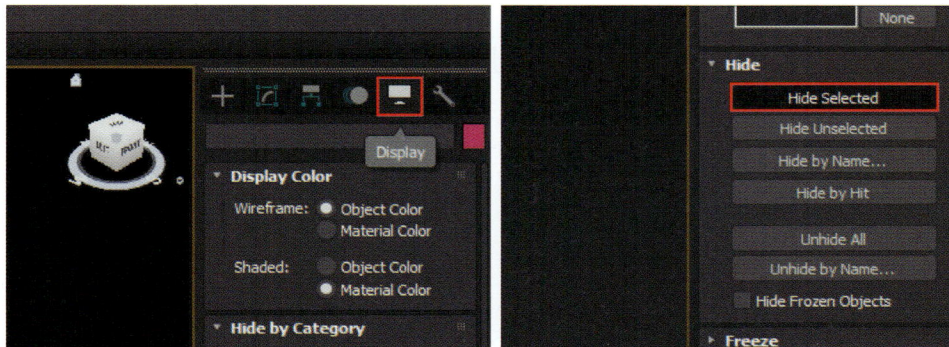

**41** 지금까지 작업한 내용이 보이지 않게 됩니다. 작업한 내용은 선택된 객체를 삭제한 것이 아니라 다음 작업을 보다 쉽게 진행하기 위해서 잠시 보이지 않도록 설정한 것입니다.

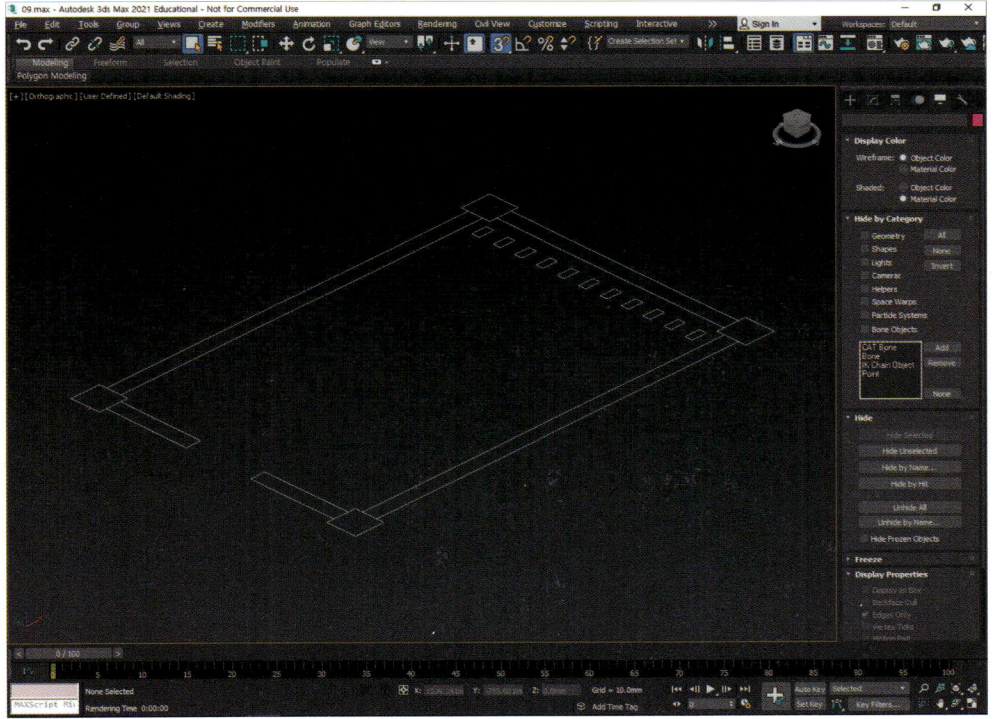

**01**. 무조건 따라해 보자 (1)

## 6. 벽체 모델링

이번에는 아래 그림과 같은 벽체를 모델링해 보도록 하겠습니다.

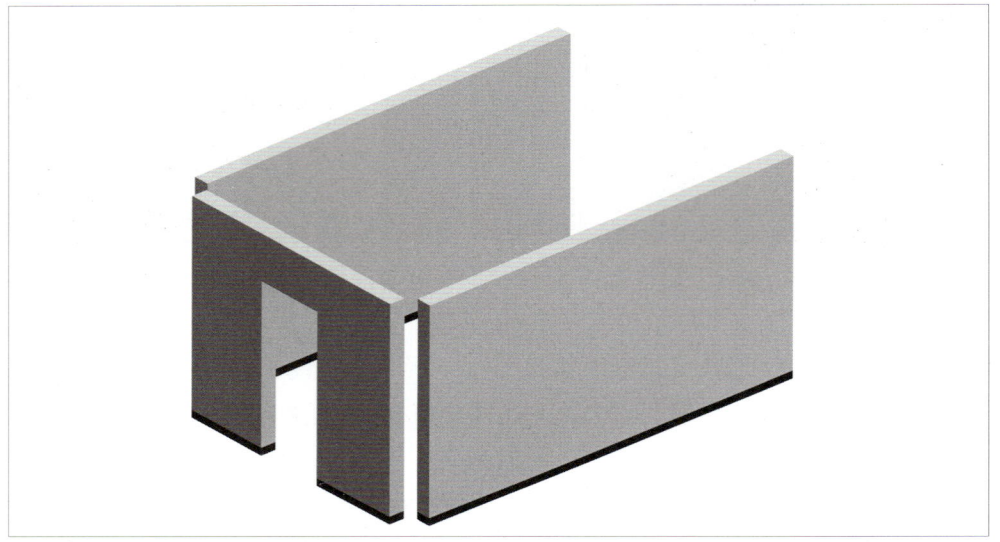

① 벽체 및 벽체 하부에 있는 걸레받이 모델링 작업을 진행해 보도록 하겠습니다. 벽체 및 걸레받이 객체를 작성하기 위해서 아래 그림과 같은 작업 화면을 구성한 뒤, Box 명령을 수행합니다.

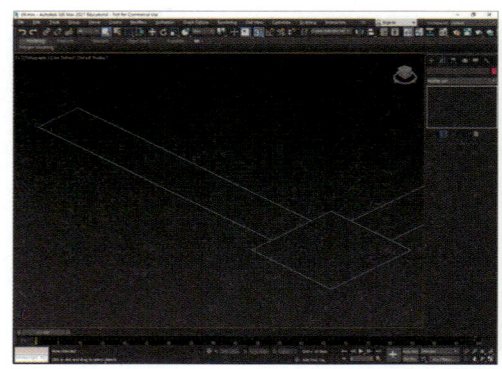
(01\08.max)

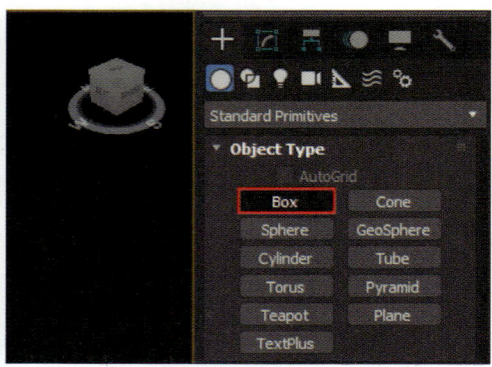

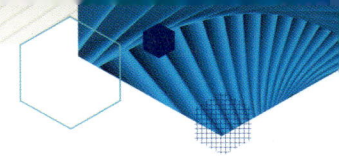

**②** 스냅이 설정된 상태에서, Box 명령을 이용하여 아래 그림과 같이 모델링 작업을 수행해 줍니다. 계속해서 Modify 탭을 클릭하여 그려진 객체의 이름을 '3D_Wall(Base).01' 로 변경한 뒤, 그려진 육면체의 높이(Height) 값을 '100'으로 설정해 줍니다.

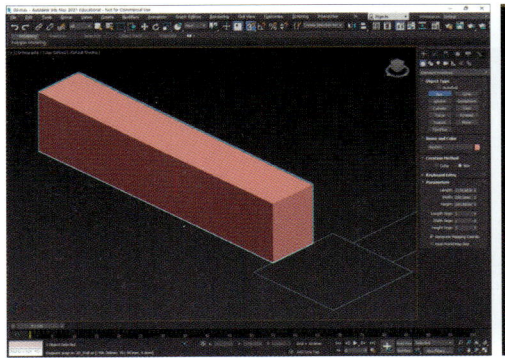
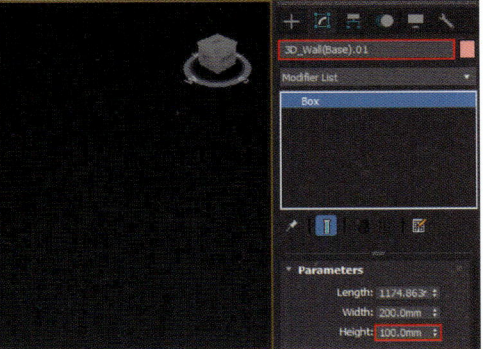

**③** 동일한 방법으로 도면을 이용하여 나머지 벽체 하부의 걸레받이 객체를 작성해 줍니다. 작성된 객체의 이름을 '3D_Wall(Base). ○○'으로 객체의 높이(Height)는 '100'으로 설정해 줍니다. 주의할 점은 수직 루버가 있는 부분의 벽은 고정 창을 표현할 예정이기 때문에 벽체 모델링을 수행하지 않도록 하시기 바랍니다.

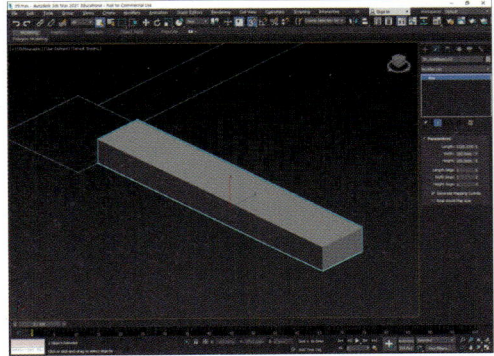
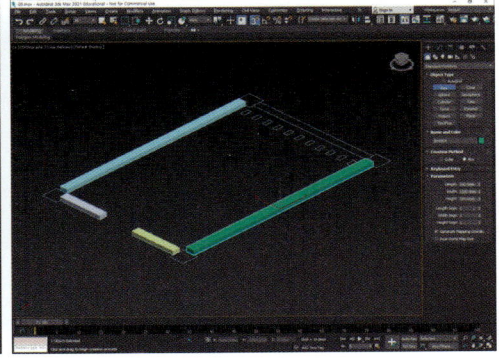

**01**. 무조건 따라해 보자 (1)

4 Select by Name 명령을 수행합니다. 나타나는 Select From Scene 대화상자에서 '3D_Wall(Base).01'~'3D_Wall(Base).04'까지 작성된 모든 걸레받이 객체를 선택해 줍니다.

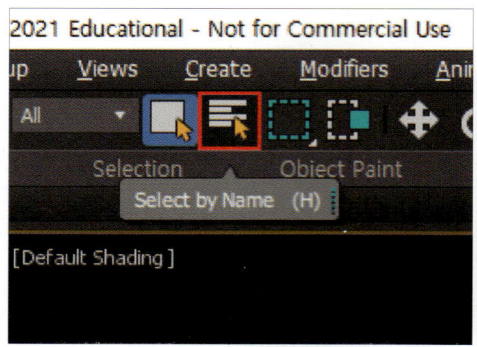 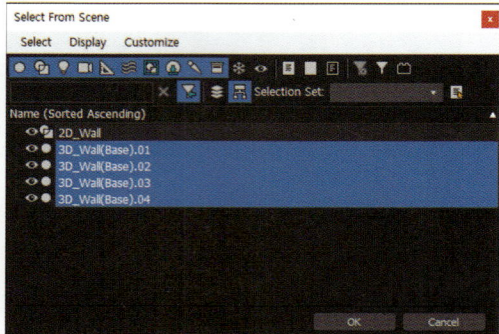

5 아래 그림과 같이 작성된 객체를 선택한 뒤, 작성된 모델링 객체의 색상을 설정하기 위해서 Material Editor 명령을 수행합니다.

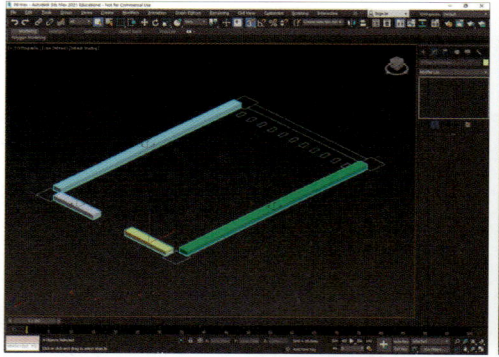 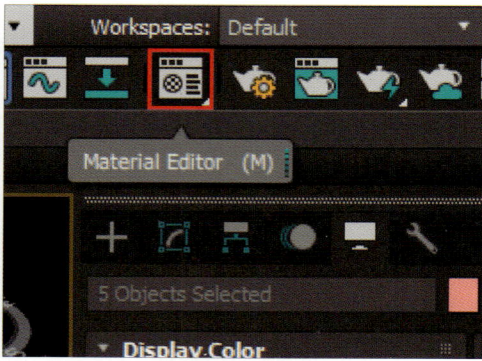

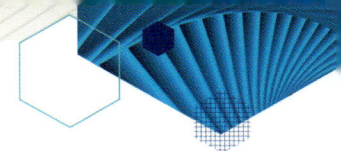

**6** 나타나는 Material Editor 대화상자에서 두 번째 슬롯에 설정된 '3D_Base' 재질을 선택한 뒤, Assign Material to Selection 버튼을 클릭하여 선택된 걸레받이 객체에 적용해 줍니다.

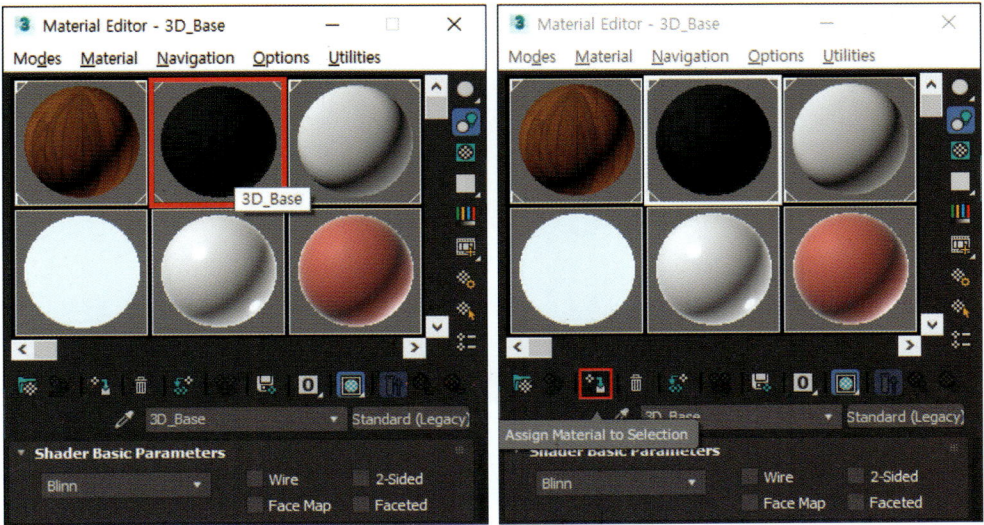

**7** 계속해서 Zoom 명령을 이용하여 지금까지 작성된 걸레받이 객체를 확인한 뒤, 렌더링을 수행하여 결과를 확인해 봅니다.

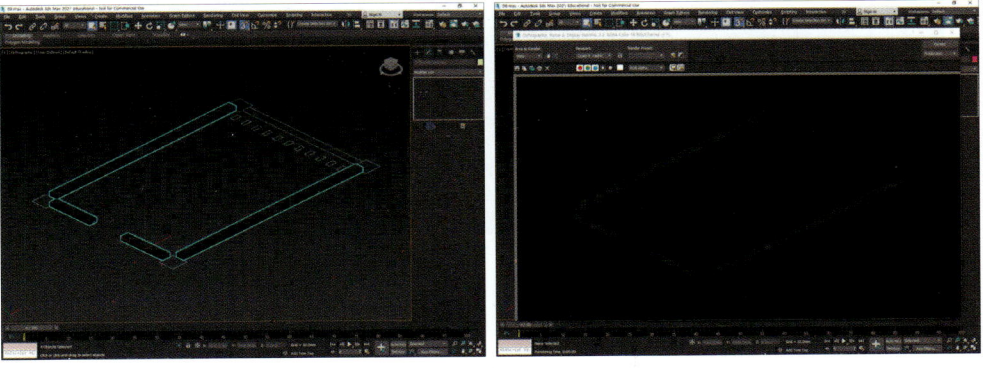

**01.** 무조건 따라해 보자 (1)　**73**

**8** 계속해서 이번에는 걸레받이 위쪽으로 벽체 객체를 작성해 보도록 하겠습니다. 벽체 객체를 모델링하기 위해서 Box 명령을 이용하여 아래 그림과 같이 작성한 뒤, 그려진 객체의 이름을 '3D_Wall.01'로, 그려진 육면체 객체의 높이(Height) 값을 '2700'으로 설정해 줍니다.

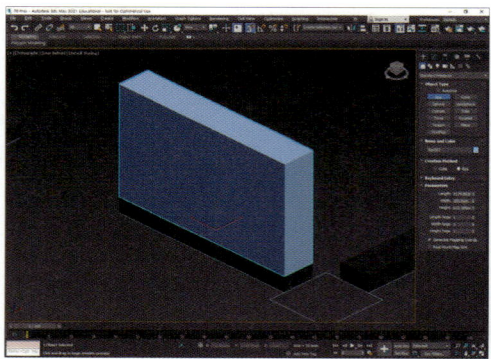
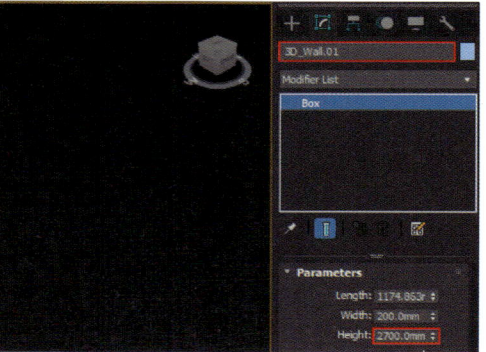

**9** Orbit 명령과 같이 시점을 변경할 수 있는 명령을 이용하여 시점을 변경해 가면서 앞에서 진행한 동일한 방법으로 나머지 벽체의 모델링을 진행해 줍니다.

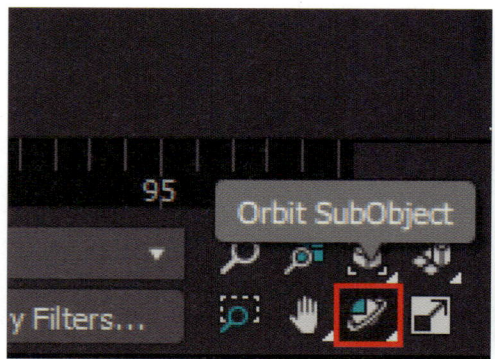
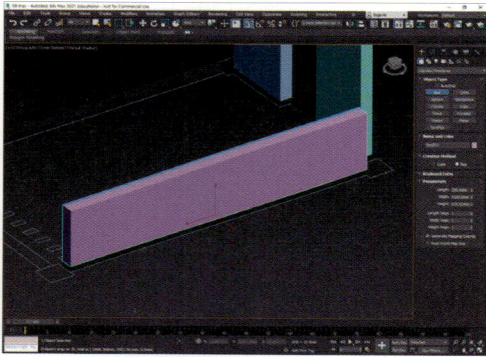

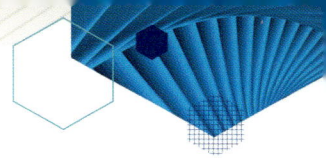

**10** 아래 그림과 같이 수직 루버가 있는 부분의 벽을 제외하고 나머지 벽체를 모두 모델링해 줍니다.

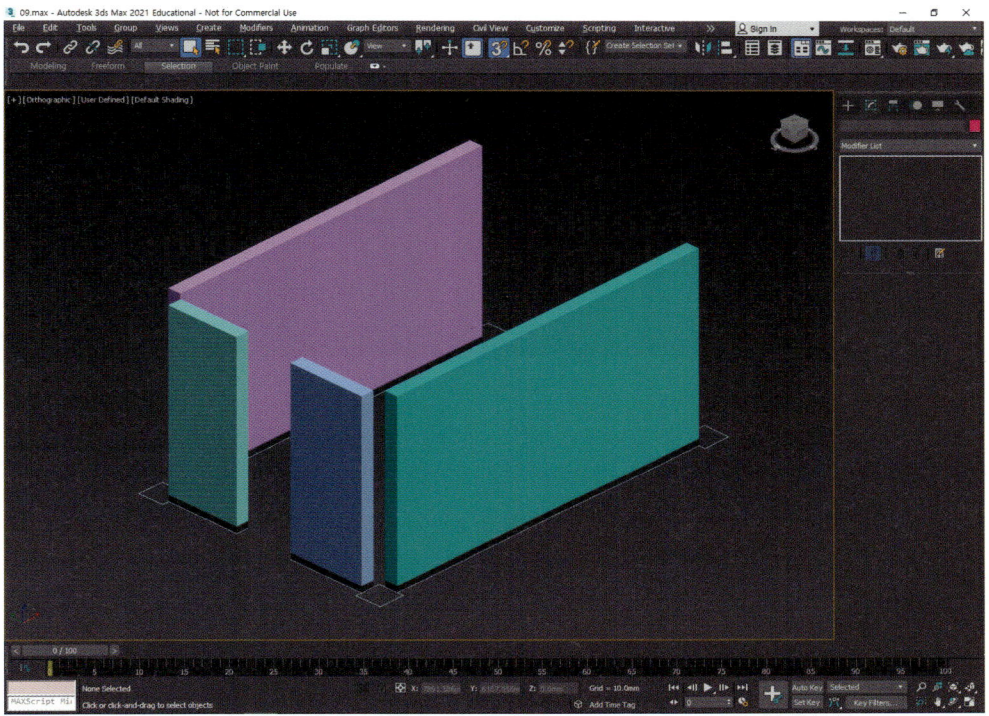

**11** 이번에는 벽체와 벽체 사이의 개구부 상부 벽체를 작성해 보도록 하겠습니다. 아래 그림과 같이 화면을 구성한 뒤, Box 명령을 이용하여 벽체 사이의 개구부 상부 벽을 개략적으로 모델링합니다.

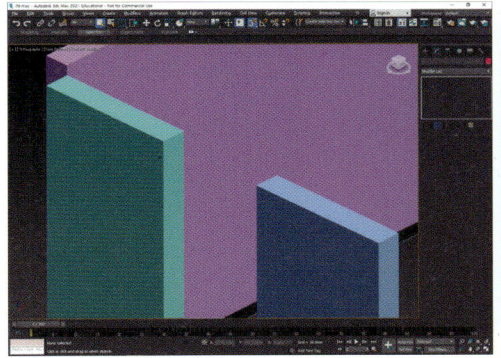 

**01**. 무조건 따라해 보자 (1)

⑫ 작성된 모델링 객체의 이름은 '3D_Wall.05', 높이 값을 '-600'으로 설정해 줍니다. 벽체 객체를 작성한 뒤, Select by Name 명령을 수행합니다.

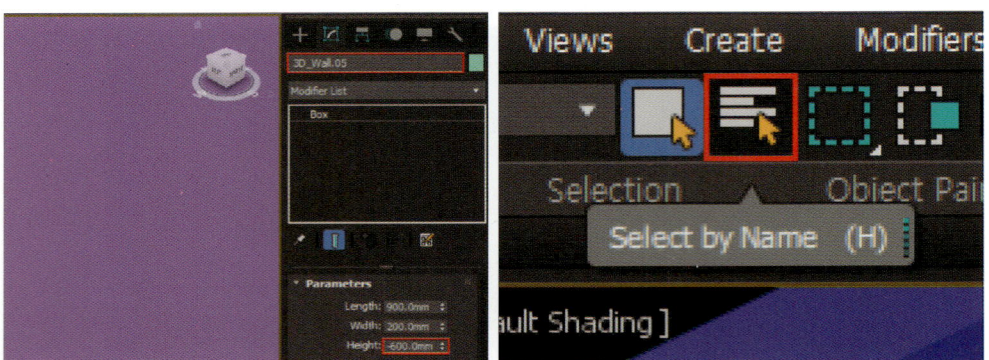

⑬ 나타나는 Select From Scene 대화상자에서 '3D_Wall.01~3D_Wall.05'까지 벽 객체를 선택한 뒤, Material Editor 명령을 수행합니다.

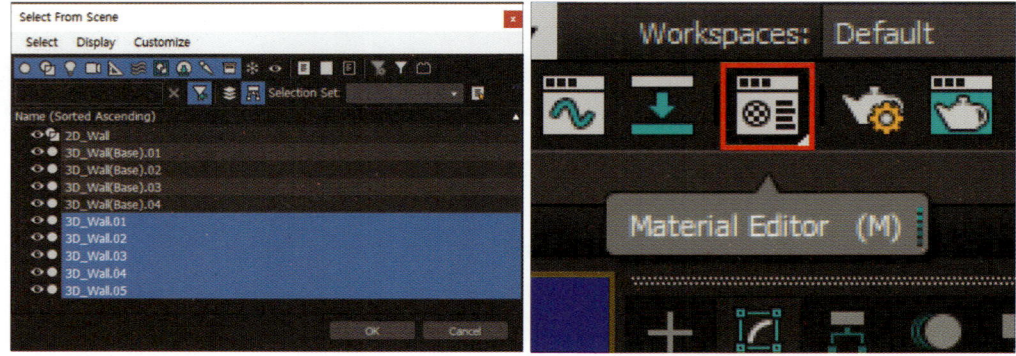

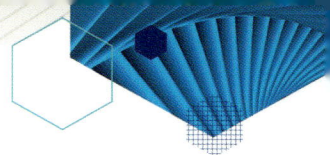

**14** 나타나는 Material Editor 대화상자에서 세 번째 슬롯에 설정된 '3D_Col' 재질을 선택한 뒤, Assign Material to Selection 버튼을 클릭하여 선택된 벽체 객체에 적용해 줍니다.

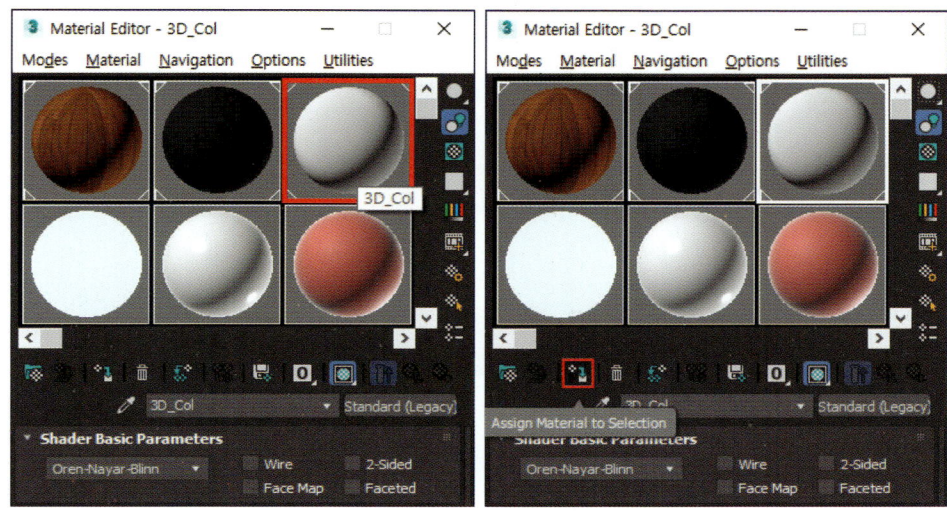

**15** 아래 그림과 같은 결과를 확인할 수 있습니다.

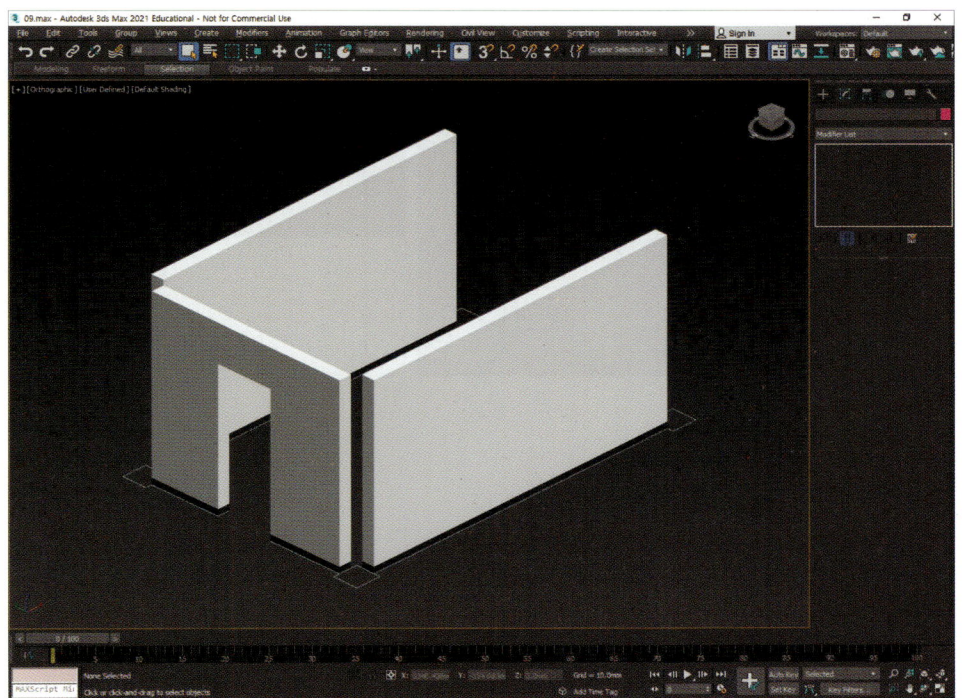

**01**. 무조건 따라해 보자 (1)

16 이제 지금까지 작성된 객체를 하나의 그룹 객체로 묶어보도록 하겠습니다. Select by Name 명령을 수행합니다. 나타나는 Select From Scene 대화상자에서 지금까지 작성된 모든 걸레받이, 벽체 객체를 선택해 줍니다.

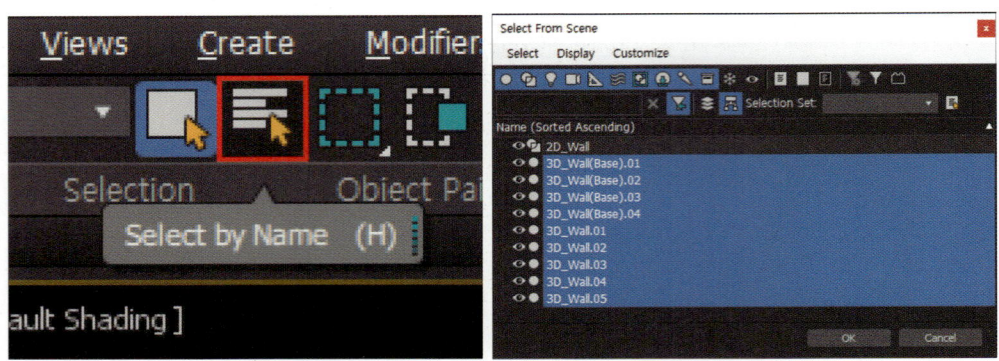

17 작성된 모델링 객체를 선택한 뒤, Group▶Group 명령을 수행하여 나타나는 Group 대화상자에서 그룹의 이름을 '3D_Wall'로 설정해 줍니다.

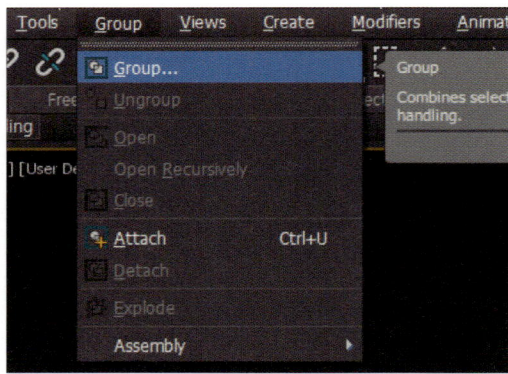
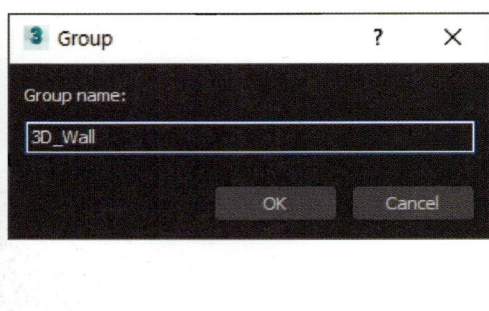

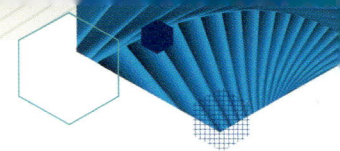

**18** 마지막으로 Rendering▶Render 명령을 수행하여, 지금까지 작업한 결과를 확인해 봅니다. 아래 같은 결과를 확인할 수 있습니다.

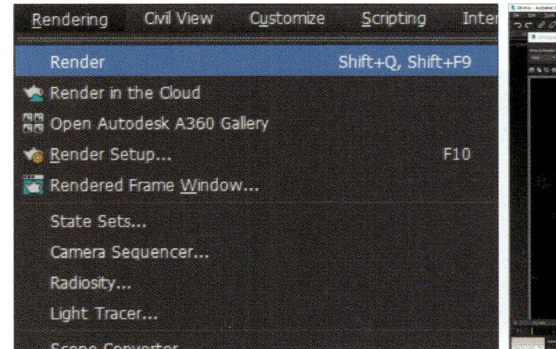
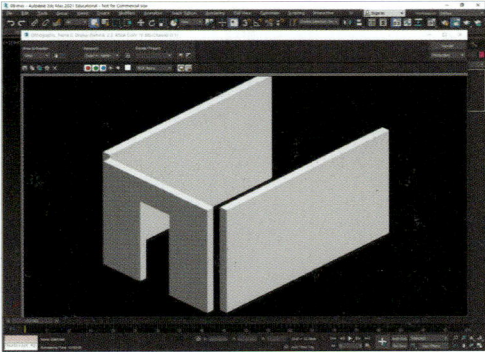

(01\09.max)

**19** 그룹 객체가 선택된 상태에서 커맨드 패널의 Display 탭을 클릭합니다. 나타나는 항목에서 아래 그림과 같이 Hide 카테고리의 Hide Selected 명령을 수행합니다.

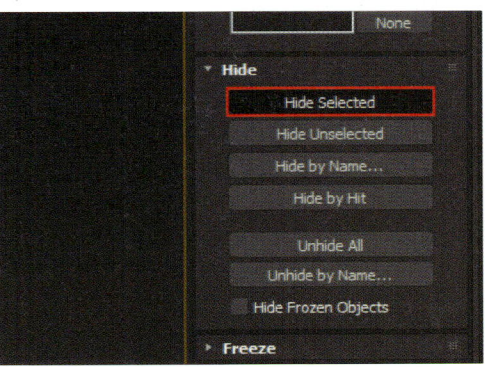

**01**. 무조건 따라해 보자 (1)

20 지금까지 작업한 내용이 보이지 않게 됩니다. 작업한 내용은 선택된 객체를 삭제한 것이 아니라, 다음 작업을 보다 쉽게 진행하기 위해서 잠시 보이지 않도록 설정한 것입니다.

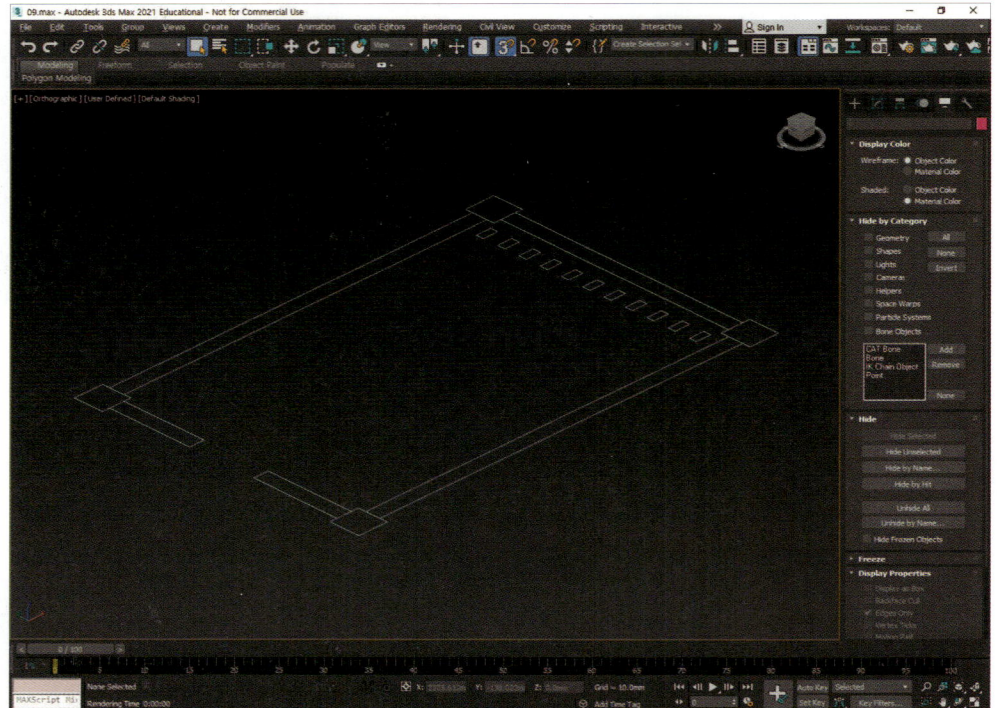

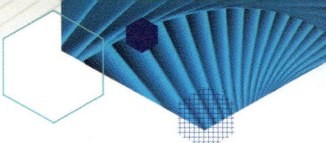

## 7. 수직 루버 모델링

  이번에는 준비된 도면을 바탕으로 창호 앞에 있는 수직 루버 형태의 모델링을 진행해 보도록 하겠습니다.

**1** 이번에는 수직 루버 형태의 모델링을 진행해 보도록 하겠습니다. 아래 그림과 같이 화면을 구성한 뒤, Box 명령을 수행하여 객체를 작성해 줍니다.

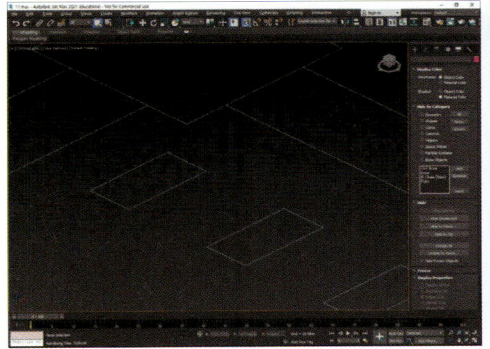 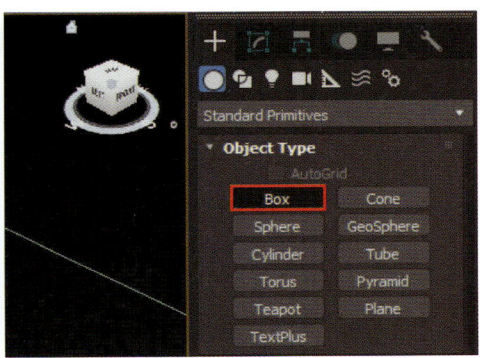

**01**. 무조건 따라해 보자 (1)    81

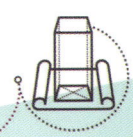

❷ Modify 탭을 클릭하여 그려진 객체의 이름을 '3D_Louver.001'로 변경한 뒤, 그려진 육면체 객체의 높이(Height) 값을 '2800'mm로 설정해 줍니다.

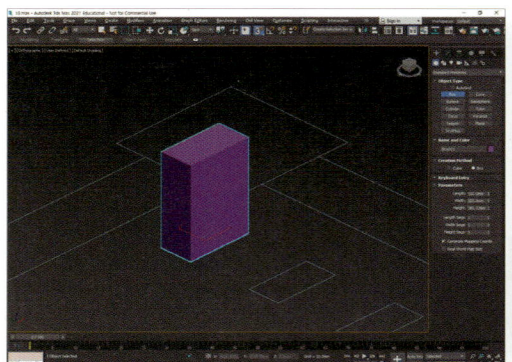 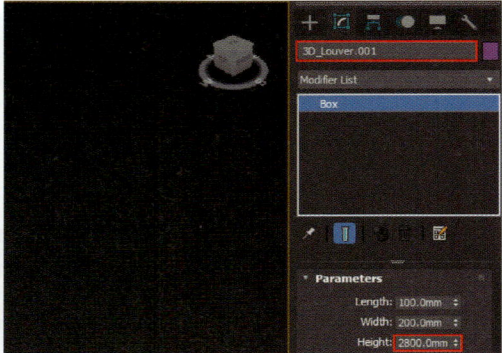

❸ 나머지 객체는 동일한 형태이기 때문에 앞에서 작성된 모델링 객체를 복사해 보도록 하겠습니다. 앞에서 작성된 '3D_Louver.001' 객체를 선택한 뒤, 화면 중앙 하단에 있는 Selection Lock Toggle 아이콘을 클릭해 줍니다.

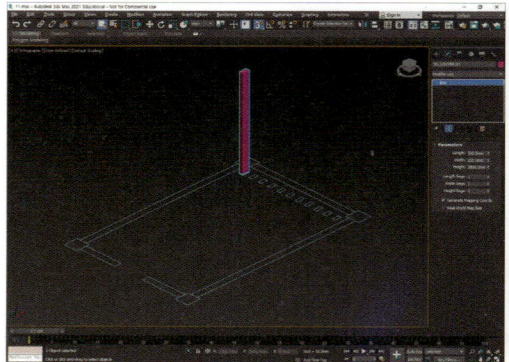 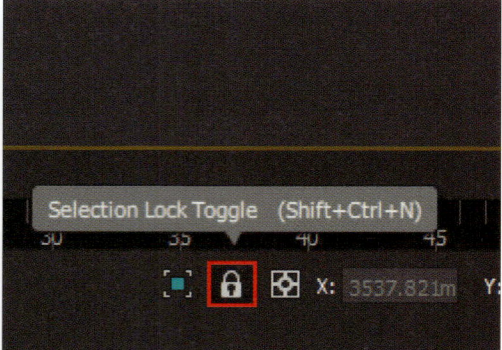

4  객체를 잠가준 뒤, 선택된 객체를 이동 및 복사하기 위해서 Select and Move 명령을 클릭해 줍니다. [Shift] 키를 누른 상태에서 아래 그림과 같이 다음 위치로 드래그해 줍니다.

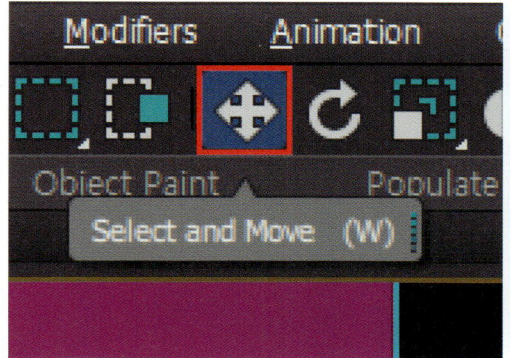 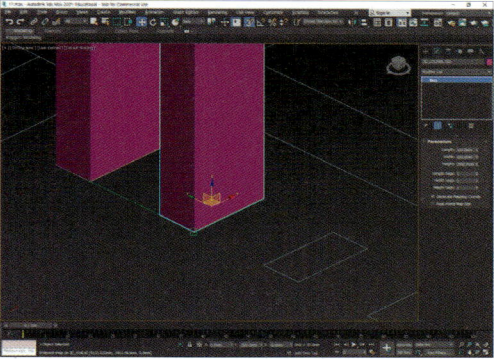

5  [Shift] 키를 누른 상태에서 드래그하면 아래 그림과 같이 Clone Options 대화상자가 나타나게 됩니다. 아래 그림과 같이 복사되는 Object 속성을 Copy로 설정, 복사될 객체의 수(Number of Copies)를 10으로 설정해 줍니다. 마지막으로 복사되는 객체의 이름은 자동으로 객체 이름 뒤에 숫자가 붙으면서 제작됩니다.

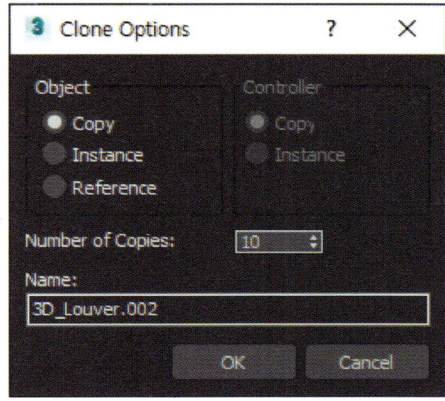 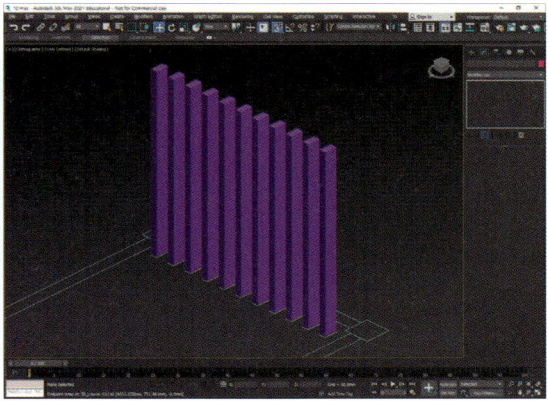

**6** 복사된 객체를 모두 선택하기 위해서 Select by Name 명령을 클릭하여 나타나는 Select From Scene 대화상자에서 작성된 '3D_Louver.001~3D_Louver.011' 객체를 선택해 줍니다.

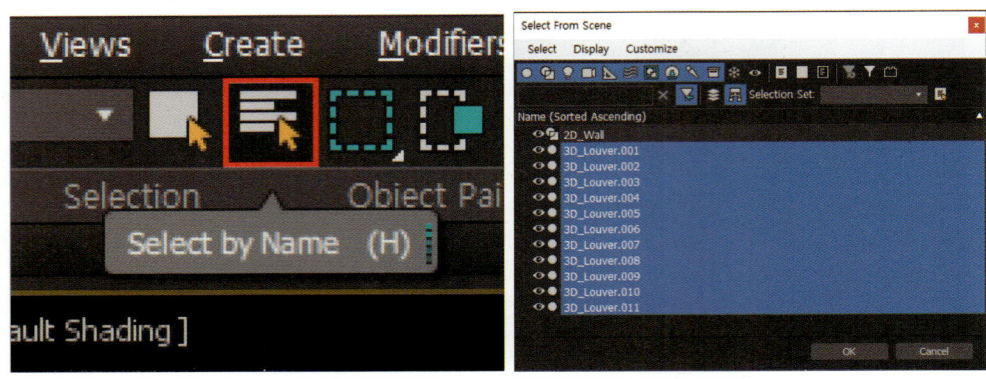

**7** Material Editor 명령을 수행하여 나타나는 Material Editor 대화상자에서 첫 번째 슬롯에 설정된 '3D_Floor' 재질을 선택한 뒤, Assign Material to Selection 버튼을 클릭하여 선택된 수직 루버 객체에 적용해 줍니다.

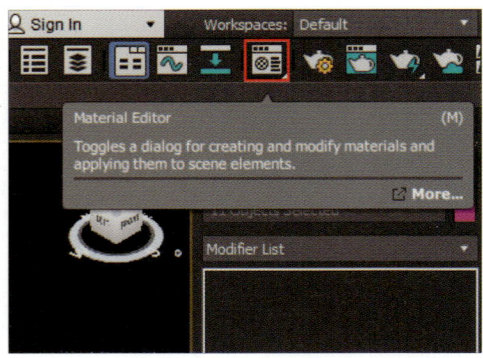 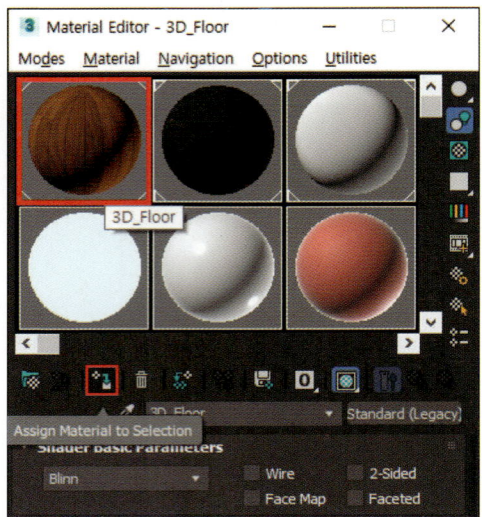

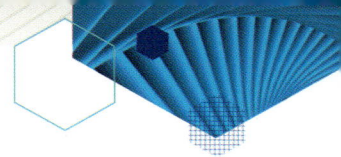

**8** 수직 루버 객체가 모두 선택된 상태에서 Group▶Group 명령을 수행하여 나타나는 Group 대화상자에서 그룹의 이름을 '3D_Louver'로 설정해 줍니다.

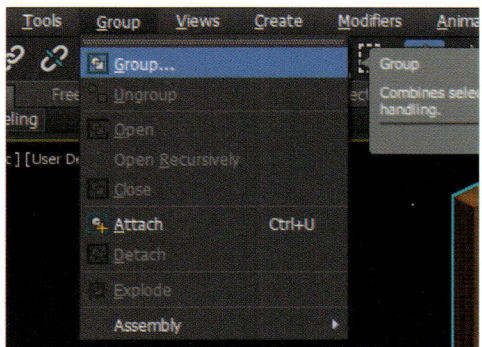 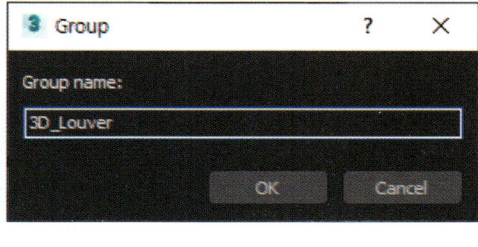

**9** Modify 버튼을 클릭한 뒤, 아래 그림과 같이 Modifier List를 클릭해 줍니다.

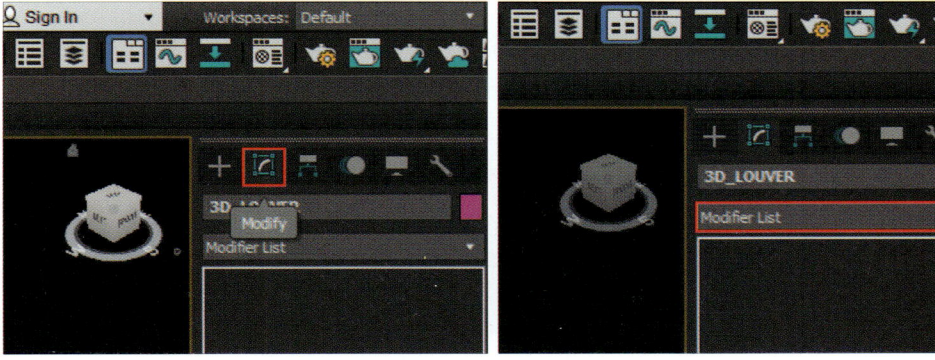

**01**. 무조건 따라해 보자 (1)

**10** Modifier List를 클릭하여 나타나는 여러 명령 중에서 UVW Map 명령을 선택해 줍니다. UVW Map 명령을 수행한 뒤, 나타나는 옵션 값 중에서 아래 그림과 같이 매핑 방법을 Box로 설정하고, 기즈모의 크기를 Length: 2000mm, Width: 2000mm, Height: 2000mm로 설정해 줍니다.

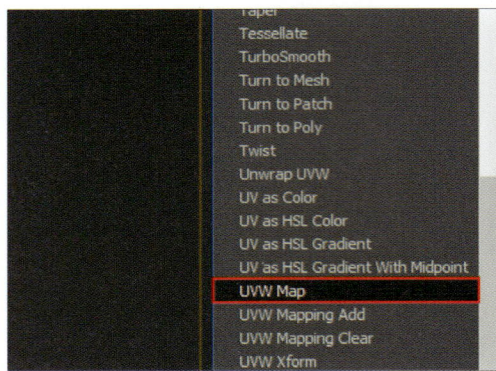 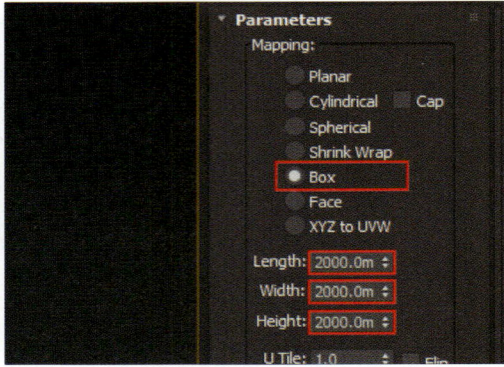

**11** 아래 그림과 같은 재질이 표현된 수직 루버가 완성된 모습을 확인할 수 있으며, 렌더링을 수행하여 결과도 확인해 줍니다.

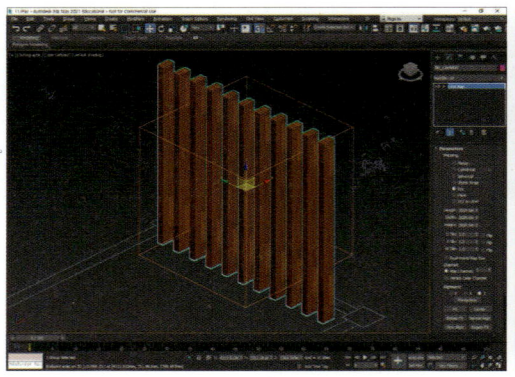 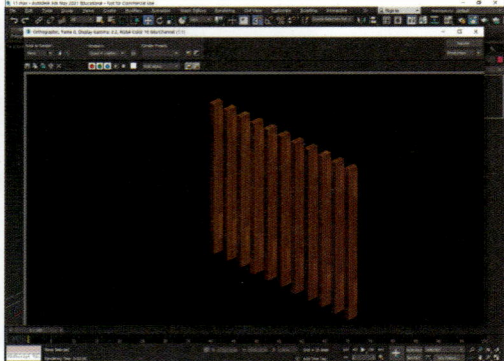

(01\10.max)

## 8. 렌더링 이미지 제작

지금까지 작성된 모든 3D 모델링 데이터를 약간의 퀄리티를 높여 필요한 크기의 렌더링 이미지로 제작해 보도록 하겠습니다.

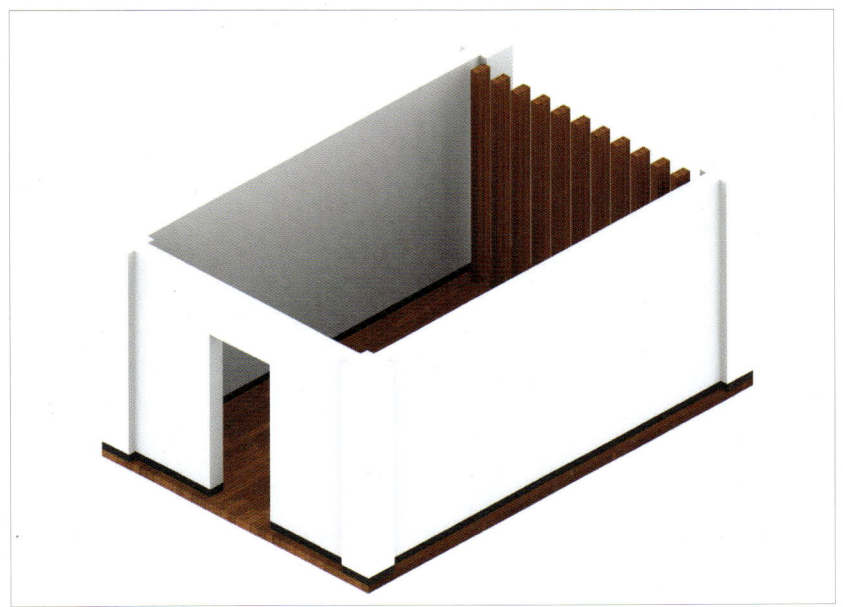

**1** 커맨드 패널의 Display 탭을 클릭합니다. 나타나는 항목에서 아래 그림과 같이 Hide 카테고리의 Unhide All 명령을 수행하여 지금까지 작성된 모든 객체를 보이도록 설정해 줍니다.

 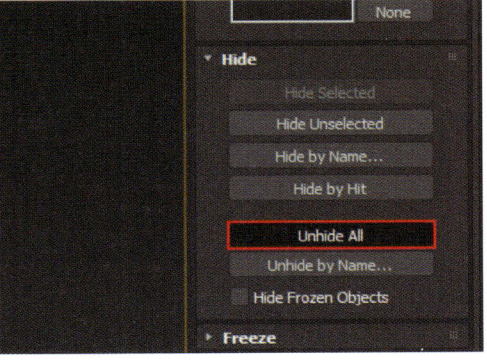

② 아래 그림과 같이 지금까지 작성한 모델링 데이터가 보이게 됩니다.

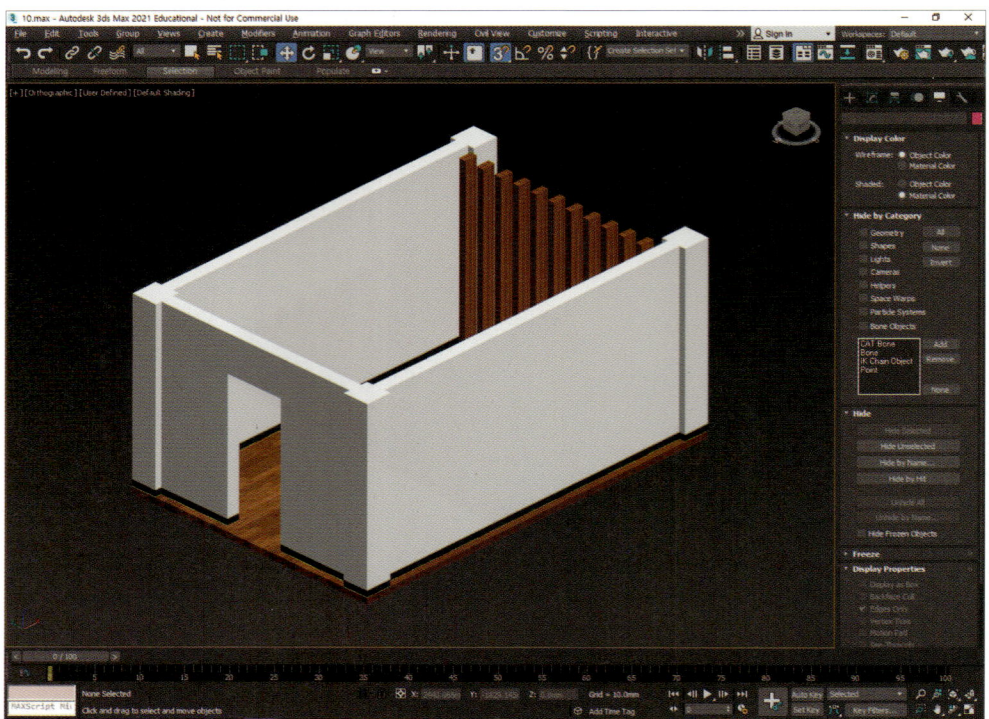

③ Rendering▶Render 명령을 수행하여 렌더링 결과를 확인해 보도록 합니다. 기본적으로 세팅된 상태로 렌더링 결과물이 작성됩니다.

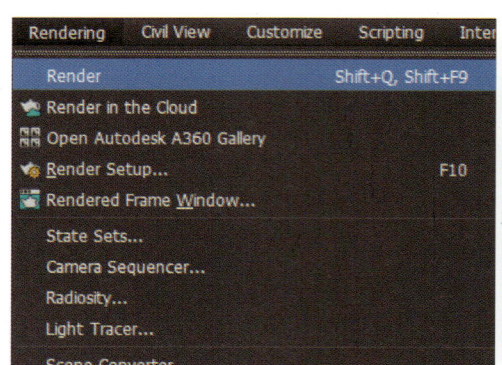 

④ 간단한 조명과 렌더링 환경 설정을 진행해 보도록 하겠습니다. 커맨드 패널에서 Create 탭을 클릭하여 나타나는 메뉴에서 Light 탭을 클릭해 줍니다.

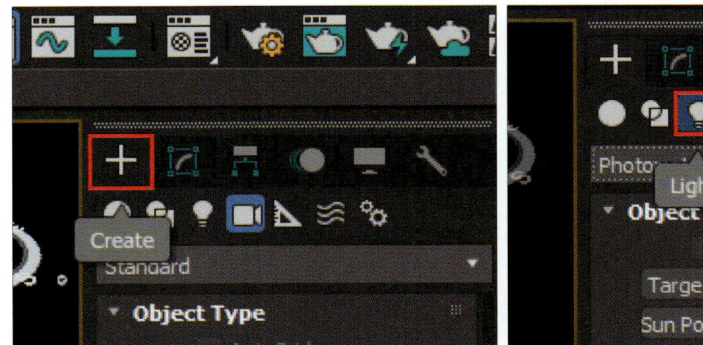 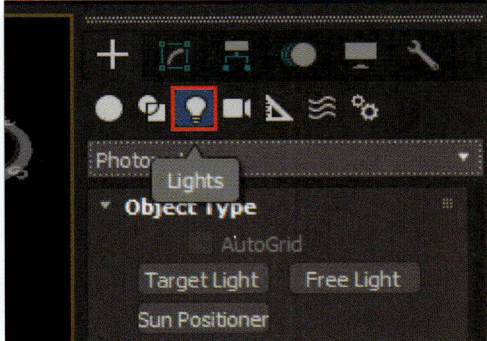

⑤ 계속해서 아래 그림과 같이 'Standard'를 선택한 뒤, 나타나는 기본 조명 명령 중에서 Skylight 명령을 클릭해 줍니다.

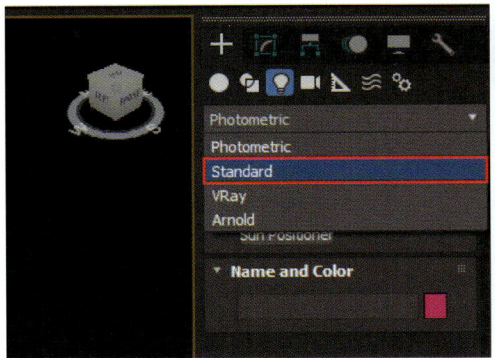 

**6** Skylight 명령을 클릭한 뒤, 아래 그림과 같이 Top 뷰에서 작성된 객체의 중간 위치를 클릭하여 조명 객체를 추가해 줍니다.

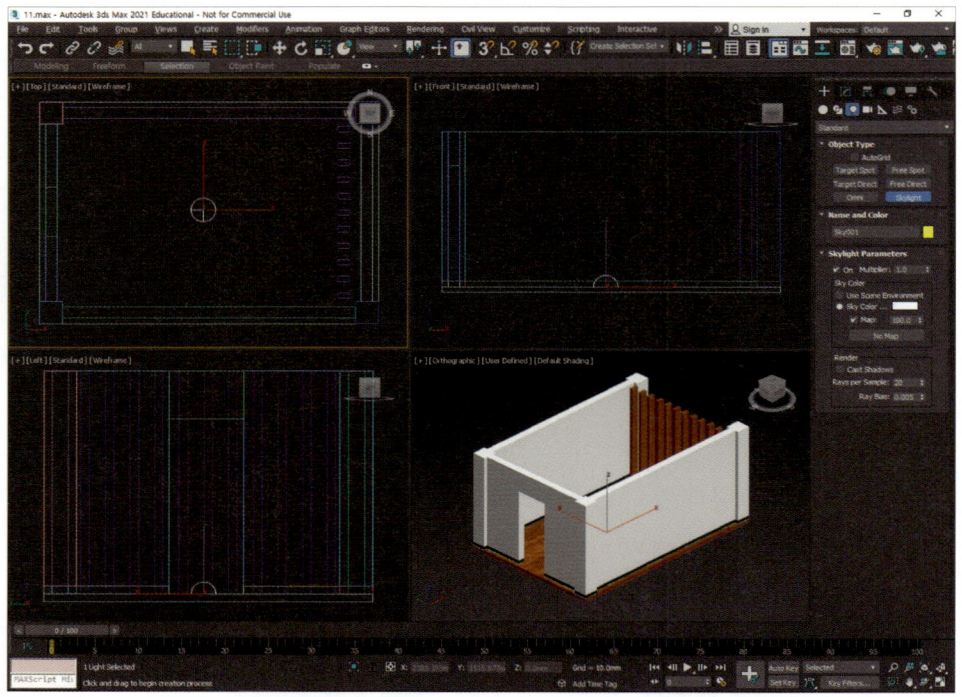

 ※ 계속 마우스를 클릭할 경우 조명 객체가 연속해서 추가, 만들어지기 때문에 한번만 클릭해 줍니다.

**7** 작성된 조명 객체가 선택된 상태에서 Select and Move 명령을 클릭해 줍니다. 아래 그림과 같이 Front 뷰에서 조명 객체의 위치를 위쪽으로 이동시켜 줍니다.

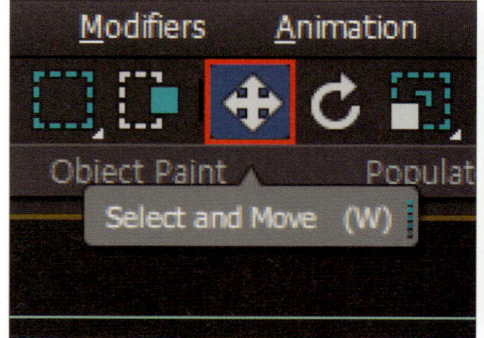 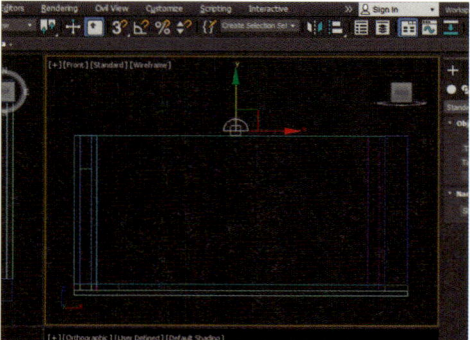

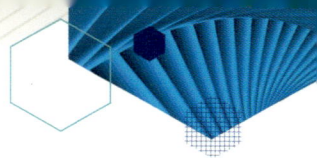

**8** 렌더링 작업을 수행하기 위해서 Rendering▶Render Setup… 명령을 수행해 줍니다. 나타나는 Render Setup 대화상자에서 Output Size 값을 '1920×1080' pixel로 설정해 줍니다.

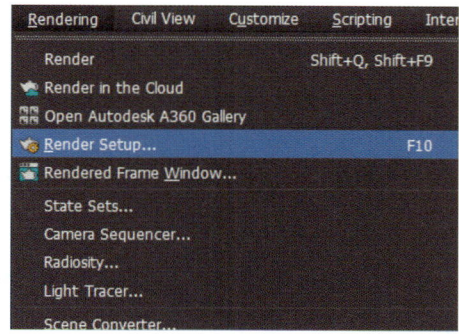
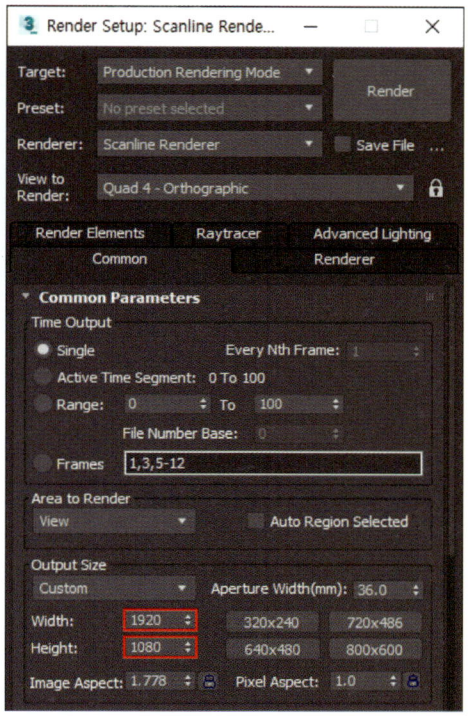

**9** 3차원 시점으로 구성된 Orthographic 뷰포트에서 Orthographic을 클릭하여 나타나는 메뉴에서 그림과 같이 Show Safe Frames를 클릭하여 설정해 줍니다. 이전과는 다르게 뷰포트의 모습이 설정된 렌더링 이미지의 가로 : 세로 비율(여기서는 16 : 9)로 설정되어 보이게 됩니다.

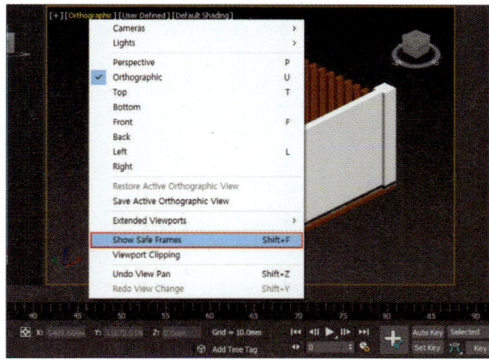
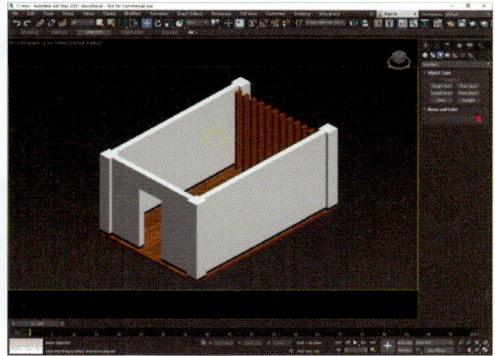

01. 무조건 따라해 보자 (1)

**10** 설정된 값으로 렌더링을 수행하기 위해서 Rendering ▶ Render Setup... 명령을 수행해 줍니다. 나타나는 Render Setup 대화상자에서 Advanced Lighting 탭을 클릭한 뒤, 아래 그림과 같이 Select Advanced Lighting을 Light Tracer로 설정해 줍니다.

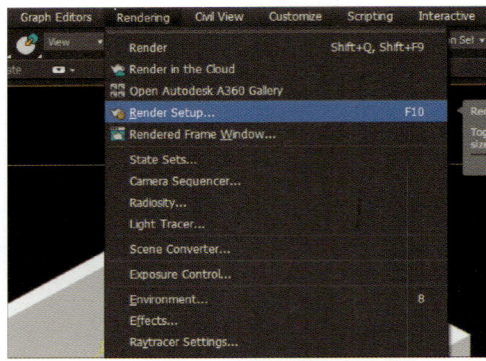
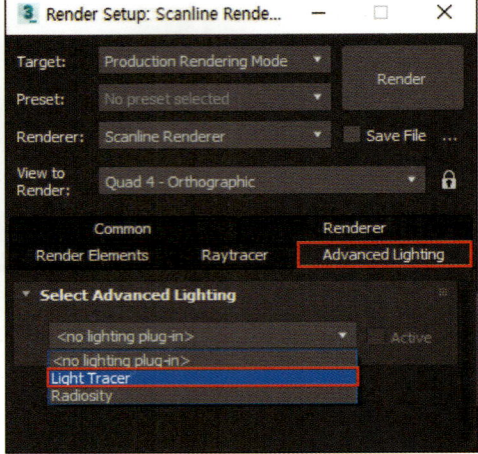

**11** 설정된 값으로 렌더링을 수행해 봅니다. 이전보다 훨씬 퀄리티가 높은 렌더링 결과물이 만들어지는 것을 확인할 수 있습니다.

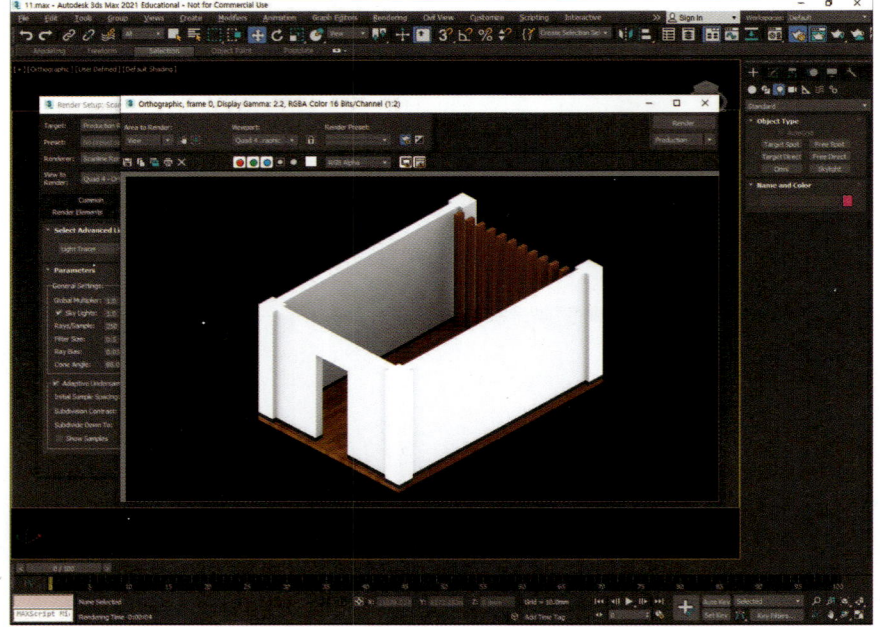

(01\11.max)

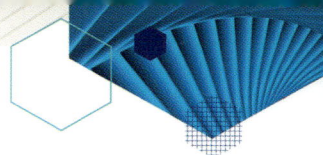

**12** 렌더링 결과 창에서 아래 그림과 같이 디스켓 모양의 Save Image 명령을 클릭하여 나타나는 Save Image 대화상자에서 저장한 위치, 파일명 및 이미지 포맷을 설정하여 렌더링 결과 이미지를 저장해 줍니다.

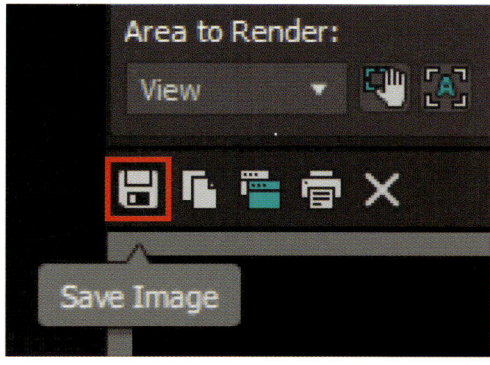

(01\12.jpg)

# MEMO
15강으로 익히는 인테리어 건축 디지털 렌더링

# 02

## 무조건 따라해 보자 (2)
### (조명, 카메라 배치를 통한 투시도 제작)

# 1. 외부 모델링 개체 삽입 및 이동

이번에는 1장에서 작성된 데이터에 개체 추가, 조명 및 카메라 배치 등을 진행해 보도록 하겠습니다. 가장 먼저 준비된 모델링 개체를 삽입해 보도록 하겠습니다.

**1** File▶Open 명령을 수행하여 1장에서 작성된 데이터(02\01.max)를 불러와 줍니다.

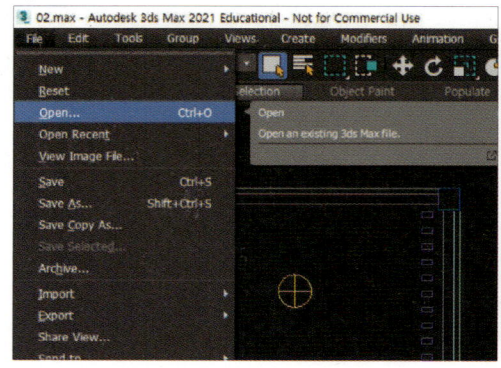
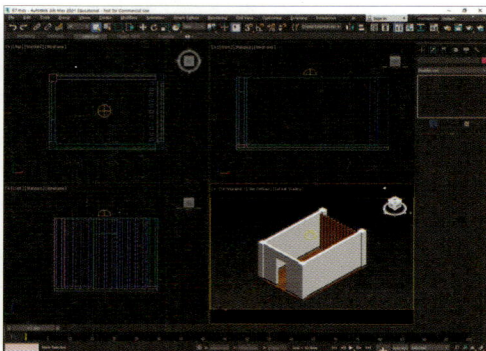

(02\01.max)

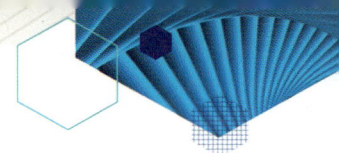

② 준비된 모델링 개체를 불러오기 위해서 File▶Import▶Merge… 명령을 수행합니다. 나타나는 Merge File 대화상자에서 준비된 문 모델링 파일(02\02_door.max)을 선택해 줍니다.

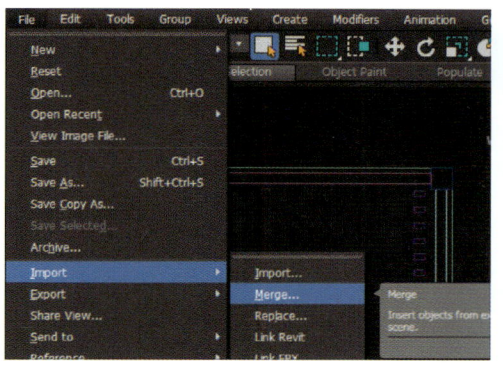

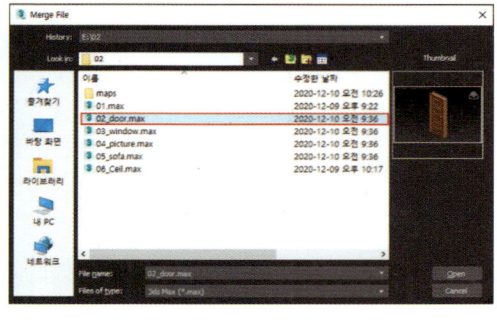

(02\02_door.max)

③ 나타나는 Merge 대화상자에서 선택한 파일 내에 필요한 모델링 데이터를 골라서 불러올 수 있습니다. 여기서는 '3D_Floor'라는 이름의 그룹으로 묶여 있는 개체를 선택하여 삽입해 줍니다. 아래 그림과 같이 필요한 위치에 문 개체가 불러온 것을 확인할 수 있습니다.

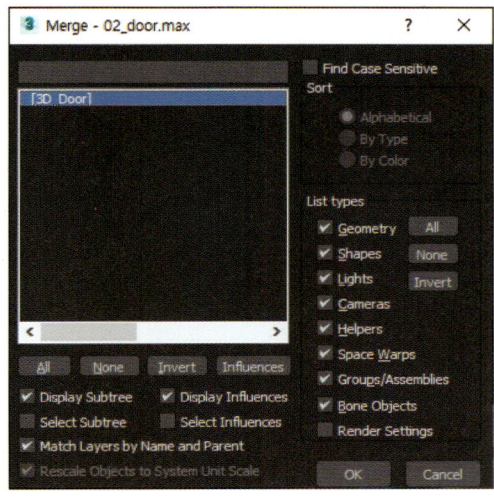

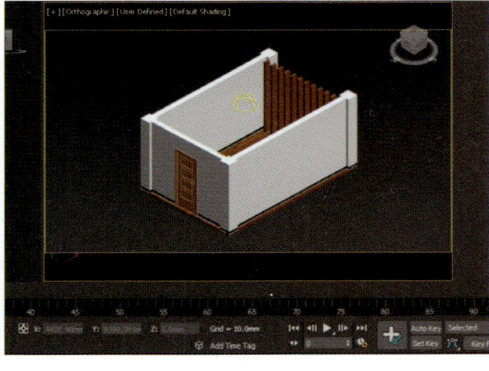

**4** 계속해서 File▶Import▶Merge… 명령을 수행하여, 고정창 개체가 포함된 파일 (02\03_window.max)을 선택해 줍니다.

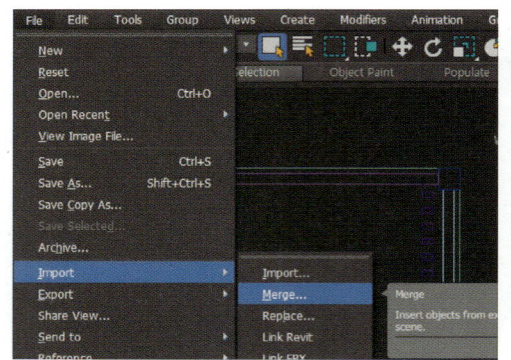
(02\03_window.max)

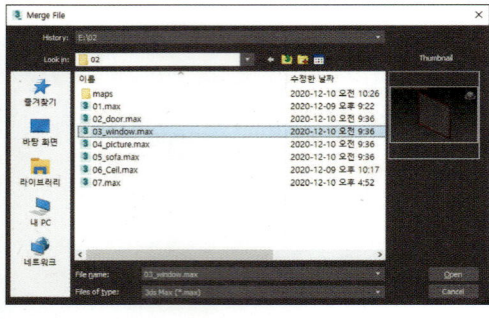

**5** 나타나는 Merge 대화상자에서 '3D_Frame', '3D_Win'이라는 이름의 개체를 선택하여 삽입해 줍니다. 아래 그림과 같이 필요한 위치에 창문 개체가 불러온 것을 확인할 수 있습니다.

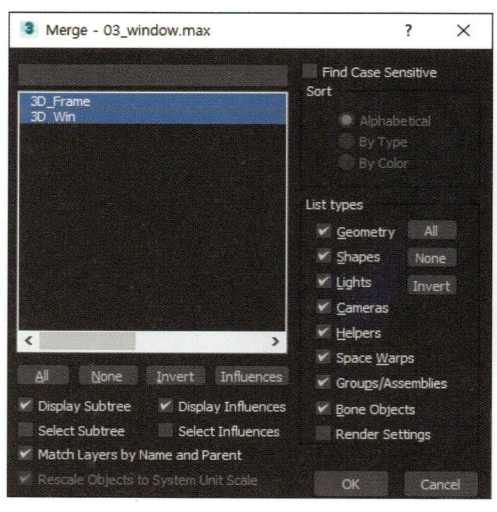

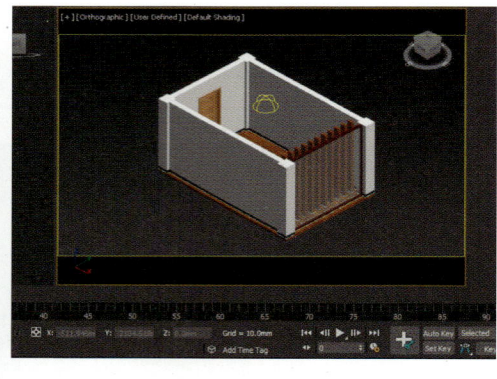

**6** 동일한 방법으로 File▶Import▶Merge... 명령을 수행하여, 그림 개체가 포함된 파일 (02\04_picture.max)을 선택해 줍니다.

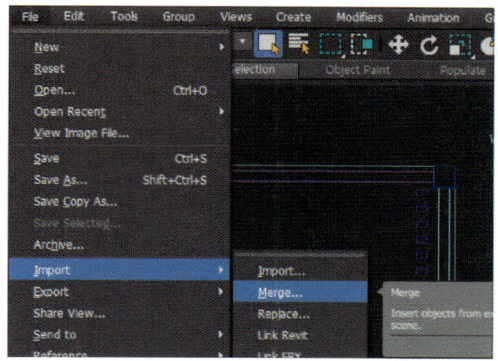
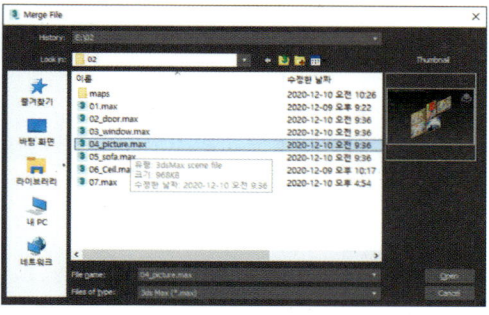

(02\04_picture.max)

**7** 나타나는 Merge 대화상자에서 '3D_Picture'라는 이름의 그룹 개체를 선택하여 삽입해 줍니다. 이번에도 역시 필요한 위치에 그림 개체가 불러온 것을 확인할 수 있습니다.

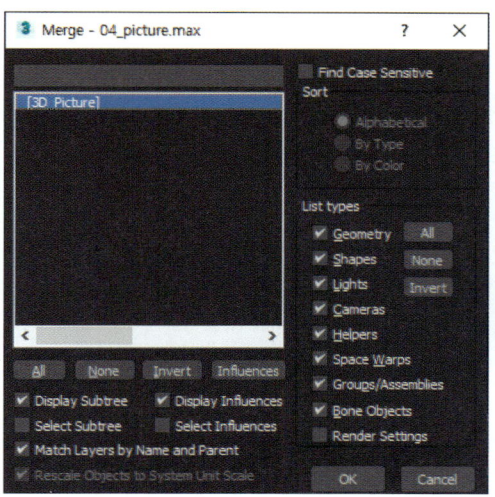

❽ 계속해서 File▶Import▶Merge... 명령을 수행한 뒤, 가구 개체가 포함된 파일(02\05_sofa.max)을 선택해 줍니다.

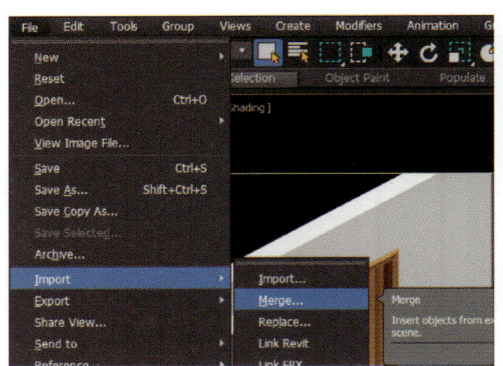
(02\05_sofa.max)

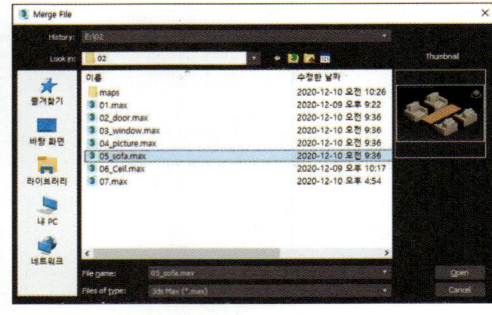

❾ Merge 대화상자에서 '3D_Sofa'라는 이름의 그룹 개체를 선택하여 불러와 줍니다. 자세히 확인해 보면, 이전과는 달리 필요한 위치가 아닌 곳에 불러온 것을 확인할 수 있습니다.

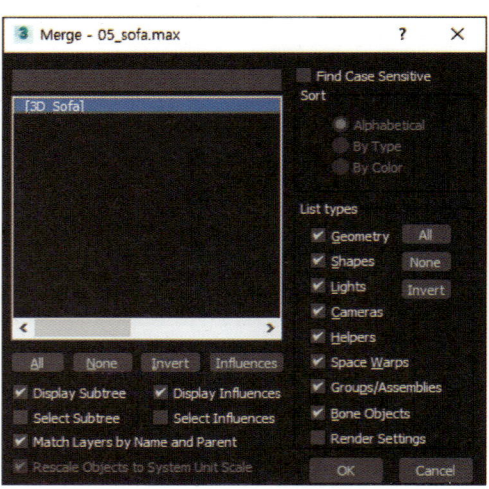

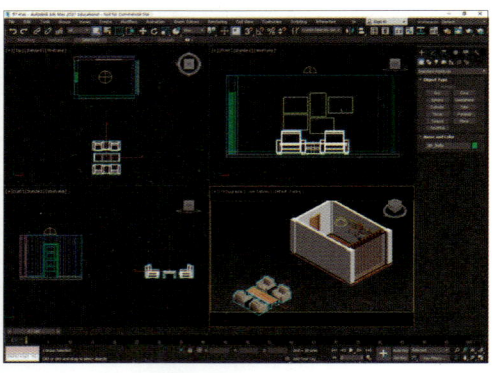

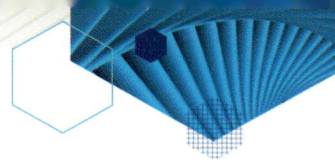

**10** 불러온 가구 개체가 선택된 상태에서 Select and Move 명령을 수행한 뒤, Top 뷰에서 아래 그림과 같이 공간 내에 가구가 놓이도록 이동시켜 줍니다.

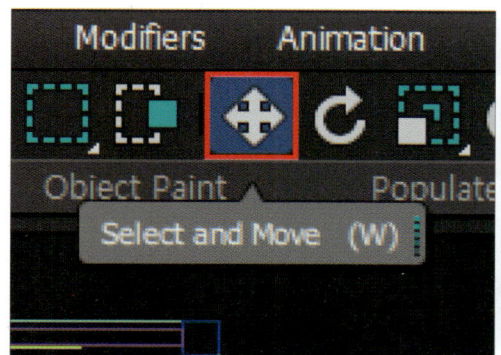 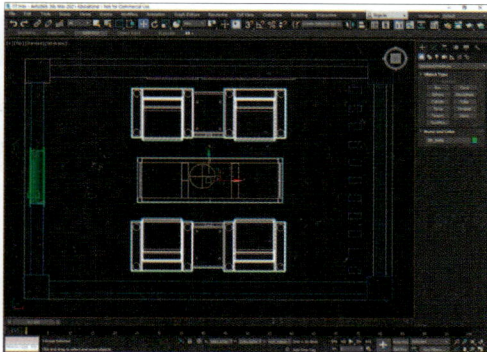

**11** 화면 우측 하단에 위치한 시점 변경 명령 중에서 Orbit 명령을 이용하여 시점을 변경해 가면서 가구가 배치된 모습을 확인해 줍니다.

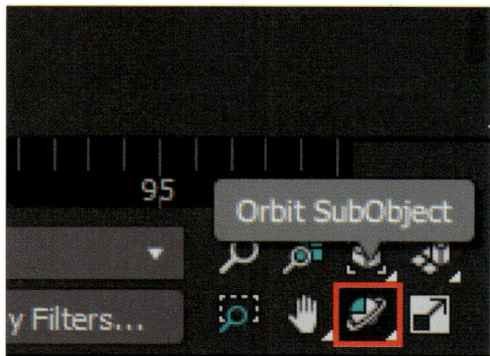 

**12** 렌더링을 수행하여 지금까지 작성된 결과를 확인해 봅니다.

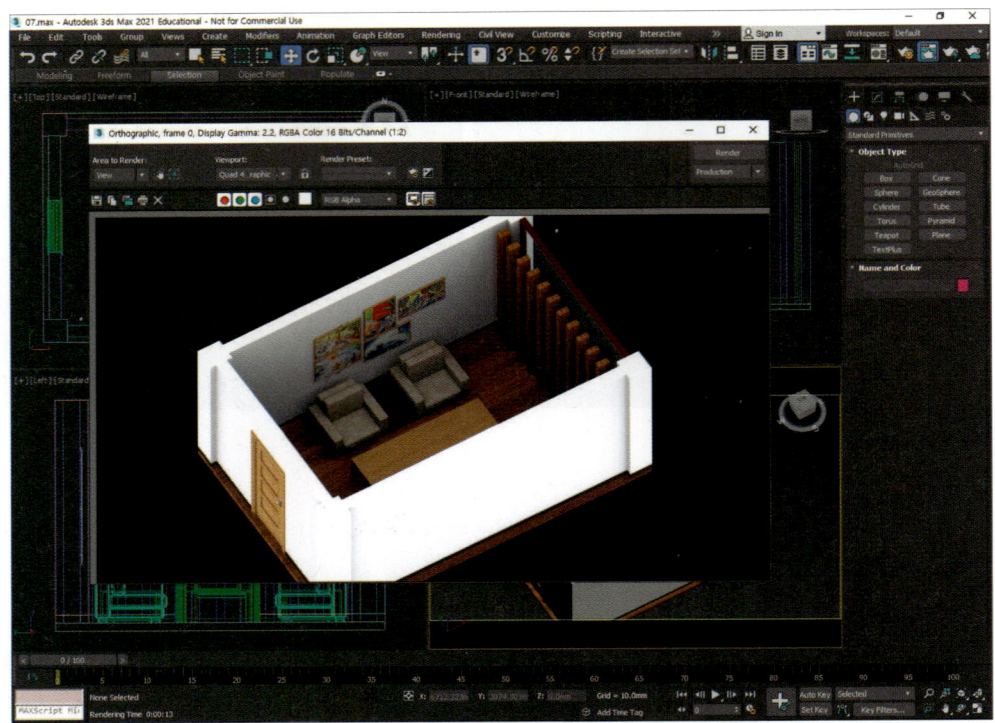

(02\07.max)

**13** 마지막으로 File▶Import▶Merge... 명령을 수행하여, 천장 개체가 포함된 파일(02\06_ceil.max)을 선택해 줍니다.

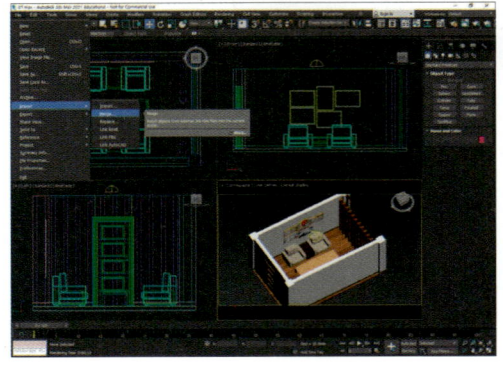

(02\06_ceil.max)

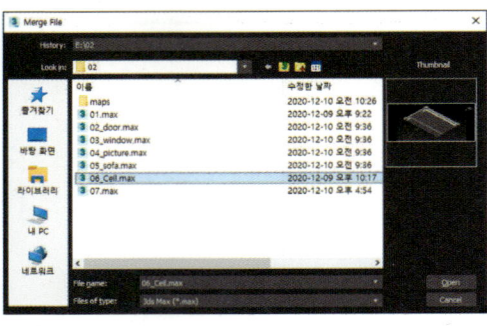

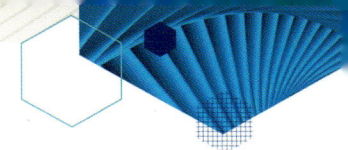

**14** Merge 대화상자에서 '3D_Ceil'이라는 이름의 그룹 개체를 선택하여 삽입해 줍니다. 이전과는 다르게 아래 그림과 같이 Duplicate Material Name 창이 나타나며, 현재 사용 중인 재질의 이름과 불러온 개체에 적용된 재질 이름이 동일한 경우에 나타나게 됩니다. 여기서는 Use Scene Material 명령을 수행하여 현재 사용 중인 재질이 우선되어 사용될 수 있도록 설정해 줍니다.

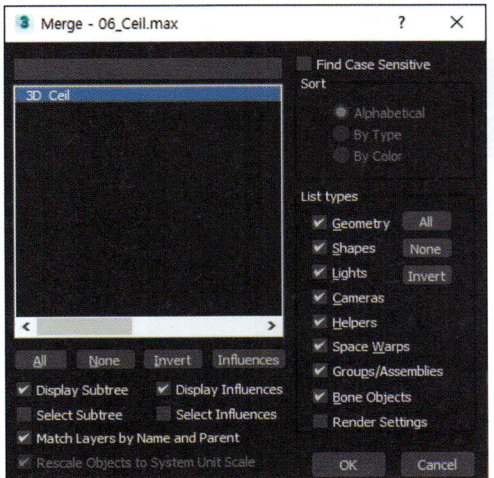
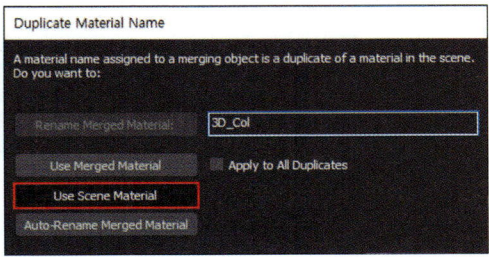

**15** 아래 그림과 같이 천장 개체가 삽입되며, 렌더링을 수행하여 결과를 확인해 봅니다.

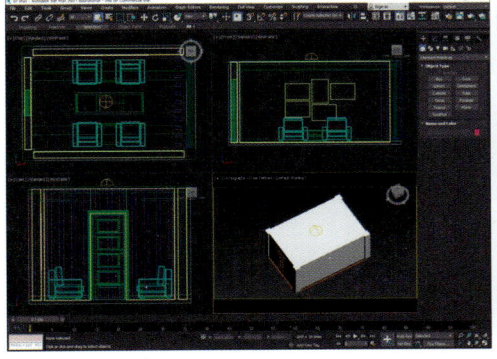
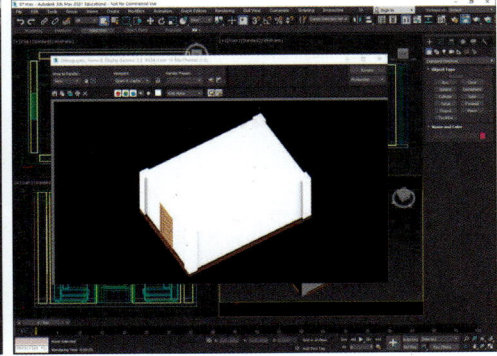

**02.** 무조건 따라해 보자 (2)

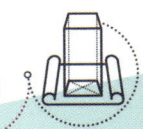

## 2. 투시도 시점 설정을 위한 카메라 배치

이번에는 앞에서 작성된 공간 모델링 데이터에 시점 설정, 즉 카메라를 배치해 보도록 하겠습니다.

① 카메라를 배치 전에 현재 설정된 조명 개체를 삭제해 보도록 하겠습니다. Select by Name 명령을 수행하여 나타나는 Select From Scene 대화상자에서 'Sky001' 개체를 선택한 뒤, Del 키를 눌러 삭제해 줍니다.

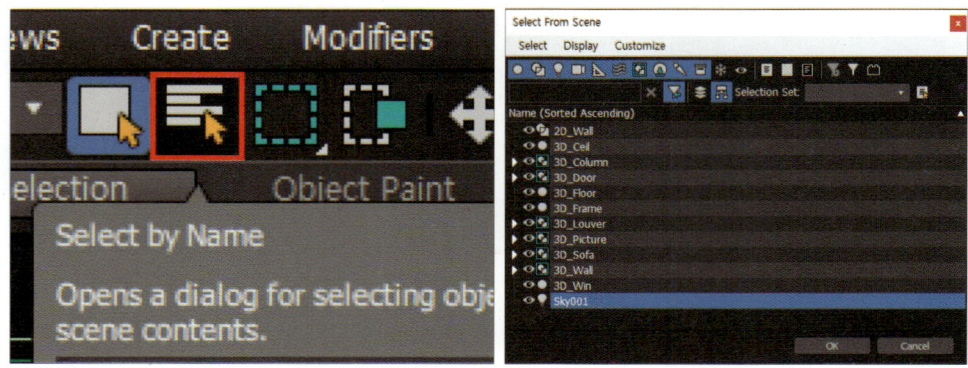

15강으로 익히는 인테리어·건축 디지털 렌더링

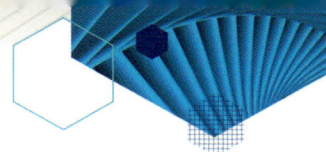

② 조명 개체를 삭제한 뒤, Rendering▶Render Setup... 명령을 수행합니다.

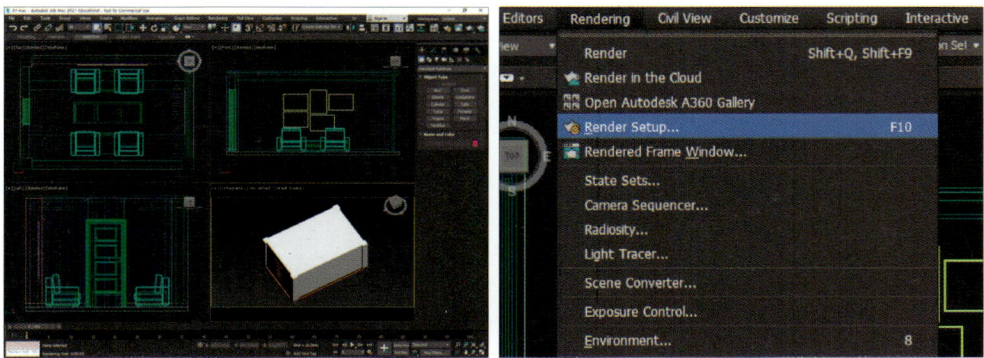

③ 나타나는 Render Setup 대화상자에서 Advanced Lighting 탭을 클릭한 뒤, 아래 그림과 같이 Select Advanced Lighting 값을 'no lighting plug-in'으로 설정값을 변경해 줍니다. 설정값을 변경한 뒤, 렌더링을 수행하여 결과를 확인해 봅니다. 천장 개체로 인해 내부가 보이지 않게 됩니다.

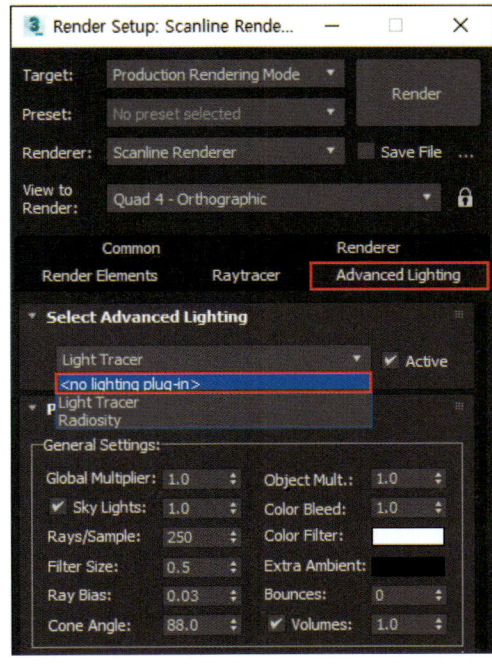
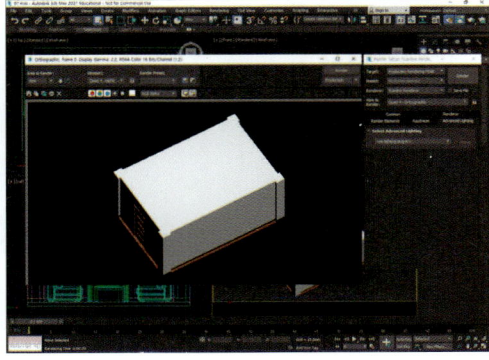

④ 이제 아래 그림과 같이 Top 뷰포트를 화면 전체로 구성해 줍니다. 카메라를 배치하기 전에 Snaps Toggle을 클릭하여 지금까지 설정되어 있던 스냅을 해제해 줍니다.

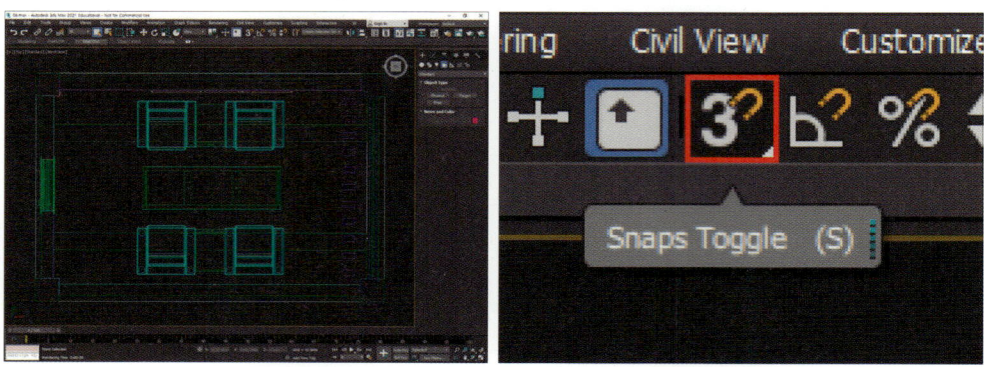

⑤ 먼저 우측에 커맨드 패널에서 Create 탭을 클릭한 뒤, Cameras 탭을 클릭해 줍니다.

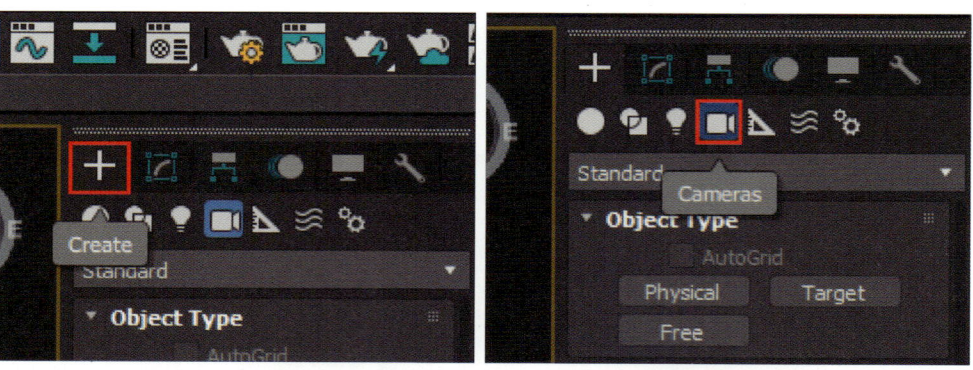

**6** 바로 아래 카메라의 종류 중 Standard 항목을 선택, 카메라의 Object Type 중 Target 을 클릭하여 선택해 줍니다. 이제 선택한 Target 카메라를 이용하여 아래 그림과 같이 Top 뷰포트 화면에 클릭 & 드래그하여 비슷한 위치에 카메라를 추가해 줍니다.

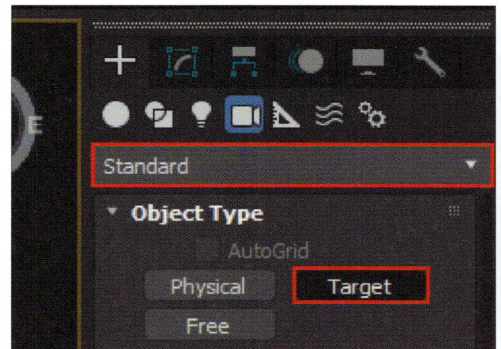 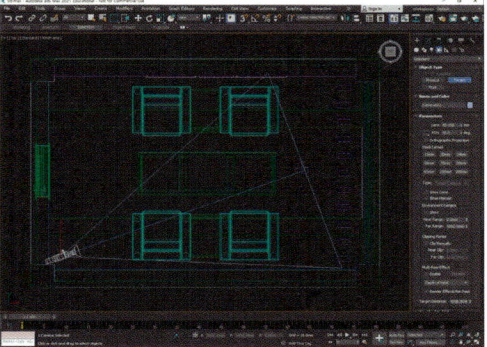

**7** 뷰포트의 구성을 아래 그림과 같이 4개의 시점으로 구성한 뒤, 우측 하단에 구성되어 있는 Orthographic 뷰포트의 이름을 클릭해 줍니다.

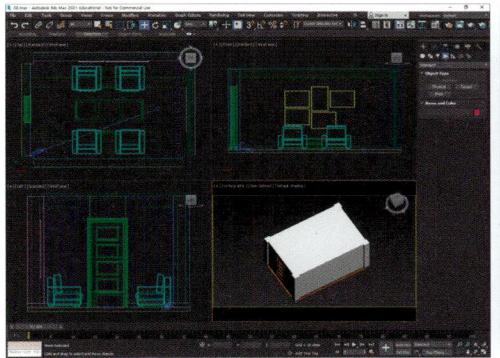 

**8** 나타나는 여러 설정값 중에서 가장 위에 위치한 Cameras▶Camera001로 설정해 줍니다. 현재 설정해 놓은 카메라의 시점으로 뷰포트가 구성되는 것을 확인할 수 있습니다. 다만 현재 카메라 및 카메라 타깃의 위치가 바닥에 놓여있기 때문에 아래 그림과 같은 시점으로 보이게 됩니다.

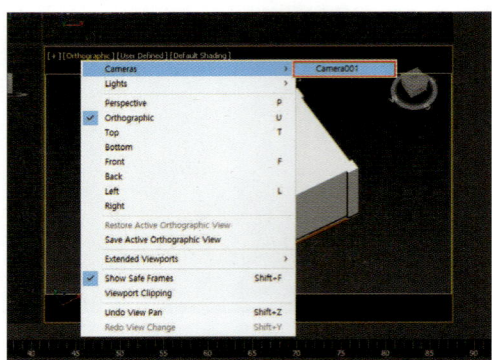 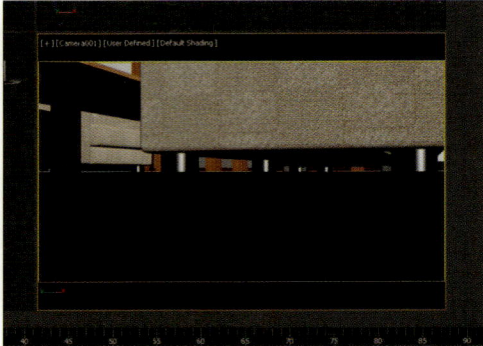

**9** Select by Name 명령을 수행하여 나타나는 Select From Scene 대화상자에서 Camera001, Camera001.Target 개체를 선택해 줍니다.

 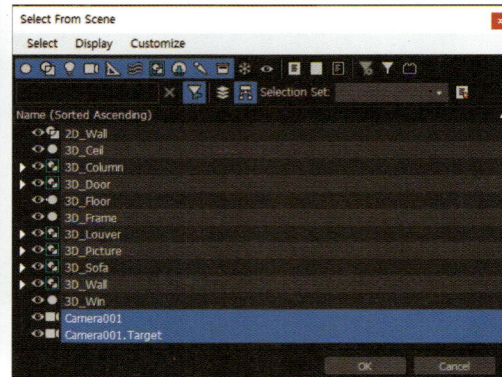

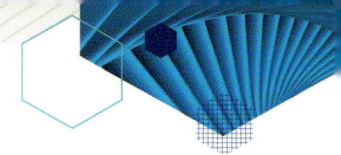

**10** 선택이 취소되지 않도록 화면 하단 중간에 있는 Selection Lock Toggle 명령을 수행한 뒤, 카메라 개체의 위치를 이동하기 위해서 Select and Move 명령을 수행해 줍니다.

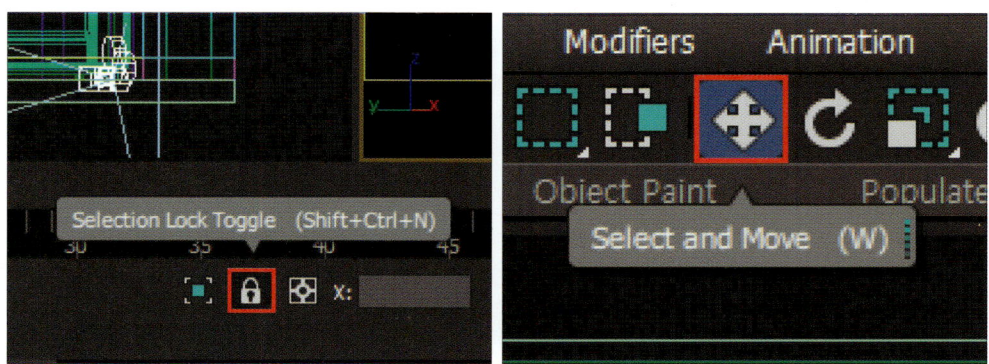

**11** Front 뷰에서 카메라와 카메라 타깃의 위치를 아래 그림과 비슷한 위치로 이동시켜 줍니다. 이동 후 카메라 뷰를 살펴보면 바닥에서의 시점에서 위쪽으로 이동된 모습을 확인해 줄 수 있습니다.

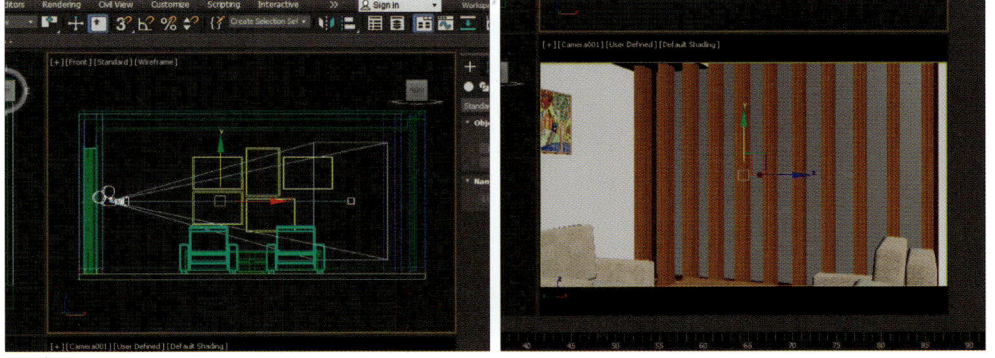

**02**. 무조건 따라해 보자 (2)

**12** 이번에는 너무 좁은 카메라의 화각을 넓혀 보도록 하겠습니다. Select by Name을 클릭하여 나타나는 Select From Scene 대화상자에서 Camera001 개체만 선택해 줍니다.

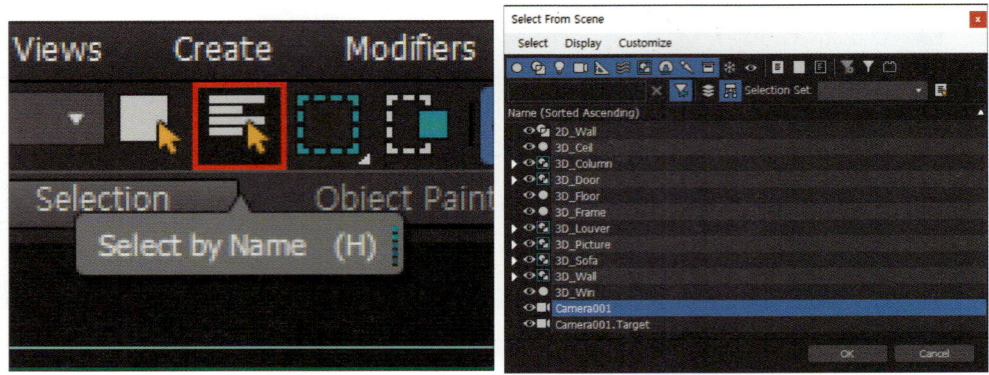

**13** Modify 탭을 클릭한 뒤, Stock Lenses에 미리 등록된 렌즈 크기 중에서 15mm 렌즈를 클릭하여 선택해 줍니다.

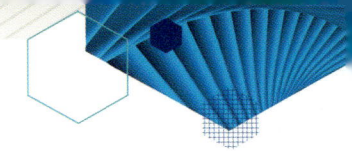

**14** 카메라의 화각이 넓어지면서 아래 그림과 같이 내부 공간의 모습이 모두 보이도록 설정됩니다. 이제 Selection Lock Toggle 명령을 클릭하여 카메라의 선택 잠금을 풀어줍니다.

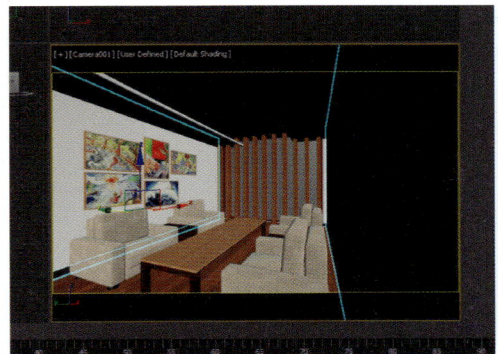 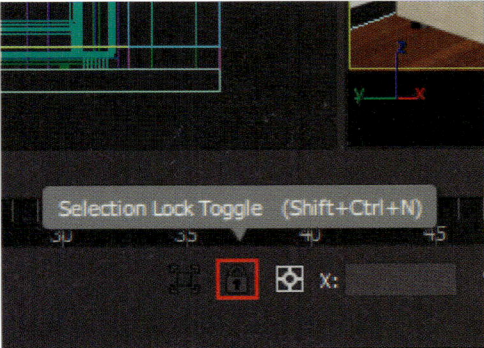

**15** 마지막으로 Select and Move 명령을 이용하여 카메라 또는 카메라 타깃의 위치를 이동하여 여러분이 원하는 시점으로 설정해 줍니다.

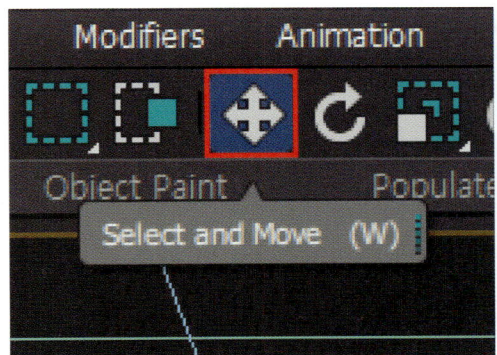 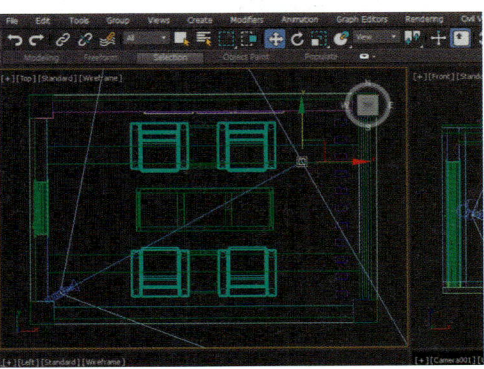

**16** 설정해 준 카메라를 이용하여 렌더링을 수행해 봅니다.

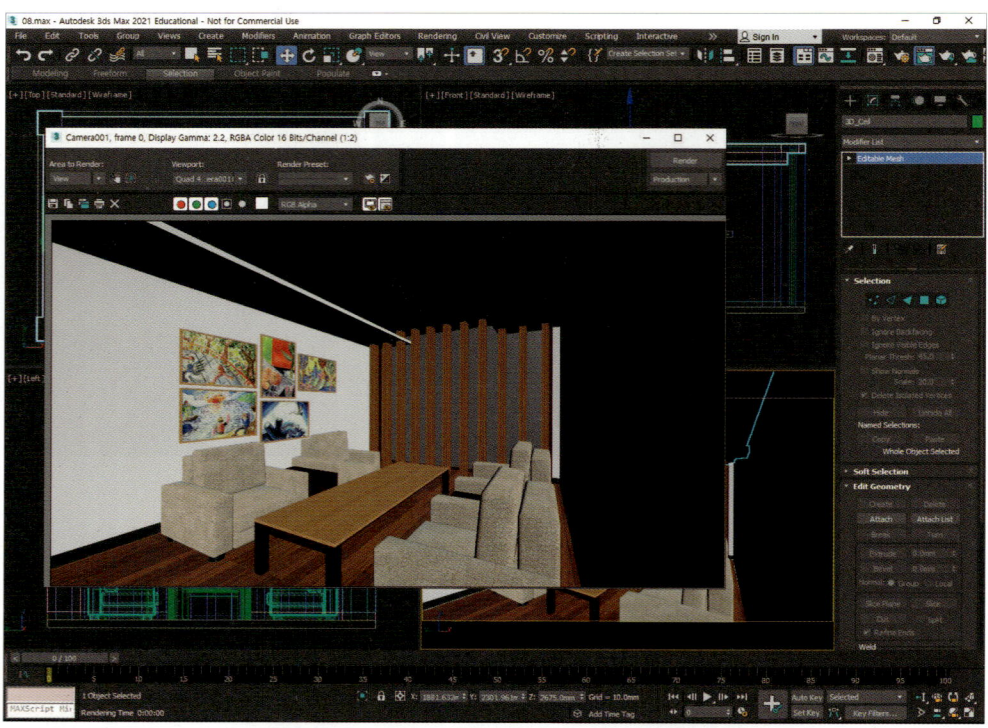

(02\08.max)

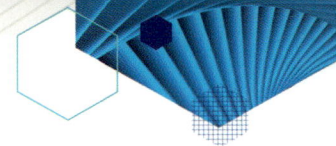

## 3. VRay 설정 및 조명 배치

이번에는 VRay를 이용한 렌더링 환경 설정 및 조명 개체를 배치하여 실사 같은 투시도 이미지를 제작해 보도록 하겠습니다.

**1** Render Setup... 명령을 수행하여 나타나는 Render Setup 창에서 Renderer 항목을 V-Ray로 설정해 줍니다.

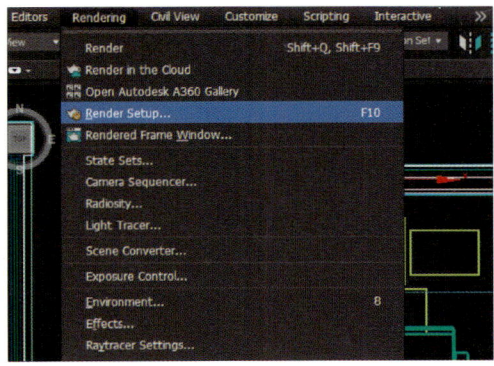
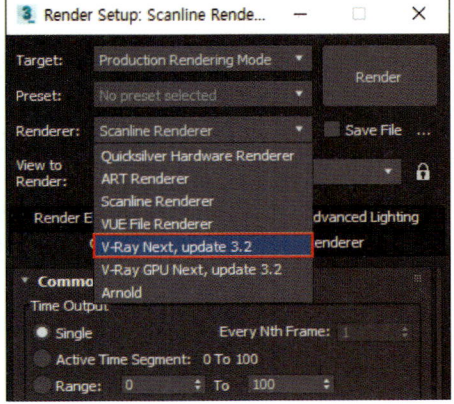

**02**. 무조건 따라해 보자 (2)

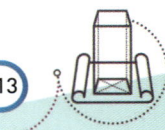

**2** 계속해서 GI 탭을 클릭하여 선택한 뒤, 그림과 같이 Global illumination의 Enable GI 옵션을 On으로 설정(기본값으로 설정되어 있음), Primary engine을 Irradiance map으로 Secondary engine을 Brute force로 설정해 줍니다. Primary engine을 Irradiance map으로 설정하고 나서 Irradiance map 카테고리의 Current preset 값을 Very low로 설정해 줍니다.

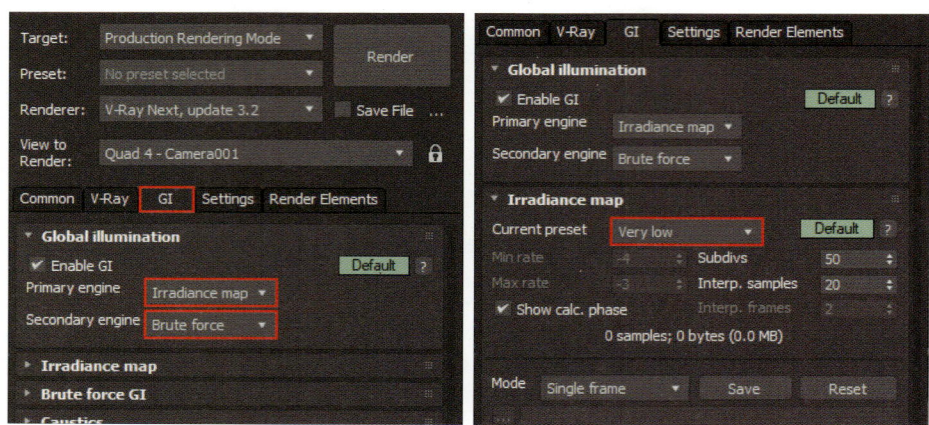

**3** 렌더링을 수행하면 조명 개체가 없으므로 아무것도 보이지 않게 됩니다.

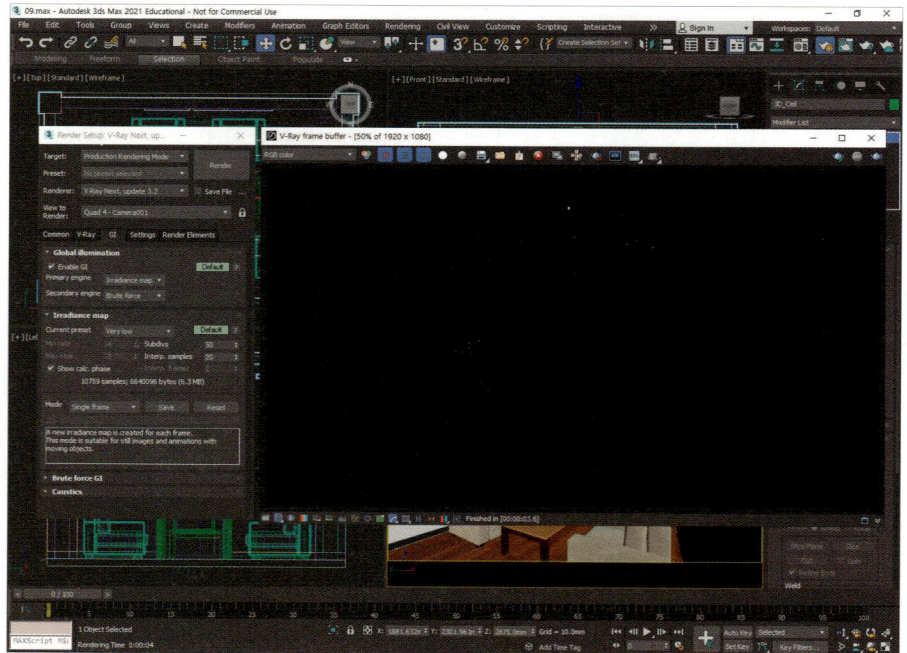

④ 이제 VRay 조명 개체를 추가해 보도록 하겠습니다. Create 탭을 클릭한 뒤, Lights 탭을 클릭해 줍니다.

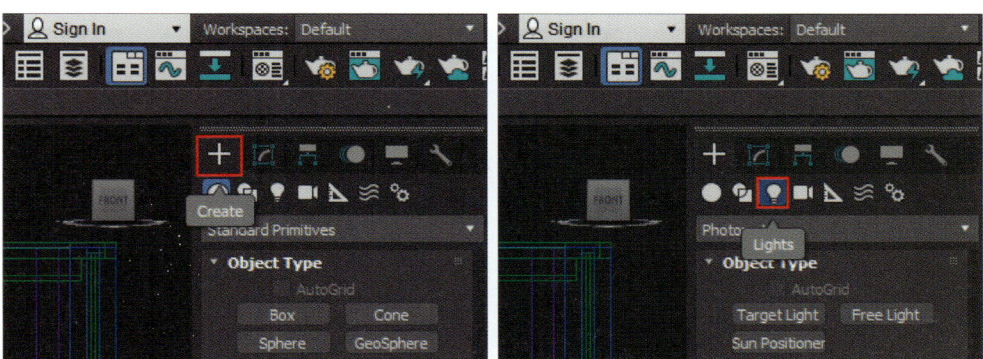

⑤ 아래 그림과 같이 Lights 탭을 클릭한 뒤, 내림 단추를 클릭하여 VRay 항목을 선택해 줍니다. 나타나는 조명 중에서 VRayLight 명령을 클릭해 줍니다.

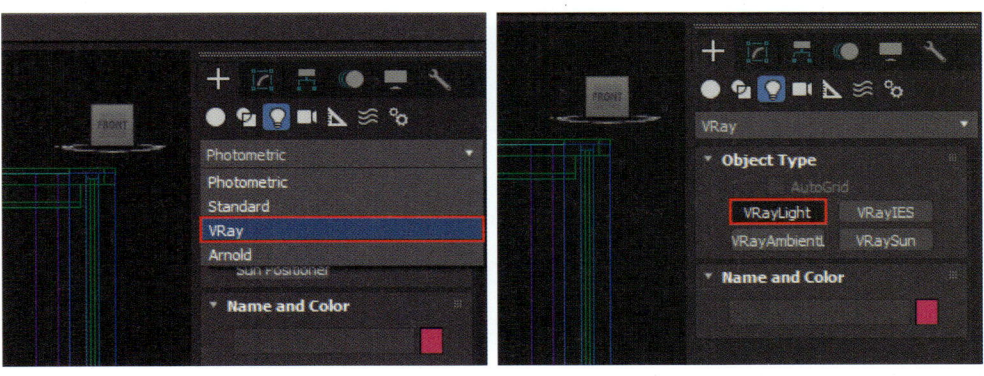

※ VRay는 간단한 설정만으로도 일반적인 스캔라인 렌더링 결과보다 훨씬 높은 퀄리티의 이미지를 제작할 수 있는 Plug-In 형태의 렌더러입니다.

6 Top 뷰포트에서 VRayLight 명령을 이용하여 아래 그림과 같이 드래그하여 적당한 크기의 조명 개체를 추가해 줍니다.

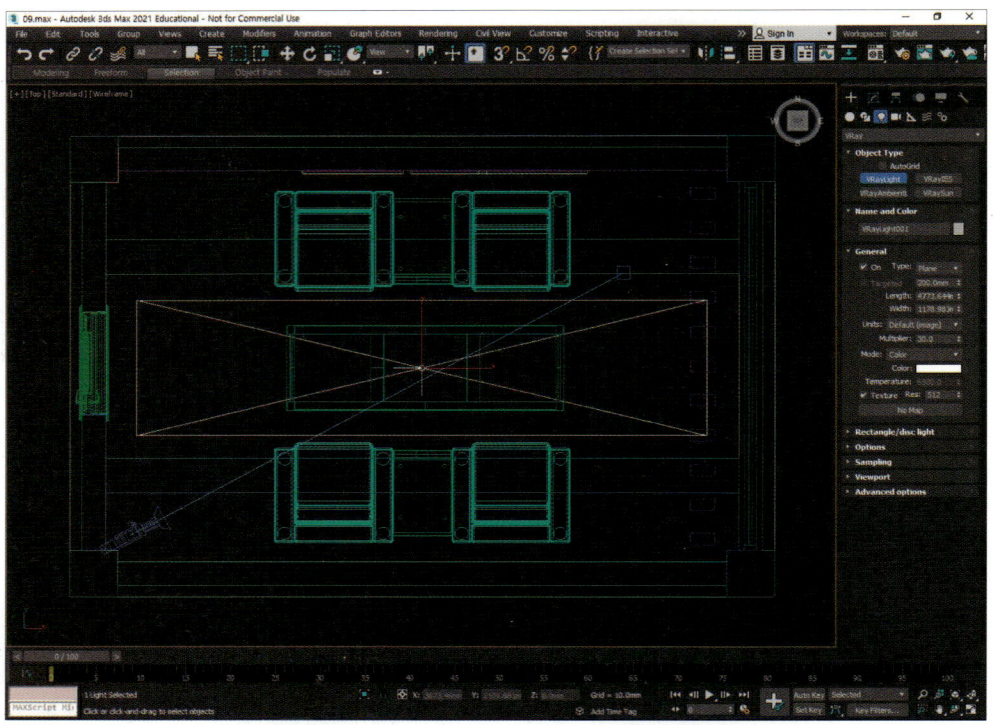

7 작성된 VRay 조명 개체가 선택된 상태에서 Modify 탭을 클릭해 줍니다. 나타나는 여러 옵션 중에서 Length: 4000mm, Width: 1000mm로 설정하여 크기를 지정한 뒤, Multiplier: 5.0으로 설정하여 조명의 강도를 지정해 줍니다.

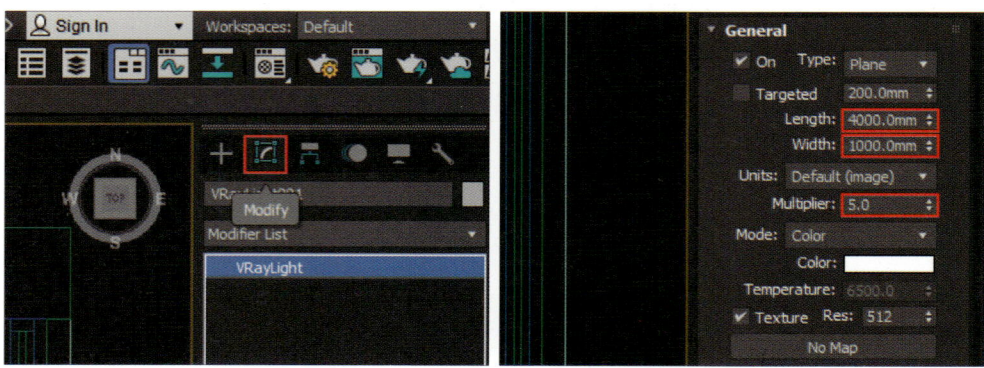

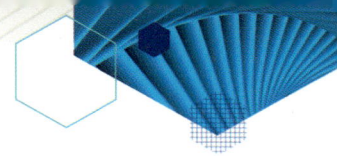

⑧ 변숫값을 설정한 뒤, Select and Move 명령을 수행하여 Front 뷰에서 아래 그림과 같이 천장 밑으로 조명 개체를 이동시켜 줍니다.

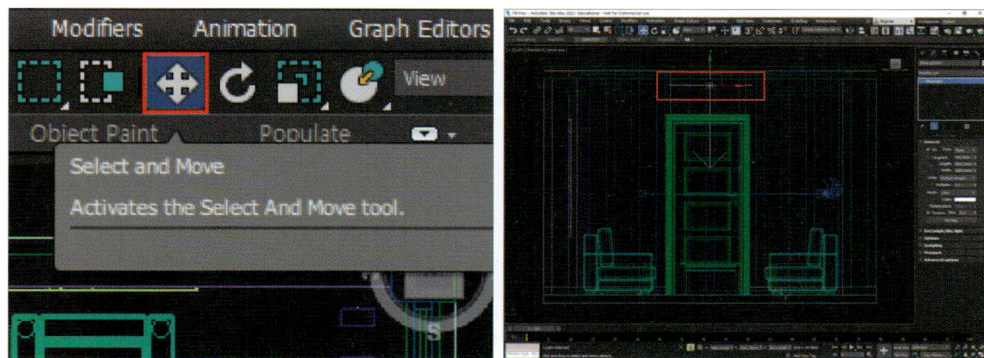

⑨ 렌더링을 수행해 봅니다. 아래 그림과 같이 실사와 같은 멋진 투시도 이미지가 만들어지는 것을 확인할 수 있습니다. 다만 자세히 살펴보면 작성된 조명 개체가 렌더링 이미지에 나타나는 것을 확인할 수 있습니다.

**10** 조명 개체가 설정된 상태에서 Modify 탭을 클릭해 줍니다. 아래 그림과 같이 Options 항목에서 Invisible 옵션을 클릭하여 설정, Affect reflections 옵션값은 설정을 제거해 줍니다.

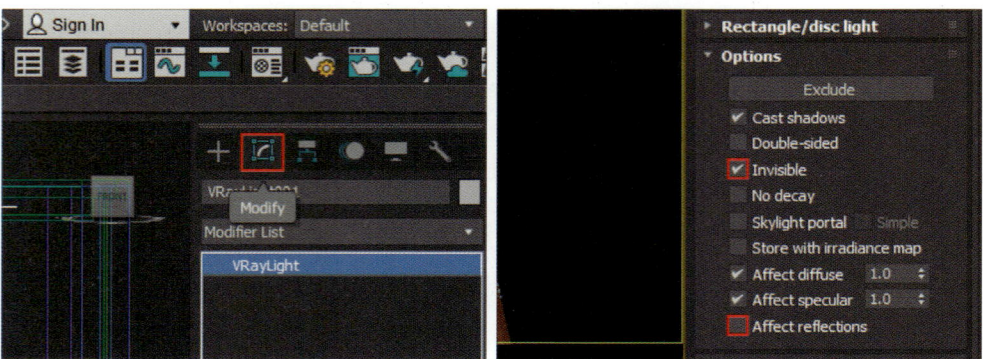

**11** 렌더링을 수행하면, 이전과는 달리 조명 개체가 보이지 않은 상태에서 렌더링 결과를 확인할 수 있습니다.

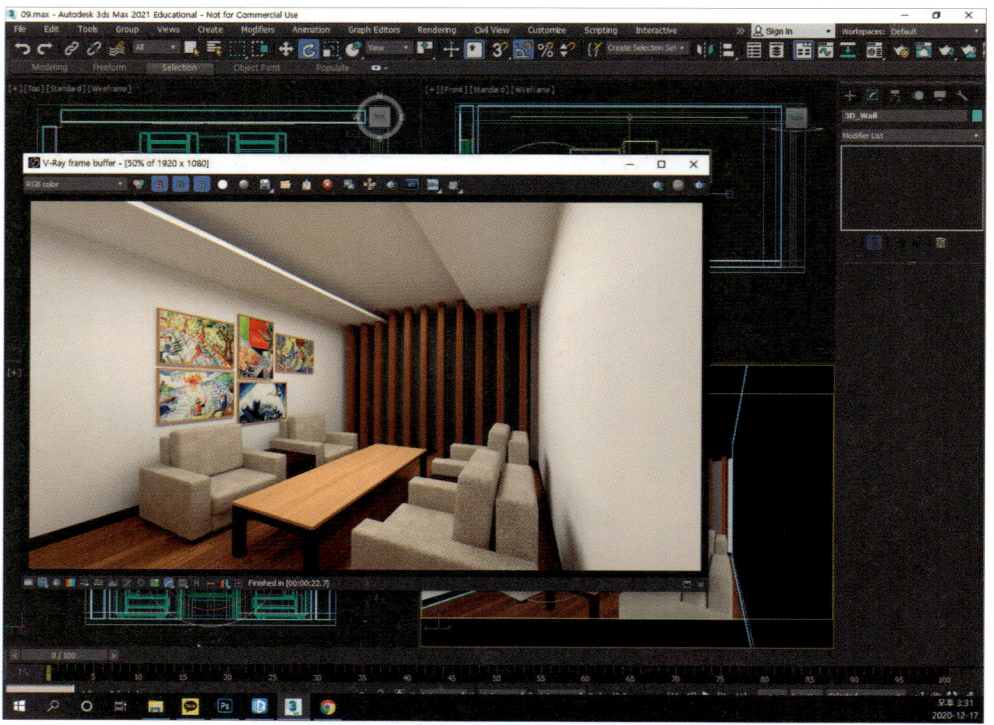

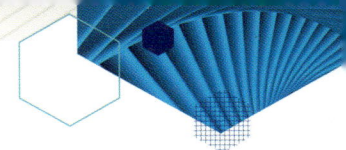

**12** 계속해서 간접조명을 표현하기 위한 조명 개체를 추가해 보도록 하겠습니다. VRayLight 명령을 선택한 뒤, 앞에서 수행한 방법과 동일한 방법으로 Top 뷰포트에서 아래 그림과 비슷한 크기의 조명 개체를 작성해 줍니다.

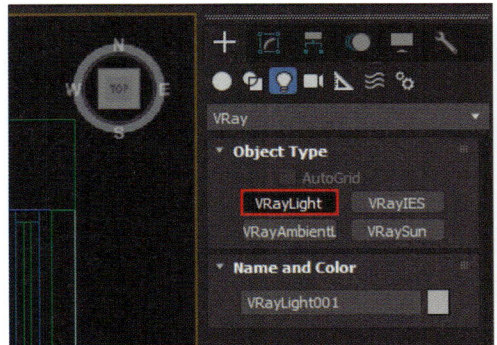
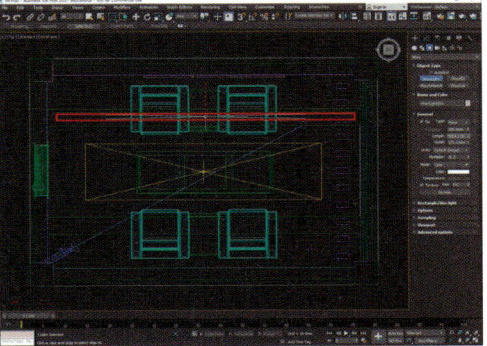

**13** 작성된 VRay 조명 개체가 선택된 상태에서 Modify 탭을 클릭해 줍니다. 나타나는 옵션 중에서 Length: 5000mm, Width: 50mm로 설정하여 크기를 지정한 뒤, Multiplier: 10.0으로 설정해 줍니다.

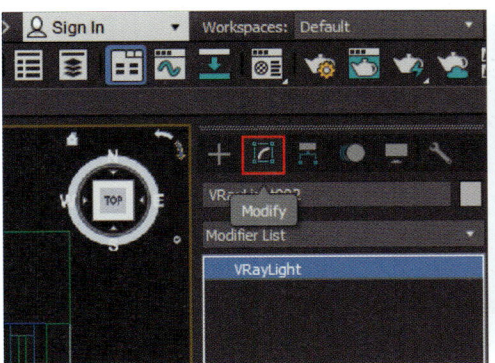
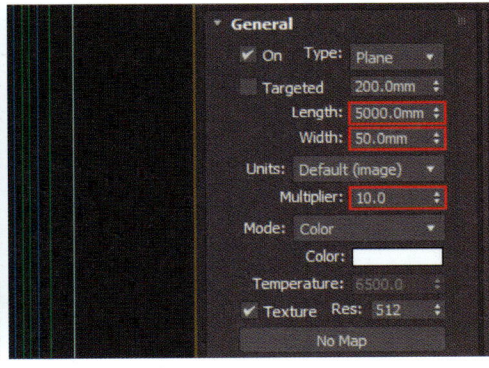

14 추가된 조명 개체가 선택된 상태에서 Select and Move 명령을 수행합니다. Front 뷰에서 아래 그림과 같이 천장 개체 사이에 조명 개체를 이동시켜 줍니다.

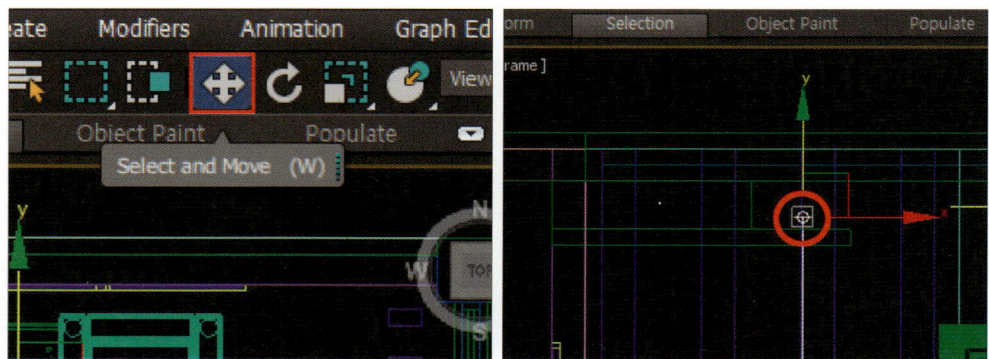

15 작성된 조명 개체를 자세히 확인해 보면 화살표, 즉 조명의 방향이 설정되어 있습니다. 조명의 방향을 회전하기 위해서 아래 그림과 같이 Select and Rotate를 클릭, 정확한 각도로 회전하기 위해서 Angle Snap Toggle을 클릭해 줍니다.

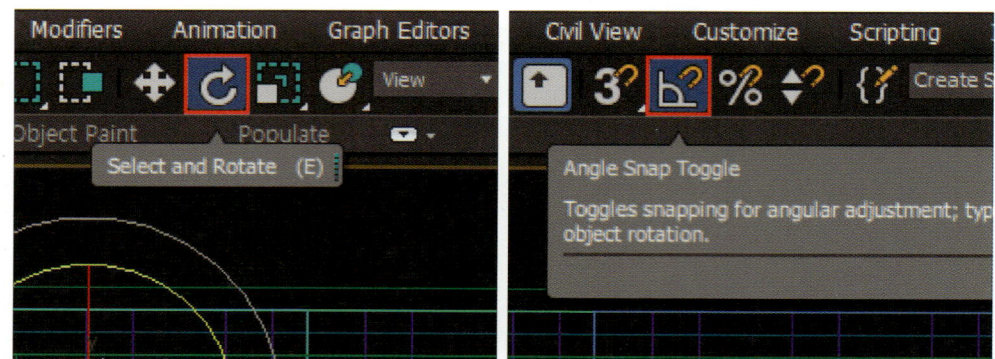

**16** Front 뷰에서 아래 그림과 같이 조명의 방향을 위쪽으로 회전시켜 줍니다. 조명의 방향을 회전한 뒤, 렌더링을 진행하면 아래 그림과 같이 간접 조명의 표현이 나타나는 것을 확인할 수 있습니다.

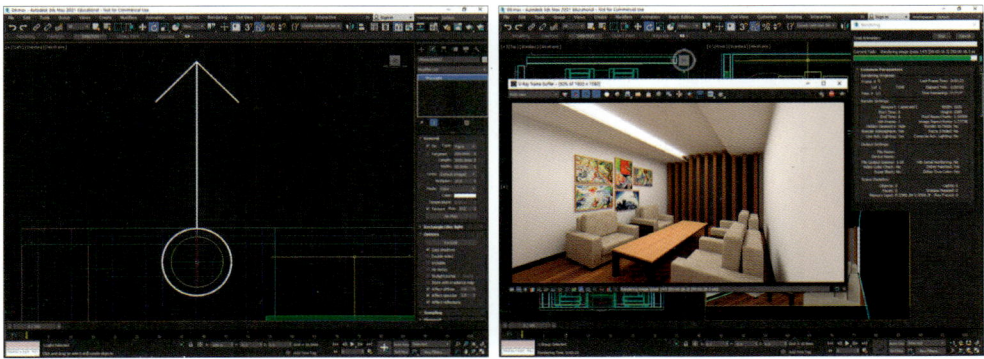

**17** 계속해서 작성된 조명 개체를 복사해 보도록 하겠습니다. 간접 조명으로 사용되는 개체를 선택한 뒤, Shift 키를 누른 상태에서 Select and Move 명령을 이용하여 우측으로 드래그합니다. Clone Options 대화상자가 나타나면 아래 그림과 같이 Object 항목을 Instance로 설정하여 복사해 줍니다.

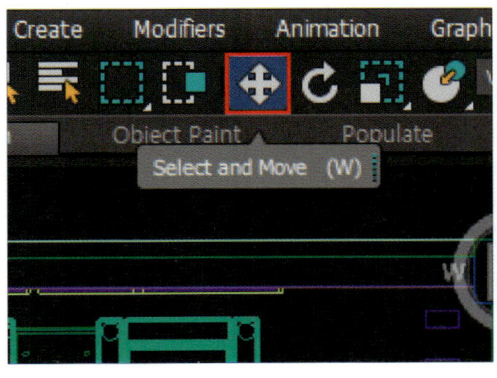 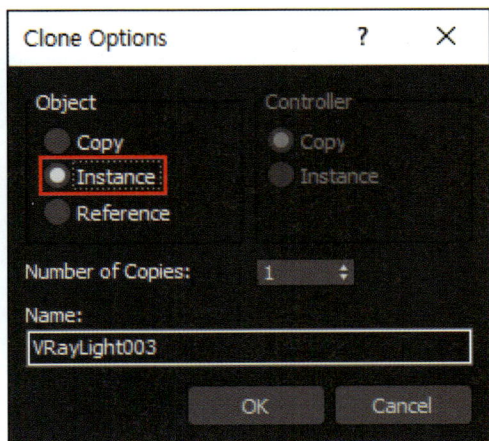

**02.** 무조건 따라해 보자 (2)  121

18 복사되는 위치는 아래 그림과 같이 참고하여 복사해 줍니다.

19 조명 개체를 복사한 뒤, 렌더링을 수행하면 아래 그림과 같이 천장 부분에 간접 조명이 표현된 렌더링 이미지가 만들어집니다.

**20** 조명 개체를 추가하기 위해서 우측 패널에서 Create 탭을 클릭한 뒤, Lights 탭을 클릭해 줍니다.

 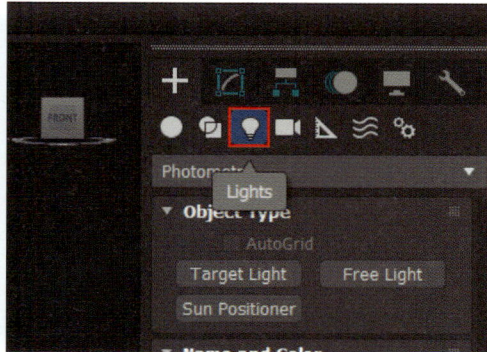

**21** Lights 탭을 클릭한 뒤, 아래 그림과 같이 Standard를 선택, 기본 조명 속성을 가지고 있는 조명 개체 중에 Target Direct를 클릭하여 선택해 줍니다.

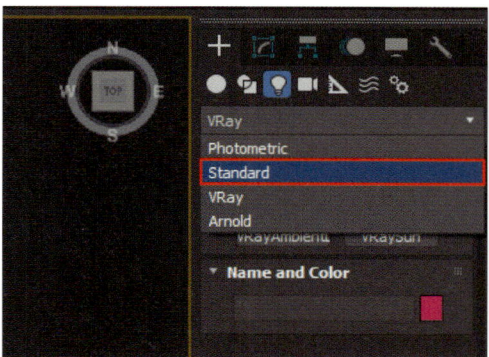 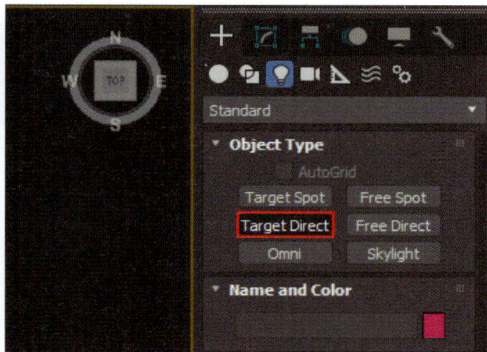

**22** Target Direct를 선택한 뒤, 클릭 & 드래그하여 아래 그림과 같이 비슷한 위치에 조명 개체를 추가해 줍니다.

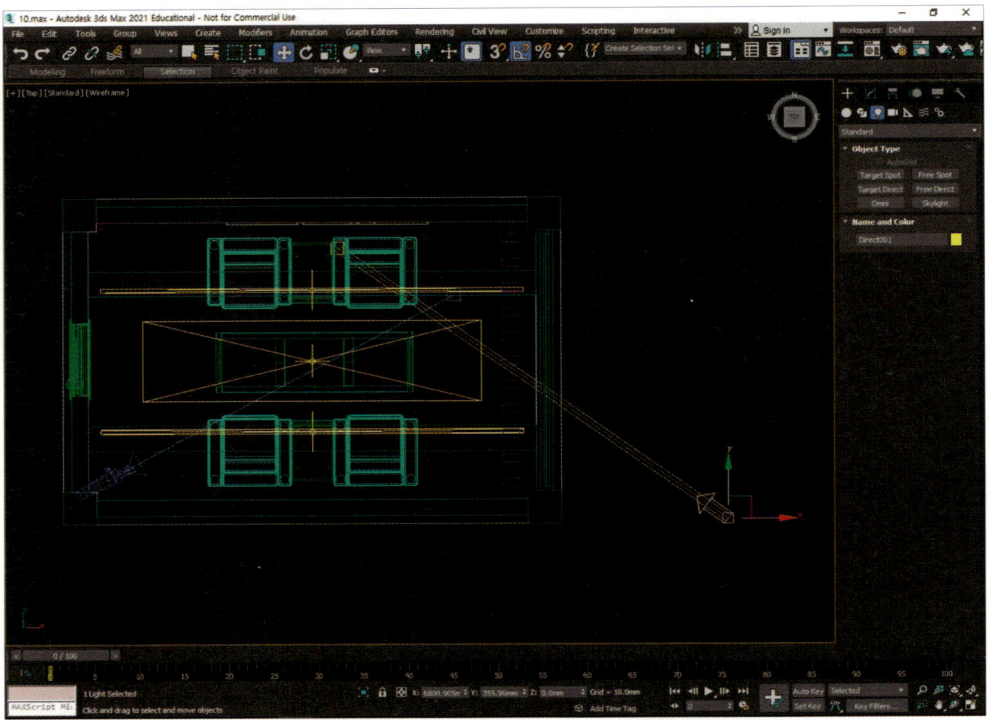

**23** 추가된 조명 개체가 선택된 상태에서 Select and Move 명령을 이용하여 아래 그림과 같이 Front 뷰에서 조명 개체의 위치를 이동시켜 줍니다.

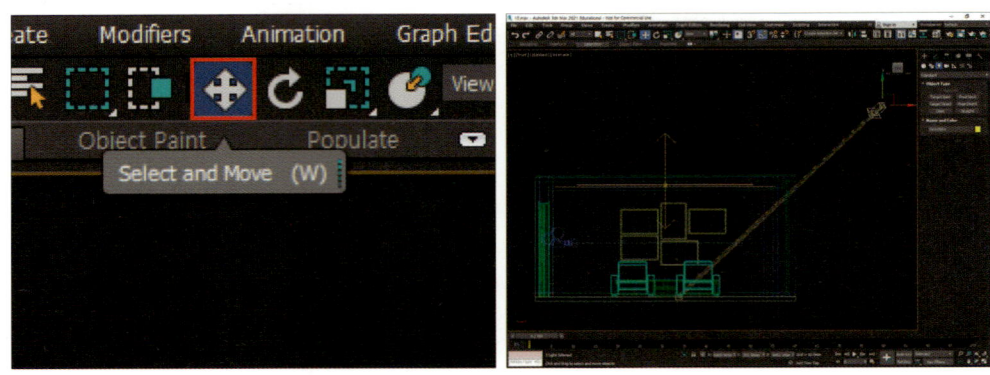

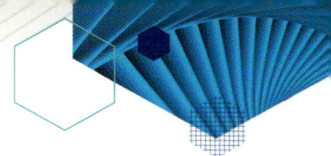

**24** 계속해서 조명 개체가 선택된 상태에서 Modify 탭을 클릭해 줍니다. 나타나는 다양한 옵션 중에서 Shadows를 On, VRayShadow로 설정하여 그림자를 표현해 줍니다.

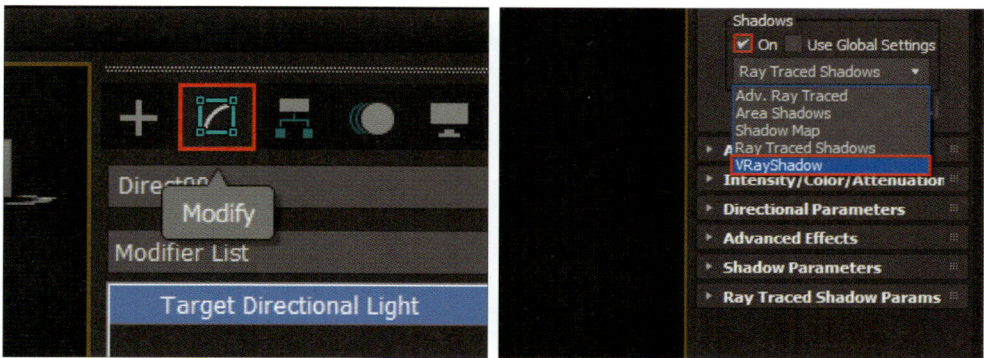

**25** 계속해서 Directional Parameters에서 Hotspot/Beam: 5000mm, Falloff/Field: 8000mm로 설정하여 조명의 범위를 조절한 뒤, 마지막으로 Intensity/Color/Attenuation에서 Multiplier 값을 '3.0'으로 설정해 줍니다.

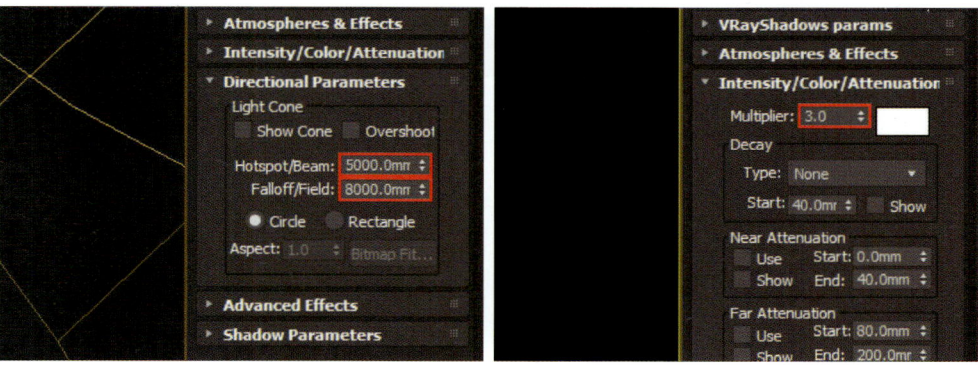

(02\09.max)

**02**. 무조건 따라해 보자 (2)

**26** 렌더링을 수행하여 결과를 확인해 줍니다. 창을 통해 외부에서 빛이 들어오는 모습까지 연출된 결과를 확인해 줄 수 있습니다.

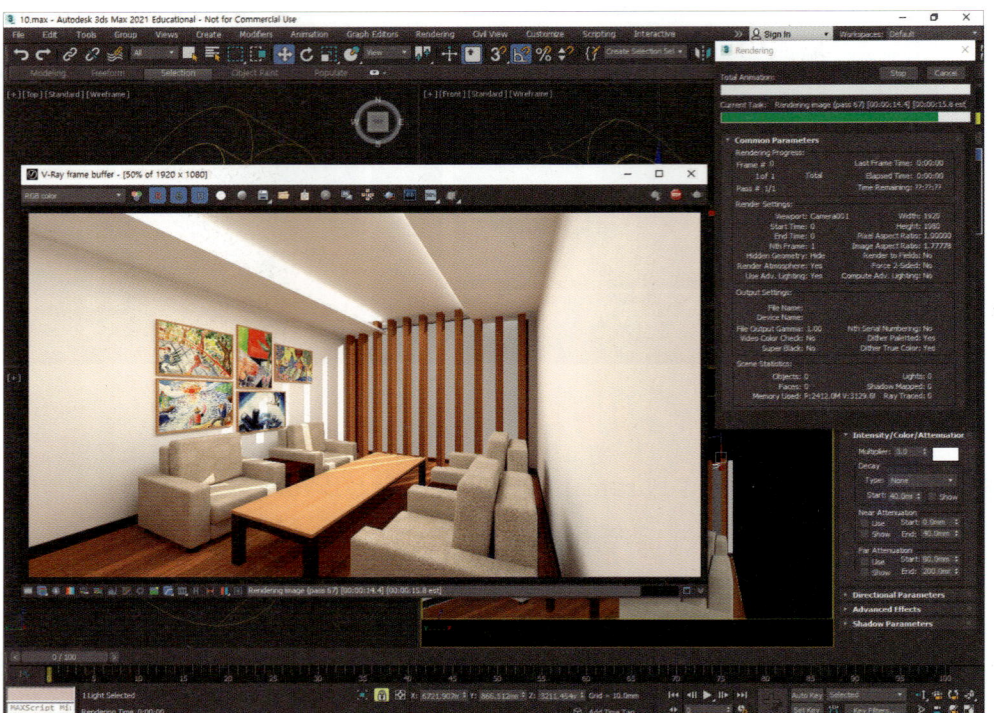

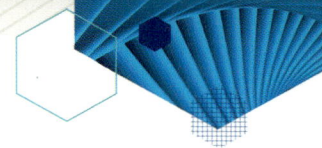

## 4. 배경 이미지 설정

이번에는 유리창 밖의 배경 이미지를 설정해 보도록 하겠습니다.

① 우선 배경 이미지를 맵으로 지정해 보도록 하겠습니다. Material Editor를 클릭하여 나타나는 재질 편집기에서 빈 슬롯을 클릭하여 선택한 뒤, 재질 타입(Material Type) 버튼을 클릭해 줍니다.

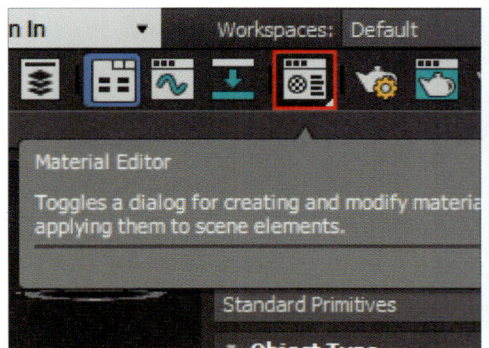

**02. 무조건 따라해 보자 (2)**

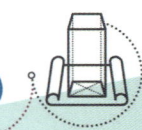

② Material/Map Browser에서 Materials▶Scanline▶Standard(Legacy)를 선택합니다. 재질 타입을 Standard로 설정한 뒤, 아래 그림과 같이 Get Material 버튼을 클릭해 줍니다.

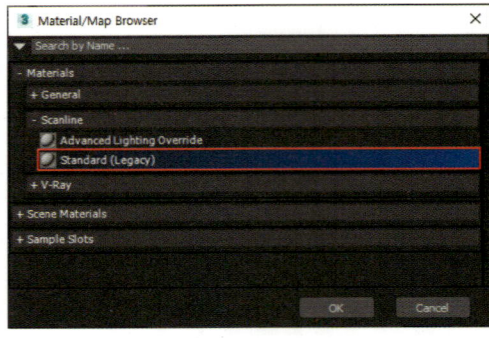

③ Diffuse에 빈 네모 칸을 클릭하여 나타나는 Material/Map Browser에서 Maps▶General▶Bitmap을 선택합니다. Select Bitmap Image File 대화상자에서 준비된 배경 이미지(02\maps\background_01.jpg)를 선택해 줍니다.

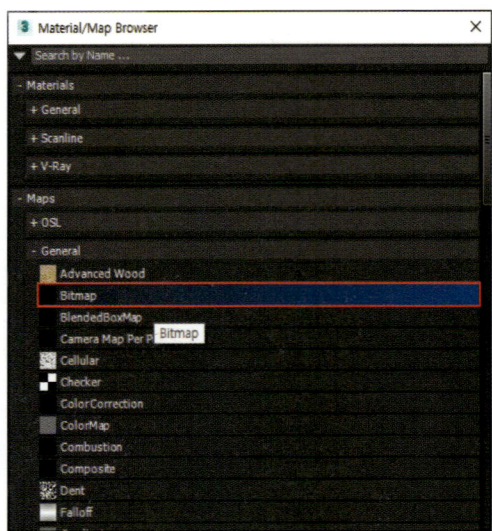
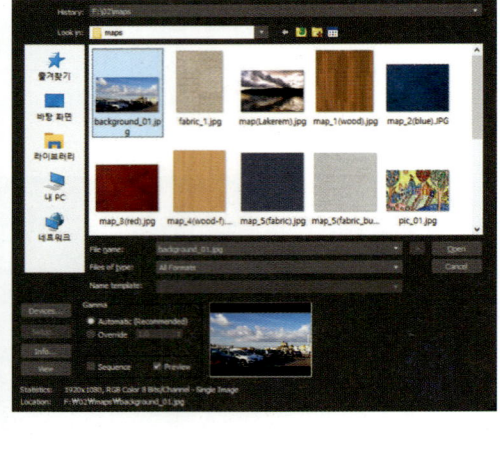

(02\maps\background_01.jpg)

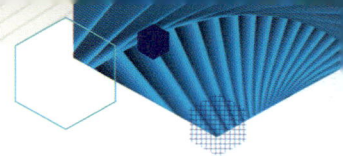

4 계속해서 아래 그림과 같이 Coordinates 항목에서 Environment 옵션을 선택한 뒤, Mapping 방법을 Screen으로 설정해 줍니다. 마지막으로 Rendering▶Environment… 명령을 수행합니다.

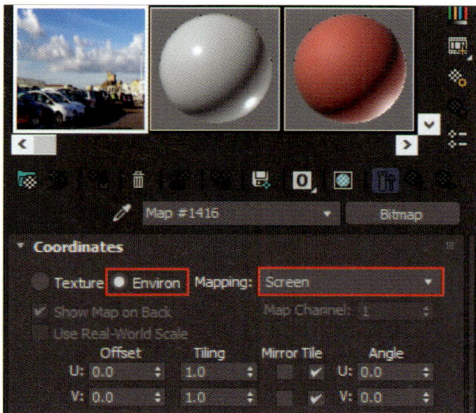
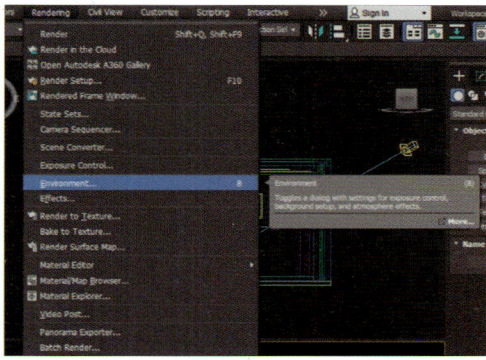

5 나타나는 Environment and Effects 대화상자에서, 아래 그림과 같이 앞에서 설정한 Material Editor 내에 이미지를 드래그하여 Environment Map에 적용해 줍니다.

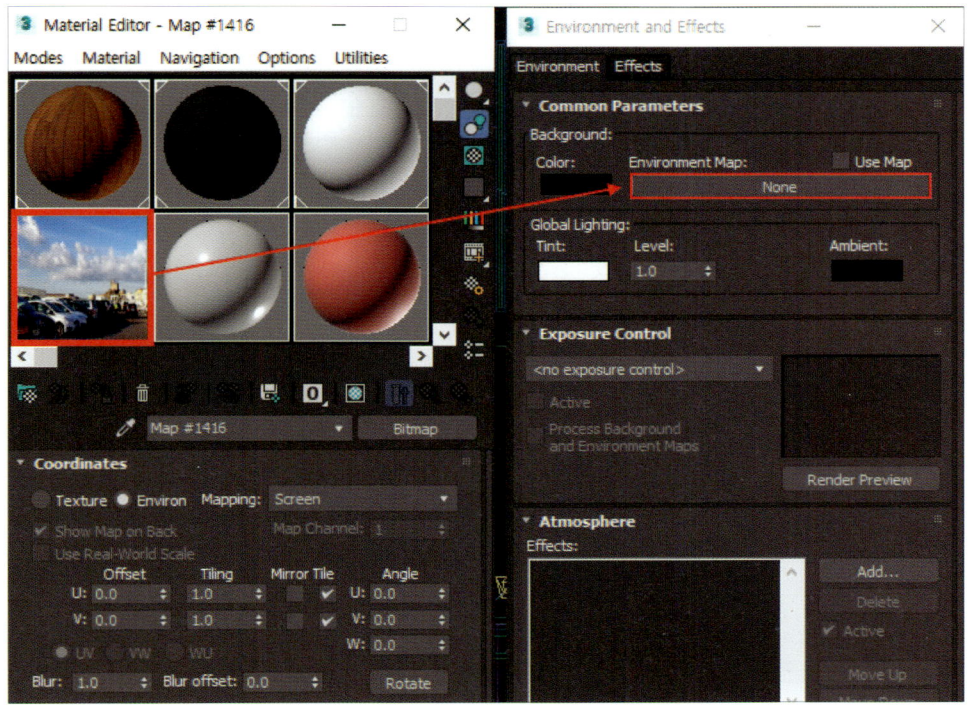

02. 무조건 따라해 보자 (2)

**6** 나타나는 Instance(Copy) Map 대화상자에서 Method 항목을 Instance로 설정하여 복사해 줍니다. 배경 이미지를 적용한 뒤, 카메라 뷰포트를 보면 배경 이미지가 적용된 모습을 확인할 수 있습니다.

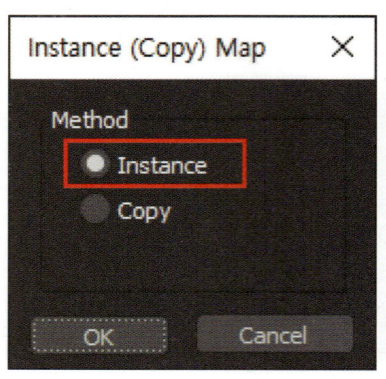
(02\10.max)

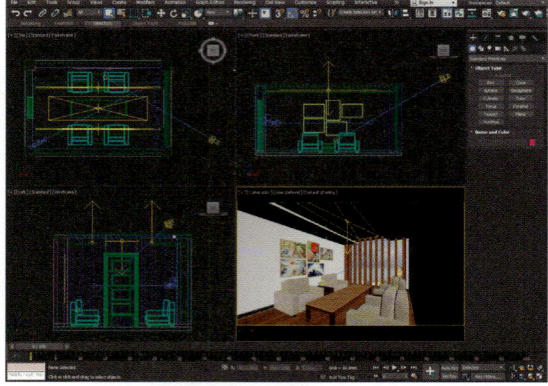

**7** 마지막으로 렌더링을 수행하여 결과를 확인해 봅니다. 유리창 너머 배경 이미지가 나타남으로써 좀 더 멋진 렌더링 이미지가 만들어진 모습을 확인할 수 있습니다.

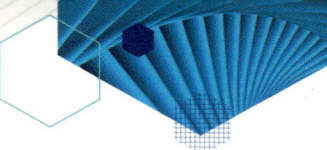

## 5. VRay 재질 설정

　이번에는 기존에 적용되었던 재질을 VRay 전용 재질로 변경하여 퀄리티 높은 렌더링 이미지로 제작해 보겠습니다.

**1** Material Editor 명령을 클릭하여 첫 번째 슬롯에 작성했던 '3D_Floor'를 선택해 줍니다.

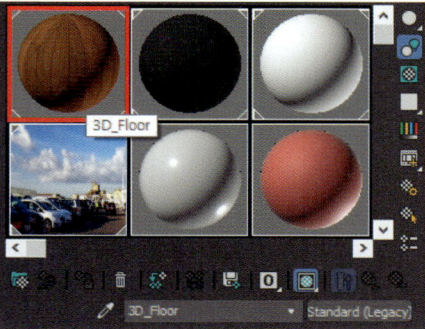

❷ 기존에 설정했던 'Standard(Legacy)'를 클릭하여 나타나는 Material/Map Browser 에서 재질을 'VRayMtl'로 설정해 줍니다.

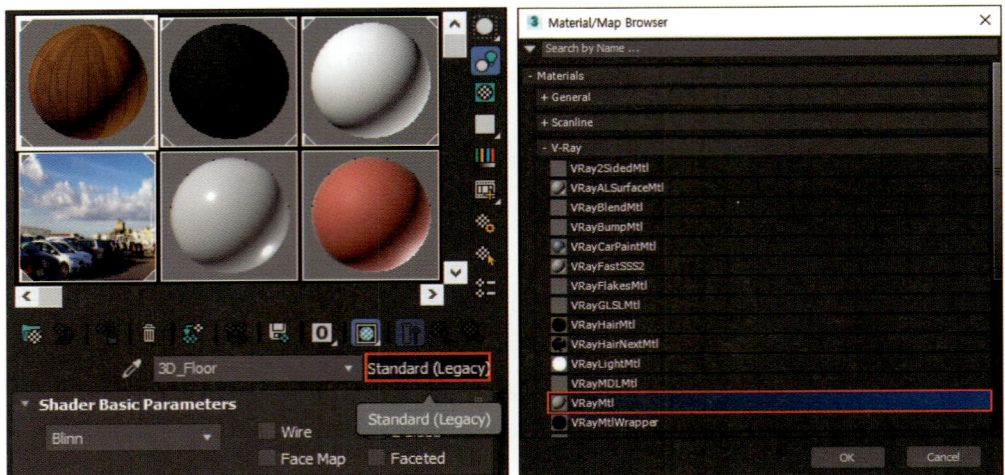

❸ VRayMtl로 설정하여 나타나는 옵션 창에서 가장 먼저 Diffuse 항목 옆에 있는 빈 사각형을 클릭해 줍니다. 나타나는 Material/Map Browser에서 Maps▶General▶Bitmap을 클릭해 줍니다.

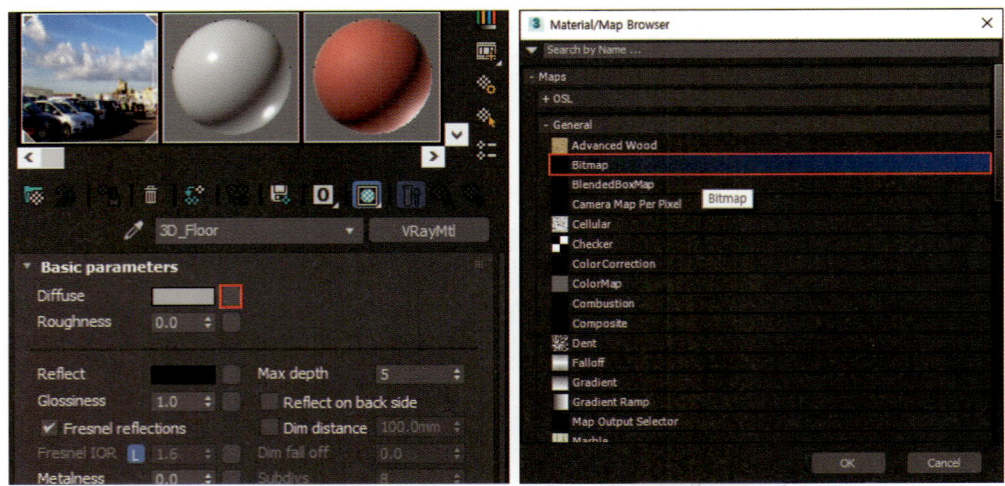

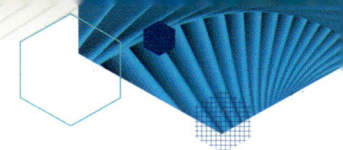

**4** 나타나는 Select Bitmap Image File 대화상자에서 앞에서 지정했던 마루 이미지 (02\maps\map_1(wood).jpg)를 선택해 줍니다. 이미지를 적용한 뒤, 아래 그림과 같이 Go to Parent 버튼을 클릭해 줍니다.

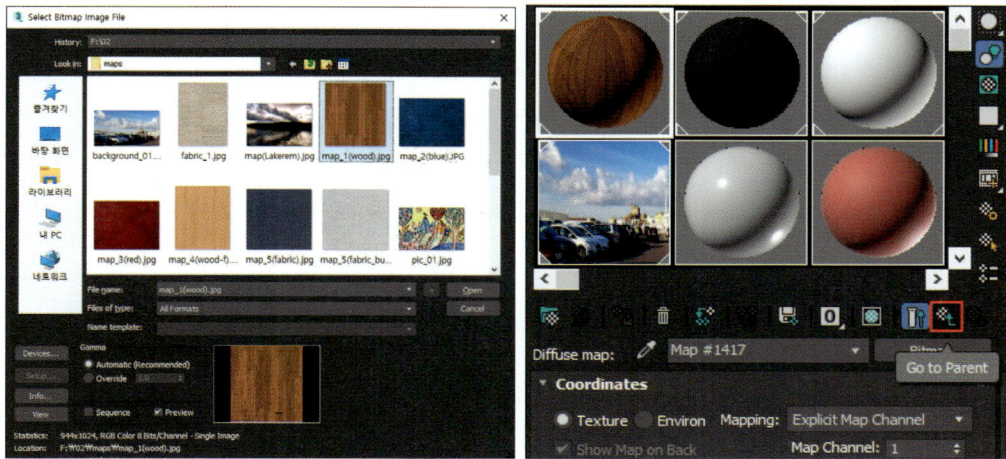

(02\maps\map_1(wood).jpg)

**5** 계속해서 Show Shaded Material in Viewport를 클릭하여 적용된 이미지가 뷰포트에서 보이도록 설정해 줍니다. 바닥 마루 재질에 약간의 반사 효과를 부여하기 위해서 Reflect 색상을 클릭해 줍니다.

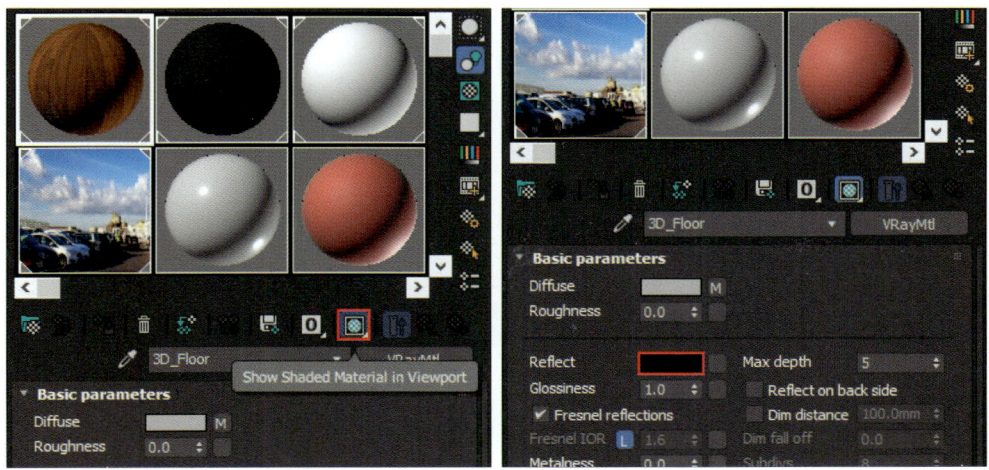

**02**. 무조건 따라해 보자 (2)    133

**6** Color Select: reflection 창에서 색상 값을 R: 30, G: 30, B: 30 값으로 설정해 줍니다. 계속해서 Glossiness: 0.8, Fresnel reflections 옵션을 해제합니다.

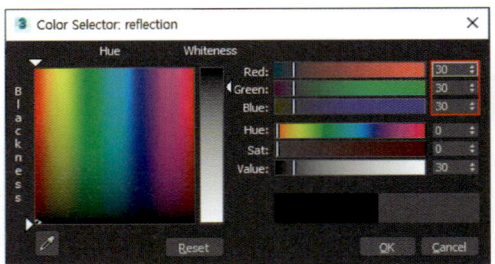 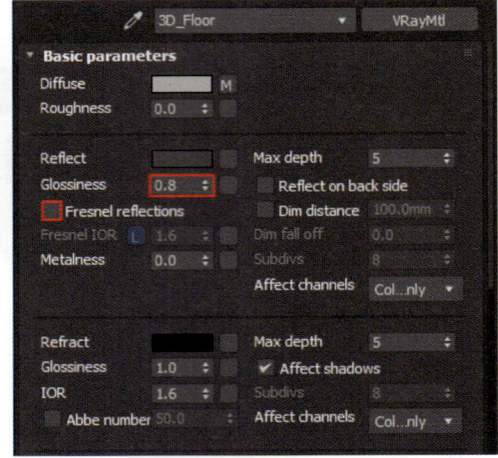

**7** 설정된 재질의 정확한 시각적 표현을 위해서 Background 옵션을 클릭하여 반사 정도를 확인해 줍니다. 이제 렌더링을 수행하여 변경된 재질을 확인해 줍니다.

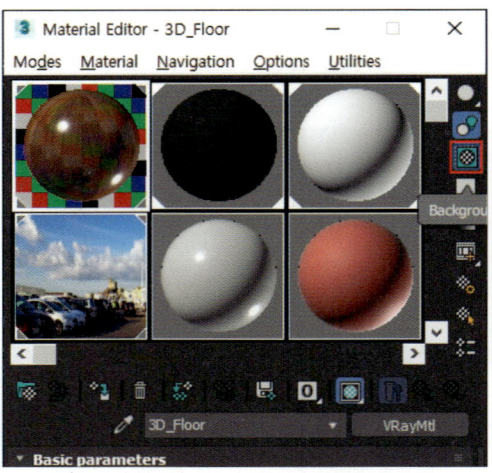 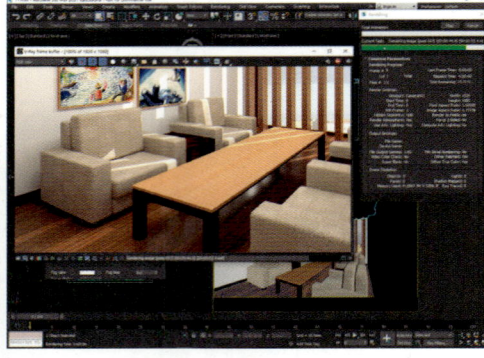

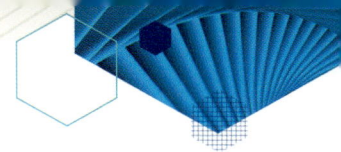

**8** 계속해서 기존에 적용되어 있던 재질을 VRay 재질로 수정해 보도록 하겠습니다. Material Editor에서 빈 슬롯을 선택한 뒤, Get Material 버튼을 클릭해 줍니다.

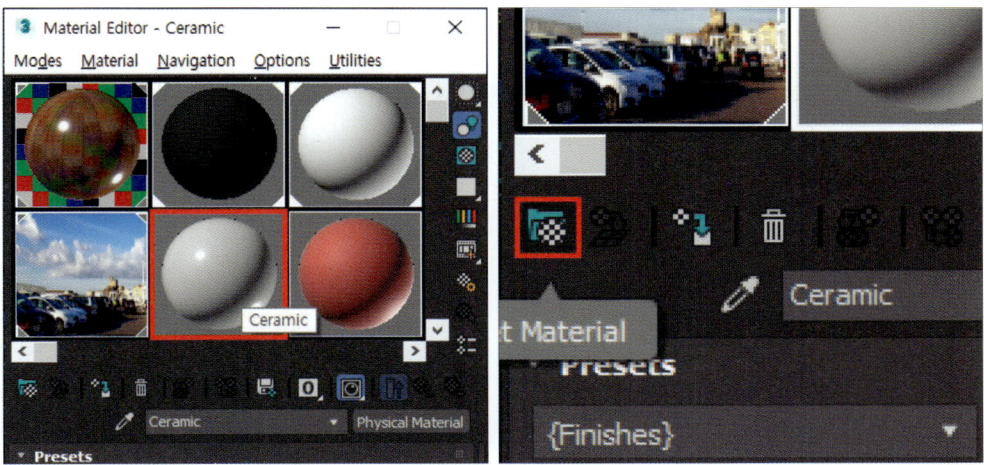

**9** 나타나는 Material/Map Browser에서 Scene Materials ▶ 3D_Glass를 선택해 줍니다. 이미 사용되고 있는 유리 재질을 불러온 뒤, 재질 타입을 변경하기 위해서 'Standard(Legacy)'를 클릭해 줍니다.

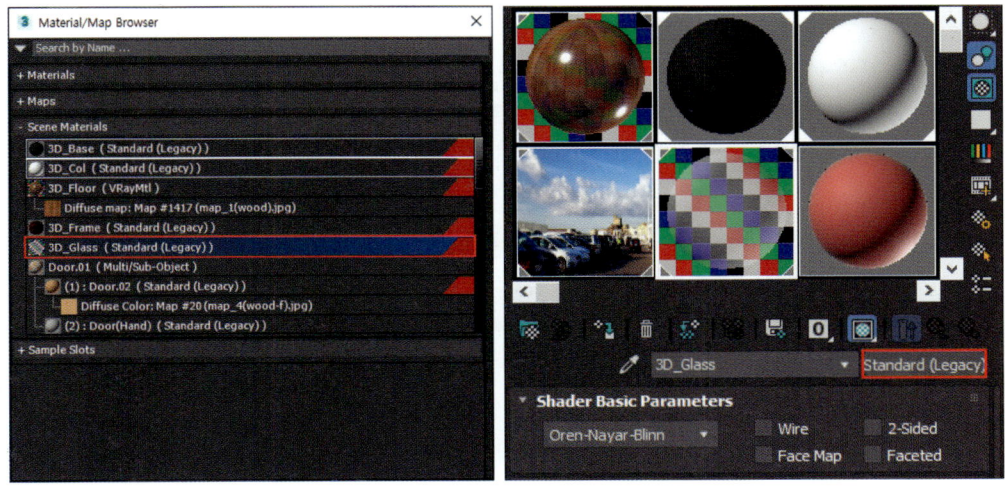

**02.** 무조건 따라해 보자 (2)   135

**10** 나타나는 Material/Map Browser에서 Materials▶V-Ray▶VRayMtl을 클릭하여 재질 타입을 변경해 줍니다. 가장 먼저 재질의 색상을 변경하기 위해서 Diffuse의 색상을 클릭해 줍니다.

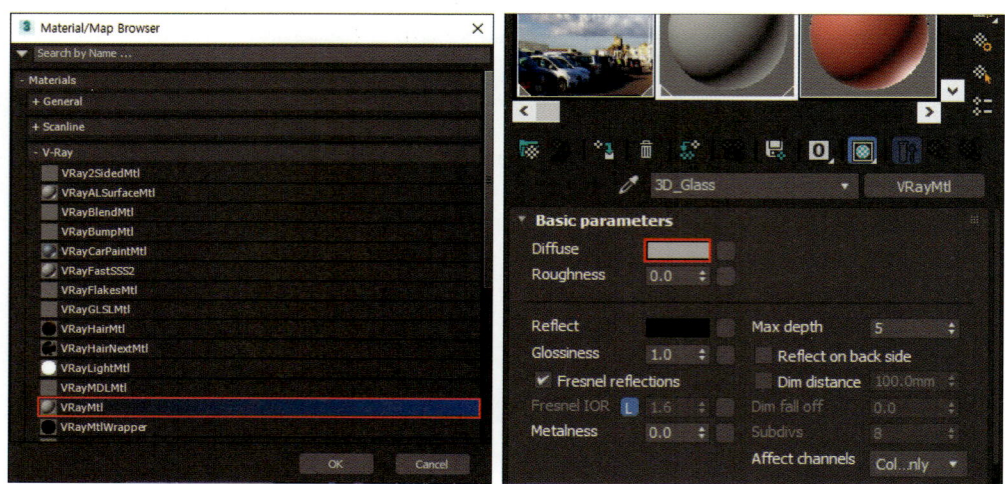

**11** Color Select: diffuse 창에서 색상 값을 R: 255, G: 255, B: 255로 입력하여 흰색으로 설정해 줍니다. 계속해서 반사의 속성을 부여하기 위해서 Reflect 색상을 클릭해 줍니다.

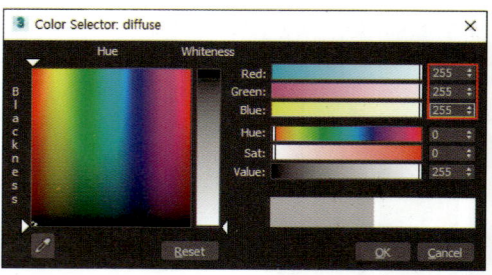
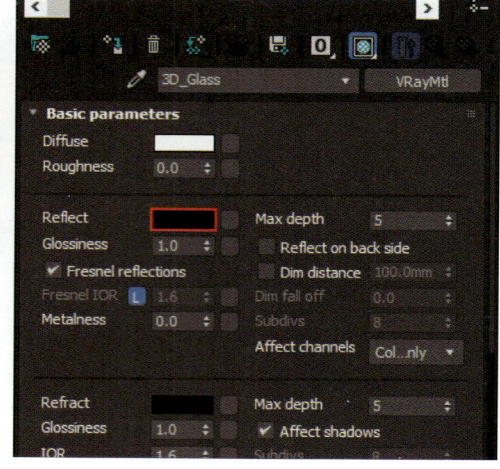

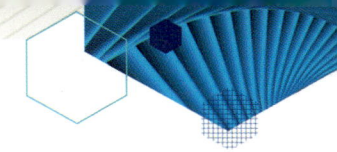

**12** Color Selector: reflection 창에서 색상 값을 R: 150, G: 150, B: 150으로 설정한 뒤, Glossiness: 1.0, Fresnel reflections 옵션을 해제합니다.

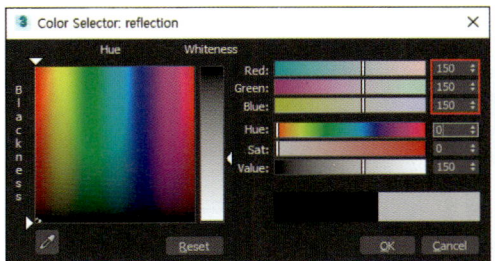
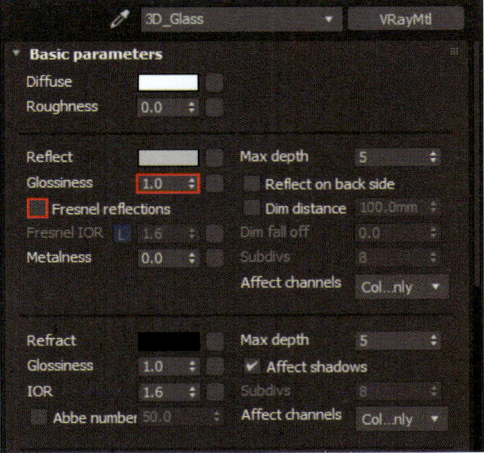

**13** 이번에는 유리 재질의 투명도를 설정하기 위해서 Refract 색상을 클릭해 줍니다. Color Selector: refraction 창에서 색상 값을 R: 240, G: 240, B: 240으로 설정해 줍니다.

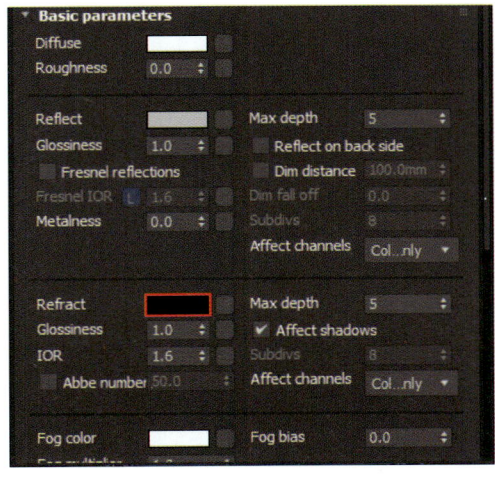
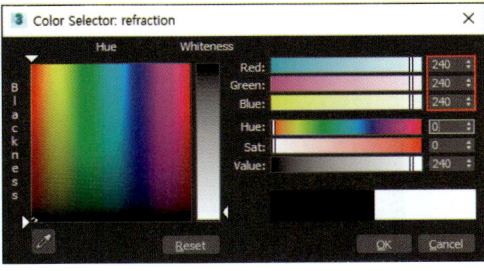

**14** 설정된 재질의 정확한 시각적 표현을 위해서 Background 옵션을 클릭하여 반사, 굴절 및 투과율 정도를 시각적으로 확인해 줍니다. 이미 적용된 재질이기 때문에 별도로 재질을 적용해 줄 필요는 없습니다.

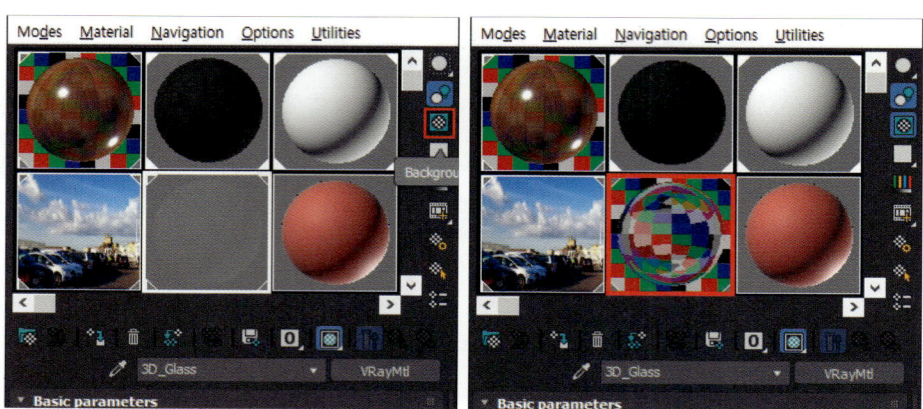

**15** 렌더링을 통해 결과물을 확인해 봅니다. 유리창의 재질을 확인해 보면 이전과는 달리 배경이 보이면서 반사되어 내부가 비춰 보이는 결과를 확인할 수 있습니다.

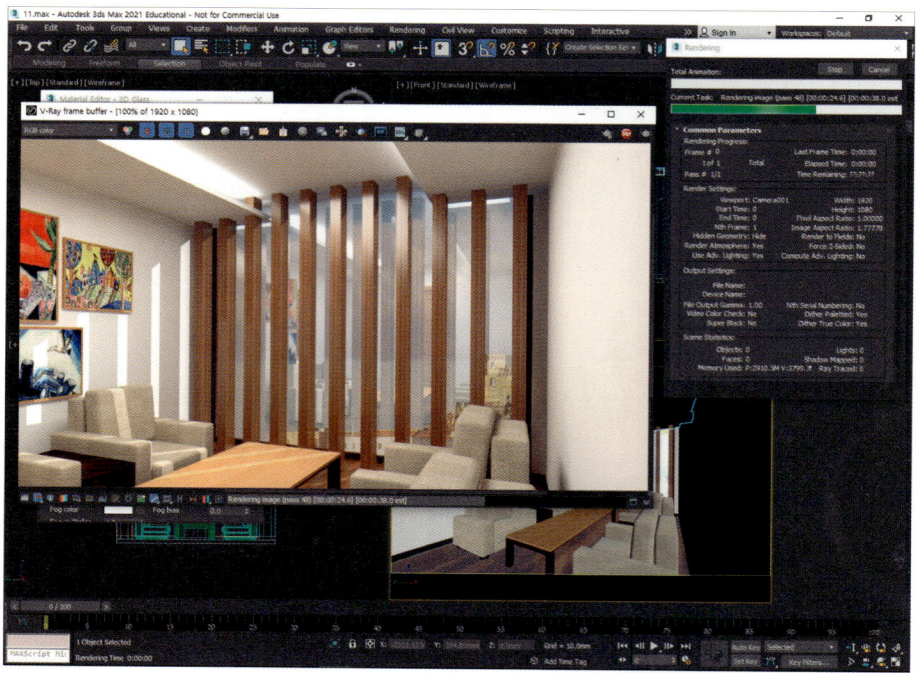

(02\11.max)

## 6. 렌더링 이미지 제작

이번에는 지금까지 작성된 데이터를 이용한 렌더링 이미지를 제작해 보도록 하겠습니다.

①  지금까지 작성된 데이터의 화면 구성을 깔끔하게 확인할 수 있도록 Display 탭을 클릭한 뒤, Hide by Category에서 Lights와 Cameras 옵션을 클릭해 줍니다.

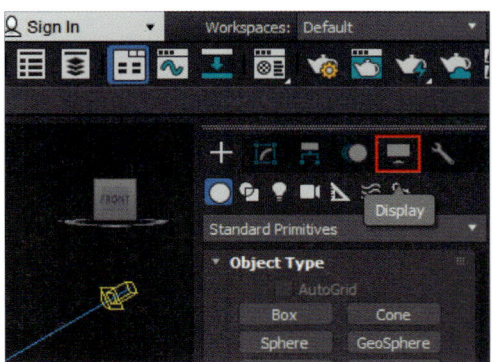
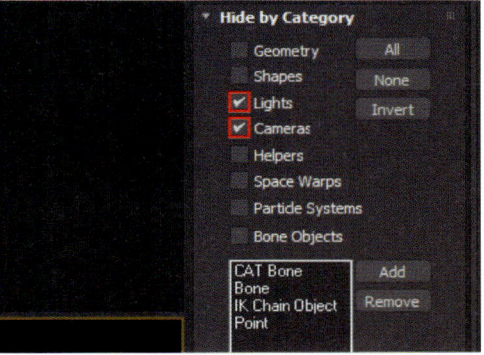

② 카메라와 조명 속성의 개체가 보이지 않게 됩니다. 전체적인 내용을 모두 확인하기 위해서 Zoom Extents All 명령을 수행하여 지금까지 작성된 모든 내용을 모든 뷰포트에서 확인해 줍니다.

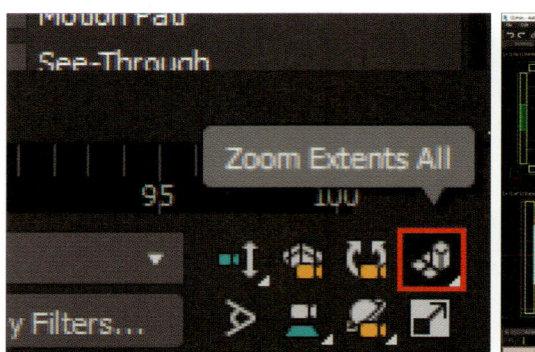

③ Rendering▶Render Setup... 명령을 수행하여 나타나는 렌더링 대화상자에서 View to Render 값을 Quad 4 - Camera001로 설정되어 있는지 확인한 뒤, 자물쇠를 클릭하여 렌더링 시점을 고정해 줍니다.

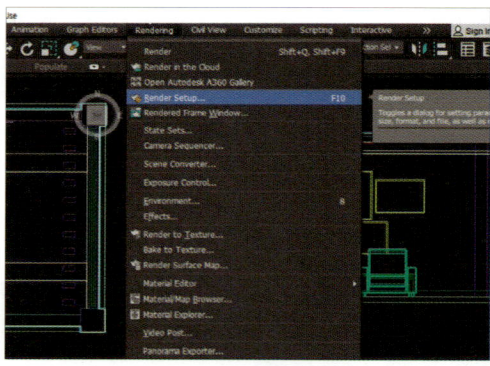
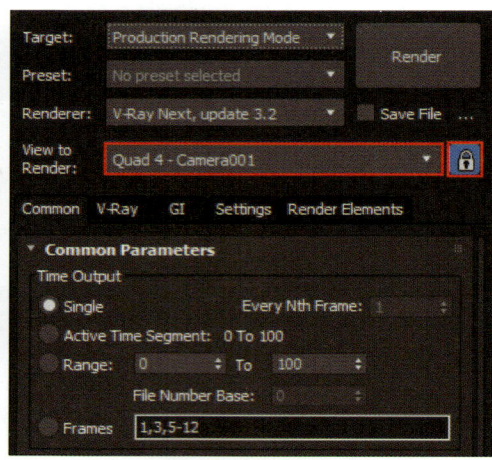

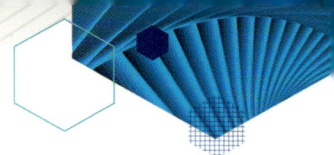

④ 계속해서 Output Size 항목에서 렌더링 크기를 1920×1080pixel(Full HD) 크기로 지정한 뒤, Image Aspect 옵션의 자물쇠 버튼을 클릭하여 렌더링 이미지의 비례가 항상 16:9 비율로 지정될 수 있도록 설정해 줍니다. 계속해서 렌더링 결과가 바로 저장될 수 있도록 Render Output 항목의 Files… 버튼을 클릭해 줍니다.

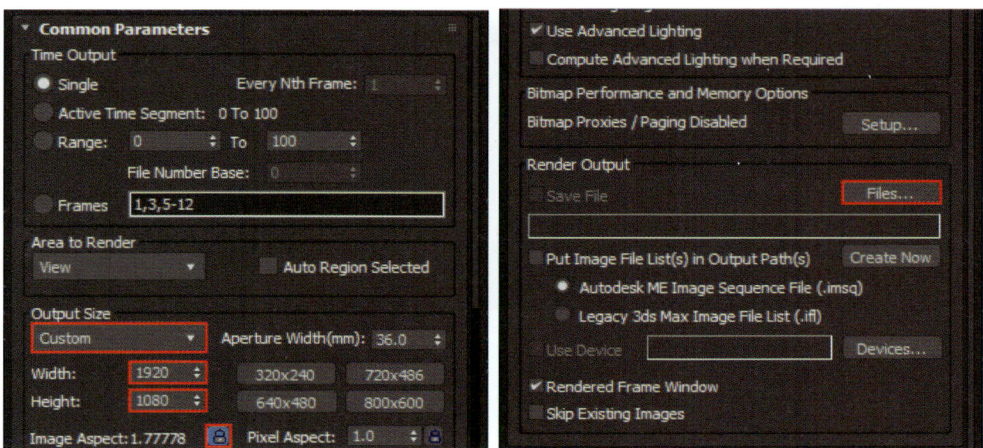

⑤ Render Output File 대화상자에서 렌더링 이미지의 저장 파일명을 지정하고 포맷을 JPG로 설정해 줍니다. 나타나는 JPEG Image Control 대화상자에서 가장 좋은 퀄리티로 설정해 줍니다.

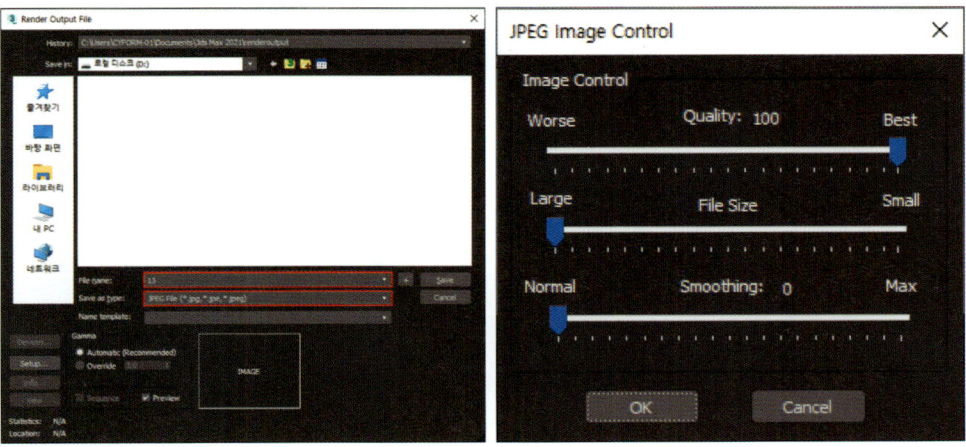

**6** 마지막으로 Render 버튼을 클릭하여 렌더링을 진행해 줍니다.

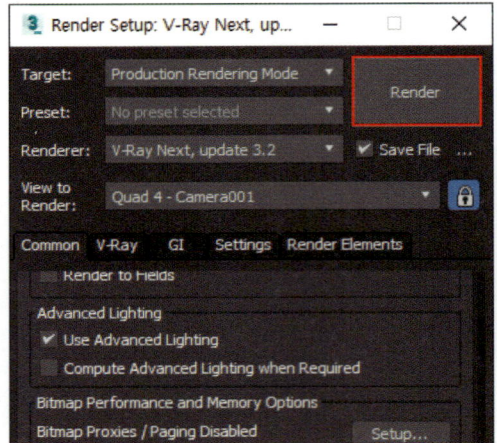 

(02\12.max)

**7** 아래 그림과 같은 렌더링 이미지가 완성되며, 결과물이 자동으로 JPG 포맷으로 저장됩니다.

(02\13.jpg)

# 03

## 기초 모델링 & 편집 (1)

이번 장에서는 3DS MAX를 이용한 기초적인 모델링과 더불어 이미 제작된 모델링 데이터의 편집을 익혀보도록 하겠습니다. 물론 3DS MAX를 이용한 수준 높은 모델링 방법을 익히는 것도 중요하지만 필요한 모델링을 빠르게 수정하여 원하는 결과물로 만드는 방법도 대단히 중요합니다.

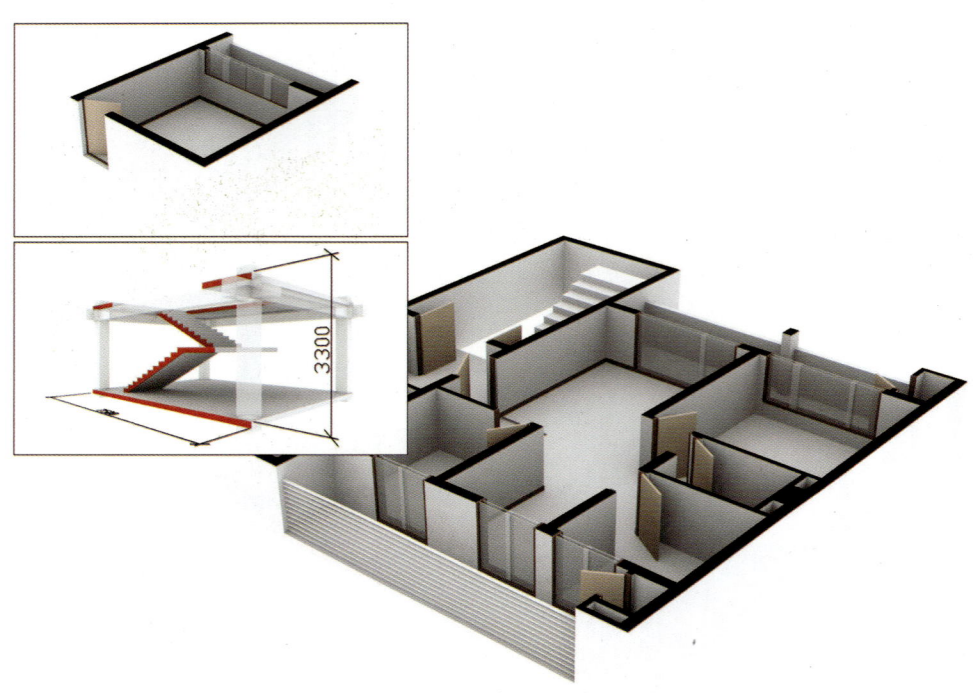

본서에서는 3DS MAX의 모든 명령이나 내용을 설명하고 있지 않습니다. 그 이유는 어떠한 결과를 제작하는 과정에서 3DS MAX의 모든 명령이 사용되는 것은 아니며, 특히 인테리어 및 건축 분야에서는 몇 가지 내용만 학습함으로써 원하는 결과물을 쉽게 제작할 수 있기 때문입니다. 명령을 모두 학습하는 것보다는 원하는 결과물을 어떻게 쉽게 제작할 수 있는 것이 훨씬 중요하며, 이러한 이유로 인해 본서에서는 따라하기 예제를 통해 자연스럽게 명령을 익힐 수 있도록 구성하였습니다.

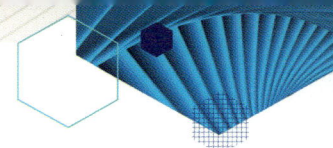

## 1. 선택 툴을 이용한 구조체 단면의 선택 및 분리

이번 예제에서는 AutoCAD에서 작성된 3D 모델링 데이터를 편집하여 렌더링 이미지를 제작해 보도록 하겠습니다. 작업을 통해 작성된 모델링 데이터의 간단한 편집 방법을 익혀 보도록 하겠습니다.

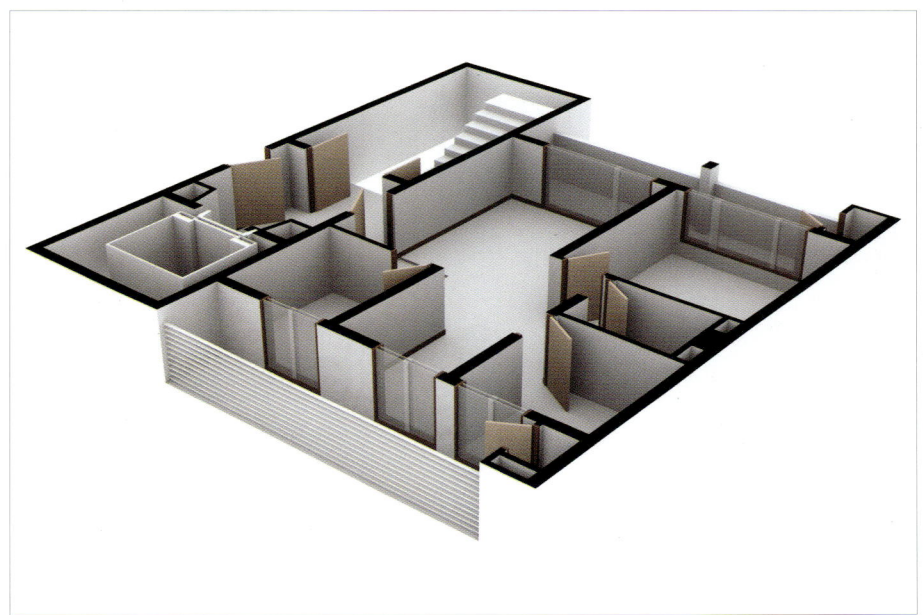

**1** AutoCAD에서 준비된 모델링(03\01.dwg)을 확인한 뒤, 3DS MAX을 실행합니다.

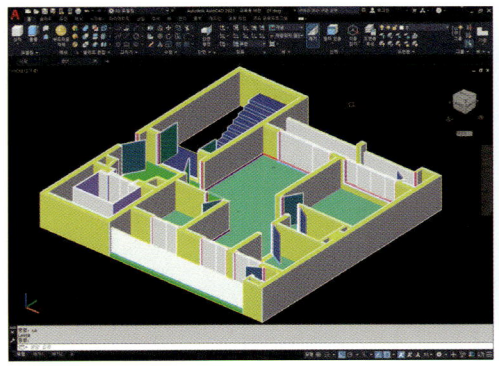

(03\01.dwg)

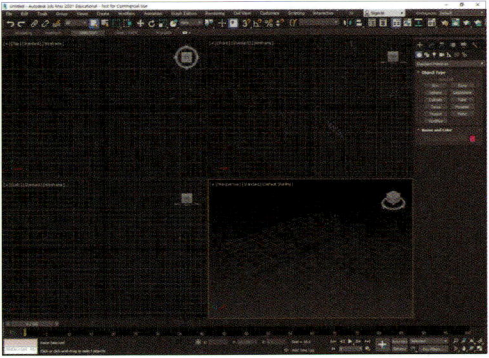

**03**. 기초 모델링 & 편집 (1)

많은 유저들은 3DS MAX에서 모델링 작업을 수행하는데 비해, 필자의 경우 50% 이상의 작업을 AutoCAD에서, 나머지를 MAX를 이용하여 작업하고 있습니다. 만약 AutoCAD를 모르시는 분들은 본 작업 과정을 생략하셔도 됩니다.

 2 이제 AutoCAD에서 작성된 3D 모델링 데이터를 불러오기 위해서 아래 그림과 같이 File▶Import▶Import... 명령을 수행합니다. 나타나는 Select File to Import에서 준비된 캐드 파일(03\01.dwg)을 선택해 줍니다.

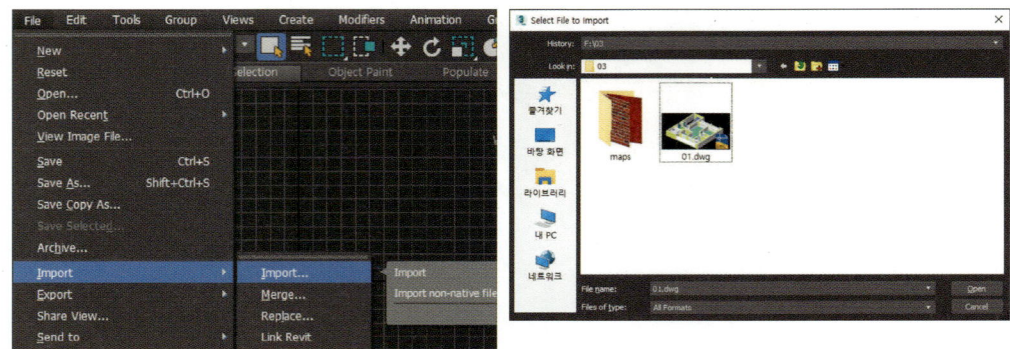

(03\01.dwg)

3 아래 그림과 같이 AutoCAD DWG/DXF Import Options 창이 나타나면 레이어 탭을 클릭한 뒤, '0', 'Defpoints' 레이어를 제외한 나머지 레이어를 모두 선택하여 불러옵니다. 기본적으로 재질과 조명이 설정되어 있지 않기 때문에 검은색으로 보입니다.

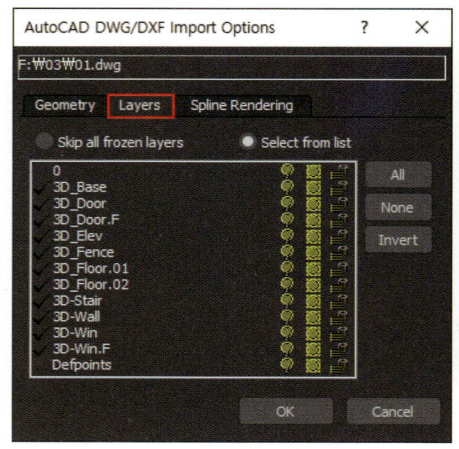

15강으로 익히는 인테리어·건축 디지털 렌더링

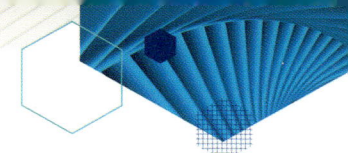

**4** 가장 먼저 렌더링 환경을 설정하기 위해서 Rendering▶Render Setup... 명령을 수행하여 나타나는 Render Setup 창에서 Renderer 항목을 Scanline 렌더러로 설정해 줍니다.

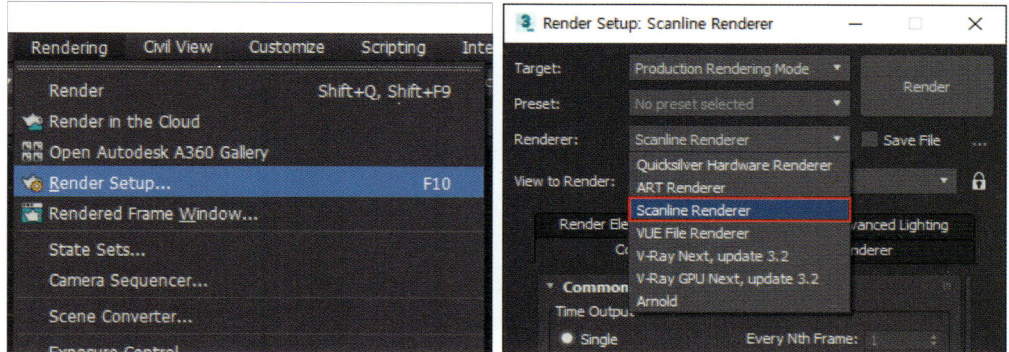

**5** 먼저 Select by Name을 클릭한 뒤, 나타나는 Select From Scene 창에서 나타나는 모든 개체를 선택해 줍니다.

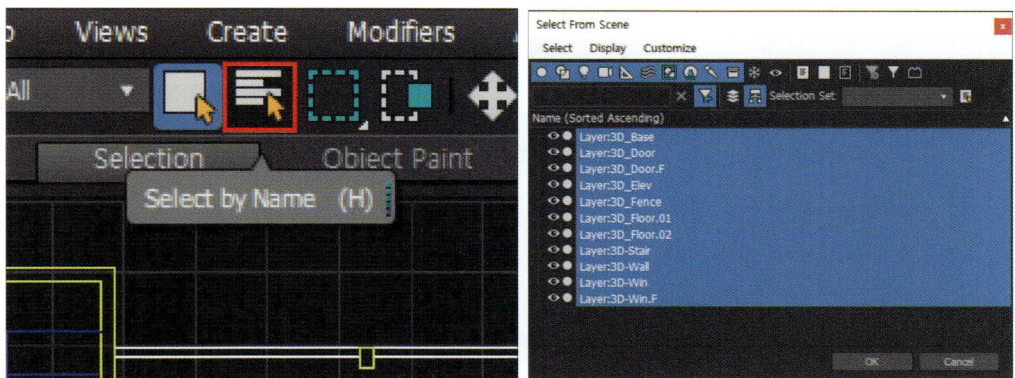

지금부터는 1장, 2장과는 달리 이미 설명된 중복되는 내용은 과감하게 생략하고 넘어가도록 하겠습니다. 만약 잘 모르시는 내용이 있다면 1장, 2장의 내용을 반복한 뒤 학습해 주시기 바랍니다.

03. 기초 모델링 & 편집 (1)

**6** 작업 화면상의 모든 개체를 선택한 뒤, 기본적인 재질을 설정하기 위해서 Material Editor 아이콘을 클릭해 줍니다. 나타나는 Material Editor에서 첫 번째 재질 슬롯을 선택한 뒤, Physical Material로 설정된 재질 타입 버튼을 클릭해 줍니다.

 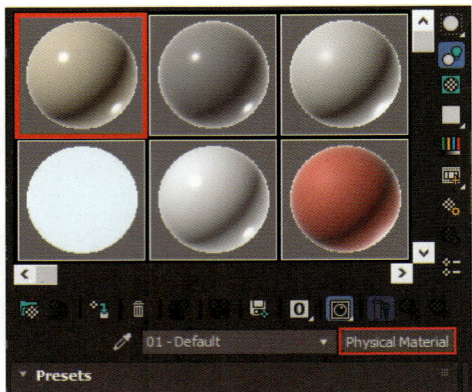

**7** Material/Map Browser에서 Materials▶Scanline▶Standard(Legacy)를 선택해 줍니다. 계속해서 재질의 이름을 'White'로 설정하고, Shader 항목을 'Oren-Nayar-Blinn'으로 설정해 줍니다. 계속해서 색상을 설정하기 위해 Diffuse 색상 아이콘을 클릭해 줍니다.

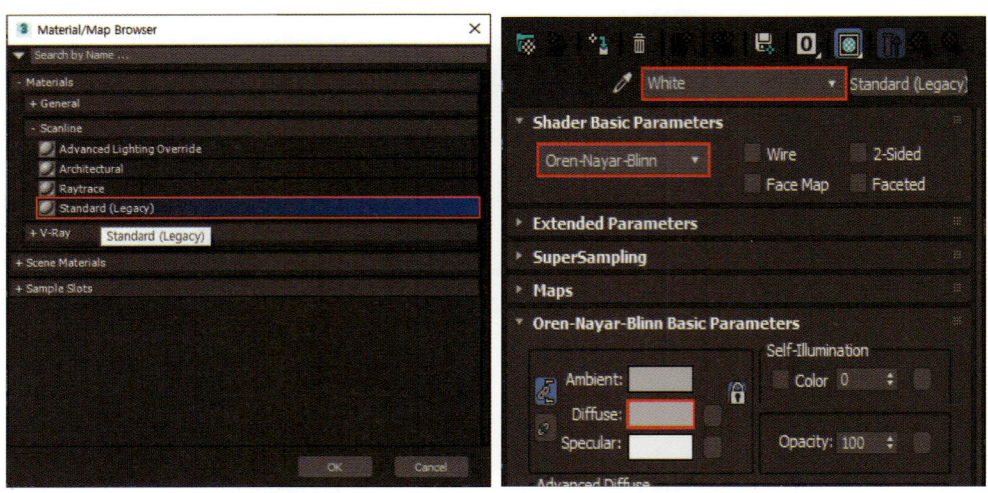

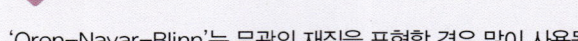

'Oren-Nayar-Blinn'는 무광의 재질을 표현할 경우 많이 사용됩니다.

⑧ 나타나는 Color Selector에서 R: 255, G: 255, B: 255로 설정해 줍니다. 재질(색상)을 적용하기 위해서 Assign Material to Selection을 클릭하여 선택한 모든 개체에 설정한 색상을 흰색으로 적용합니다.

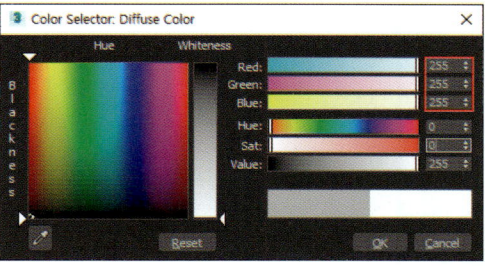
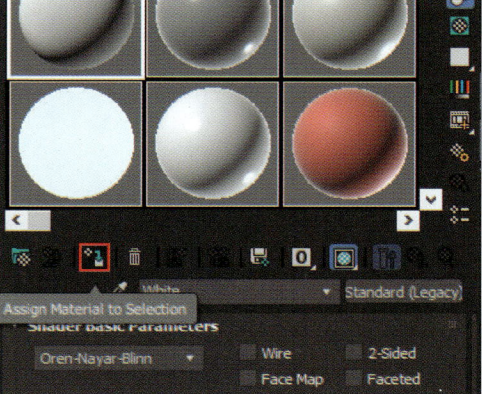

⑨ 아래 그림과 같이 흰색 재질이 적용된 모습을 뷰포트에서 확인할 수 있으며, 렌더링을 수행하여 결과를 확인해 봅니다.

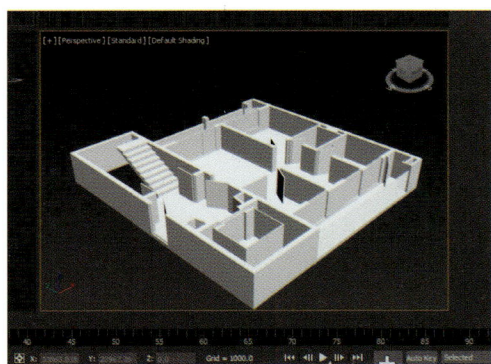
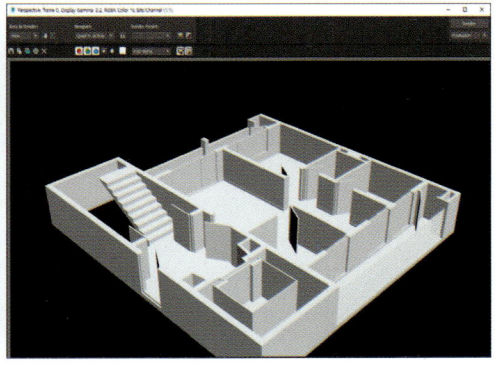

**10** 이번에는 간단하면서 매우 효과적인 조명 및 렌더링 설정을 해보도록 하겠습니다. 조명 개체를 추가하기 전에 Snaps Toggle 버튼을 비활성화하여 스냅이 설정되지 않도록 해 줍니다. 이제 조명 개체를 추가하기 위해서 Create▶Lights 명령을 수행합니다.

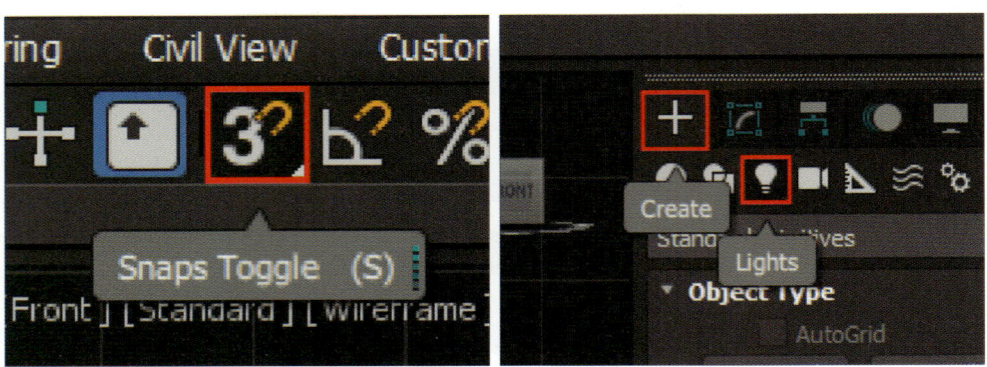

**11** 기본적으로 Photometric으로 나타나는 항목의 내림 단추를 클릭하여 Standard로 설정한 뒤, 나타나는 Object Type에서 Skylight 조명을 선택해 줍니다. Skylight 조명을 선택한 뒤, Top 뷰포트에서 아래 그림과 같이 가운데 부분을 클릭하여 조명을 추가해 줍니다.

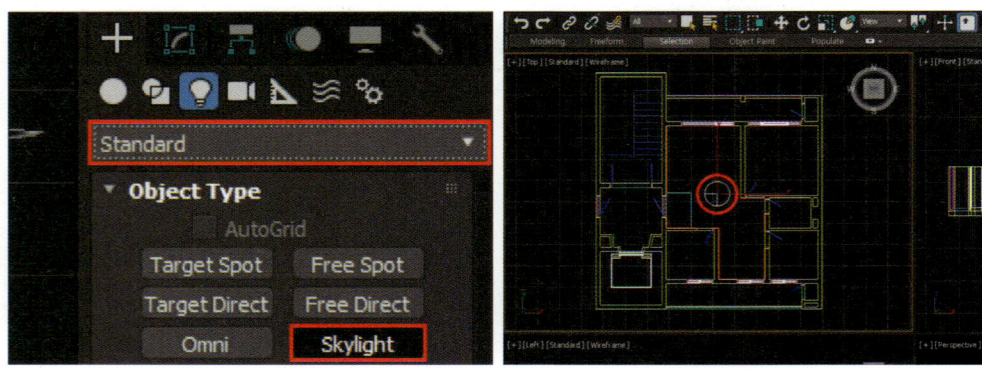

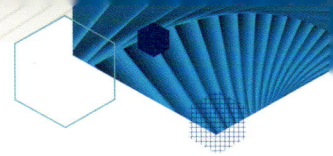

**12** 계속해서 추가된 조명 개체가 선택된 상태에서 Select and Move를 이용하여 Front 뷰에서 아래 그림과 같이 약간 위쪽으로 이동시켜 줍니다.

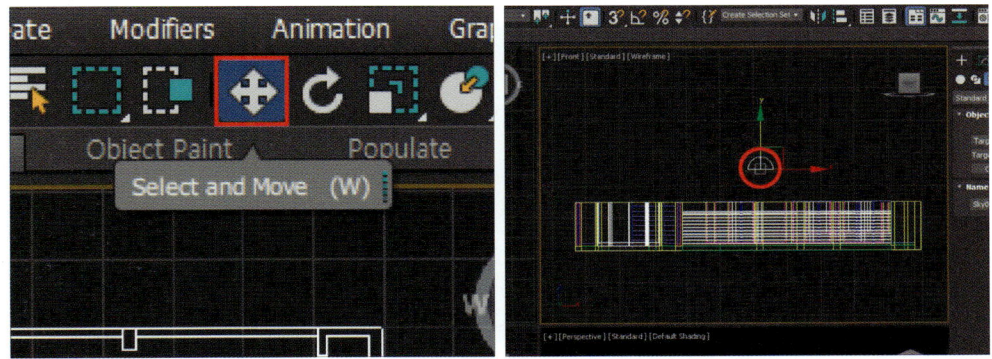

**13** 이제 설정된 값으로 렌더링을 진행해 보도록 하겠습니다. Rendering▶Light Tracer... 명령을 수행하여 나타나는 렌더링 대화상자에서 아래 그림과 같이 Select Advanced Lighting 항목이 Light Tracer로 설정된 것을 확인한 뒤, 렌더링을 진행해 봅니다.

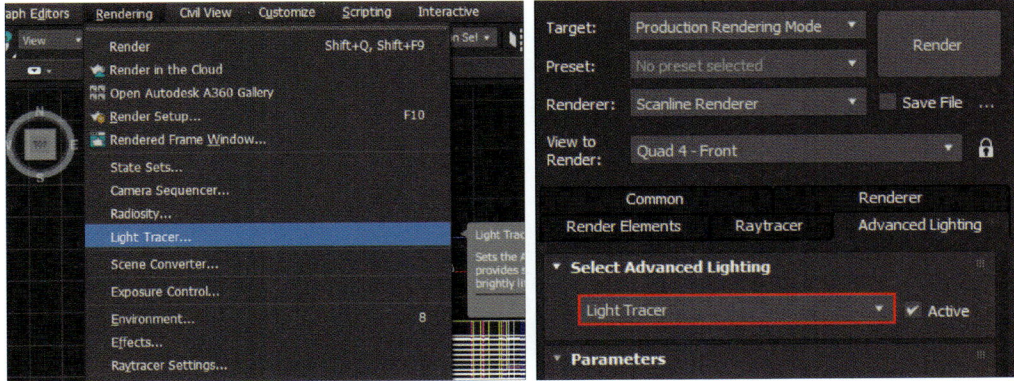

**14** 이제 렌더링을 수행해 봅니다. 간단한 설정만으로 아래 그림과 같은 퀄리티의 렌더링 결과가 만들어지는 것을 볼 수 있습니다.

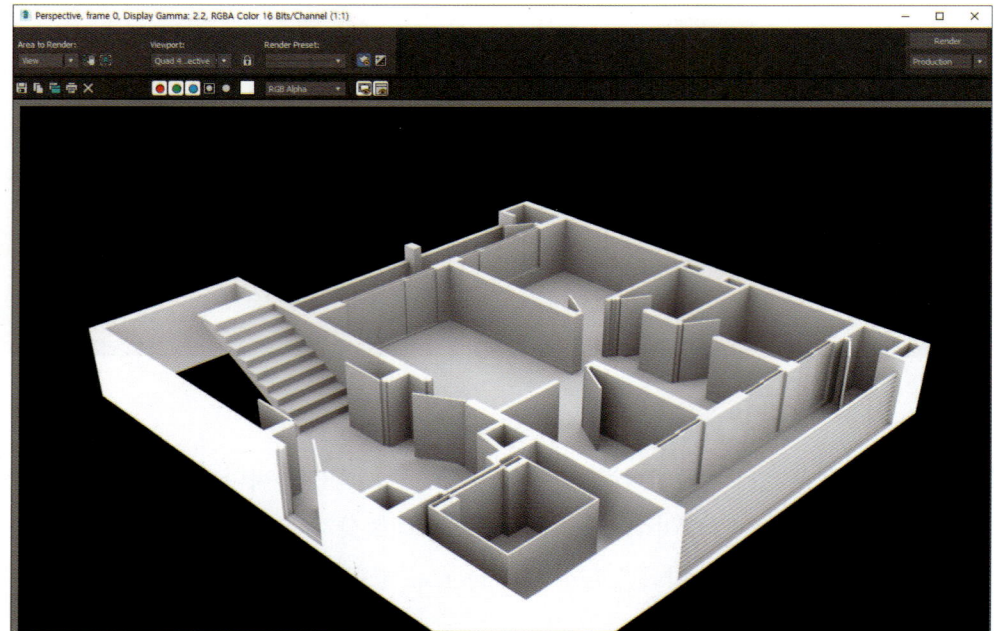

(03\02.max)

**15** Select by Name을 클릭하여 나타나는 Select From Scene 창에서 'Layer:3D_Base' 개체를 선택해 줍니다.

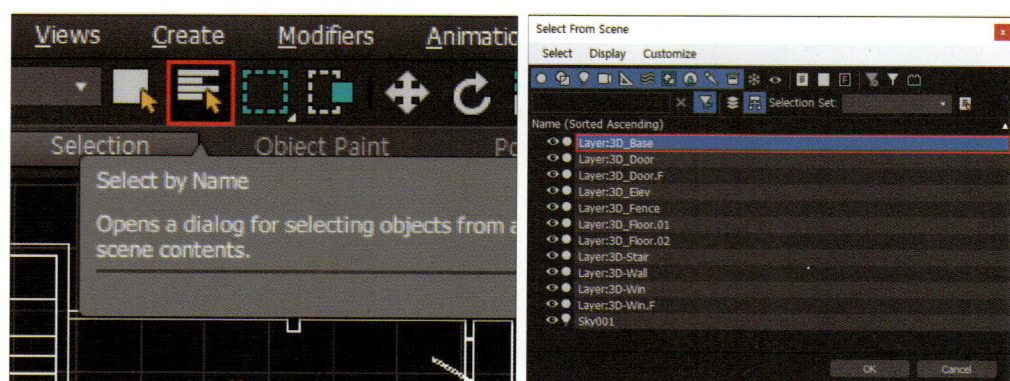

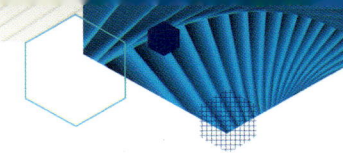

**16** Modify 탭을 클릭한 뒤, 아래 그림과 같이 개체의 이름을 '3D_Base'로 변경한 뒤, 바로 옆에 있는 색상도 임의의 색상으로 변경해 줍니다.

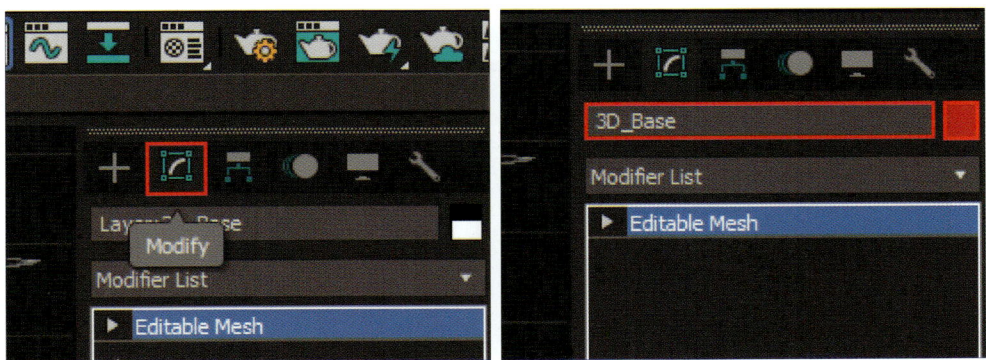

**17** 앞에서 수행한 방법과 동일한 방법으로 나머지 개체의 이름과 색상을 변경해 줍니다. 이제 '3D_Door' 개체를 선택해 줍니다.

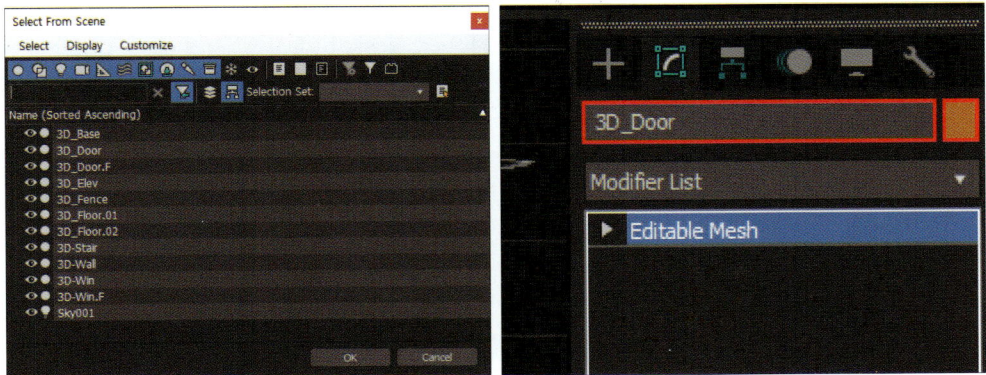

03. 기초 모델링 & 편집 (1)　153

**18** Material Editor 명령을 수행해 줍니다. 나타나는 Material Editor에서 빈 슬롯을 선택한 뒤, 재질 이름을 'Brown'으로 설정해 줍니다. 계속해서 색상을 변경하기 위해 Diffuse 색상을 클릭합니다.

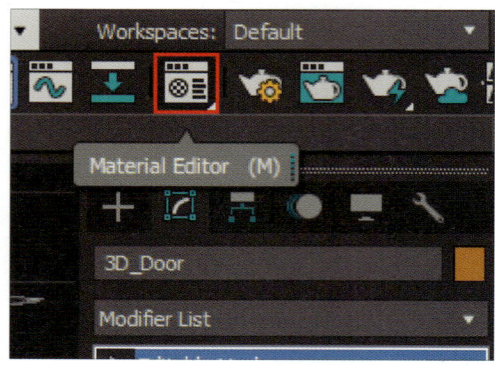
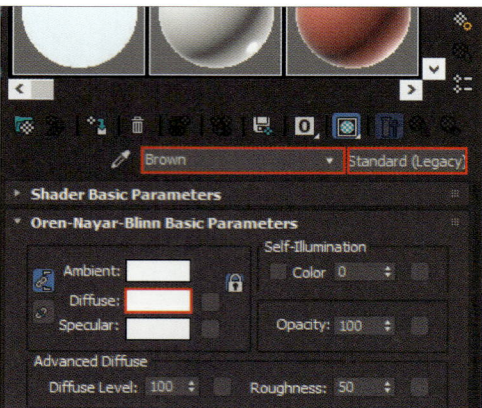

**19** 나타나는 Color Selector 대화상자에서 색상 값을 R: 195, G: 155, B: 119로 설정한 뒤, Assign Material to Selection 명령을 수행하여 재질을 적용해 줍니다.

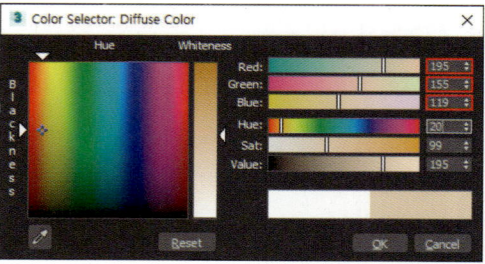
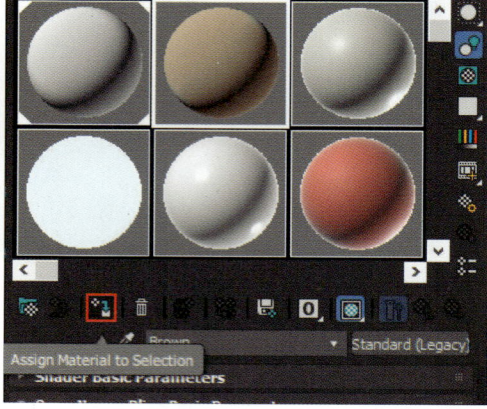

**20** 아래 그림과 같이 재질이 적용된 결과를 뷰포트에서 확인한 뒤, 렌더링을 수행하여 결과를 정확하게 확인해 줍니다.

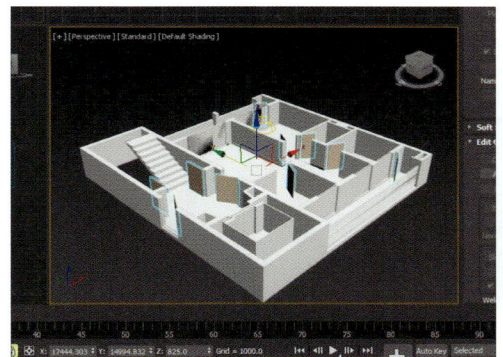 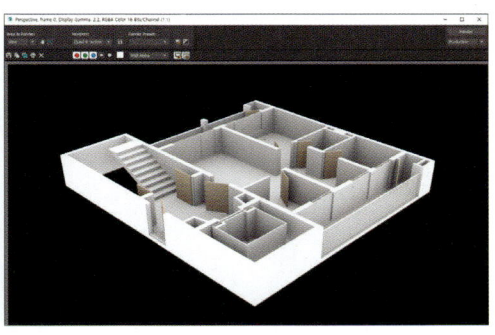

**21** 이제 '3D_Base', '3D_Door.F', '3D_Win.F'를 선택한 뒤, Material Editor 명령을 수행해 줍니다.

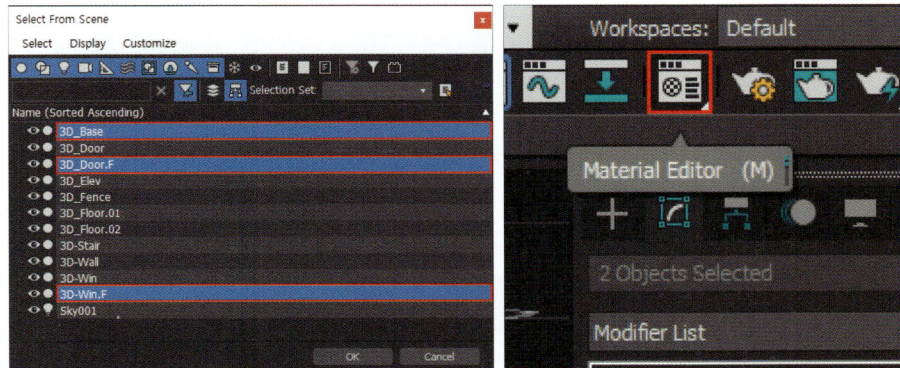

03. 기초 모델링 & 편집 (1)　155

22 이번에는 앞에서 설정한 'Brown' 재질의 슬롯을 선택한 뒤, 세 번째 빈 슬롯으로 드래그 & 드롭하여 복사해 줍니다.

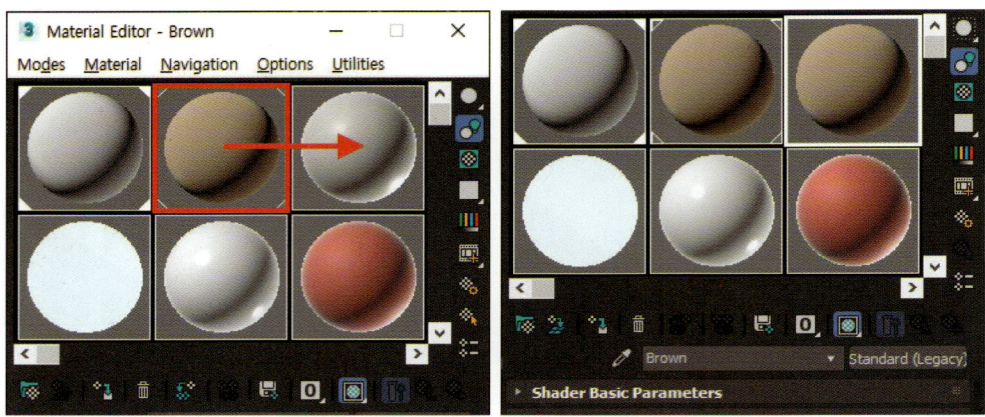

> 재질을 새롭게 설정하는 방법도 좋지만 이미 설정된 재질을 복사한 뒤, 변경하여 재질을 제작하는 방법이 편리한 경우가 많습니다.

23 복사된 재질의 이름을 'Dark_Brown'으로 변경한 뒤, 색상을 변경하기 위해 Diffuse 색상을 클릭합니다. 나타나는 Color Selector 대화상자에서 색상 값을 R: 56, G: 36, B: 24로 설정해 줍니다.

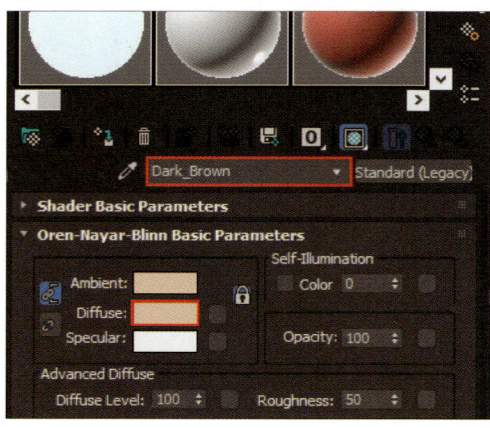 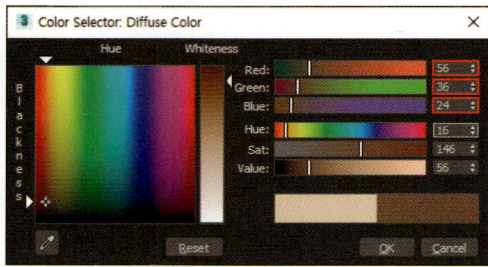

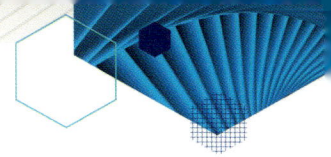

**24** Assign Material to Selection 명령을 수행하여 재질을 적용한 뒤, 뷰포트에서 결과를 확인해 줍니다.

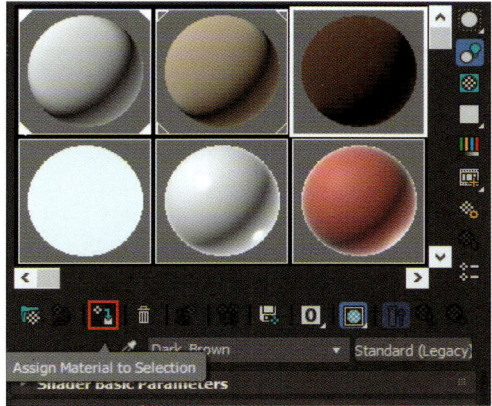
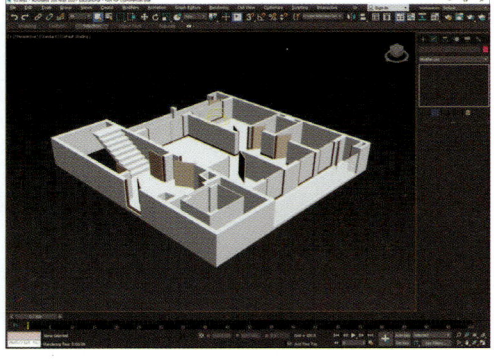

**25** 렌더링을 수행하여 결과를 확인해 봅니다. 창틀, 문틀, 걸레받이 개체에 색상이 진한 갈색으로 변경된 모습을 확인해 줄 수 있습니다.

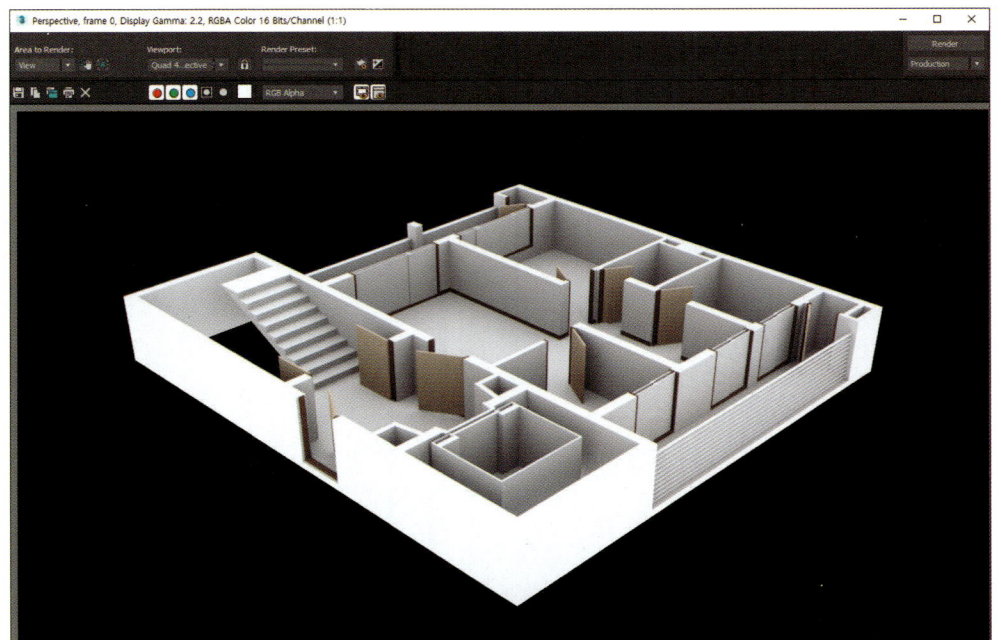

**26** Select by Name 명령을 수행하여 나타나는 Select From Scene 대화상자에서 '3D_Win' 개체를 선택해 줍니다.

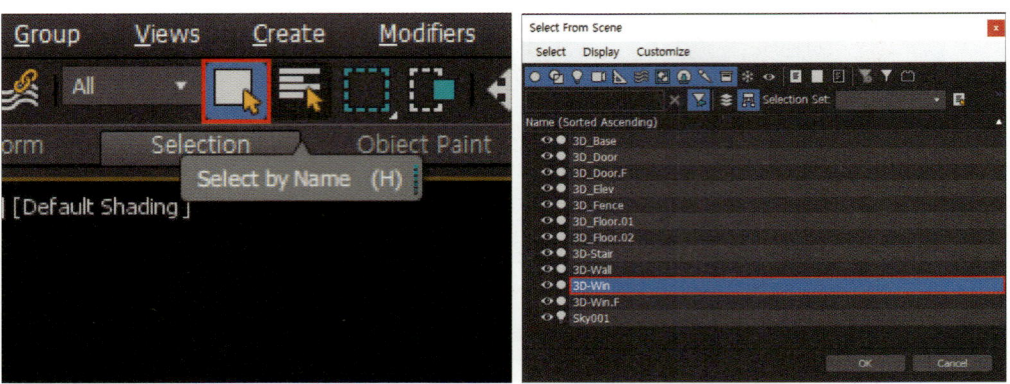

**27** Material Editor에서 빈 슬롯을 선택하여 재질 이름을 'Glass'로 설정, 재질을 Standard (Legacy)로 설정해 줍니다. 계속해서, Diffuse 색상을 R: 255, G: 255, B: 255로 설정하여 흰색으로 설정한 뒤, Opacity: 40, Specular Level: 100, Glossiness: 40으로 설정하여 적용합니다. 마지막으로 설정된 재질의 투명도를 확인하기 위해서 Background 아이콘을 클릭하여 투명도를 확인한 뒤, 재질을 적용해 줍니다.

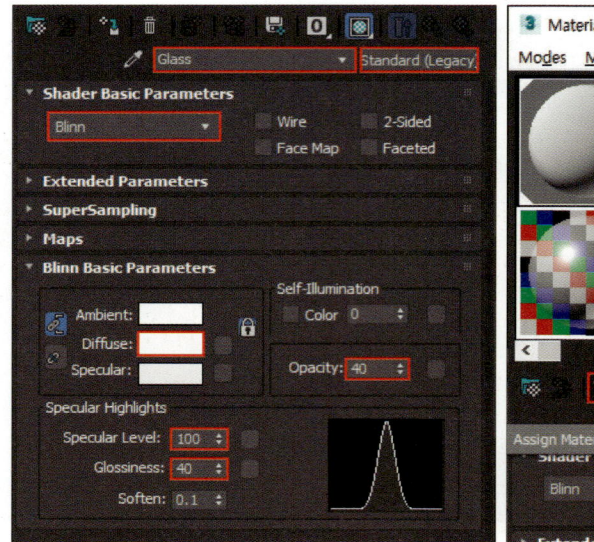

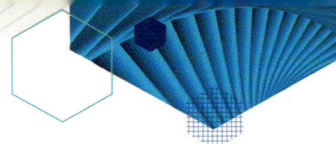

앞에서 설정한 값의 의미가 매우 궁금하실 겁니다. 기본적으로 Diffuse 값은 설정한 재질의 색상을 의미합니다. 물론 Ambient는 어두운 영역, Specular는 밝은 영역의 색상을 지정하는 것이며 Opacity의 경우는 재질 자체의 투명도를 설정해 주는 값입니다. 따라서 0으로 갈수록 투명해지며 100이면 완전히 불투명한 재질입니다. 일반적인 재질의 경우는 Opacity 값이 100이지만 유리와 같이 투명도를 가지고 있는 재질의 경우는 Opacity 값을 변경해 주어 투명한 정도를 설정해 줄 수 있습니다.

**28** 뷰포트에서 투명 재질이 적용된 모습을 확인할 수 있으며, 렌더링을 수행하여 최종 결과를 확인해 줍니다.

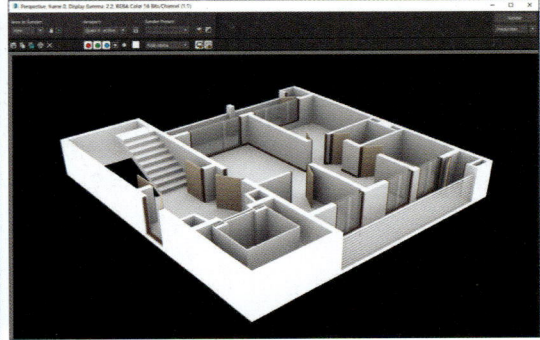

**29** 렌더링 이미지의 검은색 배경을 흰색으로 변경해 보도록 하겠습니다. Rendering ▶ Environment… 명령을 수행합니다. 나타나는 Environment and Effects 대화상자에서 Background Color의 색상을 클릭해 줍니다.

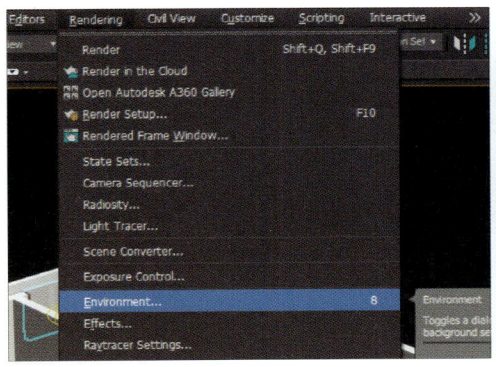
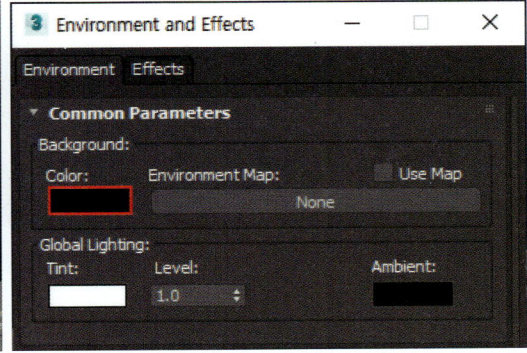

**03**. 기초 모델링 & 편집 (1)   159

**30** Color Selector: Background Color에서 흰색(R: 255, G: 255, B: 255)으로 설정해 줍니다. 렌더링 결과를 확인해 보면 아래 그림과 같이 검은색 배경이 흰색 배경으로 변경된 것을 확인할 수 있습니다.

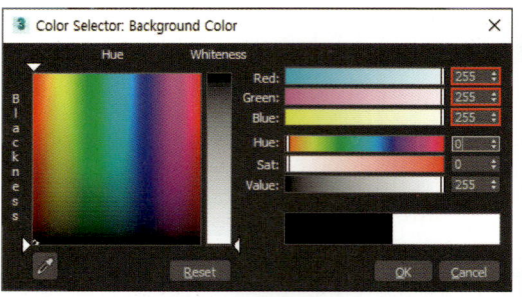 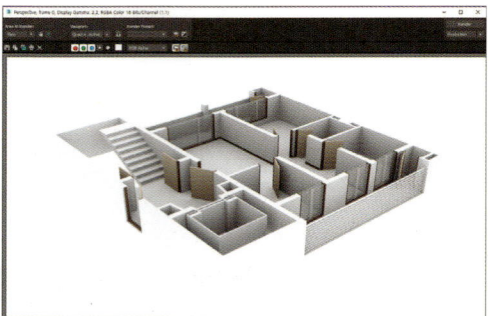

**31** 지금부터는 벽체 모델링 데이터인 '3D_Wall' 개체의 상부 단면을 별도의 개체로 분리한 뒤, 벽체 상부 단면의 재질을 검은색으로 지정해 보도록 하겠습니다. Display 탭을 클릭한 뒤, Hide 카테고리에서 Hide by Name... 명령을 수행합니다. 나타나는 Hide Objects 대화상자에서 '3D_Wall' 개체를 제외한 나머지 모든 개체를 선택하여 보이지 않도록 설정해 줍니다.

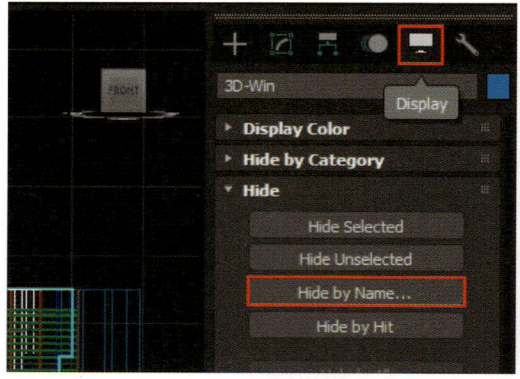 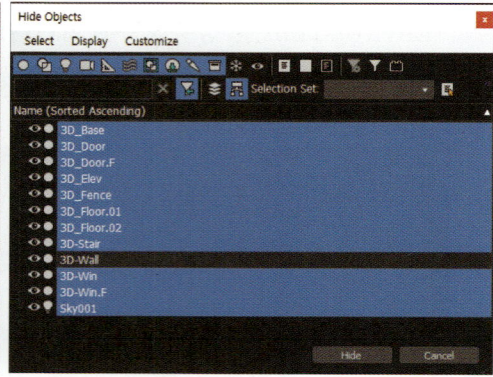

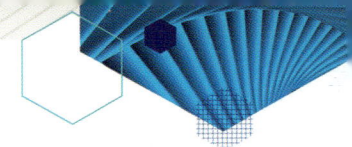

**32** 작업 화면에는 '3D_Wall' 개체만 남게 됩니다. 이제 '3D_Wall' 개체가 선택된 상태에서 Modify 탭을 클릭한 뒤, Modifier List를 클릭해 줍니다.

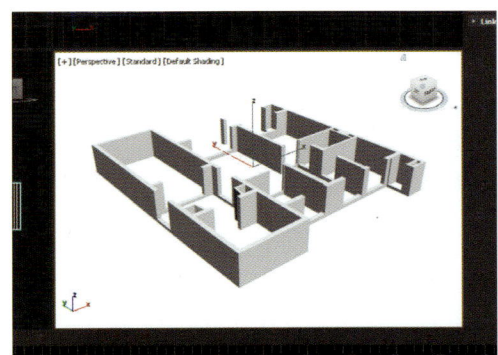
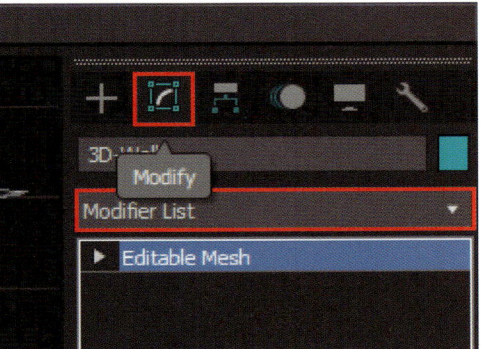

**33** 아래 화면과 같이 Modifier List에서 Edit Mesh 명령을 선택하여 적용합니다. Edit Mesh 명령을 적용한 뒤, 화면 아래쪽을 살펴보면 그림과 같이 Selection 항목이 나타나며, 여기서 면을 편집하기 위해서 Polygon 버튼을 클릭해 줍니다.

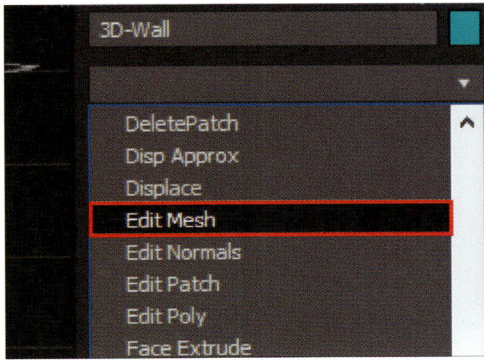
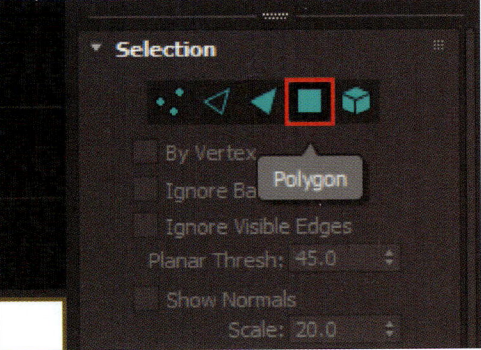

**34** 지금부터는 선택한 개체, 즉 벽체(3D_Wall) 개체 위쪽의 면을 선택하기 위해서 선택 영역의 지정 방법에서 선택한 영역 내에 완전히 포함되는 옵션인 Window 버튼을 클릭하여 설정해 줍니다. Front 뷰를 선택하여 작업 공간으로 설정한 뒤, 그림과 같이 드래그해 줍니다.

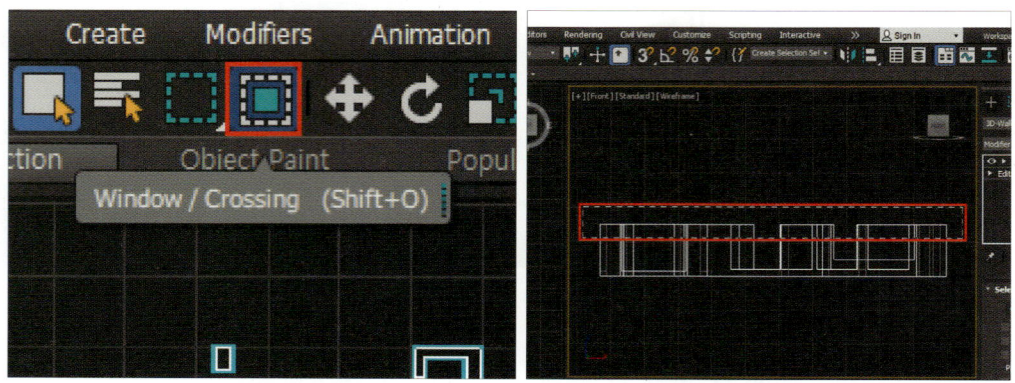

**35** 아래 그림과 같이 벽체의 윗면만 선택되는 것을 확인할 수 있습니다.

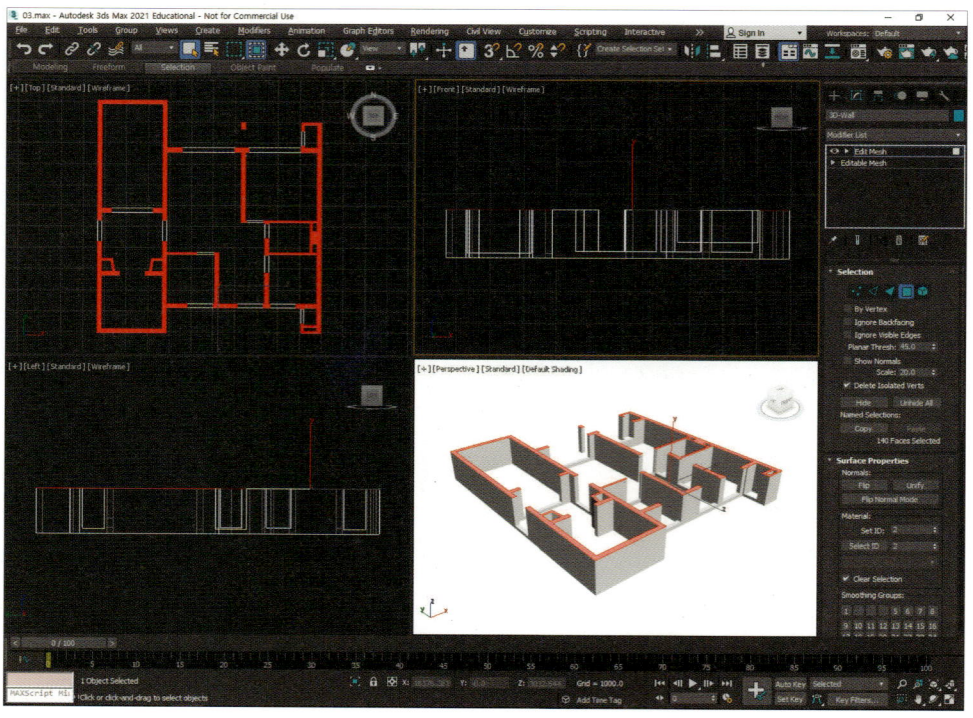

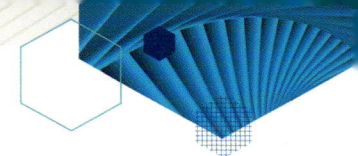

**36** 벽체의 윗면이 선택된 상태에서 커맨드 패널을 살펴보면 아래 그림과 같이 Edit Geometry 항목에 있는 Detach 버튼을 클릭해 줍니다. 나타나는 Detach 대화상자에서 '3D_Wall(S)'이라는 이름으로 분리되는 개체의 이름을 지정해 줍니다.

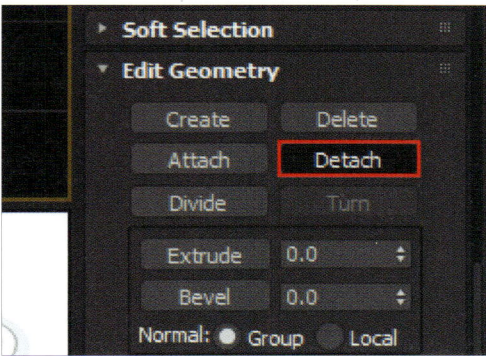
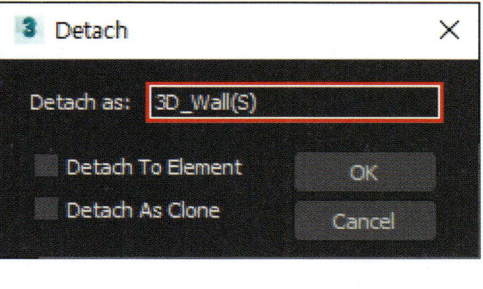

지금까지 작업한 내용을 살펴보면 벽체의 윗면만을 선택한 뒤, Detach 명령을 이용하여 기존의 개체에서 별도의 개체로 분리하는 것입니다. 이제 분리된 개체를 선택한 뒤, 새로운 재질을 지정해 주도록 하겠습니다.

**37** 이제 Select by Name 명령을 수행하여 분리된 '3D_Wall(S)' 개체를 선택해 줍니다.

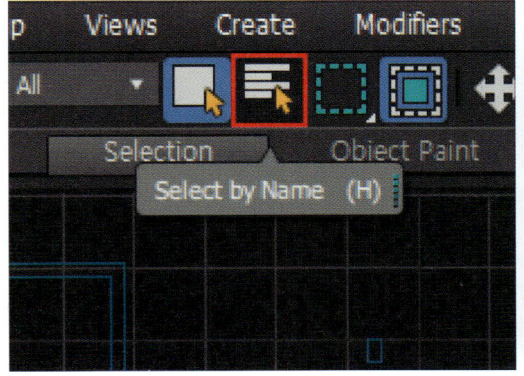
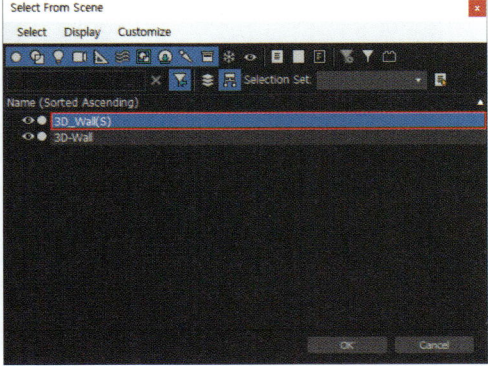

**03**. 기초 모델링 & 편집 (1)　163

**38** Material Editor에서 빈 슬롯을 선택하여 재질 이름을 'Black'으로 설정, Diffuse 색상을 R: 0, G: 0, B: 0으로 설정하여 적용합니다.

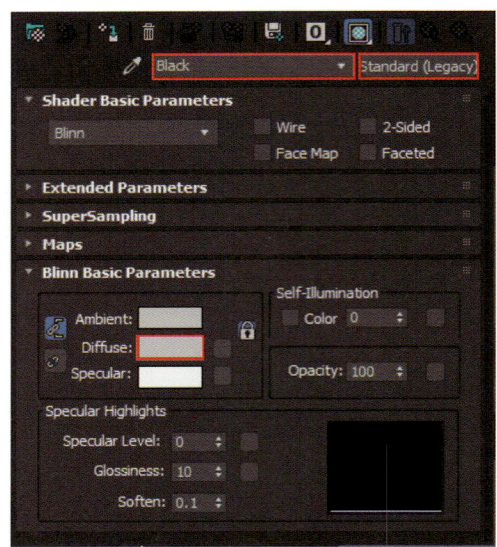
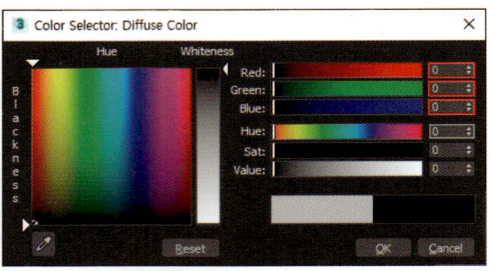

**39** Assign Material to Selection 명령을 수행하여 선택된 벽체 상부 단면 개체에 'Black' 재질을 적용해 줍니다. 뷰포트에서 재질이 적용된 결과를 확인할 수 있습니다.

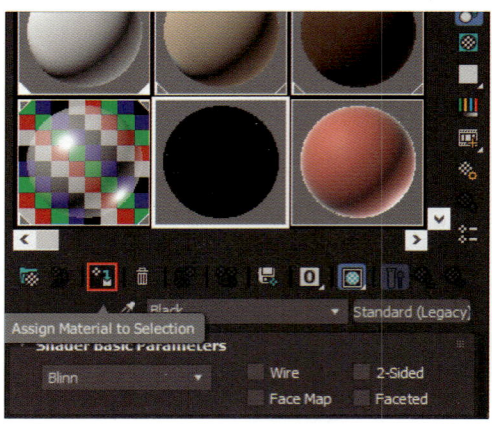
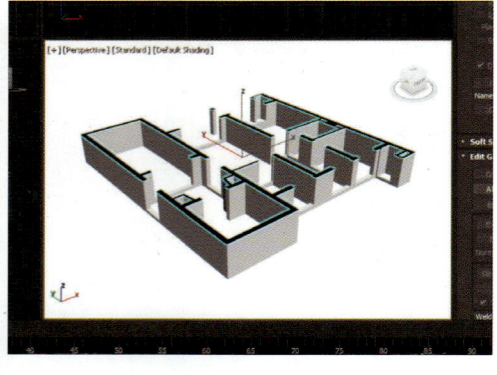

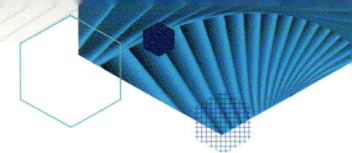

**40** 잠시 보이지 않도록 설정해 놓은 개체를 Display ▶ Unhide All 명령을 수행하여 모두 보이도록 설정해 줍니다. 모든 개체를 보이도록 설정한 뒤, 렌더링을 진행하여 결과를 확인해 봅니다.

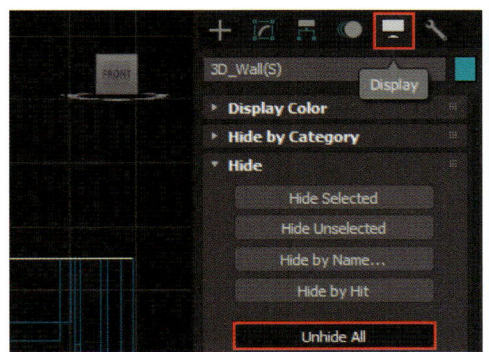
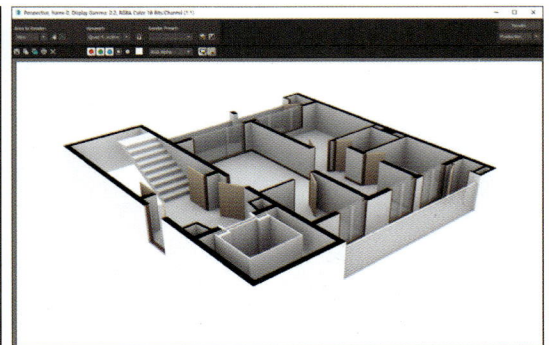

**41** 마지막으로 카메라를 추가하여 시점을 설정해 보도록 하겠습니다. Create 탭을 클릭한 뒤, Cameras 아이콘을 클릭합니다. 아래 그림과 같이 Standard 항목에서 Target 카메라를 선택합니다.

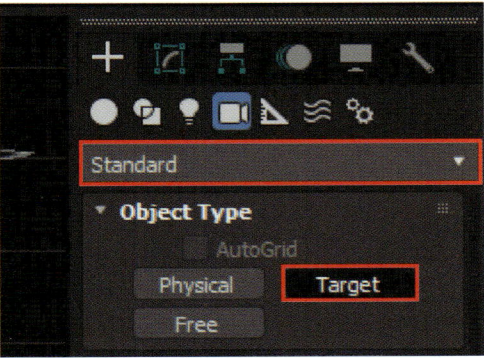

**03**. 기초 모델링 & 편집 (1)

**42** 선택한 Target 카메라를 이용하여 아래 그림과 같이 Top 뷰에서 카메라를 추가합니다. 이제 설정된 카메라를 이용한 시점을 설정하기 위해서 Perspective 뷰포트의 Perspective 타이틀을 클릭하여 나타나는 메뉴에서 Cameras▶Camera001을 선택해 줍니다.

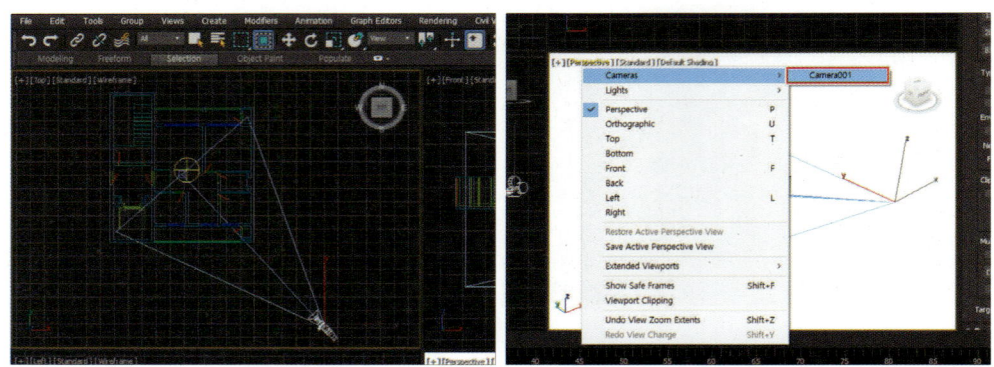

**43** 계속해서 Select and Move 명령을 이용하여 카메라의 위치를 이동시켜 아래 그림과 비슷한 시점으로 설정해 줍니다.

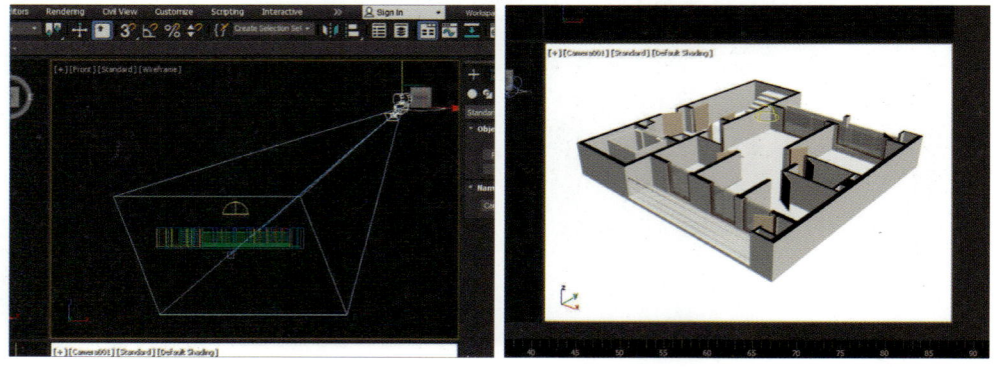

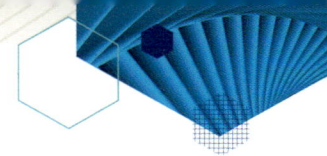

**44** Modify 탭을 클릭합니다. 카메라와 관련된 변수가 나타나면, Lens 크기를 '35'mm로 설정해 줍니다.

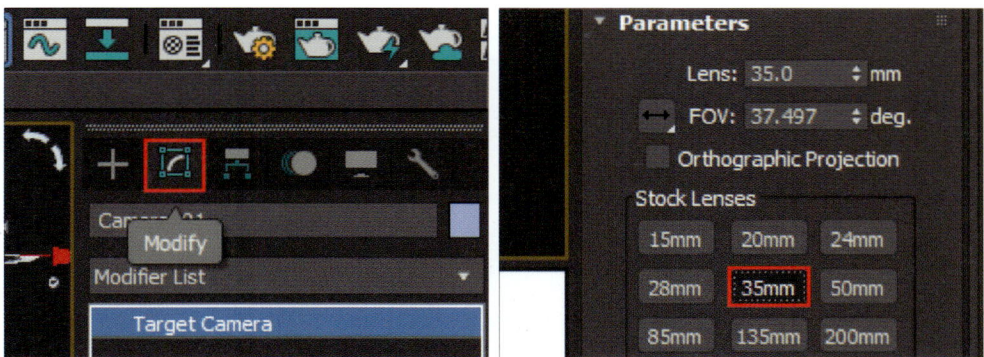

**45** 마지막으로 카메라와 카메라 타깃의 위치를 변경하여 원하는 시점으로 설정한 뒤, 카메라 뷰포트의 Camera001 타이틀을 클릭하여 나타나는 메뉴에서 Show Safe Frames를 클릭하여 정확한 시점과 화면 크기 및 비율을 지정해 줍니다.

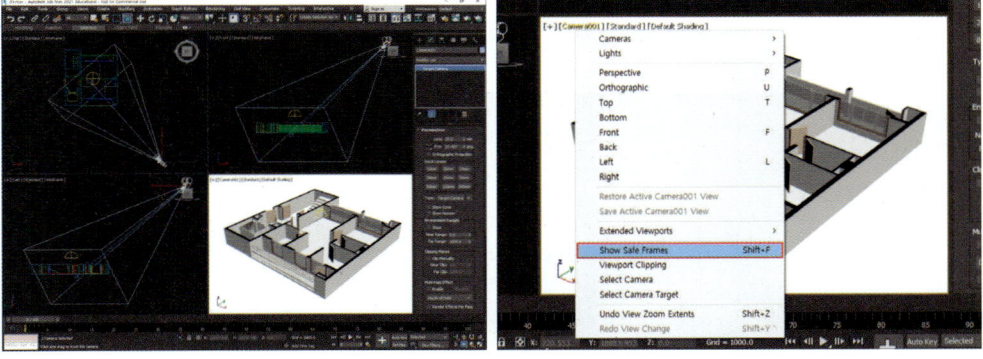

46 마지막으로 렌더링을 수행하기 위해서 Rendering▶Render Setup... 명령을 수행합니다. 나타나는 렌더링 대화상자에서 View to Render 항목을 'Quad 4 - Camera001'로 설정, 자물쇠 아이콘을 클릭하여 시점을 고정해 줍니다.

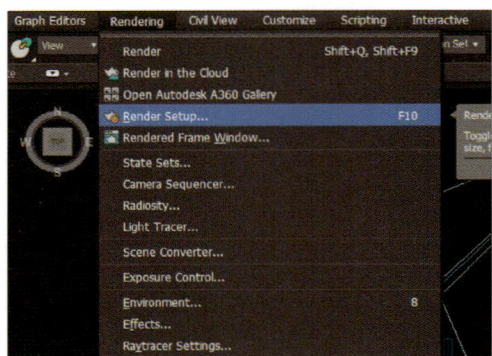 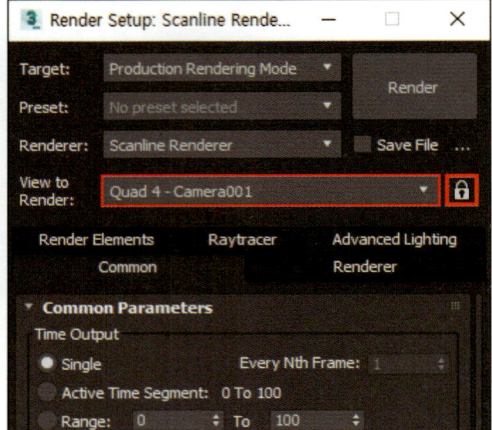

47 마지막으로 Output Size를 '1920×1080'(Pixel)로 지정하여 Full HD 해상도로 설정한 뒤, 렌더링을 진행해 줍니다.

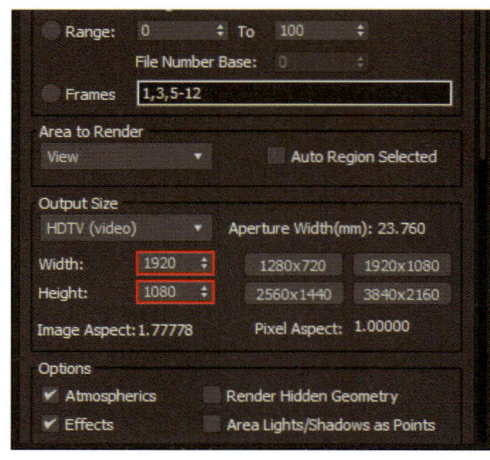

(03\03.max)

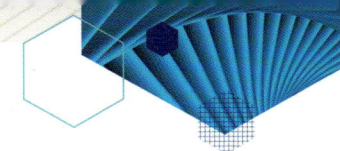

**48** 마지막으로 렌더링을 진행하여 최종 결과를 확인한 뒤, Save Image 명령을 수행하여 결과 이미지를 JPG 포맷으로 저장해 줍니다.

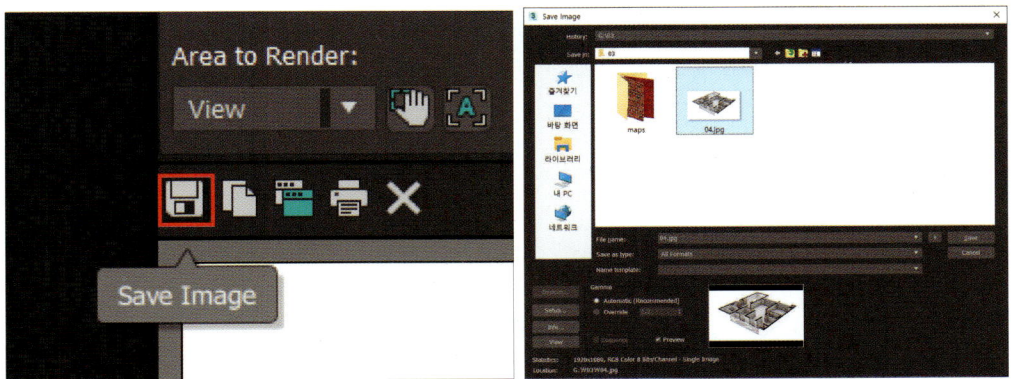

(03\04.jpg)

**49** 완성된 렌더링 이미지

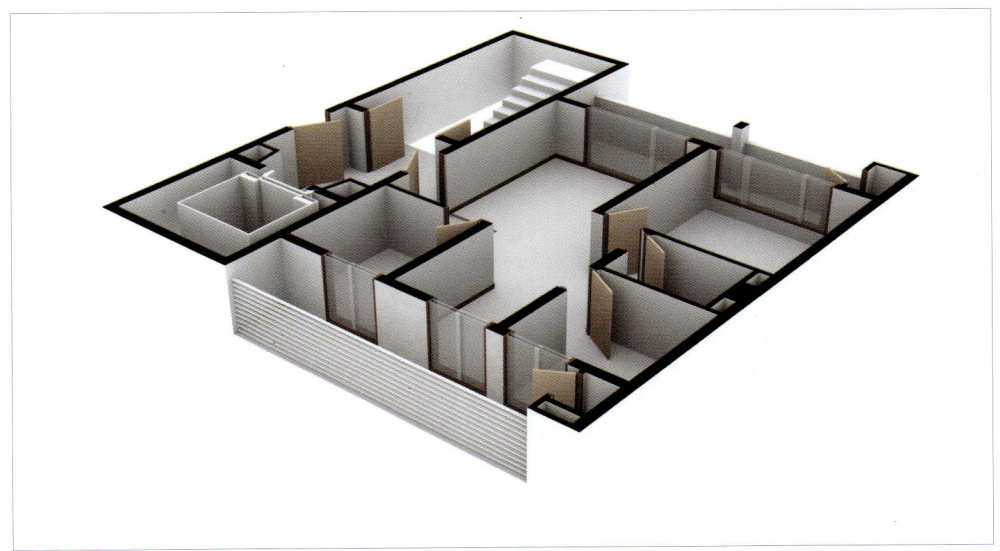

**03**. 기초 모델링 & 편집 (1)　**169**

 **AutoCAD 모델링을 이용한 단면 분리 및 개념도 작성**

AutoCAD에서 작성된 3D 모델링 데이터를 이용하여 필요한 부분의 단면을 분리한 뒤, 앞에서 작업한 것과 같은 방법과 설정값으로 아래 그림과 같은 아이소메트릭 형태의 렌더링 이미지를 만들어 봅니다.

■ 완성된 렌더링 이미지

■ AutoCAD에서 준비된 3D 모델링 및 MAX 작업 과정

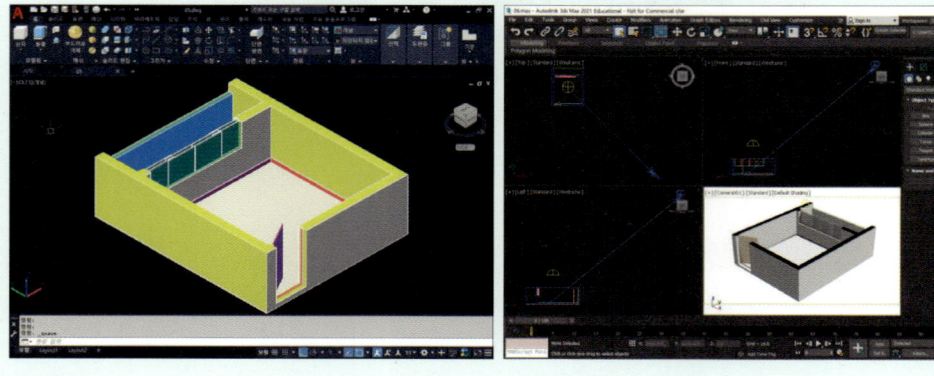

(03\05.dwg)                          (03\06.max)

## 카메라 및 카메라 타깃의 위치

설정되는 카메라는 아래 그림을 참고하여 카메라 및 카메라 타깃의 위치를 설정해 줍니다.

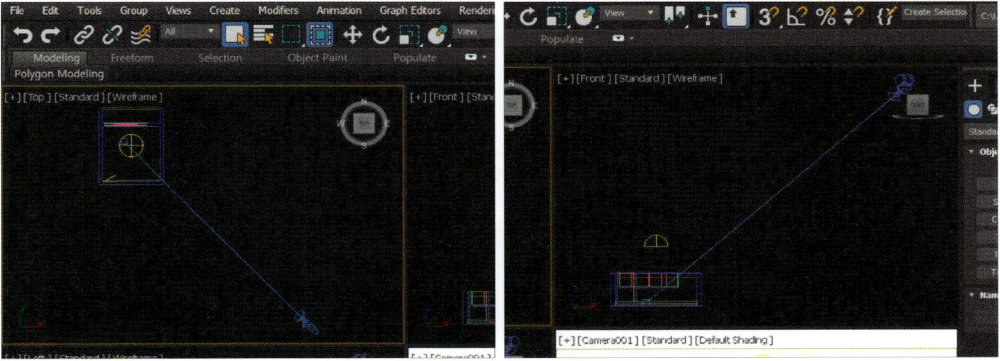

### 카메라의 렌즈 크기

더불어 설정된 카메라의 렌즈 크기를 50mm로 설정하면, 아래 그림과 비슷한 형태의 시점을 만들 수 있습니다.

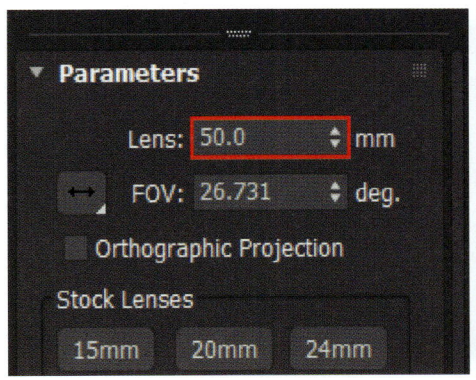 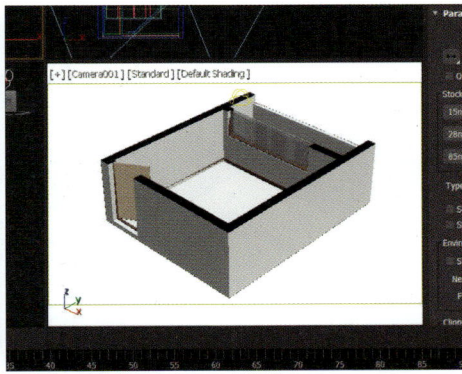

 ## AutoCAD 모델링을 이용한 단면 개념도 작성

AutoCAD로 작성된 3D 모델링 데이터를 이용하여 아래 그림과 같이 필요한 부분의 단면을 분리, 색상을 설정하여 단면 이미지를 만들어 보겠습니다.

■ 완성된 단면 개념도

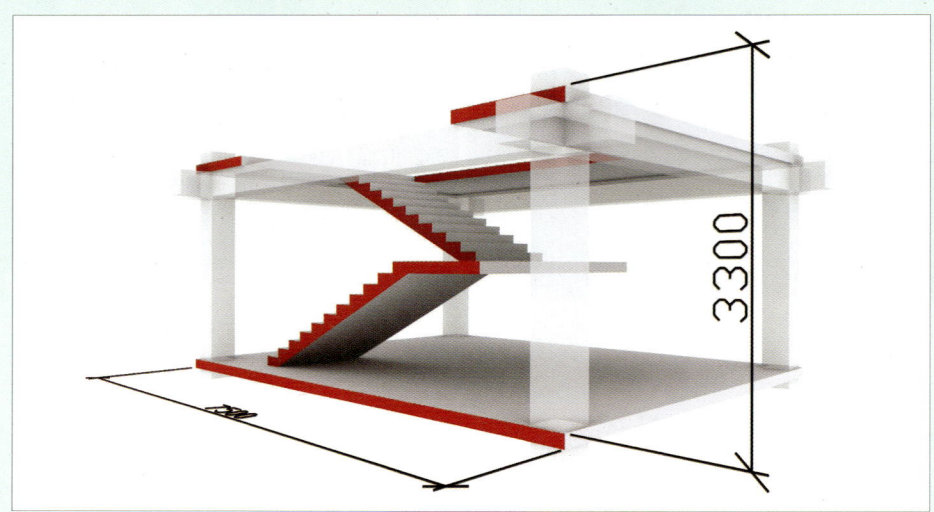

■ 제시된 AutoCAD 3D 모델링 및 3DS MAX 작업 과정

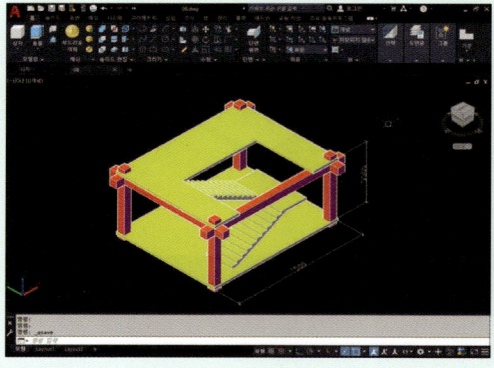     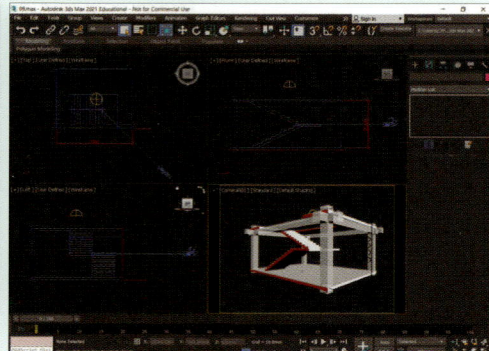

(03\08.dwg)                              (03\09.max)

## 2D Spline 개체의 렌더링 설정 방법

　준비된 AutoCAD 파일(03\08.dwg)을 Import 명령으로 불러오면 3D Solid 모델링 데이터가 아닌 2D 드로잉 개체도 포함되어 있습니다. 기본적으로 3DS MAX에서 2D 드로잉 개체는 뷰포트에서는 보이지만 렌더링은 진행되지 않기 때문에 보이지 않습니다. 그렇지만 필요에 따라서 2D 드로잉 개체를 선형 모델링으로 설정하여 렌더링을 수행할 수 있도록 별도의 옵션을 가지고 있습니다.

　불러들인 개체 중에서 2D 개체를 선택한 뒤, Modify 탭을 클릭합니다. 기본적으로 설정된 Editable Spline 명령을 선택하면 아래 그림과 같은 변수가 나타나며, 여기서 Enable In Renderer, Enable In Viewport 옵션을 설정한 뒤, 선 개체의 두께 값(여기서는 20mm로 설정하였습니다.)을 지정하여 렌더링을 수행할 수 있습니다.

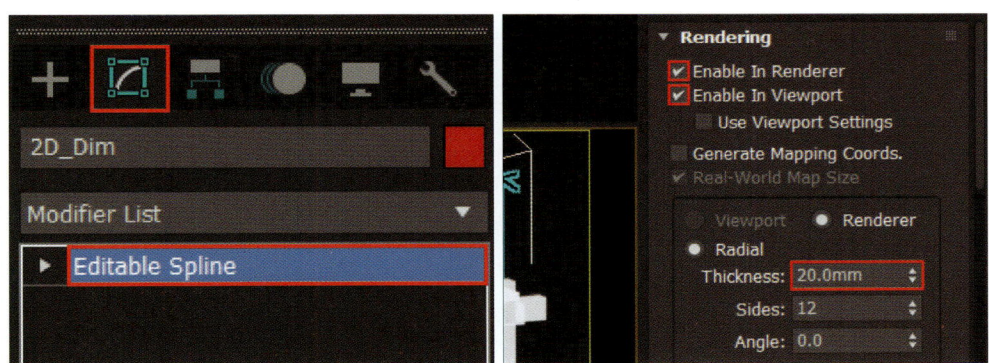

## 색상 및 재질 속성

　제시된 이미지와 비슷한 결과를 만들기 위해서 흰색과 더불어 투명한 재질 및 진한 붉은색의 재질이 사용됩니다. 흰색 및 검은색은 Diffuse Color 값을 R: 255, G: 255, B: 255(흰색), R: 0, G: 0, B: 0(검은색)으로 각각 설정하여 지정할 수 있습니다. 다만 투명한 재질의 경우는 아래 그림과 같이 Opacity 값을 변경하여 투명도를 조절할 수 있으며, 진한 빨간색 재질의 경우 Diffuse Color 값을 R: 150, G: 0, B: 0으로 설정하여 재질을 만들어 적용해 줍니다.

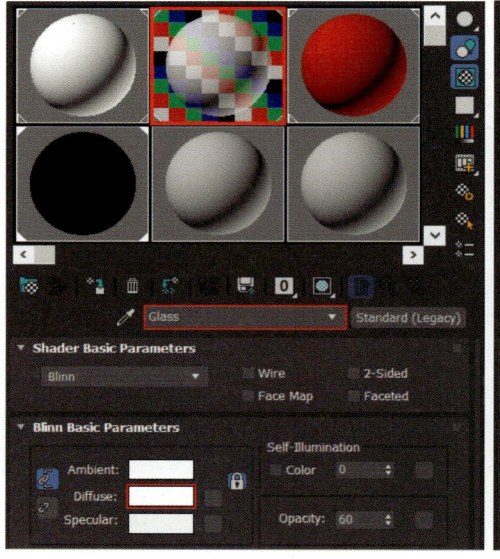
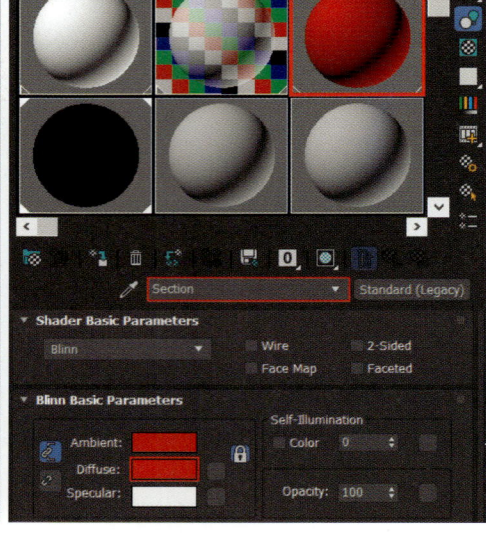

- R: 255, G: 255, B: 255
- Opacity: 60

- R: 150, G: 0, B: 0
- Opacity: 100

## Show Safe Frames를 이용한 Viewport의 비율 설정

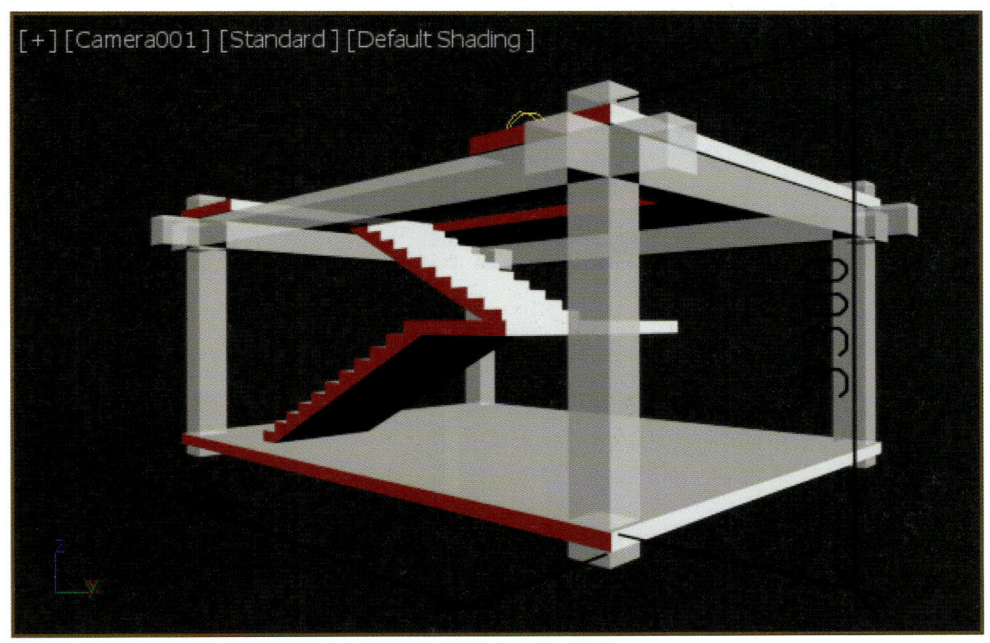

▲ 기본적인 작업 창(뷰포트)의 형태

작업을 진행하다보면 뷰포트와 렌더링 이미지 비율을 살펴보면 다르다는 것을 알 수 있습니다. 따라서 렌더링 될 이미지의 가로:세로 비율과 작업창(뷰포트)의 비율을 동일하게 설정하는 것은 매우 중요합니다. 비율을 맞추기 위해서는 뷰포트 좌측 상단에 위치한 뷰 타이틀을 클릭한 뒤, 나타나는 메뉴에서 다음 그림과 같이 Show Safe Frames 명령을 수행합니다.

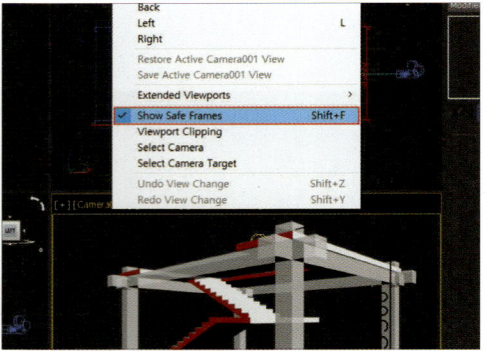

■ 4:3 비율의 렌더링 이미지 크기로 설정하였을 경우

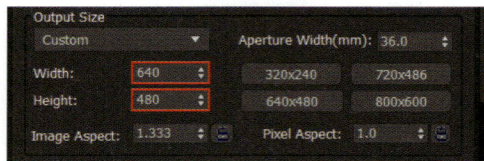
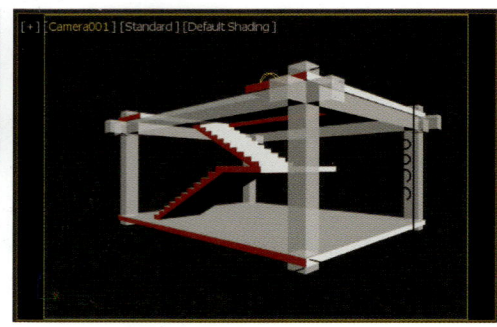

■ 16:9 비율의 렌더링 이미지 크기로 설정하였을 경우

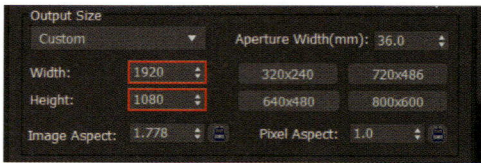
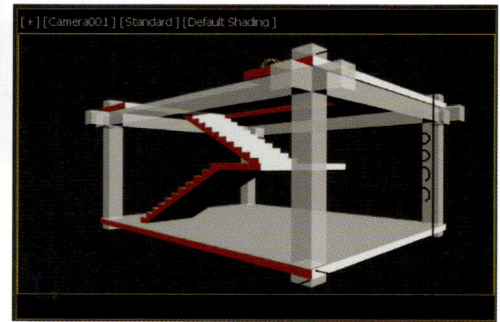

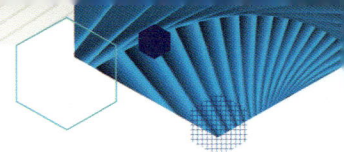

## 2. 선택, 이동, 회전, 스케일 명령의 연습

이번에는 작업의 가장 기본이 되는 선택, 이동, 회전, 크기 조절과 같은 명령을 익혀보도록 하겠습니다. Select 도구와 더불어 Move, Rotate, Scale 명령을 이용하여 가구 개체를 불러와 원하는 위치로 이동, 회전, 스케일을 수정해 보도록 하겠습니다.

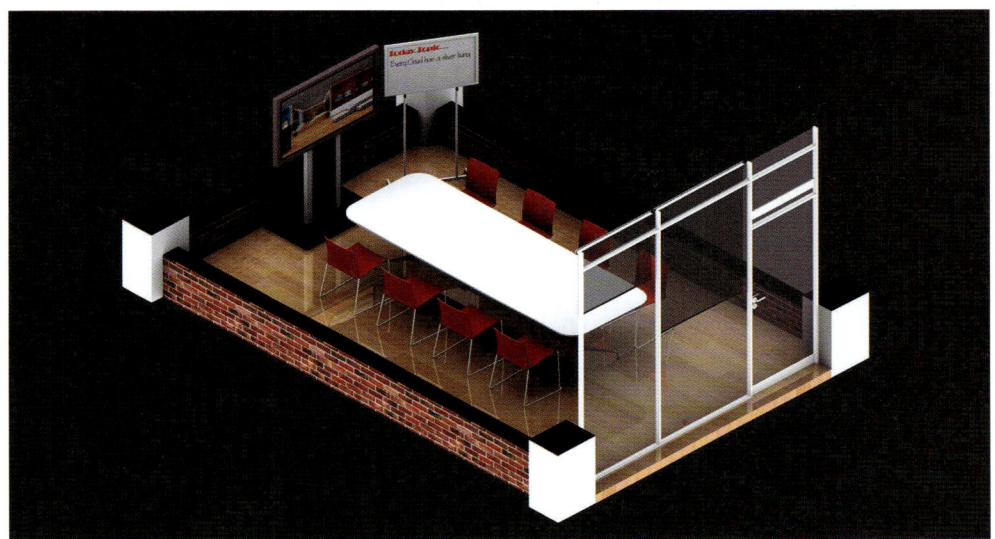

**1** 준비된 파일(03\12.max)을 불러옵니다. 아래 그림과 같이 도면이 표시된 모델링 데이터가 나타나는 것을 볼 수 있습니다.

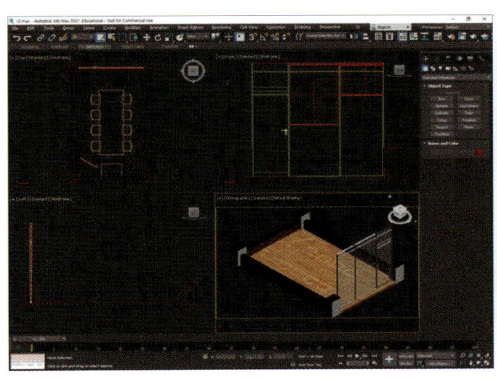 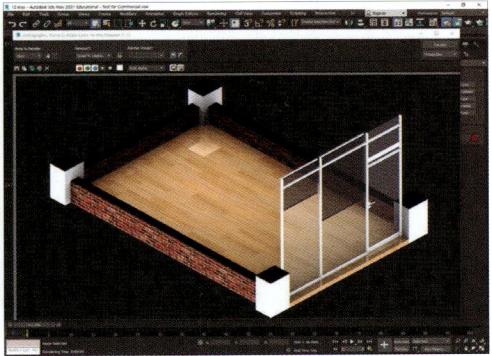

(03\12.max)

**03**. 기초 모델링 & 편집 (1)

**2** 지금부터는 준비된 가구 모델링 개체를 삽입해 보도록 하겠습니다. Import▶Merge 명령을 수행한 뒤 나타나는 Merge File 대화상자에서 '03\13(Table).max' 파일을 선택합니다.

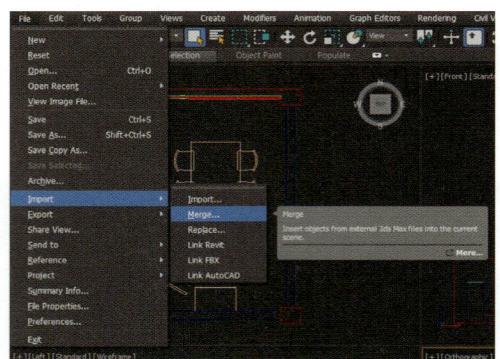
(03\13(Table).max)

**3** 나타나는 Merge 대화상자에서 불러들일 'Fur_Table' 개체를 선택하여 불러옵니다. 불러온 가구 개체는 위치와 크기를 미리 설정해 두었기 때문에 별도의 작업을 할 필요는 없습니다.

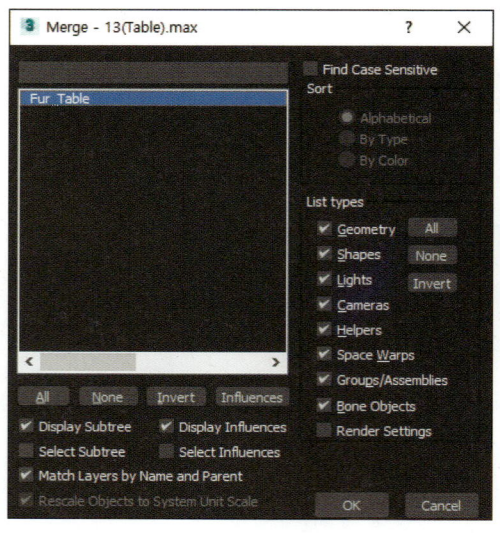
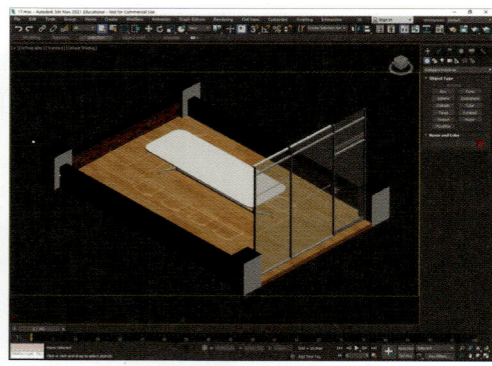

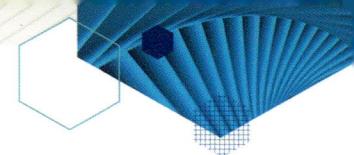

**4** 계속해서 Import▶Merge 명령을 수행한 뒤 나타나는 Merge File 대화상자에서 '03\14(Chair).max' 파일을 선택하여 의자 개체를 불러옵니다. 이전과는 달리 불러온 의자 개체는 원하는 위치에 배치되어 있지 않습니다.

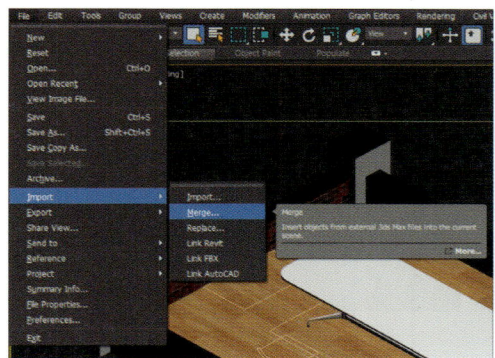
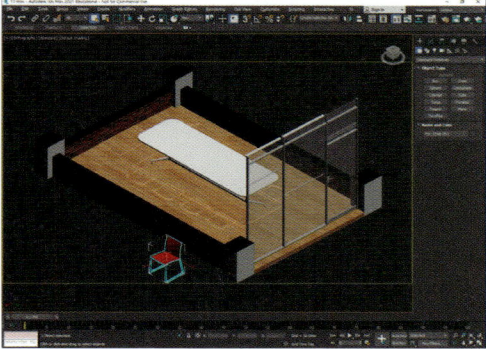

(03\14(Chair).max)

**5** 불러온 의자를 원하는 위치로 이동시켜 보도록 하겠습니다. Select by Name 아이콘을 클릭하여 나타나는 Select From Scene 대화상자에서 불러온 'Fur_Chair.001'의 의자 개체를 선택합니다.

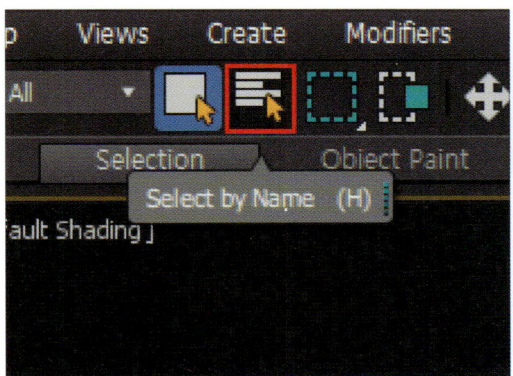
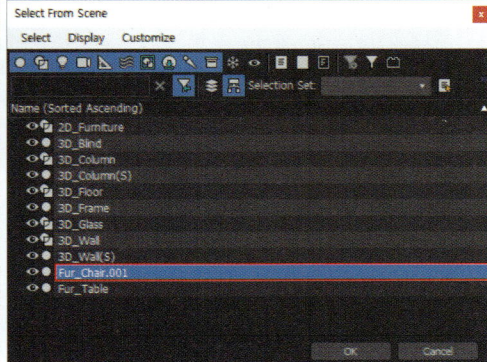

**03**. 기초 모델링 & 편집 (1)  179

**6** 선택된 개체가 취소되지 않도록 Selection Lock Toggle 버튼을 클릭합니다. 이제 선택된 개체를 이동하기 위해서 Select and Move 버튼을 클릭해 줍니다.

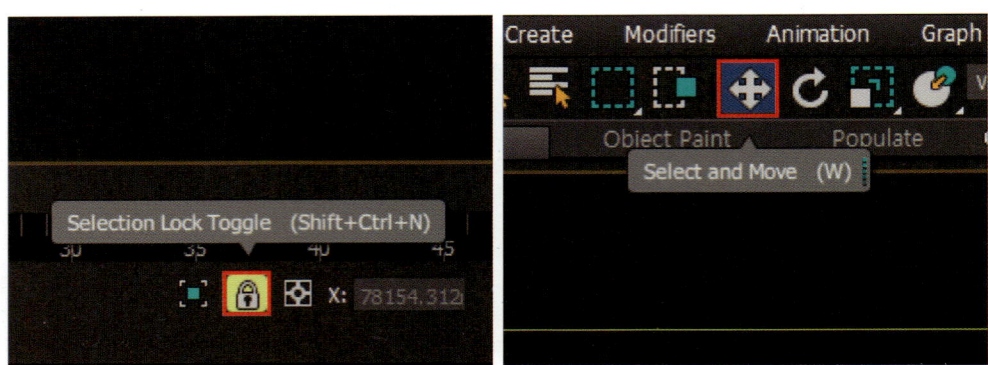

**7** Top 뷰에서 아래 그림과 도면을 참조하여 의자 개체를 이동시켜 줍니다.

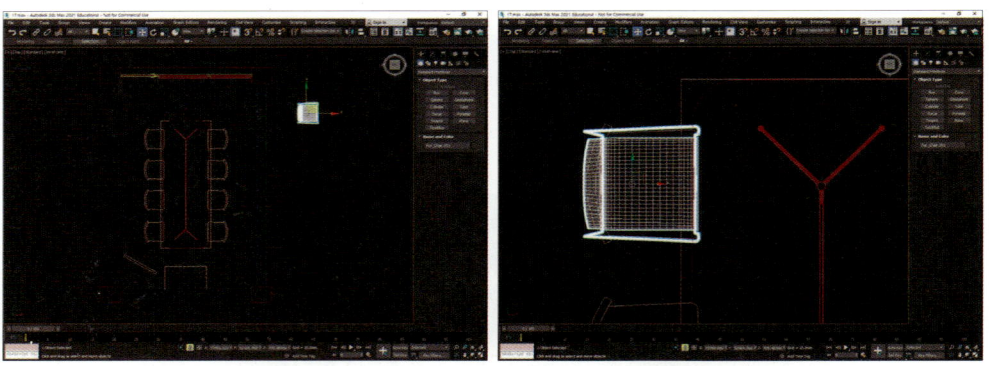

개체를 선택한 뒤, 이동 툴을 클릭하면 이동을 위한 축이 표시되는데 이러한 이동을 위한 안내표시를 Gizmo라고 합니다. Gizmo는 마우스의 움직임에 따라 노란색으로 표시되며, 필요한 방향으로만 축이 제한되어 움직일 수 있습니다.

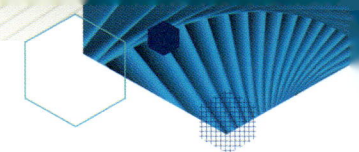

8  이번에는 필요한 개수만큼 의자 개체를 복사, 이동시켜 보도록 하겠습니다. 의자 개체가 선택된 상태에서 Shift 키를 누른 상태에서 아래 그림과 같이 -Y축으로 개체를 이동시켜 줍니다. 아래 그림과 같이 복사를 위한 Clone Options 대화상자가 나타나면 Object 항목은 Copy, Number of Copies 항목은 '3', Name 항목은 'Fur_Chair.002'로 설정해 줍니다.

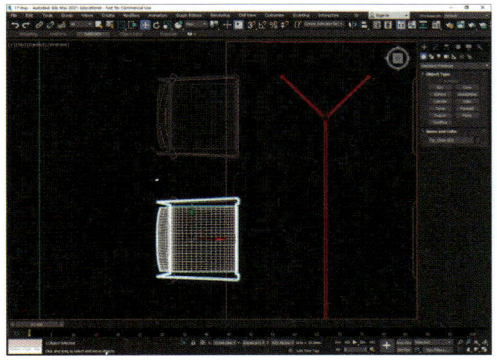
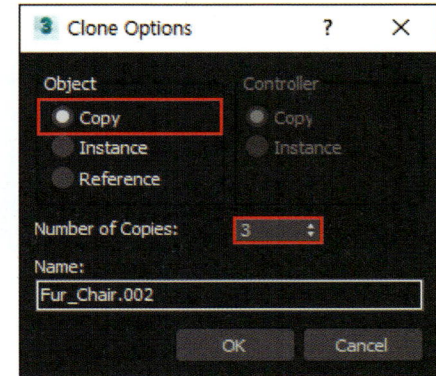

9  그림과 같이 필요한 개수만큼 한꺼번에 의자 개체가 복사된 것을 알 수 있습니다. 더불어 복사된 개체의 이름은 'Fur_Chair.002', 'Fur_Chair.003', 'Fur_Chair.004'라는 이름으로 복사됩니다.

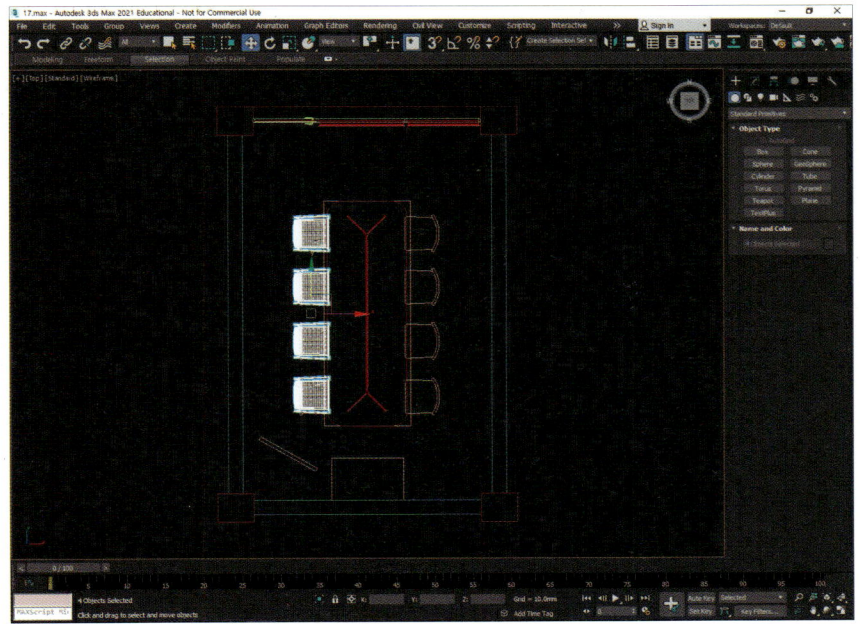

03. 기초 모델링 & 편집 (1)    181

**10** Select by Name 아이콘을 클릭한 뒤, 나타나는 Select From Scene 대화상자에서 'Fur_Chair.001'~'Fur_Chair.004'까지의 개체를 선택합니다.

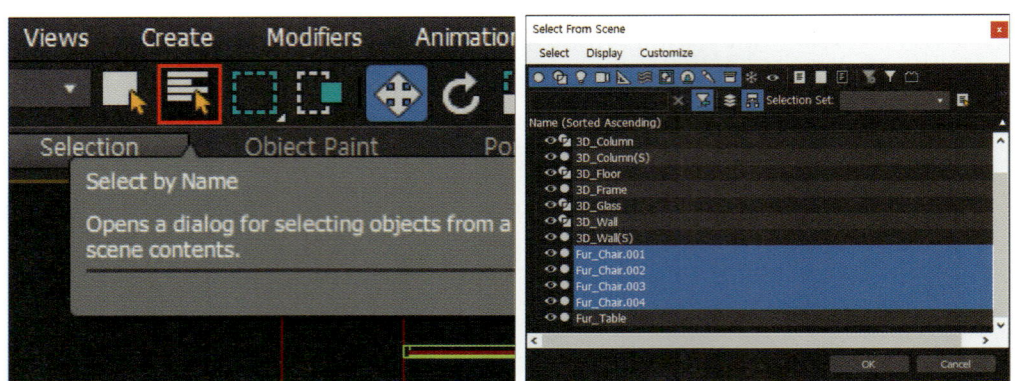

**11** 선택된 개체를 대칭 복사하기 위해서 아래 그림과 같이 Mirror 명령을 수행해 줍니다. 나타나는 Mirror: Screen Coordinates 대화상자가 나타나면 Mirror Axis(대칭축)은 X축으로 설정, Offset(대칭축과 개체와의 거리) 값은 1500, Clone Selection 옵션은 Copy로 설정하여 개체를 대칭, 복사시켜 줍니다.

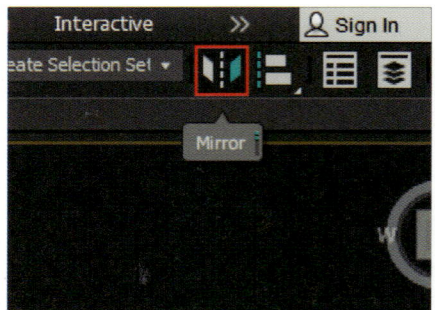
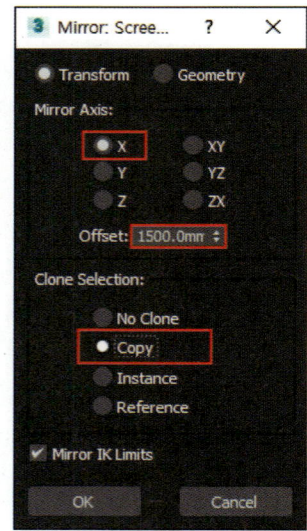

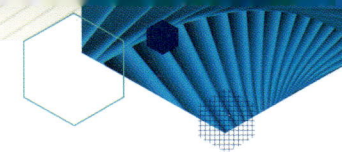

**12** 아래 그림과 같이 4개의 의자가 대칭, 복사된 것을 확인할 수 있습니다.

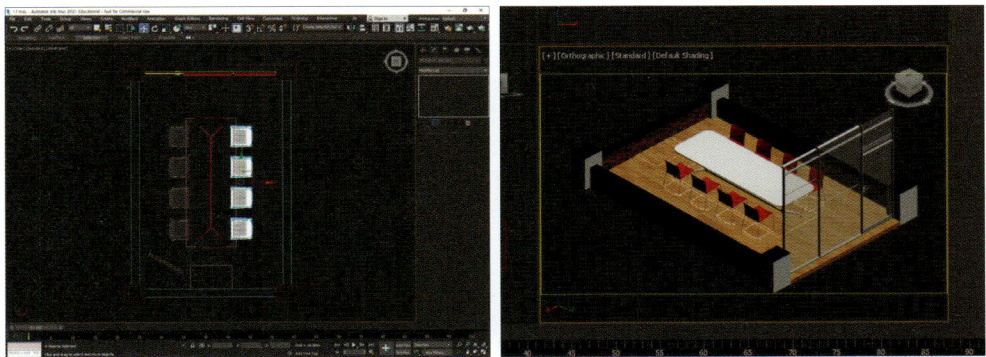

**13** 의자 개체의 이동 및 복사를 마친 뒤, 렌더링을 진행하여 결과를 확인해 줍니다.

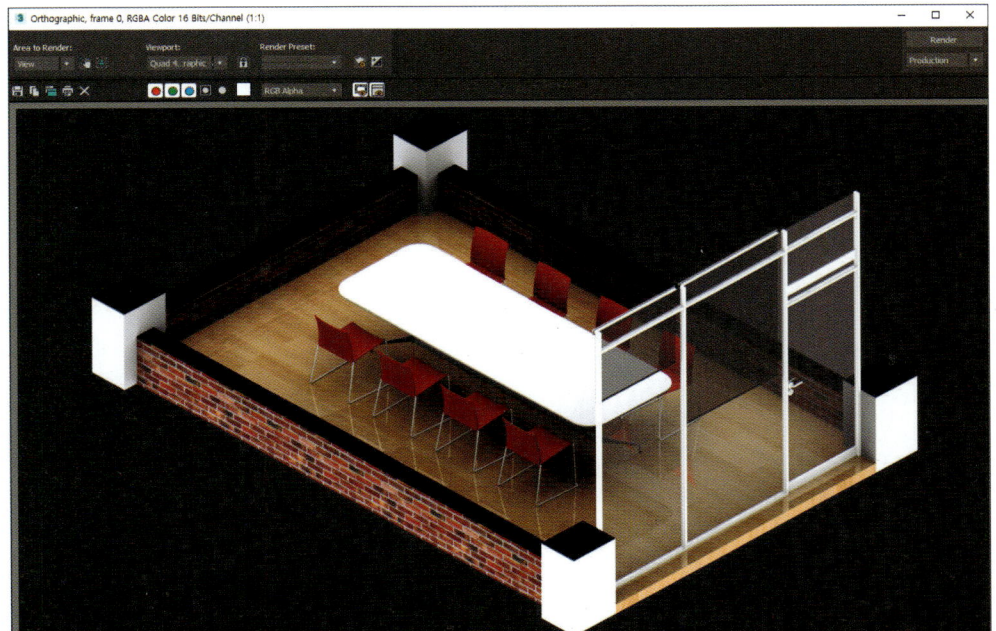

**03**. 기초 모델링 & 편집 (1)

**14** 계속해서 Merge 명령을 수행하여 준비된 파일(03\15(Board).max)의 화이트보드 개체를 불러와 줍니다.

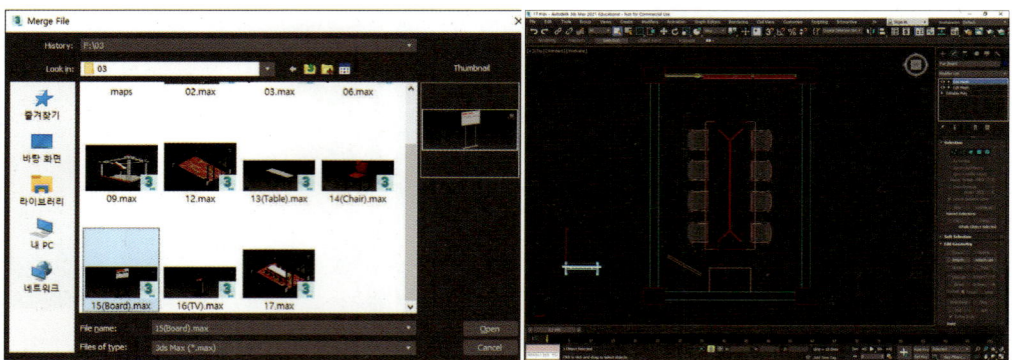

(03\15(Board).max)

**15** 불러온 'Fur_Board' 개체를 도면에 맞게 회전시키기 위해서 5도씩 회전될 수 있도록 Angle Snap Toggle 아이콘을 클릭해 줍니다. 계속해서 Top 뷰에서 Select and Rotate 명령을 수행해 줍니다.

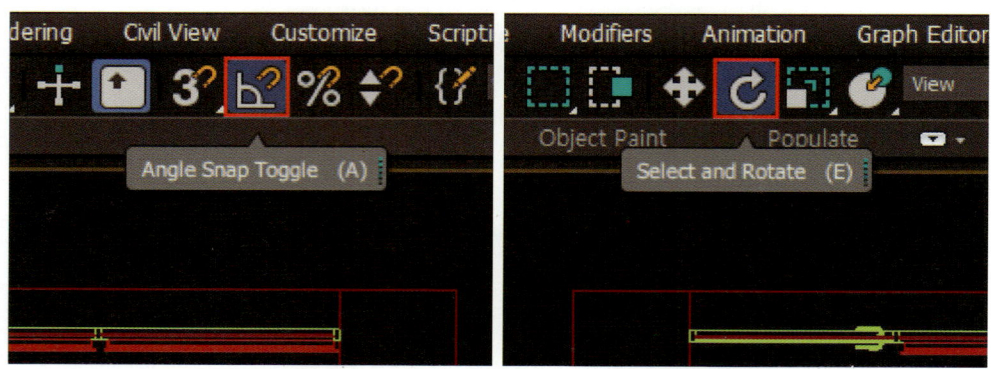

5, 10, 15, 20, 또는 90도와 같이 5도 단위의 정수로 개체를 회전시켜 줄 경우 Angle Snap을 설정한 뒤, 회전하면 쉽고 정확하게 90도를 회전시켜 줄 수 있습니다.

184  15강으로 익히는 인테리어·건축 디지털 렌더링

**16** 아래 그림과 같이 도면을 참고하여 'Fur_Board' 개체를 이동하여 회전시켜 준 뒤, 렌더링을 진행하여 결과를 확인해 줍니다.

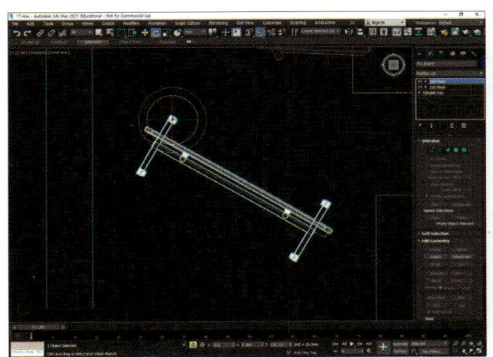 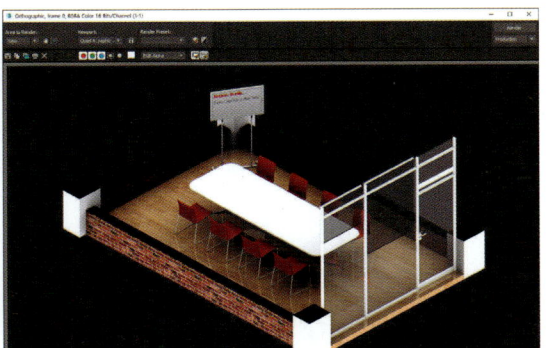

**17** 이번에는 '03\16(TV).max' 파일에서 'Fur_TV' 개체를 불러옵니다. 불러온 개체는 도면에서 표현되는 크기와 다르므로 Select and Uniform Scale 명령을 이용하여 적당한 크기로 조절해 줍니다.

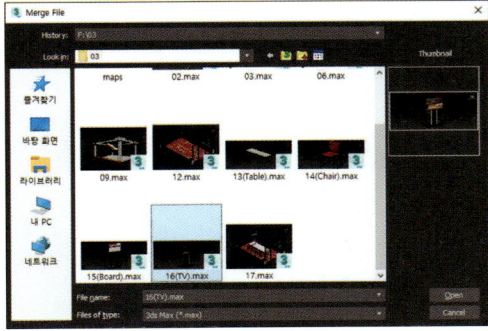 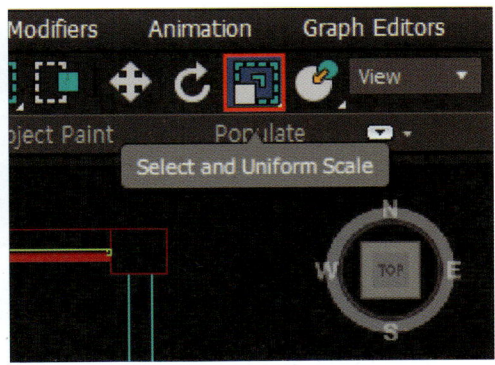

(03\16(TV).max)

**18** 크기를 조절하여 아래 화면과 같이 위치를 조정한 뒤, 렌더링을 진행하여 결과를 확인해 줍니다.

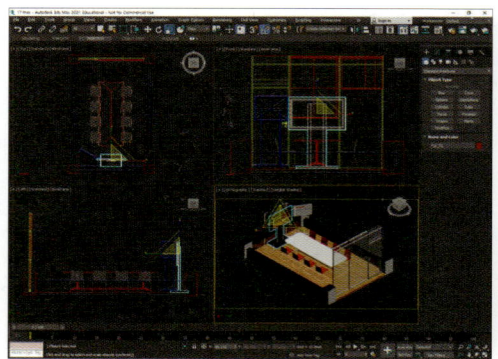 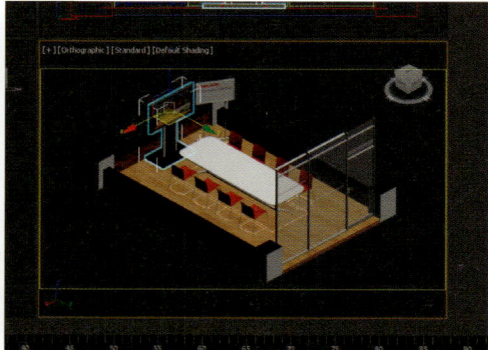

(03\17.max)

**19** 최종 완성된 렌더링 이미지

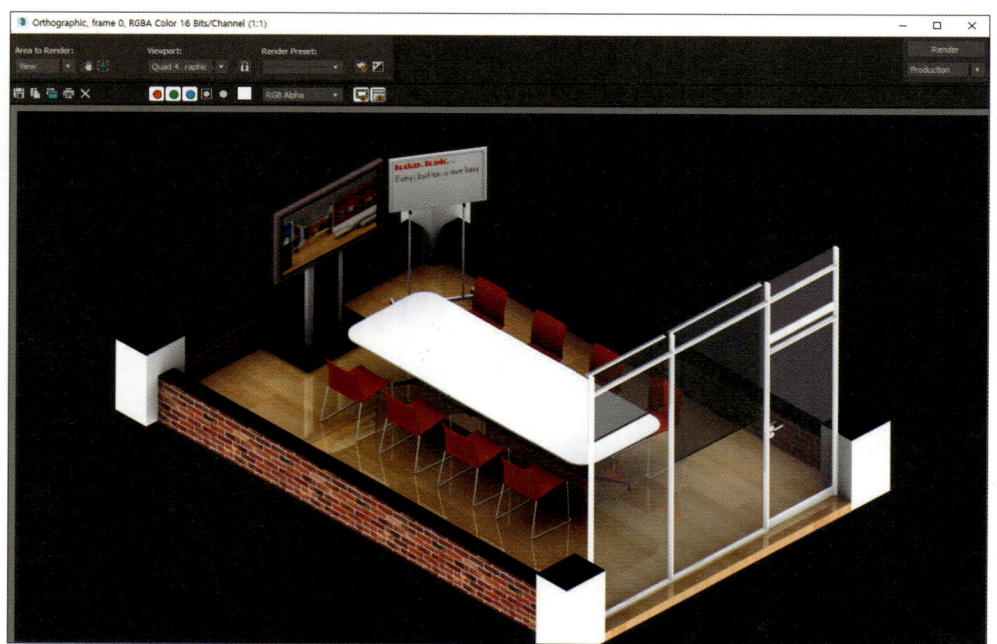

(03\18.jpg)

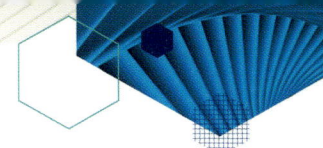

 **실습 예제**  **Move, Rotate, Scale 명령의 연습**

준비된 구조체에 필요한 가구 모델링을 불러온 뒤, 선택, 이동, 회전, 크기 조절 명령을 이용하여 아래 그림과 같은 결과를 만들어 봅니다.

- 완성된 Axonometric 이미지

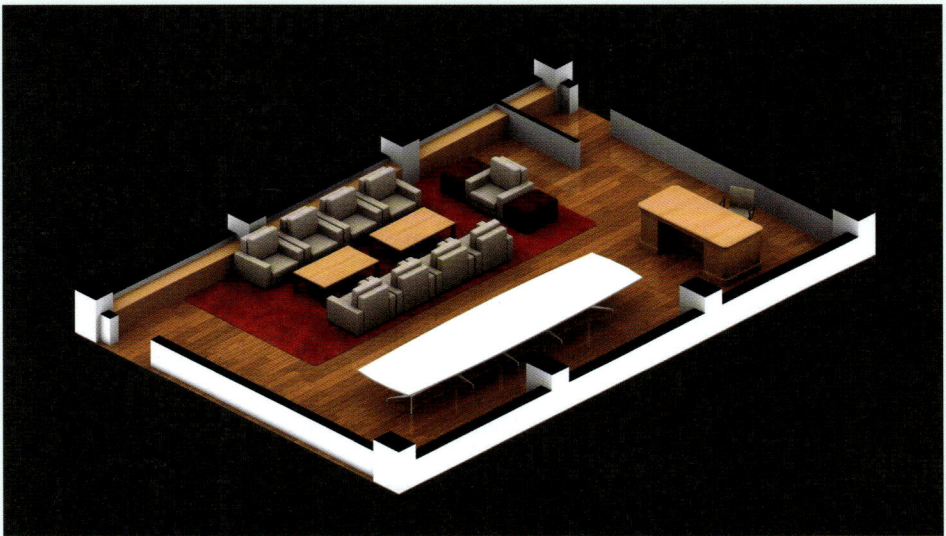

- 제시된 구조체 및 가구 모델링 데이터

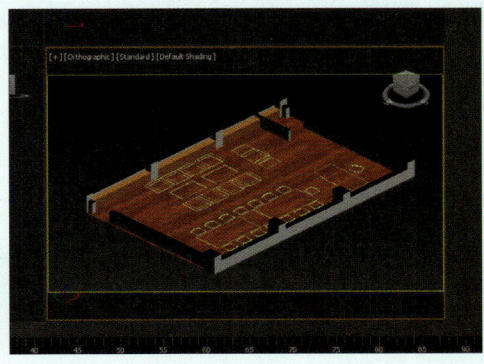

(03\20.max)

(03\21(Furniture).max)

**03**. 기초 모델링 & 편집 (1)　**187**

## Move, Rotate, Scale 명령과 기즈모

Move, Rotate, Scale 명령은 선택한 개체를 이동하거나 회전, 크기(스케일)를 변경할 경우 사용되는 가장 기본적인 명령입니다. 특히 개체를 선택한 뒤 이동, 회전, 스케일을 변경할 경우 변형 기즈모(Transform Gizmo)가 나타나는데 마우스 커서를 움직이면 노란색으로 반전되면서 변형하고자 하는 축으로 개체를 변경시킬 수 있습니다.

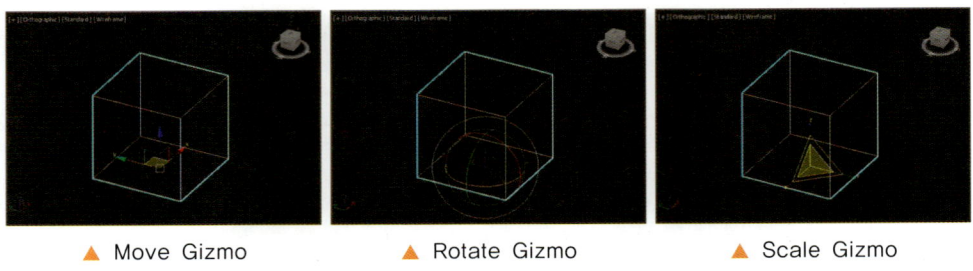

▲ Move Gizmo      ▲ Rotate Gizmo      ▲ Scale Gizmo

원하는 명령의 버튼을 클릭한 뒤, 마우스 오른쪽 버튼을 클릭하여 정확한 값을 입력하여 지정한 개체를 이동, 회전, 스케일을 변경하실 수 있습니다.

❶ Select and Move : 개체의 선택과 더불어 원하는 위치로 이동시킬 수 있습니다.

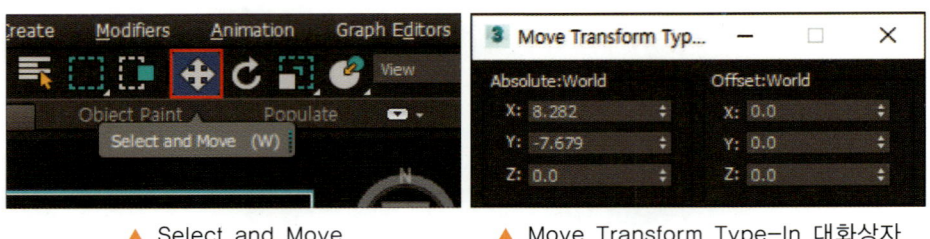

▲ Select and Move      ▲ Move Transform Type-In 대화상자

❷ Select and Rotate : 개체의 선택과 더불어 원하는 방향으로 회전시킬 수 있습니다.

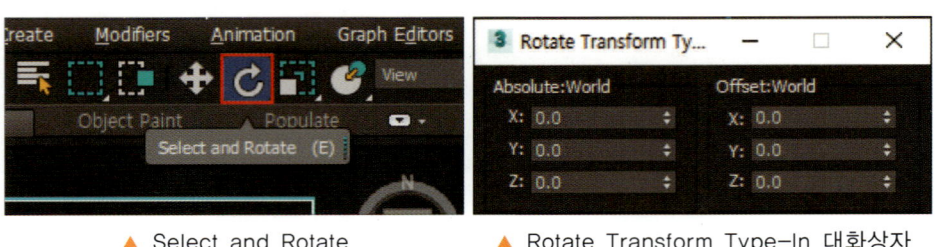

▲ Select and Rotate      ▲ Rotate Transform Type-In 대화상자

❸ **Select and Uniform Scale** : 개체의 선택과 더불어 원하는 크기로 스케일을 변경하실 수 있습니다. 여기에서는 Uniform, Non-Uniform, Squash와 같은 하위 명령이 나타나면 각각의 내용은 다음과 같습니다.

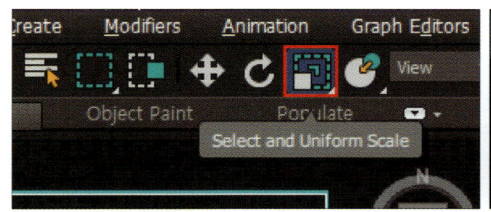
▲ Select and Uniform Scale

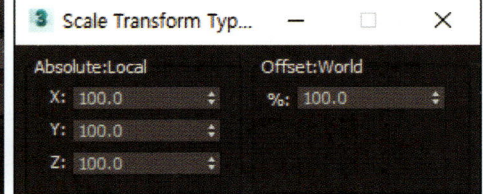
▲ Scale Transform Type-In 대화상자

- Select and Uniform Scale : 선택한 개체의 크기를 변경시켜 주면 X, Y, Z축 방향으로 똑같이 변형시켜 줍니다.

- Select and Non-uniform Scale : 선택한 개체의 크기를 변경시켜 주면 지정한 축 방향으로만 크기를 변형시켜 줍니다.

- Select and Squash : 선택한 개체의 크기를 변경시켜 주면 지정한 축 방향으로만 크기를 변형시켜 주지만, 개체가 가지고 있는 일정한 부피 값을 유지하면서 크기가 변경됩니다.

## Transform Gizmo의 크기를 변경하고 싶어요.

변형을 원하는 개체를 선택한 뒤 Move, Rotate, Scale 명령을 수행하면 아래 화면과 같이 변형을 위한 가상 개체, 즉 Transform Gizmo가 나타나게 됩니다. 그런데 작업에 따라서 이러한 기즈모(Gizmo)의 크기 및 모양을 변경할 필요가 있습니다.

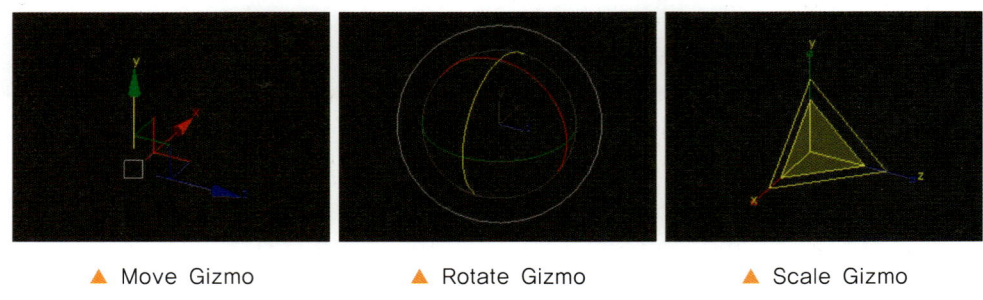

▲ Move Gizmo      ▲ Rotate Gizmo      ▲ Scale Gizmo

기즈모(Gizmo)의 모양 및 크기를 변경할 경우, 메인 메뉴에서 Customize ▶ Preferences…를 클릭한 뒤, 나타나는 Preference Settings 대화상자에서 아래 화면과 같이 Gizmos 탭을 클릭합니다. 나타나는 대화상자에서 설정값을 변경함으로써 기즈모의 크기 및 모양을 변경할 수 있습니다.

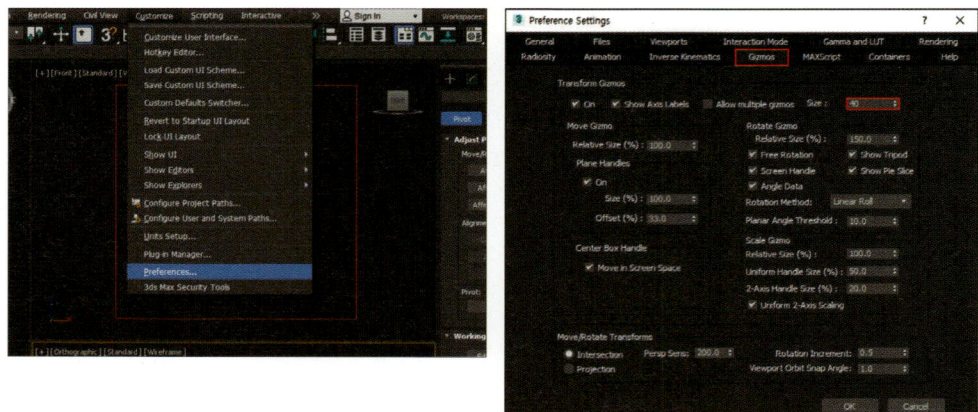

특히, Move, Rotate, Scale에서 공통으로 나타나는 Size 값을 변경시켜 뷰포트에서 보이는 기즈모(Gizmo)의 크기를 설정하실 수 있습니다.

## 기초 모델링을 위한 명령

화면 우측에 위치한 커맨드 패널에서 Create 탭을 클릭한 뒤 나타나는 여러 명령은 3DS MAX에서 기본적인 모델링을 수행하고 장면을 연출하기 위한 명령들이 있습니다.

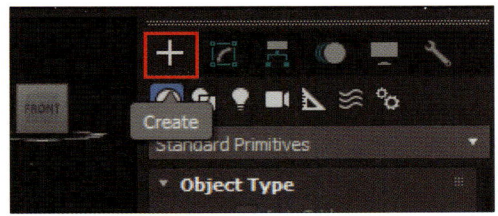

❶ **Geometry** : 기본적인 3차원 개체를 만들거나 2D, 3D 개체를 이용하여 새로운 개체를 만들 수 있는 명령들이 모여 있습니다.

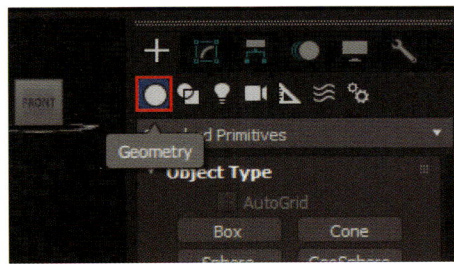 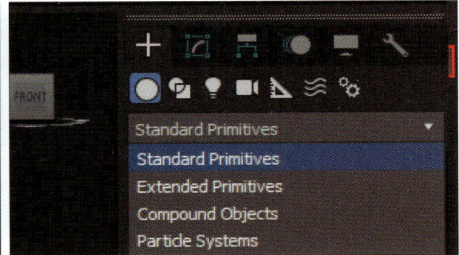

- **Standard Primitives** : 가장 기본적인 3차원 개체인 상자, 구, 원기둥, 도넛, 주전자 등을 작성할 수 있습니다.

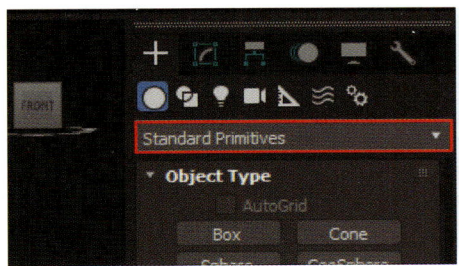 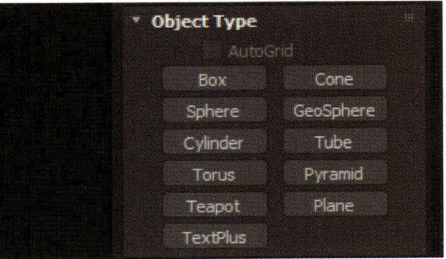

▲ Box     ▲ Sphere     ▲ Teapot     ▲ Textplus

- Extended Primitives : 확장된 모델링 명령으로, 보다 복잡한 형태의 모델링 개체를 제작할 수 있습니다. 특히 Chamfer Box의 경우는 가구 개체를 작성하기 위한 기본 모델링에 많이 사용됩니다.

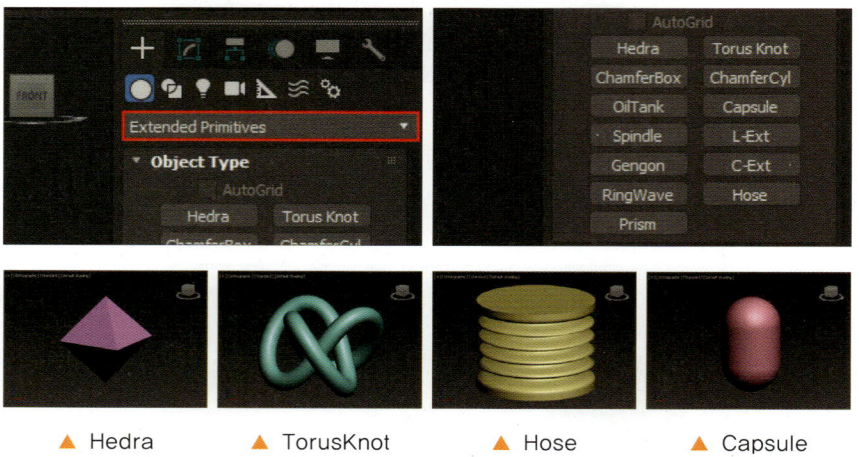

▲ Hedra     ▲ TorusKnot     ▲ Hose     ▲ Capsule

- Compound Objects : 앞에서 설명된 모델링 방법과는 달리 작성된 쉐이프나 모델링 데이터를 조합하거나 이용하여 또 다른 형태의 개체를 만들어 줍니다. 특히 Boolean, ProBoolean, Loft는 가장 많이 사용되는 명령 중 하나입니다.

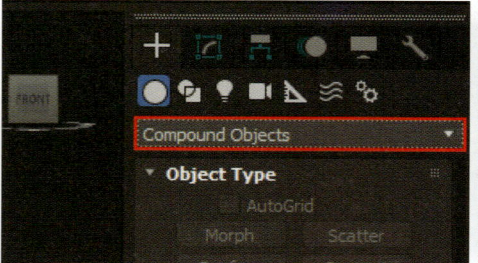 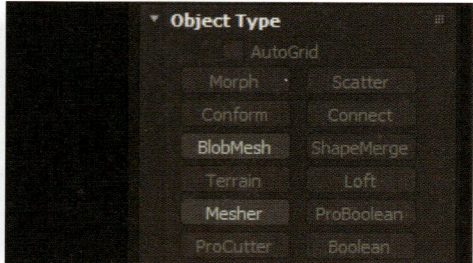

• Doors : 건축, 인테리어 분야에서 많이 사용될 수 있는 문을 모델링할 수 있습니다.

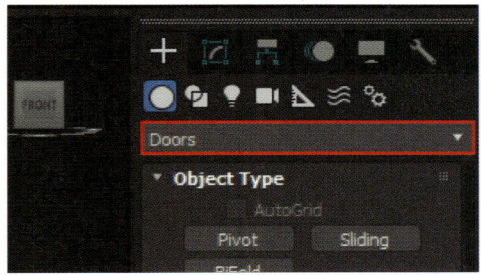 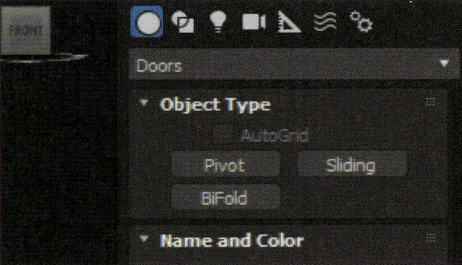

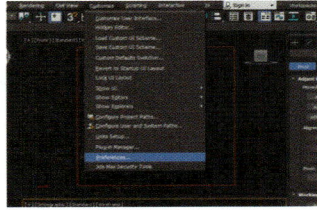  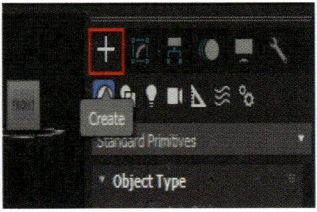

▲ Pivot　　　　　　　　▲ Sliding　　　　　　　　▲ BiFold

• Windows : 건축, 인테리어 분야에서 많이 사용될 수 있는 창문을 모델링합니다.

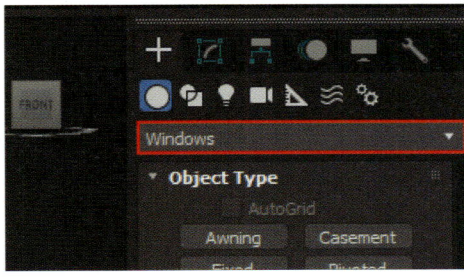 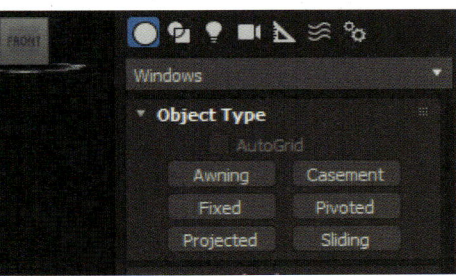

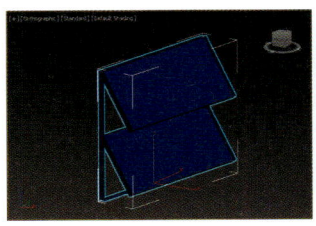 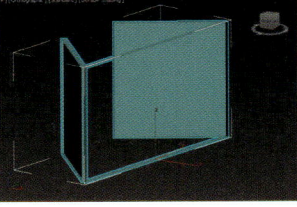 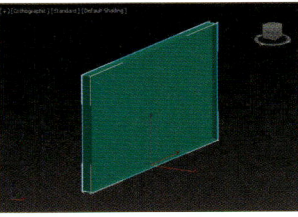

▲ Awning　　　　　　　　▲ Casement　　　　　　　　▲ Fixed

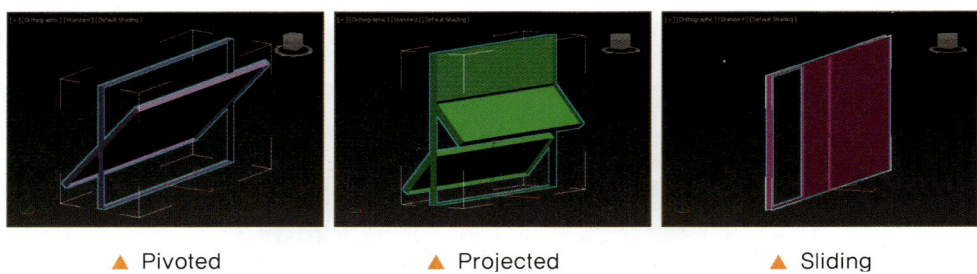

▲ Pivoted　　　　▲ Projected　　　　▲ Sliding

- AEC Extended : 건축 및 인테리어 분야에서 사용될 수 있는 나무, 레일, 벽을 구성할 수 있습니다.

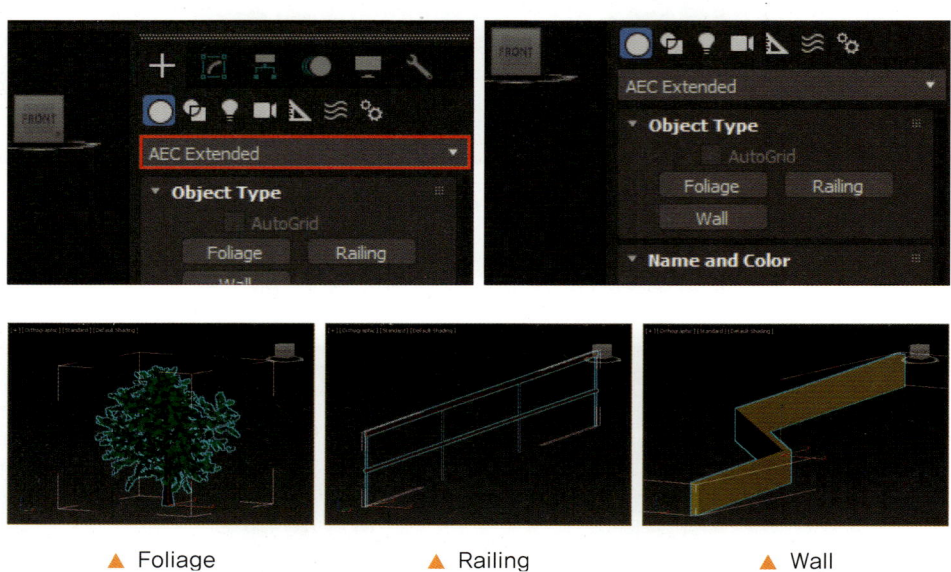

▲ Foliage　　　　▲ Railing　　　　▲ Wall

• Stairs : 건축, 인테리어 분야에서 많이 사용될 수 있는 계단을 모델링할 수 있습니다.

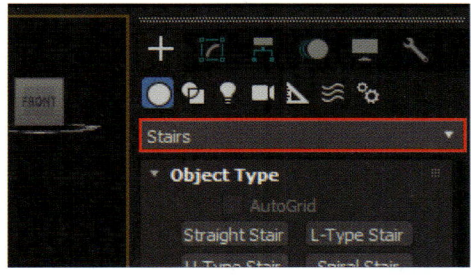 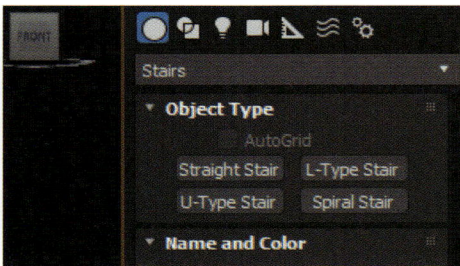

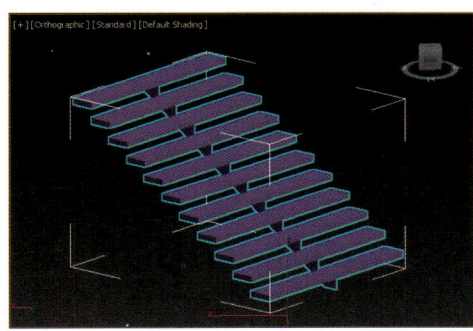
▲ Straight Stair

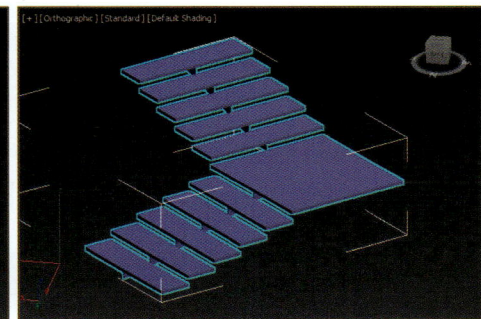
▲ L-Type Stair

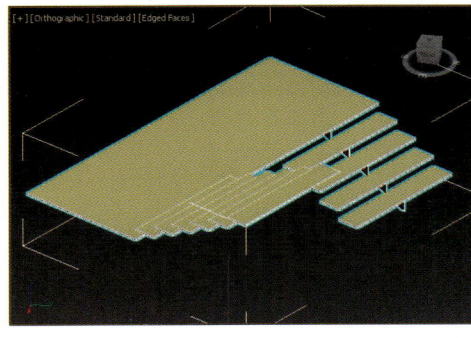
▲ U-Type Stair

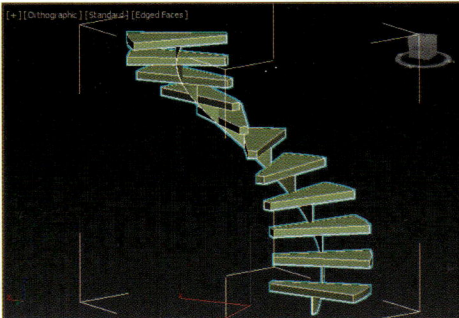
▲ Spiral Stair

❷ Shapes : 2차원 개체를 제작할 경우 사용됩니다. 작성된 개체는 바로 렌더링을 통해 결과를 확인할 수 없으며, 편집 명령을 통해 3차원 개체로 만들어 주거나 3차원 개체의 기준 개체로 사용됩니다.

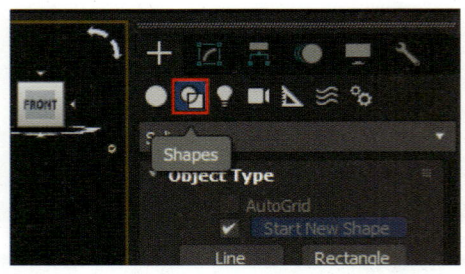

❸ Lights : 조명 개체를 설치할 경우 사용됩니다. 기본적으로 Local Lighting을 위한 Standard와 GI(Global Illumination)을 위한 Photometric 조명 방식이 있으며, VRay가 설치되어 있을 경우에는 VRay 조명이 있습니다.

 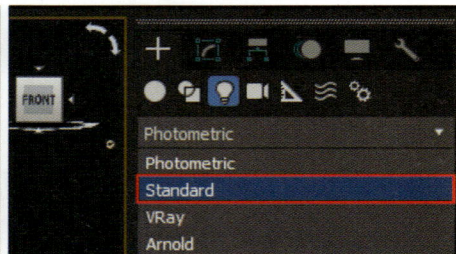

❹ Cameras : 원하는 장면을 만들기 위해서 카메라를 추가할 경우 사용됩니다. 일반적으로 가장 많이 사용되는 [Target]과 일정한 방향만을 가지는 [Free]가 있습니다.

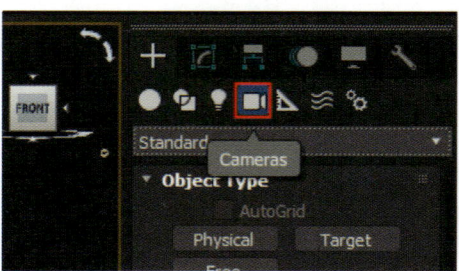 

# 04

## 기초 모델링 & 편집 (2)

# 1. 모델링, Boolean 및 정렬 명령을 이용한 수납장 제작

이번 예제에서는 모델링, 수정(Boolean 명령), 정렬 명령을 이용한 간단한 수납장을 제작해 보도록 하겠습니다.

① 작업의 초기화를 위해서 File ▶ Reset 명령을 수행합니다. 나타나는 대화상자에서 Yes 버튼을 클릭하여 초기화시켜 줍니다.

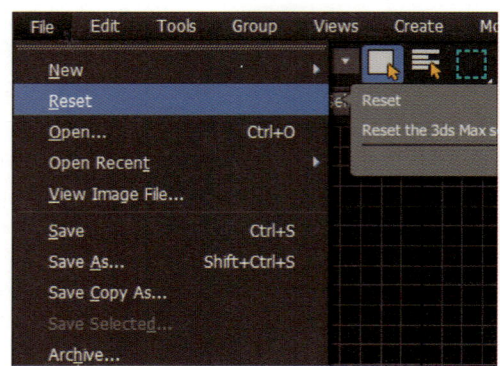
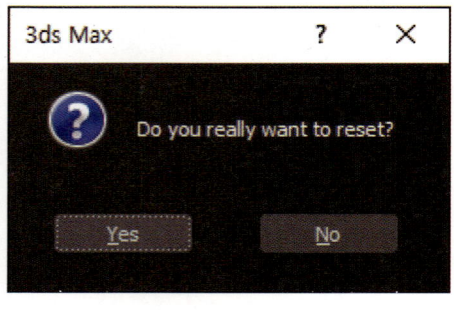

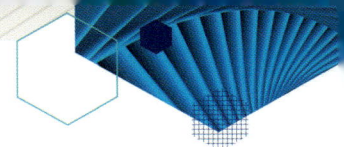

**2** 작업을 시작하기 전에 Perspective로 설정된 뷰포트의 이름을 클릭한 뒤, 나타나는 메뉴에서 시점을 Orthographic으로 설정해 줍니다. 계속해서 기본적으로 설정된 그리드를 숨기기 위해서 뷰포트 왼쪽 상단에 [+] 표식을 클릭하여 나타나는 메뉴에서 아래 그림과 같이 Show Grids를 클릭하여 그리드를 보이지 않도록 설정해 줍니다. 나머지 뷰포트의 그리드도 모두 보이지 않도록 설정해 줍니다.

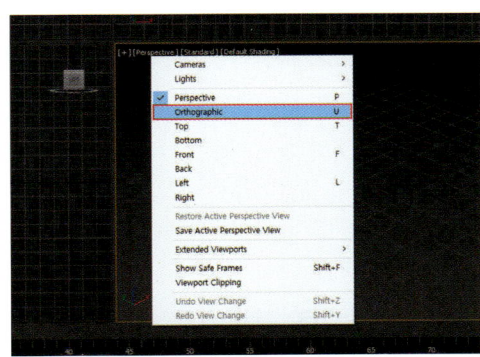 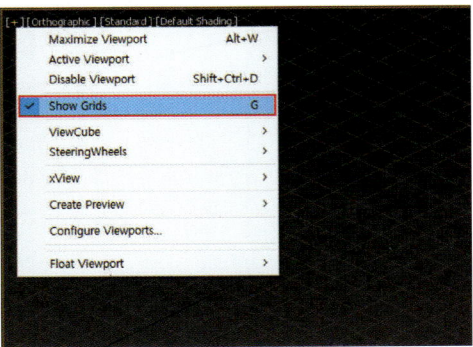

**3** 아래 그림과 같은 작업 환경으로 설정해 줍니다.

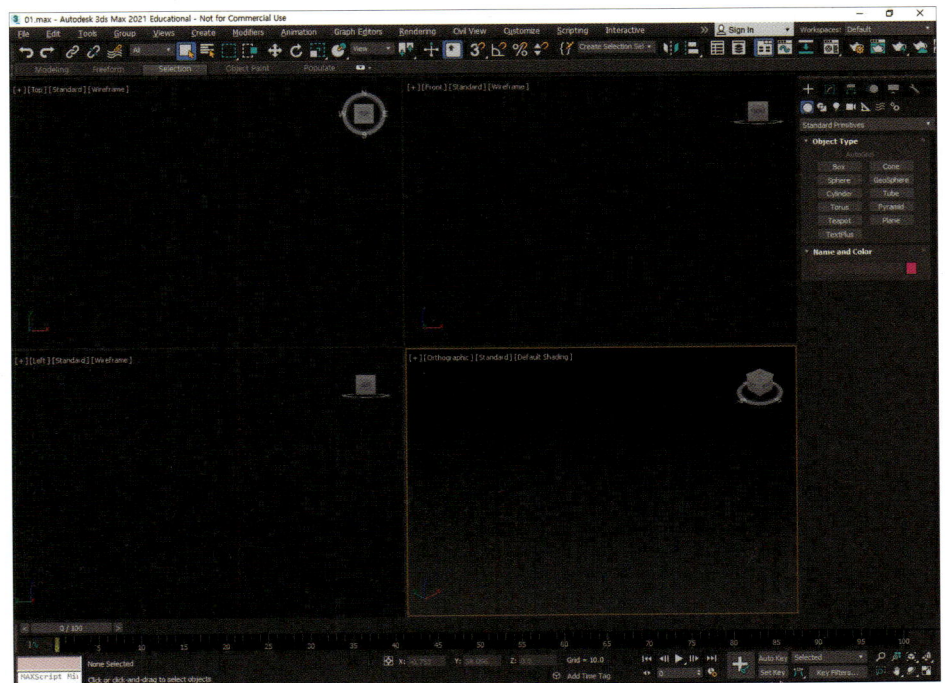

(04\01.max)

**04. 기초 모델링 & 편집 (2)**

**4** 이제 아래 그림의 치수를 참고하여 수납장 제작을 위한 단위 개체 형태를 만들어 보도록 하겠습니다.

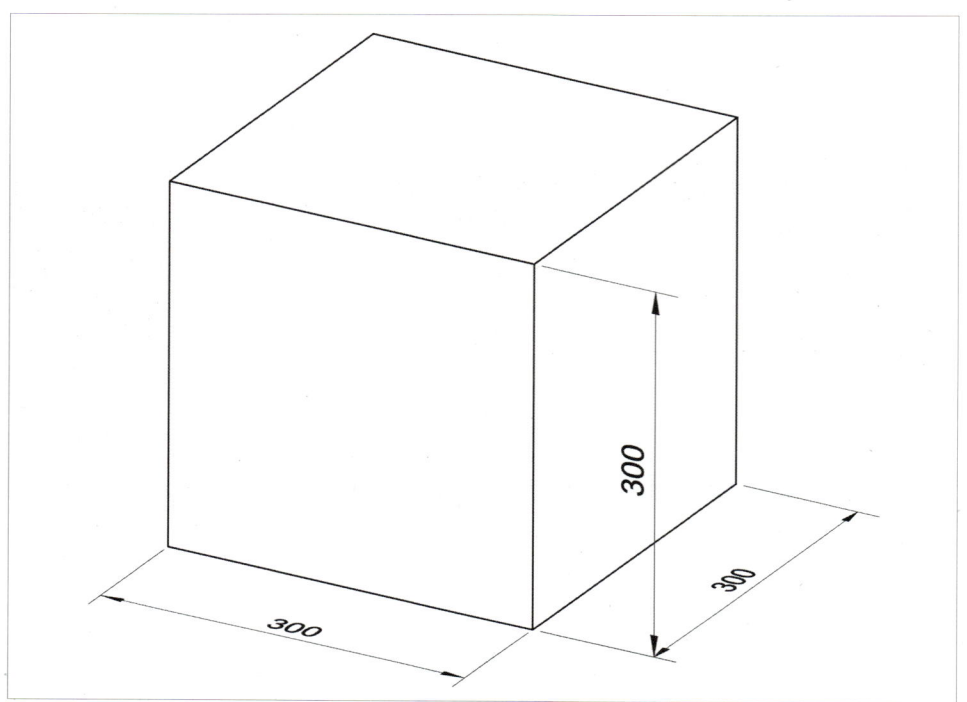

**5** 아래 그림과 같이 Create▶Geometry▶Standard Primitives▶Box 명령을 수행하여 임의 크기로 Box 개체를 그려줍니다. 그려진 Box 개체를 선택한 뒤, Modify 탭을 클릭하여 개체의 이름을 'Box001'로, Length: 300mm, Width: 300mm, Height: 300mm로 수정해 줍니다.

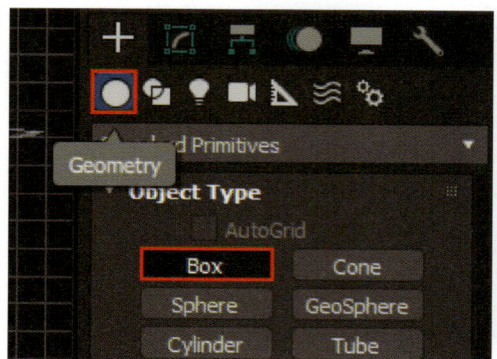 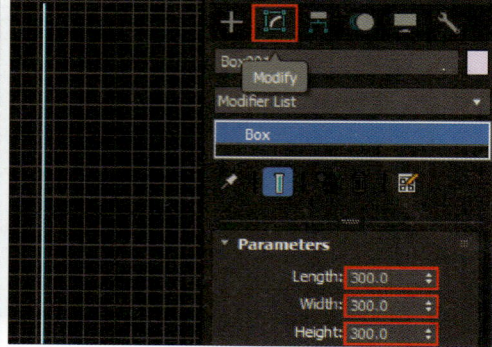

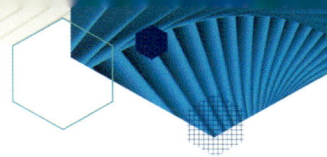

**6** 계속해서 앞에서 수행한 것과 동일한 방법으로 Box 개체를 작성한 뒤, 개체의 이름을 'Box002'로, Length: 290mm, Width: 280mm, Height: 280mm로 설정해 줍니다.

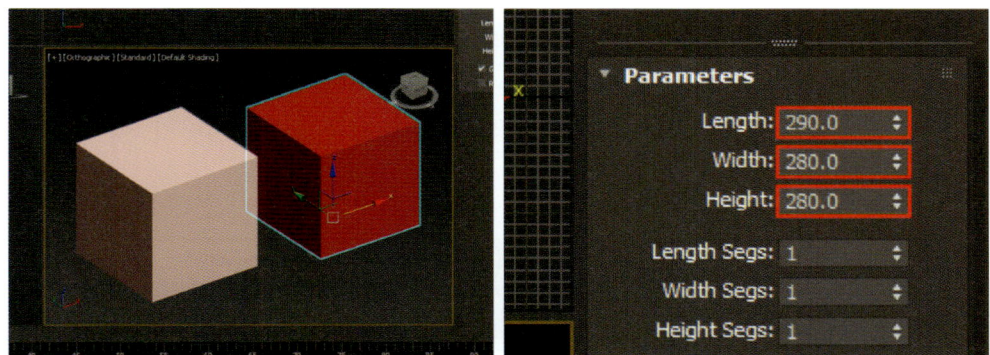

**7** 이제 그려진 두 개의 Box 개체를 정렬시켜 보도록 하겠습니다. Front 뷰에서 그려진 'Box002' 개체를 선택한 뒤, 아래 그림과 같이 Align 명령을 수행합니다.

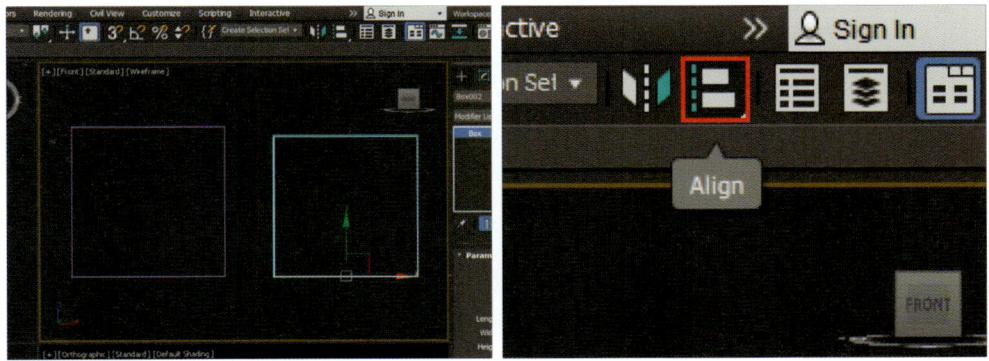

**04**. 기초 모델링 & 편집 (2)

**8** Align 명령을 수행한 뒤, 아래 그림과 같이 첫 번째로 작성한 'Box001' 개체를 선택해 줍니다. 나타나는 Align Selection 대화상자에서 아래 그림과 같이 Align Position 항목 중 X Position, Y Position 항목을 클릭하여 선택한 뒤, Current Object 항목에서 Center, Target Object 항목에서 Center로 설정해 줍니다. 설정한 값의 의미는 Front 뷰에서 'Box002' 개체가 Current Object이며, Current Object의 X, Y축의 중심을 Target Object인 'Box001'의 X축과 Y축의 중심으로 정렬시켜준다는 의미입니다.

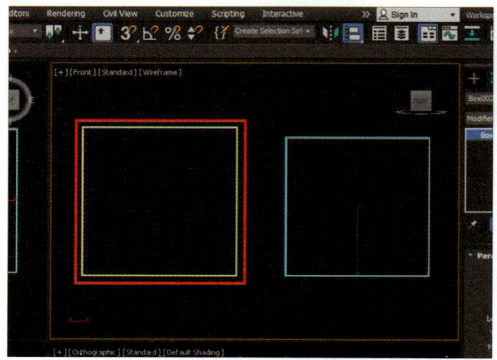
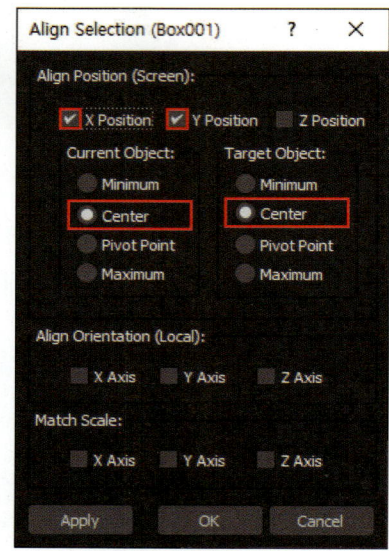

**9** 아래 그림과 같이 Front 뷰에서 'Box002' 개체가 'Box001' 개체 중심으로 정렬되는 모습을 볼 수 있습니다.

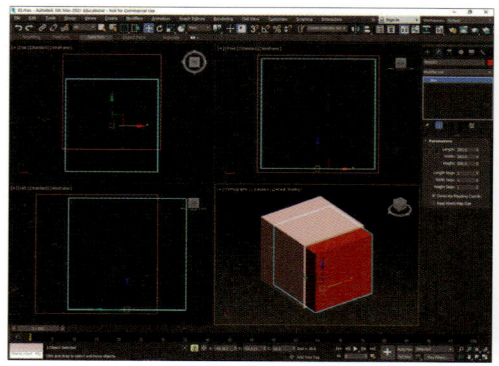
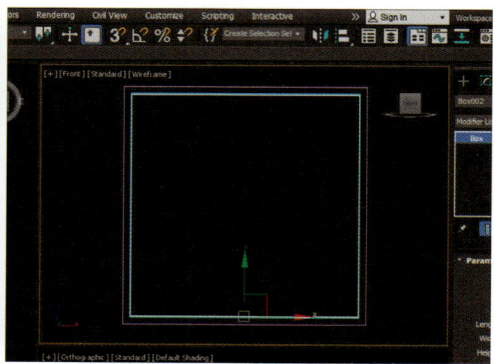

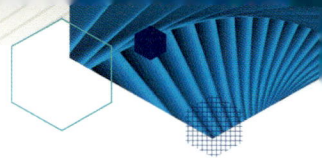

**10** 정렬 작업을 계속해 보도록 하겠습니다. Top 뷰를 현재 뷰포트로 설정한 뒤, 'Box002' 개체를 선택해 줍니다. 아래 그림과 같이 Align 명령을 수행한 뒤, 'Box001' 개체를 선택해 줍니다.

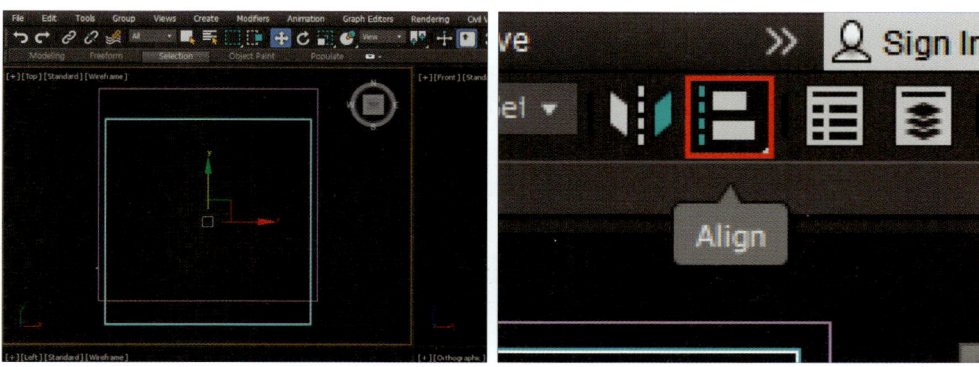

**11** 나타나는 Align Selection 대화상자에서 아래 그림과 같이 Align Position 항목 중 Y Position 항목을 클릭하여 선택한 뒤, Current Object 항목에서 Minimum, Target Object 항목에서 Minimum으로 설정해 줍니다. 아래 그림과 같이 'Box002' 개체가 'Box001' 개체 하단 부분을 기준으로 정렬되는 모습을 볼 수 있습니다.

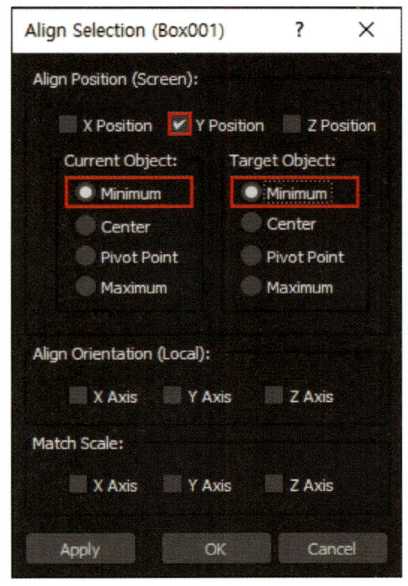
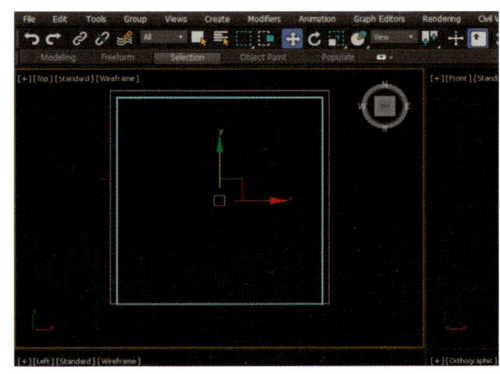

**04**. 기초 모델링 & 편집 (2)　**203**

**12** 지금부터는 불리언 함수를 이용하여 'Box001' 개체에서 'Box002' 개체를 제거, 즉 차집합의 원리를 이용하여 빼보도록 하겠습니다. 'Box001' 개체가 선택된 상태에서 Create ▶Geometry를 클릭한 뒤, 아래 그림과 같이 Compound Objects 항목을 설정해 줍니다.

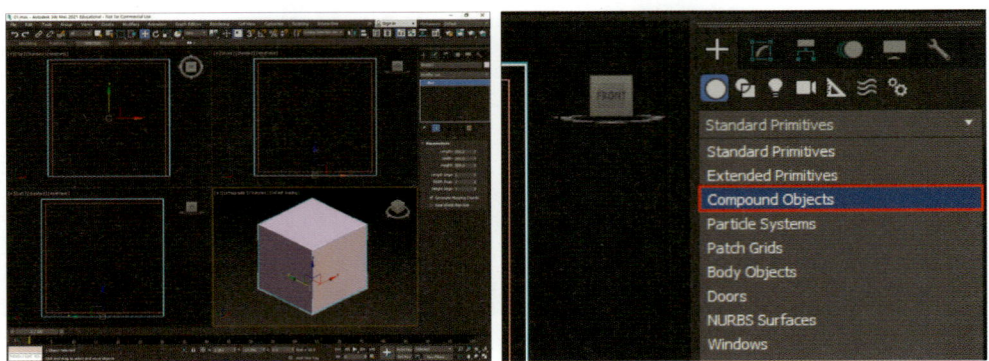

**13** 나타나는 명령(Object Tpye) 중에서 Boolean 명령을 수행한 뒤, 아래 그림과 같이 Operand Parameters에서 Subtract를 설정해 줍니다. 계속해서 Boolean Parameters에서 Add Operands 버튼을 클릭해 줍니다.

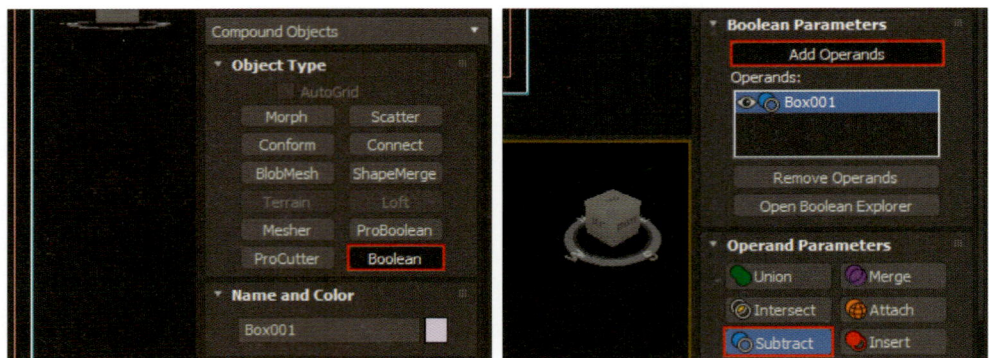

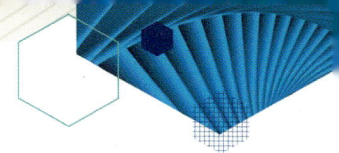

**14** Add Operands 버튼을 클릭한 뒤 'Box002' 개체를 클릭하여 선택해 줍니다. 불리언 명령을 수행하고 나면, 결과적으로 아래 화면과 같이 'Box001' 개체에서 'Box002' 개체가 제거된 모습을 볼 수 있습니다.

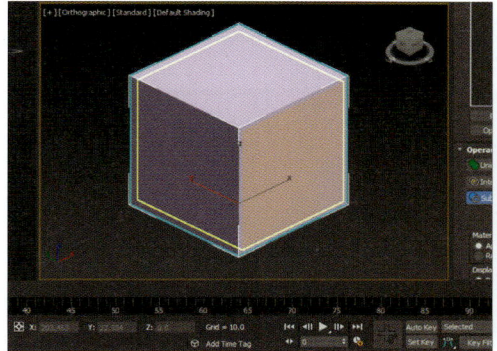
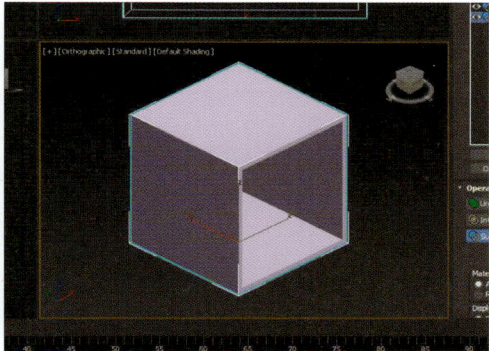

**15** Rendering▶Render Setup… 명령을 수행하여 나타나는 Render Setup에서 Renderer 항목을 Scanline Renderer로 설정해 줍니다.

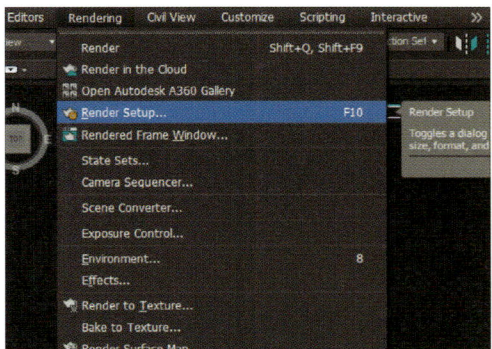
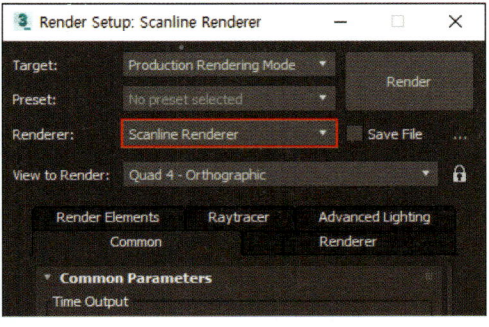

**16** 앞에서 작성된 개체를 선택하여 이름을 'Shoe.001'로 변경한 뒤, 재질을 적용해 보도록 하겠습니다. Material Editor 버튼을 클릭하여 Material Editor 대화상자가 나타나면 첫 번째 슬롯을 선택, 재질의 이름을 'Shoe.001'로 변경해 줍니다. 계속해서 재질 타입을 Standard(Legacy), Diffuse(색상) 값을 흰색(R: 255, G: 255, B: 255)으로 설정해 줍니다.

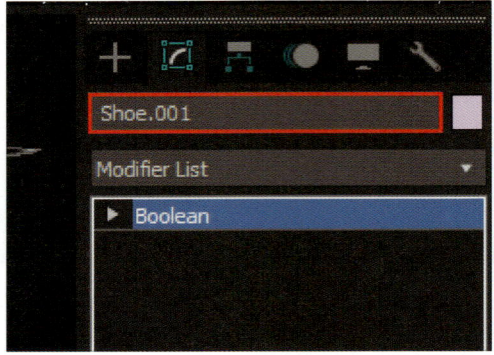
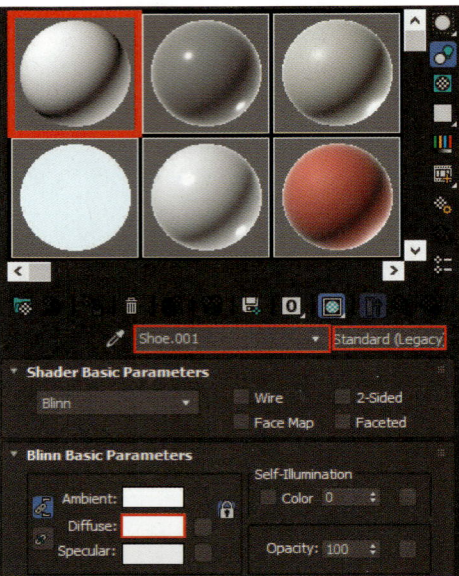

**17** 재질을 설정한 뒤, Assign Material to Selection 명령을 수행하여 작성된 재질을 선택한 개체에 적용해 줍니다. 재질을 적용한 뒤, 렌더링을 진행하여 결과를 확인해 봅니다.

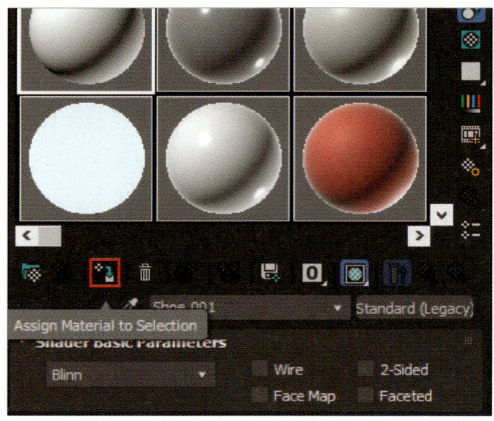
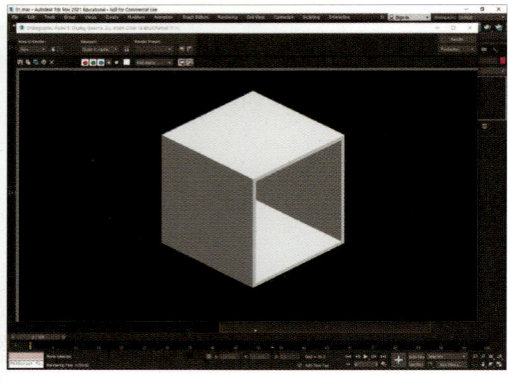

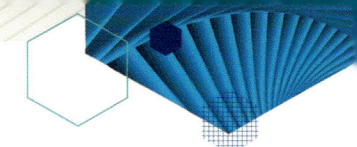

**18** 이번에는 신발장의 문 개체를 작성해 보도록 하겠습니다. Create▶Geometry를 클릭한 뒤, 아래 그림과 같이 Standard Primitives 항목을 설정해 줍니다. 나타나는 명령 중에서 Box 명령을 수행하여 Orthographic 뷰포트에서 육면체를 그려줍니다.

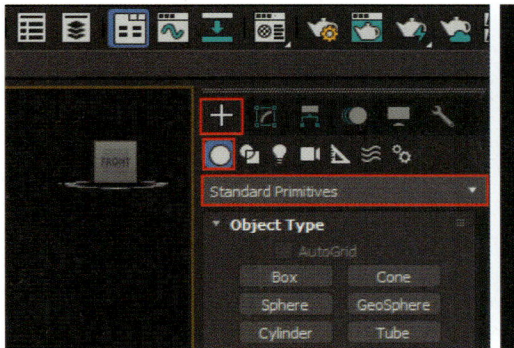
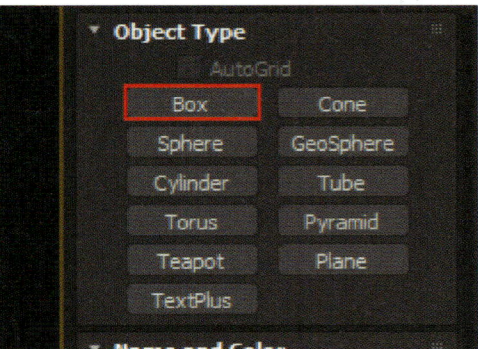

**19** 그려진 Box 개체의 이름을 'Cover.001'로 변경한 뒤, 개체의 크기를 Length: 10mm, Width: 270mm, Height: 270mm로 수정해 줍니다. 이번에는 손잡이 개체를 작성하기 위한 기준 개체를 만들기 위해서 Create▶Geometry를 클릭한 뒤, 아래 그림과 같이 Extended Primitives 항목을 설정해 줍니다.

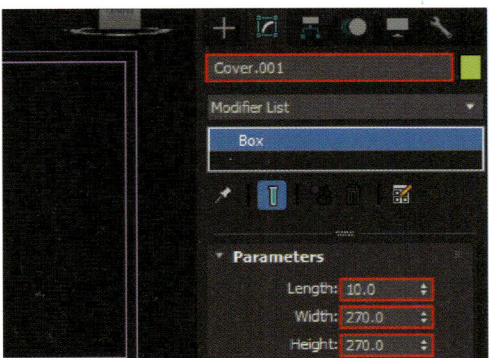
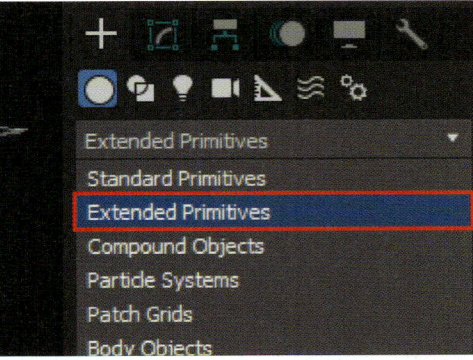

**04**. 기초 모델링 & 편집 (2)  **207**

**20** 나타나는 명령 중에서 Capsule 명령을 이용하여 캡슐 형태의 개체를 그려줍니다. 그려진 개체의 크기를 아래 그림과 같이 옵션값을 변경시켜 줍니다.

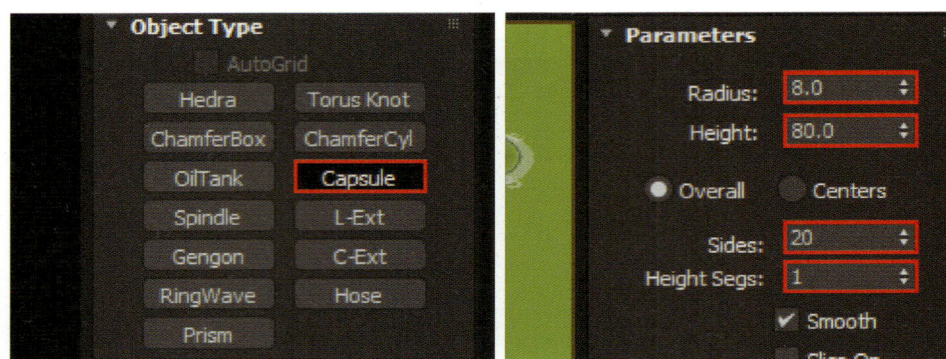

- Radius: 8.0mm
- Height: 80.0mm

- Sides: 20
- Height Segs: 1

**21** Front 뷰에서 아래 그림과 같이 위치를 대략적으로 이동시켜 준 뒤, 정렬을 위해 Top 뷰를 선택해 줍니다.

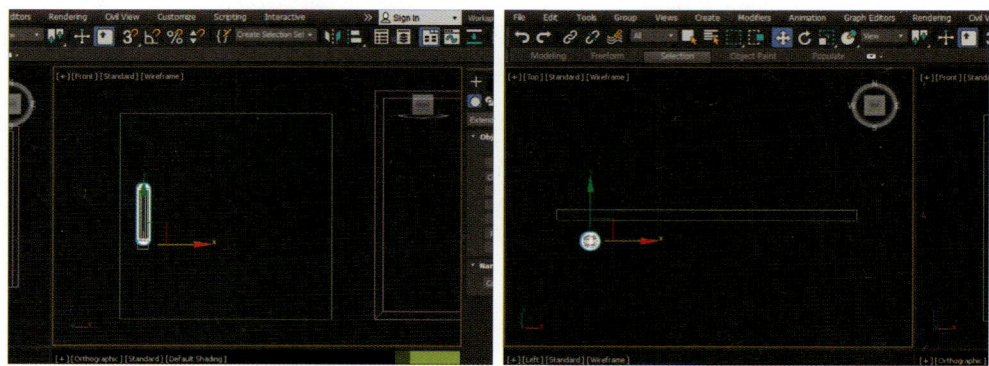

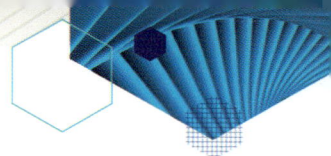

22 그려진 캡슐 개체가 선택된 상태에서 정렬을 위해 Align 명령을 수행한 뒤, 'Cover.001' 개체를 클릭하여 선택해 줍니다.

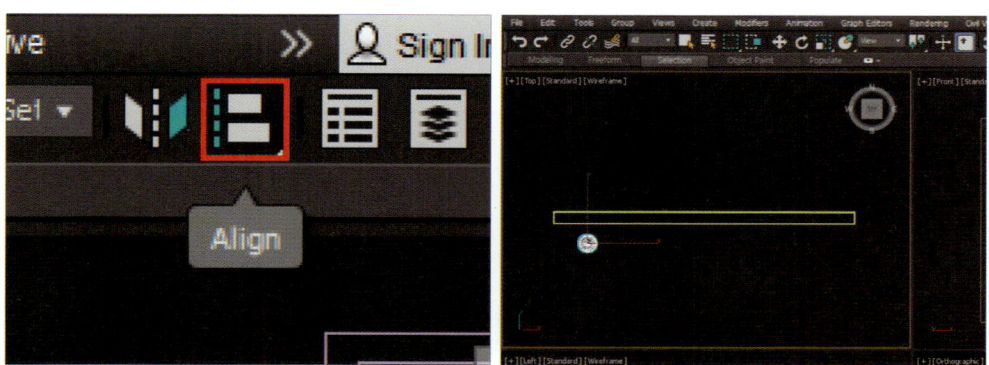

23 나타나는 Align Selection 대화상자에서 아래 그림과 같이 Align Position 항목 중 Y Position 항목을 클릭하여 선택한 뒤, Current Object 항목에서 Center, Target Object 항목을 Minimum으로 설정한 뒤 OK 버튼을 누릅니다. 아래 그림과 같이 정렬되는 모습을 볼 수 있습니다.

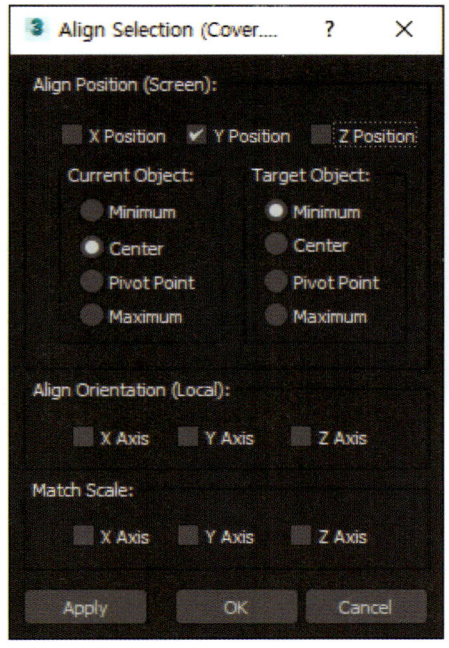
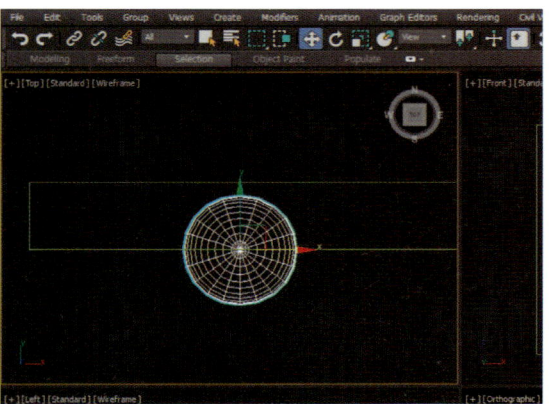

**24** 불리언 함수를 이용하여 'Cover.001' 개체에서 Capsule 개체를 제거해 보도록 하겠습니다. 'Cover.001' 개체를 선택하고 Create▶Geometry를 클릭한 후, 아래 그림과 같이 Compound Objects 항목을 설정해 줍니다. 나타나는 명령 중에서 Boolean 명령을 수행합니다.

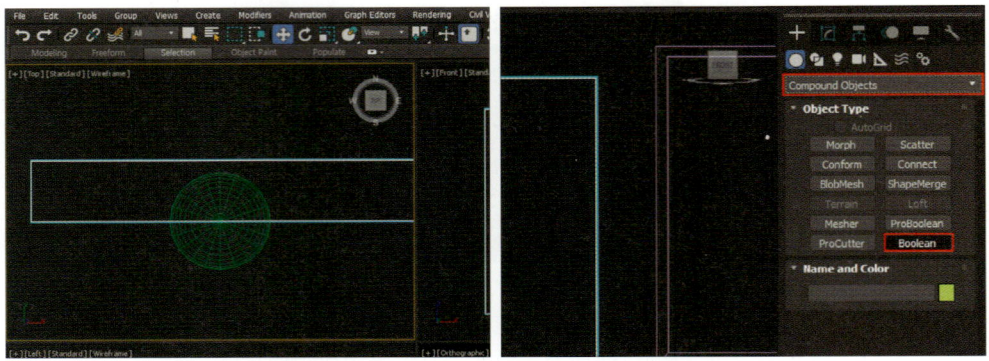

**25** Boolean 명령을 수행한 뒤, 아래 그림과 같이 Operand Parameters 항목에서 Subtract를 설정해 줍니다. 계속해서 Add Operands 버튼을 클릭한 뒤, Capsule 개체를 클릭하여 선택해 줍니다.

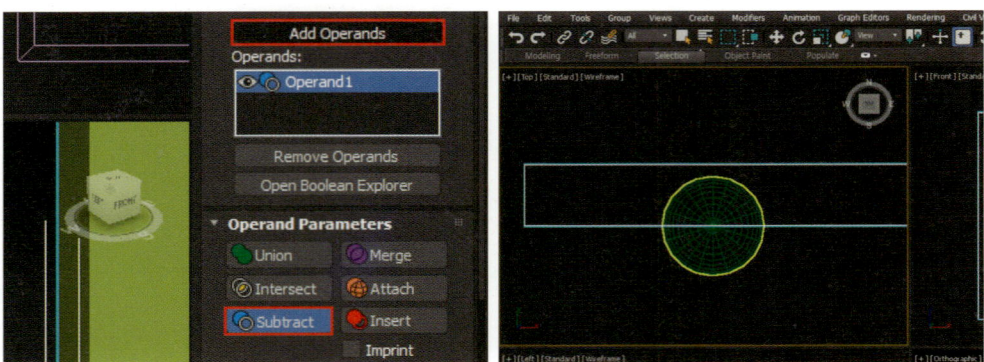

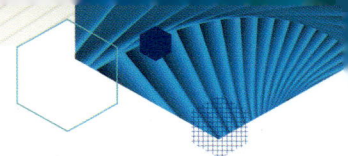

**26** 불리언 명령을 수행하고 나면 아래 그림과 같이 오목한 형태의 손잡이 부분이 만들어진 것을 확인할 수 있습니다.

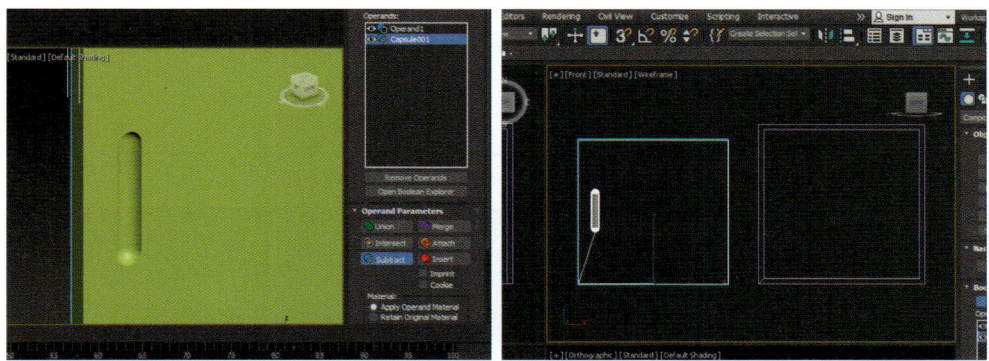

**27** 이제 완성된 신발장 문과 신발장 개체를 정렬해 보도록 하겠습니다. Front 뷰에서 'Cover.001' 개체를 선택한 상태에서 정렬을 위해 Align 명령을 수행한 뒤, 'Shoe.001' 개체를 선택해 줍니다.

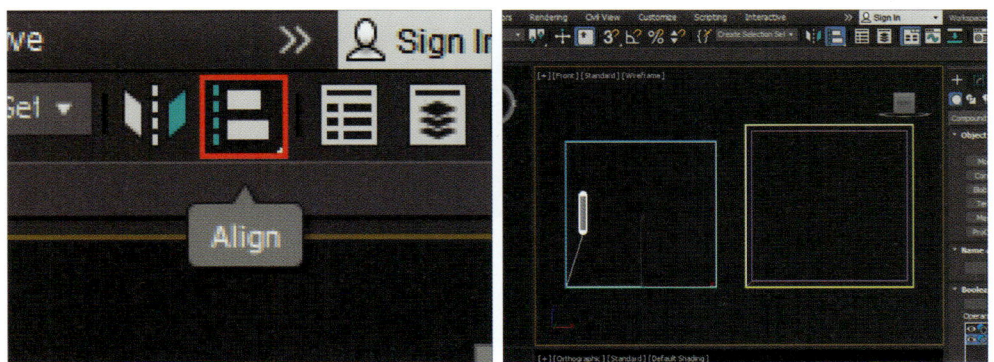

**04**. 기초 모델링 & 편집 (2)

**28** 나타나는 Align Selection 대화상자에서 아래 그림과 같이 Align Position 항목 중 X, Y Position 항목을 클릭하여 선택하고 Current Object 항목에서 Center, Target Object 항목을 Center로 설정한 뒤, Apply 명령을 수행하여 정렬합니다. 계속해서 Z Position 항목을 클릭하여 선택한 뒤, Current Object 항목에서 Maximum, Target Object 항목을 Maximum으로 설정하여 정렬해 줍니다.

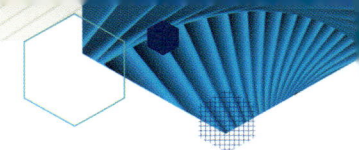

**29** 아래 그림과 같이 신발장 하나의 개체가 완성된 모습을 볼 수 있습니다. 완성된 'Cover.001' 개체를 선택합니다. Material Editor 대화상자가 나타나면 두 번째 구를 선택한 뒤 재질의 이름을 'Shoe.002'로 변경한 뒤, Diffuse 색상 값을 빨간색(R: 255, G: 0, B: 0)으로 설정하여 적용해 줍니다.

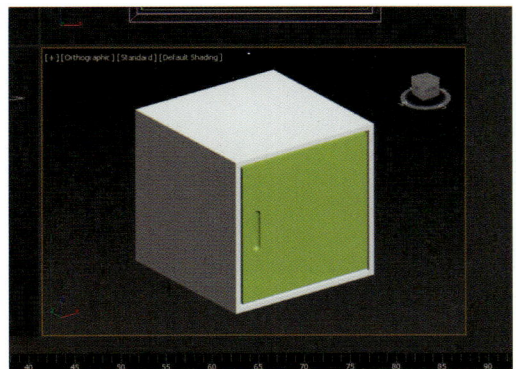

**30** 렌더링을 진행하면 결과물을 확인해 줍니다.

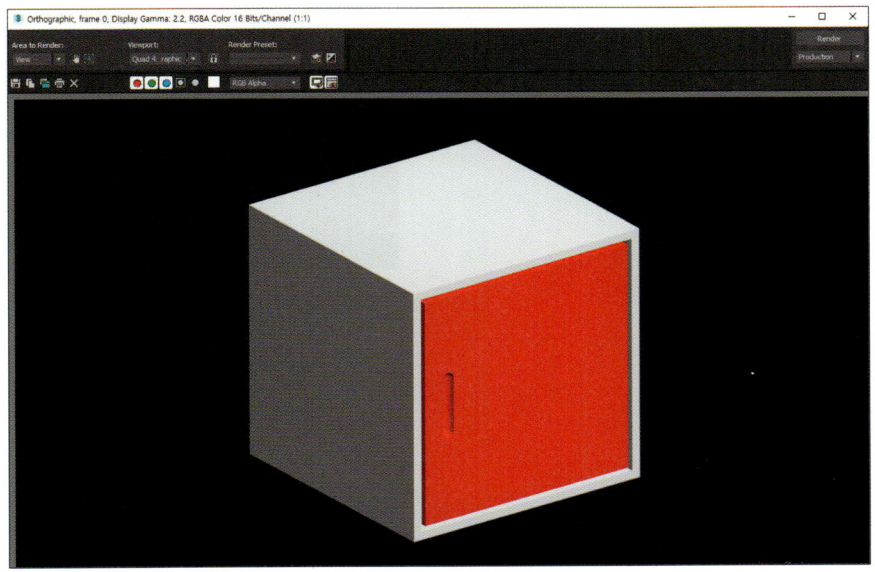

(04\02.max)

**04**. 기초 모델링 & 편집 (2)

③ 지금까지 작성된 데이터를 복사, 정렬하여 9×9개의 신발장을 작성해 보도록 하겠습니다. 작성된 개체를 모두 선택한 뒤, Group▶Group 명령을 수행합니다.

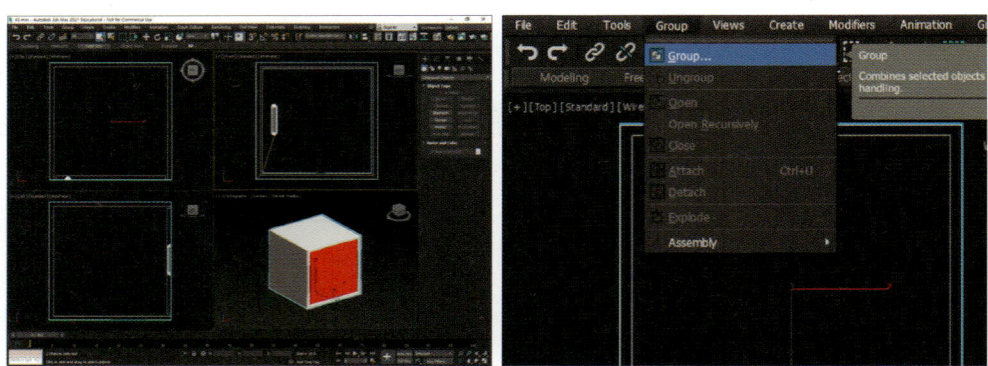

③ 나타나는 Group 대화상자에서 아래 그림과 같이 'Shoe.001'이라는 이름으로 그룹 이름을 변경한 뒤, Shift 키를 누른 상태에서 이동 툴을 이용하여 X축 방향으로 드래그하여 개체를 복사시켜 줍니다.

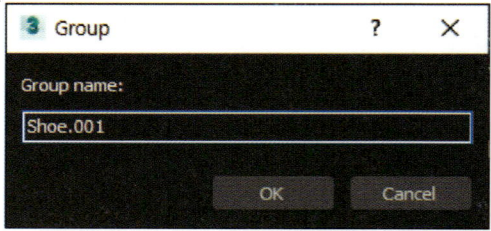
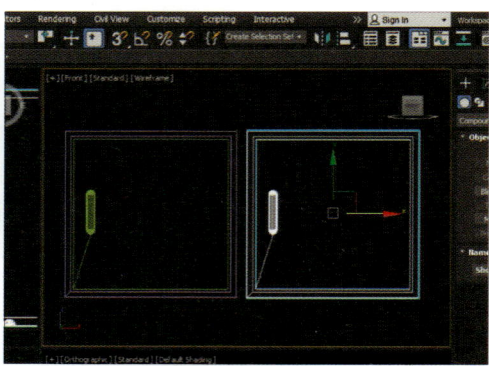

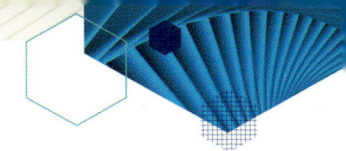

**33** 나타나는 Clone Options 대화상자에서 아래 그림과 같이 옵션을 설정하여 연속된 이름으로 모두 2개의 개체를 복사해 줍니다.

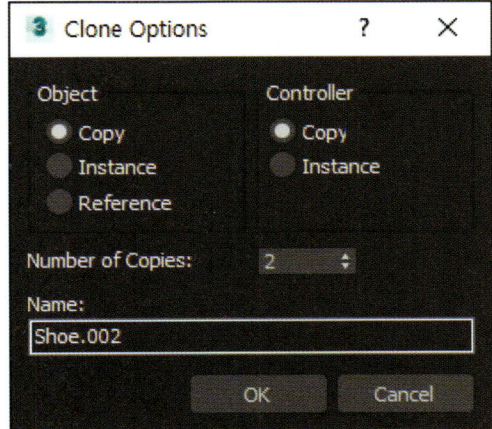
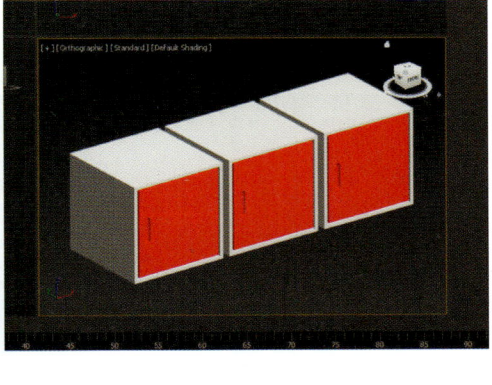

**34** Front 뷰포트에 'Shoe.001' 그룹 개체를 선택한 뒤, Align 명령을 수행합니다.

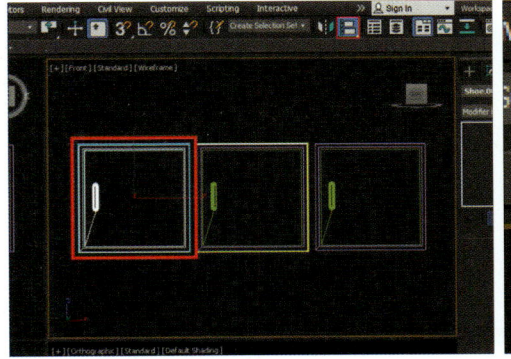
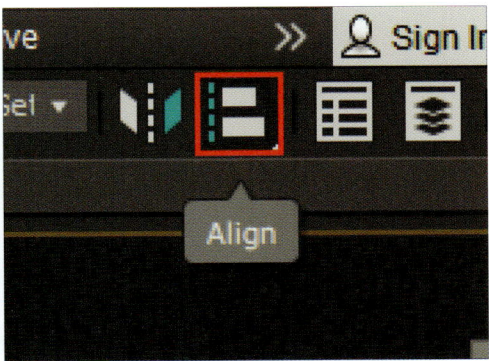

**35** 정렬 대상 개체를 복사된 'shoe.002'를 선택하여 나타나는 Align Selection 대화상자에서 아래 그림과 같이 Align Position 항목 중 X Position 항목을 클릭하여 선택한 뒤, Current Object 항목에서 Maximum, Target Object 항목을 Minimum으로 설정하여 정렬합니다.

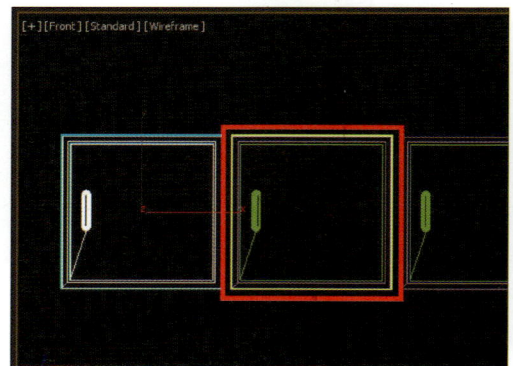
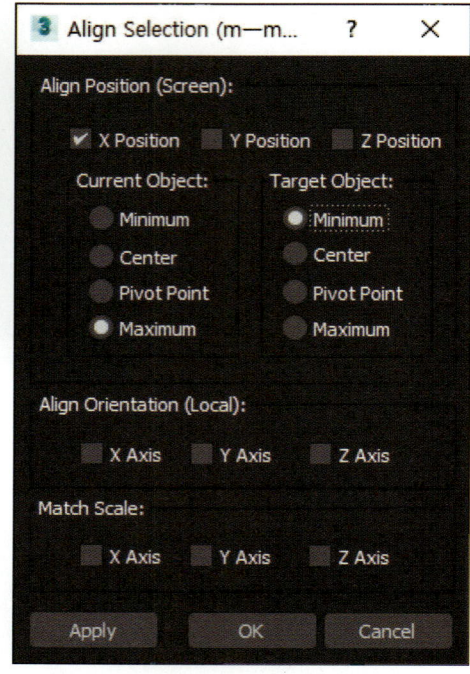

**36** 아래 그림과 같이 정렬되는 모습을 볼 수 있습니다.

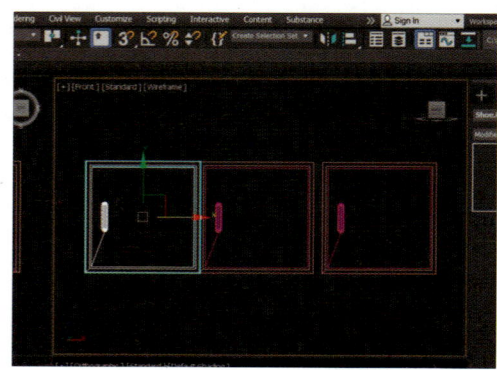
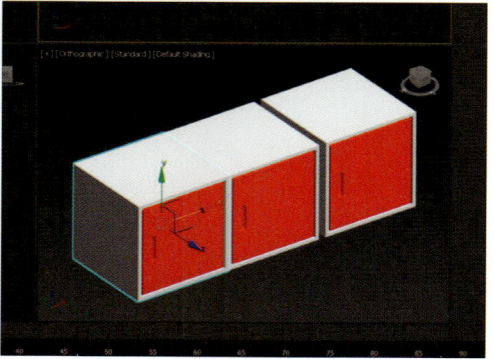

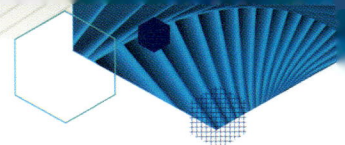

**37** 계속해서 'Shoe.003' 그룹 개체를 선택한 뒤, Align 명령을 수행합니다.

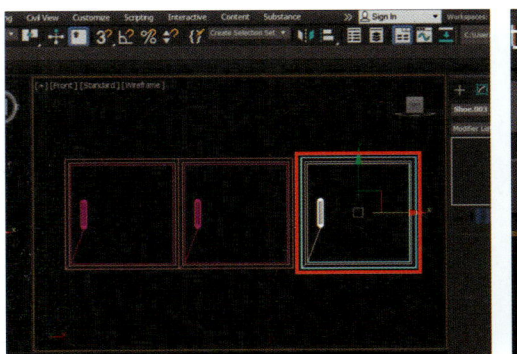
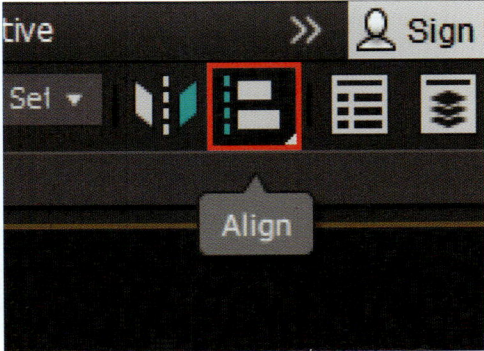

**38** 정렬 대상 개체를 복사된 'Shoe.002'를 선택하여 나타나는 Align Selection 대화상자에서 아래 그림과 같이 Align Position 항목 중 X Position 항목을 클릭하여 선택한 뒤, Current Object 항목에서 Minimum, Target Object 항목을 Maximum으로 설정하여 정렬합니다.

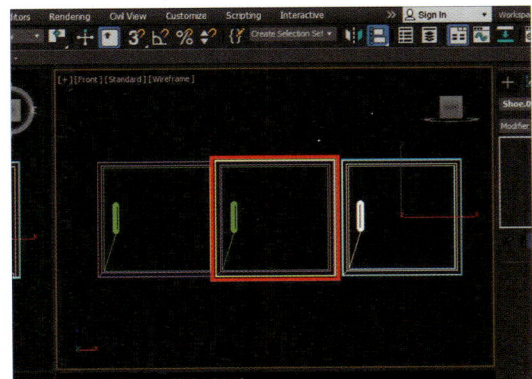
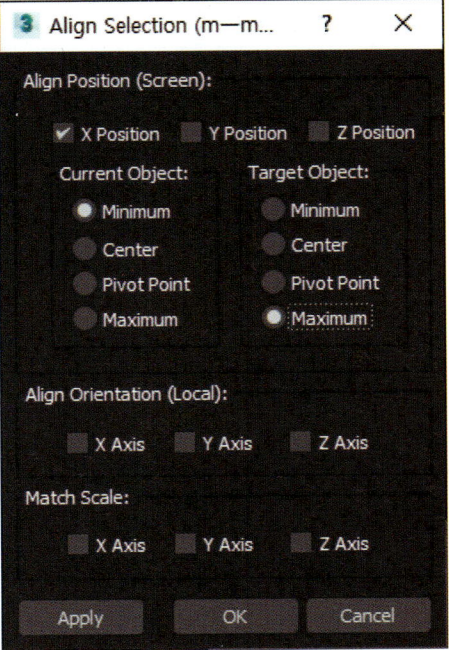

**04**. 기초 모델링 & 편집 (2)  217

**39** 아래 그림과 같은 결과가 만들어지면, 렌더링을 진행하여 결과를 확인해 봅니다.

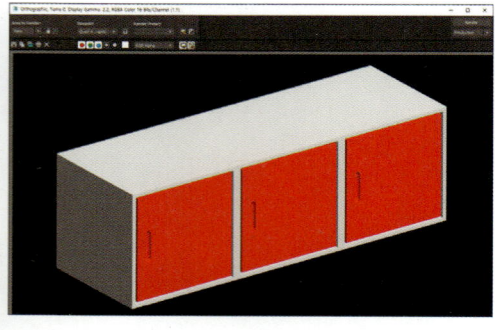

**40** 신발장의 문 개체의 색상을 변경해 보도록 하겠습니다. 복사된 그룹 개체를 선택한 뒤, Group▶Ungroup 명령을 수행하여 그룹 개체의 속성을 해제시켜 줍니다.

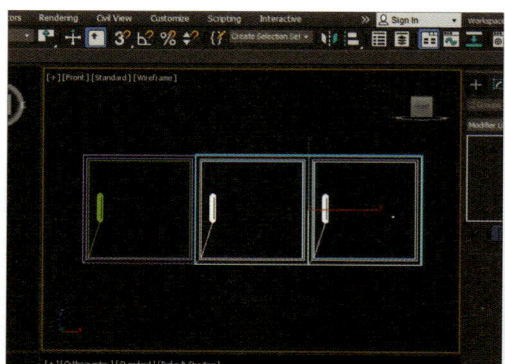
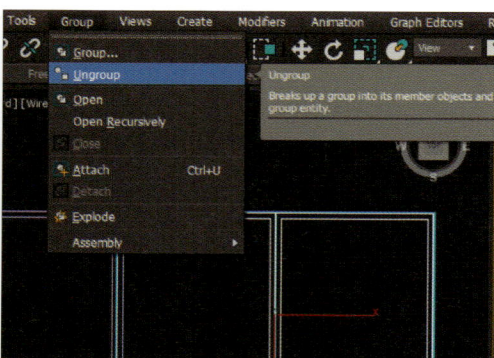

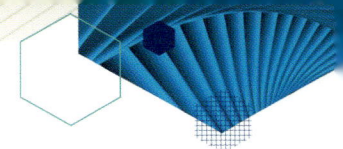

**41** 그룹 개체의 속성을 해제한 뒤, 두 번째 신발장의 커버 개체를 선택한 뒤, 'Cover.002'로 이름을 변경합니다. 계속해서 Material Editor 명령을 수행하여 나타나는 대화상자에서 세 번째 슬롯을 선택한 뒤, 재질의 이름을 'Shoe.003'로 변경한 뒤, Diffuse 색상 값을 파란색(R: 0, G: 0, B: 255)으로 설정하여 적용해 줍니다.

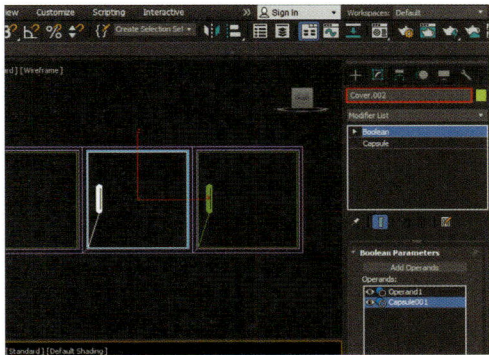
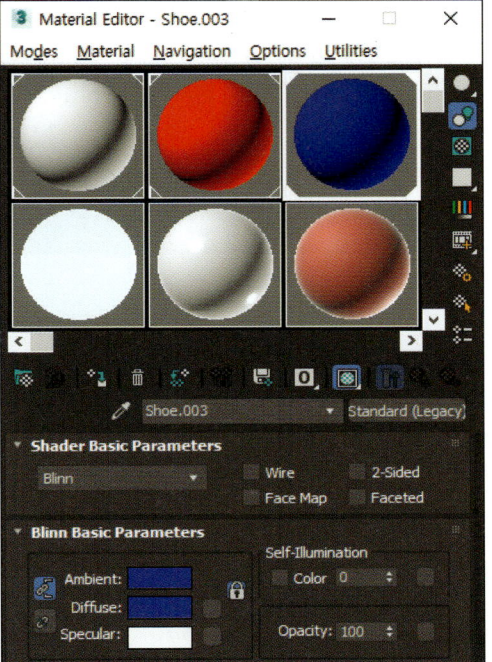

**04**. 기초 모델링 & 편집 (2)  219

**42** 계속해서 'Cover.003' 개체를 선택한 뒤, 아래 그림과 같이 노란색(R: 255, G: 255, B: 0)을 설정하여 적용해 줍니다.

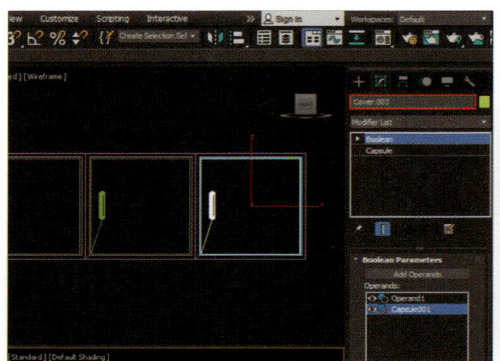
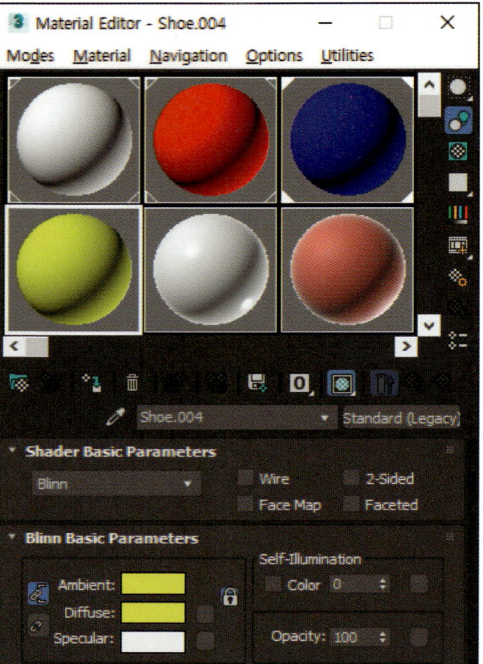

**43** 아래 그림과 같은 결과가 만들어지면, 렌더링을 진행하여 결과를 확인해 봅니다.

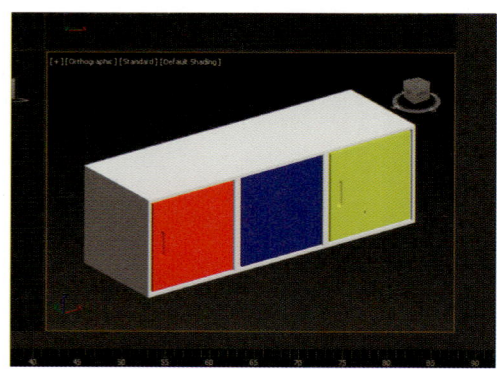
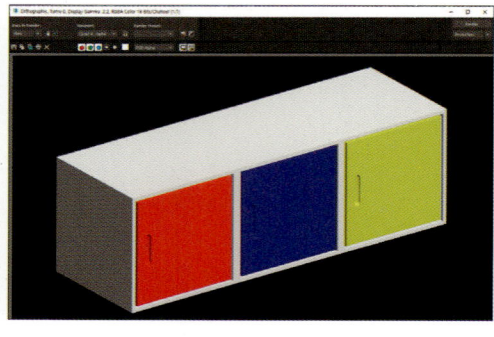

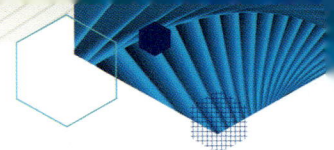

**44** 마지막으로 지금까지 작업한 방법을 응용하여 아래 그림과 같이 작성된 개체를 복사한 뒤, 복사된 개체의 색상을 변경해 줍니다.

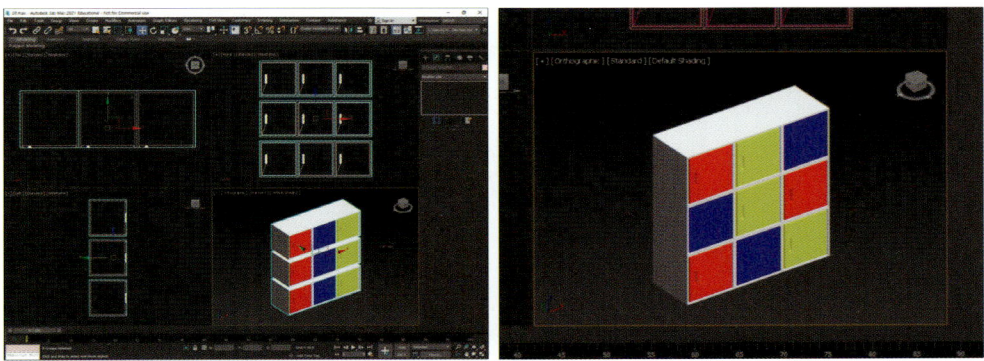

**45** 최종 렌더링을 수행하여 아래 그림과 같은 결과를 확인해 줍니다.

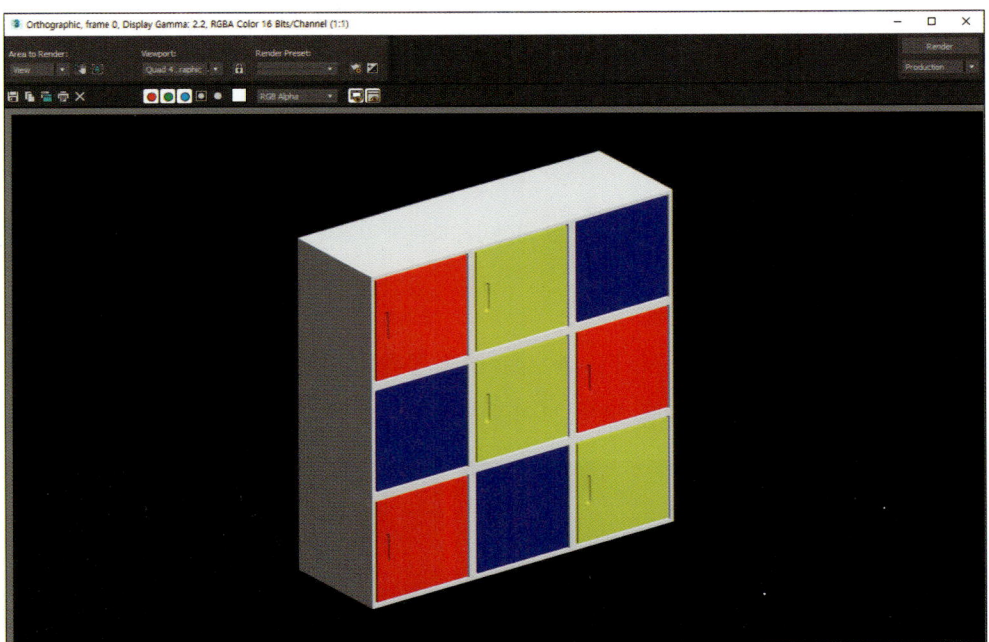

(04\03.max)

**04**. 기초 모델링 & 편집 (2)　**221**

## 2. 복사, Boolean 및 정렬 명령을 이용한 선반 제작

이번 예제에서는 앞에서 수행한 유사한 방법(모델링, 복사, Boolean, 정렬 명령)을 이용한 아래 그림과 같은 선반을 제작해 보도록 하겠습니다.

> 이번 예제는 앞에서 수행한 예제와 유사한 과정이기 때문에 앞에서 설명된 부분은 과감히 생략하여 진행해 보도록 하겠습니다.

**1** 작업의 초기화를 위해서 File▶Reset 명령을 수행한 뒤, Perspective 뷰포트를 Orthographic, 그리드를 모두 보이지 않도록 설정해 줍니다.

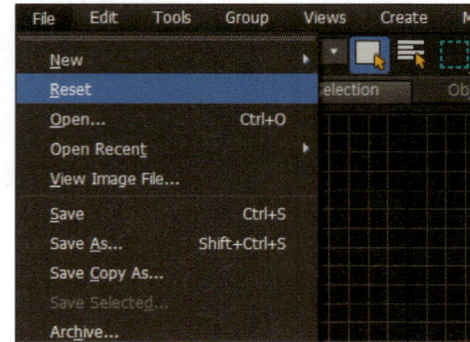 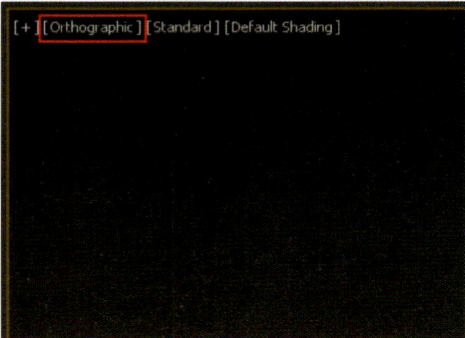

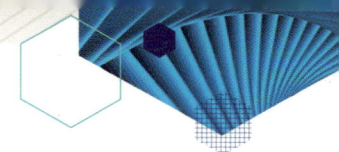

❷ 렌더링을 위한 렌더러를 'Scanline'으로 설정한 뒤, 재질 편집기에서 첫 번째 슬롯의 재질 타입을 'Standard(Legacy)'로 설정해 줍니다.

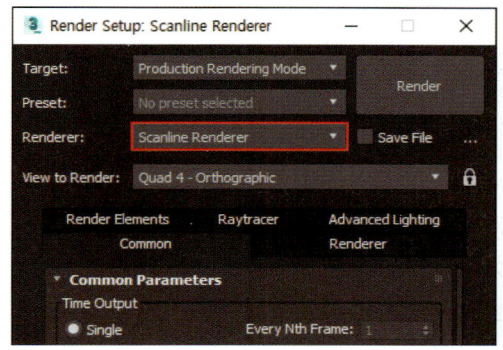
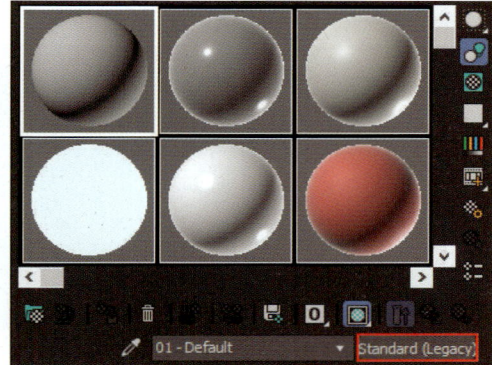

(04\04.max)

❸ 지금부터는 아래 그림의 치수를 참고하여 필요한 개체를 모델링해 보도록 하겠습니다.

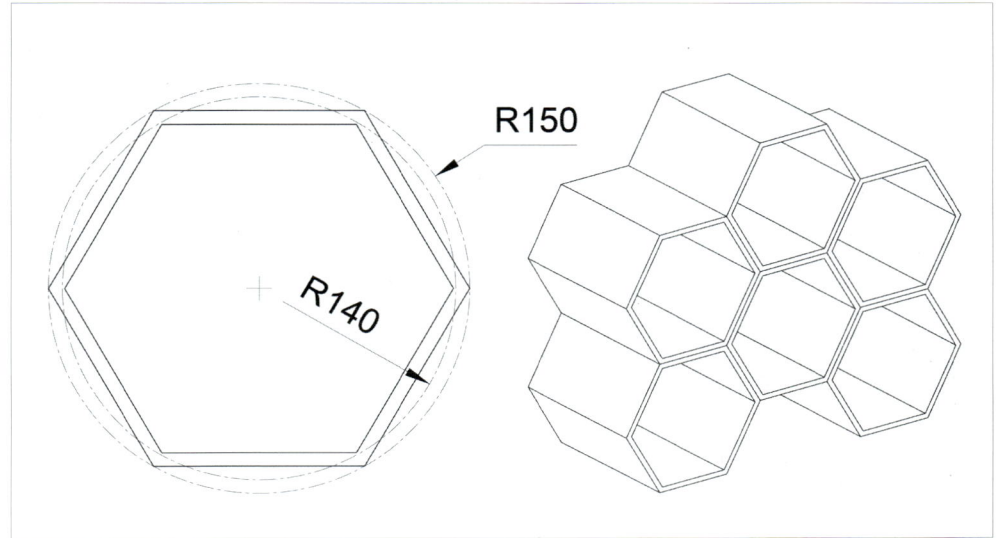

**04**. 기초 모델링 & 편집 (2)

**4** Front 뷰에서 Create▶Geometry▶Extended Primitives▶Gengon 명령을 이용하여 육각기둥 형태를 만들어 줍니다. 작성되는 육각기둥의 크기는 아래 값을 참고하여 작성해 줍니다.

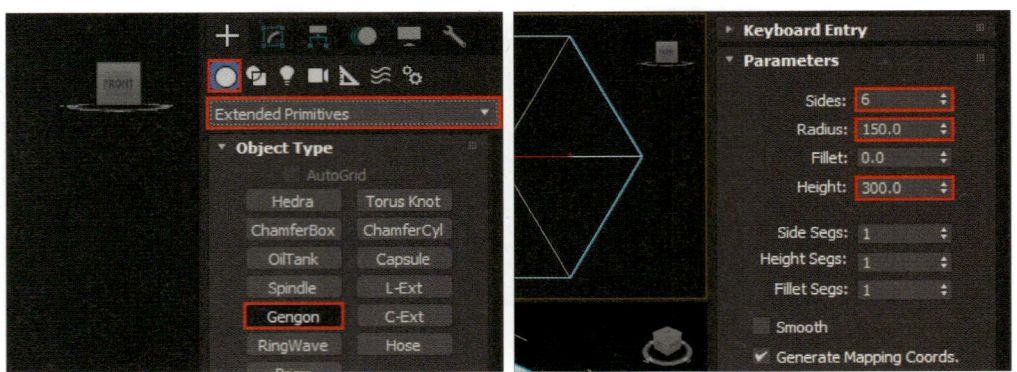

**5** 아래와 같은 형태의 육각기둥을 완성한 뒤, 동일한 명령(Gengon)을 이용하여 육각기둥을 추가로 만들어 줍니다.

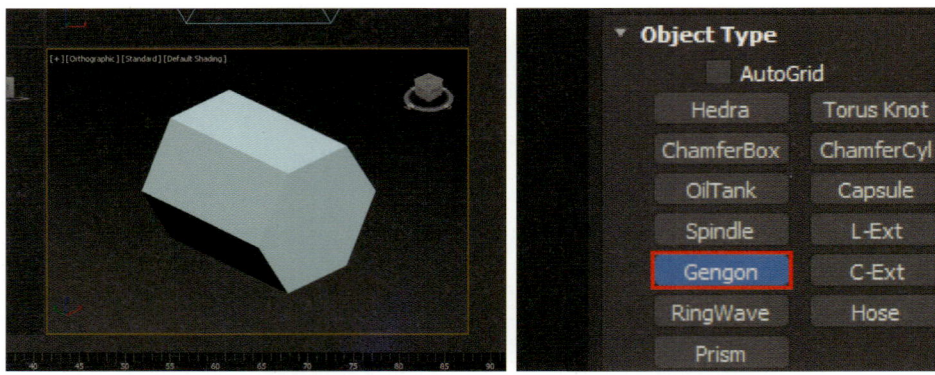

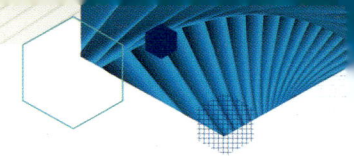

**6** 작성되는 개체의 크기는 아래 값을 참고하여 아래 그림과 같은 육각기둥을 제작해 줍니다.

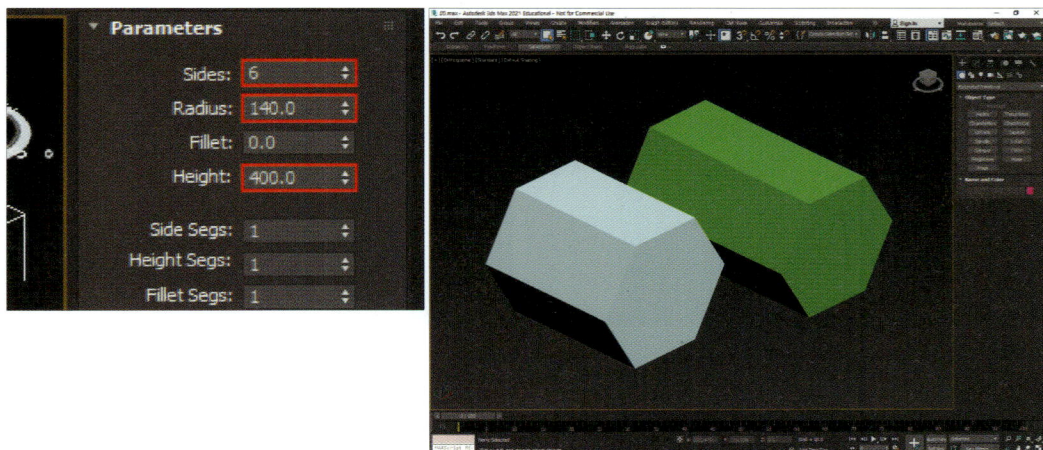

**7** 이제 Align 명령을 수행하여 아래 그림과 같이 가운데 정렬해 줍니다.

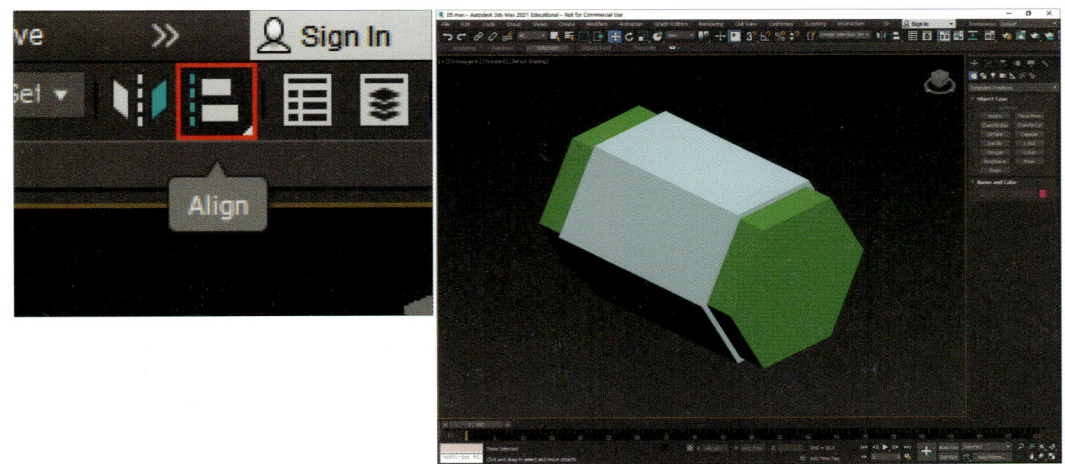

**04**. 기초 모델링 & 편집 (2)

**8** Boolean 명령을 이용하여 아래 그림과 같이 내부가 제거된 결과를 제작해 줍니다.

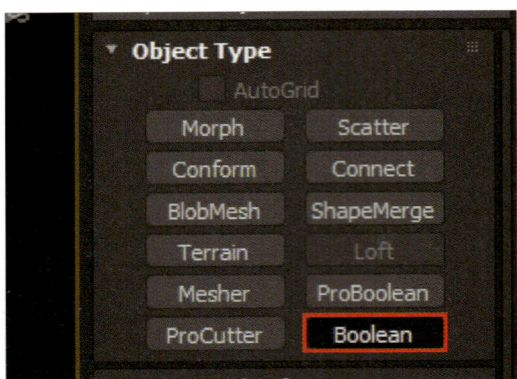 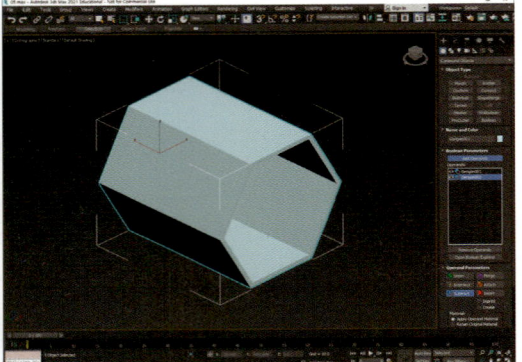

**9** 이제 Edit▶Clone 명령을 수행하여 선택된 개체를 복사해 줍니다. 이제 복사된 개체를 이동하기 위해서 Front 뷰를 선택, 동일한 위치에 복사된 개체를 이동하기 위해서 Select and Move를 선택해 줍니다. 다시 Select and Move 아이콘 위에 마우스 오른쪽 버튼을 클릭해 줍니다.

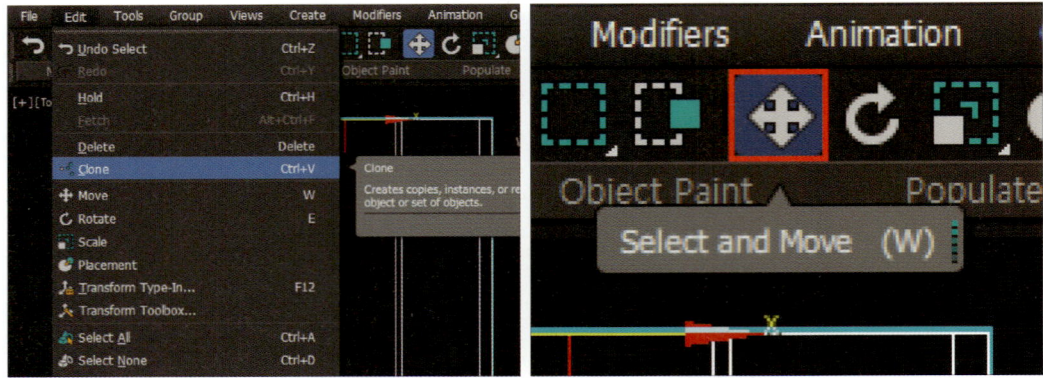

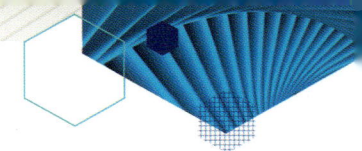

**10** 아래 그림과 같이 Move Transform Type-In 대화상자가 나타나게 됩니다. 여기서 Offset:Screen의 X값을 '-225'를 입력하여 정확한 값으로 복사된 개체를 이동시켜 줍니다.

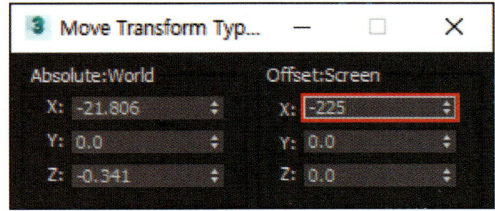
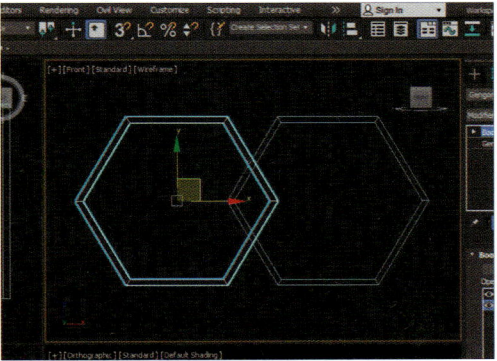

**11** Front 뷰에서 복사된 개체가 선택된 상태에서 Align 명령을 수행해 줍니다. Align 명령을 수행한 뒤, 원본 개체를 클릭하여 나타나는 Align Selection 대화상자가 나타나면 아래 그림과 같이 Align Position 항목 중 Y Position 항목을 클릭하여 선택, Current Object 항목에서 Center, Target Object 항목을 Maximum으로 설정하여 정렬합니다.

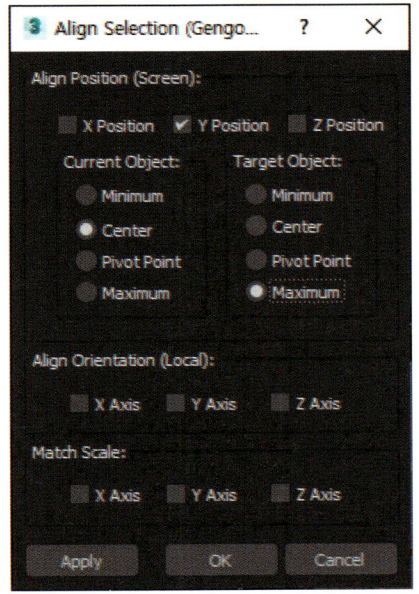

**04**. 기초 모델링 & 편집 (2)

**12** 아래 그림과 같이 정렬되는 것을 확인할 수 있습니다.

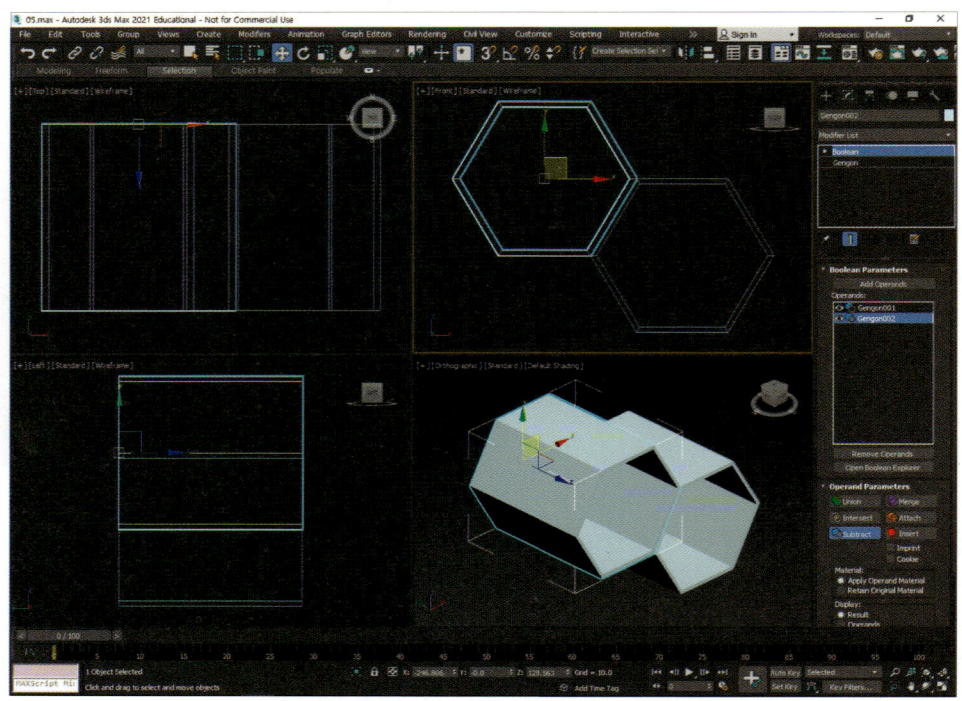

**13** 이제 아래의 치수를 참고하여 복사, 이동, 정렬 명령을 수행하여 육각기둥 형태의 선반 개체를 만들어 줍니다.

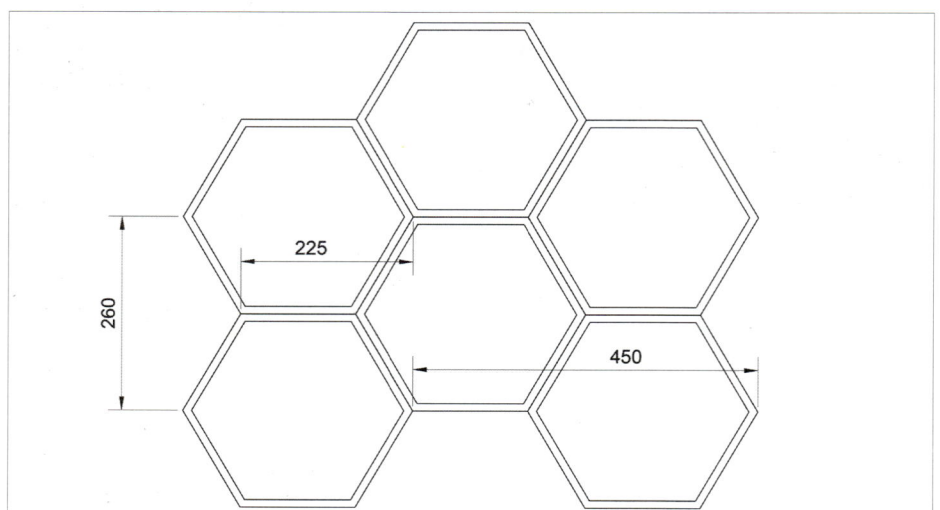

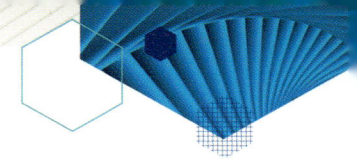

**14** 아래 그림과 같은 모델링 결과를 완성한 뒤, 다양한 색상을 적용해 줍니다.

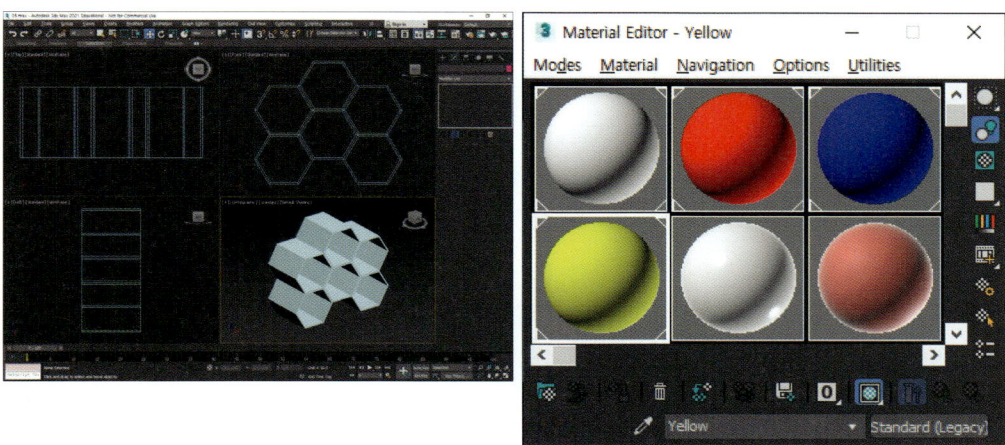

**15** 그림과 같은 재질(색상)을 적용한 뒤, 렌더링을 수행하여 결과를 확인해 줍니다.

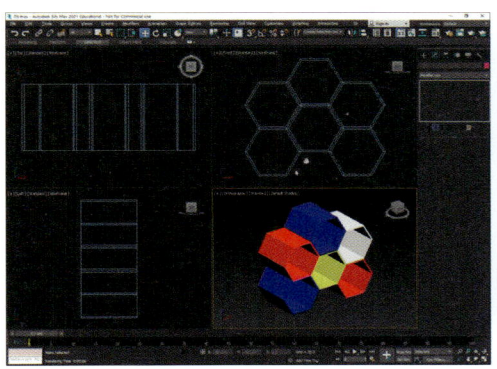
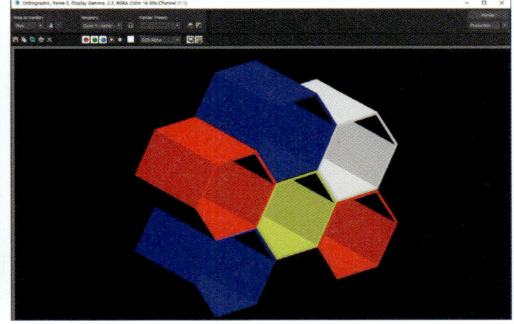

(04\05.max)

**04**. 기초 모델링 & 편집 (2)

 **실습 예제** 　기초 모델링 명령과 정렬 명령을 이용한 테이블 제작

　Extended Primitives 내에서 포함된 Chamfer Box, Chamfer Cylinder 명령과 정렬 명령을 이용하여 다음과 같은 탁자를 만들어 봅시다.

■ 완성 모델링 이미지

(04\06.max)

■ 모델링 제작을 위한 참고 옵션 및 치수
　제작에 도움을 주기 위해 명령 및 제작되는 개체의 크기는 아래의 화면을 참고하여 작성하시기 바랍니다.

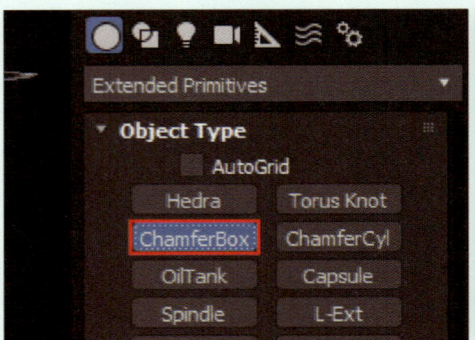 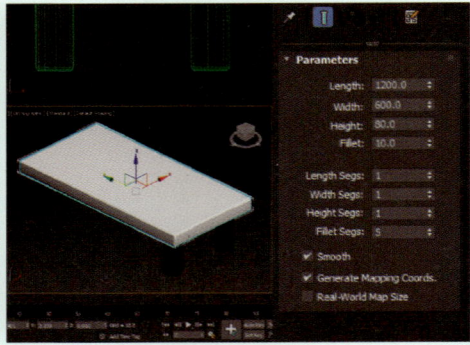

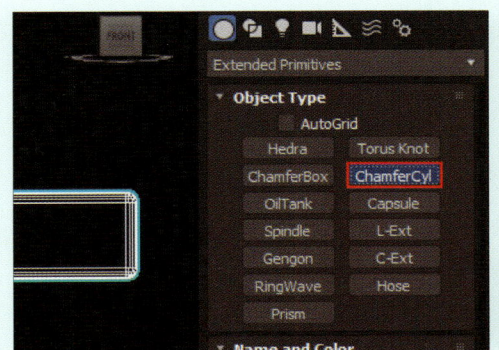 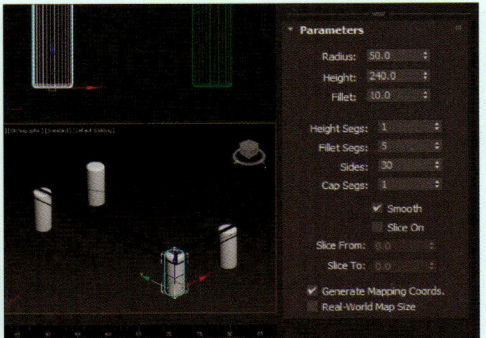

처음으로 3DS MAX를 공부하는 분들의 경우는 위에서 제시되는 탁자 및 다음에 제시되는 소파 형태와 같은 간단한 내용의 모델링도 대단히 힘들 것입니다. 그러나 스스로 하나의 모델을 완성하는 과정은 매우 중요합니다. 제시되는 모델링은 Chamfer Box, Chamfer Cylinder, 이동, 회전, 정렬 명령 정도만 이용하여 작성할 수 있는 모델링으로 큰 어려움 없이 만드실 수 있습니다. 반드시 스스로 작성해 보시기 바랍니다.

## 기초 모델링 명령과 정렬 명령을 이용한 소파 제작 (1)

Extended Primitive의 Chamfer Box, Standard Primitives의 Cylinder 명령과 정렬 명령을 이용하여 다음과 같은 소파를 만들어 봅시다.

■ 완성 모델링 이미지

(04\07.max)

■ 모델링 제작을 위한 참고 옵션 및 치수

제작에 도움을 주기 위해 명령 및 제작되는 개체의 크기는 아래의 화면을 참고하여 작성하시기 바랍니다.

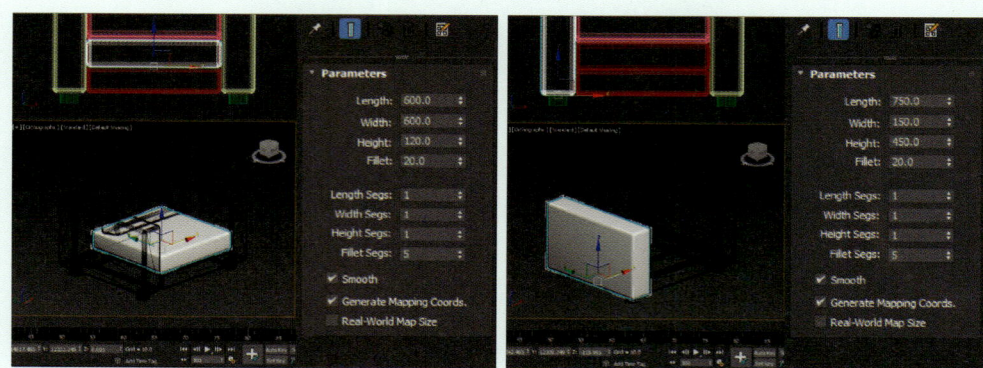

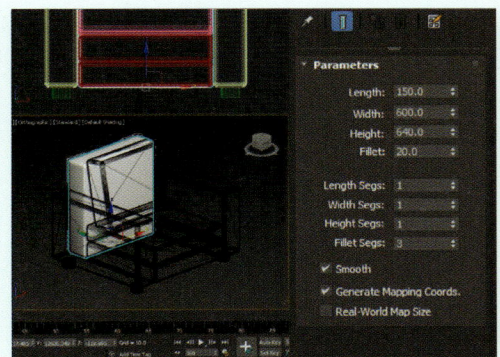

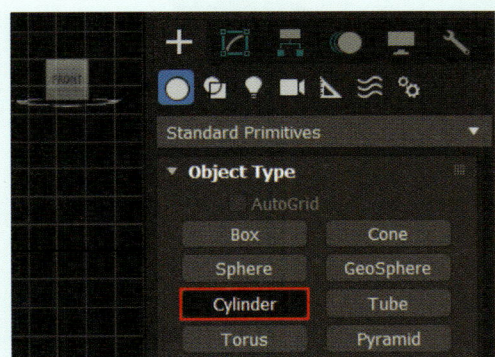
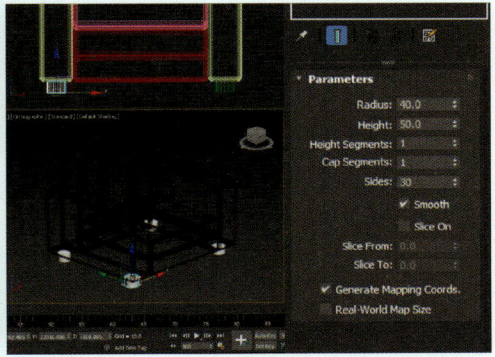

**04.** 기초 모델링 & 편집 (2)

 **기초 모델링 명령과 정렬 명령을 이용한 소파 제작 (2)**

Extended Primitives의 Chamfer Box, Standard Primitives의 Cylinder 명령과 정렬 명령을 이용하여 다음과 같은 소파를 만들어 봅시다.

■ 완성 모델링 이미지

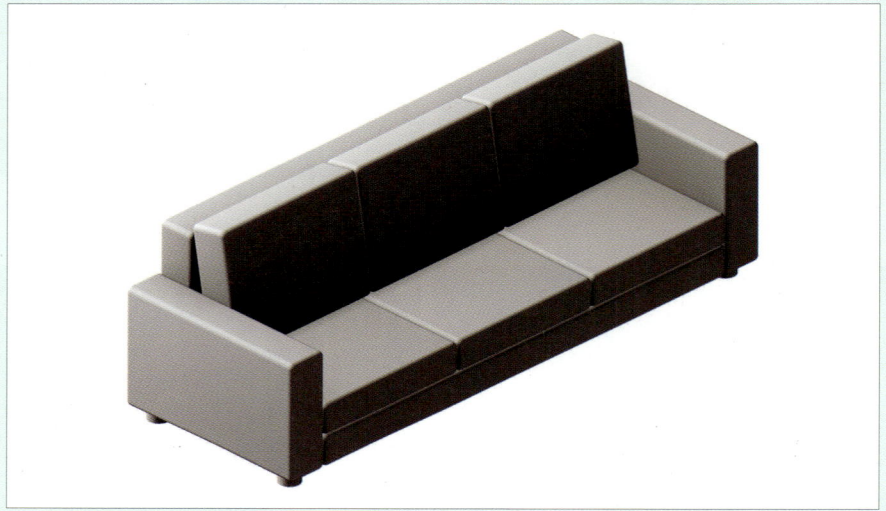

(04\08.max)

■ 모델링 제작을 위한 참고 옵션 및 치수

제작에 도움을 주기 위해 명령 및 제작되는 개체의 크기는 아래의 화면을 참고하여 작성하시기 바랍니다.

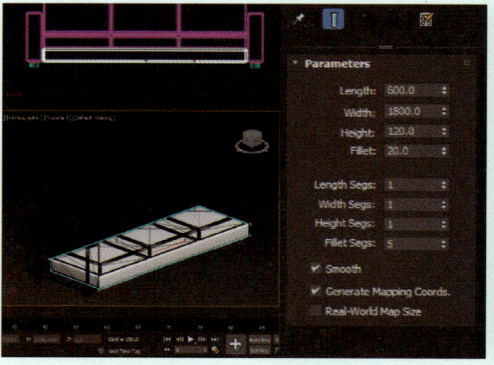 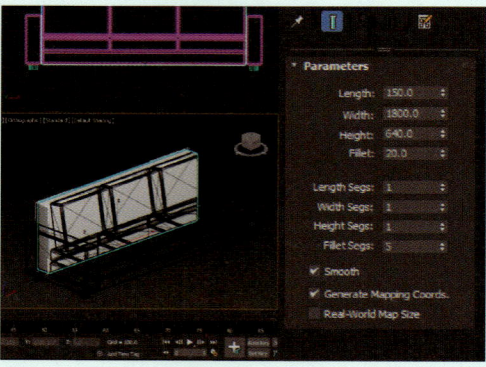

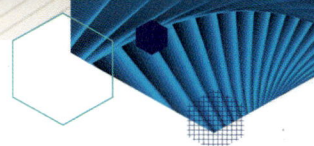

## ♣ 완성된 소파 및 테이블을 이용한 장면 연출

마지막으로 지금까지 작성된 테이블과 소파를 이용하여 아래 그림과 같이 소파 세트 형상을 완성해 봅시다.

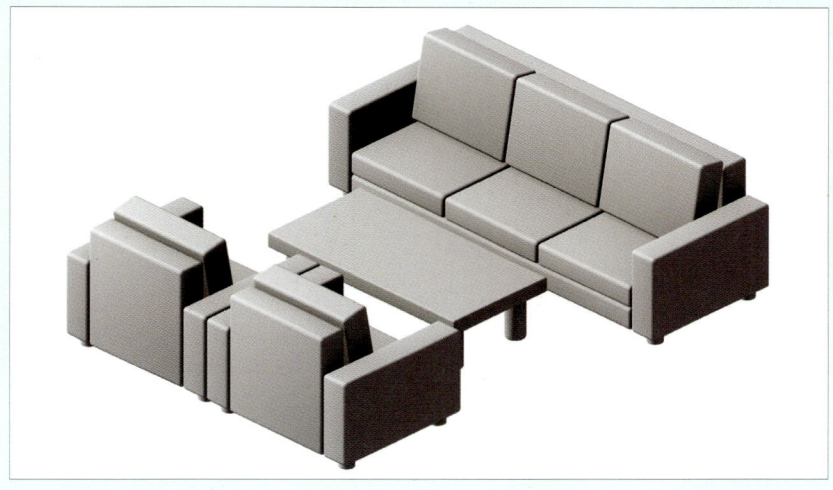

(04\09.max)

File▶Merge 명령을 이용하여 작성된 가구 개체를 불러온 경우 아래와 같은 창이 나타나게 됩니다. 처음 나타나는 Duplicate Name 창은 이름이 동일한 개체를 불러올 때 나타나는 창으로 Auto-Rename을 수행하면 자동으로 불러올 개체의 이름을 변경하여 불러오게 됩니다. 계속해서 나타나는 Duplicate Material Name 창은 이름이 동일한 재질을 불러오는 경우 나타나며, 불러올 재질과 현재 사용되고 있는 재질이 동일하기 때문에 재질의 우선순위를 지정해 주면 됩니다. 여기서는 Use Scene Material을 클릭하여 현재 사용되고 있는 재질을 우선으로 적용해 줍니다.

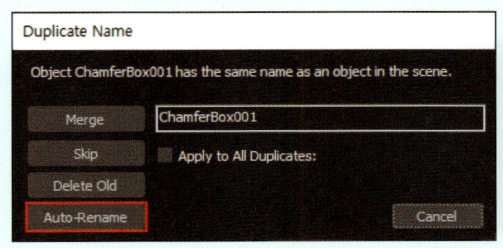 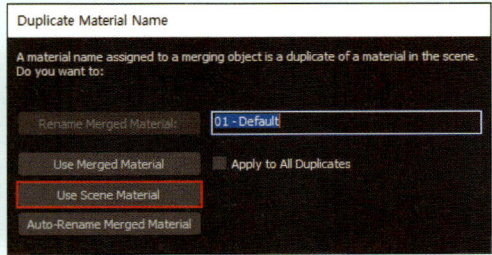

**04**. 기초 모델링 & 편집 (2)

# MEMO
15강으로 익히는 인테리어 건축 디지털 렌더링

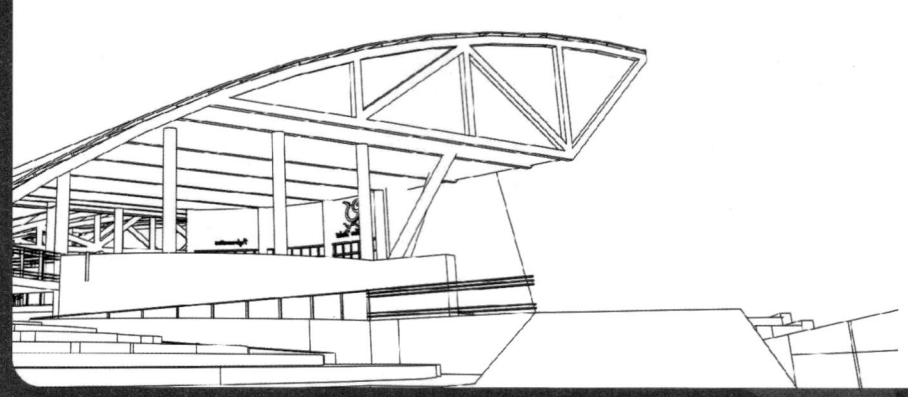

# 05

## 기초 모델링 & 편집 (3)

# 1. 기초 모델링 명령과 수정 명령을 이용한 스툴 의자

이번 예제에서는 모델링, 수정(Boolean 명령), 정렬 명령을 이용한 간단한 스툴 의자를 제작해 보도록 하겠습니다.

**1** MAX의 초기 화면에서 Perspective 뷰포트를 Orthographic으로, 그리드를 모두 보이지 않도록 설정해 줍니다. 계속해서 렌더링을 위한 렌더러를 'Scanline'으로 설정해 줍니다.

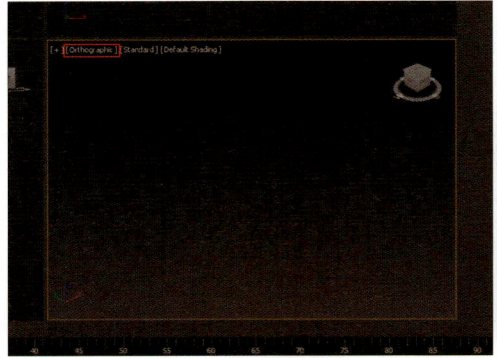
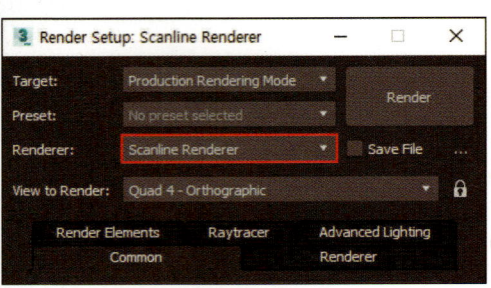

(05\01.max)

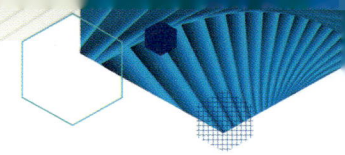

**2** Create▶Standard Primitives▶Sphere 명령을 수행하여 임의 크기로 Sphere(구) 개체를 그려줍니다. 그려진 Sphere(구) 개체를 선택한 뒤, Modify 탭을 클릭하여 개체의 이름을 'Chair.001'로, Radius: 300mm, Segments: 32로 수정해 줍니다.

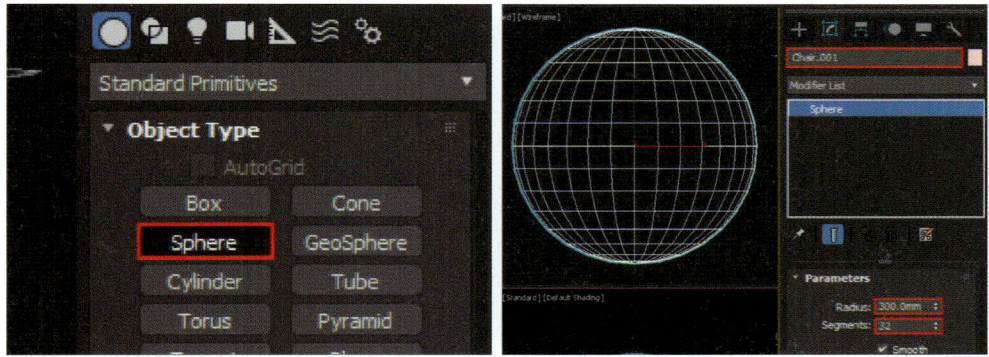

**3** 작성된 'Chair.001' 개체를 선택한 뒤, 스케일 명령을 수행합니다. 이제 Fornt 뷰에서 Y축 방향으로 드래그하여 아래 그림과 비슷한 형태로 개체의 크기를 변형시켜 줍니다.

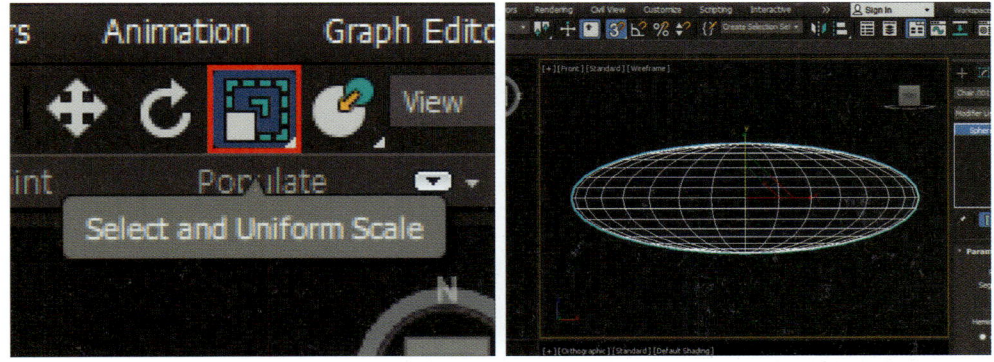

4 계속해서 Modify 탭을 클릭한 뒤, Modifier List에서 아래 그림과 같이 Edit Mesh 명령을 클릭해 줍니다. Edit Mesh 명령을 수행한 뒤, 나타나는 옵션 항목 중에서 Selection 항목에서 아래 그림과 같이 Vertex를 선택합니다.

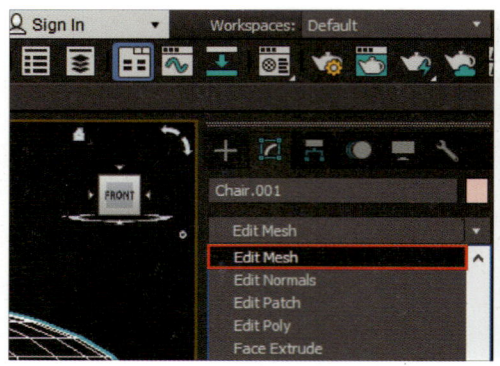 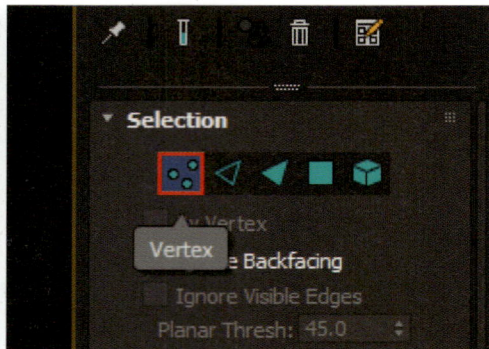

5 이제 선택된 개체의 특정한 정점을 선택할 수 있습니다. 아래 그림과 같이 Top 뷰에서 아래 그림과 비슷한 위치의 정점을 클릭하여 선택해 줍니다. 계속해서 Soft Selection 항목에서 Use Soft Selection 옵션을 설정, Falloff 값을 400mm로 설정해 줍니다.

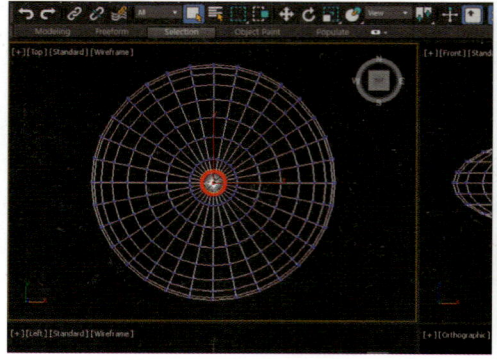 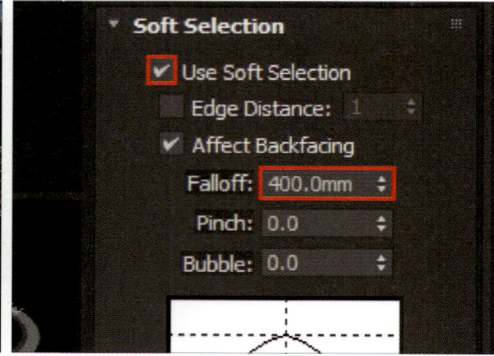

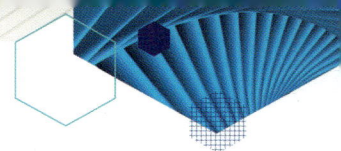

**6** 선택 영역의 범위가 아래 그림과 같이 변경되는 모습을 확인할 수 있습니다. 그림의 의미는 선택의 범위 및 강도를 주변으로 부드럽게 선택한다는 의미이며, Front 뷰에서 이동 툴을 이용하여 -Y축 방향으로 드래그하여 개체의 형태를 변경시켜 줍니다.

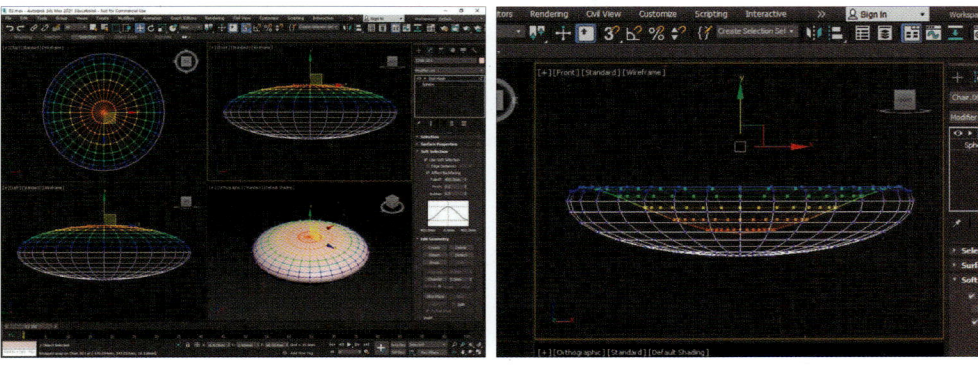

**7** 명령을 종료하는 방법은 앞에서 선택한 Vertex 아이콘을 다시 클릭하여 명령을 종료시켜 줄 수 있습니다. 아래 그림과 같은 결과가 만들어지는 것을 볼 수 있습니다.

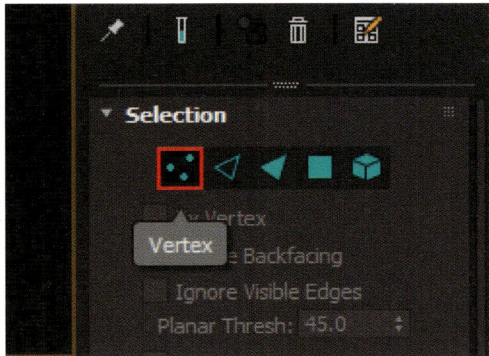 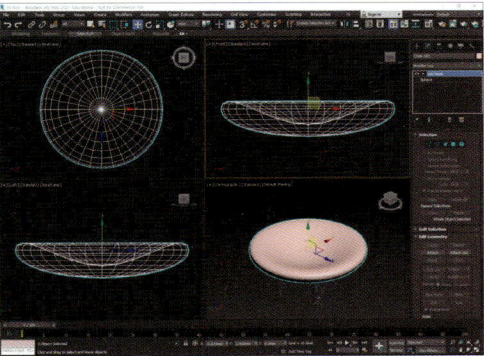

**05**. 기초 모델링 & 편집 (3)

❽ 이번에는 의자 다리를 그려보도록 하겠습니다. Cylinder 명령을 이용하여 얇은 원기둥 개체를 그려줍니다. 그려진 Cylinder(원기둥) 개체를 선택한 뒤, Modify 탭을 클릭하여 개체의 이름을 'Leg.001'로, Radius: 20mm, Height: 800mm로 수정해 줍니다.

 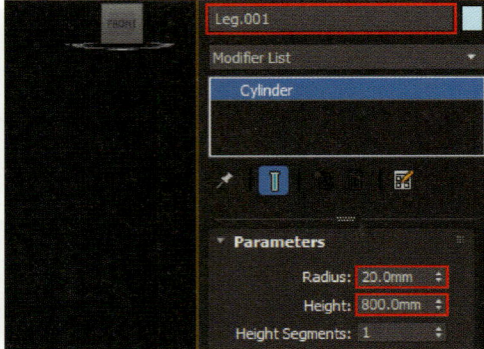

❾ 작성된 개체를 선택한 뒤, Front 뷰에서 Rotate 명령을 이용하여 아래 그림과 같이 그려진 'Leg.001' 개체를 회전합니다. Fornt 뷰 뿐만 아니라 Left 뷰에서도 동일한 방법으로 의자 다리 개체를 회전시켜 줍니다.

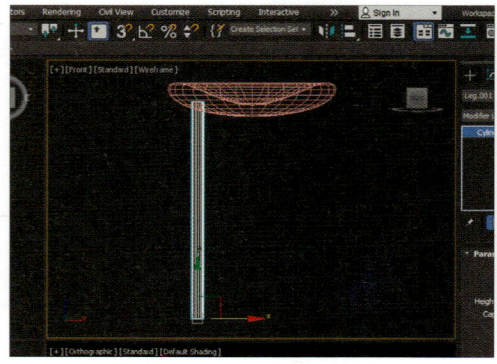 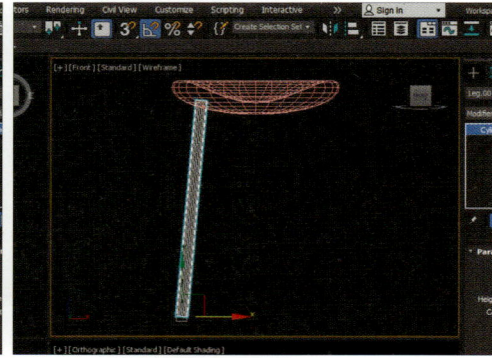

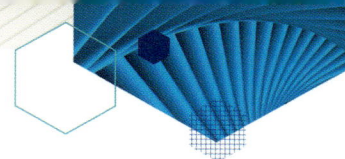

**10** 회전 작업을 마친 뒤, 대칭 복사를 위해 아래 그림과 같이 Mirror 명령을 수행합니다. Mirror 명령을 이용하여 다리 개체를 대칭 복사하여 아래 그림과 같이 위치를 이동시켜 줍니다.

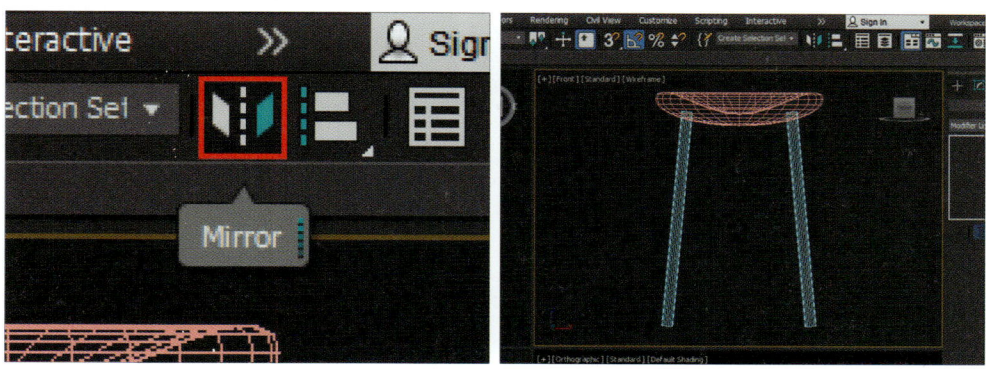

**11** 계속해서 앞에서 수행한 방법과 동일한 방법으로 아래 그림과 같이 대칭, 복사, 이동 명령을 이용하여 의자의 다리 개체를 그려줍니다.

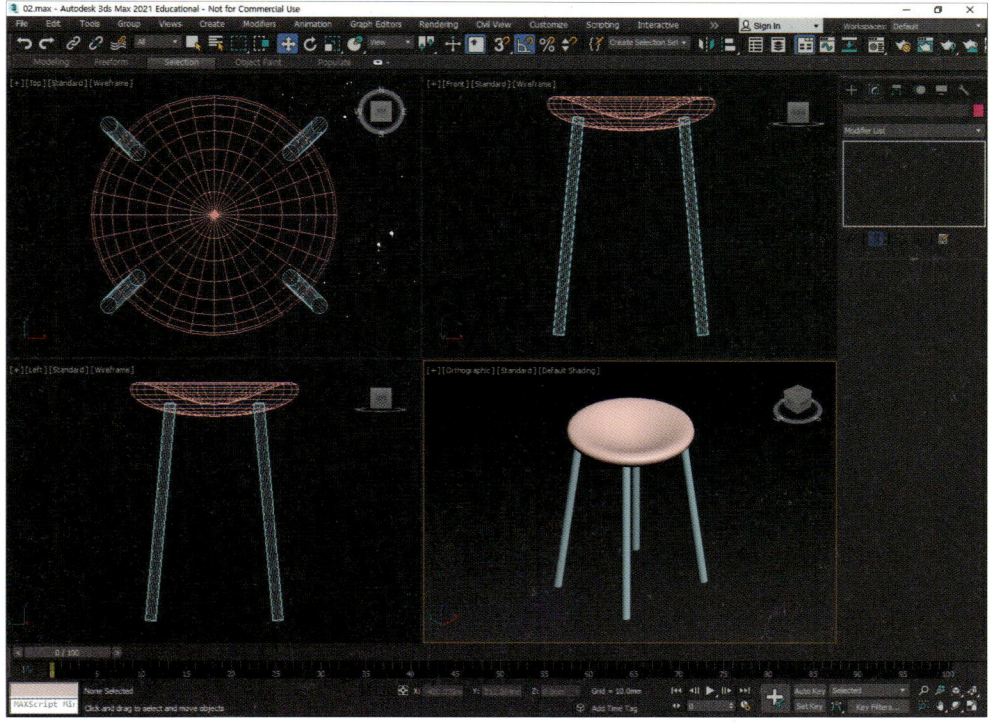

**05**. 기초 모델링 & 편집 (3)  243

**12** 이번에는 Top 뷰에서 Torus 명령을 이용하여 도넛 모양의 개체를 그려줍니다. 그려진 Torus 개체를 선택한 뒤, Modify 탭을 클릭하여 개체의 이름을 'Leg.005'로, Radius 1: 320mm, Radius 2: 20mm, Segments: 60, Sides: 30으로 수정해 줍니다.

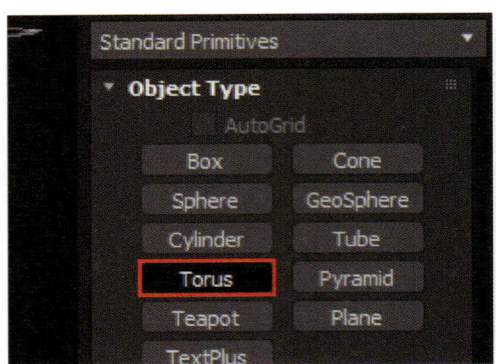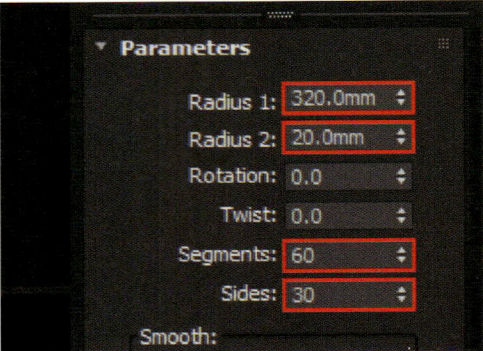

**13** 그려진 개체를 아래 그림과 비슷한 위치로 이동하여 모델링을 완성해 줍니다.

**14** 작성된 모든 개체를 선택한 뒤, 재질의 타입을 'Standard(Legacy)', Diffuse 색상을 흰색(R: 255, G: 255, B: 255)으로 설정하여 적용해 줍니다.

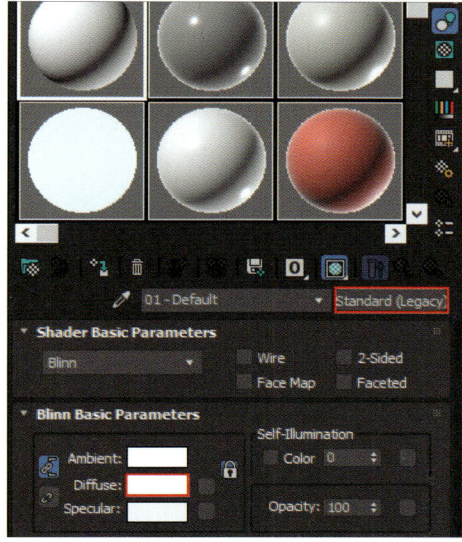 

**15** 렌더링을 진행하여 결과를 확인해 봅니다. 간단한 작업만으로 아래 그림과 같이 스툴 의자가 만들어진 것을 확인할 수 있습니다.

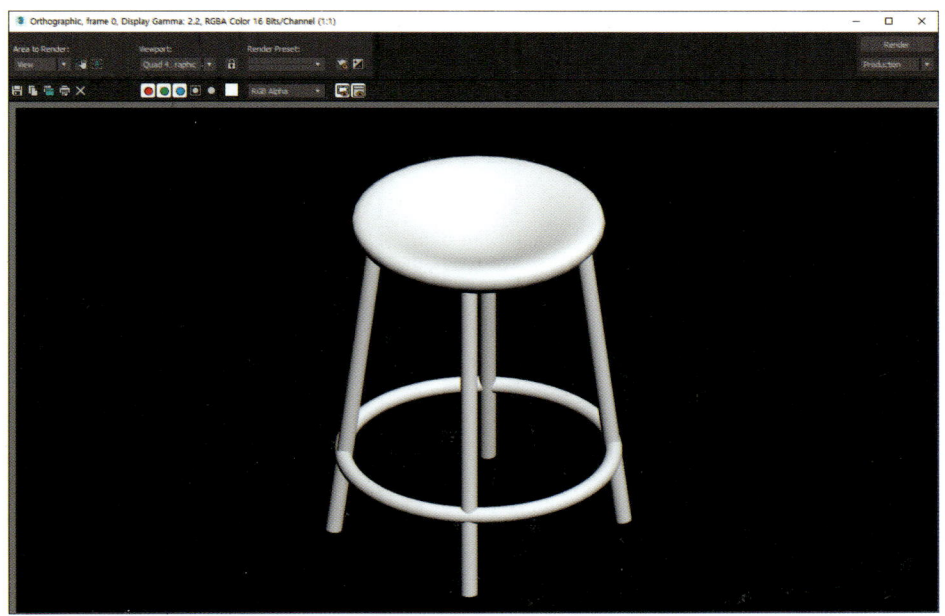

(05\02.max)

## 2. 모델링, 수정 명령을 이용한 인테리어 테이블 제작

이번 예제 역시, 간단한 모델링 방법과 수정 방법을 이용하여 인테리어 소품용 테이블을 제작해 보도록 하겠습니다.

❶ MAX의 초기 화면에서 Perspective 뷰포트를 Orthographic로, 그리드를 모두 보이지 않도록 설정해 줍니다. 계속해서 렌더링을 위한 렌더러를 'Scanline'으로 설정해 줍니다.

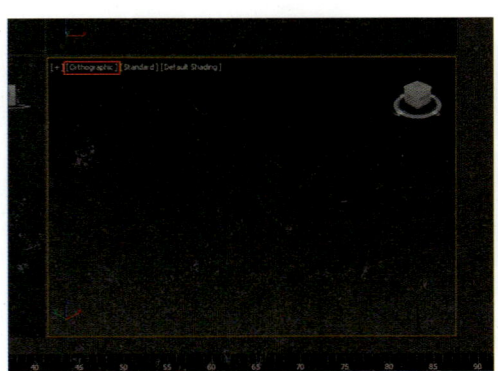

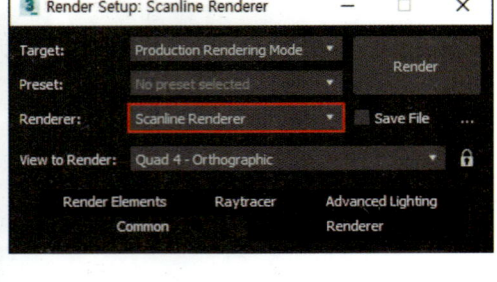

(05\03.max)

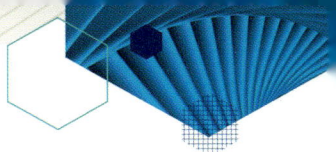

② 테이블 상부 개체를 만들기 위해 Cylinder 명령을 이용하여 Top 뷰에서 Radius: 300mm, Height: 10mm, Sides: 30으로 설정하여 그려줍니다. 테이블 상부 개체를 제작한 뒤 개체의 이름은 'Table.001'로 설정해 줍니다.

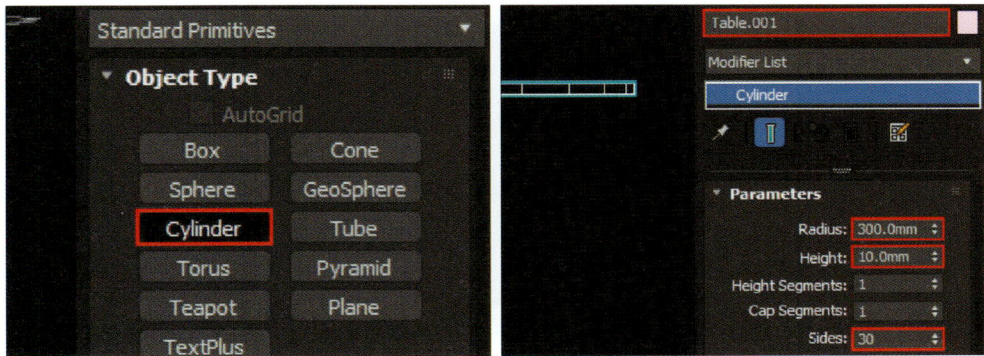

③ 이번에는 테이블 하부 개체를 만들어 보도록 하겠습니다. Tube 명령을 이용하여 제작해 주며, Radius 1: 260mm, Radius 2: 100mm, Height: 20mm, Height Segments: 1, Cap Segments: 1, Sides: 40으로 설정하여 그려줍니다.

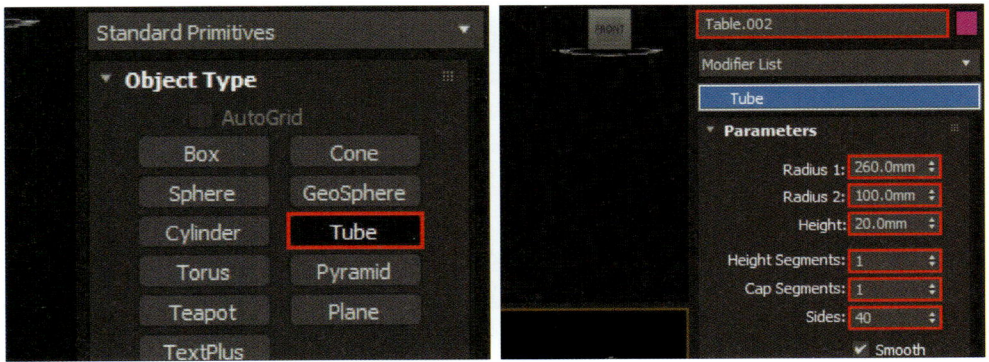

④ 그려진 Tube 개체를 아래 그림과 비슷한 위치로 이동한 뒤, 개체를 변형시켜 주기 위해서 Modifier List의 Edit Mesh 명령을 수행합니다.

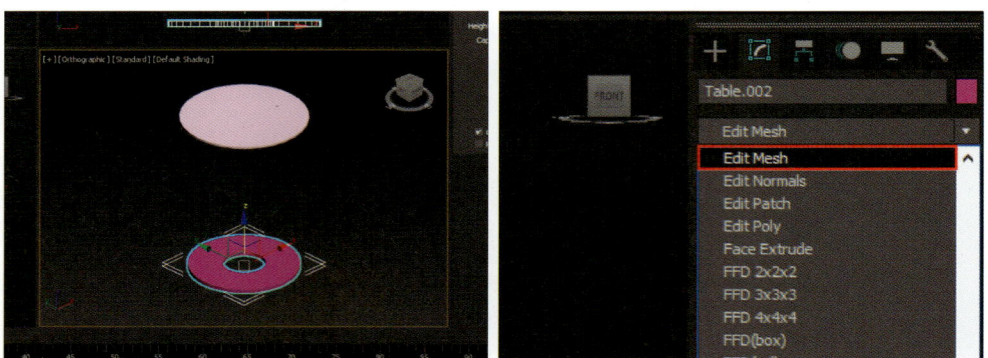

⑤ 계속해서 Selection 항목의 Vertex 아이콘을 클릭한 뒤, 변형에 필요한 정점을 선택하도록 하겠습니다. 여러 정점을 동시에 선택하기 위해서 아래 그림과 같이 Window/Crossing 아이콘을 클릭하여 Window 옵션으로 설정시켜 줍니다.

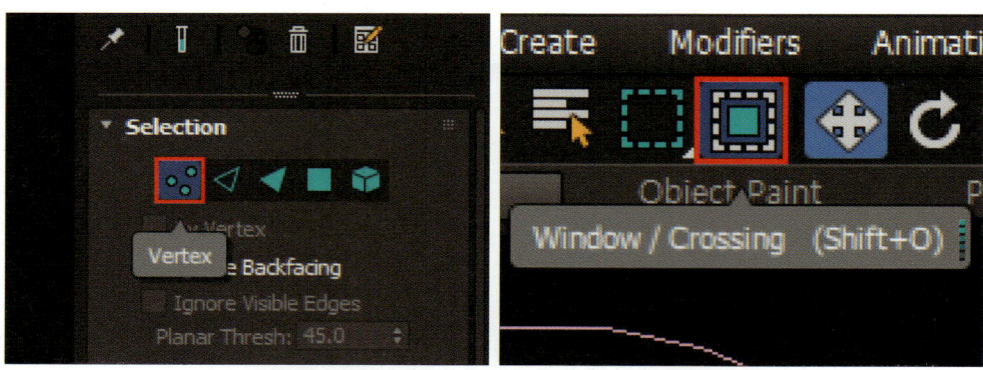

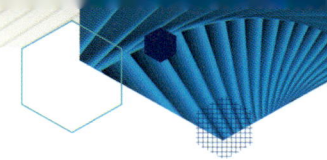

**6** 아래 그림과 같이 Top 뷰에서 원하는 영역을 드래그하면 선택된 영역 내에 포함된 정점을 선택할 수 있습니다. 계속해서 두 번째 그림과 같이 Front 뷰에서 Alt 키를 누른 상태에서 드래그하면 선택된 정점 중에서 불필요한 정점이 선택 영역에서 해제되는 모습을 볼 수 있습니다.

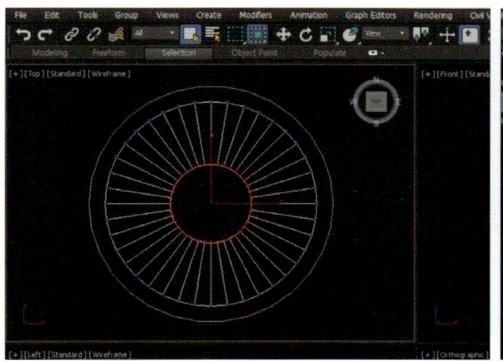 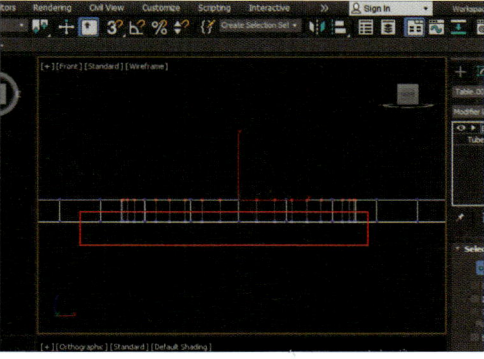

개체를 선택할 경우, 이미 하나 이상의 개체를 선택하고 있는 상태에서 Ctrl 키를 누르고 또 다른 개체를 선택하면 지정한 개체를 선택 영역에 더해주며, Alt 키를 누른 상태에서 개체를 선택하면 선택된 상태에서 지정한 개체의 선택을 해제시켜 줄 수 있습니다. 이와 같이 Ctrl, Alt 키를 조합하여 사용함으로써 원하는 Vertex(정점), Element, Face, Polygon 및 개체 등을 선택할 수 있습니다.

**7** 필요한 정점(Vertex)을 선택한 뒤 Front 뷰에서 정점의 위치를 아래 그림과 같이 +Y축으로 이동시켜 줍니다. Vertex 아이콘을 다시 클릭하여 해제함으로써 명령을 종료시켜 줄 수 있습니다.

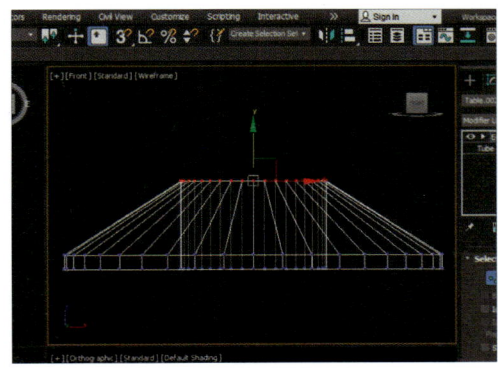 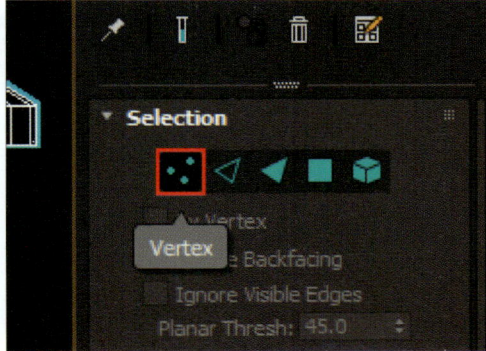

**05**. 기초 모델링 & 편집 (3)

⑧ 렌더링을 진행하여 지금까지 작업한 내용을 확인해 봅니다.

 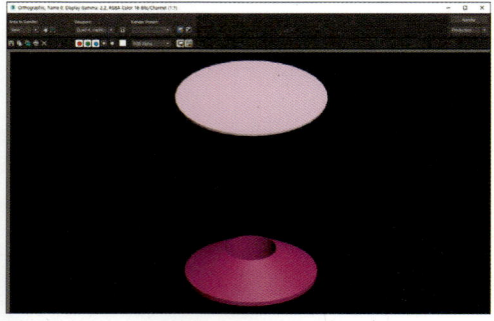

⑨ 마지막으로 테이블 판과 하부 지지대를 연결하는 구조 프레임을 제작해 보도록 하겠습니다. Cylinder 명령을 이용하여 Top 뷰에서 Radius: 5mm, Height: 600mm, Height Segments: 40, Cap Segments: 1, Sides: 20으로 설정하여 얇은 원기둥을 그려줍니다.

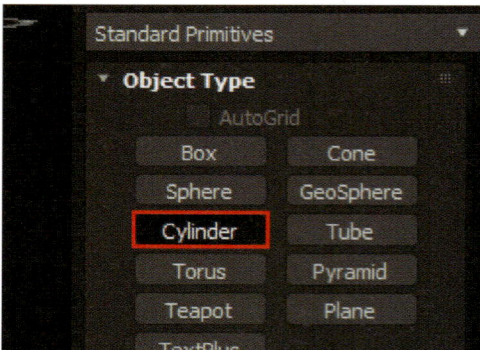 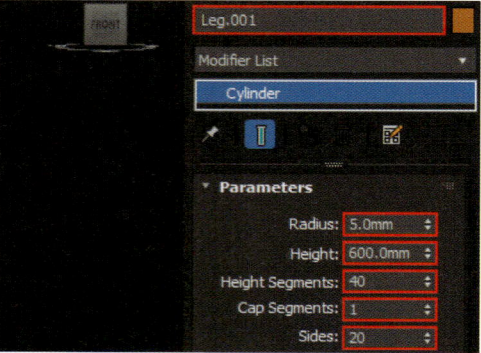

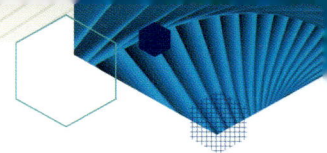

**10** 그려준 개체를 아래 화면과 같이 적당한 위치로 이동시켜 줍니다. 계속해서 Select and Move, Select and Rotate 명령을 수행한 뒤, Shift 키를 누른 상태에서 개체를 이동시켜 아래 그림과 같이 모두 8개의 개체를 복사, 이동시켜 아래 그림과 같은 결과를 만들어 줍니다.

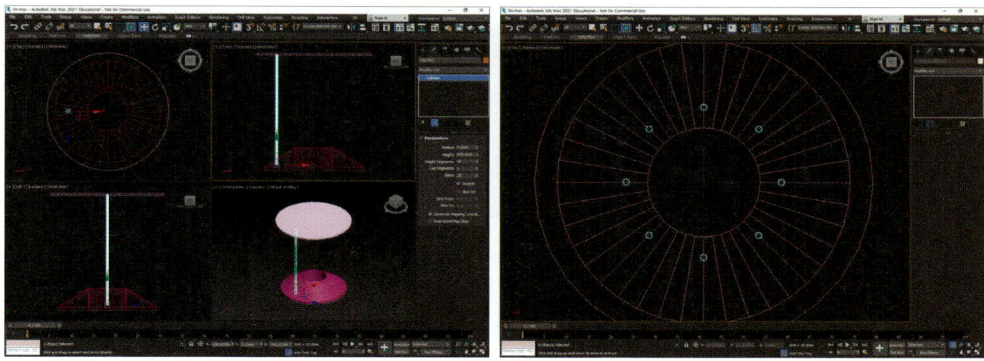

**11** 작성된 8개의 프레임 개체를 모두 선택해 줍니다.

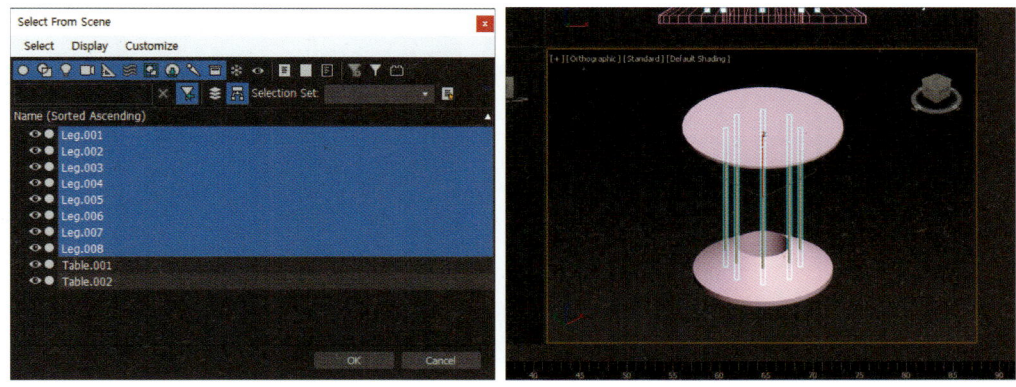

**05**. 기초 모델링 & 편집 (3)

**12** Group▶Group 명령을 수행하여 'Leg'라는 이름으로 하나의 그룹 개체로 묶어줍니다.

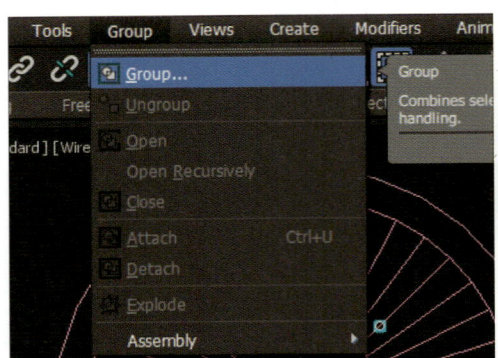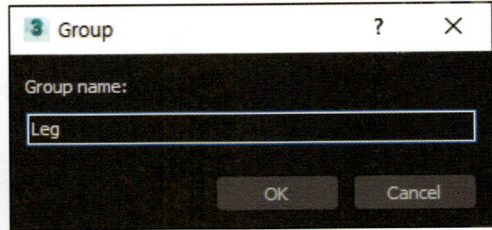

**13** 'Leg'라는 그룹 개체를 선택한 상태에서 Modifier List에서 Taper 명령을 수행합니다. 나타나는 메뉴에서 그림과 같이 Amount: 2.0, Curve: -1.7로 조절하여 프레임 개체의 형태를 변형시켜 줍니다.

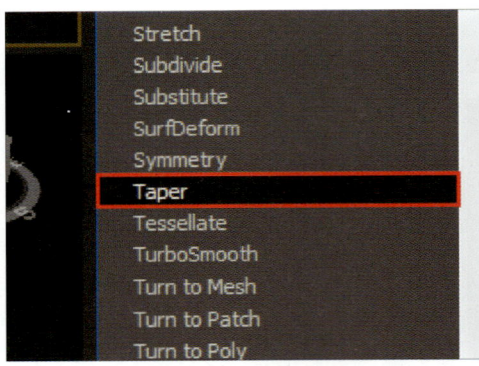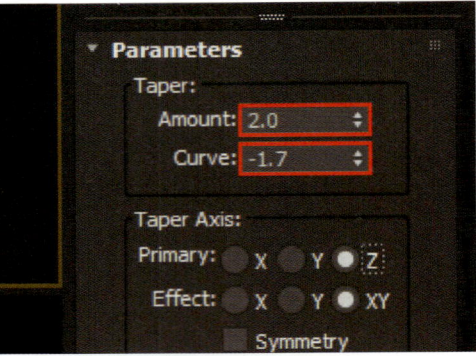

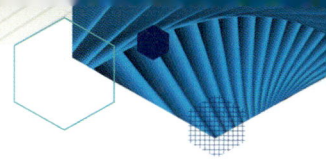

**14** 아래 그림과 같이 개체의 형태가 변경되는 모습을 볼 수 있습니다. 계속해서 이번에는 Twist 명령을 수행합니다.

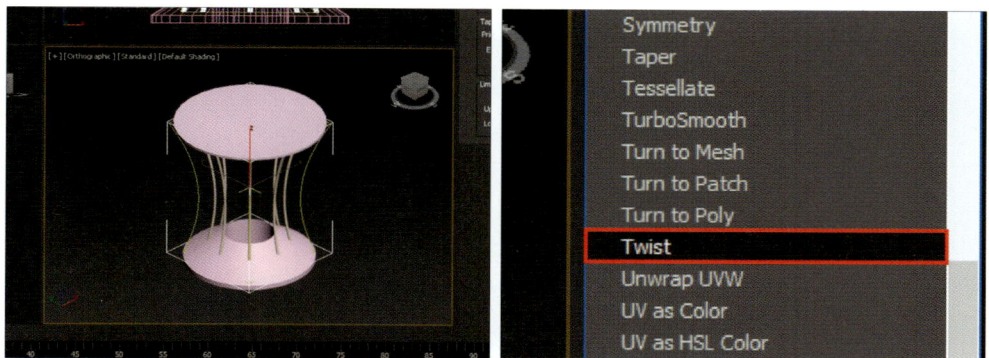

**15** Twist 명령을 수행한 뒤, 하위 메뉴에서 그림과 같이 Twist Axis를 Z축으로 설정한 뒤 Angle: 180, Bias: 0으로 설정하여 두 번째 그림과 같이 프레임 개체의 형태를 변형시켜 줍니다.

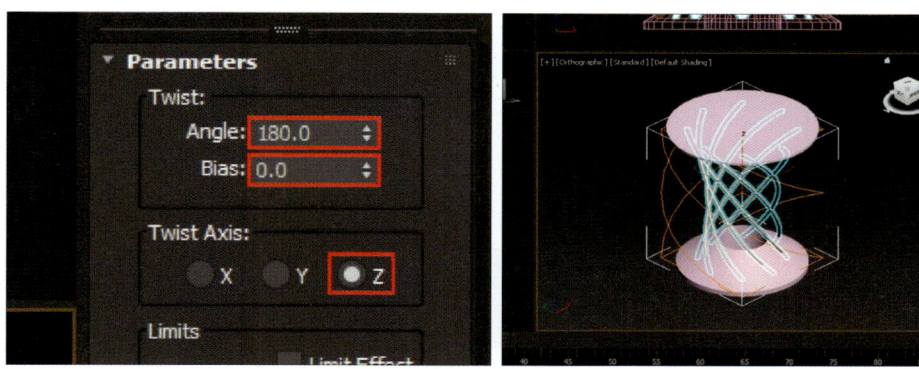

실제로 본서에는 3DS MAX의 모든 기능, 최신의 기술을 설명하고 있지 않습니다. 이유는 1000페이지도 안되는 분량의 책으로 3DS MAX의 모든 기능을 설명하면서 예제를 통해 익히기에는 매우 부족하며, 또한 설명되어진다고 하더라도 실제 인테리어 및 건축 분야의 작업에서 사용되는 명령은 극히 일부만이 사용되는 경우가 많기 때문입니다.

저자의 능력부족으로 모든 설명을 완벽히 이해시킬 수 없음을 너그럽게 이해해 주기 바랍니다. 따라서 모든 명령을 공부하는 것보다는 몇 가지 명령을 공부하더라도 이것을 이용하여 자신만의 작업 프로세스를 구축하는 것이 훨씬 유리합니다. 따라서 모델링 및 편집 명령은 따라 하기 과정을 통해 자연스럽게 소개하고 이해할 수 있도록 하겠습니다.

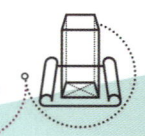

**16** 이제 Standard(Legacy) 재질 속성의 흰색(R: 255, G: 255, B: 255)의 재질을 설정하여 작성된 모든 개체에 적용시켜 줍니다.

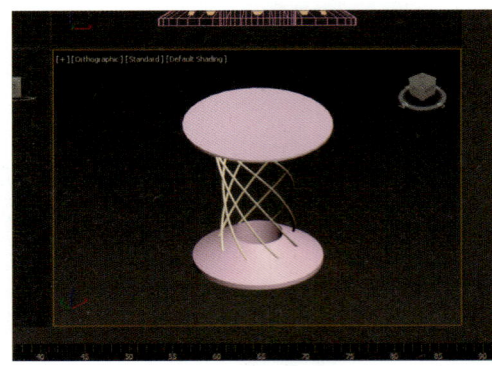
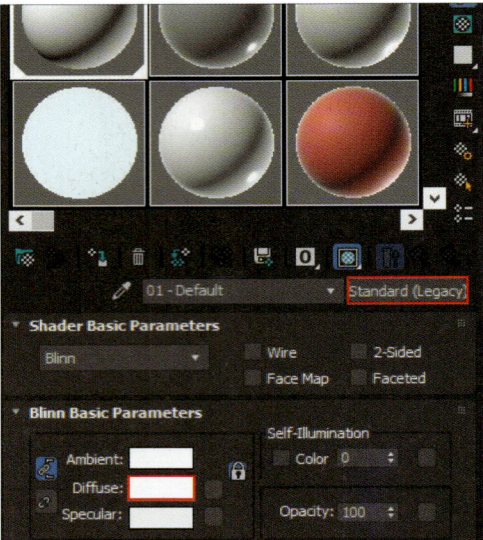

**17** 렌더링을 진행하여 결과를 확인해 봅니다. 간단한 작업만으로 아래 그림과 같은 소품용 테이블이 만들어진 것을 확인할 수 있습니다.

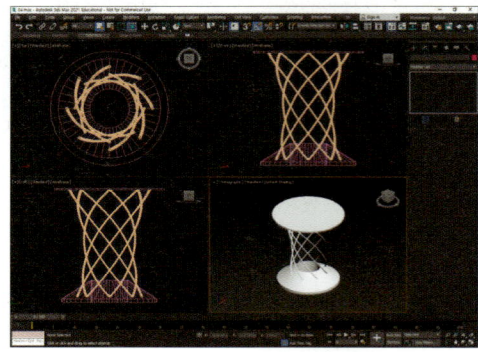

(05\04.max)

## 모델링 편집을 위한 Modifier 패널

 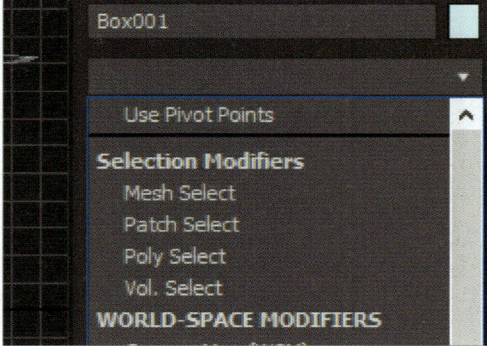

원하는 모델링을 제작하기 위해 Create 패널에서 제작된 개체는 작성된 원래의 상태로 사용되는 경우는 거의 없습니다. 대부분 작성된 모델링 개체는 원하는 형태로 편집하기 위해서 개체 속성을 변경하거나 형태를 변형시켜 완성합니다. 이와 같이 개체의 속성 및 변형을 수행하기 위해서는 수정을 원하는 개체를 선택한 상태에서 Modify 탭을 클릭하여 나타나는 Modifier List 패널에서 작업을 수행하면 됩니다.

Modifier List에서 편집 명령을 수행하면 그림과 같이 Modifier Stack에 명령을 수행할 때마다 작업 과정을 차곡차곡 쌓아주게 됩니다.

물론 Modifier Stack에 등록된 편집 명령은 필요할 경우 언제든지 수정할 수 있으며, 각각의 적용된 명령은 [▶] 버튼을 클릭하여 명령 내에 하위 옵션을 선택하여 편집 작업을 수행할 수 있습니다.

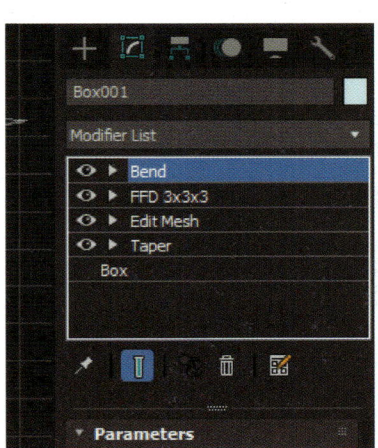

또한, 이미 적용된 명령이라도 언제든지 Modifier Stack 하단에 있는 휴지통(Remove modifier from the stack) 버튼을 클릭하여 삭제할 수 있습니다.

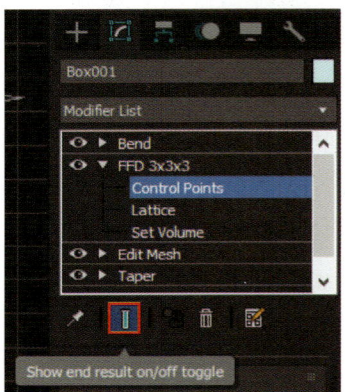

Modifier Stack 하단에 있는 [Show end result on/off toggle] 버튼을 이용하여 마지막으로 적용된 명령 결과를 미리 볼 수 있도록 설정하거나, 현재의 편집 상태만을 확인할 수 있도록 설정할 수 있습니다.

[Pin Stack] 버튼의 경우는 다른 개체를 수정할 경우 Modifier Stack에 명령들이 보이지 않고 [Pin Stack]으로 고정시킨 명령만이 보이도록 설정할 수 있습니다.

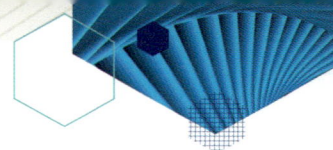

## 3. Smooth Selection을 이용한 비선형 공간 구조 제작

이번 예제에서는 간단하게 작성된 모델링 개체에 적용된 Edit Mesh 명령의 Smooth Selection 옵션을 이용한 아래 그림과 같은 비선형 공간 구조를 모델링해 보도록 하겠습니다.

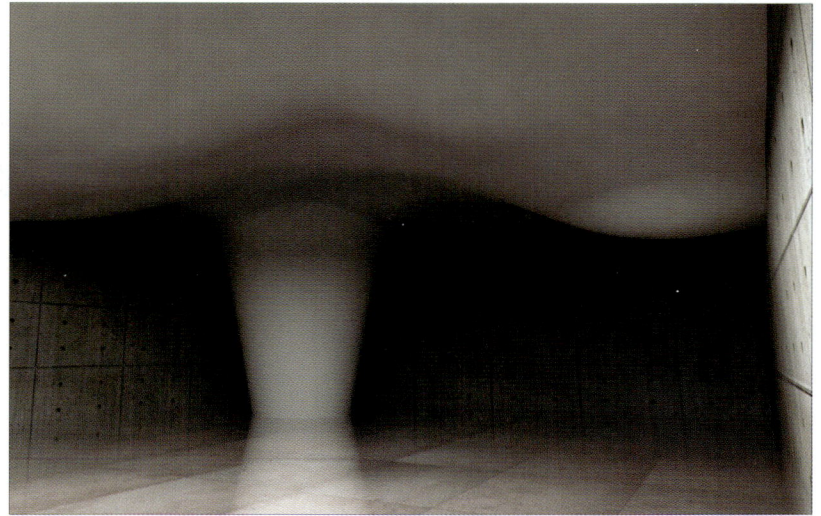

① MAX의 초기 화면에서 Perspective 뷰포트를 Orthographic으로, 그리드를 모두 보이지 않도록 설정해 줍니다. 계속해서 렌더링을 위한 렌더러를 'Scanline'으로 설정해 줍니다.

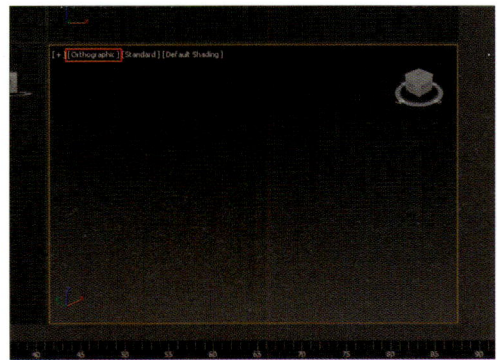
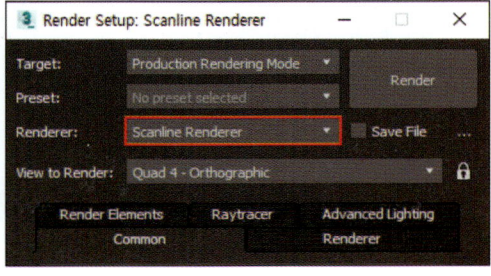

**2** Create 아이콘을 클릭하여 나타나는 명령 중에서 아래 그림과 같이 Plane 명령을 이용하여 10000×15000 크기의 사각 평면 개체를 그려줍니다. 나머지 옵션 값은 아래를 참고하여 제작해 줍니다.

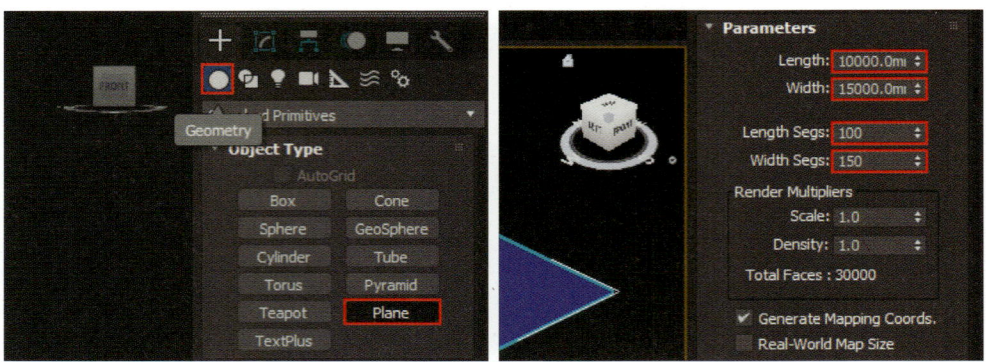

- Length : 10000mm
- Width : 15000mm
- Length Segs : 100
- Width Segs : 150

**3** 아래 그림과 같은 형태의 평면이 완성되면 Modifier List에서 Noise 명령을 수행해 줍니다.

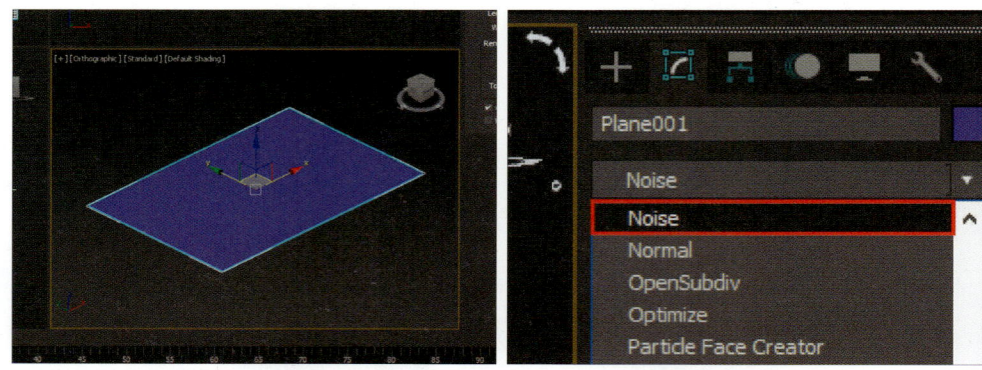

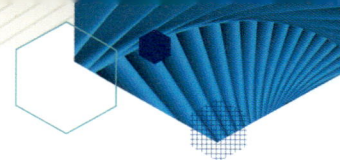

**4** 나타나는 메뉴에서 그림과 같이 Scale: 2000, Strength의 Z: 600mm로 설정하여 아래 그림과 같이 작성된 사각 평면 개체의 형태를 변형시켜 줍니다.

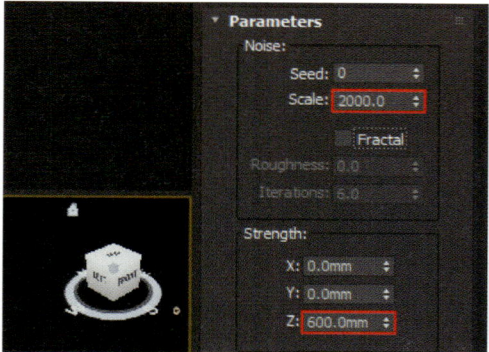
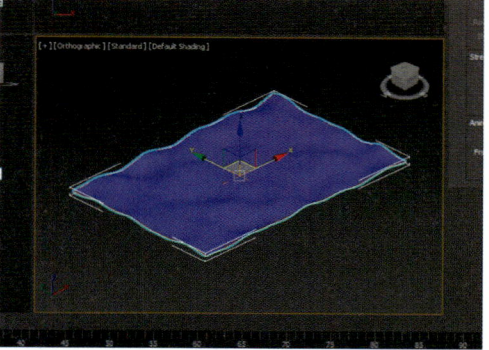

**5** 이제 개체를 편집하기 위해서 Modify 탭을 클릭한 뒤, Modifier List에서 Edit Mesh 명령을 적용해 줍니다. 명령을 적용한 뒤, Selection 카테고리 항목에서 아래 그림과 같이 선택 단위를 Vertex(정점) 단위로 설정해 줍니다.

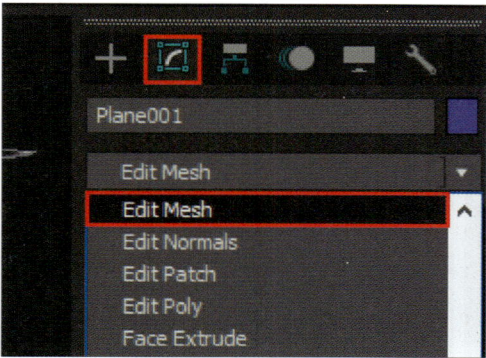
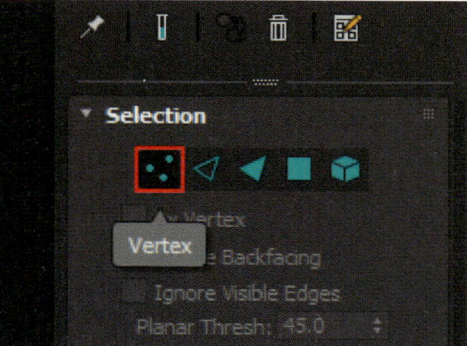

**6** Top 뷰에서 아래 그림을 참고하여 비슷한 위치의 정점을 클릭하여 선택합니다. 계속해서 선택 영역을 확장하면서 부드러운 선택으로 편집하기 위해서 Soft Selection 카테고리 항목에서 아래 그림과 같이 Use Soft Selection 옵션을 설정한 뒤, Falloff 값을 2000mm로 설정해 줍니다.

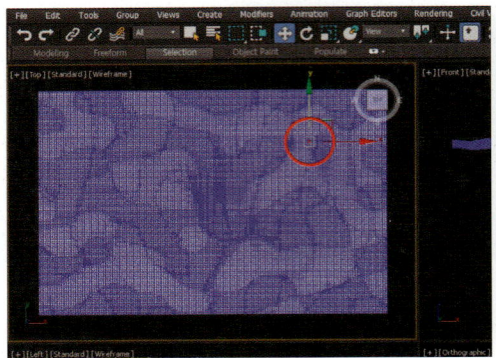
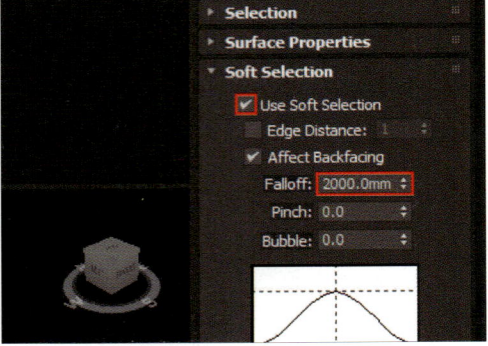

**7** 아래 그림과 같이 선택 영역에 대한 결과가 색상으로 표현되는 결과를 볼 수 있습니다. 선택된 정점의 취소를 막기 위해서 Selection Lock Toggle 명령을 수행해 줍니다.

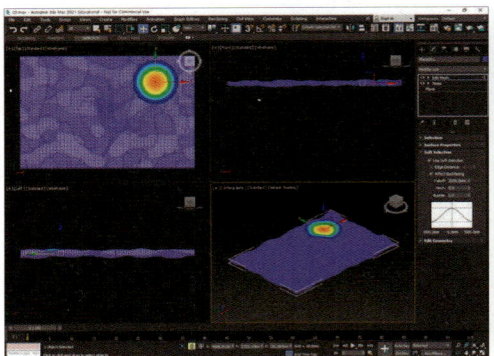
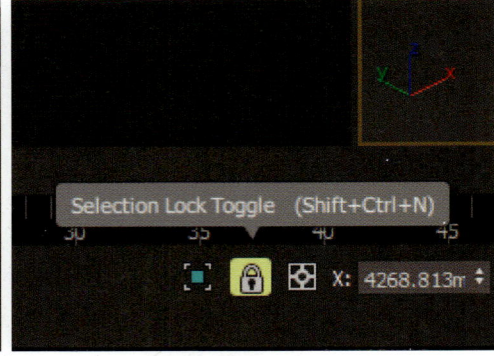

**8** 이제 선택된 정점을 Z축으로 이동시키기 위해서 Select and Move 버튼을 클릭하여 Front 뷰에서 아래 그림과 비슷하게 정점의 위치를 이동시켜 줍니다.

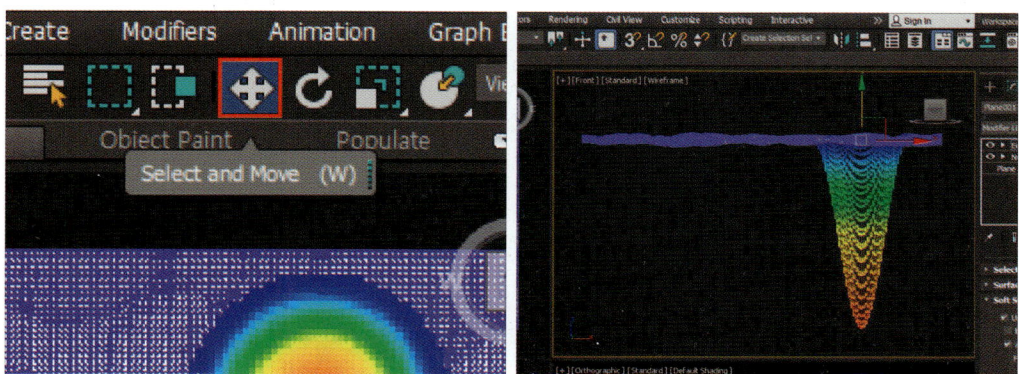

**9** Selection Lock Toggle 명령을 다시 수행하여 잠금을 풀어준 뒤, 아래 그림을 참고하여 Top 뷰에서 비슷한 정점을 선택해 줍니다. 이번에도 선택 영역을 부드럽게 확장하기 위해서 Soft Selection 카테고리 항목에서 아래 그림과 같이 Use Soft Selection 옵션을 설정한 뒤, Falloff 값을 5000mm로 설정해 줍니다.

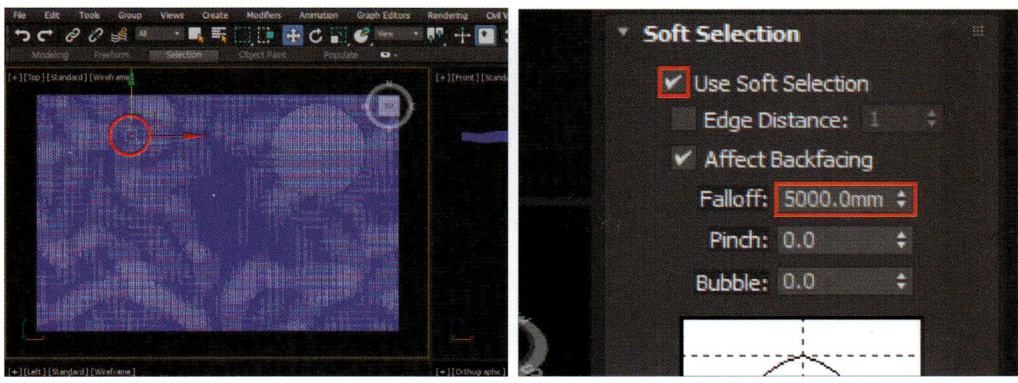

**10** 이번에도 선택된 정점의 취소를 막기 위해서 Selection Lock Toggle 명령을 수행한 뒤, Front 뷰에서 아래 그림과 비슷하게 정점의 위치를 이동시켜 줍니다.

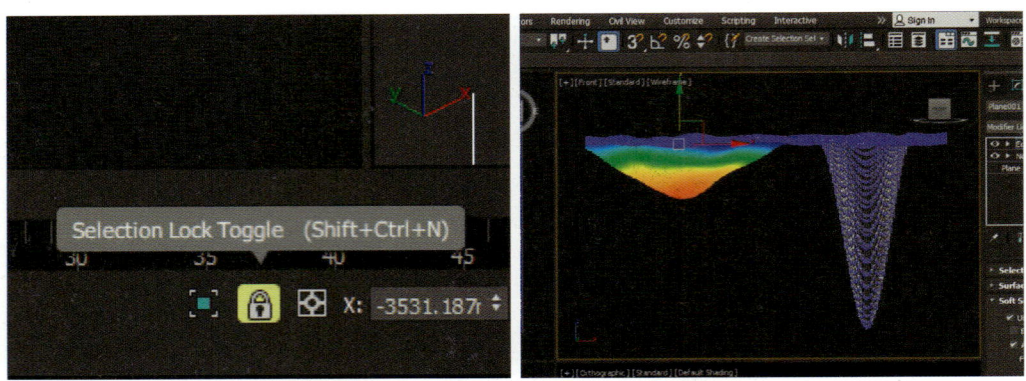

**11** 위에서 수행한 것과 같은 방법으로 원하는 위치의 정점을 선택하여 이동시켜 줍니다.

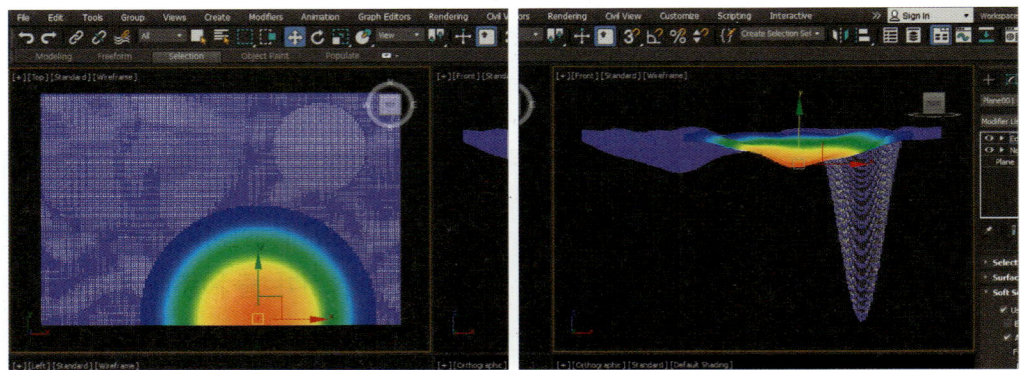

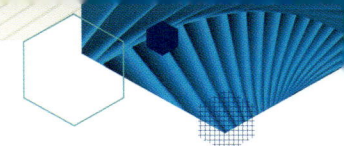

**12** Vertex 아이콘을 다시 클릭하여 해제함으로써 명령을 종료시켜 줄 수 있습니다. File▶Save 명령을 수행하여 지금까지 작성된 모델링 데이터(05\05.max)를 저장해 줍니다.

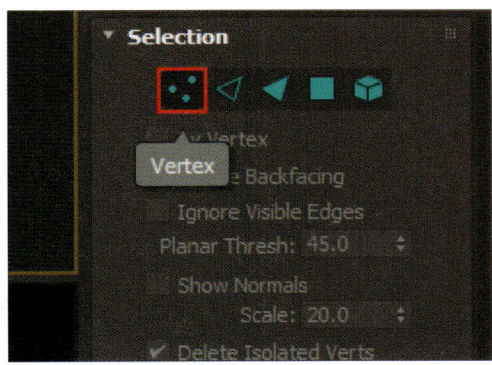 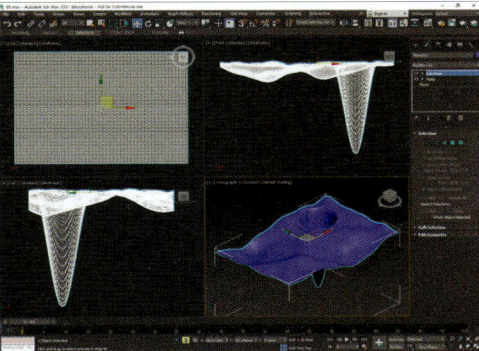

(05\05.max)

**13** File▶Open 명령을 수행하여 미리 준비된 데이터(05\06.max)를 불러와 줍니다. 불러온 데이터의 내용을 확인하기 위해 렌더링을 수행해 봅니다.

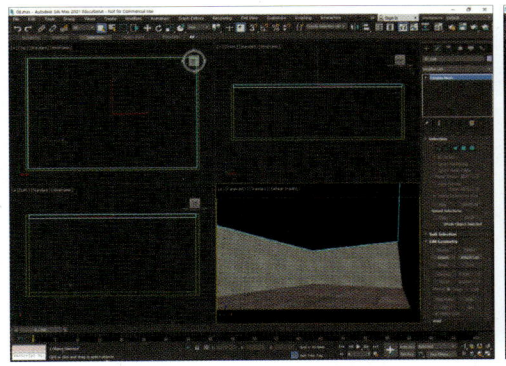 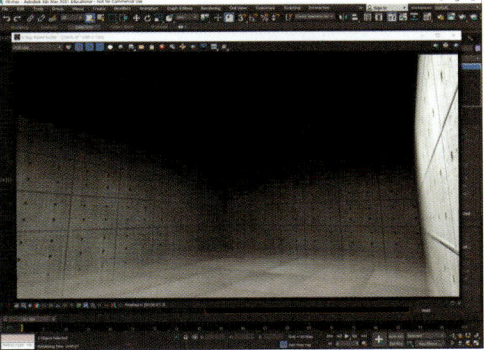

(05\06.max)

**05**. 기초 모델링 & 편집 (3)

14 준비된 공간 모델링 데이터에 앞에서 작성된 비선형 구조물을 불러오기 위해서 File▶Import▶Merge... 명령을 수행하여 앞에서 작성된 모델링 데이터(05\05.max)를 불러와 줍니다.

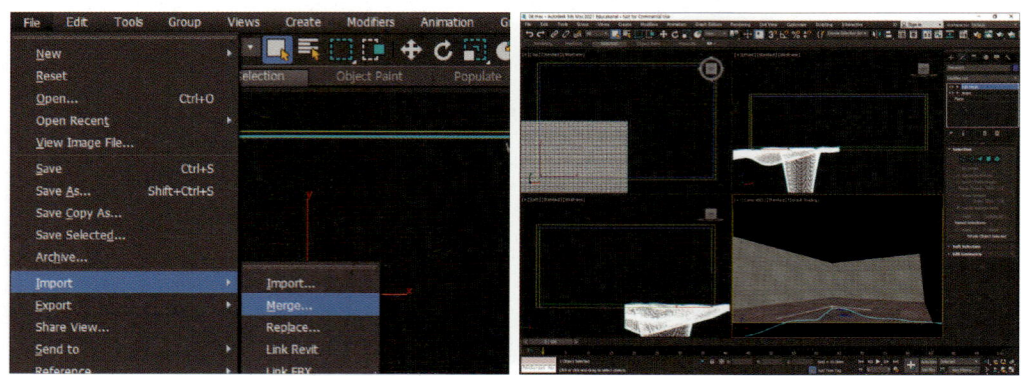

15 모델링 데이터를 불러온 뒤, 아래 그림과 비슷한 위치로 이동시켜 줍니다.

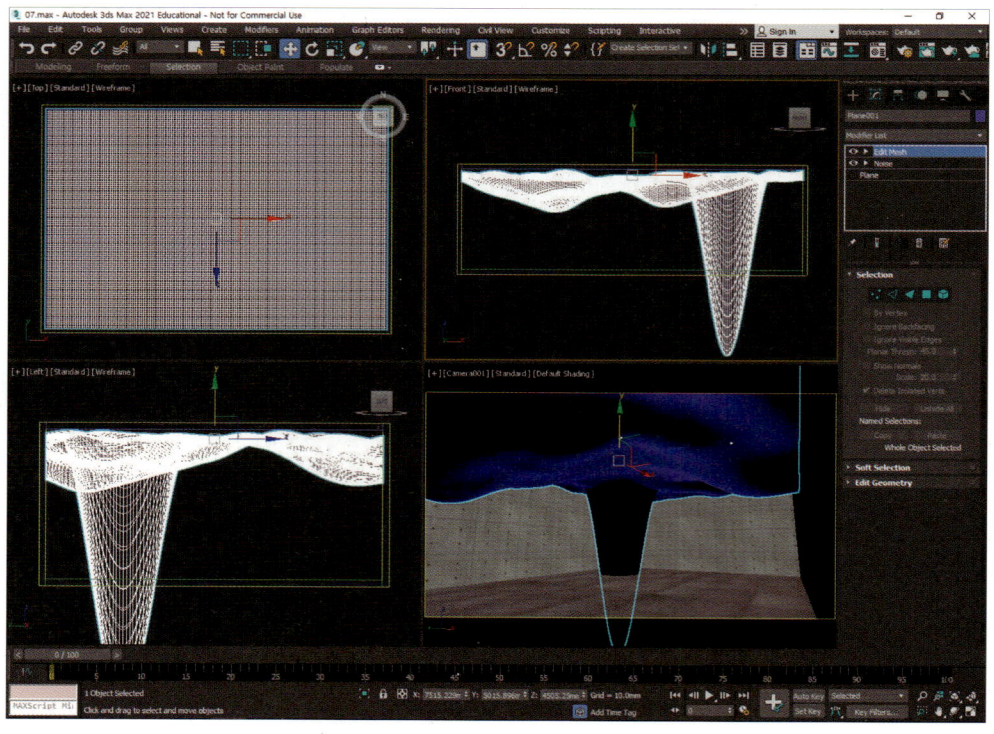

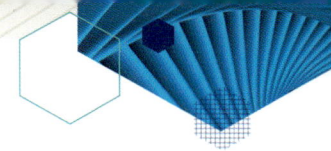

**16** 계속해서 Material Editor에서 미리 준비된 첫 번째 슬롯에 있는 'Paint White' 재질을 불러온 비선형 구조물 개체에 적용해 줍니다.

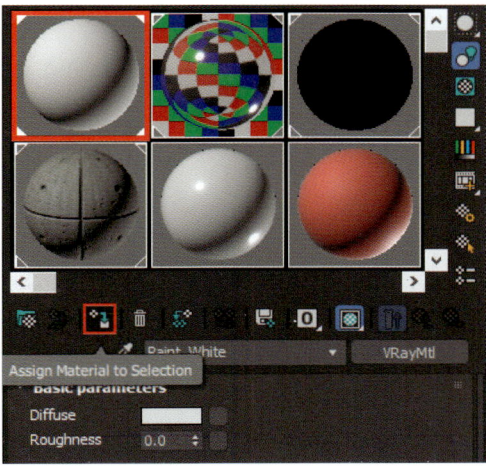
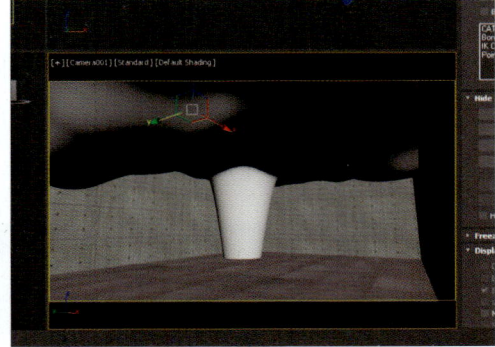

(05\07.max)

**17** 렌더링을 수행하여 완성된 결과물을 확인해 줍니다.

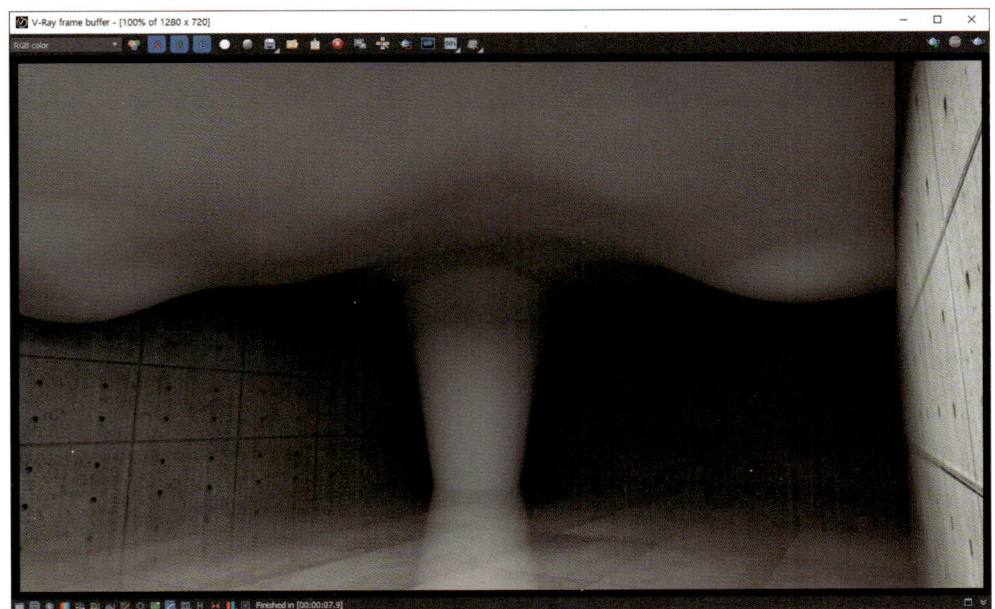

**05**. 기초 모델링 & 편집 (3)   265

## 4. 개체 변형을 위한 Edit Mesh 명령의 응용

실제로 실무 작업을 진행할 경우 가구 및 인테리어 소품을 모두 제작하는 경우는 거의 없습니다. 짧은 시간 내에 결과물을 얻기 위해서 기존에 작성된 모델링 데이터를 활용하게 됩니다. 이번 예제에서는 Edit Mesh 명령을 이용하여 모델링 데이터를 형태에 필요한 크기로 변형시켜 보도록 하겠습니다.

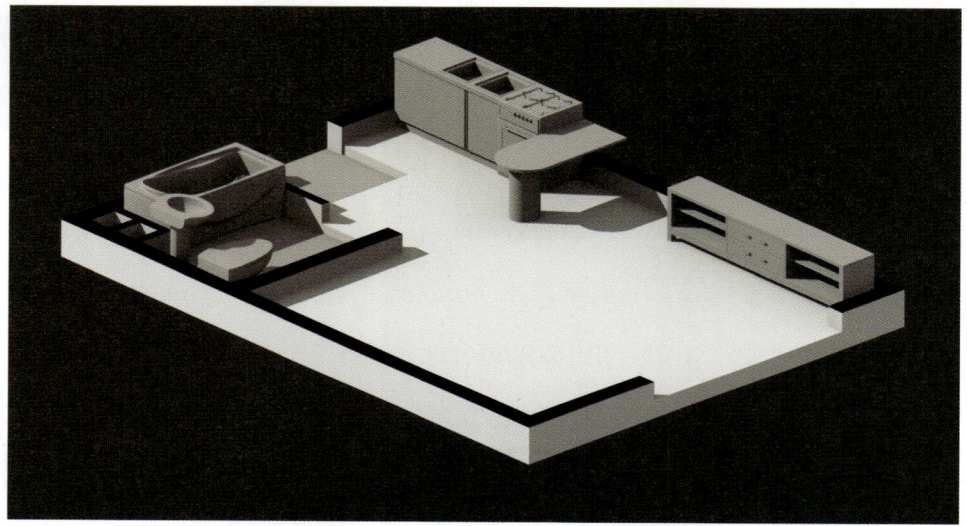

**1** File▶Open 명령을 수행한 뒤, 미리 준비된 구조체 모델링 데이터를 불러옵니다. 렌더링을 수행하여 불러온 데이터를 확인해 줍니다.

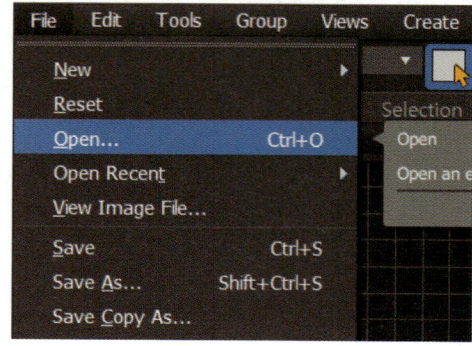 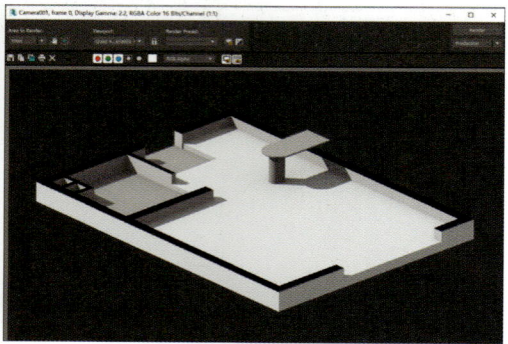

(05\08.max)

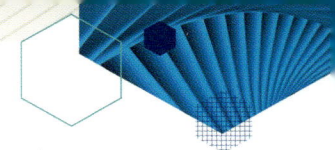

② 이제 준비된 가구 모델링 데이터를 불러와 보도록 하겠습니다. File▶Import▶Merge 명령을 이용하여 준비된 데이터(05\09(가구).max)를 불러옵니다.

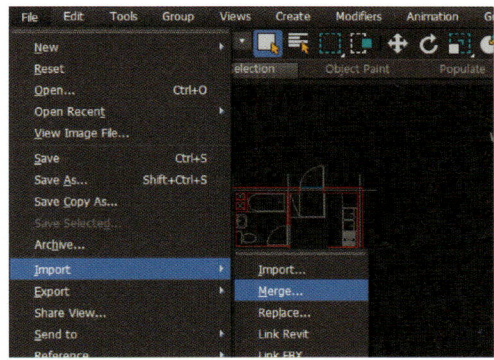

(05\09(가구).max)

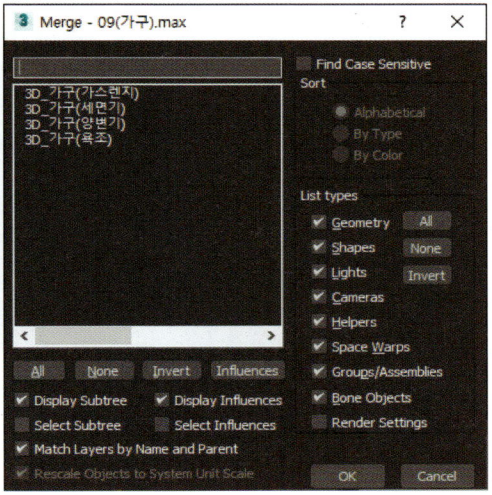

③ 아래 그림과 같이 불러온 모델링 데이터의 재질과 충돌하는 메시지가 나타나면 Use Scene Material 명령을 수행하여 현재 작업하는 재질을 우선으로 설정하여 불러와 줍니다. 실제로 불러온 모델링 데이터의 재질과 현재 재질이 동일하기 때문에 변경되는 내용은 없습니다. 아래 그림과 같이 모델링 개체가 불러온 결과를 확인할 수 있습니다.

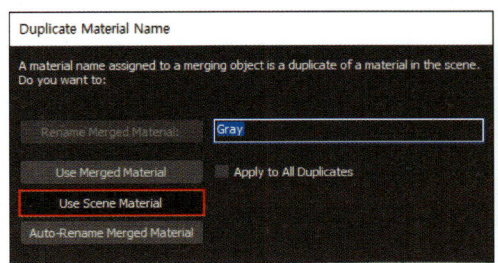

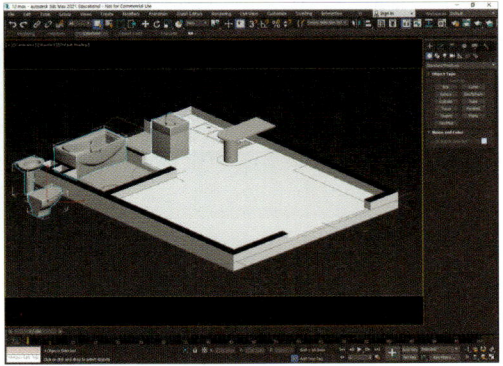

**05**. 기초 모델링 & 편집 (3)

④ 작업 창의 하단에 보이는 도면을 참고하여 이동, 회전 도구를 이용하여 불러온 가구 모델링 개체를 배치합니다.

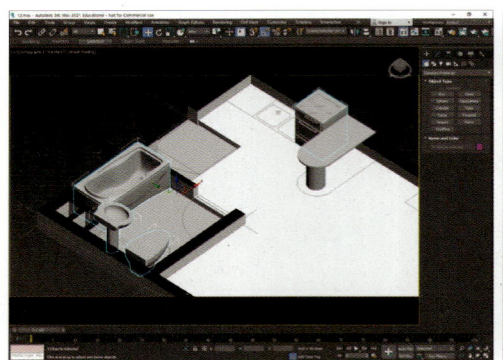 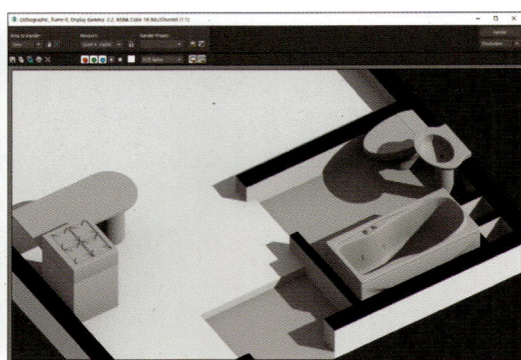

⑤ 이번에는 앞에서 수행한 방법과 동일한 방법으로 Merge 명령을 수행하여 장식장 모델링(05\10(장식장).max)을 불러와 줍니다. 장식장 개체를 수정하기 위해서 Modify 탭을 클릭한 뒤, Modify Stock을 살펴보면 이미 Editable Mesh 명령이 적용된 것을 확인할 수 있습니다.

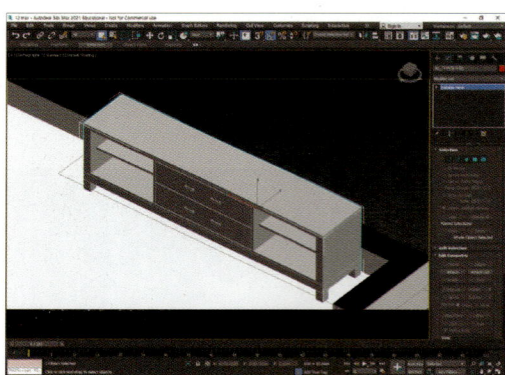 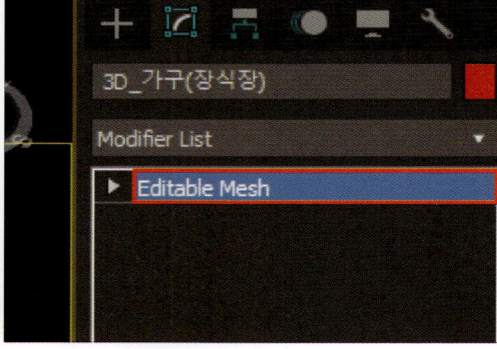

(05\10(장식장).max)

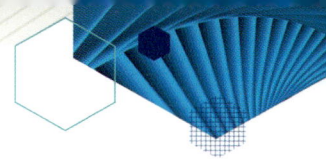

**6** 적용된 Editable Mesh 명령을 클릭하여 선택한 뒤, 선택(Selection) 카테고리에서 Vertex(정점) 단위를 선택해 줍니다. Left 뷰에서 아래 그림과 같이 장식장의 우측 부분의 정점을 드래그하여 선택해 줍니다.

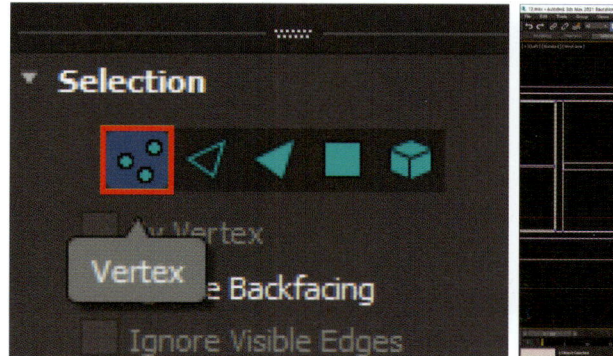
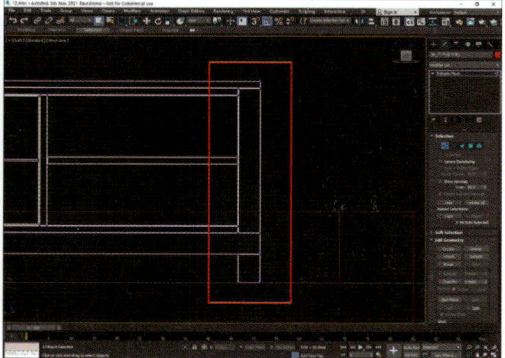

**7** 이제 아래 그림과 같이 선택된 정점을 이동시켜 보도록 하겠습니다. Top 뷰에서 Select and Move 명령을 이용하여 -Y축 방향으로 원하는 형상이 만들어질 수 있도록 이동시켜 줍니다.

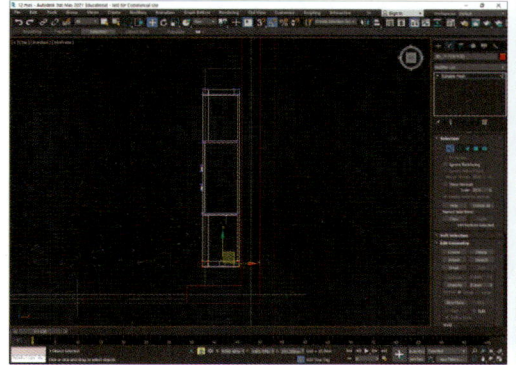
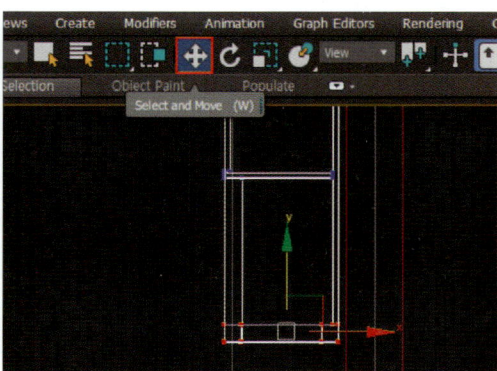

**05**. 기초 모델링 & 편집 (3)

**8** 아래 그림과 같이 선택된 정점을 이동시켜 형태를 변경시켜 줍니다. 계속해서 앞에서 작업한 동일한 방법으로 반대에 있는 정점을 선택해 줍니다.

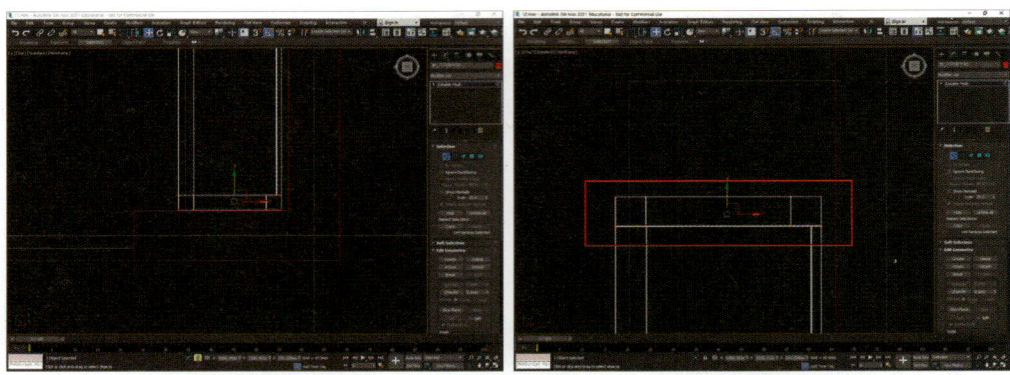

**9** 앞에서 수행한 것과 같은 방법으로 +Y축으로 이동시켜, 아래 그림과 같이 장식장의 형태를 변경시켜 줍니다.

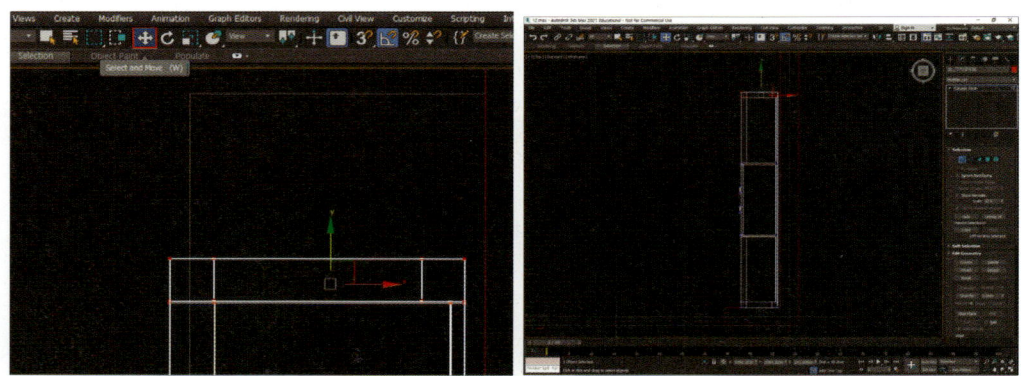

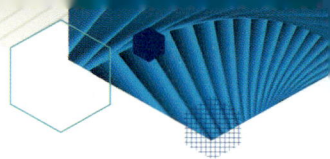

**10** 마지막으로 Vertex를 다시 한번 클릭하여 선택을 해제하여 명령을 종료시켜 줄 수 있습니다.

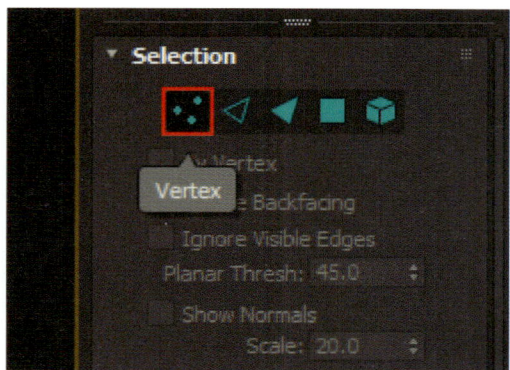 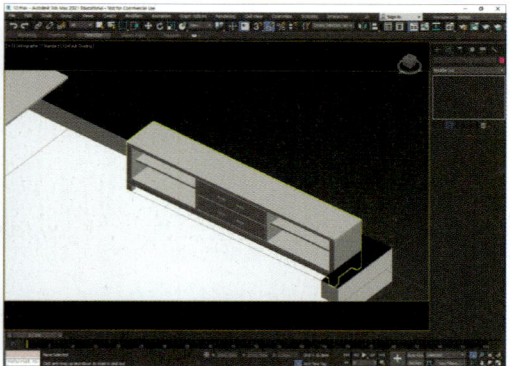

**11** 계속해서 Merge 명령을 수행하여 싱크대 개체(05\11(싱크대).max)를 불러와 줍니다. 이번에는 싱크대 개체를 수정하기 위해서 Scale 명령을 수행합니다.

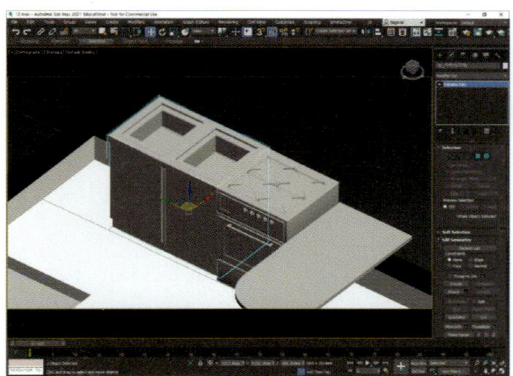 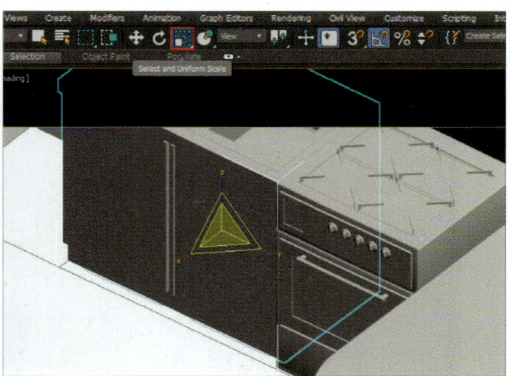

(05\11(싱크대).max)

**05**. 기초 모델링 & 편집 (3)　271

12 Scale 명령을 이용하여 원하는 방향의 축으로 드래그할 경우 참고 도면과 같은 크기로 싱크대의 크기를 변형시킬 수 있습니다. 그러나 단순한 크기의 변형이기 때문에 여러분이 원하는 형태와는 다르게 변형되는 모습을 볼 수 있습니다.

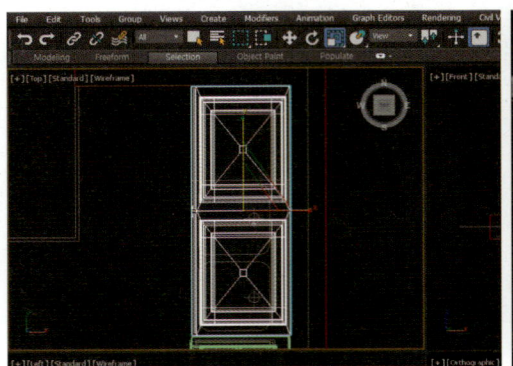 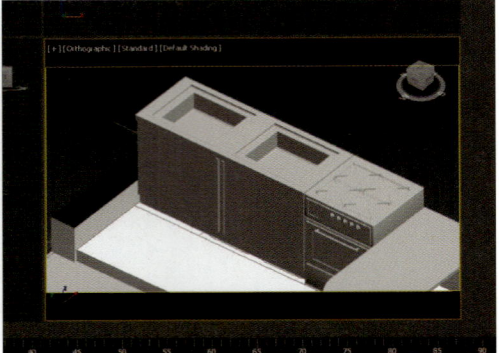

13 Undo 명령을 수행하여 이전 상태로 돌린 뒤, 앞에서 작업한 바와 같이 Modify 탭을 클릭한 뒤, Modify Stock에 등록된 Editable Ploy 명령을 클릭하여 선택한 뒤, 선택 방법을 Vertex로 설정해 줍니다.

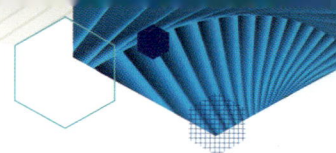

**14** 아래 그림과 같이 Top 뷰포트에서 상단 부분의 정점을 선택하여 원하는 위치로 이동시켜 줍니다.

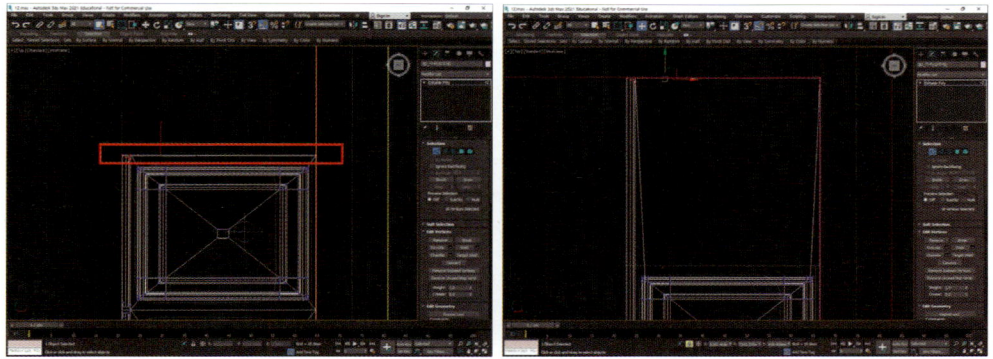

**15** 도면을 참고하여, 아래 그림과 같이 정점을 선택하여 이동시켜 줌으로써 원하는 모양의 개체로 변형해 줍니다. 역시 Vertex를 클릭, 선택을 해제하여 명령을 종료시켜 줍니다.

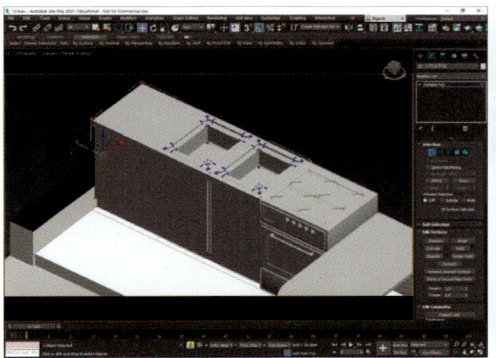

**16** 렌더링을 진행하여 최종 결과를 확인해 봅니다.

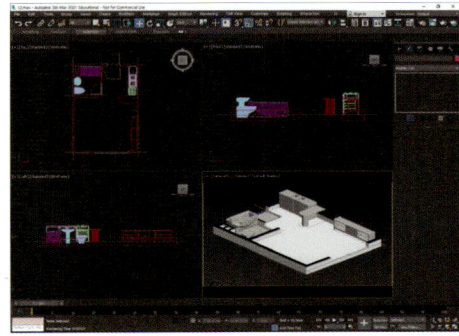
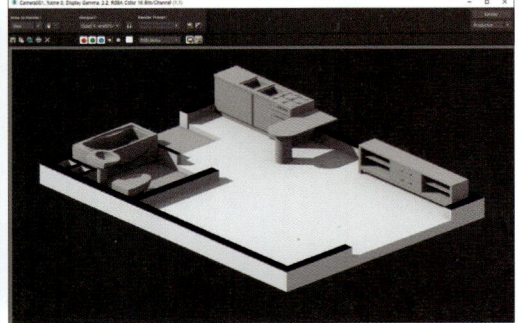

(05\12.max)

**05**. 기초 모델링 & 편집 (3)

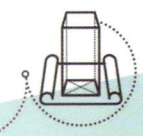

## 5. 기초 모델링 명령을 이용한 창호, 문 개체 작성

이번 3DS MAX에서 기본적으로 제공하는 문, 창문 등의 모델링 명령을 이용하여 아래 그림과 같은 결과를 만들어 보도록 하겠습니다.

**1** 준비된 모델링 데이터(05\13.max)를 불러와 줍니다. 불러온 개체는 창문, 문 개체를 제외한 바닥 및 벽체 모델링 데이터입니다. 창문 개체를 만들기 위해서, 아래 그림과 같이 필요한 부분을 전체 뷰로 설정하고 확대, 이동시켜 줍니다.

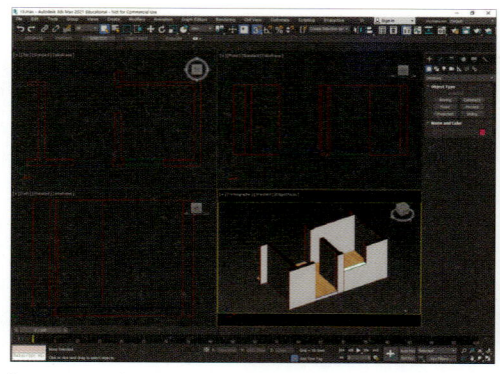 

(05\13.max)

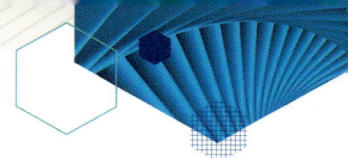

② 이번에는 개체의 모서리에 스냅을 설정하여 모델링을 작업해 보도록 하겠습니다. 아래 그림과 같이 Snaps Toggle 버튼을 클릭한 뒤, 다시 Snaps Toggle 버튼 위에서 마우스 오른쪽 버튼을 클릭해 줍니다. 나타나는 Grid and Snap Settings 대화상자가 나타나면 Endpoint만 설정해 줍니다. 창문을 작성하기 위해서 아래 그림과 같이 Create 탭을 클릭한 뒤, Geometry▶Windows 항목을 선택해 줍니다.

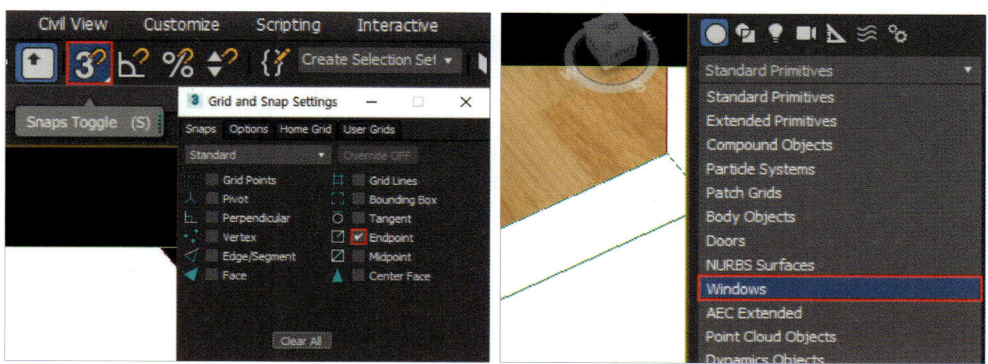

③ 나타나는 창문 명령 중에서 Sliding 명령을 수행하여 아래 그림과 같이 기존의 벽 구조체의 Endpoint를 이용하여 필요한 크기의 창문 개체를 그려줍니다.

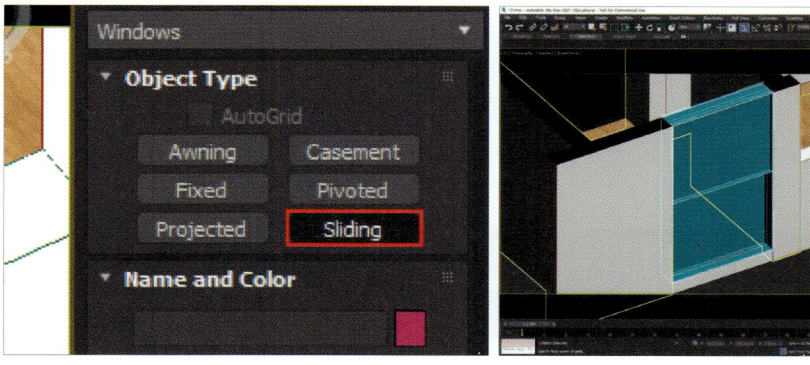

설정값에 따라서 위에서 보여지는 문의 형상과는 다르게 작성될 수 있습니다. 다음의 설정값을 변경함으로써 원하는 형태와 모양으로 변경할 수 있기 때문에 너무 걱정할 필요는 없습니다.

**4** 그려진 개체를 선택한 뒤, Modify 탭을 클릭합니다. 그려진 개체의 옵션을 값이 나타나면 아래 그림의 값을 참고하여 개체의 크기 및 형태를 변경시켜 줍니다.

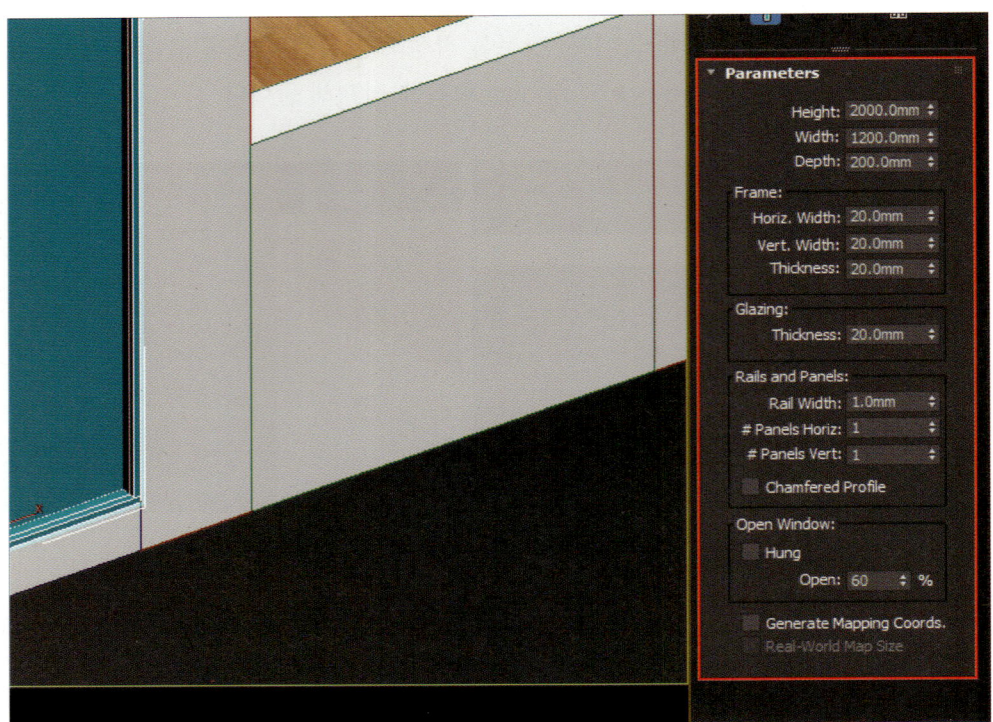

**5** 아래 그림과 같은 형태의 슬라이딩, 즉 미서기 창이 완성되며, 이번에는 바로 옆에 여닫이 창을 만들어 보도록 하겠습니다. 아래 그림과 같이 화면을 구성해 줍니다.

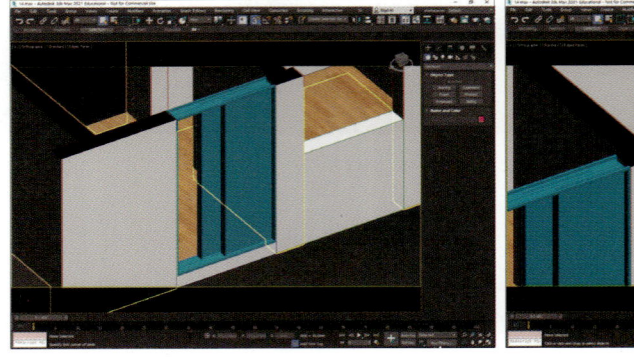

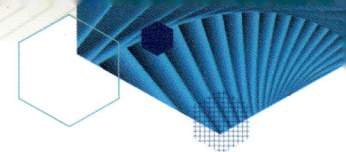

**6** 이번에는 Casement 명령을 수행하여 아래 그림과 같이 필요한 크기의 창문 개체를 그려줍니다.

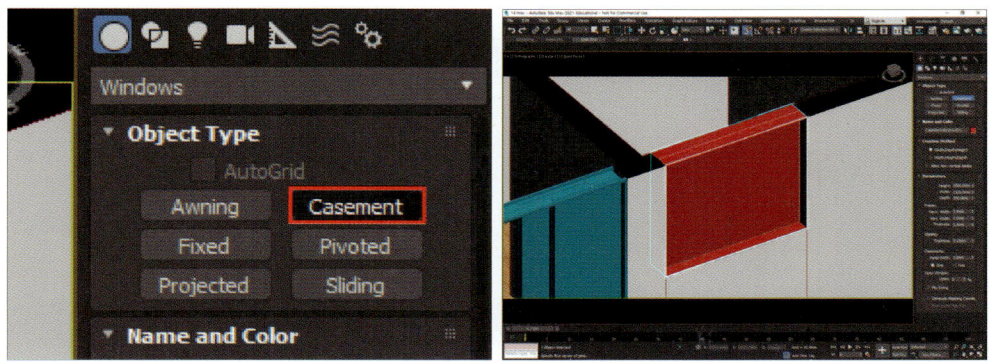

**7** 물론 이번에도 그려진 창문 개체를 선택한 뒤, Modify 탭을 클릭하여 그려진 개체의 옵션 값을 변경시켜 줍니다.

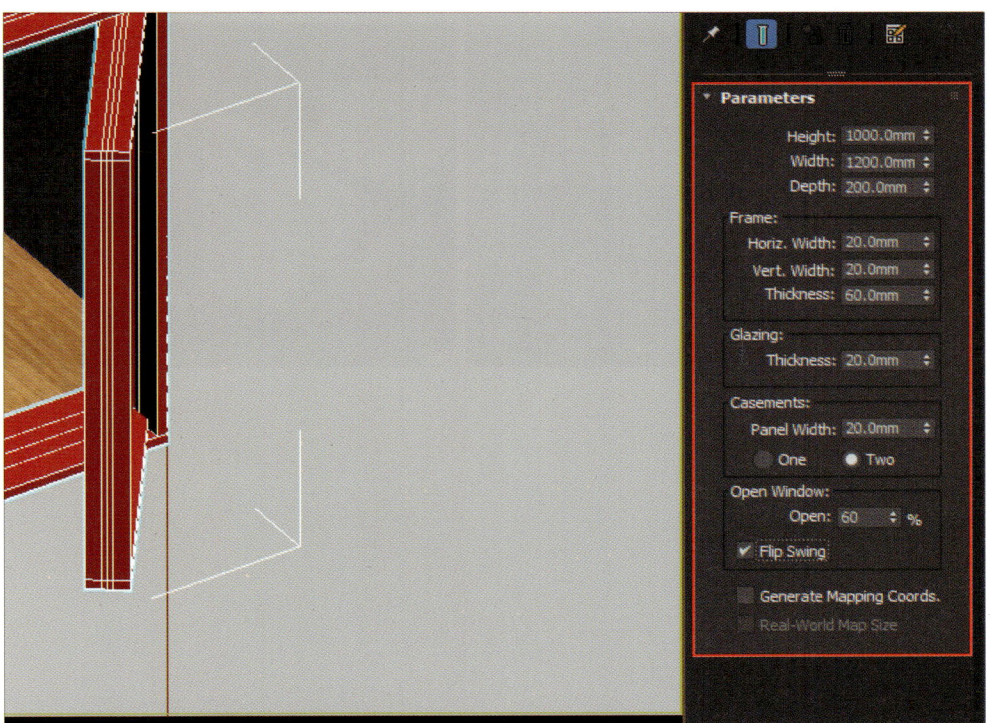

**05**. 기초 모델링 & 편집 (3)   **277**

8 아래 그림과 같은 형태의 여닫이 창이 완성되며, 계속해서 이번에는 문을 제작해 보도록 하겠습니다. 문 제작을 위해서 아래 그림과 같이 화면을 구성해 줍니다.

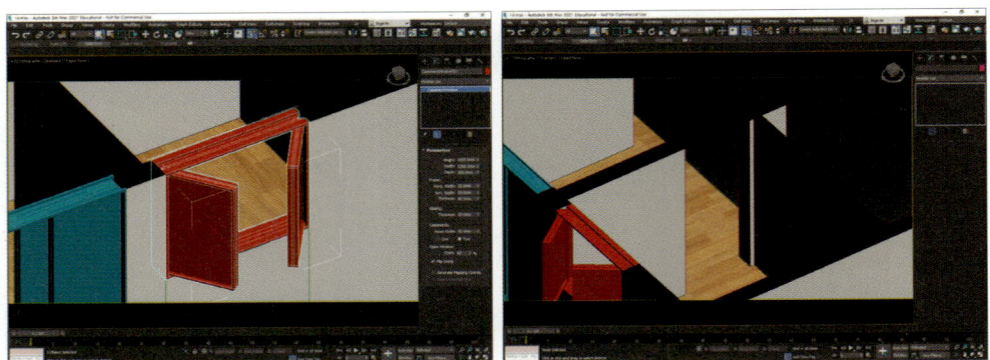

9 Geometry ▶ Doors로 설정한 뒤, 여닫이문을 제작하기 위해서 Pivot 명령을 수행하여 그림과 같이 필요한 위치에 문 개체를 그려줍니다.

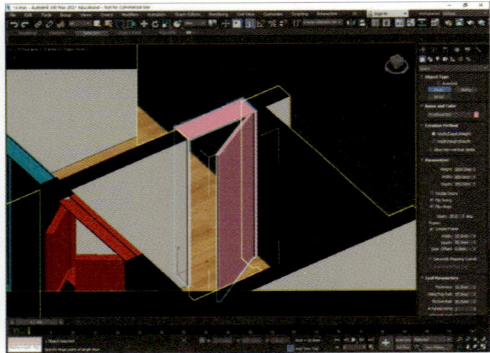

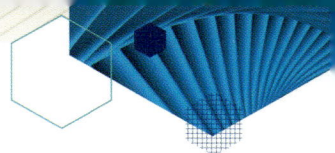

**10** 그려진 개체를 선택한 뒤, Modify 탭을 클릭하여 개체의 옵션 값을 변경시켜 줍니다.

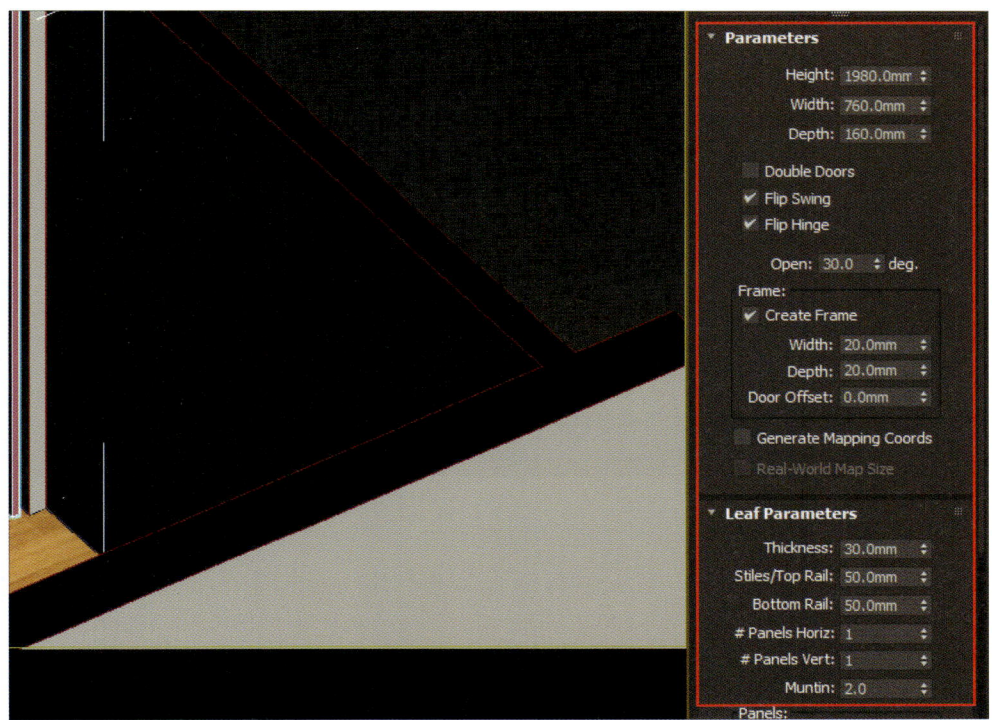

**11** 개체의 크기 및 모양을 변경한 뒤, 이동 툴을 이용하여 아래 그림과 같이 정확한 위치로 작성된 문 개체를 이동시켜 줍니다.

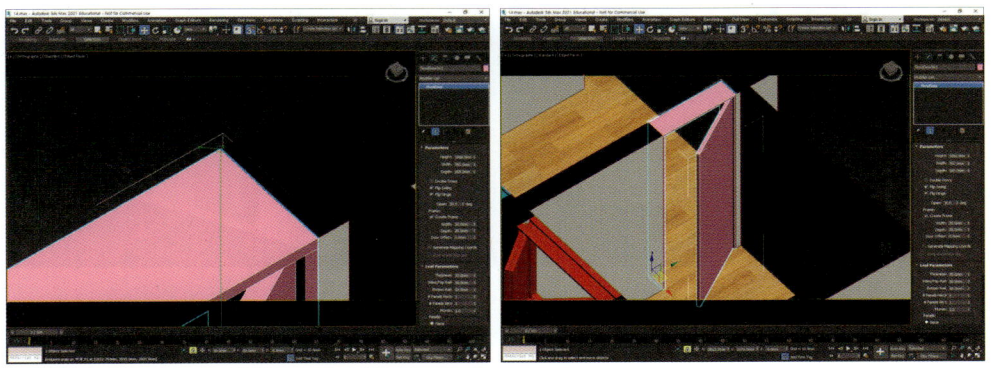

05. 기초 모델링 & 편집 (3) 279

12 그려진 문과 창문 개체(3개)를 모두 선택한 뒤, 재질을 적용하기 위해서 Material Editor 명령을 수행합니다. 나타나는 Material Editor에서 미리 준비된 창호 재질을 선택하여 Assign Material to Selection 명령을 적용해 줍니다.

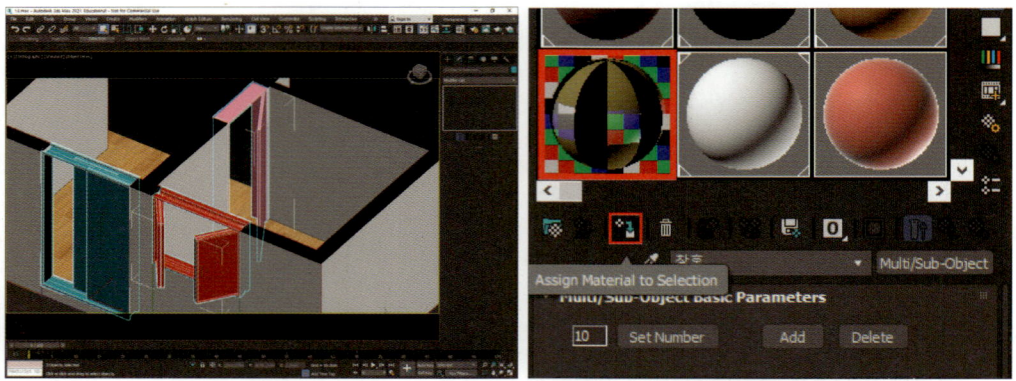

 그려진 창문, 문 개체의 경우는 여러 개체가 하나로 구성된 다중 개체입니다. 따라서 Multi/Sub-Object 속성으로 작성된 재질을 적용해야 합니다. 이러한 재질 작성은 뒤에서 다시 설명하도록 하겠습니다.

13 아래 그림과 같은 결과를 볼 수 있습니다. 렌더링을 진행하여 작성된 창문 및 문에 재질이 적용된 결과를 확인해 봅니다.

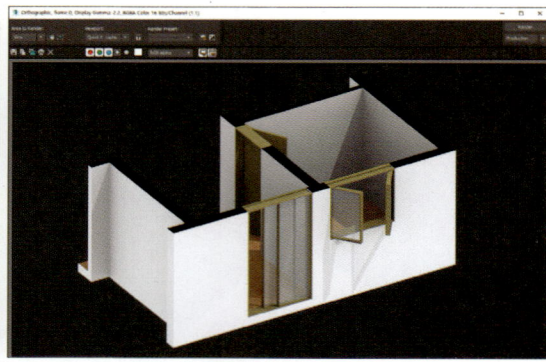

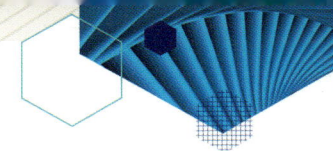

**14** 마지막으로 Display 탭을 클릭한 뒤, Unhide All 명령을 수행하여 잠시 숨겨놓은 걸레받이 개체를 보이도록 설정합니다. 아래 그림과 같이 렌더링을 수행하여 최종 결과를 확인해 봅니다.

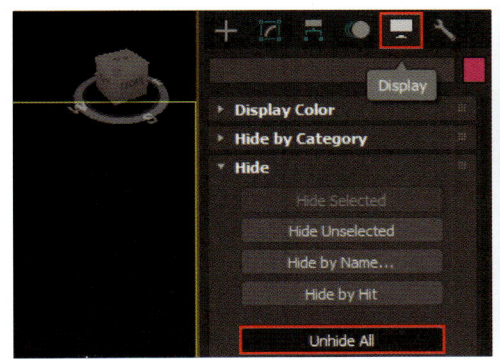 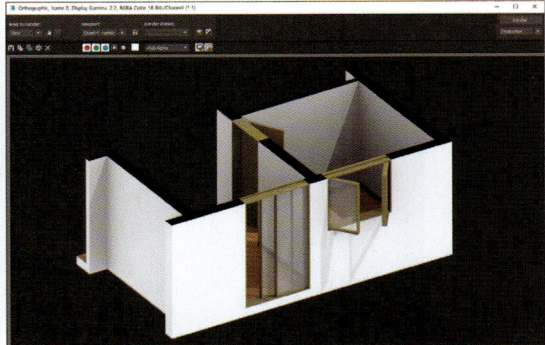

(05\14.max)

 **실습 예제** **Edit Mesh 명령을 이용한 개체 변형 및 문, 창문 모델링**

앞에서 연습한 Edit Mesh 명령과 문(Door), 창문(Window) 모델링 명령을 이용하여 다음과 같은 결과를 만들어 봅시다.

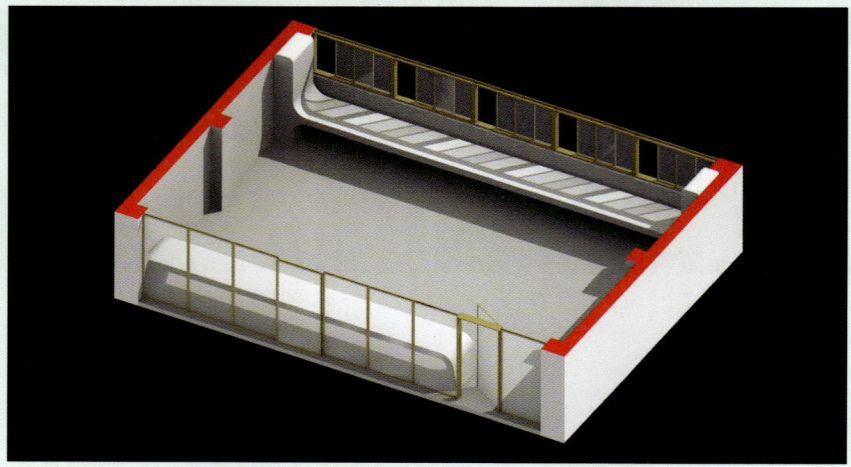

(05\17.max)

이번 실습 예제에서는 준비된 구조체를 불러온 뒤, 여기에 필요한 모델링 데이터를 불러와 형태를 변형시켜 완성합니다. 더불어 창문 및 문 개체는 앞에서 연습한 내용을 참고하여 완성해 봅니다.

■ 준비된 구조체 모델링 데이터

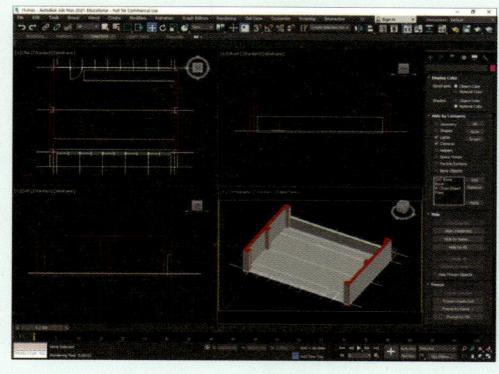

(05\15.max)

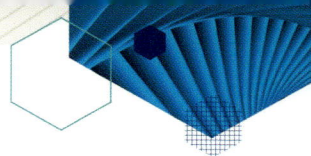

- 준비된 모델링(가구) 데이터 및 위치, 크기

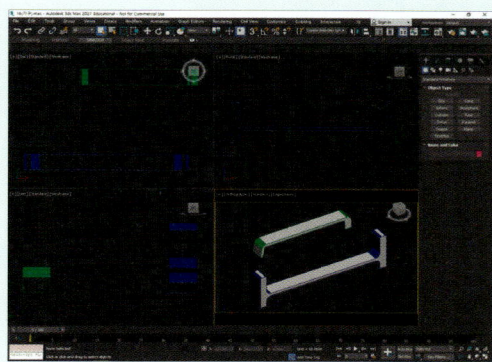 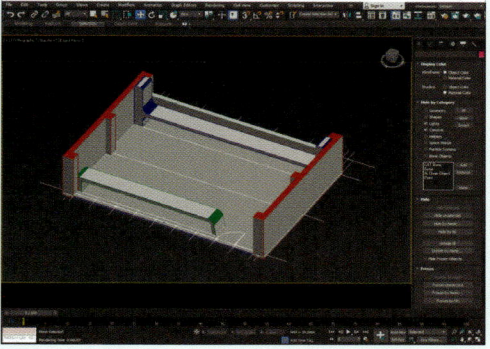

(05\16(가구).max)

- 모델링(여닫이 문) 제작을 위한 참고 옵션 및 치수

여닫이 문 제작에 도움을 주기 위해 사용되는 명령 및 개체의 크기는 아래의 그림을 참고하여 작성하시기 바랍니다.

 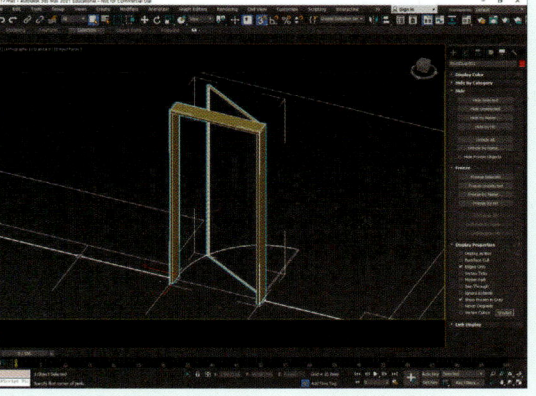

**05**. 기초 모델링 & 편집 (3)    283

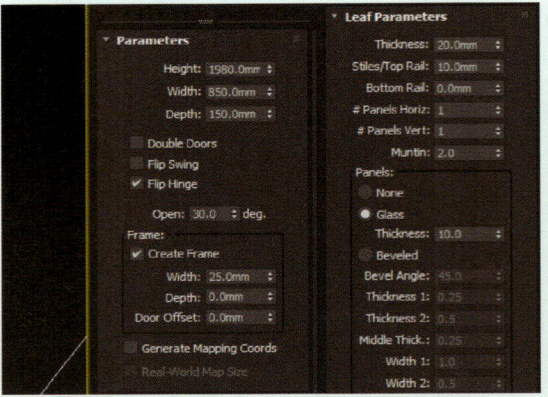

■ **모델링(고정 창) 제작을 위한 참고 옵션 및 치수**

고정 창 제작에 도움을 주기 위해 사용되는 명령 및 개체의 크기는 아래의 그림을 참고하여 작성하시기 바랍니다.

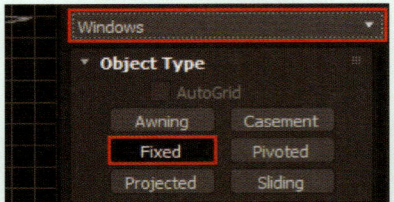 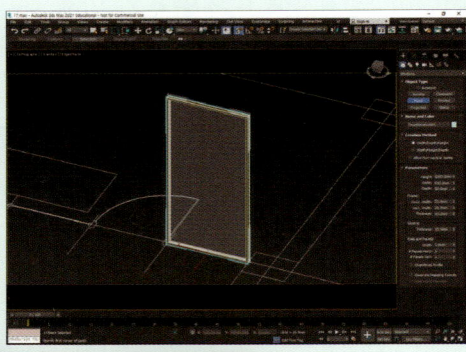

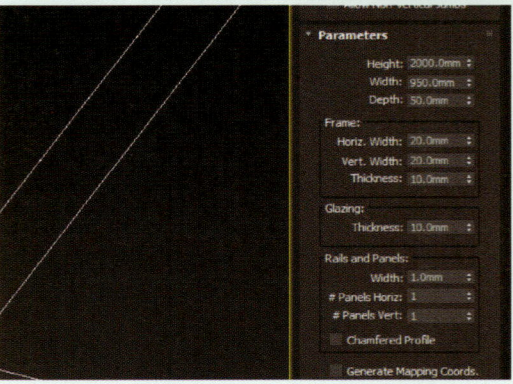

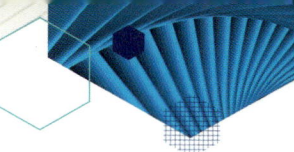

■ 모델링(미서기 창) 제작을 위한 참고 옵션 및 치수

　미서기 창 제작에 도움을 주기 위해 사용되는 명령 및 개체의 크기는 아래의 그림을 참고하여 작성하시기 바랍니다.

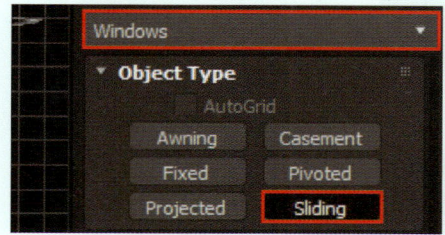

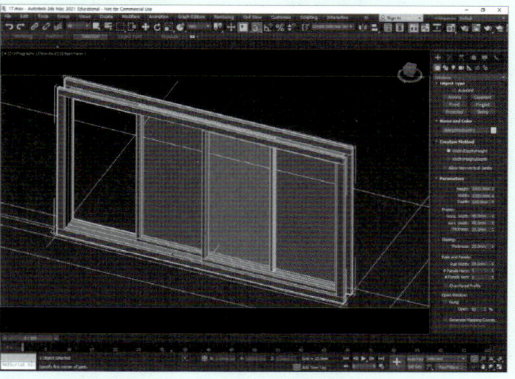

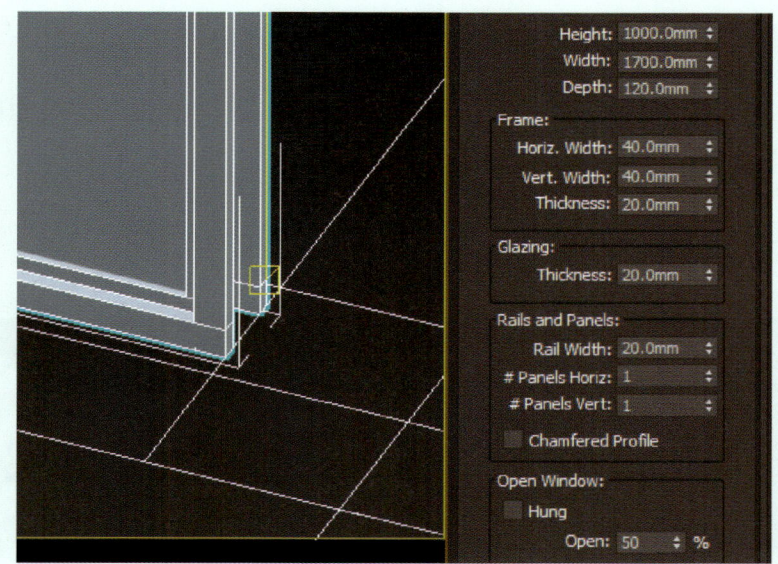

**05**. 기초 모델링 & 편집 (3)

 **Smooth Selection을 이용한 비선형 매스(오브제) 제작**

　이번 실습 예제에서는 선택 영역의 부드러운 확장을 위해 사용되는 Smooth Selection을 이용하여 아래 그림과 같은 비선형 형태의 매스(오브제)를 제작해 봅시다.

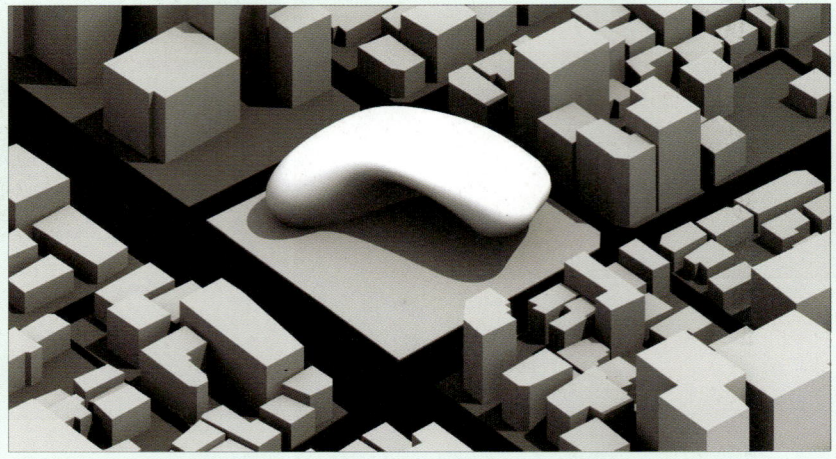

(05\19.max)

　이번 예제에서는 준비된 주변 건물 모델링을 불러온 뒤, 여기에 비선형 형태의 매스(오브제)를 제작해 봅니다.

■ 준비된 구조체 모델링 데이터

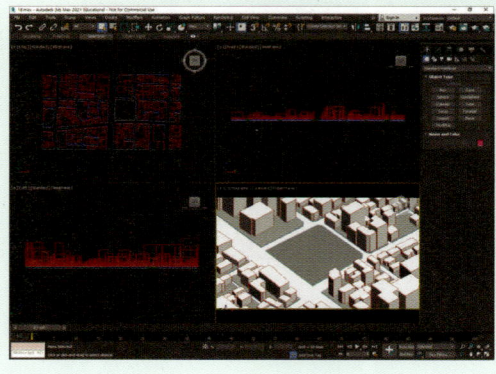

(05\18.max)

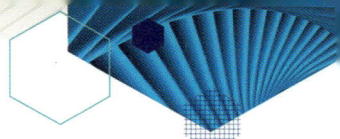

■ 제작 과정(방법)

❶ Create▶Geometry▶Standard Primitive▶Sphere 명령을 이용하여 구 개체를 작성한 뒤, Scale 명령을 이용하여 원하는 형태를 변경시켜 줍니다.

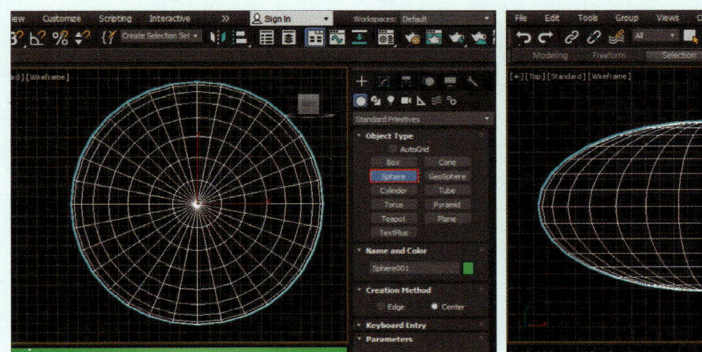

❷ Modify▶Modifier List▶Edit Mesh 명령을 수행한 뒤, Vertex 단위를 선택합니다. 이후 Soft Selection의 옵션을 설정하여 선택 영역을 지정한 뒤, 이동하여 형태를 자유롭게 변형시켜 줍니다.

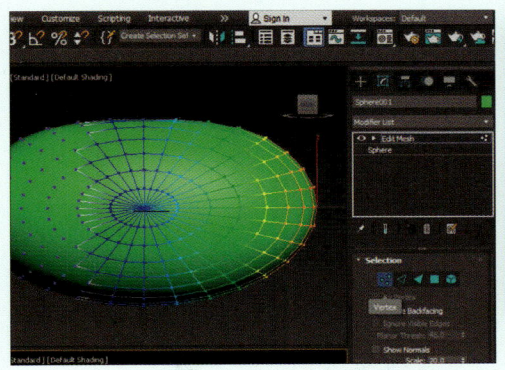 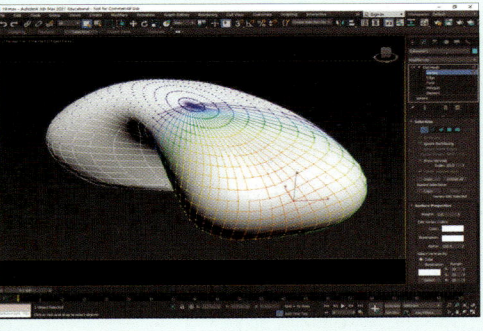

**05**. 기초 모델링 & 편집 (3)　**287**

❸ 준비된 모델링의 크기와 위치를 조절하여 결과를 완성해 봅니다.

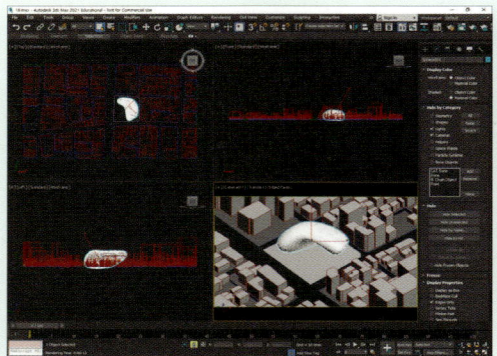 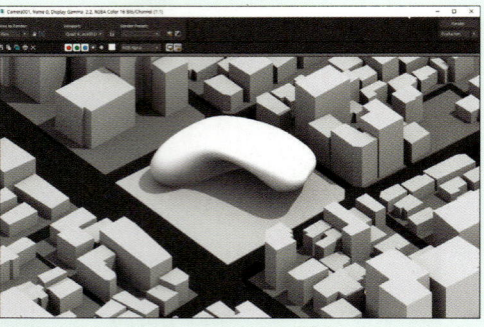

# 06

## 모델링을 위한
## CAD 도면의 활용 (1)

# 1. AutoCAD 도면의 활용 방법

이번 장에서는 3DS MAX의 모델링을 위한 AutoCAD 도면의 정리 방법 및 편집 방법에 대해서 알아보도록 하겠습니다. 건축이나 인테리어 분야를 전공하고 있다면 AutoCAD 정도는 기본적으로 다루어야 합니다. 따라서 작성된 도면은 단순히 CAD 도면으로만 활용되는 것이 아니라 다양한 방법으로 활용될 수 있습니다.

① 작성된 AutoCAD 파일을 바탕에 놓고 3DS MAX에서 2D 드로잉을 진행합니다.

② 완성된 AutoCAD 3D 모델링 데이터를 불러옵니다.

③ AutoCAD에서 2D Pline 작성을 진행한 뒤, 3DS MAX에서 모델링 작업을 진행합니다.

▲ AutoCAD에서 작성된 도면 및 모델링 데이터의 활용 방법

따라서 본 장에서는 AutoCAD로 작성된 도면 데이터를 어떻게 정리, 편집함으로써 3DS MAX에서 좀 더 편리하게 활용될 수 있는가에 대해서 살펴보도록 하겠습니다. 만약 AutoCAD를 모르시는 분들은 CAD에서의 작업 과정을 생략하셔도 됩니다.

캐드 도면은 단순히 바탕에 깔고 작업하는 것이 아니라 작업의 효율성을 기하기 위해 AutoCAD에서 3D 개체 정리 방법을 통해 3DS MAX에서 효율적인 작업을 진행할 수 있도록 도울 수 있습니다.

## 2. CAD 도면을 놓고 MAX에서 2D 드로잉 작업 진행

이번 예제에서는 준비된 CAD 파일을 놓고 3DS MAX에서 2D 드로잉 후 3D 모델링 작업을 진행해 보도록 하겠습니다. 도면을 기준으로 드로잉 작업이 진행되기 때문에 쉽게 드로잉 및 3D 모델링을 완성할 수 있습니다.

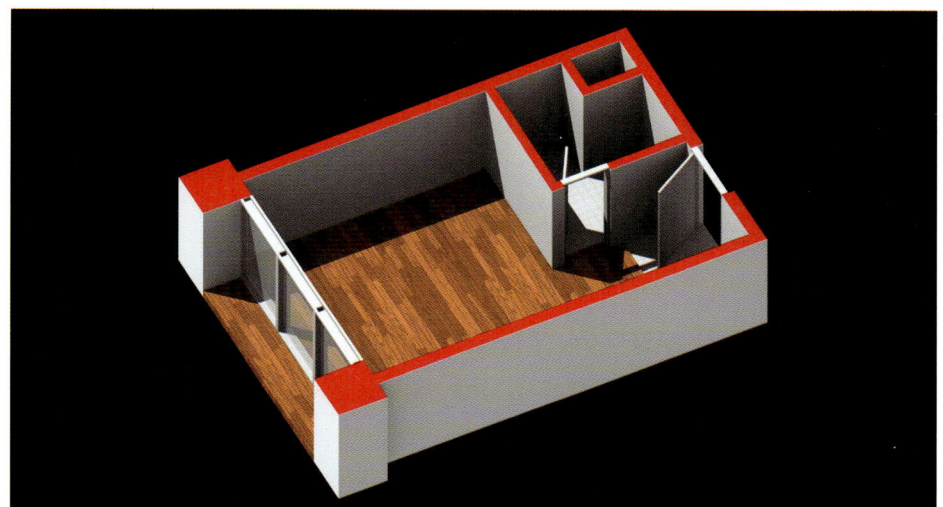

**1** AutoCAD에서 작성된 도면 데이터(06\01(평면도).dwg)를 확인한 뒤, 환경이 세팅된 MAX 파일(06\02.max)을 불러옵니다. 불러온 데이터에는 아무것도 없는 빈 파일처럼 보이지만, 작업 단위, 조명, 재질 등의 환경 변수가 설정된 파일입니다.

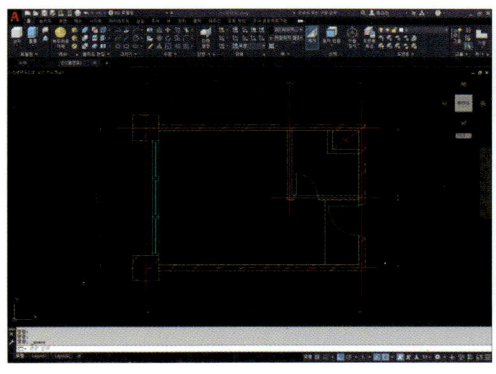 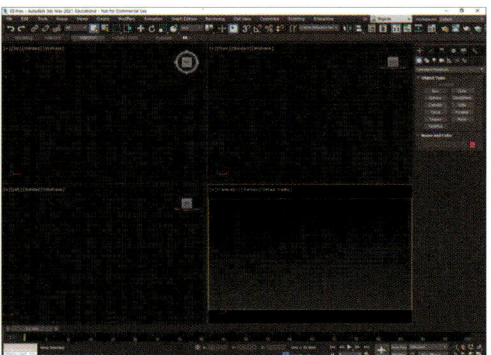

(06\01(평면도).dwg, 06\02.max)

**06.** 모델링을 위한 CAD 도면의 활용 (1)

② AutoCAD에서 작성된 도면을 불러오기 위해서 File▶Import▶Import… 명령을 수행합니다. 나타나는 Select File to Import 대화상자에서 준비된 캐드 파일(06\01(평면도).dwg)을 선택해 줍니다.

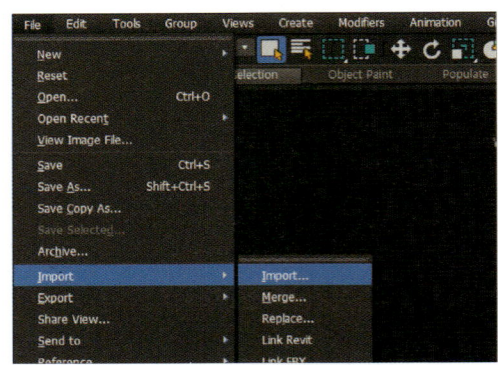 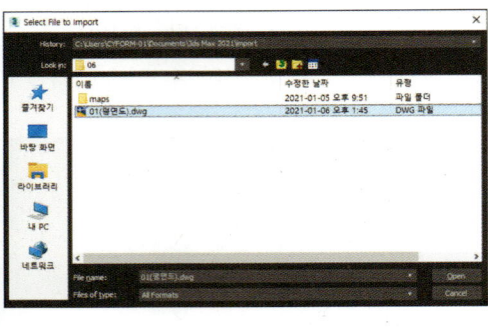

③ 나타나는 AutoCAD DWG/DXF Import Options 대화상자가 나타나면 Layers 탭을 클릭하여 불러올 레이어만 선택해 줍니다. 필요한 'Col', 'Door', 'Fin', 'Wall', 'Win' 레이어만 선택해 줍니다.

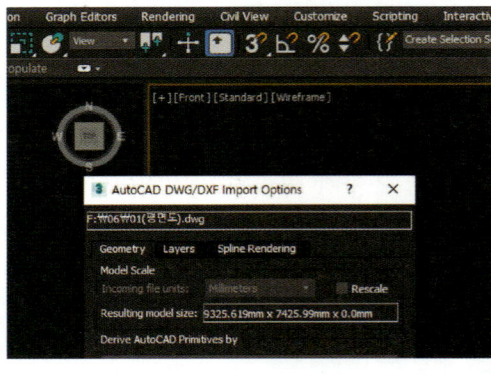 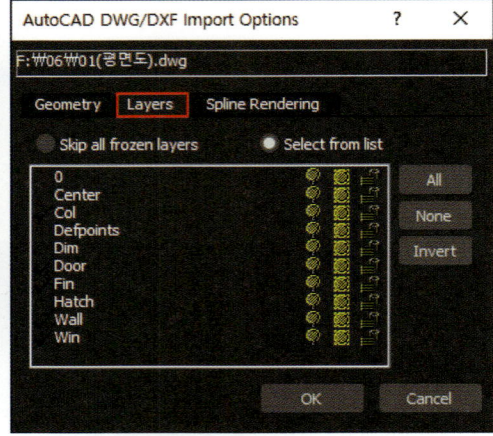

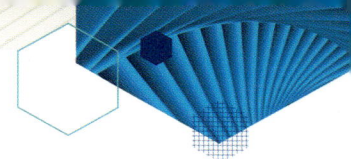

**4** 아래 그림과 같이 도면의 선택한 레이어만 불러와진 모습을 확인할 수 있습니다. 이제 Select by Name 명령을 수행합니다.

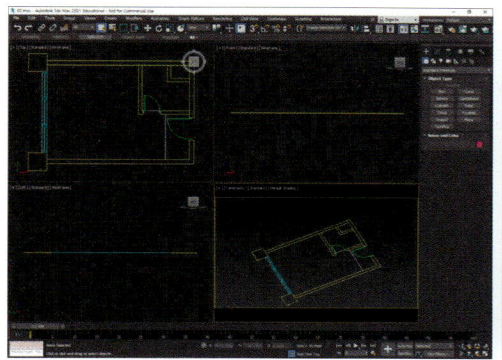

**5** 나타나는 Select From Scene 대화상자에서 'Layer:Col' 개체를 선택한 뒤, 이름을 '2D_Col'로 변경하고 색상도 임의로 변경해 줍니다.

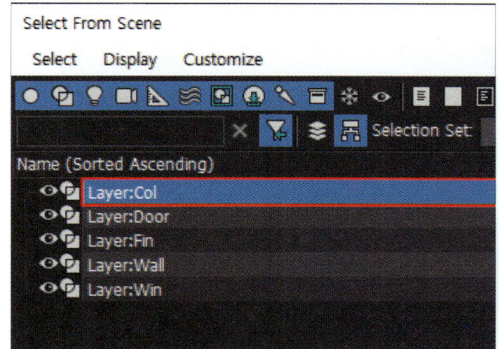
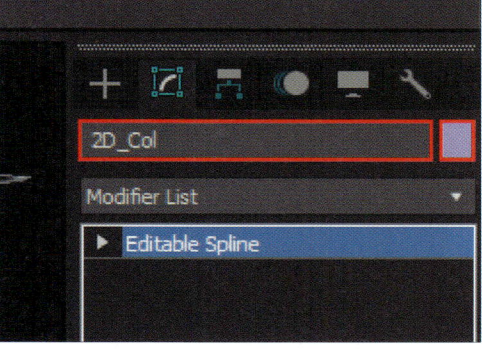

Select From Scene 대화상자는 Display 표시 방법에 따라서 조명, 카메라 개체를 보이지 않도록 설정할 수 있습니다. 대화상자 위쪽에 아이콘을 선택함으로써 필요가 있는 속성의 개체만 보이도록 설정하여 작업할 수 있습니다.

6 아래 이미지를 참고하여 앞에서 수행한 방법으로 나머지 개체의 이름과 색상을 모두 변경해 줍니다.

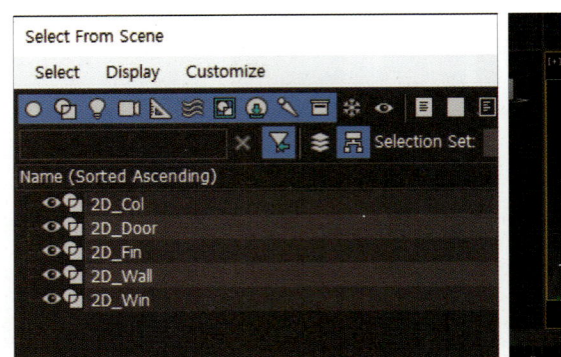 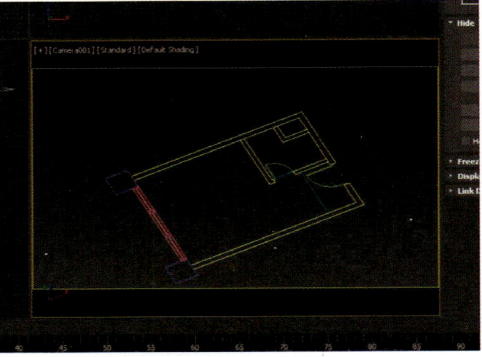

앞에서 수행한 방법으로 MAX에서 AutoCAD 파일을 불러온 경우 작성된 레이어 단위가 개체 단위로 들어오는 것을 알 수 있습니다.

7 '2D_Col' 개체를 선택한 뒤 Display 탭을 클릭, Hide▶Hide Unselected 명령을 수행하여 '2D_Col'를 제외한 나머지 모든 개체를 보이지 않도록 설정해 줍니다.

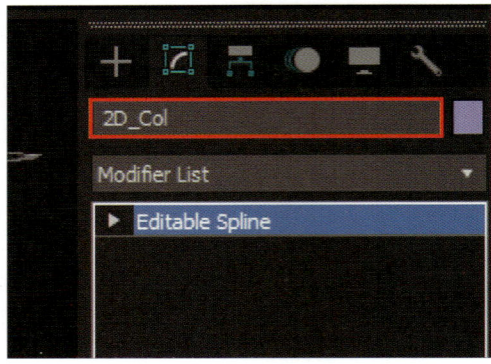 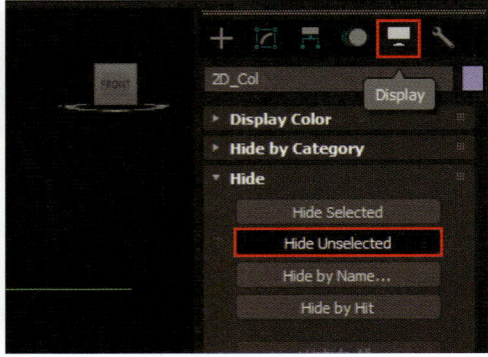

8 이제 화면에 보이는 기둥 도면을 바탕에 놓고 2D 드로잉을 진행해 보도록 하겠습니다. 작업을 진행하기 전에 작업의 편의성을 확보하기 위해서 아래 그림과 같이 스냅 중에서 Endpoint만 설정해 줍니다. 계속해서 Create 탭을 클릭한 뒤, Shapes▶Rectangle 명령을 수행합니다.

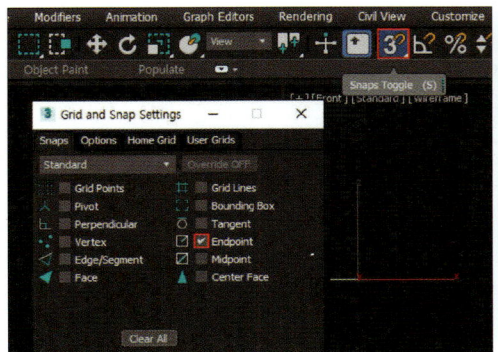
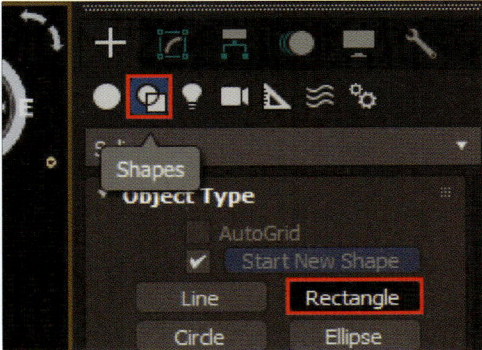

9 Rectangle 명령을 이용하여 아래 그림과 같이 사각형을 그려줍니다. 동일한 방법으로 나머지 사각형도 추가 작성한 뒤, Select by Name 명령을 수행합니다. 나타나는 Select From Scene 대화상자에서 'Rectangle001', 'Rectangle002' 개체를 확인할 수 있으며 'Rectangle001'를 선택해 줍니다.

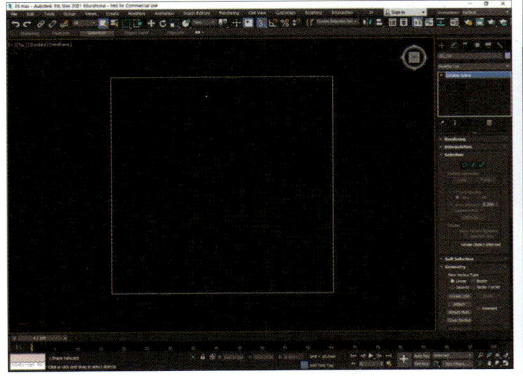
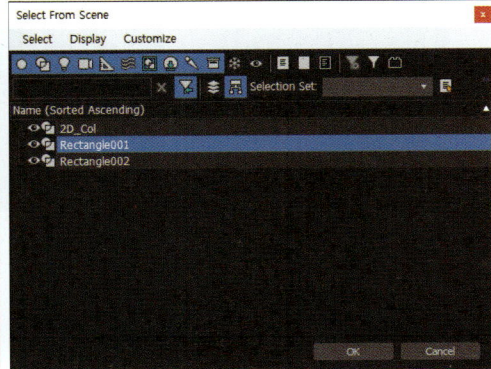

⑩ Modify 탭을 클릭한 뒤, Modifier List에서 아래 그림과 같이 Extrude 명령을 수행해 줍니다. 명령을 수행한 뒤, 돌출 높이(Amount)를 2000mm로 설정하여 기둥 모델링을 수행해 줍니다.

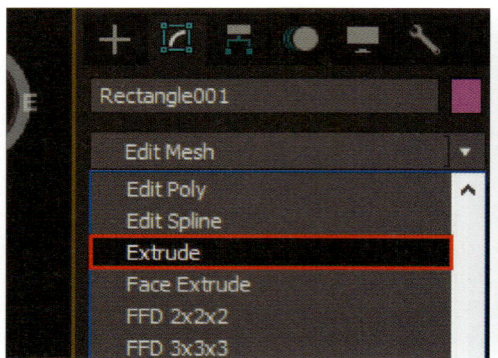 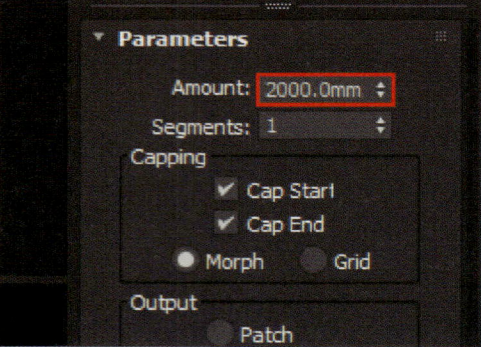

⑪ 완성된 모델링 개체를 선택한 뒤, Modify 탭을 클릭하여 개체의 이름을 '3D_Col.001'로 수정해 줍니다.

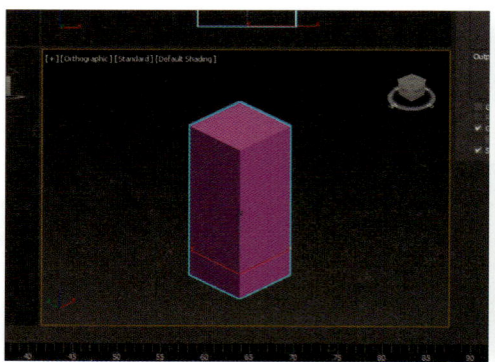 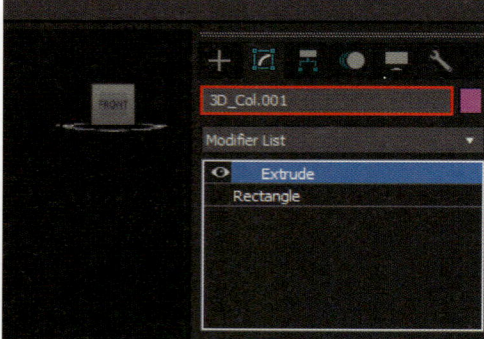

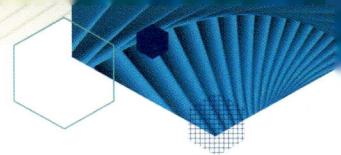

**12** 동일한 방법으로 나머지 사각형 드로잉 개체에 Extrude 명령을 수행하여 기둥도 작성한 뒤, 이름을 '3D_Col.002'로 수정해 줍니다.

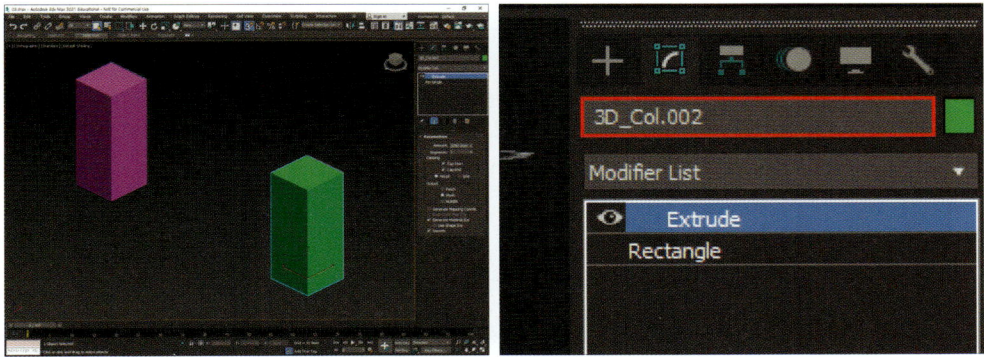

**13** 작성된 모든 개체를 선택한 뒤, Display 탭을 클릭하여 Hide▶Hide Selected 명령을 수행하여 보이지 않도록 설정해 줍니다. 계속해서 Unhide by Name... 명령을 수행하여 '2D_Wall'만 보이도록 설정해 줍니다.

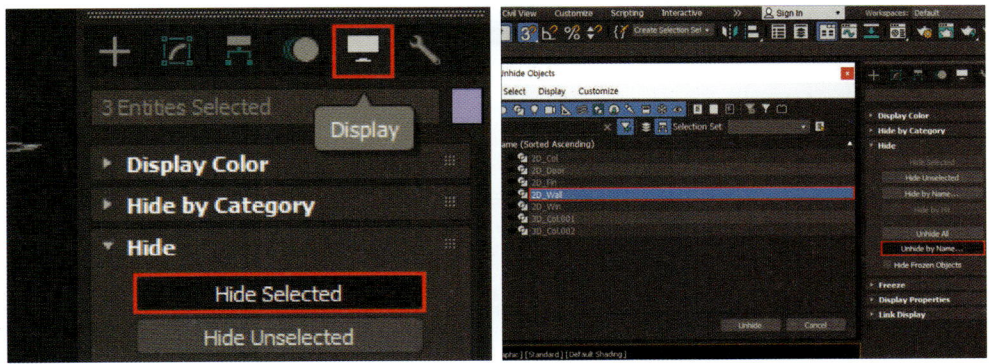

14 아래 그림을 참고하여 벽체 모델링을 위한 드로잉 작업을 진행해 보도록 하겠습니다.

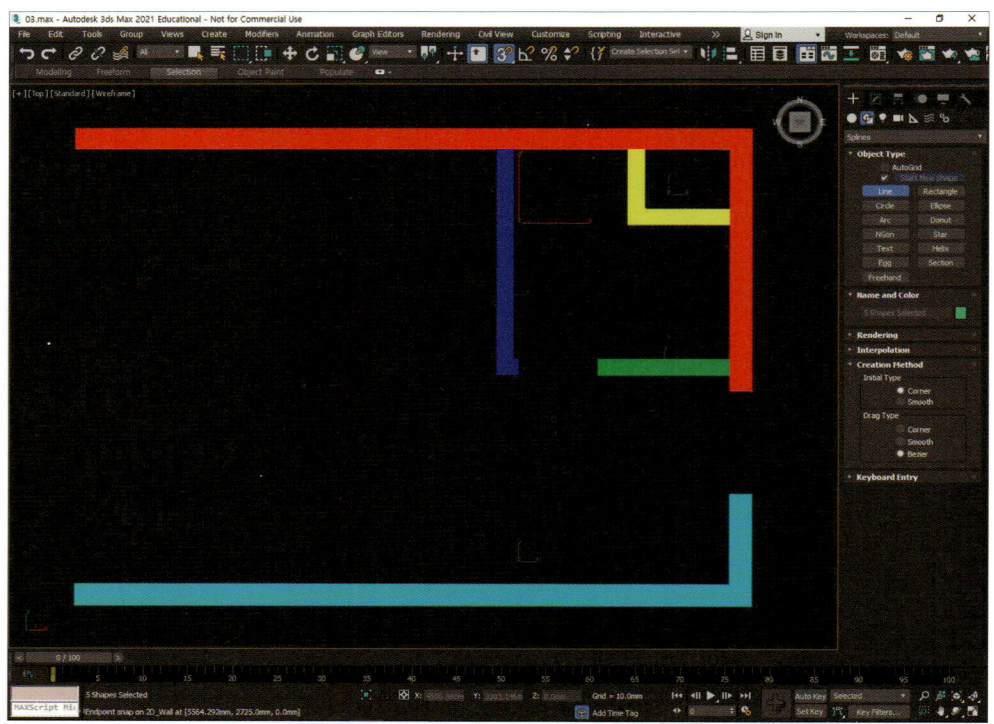

15 Create 탭을 클릭한 뒤, Shape▶Line 명령을 이용하여 벽체선을 따라서 드로잉 작업을 진행해 줍니다. 시작한 점을 다시 클릭하게 되면 아래 그림과 같이 폐곡선을 만들 것인지를 물어보게 됩니다. 당연히 'Yes' 버튼을 클릭하여 벽체 폐곡선을 만들어 줍니다. 나머지 벽체 드로잉 작업도 동일한 방법으로 진행해 줍니다.

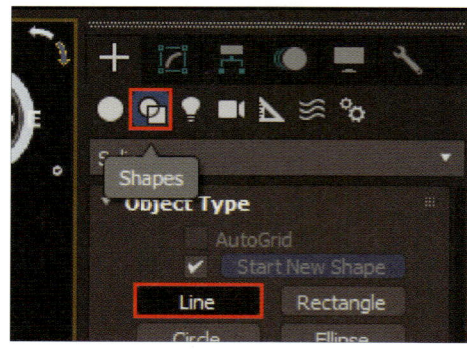
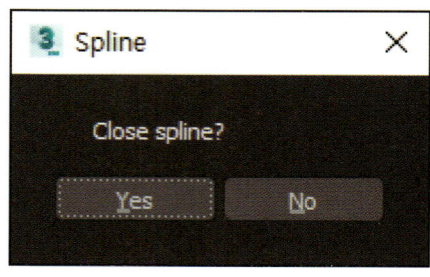

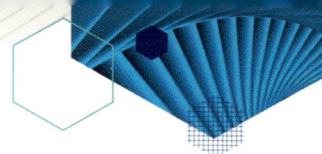

**16** Select by Name 명령을 수행하여 나타나는 Select From Scene 대화상자를 살펴보면, 그림과 같이 작업한 만큼의 Line 개체가 작성된 것을 확인할 수 있습니다. 모두 선택한 뒤, Extrude 명령을 수행합니다.

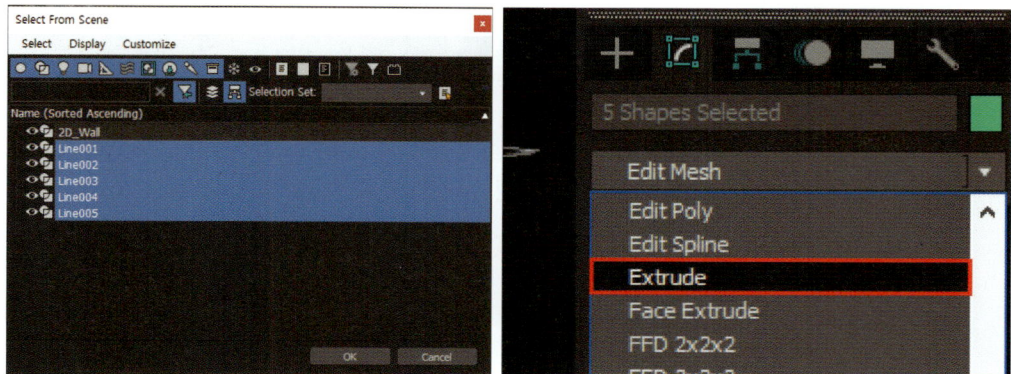

**17** Extrude 명령을 수행한 뒤, 돌출 높이(Amount) 값을 2000mm로 입력하여 그림과 같이 벽체 모델링을 완성해 줍니다.

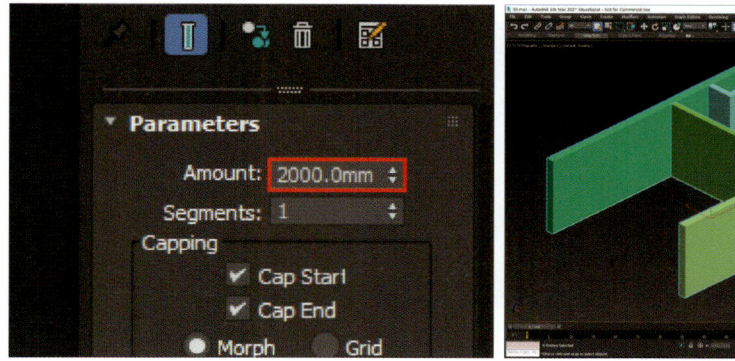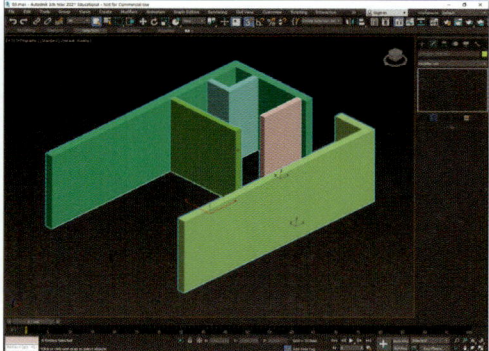

**18** Modify 탭을 클릭한 뒤, 작성된 벽체 모델링의 이름을 '3D_Wall.00×' 형식으로 수정해 줍니다.

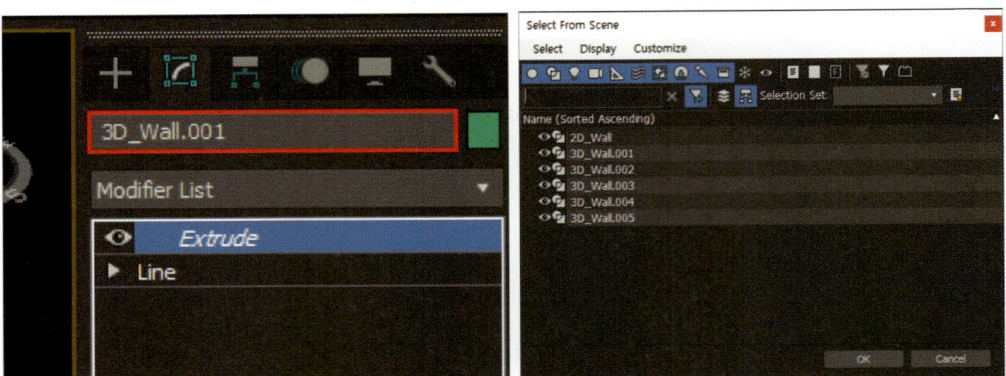

**19** 계속해서 작성된 '3D_Wall.×××'이라는 이름의 벽체 모델링을 모두 선택한 뒤, Modifier List에서 Edit Mesh 명령을 수행해 줍니다.

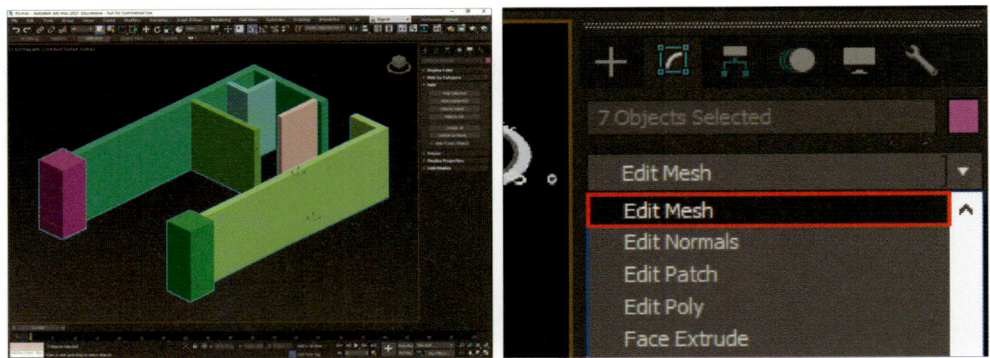

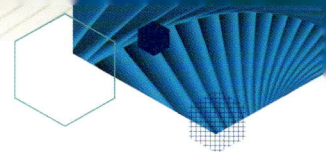

**20** Edit Mesh 명령을 수행한 뒤, Selection의 Polygon 단위로 설정한 뒤, 아래 그림과 같이 Front 뷰에서 그림과 같이 벽체 상부 면을 선택해 줍니다.

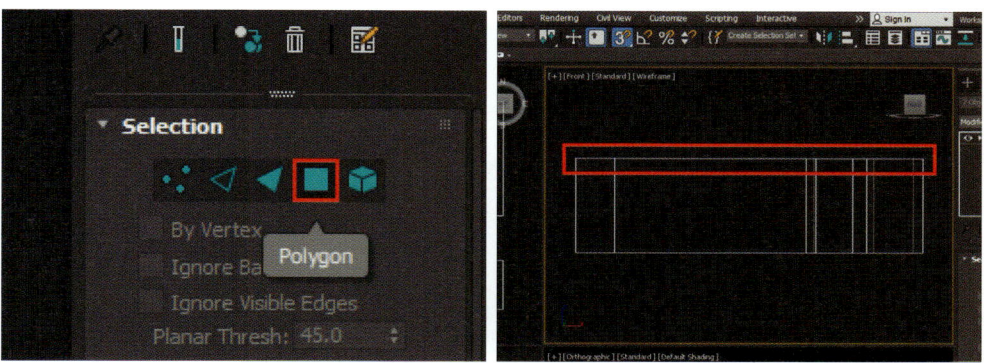

**21** 이제 선택된 면을 분리하기 위해서 Detach 명령을 수행합니다. 나타나는 Detach 대화 상자에서 아래 그림과 같이 '3D_상부단면'이라는 이름으로 개체를 분리시켜 줍니다.

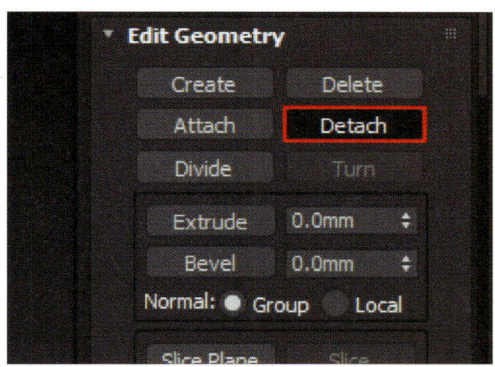 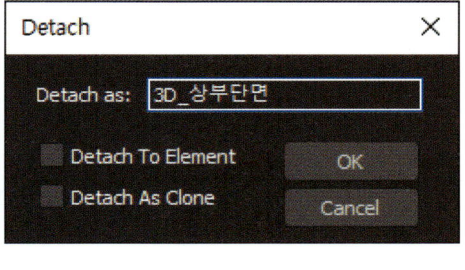

㉒ 만들어진(분리된) 개체를 확인해 보면 각각의 객체마다 상부단면을 분리하였기 때문에 다수의 면 개체가 분리되어 만들어지는 것을 확인할 수 있습니다. '3D_상부단면ㅇㅇㅇ' 개체를 모두 선택한 뒤, Group▶Group 명령을 수행하여 '3D_상부단면'이라는 이름으로 묶어 줍니다.

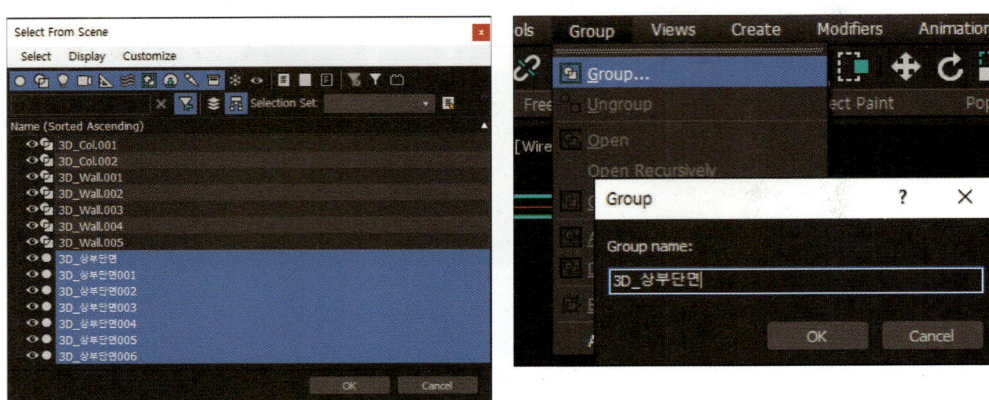

㉓ 이제 작성된 3D 모델링 개체에 재질을 부여해 보도록 하겠습니다. Select by Name 명령을 수행하여 나타나는 개체 중에서 '벽체.00X'라는 이름의 개체를 모두 선택한 뒤, 미리 설정된 '벽체' 재질을 부여해 줍니다.

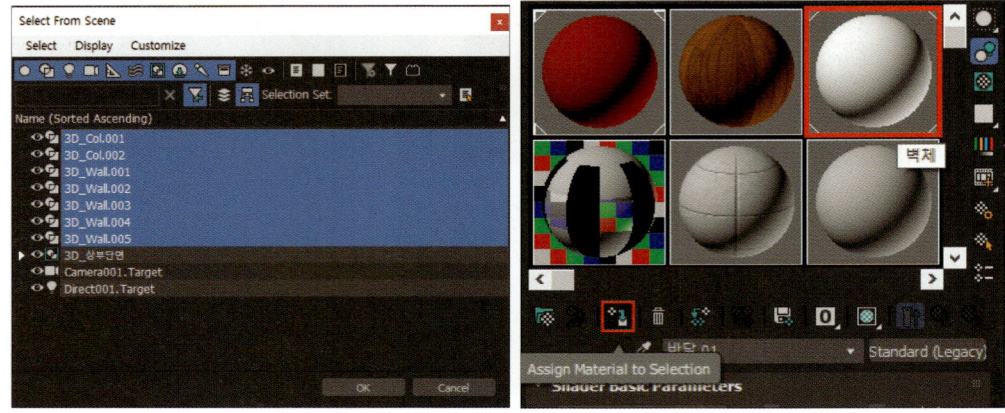

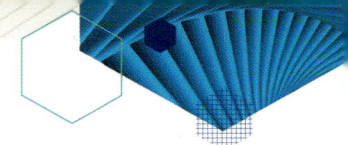

**24** 계속해서 이번에는 개체 중에서 '3D_상부단면'이라는 이름의 그룹 개체를 선택한 뒤, 미리 설정해 놓은 '단면' 재질을 지정해 줍니다.

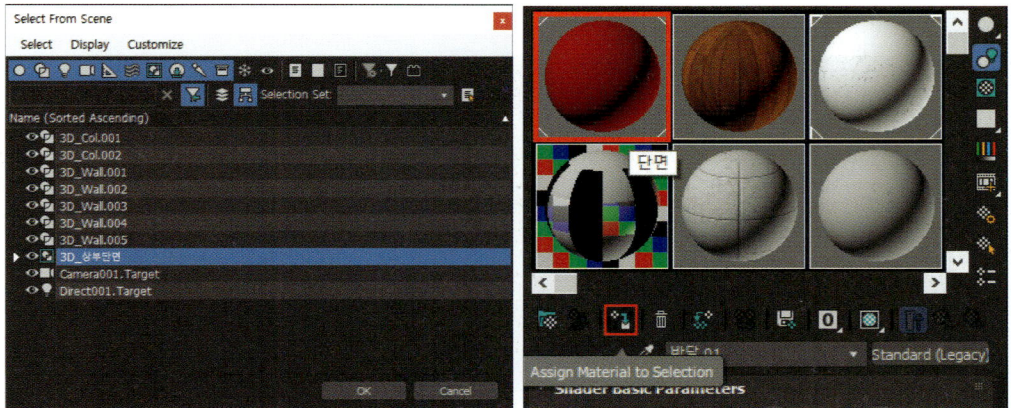

**25** 렌더링을 수행하여 지금까지 작업한 결과를 확인해 줍니다. 이제 다음 작업을 위해서 모든 개체를 선택한 뒤, Hide Selected 명령을 수행하여 보이지 않도록 설정해 줍니다.

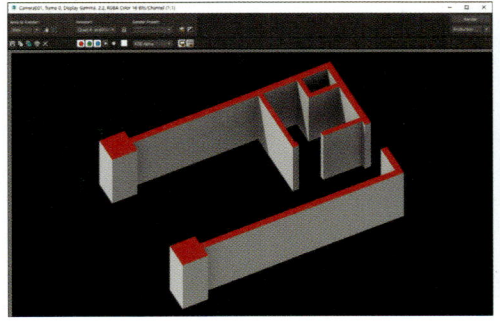
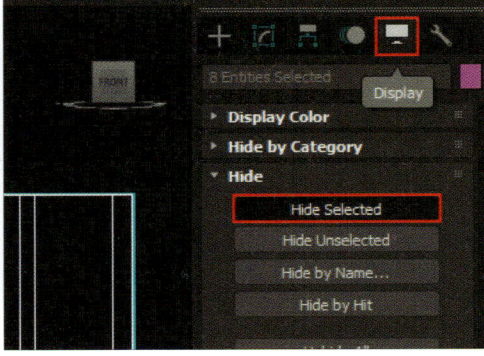

**06.** 모델링을 위한 CAD 도면의 활용 (1)

**26** 이번에는 바닥 개체를 그려보도록 하겠습니다. Display 탭을 클릭한 뒤, Hide▶Unhide by Name... 명령을 수행하여 나타나는 Unhide Object 대화상자에서 '2D_Col', '2D_Fin', '2D_Wall' 개체를 선택하여 보이도록 설정해 줍니다.

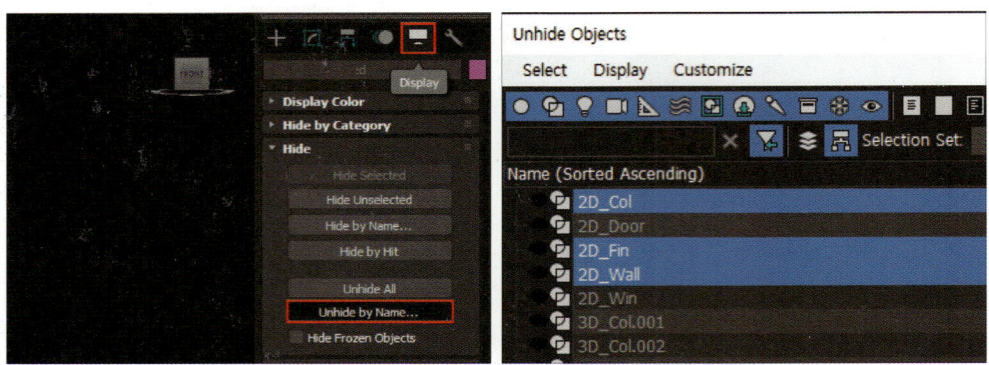

**27** 아래 그림과 같이 도면 개체가 나타나면 Create 탭을 클릭한 뒤, Shape▶Line 명령을 선택해 줍니다.

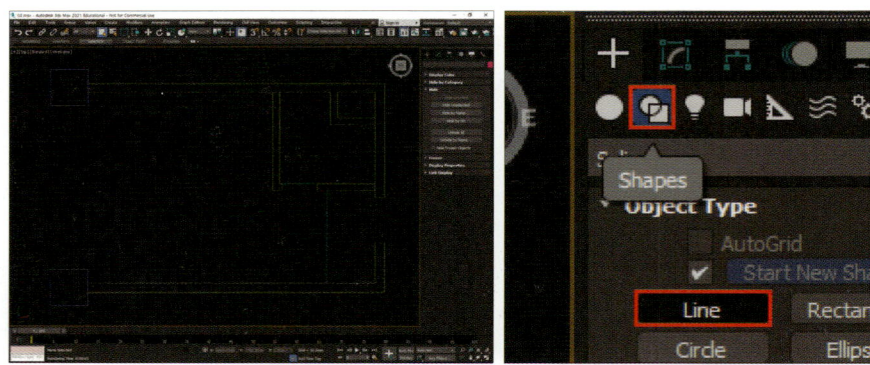

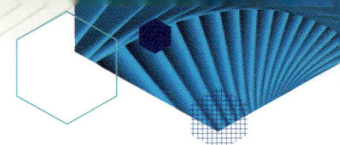

**28** 아래 그림을 참고하여 Line 명령을 이용한 드로잉 작업을 진행해 줍니다.

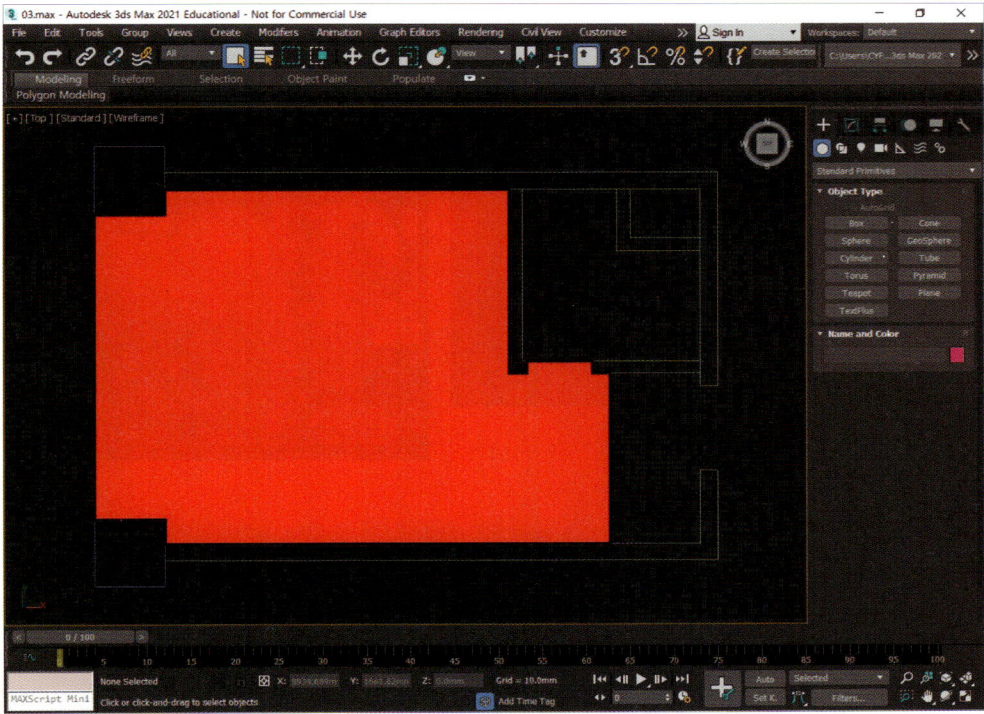

**29** 작성된 개체 이름을 '3D_Floor.001'로 변경한 뒤, Extrude 명령을 수행하여 돌출 높이(Amount)를 150mm로 설정해 줍니다.

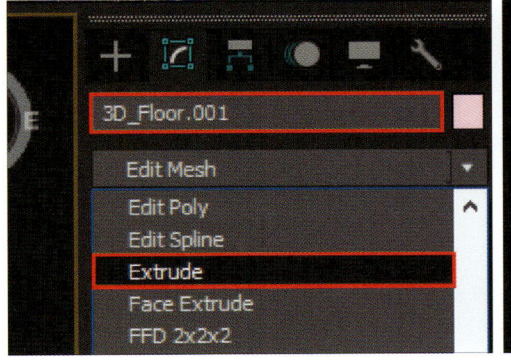
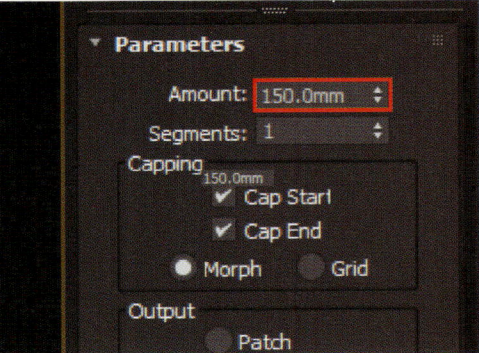

**06.** 모델링을 위한 CAD 도면의 활용 (1)

**30** 아래 그림과 같이 바닥 모델링 개체가 작성되면, 미리 설정된 '바닥.01' 재질을 적용해 줍니다.

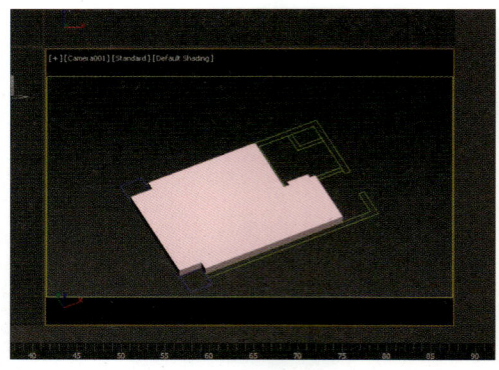 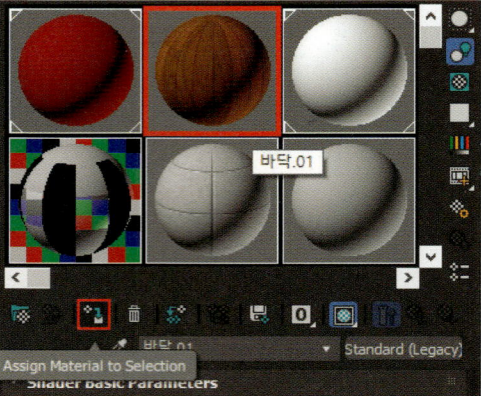

**31** 재질의 크기를 설정하기 위해서 Modifier List에서 UVW Map 명령을 수행합니다. 계속해서 Mapping 방법은 Box로, 크기는 Length: 2000mm, Width: 2000mm, Height: 2000mm로 설정해 줍니다.

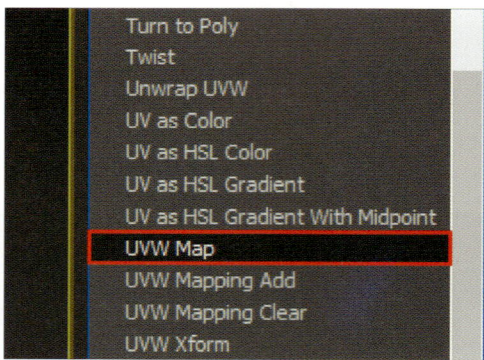 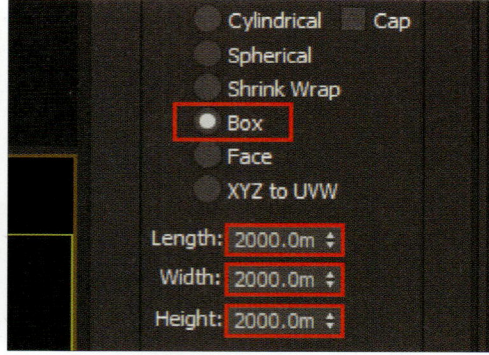

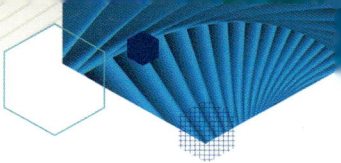

**32** 렌더링을 진행하여 결과를 확인한 뒤, Hide Selected 명령을 이용하여 작성된 바닥 개체를 보이지 않도록 설정해 줍니다.

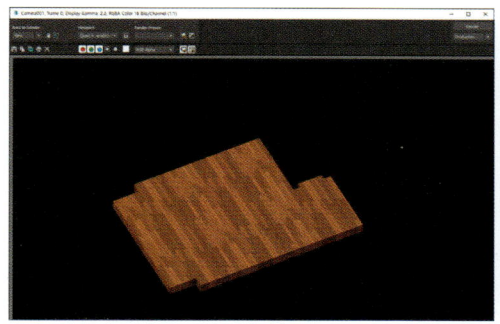 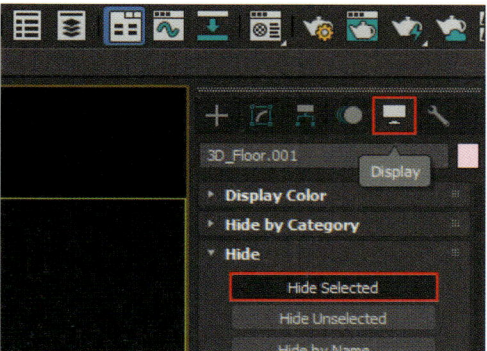

**33** 다시 Top 뷰를 화면 전체로 설정한 뒤, 다른 바닥 개체를 작성하기 위해서 Shape▶Line 명령을 선택해 줍니다.

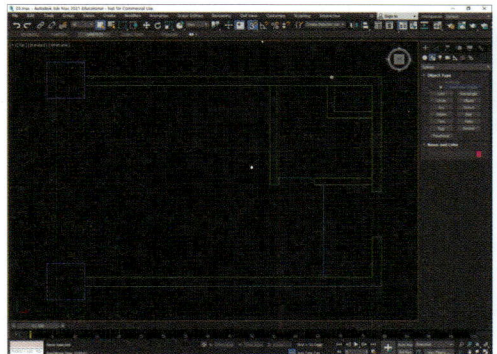 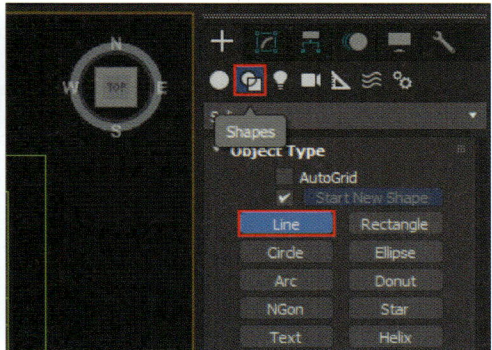

**06.** 모델링을 위한 CAD 도면의 활용 (1)  **307**

**34** 앞에서 수행한 방법과 동일한 방법으로 아래 그림을 참고, Line 명령을 이용하여 드로잉 작업을 진행해 줍니다.

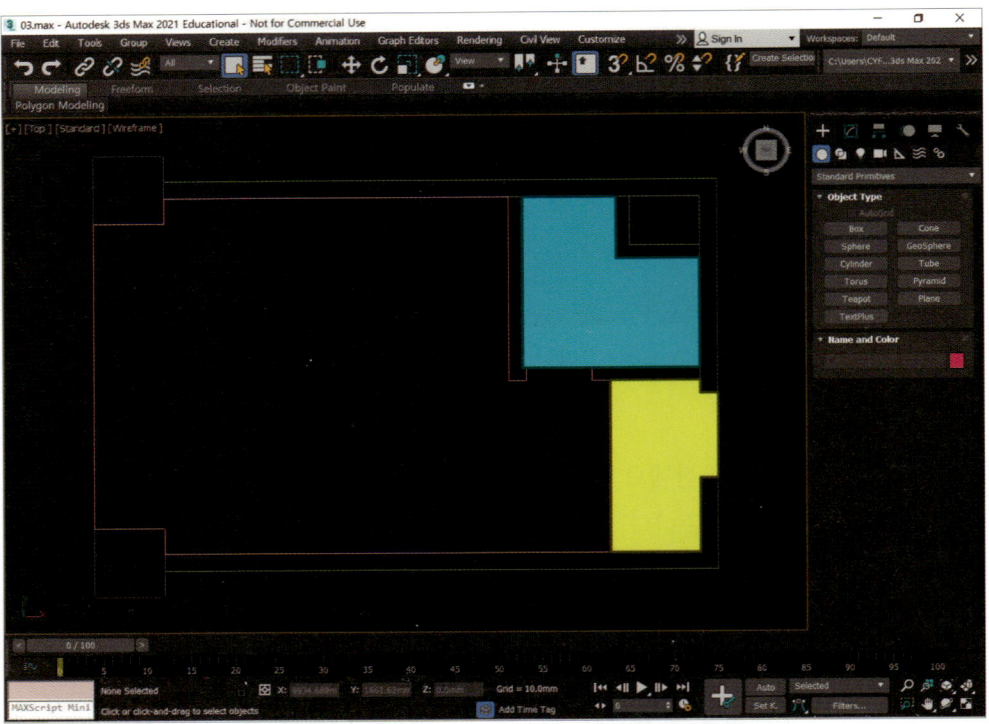

**35** 작성된 드로잉 개체를 선택한 뒤, Extrude 명령을 수행하여 돌출 높이(Amount)를 100mm로 설정해 줍니다.

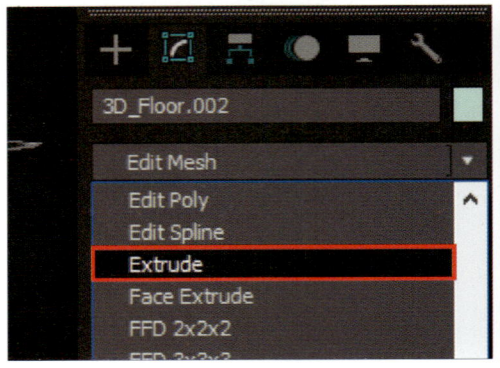 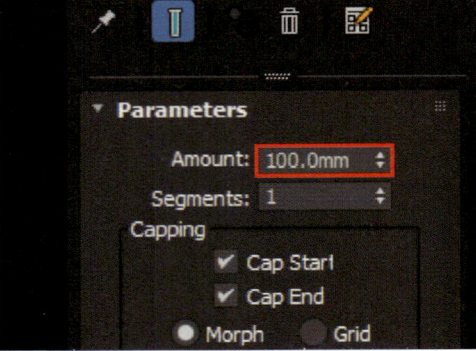

**36** 아래 그림과 같은 바닥 모델링을 제작한 뒤, '3D_Floor.002'라는 이름으로 변경해 줍니다.

 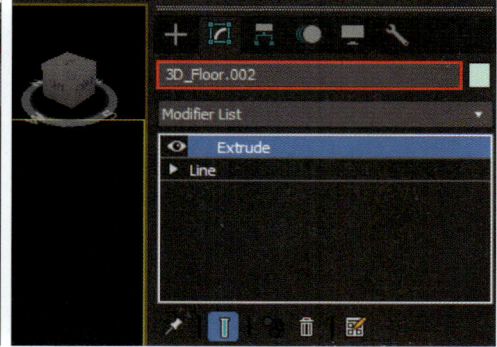

**37** 작성된 나머지 개체도 앞에서 수행한 것과 같은 방법과 값을 이용하여 바닥 모델링을 만들어 줍니다.

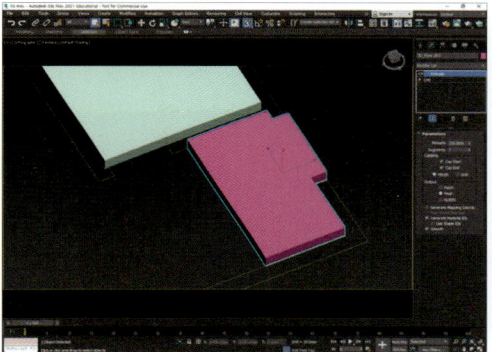 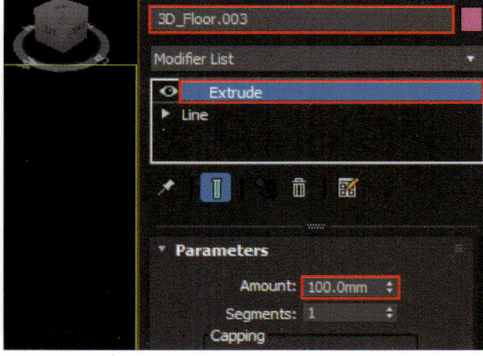

**38** 아래 그림과 같은 바닥 모델링을 완성한 뒤, 작성된 2개의 바닥 개체를 모두 선택한 상태에서 미리 설정된 '바닥.02' 재질을 적용해 줍니다.

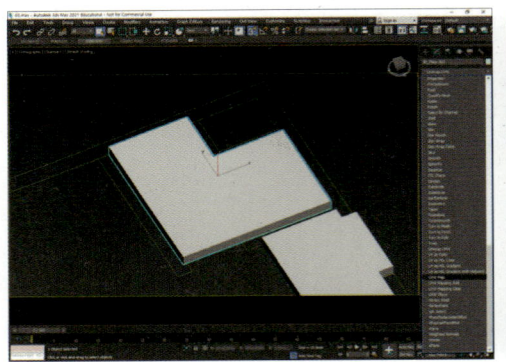
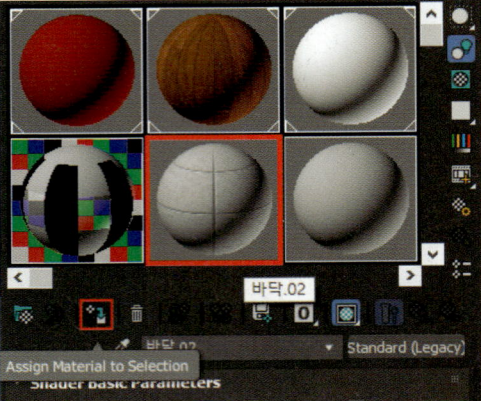

**39** 재질의 크기를 설정하기 위해서 Modifier List에서 UVW Map 명령을 수행합니다. 계속해서 Mapping 방법은 Box로, 크기는 Length: 500mm, Width: 500mm, Height: 50mm으로 설정해 줍니다.

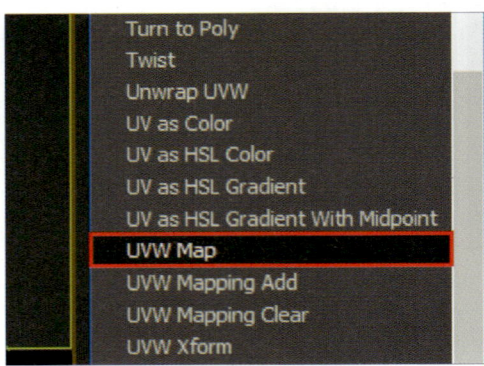
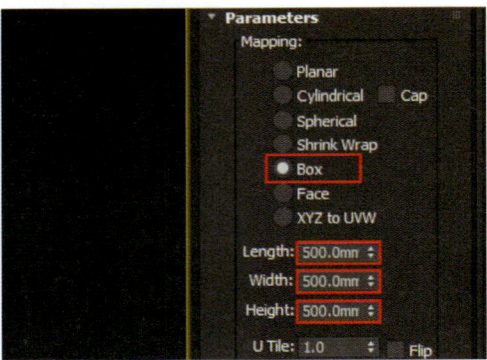

**40** 아래 그림과 같은 재질이 적용된 결과를 확인할 수 있으며, 렌더링을 진행하여 결과를 확인해 봅니다.

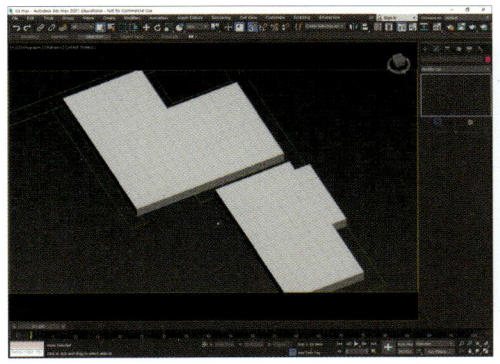
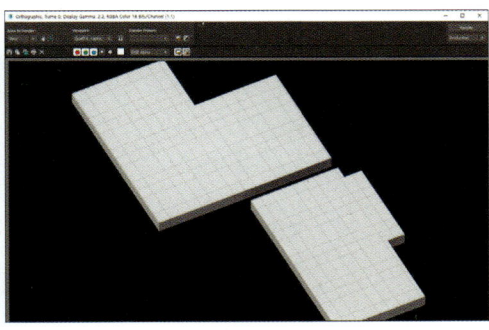

**41** 이번에는 창호 및 문 개체 모델링을 진행해 보도록 하겠습니다. 앞에서 작성된 3D 바닥 모델링 개체를 선택한 뒤, Hide Selected 명령을 수행하여 보이지 않도록 설정해 줍니다.

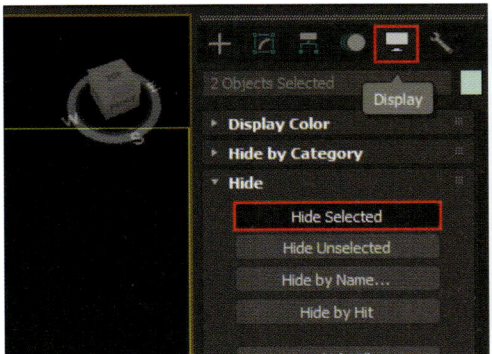
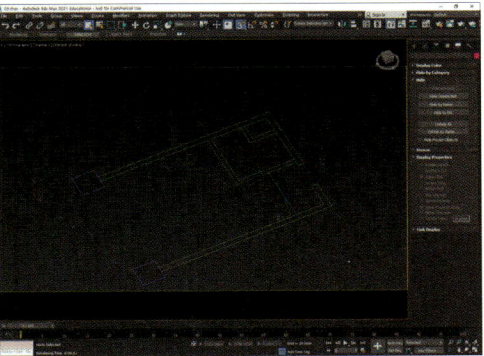

㊷ 창문 모델링 명령 중에서 고정 창을 그려보도록 하겠습니다. Create 탭을 클릭한 뒤, Geometry ▶ Windows ▶ Fixed 명령을 이용하여 아래 그림과 같은 창 개체를 그려줍니다.

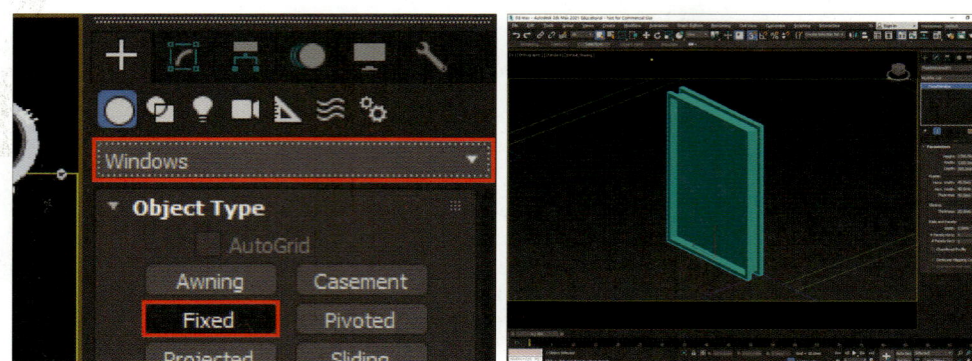

㊸ 물론 작성되는 고정 창의 크기와 모양은 아래 그림 치수를 참조하여 작성해 줍니다.

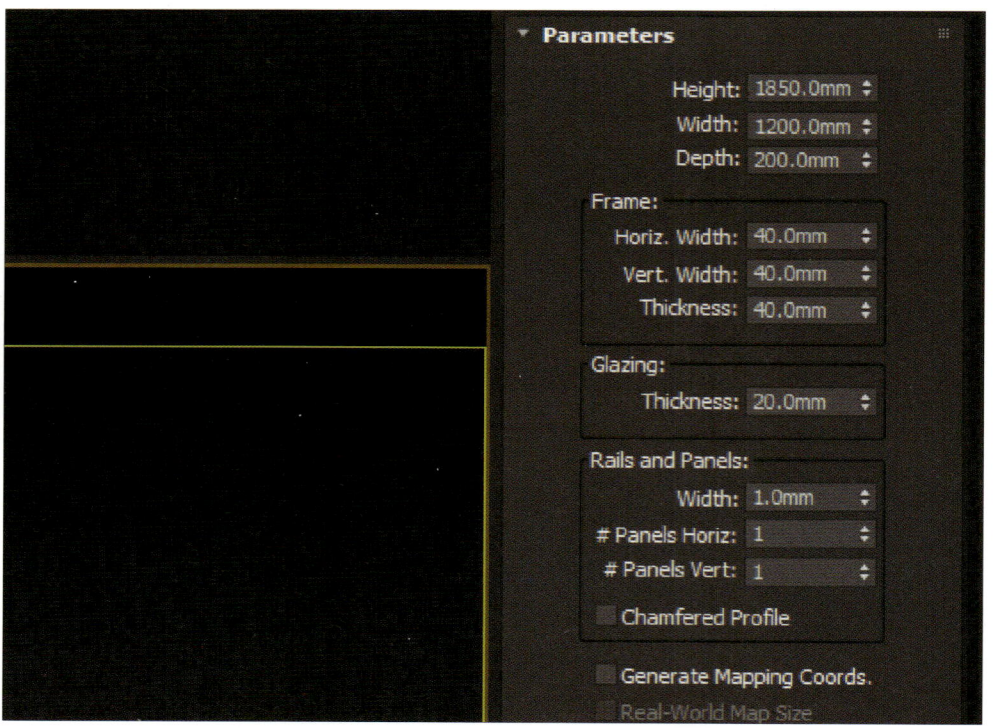

**44** 작성된 고정 창문 개체를 선택한 뒤, 미리 설정된 '창문' 재질을 설정해 줍니다. 렌더링을 진행하여 결과를 확인해 봅니다.

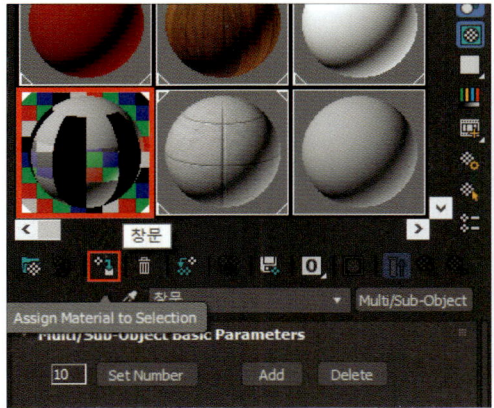 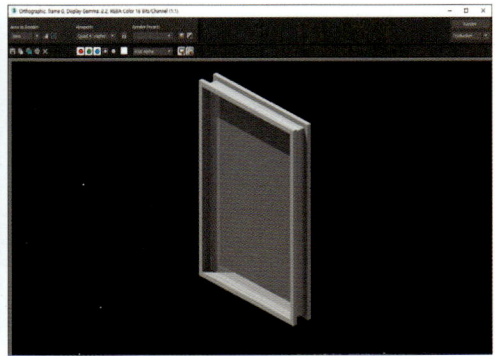

**45** Shift 키를 누른 상태에서 이동 툴을 이용하여 아래 그림과 같이 창문 개체를 복사해 줍니다. 물론 복사된 개체는 설정된 스냅을 이용하여 이동시켜 줍니다. 계속해서 작성된 개체의 정확한 Z축 이동을 위해서 Select and Move 명령을 클릭, 다시 마우스 오른쪽 버튼을 클릭하여 나타나는 Move Transform Type-In 대화상자에서 Offset: World의 Z값을 150mm로 입력하여 이동시켜 줍니다.

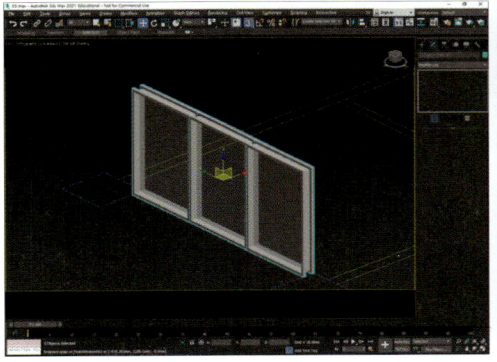 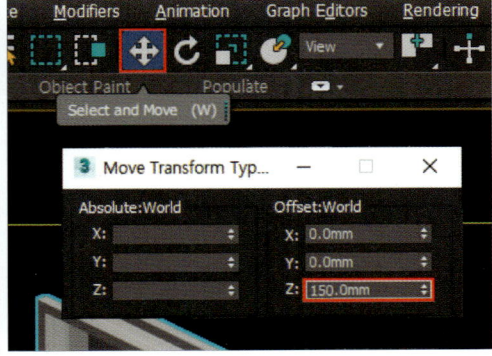

**46** 아래 그림과 같은 모습을 확인한 뒤, 렌더링을 수행하여 결과를 확인해 줍니다.

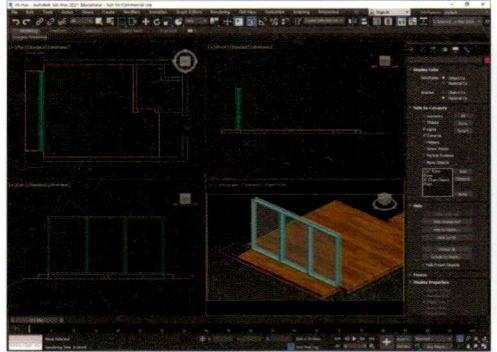 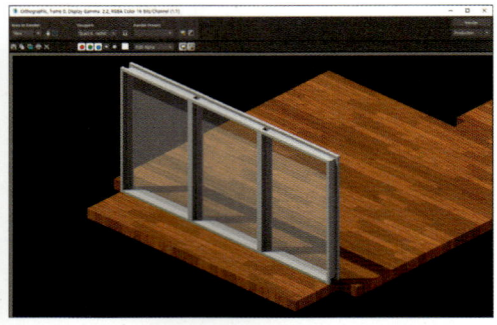

**47** 이번에는 문 개체를 만들어 보도록 하겠습니다. 아래 그림과 같은 위치에 Geometry▶Doors▶Pivot 명령을 이용하여 문 개체를 작성해 줍니다.

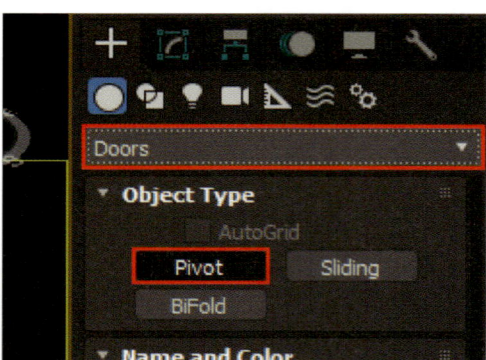 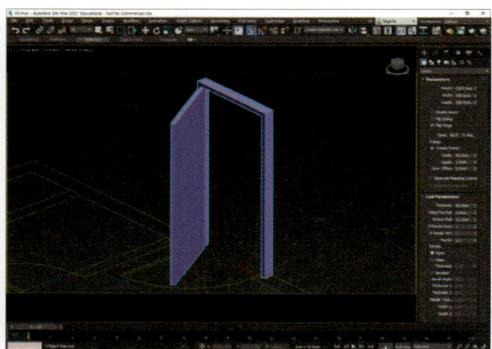

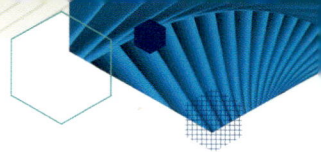

**48** 작성되는 여닫이문의 크기와 모양은 아래 그림의 치수를 참조하여 작성해 줍니다.

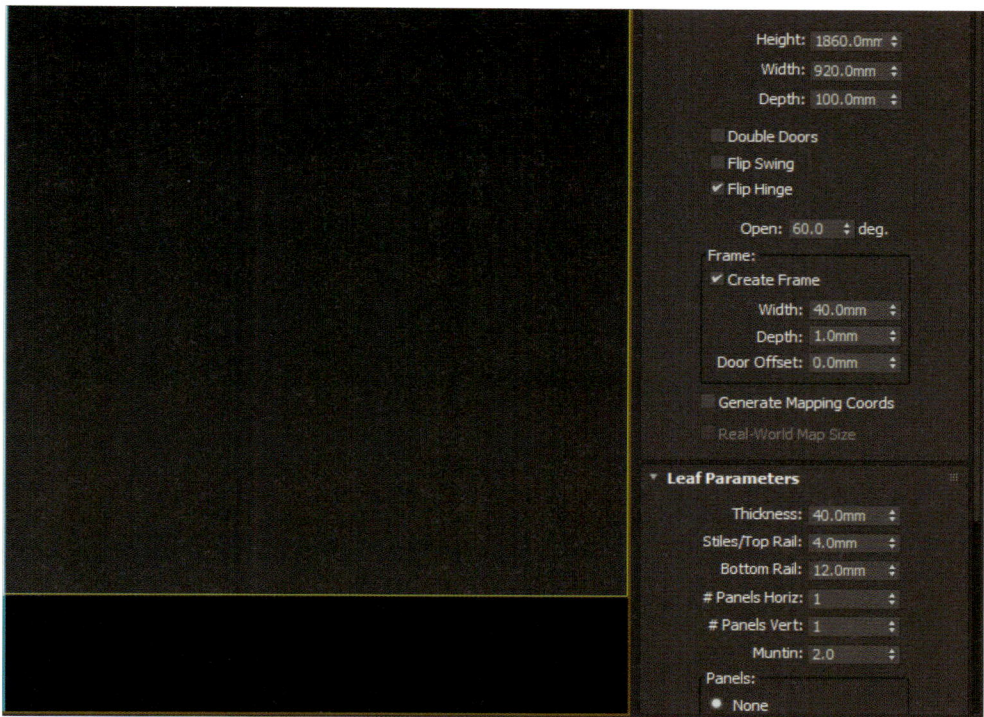

**49** 앞에서 진행한 것과 같은 방법으로 나머지 문 개체를 작성해 줍니다. 물론 작성되는 모델링 개체의 변수를 아래 그림을 참조하여 작성해 줍니다.

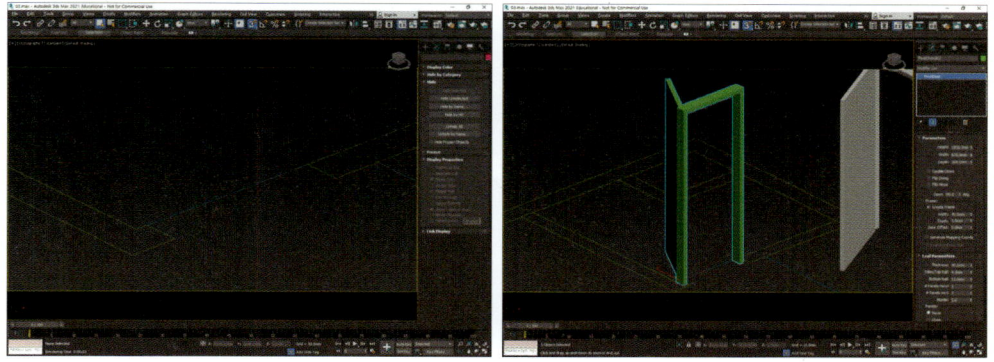

**06.** 모델링을 위한 CAD 도면의 활용 (1)　**315**

**50** 작성되는 여닫이문의 크기와 모양은 아래 그림의 치수를 참조하여 작성해 줍니다.

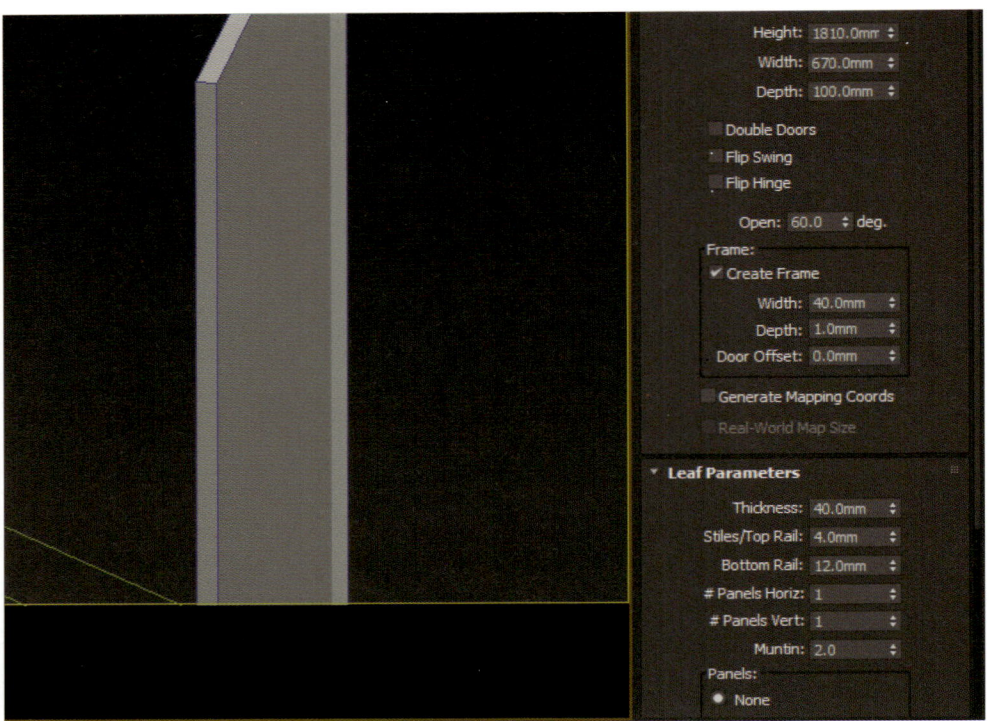

**51** 작성된 문 개체를 모두 선택한 뒤, 미리 설정된 '창문' 재질을 설정해 줍니다.

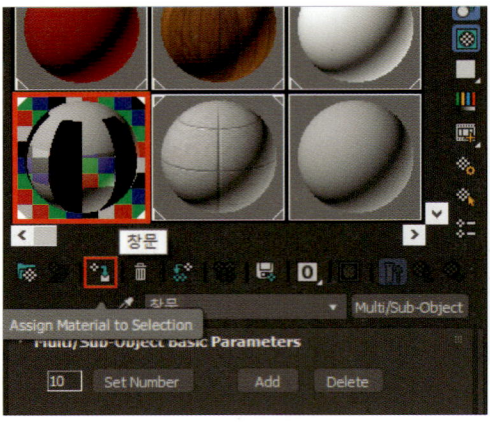
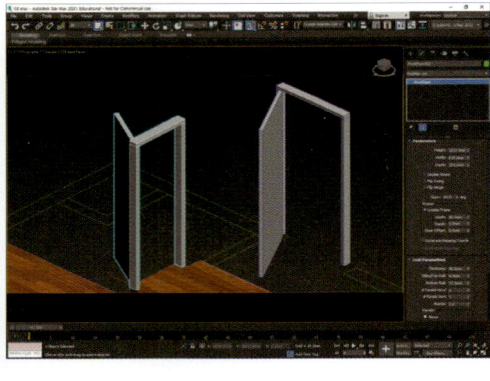

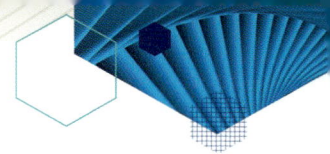

**52** 보이지 않도록 설정한 '3D_Floor.002', '3D_Floor.003' 개체를 보이도록 설정한 뒤, 각각의 문 개체를 필요한 위치로 정확하게 이동시켜 줍니다.

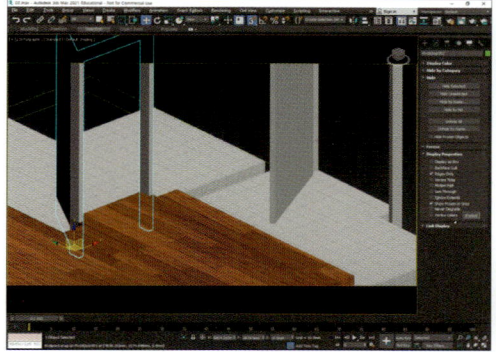
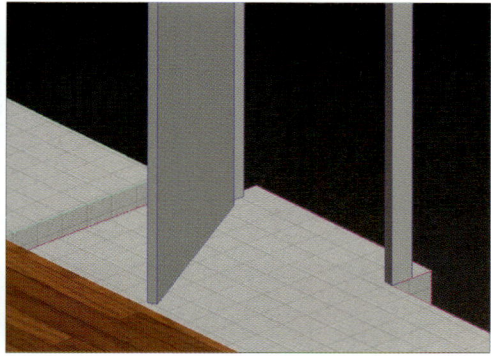

**53** 마지막으로 Unhide All 명령을 수행하여 지금까지 작성된 모든 데이터를 보이도록 설정한 뒤, 렌더링을 수행하여 결과를 확인해 줍니다.

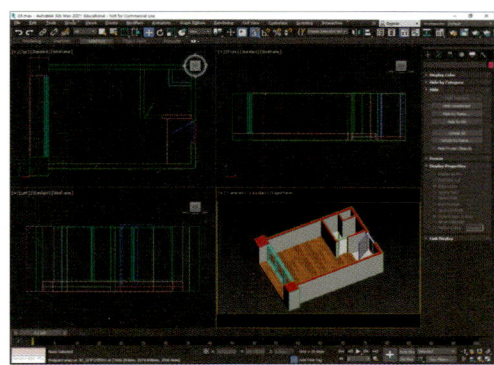
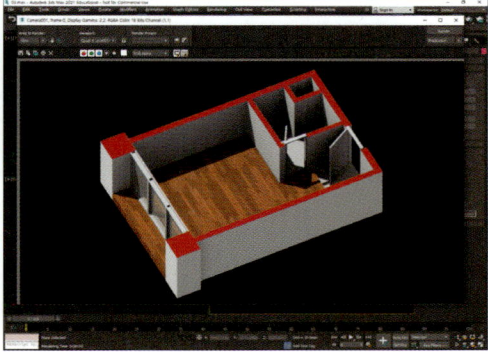

(06\03.max)

**06.** 모델링을 위한 CAD 도면의 활용 (1)

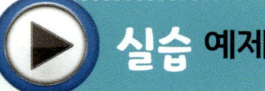

## 실습 예제: 작성된 CAD 파일을 이용한 드로잉 및 모델링 연습하기

주어진 AutoCAD 도면 파일을 바탕에 놓고 3DS MAX에서 2D 드로잉 작업을 진행한 뒤, Extrude 명령을 이용하여 벽체, 바닥 모델링 작업을 진행해 봅니다. 나머지 창호는 미리 준비된 데이터를 불러와 아래 그림과 같은 결과를 완성해 봅니다.

■ 완성된 모델링 결과

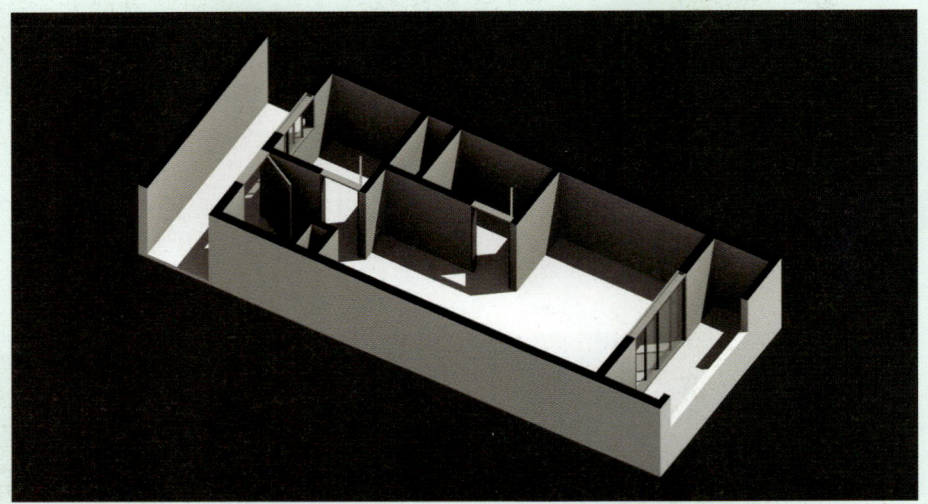

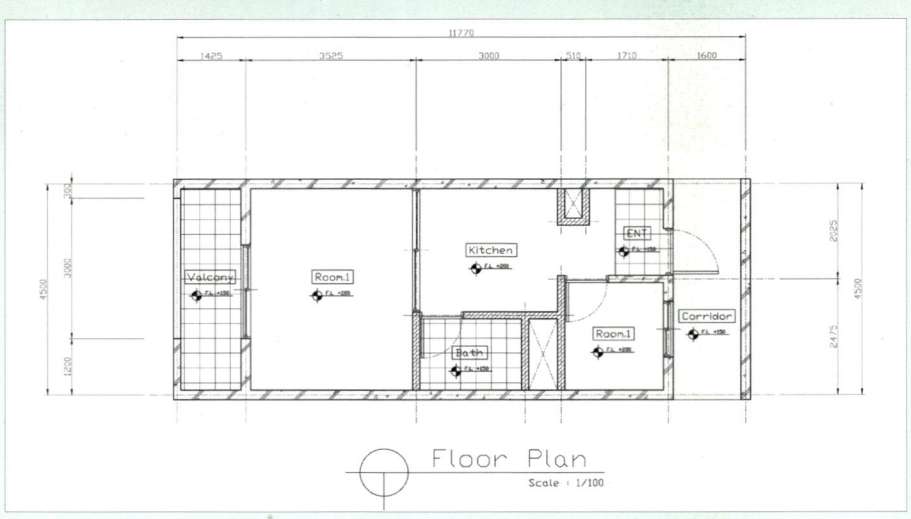

❶ 제공되는 AutoCAD 도면 데이터 및 준비된 MAX 파일 열기

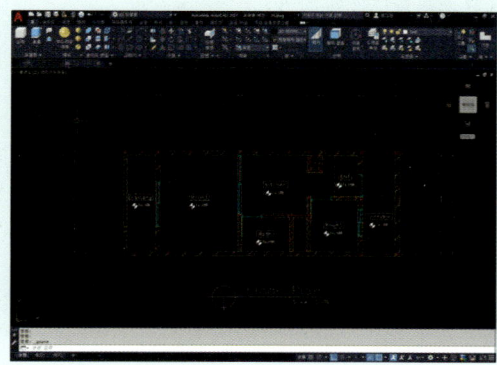
(06\04(평면도).dwg)

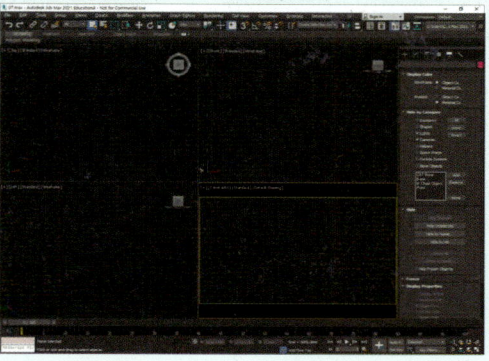
(06\05.max)

❷ 필요한 도면 개체(레이어) 불러오기 및 이름 변경

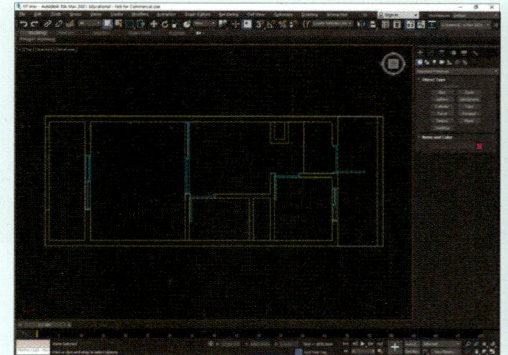

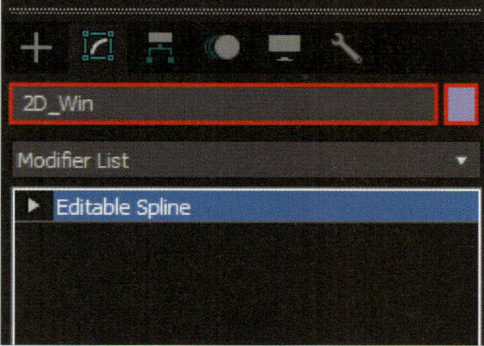

**06.** 모델링을 위한 CAD 도면의 활용 (1)

## 실습 예제

❸ 벽체(1) 모델링을 위한 드로잉, 돌출(Amount: 2200mm)

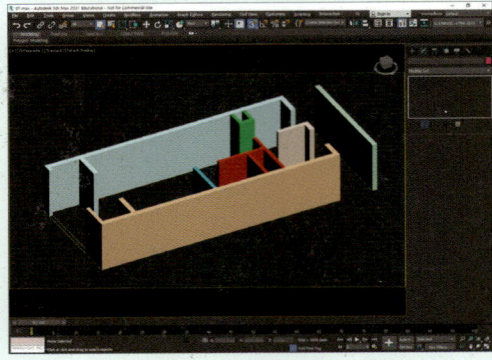
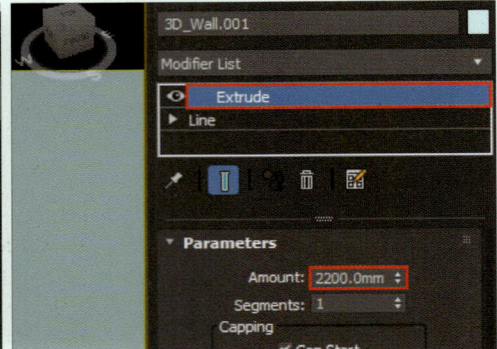

❹ 작성된 벽체 상부 분리 및 재질 적용

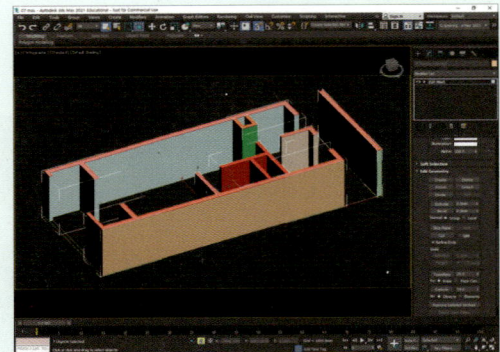
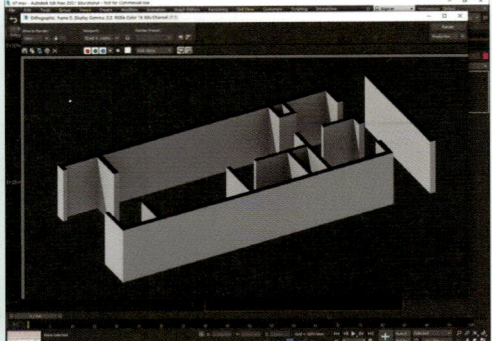

❺ 벽체(2) 모델링을 위한 드로잉, 돌출(Amount: 1200mm)

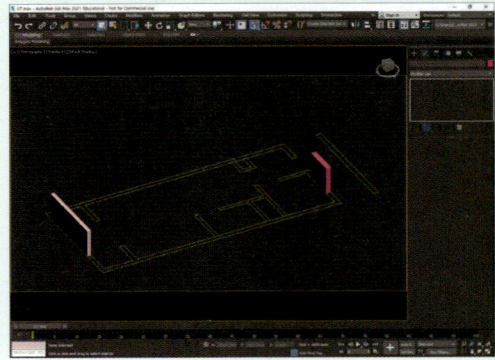
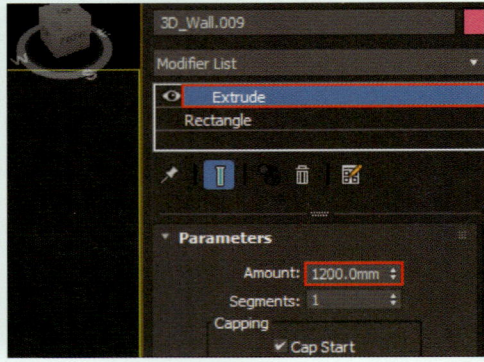

❻ 바닥(1) 모델링을 위한 드로잉, 돌출(Amount: 100mm)

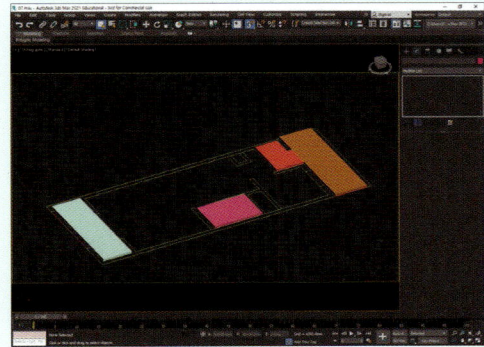 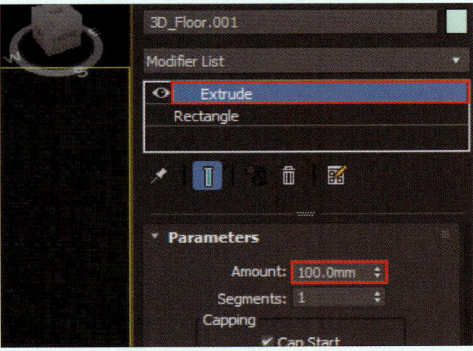

❼ 바닥(2) 모델링을 위한 드로잉, 돌출(Amount: 200mm)

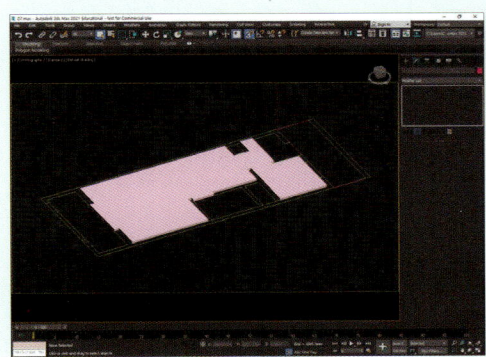 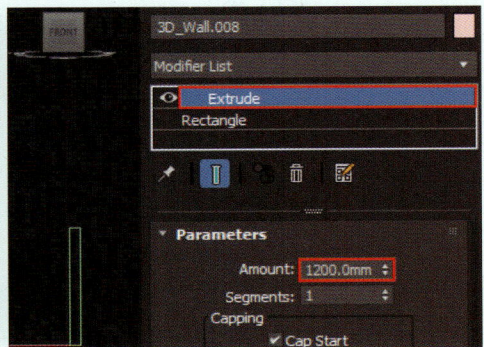

❽ 준비된 창호 모델링 삽입(Merge)

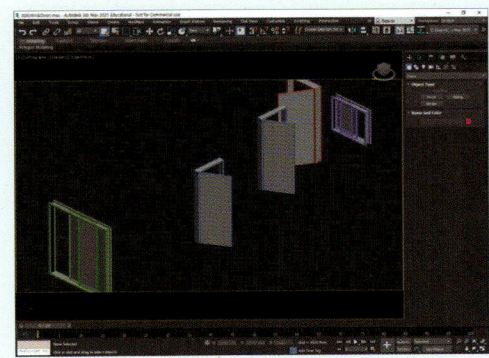 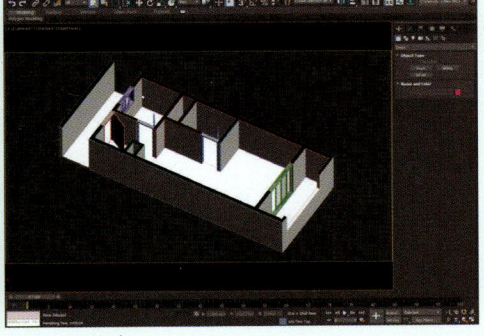

(06\06(Win&Door))　　　　　　　　(06\07.max)

**06.** 모델링을 위한 CAD 도면의 활용 (1)

## 3. AutoCAD 3D 모델링 데이터를 불러와 작업하기

이번에서는 AutoCAD에서 완성된 3D 모델링 데이터를 MAX로 불러오는 과정을 연습해 보도록 하겠습니다. 더불어 CAD에서 작성된 2D 개체는 기본적으로 렌더링 되지 않지만, 필요에 따라 렌더링을 수행할 수 있도록 연습해 보도록 하겠습니다.

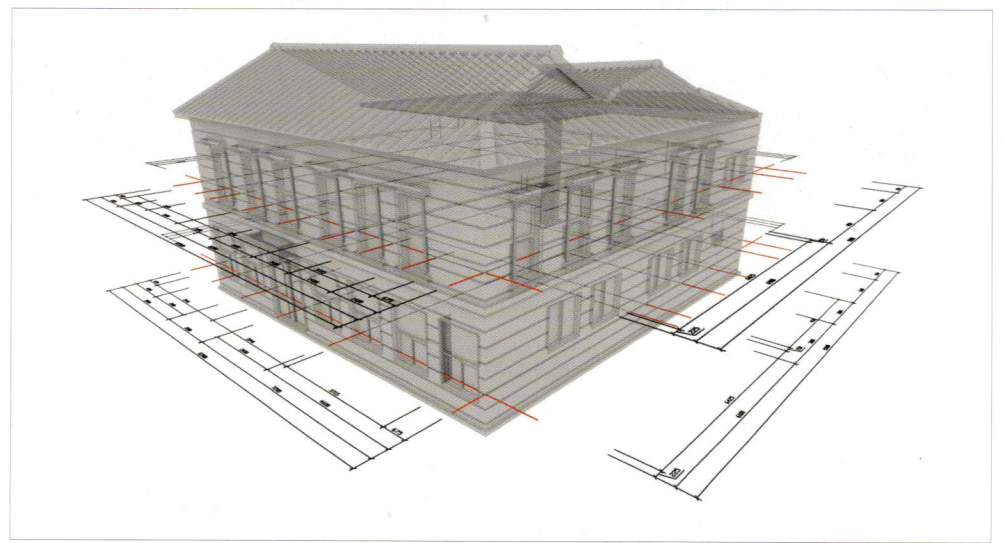

① AutoCAD에서 준비된 모델링 데이터(06\08.dwg)를 확인한 뒤, 3DS MAX에서 준비된 환경설정 파일(06\09.max)을 불러옵니다. 이제 CAD 파일을 불러오기 위해서 File▶Import▶Import 명령을 수행합니다.

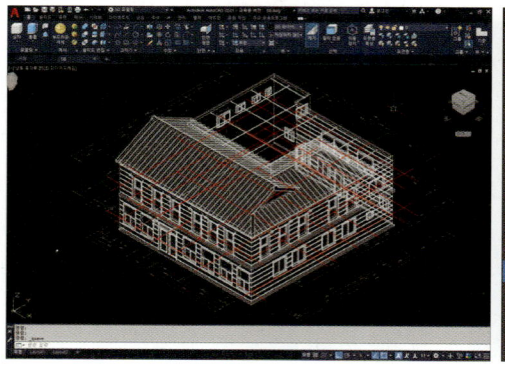

(06\08.dwg)    (06\09.max)

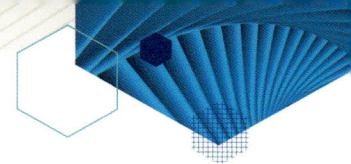

② Select File to Import 대화상자에서 준비된 캐드 파일(06\08.dwg)을 선택해 줍니다. MAX에서 CAD 데이터를 불러오면 아래 그림과 같은 AutoCAD DWG/DXF Import Options 대화상자가 나타나며 Layers 탭을 클릭한 뒤, 필요한 레이어만 선택하여 불러옵니다. 여기서는 '0', 'Defpoints' 레이어를 제외한 모든 레이어를 불러옵니다.

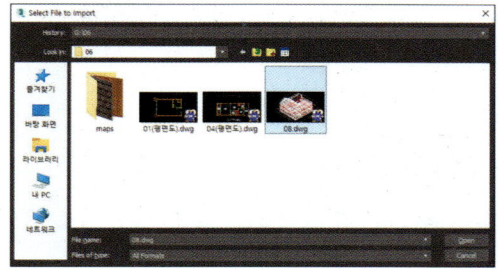
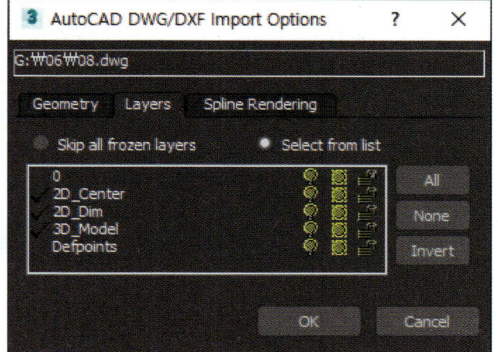

③ 그림과 같이 CAD 데이터를 불러오면 재질이 설정되어 있지 않기 때문에 검은색으로 보입니다. 더불어 Select From Scene 대화상자를 살펴보면 CAD에서 작성된 레이어 단위가 3DS MAX에서는 개체 단위로 들어오는 것을 알 수 있습니다.

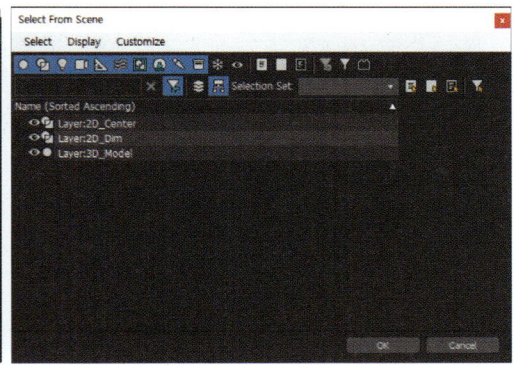

만약 여러분께서 AutoCAD에서 작성된 치수를 불러올 경우 MAX에서 불러오지 못하는 경우가 많습니다. CAD에서 작성된 치수는 블록의 속성을 가지고 있기 때문에 EXPLODE 명령을 이용하여 해체해 주어야 합니다. 더불어 글씨의 경우 TXTEXP 명령을 이용하여 해체할 수 있으나, 일반적으로 사용되는 TFT 폰트(트루타입)의 경우 해체가 불가능하기 때문에 MAX에서 별도의 글씨 입력을 해주시는 것이 좋습니다.

**06.** 모델링을 위한 CAD 도면의 활용 (1)

**4** 개체 이름마다 설정된 'Layer:' 이라는 이름을 삭제, 색상도 원하는 색상으로 변경시켜 줍니다. 개체의 이름과 색상을 변경한 뒤, 모든 개체를 선택해 줍니다.

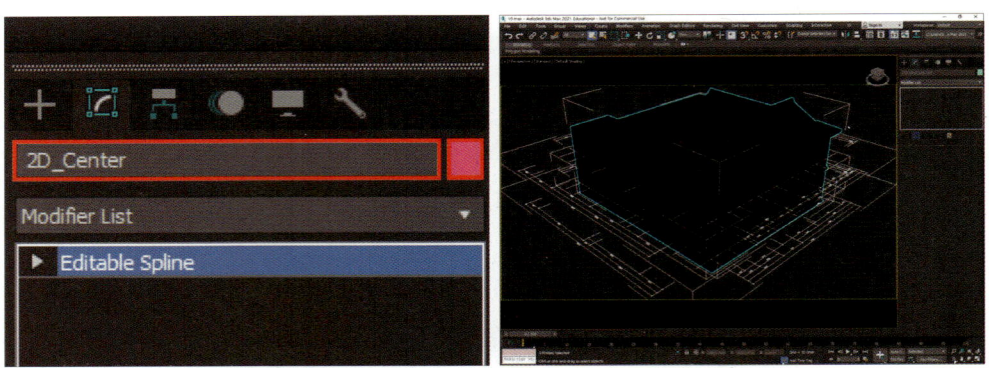

**5** Material Editor를 실행한 뒤, 미리 설정된 재질 중에서 첫 번째 슬롯에 설정된 '투명' 재질을 적용해 줍니다.

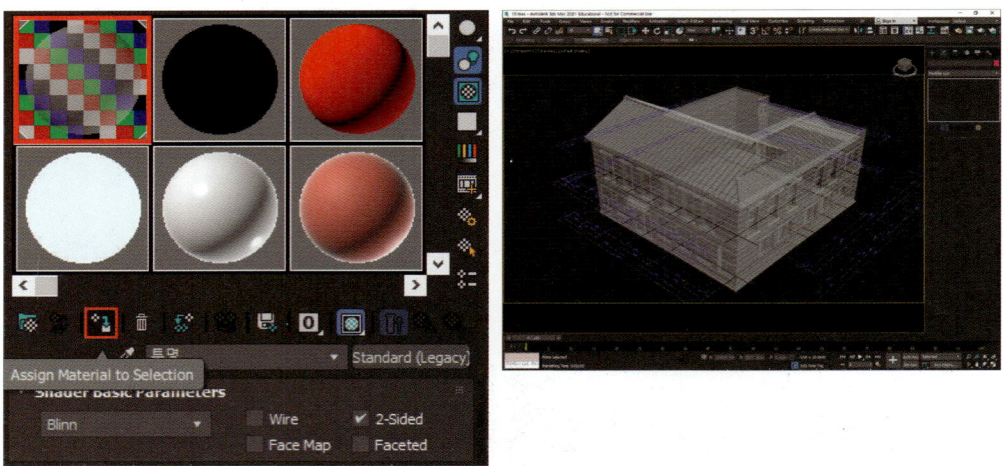

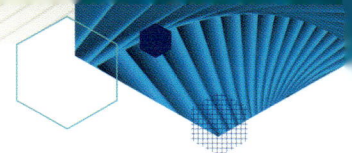

**6** 렌더링을 수행하여 결과를 확인해 봅니다. 3D 개체에 반투명한 재질이 적용된 결과를 확인할 수 있습니다. 다만 2D 드로잉 개체를 보이지 않습니다.

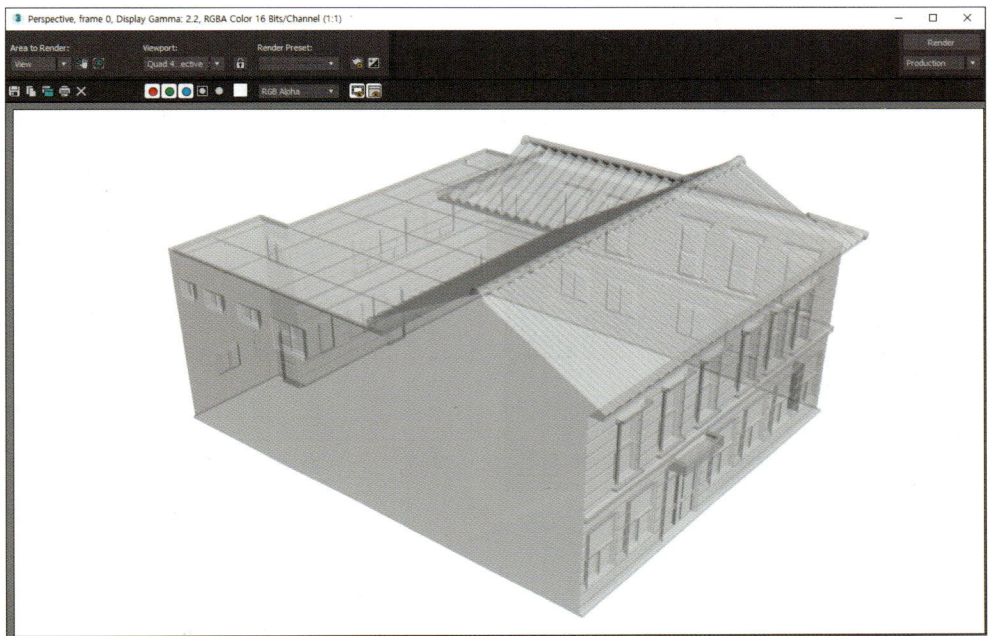

**7** 계속해서 '2D_Center' 개체를 선택해 줍니다. Modify 탭을 클릭하여 나타나는 옵션에서 아래 그림과 같이 Enable In Renderer, Enable In Viewport 옵션을 클릭하여 렌더링이 진행될 수 있도록 설정해 줍니다. 더불어 Thickness 값을 30mm로 지정하여 선의 굵기도 지정해 줍니다.

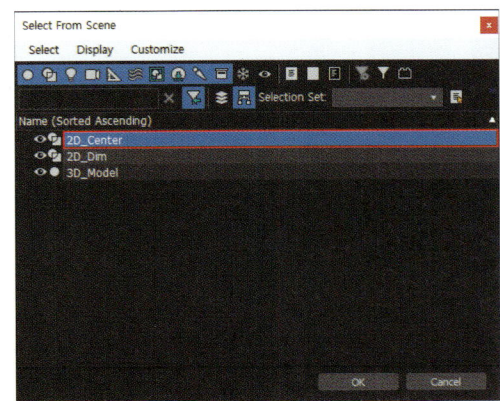

**06. 모델링을 위한 CAD 도면의 활용 (1)** 325

**8** Material Editor를 실행한 뒤, 준비된 재질 중에 '빨강'을 '2D_Center' 개체에 적용해 줍니다. 렌더링을 진행하여 결과를 확인해 봅니다. 이제 2D 개체로 선택한 재질이 적용된 모습으로 렌더링 되는 것을 확인할 수 있습니다.

 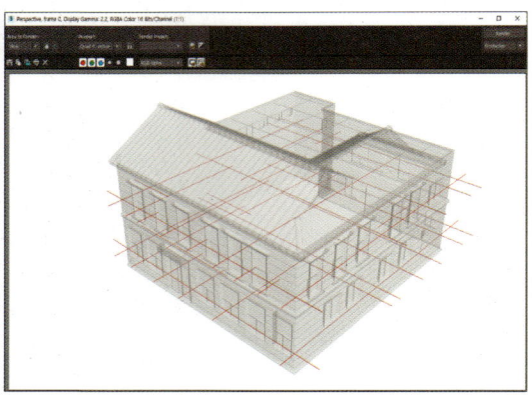

**9** 계속해서 이번에는 개체 중에서 '2D_Dim' 개체를 선택해 줍니다. 선택한 '2D_Dim' 개체도 렌더링이 되지 않는 2D 개체입니다. Modify 탭을 클릭하여 나타나는 옵션 창에서 아래 그림과 같이 Enable In Renderer, Enable In Viewport 옵션을 설정하고, Thickness 값을 20mm로 지정해 줍니다.

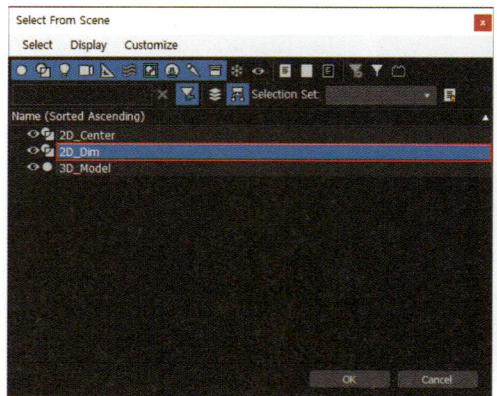 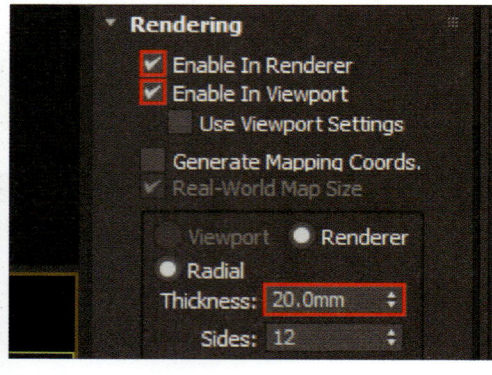

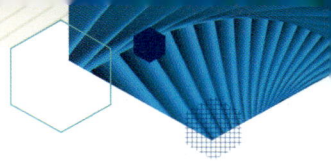

**10** Material Editor를 실행합니다. 이번에는 두 번째 슬롯에 있는 '검정' 재질을 적용한 뒤, 렌더링을 진행하면 결과를 확인할 수 있습니다.

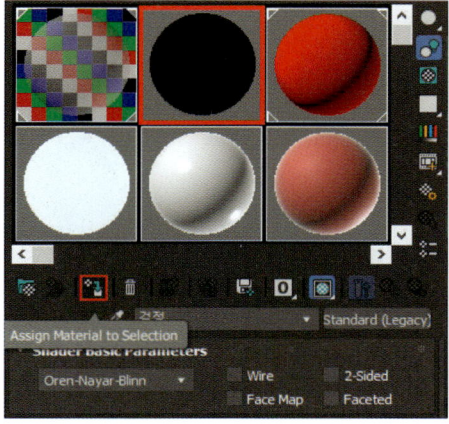
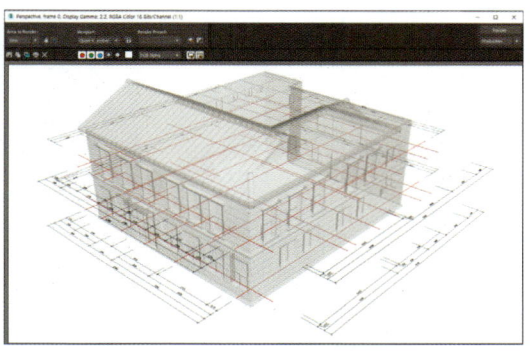

**11** 이번에는 카메라를 배치해 보도록 하겠습니다. Create 탭을 클릭한 뒤, Cameras▶Standard▶Target 명령을 이용하여 임의의 위치에 카메라를 만들어 줍니다. 추가된 카메라의 렌즈 크기를 그림과 같이 15mm로 설정해 줍니다.

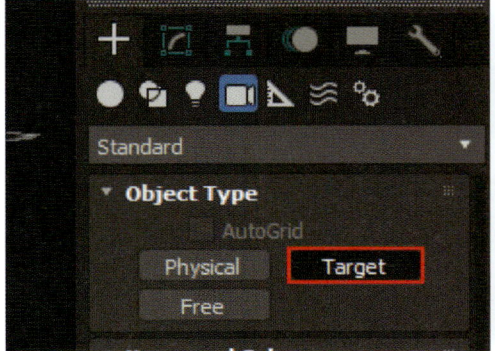
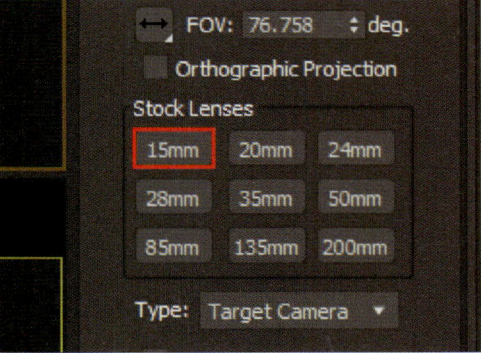

AutoCAD에서 3D 모델링을 진행할 수 있다면 MAX에서 간단한 방법으로 효과적인 렌더링 결과를 만들어 낼 수 있습니다. 필자의 생각으로는 어차피 인테리어 및 건축 분야에서는 AutoCAD를 이용한 도면 작업이 필수로 진행되기 때문에 모든 작업을 3DS MAX로 진행하는 것보다는 AutoCAD와 3DS MAX를 적절하게 같이 사용하는 것이 효과적일 것으로 생각됩니다.

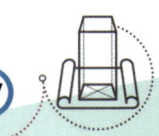

12 이제 아래 그림을 참고하여 카메라와 카메라 타깃의 위치를 비슷하게 설정해 줍니다.

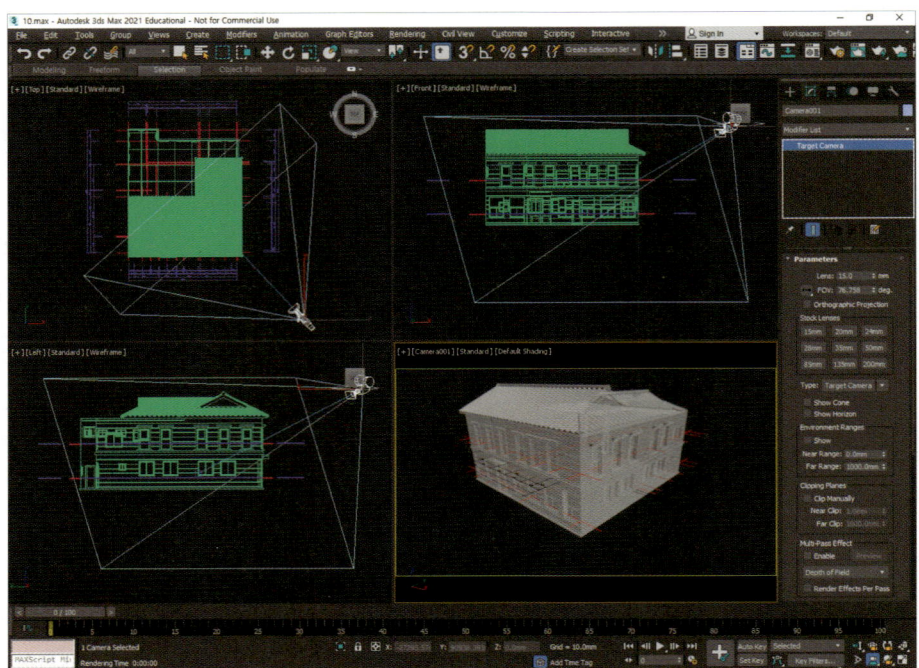

(06\10.max)

13 렌더링을 수행하여 그림과 같이 결과물을 만들어 봅니다.

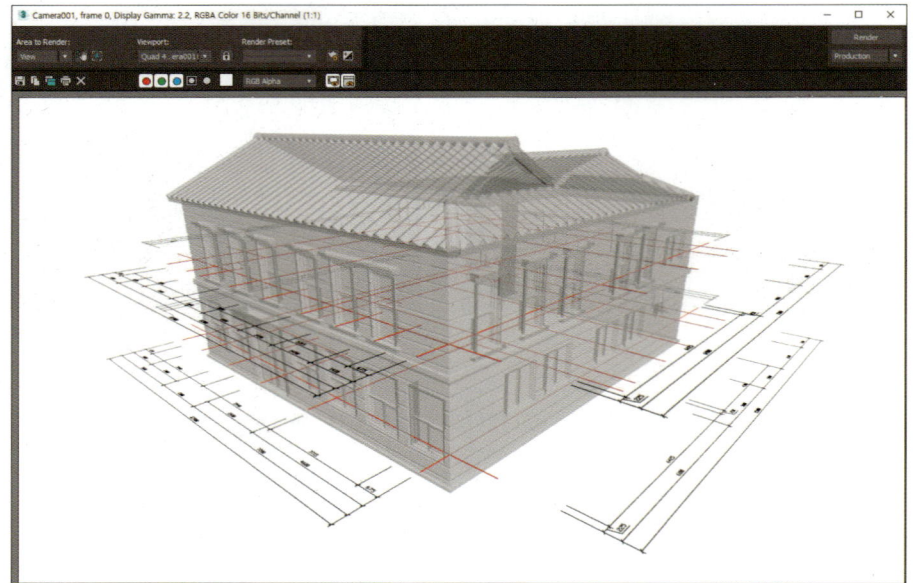

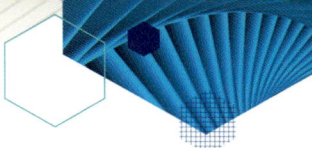

## 4. AutoCAD 도면을 활용한 그리드 표현하기

이번에는 CAD에서 작성된 3D 모델링과 더불어 입면 패턴으로 작성된 2D 개체를 불러온 뒤, MAX에서 그리드(줄눈) 표현으로 활용해 보도록 하겠습니다.

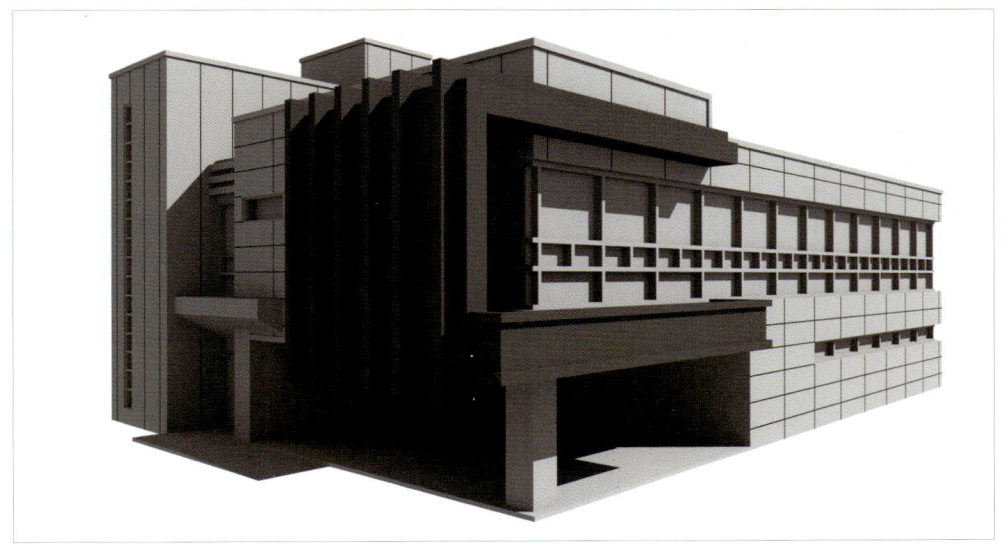

**1** AutoCAD에서 작성된 모델링 데이터(06\11.dwg)를 확인한 뒤, 3DS MAX에서 준비된 환경설정 파일(06\12.max)을 불러옵니다.

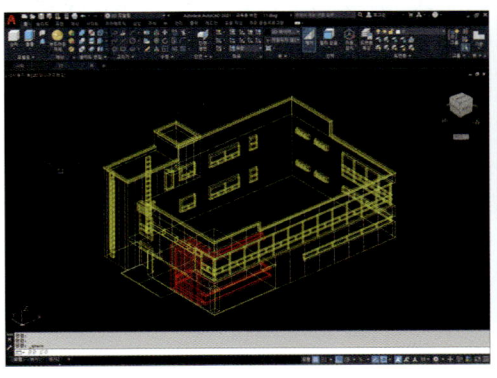

(06\11.dwg)

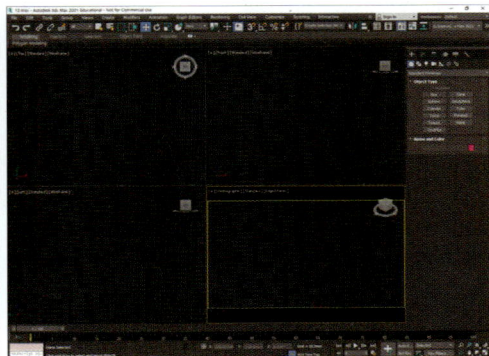

(06\12.max)

**06.** 모델링을 위한 CAD 도면의 활용 (1)

② MAX에서 CAD 파일을 불러오기 위해서 File▶Import▶Import 명령을 수행하여 준비된 캐드 파일(06\12.max)을 선택해 줍니다. AutoCAD DWG/DXF Import Options 창이 나타나며 Layers 탭을 클릭한 뒤, '0' 레이어를 제외한 모든 레이어를 불러옵니다.

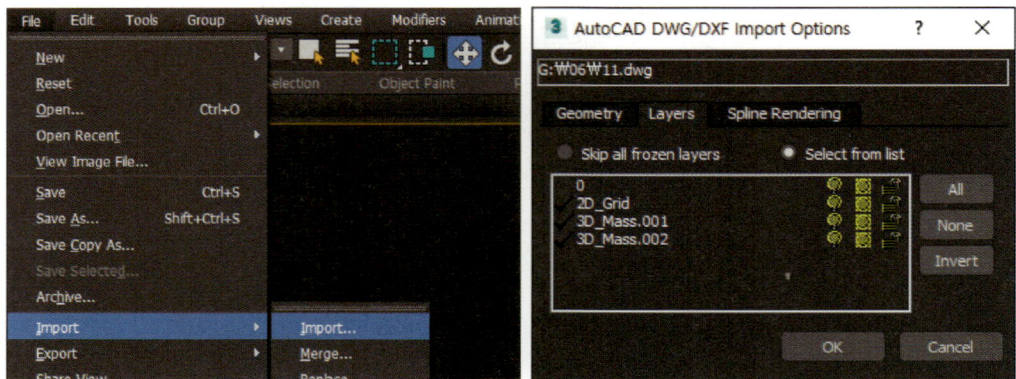

③ CAD 데이터를 불러오면 재질이 설정되어 있지 않기 때문에 그림과 같이 검은색으로 보입니다. 개체 이름마다 설정된 'Layer:'이라는 이름을 삭제, 색상도 원하는 색상으로 변경시켜 줍니다.

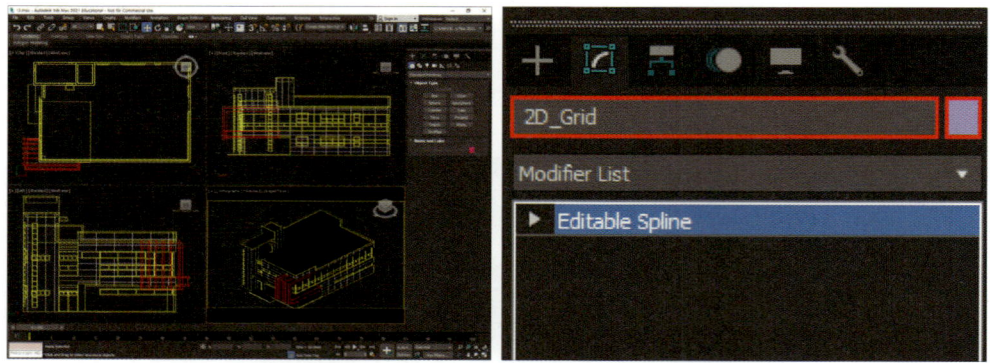

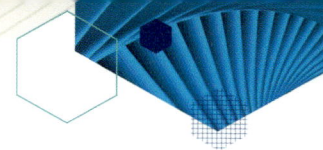

**4** 지금부터 개체의 재질을 변경해 보도록 하겠습니다. '3D_Mass.001' 개체를 선택한 뒤, 미리 설정된 'White' 재질을 적용해 줍니다.

 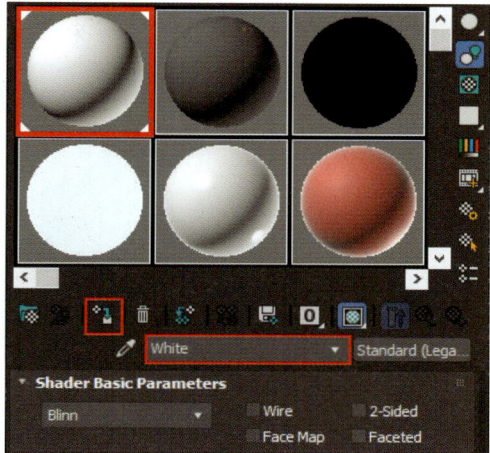

**5** 계속해서 '3D_Mass.002' 개체를 선택한 뒤, 이번에는 'Dark-Gray' 재질을 적용해 줍니다.

 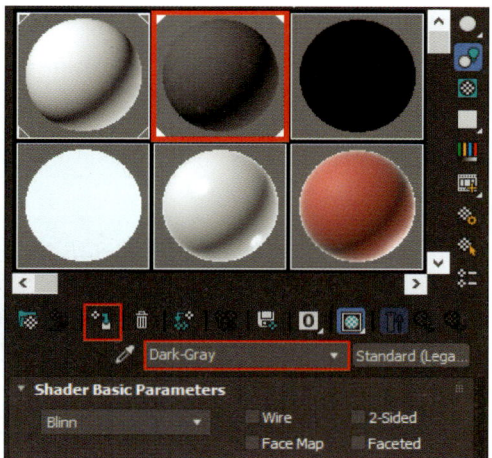

**6** 렌더링을 수행하면 재질을 적용하기 전과 후의 차이를 명확히 이해할 수 있습니다. CAD에서 불러온 3D 모델링 데이터의 경우 아무 재질도 적용되어 있지 않기 때문에 음영이 전혀 없는 검은색으로 렌더링됩니다.

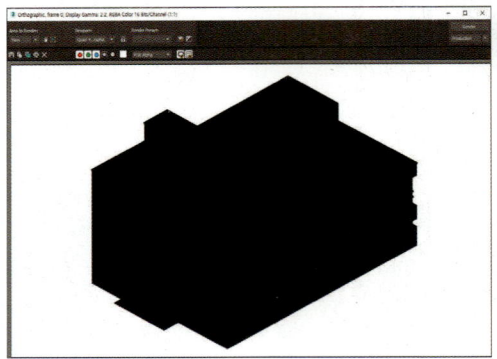
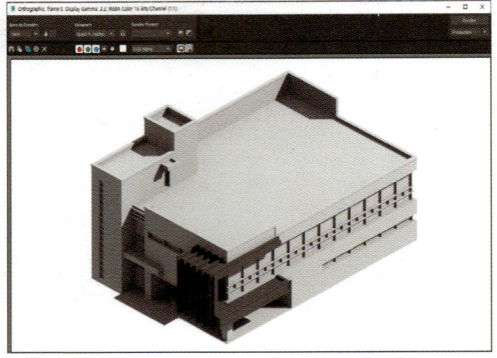

▲ 재질 적용 전 렌더링 모습    ▲ 재질 적용 후 렌더링 모습

**7** 계속해서 '2D_Grid' 개체를 선택한 뒤, Modify 탭을 클릭하여 나타나는 옵션에서 아래 그림과 같이 Enable In Renderer, Enable In Viewport 옵션을 클릭하여 렌더링이 진행될 수 있도록 설정, Thickness 값을 20mm로 지정하여 선의 굵기도 지정해 줍니다. 더불어 Material Editor에서 'Black' 재질도 적용해 줍니다.

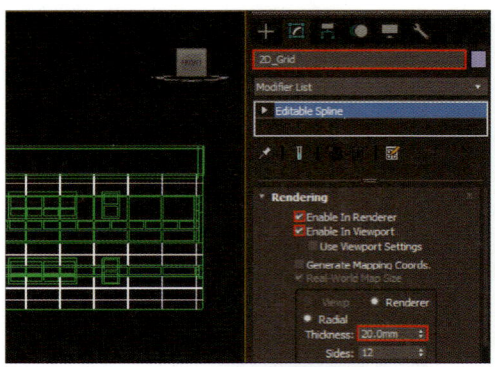
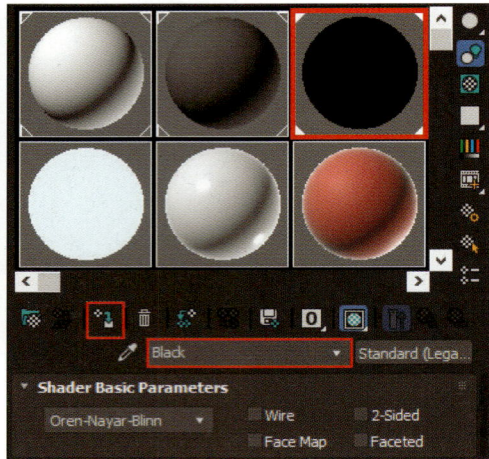

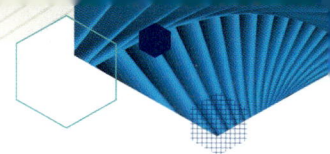

⑧ 아래 그림과 같이 CAD에서 작성된 입면 패턴(그리드, 줄눈)이 표현된 것을 확인할 수 있습니다. 마지막으로 카메라를 배치해 보도록 하겠습니다. Create 탭을 클릭한 뒤, Cameras▶Standard▶Target를 이용하여 카메라를 추가해 줍니다.

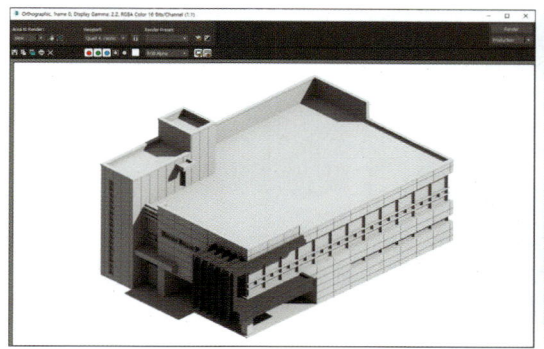
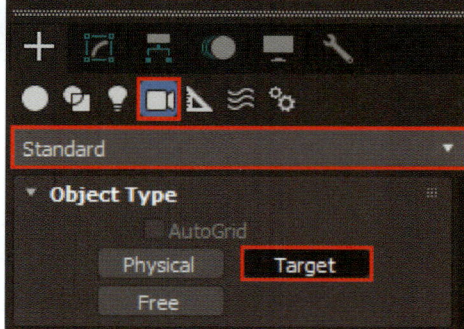

실제로 앞으로 학습할 재질에서 계획된 입면 디자인에 맞게 정확하게 패턴을 맞추는 작업은 쉬운 작업이 아닙니다. 간단하게 표현해도 상관없는 경우 이러한 방법을 활용하는 것도 좋은 노하우입니다.

⑨ 카메라의 위치는 아래 그림과 비슷한 위치로 설정해 줍니다.

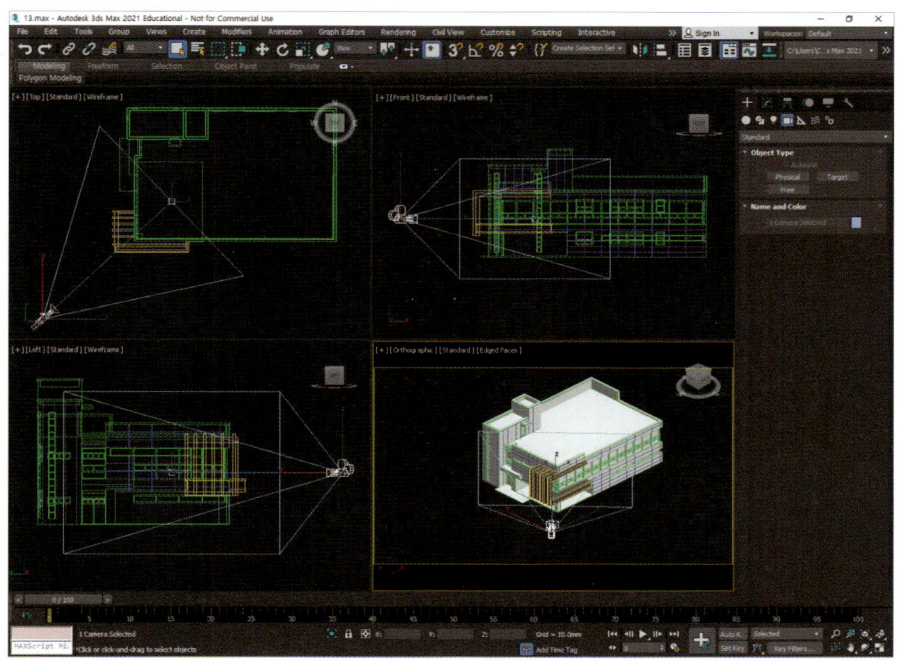

**06.** 모델링을 위한 CAD 도면의 활용 (1)

**10** 배치된 카메라 렌즈의 크기를 20mm로 설정한 뒤, 아래 그림과 같은 시점의 투시도를 만들어 줍니다.

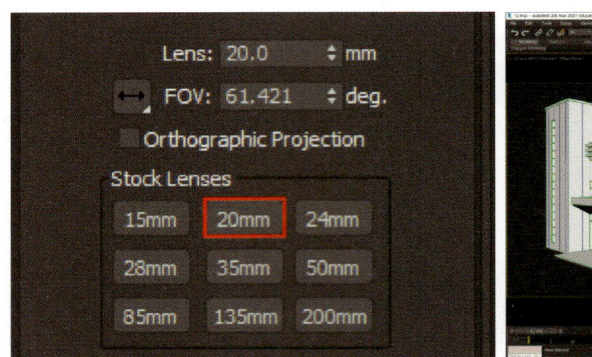 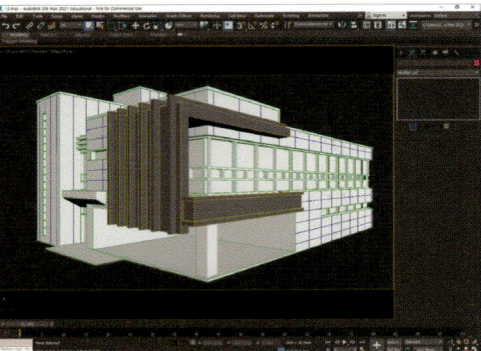

(06\13.max)

**11** 최종 렌더링을 수행하여 결과를 확인해 봅니다.

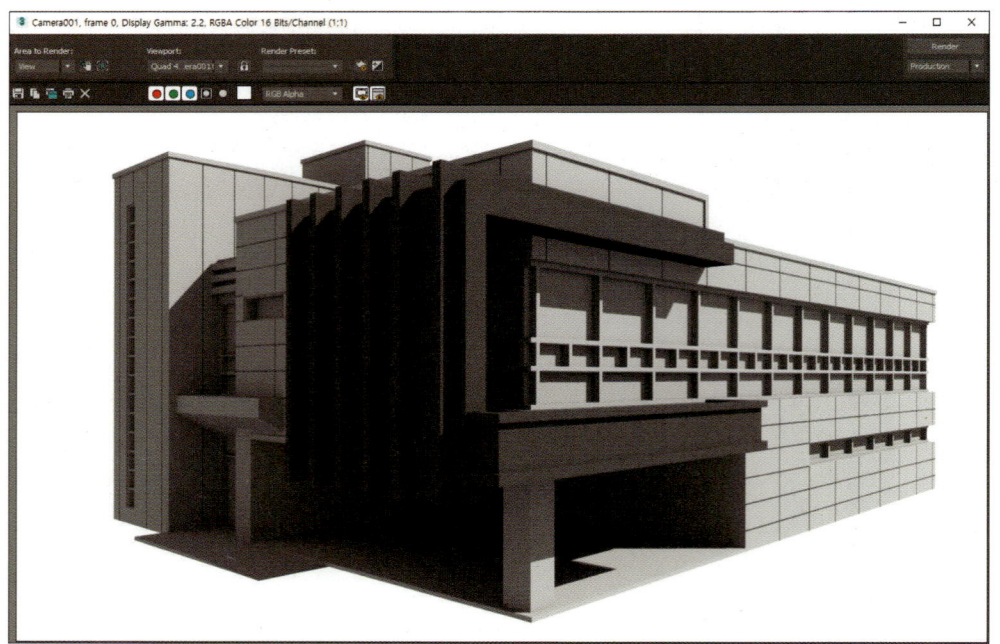

**실습 예제** CAD 모델링 및 2D 드로잉 개체를 이용한 공간개념 표현

준비된 CAD 도면(2D+3D)을 이용하여 아래 그림과 같은 공간개념 표현을 위한 렌더링 이미지를 제작해 보도록 하겠습니다.

■ 완성된 모델링 결과

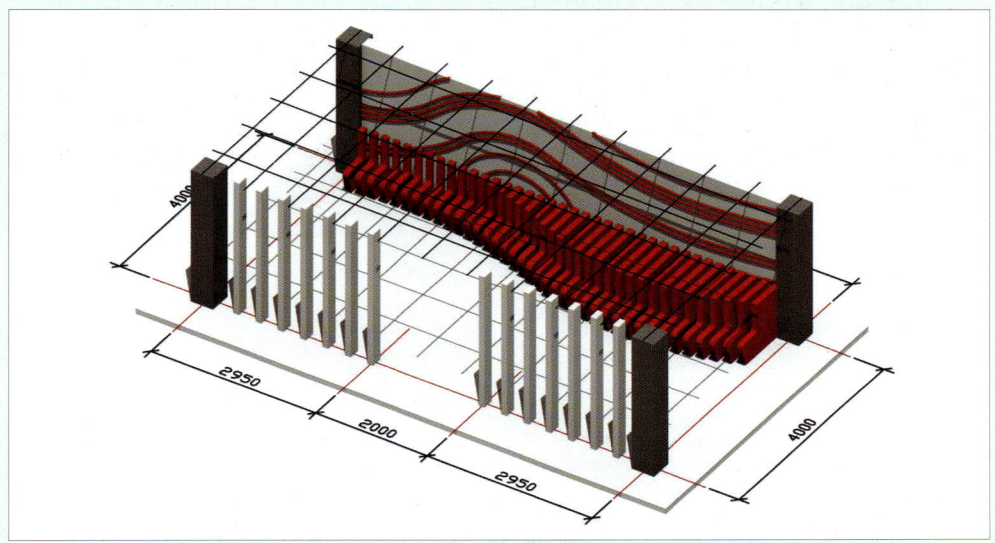

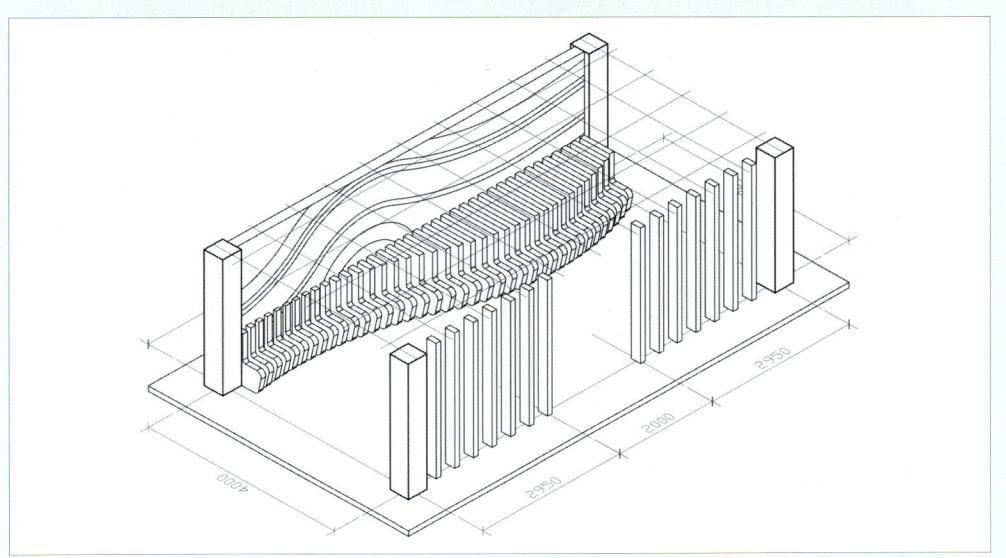

**06. 모델링을 위한 CAD 도면의 활용 (1)**

 **실습 예제**

❶ 제공되는 AutoCAD 도면 데이터 및 준비된 MAX 파일 열기

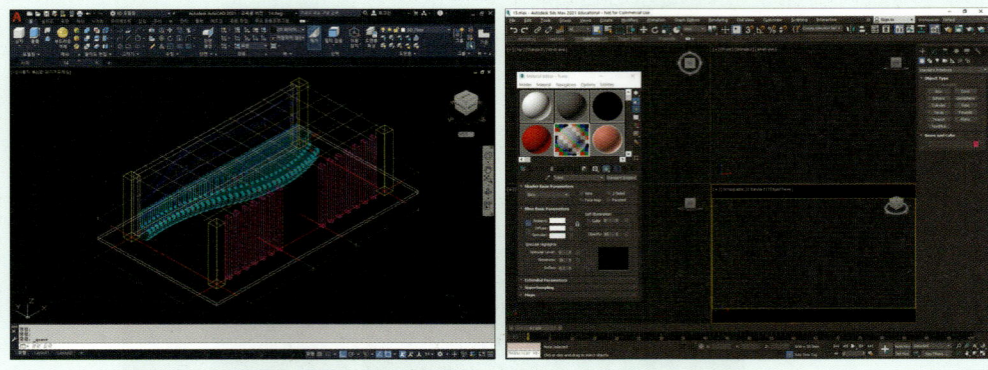

(06\14.dwg)　　　　　　　　　　　　　(06\15.max)

❷ 필요한 도면(2D+3D) 개체 불러오기(Import) 및 이름 변경

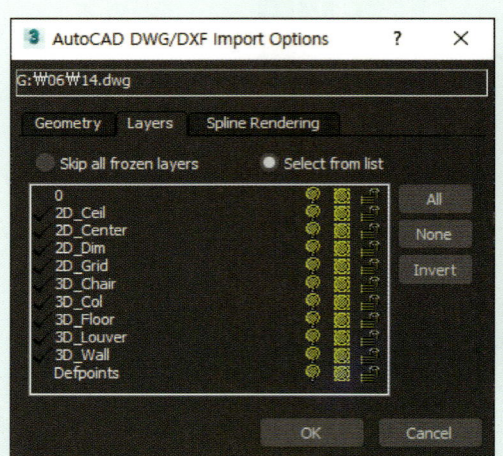
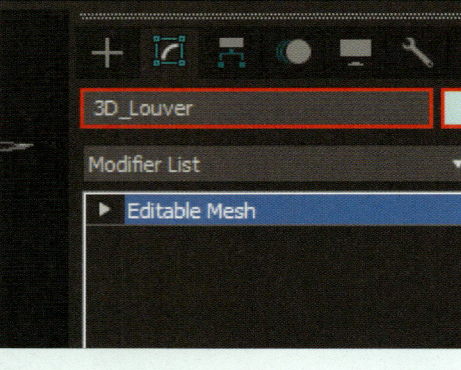

❸ 불러온 3D 모델링 개체에 재질 적용

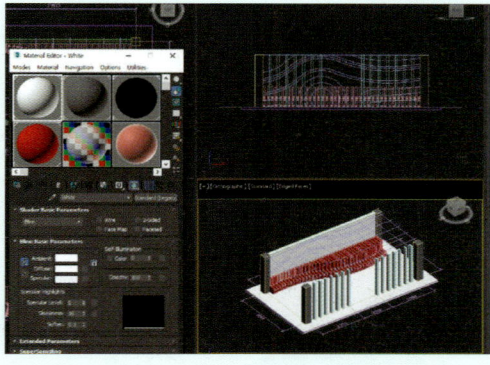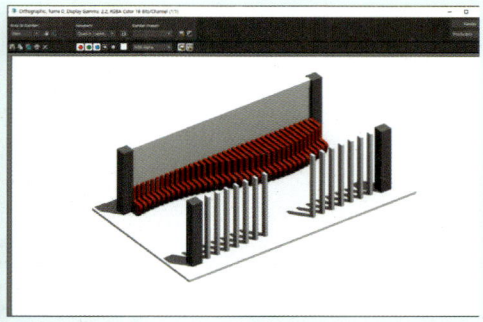

❹ 2D 개체의 렌더링 옵션 설정 및 재질 적용

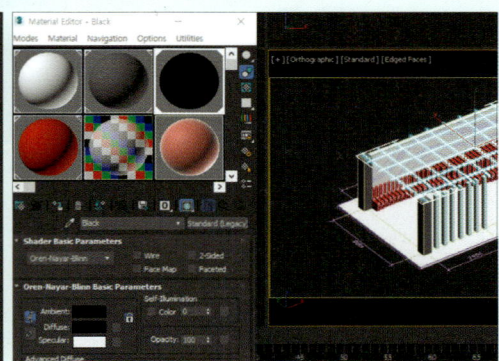

❺ 렌더링을 통한 결과물 확인

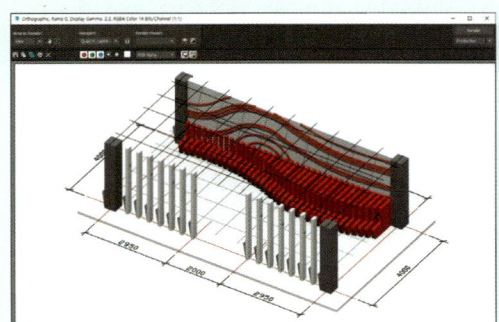

(06\16.max)

# 실습 예제: CAD 모델링 및 2D 드로잉 개체를 이용한 ISOMETRIC 이미지 제작

준비된 CAD 도면(2D+3D)을 이용하여 아래 그림과 같은 아이소메트릭 렌더링 이미지를 제작해 보도록 하겠습니다.

■ 완성된 모델링 결과

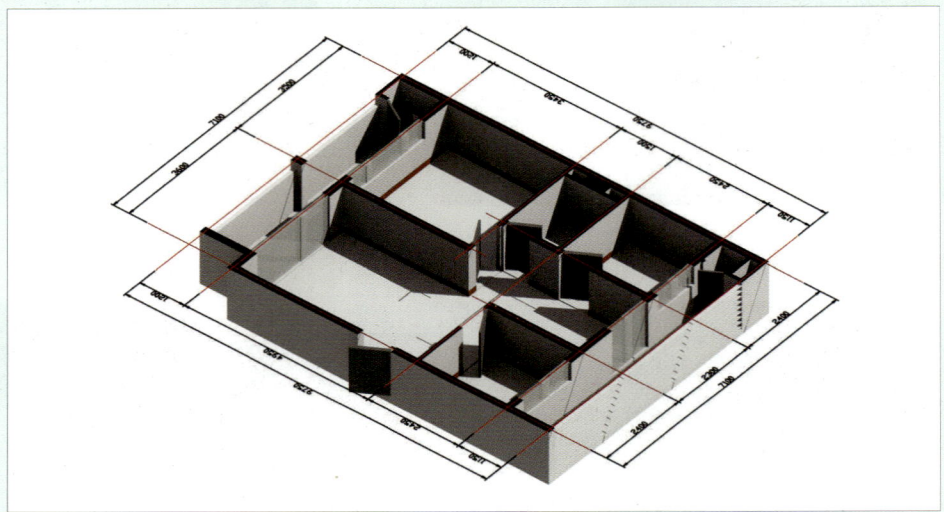

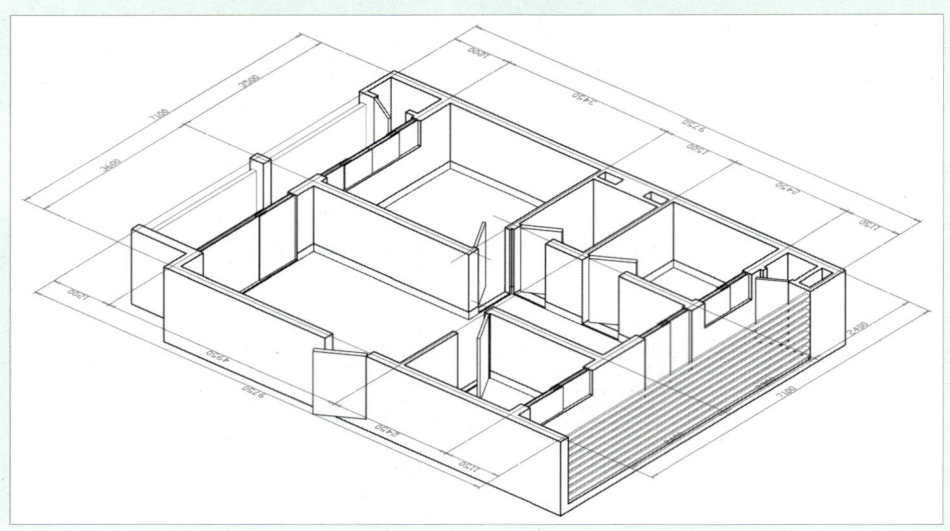

❶ 제공되는 AutoCAD 도면 데이터 및 준비된 MAX 파일 열기

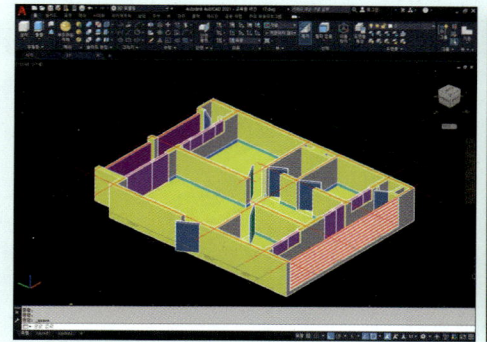
(06\17.dwg)

(06\18.max)

❷ 필요한 도면(2D+3D) 개체 불러오기(Import) 및 이름(색상) 변경

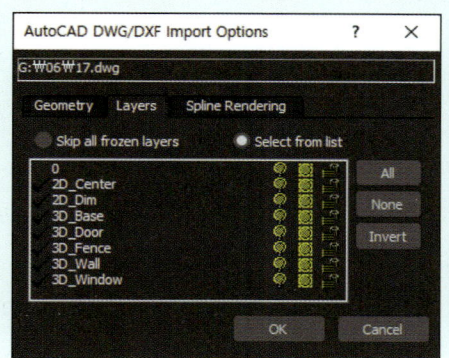

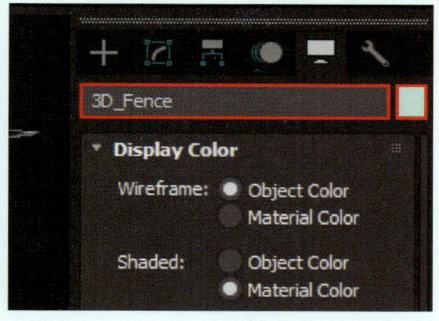

❸ 불러온 3D 모델링 개체에 재질 적용

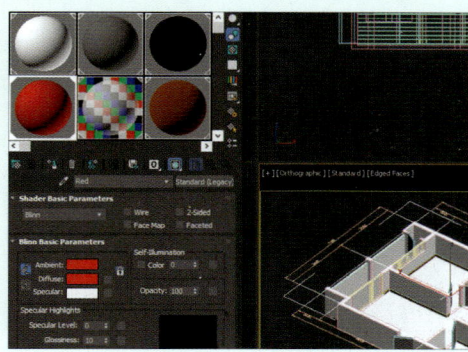

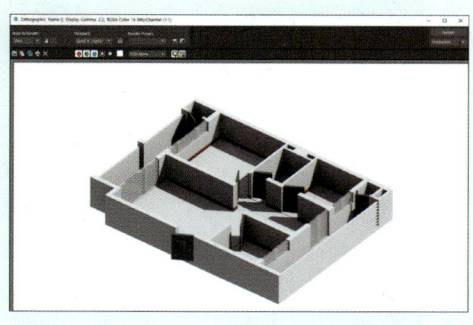

**06.** 모델링을 위한 CAD 도면의 활용 (1)

 실습 예제

❹ 벽체상부 단면 분리 및 재질 적용

 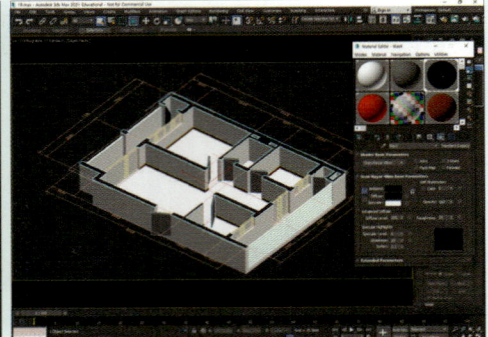

❺ 2D 개체의 렌더링 옵션 설정 및 재질 적용

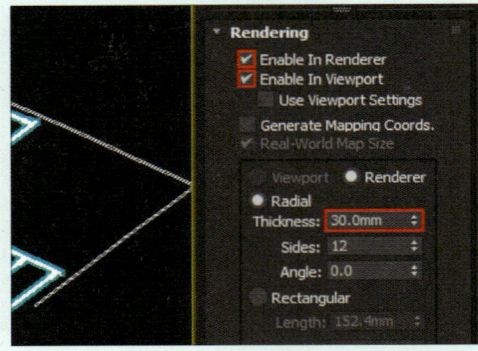 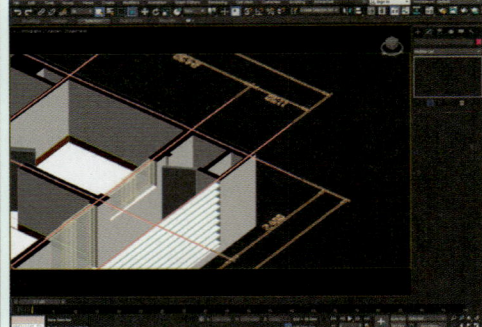

❻ 카메라 배치, 옵션 변경 및 렌더링

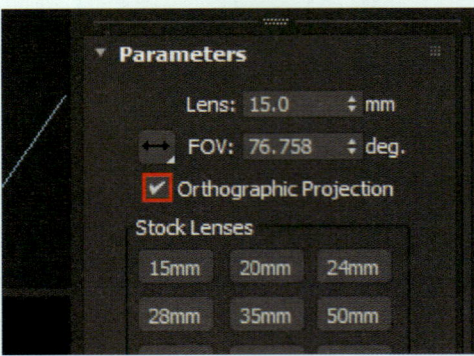 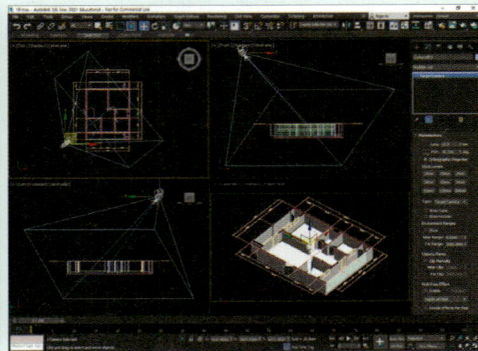

(06\19.max)

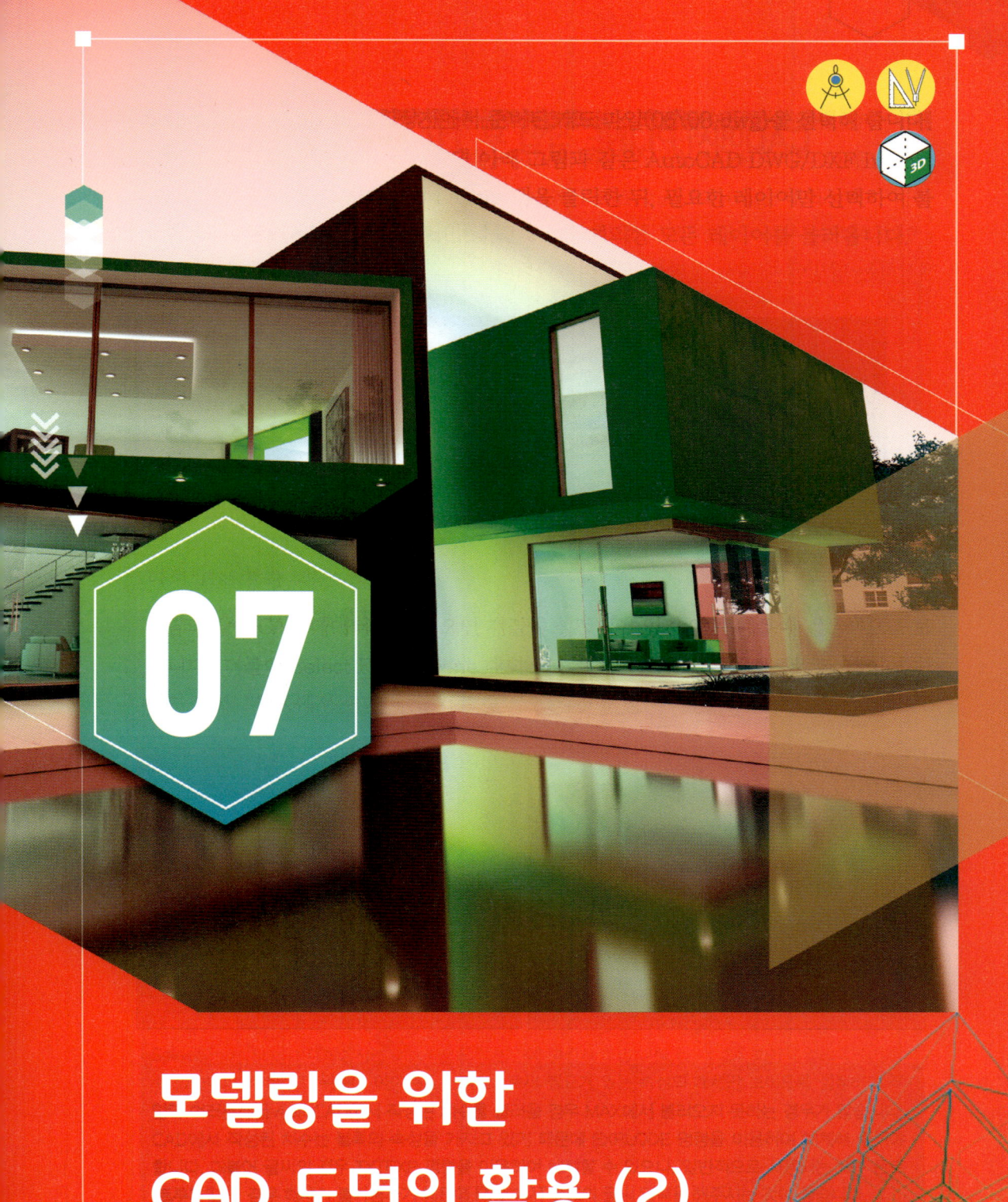

# 07

## 모델링을 위한
## CAD 도면의 활용 (2)

# 1. CAD에서 PLINE 작업 후, MAX에서 모델링하기

이번 예제는 AutoCAD에서 PLINE으로 작성된 데이터를 3DS MAX에서 3D 모델링으로 제작하는 방법에 대해서 살펴보도록 하겠습니다.

### ◉ 준비된 CAD 도면

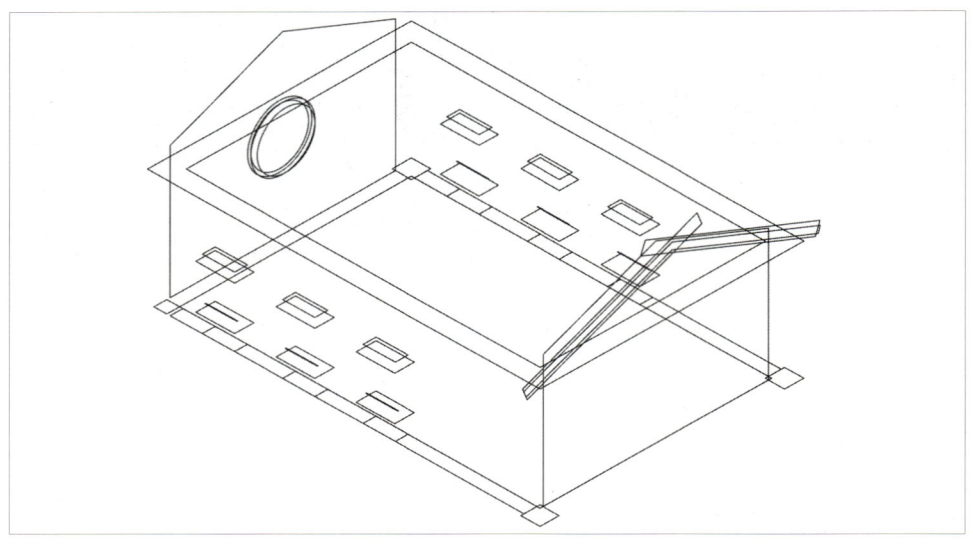

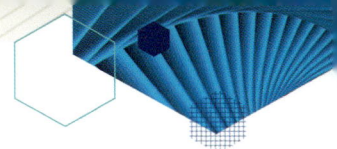

**1** AutoCAD에서 작성된 데이터를 확인해 봅니다. 준비된 데이터는 PLINE 명령으로 제작되었으며, MAX에서 3D 모델링을 쉽게 작업할 수 있도록 구성된 데이터입니다.

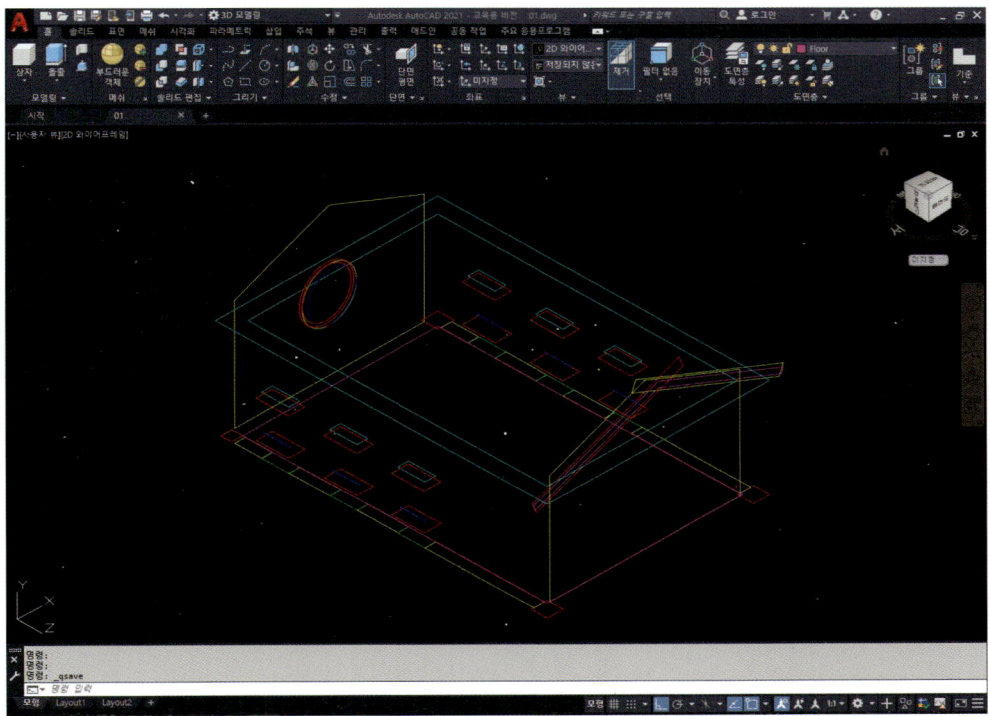

(07\01.dwg)

**2** 작업 환경이 구성된 MAX 파일(07\02.max)을 불러온 뒤, File▶Import▶Import 명령을 수행하여 준비된 캐드 파일(07\01.dwg)을 불러옵니다.

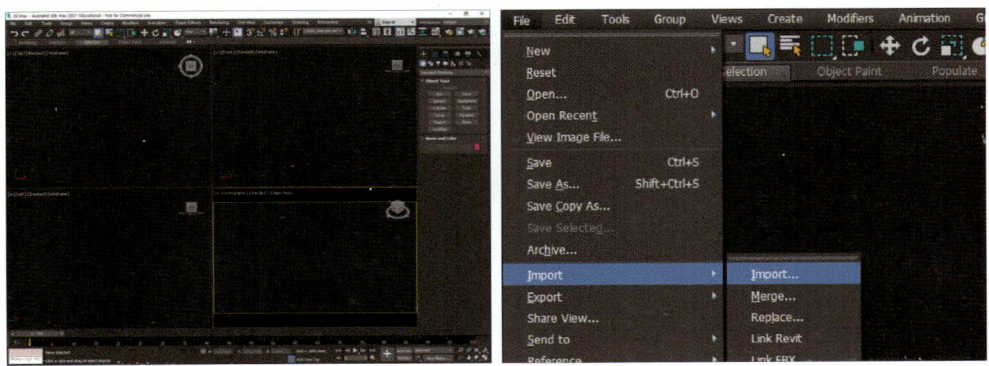

(07\02.max)

**07.** 모델링을 위한 CAD 도면의 활용 (2)

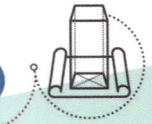

❸ 그림과 같은 대화상자가 나타나면 '0' 레이어를 제외한 모든 레이어를 불러옵니다. 아래 그림과 같이 캐드 파일이 불러온 것을 확인할 수 있습니다.

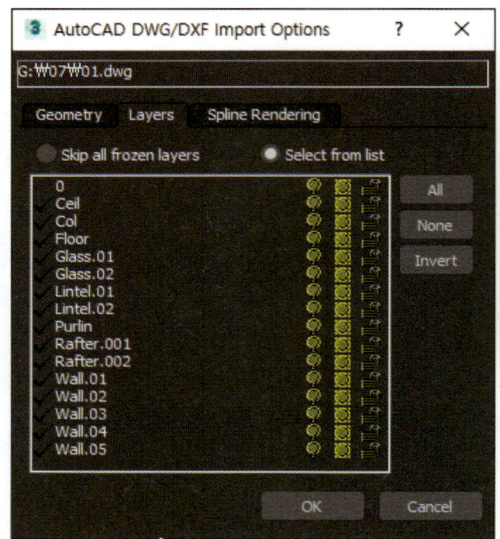
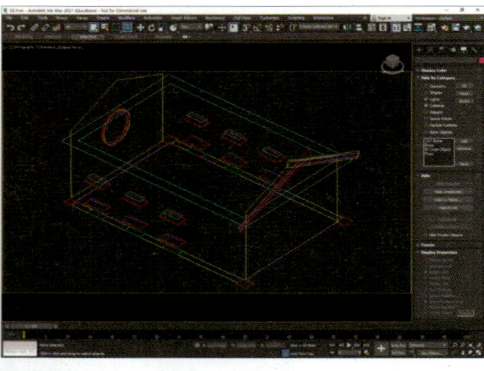

❹ 불러온 객체를 모두 선택한 뒤, Material Editor에서 첫 번째 슬롯에 등록되어 있는 'White' 재질을 적용해 줍니다.

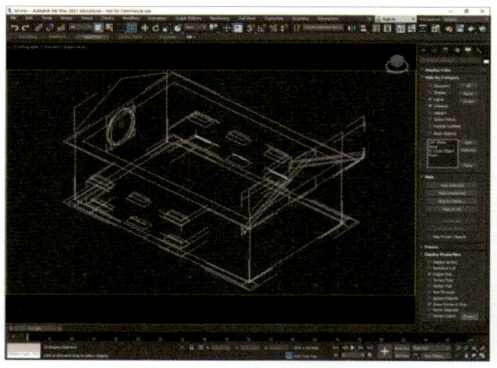
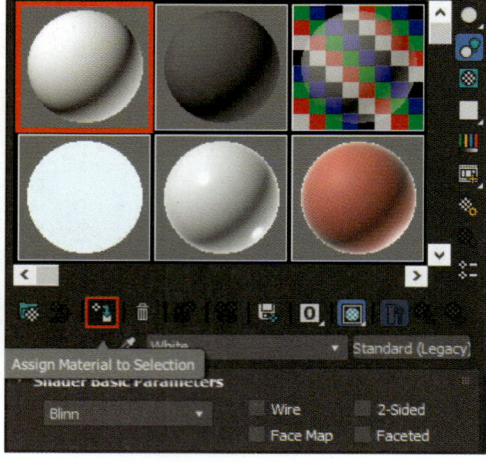

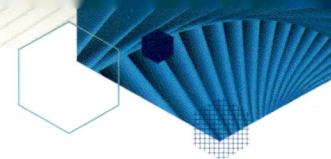

**5** 지금부터 불러온 CAD 도면을 이용한 모델링 작업을 수행해 보도록 하겠습니다. 먼저 'Layer:Floor' 객체를 선택한 뒤 이름은 'Floor'로 변경한 뒤, Extrude 명령을 수행하여 Amount 값을 '200'으로 설정해 줍니다.

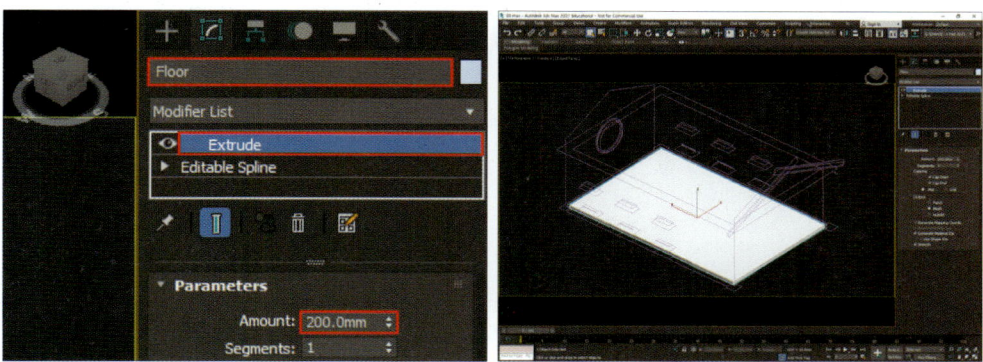

불러온 AutoCAD 도면을 이용한 모델링 작업은 매우 간단해 보입니다. 이유는 이미 AutoCAD에서 기준 객체를 모두 PLINE 명령을 이용하여 작성해 두었기 때문입니다.

**6** 'Layer:Wall.02'를 선택, 객체 이름을 'Wall.02'로 변경한 뒤, Extrude 명령을 수행하여 Amount 값을 '600'으로 설정해 줍니다.

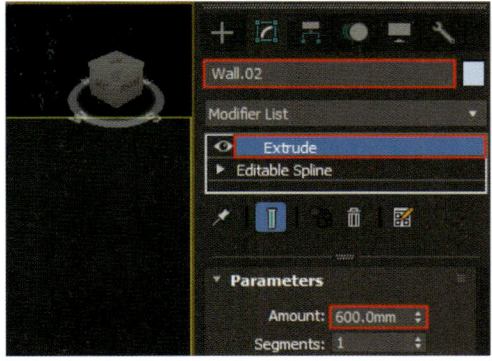
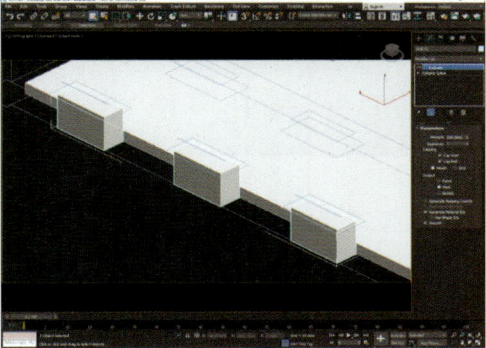

**07.** 모델링을 위한 CAD 도면의 활용 (2)

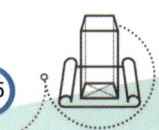

**7** 'Layer:Wall.03'의 이름을 'Wall.03'으로 변경한 뒤, Extrude 명령을 수행하여 Amount 값을 '1600'으로 설정해 줍니다.

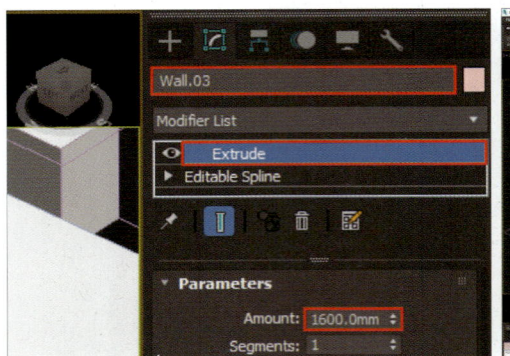 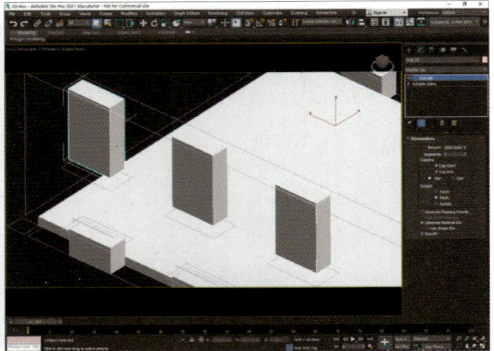

**8** 'Layer:Wall.01'의 이름을 'Wall.01'로 변경, Extrude 명령을 수행하여 Amount 값을 '3800'으로 설정해 줍니다. 계속해서 'Layer:Wall.04'의 이름을 'Wall.04'로 변경한 뒤, Extrude 명령을 수행하여 Amount 값을 '400'으로 설정해 줍니다.

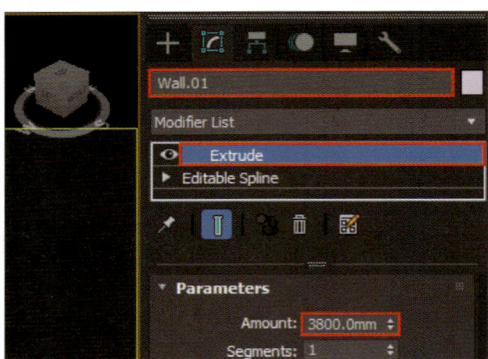 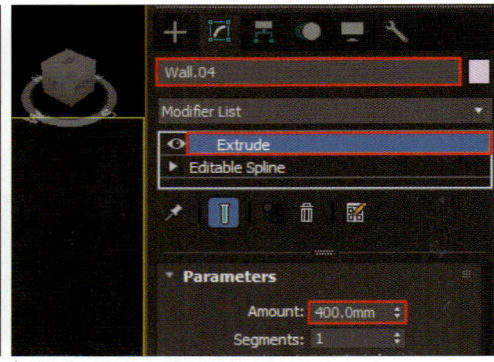

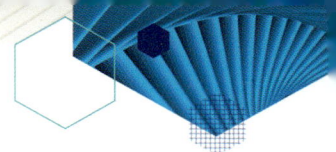

**9** 'Layer:Wall.05'의 이름을 'Wall.05'으로 변경한 뒤, Interpolation의 Steps 값을 40으로 변경시켜 줍니다. 계속해서 Extrude 명령을 수행하여 Amount 값을 '400'으로 설정하여 모델링 작업을 진행해 줍니다.

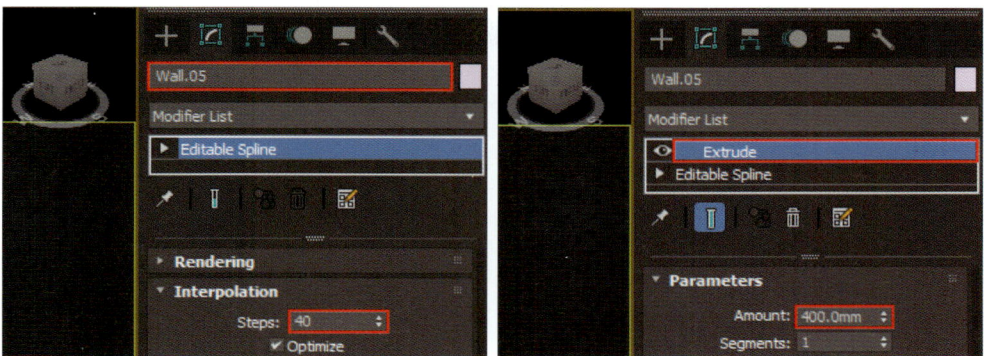

**10** 아래 그림과 같이 모든 벽체가 모델링된 모습을 확인할 수 있습니다.

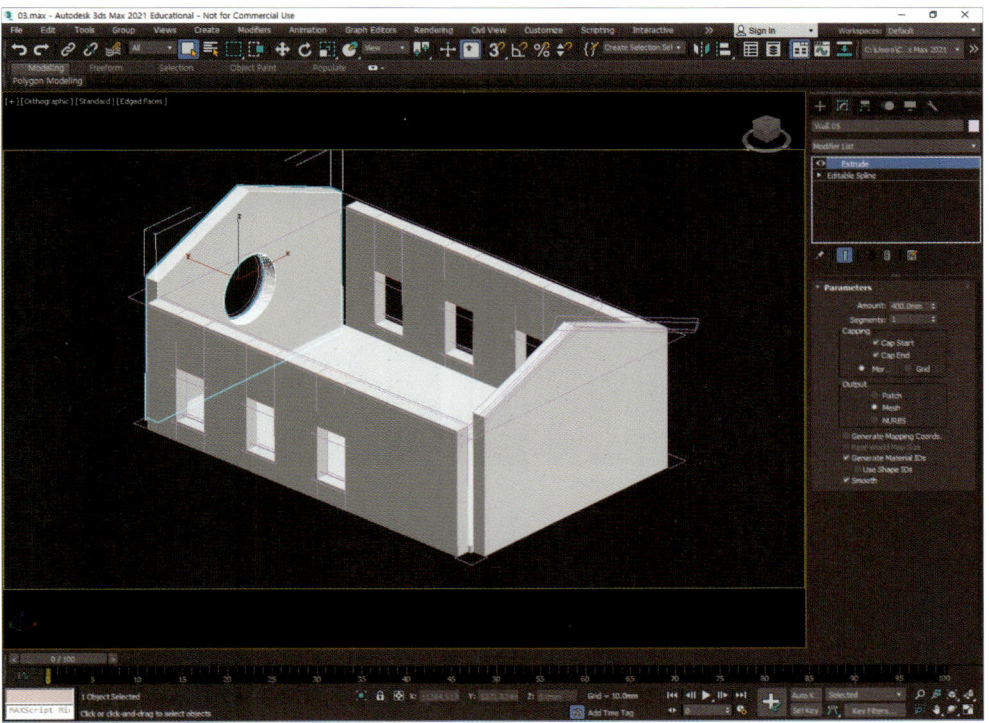

**07.** 모델링을 위한 CAD 도면의 활용 (2) **347**

'Wall.05'의 경우 Interpolation의 Steps 값을 40으로 변경시킨 이유는 모델링 결과물의 부드러움 정도, 즉 퀄리티를 높이기 위해 변경한 것입니다. 만약 Interpolation의 Steps 값을 1로 설정할 경우 아래 그림과 같이 매우 거친 원형의 모델링 결과가 만들어지게 됩니다.

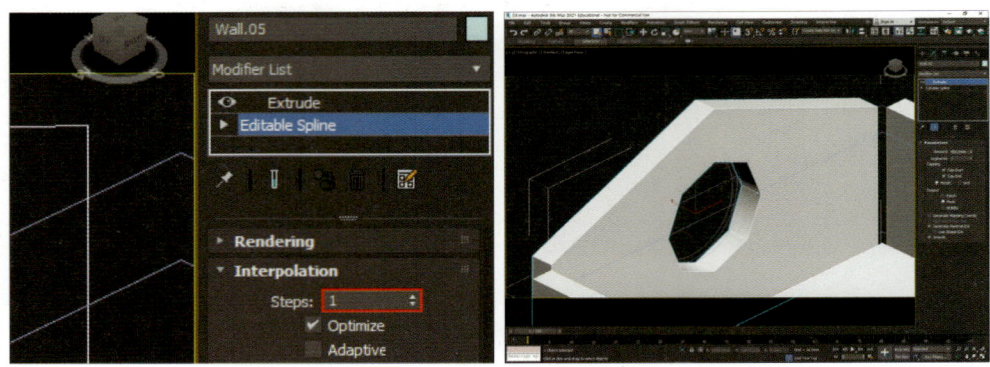

 마지막으로 'Layer:Ceil'의 이름을 'Ceil'로 변경한 뒤, Extrude 명령을 수행하여 Amount 값을 '-12200'으로 설정해 줍니다.

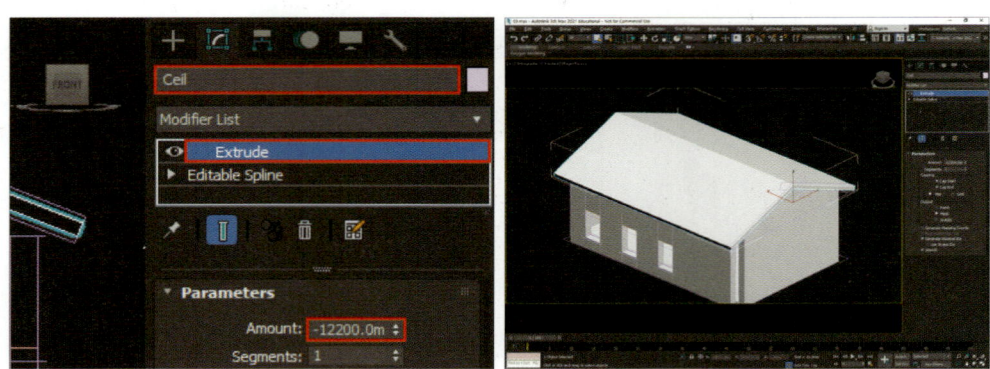

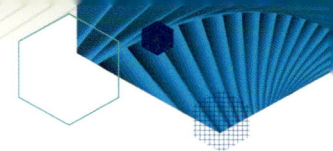

**12** 지금까지 작성된 3D 모델링 객체를 모두 선택한 뒤, Display 탭을 클릭하여 나타나는 명령 중에서 Hide▶Hide Selected 명령을 수행하여 보이지 않도록 설정해 줍니다.

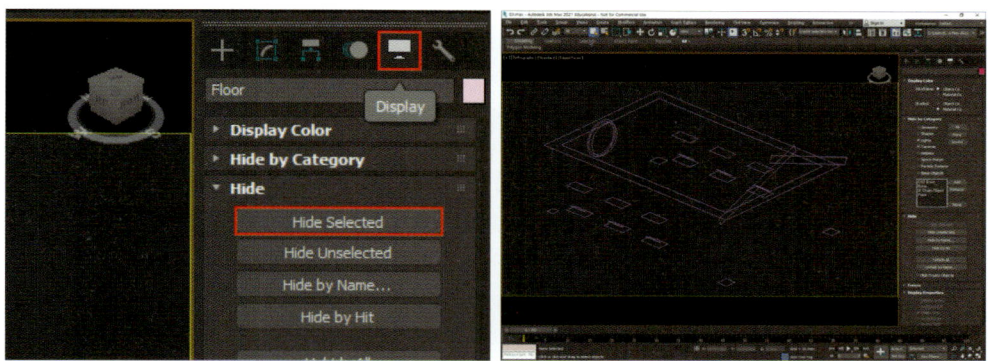

**13** 남아 있는 모든 객체를 선택한 뒤, Material Editor에서 두 번째 슬롯에 등록되어 있는 'Gray' 재질을 적용해 줍니다.

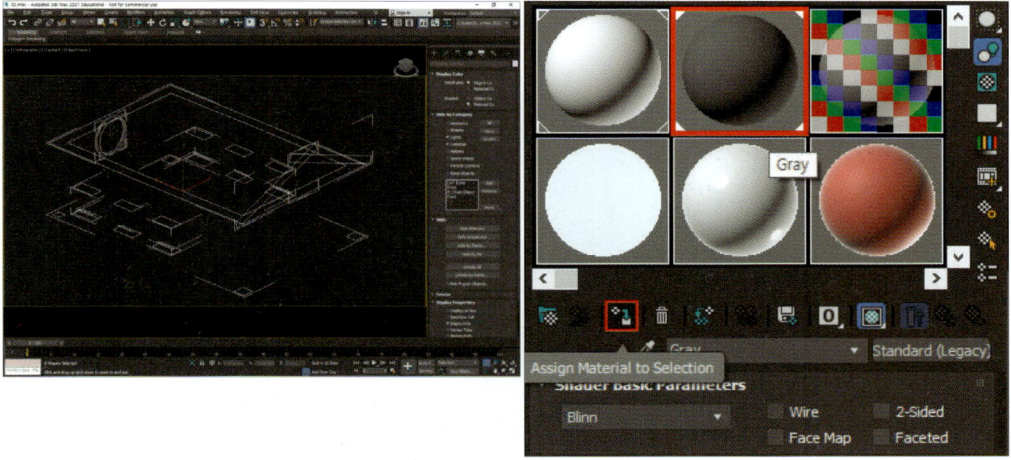

**07.** 모델링을 위한 CAD 도면의 활용 (2)

14 계속해서 앞에서 수행한 방법으로 2D 기준 객체를 이용하여 3D 객체를 제작해 보도록 하겠습니다. 'Layer:Lintel'의 이름을 'Lintel.01'로 변경해 줍니다. 객체의 이름을 변경한 뒤, Extrude 명령을 수행하여 Amount 값을 '200'으로 설정해 줍니다. 아래 그림과 같이 인방으로 사용될 객체가 만들어진 것을 알 수 있습니다.

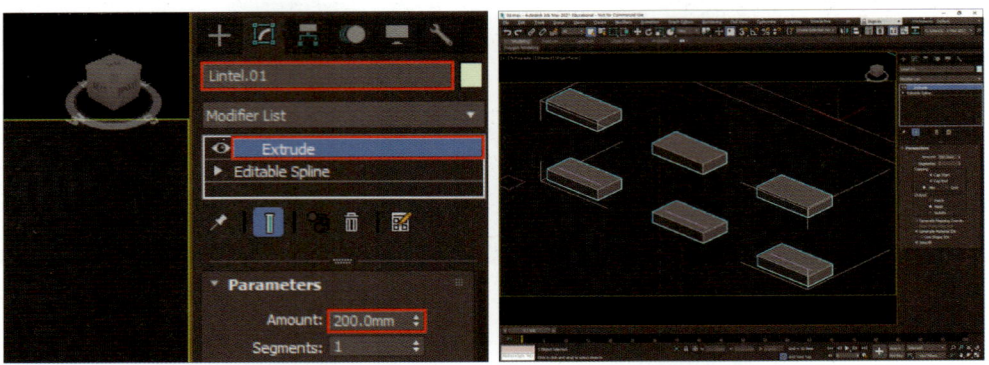

15 'Layer:Col' 객체의 이름을 'Col'로 변경한 뒤, Extrude 명령을 수행하여 Amount 값을 '2700'으로 설정하여 기둥을 만들어 줍니다.

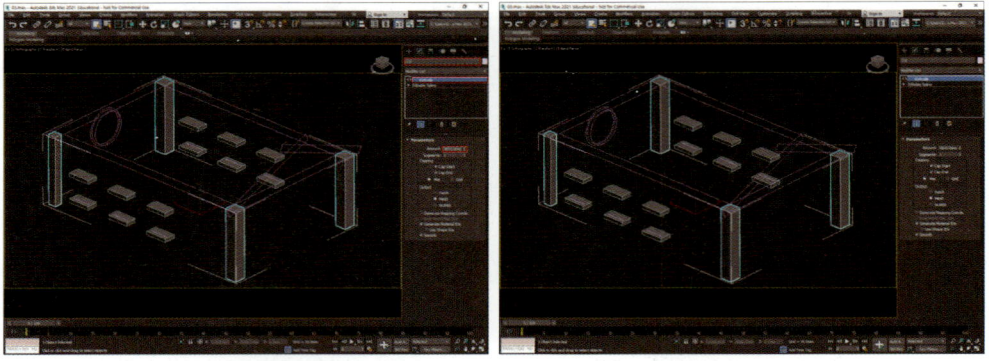

**16** 'Layer:Lintel.02'의 이름을 'Lintel.02'로 변경한 뒤, 이번 객체도 부드럽게 객체를 만들어주기 위해서 Interpolation의 Steps 값을 40으로 변경시켜 줍니다. 계속해서 Extrude 명령을 수행하여 Amount 값을 '600'으로 설정하여 모델링 작업을 진행해 줍니다.

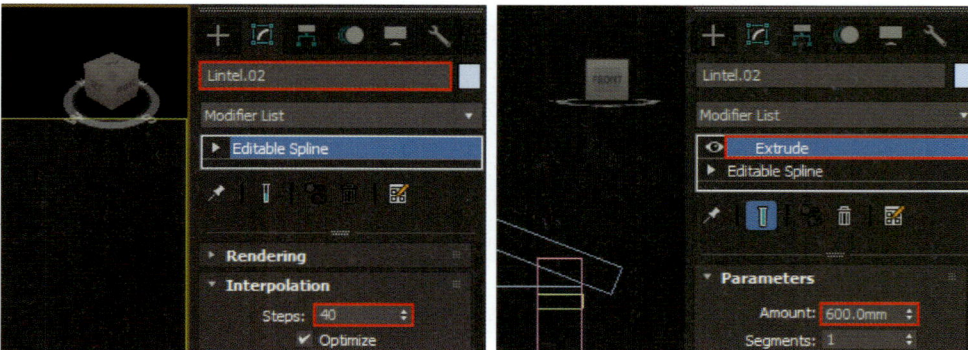

**17** 그림과 같이 원형의 인방 객체가 작성된 모습을 확인할 수 있습니다.

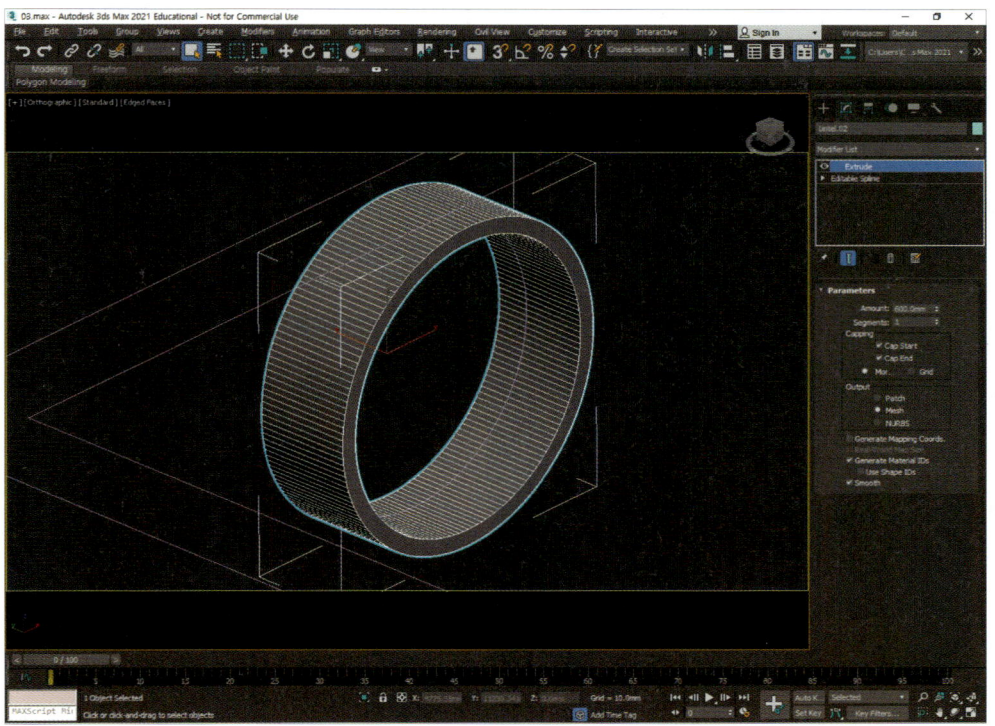

**18** 'Layer:Purlin' 객체의 이름을 'Purlin'으로 변경한 뒤, Extrude 명령을 수행하여 Amount 값을 '600'으로 설정하여 만들어 줍니다.

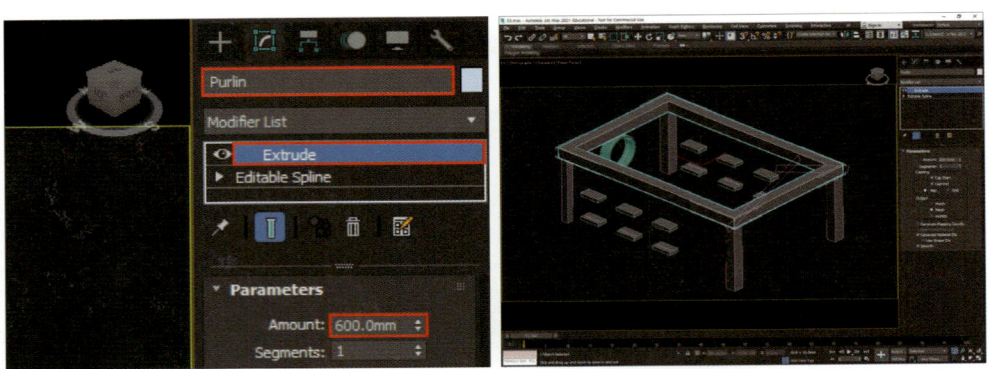

**19** 마지막으로 'Layer:Rafter.001' 객체의 이름을 'Rafter.001'로 변경한 뒤, Extrude 명령을 수행하여 Amount 값을 '-600'으로 설정하여 모델링 작업을 진행해 줍니다. 'Layer:Rafter.002' 객체도 동일한 방법으로 작업해 줍니다.

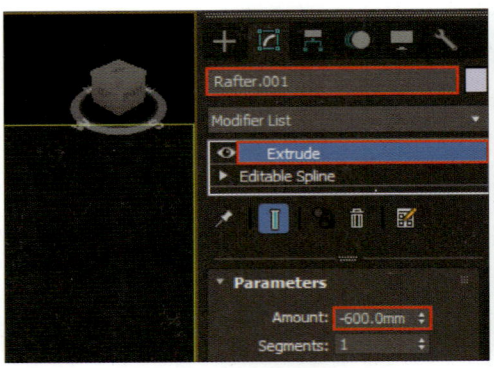 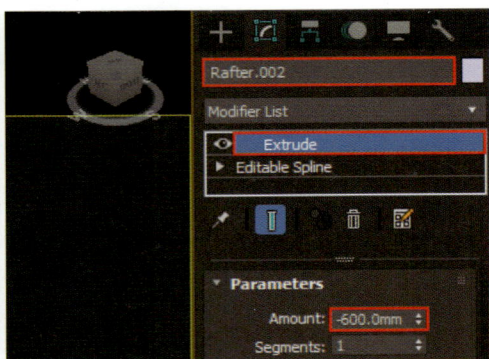

**20** 아래 그림과 같은 객체를 작성한 뒤, 완성된 'Rafter.001'과 'Rafter.002' 객체를 복사하기 위해 Top 뷰를 선택해 줍니다.

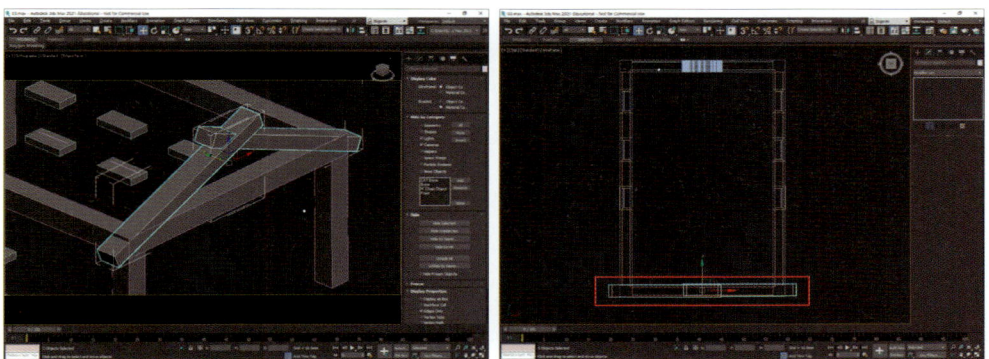

**21** Select and Move(이동) 툴을 선택한 뒤, Shift 키를 누른 상태에서 +Y축으로 드래그 합니다. 나타나는 Clone Options 대화상자에서 Object를 Copy로 Number of Copies를 5로 설정하여 아래 그림과 같이 지붕틀 객체를 복사, 비슷한 위치로 이동시켜 줍니다.

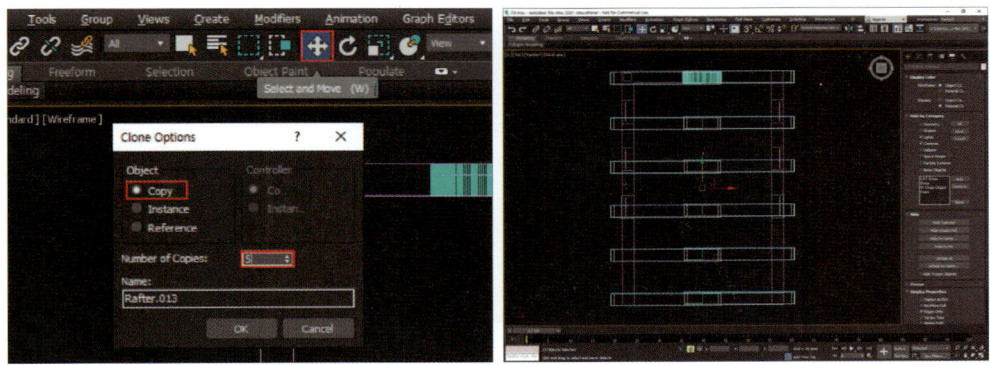

**07.** 모델링을 위한 CAD 도면의 활용 (2)

**22** 지금까지 작성된 3D 모델링 객체를 모두 선택한 뒤, Display 탭을 클릭하여 나타나는 명령 중에서 Hide▶Hide Selected 명령을 수행하여 보이지 않도록 설정해 줍니다.

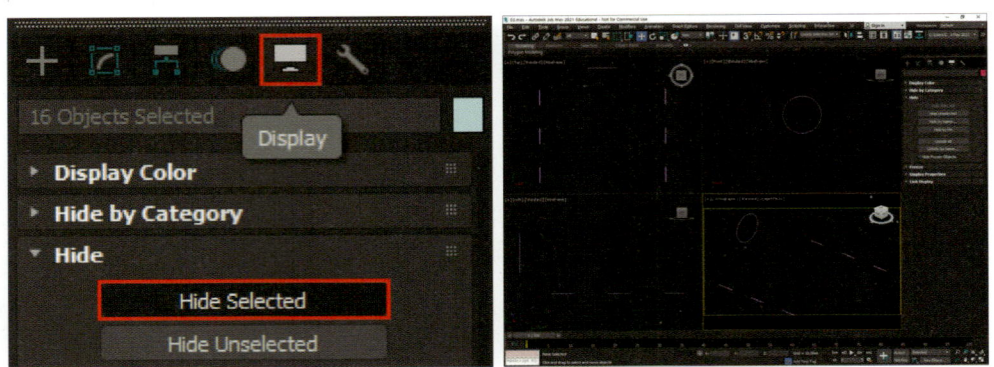

**23** 남아 있는 모든 객체를 선택한 뒤, Material Editor에서 세 번째 슬롯에 등록되어 있는 'Trans' 재질을 적용해 줍니다.

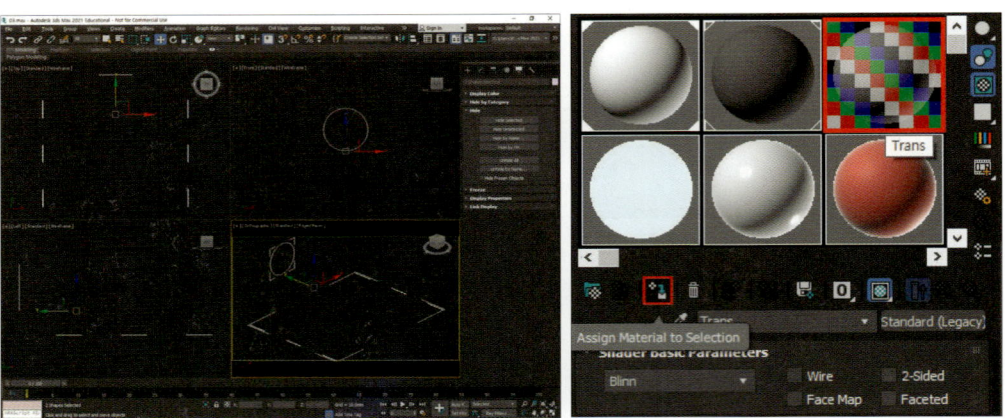

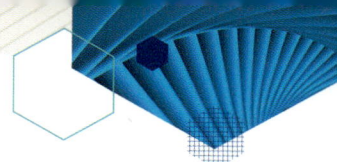

**24** 'Layer:Glass.01'의 이름을 'Glass.01'로 변경한 뒤, Extrude 명령을 수행하여 Amount 값을 '1200'으로 설정해 줍니다.

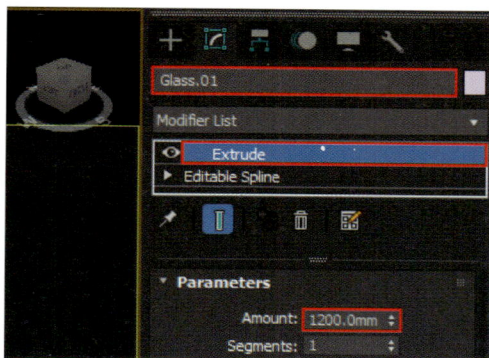 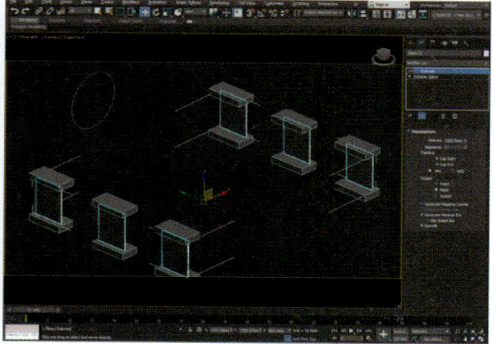

**25** 마지막으로 'Layer:Glass.02'의 이름을 'Glass.02'로 변경한 뒤, Extrude 명령을 수행하여 Amount 값을 '20'으로 설정해 줍니다.

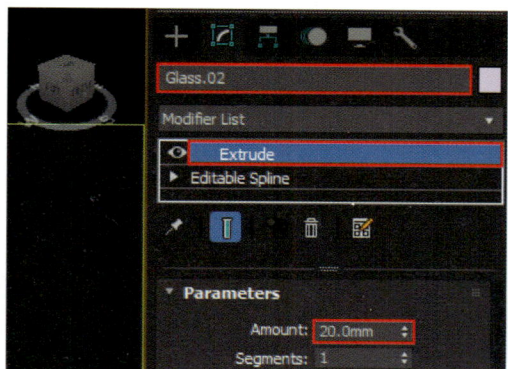 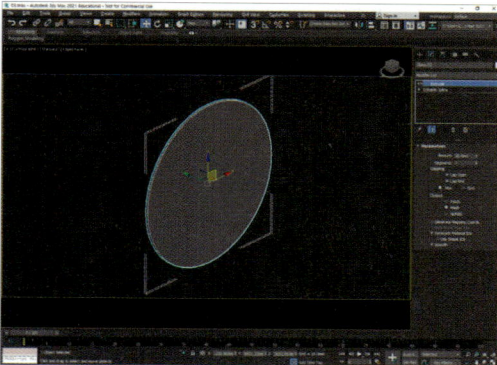

**26** 이제 Display 탭을 클릭한 뒤, Hide▶Unhide All 명령을 수행하여 지금까지 작성된 모든 모델링 데이터를 보이도록 설정해 줍니다.

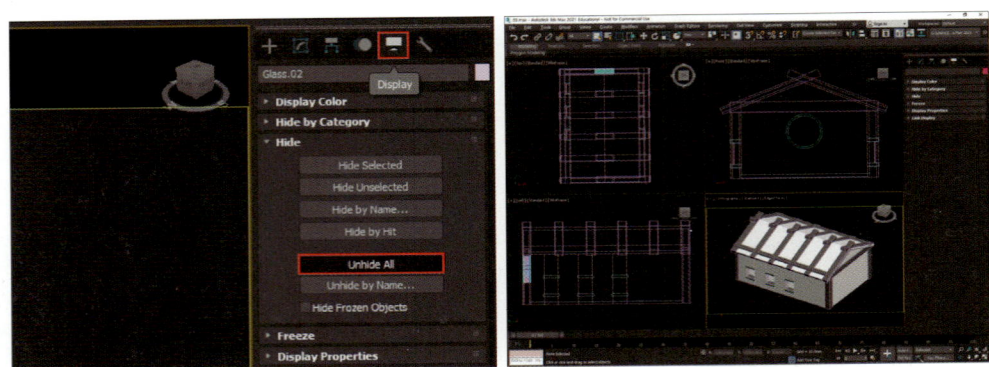

**27** 마지막으로 미리 설정된 카메라로 뷰포트를 설정한 뒤, 렌더링을 수행하여 결과를 확인해 봅니다.

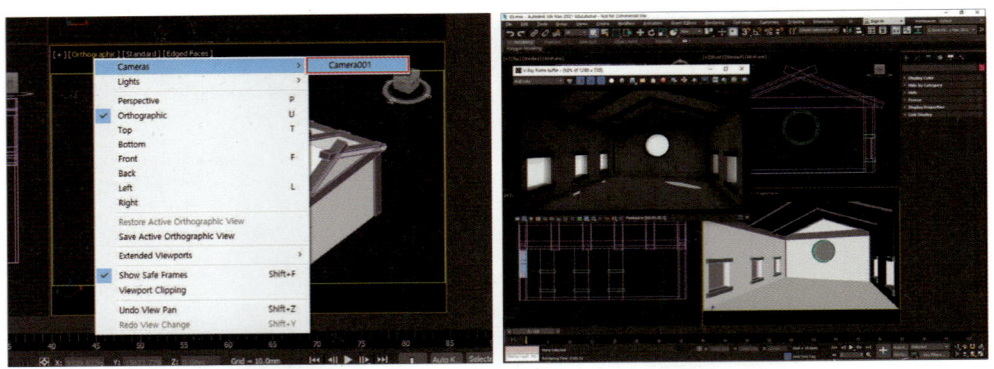

(07\03.max)

> 렌더링은 미리 세팅된 카메라, 조명, 그리고 VRay 환경이 설정되어 있기 때문에 쉽게 결과물이 나타나는 것을 알 수 있습니다. 더불어 모델링 역시 매우 쉽게 완성되는 것을 확인할 수 있습니다. 이유는 3DS MAX에서의 작업을 쉽게 하기 위해서 AutoCAD에서 미리 PLINE으로 드로잉 작업을 진행하였기 때문입니다. 다음 예제에서는 이러한 기준 객체를 어떻게 작업하는지 살펴보도록 하겠습니다.

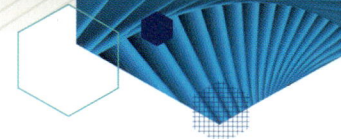

## 2. CAD에서 PLINE 작업 후, MAX에서 모델링하기 (2)

이번 예제에서는 도면을 이용한 MAX에서 모델링을 쉽게 제작하기 위해 AutoCAD에서 PLINE 작업을 진행해 보도록 하겠습니다. 더불어 이렇게 작성된 2D 데이터를 3DS MAX에서 활용할 수 있는 방법에 대해서도 살펴보도록 하겠습니다.

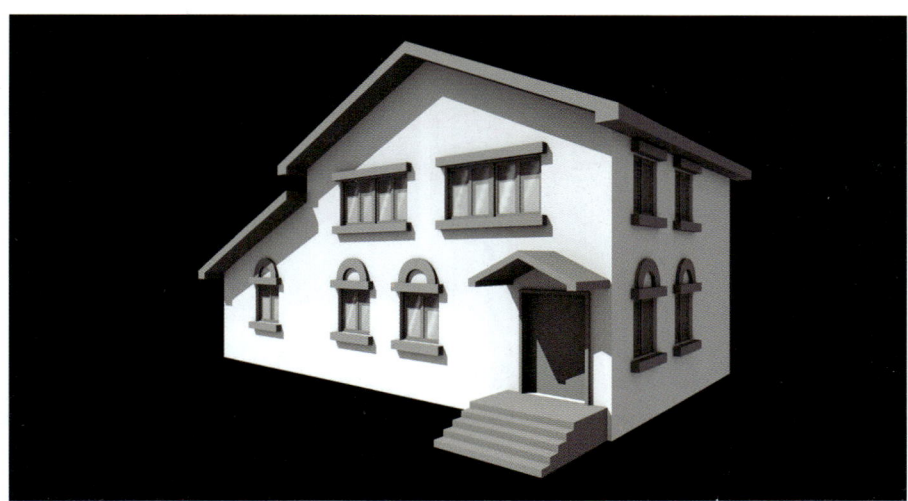

### ❂ 3D 모델링을 위한 PLINE 작업

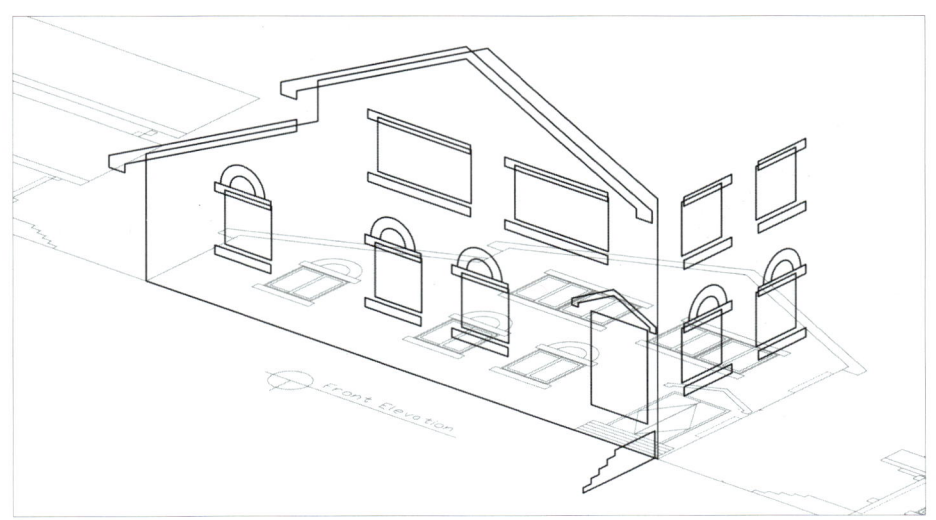

MAX에서 모델링을 위해 AutoCAD에서의 도면 정리 및 드로잉 과정을 연습해 보도록 하겠습니다. 본서는 CAD를 다루는 과정이 아니기 때문에 작업과정을 간단히 설명만 하도록 하겠습니다. 다만 인테리어나 건축을 전공하시는 분들의 경우 반드시 AutoCAD를 학습하시기 바랍니다.

**1** AutoCAD에서 준비된 도면(07\04.dwg)을 불러옵니다. 2D PLINE 명령을 수행하기 위해 레이어의 색상으로 모두 회색으로 변경시켜 줍니다.

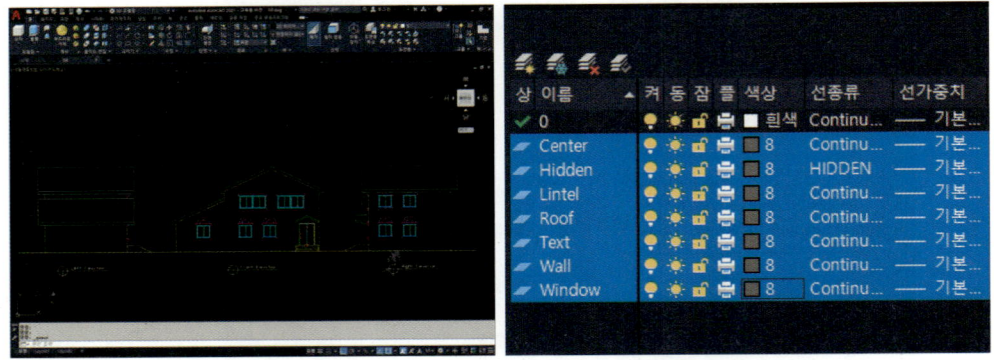

(07\04.dwg)

**2** 그림과 같이 도면 객체의 색상을 모두 회색으로 변경한 뒤, '3D_Wall' 이라는 이름으로 새 레이어를 작성, 임의 색상을 지정한 뒤, 현재 레이어로 설정해 줍니다.

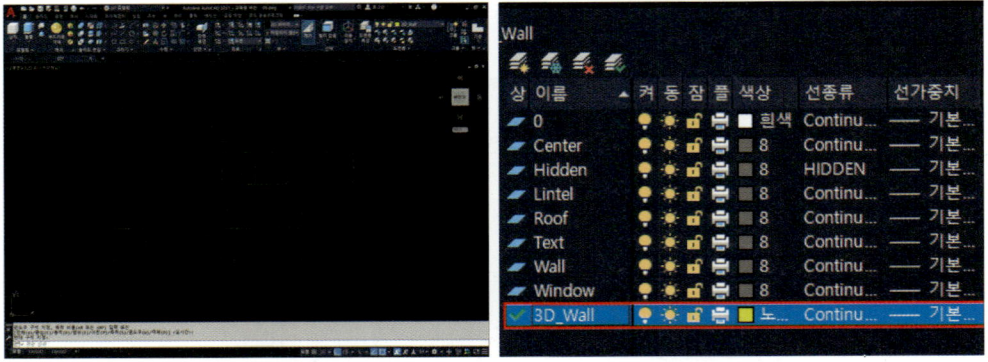

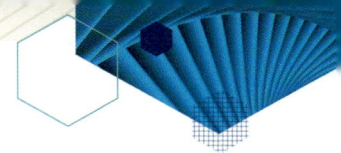

❸ 건물 매스(벽체)를 제작하기 위해서 PLINE 명령을 이용하여 아래 그림과 같이 드로잉 해줍니다.

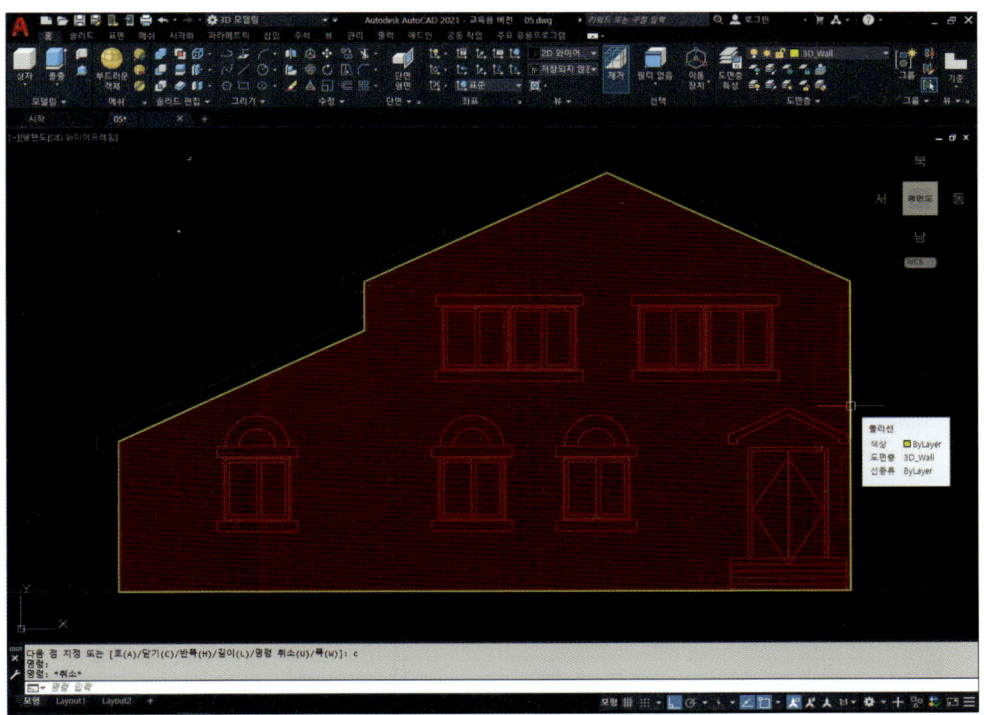

❹ 계속해서 '3D_Roof'라는 이름으로 새 레이어를 작성, 임의 색상을 지정한 뒤, 현재 레이어로 설정해 줍니다. 아래 그림을 참고하여 PLINE 명령을 이용하여 출입구 위의 지붕 객체를 작성해 줍니다.

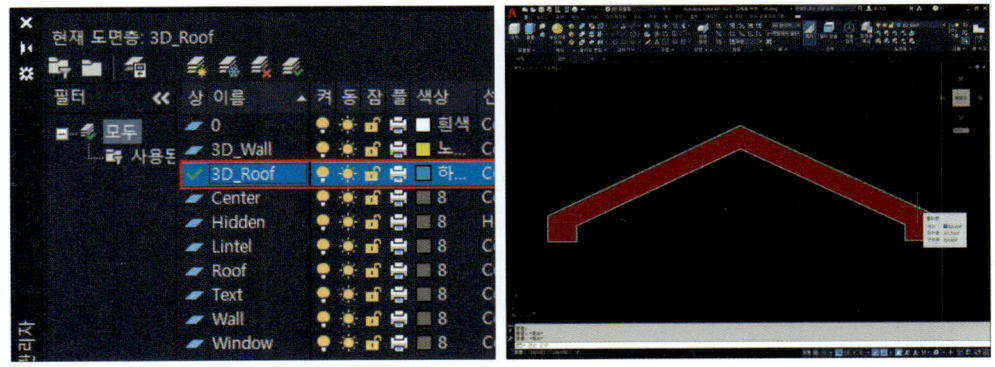

**07. 모델링을 위한 CAD 도면의 활용 (2)**

**5** 계속해서 아래 그림을 참고하여 PLINE 명령을 이용하여 지붕 모델링을 위한 기준 객체를 작성해 줍니다.

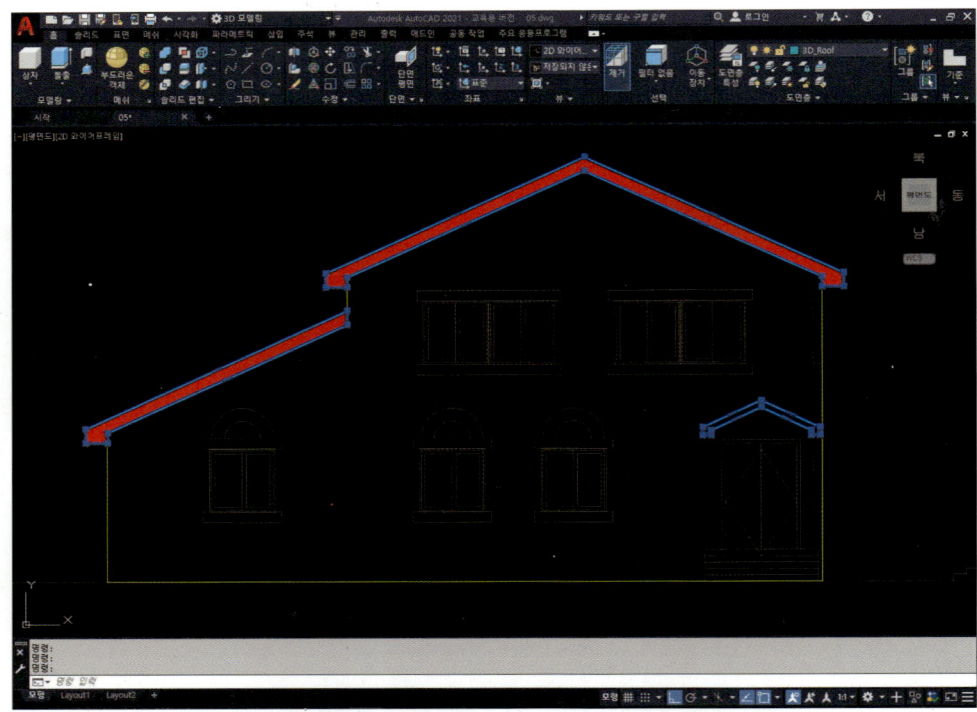

**6** 이번에는 인방 객체를 드로잉해 보도록 하겠습니다. '3D_Lintel.01'이라는 이름으로 레이어를 추가, 임의 색상을 지정한 뒤, 현재 레이어로 설정해 줍니다. 아래 그림을 참고하여 우측면도에 있는 창문 위, 아래의 인방을 PLINE 또는 RECTANG 명령을 이용하여 작성해 줍니다.

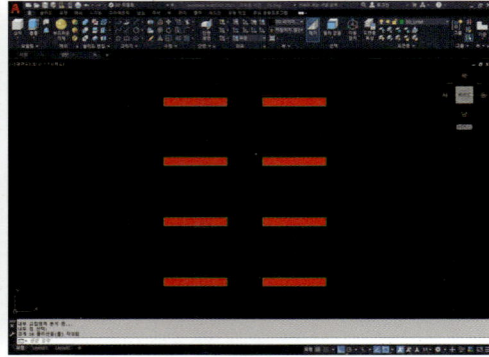

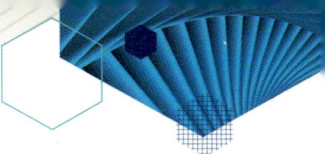

**7** 앞에서 수행한 방법과 동일한 방법으로 '3D_Lintel.02'라는 이름으로 레이어를 추가, 임의 색상을 지정한 뒤, 현재 레이어로 설정해 줍니다. 아래 그림을 참고하여 정면도에 있는 창문 위, 아래의 인방을 PLINE 또는 RECTANG 명령을 이용하여 작성해 줍니다.

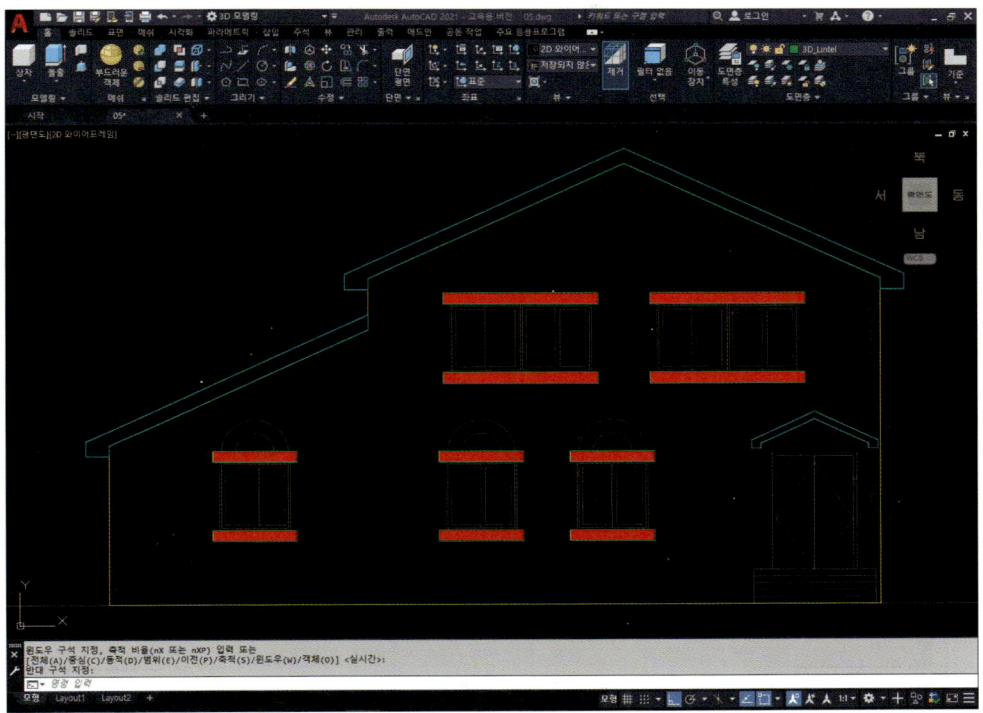

**8** 이번에는 '3D_Arch.01'이라는 이름으로 레이어를 추가, 임의 색상을 지정한 뒤, 현재 레이어로 설정해 줍니다. 아래 그림을 참고하여 우측면도에 있는 창문 위의 아치모양을 PLINE 또는 BOUNDARY 명령을 이용하여 작성해 줍니다.

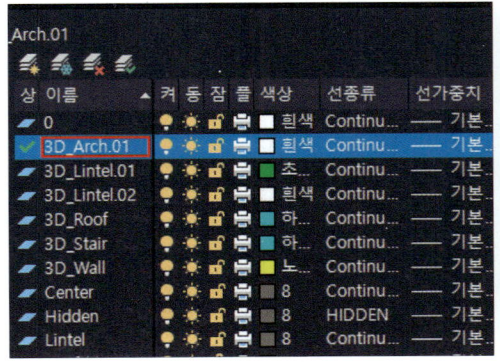 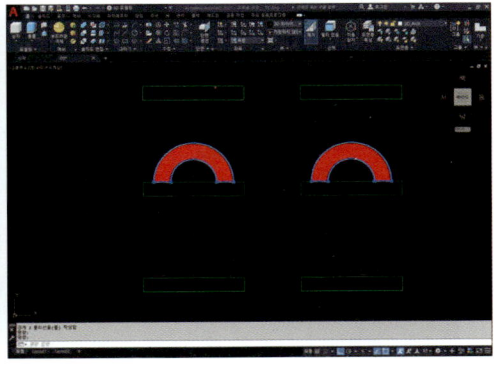

**07.** 모델링을 위한 CAD 도면의 활용 (2)

**9** 앞에서 수행한 것과 같은 방법으로 '3D_Arch.02'라는 이름으로 레이어를 추가, 임의 색상을 지정한 뒤, 현재 레이어로 설정해 줍니다. 아래 그림을 참고하여 정면도에 있는 창문 위의 아치모양을 PLINE 또는 BOUNDARY 명령을 이용하여 작성해 줍니다.

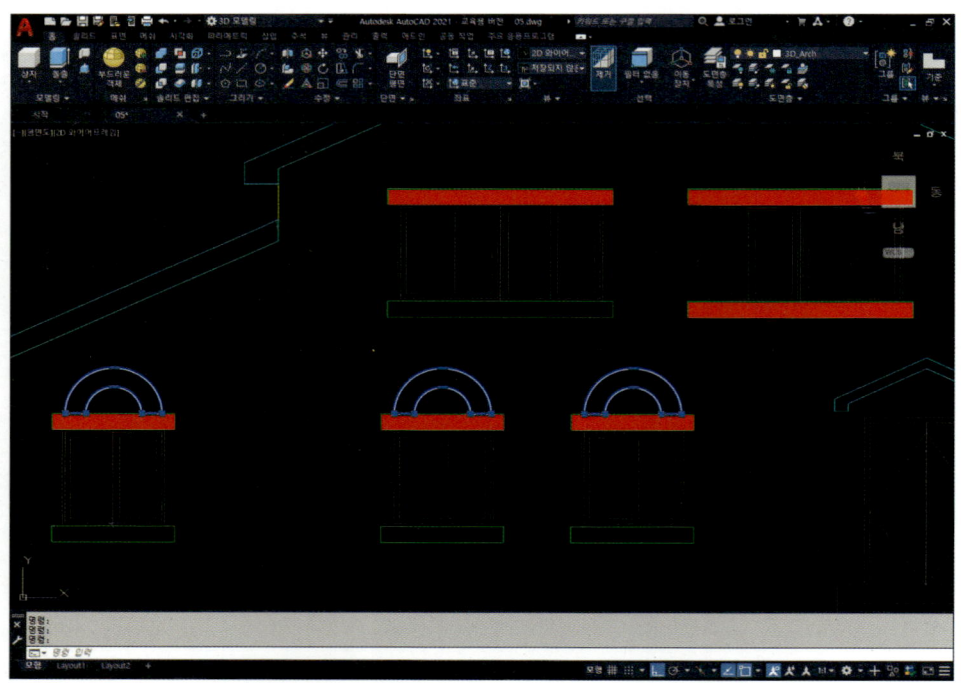

**10** 이번에는 개구부 형태의 요철을 만들기 위한 기준 객체를 그려보도록 하겠습니다. '3D_Bool.01'이라는 이름으로 레이어를 추가, 임의 색상을 지정한 뒤, 현재 레이어로 설정해 줍니다. 아래 그림을 참고하여 우측면도에 있는 창문 테두리를 PLINE 또는 RECTANG 명령을 이용하여 작성해 줍니다.

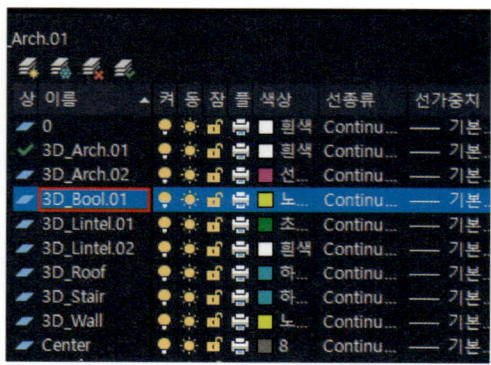 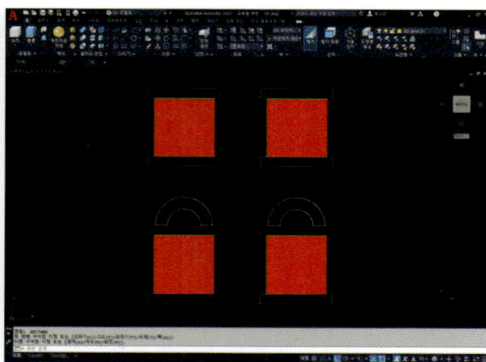

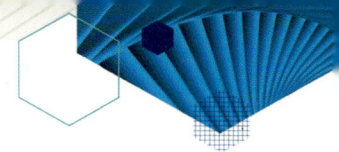

**11** 앞에서 수행한 방법과 동일한 방법으로 '3D_Bool.02'라는 이름으로 레이어를 추가, 임의 색상을 지정한 뒤, 현재 레이어로 설정해 줍니다. 아래 그림을 참고하여 정면도에 있는 창문 테두리를 PLINE 또는 RECTANG 명령을 이용하여 작성해 줍니다.

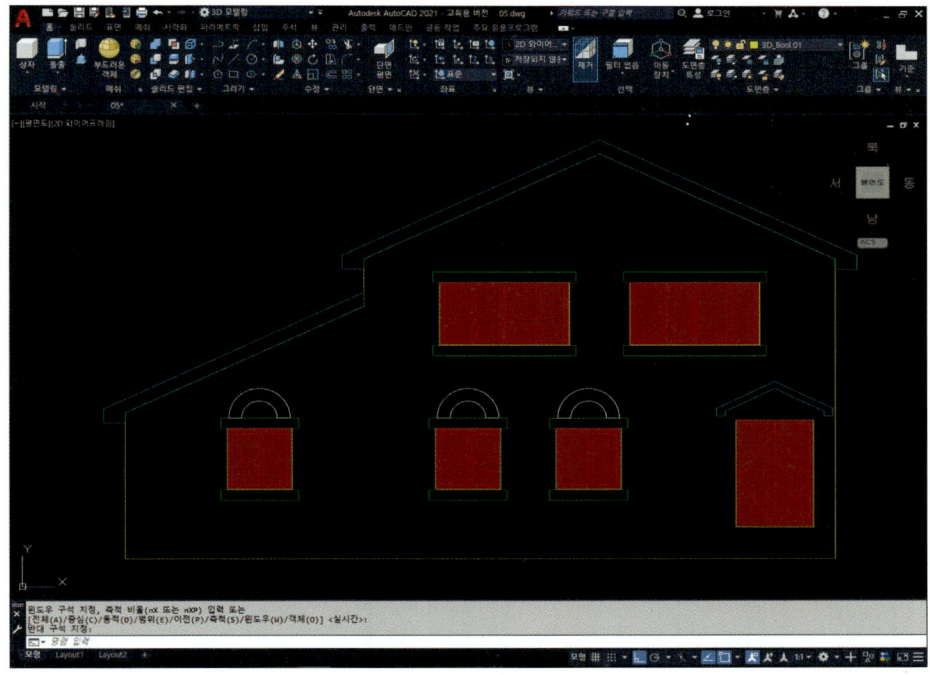

**12** 마지막으로 계단을 만들기 위한 기준 객체를 그려보도록 하겠습니다. '3D_Stair'라는 이름으로 레이어를 추가, 임의 색상을 지정한 뒤, 현재 레이어로 설정해 줍니다. 아래 그림을 참고하여 우측면도에 있는 계단 테두리를 PLINE 명령을 이용하여 작성해 줍니다.

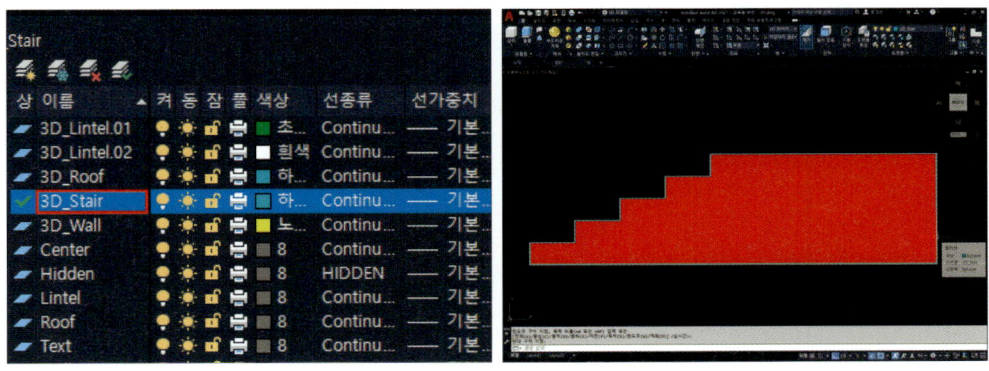

**07.** 모델링을 위한 CAD 도면의 활용 (2)

**13** 지금까지 작성된 드로잉 데이터를 필요한 위치로 정확히 이동시켜 보도록 하겠습니다. 가장 먼저 기본적으로 작성되어 있던 레이어(Center, Hidden, Lintel, Roof, Text, Wall, Window)를 모두 잠금으로 설정한 뒤, 3차원 시점으로 설정해 줍니다.

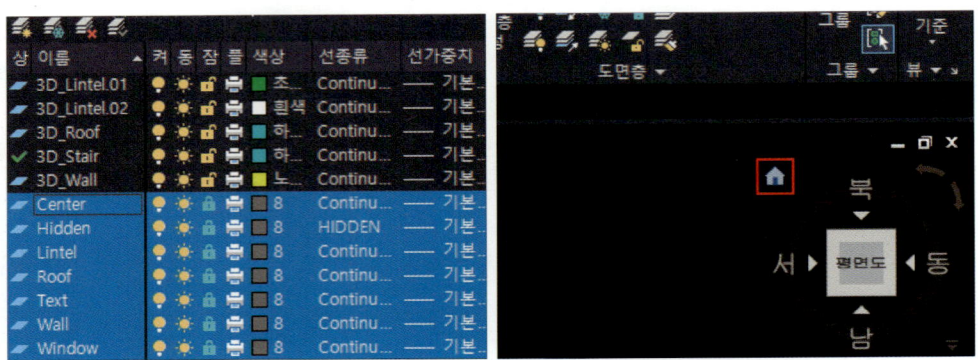

**14** 아래 그림과 같이 우측면도를 기준으로 작성된 드로잉 객체를 X축을 기준으로 90도 회전시켜 줍니다.

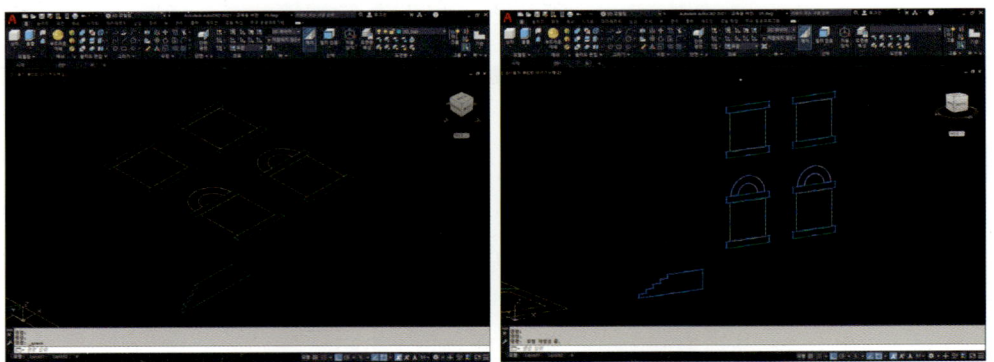

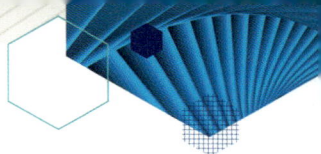

**15** 계속해서 아래 그림과 같이 정면도를 기준으로 작성된 드로잉 객체를 X축을 기준으로 90도 회전시켜 줍니다.

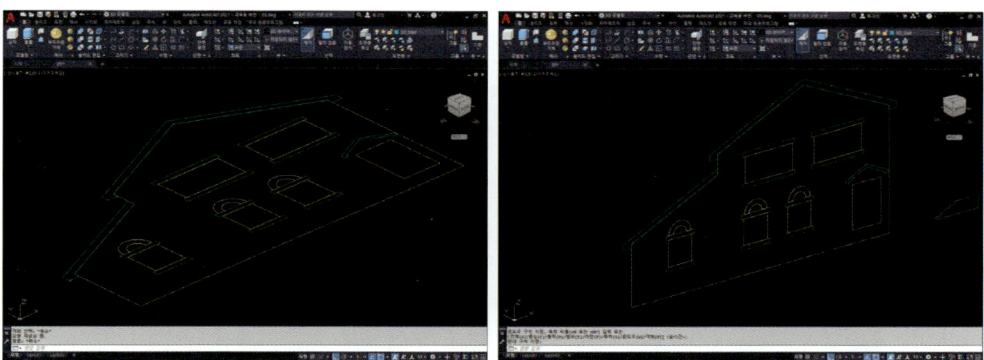

**16** 추가로 우측면도를 기준으로 작성된 객체를 X축을 기준으로 90도 회전시켜 준 뒤, 그림을 참고하여 필요한 위치로 정확하게 이동시켜 줍니다.

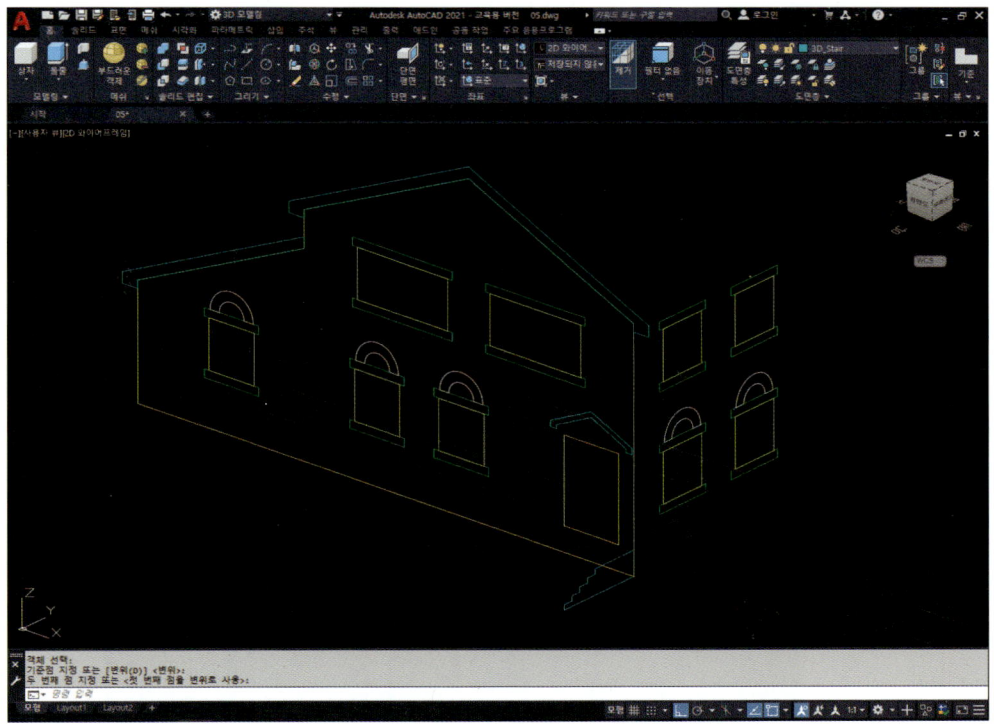

**07.** 모델링을 위한 CAD 도면의 활용 (2)

**17** 그림과 같이 개구부 형태의 요철을 만들기 위해 '3D_Bool.01' 레이어에서 작성된 기준 객체(우측면도에 있는)를 선택한 뒤, 200만큼 안쪽으로(-X축 방향으로) 이동시켜 줍니다. 계속해서 '3D_Bool.02' 레이어에서 작성된 기준 객체(정면도에 있는)를 선택한 뒤, 200만큼 안쪽으로(+Y축 방향으로) 이동시켜 줍니다.

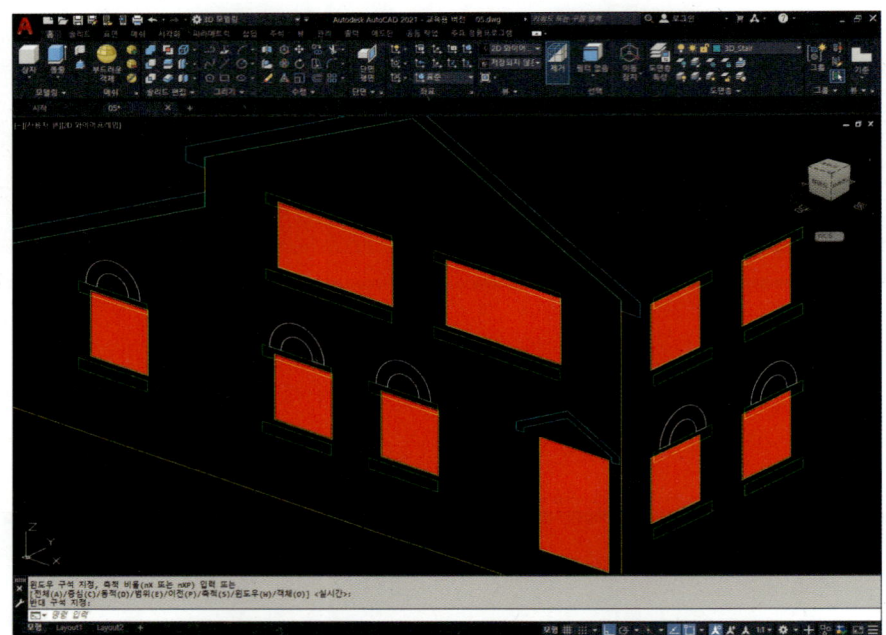

**18** 계단 객체의 경우 아래 그림과 같이 도면을 참고하여 이동시켜 줍니다.

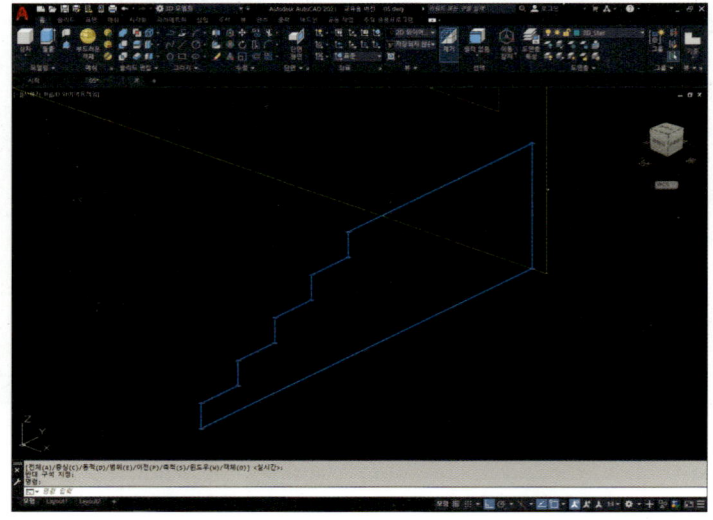

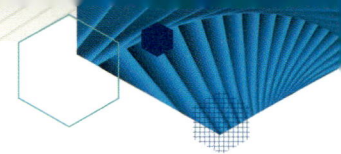

**19** 마지막으로 지붕을 만들기 위해 작성된 객체를 선택한 뒤, 800만큼 바깥으로(-Y축 방향으로) 이동시켜 줍니다.

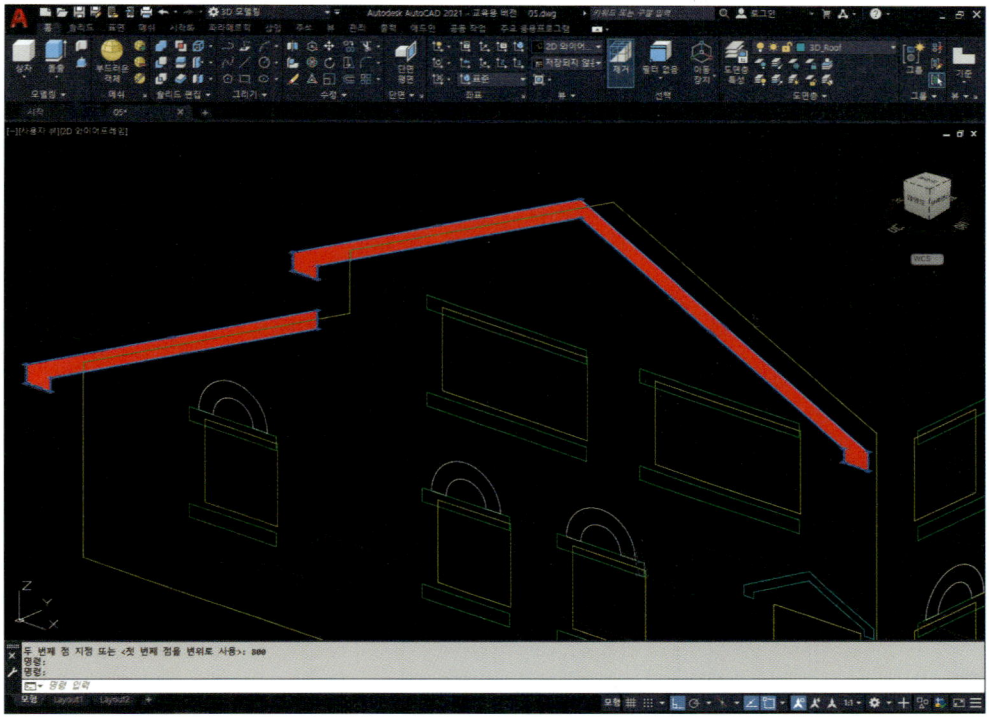

(07/05.dwg)

**20** MAX를 실행하여 미리 준비된 파일(07/06.max)을 불러온 뒤, File▶Import▶Import... 명령을 수행합니다.

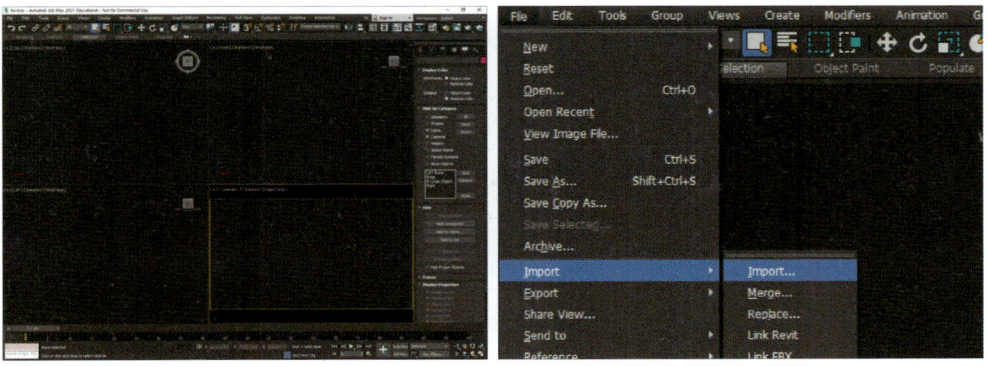

(07/06.max)

**07.** 모델링을 위한 CAD 도면의 활용 (2)

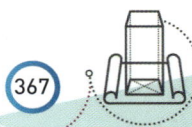

**21** 대화상자에서 Layers 탭을 클릭한 뒤, 앞에서 작성된 레이어만 선택하여 불러와 줍니다.

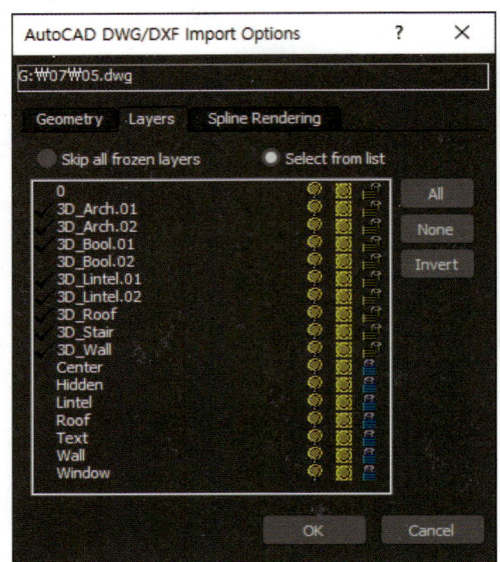 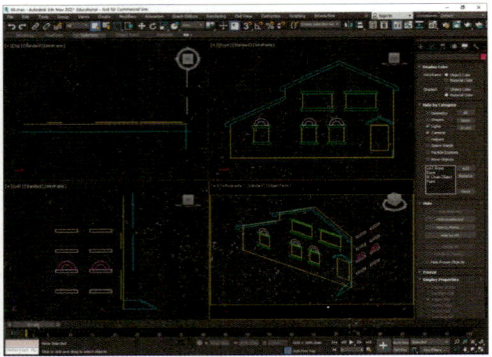

**22** 가장 먼저 'Layer:3D_Wall' 객체의 이름을 '3D_Wall'로 변경하고, 객체 색상도 임의의 색상으로 변경한 뒤, 나머지 모든 객체의 이름도 동일한 방법으로 변경해 줍니다. 이름을 변경한 뒤, 모든 객체를 선택하여 미리 준비된 '흰색' 재질을 적용해 줍니다.

 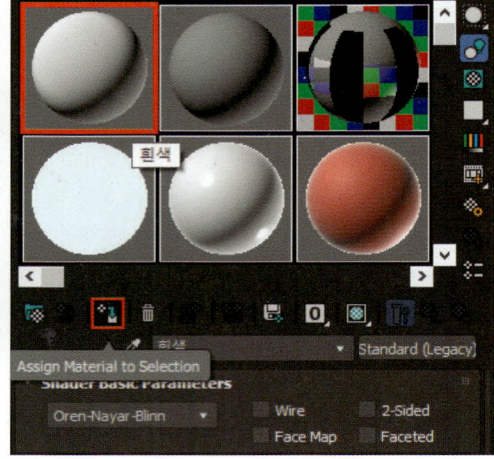

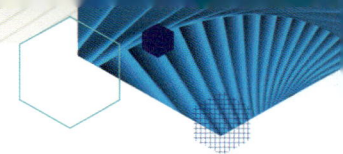

23 가장 먼저 '3D_Bool.01' 개체에 Extrude 명령을 수행한 뒤, Amount 값을 1000으로 입력하여 돌출시켜 줍니다. 계속해서 '3D_Bool.02' 개체에도 Extrude 명령을 수행한 뒤, Amount 값을 1000으로 입력하여 돌출시켜 줍니다.

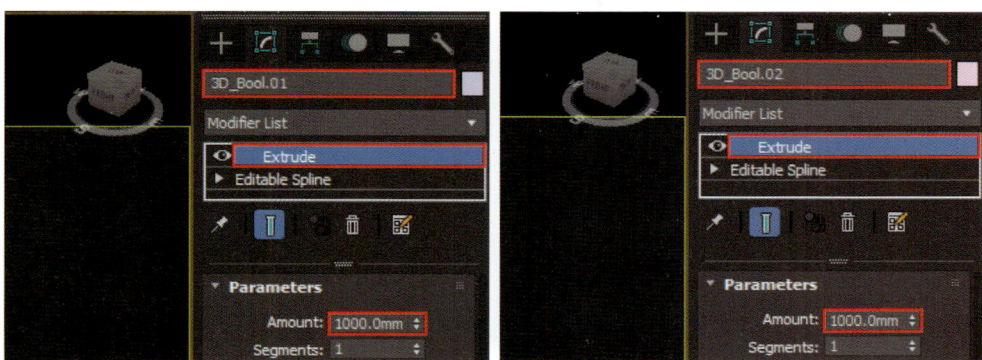

24 아래 그림과 같은 결과가 만들어지며, Hide Selected 명령을 이용하여 작성된 '3D_Bool.01', '3D_Bool.02' 개체를 잠시 보이지 않도록 설정해 줍니다.

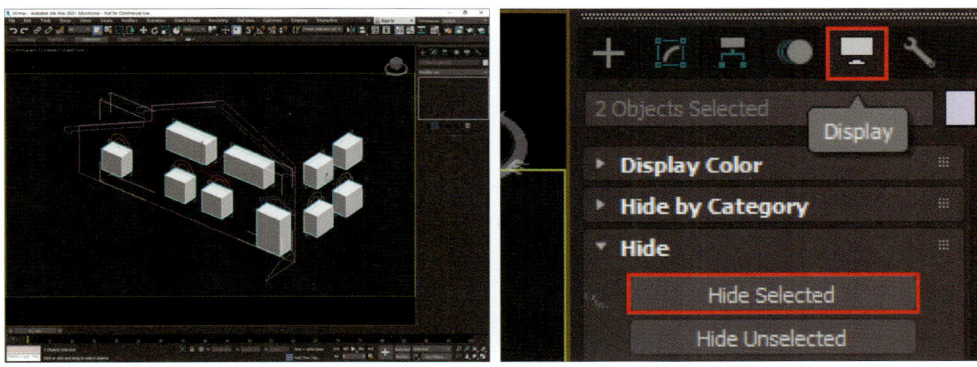

**07.** 모델링을 위한 CAD 도면의 활용 (2)

**25** '3D_Arch.01' 개체를 선택한 뒤, 부드러운 형상을 만들기 위해서 Interpolation 항목의 Steps 값을 40으로 설정해 줍니다. 계속해서 Extrude 명령을 수행한 뒤, Amount 값을 100으로 입력하여 돌출시켜 줍니다. '3D_Arch.02' 객체도 동일한 방법과 값으로 모델링을 진행해 줍니다.

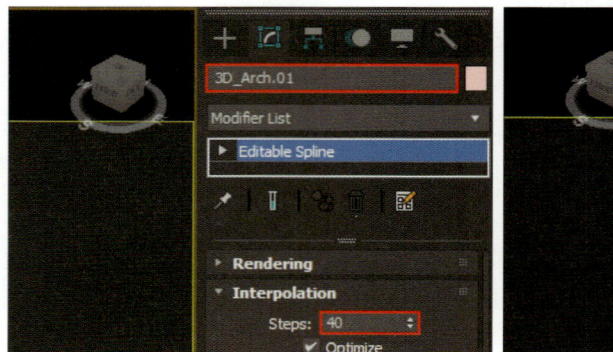
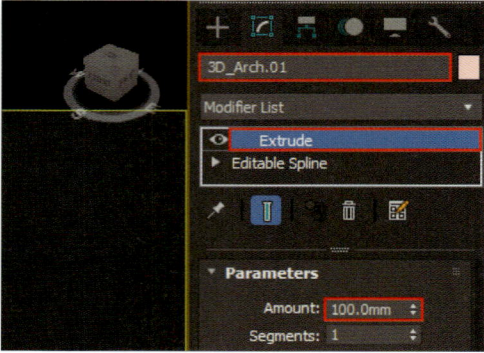

**26** 이번에는 '3D_Lintel.01' 개체에 Extrude 명령을 수행한 뒤, Amount 값을 200으로 입력하여 돌출시켜 줍니다. '3D_Lintel.02' 객체도 동일한 방법과 값으로 모델링을 진행해 줍니다.

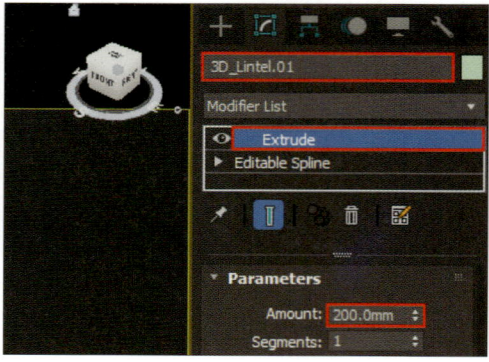
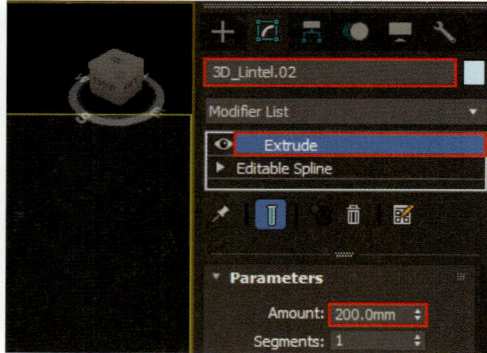

**27** '3D_Stair' 개체에 Extrude 명령을 수행한 뒤, Amount 값을 −2600으로 입력하여 모델링을 수행합니다. 작업한 결과가 아래 그림과 같이 나타나게 됩니다.

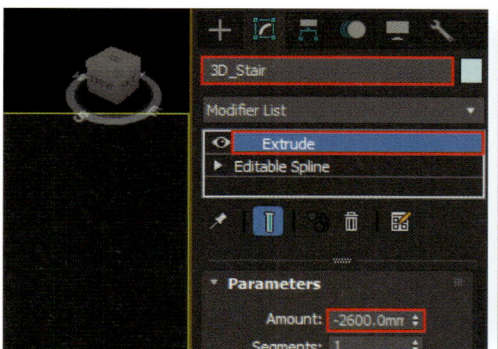 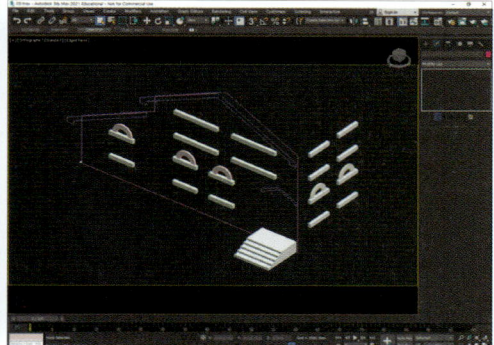

**28** 이번에는 '3D_Roof.01' 객체를 선택해 줍니다. 선택한 객체는 돌출높이가 다르기 때문에 분리해 보도록 하겠습니다. 그림과 같이 '3D_Roof.01'가 선택된 상태에서 Selection 항목의 Spline을 선택한 뒤, 문 위의 있는 지붕(캐노피) 개체를 선택해 줍니다.

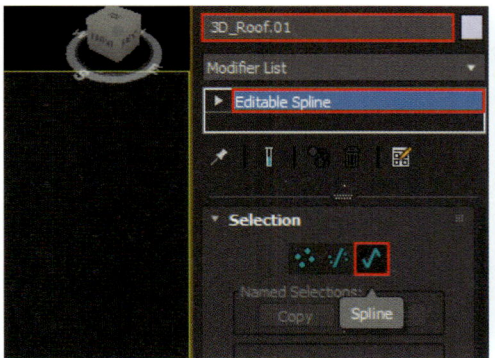 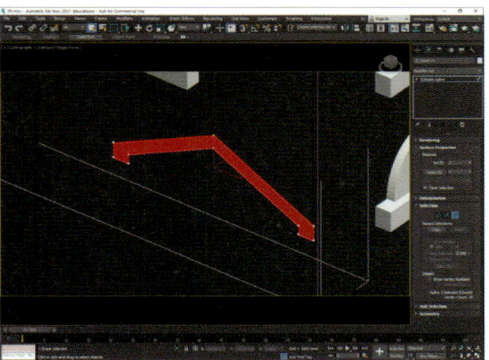

㉙ Detach 명령을 수행하여 나타나는 Detach 대화상자에서 '3D_Roof.02' 이름으로 객체를 분리시켜 줍니다.

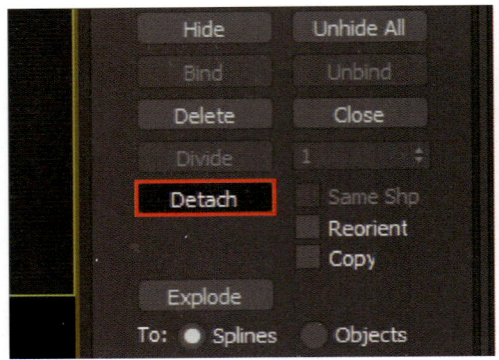 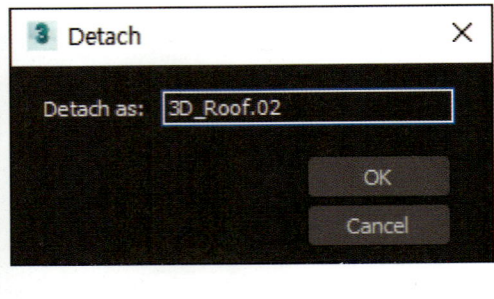

㉚ 이제 각각의 지붕 객체를 모델링해 보도록 하겠습니다. '3D_Roof.01' 개체에 Extrude 명령을 수행한 뒤, Amount 값을 −11000으로 입력하여 모델링을 수행합니다. 계속해서 '3D_Roof.02' 개체에 Extrude 명령을 수행한 뒤, Amount 값을 1500으로 입력하여 모델링을 수행합니다.

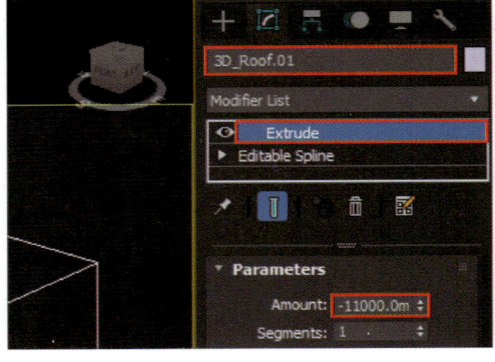 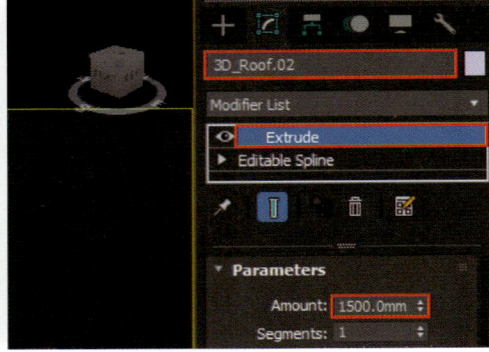

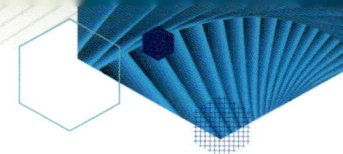

**31** 마지막으로 '3D_Wall' 개체에 Extrude 명령을 수행한 뒤, Amount 값을 −9400으로 입력하여 모델링을 수행합니다. 아래 그림과 같이 모델링 결과를 확인할 수 있습니다.

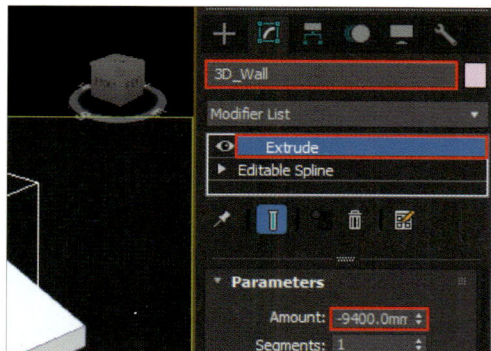
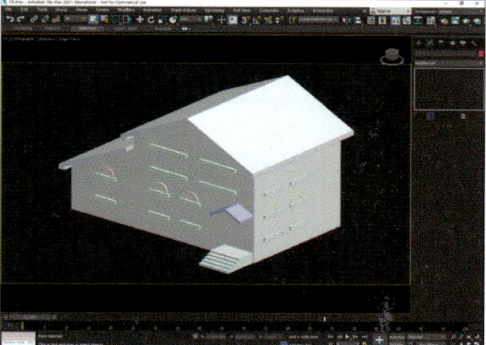

**32** 다음 작업을 위해서 '3D_Wall'를 제외한 객체를 보이지 않도록 숨겨준 뒤, '3D_Bool.01', '3D_Bool.02' 객체를 보이도록 설정해 줍니다. '3D_Wall' 객체를 선택한 상태에서 Geometry ▶ Compound Objects ▶ Boolean 명령을 수행해 줍니다.

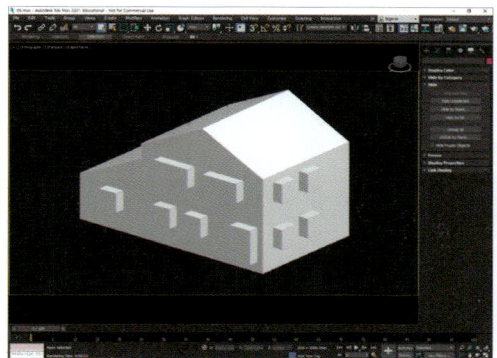
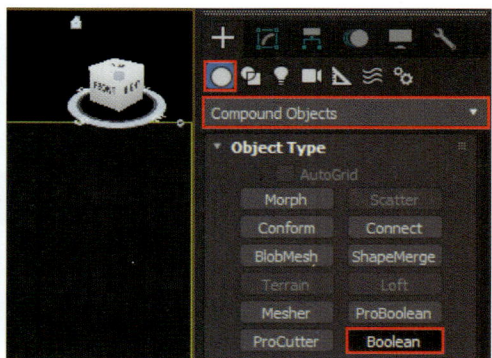

**07.** 모델링을 위한 CAD 도면의 활용 (2)

**33** 명령을 수행한 뒤, 그림과 같이 Operand Parameters에서 Subtract를 설정해 줍니다. 계속해서 Boolean Parameters에서 Add Operands 버튼을 클릭해 줍니다. Add Operands 버튼을 클릭한 뒤 '3D_Bool.01', '3D_Bool.02' 개체를 클릭하여 선택해 줍니다.

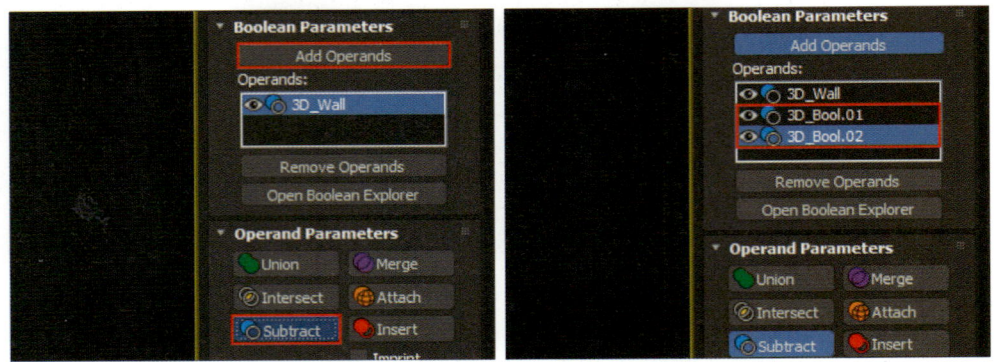

**34** Boolean 명령을 수행하고 나면, 결과적으로 아래 화면과 같이 '3D_Bool.01', '3D_Bool.02' 개체가 제거된 모습을 볼 수 있습니다. Unhide by Name... 명령을 이용하여 '3D_Bool.01', '3D_Bool.02' 객체를 제외하고 숨겨 두었던 나머지 모든 객체를 보이도록 설정해 줍니다.

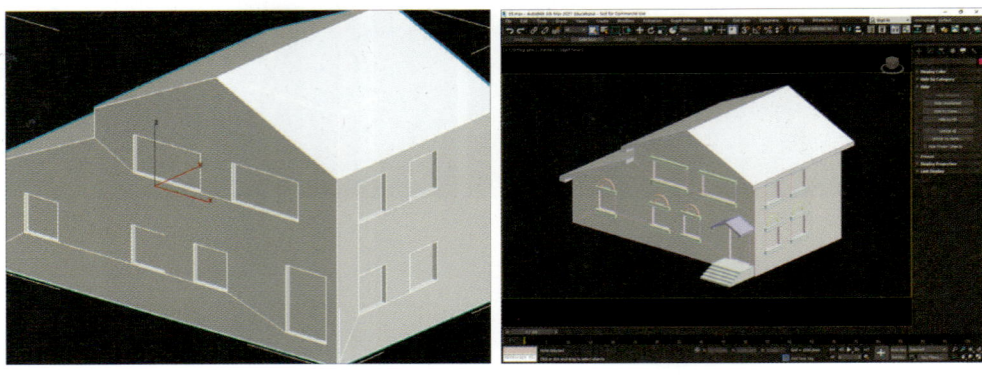

**35** '3D_Wall' 개체를 제외한 나머지 모든 개체를 선택한 뒤, Material Editor에 미리 설정된 '회색' 재질을 적용해 줍니다.

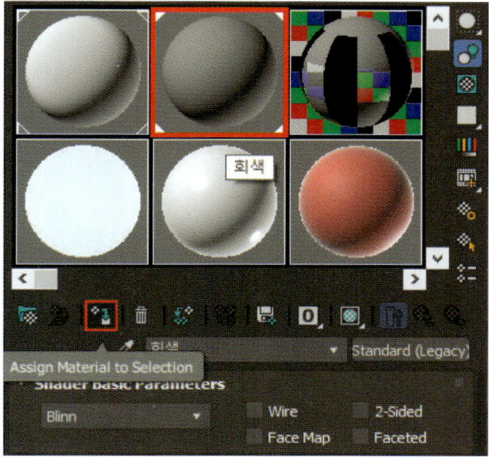
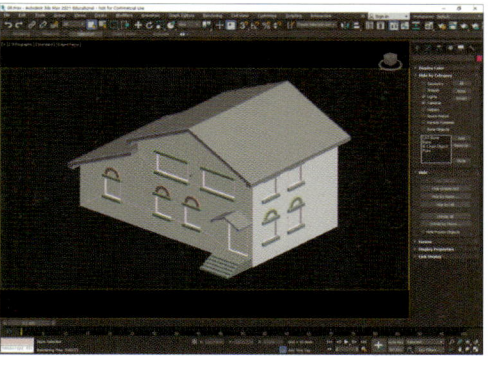

**36** File▶Import▶Merge… 명령을 수행하여 준비된 창문 데이터 파일(07\07(Window).max)을 불러와 줍니다. 포함된 모든 개체를 불러와 줍니다.

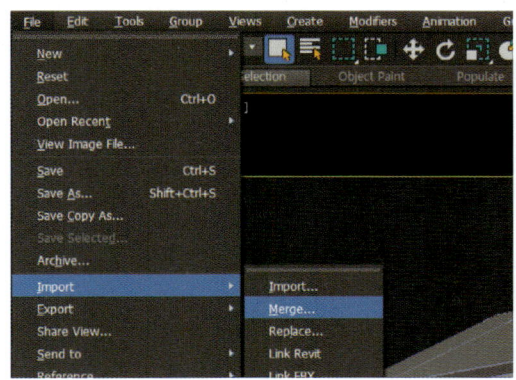
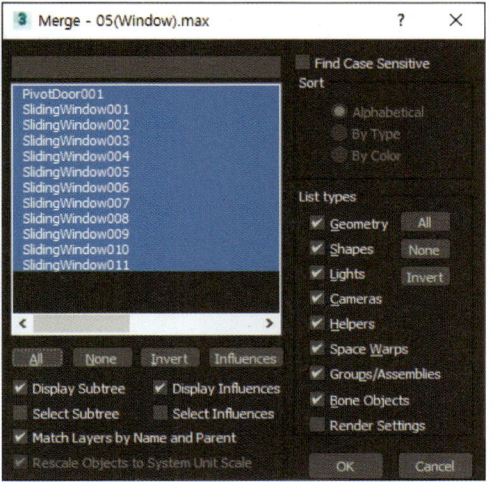

**37** 그림과 같이 원하는 위치에 창문, 문 개체가 삽입되는 것을 확인할 수 있습니다. 마지막으로 미리 준비된 카메라로 시점을 설정해 줍니다.

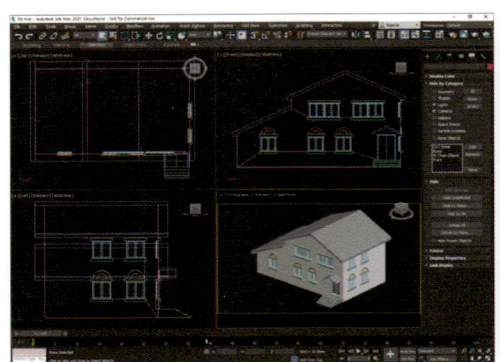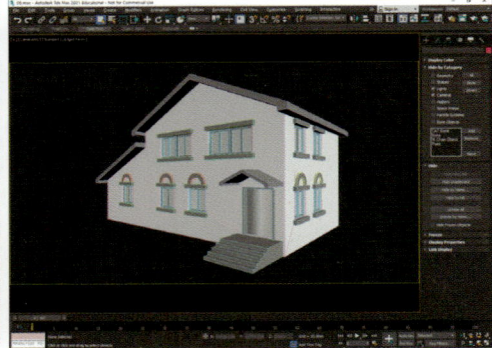

(07\08.max)

**38** 렌더링을 수행하여 지금까지 작업한 결과를 확인해 줍니다.

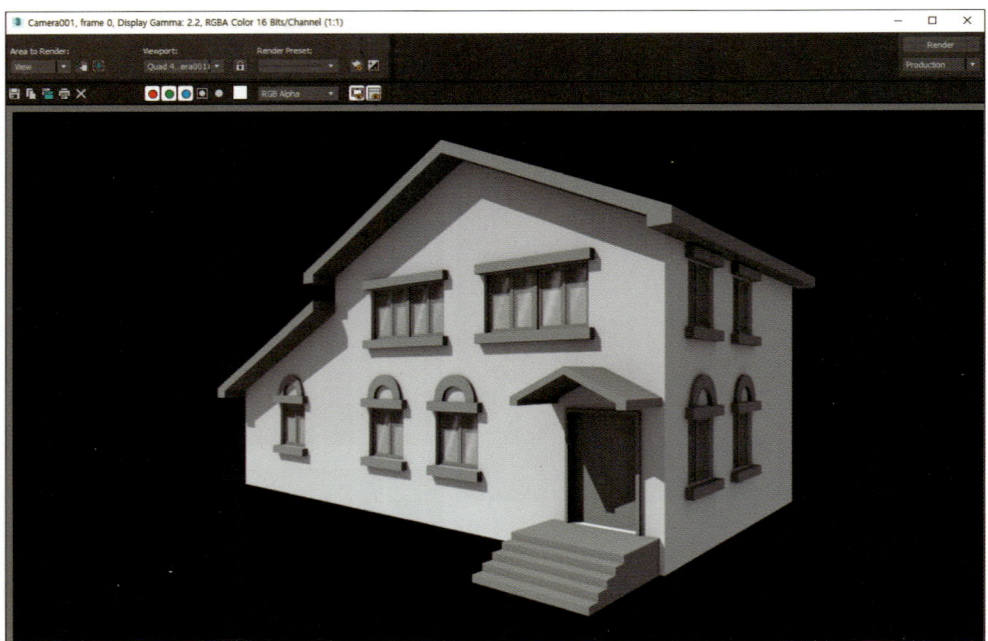

## 불러온 캐드 도면을 이용한 모델링 객체의 곡면 처리

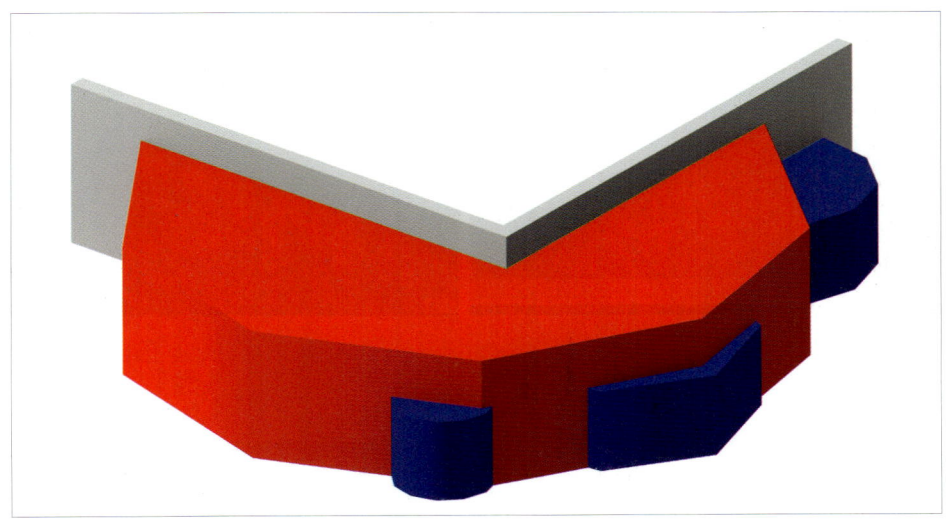

▲ CAD에서 작성된 PLINE 객체를 이용하여 MAX에서 거칠게 작성된 모델링

AutoCAD에서 PLINE 명령으로 작성된 드로잉 객체를 이용할 경우 MAX에서 매우 편리하게 모델링 작업을 진행할 수 있습니다. 다각형이나 직사각형과 같은 객체 모델링의 경우 특별히 어렵거나 문제가 발생하지 않습니다. 그러나 위에서 보는 바와 같이 AutoCAD에서 작성된 PLINE 객체 중 곡선으로 구성된 객체의 경우 부드럽지 않게 다각형으로 표현되는 경우가 있습니다.

이러한 경우에는 불러들인 PLINE 객체의 Interpolation 항목의 Steps 옵션의 값을 높여줌으로써 객체를 부드러운 객체로 모델링할 수 있습니다.

■ AutoCAD에서 작성된 PLINE 객체와 MAX에서 불러온 모습

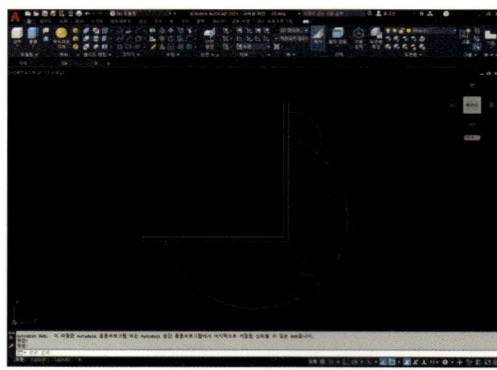 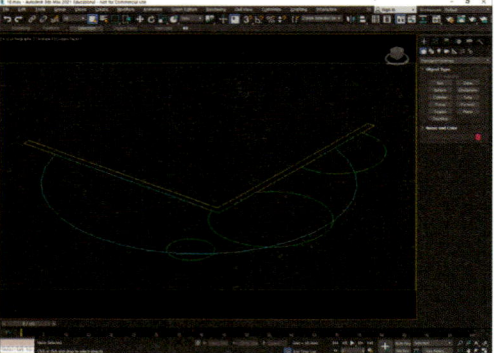

(07\09.dwg)

■ Interpolation의 Steps 값을 2로 설정했을 경우

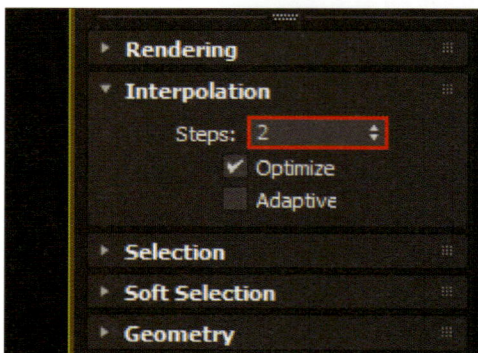 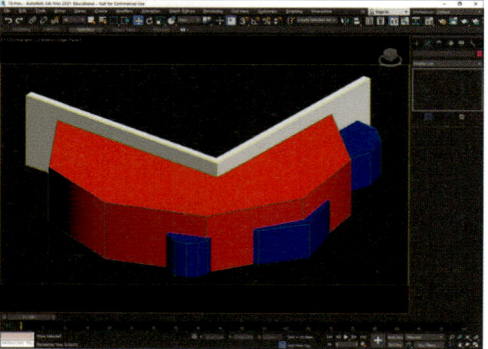

■ Interpolation의 Steps 값을 40으로 설정했을 경우

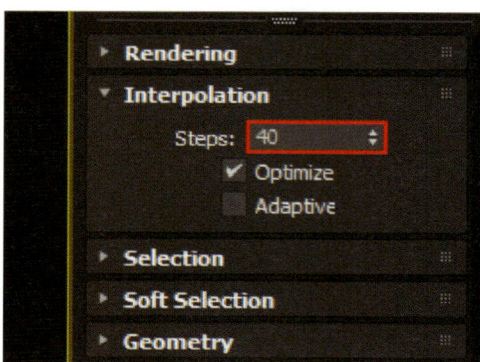 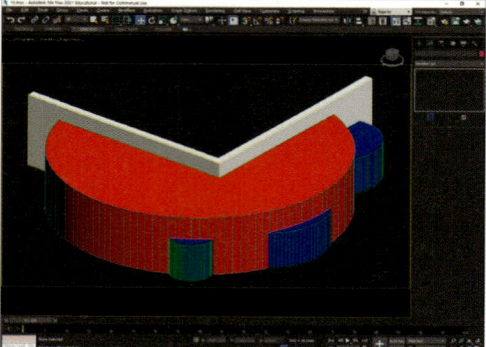

 **실습 예제** 　**도면을 이용한 단위세대 Isometric 모델링**

　지금까지 연습한 방법을 참고하여 준비된 도면을 이용한 Isometric 이미지를 제작해 보도록 합니다. 기본적으로 CAD에서 PLINE 작업을 수행한 뒤, MAX에서 Extrude 명령을 이용하여 결과를 완성해 봅니다. 필요한 치수는 평면도와 아래 그림을 참조하여 결과를 완성해 봅니다.

■ 완성된 모델링 및 렌더링 결과

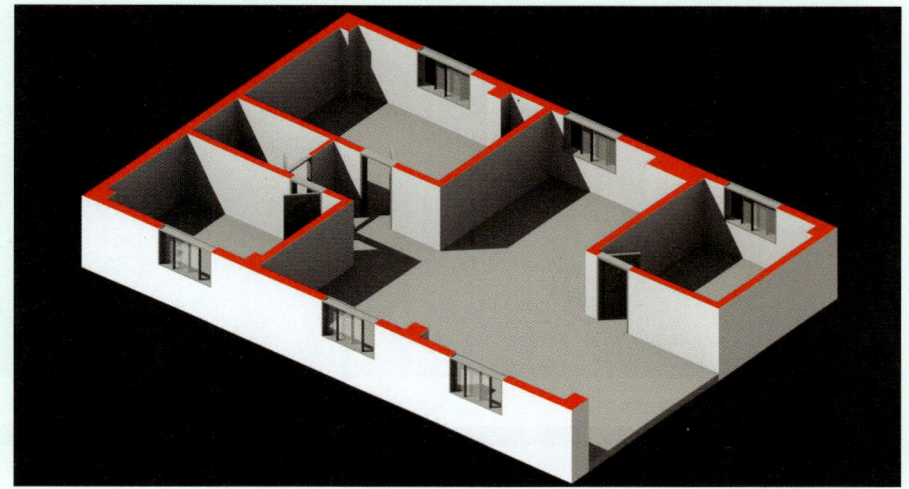

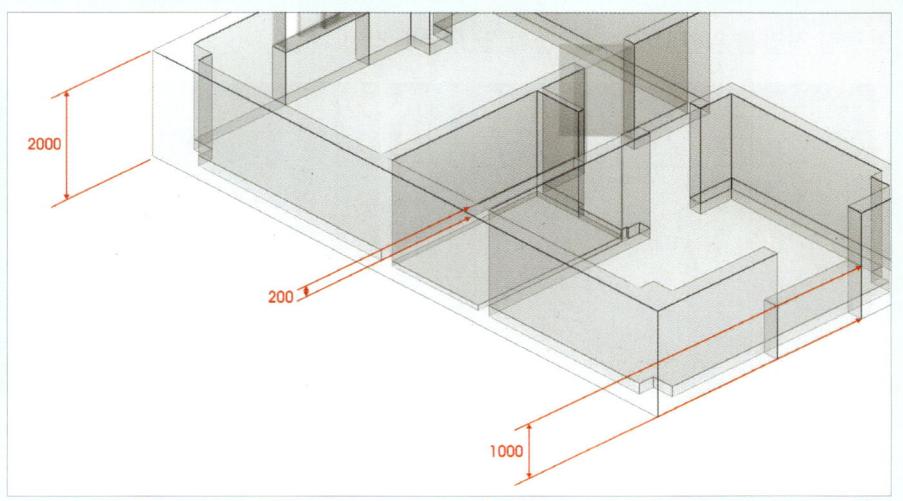

**07.** 모델링을 위한 CAD 도면의 활용 (2)

 **실습 예제**

- 준비된 AutoCAD 포맷의 평면도

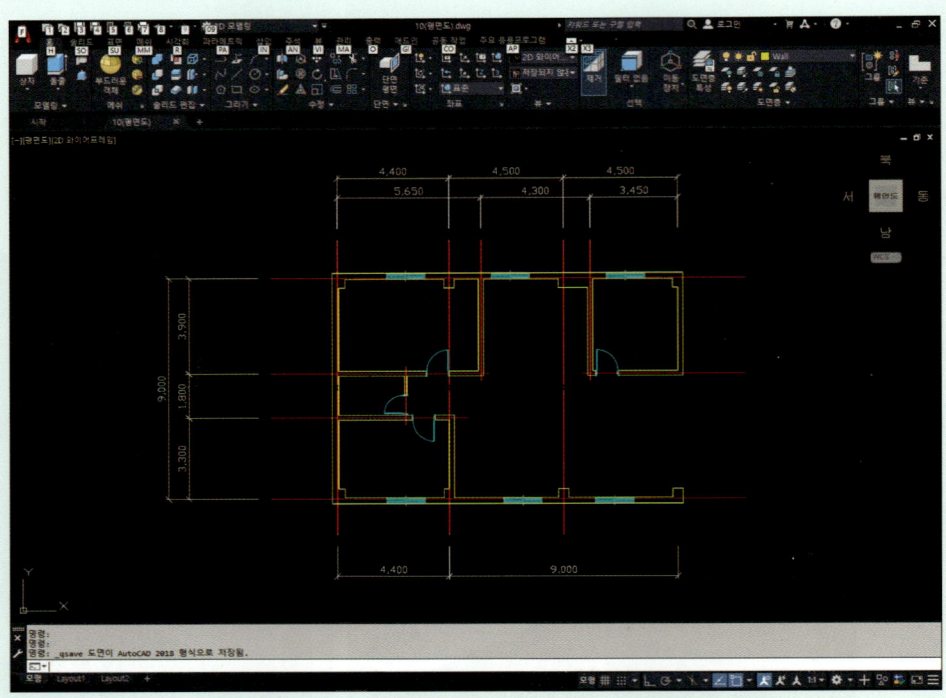

(07\10(평면도).dwg)

- 모델링 작업을 위한 CAD 도면 정리 및 PLINE 작업 과정

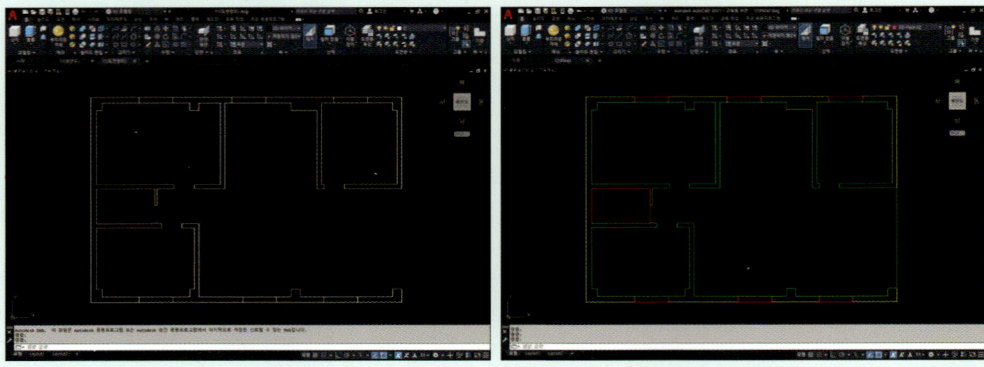

(07\11(도면정리).dwg)    (07\12(PLINE).dwg)

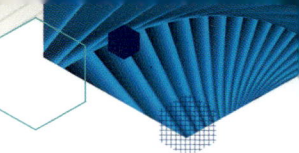

- CAD 도면의 Import 및 3DS MAX에서의 작업 과정

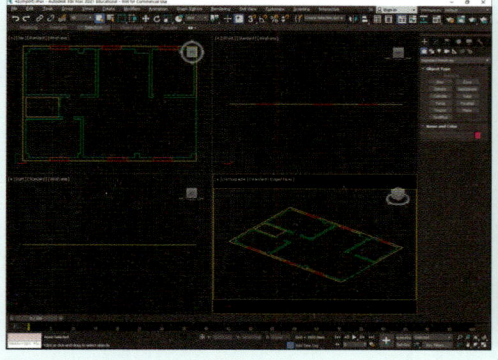
(07\14(Import).max)

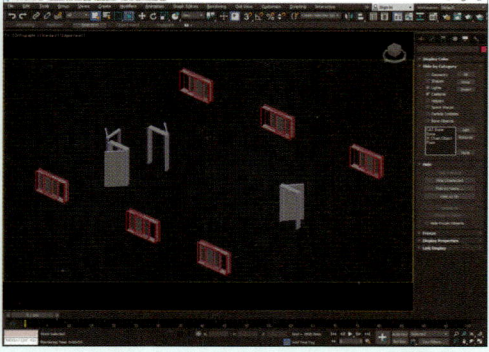
(07\15(Window).max)

- CAD 도면의 Import 및 MAX에서의 작업 과정

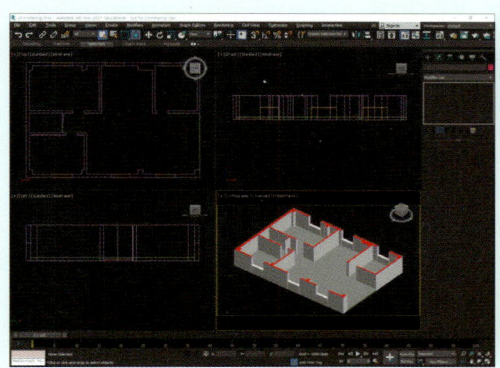

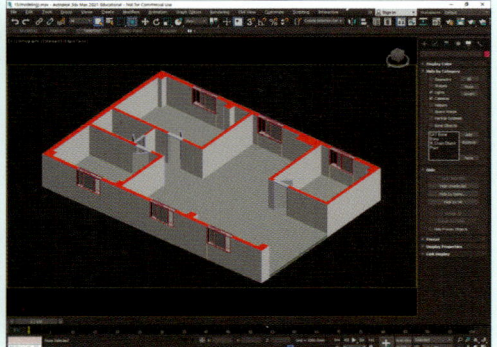
(07\16(Modeling).max)

**07.** 모델링을 위한 CAD 도면의 활용 (2)

# MEMO
15강으로 익히는 인테리어 건축 디지털 렌더링

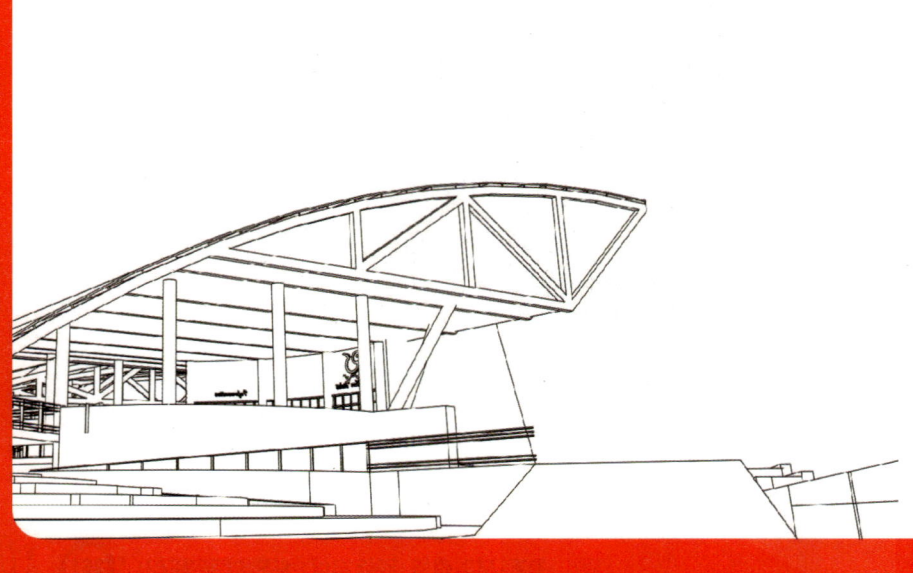

# 08

## 재질 제작과 활용 (1)

이번 장에서는 3DS MAX의 재질 표현을 위한 재질 작성 및 매핑 방법에 대해서 학습해 보도록 하겠습니다. 실내건축 분야에서는 공간 디자인을 위한 모델링도 중요하지만, 마감재 표현을 제대로 수행하지 못하면 원하는 아이디어를 정확히 표현하는 것이 불가능하다고 생각됩니다. 더불어 다양한 마감재 설정을 이용하여 개념 이미지 및 실사 이미지와의 시뮬레이션까지 다양하게 학습해 보도록 하겠습니다.

▲ 다양한 재질이 표현된 실내 공간 렌더링 이미지

# 1. 3DS MAX에서의 재질 설정 및 적용 방법

이번 장에서는 모델링에 필요한 재질을 작성하고 적용하는 방법에 대하여 학습해 보도록 하겠습니다. 인테리어 및 건축 분야에서는 비트맵 이미지를 이용한 재질 제작 및 이미 작성된 재질을 수정하여 활용하는 경우가 매우 많습니다.

더불어 재질과 관련하여 3DS MAX에서는 맵(Map), 재질(Material)의 개념이 다르게 사용되며, 아래 그림을 통해 맵(Map), 재질(Material) 그리고 전체적인 재질 설정 과정을 학습해 보도록 하겠습니다.

① 모델링 데이터 준비

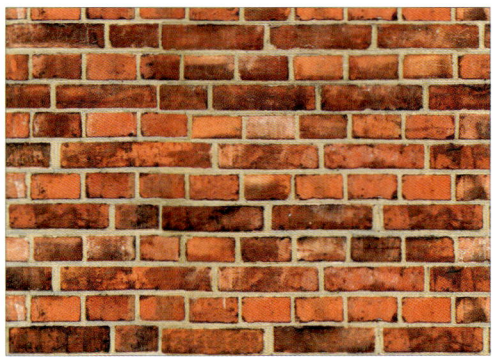
② Map(이미지) 준비

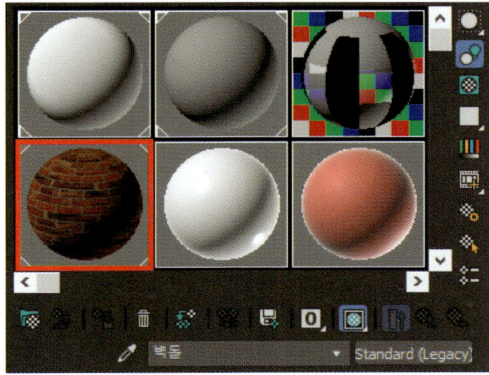
③ 재질(Material) 제작

④ 재질(Material) 적용

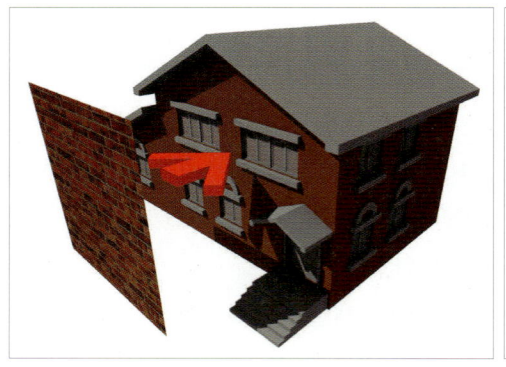
⑤ 매핑(Mapping) 방향 설정

⑥ 매핑 방향이 잘못된 경우

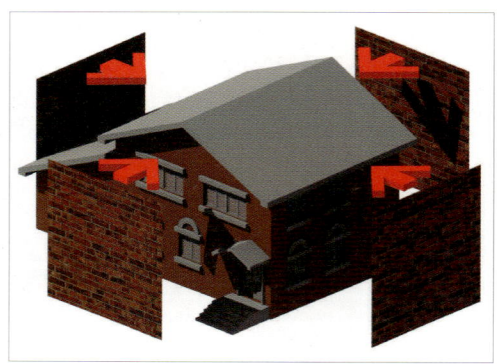
⑦ 매핑 방향 재설정(변경)

⑧ 매핑 방향 재설정(변경) 후 모습

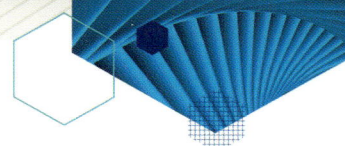

## 2. Material Editor(재질 편집기)

우리가 일반적으로 컴퓨터 그래픽에서 일컫는 매핑(Mapping)이란 선택한 객체에 재질을 만들고 원하는 형태, 방향, 크기로 재질을 적용하는 것을 통칭하여 매핑(Mapping)이라 부릅니다.

재질을 편집하고 수정하기 위해서는 메인 툴바에 있는 Material Editor(재질 편집기) 버튼을 클릭하면 나타납니다.

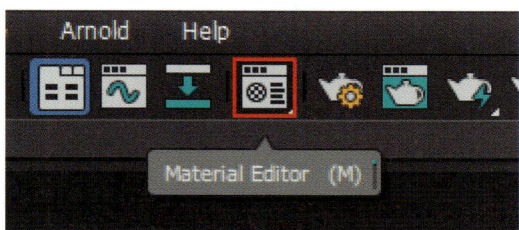

3DS MAX의 매핑은 일반적인 MAX 관련 서적과 더불어 재질, 즉 매핑(Mapping)만 설명되어 있는 서적이 별도로 나와 있을 만큼 그 중요도는 대단하며, 학습할 내용도 엄청나게 많습니다. 그러나 여기서는 아주 전문적인 부분에 대한 설명은 과감히 생략하고 기초 과정에서 꼭 필요하고 일반적으로 많이 사용되는 부분만을 설명하도록 하겠습니다. 이미 말씀드린 바와 같이 기본적인 명령의 학습도 중요하지만 어떻게 활용되는지가 더욱 중요하기 때문입니다.

### ◉ Material Editor(재질 편집기)의 구성

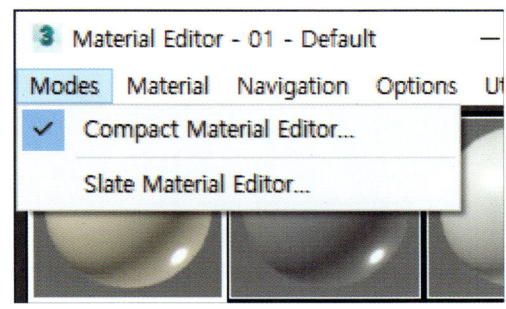

▲ Material Editor 작업 모드

Material Editor를 실행하면, 기본 세팅이 Slate Material Editor로 설정되어 있습니다. Slate Material Editor의 경우는 복잡하게 구성된 재질의 전체적인 계층 구조를 쉽게 이해할 수 있도록 구성되어 있으나, 아직도 대부분의 인테리어 및 건축 분야의 사용자들은 Compact Material Editor를 사용하며, 복잡한 재질 구성을 사용하는 경우가 드물기 때문에 본서에는 Compact Material Editor를 설명하도록 하겠습니다.

▲ Compact Material Editor

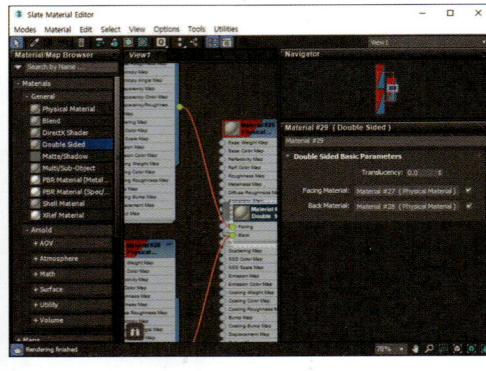

▲ Slate Material Editor

## Compact Material Editor의 구성

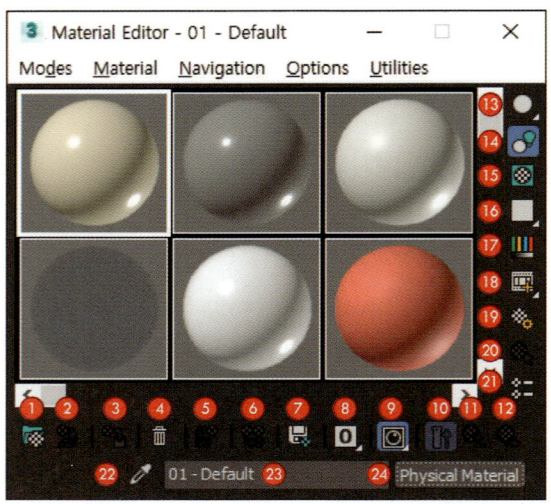

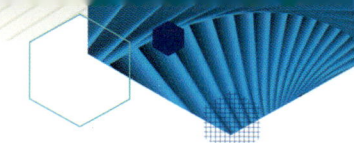

❶ Get Material : 미리 작성된 재질이나 현재 장면 또는 선택되어 있는 객체에 설정된 재질을 불러올 수 있도록 합니다.

❷ Put Material to Scene : 동일한 이름의 재질을 설정한 뒤 작성된 재질을 현재 작성 중인 장면에 적용할지를 설정합니다.

❸ Assign Material to Selection : 재질(Material)을 선택된 객체에 적용합니다. 가장 많이 사용된 명령 중에 하나입니다.

❹ Reset Map/Mtl to Default Settings : 선택된 재질을 초기화해 줍니다. 작성 중인 재질을 초기화시킬 수도 있으며, 작성 중인 재질은 그대로 둔 상태에서 단순히 선택된 재질 슬롯만을 초기화시킬 수도 있습니다.

❺ Make Material Copy : 선택된 재질을 원하는 슬롯에 복사해 줍니다.

❻ Make Unique : 편집 중인 재질에 재질 타입을 Instance로 설정하여 복사하면 모(母) 객체의 속성이 변경될 경우 현재의 재질의 속성도 변하게 됩니다. 이러한 경우, 복사된 재질의 속성을 독립적인 재질로 사용할 수 있도록 설정해 줍니다.

❼ Put to Library : 현재의 재질을 Library 목록에 저장해 줍니다.

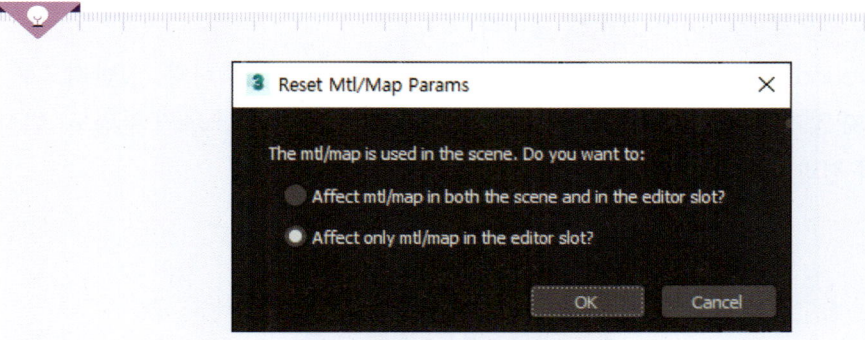

재질 편집을 수행하다 보면 재질 슬롯의 개수가 부족한 경우가 발생하게 됩니다. 이런 경우 앞에서 설명한 [Reset Map/Mtl to Default Settings] 버튼을 클릭하여 선택된 재질 슬롯을 초기화한 뒤, 새로운 재질을 제작해 줄 수 있습니다. 그러나 [Reset Map/Mtl to Default Settings] 버튼을 클릭하고 난 뒤 나타나는 대화상자의 설정값을 매우 신중히 설정해야 합니다. 만약 'Affect mtl/map in both the scene and in the editor slot?' 항목을 설정할 경우 슬롯뿐만이 아니라 현재 편집 중인 재질까지 모두 초기화됩니다. 따라서 단순히 재질 편집을 위해 빈 슬롯을 추가할 경우 아래 'Affect only mtl/map in the editor slot?' 항목을 선택하기 바랍니다.

❽ **Material ID Channel** : 선택한 재질의 ID 채널을 설정해 줍니다.
❾ **Show Shaded Material in Viewport** : 물체에 지정한 재질이 뷰포트에서 보일 수 있도록 설정합니다. 만약 이 명령을 수행하지 않으면 렌더링 결과에서는 보이지만 뷰포트에서는 보이지 않게 됩니다.
❿ **Show End Result** : 설정한 맵, 재질 편집 결과를 슬롯 구를 통해 볼 수 있습니다.
⓫ **Go to Parent** : 현재 재질 작업 상태에서 상위 단계로 이동시켜 줍니다.
⓬ **Go Forward to Sibling** : 두 개 이상의 맵을 지정할 경우 같은 단계의 맵으로 이동시켜 줍니다.
⓭ **Sample Type** : 선택하고 있는 슬롯의 구 형태를 다른 형태로 표시해 줍니다. 기본적으로 구 형태로 표시되지만, 원기둥이나 육면체 형태로 표시할 수 있습니다.

⓮ **Backlight** : 선택한 재질의 Backlight를 설정하여 표시할지 여부를 선택할 수 있습니다. 기본적으로 설정하여 표시해 줍니다.
⓯ **Background** : 선택된 슬롯의 배경색을 체크무늬로 설정해 줍니다. 일반적으로 거의 사용하지 않지만 투명한 속성의 재질을 표현할 경우에 사용됨으로써 투명도, 반사, 굴절 등의 결과를 확인해 줄 수 있습니다.

⓰ **Sample UV Tiling** : 샘플 구에 설정된 맵의 반복 횟수를 보여줍니다. 실제 선택된 재질이 설정되는 Tiling 설정값과는 관계없이 샘플 슬롯에서만 적용됩니다.
⓱ **Video Color Check** : 비디오 레코딩을 수행할 경우 필요한 색으로 샘플을 표시해 줍니다.
⓲ **Make Preview/Play Preview/Save Preview** : Max에서는 모든 설정값을 애니메이션으로 설정할 수 있습니다. 만약 현재의 재질을 애니메이션시킬 경우 애니메이션되는 과정을 미리 볼 수 있도록 설정해 줍니다.

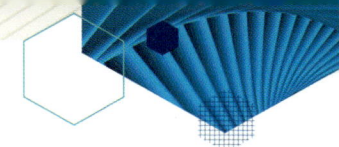

⓴ Options : Material Editor Option 대화상자를 나타내 줍니다.
㉑ Select by Material : 현재 선택된 재질이 적용된 모든 객체를 선택해 줍니다.
㉒ Material/Map Navigator : 현재 선택된 재질의 맵을 보여줍니다.
㉓ Pick Material from Object : 객체를 클릭하여 객체에 적용된 재질을 현재 슬롯으로 추출해 줄 수 있습니다.
㉔ Material Name Field : 현재 작성 중인 재질의 이름을 설정해 줍니다.
㉕ Material Type Button : Material Type을 선택할 수 있도록 Material/Map Browser를 보여줍니다.

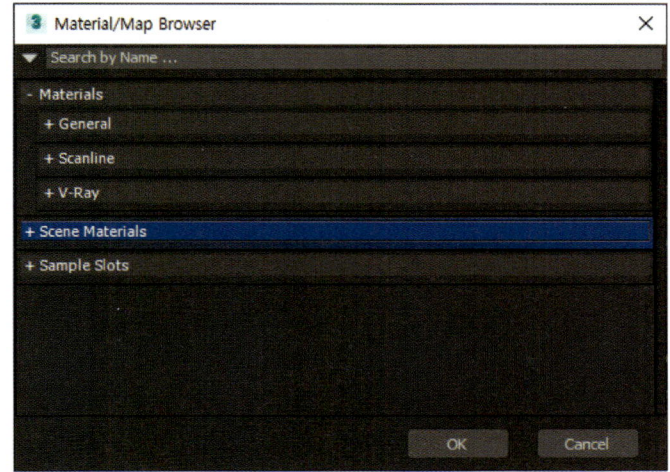

▲ Material Type 버튼을 클릭하여 나타나는 Material/Map Browser

Material Type 버튼을 클릭하면 Material/Map Browser가 나타나면서 필요한 타입의 재질을 선택할 수 있습니다. 나타나는 Material Type은 각각의 타입이 모두 중요하지만, 너무 많은 타입이 있기 때문에 본 서에는 꼭 필요한 것 몇 개만 살펴보도록 하겠습니다.

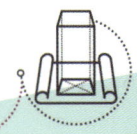

## 이전 설정값으로 렌더러와 재질 타입 설정

MAX를 실행하게 되면 새롭게 적용된 렌더러인 Anold 렌더러와 Material Editor의 재질 타입도 Physical Material로 세팅되어 있습니다. 실제로 인테리어 및 건축 분야에서는 Standard 재질과 Scanline 렌더러 및 VRay 재질과 렌더러를 주로 활용하기 때문에 매번 설정값을 변경하는 것이 매우 귀찮을 일입니다.

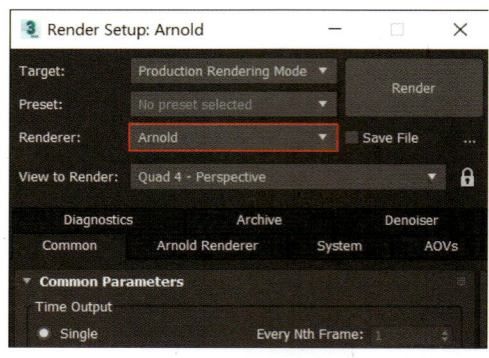

❶ 이전까지는 기본값으로 Scanline 렌더러와 Standard 재질로 설정되어 있기 때문에 작업 환경을 이전과 같이 세팅해 보도록 하겠습니다. Customize▶Custom Defaults Switcher... 명령을 수행한 뒤, 나타나는 대화상자에서 좌측에 Initial settings for tool options 값을 MAX.Legacy로 설정해 줍니다.

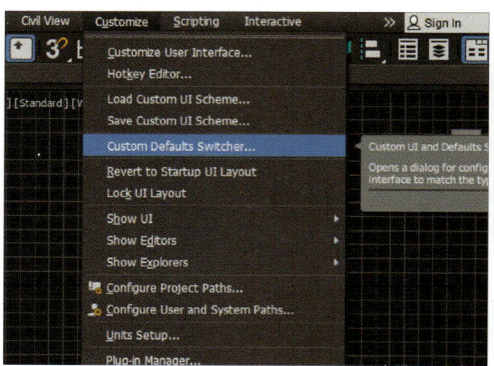
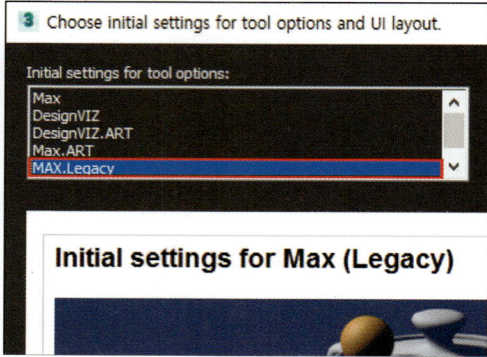

❷ 계속해서 우측에 UI schemes 값을 DefaultUI로 설정한 뒤, 3DS MAX를 다시 실행해 줍니다.

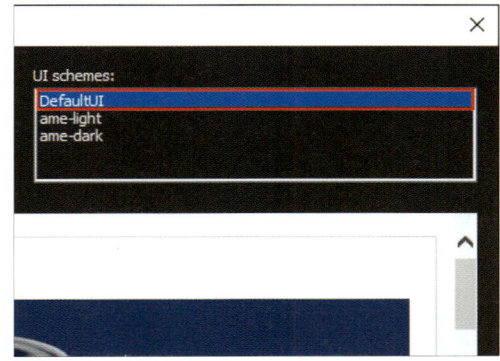
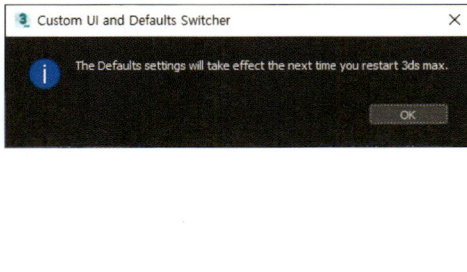

❸ 다시 실행한 뒤, 렌더링 대화상자를 살펴보면 Scanline Renderer가 기본값으로 설정되어 있으며, Material Editor의 재질 타입도 Standard(Legacy)가 기본값으로 설정되어 있는 것을 확인할 수 있습니다.

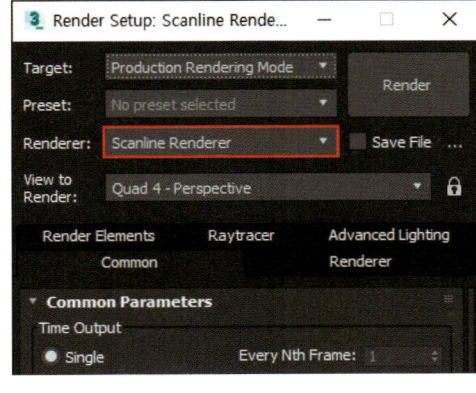
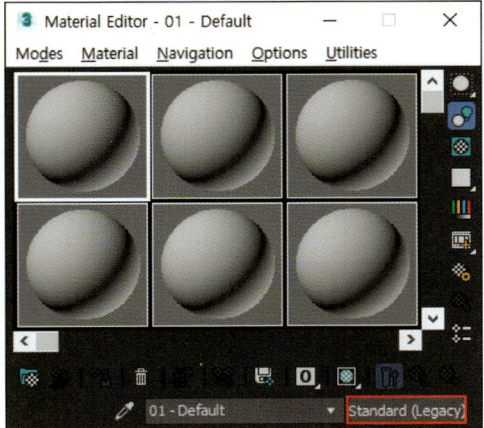

▼ 설정값은 한번 변경하면 매번 변경할 필요는 없습니다. 앞으로는 위에서 설정된 값으로 작업을 진행해 보도록 하겠습니다.

## 3. Material과 Map의 개념

　MAX의 Material Editor에서는 맵(Map)과 재질(Material)을 분리하여 다루게 됩니다. 맵(Map)은 재질을 만들기 위한 재료가 되는 일종의 이미지(Image)이고, 재질(Material)은 작성된 모델링 객체에 직접 적용할 수 있는 속성을 의미합니다. 간단하게 설명하기 위해서 재질(Material)을 구성하는 가장 기본적인 방법 중 하나인 Bitmap 이미지와 Standard 재질을 예를 들어 설명해 보겠습니다. 가장 먼저 표면에 색상, 형태를 규정할 수 있는 벽돌 이미지를 준비한 뒤, 준비된 이미지로부터 하나의 맵이 만들어지게 됩니다. 결과적으로 이러한 맵은 벽돌 무늬의 Bitmap 이미지를 사용하게 되는 것입니다. 그러나 준비된 맵 자체는 선택하고 있는 객체를 설정할 수 없기 때문에 준비된 맵(Map)을 재료로 재질(Material)을 구성하게 되며, 결과적으로 작성된 재질(Material)이 객체에 적용할 수 있는 형태가 됩니다.

① Image

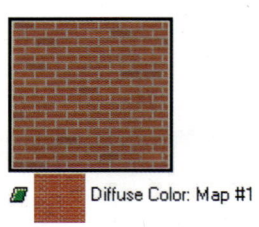

② Map

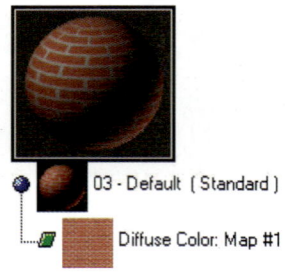

③ Material

④ 적용 결과

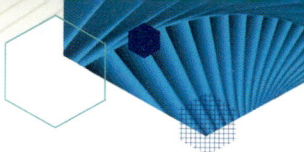

## 4. Map과 Material에 대한 이해를 위한 재질 연습

　이번 예제에서는 앞에서 설명된 Map과 Material에 대한 이해를 위한 재질 연습을 진행해 보도록 하겠습니다. 기본적인 재질 편집 명령과 더불어 Drag & Drop을 이용하여 재질 편집, 적용 방법 등에 대한 예제를 수행하면서 자연스럽게 Map과 Material에 대한 개념을 익혀 보겠습니다.

**08. 재질 제작과 활용 (1)**

**1** 준비된 모델링 파일을 불러온 뒤, 렌더링을 수행하여 내용을 확인해 줍니다. 간단히 구성된 공간 모델링입니다.

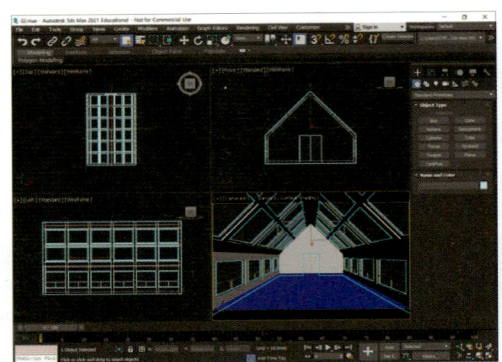
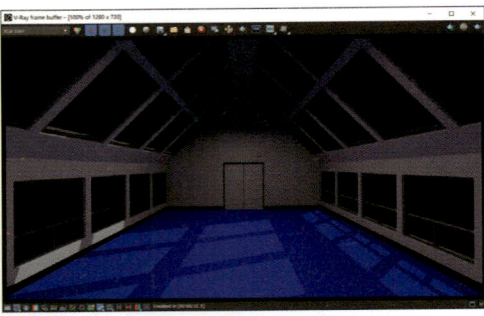

(08\01.max)

**2** 준비된 파일은 재질 편집을 연습하기 위해서 준비된 간단한 형태의 공간 모델링으로 지금부터 바닥에 재질을 제작, 편집해 보도록 하겠습니다. 먼저 바닥에 재질을 설정하기 위해서 '3D_Floor' 객체를 선택한 뒤, 선택이 해제되지 않도록 [Selection Lock Toggle] 버튼을 클릭해 줍니다.

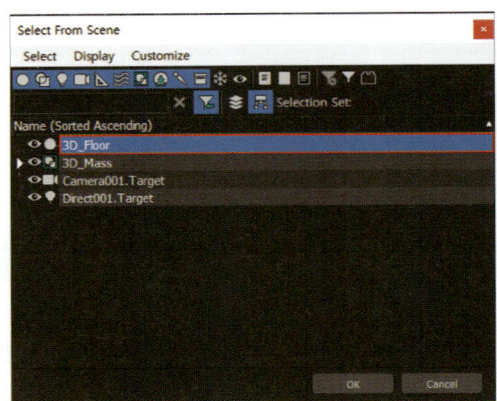

❸ 객체가 선택된 상태에서 아래 그림과 같이 Material Editor의 Sample Slot에서 빈 슬롯을 선택합니다. 계속해서 툴바에서 Get Material을 클릭하여 나타나는 Material/Map Browser 대화상자의 Maps▶General▶Bitmap을 선택해 줍니다.

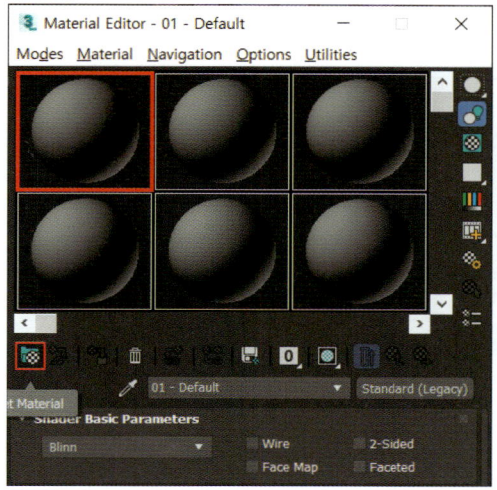
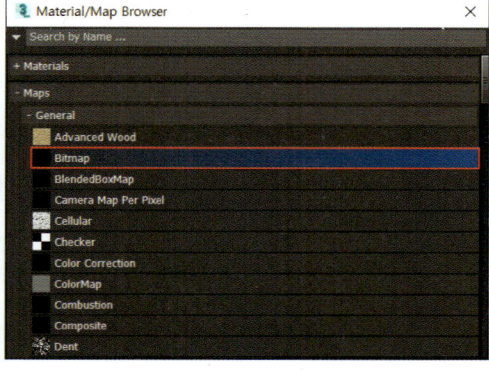

❹ 나타나는 Select Bitmap Image File 대화상자에서 준비된 마감재 이미지(08\maps\floor_01.jpg)를 선택해 줍니다. 지금까지의 과정은 맵(Map)을 설정한 과정이며, 객체에 직접 적용할 수 있는 Material의 형태가 아닙니다.

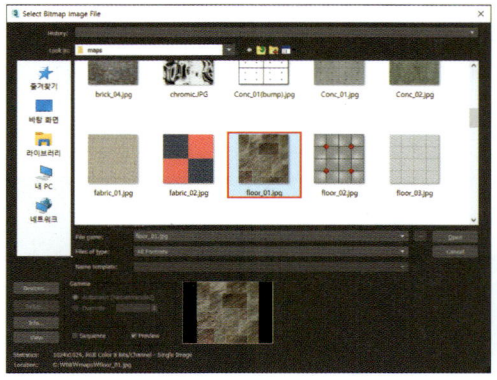

(08\maps\floor_01.jpg)

5️⃣ 옆에 있는 빈 슬롯을 클릭한 뒤, 재질 이름을 '바닥'으로 설정, 재질 타입은 'Standard', 쉐이더는 'Blinn'으로 설정합니다. Basic Parameters 아래에 있는 Diffuse 옵션에는 기본 색상이 설정되어 있으며, Diffuse 색상에 따라 재질의 색상이 결정되며 Diffuse 옆에 빈 사각형 버튼은 다른 비트맵이나 맵을 불러올 수 있습니다. 앞에서 작업했던 첫 번째 슬롯을 드래그하여 Diffuse 버튼 옆의 빈 사각형 버튼에 Drag & Drop 해 줍니다.

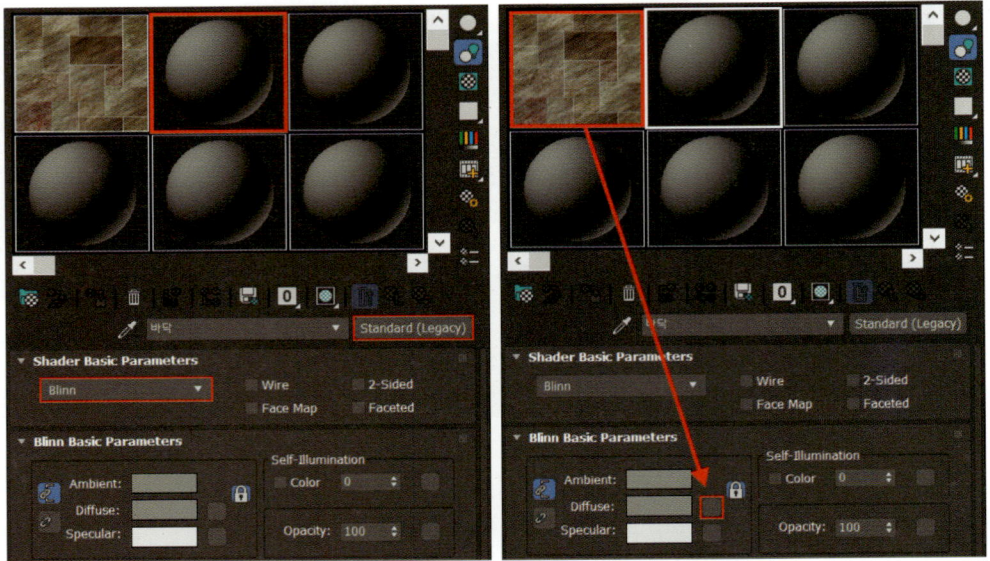

6️⃣ Instance Map 대화상자가 나타나며, Instance 항목을 선택해 줍니다. 의미는 Instance, Copy 옵션 모두 첫 번째 슬롯의 맵(Map)을 복사하여 현재 선택하고 있는 슬롯의 재질(Material)을 구성하는 Diffuse 맵으로 적용하겠다는 의미입니다. 다만 Instance 옵션으로 설정할 경우 첫 번째 슬롯의 이미지가 변경될 경우 현재 선택하고 있는 슬롯의 재질(Material)도 링크, 즉 연결되어 있다는 것을 의미합니다.

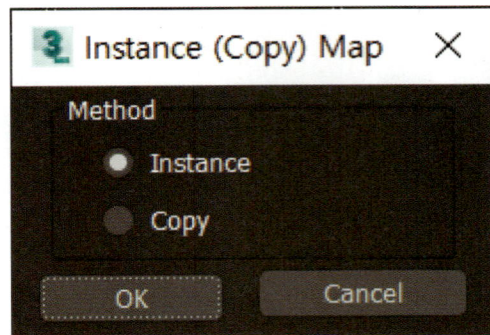 

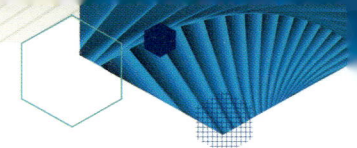

**7** 복사 후 결과를 확인해 보면 아래 그림과 같이 Diffuse 색상 옆의 버튼에 'M'이라는 표시가 나타나며, 현재 편집 중인 슬롯에 맵(Map)이 적용된 재질(Material)이 만들어진 것을 알 수 있습니다. 작성된 재질을 현재 선택된 객체에 적용하기 위해서 Assign Material to Selection 버튼을 클릭하여 선택된 '슬래브(교실)' 객체에 적용한 뒤, Show Shaded Material in Viewport 버튼을 클릭하여 뷰포트에서도 볼 수 있도록 설정해 줍니다.

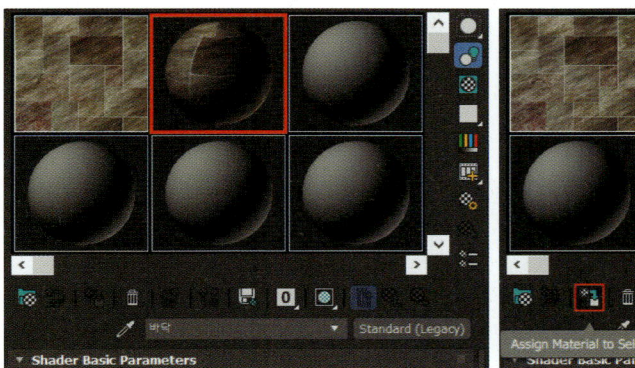
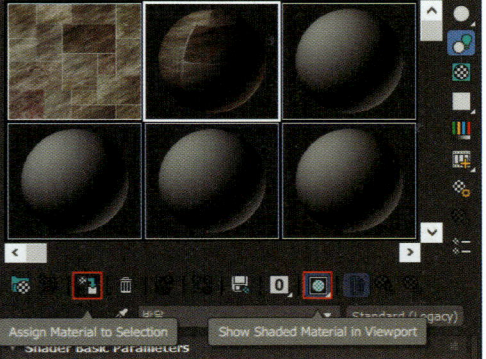

**8** 설정한 재질이 적용된 '슬래브(교실)' 객체에 적용된 결과를 확인할 수 있으며, 렌더링을 수행하면 결과를 확인해 볼 수 있습니다.

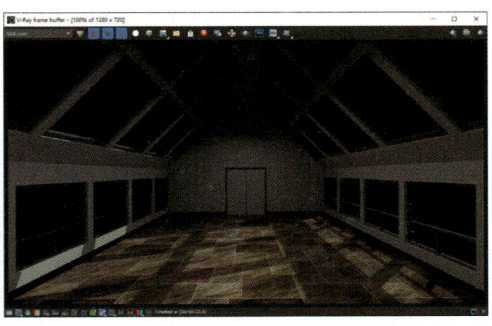

(08\02.max)

본 예제에서는 재질의 크기 및 방향을 미리 설정하였기 때문에 별도로 재질 크기를 설정하는 작업을 수행하지 않아도 됩니다. 만약 재질의 방향 및 크기 설정을 생략할 경우 이상한 형태로 결과가 만들어지거나 재질이 나타나지 않을 경우도 있습니다. 그만큼 재질의 편집뿐만 아니라 설정 방향 및 크기도 중요합니다.

**08.** 재질 제작과 활용 (1)

**9** 계속해서 설정된 재질의 맵(Map), 즉 이미지를 변경해 보도록 하겠습니다. Material Editor에서 맵이 설정한 첫 번째 슬롯을 선택한 뒤, 그림과 같이 준비된 재질 이미지인 'floor_02.jpg' 파일로 수정해 줍니다. 맵이 변경됨에 따라 Material과 객체의 재질도 변하는 것을 알 수 있습니다.

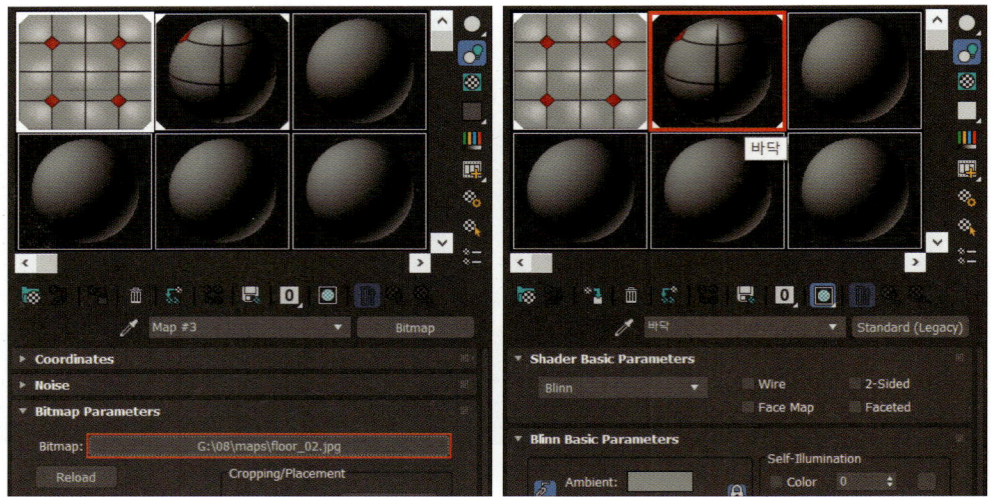

(08\maps\floor_02.jpg)

**10** 수정된 재질이 적용된 '슬래브(교실)' 객체에 적용된 결과를 확인할 수 있으며, 렌더링을 수행하여 결과를 확인해 봅니다.

 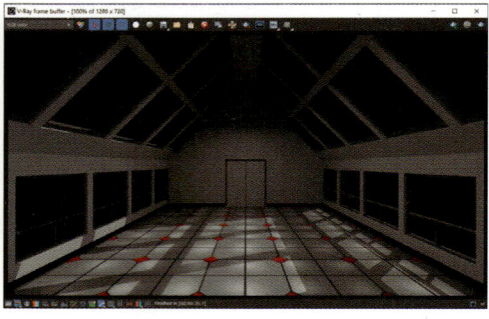

(08\03.max)

**11** 앞에서 수행한 방법과 동일한 방법으로 Material Editor에서 준비된 바닥 재질 이미지(08\maps\floor_03.jpg)를 이용한 Map을 변경하여 재질(Material)을 수정한 뒤, 렌더링을 수행하여 결과를 확인해 봅니다.

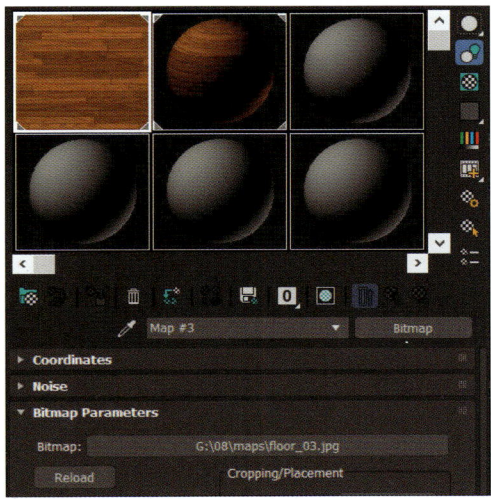
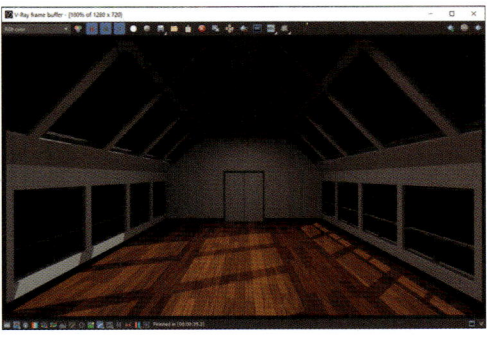

(08\04.max)

인테리어 분야에서는 마감재 연구를 위한 시각적 자료를 만들기 위해 다양한 실험을 진행하게 됩니다. 컴퓨터가 활성화되기 전에는 마감재의 설정 여부를 확인하기 위해서 일일이 손으로 투시도를 그려야 했습니다. 물론 작성된 투시도는 실제 결과와는 차이를 보일 뿐만 아니라 많은 시간과 기술을 요구하였습니다. 과거에는 마감재의 종류가 많지 않기 때문에 수작업의 투시도 작업이 가능했지만, 요즘 자재 시장 및 각종 박람회를 찾아가 보면 수로 헤아릴 수 없을 만큼 엄청난 규모로 성장하고 있다는 사실을 알 수 있습니다. 따라서 인테리어 디자이너의 경우 공간 구성도 중요하지만, 자신이 설계한 공간에 어떠한 재질이 적합한지를 선택하는 것은 대단히 어렵습니다. 이러한 경우 MAX의 재질 편집을 통해 수많은 재질을 간단한 방법으로 시뮬레이션해 볼 수 있습니다. 물론 처음에 작성되는 모델링 데이터의 작업 시간은 어쩔 수 없지만 일단 모델링과 맵핑 작업 후에는, 재질의 목록만을 변경하여 마감재에 대한 시뮬레이션을 쉽게 수행해 볼 수 있습니다. 이러한 과정은 실제 건축주와의 커뮤니케이션 과정에서 강력한 커뮤니케이션 도구로 활용될 수 있을 것입니다.

##  재질 편집을 이용한 마감재 대안 스터디

　이번 실습 예제에서는 앞에서 작업한 방법과 같이 Map과 Material을 작성한 뒤, 준비된 다양한 이미지를 바닥 객체에 적용해 봄으로써 다양한 재질이 적용된 렌더링 결과를 만들어 보도록 합니다.

■ 완성된 렌더링 결과

■ 준비된 모델링 데이터

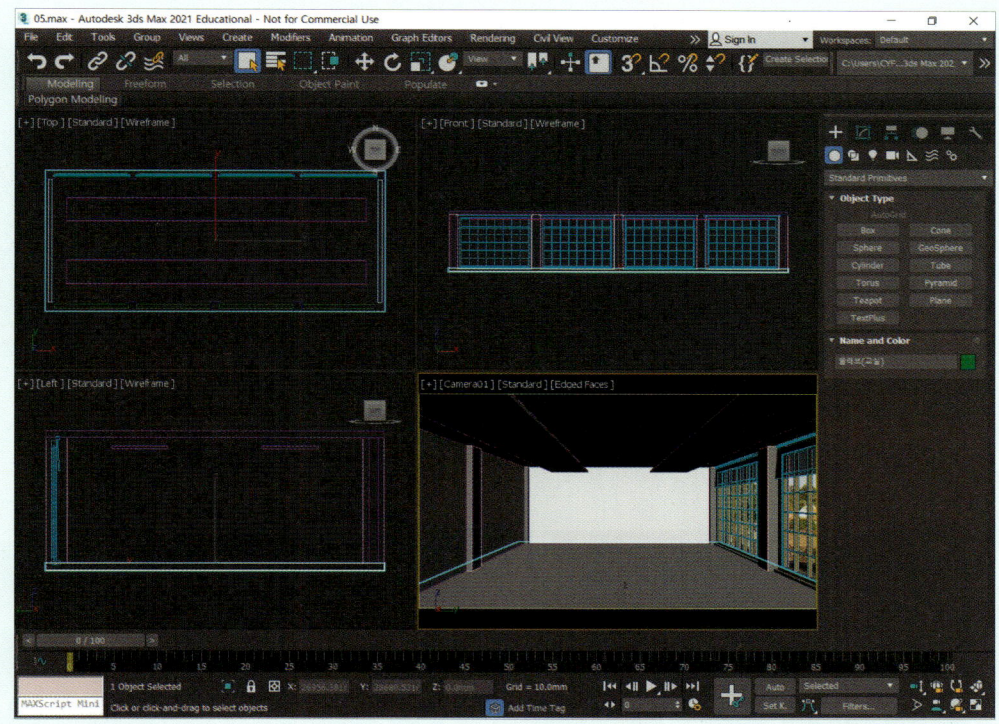

(08\05.max)

■ 'floor_04.jpg' 이미지를 이용한 재질 적용 후 렌더링 결과

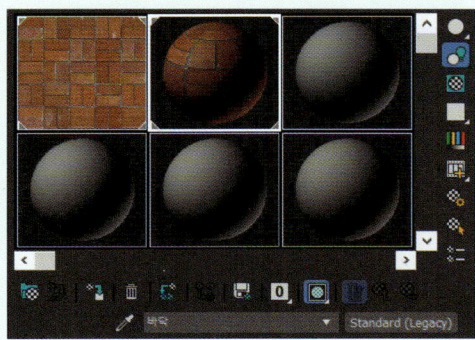 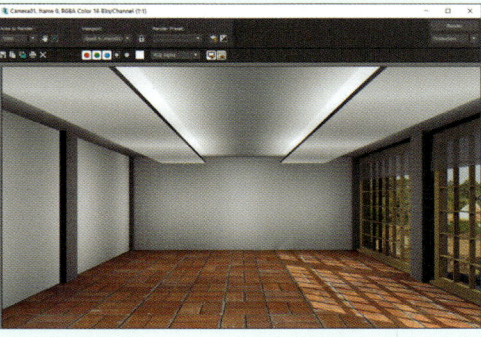

(08\maps\floor_04.jpg)　　　　　　　(08\06.max)

 실습 예제

- 'floor_05.jpg' 이미지를 이용한 재질 적용 후 렌더링 결과

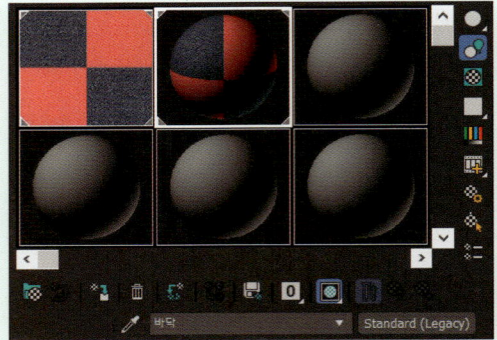
(08\maps\floor_05.jpg)

(08\07.max)

- 'floor_06.jpg' 이미지를 이용한 재질 적용 후 렌더링 결과

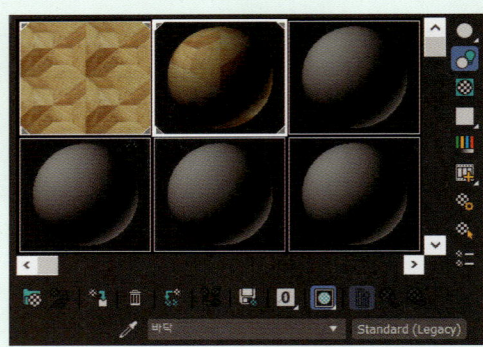
(08\maps\floor_06.jpg)

(08\08.max)

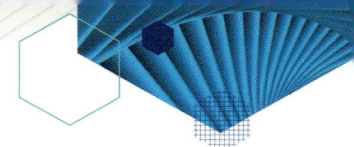

## 5. 재질의 색상, 광택, 투명도, 반사 및 2-Sided 옵션

이번 예제에서는 재질 편집기를 이용하여 가장 많이 사용되면서도 일반적인 재질 편집에 대하여 살펴보도록 하겠습니다. 재질 편집의 기본이라고 할 수 있는 색상 설정, 광택, 투명도, 양면(2-Sided) 재질 등을 설정하는 방법과 반사 재질을 만들어 보도록 하겠습니다.

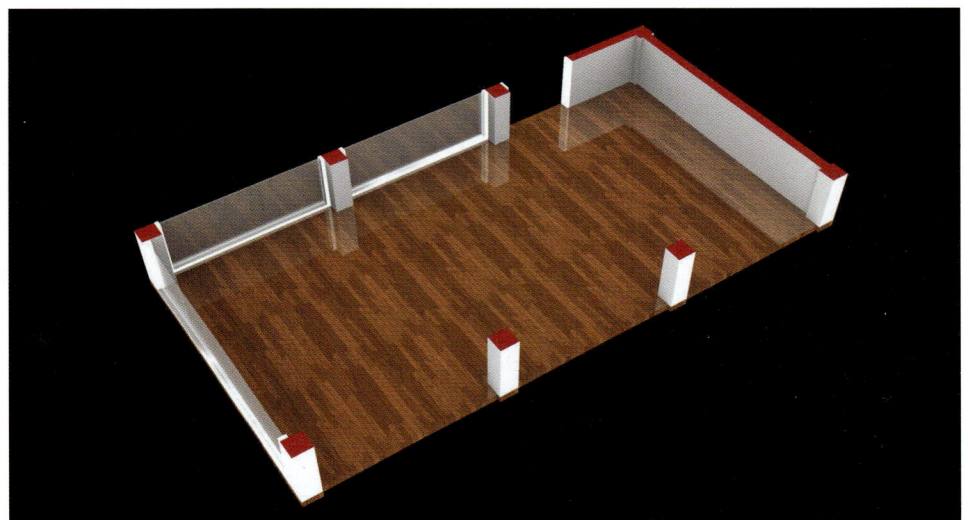

**1** 재질 연습을 위해 준비된 예제 파일(08\09.max)을 불러옵니다. 렌더링을 수행하여 불러온 예제 파일의 재질 상태를 확인한 뒤, 'Wall' 객체를 선택해 줍니다.

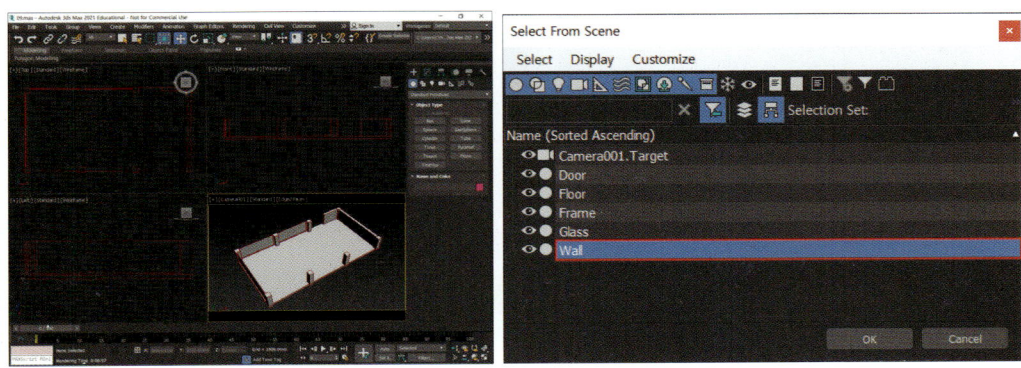

(08\09.max)

**08.** 재질 제작과 활용 (1)

**2** 재질 편집기를 실행한 뒤, 빈 슬롯을 선택하여 재질의 이름을 '페인트_흰색', 재질의 속성은 'Standard(Legacy)', Diffuse 색상을 흰색(R: 255, G: 255, B: 255)으로 설정해 줍니다. 약간의 광택을 설정하기 위해서 아래 그림과 같이 Specular Level: 60, Glossiness: 20으로 설정하여 선택된 'Wall' 객체에 적용시켜 줍니다.

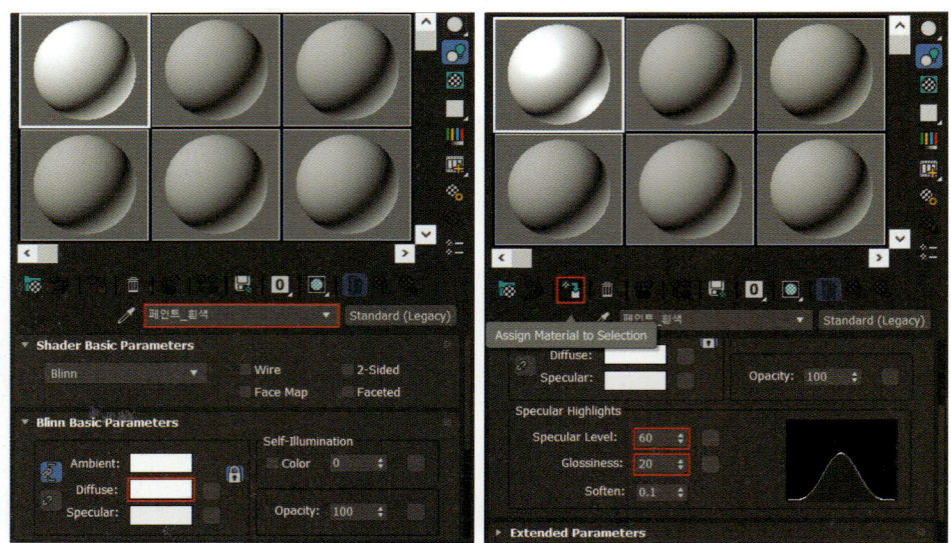

**3** 계속해서 이번에는 'Door', 'Frame' 객체를 선택한 뒤, 광택이 있는 메탈 느낌의 재질을 만들어 보도록 하겠습니다. 재질 편집기에서 빈 슬롯을 선택하여 이름을 '메탈_프레임'이라고 변경, 그림과 같이 Shader 항목을 Metal, Diffuse 색상을 흰색(R: 255, G: 255, B: 255)으로 설정해 줍니다.

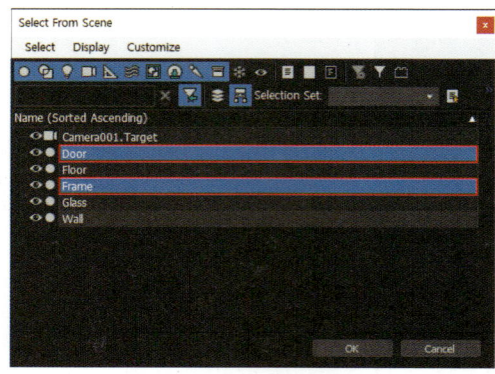 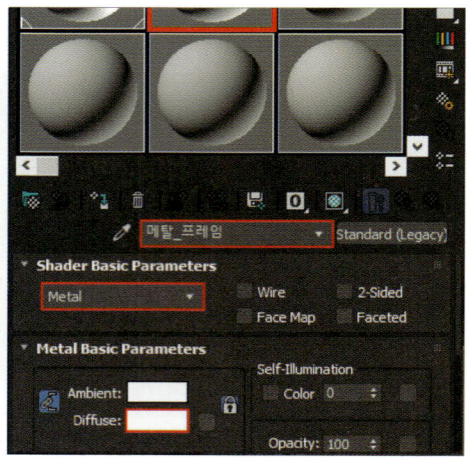

④ 계속해서 광택을 설정하기 위해서 아래 그림과 같이 Specular Level: 100, Glossiness: 60, 반사 효과를 표현하기 위해서 그림과 같이 Maps 카테고리에 Reflection 항목의 No Map을 클릭해 줍니다.

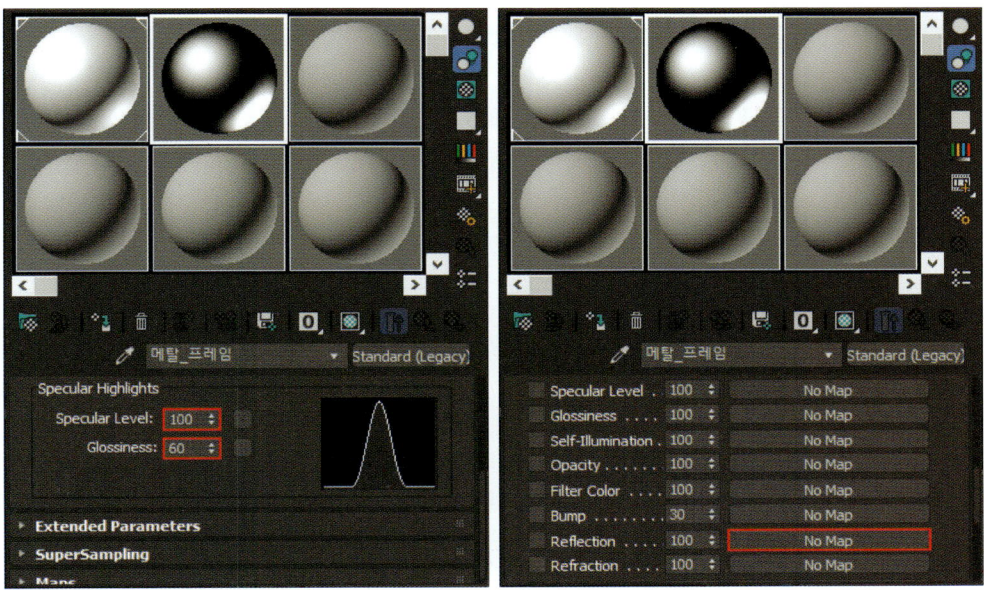

⑤ Material/Map Browser 대화상자가 나타나면 Maps▶General▶Bitmap 항목을 선택하여 나타나는 Select Bitmap Image File 대화상자에서 메탈 마감 이미지(08\maps\chromic.jpg)를 선택해 줍니다.

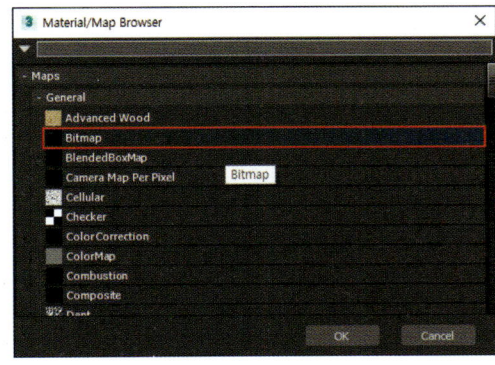

(08\maps\chromic.jpg)

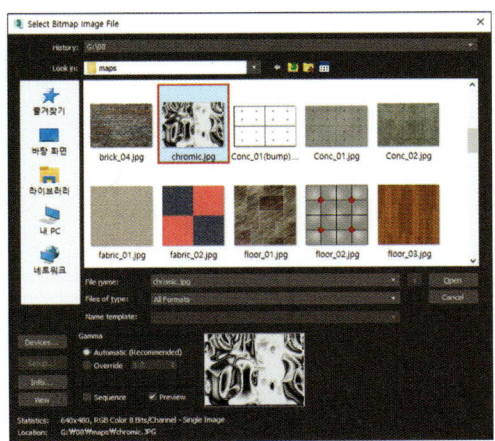

6 재질 편집의 상위 단계로 이동하기 위해서 아래 그림과 같이 Go to Parent 버튼을 클릭, Assign Material to Selection 명령을 수행하여 완성된 재질을 적용해 줍니다.

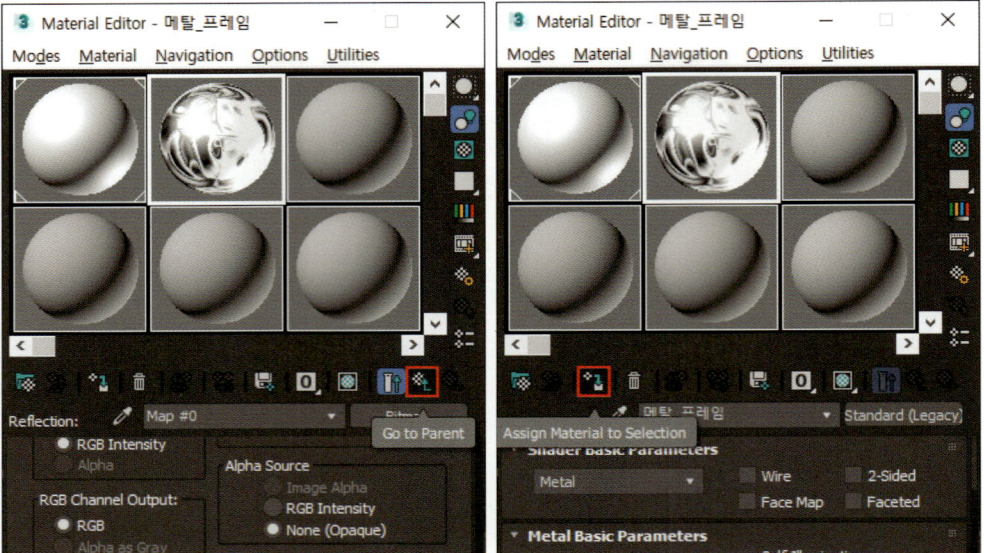

7 이번에는 'Floor' 객체를 선택하여 광택과 반사 속성이 표현되는 마루 재질을 만들어 보도록 하겠습니다. Material Editor에서 빈 슬롯을 선택한 뒤, 재질의 이름을 '바닥(우드)'라고 변경하고 Diffuse 색상 옆에 있는 빈 사각형을 클릭합니다.

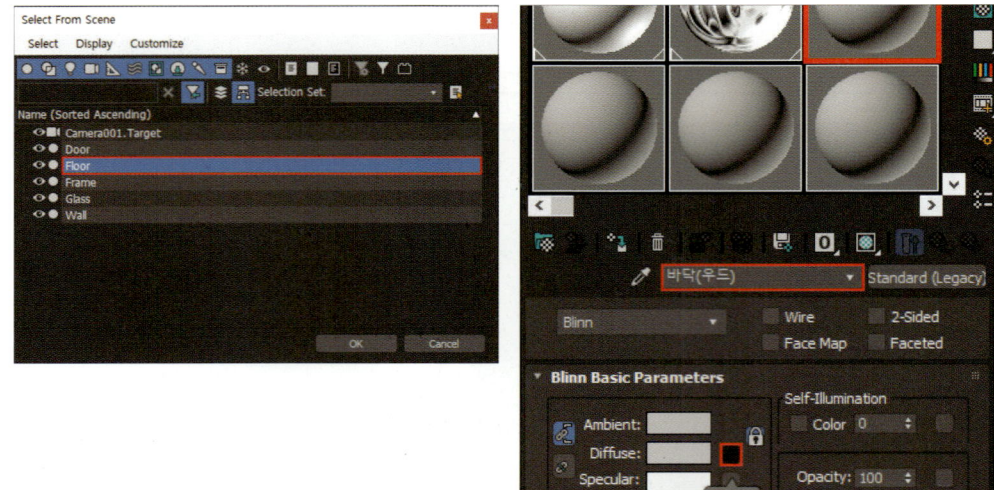

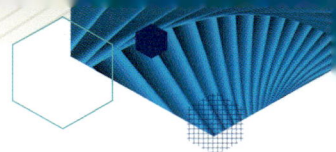

**8** 나타나는 Material/Map Browser 대화상자에서 Maps 카테고리의 Bitmap 항목을 더블클릭합니다. 나타나는 Select Bitmap Image File 대화상자에서 준비된 우드 이미지(08\maps\wood_01.jpg)를 선택한 뒤, Go to Parent 버튼을 클릭해 줍니다.

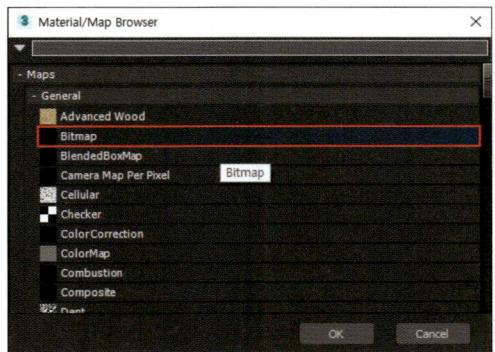

(08\maps\wood_01.jpg)

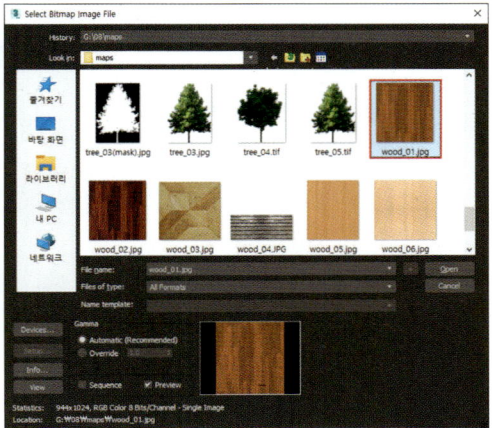

**9** 이번에는 반사의 속성을 설정해 보도록 하겠습니다. 아래 그림과 같이 Maps 카테고리에서 Reflection 항목의 No Map을 클릭해 줍니다. 나타나는 Material/Map Browser 대화상자에서 Maps▶General▶Raytrace를 선택해 줍니다.

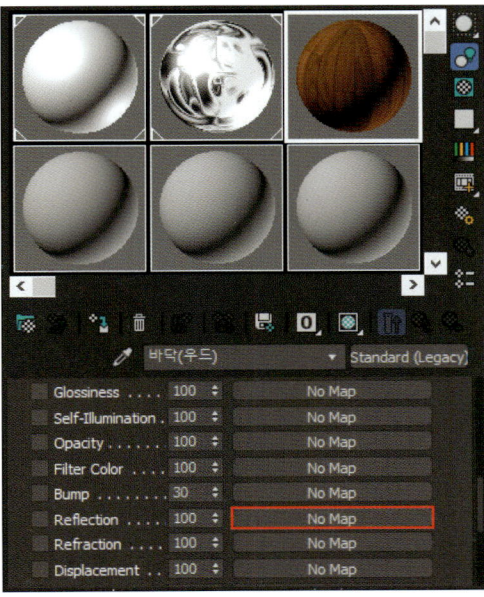

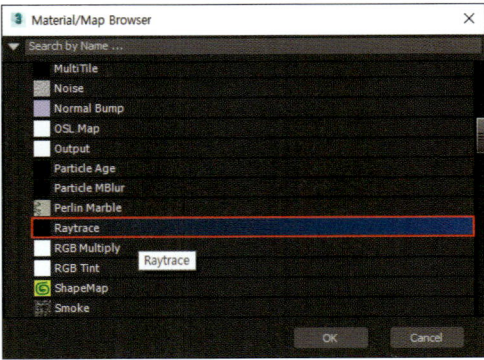

**08.** 재질 제작과 활용 (1)

**10** Go to Parent 버튼을 클릭해 줍니다. 상위 메뉴로 이동한 뒤, 아래 그림과 같이 Reflection 항목의 Amount 값을 20으로 설정해 줍니다.

**11** 반사 재질의 속성을 살펴보기 위해서 Background를 설정, 뷰포트에서 재질의 표현 결과를 미리보기 위해서 Show Shaded Material in Viewport를 클릭하여 설정해 줍니다. 뷰포트에서 결과를 확인해 줄 수 있습니다.

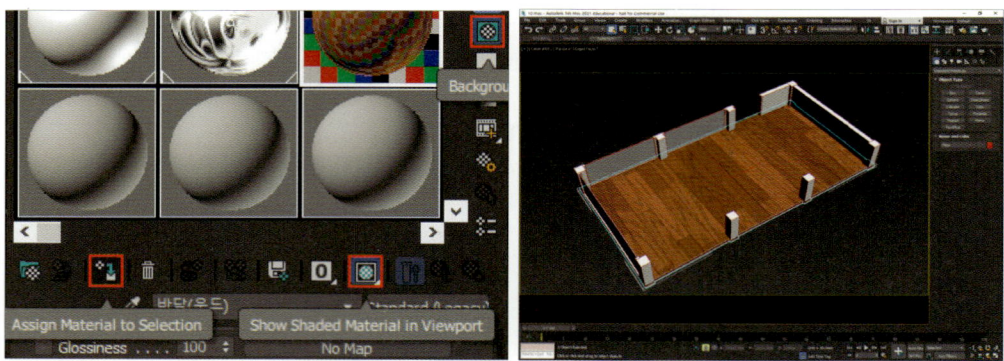

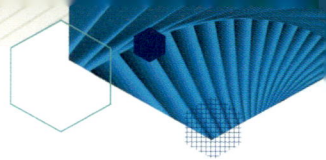

**12** 설정된 재질의 크기와 방향을 설정하기 위해서 UVW Map 명령을 수행합니다. 나타나는 옵션 창에서 매핑 방법을 Planar로 설정, 기즈모의 크기를 Length: 2000, Width: 2000으로 설정해 줍니다.

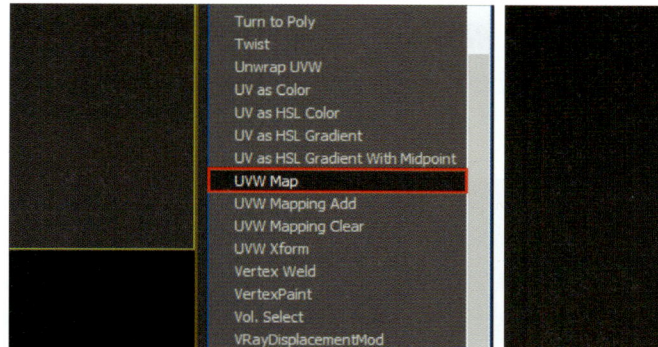
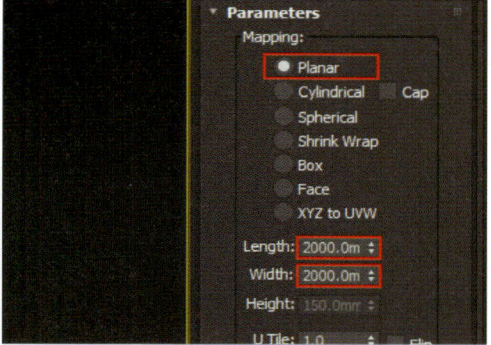

**13** 그림과 같이 재질 적용 결과를 확인할 수 있습니다. 이번에는 유리창 재질을 설정하여 'Glass' 객체에 적용해 보도록 하겠습니다. 'Glass' 객체를 선택해 줍니다.

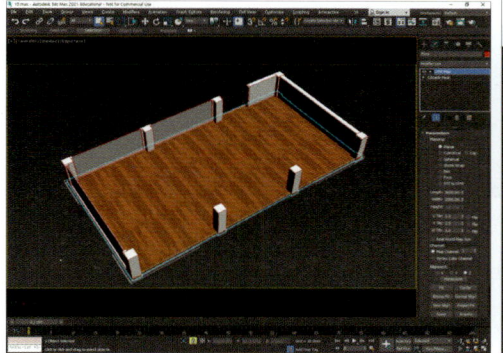
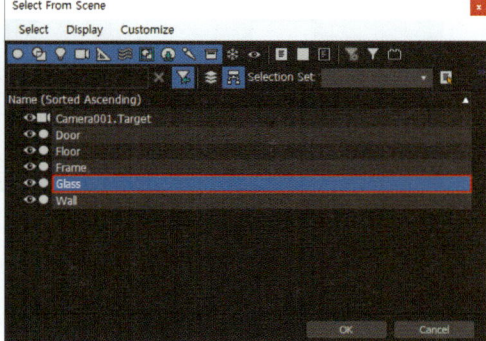

**08.** 재질 제작과 활용 (1)

**14** Material Editor를 실행한 뒤, 빈 슬롯을 선택하여 '유리'라는 이름으로, 흰색 유리의 속성을 설정하기 위해 Diffuse 색상을 흰색(R: 255, G: 255, B: 255)으로 설정해 줍니다. 광택 정도를 설정하기 위해 Specular Level: 80, Glossiness: 10, Opacity 값을 30으로 설정하여 투명한 유리 속성을 만들어 줍니다. 더불어 유리의 양쪽 면을 모두 표현하기 위해서 2-Sided 옵션을 설정, 앞에서 수행한 것과 같은 방법으로 Reflection 항목에 Raytrace를 적용, Amount 값을 30으로 설정함으로써 반사 속성을 설정해 줍니다.

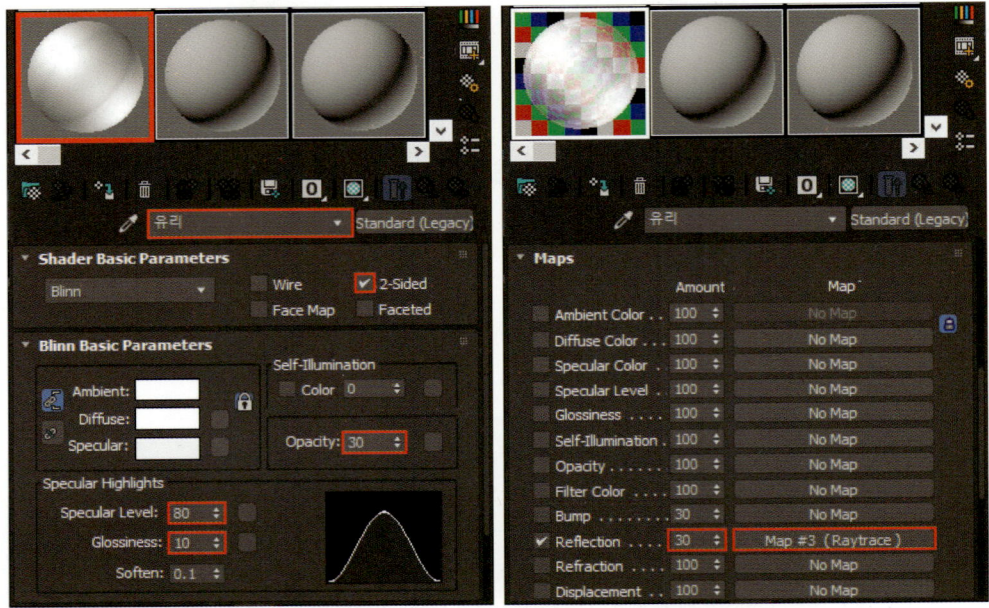

**15** 작성된 '유리' 재질을 'Glass' 객체에 부여한 뒤, 렌더링을 진행하여 결과를 확인해 봅니다.

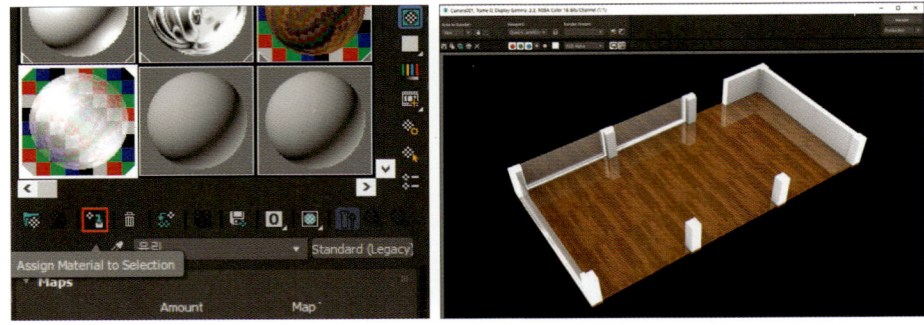

**16** 마지막으로 Edit Mesh 명령을 이용하여 'Wall' 객체의 상부 단면을 'Wall(Section)'이라는 이름으로 분리한 뒤, '벽체_상부단면'이라는 재질 이름으로 무광의 빨간색(R: 100, G: 0, B: 0) 재질을 설정해 줍니다. 무광의 재질은 아래 그림과 같이 'Blinn'으로 설정되어 있던 Shader를 'Oren-Nayar-Blinn'으로 설정하면 쉽게 무광의 재질 느낌으로 만들어 줄 수 있습니다.

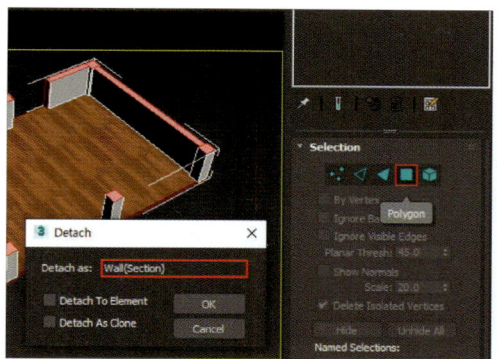

**17** 렌더링을 수행하여 최종 작업 결과를 확인해 봅니다.

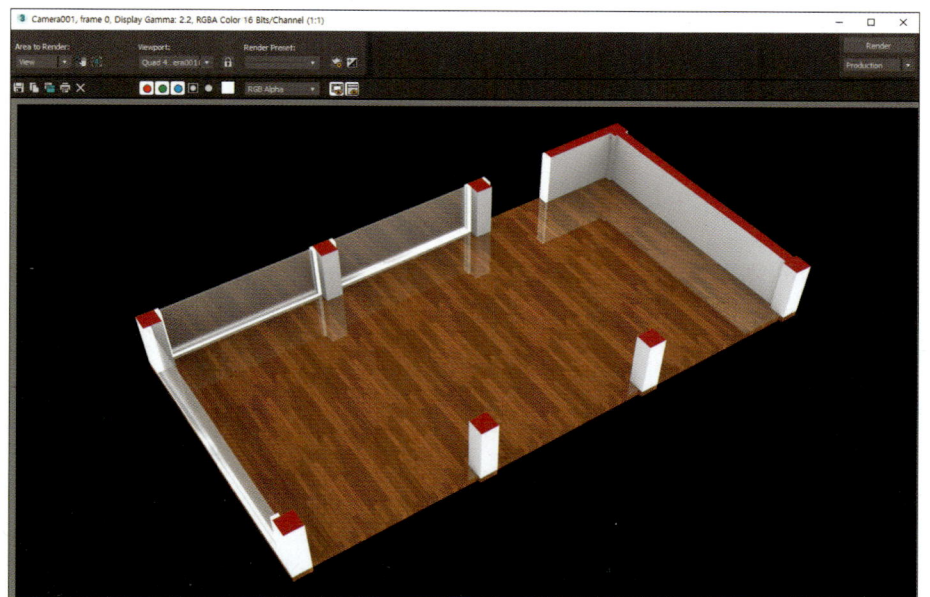

(08\10.max)

## 6. 와이어 프레임 재질 설정과 개념 이미지 제작

　이번에는 MAX에서 와이어 프레임 재질을 제작, 적용하여 개념 이미지를 제작해 보도록 하겠습니다. 간단한 재질 제작 및 편집이지만 활용하기에 따라서 패널 제작에 필요한 다양한 이미지를 제작해 볼 수 있을 것입니다.

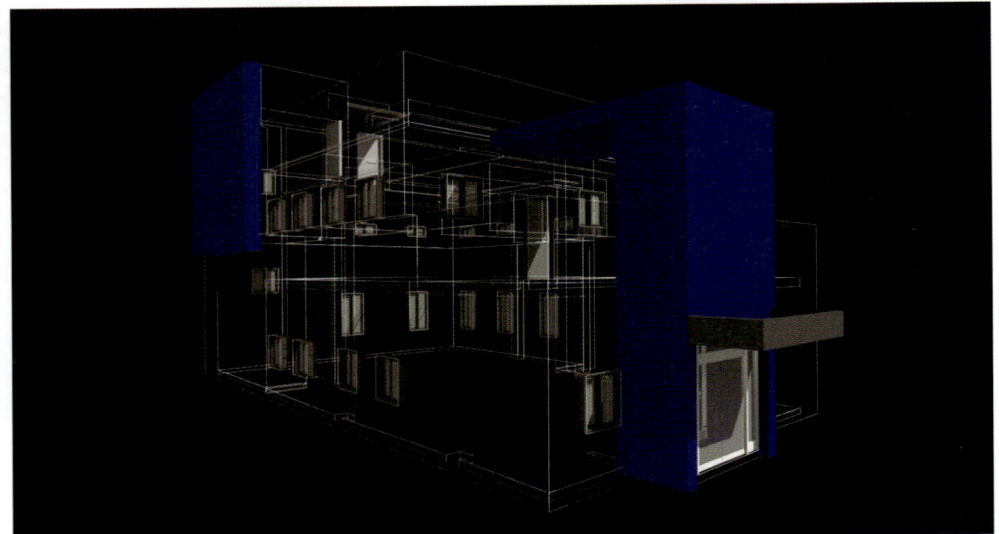

**①** 준비된 모델링 데이터(08\11.max)를 불러옵니다. 준비된 예제는 모델링을 이미 카메라, 라이팅, 기본 재질이 설정된 파일입니다. 일단 렌더링을 수행한 뒤 렌더링 결과를 JPG 포맷의 이미지로 저장해 줍니다.

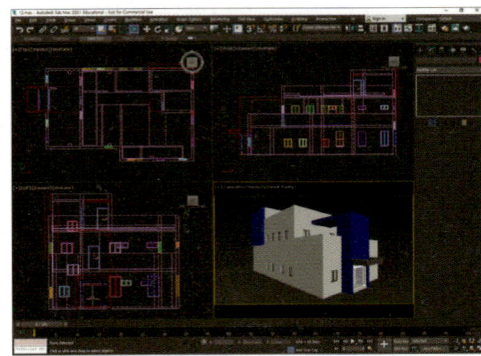 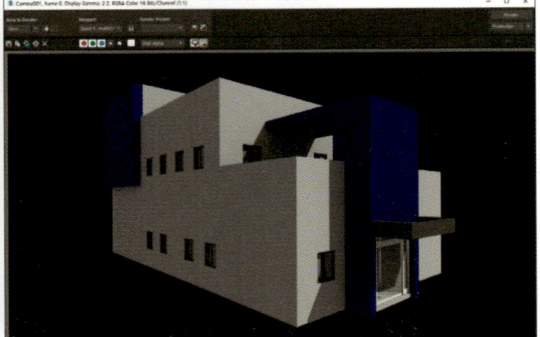

(08\11.max)

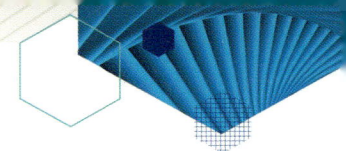

**②** 와이어 프레임 재질을 만들어 보도록 하겠습니다. 가장 먼저 '3D_Mass' 객체를 선택한 뒤, 재질 편집기의 첫 번째 빈 슬롯을 선택해 줍니다.

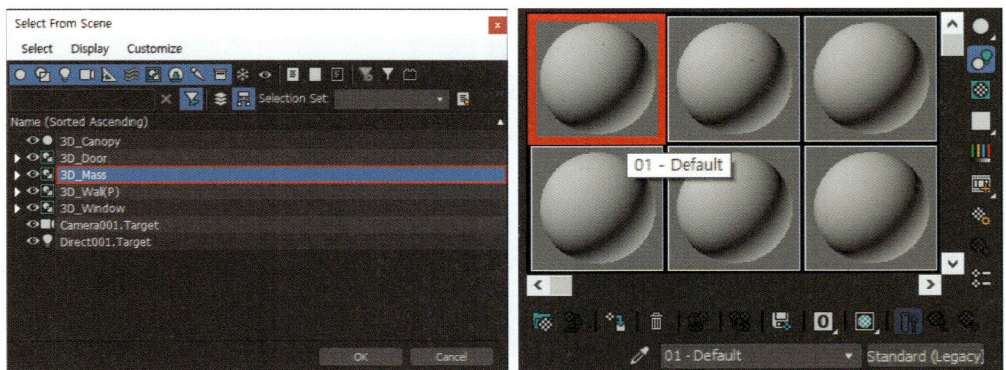

**③** 재질의 이름을 '와이어프레임'이라고 설정한 뒤, 색상을 흰색(R: 255, G: 255, B: 255)으로 설정하고 'Wire' 항목을 클릭하여 재질의 속성을 와이어 프레임으로 설정해 줍니다. 또한 Extended Parameters 항목에서 Size 항목을 '1.0'으로 설정해 줍니다.

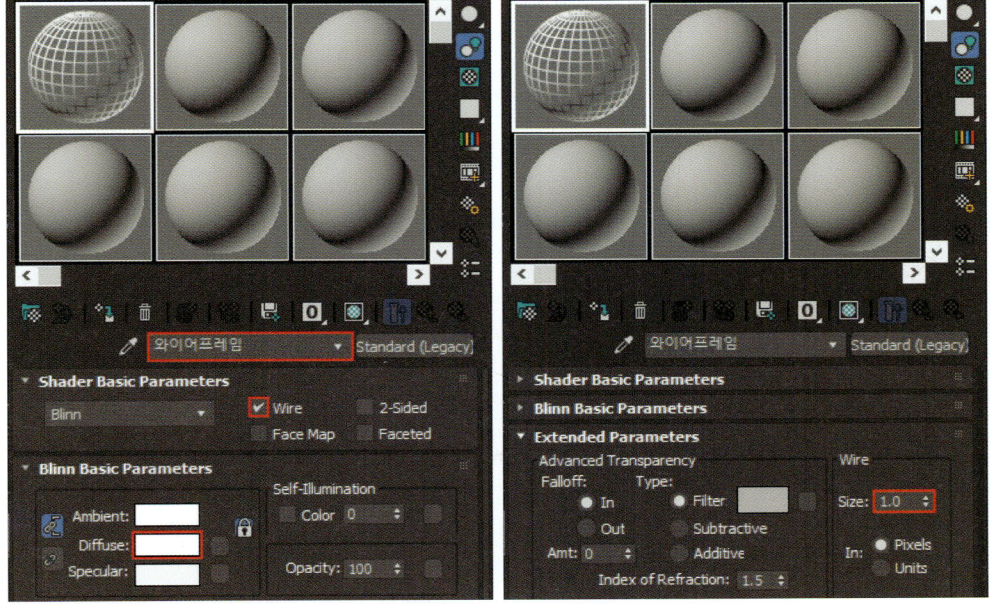

**08.** 재질 제작과 활용 (1)　415

**4** '3D_Mass' 객체에 와이어 프레임의 재질을 적용한 뒤 카메라 뷰를 살펴보면 객체들이 면이 아닌 선의 형태로 보이게 됩니다. 렌더링을 수행하여 결과를 확인해 봅니다.

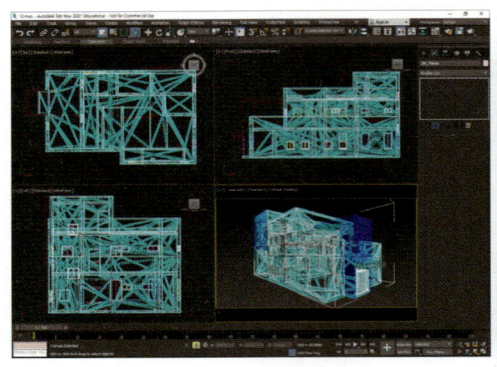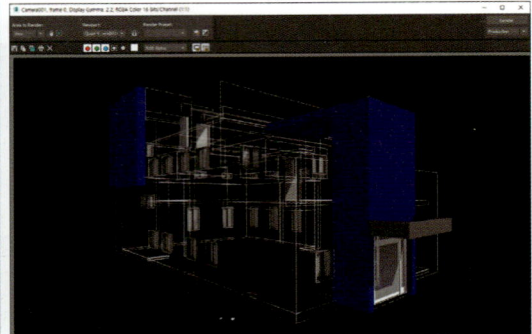

(08\12.max)

 **실습 예제**  와이어 프레임 재질을 이용한 이미지 합성

　이번 실습 예제에서는 앞에서 작업한 방법과 같이 '3D_Mass' 객체에 Wire Frame 속성의 재질을 부여함으로써 강조되고 싶은 부분이 표현된 렌더링된 이미지를 만들어 보도록 하겠습니다.

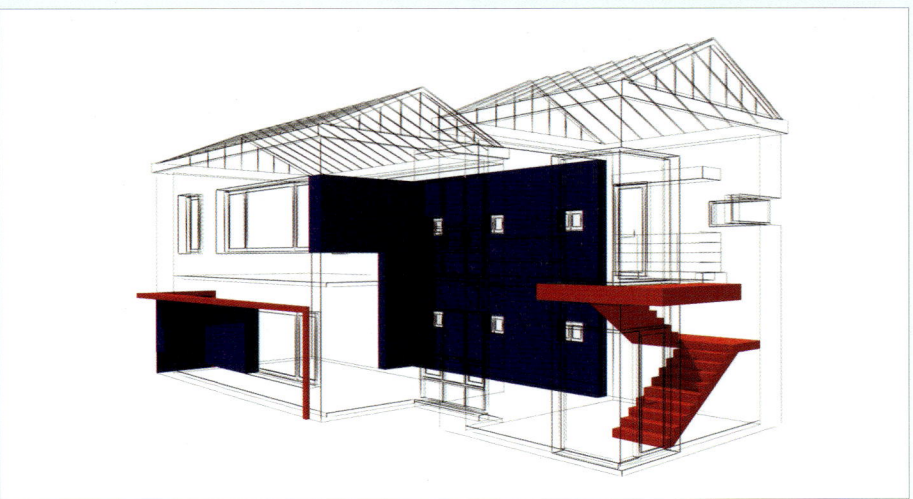

■ 원본 이미지

- 준비된 모델링 데이터와 렌더링 결과

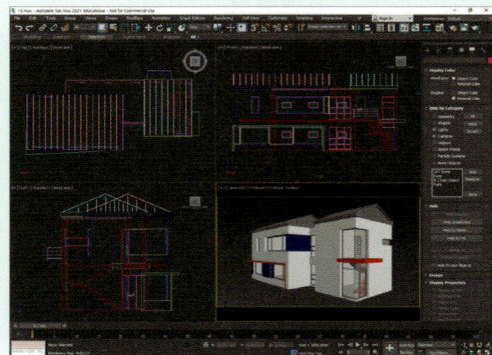 

(08\13.max)

- 와이어 프레임 속성의 재질을 적용한 결과

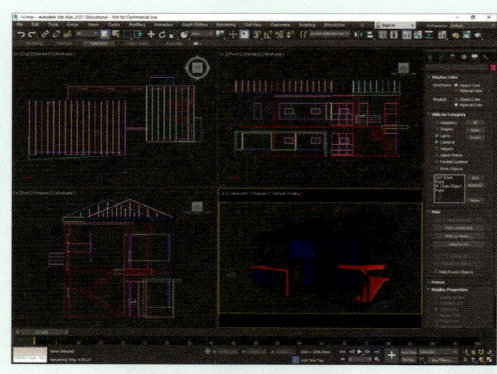 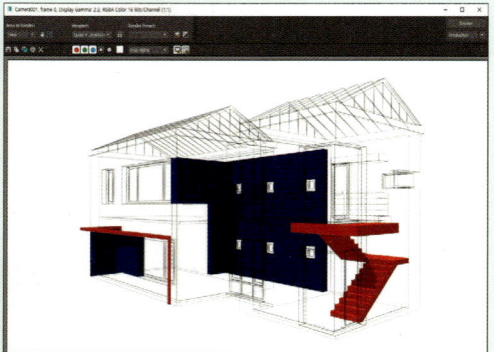

(08\14.max)

# Blinn Basic Parameters

재질 편집기를 실행한 뒤, 기본적으로 사용되는 재질은 Standard 재질의 Blinn Shader를 가장 많이 사용하게 됩니다. 각각의 Shader는 서로 다른 Shade Basic Parameter가 나타나지만, 여기서는 Blinn을 기준으로 공통된 내용을 간단히 설명해 보도록 하겠습니다.

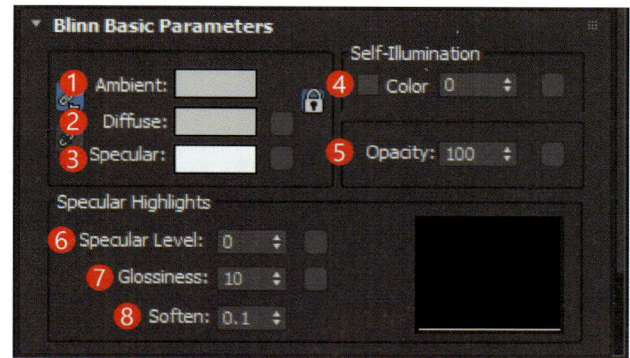

❶ Ambient : 재질에서 어두운 부분의 색상을 결정합니다.

❷ Diffuse : 재질의 전체적인 색상을 결정합니다. Diffuse 버튼 우측에 있는 빈 버튼을 클릭하여 별도의 맵을 Diffuse로 설정할 수도 있으며, 맵을 버튼 위로 드래그하여 설정할 수 있습니다.

❸ Specular : 재질에서 하이라이트 부분의 색상을 설정합니다. 상식적으로 일정한 객체에서 가장 밝게 빛나는 부분의 색상은 흰색이며, 실제로 여기서도 흰색을 적용하여 가장 많이 사용합니다.

❹ Self-Illumination : 재질의 자체 발광 정도를 조절합니다. 일반적인 객체의 경우 스스로 발광하는 경우는 거의 없습니다. 그러나 조명 객체의 경우에는 스스로 발광하기 때문에 이 옵션을 이용하여 발광체를 만들어 줍니다. 그러나 발광체를 표현하는 재질을 만들기는 하지만 광원을 포함하고 있지는 않습니다.

❺ Opacity : Opacity는 불투명도를 지정하는 옵션입니다. 수치가 낮을수록 재질이 투명해지며, 수치가 높을수록 불투명한 속성을 가지게 됩니다. 물론 수치가 100일 경우 완전히 불투명한 재질을 표현하게 됩니다.

> 유리의 경우 Opacity 값을 낮게 설정하여 투명한 객체를 설정할 경우 2-Sided 항목을 설정하여 면의 안쪽도 재질을 표현해 주는 것이 좋습니다. 다만 2-Sided 설정할 경우 렌더링 시간이 조금 늘어나는 것이 단점입니다.

❻ Specular Level : 같은 양의 빛을 비추더라도 객체의 재질 및 속성에 따라 하이라이트 영역이 다르게 됩니다. 이것은 객체의 표면이 빛을 반사하는 성질에 따라 다르게 설정되며, Specular Level은 이러한 빛의 반사 정도를 조절할 수 있는 옵션입니다.

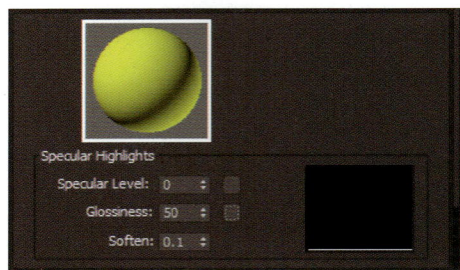 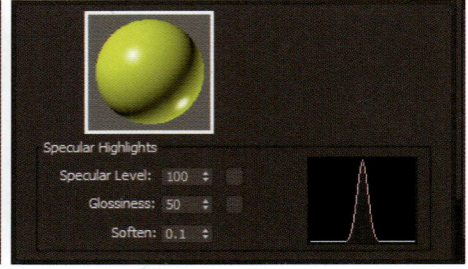

❼ Glossiness : 하이라이트가 표현되는 정도를 설정해 줍니다. Glossiness 값이 커질수록 하이라이트 영역이 좁아지면서 색상이 선명하게 드러나게 됩니다. 반대로 Glossiness 값을 낮추게 되면 하이라이트 영역은 넓어지게 되면서 빛의 경계가 부드럽게 설정됩니다. Specular Level 값과 조합하여 사용됨으로써 반짝이는 광택의 재질을 표현할 수 있습니다.

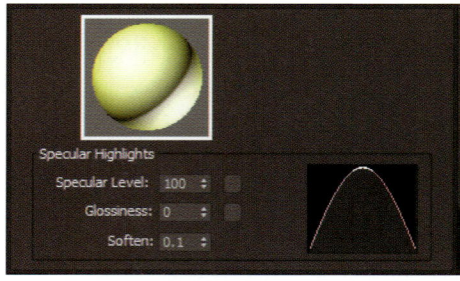 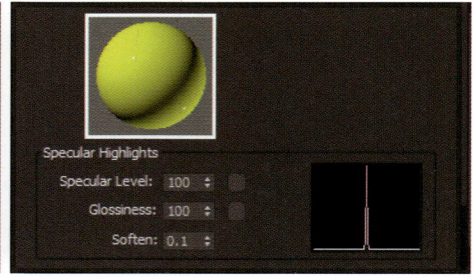

❽ Soften : Specular Level 수치가 높고 Glossiness 수치가 낮을수록 재질의 밝기가 지나치게 변하는 결과를 만들게 됩니다. 이런 경우 Soften 항목을 '0'에서 '1'로 설정하여 경계를 부드럽게 설정할 수 있습니다.

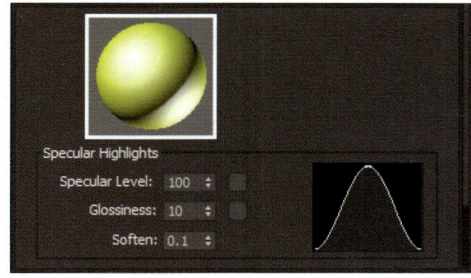 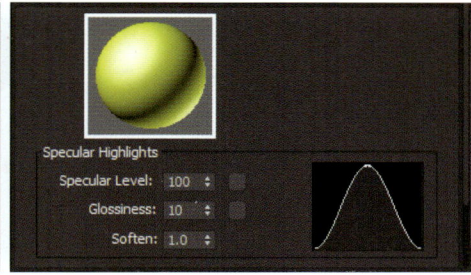

## ❖ Shader Basic Parameters

설정된 Blinn Shader의 여러 설정값을 변경할 수 있습니다.

❶ Wire : 객체가 가지고 있는 모서리 선의 형태로 렌더링할 수 있는 재질을 만들어 줍니다.

❷ 2-Sided : 선택된 객체의 양쪽 면 모두에 재질을 적용합니다.

▲ 원형 모델링　　　▲ Wire: (O)　　　▲ Wire: (O), 2-Sided: (O)

**08.** 재질 제작과 활용 (1)　421

❸ **Faceted** : Surface 모델링 객체를 각진 형태의 재질로 표현해 줍니다.

▲ 원형 모델링　　　　▲ Face Map　　　　▲ Faceted

❹ **Shader** : 재질 자체의 쉐이딩 방식을 결정합니다. 건축 및 인테리어 분야에서는 재질의 속성으로 생각하면 쉽게 이해할 수 있습니다.

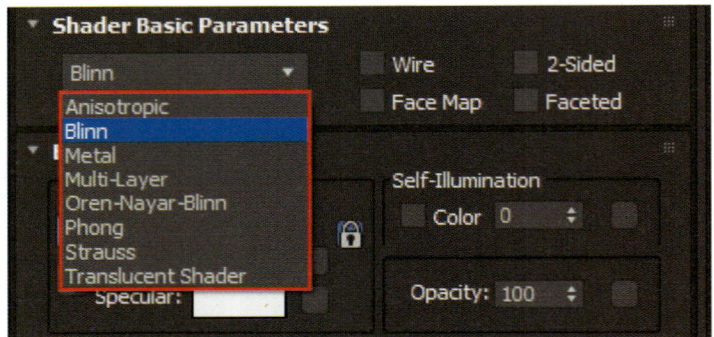

- Anisotropic : 빛을 받는 부분의 모양이 타원 형태로 나타납니다. Blinn 쉐이딩 보다는 좀 더 광택이 있는 재질을 표현할 경우 많이 사용됩니다.
- Blinn : 기본적으로 선택되며, Phong 쉐이딩 방식보다 부드러운 빛의 효과를 얻을 수 있습니다. 특히 Phong 쉐이딩 방식과 비교하면 오른쪽 아래의 역광이 원형으로 만들어지는 것이 특징입니다.
- Metal : 역광을 강조하며 금속 재질을 표현할 경우 많이 사용됩니다.
- Multi-Layer : Anisotropic 쉐이더를 결합해 놓은 쉐이딩 방법입니다. 두 개의 Specular를 조절할 수 있기 때문에 광택이 있는 재질을 표현할 경우 사용됩니다.

- Phong : Blinn 쉐이더가 나타나기 이전에 가장 폭넓게 사용되던 쉐이딩 방법으로 Blinn과 거의 비슷하지만, 광택이 약간 덜 나는 느낌을 표현할 수 있습니다.
- Strauss : 금속과 같은 광택이 있는 재질을 표현합니다.
- Translucent Shader : Blinn, Phong과 비슷한 속성의 재질을 표현하지만, 빛을 투과할 수 있는 특수한 재질을 표현할 경우 사용됩니다.

## 7. 입면 디자인을 위한 재질 편집

 이번에는 지금까지 학습한 기본적인 재질 설정 방법을 이용하여 아래 그림과 같은 입면 디자인을 위한 재질 표현 작업을 진행해 보도록 하겠습니다.

 실제로 3DS MAX에서는 엄청난 분량, 방대한 옵션을 이용하여 사용자가 원하는 다양한 속성의 재질을 표현할 수 있습니다. 그러나 단기간에 걸쳐 이러한 모든 내용을 공부한다는 것은 대단히 어려우며, 이러한 내용을 응용하여 원하는 재질을 만들기는 더욱 어려운 일입니다. 그러나 다행스럽게도 인테리어 및 건축 분야에서 사용되는 재질의 수(실제로는 대단히 많습니다.)는 그리 많지 않기 때문에 몇 번의 연습을 통해 원하는 재질을 충분히 표현할 수 있을 것입니다.

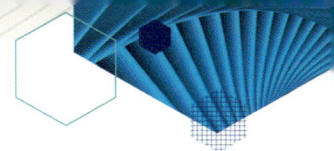

① 준비된 모델링 데이터(08\15.max)를 불러온 뒤, 렌더링을 수행하여 준비된 데이터의 내용을 살펴봅니다.

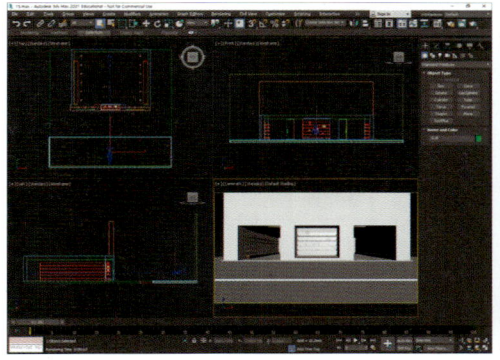

(08\15.max)

② 준비된 객체에 재질을 설정해 보도록 하겠습니다. 가장 먼저 '입면.상부' 객체를 선택한 뒤, 재질 편집기의 첫 번째 빈 슬롯을 클릭하여 선택하고 재질의 이름을 '입면상부'로 설정해 줍니다. 무광의 재질을 표현하기 위해서 Shader 항목을 'Oren-Nayar-Blinn'으로 설정하고, 재질에 비트맵 이미지를 설정하기 위해 Diffuse 버튼의 오른쪽에 있는 빈 버튼을 클릭합니다.

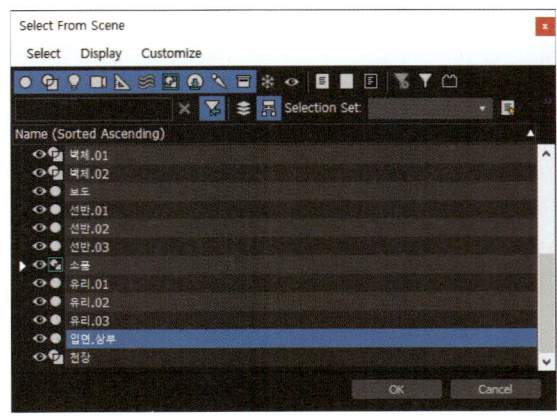
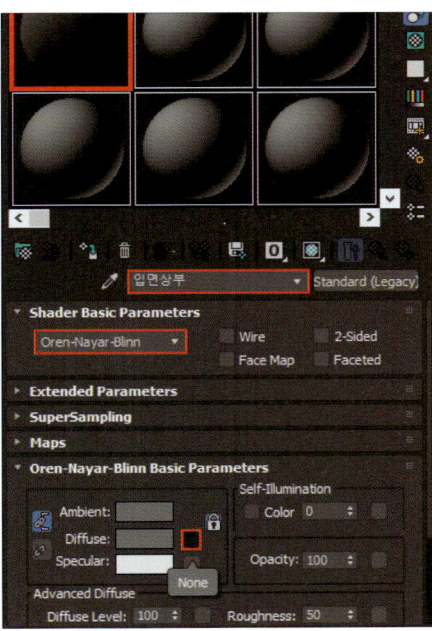

**08.** 재질 제작과 활용 (1)  425

**3** 나타나는 Material/Map Browser 대화상자에서 Bitmap 버튼을 클릭합니다. 계속해서 Select Bitmap Image File 대화상자에서 준비된 나무 패널 이미지(08\maps\wood_04.jpg)를 클릭하여 선택해 줍니다.

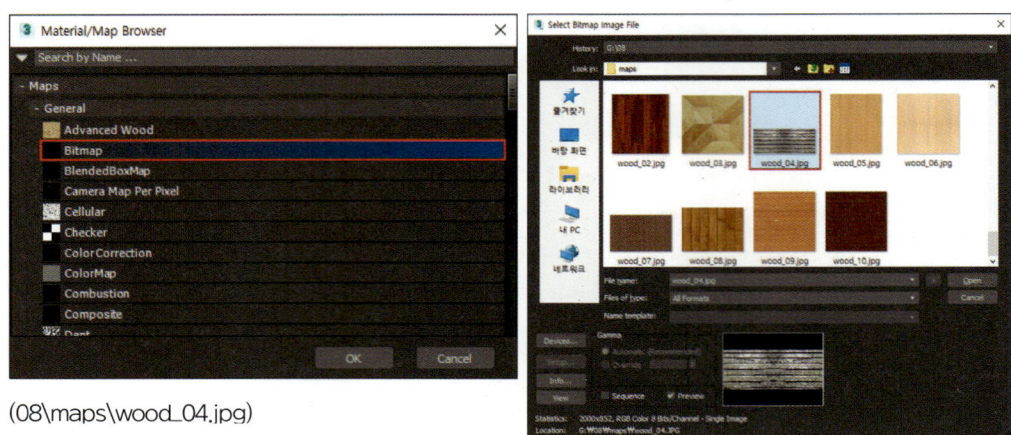

(08\maps\wood_04.jpg)

**4** 비트맵 이미지를 적용, Go to Parent 버튼을 클릭하여 상위 단계로 이동해 줍니다. 계속해서 Show Shaded Material in Viewport 명령을 수행하여 재질을 뷰포트에서 미리 볼 수 있도록 설정한 뒤, Assign Material to Selection 명령을 수행하여 재질을 부여합니다.

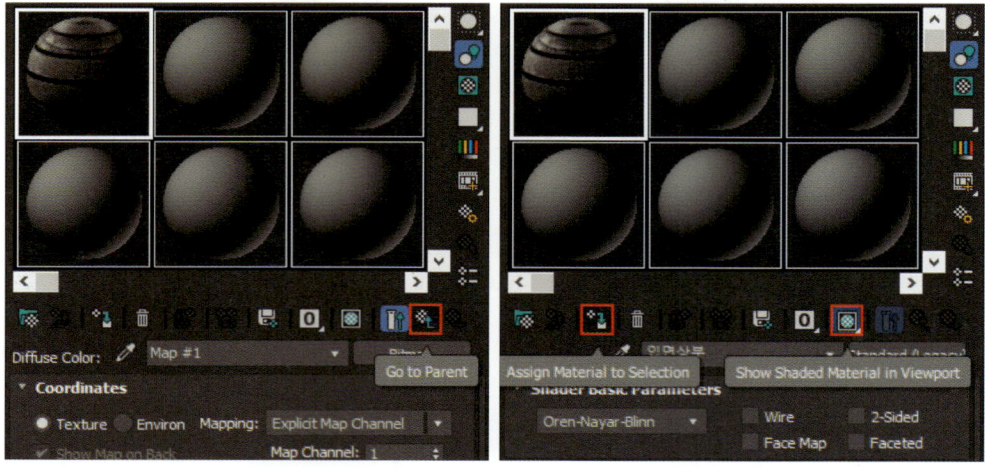

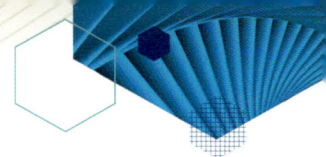

**5** '입면.상부' 객체에 재질을 설정한 뒤 매핑 방향 및 크기를 조절해 보도록 하겠습니다. Modifier List에서 UVW Map 명령을 적용해 줍니다. UVW Map 명령을 수행한 뒤, 아래 그림과 같이 Mapping 방법 중에서 'Planar'를 설정하고 Gizmo의 크기를 Length: 2000, Width: 2000으로 설정해 줍니다.

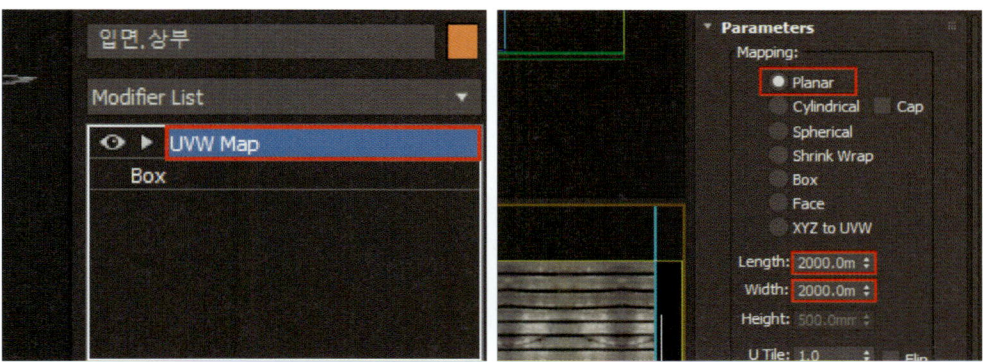

**6** Camera 뷰포트를 선택한 뒤, 렌더링을 수행하여 지금까지 작업한 결과를 확인해 봅니다.

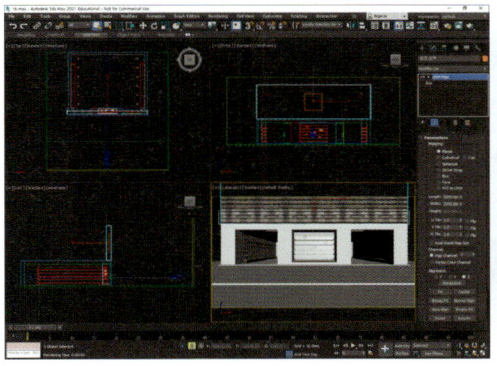

**08.** 재질 제작과 활용 (1)

**7** 이번에는 '기둥.01', '기둥.02' 객체를 선택한 뒤, Material Editor의 빈 슬롯을 클릭하여 재질의 이름을 '메탈기둥'으로 설정합니다. 선택된 재질은 금속의 질감을 표현하기 위해서 Shader를 'Metal'로 설정한 뒤, 재질의 광택을 설정하기 위해서 아래 그림과 같이 Specular Level: 100, Glossiness: 80으로 설정합니다. 계속해서 비트맵 이미지를 재질에 설정하기 위해서 Diffuse 버튼의 오른쪽에 있는 빈 버튼을 클릭한 뒤 준비된 금속판 이미지(08\maps\metal_01.jpg)를 클릭하여 선택해 줍니다. Go to Parent 버튼을 클릭하여 상위 단계로 이동한 뒤, 선택된 객체에 적용해 줍니다.

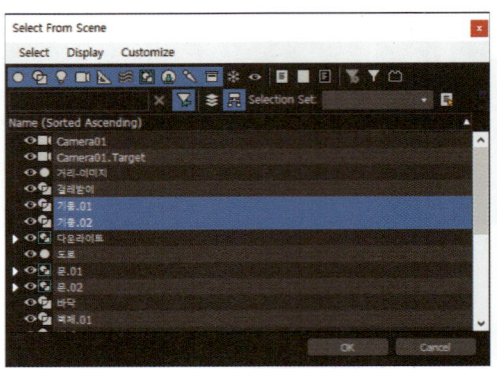

(08\maps\metal_01.jpg)

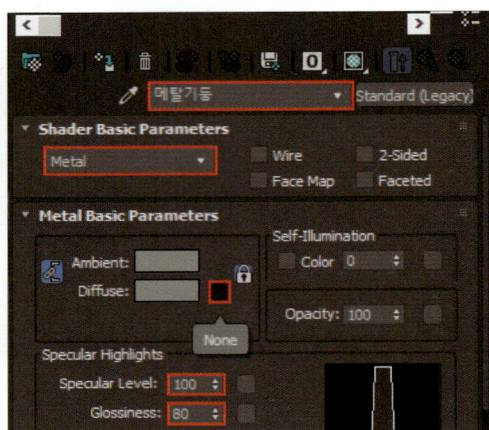

**8** 매핑 방향 및 크기를 조절하기 위해서 Modifier List에서 UVW Map 명령을 실행합니다. 계속해서 Mapping 방법은 'Box'로 설정, Gizmo의 크기는 Length, Width, Height 모두 3000으로 설정해 줍니다.

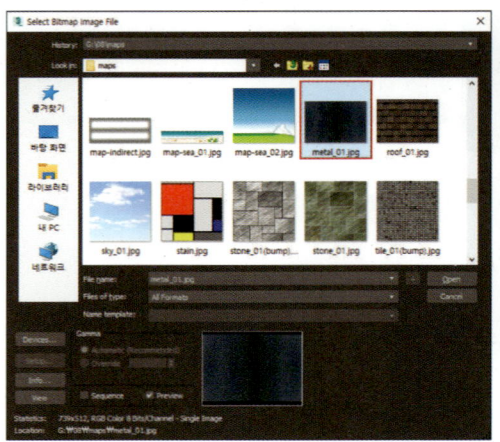

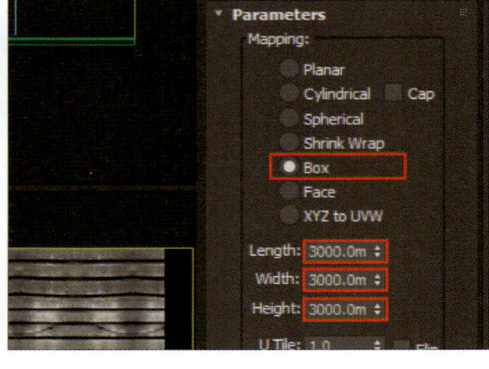

⑨ 카메라 뷰를 클릭하여 렌더링을 진행하여 결과를 확인해 봅니다. 아래 그림과 같이 선택된 객체에 재질이 설정된 것을 확인할 수 있습니다.

⑩ '유리.01', '유리.03' 객체를 선택한 뒤 Material Editor 대화상자의 빈 슬롯을 클릭하여 재질의 이름을 '유리'로 설정합니다. 선택된 재질은 흰색 유리를 표현하기 위해서 Diffuse: 흰색, 면의 양쪽을 모두 렌더링하기 위해서 2-Sided: On, 광택을 주기 위해서 Specular Level: 80, Glossiness: 30, 투명도를 주기 위해서 Opacity: 10으로 설정한 뒤 적용합니다.

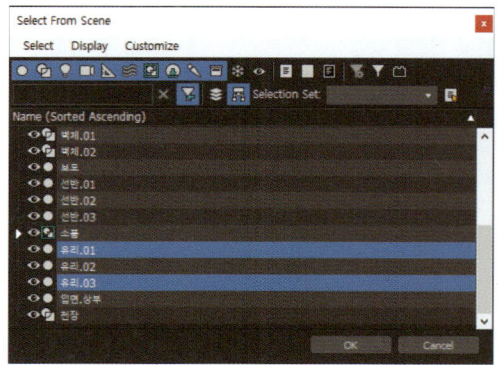
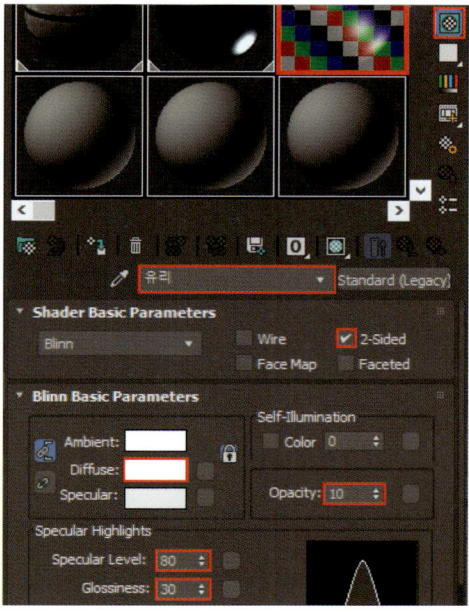

**11** 계속해서 반사의 속성을 부여하기 위해서 Maps 카테고리의 Reflection 항목의 No Map을 클릭합니다. 나타나는 대화상자에서 Maps ▶ General ▶ Raytrace 항목을 선택하여 적용시켜 줍니다.

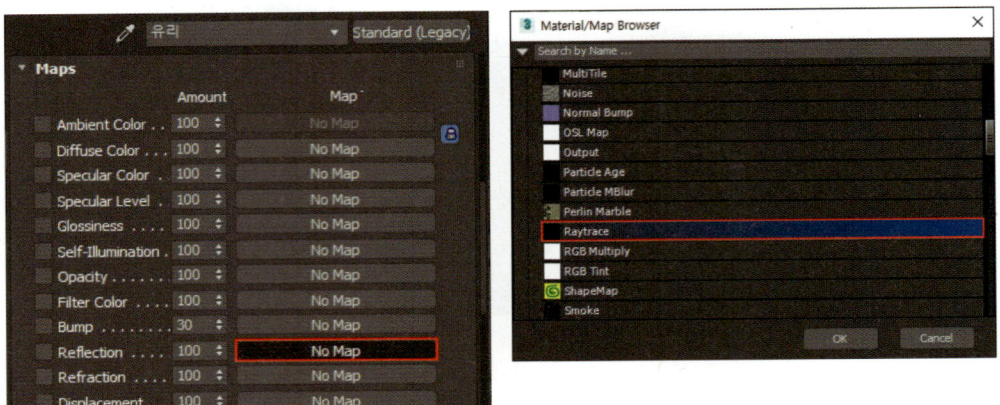

**12** Go to Parent 명령을 수행하여 상위 메뉴로 이동한 뒤, 반사 정도를 조절하기 위해서 아래 그림과 같이 Reflection 항목의 Amount 값을 30으로 설정해 줍니다.

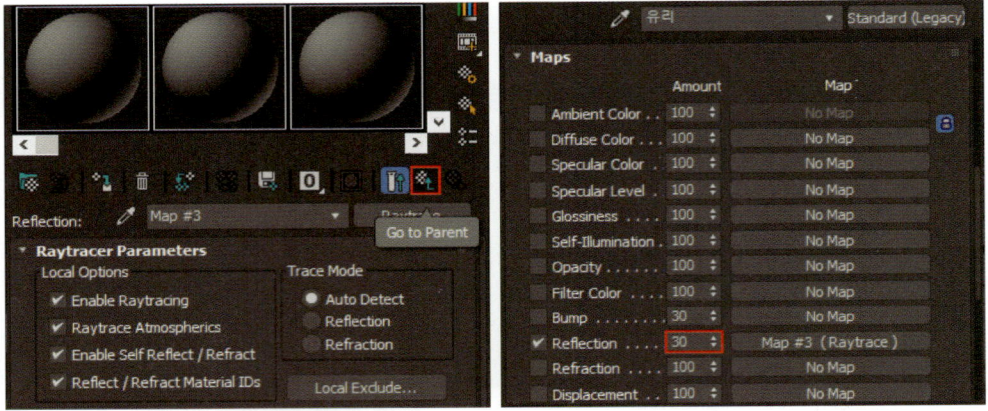

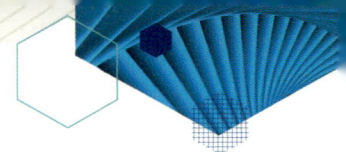

**13** 유리의 반사 속성을 설정한다고 하여도 반사되는 이미지 또는 객체가 필요합니다. 반사될 객체를 만들어 보도록 하겠습니다. '거리-이미지' 객체를 선택한 뒤, Material Editor 대화상자의 빈 슬롯을 클릭하여 재질의 이름을 '거리이미지'로 설정합니다. 비트맵 이미지를 재질에 설정하기 위해서 Diffuse 버튼의 오른쪽에 있는 빈 사각형 버튼을 클릭합니다.

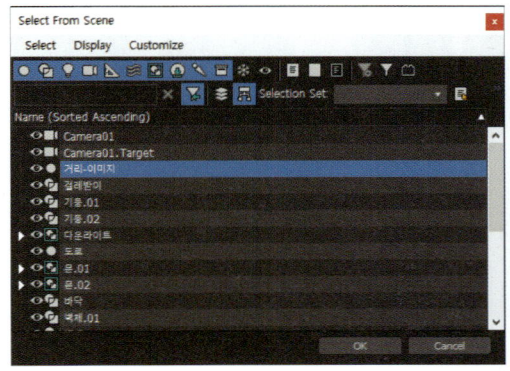
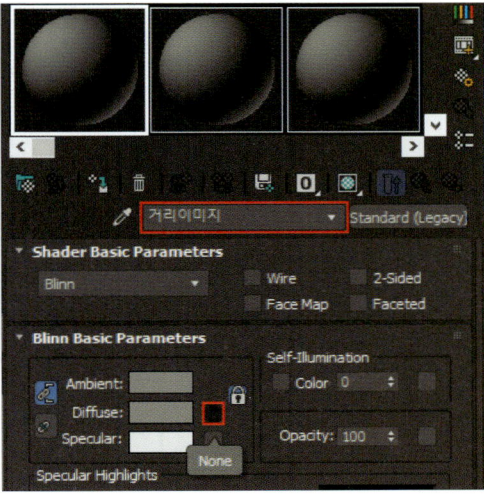

**14** 미리 준비된 야경 이미지(08\maps\background_03.jpg)를 클릭하여 선택해 줍니다. Go to Parent 버튼을 클릭하여 상위 단계로 이동한 뒤, Self-Illumination 값을 100으로 설정하여 자체발광의 속성을 적용해 줍니다.

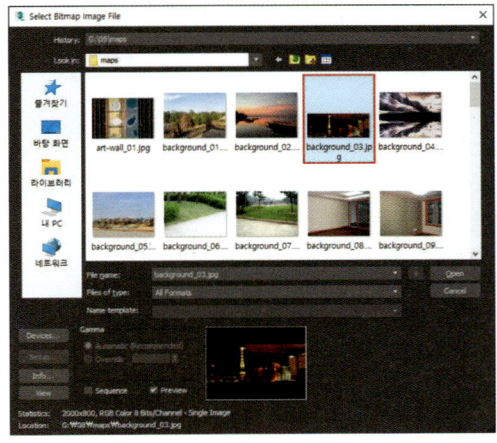
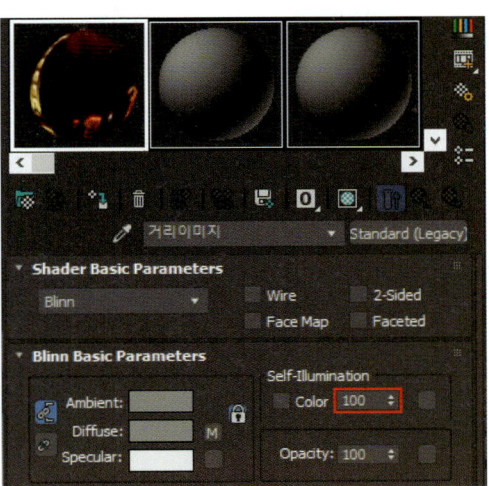

(08\maps\background_03.jpg)

**08.** 재질 제작과 활용 (1)  431

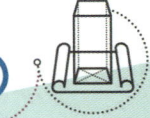

**15** 재질을 적용한 뒤, 매핑 방향 및 크기 조절을 위해서 Modifier List에서 UVW Map 명령을 실행합니다. UVW Map 명령을 수행한 뒤, 아래 그림과 같이 Mapping 방법 중에서 'Box', 객체 크기에 자동으로 맞게 Gizmo의 크기를 설정하기 위해서 Alignment 항목에서 Z축으로 설정하고 Fit 명령을 수행합니다.

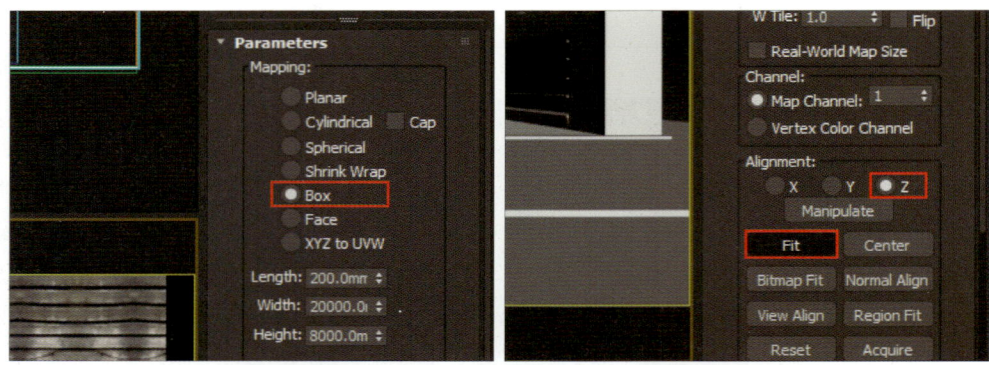

**16** 아래 그림과 같이 Left 뷰포트를 Orthographic 시점으로 변경, 표시방법을 Default Shading, Edged Faces로 설정하여 매핑 결과를 확인한 뒤, 카메라 뷰를 렌더링하여 결과를 확인해 봅니다.

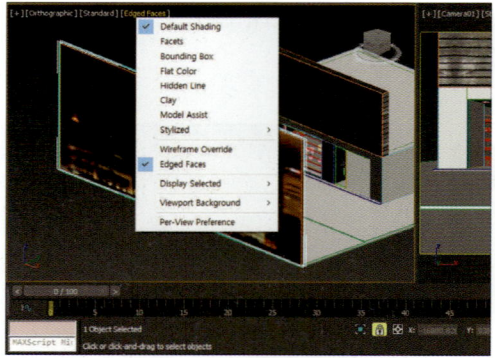
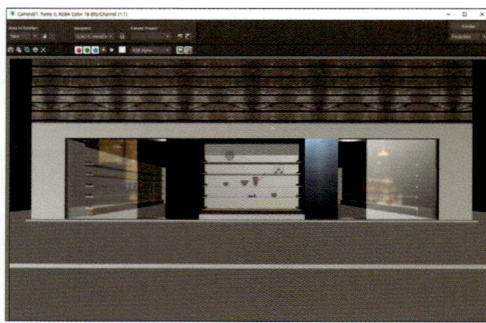

(08\16.max)

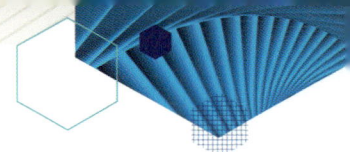

**17** 이번에는 '벽체.01' 객체를 선택한 뒤, Material Editor 대화상자의 빈 슬롯을 클릭하여 재질의 이름을 '벽체.01(벽돌)'로 설정합니다. 비트맵 이미지를 재질에 설정하기 위해서, 아래 그림과 같이 Maps 카테고리 항목 중에서 Diffuse Color의 No Map을 클릭해 줍니다.

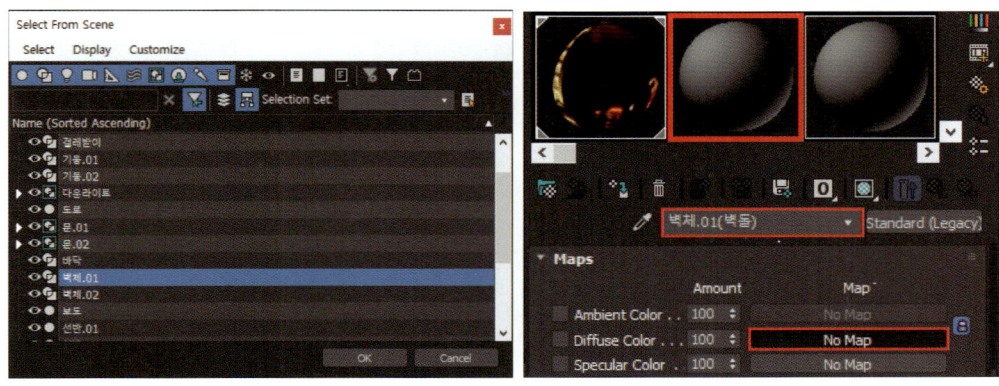

> Diffuse의 No Map을 클릭하는 과정은 Diffuse 버튼의 오른쪽에 있는 빈 버튼을 클릭하는 작업과 동일한 내용입니다.

**18** 나타나는 Material/Map Browser에서 Bitmap 항목을 클릭한 뒤, 나타나는 대화상자에서 준비된 벽돌 이미지(08\maps\brick_02.jpg)를 선택해 줍니다.

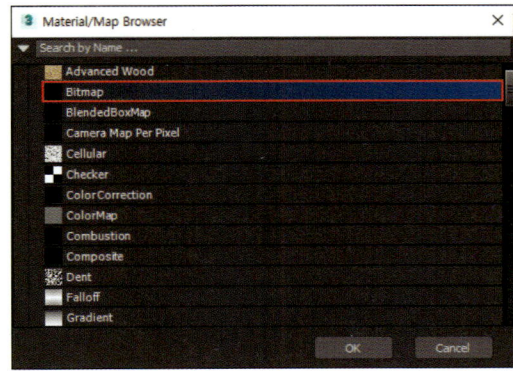

(08\maps\brick_02.jpg)

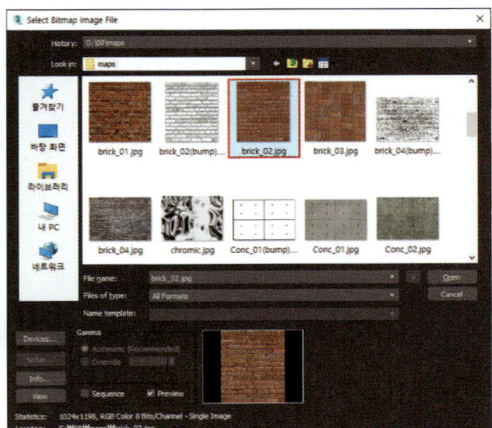

**08.** 재질 제작과 활용 (1)

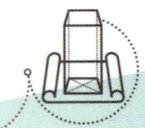

**19** Go to Parent 버튼을 클릭하여 상위 단계로 이동하면 아래 그림과 같이 Diffuse Color 항목에 선택된 이미지가 적용된 결과를 확인할 수 있습니다. 계속해서 이번에는 벽돌의 요철을 표현하기 위해서 Bump 항목의 No Map을 클릭해 줍니다. 나타나는 Material/Map Browser에서 준비된 벽돌 요철을 표현할 수 있는 벽돌 흑백 이미지 (08\maps\brick_02(bump).jpg)를 클릭하여 선택해 줍니다.

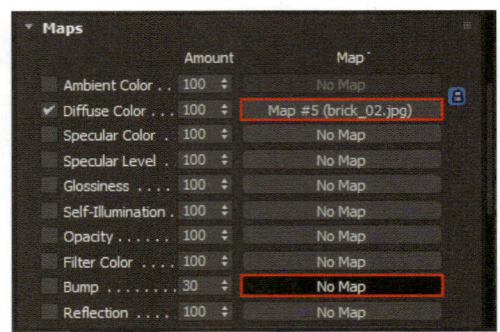 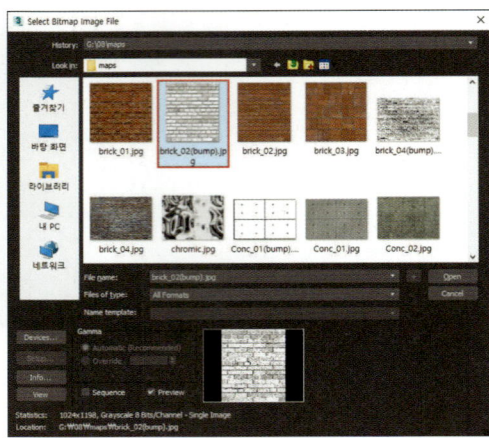

(08\maps\brick_02(bump).jpg)

**20** Go to Parent 버튼을 클릭하여 상위 단계로 이동한 뒤, Bump 맵의 Amount 값을 30 으로 설정해 줍니다. 매핑 방향 및 크기를 조절하기 위해서 Modifier List에서 UVW Map 명령을 실행합니다.

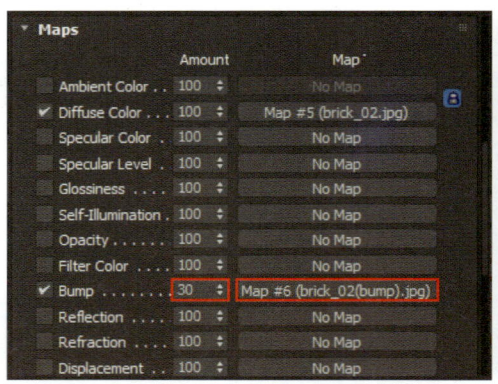 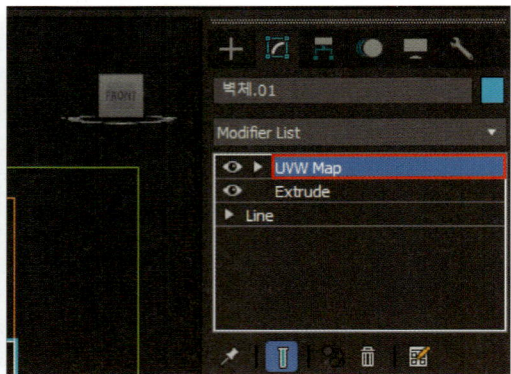

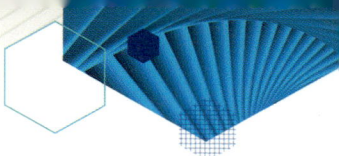

**21** UVW Map 명령을 수행한 뒤, 아래 그림과 같이 Mapping 방법 중에서 'Box'를 설정하고 Gizmo의 크기는 Length, Width, Height 모두 2000으로 설정해 줍니다.

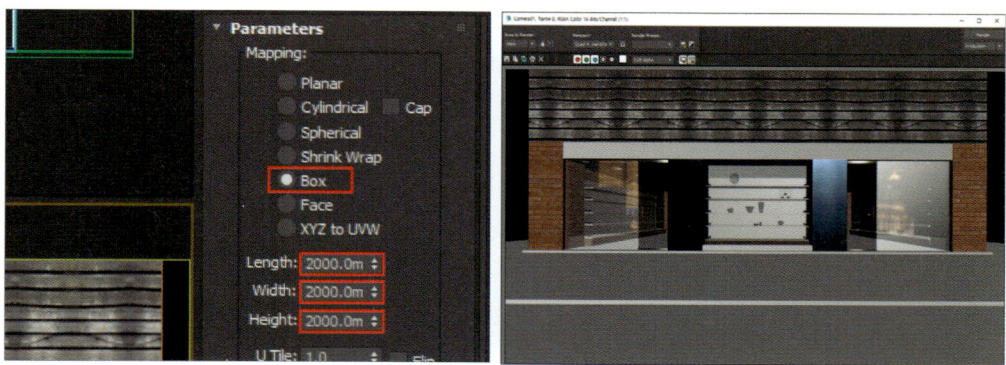

**22** 계속해서 '바닥' 객체를 선택한 뒤, 앞에서 작업한 방법과 동일한 방법으로 '바닥'이라는 이름의 재질을 설정한 뒤, 우드 이미지(08\maps\wood_02.jpg)를 적용해 줍니다.

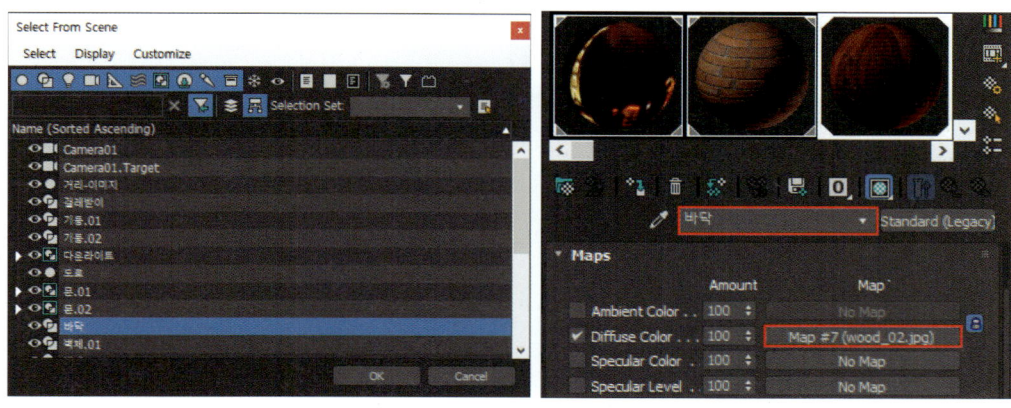

(08\maps\wood_02.jpg)

**08.** 재질 제작과 활용 (1)

**23** 계속해서 재질의 약간 반사 속성을 적용하기 위해서 Reflection 항목에 Raytrace를 적용한 뒤, Amount 값을 30으로 설정하여 적용해 줍니다. 물론 재질의 크기와 방향을 설정하기 위해서 UVW Map 명령을 수행합니다.

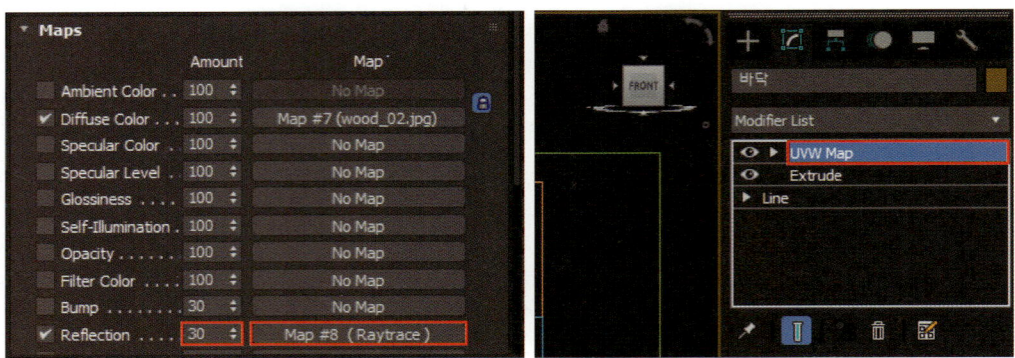

**24** 아래 그림과 같이 Mapping 방법 중에서 'Planar'로 설정하고 Gizmo의 크기는 Length, Width 모두 2000으로 설정한 뒤, 렌더링을 수행하여 결과를 확인해 줍니다.

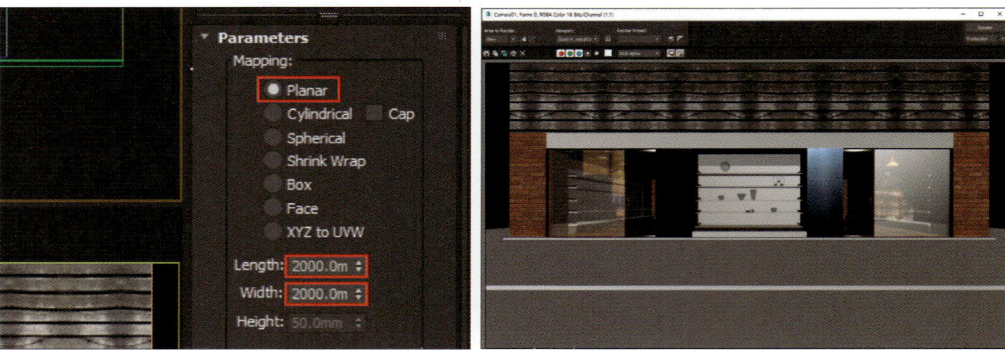

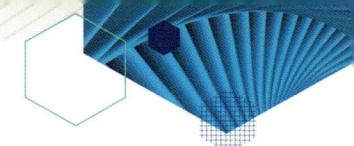

**25** 이번에는 미리 설정된 조명 객체를 불러오도록 하겠습니다. File▶Import▶Merge… 명령을 수행한 뒤, 준비된 조명 파일(08\17(조명).max)에 포함된 모든 조명 객체를 불러옵니다.

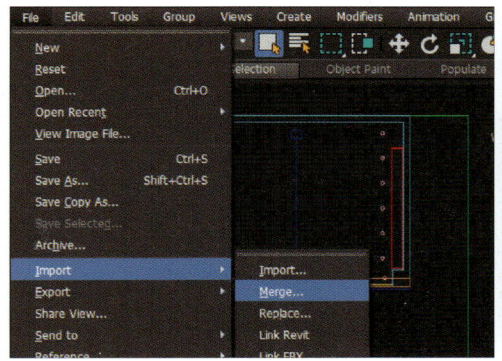

(08\17(조명).max)

**26** 미리 설정되어 있던 조명 객체를 불러온 뒤, 화면을 살펴보면 대단히 복잡해 보입니다. Display 탭을 클릭한 Hide by Category에서 Lights 항목을 클릭하여 작업 공간 내에 포함된 모든 조명과 카메라 객체를 보이지 않도록 설정해 줍니다. 설정을 마친 뒤, 렌더링을 진행하여 결과를 확인해 봅니다.

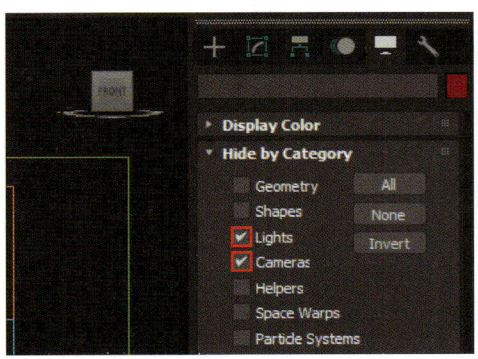
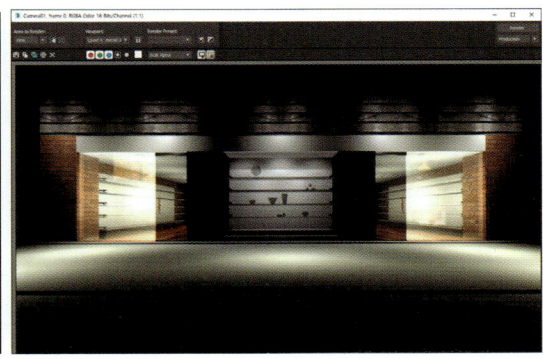

> 조명의 위력은 정말 대단합니다. 실제 프로젝트 작업에서도 별것 아닌 모델링을 바탕으로 현란한 조명(?)을 설정할 경우 대단히 멋진 이미지로 만들 수 있기 때문입니다.

**08.** 재질 제작과 활용 (1)

27 내부 천정에 있는 조명 객체의 재질을 표현해 보도록 하겠습니다. '다운라이트' 객체를 선택한 뒤, 재질 편집기에서 '다운라이트'라는 이름의 재질을 설정하고 색상을 흰색(R: 255, G: 255, B: 255), 자체 발광 효과를 주기 위해서 Self-Illumination 값을 100으로 설정하여 적용해 줍니다.

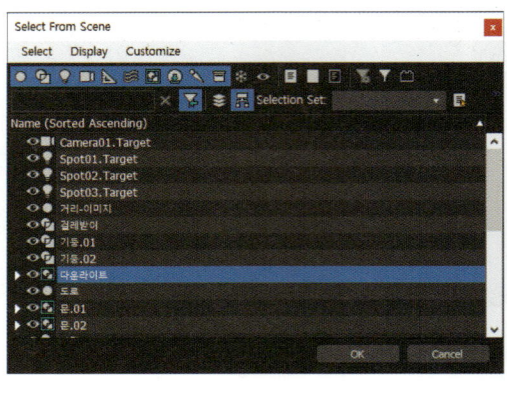
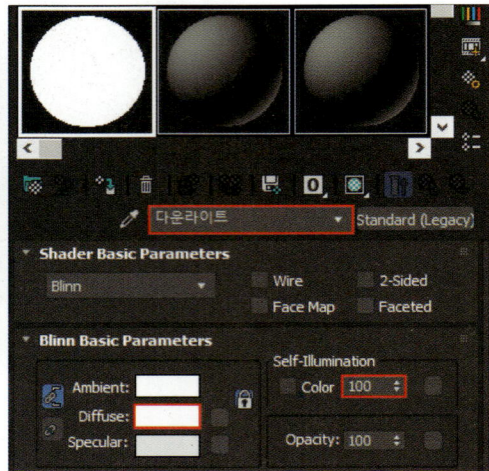

28 이번에는 '보도' 객체를 선택한 뒤, Material Editor 대화상자의 빈 슬롯을 클릭하여 재질의 이름을 '보도'로 설정합니다. 계속해서 Diffuse 항목에 준비된 비트맵 이미지 (08\maps\brick_03.jpg)를 적용해 줍니다.

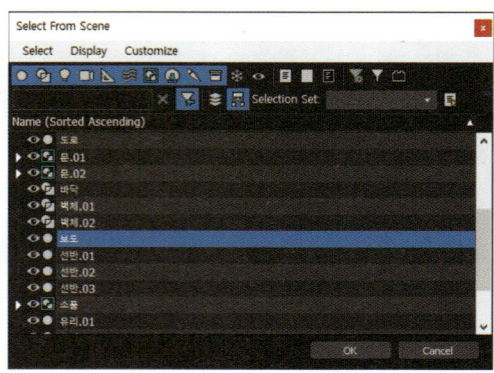

(08\maps\brick_03.jpg)

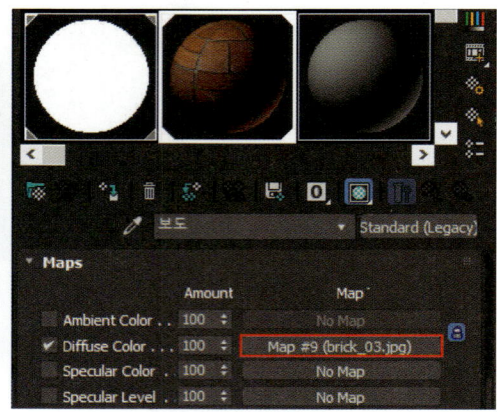

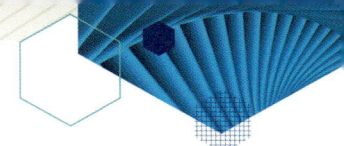

**29** 재질의 크기와 방향을 설정하기 위해서 UVW Map 명령을 수행한 뒤, Mapping 방법은 'Planar'로 설정, Gizmo의 크기는 Length, Width 모두 2000으로 설정한 후 결과를 확인해 봅니다.

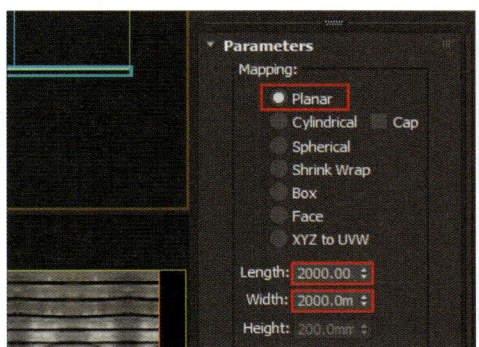
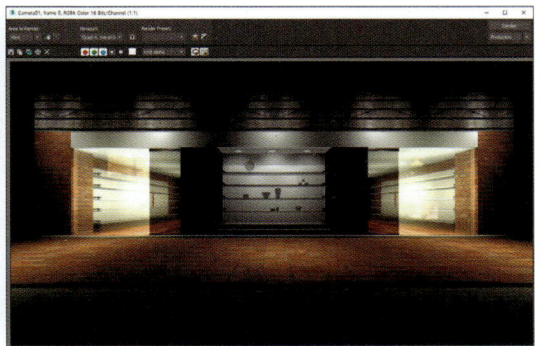

**30** 마지막으로 미리 준비된 외관 조명 객체를 불러오기 위해서 File▶Import▶Merge… 명령을 수행한 뒤, 미리 준비된 모델링 데이터(08\18(브라켓_조명).max)를 불러옵니다.

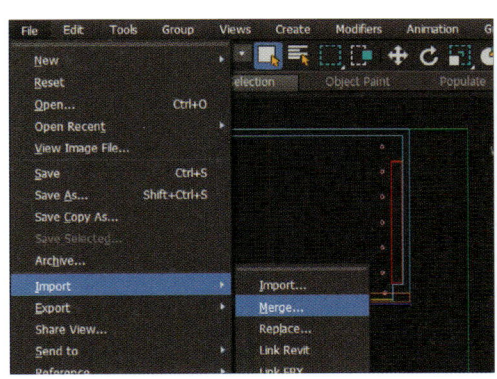
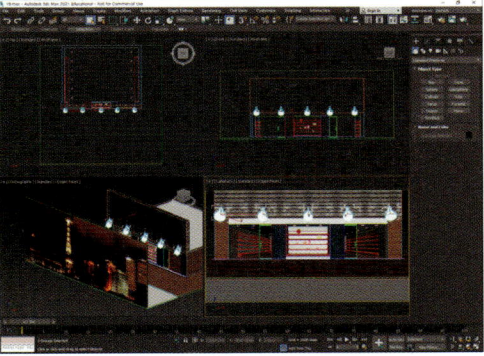

(08\18(브라켓_조명).max)

**08.** 재질 제작과 활용 (1) **439**

**31** 렌더링을 진행하여 최종 결과를 확인해 봅니다. 아래 그림과 같은 결과를 볼 수 있습니다.

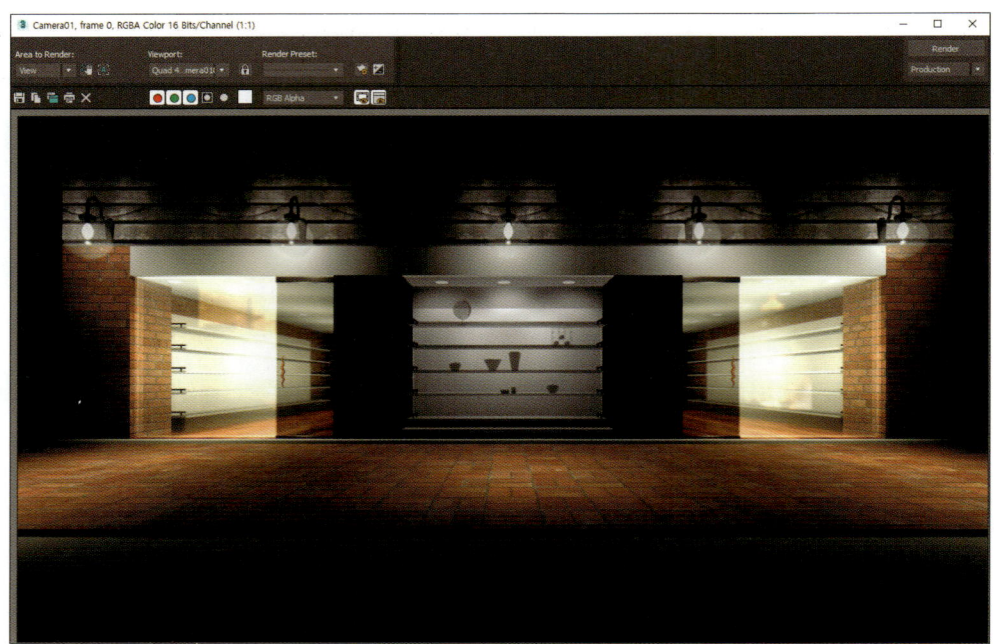

(08\19.max)

# Extended Parameters

Basic Parameters와 같이 설정된 Shader에 따라 재질을 표현하기 위한 옵션을 설정해 줍니다. 각각의 Shader마다 약간씩 다르게 나타나지만, 대체로 다음과 같은 형태의 옵션을 제공하게 됩니다. Extended Parameters에서는 재질의 불투명도, Wire 등에 관한 옵션을 보다 세밀하게 조절할 수 있는 설정값이 나타나게 됩니다.

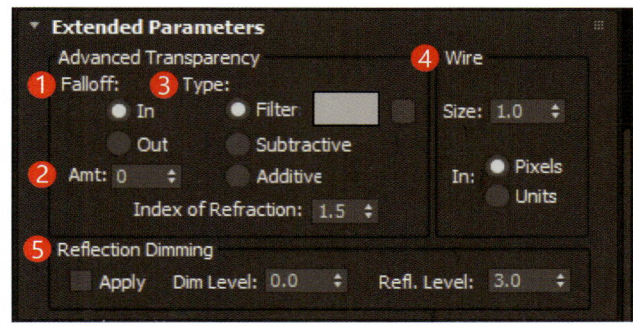

❶ **Fall off** : In, Out을 선택하여 객체가 투명해지는 기준을 설정해 줄 수 있습니다. 만약 In을 설정하면 객체의 안쪽으로 들어갈수록 투명해지고 Out을 선택하면 객체의 바깥쪽으로 갈수록 더욱 투명해집니다. 이때 Amt 수치가 '0'보다 커야 투명한 효과를 얻을 수 있습니다.

❷ **Amt** : 객체의 투명도를 조절해 줍니다. Fall off 설정도 Amt 값을 설정한 뒤에 조절할 수 있습니다.

❸ **Type** : Type 옵션은 Filter, Subtractive, Additive의 3가지 종류를 설정하여 서로 다른 투명 효과를 얻을 수 있습니다. Filter를 설정할 경우 투명한 객체의 배경 색상을 설정할 수 있으며, 사용자 지정의 맵을 지정할 수 있습니다. 쉽게 생각하면 빛이 일정한 재질이 있는 반투명한 객체를 통과한 뒤 나타나는 색상이나 맵을 지정하게 되는 것입니다.

❹ **Wire** : Wire 옵션을 적용했을 때 와이어 프레임(Wireframe)의 두께를 지정합니다. 특히 하위에 나타나는 Pixels 옵션을 설정할 경우 원근법과는 상관없이 일정한 두께의 와이어 프레임 형상을 만들게 되며, Units 항목을 설정할 경우 원근법에 따라 와이어 프레임의 두께가 다르게 나타납니다.

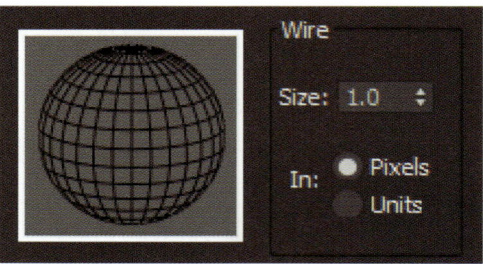 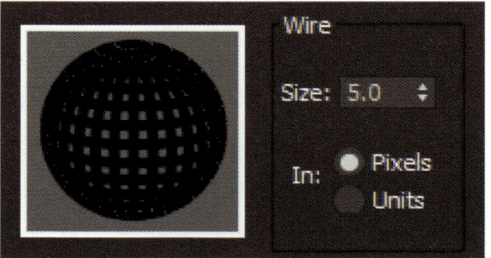

일반적으로 원근법을 표현하는 방법 중에는 여러 가지 원리가 적용됩니다. 가장 일반적인 방법은 근경에 있는 물체의 크기가 크고 원경에 있는 물체의 크기를 작게 표현하는 것입니다. 그러나 실제 멀리 있는 물체를 살펴보면 가까이에 있는 물체보다 흐릿하게 보일 뿐만 아니라 색상이나 명도 값이 떨어져 보이게 됩니다. Wire 항목의 Units 옵션도 이러한 원근법의 원리를 적용할 수 있는 옵션으로 생각하면 됩니다.

❺ Reflection Dimming : Reflection Map을 객체에 적용하면 객체의 그림자 부분에도 색상이 반사되는 결과를 가져오게 됩니다. 이러한 경우에 Reflection Dimming 옵션을 조절하면 객체의 그림자 부분에는 반사율을 제한하게 됩니다. 일반적으로 사용하지 않는 것이 좋습니다.

 Maps

　Maps Parameter에서는 재질을 구성하는 각각의 요소들에 추가하여 별도의 맵(Map)을 설정할 수 있는 부분입니다. 이 옵션을 이용하여 하나의 재질에 다양한 설정을 가능하게 할 수 있습니다.

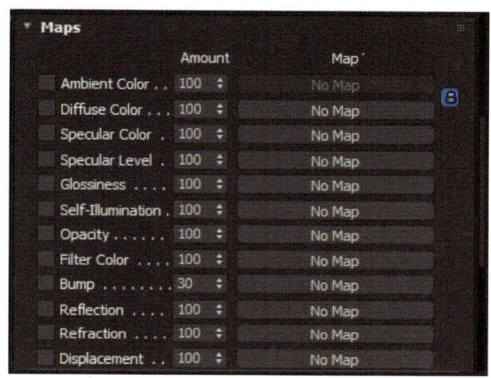

❶ Ambient Color : 재질의 어두운 부분에 맵 이미지를 적용해 줍니다. Ambient Color 맵을 적용하기 위해서는, 우선 오른쪽의 잠금 버튼을 해제해야 합니다.

실제로 Ambient Color에 적용된 맵을 확인하기 위해서는 눈을 크게 뜨고 확인해도 그 차이를 확인하기 어렵습니다. 일반적인 경우에는 Ambient Color, Specular Color는 특별한 경우를 제외하고는 맵을 적용할 경우는 거의 없습니다.

❷ Diffuse Color : 전체적인 색상에 맵 이미지를 적용합니다. 일반적으로 맵핑을 한다는 것이 바로 Diffuse Color에 맵을 적용하는 것을 의미합니다. 재질의 전체적인 색상이 맵의 형태와 색상에 의해 좌우됩니다.

앞에서 설명한 내용을 읽어보면 지금까지 본서를 학습한 분들은 조금 이상한 점을 발견할 수 있습니다. 본서에서는 Diffuse Color에 맵을 적용하기 위해서는 아래 그림과 같이 Basic Parameters에 있는 Diffuse 버튼의 오른쪽에 있는 빈 버튼을 클릭하여 비트맵 이미지를 Diffuse Color에 적용하였습니다. 그러나 Maps Parameters에 있는 Diffuse Color의 항목을 이용하여도 동일한 결과를 만들 수 있으며, 같은 결과를 만드는 방법이 따로 있는 것이 아니라 두 개의 내용은 동일한 내용을 의미합니다.

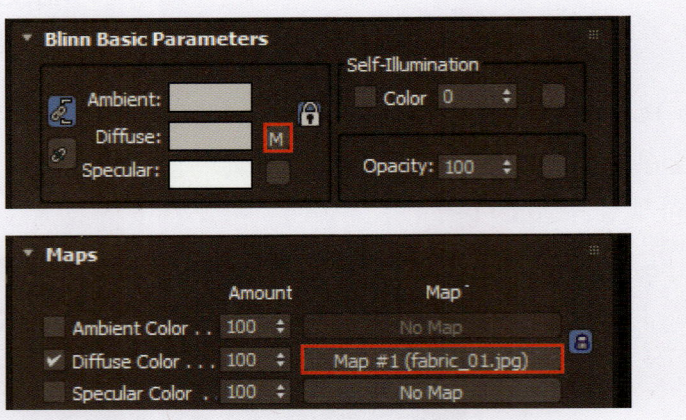

❸ **Specular Color** : 재질의 가장 밝은 부분, 즉 하이라이트 부분에 지정한 맵을 적용할 수 있습니다. 앞에서 언급한 Ambient Color와 같이 가장 밝은 부분에서만 지정한 맵의 결과를 확인할 수 있습니다

❹ **Specular Level** : Basic Parameters에 있는 Specular Level을 지정한 맵 이미지를 이용하여 하이라이트 부분을 설정해 줍니다.

❺ **Glossiness** : Specular Level과 같이 Basic Parameters에 있는 Glossiness 설정값을 지정한 맵을 이용하여 지정해 줄 수 있습니다.

❻ **Self-Illumination** : 설정한 맵 이미지를 이용하여 발광 효과의 정도를 조절합니다. 이미지의 명도가 높은 부분은 발광 효과가 커지고, 명도가 낮은 부분에서는 발광 효과가 적게 나타납니다.

❼ **Opacity** : 설정한 맵 이미지를 이용하여 투명도(Opacity)를 조절합니다. 이미지의 명도가 높은 부분은 불투명하게 처리하고, 명도가 낮은 부분에서는 투명하게 처리해 줍니다.

> 위에서 언급한 Maps Parameters에서 Opacity 항목은 MAX에서 나무, 사람 등을 표현할 경우 많이 사용되는 내용입니다. 실제로 사람이나 나무를 완벽하게 3차원으로 모델링하여 표현하는 것은 대단한 노력과 시스템이 요구됩니다. 따라서 이러한 경우에는 십자가 모양의 면을 만들어 나무를 표현하는 기법을 많이 사용하게 됩니다. 다음의 따라 하기 예제에서 자세히 살펴보도록 하겠습니다.

❽ **Filter Color** : 유리 재질을 표현할 경우 가장 많이 사용되는 방법이며 Opacity 설정값을 줄여 설정하게 됩니다. 이러한 경우 빛이 재질을 통과할 때 드러나는 재질의 색상을 결정하는 부분이 Filter Color입니다. 따라서 Filter Color에 설정된 맵에 의해서 빛의 그림자가 결정됩니다.

Filter Color 효과를 사용하기 위해서는 재질의 Opacity를 낮춰 사용하여야 효과가 나타나며, 그림자 효과를 얻기 위해서는 Light 설정에서 'Ray Traced Shadows'로 설정하여야 지정한 맵을 이용한 그림자가 생성됩니다.

❾ **Bump** : Bump 맵은 재질의 요철 부분을 표현해 줍니다. 지정한 맵에서 명도가 높은 부분은 튀어나오며, 명도가 낮을 경우 들어가 보이도록 설정됩니다. Bump의 Amount는 기본적으로 30으로 설정되며 값이 커짐에 따라 요철의 표현도 심하게 발생합니다.

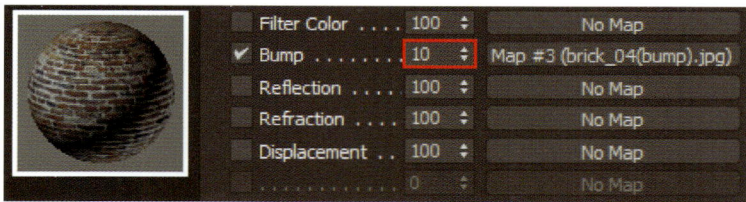

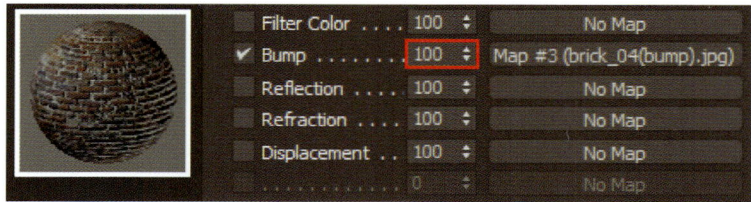

❿ **Reflection** : 객체의 표면에서 반사되는 맵을 지정해 줍니다. Reflection에 맵을 적용하면 맵의 이미지가 재질 표면에서 반사되는 효과를 얻을 수 있으며, 동시에 발광의 효과도 얻을 수 있습니다. 일반적으로 Reflection에는 Material Type 중에서 Raytrace를 설정하여 자동으로 반사되는 표현을 만들지만, 렌더링 시간이 상당히 오래 걸린다는 단점이 있습니다. 반대로 Reflection에 이미지 맵을 설정할 경우 간단한 방법으로 반사 이미지를 얻을 수 있지만 재질의 표현 및 설정에 세심한 신경을 써야 합니다.

⓫ **Refraction** : 객체 표면에 굴절 효과를 표현하는 재질을 제작할 수 있습니다. Refraction을 이용할 경우 이미지의 상이 객체의 표면에서 굴절되는 재질을 표현할 수 있으며 돋보기나 휘어진 거울 및 유리 제작에 응용될 수 있습니다.

⓬ **Displacement** : NURBS 객체에만 적용이 가능한 기능으로 Displacement에 적용된 맵 이미지의 명도에 따라 변경됩니다.

# 09

## 재질 제작과 활용 (2)

# 1. Opacity 맵을 이용한 나무 표현

이번 예제에서는 건축 및 인테리어 분야에서 많이 사용되는 나무 표현을 연습해 보도록 하겠습니다. 기본적으로 MAX에서는 나무를 표현할 수 있는 도구를 포함하고 있습니다. 그러나 AEC Extended의 Foliage 명령을 이용하여 작성된 나무를 자세히 보면 수많은 가지와 나뭇잎의 오브젝트로 구성되어 있으며, 오브젝트의 개수는 실제로 여러분께서 작성하신 실내 구성 객체 및 외관 모델링 객체보다도 훨씬 많은 경우가 대부분입니다. 만약 이러한 형태의 나무를 이용하여 가로수 정도는 표현이 가능하나 숲을 표현하는 것은 현실적으로 불가능한 일입니다.

일반적으로 애니메이션과 같은 작업을 제외하고 단순히 스틸 이미지만을 작성한다면 포토샵과 같은 2D 리터칭 도구를 이용하여 쉽게 작성할 수 있지만, 여기서는 다양한 학습을 통해 재질의 속성을 살펴보도록 하겠습니다.

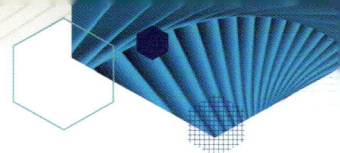

**1** 지금부터 재질의 Opacity Map 속성을 응용하여 하나의 객체만으로 쉽게 나무를 표현하는 방법에 대하여 살펴보도록 하겠습니다. MAX에서 카메라, 조명 및 배경 이미지 등이 미리 설정된 예제 파일(09\01.max)을 불러온 뒤, Front 뷰에서 Plane 명령을 수행합니다.

(09\01.max)

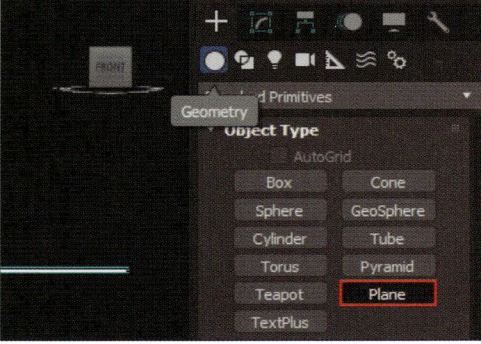

**2** Plane 명령을 이용하여 Length: 6000, Width: 5000 크기의 직사각형을 작성한 뒤, 작성된 객체의 이름을 '나무.01'로 변경, 아래 그림과 같이 바닥판의 상단에 적당한 위치에 정렬해 줍니다.

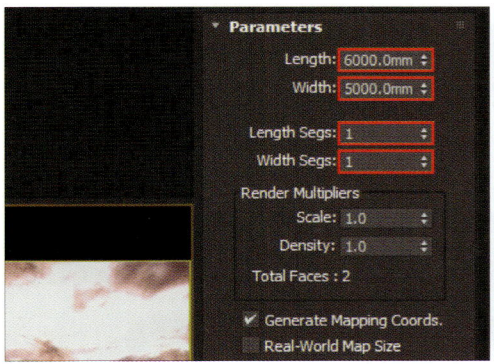

**09.** 재질 제작과 활용 (2)

❸ '나무.01' 객체를 선택한 상태에서 Material Editor의 빈 슬롯을 선택한 뒤, 재질의 이름을 '나무.01'로 설정해 줍니다. 계속해서 Maps 카테고리의 Diffuse Color 항목에 나무 이미지(09\maps\tree_01.jpg)를 적용해 줍니다. 마지막으로 Show Map in Viewport을 클릭하여 카메라 뷰포트에서 맵의 형태가 어떻게 적용되었는지를 확인할 수 있도록 설정한 뒤, 선택된 객체에 적용해 줍니다.

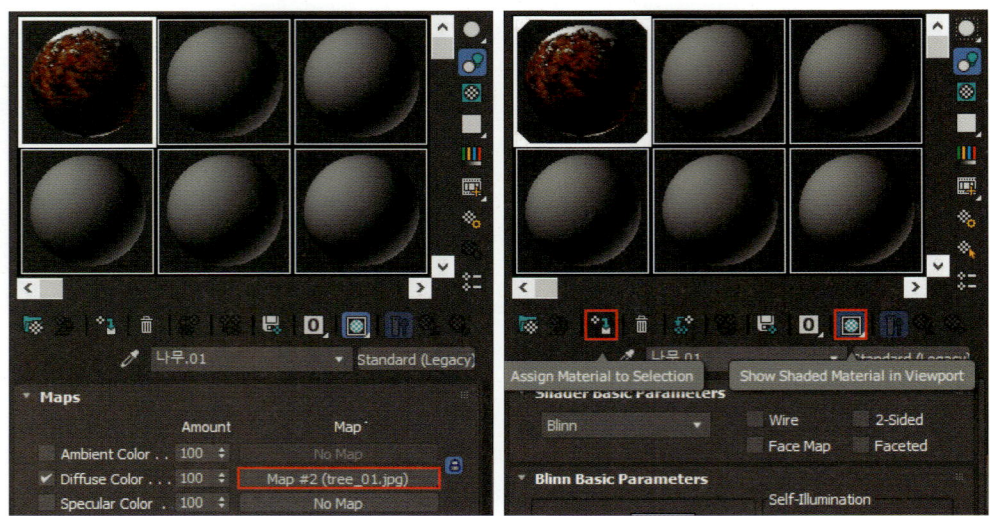

(09\maps\tree_01.jpg)

❹ Modifier List에서 UVW Map 명령을 수행한 뒤, Mapping 방법을 Planar로 설정해 줍니다. 단순히 Diffuse Color 항목에 나무 이미지를 적용하였기 때문에 아래 그림과 같은 결과가 나타나게 됩니다.

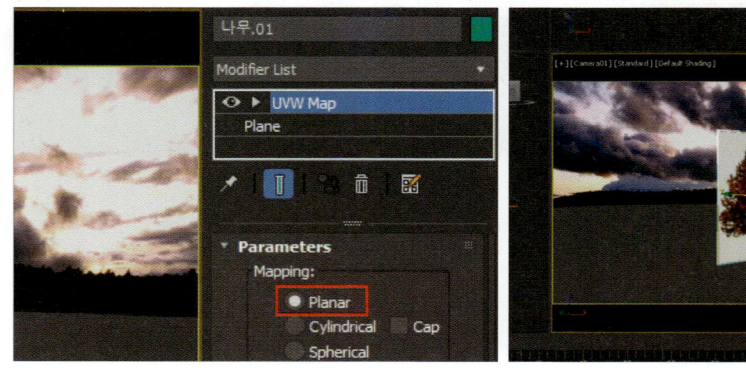

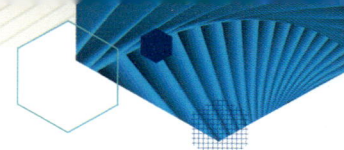

**5** 다시 Material Editor 대화상자의 Maps 카테고리의 Opacity 항목에 준비된 나무 마스크 이미지(09\maps\tree_01(mask).jpg)를 적용해 줍니다. 이미 앞에서 설명한 바와 같이 Opacity 항목은 설정한 맵 이미지를 이용하여 투명도(Opacity)를 조절하며, 이미지의 명도가 높은 부분은 불투명하게 처리하고, 명도가 낮은 부분은 투명하게 처리해 줍니다. 결과를 살펴보면 나무 주변의 불필요한 부분이 투명으로 보이게 됩니다. 렌더링을 수행하여 결과를 확인해 봅니다.

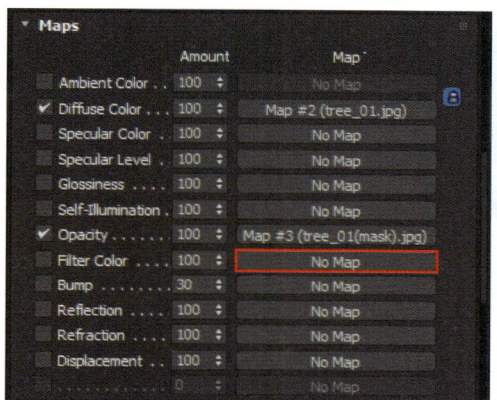

▲ Diffuse Color에 적용된 이미지 (09\maps\tree_01.jpg)     ▲ Opacity에 적용된 이미지 (09\maps\tree_01(mask).jpg)

**6** 'Spot01' 객체를 선택합니다. Modify 패널에 Shadows 항목 중에서 On을 클릭하여 그림자를 설정하고 'Shadow Map'으로 설정해 줍니다. 렌더링을 수행하면 아래 그림과 같이 네모 형태의 그림자가 발생하여 어색하게 보입니다.

**7** 'Shadow Map'으로 설정된 값을 'Ray Traced Shadows'로 변경하여 설정해 줍니다. 그림자를 위한 조명 설정을 변경한 뒤 렌더링을 수행하면 그림자의 형태가 나무 형태로 나타나는 것을 볼 수 있습니다.

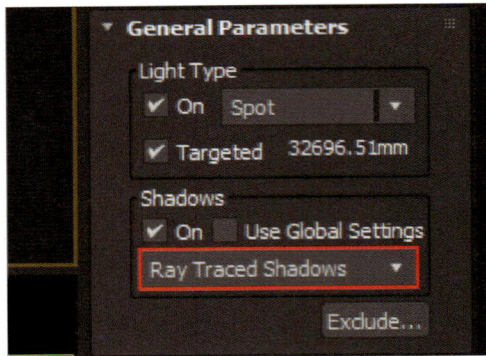 

> 위에서 살펴본 바와 같이 'Ray Traced Shadows' 설정으로 그림자를 원하는 형태로 만들 수 있지만 'Ray Traced Shadows' 방식은 'Shadow Map'에 비해서 엄청나게 많은 렌더링 시간을 요구합니다. 따라서 'Shadow Map'을 설정하더라도 원하는 형태에 그림자를 만들기 위해서는 기본적으로 객체의 형태를 나무 형태로 작성하면, 나무 형태의 그림자를 만들어 줄 수 있습니다.

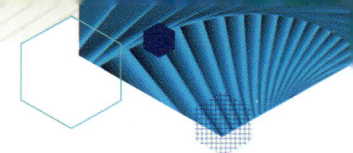

**8** 계속해서 아래 그림과 같이 Front 뷰에서 Plane 명령을 이용하여 Length: 6000, Width: 7680 크기의 직사각형을 만들어 줍니다. 작성된 객체의 이름을 '나무.02'로 변경한 뒤 아래 그림과 같이 바닥판 상단에 정렬해 줍니다.

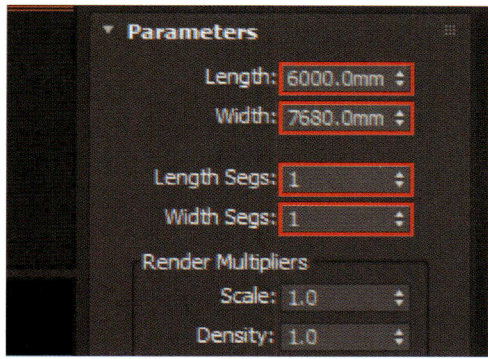

**9** '나무.02' 객체를 선택한 상태에서 Material Editor에서 Diffuse Color 항목에는 나무 이미지(09\maps\tree_02.jpg)를 적용하고 Opacity 항목에는 준비된 나무 마스크 이미지(09\maps\tree_02(mask).jpg)를 적용해 줍니다. 물론 Modifier List에서 UVW Map 명령을 수행하여 재질의 방향과 크기를 설정한 뒤, 렌더링을 수행하여 결과를 확인해 봅니다.

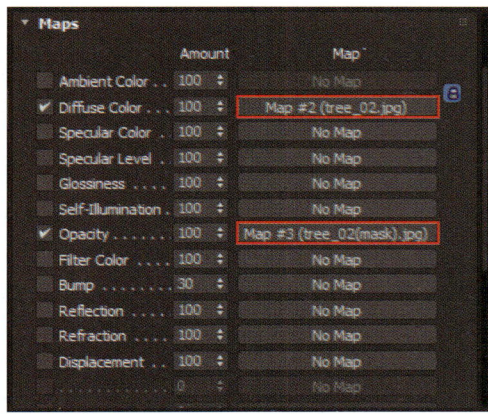

**09.** 재질 제작과 활용 (2) **453**

▲ Diffuse Color에 적용된 이미지　　　　▲ Opacity에 적용된 이미지
(09\maps\tree_02.jpg)　　　　　　　　　(09\maps\tree_02(mask).jpg)

**10** 잠시 숨겨두었던 'MASS' 객체를 보이도록 설정한 뒤, Hide by Category에서 Cameras를 해제하여 숨겨두었던 카메라 객체도 보이도록 설정해 줍니다.

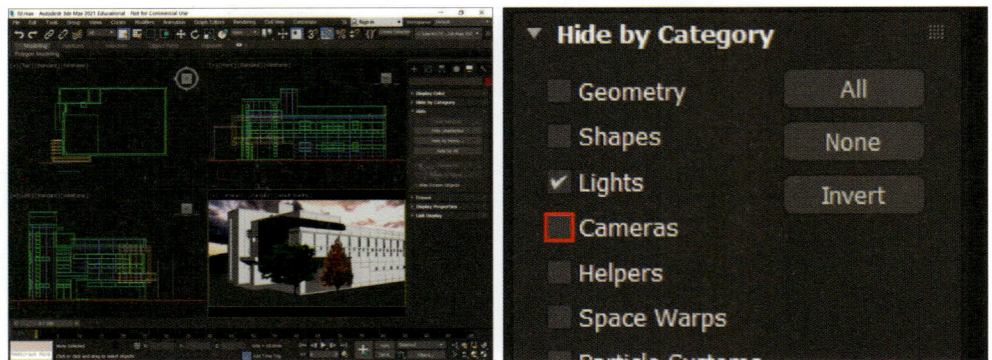

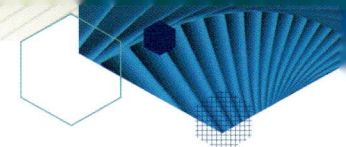

**11** 아래 그림과 같이 나무 객체를 복사, 회전, 이동하여 필요한 장면을 연출해 줍니다. 가급적 나무 객체는 카메라 시점과 수직으로 배치되었을 경우 가장 멋진 결과물이 제작됩니다.

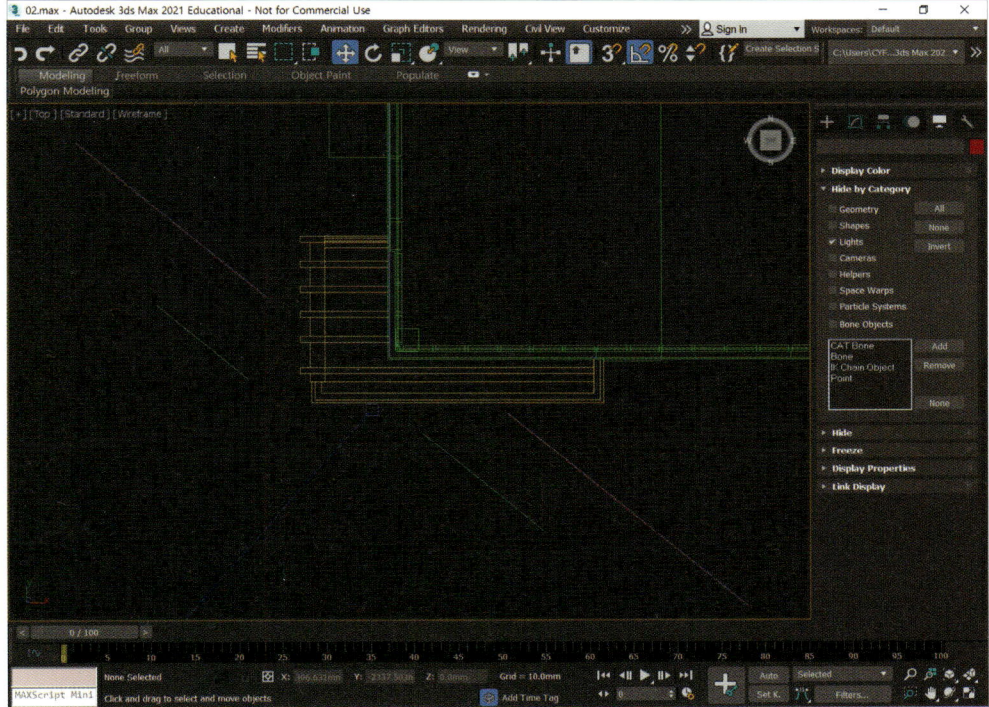

**12** 이제 그림과 같은 결과를 완성한 뒤, 렌더링을 수행하여 결과물을 확인해 줍니다.

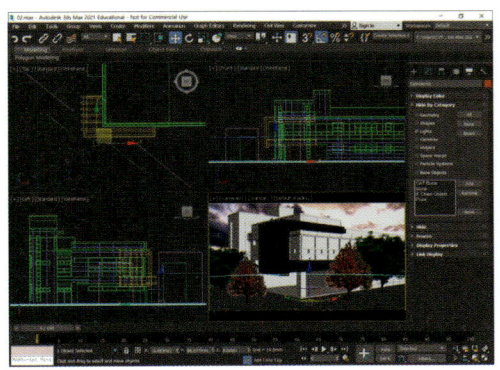

(09\02.max)

**09.** 재질 제작과 활용 (2)   455

위에서 설명한 나무 표현 방법은 간단한 편집 과정 및 적은 용량만으로도 효과적인 나무를 표현할 수 있다는 장점이 있지만, 시점을 위에서 아래로 내려 볼 경우, 객체의 형상이 직사각형이 판 형태이기 때문에 그림과 같이 나무 형태가 제대로 표현되지 못하는 결정적인 단점이 있습니다.

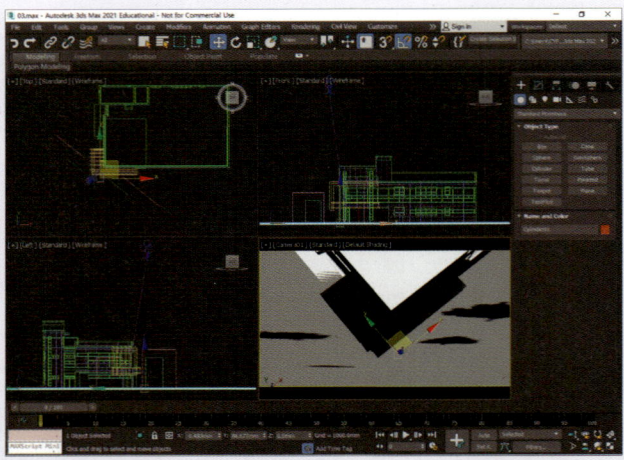

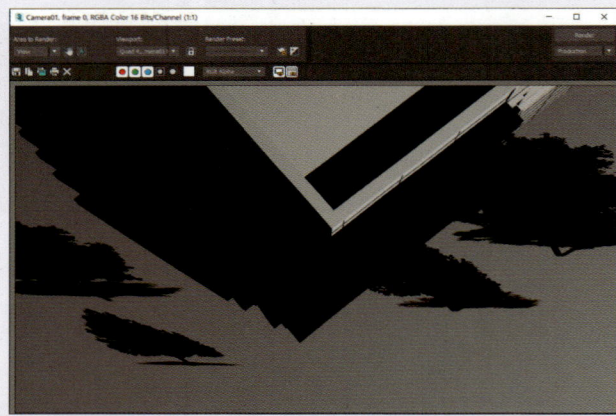

(09\03.max)

## MAX에서 기본적으로 제공하는 나무 제작 명령어

　MAX에서는 아래 그림과 같이 AEC Extended의 Foliage 명령을 이용하여 3D 나무 모델링을 쉽게 작성할 수 있습니다. 이미 설명한 바와 같이 Foliage 명령을 이용할 경우, 나무 구성을 위해 작업 공간에 만들어지는 객체가 엄청나게 많은 객체로 구성된 모델링이기 때문에 꼭 필요한 곳에서만 활용해야 합니다.

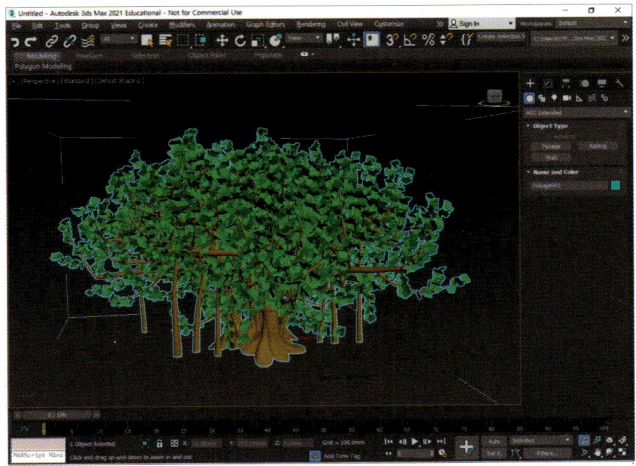

 **Opacity 맵 재질을 이용한 나무 표현**

이번 실습 예제에서는 앞에서 작업한 방법과 같이 Opacity 맵 재질을 이용하여 준비된 모델링에 그림과 같은 조경 이미지를 표현해 보도록 합니다.

■ 준비된 모델링 데이터와 작업 결과

(09\04.max)　　　　　　　　　　　(09\05.max)

15강으로 익히는 인테리어·건축 디지털 렌더링

## Opacity 맵 재질을 이용한 사람(실루엣) 표현

이번 실습 예제에서는 앞에서 작업한 방법과 같이 Opacity 맵 재질을 이용하여 준비된 모델링에 그림과 같은 사람 이미지(실루엣)를 표현해 보도록 합니다.

■ 준비된 모델링 데이터와 작업 결과

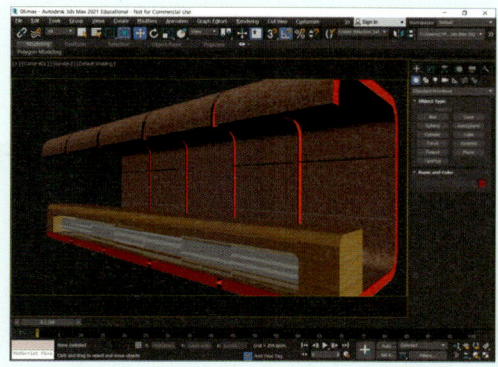

(09\06.max)

 **실습 예제**

- 사람 표현 (1)을 위한 Plane 객체의 크기와 재질(맵) 설정

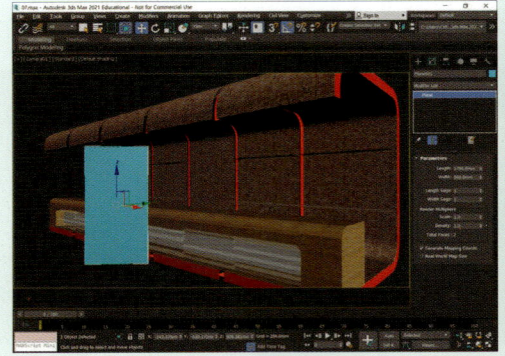 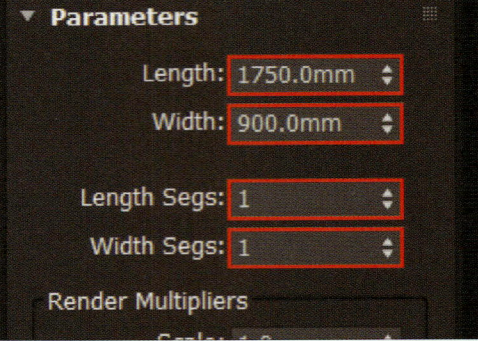

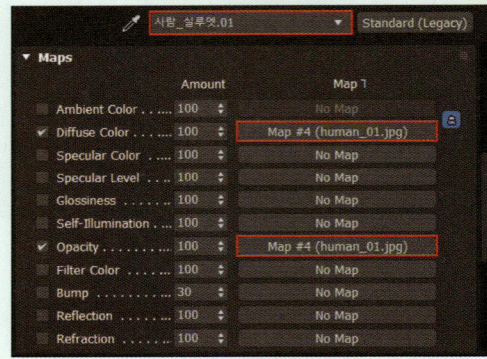 

(09\maps\human_01.jpg)

- 사람 표현 (2)을 위한 Plane 객체의 크기와 재질(맵) 설정

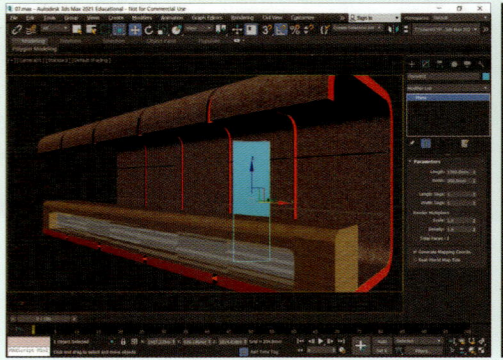 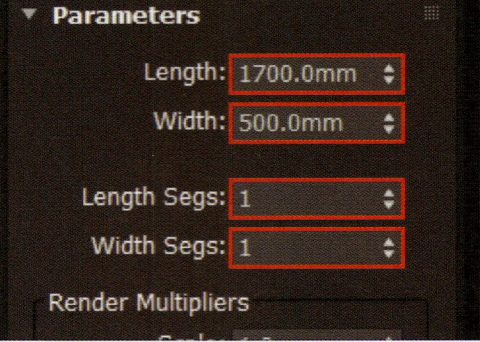

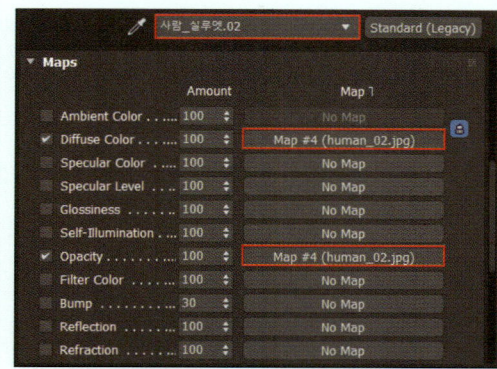

(09\maps\human_02.jpg)

- 재질 적용 후 뷰포트 모습 및 렌더링 결과

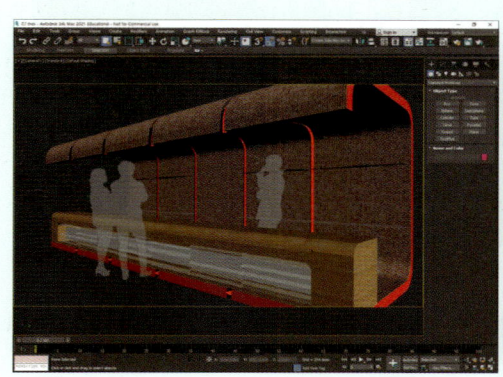
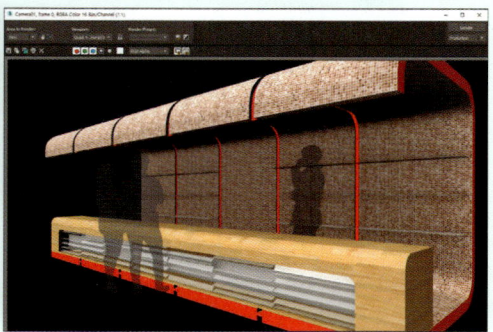

(09\07.max)

> 본 예제에 적용된 이미지를 자세히 살펴보면 검은색/흰색으로 구성된 이미지가 아닌 검은색/회색으로 구성된 이미지임을 알 수 있습니다. 이렇게 구성한 이유는 사람 실루엣 이미지 표현을 조금 투명하게 표현하기 위함입니다.

## 2. 스테인드 글라스, 벽돌, 나무로 표현되는 재질 표현

실제 거친 벽돌 이미지를 표현하기 위해서는 벽돌 모델링을 한 장씩 모델링해야 합니다. 그러나 수천 장이 넘는 벽돌 모델링을 진행하는 것은 무모한 작업일 것입니다. 따라서 이번 예제에서는 벽돌이나 요철을 표현하기 위한 재질 작성을 위해 Bump 맵의 이용 방법을 학습해 보도록 하겠습니다. 더불어 스테인드 글라스와 같은 표현을 위해 Filter Color 맵도 학습해 보도록 하겠습니다.

**1** 준비된 모델링 데이터(09\08.max)를 불러온 뒤, 렌더링을 수행하여 준비된 데이터의 내용을 살펴봅니다.

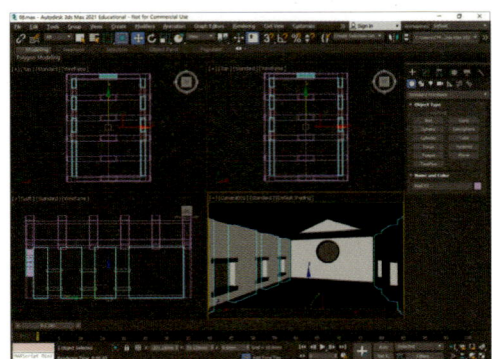
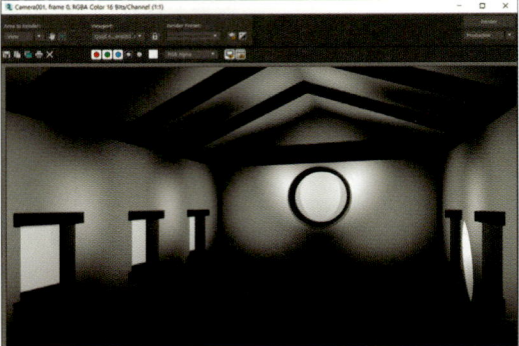

(09\08.max)

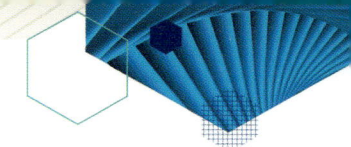

**2** 'Floor' 객체를 선택하고 Material Editor에서 빈 슬롯을 선택, 재질의 이름을 'Stone'으로 설정합니다. Maps Parameter에서 그림과 같이 Diffuse Color에는 '09\maps\stone_01.jpg'를 적용하고, Bump 맵에는 '09\maps\stone_01(bump).jpg'을 설정한 뒤, Amount 값을 '400'으로 설정하여 적용해 줍니다.

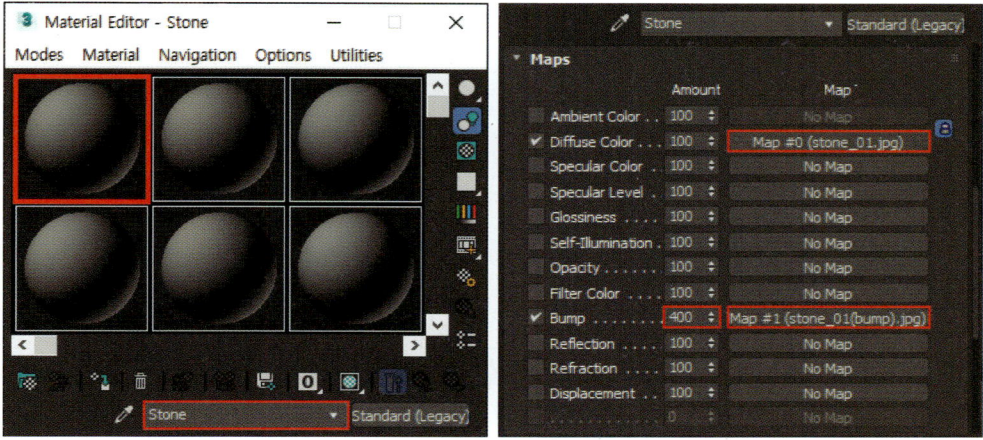

(09\maps\stone_01.jpg, stone_01(bump).jpg)

Maps Parameter에서 Diffuse Color와 Bump에 적용된 이미지는 동일한 이미지 같아 보여도 Bump에 적용된 이미지는 재질에 요철을 표현하기 위해서 적용된 맵으로 실제적인 표현과는 관계없이 단순히 요철만을 표현하게 됩니다.

▲ stone_01.jpg

▲ stone_01(bump).jpg

**09.** 재질 제작과 활용 (2)

**3** 재질을 적용한 뒤 매핑 방향 및 크기를 설정하기 위해서 'Floor' 객체가 선택된 상태에서 UVW Map 명령을 수행합니다. UVW Map 명령을 수행한 뒤, 하위 메뉴에서 매핑 방법을 Planar로 설정하고 Gizmo의 크기를 Length: 2000, Width: 2000으로 설정해 줍니다. 정확한 결과를 확인하기 위해서 렌더링을 수행해 보면 아래 그림과 같이 바닥 객체에 요철이 느껴지는 것을 알 수 있습니다.

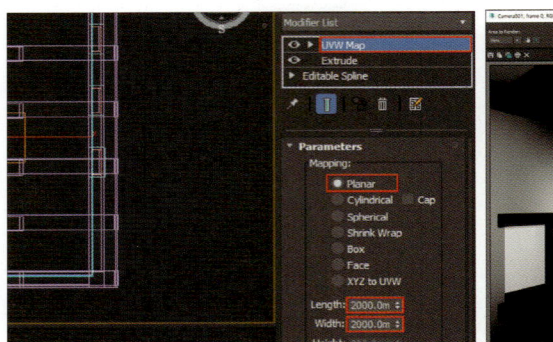 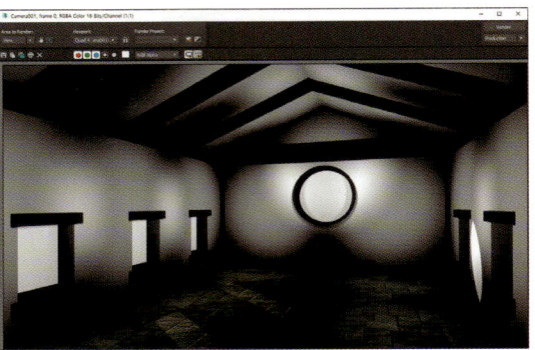

**4** 'Wall.01~05' 객체를 선택한 뒤, 이번에는 벽돌 재질을 편집해 보도록 하겠습니다. Material Editor 대화상자에서 빈 슬롯을 선택하여 재질의 이름을 'Brick'으로 설정합니다. Maps Parameter에서 아래 그림과 같이 Diffuse Color에는 '09\maps\brick_04.jpg'를 적용하고 Bump 맵에는 '09\maps\brick_04(bump).jpg'을 설정한 뒤, Amount 값을 '200'으로 설정하여 적용해 줍니다.

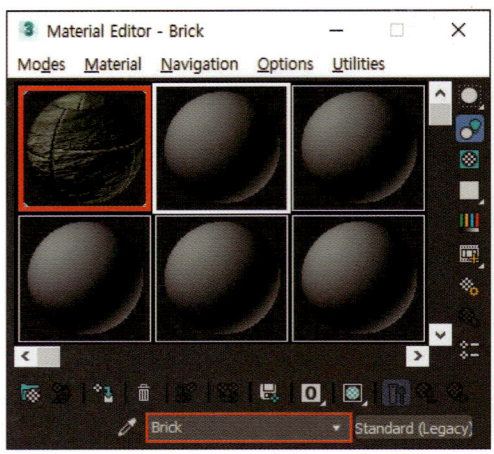 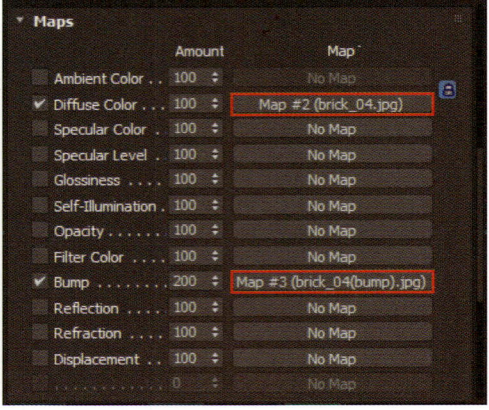

(09\maps\brick_04.jpg, brick_04(bump).jpg)

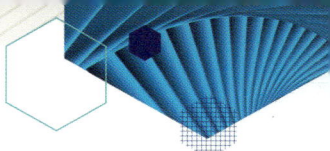

▲ brick_04.jpg　　　　　　　　　　▲ brick_04(bump).jpg

**5** 재질을 적용한 뒤 매핑 방향 및 크기를 설정하기 위해서 UVW Map 명령을 수행합니다. UVW Map 명령을 수행한 뒤, 하위 메뉴에서 매핑 방법을 Box로 설정하고 Gizmo의 크기를 Length: 3000, Width: 3000, Height: 3000으로 설정해 줍니다. 정확한 결과를 확인하기 위해서 렌더링을 수행해 보면 아래 그림과 같이 요철이 표현된 벽돌 재질의 벽체가 만들어지는 것을 알 수 있습니다.

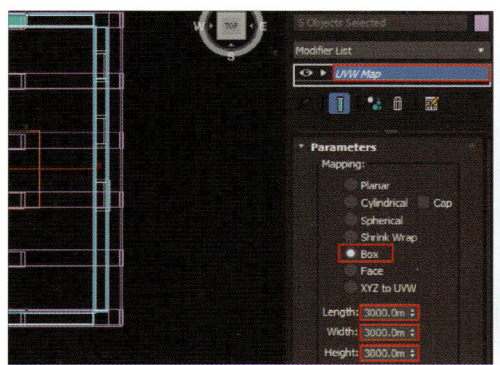 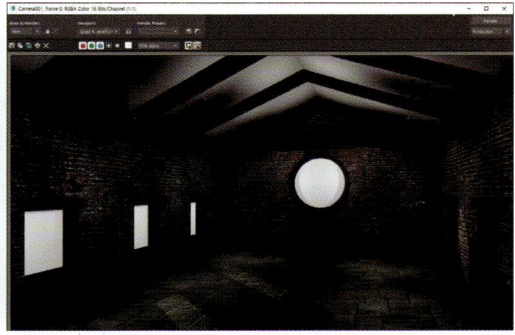

**09.** 재질 제작과 활용 (2)　**465**

**6** 이번에는 'Lintel.01' 객체를 선택한 뒤, 앞에서 이미 작성된 재질 중에서 'Brick'을 적용해 줍니다. 재질을 적용한 뒤 UVW Map 명령을 수행한 뒤, 매핑 방법을 Box로 설정하고 Gizmo의 크기를 Length: 3000, Width: 3000, Height: 3000으로 설정해 줍니다. 렌더링을 수행하여 결과를 확인해 보면 기존 벽체와 동일한 형태(방향)로 표현된 것을 알 수 있습니다.

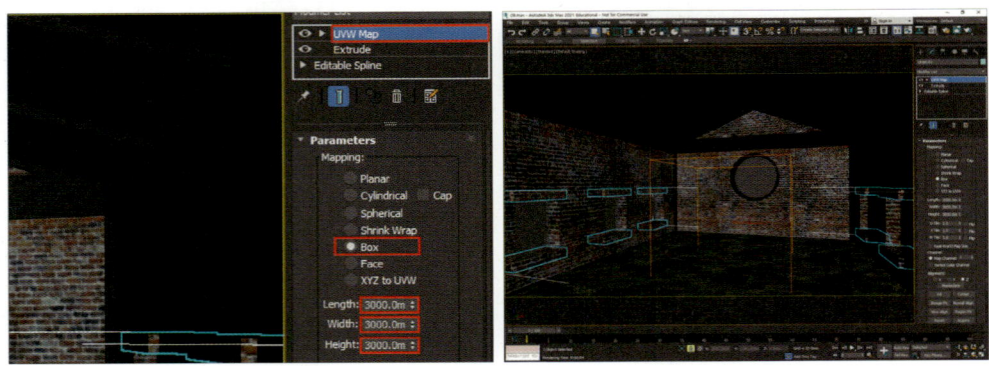

**7** 원하는 형태의 매핑을 수행하기 위해 Modifier List에서 이미 적용된 UVW Map 명령 앞에 ▶모양의 아이콘을 클릭하면 아래 그림과 같이 하위 명령인 Gizmo가 나타납니다. Gizmo를 클릭하여 선택해 줍니다.

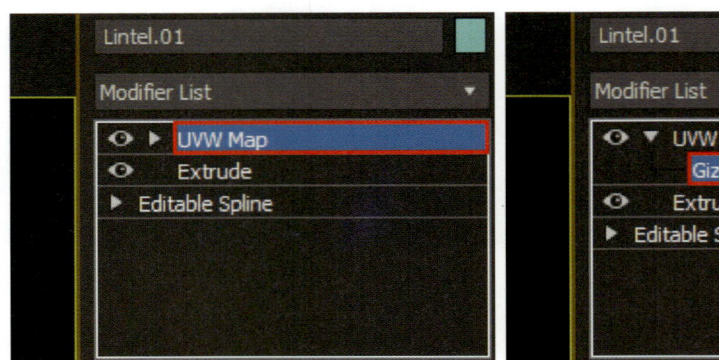 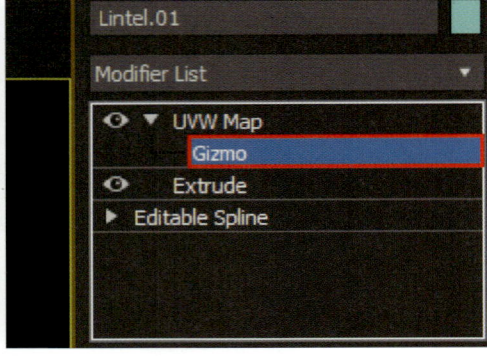

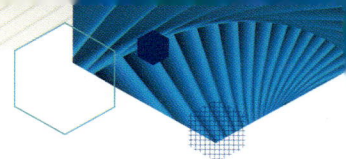

**8** Gizmo를 선택한 뒤 Rotate 명령을 수행하여 벽돌의 방향이 인방과 같이 표현될 수 있도록 그림과 같은 모양으로 나타나도록 회전시켜 줍니다. Gizmo의 크기 및 방향을 회전시킨 뒤, Camera 뷰를 살펴보면 재질의 설정 방향이 변경된 것을 보실 수 있습니다.

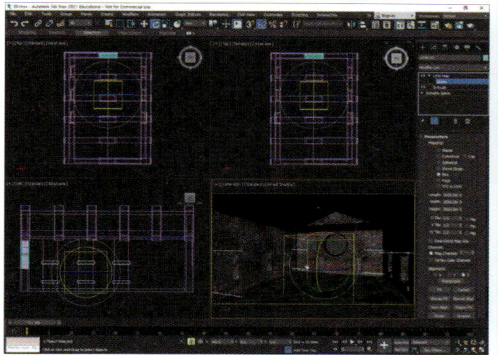 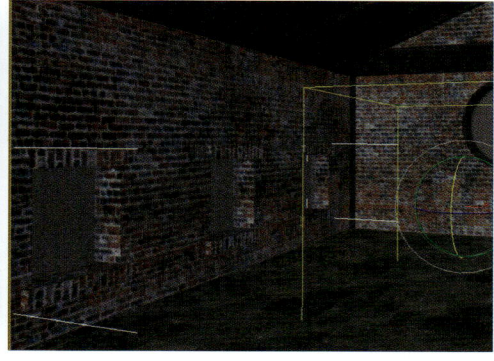

Angle Snap 명령을 설정할 경우 정확하게 90도를 회전시킬 수 있습니다.

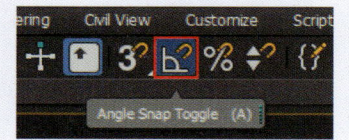

**9** 정확한 결과를 확인하기 위해서 렌더링을 수행하여 확인해 봅니다.

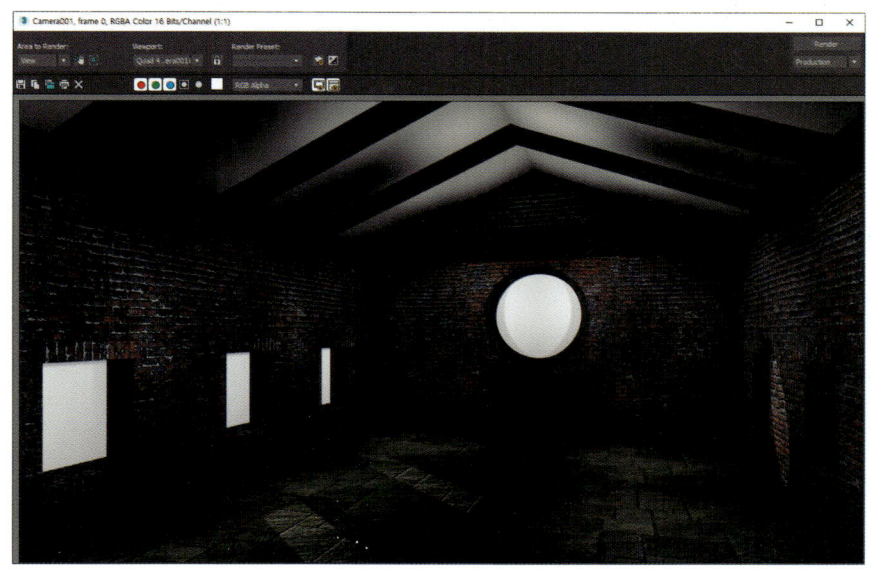

**09.** 재질 제작과 활용 (2)

매핑의 설정을 위한 기즈모의 크기 및 방향은 최종 표현을 위해서 대단히 중요합니다. 아래 두 개의 그림을 보시면 쉽게 매핑 종류, 방향, 크기의 조절이 얼마나 중요한지를 이해할 수 있습니다.

▲ 재질의 방향 수정 전　　　　▲ 재질의 방향 수정 전

**10** 계속해서 'Lintel.02' 객체를 선택한 뒤, 정확한 매핑 방향을 확인하기 위해서, Hide Unselected 명령을 수행하여 선택되지 않은 나머지 개체를 모두 보이지 않도록 설정해 줍니다.

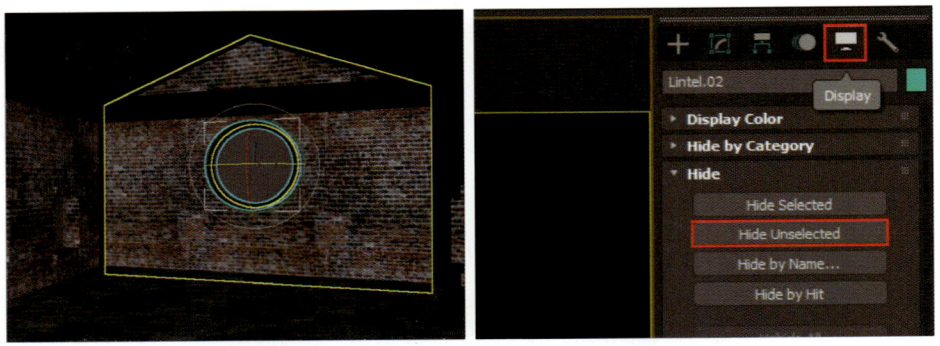

**11** 계속해서 작업 시점도 카메라 시점이 아닌 Orthographic 시점으로 변경하여 그림과 비슷하게 설정해 줍니다. 이제 앞에서 이미 작성된 재질 중에서 'Brick'을 적용해 줍니다.

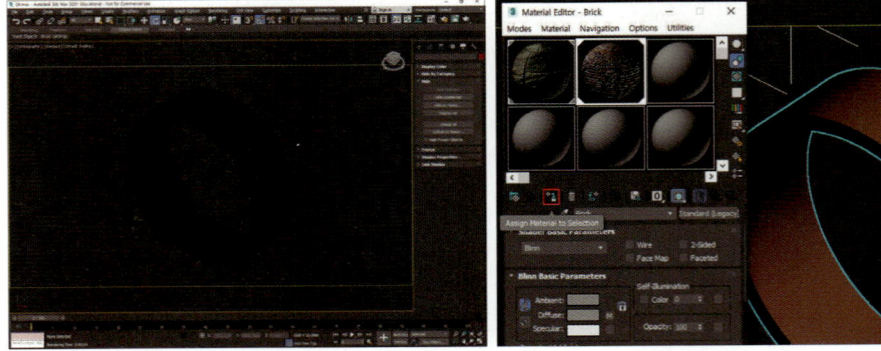

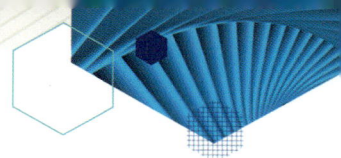

**12** 재질을 적용한 뒤 UVW Map 명령을 수행한 뒤, 매핑 방법을 Cylindrical로 설정하고 Gizmo의 크기를 Length: 3000, Width: 3000, Height: 3000으로 설정해 줍니다. 결과를 확인해 보면 원통 형태의 벽체에 알맞게 재질 표현이 적용된 것을 알 수 있습니다.

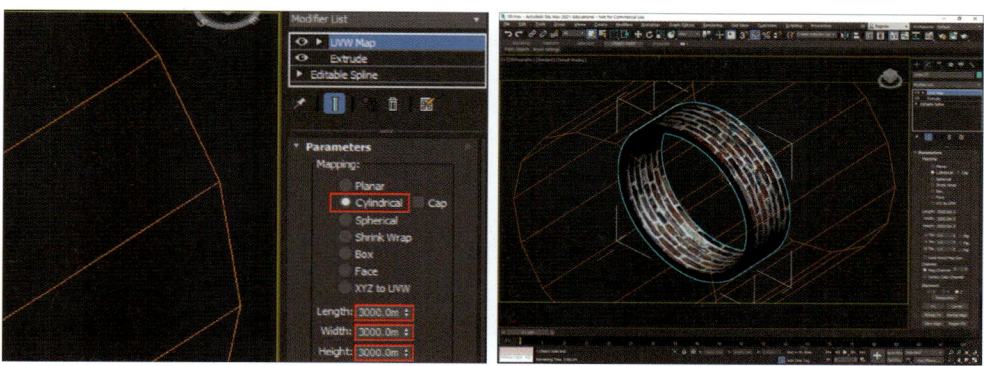

**13** Unhide All 명령을 수행하여 숨겨 놓았던 객체들을 모두 보이도록 설정한 뒤, 다시 카메라 시점을 변경해 줍니다.

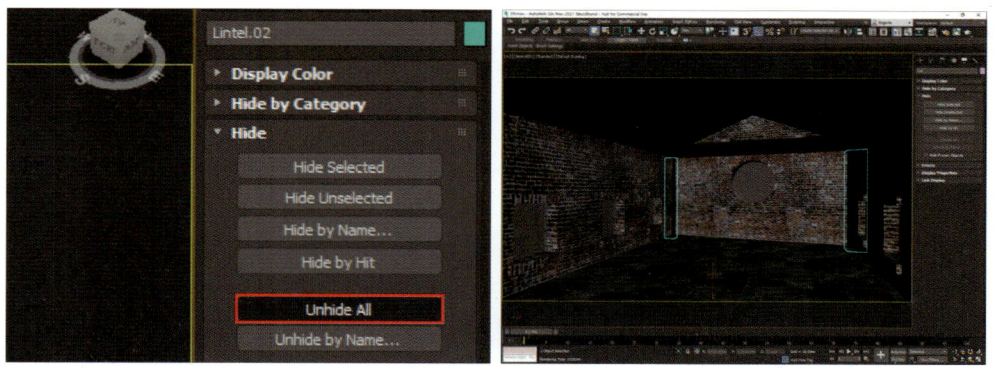

**09.** 재질 제작과 활용 (2)

**14** 이번에는 나무 재질을 편집해 보도록 하겠습니다. 모든 'Rafter.×××' 객체를 선택한 뒤, Material Editor의 'Wood.F'라는 이름으로 새로운 재질을 설정해 줍니다. 무광의 목재 재질을 표현하기 위해서 Shader를 'Oren-Nayer-Blinn'으로 설정하고 Diffuse Color에서는 '09\maps\wood_01.jpg' 이미지를 설정해 적용해 줍니다.

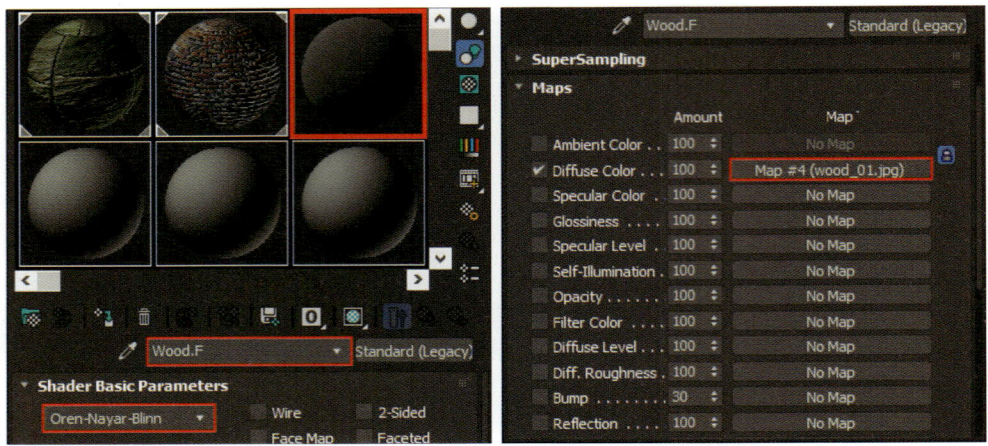

(09\maps\wood_01.jpg)

**15** 재질을 적용한 뒤, 재질의 방향을 설정해 보도록 하겠습니다. 객체 중에 'Rafter.홀수' 객체를 선택한 뒤, UVW Map 명령을 수행합니다. 매핑 방법은 Box로 설정하고 기즈모의 크기를 Length: 3000, Width: 3000, Height: 3000으로 설정해 줍니다. 이제 재질 방향을 변경하기 위해서 Gizmo를 선택해 줍니다.

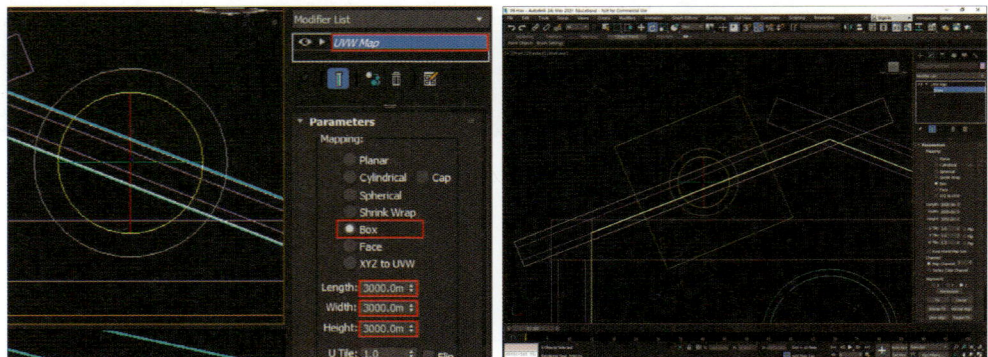

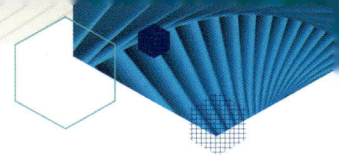

**16** Gizmo를 선택한 뒤, Rotate 명령을 수행하여 아래 그림과 같은 지붕 트러스 모양의 객체에 필요한 재질 방향을 설정해 줍니다.

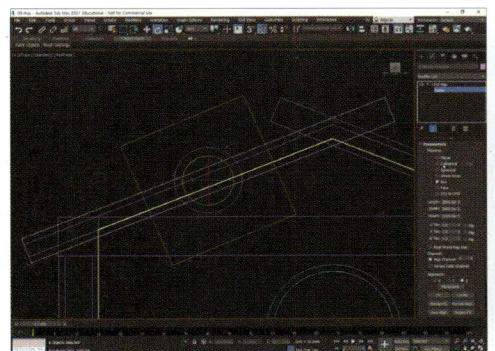
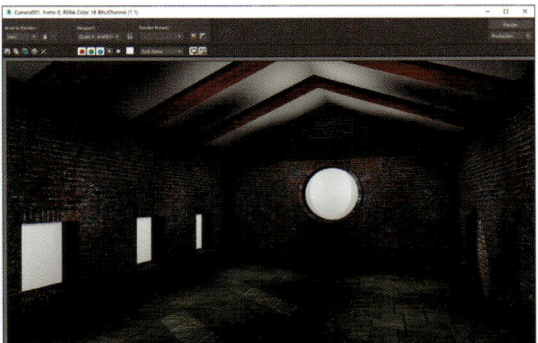

**17** 이번에는 객체 중에 'Rafter.짝수' 객체를 선택한 뒤, 앞에서 수행한 방법과 동일한 방법으로 재질 방향을 설정해 줍니다.

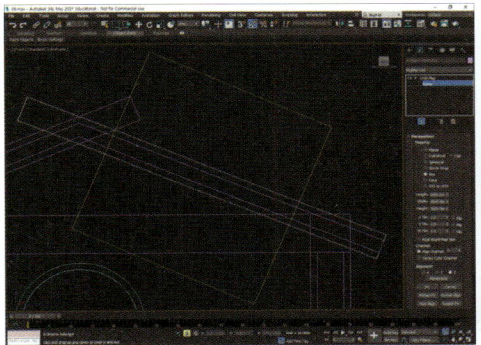
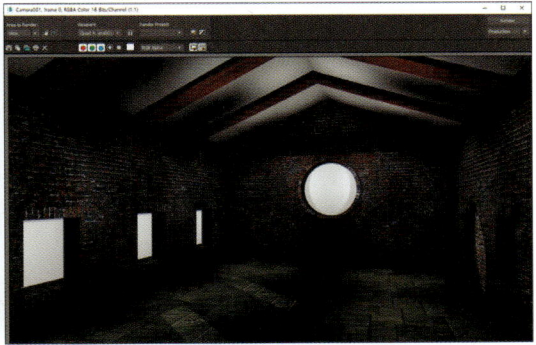

**18** 계속해서 앞에서 작성된 'Wood.F' 재질을 'Purlin' 객체에 적용해 줍니다. 물론 매핑을 위해서 UVW Map 명령을 수행한 뒤 매핑 방법을 Box로 설정하고 기즈모의 크기를 Length: 3000, Width: 3000, Height: 3000으로 설정해 줍니다. 재질의 방향이 어색하기 때문에 수정해 보도록 하겠습니다.

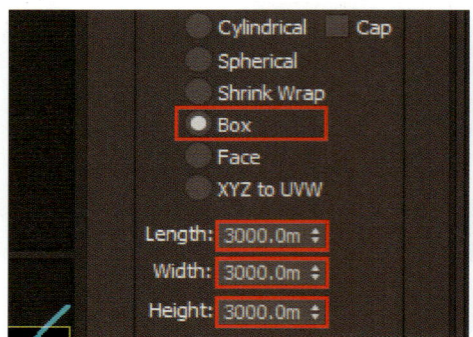 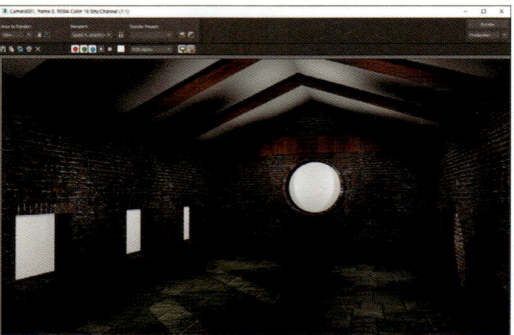

**19** 계속해서 재질 방향을 변경하기 위해서 UVW Map 명령을 수행한 뒤, Gizmo를 회전시켜 원하는 재질 방향이 작성되도록 설정해 줍니다. 작업 결과를 확인하기 위해서 렌더링을 수행하여 결과를 확인합니다.

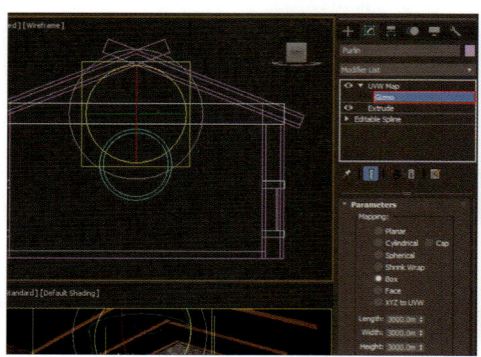 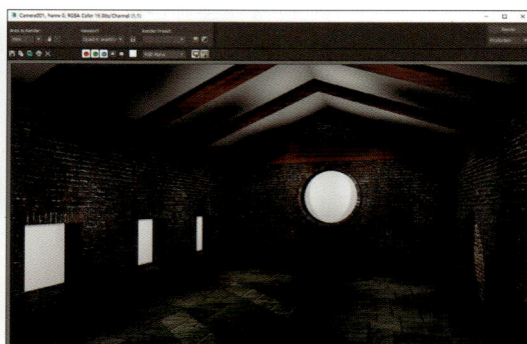

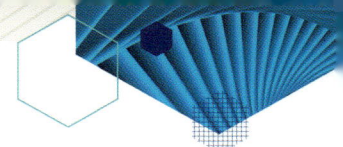

**20** 계속해서 'Ceil' 객체를 선택한 뒤, Material Editor에서 'Ceil'이라는 이름으로 새로운 재질을 설정해 줍니다. 계속해서 Diffuse Color에 '09\maps\wood_08.jpg' 이미지를 설정해 적용해 줍니다.

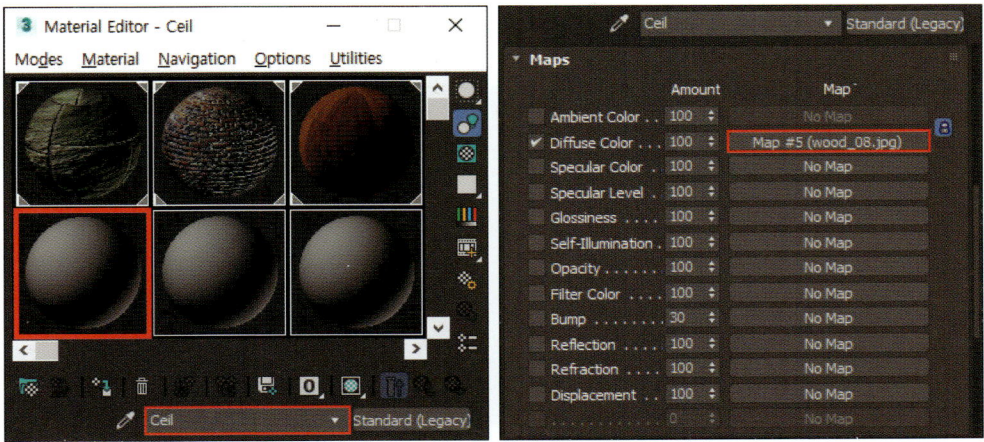

(09\maps\wood_08.jpg)

**21** 매핑을 위해서 UVW Map 명령을 수행한 뒤 매핑 방법을 Planar로 설정하고 기즈모의 크기를 Length: 2000, Width: 2000으로, UVW Tile은 모두 '1'로 설정해 줍니다. 또한, 아래 그림과 같은 재질 방향을 설정하기 위해, Gizmo를 회전시켜 결과를 완성해 줍니다.

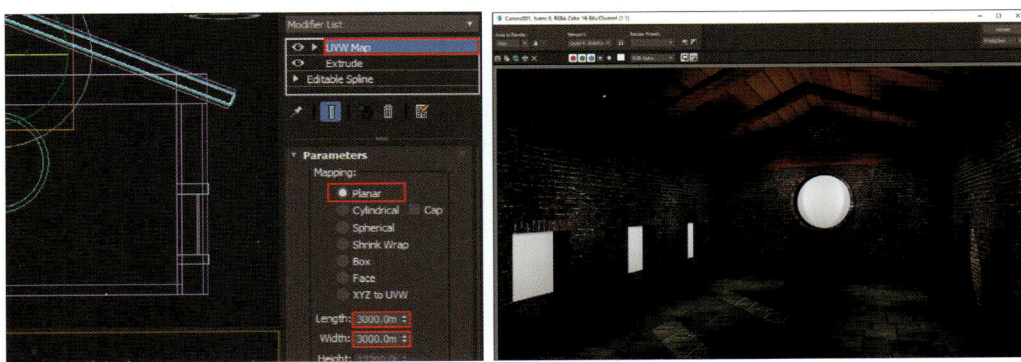

**22** 마지막으로 스테인드 글래스 재질을 만들어 보도록 하겠습니다. 먼저 Material Editor 대화상자를 나타나게 한 뒤, 빈 슬롯을 선택하여 재질의 이름을 'Glass'로 설정합니다. 유리 재질을 표현하기 위해서 '2-Sided' 옵션을 설정하고 Opacity를 '30'으로 설정합니다. 또한, 약간의 광택을 표현하기 위해서 Specular Level: 100, Glossiness: 30으로 설정하여 'Glass.01', 'Glass.02' 객체에 적용시켜 줍니다.

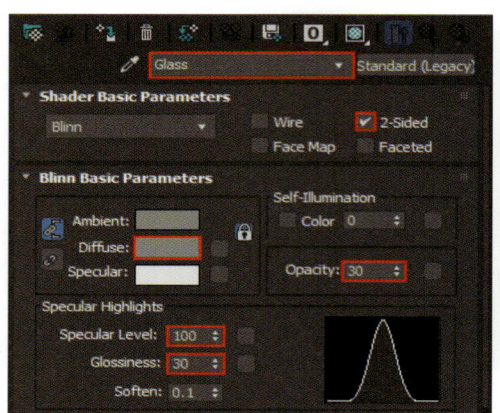 

**23** 계속해서 Maps Parameter의 Diffuse Color에 '09\maps\stain.jpg'를 설정하고, 조명에 의해 발생하는 그림자에도 유리에 적용된 이미지가 나타나도록 설정하기 위해서 Filter Color에도 Diffuse Color에 적용한 동일한 이미지를 적용해 줍니다. 재질을 설정한 뒤, UVW Map 명령을 수행한 뒤 Mapping 방법을 Box로 설정하고 기즈모의 크기를 Length: 1000, Width: 1000, Height: 1000으로, UVW Tile은 모두 '1'로 설정해 줍니다.

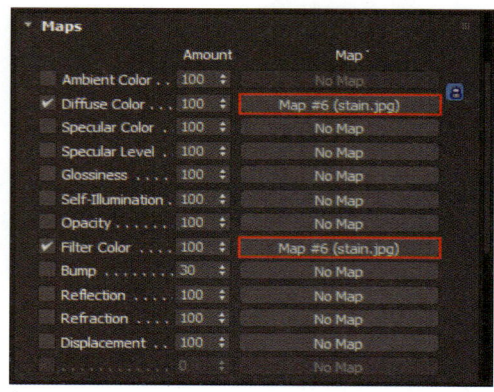 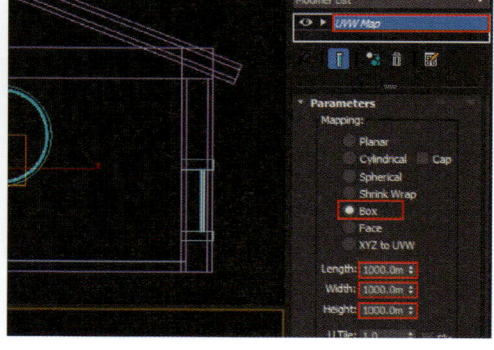

(예제|CD 09\maps\stain.jpg)

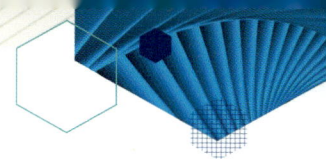

**24** 작업 결과를 확인하기 위해서 렌더링을 수행하여 결과를 확인해 봅니다. 아래 그림과 같이 외부 조명에 의해 발생하는 그림자에 지정된 이미지 효과가 적용되는 모습을 볼 수 있습니다.

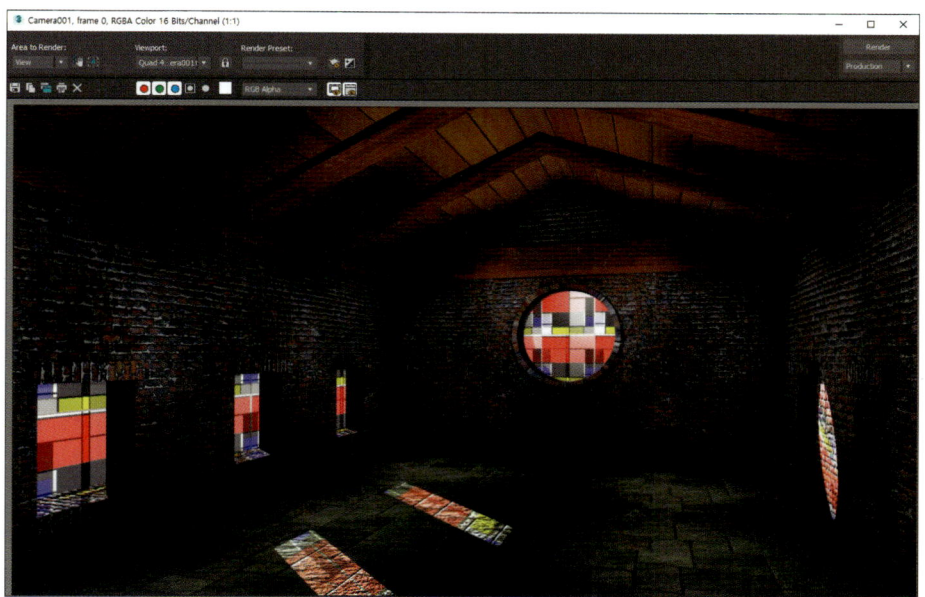

(09\09.max)

3DS MAX를 이용하여 수많은 실내 이미지, 투시도 및 조감도를 제작하다 보면 아주 매끈하고 깔끔한 이미지를 제작하는 것보다 거칠고 둔탁한 느낌, 그리고 오래되고 낡은 느낌의 표면을 표현하는 것이 훨씬 어렵다는 것을 알 수 있습니다. 본 예제에서도 완벽하지는 않지만 거친 느낌과 스테인드 글라스의 느낌을 조화롭게 표현해 보았습니다.

## Material Type

Material Editor에서 아래 그림과 같이 Material Type 버튼을 누르게 되면 Material Type을 선택할 수 있는 Material/Map Browser 대화상자가 나타납니다.

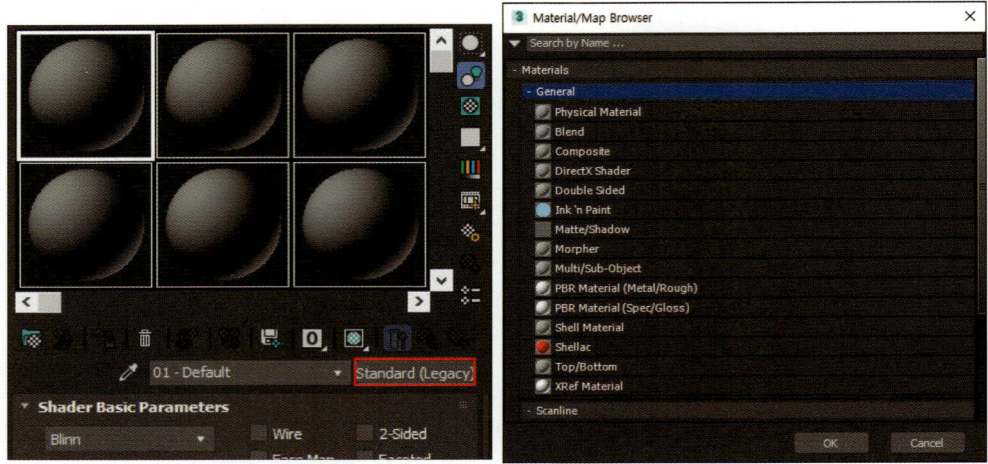

Material Type은 재질을 구성하는 방식으로 사용자의 능력에 따라 무한한 계층적 구조로 정의하여 사용될 수 있습니다. 실제로 재질에는 많은 구성 요소가 존재하며, 이러한 구성 요소들에게 적절한 맵을 설정함으로써 원하는 이미지를 얻을 수 있습니다.

특히 Material/Map Browser 대화상자를 살펴보면 3DS MAX에서 기본적으로 제공하는 재질 설정값을 이용할 경우 편리하게 재질을 설정할 수 있습니다. 더불어 기본적인 재질 설정값을 수정함으로써 사용자가 원하는 재질을 쉽게 제작할 수 있습니다.

더불어 이러한 재질 목록을 하나의 파일로 저장하거나 불러올 수 있으며, 인터넷에는 이미 많은 유저분들께서 미리 작성해 놓은 재질 라이브러리를 구하여 활용할 수 있습니다.

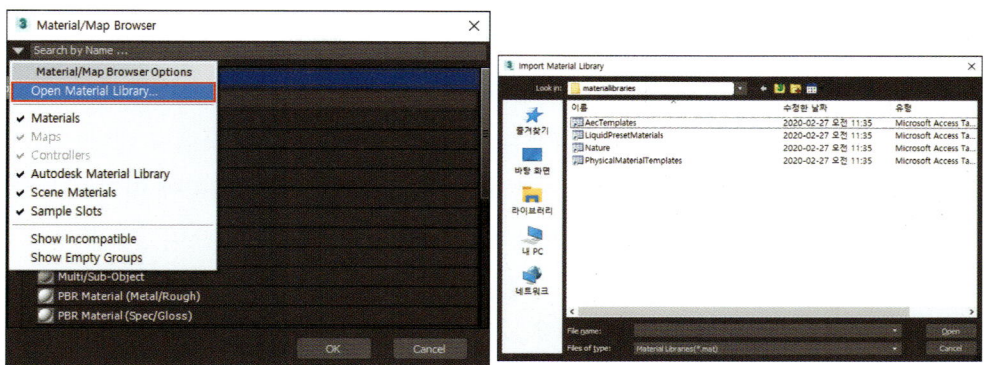

특히 AecTemplates.mat에서는 3DS MAX에서 기본적으로 제공하는 창, 문, 계단과 같은 객체를 작성한 뒤, 작성된 객체에 부여되는 재질을 쉽게 설정해 줄 수 있습니다.

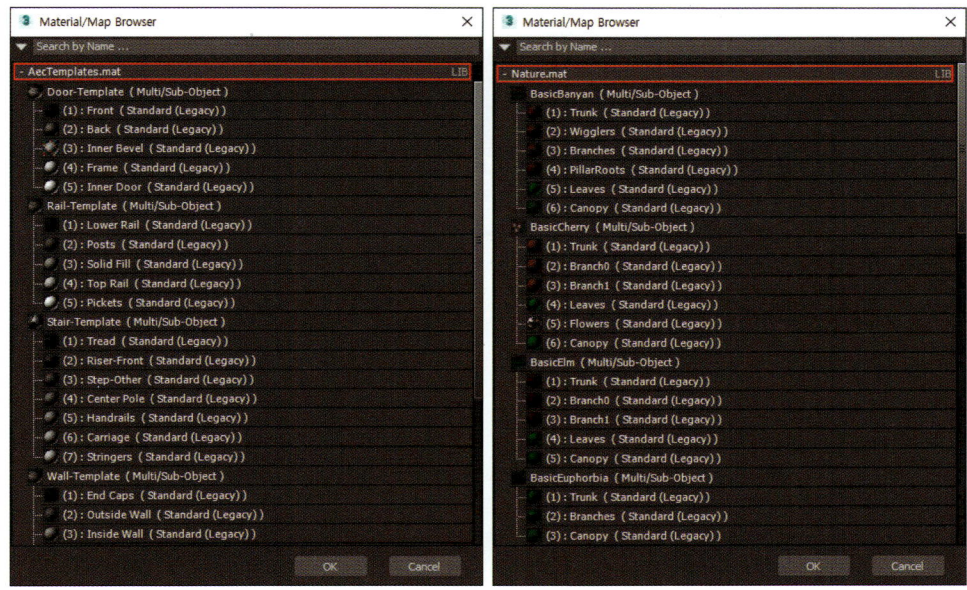

▲ AecTemplates.mat          ▲ Nature.mat

# 3. Ink'n Paint 재질을 이용한 개념 이미지 제작

    Material Type 중에서 Ink'n Paint 재질 속성을 이용하여 준비된 모델링 데이터를 이용한 일러스트 또는 수작업의 외곽선 효과를 표현할 수 있습니다. 생각하기에 따라서 건축 및 인테리어 분야에서는 대단히 독특한 효과의 표현기법을 개발할 수 있으며, 개념 이미지를 작성할 경우 매우 유용하게 사용될 수 있을 것입니다.

 건축이나 인테리어 분야에서는 MAX 외에도 다른 툴이 많이 사용됩니다. 특히 개념 표현이나 초기 디자인을 위해서 사용되는 도구로는 Sketch Up, 일러스트레이터와 같은 그래픽 프로그램이 사용되는데 MAX에서는 Ink'n Paint의 속성을 이용하여 비슷한 결과물을 만들 수 있으며, 더불어 이미 작성된 모델을 이용할 경우에는 더욱 쉽게 개념 이미지를 작성할 수 있습니다.

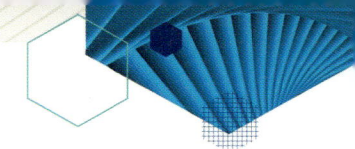

**1** 준비된 예제 파일을 불러온 뒤, 렌더링을 진행하여 결과를 확인해 봅니다. 아래 그림과 같이 간단하게 구성된 실내 공간입니다. 렌더링 이미지에서 빨간색, 파란색, 초록색으로 구성된 디자인 가구만을 강조하는 개념 이미지를 작성해 보도록 하겠습니다.

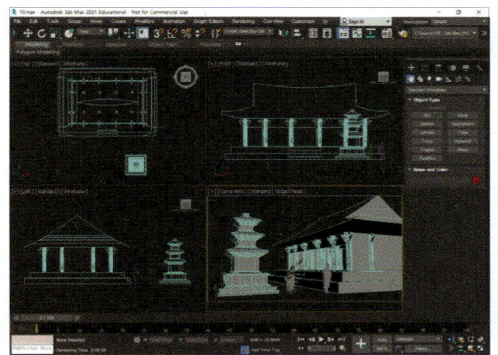
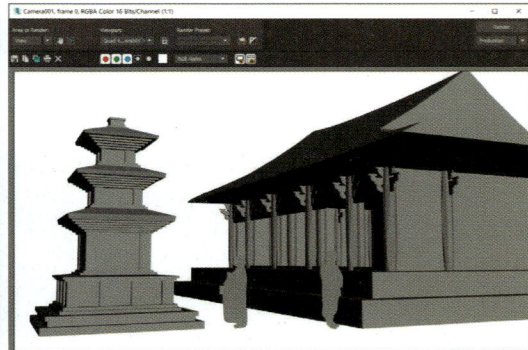

(09\10.max)

**2** 준비된 모든 객체를 선택한 뒤, Material Editor의 빈 슬롯을 선택해 줍니다. 재질의 이름을 '외곽선'으로 입력한 뒤, 재질 속성은 Ink'n Paint로 설정해 줍니다.

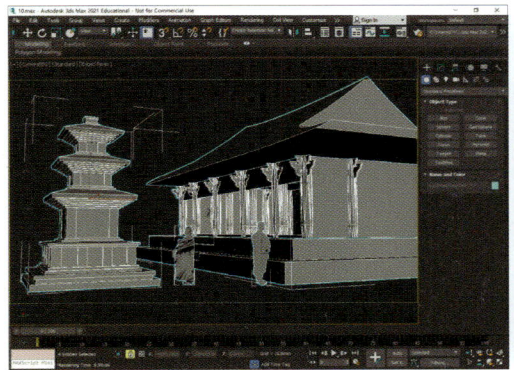
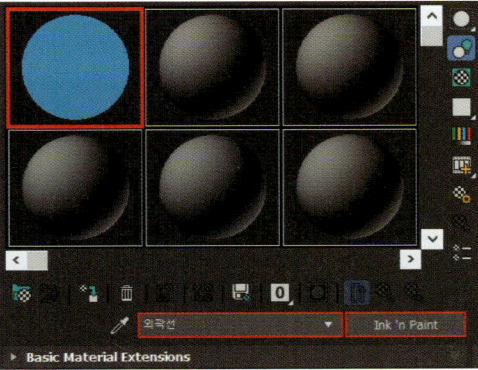

**09.** 재질 제작과 활용 (2)

**3** Ink'n Paint 재질을 선택한 뒤, Material Editor 대화상자의 여러 옵션을 변경시켜 보도록 하겠습니다. 아래 그림과 같이 Lighted 색상을 흰색(R: 255, G: 255, B: 255)으로 설정하고 Paint Levels를 반드시 '1'로 설정해 줍니다. 계속해서 Ink Controls에서 Ink와 Variable Width 항목을 클릭하여 설정해 줌으로써 외각 테두리선이 나타나고 두께값을 일정하게 유지하지 않도록 설정하여 스케치 이미지와 같은 효과가 나타나도록 설정해 줍니다.

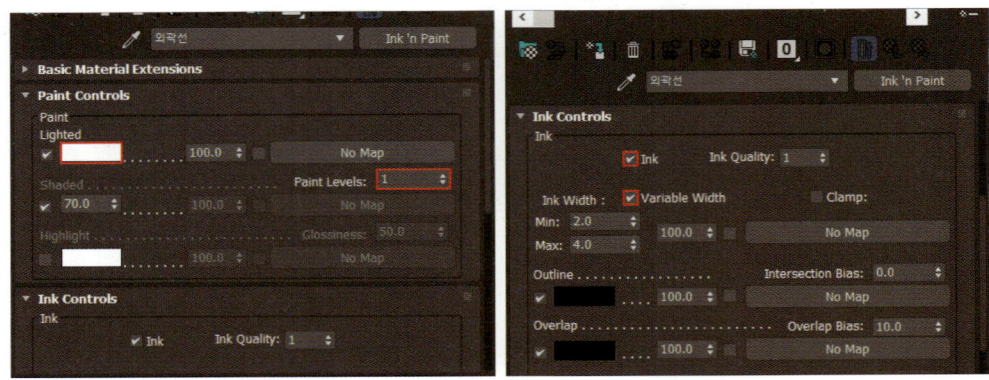

**4** 재질을 적용한 뒤, 뷰포트를 보면 특별히 변화된 모습을 확인하기 어렵습니다.

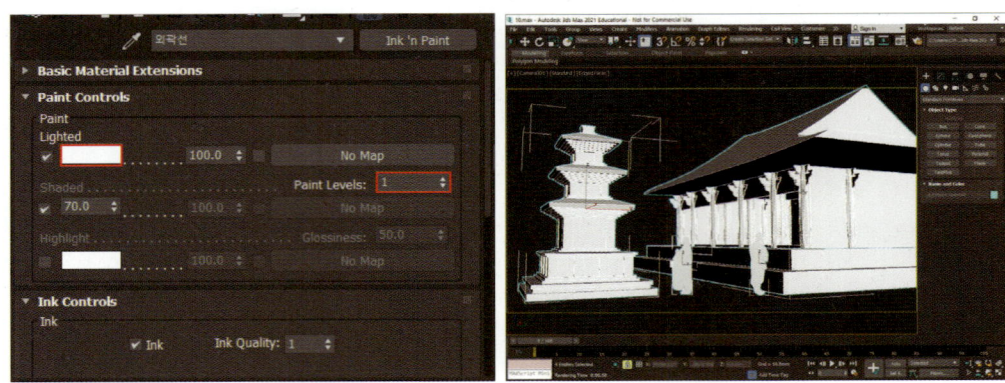

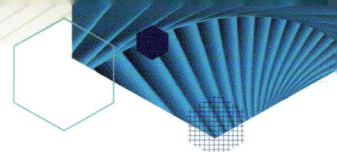

5 렌더링을 수행하여 결과를 확인해 줍니다. 외곽선만 표현된 스케치 이미지와 같은 독창적인 결과를 확인할 수 있습니다.

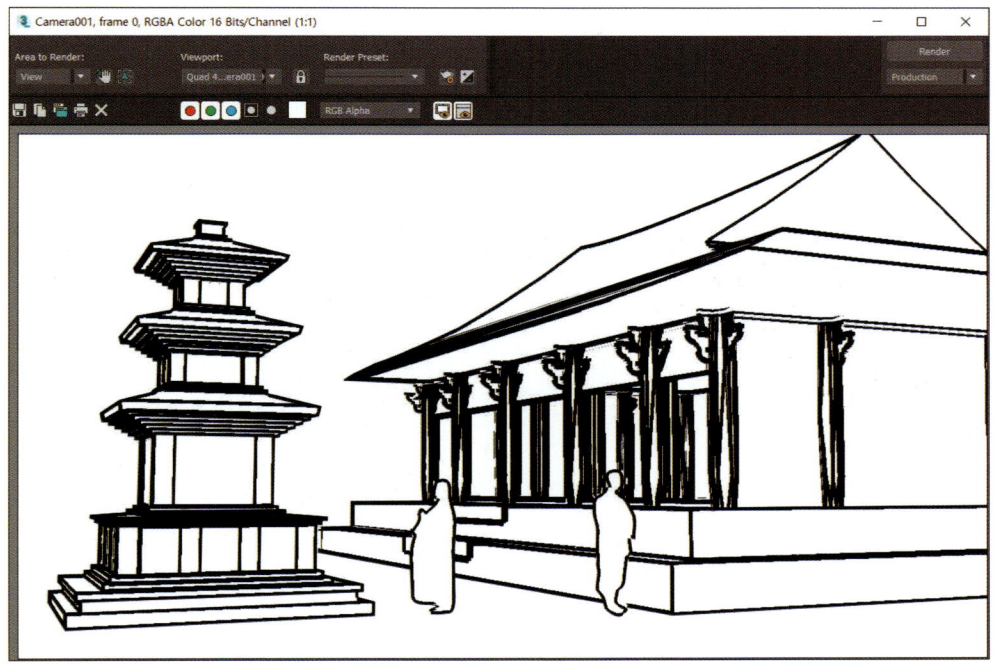

(09\10.max)

 ## 개념 이미지 작성을 위한 Ink'n Paint 재질 연습

이번 실습 예제에서는 앞에서 작업한 방법과 같이 Ink'n Paint 맵 재질을 이용하여 아래 그림과 같은 개념 이미지를 작성해 보도록 합니다.

■ 완성된 렌더링 결과

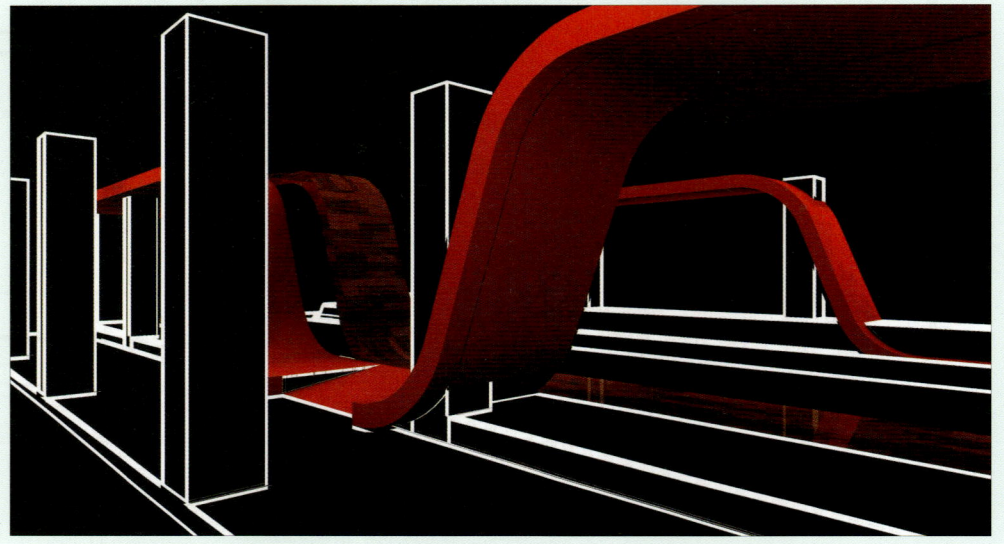

■ 준비된 예제 및 렌더링 이미지

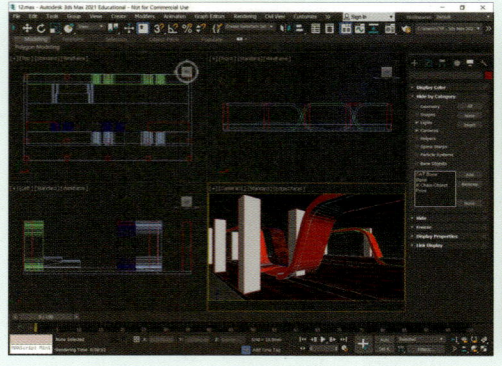

(09\12.max)

■ Ink'n Paint를 이용한 재질 설정

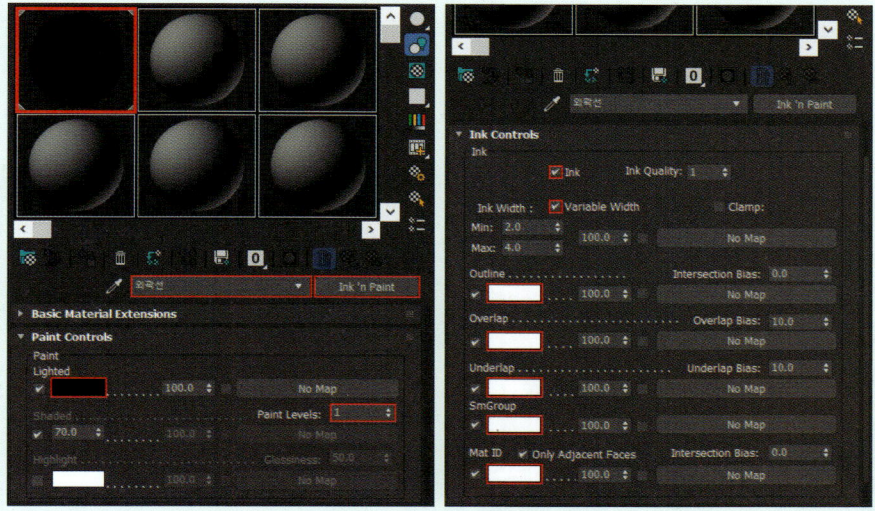

■ 재질 적용 후 렌더링 결과

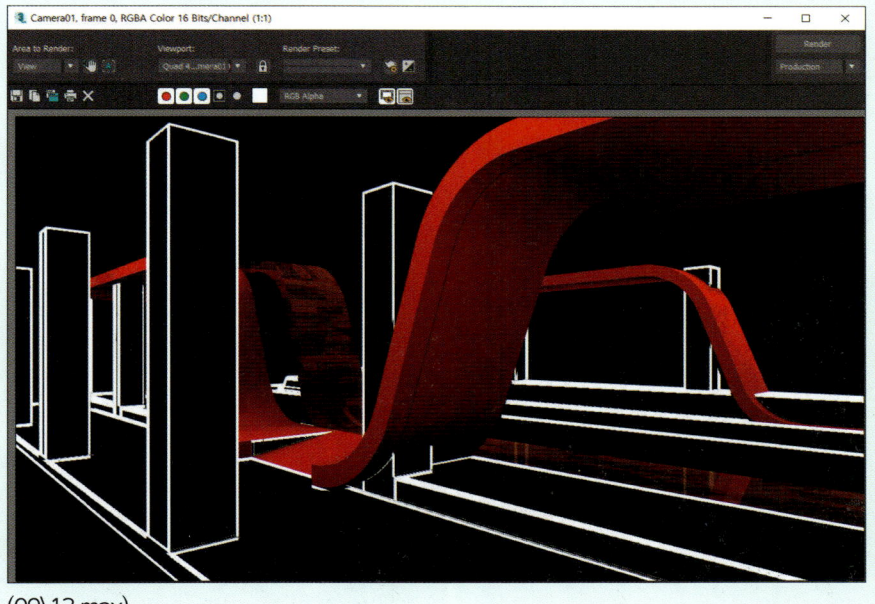

(09\13.max)

## 4. Matte/Shadow 재질을 이용한 합성 응용

    이번에는 Material Type 중에서도 Matte/Shadow 재질을 이용하여 실사 배경 사진과 MAX 모델링의 합성 작업을 통해 현실적인 장면을 만들어 보도록 하겠습니다. 대단히 간단히 보이는 예제이지만 활용하기에 따라서 인테리어 및 건축, 조경 분야에서 다양한 방법으로 활용될 수 있기에 반드시 익히고 넘어가길 바랍니다.

**1** 준비된 모델링 데이터(09\14.max)를 불러옵니다. 준비된 모델링 데이터는 간단히 제작한 수납 선반 모델링입니다.

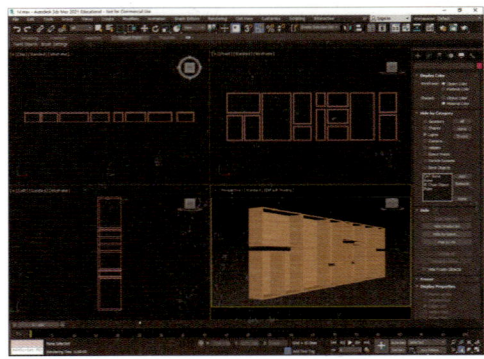
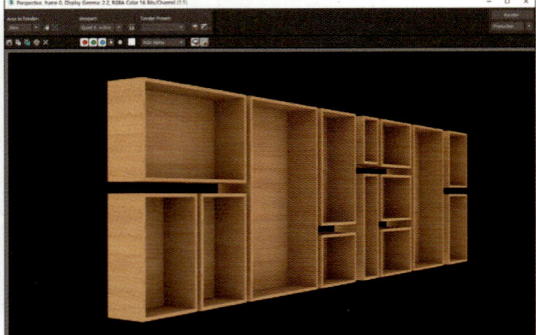

(09\14.max)

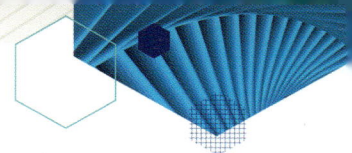

**2** 배경 이미지를 설정해 보도록 하겠습니다. Rendering▶Environment…를 클릭하여 나타나는 Environment and Effects에서 Environment Map에서 None을 클릭해 줍니다.

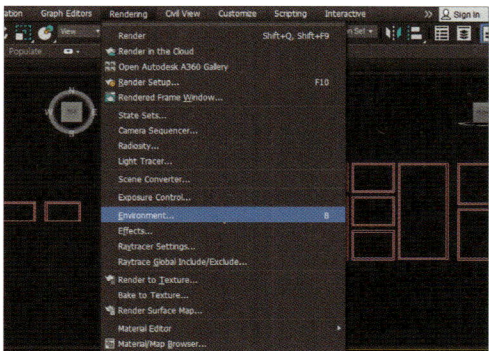
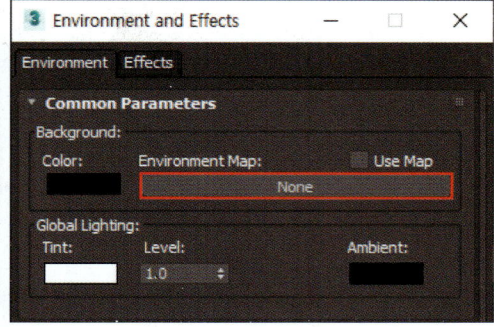

**3** 나타나는 Material/Map Browser에서 Bitmap 항목을 클릭하여 나타나는 Select Bitmap Image File 대화상자에서 '09\maps\background_03.jpg' 파일을 선택해 줍니다.

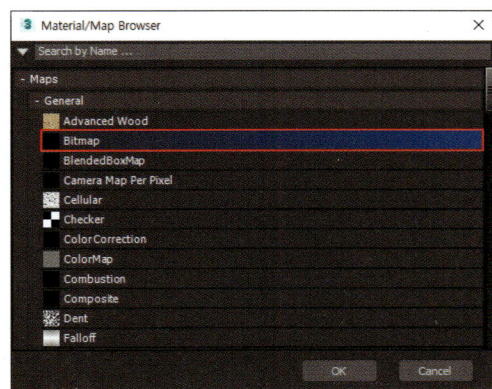

(09\maps\background_03.jpg)

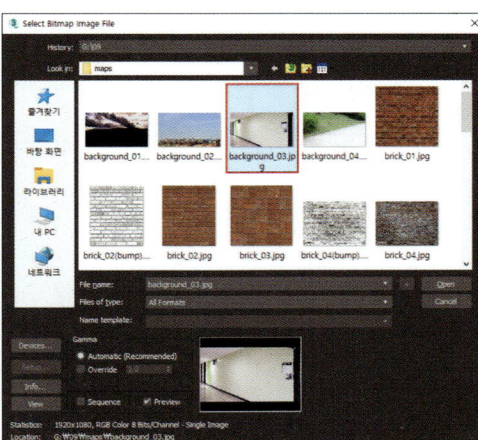

4 아래 그림과 같이 설정된 배경 이미지가 뷰포트에서도 나타나는 모습을 확인할 수 있습니다. 렌더링을 수행하여 결과를 확인해 보면 배경 이미지가 이상한 모습으로 나타나는 모습을 확인할 수 있습니다.

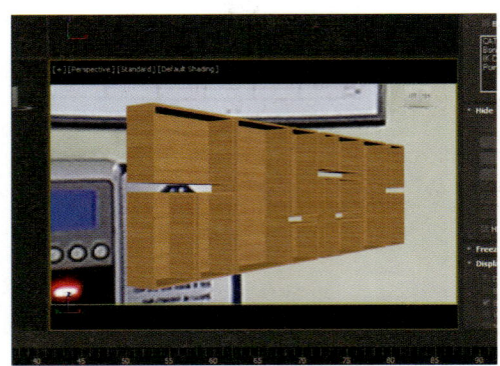 

5 배경 이미지의 표현 방식을 변경하기 위해서 Material Editor에서 첫 번째 슬롯을 선택한 뒤, Get Material을 클릭해 줍니다. Material/Map Browser에서 Scene Materials 항목의 'background_03.jpg' 이미지가 적용된 Map을 선택해 줍니다.

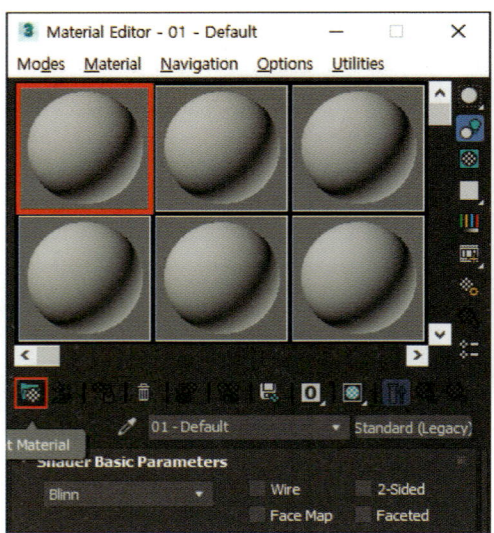 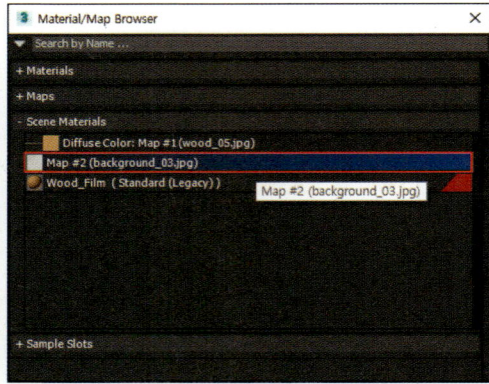

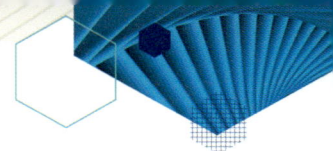

**6** 그림과 같이 선택한 맵(Map)을 불러온 뒤, Environment 항목으로 설정되어 있습니다. 계속해서 바로 옆에 있는 Mapping 설정값을 Spherical Environment를 Screen으로 설정해 줍니다.

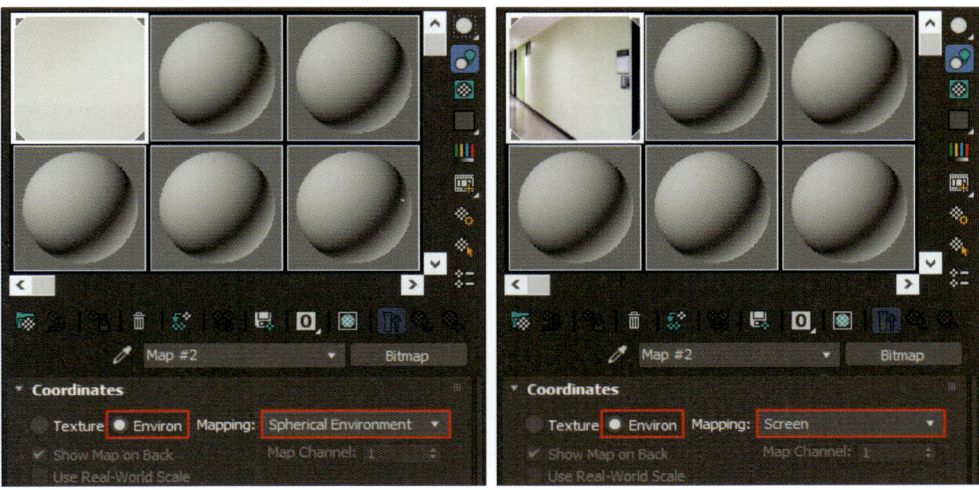

**7** 뷰포트의 배경이 그림과 같이 정상적으로 표현되어 있으며, 렌더링을 수행하여 변경된 결과를 확인해 줍니다.

**09.** 재질 제작과 활용 (2) **487**

8 설정된 배경 이미지는 16:9 비율의 이미지입니다. 작업 중인 뷰포트의 비율을 정확히 맞추기 위해서 렌더링 대화상자에서 렌더링 이미지의 크기를 16:9 비율의 사이즈인 1280×720으로 설정해 줍니다. 계속해서 작업 뷰포트에서도 정확한 비율로 설정해 주기 위해서 Show Safe Frames 명령을 수행해 줍니다. 아래 그림과 같이 16:9 비율의 작업 뷰가 설정되는 것을 확인할 수 있습니다.

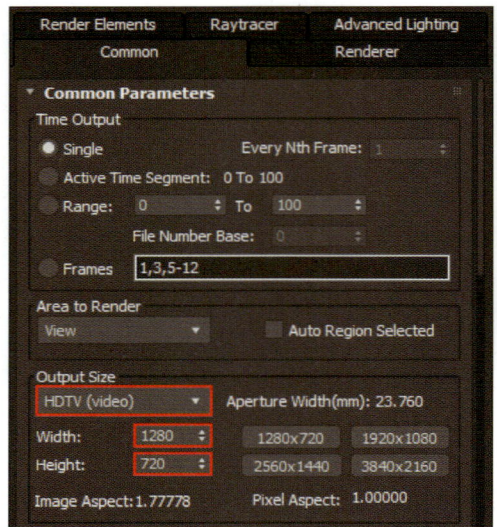 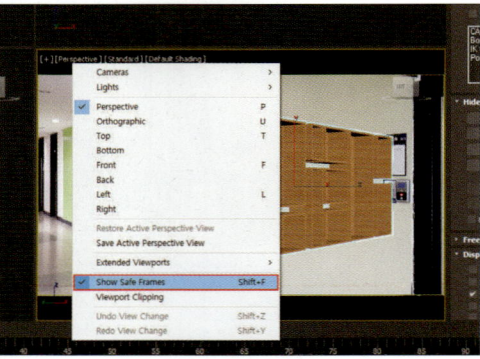

9 배경 이미지를 설정하면, 기본적으로 뷰포트 배경에 보이도록 설정됩니다. 만약 보이지 않을 경우, Views▶Viewport Background▶Environment Background를 클릭하여 선택합니다.

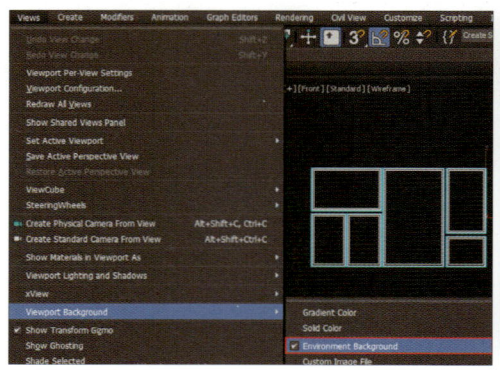 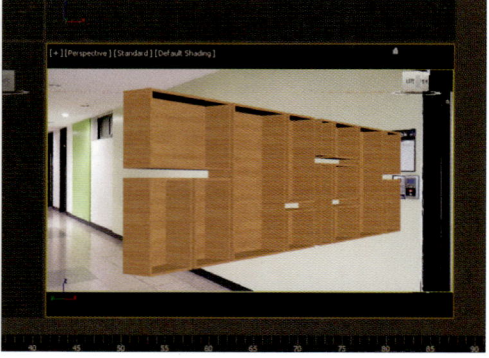

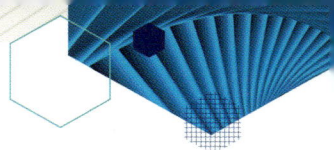

만약 뷰포트의 배경 이미지를 보이지 않도록 설정하기 위해서는 Views ▶ Viewport Background ▶ Solid Color를 클릭하여 선택합니다. 배경이 단색으로 표현되는 결과를 확인할 수 있습니다.

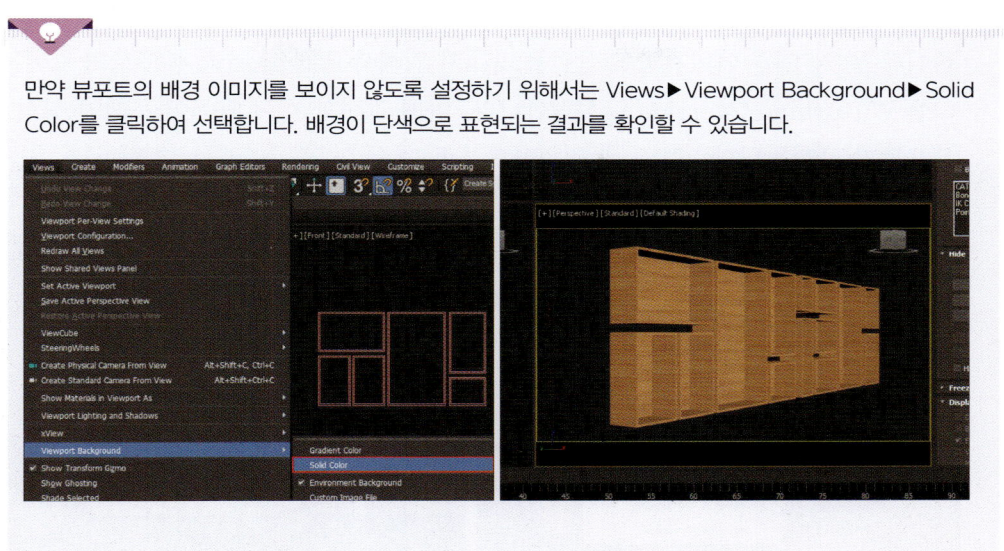

**10** 그림자를 받아주기 위한 바닥 객체를 그리기 위해서 아래 그림과 같이 Plane 명령을 수행하여 'Hidden_Wall'이라는 이름으로 Length: 4000 Width: 14000, Length Segs: 4 Width Segs: 14 값으로 필요한 객체를 만들어 줍니다.

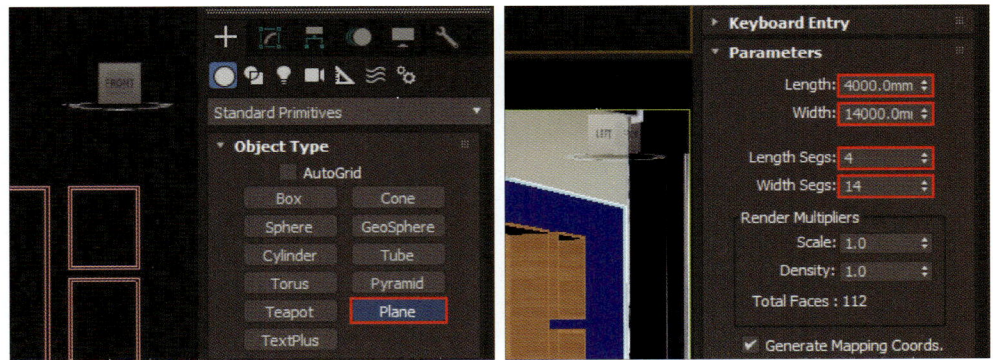

**09.** 재질 제작과 활용 (2)

11 'Hidden_Wall'이라는 이름의 객체를 작성한 뒤, 준비된 선반 객체 바로 뒤에 위치시켜 줍니다. 이제 배경 이미지와 소실점을 맞추기 위해서 Perspective 뷰포트의 보이는 형식을 Wireframe Override로 설정합니다. 아래 그림과 같이 와이어 프레임 형식으로 뷰포트가 표현됩니다.

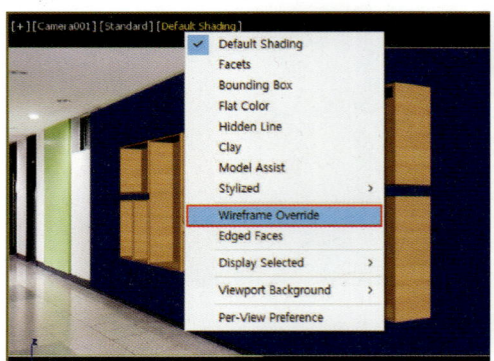 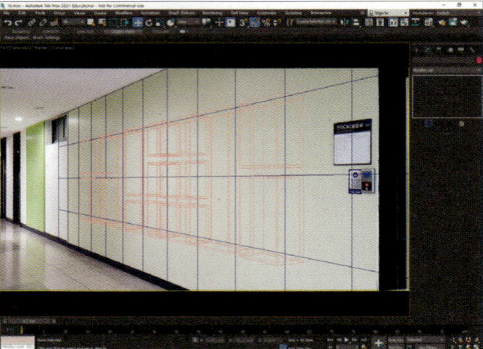

12 이제 가장 중요한 카메라를 설정하기 위해서 커맨트 패널에서 Create▶Cameras▶Target을 이용하여 카메라를 추가합니다. 추가된 카메라의 렌즈 크기는 26mm로 설정해 줍니다.

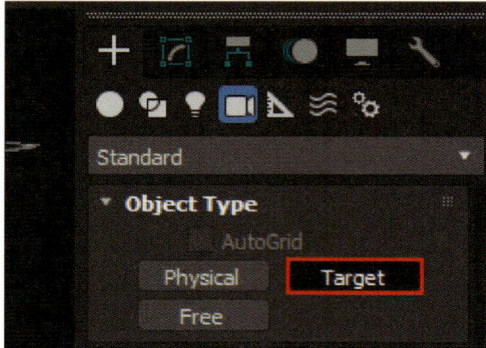 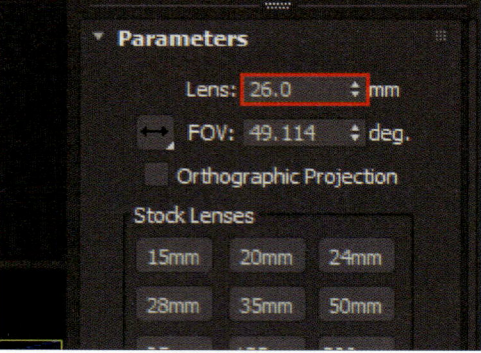

**13** 아래 그림을 참고하여 카메라의 위치를 이동하여 설정된 배경 이미지와 비슷한 시점을 맞춰 줍니다.

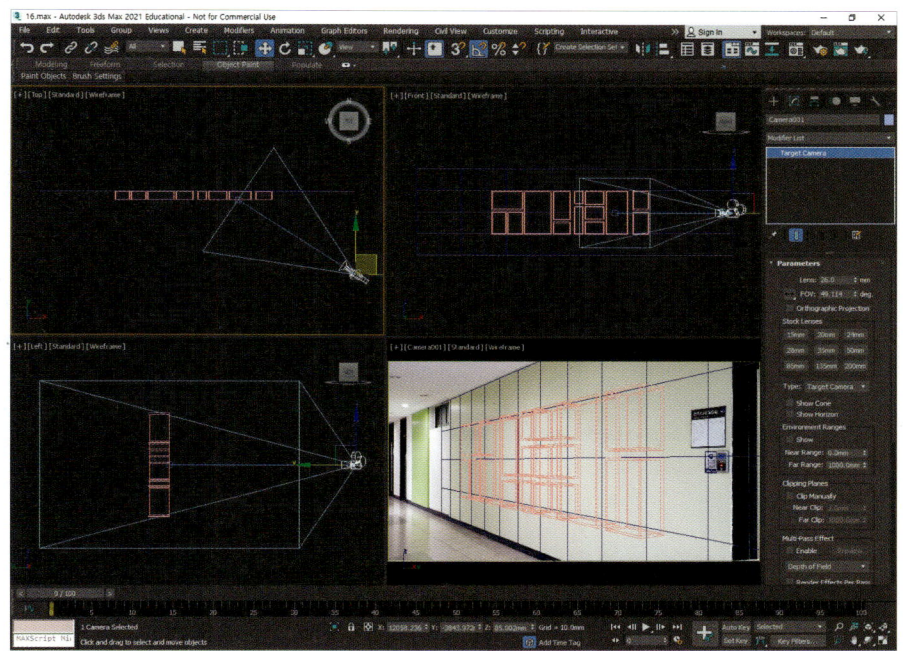

시점 설정이 어려운 분들은 미리 준비된 파일의 카메라 객체를 불러와 사용하시길 바랍니다.
(09\15(Camera).max)

**14** 이제 작성된 벽(Hidden_Wall) 객체를 선택한 상태에서 Material Editor의 재질의 이름을 'Hidden_Wall'로 설정한 뒤, Material Type 버튼을 클릭해 줍니다.

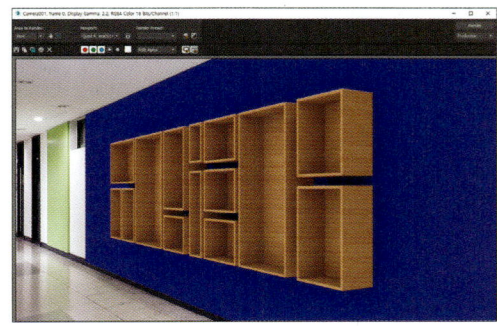
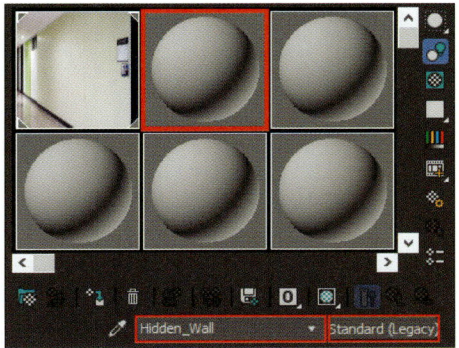

**15** Material/Map 대화상자에서 아래 그림과 같이 'Matte/Shadow' 재질 항목을 클릭하여 선택해 줍니다. 'Matte/Shadow' 항목을 선택한 뒤, 아래 그림과 같이 Receive Shadows 항목이 설정되었는지 확인한 뒤, 선택된 벽 객체에 적용해 줍니다.

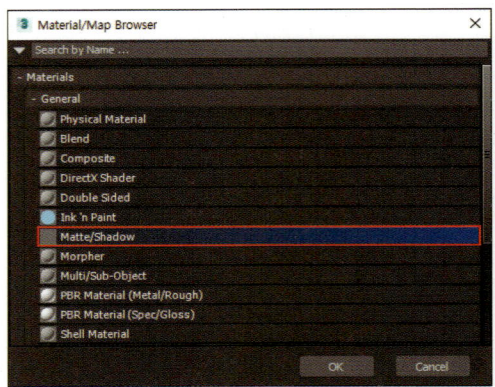
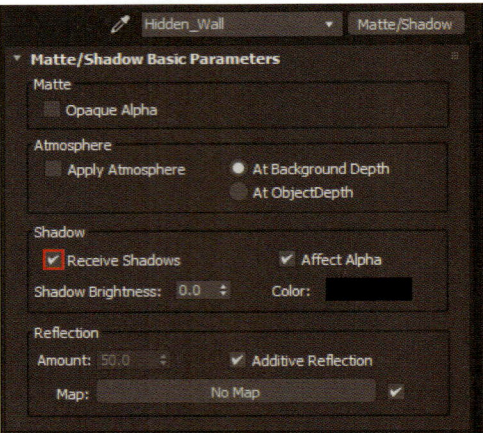

**16** 결과를 확인하기 위해서 렌더링을 수행해 봅니다. 결과를 확인해 보면 선반과 함께 조명에 의해 발생하는 음영과 그림자 표현이 나타나지만 실제로 벽 객체는 보이지 않는 것을 확인할 수 있습니다.

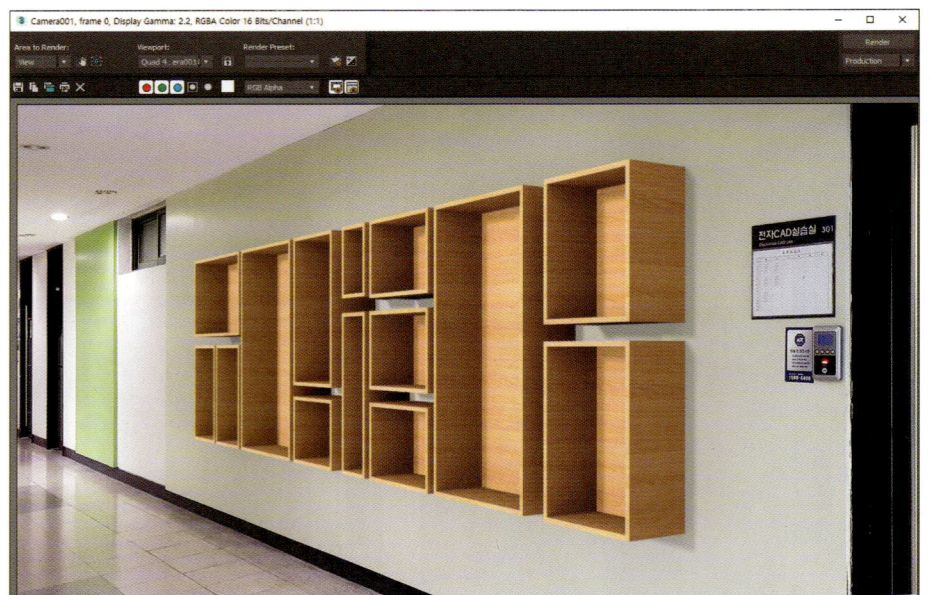

(09\16.max)

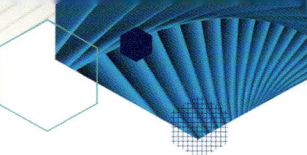

만약 앞에서 설정한 벽 객체가 없을 경우 어떻게 보일까요? 이미 준비된 벽 객체를 삭제한 뒤, 렌더링을 수행해 봅시다. 결과를 확인해 보면 배경과 선반이 매우 어색하게 보이며, 이러한 어색함을 없애기 위해 앞에서 설명한 바와 같이 Matte/Shadow 재질 속성을 이용하여 작업하여 자연스러운 합성 결과를 얻을 수 있습니다.

 ## Matte/Shadow 재질을 이용한 실사 이미지 제작

이번 실습 예제에서는 앞에서 작업한 방법과 같이 Matte/Shadow 맵 재질을 이용하여 아래 그림과 같은 합성 이미지를 작성해 보도록 합니다.

■ 완성된 렌더링 결과

■ 준비된 벤치 모델링

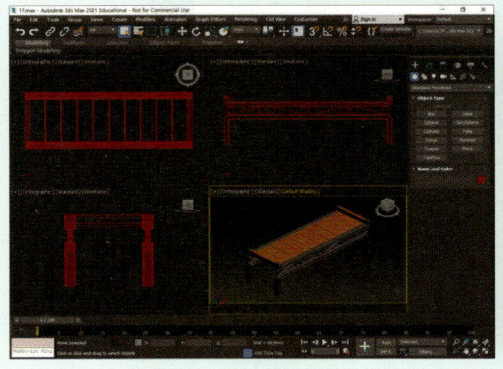

(09\17.max)

■ 배경 이미지를 이용한 시점 및 Matte/Shadow를 이용한 재질 설정

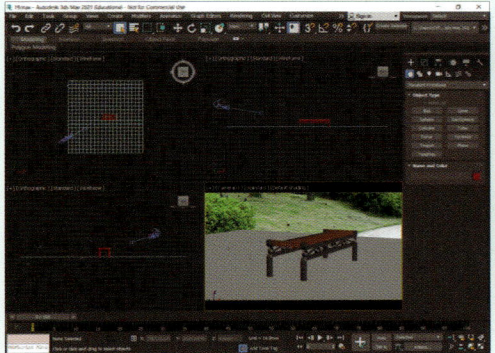 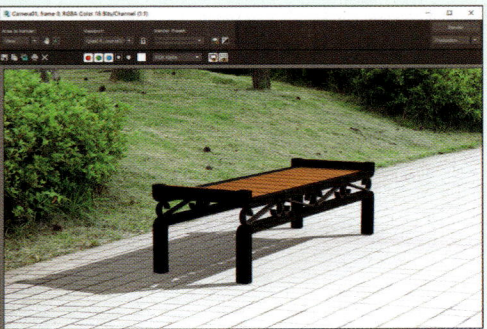

(09\19.max)

이번 예제에서도 시점 설정이 어려운 분들은 미리 설정된 카메라 객체를 불러와 사용하시길 바랍니다. (09\18(Camera).max)

# MEMO
**15강으로 익히는 인테리어 건축 디지털 렌더링**

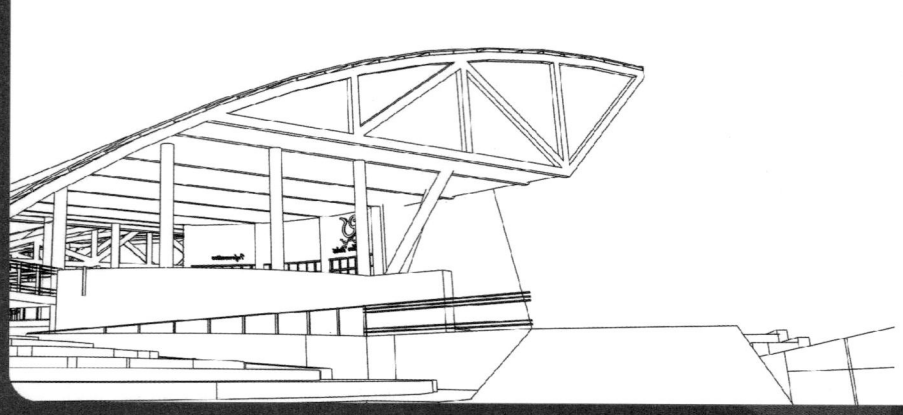

# 10

## 재질 제작과 활용 (3)

# 1. Multi/Sub-Object 재질을 이용한 계단 재질 설정

Material Type 중에서도 Multi/Sub-Object 재질을 이용하여 Window, Door 그리고 Stair 객체에 재질을 설정해 보도록 하겠습니다. 아주 간단한 과정이지만 예제를 통해 Multi/Sub-Object 재질에 대한 개념을 쉽게 이해할 수 있을 것입니다.

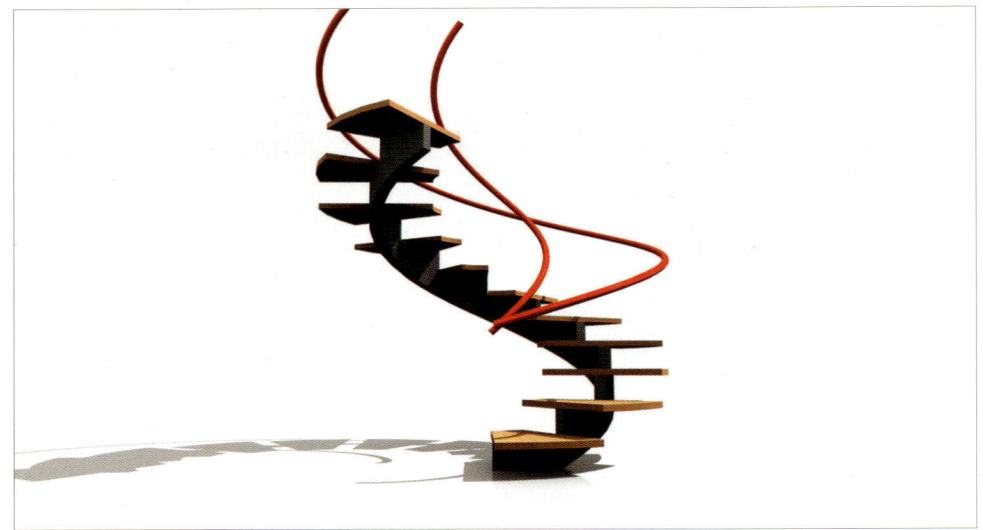

① 간단하게 카메라, 조명 및 바닥 객체가 준비된 예제 파일(10\01.max)을 불러온 뒤, 렌더링을 수행하여 내용을 확인해 줍니다.

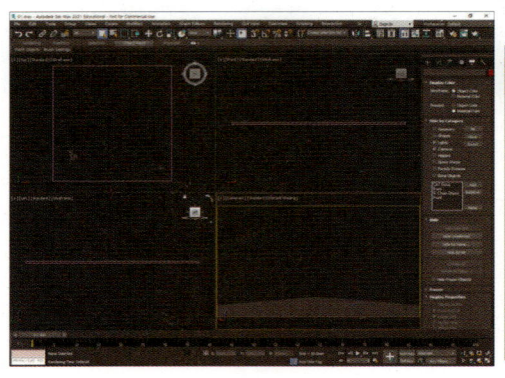
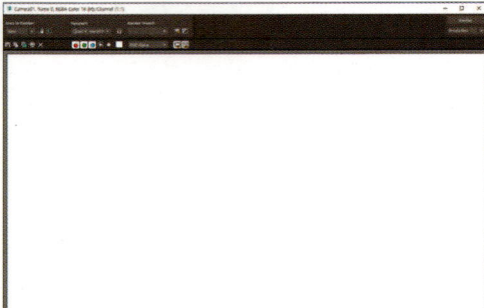

(10\01.max)

② 그림과 같이 Create▶Geometry▶Stairs 항목을 클릭한 뒤, 나타나는 계단 명령 중에서 Spiral Stair를 클릭합니다.

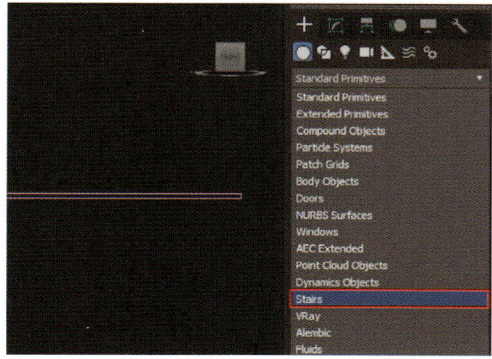 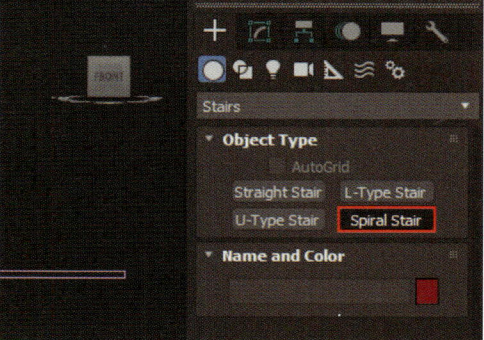

③ Spiral Stair를 명령을 이용하여 간단히 계단을 작성한 뒤, 아래 화면에 나타난 설정값을 입력하여 계단을 만들어 줍니다. 기본적으로 계단의 Type은 Open, Carriage와 Handrail의 Inside/Outside 옵션을 설정합니다.

| Layout | Rise | Steps | Carriage | Railings |
|---|---|---|---|---|
| Radius : 1500 | Overall : 3000 | Thickness : 50 | Depth : 200 | Height : 800 |
| Revs : 1.0 | Riser Ht : 250 | | Width : 100 | Offset : 0 |
| Width : 1000 | | | | Segments : 10 |
| | | | | Radius : 30 |

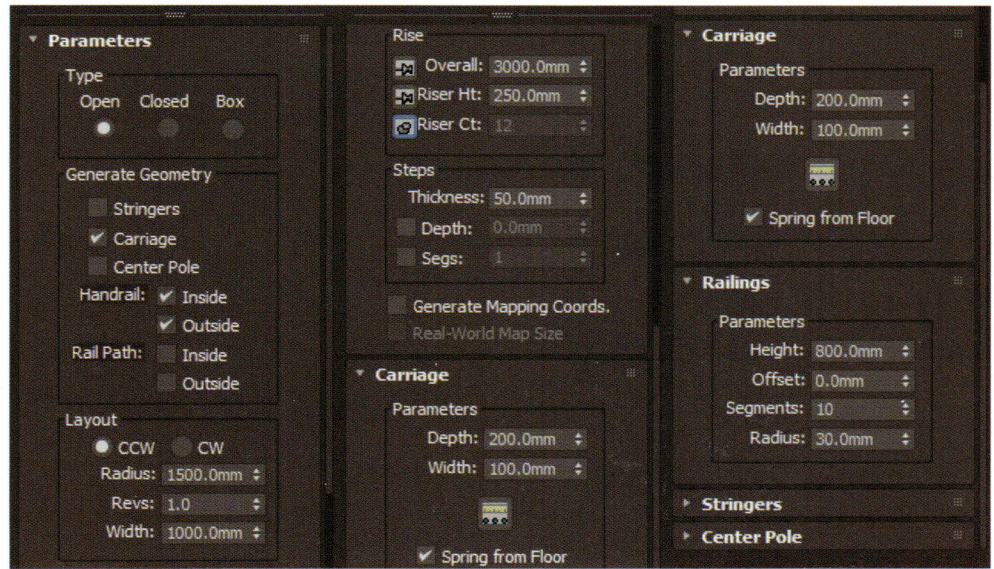

**10.** 재질 제작과 활용 (3)   499

④ 위에서 제시된 설정값으로 회전 계단을 작성할 경우, 아래 그림과 같은 계단을 작성할 수 있습니다. 작성된 계단을 렌더링하여 확인해 봅니다.

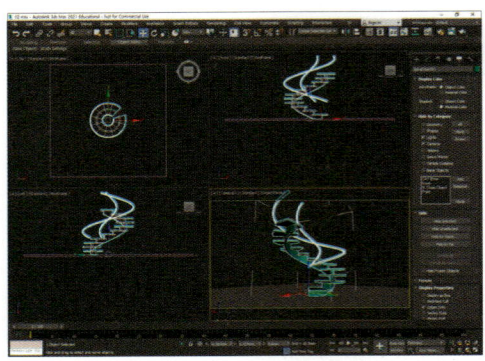
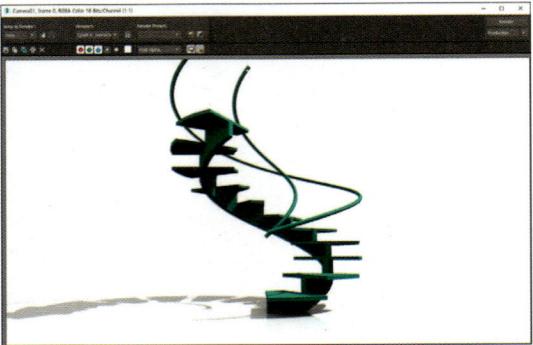

작성된 계단 객체는 단일 객체이기 때문에 재질을 하나밖에 설정할 수 없습니다. 따라서 앞에서 설명한 Material Type 중에서도 Multi/Sub-Object 재질을 이용하여 계단 객체에 재질을 설정해 보도록 하겠습니다.

⑤ 여기서는 계단 디딤판, 계단 디딤판 지지 구조체, 난간 재질을 별도로 설정해 보도록 하겠습니다. 먼저 계단 디딤판의 재질을 설정해 보도록 하겠습니다. Material Editor의 첫 번째 빈 슬롯을 선택한 뒤, 재질의 이름을 '디딤판'으로 설정해 줍니다. 재질의 이름을 설정한 뒤 Diffuse Color에 '10\maps\wood_01.jpg' 이미지 파일을 적용해 줍니다.

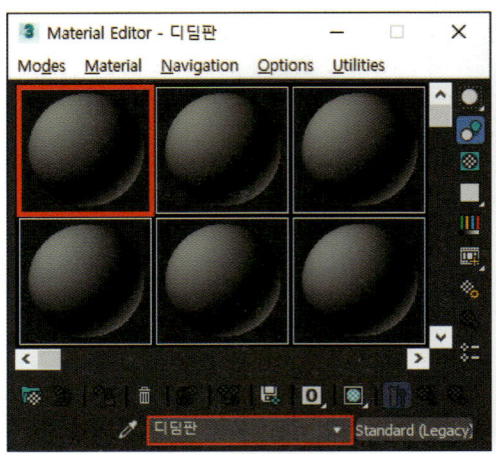
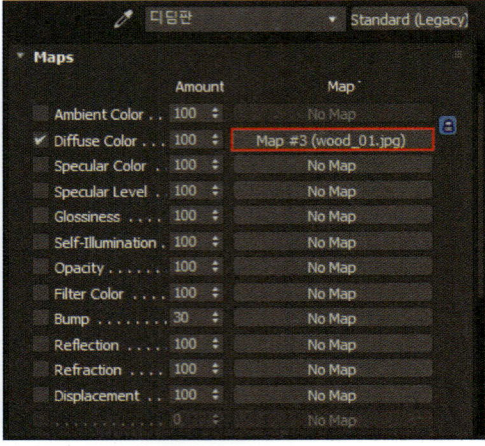

(10\maps\wood_01.jpg)

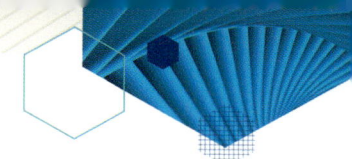

**6** 다음으로 계단 하부 구조체 재질을 설정해 보도록 하겠습니다. Material Editor 대화상자를 설정한 뒤, 두 번째 빈 슬롯을 선택하여 재질의 이름을 '구조체'로 설정해 줍니다. 재질의 Shader를 'Metal'로 설정하고 Diffuse 색상을 R: 100, G: 100, B: 100으로 설정, 광택 정도를 주기 위해서 Specular Level: 100, Glossiness: 50으로 설정해 줍니다.

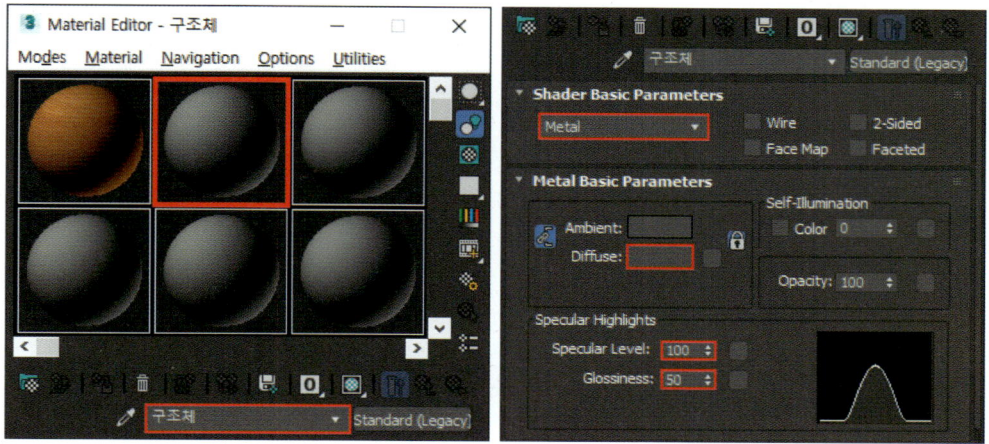

**7** 마지막으로 계단 난간의 재질을 설정해 보도록 하겠습니다. Material Editor의 세 번째 빈 슬롯을 선택한 뒤, 재질의 이름을 '난간'으로 설정해 줍니다. 재질의 이름을 설정하고 Diffuse 색상을 R: 255, G: 0, B: 0으로 설정해 줍니다. 계속해서 난간의 광택을 표현하기 위해 Specular Level: 200, Glossiness: 80으로 설정해 줍니다.

⑧ 지금까지 작성된 재질을 하나의 재질 속성에 포함시켜 새로운 재질을 만들어 보도록 하겠습니다. 네 번째 빈 슬롯을 선택하고 재질의 이름을 '계단'으로 설정해 줍니다. Material Type 버튼을 클릭한 뒤, 재질 타입 중 'Multi/Sub-Object'를 선택해 줍니다.

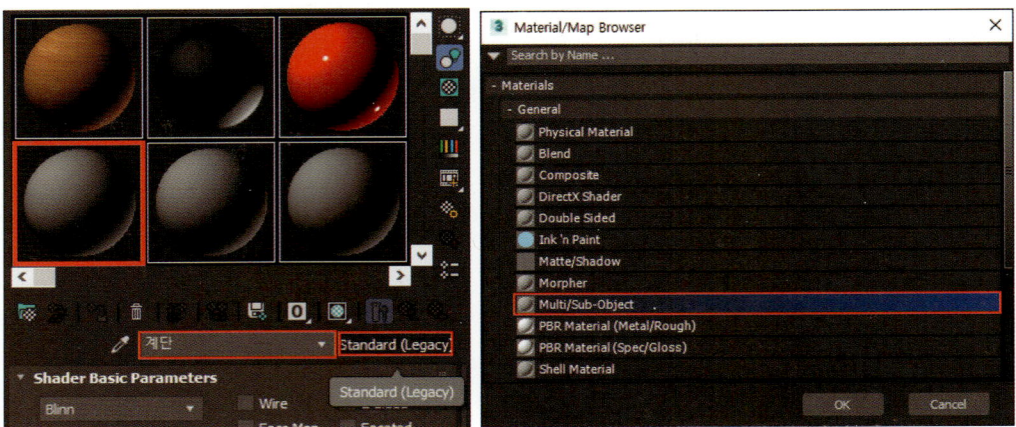

⑨ Replace Material 창에서 기존의 재질에 대한 무시 또는 보존 여부를 묻게 되며, 여기서는 기존 재질을 사용하지 않기 때문에 Discard old material을 클릭해 줍니다. 'Multi/Sub-Object'로 설정하면 아래 그림과 같이 기본적으로 10개의 재질 속성을 설정할 수 있는 목록이 나타납니다.

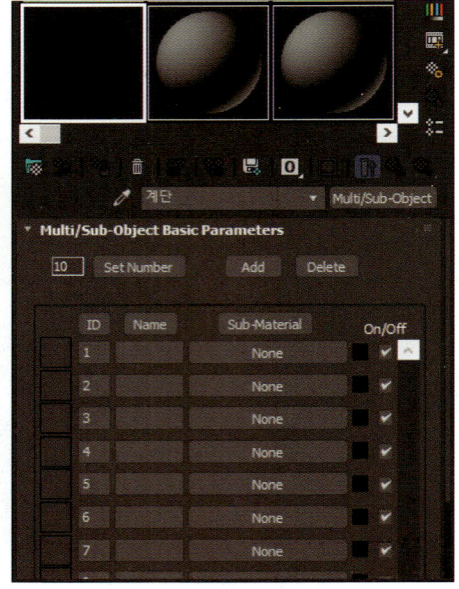

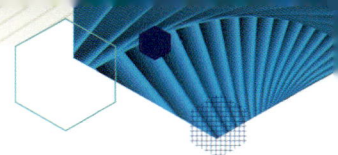

**10** 아래 그림과 같이 이미 작성한 재질 중에서 첫 번째 슬롯에 위치하고 있는 '디딤판' 재질을 드래그하여 ID:1 재질에 복사해 줍니다. 나타나는 대화상자에서 옵션을 Instance로 설정하여 첫 번째 슬롯의 재질의 속성이 변하면 현재의 재질도 변경되도록 링크를 걸어둡니다.

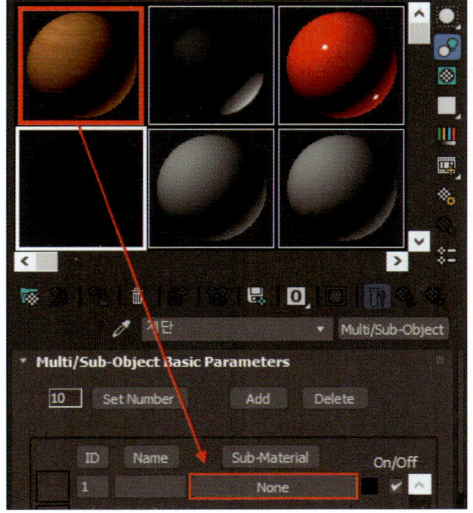
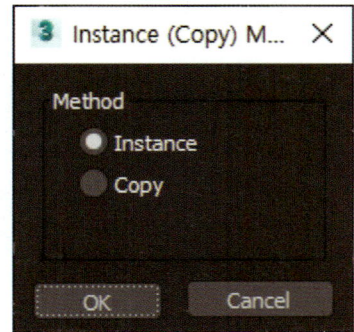

**11** 아래 그림과 같이 ID:1에 '디딤판'이라는 재질이 적용된 것을 볼 수 있습니다. 앞에서 수행한 방법과 동일한 방법으로 ID:2, ID:3에도 '디딤판' 재질을 드래그하여 복사해 줍니다.

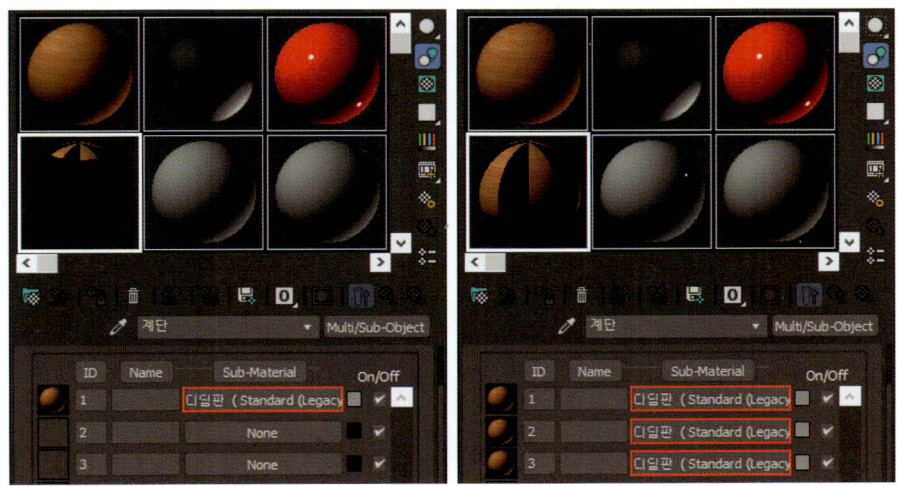

**12** 계속해서 세 번째 빈 슬롯에 위치하고 있는 '난간' 재질은 ID:5에, 마지막으로 '구조체' 재질은 ID:6에 드래그하여 복사해 줍니다.

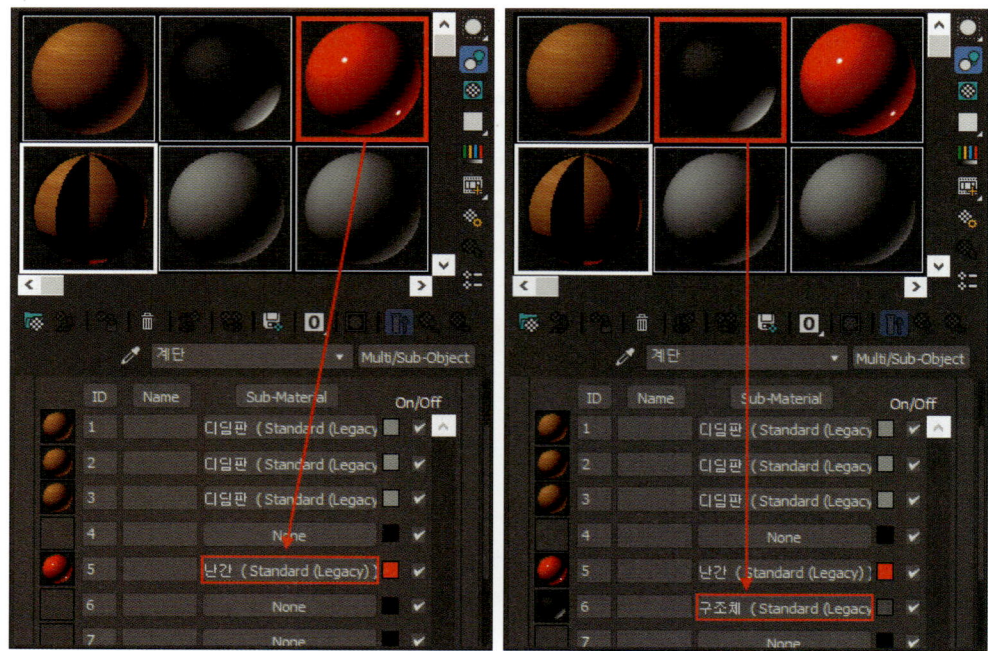

**13** 재질 편집을 수행한 뒤, 'Stair' 객체에 '계단' 재질을 적용해 줍니다. 아래 그림과 같은 결과를 확인할 수 있습니다.

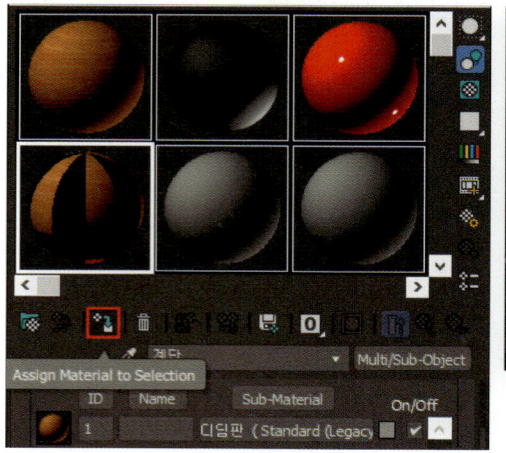
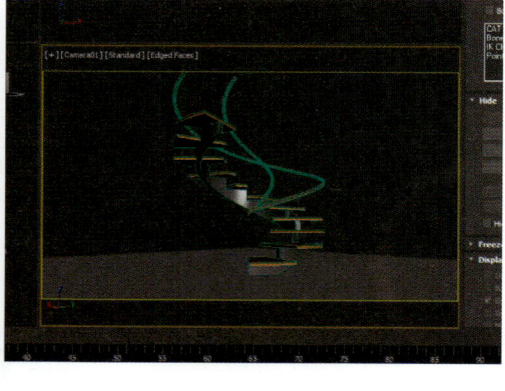

**14** 렌더링을 통해 좀 더 정확히 결과를 확인해 봅니다.

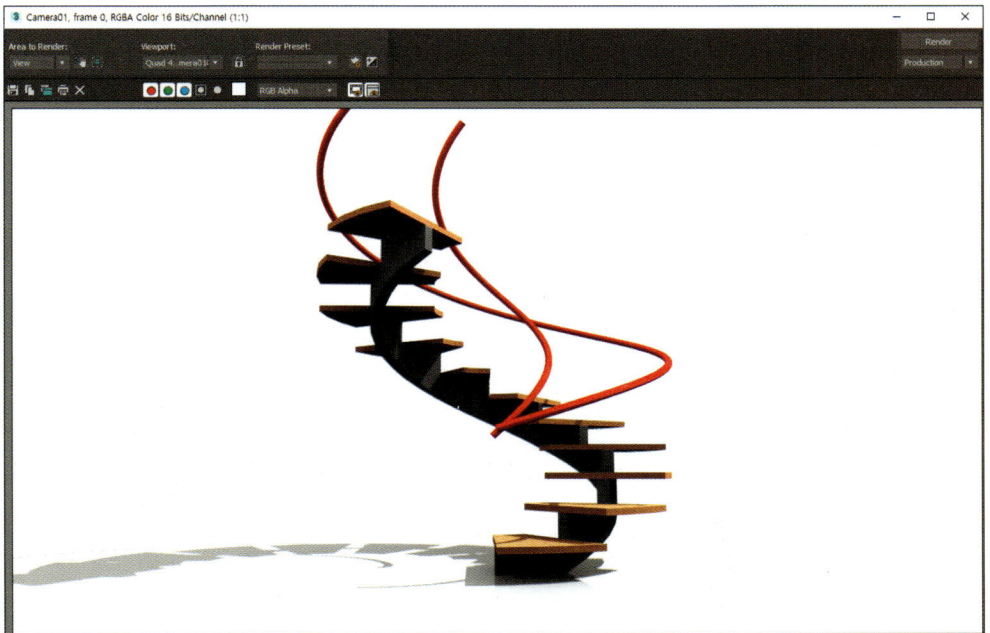

(10\02.max)

앞에서 이미 설명한 바와 같이 작성된 객체가 하나의 객체로 묶여있는 단일 객체임에도 불구하고 'Multi/Sub-Object' 재질을 이용하여 다중 재질을 하나의 객체에 적용할 수 있습니다. 그러나 이렇게 작업하기 위해서는 작성되는 모델링 객체에 면마다 ID가 부여되어 있어야 합니다. 따라서 자동으로 ID가 생성되어 작성되는 객체가 아닐 경우 일부러 ID를 부여한 뒤, 'Multi/Sub-Object' 재질을 이용하여 재질을 작성하여 제작하는 것은 오히려 이중 작업을 하는 결과를 만들 수 있습니다.

## 2. AecTemplates 재질 라이브러리의 활용

이번에는 Multi/Sub-Object 재질을 미리 설정된 AecTemplates 재질 라이브러리를 이용하여 Window, Door 그리고 Stair 객체에 재질을 설정해 보도록 하겠습니다. 앞에서 진행된 Multi/Sub-Object 재질보다 좀 더 쉽게 아래 그림과 같은 결과물을 제작해 보도록 하겠습니다.

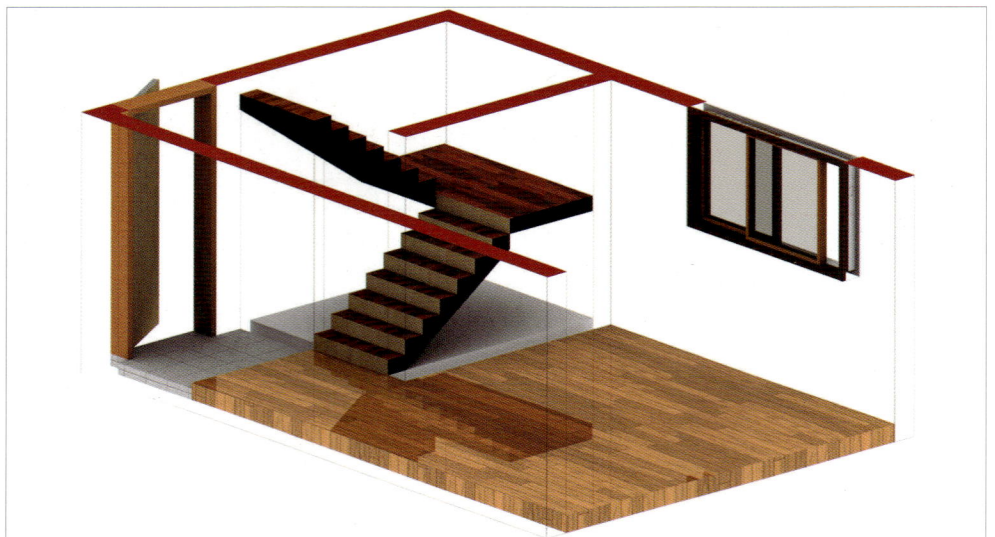

**1** 먼저 미리 준비된 예제 파일(10\03.max)을 불러온 뒤, 렌더링을 진행하여 데이터를 확인해 봅니다.

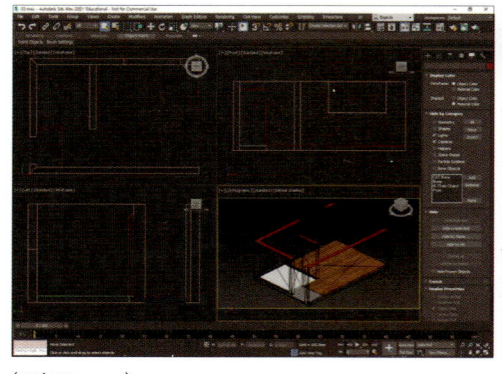
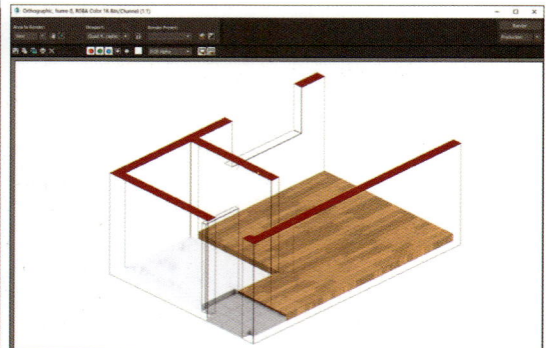

(10\03.max)

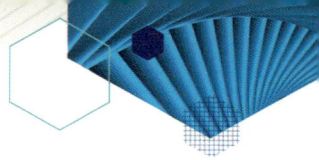

**2** Create▶Geometry를 클릭한 뒤, 아래 그림과 같이 Stairs 항목을 선택해 줍니다. 나타나는 여러 계단 명령 중에서 U-Type Stair 명령을 선택해 줍니다.

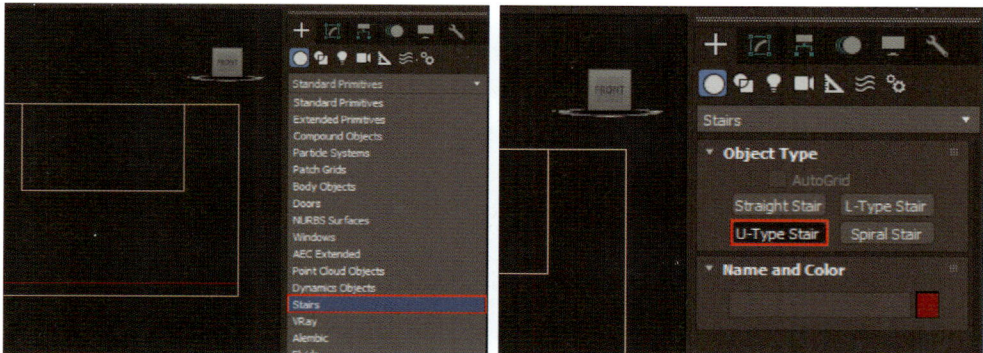

**3** U-Type Stair 명령을 이용하여 간단하게 계단을 작성한 뒤, 아래 제시되는 옵션값을 이용하여 계단을 완성합니다.

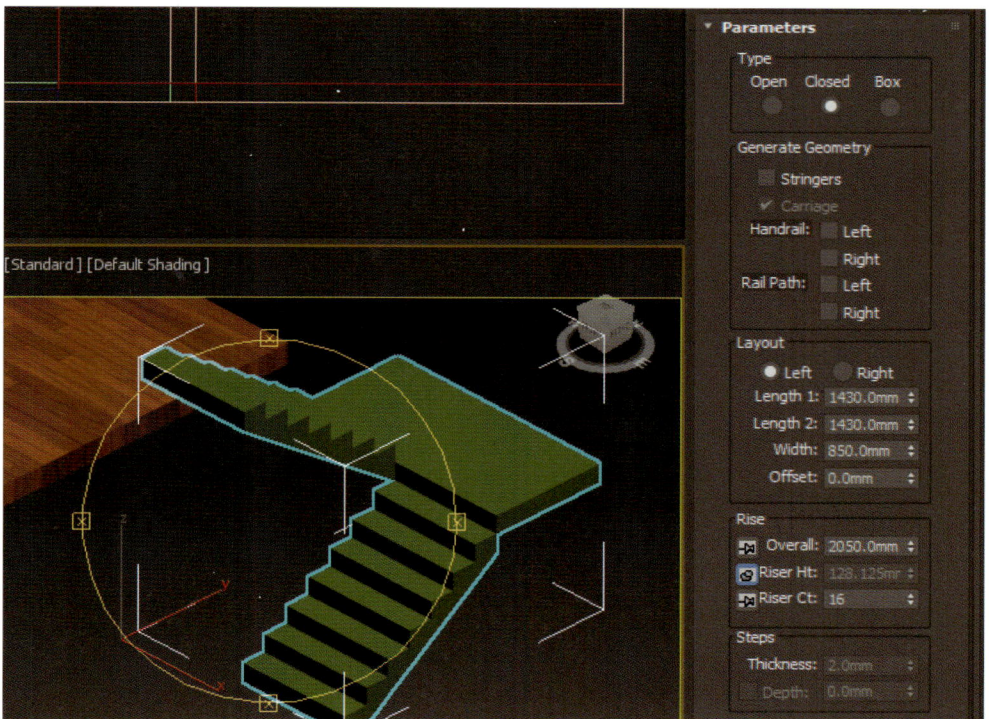

**4** Snap 옵션 중 Endpoint를 설정한 뒤, 이동 툴을 이용하여 아래 그림과 같이 필요한 위치로 이동시켜 줍니다.

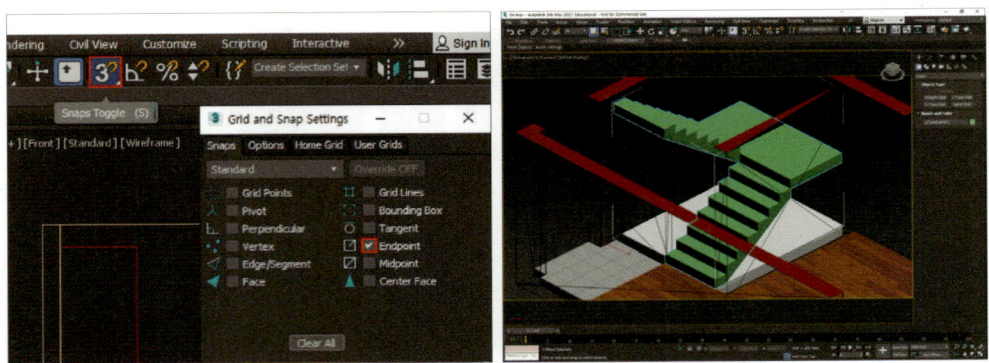

**5** Material Editor를 실행합니다. Material Type 버튼을 클릭하여 나타나는 Material/Map Browser에서 그림과 같이 왼쪽 상단에 위치하고 있는 Material/Map Browser Options 버튼을 클릭해 줍니다.

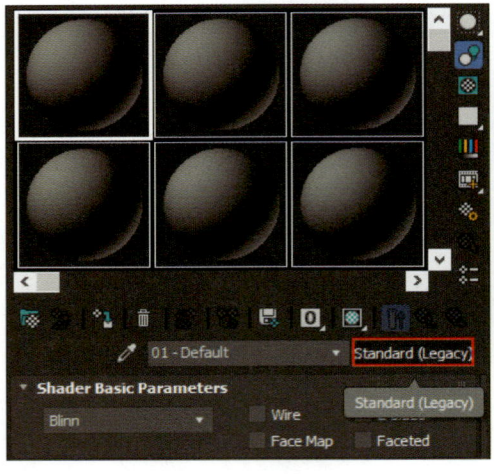
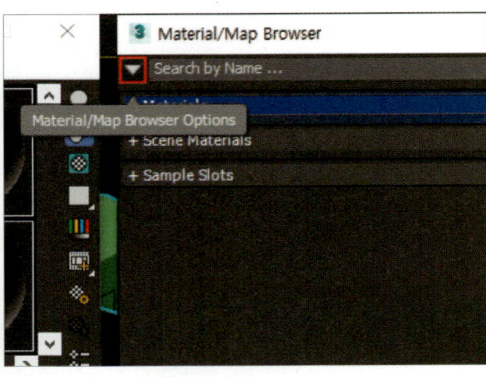

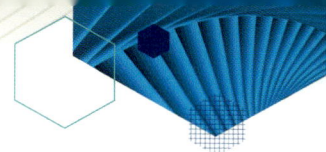

**6** 나타나는 메뉴에서 Open Material Library...를 클릭합니다. 나타나는 Import Material Library 창에서 'AecTemplates.mat' 파일을 선택해 줍니다.

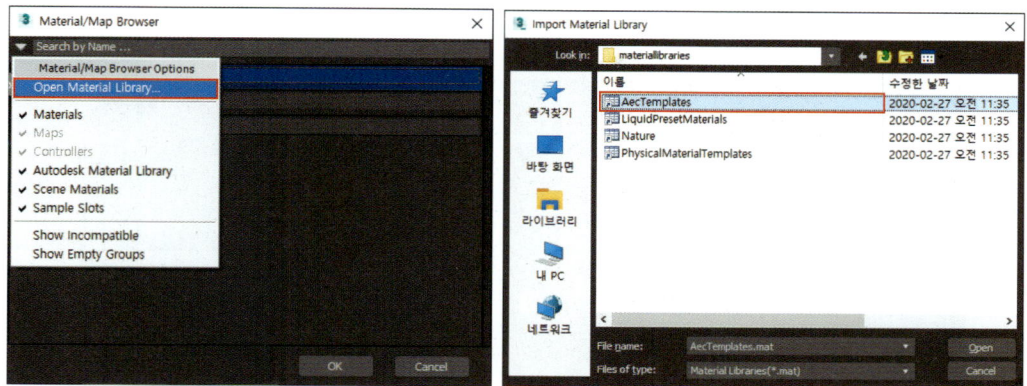

'AecTemplates.mat' 파일은 기본적으로 3DS MAX가 설치된 폴더 내의 materiallibraries 폴더에 위치하고 있습니다.

**7** 불러온 재질 라이브러리에서 'Stair-Template(Multi/Sub-Object)'를 선택해 줍니다. 앞에서 작업한 'Multi/Sub-Object' 속성과 동일하지만, 계단의 요소 이름이 미리 설정되어 있기 때문에 쉽게 재질을 설정할 수 있습니다.

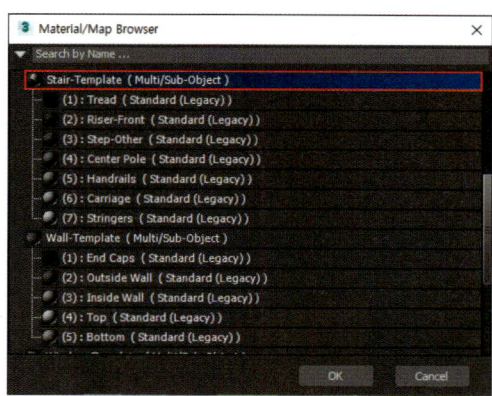
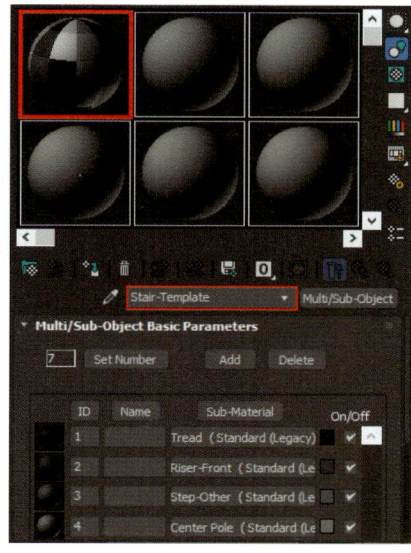

**10.** 재질 제작과 활용 (3)　**509**

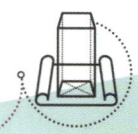

**8** 가장 먼저 계단의 디딤판 객체의 재질을 설정해 보도록 하겠습니다. 아래 그림과 같이 ID 1에 설정되어 있는 'Tread'를 클릭한 뒤, 나타나는 재질 설정 창에서 Ambient와 Diffuse 사이의 Lock Ambient and Diffuse 버튼을 클릭해 줍니다.

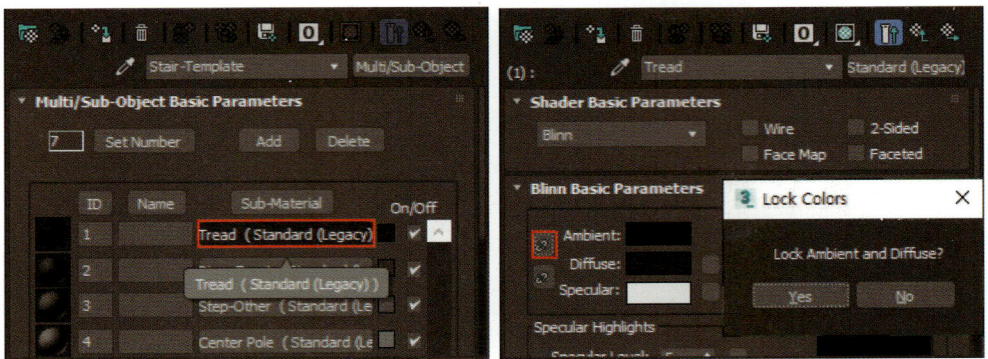

**9** 계속해서 Diffuse 항목에서 준비된 비트맵 재질(10\maps\wood_03.jpg)을 설정해 줍니다. 비트맵 재질을 설정한 뒤, Go to Parent 버튼을 클릭하여 상위 메뉴로 이동합니다.

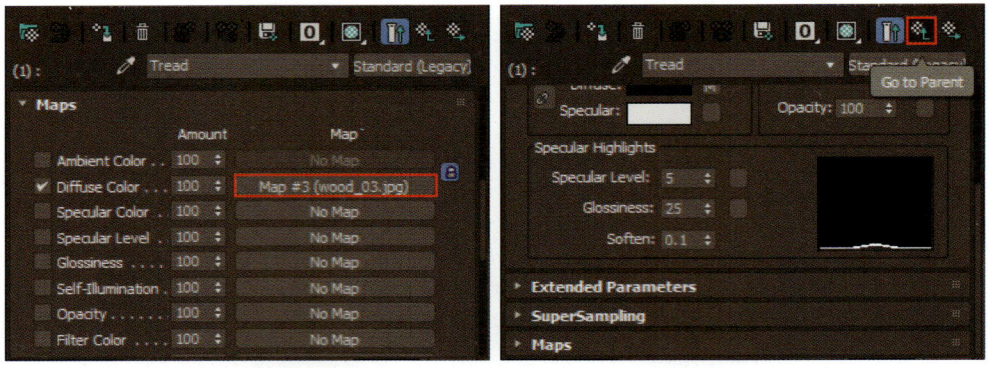

(10\maps\wood_03.jpg)

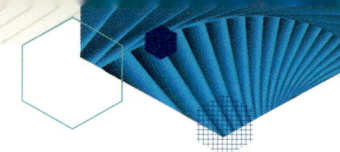

**10** 아래 그림과 같은 항목이 나타나면, 이번에는 계단의 전면 챌판의 재질을 설정해 보도록 하겠습니다. 아래 그림과 같이 두 번째 설정되어 있는 Riser-Front를 클릭한 뒤, Diffuse 항목에서 준비된 비트맵 재질(10\maps\wood_04.jpg)을 설정해 줍니다.

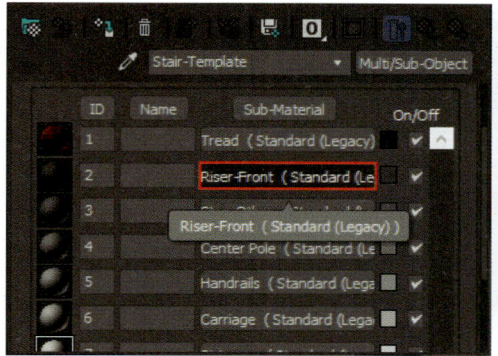
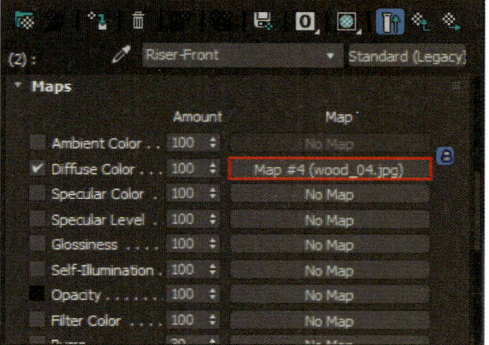

(10\maps\wood_04.jpg)

**11** 계속해서 계단의 측면 부분의 재질을 설정해 보도록 하겠습니다. Go to Parent 버튼을 클릭하여 상위 메뉴로 이동한 뒤, 아래 그림과 같이 세 번째 설정되어 있는 Step-Other를 클릭합니다. 나타나는 재질 설정 창에서 Diffuse 항목의 색상을 진한 빨간색으로 설정해 줍니다.

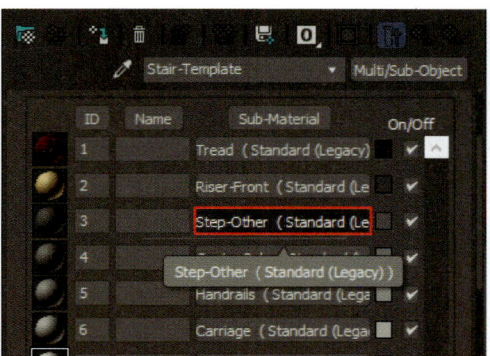
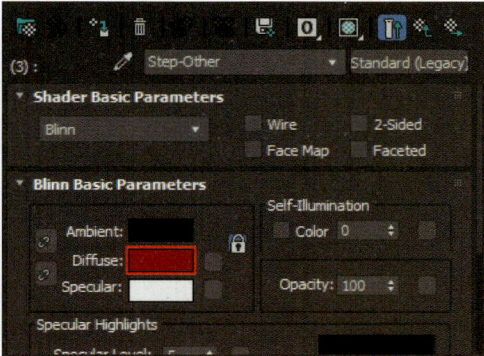

**12** Go to Parent 버튼을 클릭하여 상위 메뉴로 이동하면 아래 그림과 같은 재질이 만들어 진 것을 확인할 수 있습니다.

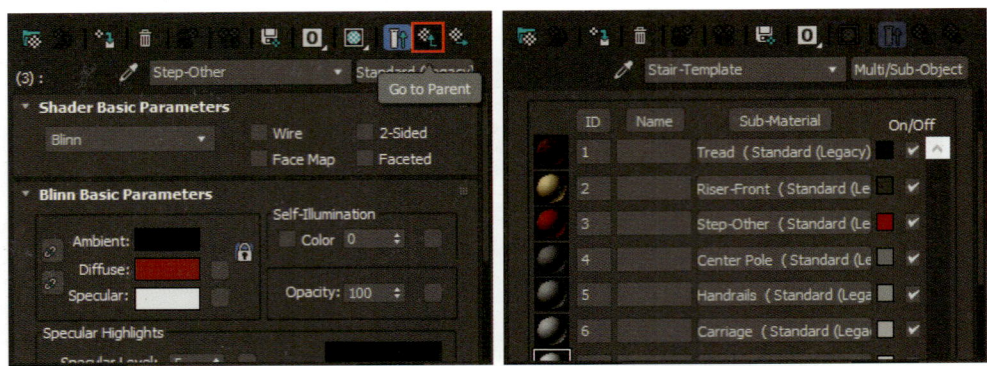

**13** 작성된 재질을 선택된 계단 객체에 적용한 뒤, 렌더링을 진행하여 결과를 확인해 줍니다.

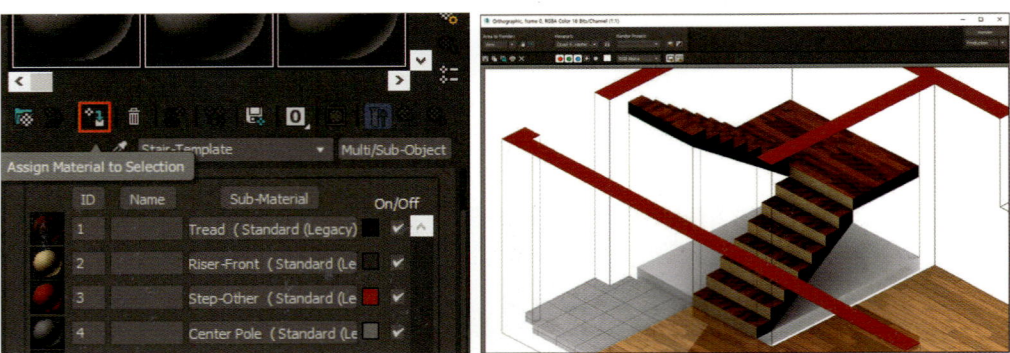

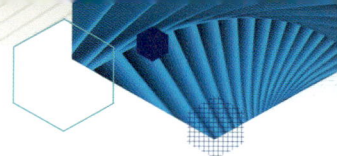

**14** 이번에는 문(Door) 객체를 만들어 보도록 하겠습니다. Create▶Geometry를 클릭한 뒤, Doors 항목을 선택해 줍니다. 나타나는 문 명령 중에서 Pivot 명령을 선택해 줍니다.

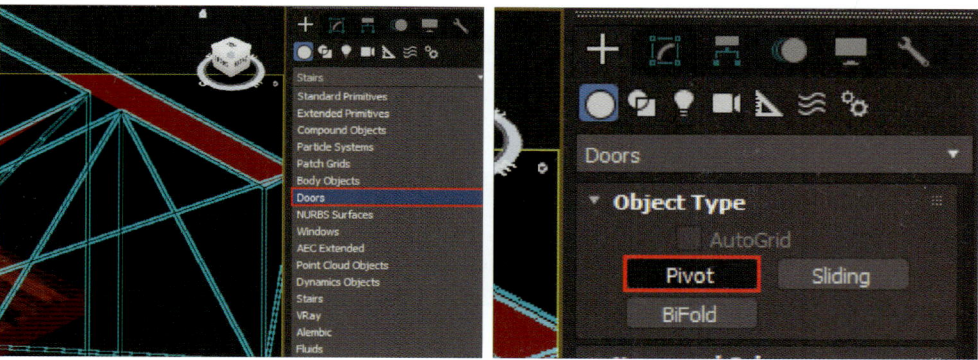

**15** Pivot 명령을 이용하여 간단하게 문을 작성한 뒤, 아래 제시되는 옵션값을 이용하여 문을 완성시켜 줍니다.

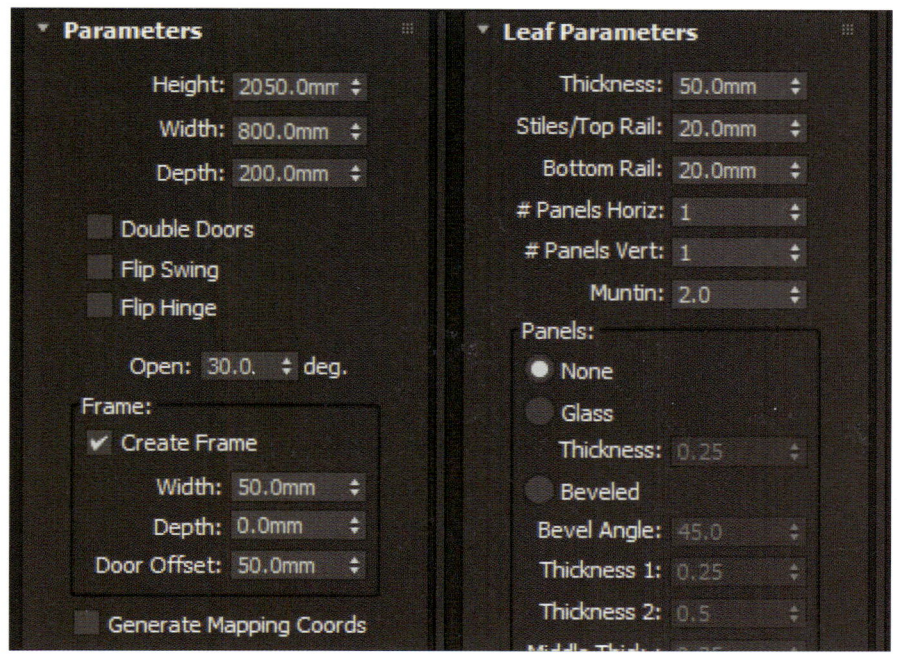

**16** 문을 완성한 뒤, 이동, 회전 툴을 이용하여 아래 그림과 같이 필요한 위치로 이동시켜 줍니다. 렌더링을 수행하여 결과를 확인해 봅니다.

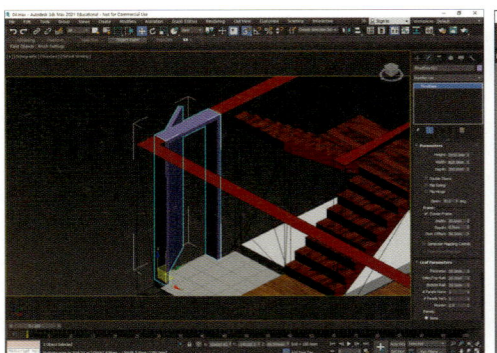
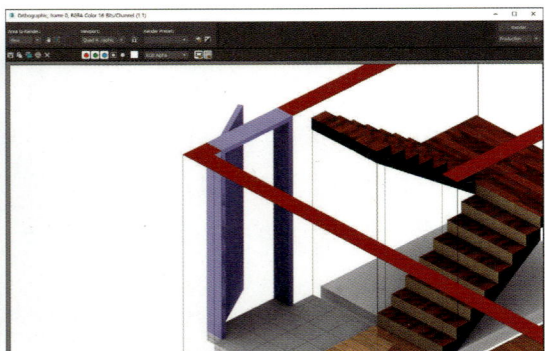

**17** Material Editor를 실행합니다. 빈 슬롯을 선택한 뒤, Material Type 버튼을 클릭하여 나타나는 Material/Map Browser에서 AecTemplates.mat 카테고리의 'Door-Template(Multi/Sub-Object)'를 설정해 줍니다.

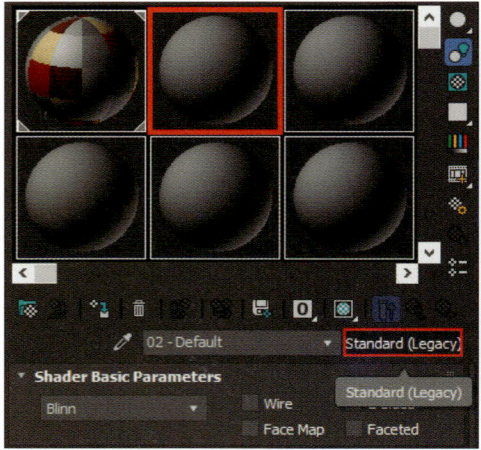
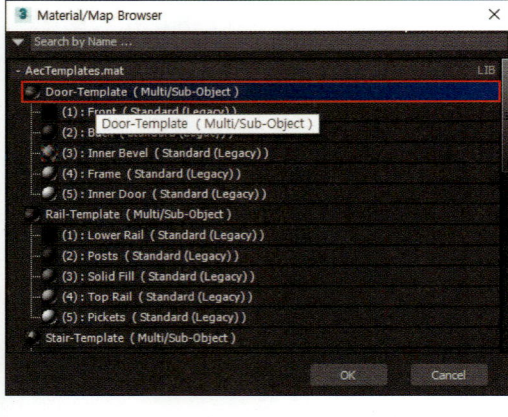

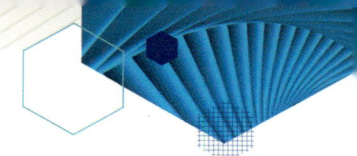

**18** 아래 그림과 같이 재질 속성이 불러와진 것을 볼 수 있습니다. 이번에는 문의 요소 이름이 이미 설정되어 있기 때문에 필요한 객체의 재질을 쉽게 설정할 수 있습니다. 가장 먼저 문의 전면 재질을 설정해 보도록 하겠습니다. 아래 그림과 같이 첫 번째 설정되어 있는 Front를 클릭한 뒤, 나타나는 재질 설정 창에서 Ambient와 Diffuse 사이의 Lock Ambient and Diffuse 버튼을 클릭하고, Shader를 Metal로 설정해 줍니다. Diffuse 색상을 회색(R: 150, G: 150, B: 150)으로 설정, 광택 정도를 설정하기 위해 Specular Level을 150, Glossiness를 50으로 설정해 줍니다. 물론 다음 설정을 위해 Go to Parent 버튼을 클릭하여 상위 메뉴로 이동시켜 줍니다.

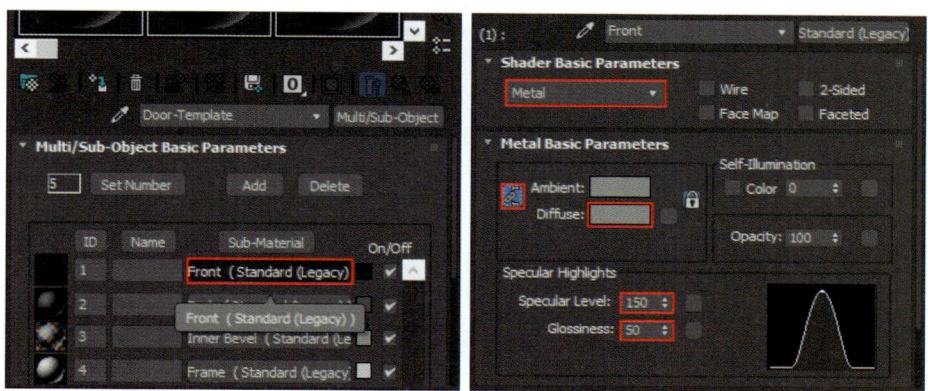

**19** 이번에는 문의 후면 재질을 설정하기 위해서 두 번째 설정되어 있는 Back을 클릭, 나타나는 재질 설정 창에서 Ambient와 Diffuse 사이의 Lock Ambient and Diffuse 버튼을 클릭하고, Diffuse Color 항목에 준비된 비트맵 재질(10\maps\wood_04.jpg)을 설정해 줍니다. 비트맵 재질을 설정한 뒤, Go to Parent 버튼을 클릭하여 상위 메뉴로 이동합니다.

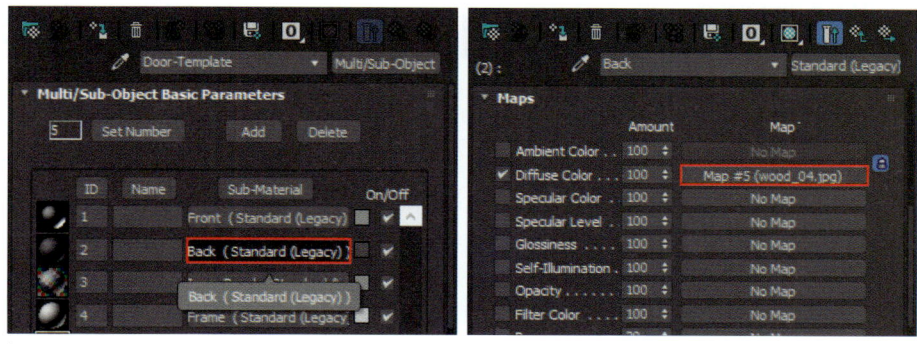

(10\maps\wood_04.jpg)

**20** 마지막으로 문의 프레임 재질을 설정하기 위해서 네 번째 설정되어 있는 Frame을 클릭한 뒤, 나타나는 재질 설정 창에서 Diffuse Color 항목에 준비된 비트맵 재질 (10\maps\wood_01.jpg)을 설정해 줍니다.

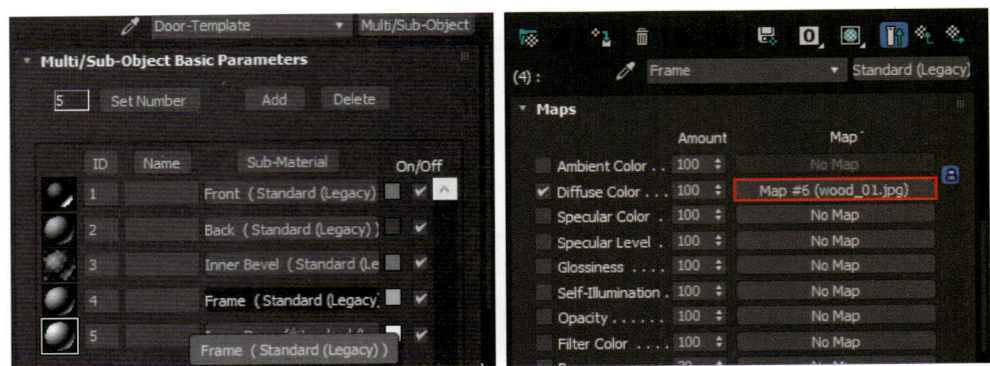

(10\maps\wood_01.jpg)

**21** 비트맵 재질을 설정한 뒤, Go to Parent 버튼을 클릭하여 상위 메뉴로 이동합니다. 설정된 재질을 문 객체에 적용한 뒤, 렌더링을 진행하여 결과를 확인해 봅니다.

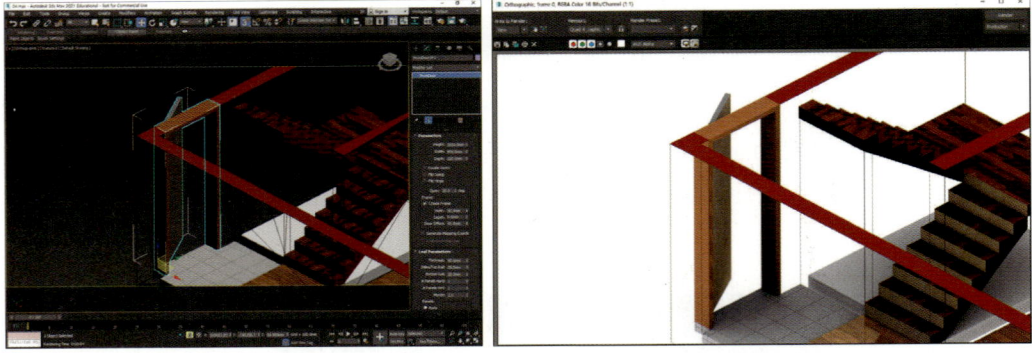

**22** 마지막으로 창문을 작성하기 위해서 Windows 항목을 선택해 줍니다. 계속해서 나타나는 여러 계단 명령 중에서 Sliding 명령을 선택해 줍니다.

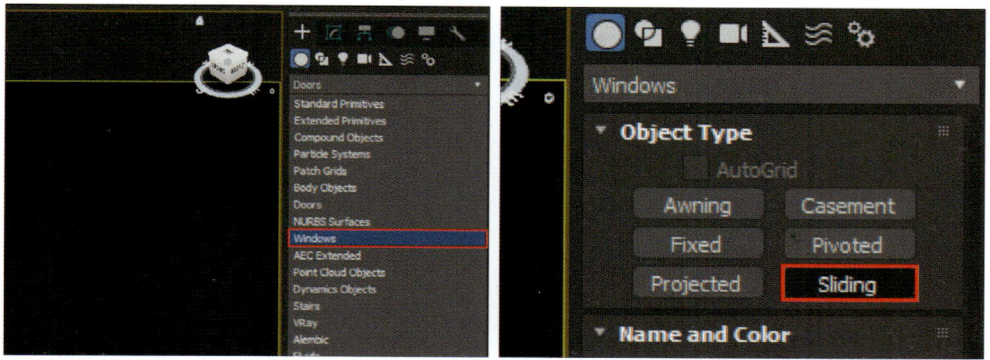

**23** Sliding 명령을 이용하여 간단하게 창문을 작성한 뒤, 아래 제시되는 옵션값을 이용하여 창문을 완성해 줍니다.

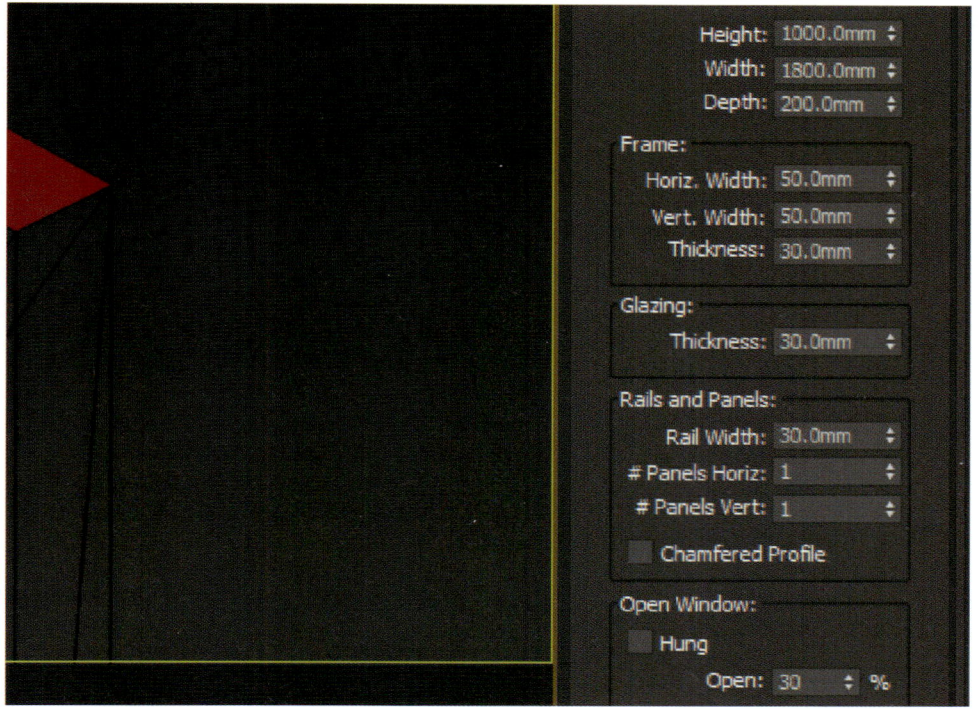

**10.** 재질 제작과 활용 (3)　517

**24** 작성된 창문 객체를 이동 툴을 이용하여 아래 그림과 같이 필요한 위치로 이동시켜 줍니다. Material Editor를 실행한 뒤, Material Type 버튼을 클릭합니다.

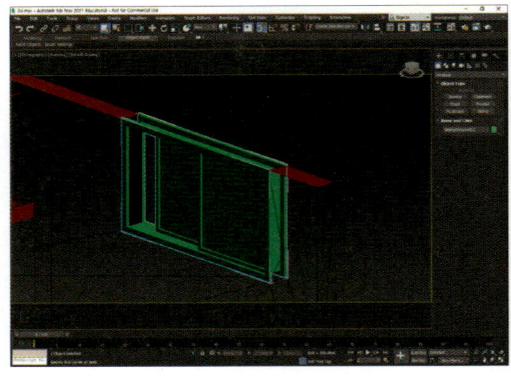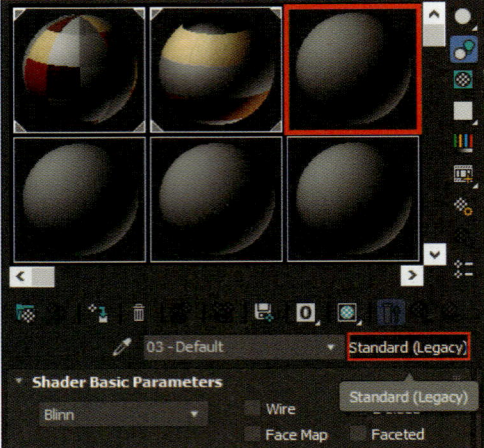

**25** 재질의 속성을 'Window-Template(Multi/Sub-Object)'로 설정해 줍니다. 가장 먼저 창문의 전면 틀 재질을 설정해 보도록 하겠습니다. 아래 그림과 같이 첫 번째 설정되어 있는 'Front Rails'를 클릭합니다.

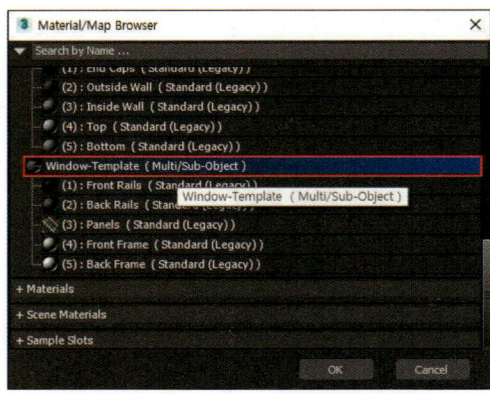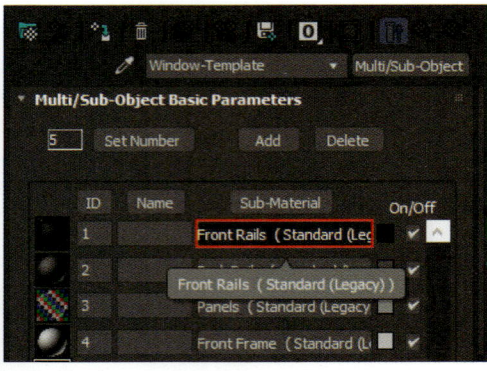

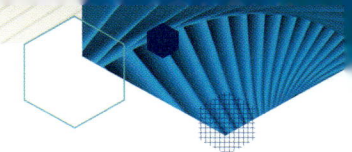

**26** 나타나는 재질 설정 창에서 Ambient와 Diffuse 사이의 Lock Ambient and Diffuse 버튼을 클릭한 뒤, Diffuse 항목에서 준비된 비트맵 이미지(10\maps\wood_01.jpg) 를 설정해 줍니다. 비트맵 재질을 설정한 뒤, Go to Parent 버튼을 클릭하여 상위 메뉴로 이동합니다.

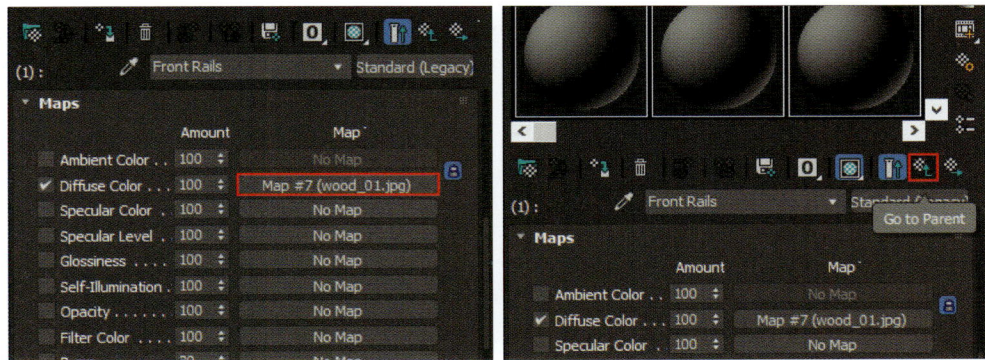

(10\maps\wood_01.jpg)

**27** 계속해서 이번에는 창문의 후면 틀 재질을 설정해 보도록 하겠습니다. 아래 그림과 같이 두 번째 설정되어 있는 'Back Rails'를 클릭합니다. 나타나는 재질 설정 창에서 Ambient와 Diffuse 사이의 Lock Ambient and Diffuse 버튼을 클릭한 뒤, Diffuse 항목에서 비트맵 이미지(10\maps\wood_01.jpg)를 적용해 줍니다. 비트맵 재질을 설정한 뒤, Go to Parent 버튼을 클릭하여 상위 메뉴로 이동합니다.

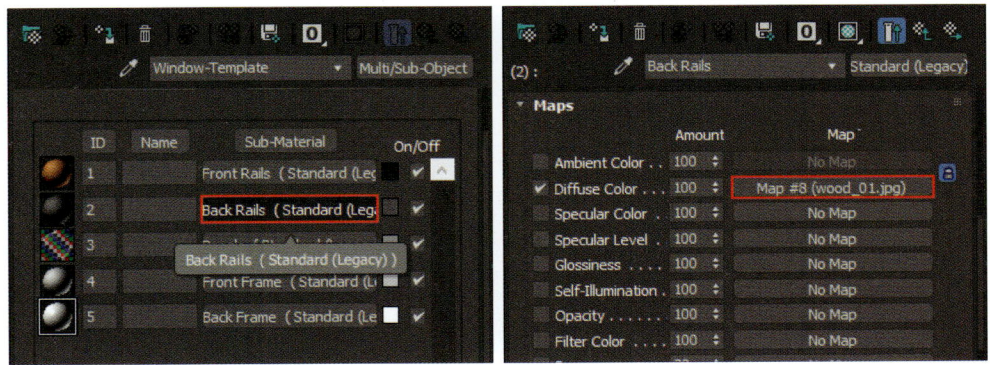

(10\maps\wood_01.jpg)

**28** 계속해서 이번에는 유리 재질을 설정해 보도록 하겠습니다. 아래 그림과 같이 세 번째 설정되어 있는 'Panels'를 클릭합니다. Diffuse 색상을 회색으로 설정, 2-Sided 옵션을 설정하여 재질의 양면을 모두 설정하고, 투명도를 설정하기 위해서, Opacity 값을 50으로 설정해 줍니다.

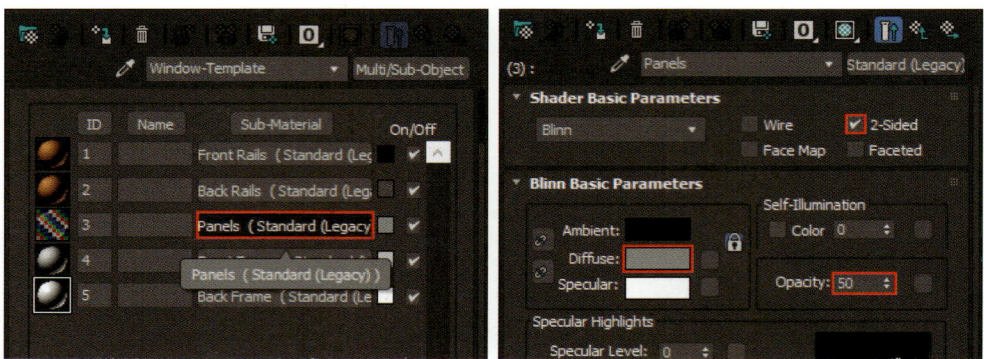

**29** 이번에는 전면부 창틀의 재질을 설정해 보도록 하겠습니다. 아래 그림과 같이 네 번째 설정되어 있는 'Front Frame'을 클릭한 뒤, 나타나는 재질 설정 창에서 Ambient와 Diffuse 사이의 Lock Ambient and Diffuse 버튼을 클릭하고 Oren-Nayar-Blinn 쉐이더로 설정, Diffuse 색상을 흰색으로 설정해 줍니다.

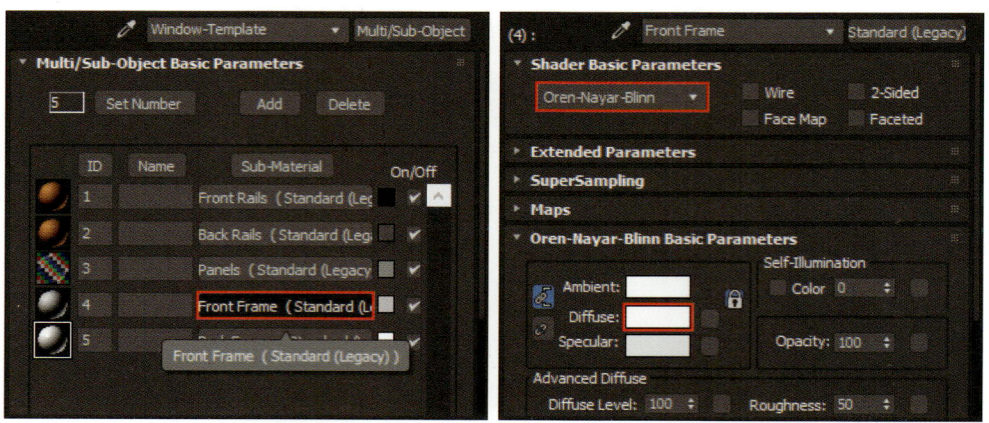

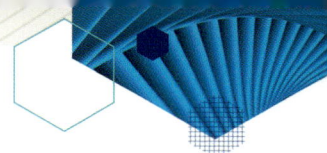

**30** 마지막으로 아래 그림과 같이 다섯 번째 설정되어 있는 'Back Frame'를 클릭한 뒤, 나타나는 재질 설정 창에서 Ambient와 Diffuse 사이의 Lock Ambient and Diffuse 버튼을 클릭, Diffuse 항목에서 준비된 비트맵 재질(10\maps\wood_05.jpg)을 설정해 줍니다.

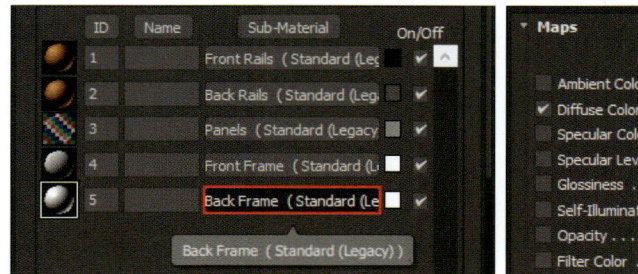
(10\maps\wood_05.jpg)

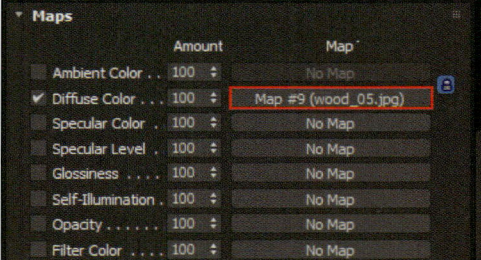

**31** 지금까지 설정된 재질을 작성된 창문 객체에 적용합니다. 물론 렌더링을 수행하여 결과도 확인해 봅니다.

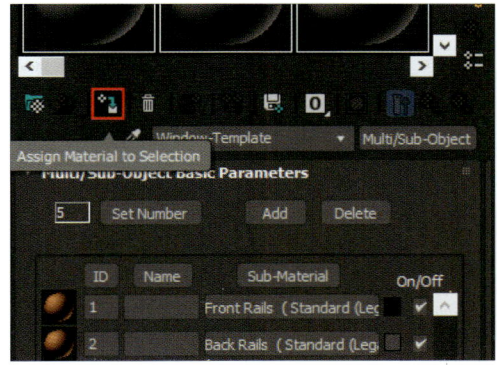
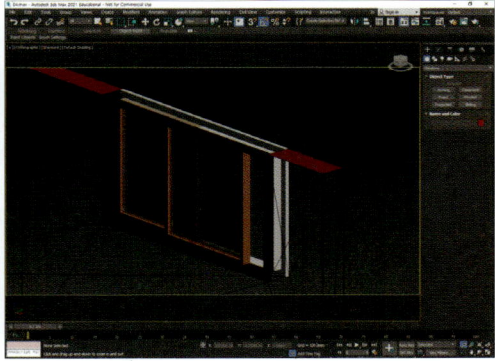

**32** 지금까지 작성된 내용을 모두 보이도록 설정한 뒤, 렌더링을 수행하여 최종 결과를 확인해 봅니다. Multi/Sub-Object의 재질 속성을 이용한 AecTemplates.mat 재질 라이브러리를 이용할 경우, 좀 더 편리한 방법으로 문, 계단, 창문 객체의 작성 및 재질을 설정하는 방법을 살펴보았습니다.

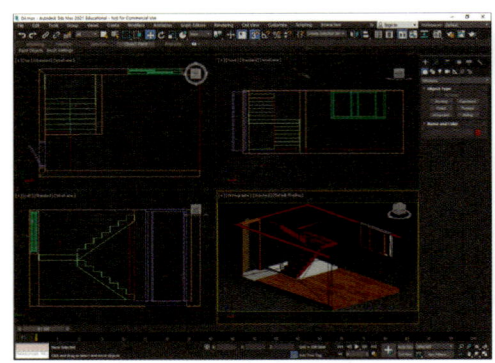 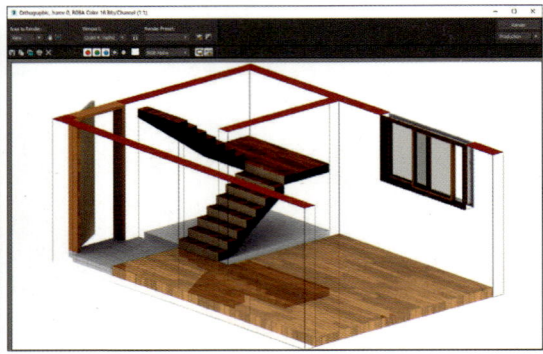

(10\04.max)

처음 다중 재질을 학습할 경우 어려울 수 있습니다. 이유는 하나의 재질에 여러 재질의 속성을 포함하고 있기 때문에 재질 구조가 복잡하기 때문입니다. 이런 경우에는 Compact Material Editor... 대신 Slate Material Editor...로 재질 편집기의 화면을 구성하면 조금 쉽게 이해될 수 있습니다.

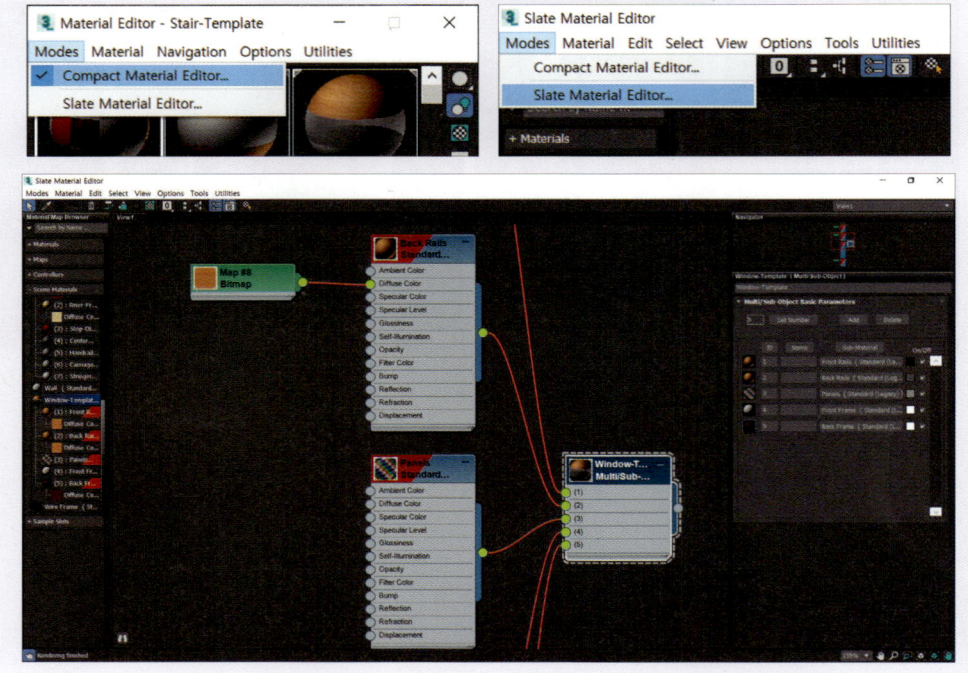

## 3. 콘크리트, 수면 표현을 이용한 재질 설정

이번에는 거친 느낌의 콘크리트와 물(수면) 표현을 작성해 보도록 하겠습니다. 실제로 구조물의 재질을 표현하는 방법은 특별히 정해져 있는 규칙은 없습니다. 다만 수없이 많은 작업을 수행하다보면 나름대로 자신만의 독특한 재질의 표현 기법을 찾아낼 수 있습니다. 더불어 물(수면) 표현도 수행해 보도록 하겠습니다.

**1** 준비된 예제 파일(10\05.max)을 불러옵니다. 준비된 예제 파일은 기둥, 보, 터널 벽과 천정, 그리고 물 객체로 구성된 간단한 형태의 모델링 파일입니다. 일단 불러들인 파일을 확인하기 위해서 렌더링을 수행하여 현재 모델링 데이터의 구성 상태를 확인해 봅니다.

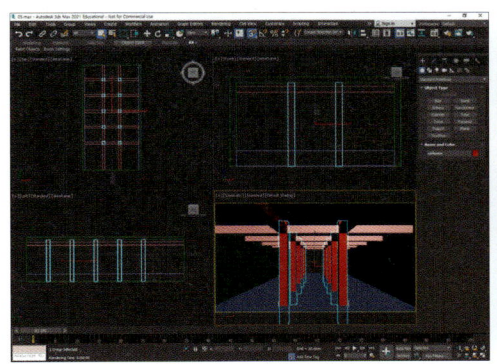 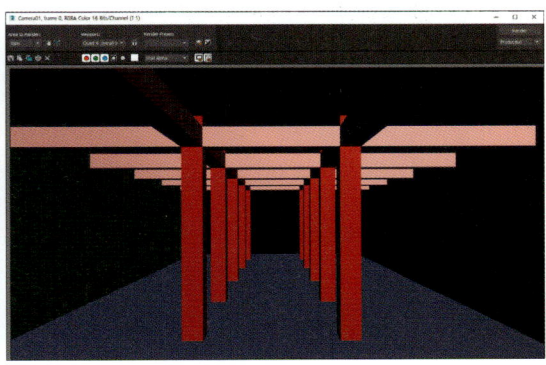

(10\05.max)

**2** 먼저 약간 거친 콘크리트 마감 재질을 표현해 보도록 하겠습니다. 'beam', 'column', 'girder' 객체를 선택한 뒤, Material Editor 대화상자에서 빈 슬롯을 선택하여 'Conc'로 설정해 줍니다. 계속해서 Diffuse Color 항목에 '10\maps\Conc_01.jpg' 이미지 파일을 설정한 뒤, Bump 맵에는 '10\maps\Conc_01(Bump).jpg' 이미지를 적용해 줍니다. 더불어 Bump 맵의 강도를 조절하기 위해서 Amount 값을 100으로 설정하여 선택된 객체에 재질을 적용해 줍니다.

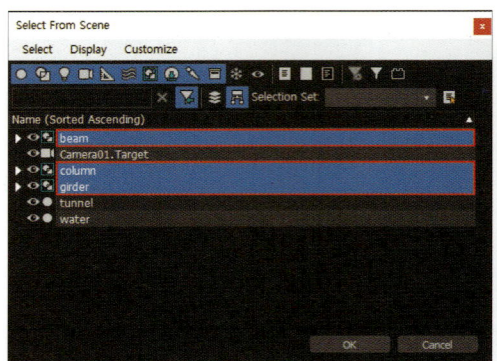 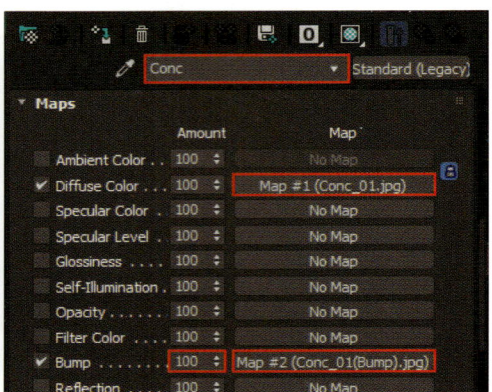

(10\maps\Conc_01.jpg, Conc_01(Bump).jpg)

경우에 따라서 재질의 효과에 대해 놀라움을 금치 못할 경우가 많습니다. 여러분 렌더링 결과를 살펴보면 정말 별 볼 일 없는 형태입니다. 그러나 아래의 그림을 살펴보면 재질 설정 전·후의 모습을 비교해 보실 수 있습니다.

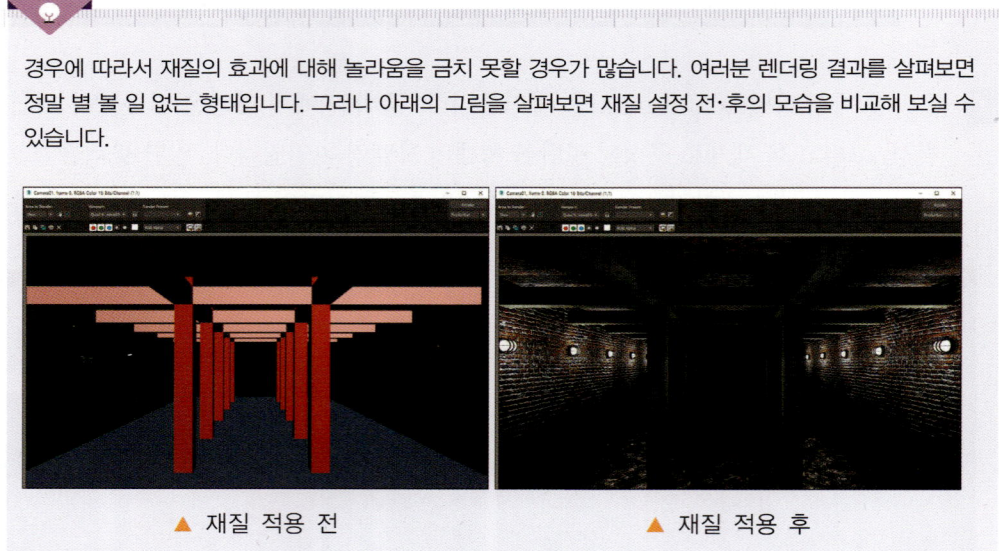

▲ 재질 적용 전　　　　　　　　　　▲ 재질 적용 후

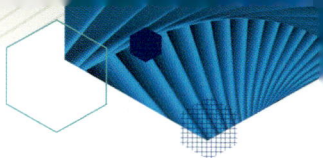

**③** 재질을 적용한 뒤 매핑 크기와 방향을 지정하기 위해서 UVW Map 명령을 수행합니다. 명령을 수행한 뒤, Mapping 방법을 Box, 기즈모의 크기를 Length: 2000, Width: 2000, Height: 2000으로 설정해 줍니다.

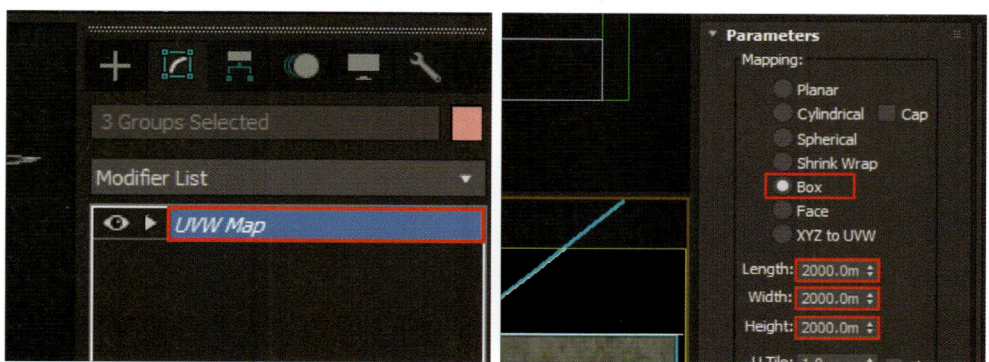

**④** 작업한 결과를 확인하기 위해서 렌더링을 수행해 봅니다. 조금은 어둡지만 약간 거친 느낌의 콘크리트 재질을 느낄 수 있습니다.

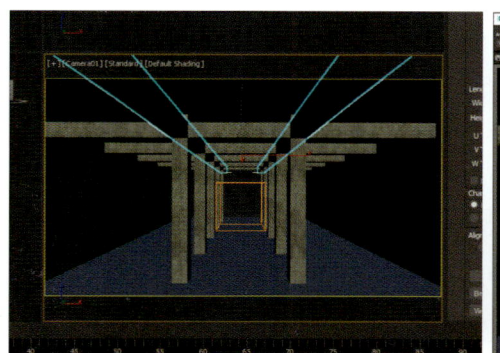
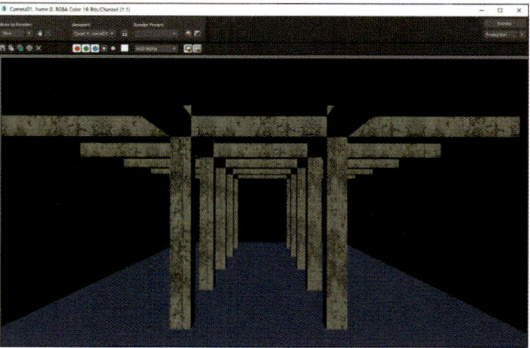

**5** 앞에서 작업한 방법과 동일한 방법을 이용하여 벽돌 재질을 설정해 보도록 하겠습니다. 'tunnel' 객체를 선택한 뒤, Material Editor 대화상자에서 빈 슬롯을 선택하고 'Brick'이라는 이름을 지정합니다. 계속해서 Diffuse Color에서 벽돌 이미지(10\maps\brick_01.jpg)를 설정하고, Bump 맵에는 흑백 벽돌 이미지(10\maps\brick_01(bump).jpg)을 설정한 뒤 Amount 값을 '100'으로 설정하여 적용해 줍니다.

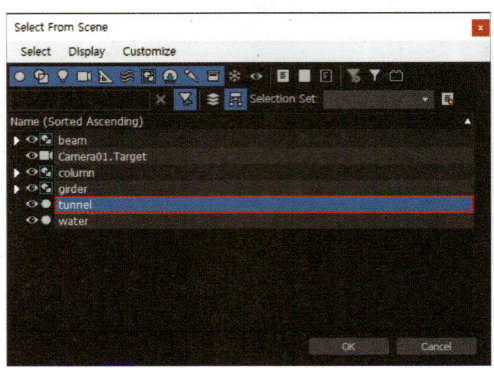
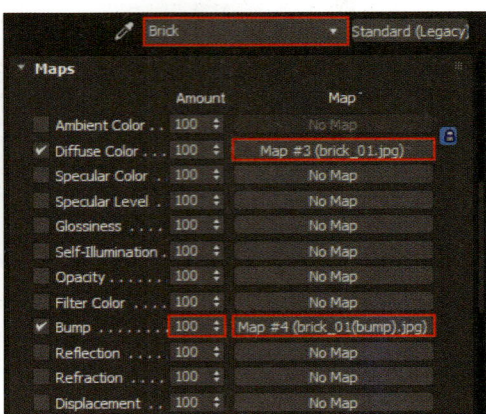

(10\maps\brick_01.jpg, brick_01(bump).jpg)

**6** 재질을 적용한 뒤 UVW Map 명령을 수행합니다. 계속해서 매핑 방법은 Box, 기즈모의 크기를 Length: 4000, Width: 4000, Height: 4000로 설정한 뒤, 렌더링을 수행하여 결과를 확인해 봅니다.

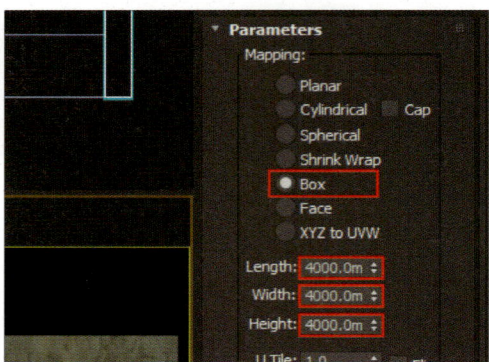
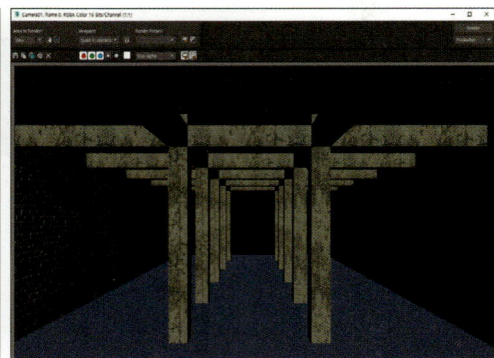

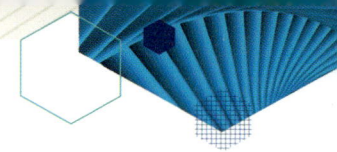

7 물의 재질을 표현하기 전, File▶Import▶Merge... 명령을 수행하여 준비한 조명 객체(10\06(조명).max)를 불러옵니다.

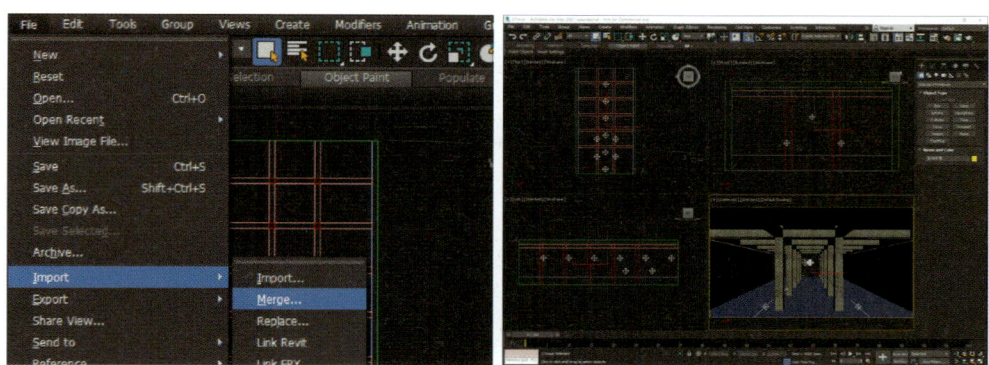

(10\06(조명).max)

8 렌더링을 수행하여 현재 상태의 결과를 확인해 봅니다. 이전과는 달리 훨씬 멋진 결과를 볼 수 있습니다. 그러나 카메라 바로 앞에 위치하고 있는 객체에 아무 재질을 설정되어 있지 않기 때문에 지금부터는 수면(물)을 표현해 보도록 하겠습니다.

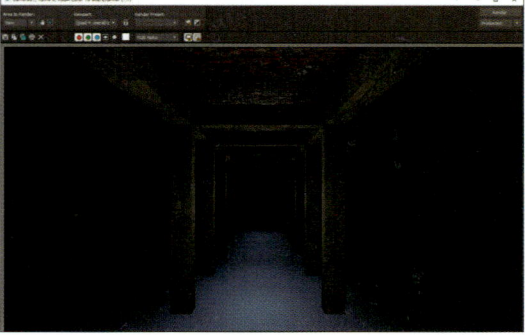

**10.** 재질 제작과 활용 (3)

**9** 'water' 객체를 선택한 뒤, Material Editor 대화상자에서 빈 슬롯을 선택하여 재질의 이름을 'Water'로 설정하고, Diffuse Color 색상을 흰색, 투명도를 설정하기 위해서 Opacity 값을 '20'으로 설정해 줍니다.

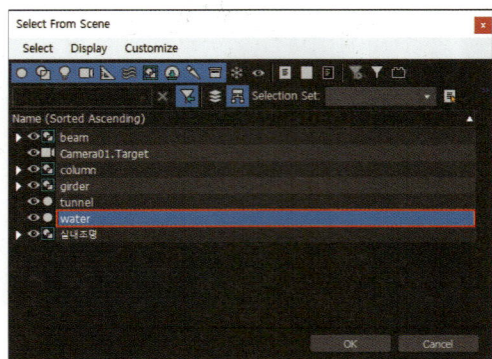 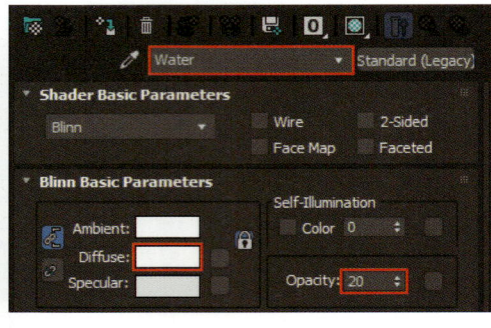

**10** 설정된 재질을 적용한 뒤, 렌더링 결과를 살펴보면 아직까지는 물과 같은 느낌을 받을 수 없습니다.

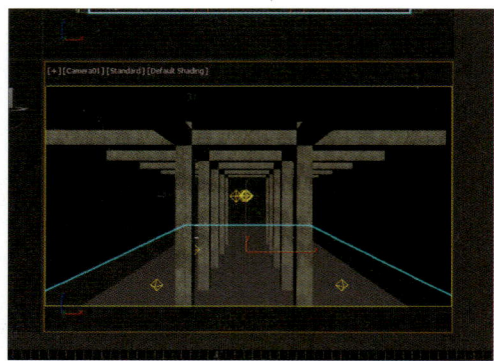 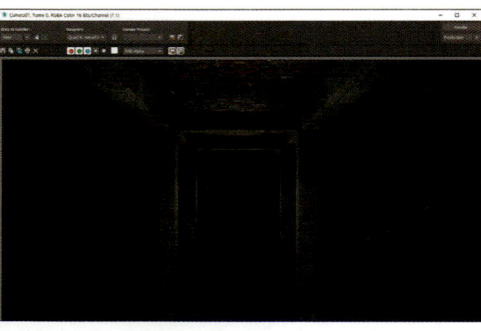

**11** 그렇다면 어떤 느낌을 부여해야 수면과 같은 느낌을 줄 수 있을까요? 먼저 물의 속성을 살펴보면 투명할 뿐만 아니라 반사의 속성이 표현되어야 할 것 같습니다. 따라서 아래 그림과 같이 Maps Parameter의 Reflection 항목에 Raytrace를 적용한 뒤 Amount 값을 '20'으로 설정해 줍니다.

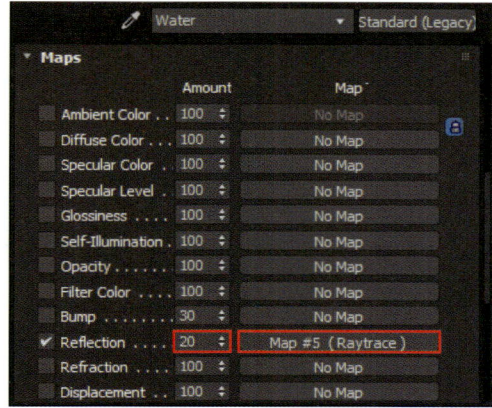

**12** 계속해서 이번에는 굴절에 대한 속성을 표현해 보도록 하겠습니다. 이미 Reflection에 설정된 Raytrace 항목을 드래그하여 Refraction에 복사해 줍니다. 마지막으로 Refraction의 Amount 값을 '50'으로 설정해 줍니다.

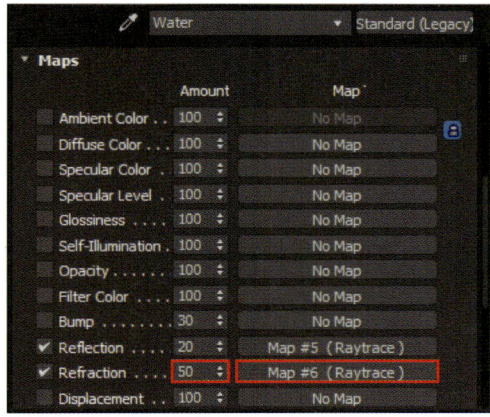

13 마지막으로 물결 효과를 설정해 보도록 하겠습니다. 아래 그림과 같이 Bump Map 항목에 Noise 맵을 설정해 줍니다.

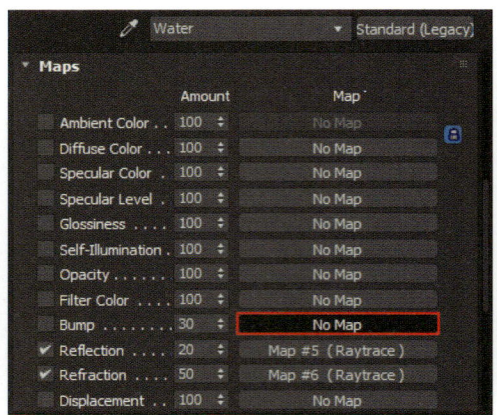 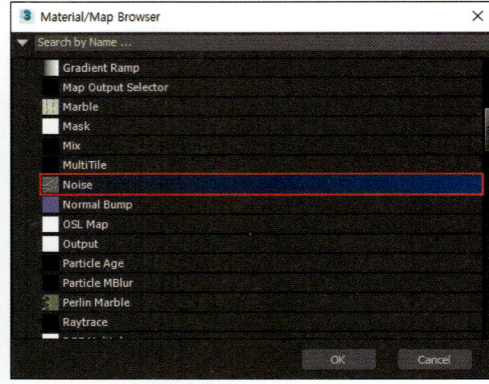

14 나타나는 대화상자에서 아래 그림과 같이 Noise Parameters 항목에서 Noise Type을 'Turbulence', Size를 '1000'으로 설정해 줍니다. Go to Parent 버튼을 클릭하여 상위 메뉴로 이동합니다.

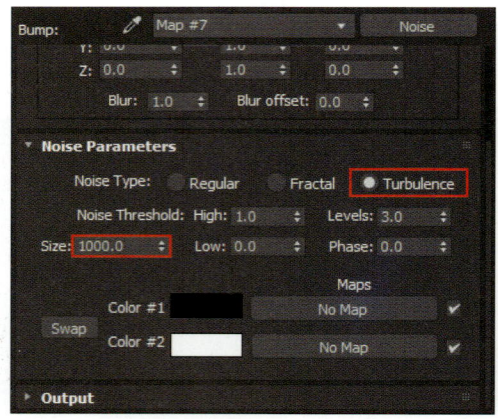 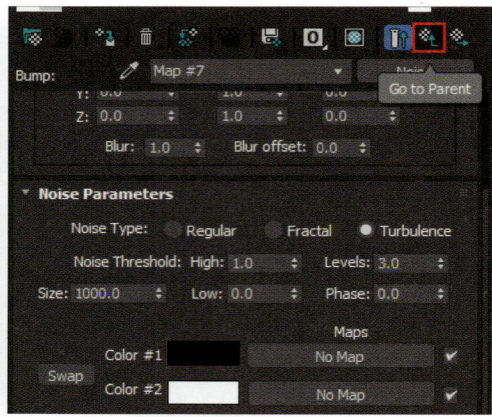

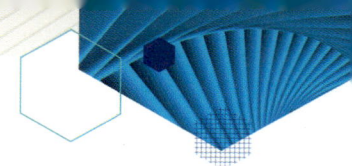

**15** Bump Map에서 Noise의 강도를 약하게 설정하기 위해서 Amount 값을 '20'으로 설정해 줍니다. 결과를 확인하기 위해서 렌더링을 수행해 봅니다. 아래 그림과 같이 물의 속성이 적용된 렌더링 결과를 확인할 수 있습니다.

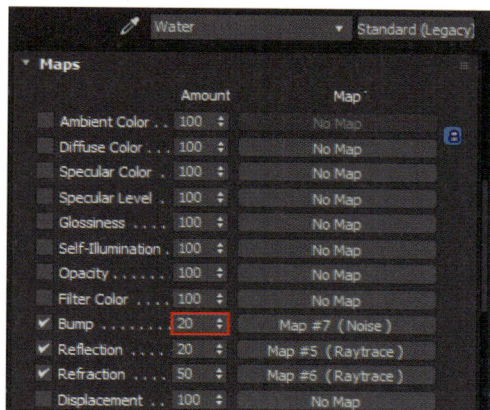

**16** 마지막으로 장면의 효과를 높이기 위해서 준비된 조명 객체 파일을 불러오도록 하겠습니다. File ▶ Import ▶ Merge… 명령을 수행한 뒤, 준비된 조명 객체 데이터(10\07(벽등).max)를 불러와 줍니다.

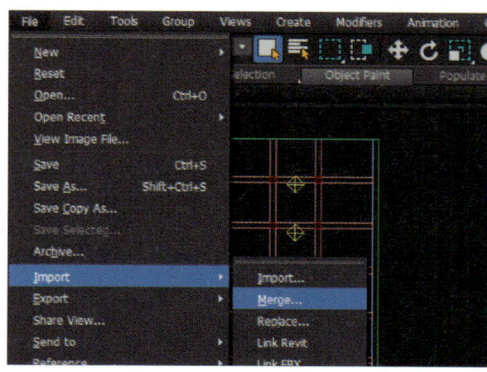
(10\07(벽등).max)
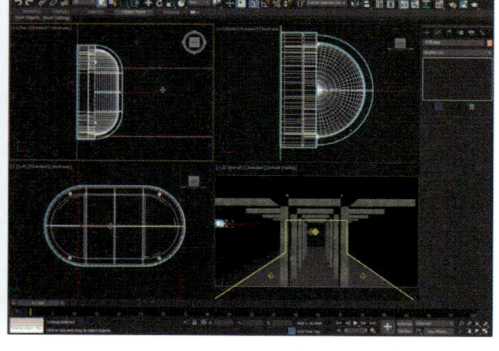

**10. 재질 제작과 활용 (3)** 531

**17** 객체를 삽입한 뒤, 아래 그림과 같이 객체를 회전, 이동, 복사 명령을 이용하여, 아래 그림과 같은 장면을 완성해 줍니다.

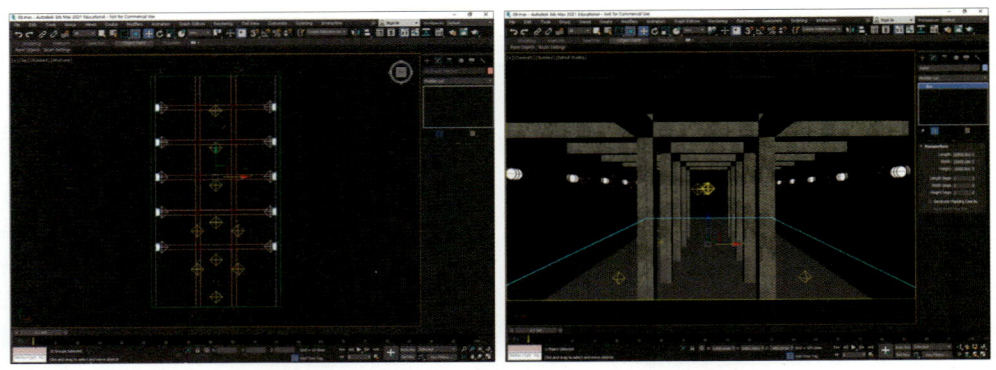

(10\08.max)

**18** 작업을 종료한 뒤, 렌더링을 수행해 봅니다. 지하 하수구와 같은 어둡고 칙칙한 모습의 장면이 연출된 것을 볼 수 있습니다.

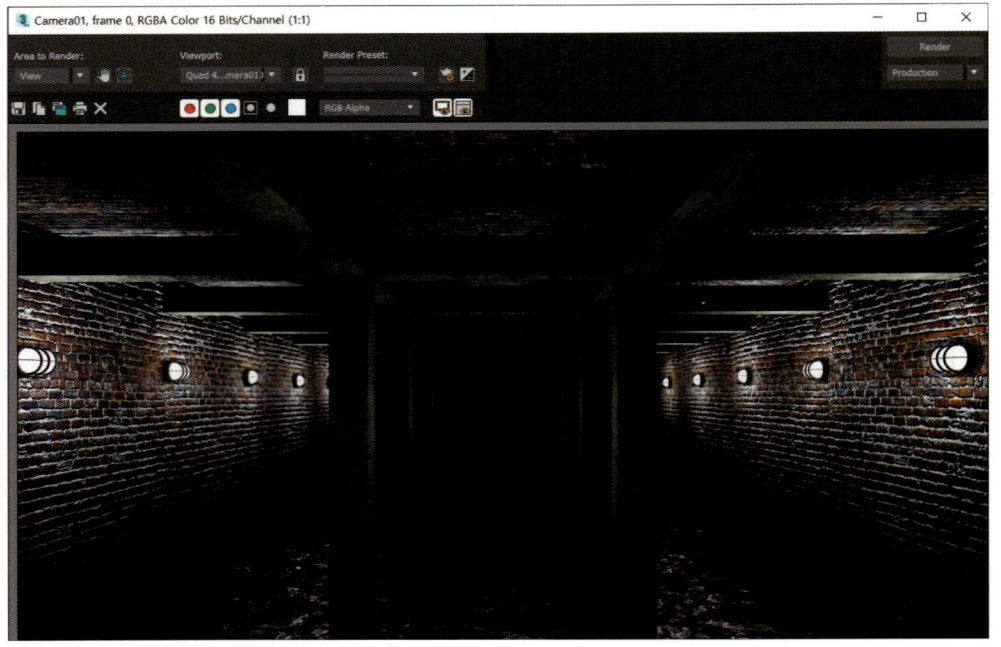

## 4. 다른 모델링에 적용된 재질 추출하여 사용하기

　이번에는 다른 작업에서 사용했던 재질을 불러와서 현재 작업 중인 모델링 객체에 적용해 보도록 하겠습니다. 실제로 MAX에서 사용되는 재질을 매번 새롭게 제작하는 것은 좋은 방법이라고 할 수 없으며, 잘 작성된 재질을 불러와서 사용하는 것도 좋은 방법입니다.

① 준비된 예제 파일(10\09.max)을 불러온 뒤, 렌더링을 수행하여 파일의 구성을 살펴봅니다.

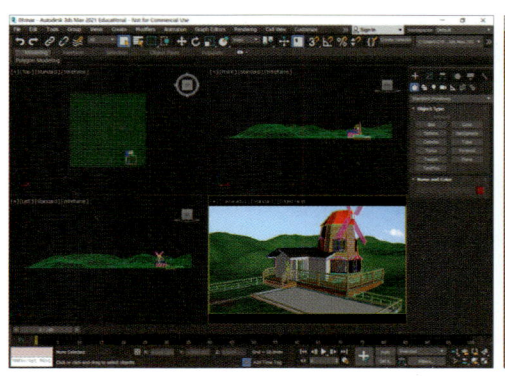 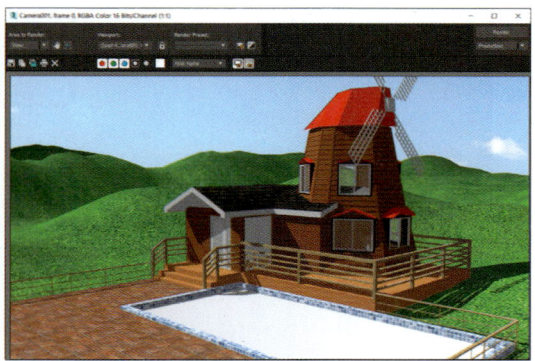

(10\09.max)

**10.** 재질 제작과 활용 (3)

② 다른 파일의 객체를 불러오기 위해 File▶Import▶Merge… 명령을 수행하여 앞에서 작업했던 파일(10\08.max)을 선택해 줍니다. 불러온 파일의 객체 중에서 물(수면) 재질이 적용되어 있는 'water' 객체를 선택해 줍니다.

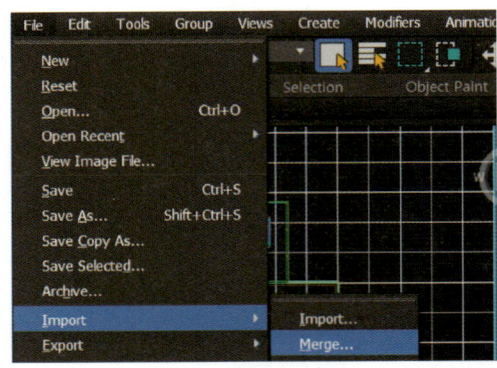

(10\08.max)

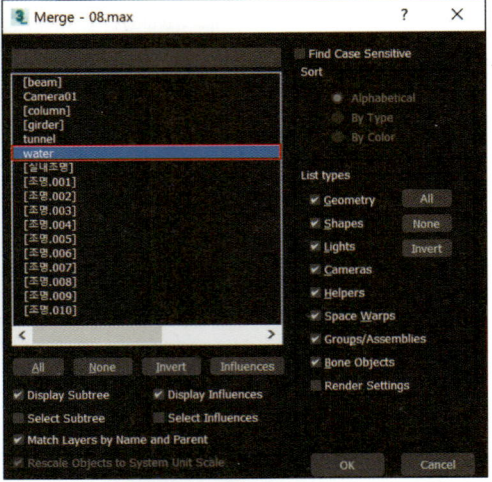

③ Material Editor의 첫 번째 슬롯을 선택하고 그림과 같이 Pick Material from Object를 클릭한 뒤, 불러온 'water' 객체를 클릭하여 선택해 줍니다.

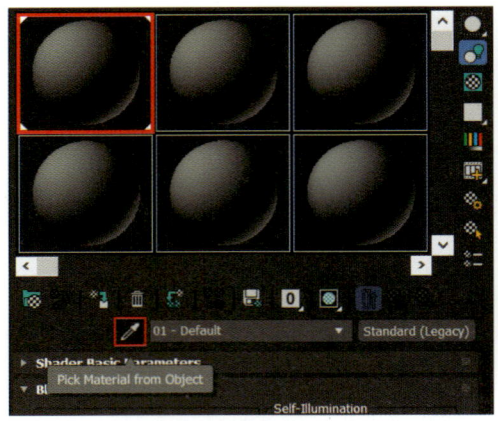

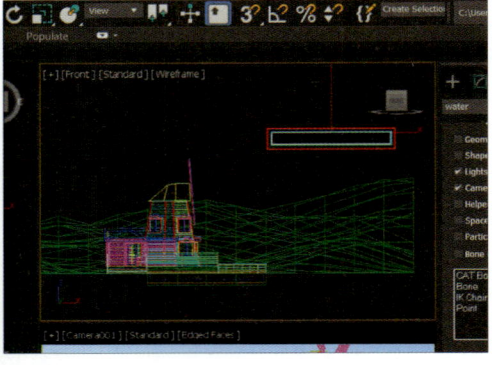

④ 또 다른 방법은 첫 번째 슬롯을 선택한 뒤, Get Material을 클릭하여 나타나는 Material/Map Browser에서 Scene Materials 항목을 선택해 줍니다.

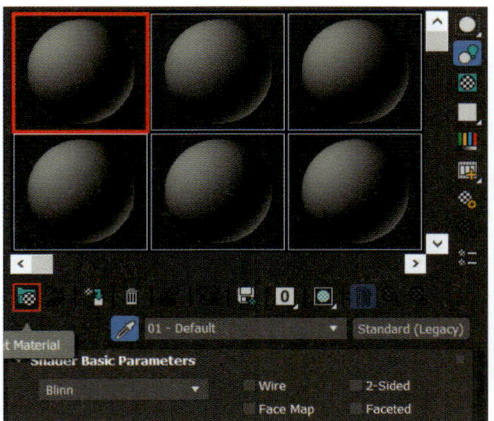 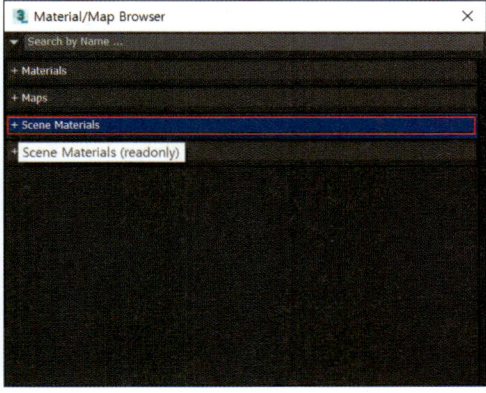

⑤ 화면상에 사용되는 재질이 모두 보이게 됩니다. 만약 너무 많은 재질을 사용하고 있다면 'water' 객체에 적용되어 있는 재질을 찾는 것도 어려운 일입니다. 이런 경우에는 마우스 오른쪽 버튼을 클릭하여 나타나는 메뉴에서 그림과 같이 Filter Selected Objects를 클릭하여 선택해 줍니다.

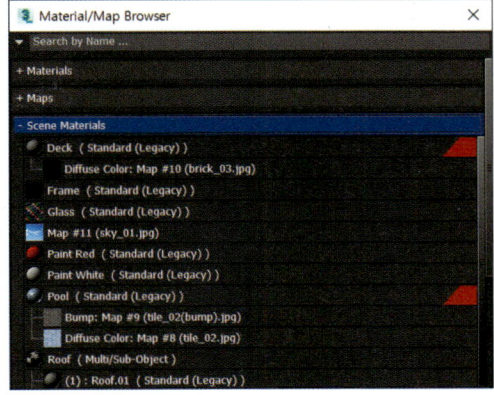 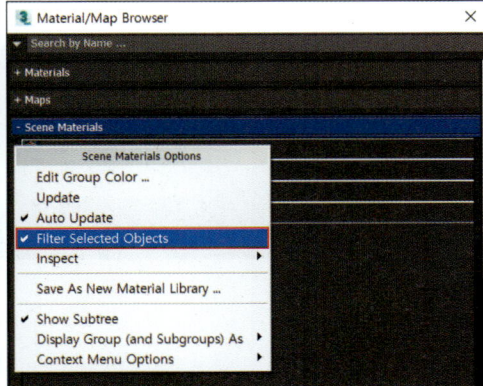

**6** 선택되어 있는 'water' 객체를 적용되어 있는 재질이 나타나게 되며, 이것을 선택하여 불러와 줄 수 있습니다.

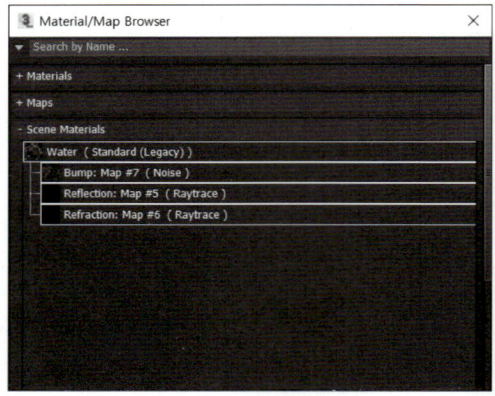
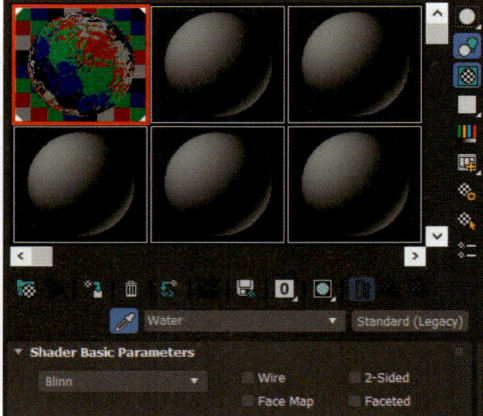

**7** 필요한 재질을 불러온 뒤, 재질을 적용하려는 객체를 선택, Assign Material to Selection 명령을 수행하여 재질을 부여해 줍니다.

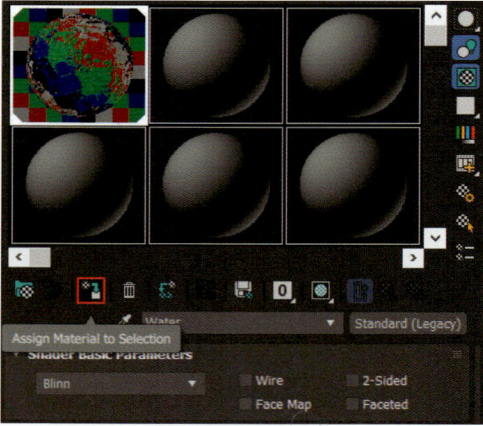

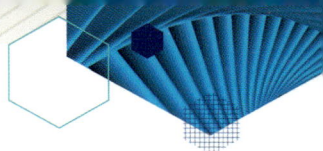

**8** 그림과 같이 별도의 작업 없이 다른 모델링 데이터에 적용된 재질을 쉽게 불러와 적용해 줄 수 있습니다.

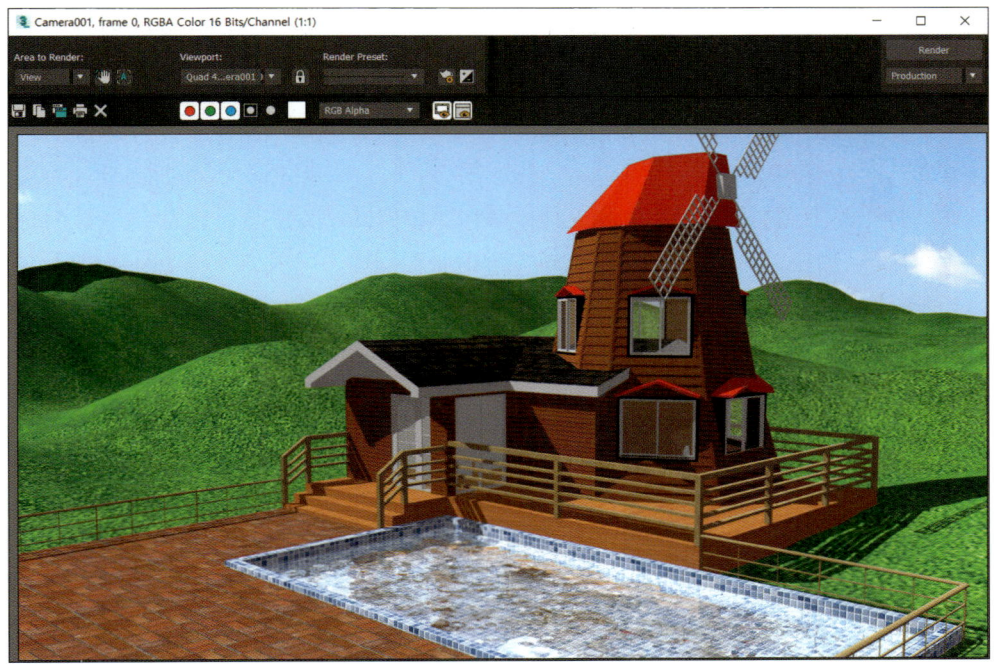

(10\10.max)

## UVW Map

지금까지는 객체에 설정될 재질 편집에 대해서 공부해 보았습니다. 그러나 예제에서도 살펴본 바와 같이 객체에 재질을 설정한 뒤 매핑 방향, 크기, 모양 등을 지정해야 합니다. 이와 같이 지정한 객체에도 재질 설정을 위한 X, Y, Z 좌표가 존재하며 이러한 것을 UVW Map 좌표로 부르게 됩니다. MAX에서 모델링을 수행하게 되면 기본적으로 맵 좌표가 설정되지만, 그 외 객체, 특히 AutoCAD에서 불러들인 모델링 데이터의 경우에는 별도의 맵 좌표를 설정해 주어야 합니다. 이러한 경우 사용되는 명령이 Modifier List에서 UVW Map 명령을 수행하여 맵 좌표를 설정해 줄 수 있습니다.

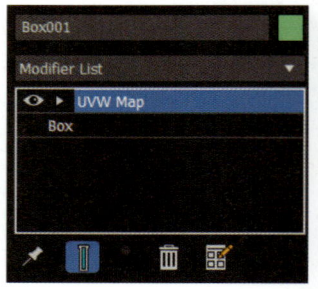 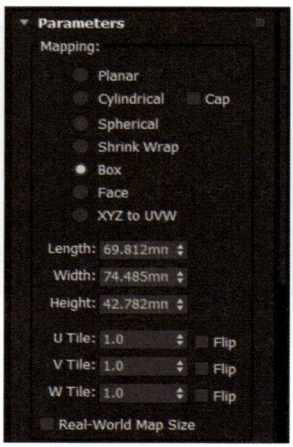 

❶ Mapping : 객체에 지정한 맵 좌표의 형태를 설정해 줍니다.
  • Planar : 기본적으로 설정되는 좌표 형태로 사각형의 평면 형태로 맵 좌표를 설정해 줍니다.
  • Cylindrical : 원기둥 형태의 맵 좌표를 설정해 줍니다. 특히 Cap 옵션을 설정할 경우 원기둥의 위쪽, 아래쪽의 원형 평면에는 Planar 형태의 맵 좌표를 설정해 줍니다.
  • Spherical : 구 형태의 맵 좌표를 설정해 줍니다.
  • Shrink Wrap : Spherical과 비슷한 형태의 맵 좌표를 설정해 줍니다. 그러나 Spherical과는 달리 연결되는 모서리의 형태가 나타나지 않도록 설정해 줍니다.

- Box : 상자 형태의 맵 좌표를 설정해 줍니다. 건축 및 인테리어 장면을 위해 구성도는 객체에 가장 많이 사용됩니다.
- Face : 물체의 면마다 별도의 맵 좌표를 설정해 줍니다.
- XYZ to UVW : 맵핑 좌표를 객체의 모양에 맞추어 변형시켜 줍니다.

- Length : 기즈모(Gizmo)의 Length(길이)를 설정해 줍니다.
- Width : 기즈모(Gizmo)의 Width(폭)를 설정해 줍니다.
- Height : 기즈모(Gizmo)의 Height(높이)를 설정해 줍니다.

- U Tile : 설정된 기즈모의 크기 내에 X축 반복 횟수를 지정해 줍니다.
- V Tile : 설정된 기즈모의 크기 내에 Y축 반복 횟수를 지정해 줍니다.
- W Tile : 설정된 기즈모의 크기 내에 Z축 반복 횟수를 지정해 줍니다.

❷ Channel : UVW Map에서 사용될 채널을 지정하여 객체에 원하는 다양한 맵핑 타입을 설정해 줍니다. 이 기능을 사용하기 위해서는 미리 Material Editor에서 채널을 지정해 준 뒤 사용될 수 있습니다.

❸ Alignment : 기즈모의 크기 및 위치를 정렬해 줍니다.
- X : 기본적으로 X축을 기준으로 기즈모(Gizmo)를 정렬해 줍니다.
- Y : 기본적으로 Y축을 기준으로 기즈모(Gizmo)를 정렬해 줍니다.
- Z : 기본적으로 Z축을 기준으로 기즈모(Gizmo)를 정렬해 줍니다.
- Fit : 기즈모(Gizmo)의 크기를 객체 크기로 맞추어 줍니다.
- Bitmap Fit : 기즈모(Gizmo)의 크기를 지정한 이미지 크기로 맞추어 줍니다.
- View Align : 기즈모(Gizmo)의 방향을 설정한 뷰포트의 방향으로 맞추어 줍니다.
- Reset : 기즈모(Gizmo)의 크기와 위치를 초기화시켜 줍니다.
- Center : 기즈모(Gizmo)의 중심 위치를 객체의 중심으로 설정해 줍니다.
- Normal Align : 설정한 객체의 면에 따라 기즈모(Gizmo)의 방향을 설정해 줍니다.
- Region Fit : 마우스를 드래그하여 원하는 크기와 방향으로 기즈모(Gizmo)를 설정해 줍니다.
- Acquire : 다른 객체에 설정된 기즈모(Gizmo)를 복사하여 적용합니다.

## 5. 도면 이미지를 이용한 표현 기법

　이번에는 AutoCAD에서 작성된 도면을 이미지로 변환한 뒤, 재질에 적용한 활용 방안을 연습해 보도록 하겠습니다. 매우 간단한 과정이지만 작업에 따라 매우 효과적인 표현 결과를 만들 수 있을 것입니다.

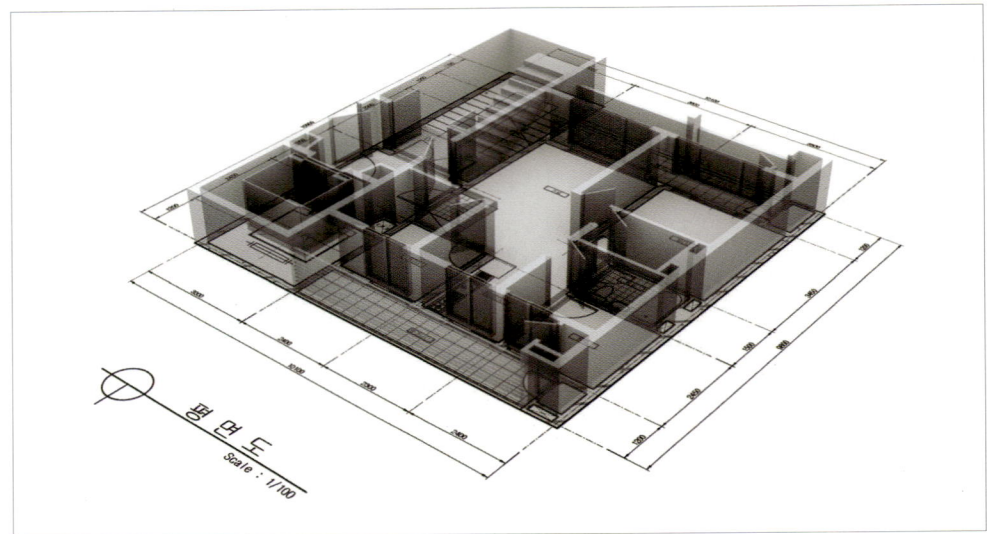

**1** AutoCAD에서 준비된 도면 파일(10\11.dwg)을 불러온 뒤, 내용을 확인해 줍니다. 준비된 도면을 가급적 고해상도 비트맵 이미지(JPG 포맷)로 변환하여 준비해 줍니다.

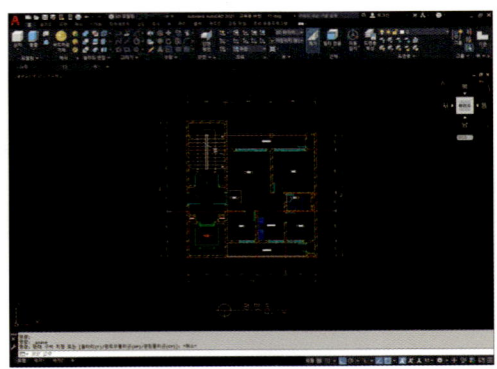
(10\11.dwg)

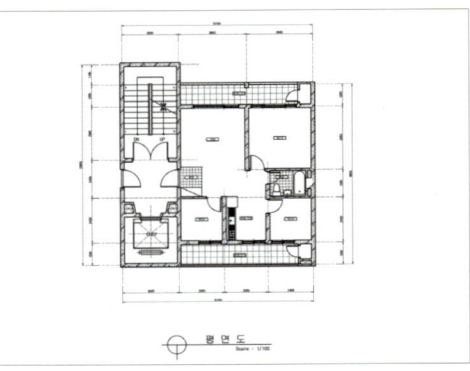

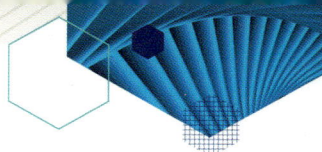

 이미 여러 번 말씀드린 바와 같이 인테리어(실내건축), 건축 분야를 전공하시는 분들이라면 반드시 CAD 툴을 학습하시기 바랍니다. 더불어 CAD를 이용한 도면작성과 더불어 작성된 캐드 도면의 변환 및 다양한 활용법도 익혀 두시기 바랍니다.

② 이제 MAX에서 준비된 예제 파일(10\12.max)을 불러온 뒤, 렌더링을 수행하여 내용을 확인해 줍니다. 준비된 예제 파일을 앞에서 확인한 캐드 파일을 이용한 모델링 데이터이며, 간단하게 투명의 속성을 부여해 놓았습니다.

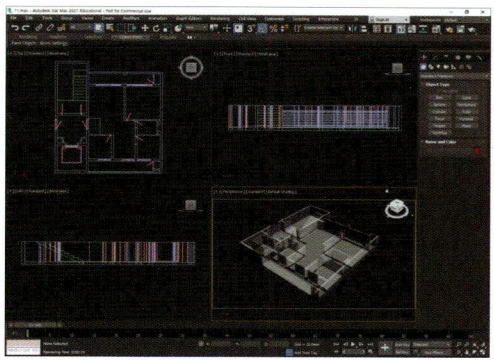
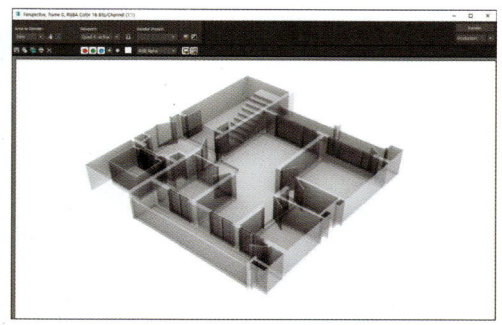

(10\12.max)

③ 바닥 개체를 작성하기 위해서 앞에서 확인해 준 도면 파일을 불러와 보도록 하겠습니다. File▶Import▶Import… 명령을 수행한 뒤, 준비된 캐드 도면 파일을 선택해 줍니다. 나타나는 AutoCAD DWG/DXF Import Options 대화상자에서 '0' 레이어를 선택하여 불러와 줍니다.

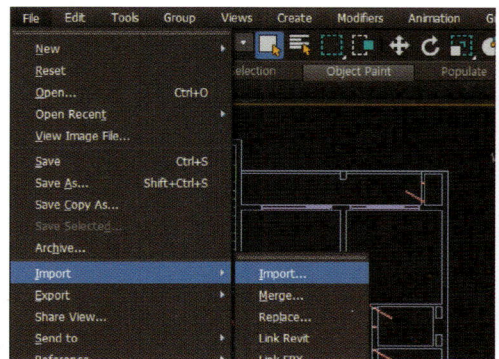
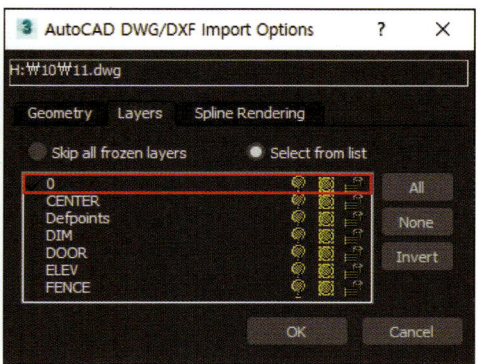

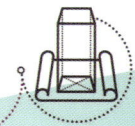

4 그림과 같이 바닥을 만들기 위한 기준 개체가 불러와진 모습을 확인할 수 있습니다. 더불어 불러온 기준 개체는 준비된 도면 이미지와 같은 비율과 크기를 가지고 있습니다.

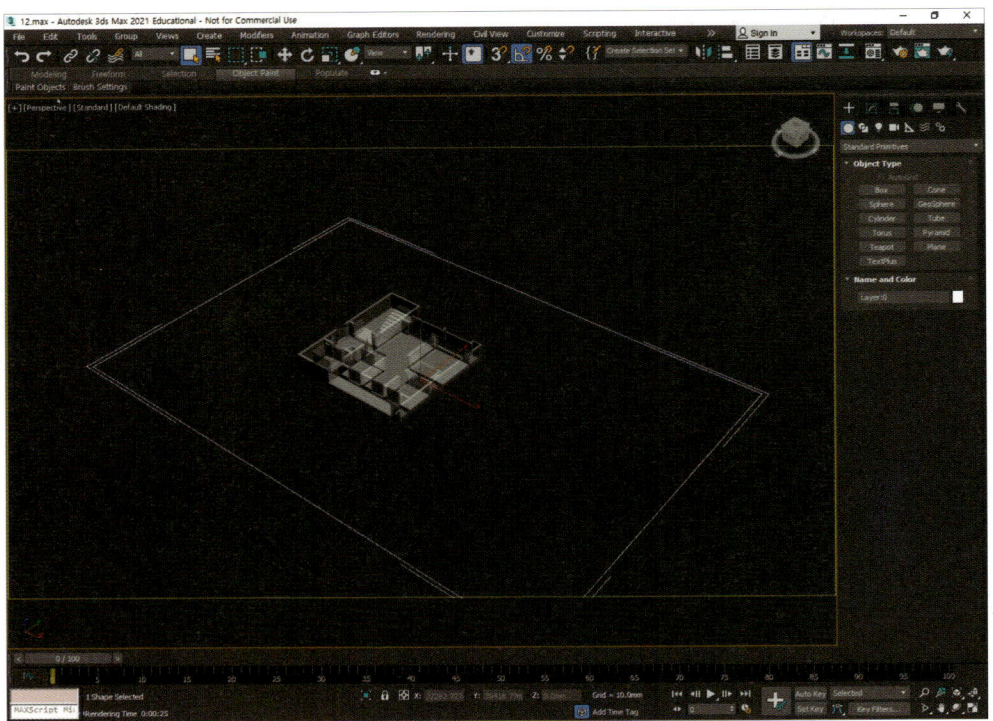

5 불러온 개체의 이름을 'Base_Map'로 변경한 뒤, Extrude 명령을 수행합니다. 더불어 Amount: 0으로 설정하여 돌출 두께값을 0으로 지정해 줍니다. 돌출되는 두께값을 '0'으로 설정하여도 렌더링을 진행될 수 있습니다.

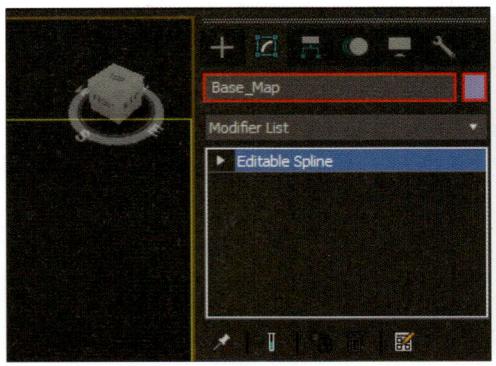 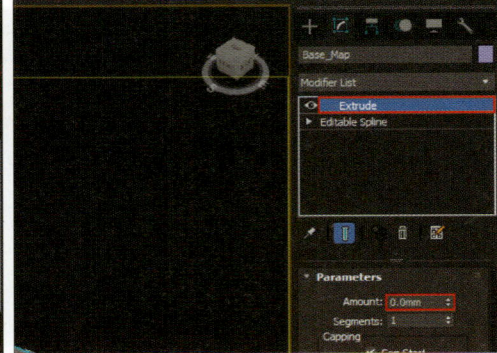

15강으로 익히는 인테리어·건축 디지털 렌더링

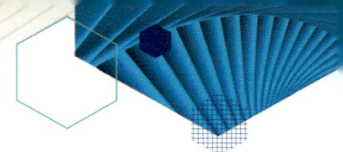

**6** 'Base_Map' 객체가 선택된 상태에서 Material Editor의 빈 슬롯을 선택한 뒤, 재질의 이름을 '도면', Shader 값을 Oren-Nayar-Blinn, Diffuse 색상을 흰색으로 설정해 줍니다. 계속해서 Diffuse Color에 변환하여 준비한 도면 이미지(10\maps\도면_01.jpg)를 적용해 줍니다.

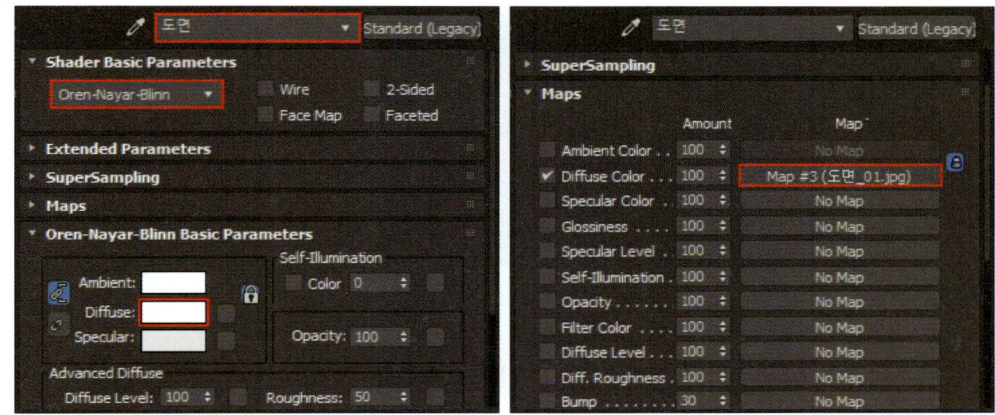

(10\maps\도면_01.jpg)

**7** UVW Map 명령을 수행한 뒤, 매핑 방법은 Planar, Alignment의 Z축 방향으로, Fit 명령을 수행하여 작성된 객체에 맞는 크기로 재질 방향과 크기를 지정해 줍니다.

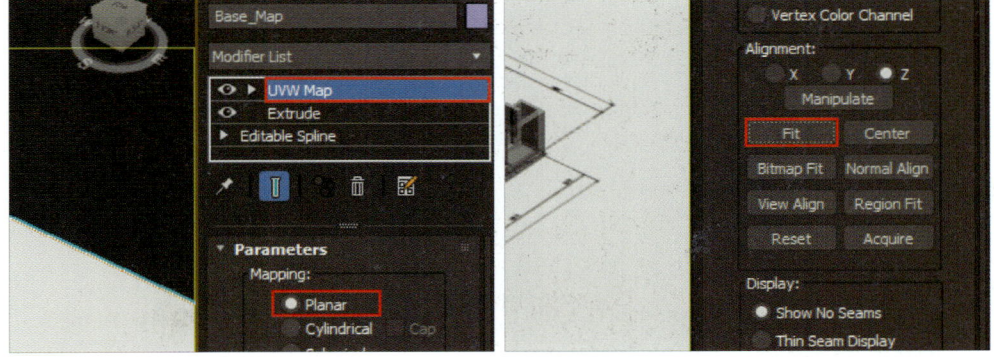

**8** 그림과 같은 결과를 확인할 수 있으며, 렌더링을 수행하여 최종 결과를 확인해 줍니다. 다만 살짝 아쉬운 점은 배경으로 사용된 흰색과 바닥 객체의 경계선이 보입니다.

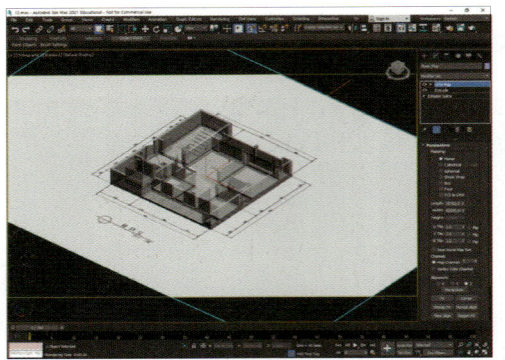 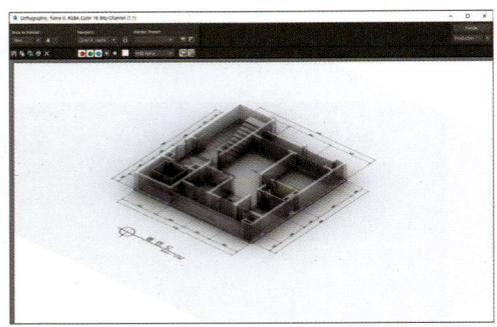

**9** 이번에는 앞에서 연습한 Opacity 재질의 속성을 이용하여 경계선이 없는 이미지로 변경해 보도록 하겠습니다. Material Editor의 빈 슬롯을 선택한 뒤, 재질의 이름을 '도면(투명)', Shader 값을 Blinn, Diffuse 색상은 검은색(R: 0, G: 0, B: 0)으로 설정해 줍니다. 계속해서 Maps 카테고리의 Opacity에 검은색 바탕의 흰색 도면으로 표현된 도면 이미지(10\maps\도면_02.jpg)를 적용해 줍니다.

 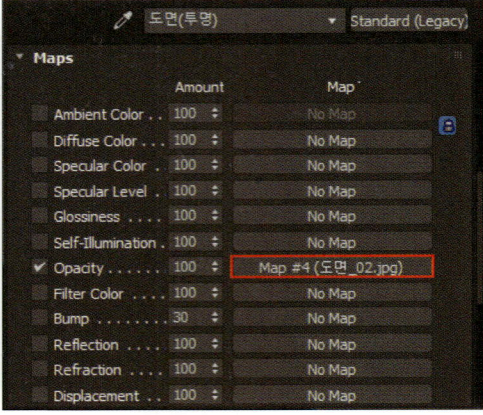

준비된 이미지는 이전과는 달리 검은색 바탕의 흰색 도면으로 표현된 도면 이미지입니다. 실제로 적용된 도면이 표현되는 것이 아니라 검은색 부분을 투명으로 표현하기 위해 준비된 이미지입니다.

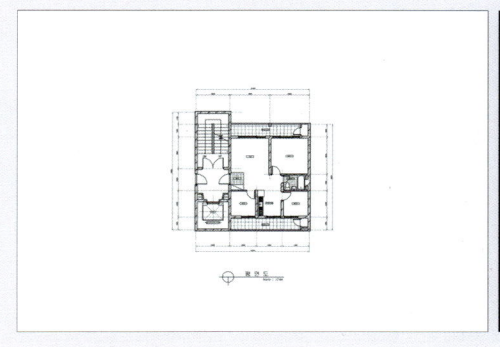
도면_01.jpg

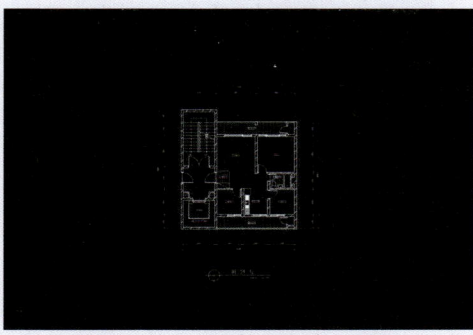
도면_02.jpg

**10** 그림과 같은 결과를 확인할 수 있으며, 렌더링을 수행하여 최종 결과를 확인해 줍니다.

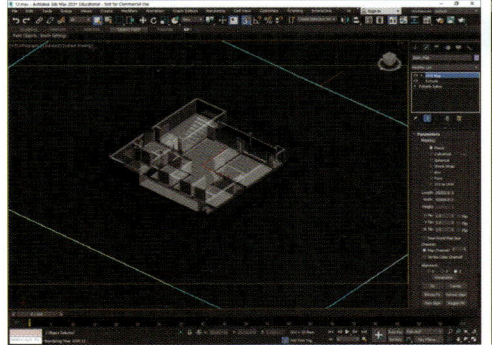

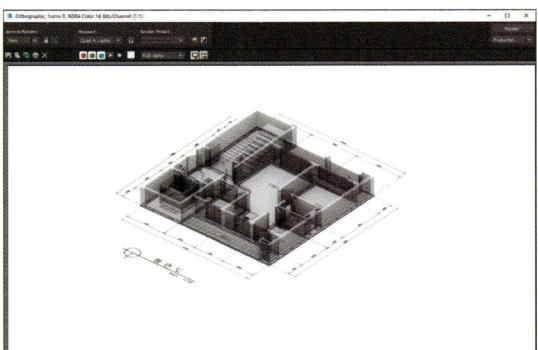

**11** 마지막을 여러분이 원하는 시점으로 설정해 줍니다. 이전과는 달리 배경의 흰색과 바닥 경계선이 보이는 현상이 없기 때문에 어떤 시점으로 설정해도 좋습니다.

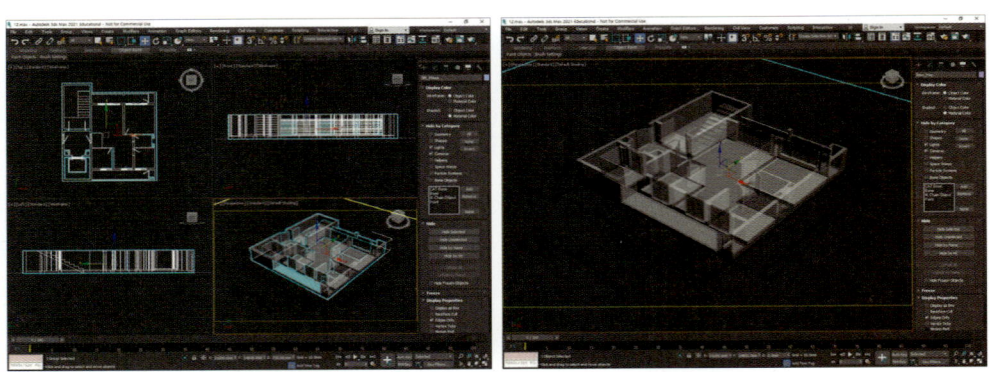

(10\13.max)

**12** 렌더링을 수행하여 최종 결과를 확인해 줍니다.

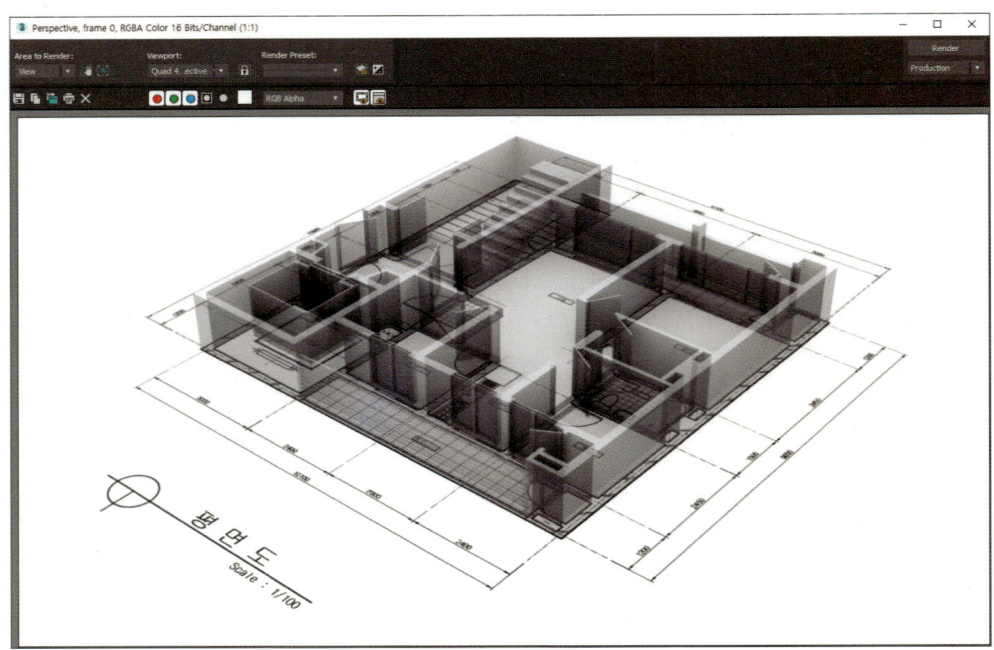

 **실습 예제**  도면을 이용한 대지 주변 이미지 표현

 이번 실습 에서는 앞에서 연습한 동일한 방법으로 주어진 AutoCAD 도면을 이미지로 처리한 뒤, 작성된 도면 이미지를 MAX의 매핑 방법을 이용하여 배치도를 렌더링 이미지에 표현해 보시기 바랍니다.

■ 완성된 렌더링 결과

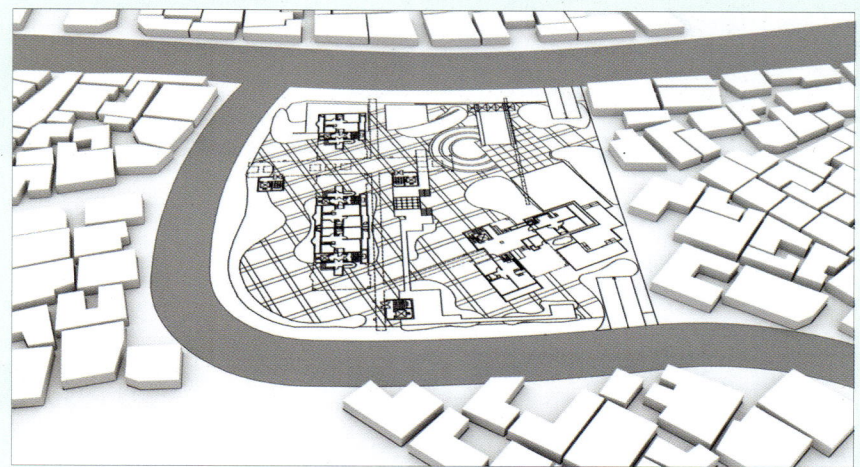

■ 제공되는 배치도 및 이미지 제작

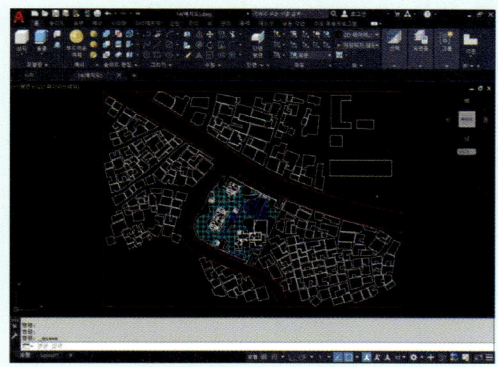
(10\14(배치도).dwg)

(10\maps\배치도.jpg)

**10.** 재질 제작과 활용 (3)

 실습 예제

■ 준비된 모델링 데이터

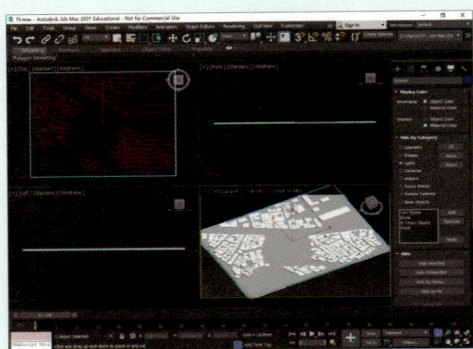
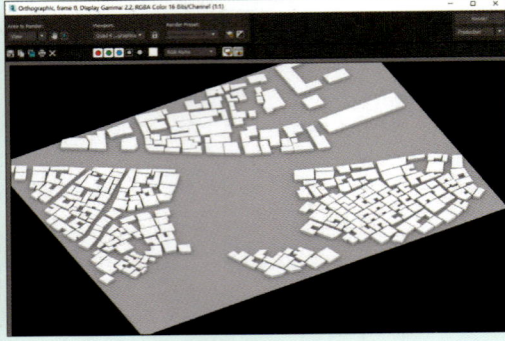

(10\15.max)

■ 재질(Material) 제작, 매핑(Mapping) 설정 및 렌더링

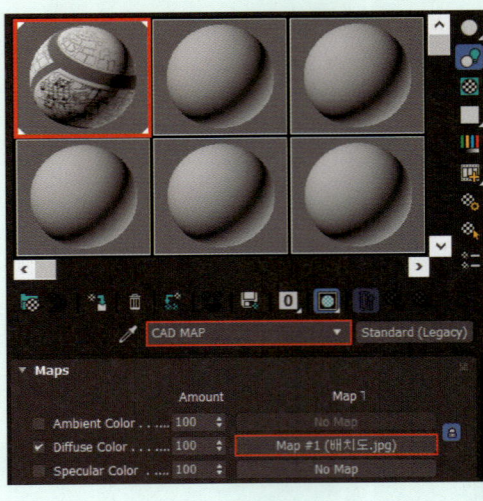
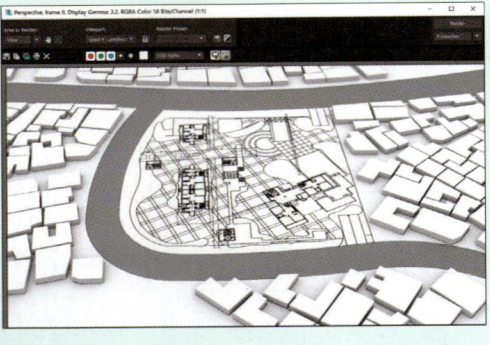

(10\16.max)

## 흩어져 있는 재질 이미지를 원하는 경로로 이동 및 설정하기

　MAX를 이용하여 재질 설정 작업을 하다보면, 여러 위치에 놓여있는 이미지를 불러와 사용하게 됩니다. 만약 여러분이 자리를 이동하지 않고 계속 사용하던 PC에서 작업할 경우는 큰 문제가 없지만, 자리를 이동하여 작업할 경우 사용된 이미지의 경로가 맞지 않거나, 이동된 PC에 재질 이미지가 없을 경우 에러 메시지를 나타내주면서 재질 이미지가 없는 상태의 렌더링 결과를 보여주게 됩니다.

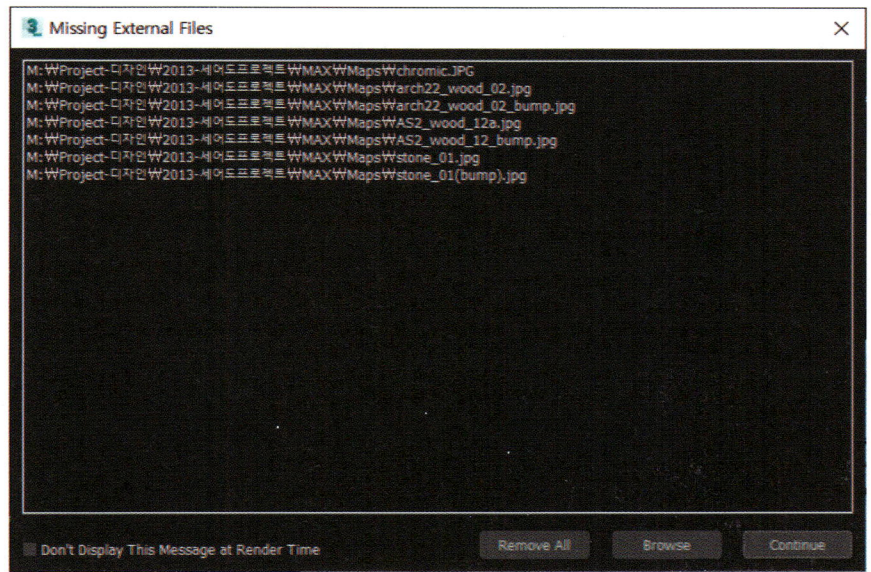

▲ 재질 이미지(Map)가 없을 경우 나타나는 에러 메시지

　가장 이상적인 방법은 사용된 재질 이미지와 모델링 데이터를 하나의 동일한 폴더에 넣고 작업하는 방법이 가장 이상적인 방법입니다. 그러나 여기저기 흩어있는 재질 이미지를 사용하다가 필요한 경우에 원하는 폴더에 복사한 뒤, 복사된 폴더를 재질의 경로로 지정하여 사용하는 방법은 다음과 같습니다.

❶ 커맨드 패널에서 Utilities 버튼을 클릭한 뒤, 나타나는 명령 중에서 기본적으로 보이지 않기 때문에 More... 명령을 수행합니다.

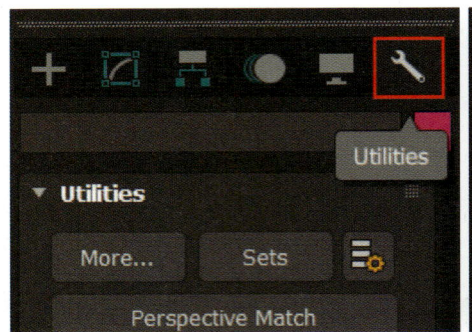 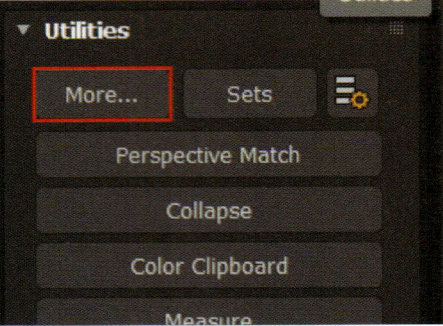

❷ 나타나는 Utilities 대화상자에서 Bitmap/Photometric Paths 명령을 클릭해 줍니다. 계속해서 명령을 수행하여 나타나는 Edit Resources... 명령을 수행합니다.

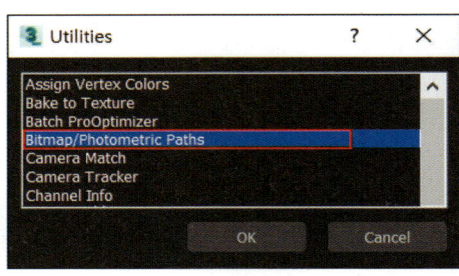 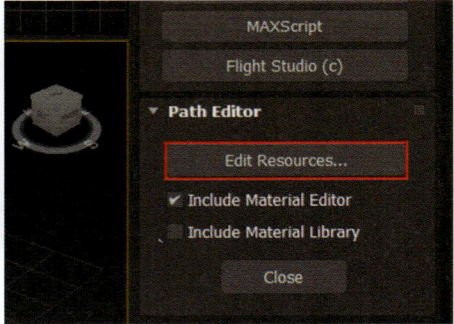

❸ 나타나는 Bitmap/Photometric Path Editor 대화상자에서 아래 그림과 같이 현재 정상적으로 설정되어 있는 이미지를 모두 선택한 뒤, Copy Files... 명령을 수행하여 복사될 경로를 지정하여 복사해 줍니다. 아래 그림과 같이 지정된 경로 맵으로 사용된 이미지 파일이 복사되는 모습을 볼 수 있습니다.

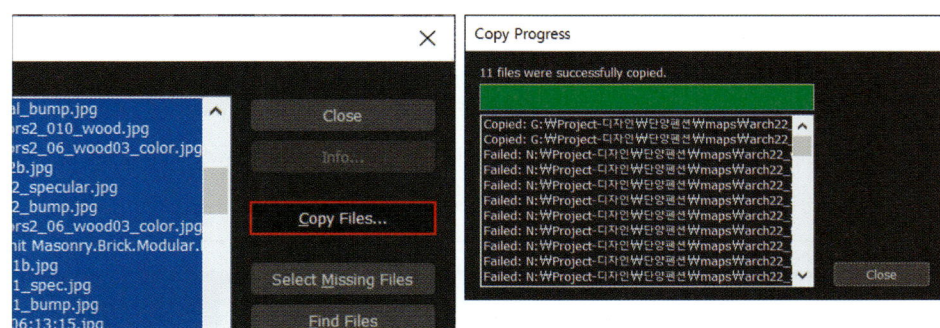

❹ 복사를 완료한 후, New Path: 항목을 복사된 이미지가 있는 경로로 지정한 뒤, Set Path 버튼을 클릭하여 이미지 맵의 경로를 변경시켜 줍니다. 맵으로 사용된 이미지의 경로가 일괄적으로 변경된 모습을 볼 수 있으며, 지정된 폴더를 살펴보면 필요한 이미지가 모두 복사된 것을 알 수 있습니다.

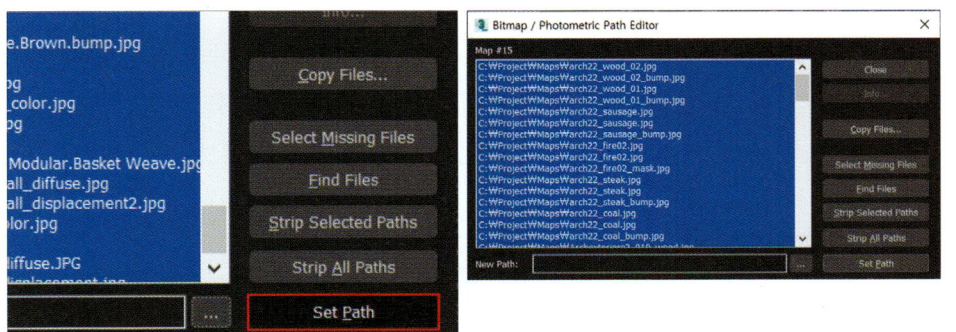

## 자주 사용되는 재질을 라이브러리 파일로 만들기

지금까지는 객체에 설정될 재질 편집에 대해서 공부해 보았습니다. 그러나 실전 작업에서 수없이 많은 재질을 매번 제작하여 적용하는 일은 만만치 않은 작업입니다. 따라서 자주 사용하는 재질을 하나의 라이브러리 파일로 작성한 뒤, 필요한 경우 불러와 사용하면 매우 편리할 것입니다.

❶ 재질 라이브러리를 작성하기 위해서는 Material/Map Browser에서 왼쪽 상단에 위치하고 있는 ▼버튼을 클릭하여 나타나는 메뉴에서 New Material Library… 명령을 수행하여 새로운 재질 라이브러리 파일을 제작할 수 있습니다.

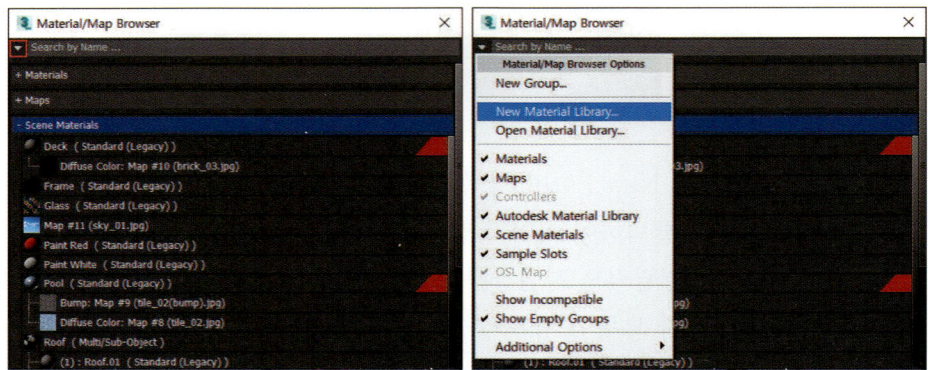

❷ 재질 라이브러리에 원하는 재질을 추가하기 위해서는 아래 그림과 같이 사용 중인 재질을 드래그하거나, 재질 편집기에서 원하는 재질을 선택한 뒤 Material▶Put to Library… 명령을 수행하여 선택한 재질을 라이브러리 파일에 추가할 수 있습니다.

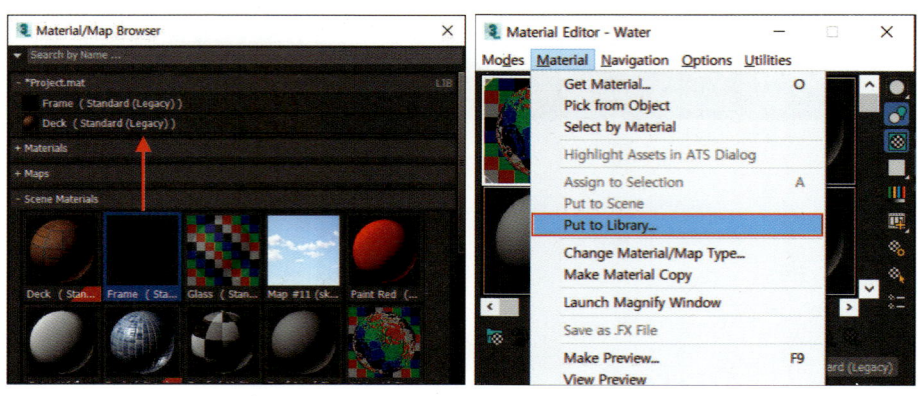

❸ 작업 중이던 재질 라이브러리를 Close Material Library 명령을 수행하여 저장, 종료할 수 있습니다.

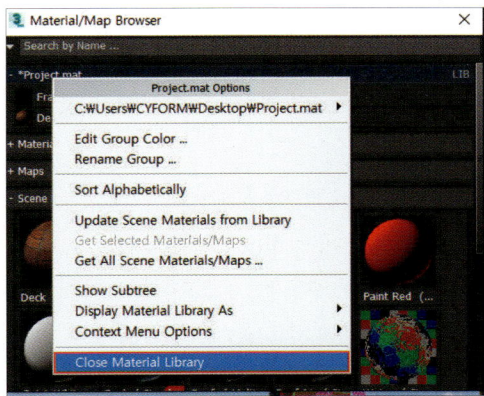 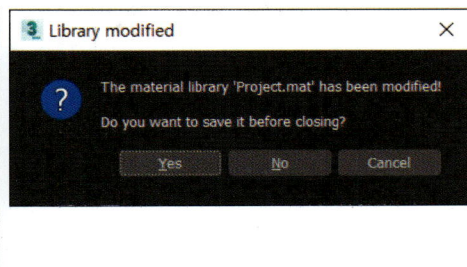

# MEMO
15강으로 익히는 인테리어 건축 디지털 렌더링

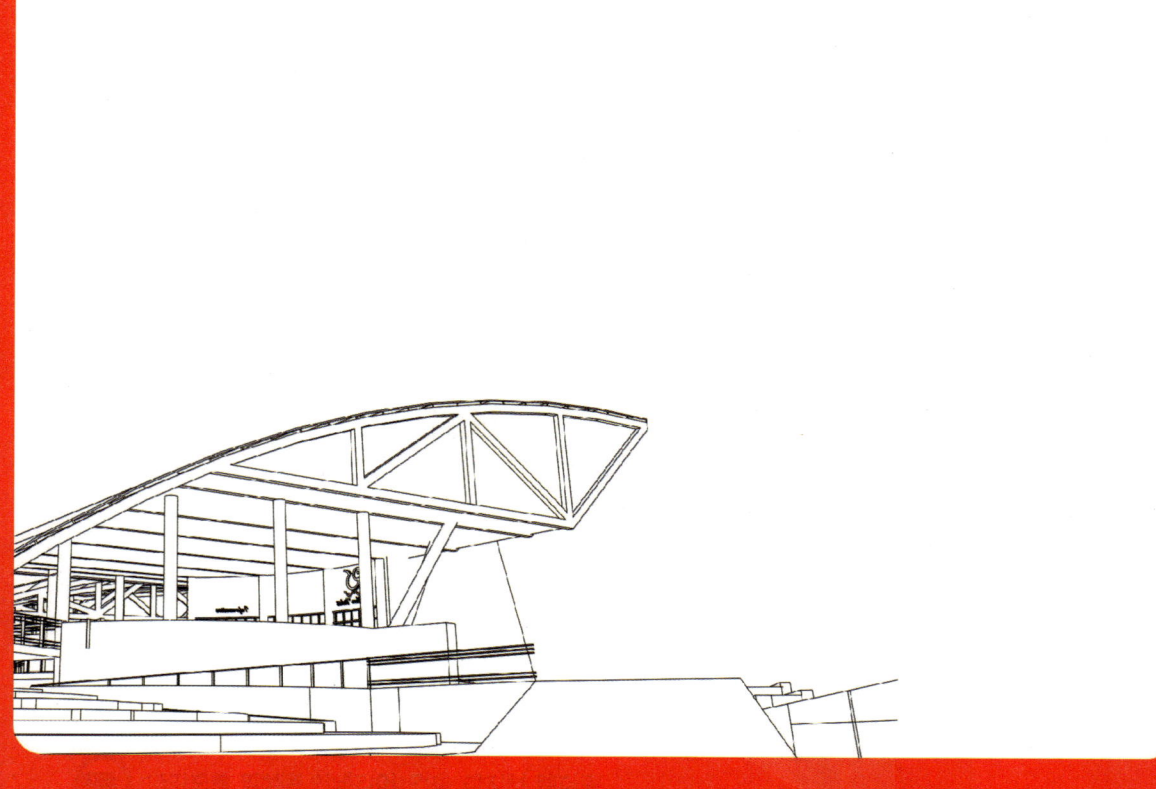

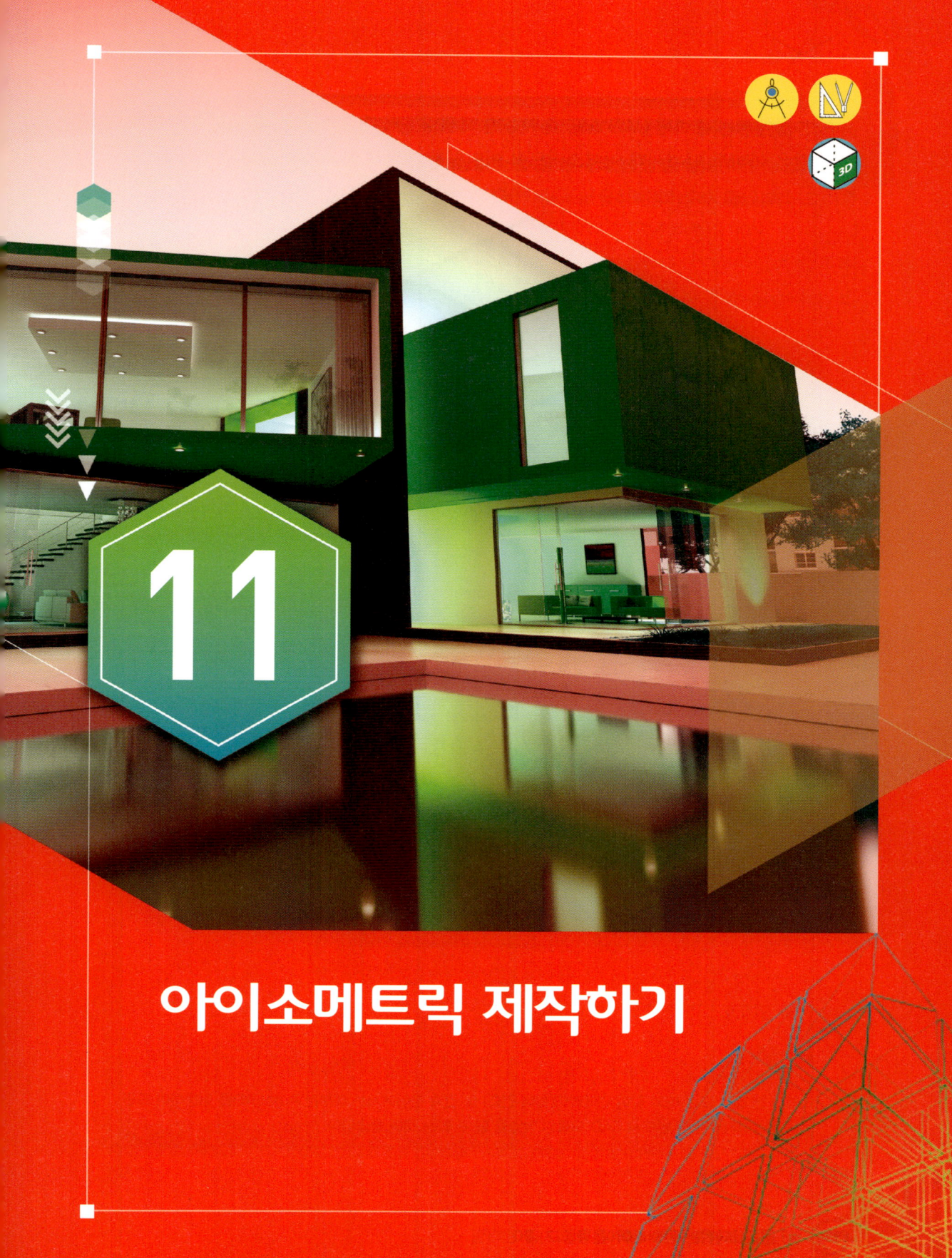

# 11

## 아이소메트릭 제작하기

이번 장에서는 준비된 CAD 도면을 이용한 모델링부터 재질의 적용 및 렌더링을 통해 그림과 같은 아파트 단위세대 아이소메트릭 이미지를 제작해 보도록 하겠습니다.

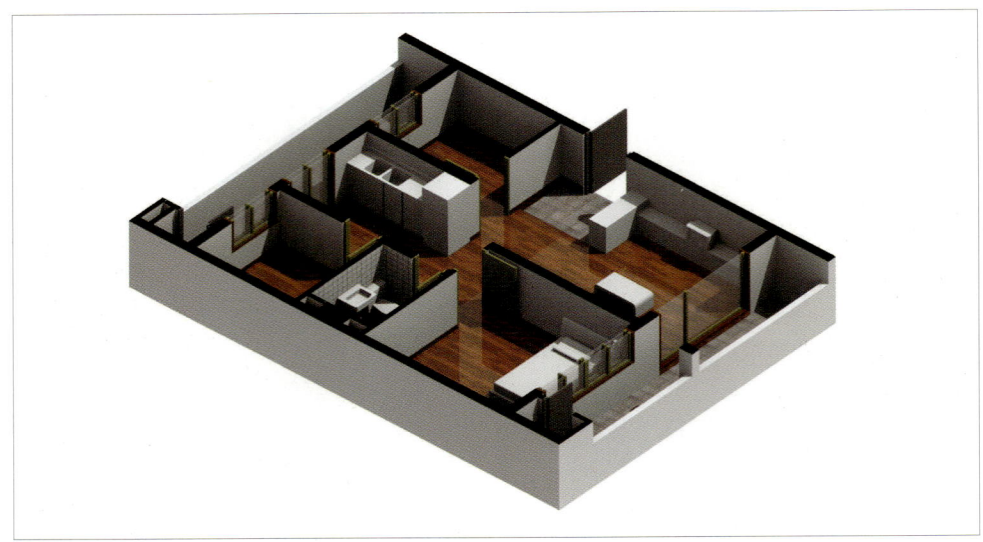

▲ 완성된 Isometric 이미지

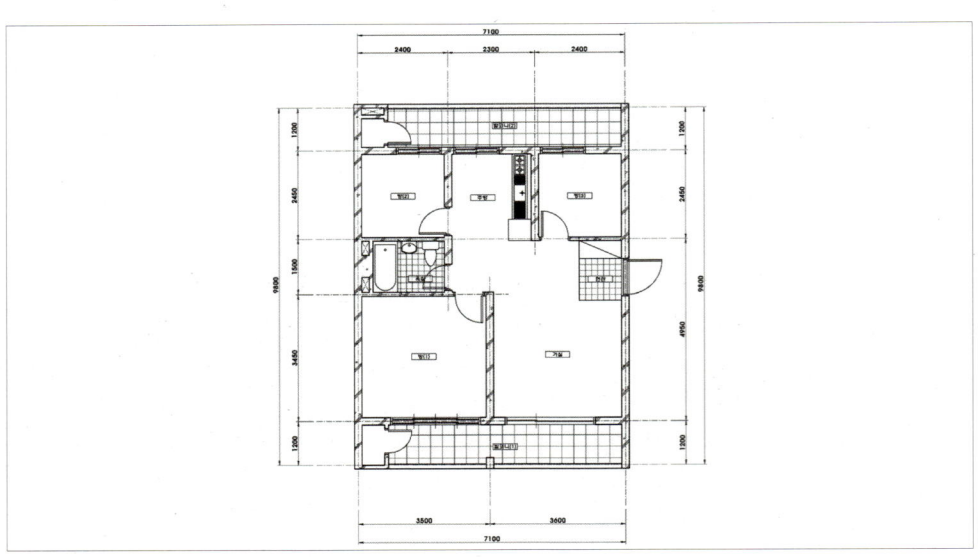

▲ 준비된 CAD 도면

여러 번 말씀 드린 바와 같이 인테리어(실내 건축) 및 건축 분야에서는 대부분 AutoCAD를 이용하여 도면을 작성하기 때문에 반드시 CAD 드로잉 작업을 할 수 있는 것이 좋습니다.

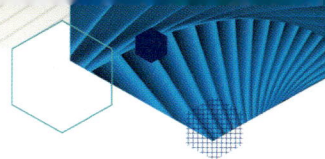

## 1. AutoCAD에서 도면 정리하기

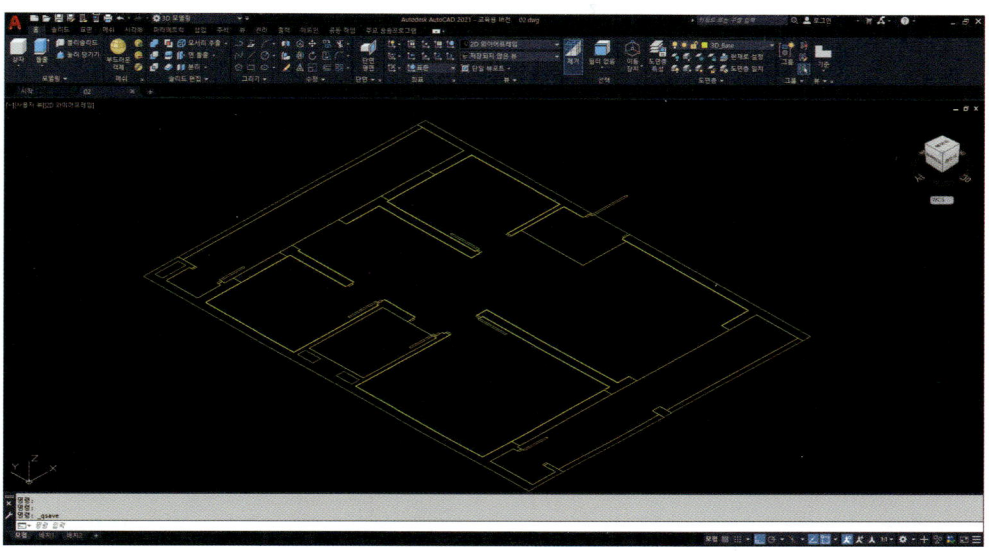

① 가장 먼저 3D 모델링을 진행하기 위해 준비된 AutoCAD 도면을 정리해 보도록 하겠습니다. AutoCAD에서 도면을 불러온 뒤, 내용을 확인해 봅니다. 준비된 파일은 아파트 단위세대를 표현한 도면 파일입니다.

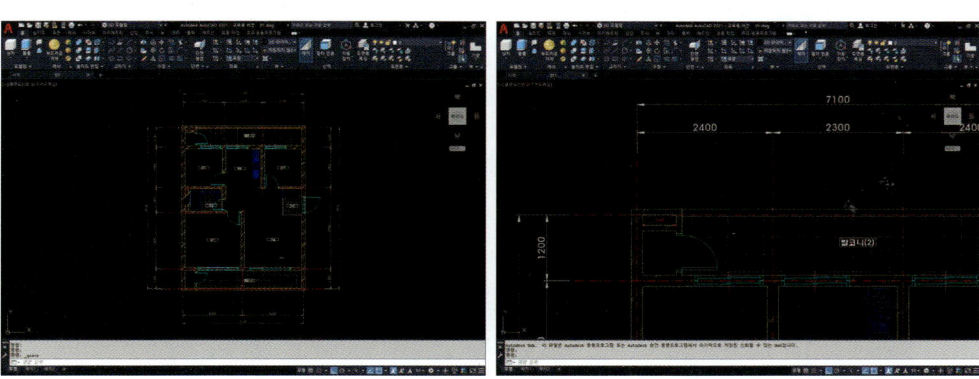

(11\01.dwg)

**11.** 아이소메트릭 제작하기

② 그림과 같은 모델링을 위한 드로잉 작업을 진행해 보도록 하겠습니다. 레이어 창에서 '3D_Wall.01' 이름으로 레이어를 추가하여 현재 레이어로 설정한 뒤, '2D_Wall'을 제외한 모든 레이어를 보이지 않도록 설정해 줍니다.

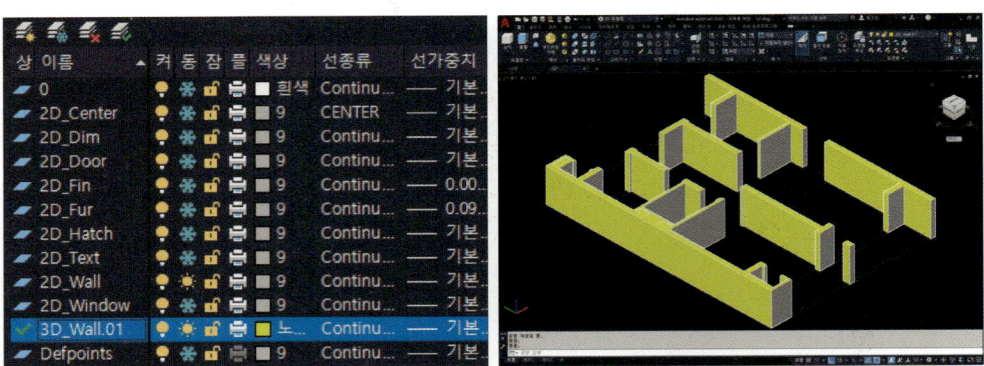

③ 이미 여러 번 학습한 바와 같이 아래 그림을 참고하여 벽체 모델링을 위한 드로잉 작업을 PLINE 명령을 이용하여 진행합니다. 반드시 PLINE, RECTANG, BOUNDARY와 같은 명령을 이용하여 작업을 하도록 하며, 단일객체, 폐곡선, 교차점이 없도록 구성해 주길 바랍니다.

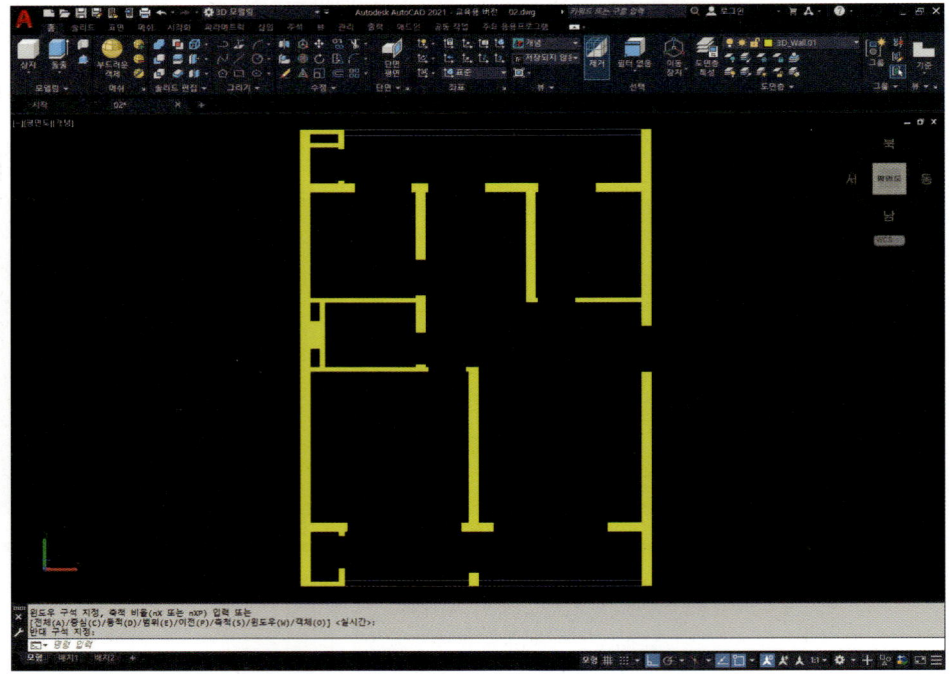

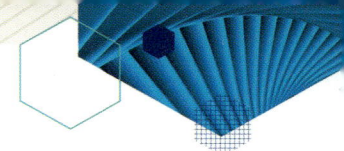

④ 이번에는 그림과 같이 창 밑에 위치하고 있는 벽체를 작성하기 위한 드로잉 작업을 진행해 보도록 하겠습니다. 레이어 창에서 '3D_Wall.02' 이름으로 레이어를 추가하여 현재 레이어로 설정한 뒤, '2D_Wall'을 제외한 모든 레이어를 보이지 않도록 설정해 줍니다.

 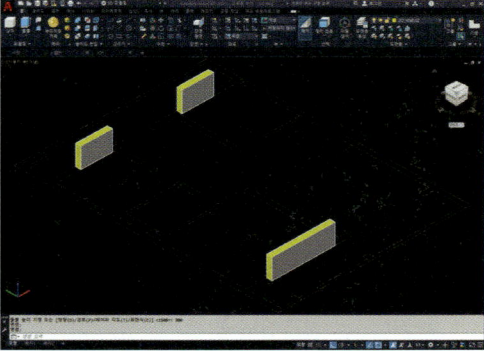

⑤ 아래 그림은 드로잉 작업을 수행할 위치와 영역을 표시한 내용입니다. 그림을 참고하여, PLINE, RECTANG, BOUNDARY 명령 등을 이용하여 드로잉 작업을 진행합니다.

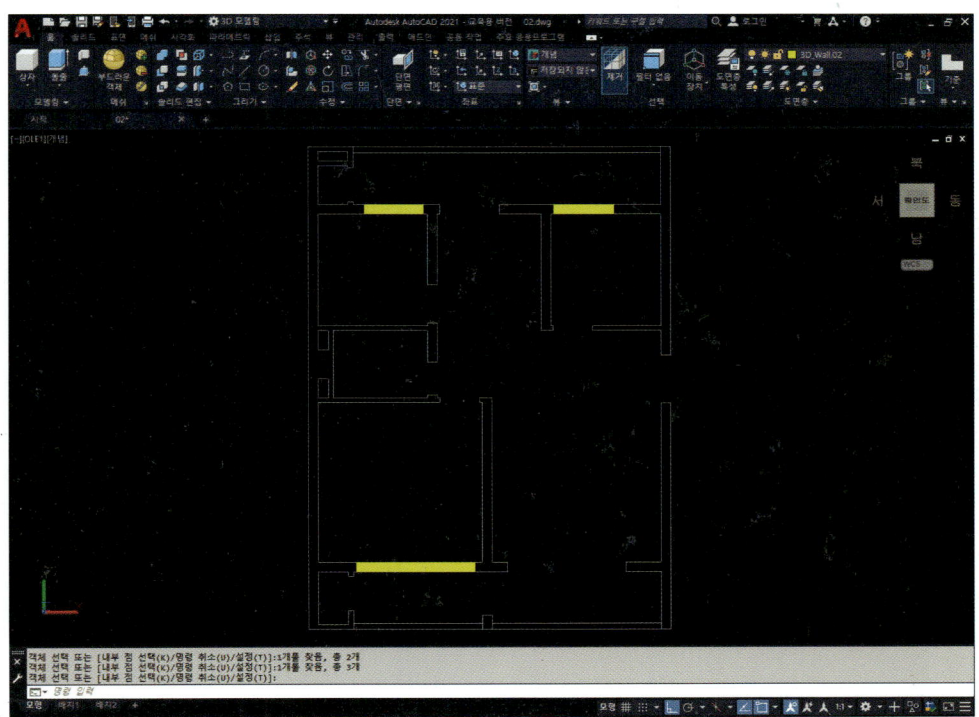

**11.** 아이소메트릭 제작하기

**6** 계속해서 그림과 같이 발코니에 위치하고 있는 난간벽체 작성을 위한 드로잉 작업을 진행해 보도록 하겠습니다. 레이어 창에서 '3D_Wall.03' 이름으로 레이어를 추가하여 현재 레이어로 설정한 뒤, '2D_Wall'을 제외한 모든 레이어를 보이지 않도록 설정해 줍니다.

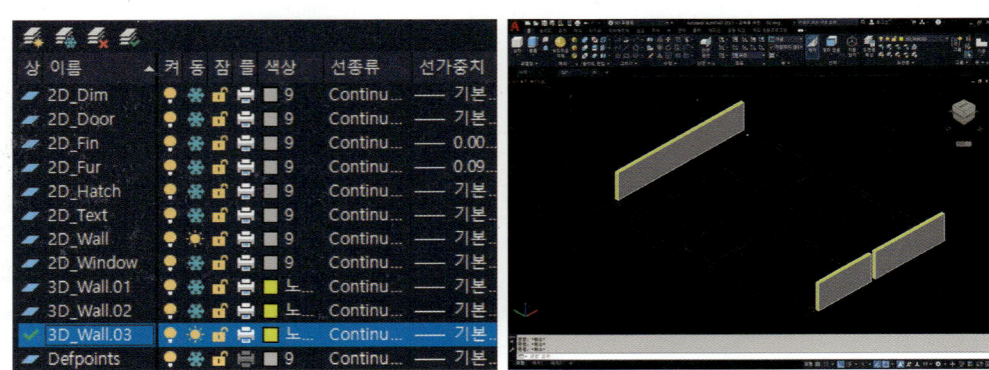

**7** 그림을 참고하여 PLINE, RECTANG, BOUNDARY 명령 등을 이용하여 드로잉 작업을 진행해 줍니다.

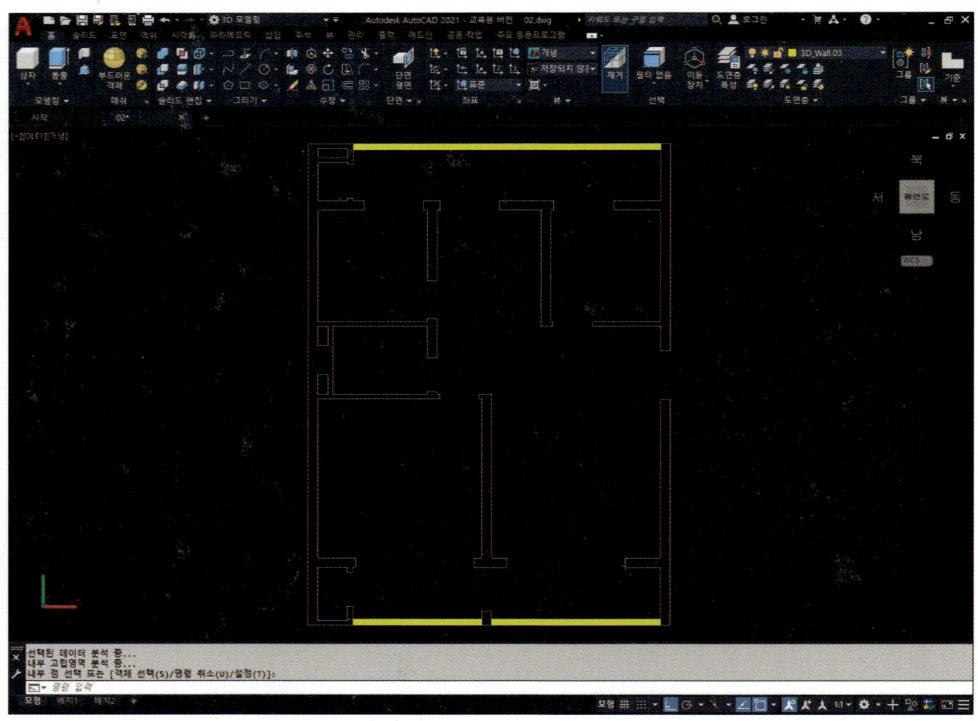

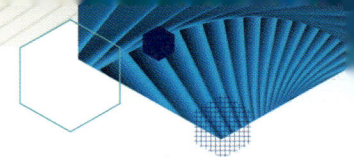

8  이번에는 그림과 같이 바닥 슬래브 작성을 위한 드로잉 작업을 진행해 보도록 하겠습니다. 레이어 창에서 '3D_Floor.01' 이름으로 레이어를 추가하여 현재 레이어로 설정한 뒤, '2D_Wall', '2D_Fin'을 제외한 모든 레이어를 보이지 않도록 설정해 줍니다.

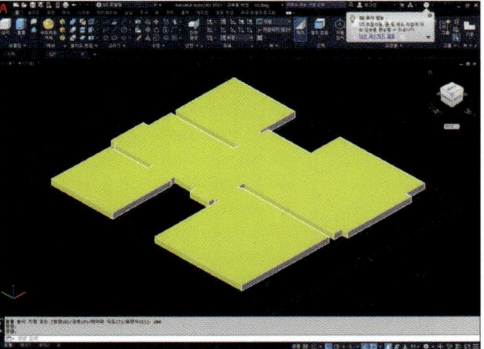

9  그림을 참고하여, 폴리라인을 작성해 줍니다. 이번 형태는 RECTANG, BOUNDARY 명령을 이용하여 작성하기 어렵기 때문에 반드시 PLINE 명령을 이용하여 정확하게 드로잉 작업을 진행해 줍니다.

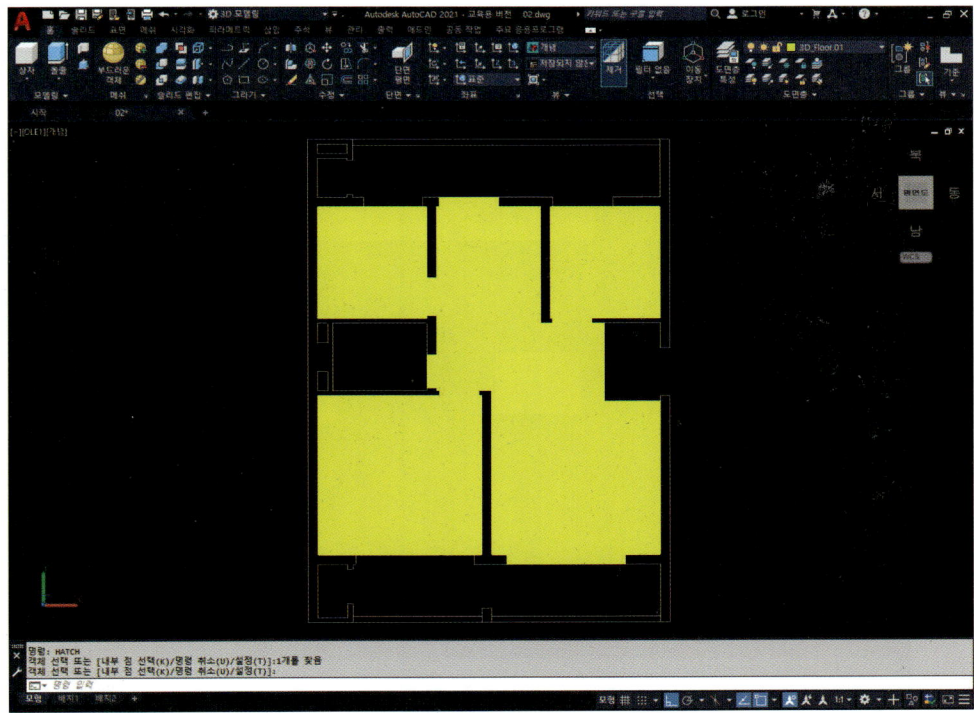

**11.** 아이소메트릭 제작하기

⑩ 이번에는 그림과 같이 발코니, 현관, 욕실 부분의 바닥 슬래브 객체를 작성하기 위한 드로잉 작업을 진행해 보도록 하겠습니다. 레이어 창에서 '3D_Floor.02' 이름으로 레이어를 추가하여 현재 레이어로 설정한 뒤, '2D_Wall', '2D_Fin'을 제외한 모든 레이어를 보이지 않도록 설정해 줍니다.

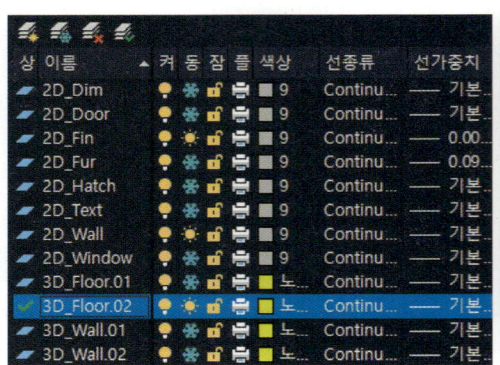 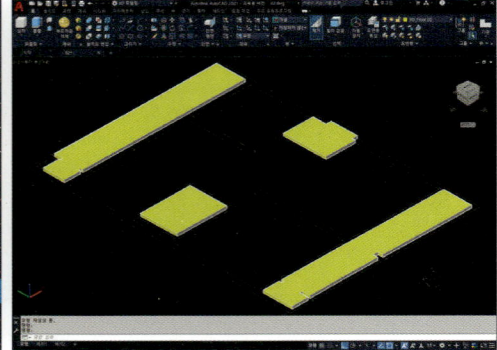

⑪ 이번도 역시 그림을 참고하여, 폴리라인을 작성해 줍니다. 이번 형태는 RECTANG, BOUNDARY 명령을 이용하여 작성하기 어렵기 때문에 반드시 PLINE 명령을 이용하여 정확하게 드로잉 작업을 진행해 줍니다.

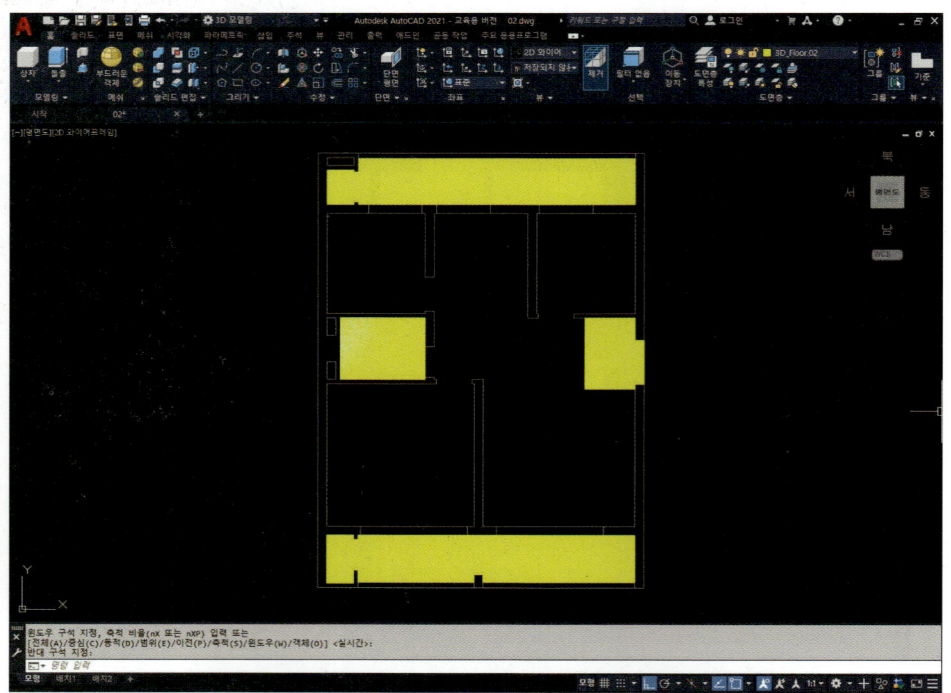

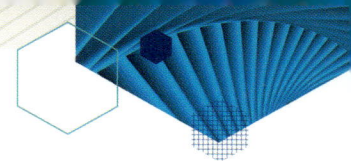

**12** 이번에는 문틀과 문 객체를 제작하기 위한 기준 개체를 그려보도록 하겠습니다. 레이어 창에서 '3D_Door.01' 이름으로 레이어를 추가하여 현재 레이어로 설정한 뒤, '2D_Door'를 제외한 모든 레이어를 보이지 않도록 설정해 줍니다.

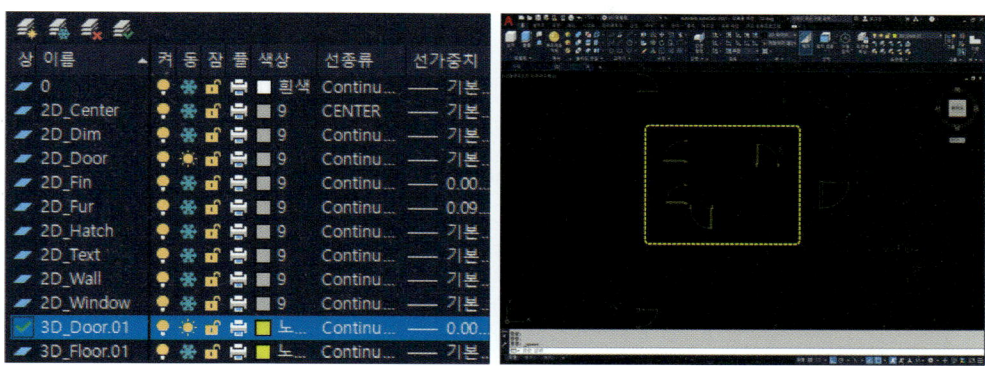

**13** 작업 환경이 구성되면 그림을 참고하여, 폴리라인을 작성해 줍니다. 이번 형태는 직사각형의 형태이기 때문에 RECTANG 명령을 이용하여 작성하는 것이 빠르고 정확하게 드로잉할 수 있습니다.

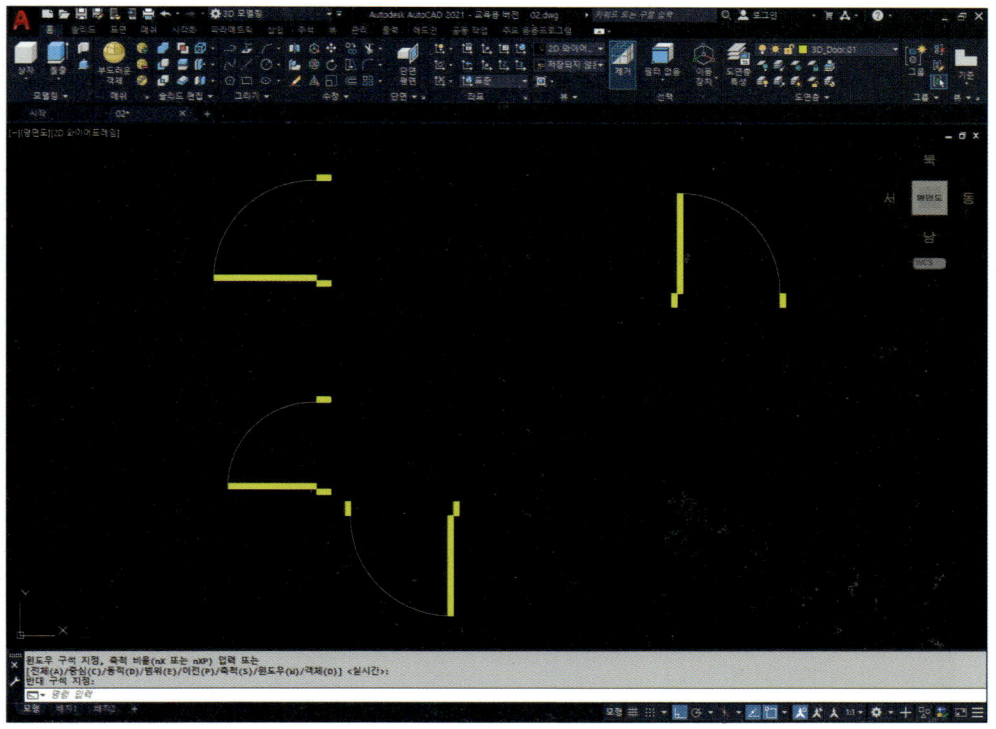

**11.** 아이소메트릭 제작하기 **563**

14 추가로 문틀과 문 객체를 제작하기 위한 기준 개체를 그려보도록 하겠습니다. 레이어 창에서 '3D_Door.02' 이름으로 레이어를 추가하여 현재 레이어로 설정한 뒤, '2D_Door'를 제외한 모든 레이어를 보이지 않도록 설정해 줍니다.

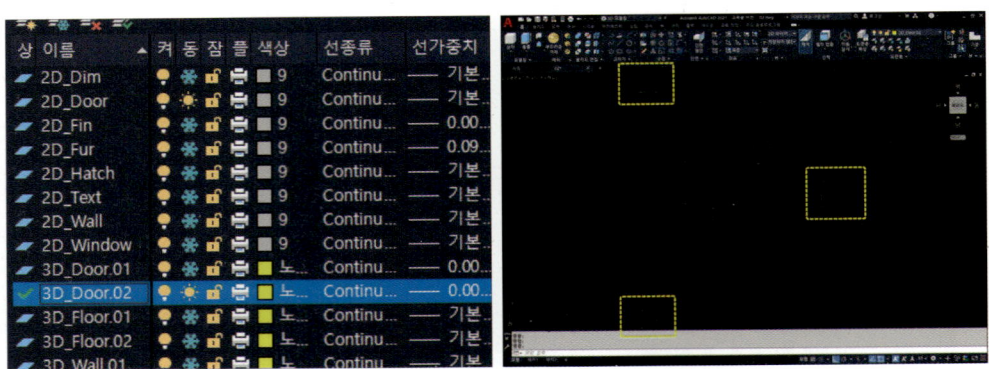

15 이번에도 그림을 참고하여, 폴리라인을 작성해 줍니다. 이번 형태도 앞에서 작성한 것과 동일한 직사각형의 형태이기 때문에 RECTANG 명령을 이용하여 작성하는 것이 빠르고 정확하게 드로잉할 수 있습니다.

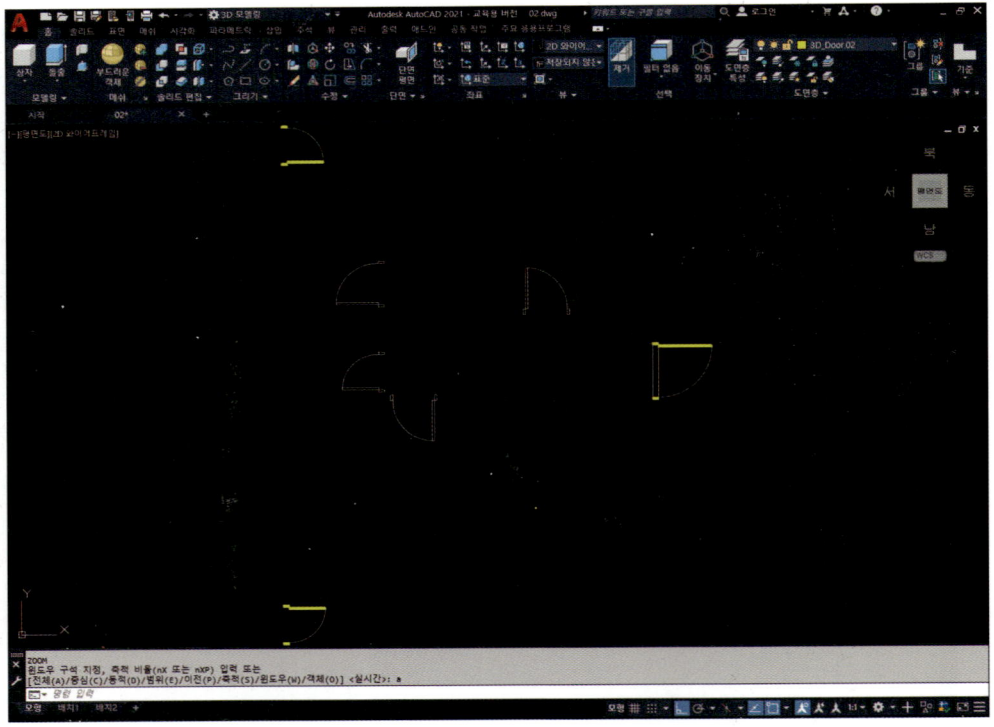

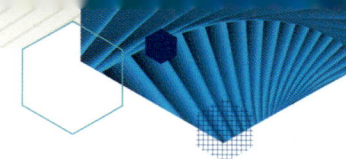

**16** 걸레받이 객체를 제작하기 위한 기준 개체를 그려보도록 하겠습니다. 레이어 창에서 '3D_Base' 이름으로 레이어를 추가하여 현재 레이어로 설정한 뒤, '2D_Wall'를 제외한 모든 레이어를 보이지 않도록 설정해 줍니다.

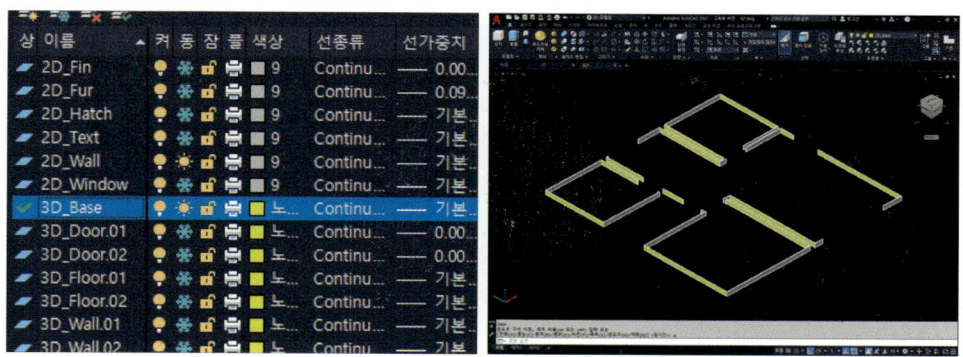

**17** 이번에는 그냥 그림을 그리기 어려운 형태입니다. 아래 그림과 같이 OFFSET 명령을 이용하여 벽을 따라서 10mm 두께의 폐곡선을 작성해야 합니다. 작성된 드로잉 객체를 PEDIT 명령을 이용하여 작성해도 좋으며, PLINE 명령을 이용하여 드로잉 작업을 진행해도 좋습니다.

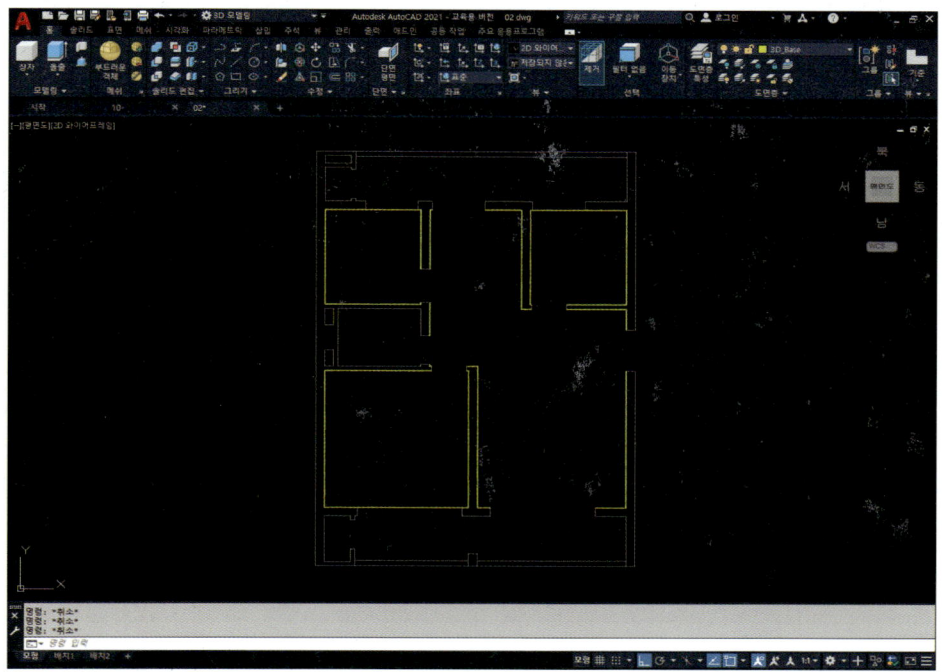

(11\02.dwg)

**11.** 아이소메트릭 제작하기

**18** 이번에는 창틀 및 유리 객체를 작성하기 위해서 평면도를 기준으로 미리 준비된 캐드 파일을 확인해 봅니다.

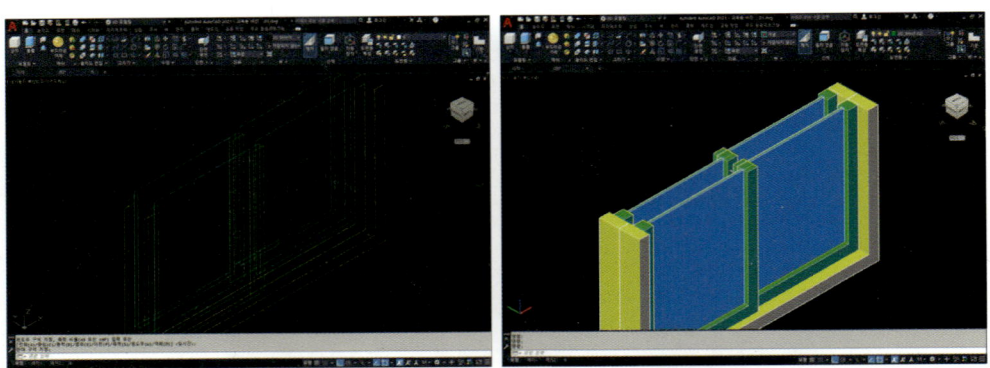

**19** 창호 제작을 위해 준비된 캐드 데이터입니다.

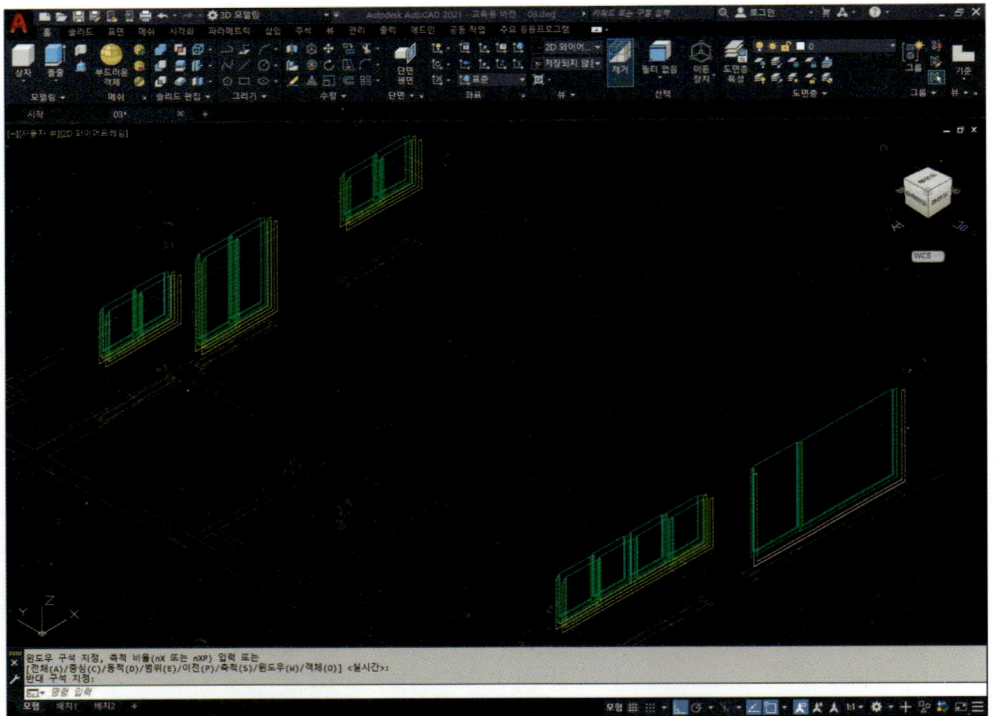

(11\03.dwg)

## 2. 준비된 CAD 도면을 이용한 모델링

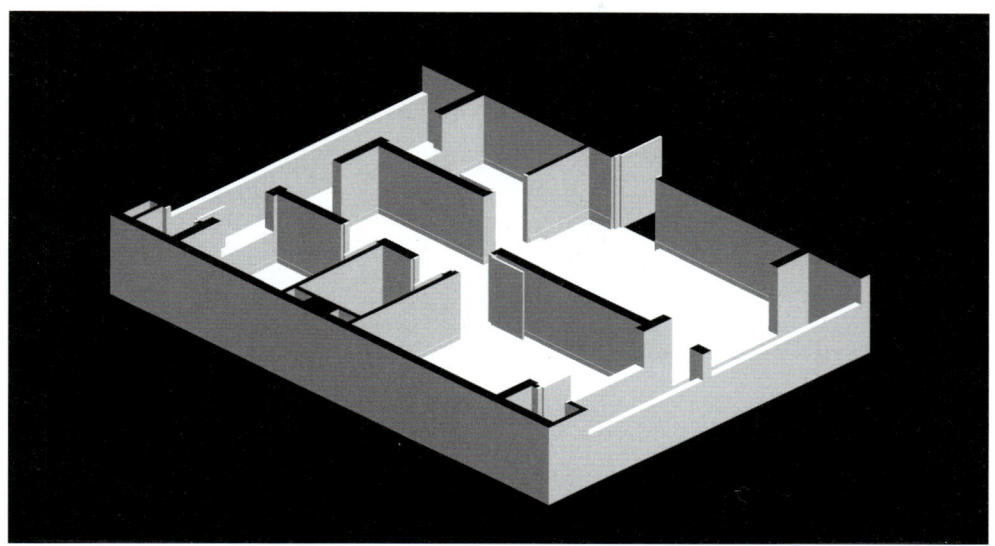

**1** 앞에서 준비된 캐드 도면을 이용한 모델링을 진행해 보도록 하겠습니다. MAX를 실행한 뒤, 기본적으로 설정되어 있는 그리드를 보이지 않도록 설정, Perspective 뷰포트의 시점은 Orthographic으로 설정, 마지막으로 Show Safe Frames 명령을 이용하여 렌더링 결과물의 비율로 뷰포트의 비율을 동일하게 설정해 줍니다.

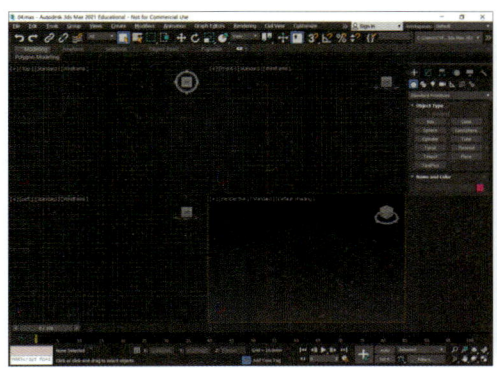 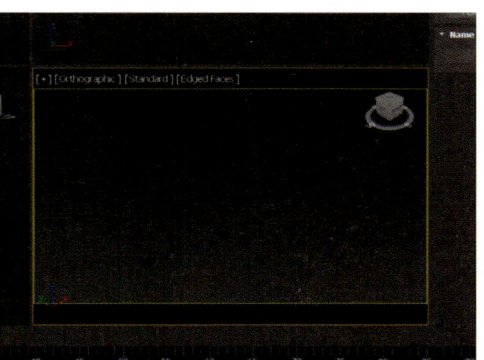

(11\04.dwg)

② 작업 환경을 설정한 뒤, File▶Import▶Import... 명령을 수행하여 준비된 캐드 도면 (11\02.dwg)을 불러옵니다. 모든 레이어를 불러올 필요는 없으며 '3D_×××' 이름으로 설정된 레이어만 선택하여 불러와 줍니다.

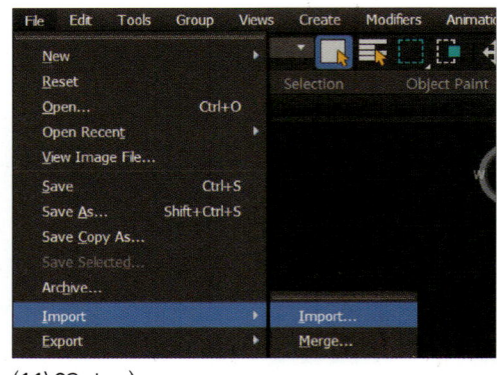
(11\02.dwg)

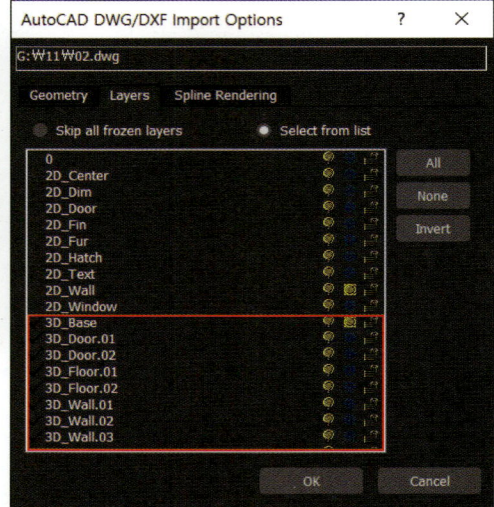

> 아파트 단위세대 아이소메트릭 렌더링 이미지 제작은 인테리어 또는 건축 분야에서 기준 도면을 이용하여 작성되는 3차원 모델링 연습 중에서 가장 기본적인 예제로 준비된 평면도가 있다면 짧은 시간 내에 모델링 결과를 만들 수 있습니다.

③ 그림과 같이 선택한 레이어의 캐드 도면을 불러온 뒤, 불러온 모든 객체(레이어)의 이름의 'Layer:'를 삭제한 뒤, 임의의 색상으로 변경해 줍니다.

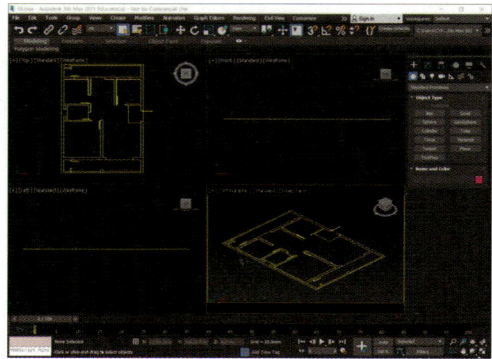
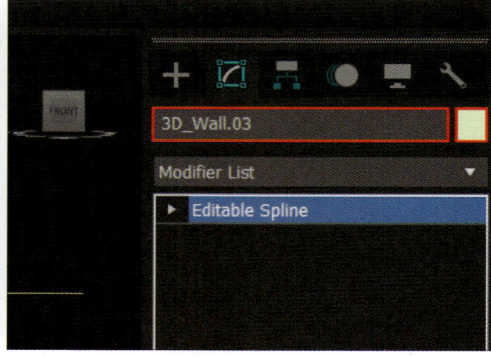

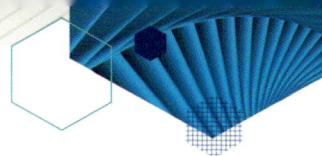

4 불러온 데이터에는 아무 색상도 지정되어 있지 않기 때문에 모든 객체를 선택해 줍니다. 계속해서 재질 편집기에서 빈 슬롯을 선택, '흰색'이라는 이름으로 재질 이름을 지정한 뒤, Diffuse 색상을 흰색(R: 255, G: 255, B: 255)으로 설정하여 적용해 줍니다.

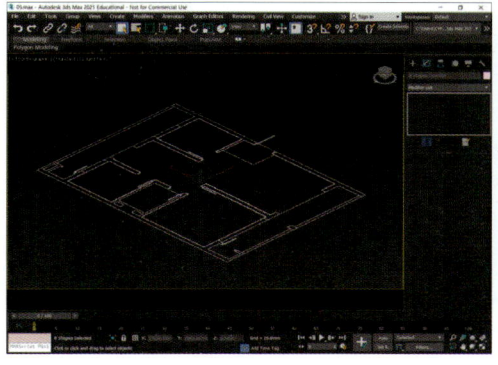 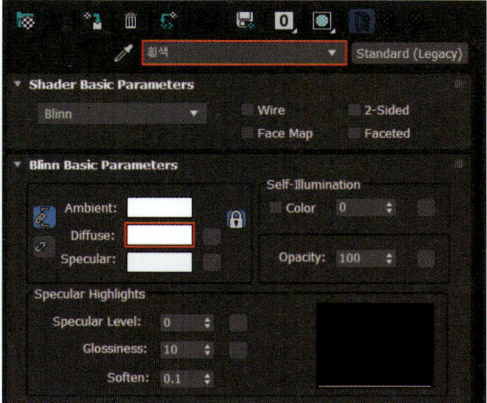

5 이제 하나씩 3D 모델링 작업을 진행해 보도록 하겠습니다. 가장 먼저 '3D_Wall.01'을 선택하여 Extrude 명령을 수행, 돌출 높이(Amount)는 1500으로 입력하여 모델링을 진행해 줍니다.

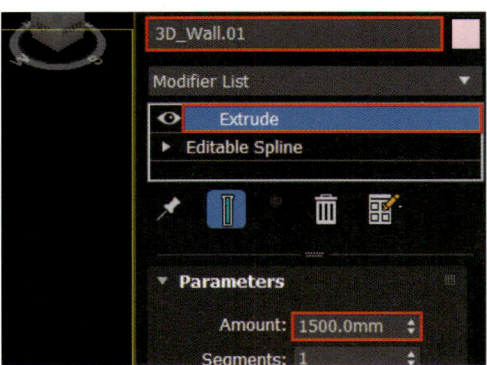 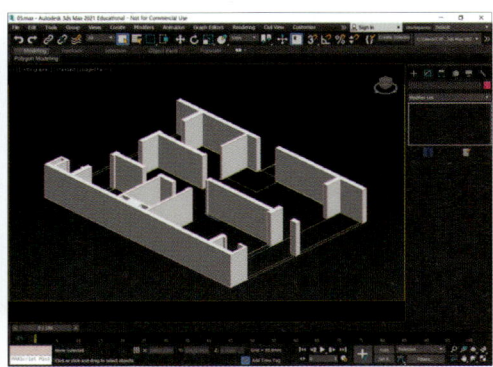

**6** Edit Mesh 명령을 이용하여 작성된 벽체 모델링의 상부단면을 선택하여 분리한 뒤, 분리된 객체의 이름을 '3D_Wall.01(Section)'로 지정해 줍니다.

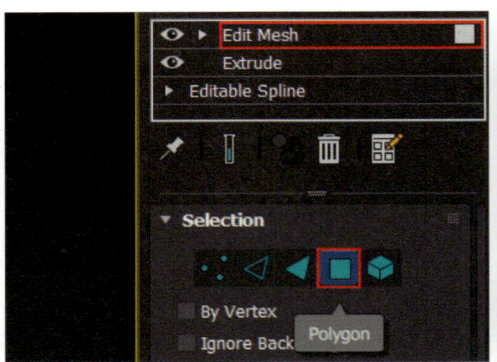 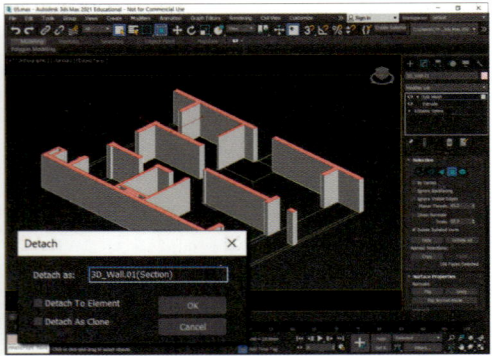

**7** 분리된 '3D_Wall.01(Section)' 객체를 선택한 상태에서 재질 편집기에서 빈 슬롯을 선택, '검정색'이라는 이름으로 재질 이름을 지정한 뒤, Diffuse 색상을 검은색(R: 0, G: 0, B: 0)으로 설정하여 적용해 줍니다.

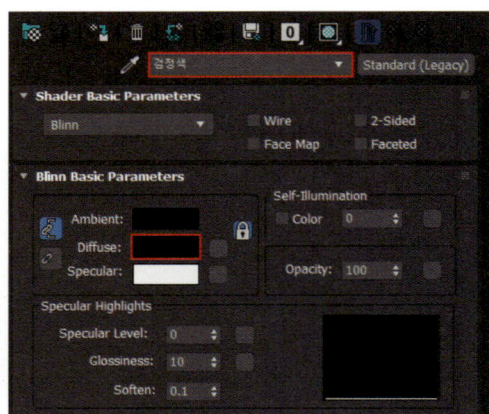 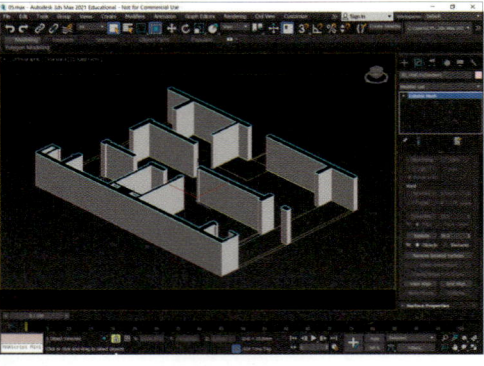

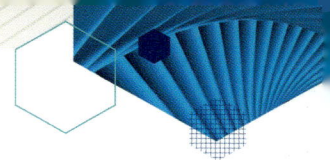

**8** '3D_Wall.02'을 선택하여 Extrude 명령을 수행한 뒤, 돌출 높이(Amount)는 800으로 입력하여 모델링을 진행해 줍니다. 계속해서 '3D_Wall.03'을 선택하여 Extrude 명령을 수행한 뒤, 돌출 높이(Amount)는 1000으로 입력하여 모델링해 줍니다.

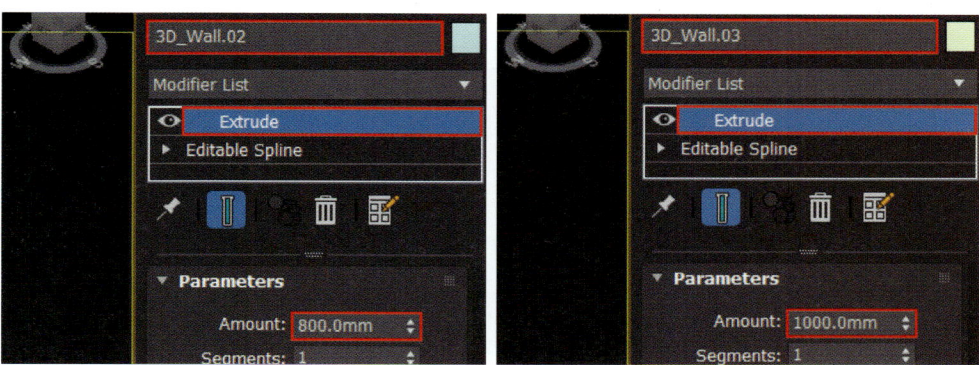

**9** 바닥 객체를 모델링해 보도록 하겠습니다. '3D_Floor.01'을 선택하여 Extrude 명령을 수행한 뒤, 돌출 높이(Amount)는 200으로 입력하여 모델링을 진행해 줍니다. 계속해서 '3D_Floor.02'를 선택하여 Extrude 명령을 수행한 뒤, 돌출 높이(Amount)는 100으로 입력하여 모델링해 줍니다.

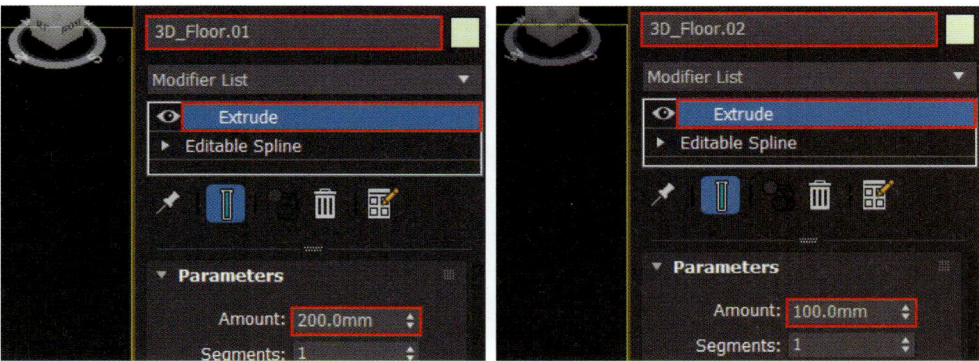

**10** 문틀과 문 객체를 모델링해 보도록 하겠습니다. '3D_Door.01'을 선택하여 Extrude 명령을 수행한 뒤, 돌출 높이(Amount)는 1300으로 모델링을 진행해 줍니다. 작성된 문틀과 문 객체가 바닥 슬래브 위로 위치하기 위해서 Z축 방향으로 +200만큼 이동해 줍니다.

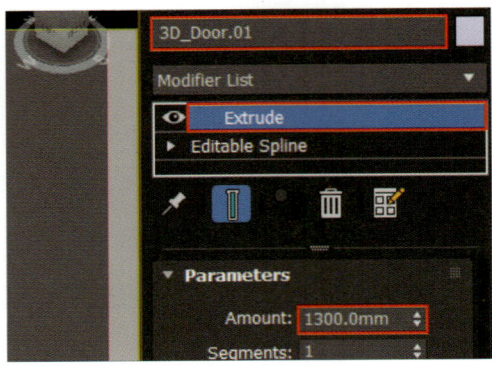
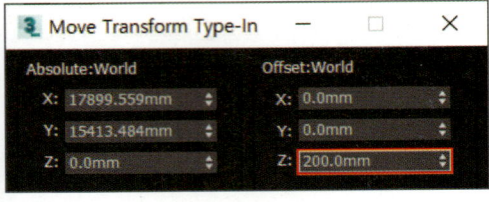

**11** 계속해서 '3D_Door.02'를 선택하여 Extrude 명령을 수행한 뒤, 돌출 높이(Amount)는 1400으로 모델링을 진행해 줍니다. 작성된 문틀과 문 객체가 바닥 슬래브 위로 위치하기 위해서 Z축 방향으로 +100만큼 이동해 줍니다.

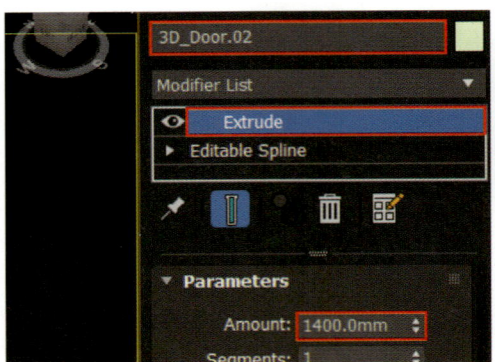
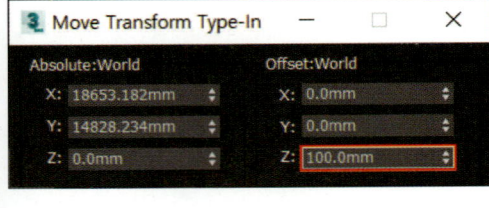

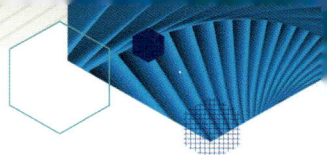

**12** 마지막으로 걸레받이 객체를 만들어 보겠습니다. '3D_Base'를 선택하여 Extrude 명령을 수행한 뒤, 돌출 높이(Amount)는 200으로 모델링을 진행해 줍니다. 작성된 걸레받이 객체가 바닥 슬래브 위로 위치하기 위해서 Z축 방향으로 +100만큼 이동해 줍니다.

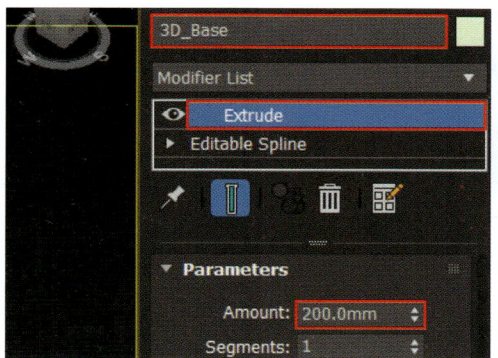
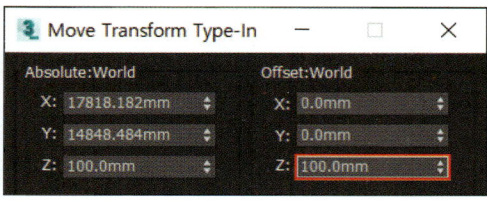

**13** 다음 그림과 같은 완성된 결과를 확인할 수 있습니다.

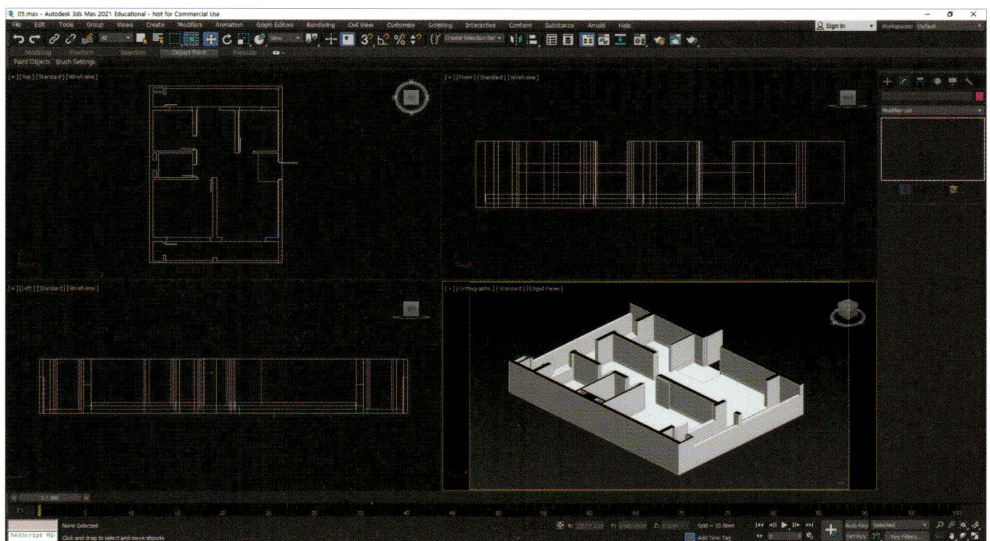

(11\05.max)

## 3. 재질 제작 및 설정

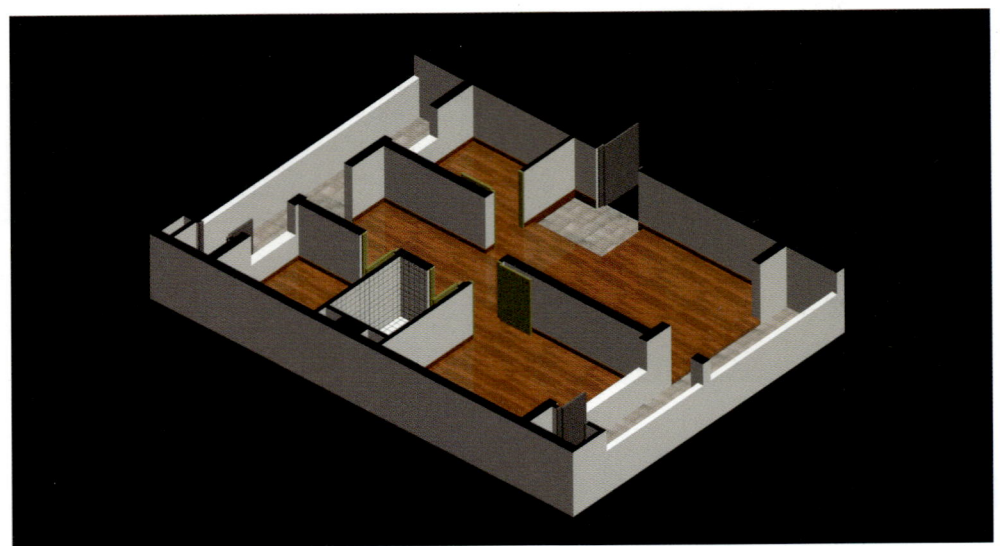

**1** 지금까지 작성된 모델링 객체에 재질을 설정하여 적용해 보도록 하겠습니다. 가장 먼저 '3D_Base' 객체를 선택한 뒤, 재질 편집기(Material Editor)에서 재질 이름을 '갈색', Diffuse 색상을 R: 50, G: 20, B: 0으로 설정하여 적용해 줍니다.

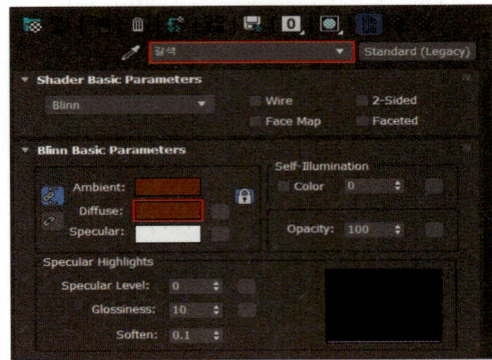 

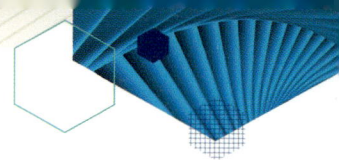

**2** '3D_Door.01' 객체를 선택한 뒤, 재질 편집기(Material Editor)에서 재질 이름을 '황색', Diffuse 색상을 R: 100, G: 96, B: 35로 설정하여 적용해 줍니다.

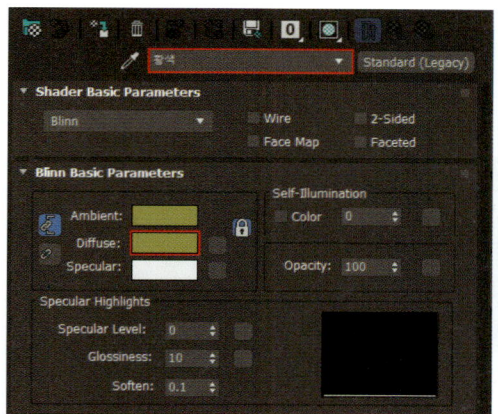
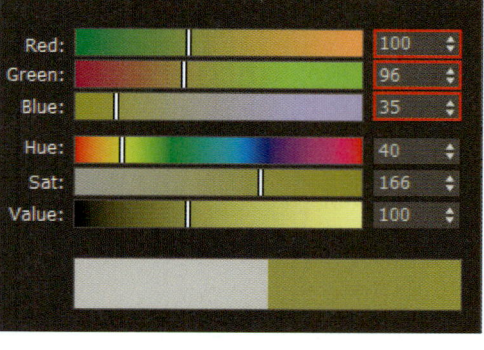

**3** '3D_Door.02' 객체를 선택한 뒤, 재질 편집기(Material Editor)에서 재질 이름을 '회색', Diffuse 색상을 R: 50, G: 50, B: 50으로 설정하여 적용해 줍니다.

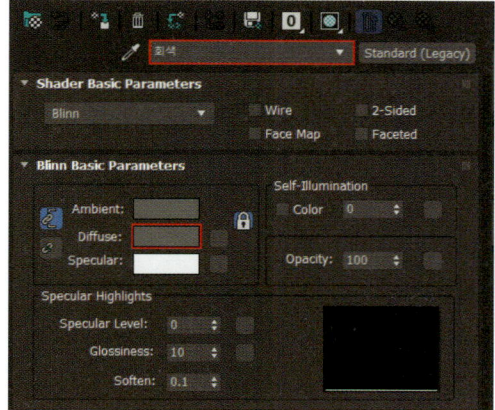
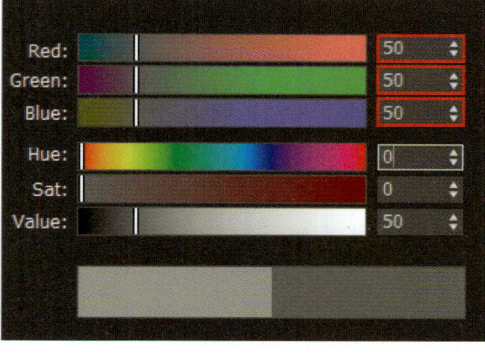

4  '3D_Floor.01' 객체를 선택한 뒤, 재질 이름을 '마루'로 설정, Diffuse Color에 'Map_Wood.jpg', Reflection에는 'Raytrace'를 적용하고 Amount은 10으로 설정하여 객체에 적용해 줍니다. 계속해서 객체의 매핑 방법, 크기 등을 설정하기 위해서 UVW Map 명령을 수행한 뒤, 매핑 방법은 Planar로, Length: 1000, Width: 1000으로 설정해 줍니다.

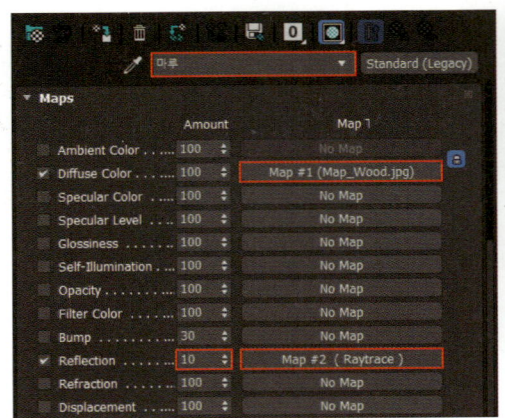
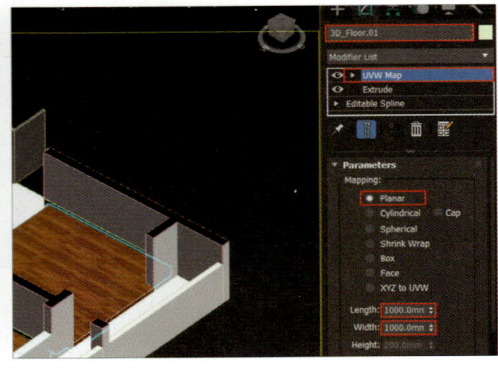

(11\maps\Map_Wood.jpg)

5  이번에는 Hide Unselected 명령을 수행하여 '3D_Floor.02' 객체를 제외한 모든 객체를 보이지 않도록 설정한 뒤, '3D_Floor.02' 객체에 Edit Mesh 명령을 적용하고 Element 선택 단위를 설정해 줍니다.

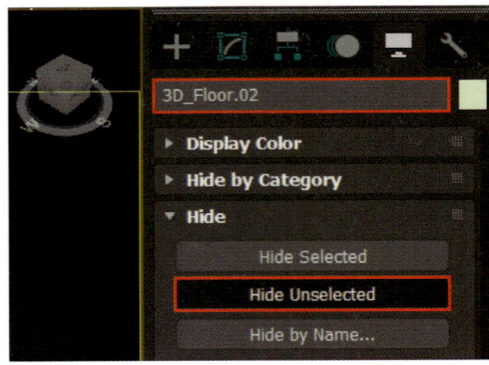
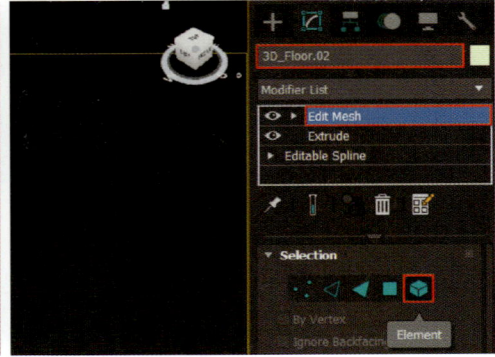

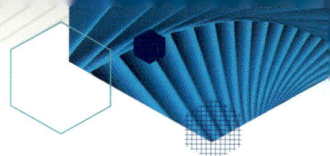

**6** 그림과 같이 욕실 바닥 객체를 선택한 뒤, Detach 명령을 수행하여 '3D_욕실바닥'이라는 이름으로 객체를 분리해 줍니다.

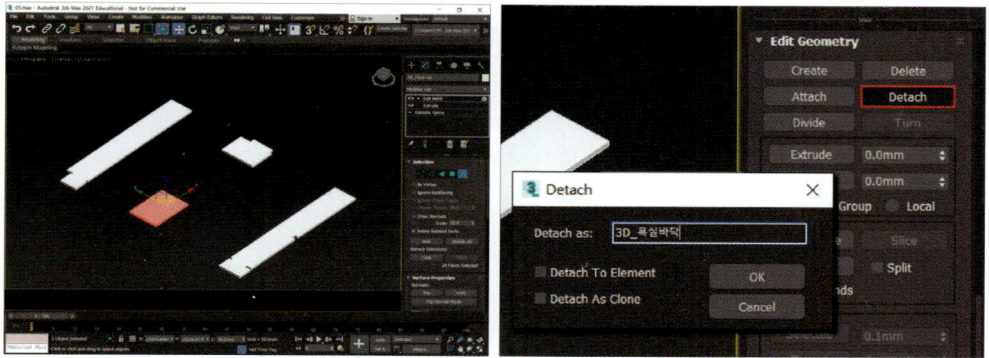

**7** 계속해서 '3D_Wall.01' 객체를 보이도록 설정한 뒤, Edit Mesh 명령을 적용하고 Polygon 선택 단위를 설정해 줍니다. 이제 아래 그림을 참고하여 욕실의 내부 벽체 부분을 모두 선택해 줍니다. 다중 객체를 선택할 경우 Ctrl 키를 누른 상태에서 클릭하여 선택할 수 있습니다.

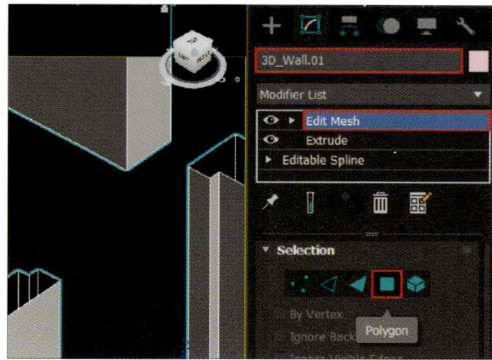 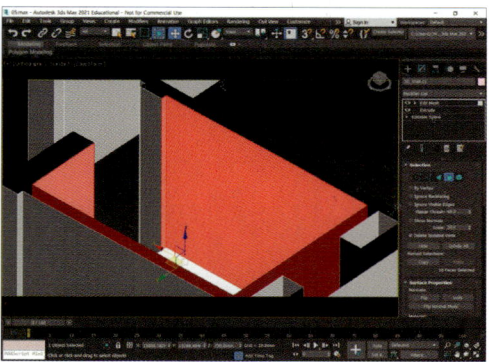

**11.** 아이소메트릭 제작하기

**8** 욕실 벽체 객체를 선택한 뒤, Detach 명령을 수행하여 '3D_욕실벽체'라는 이름으로 객체를 분리해 줍니다. Polygon 선택 단위를 다시 클릭하여 명령을 종료해 줍니다.

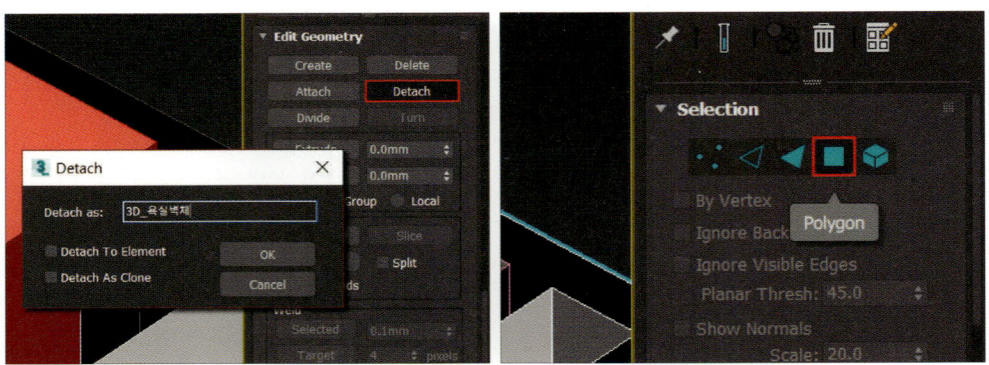

**9** 이제 분리된 '3D_욕실바닥', '3D_욕실벽체' 객체를 선택한 뒤, 재질을 설정해 보도록 하겠습니다. 재질 이름을 '타일.01'로 설정, Diffuse Color에 'Map-Tile02.jpg', Bump에도 동일한 이미지를 적용하고 Amount는 100으로 설정하여 객체에 적용해 줍니다.

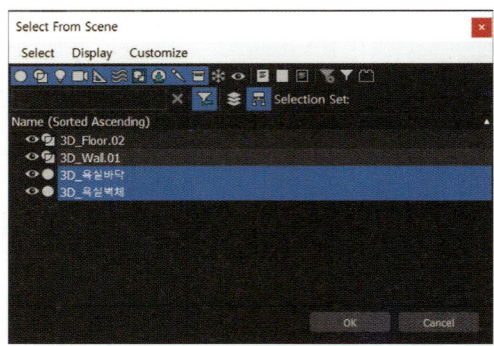

(11\maps\Map-Tile02.jpg)

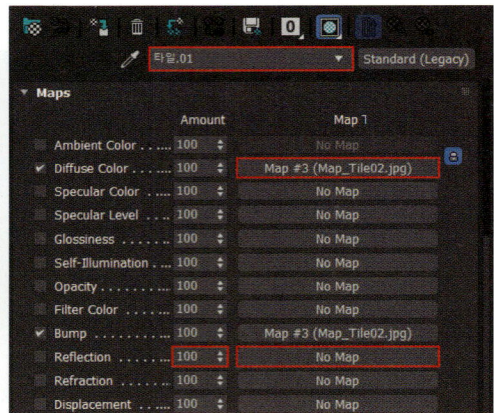

**10** 계속해서 객체의 매핑 방법, 크기 등을 설정하기 위해서 UVW Map 명령을 수행한 뒤, 매핑 방법은 Box로, Length: 500, Width: 500, Height: 500으로 설정해 줍니다. 그림과 같이 욕실 타일과 같이 표현되는 결과를 확인할 수 있습니다.

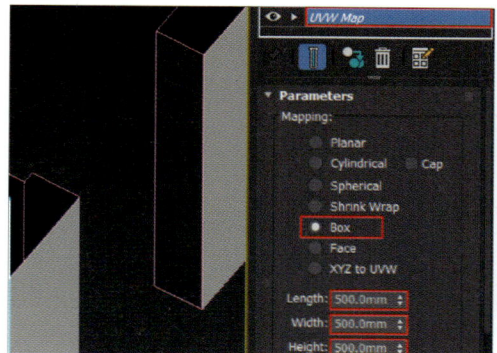
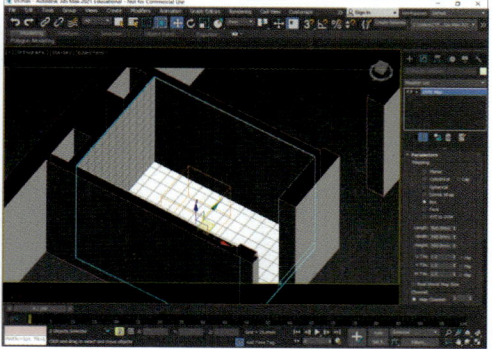

**11** 이번에는 분리된 '3D_Floor.02' 객체를 선택한 뒤, 재질을 설정해 보도록 하겠습니다. 재질 이름을 '타일.02'로 설정, Diffuse Color에 'Map-Tile01.jpg'를 적용해 줍니다. 매핑 방법을 지정하기 위해서 UVW Map 명령을 수행한 뒤, 매핑 방법은 Planar로, Length: 1000, Width: 1000로 설정해 줍니다.

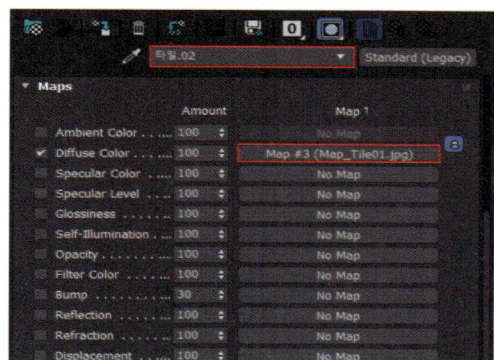
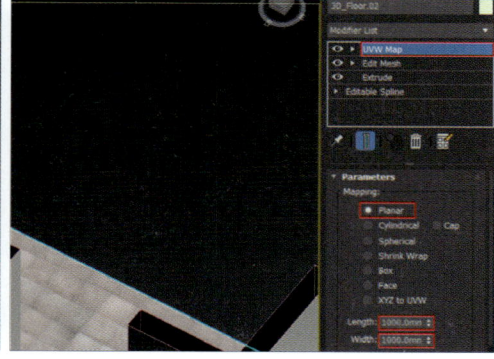

(11\maps\Map-Tile01.jpg)

⑫ 그림과 같이 재질 및 크기가 설정된 것을 확인할 수 있으며, 지금까지 작업한 내용을 확인할 수 있습니다.

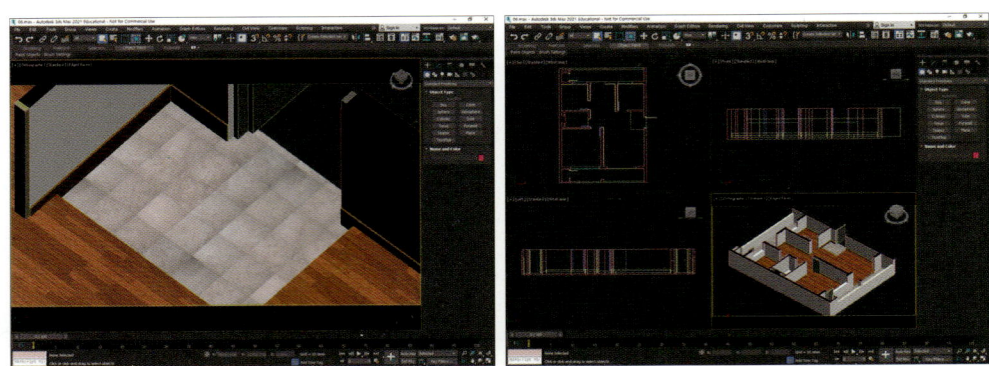

⑬ 렌더링을 수행하여 결과를 확인해 봅니다.

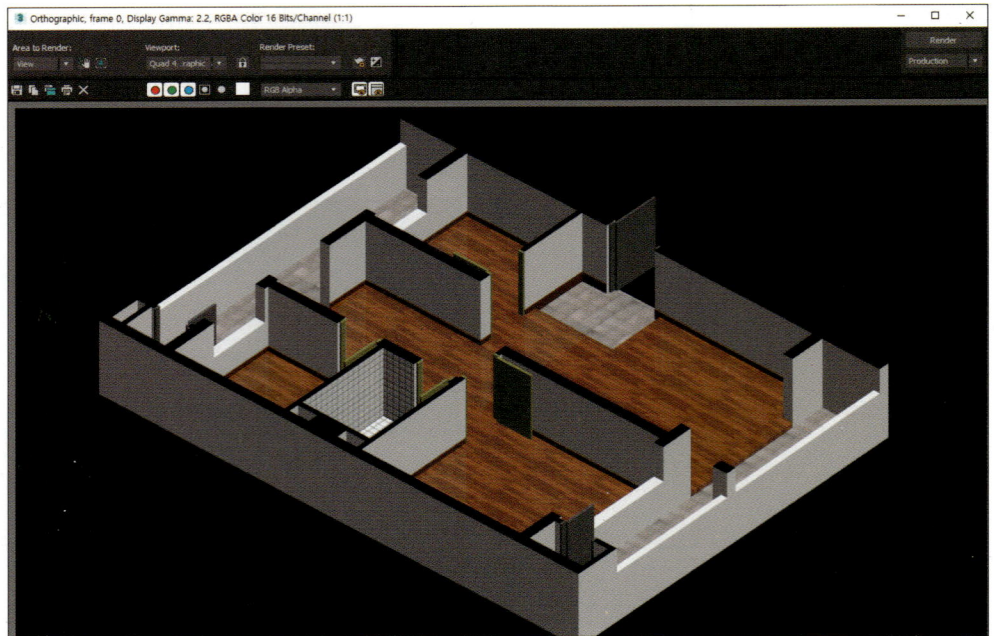

(11\06.max)

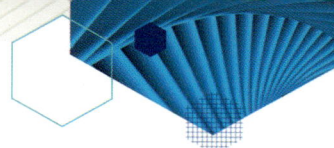

## 4. 조명 및 렌더링 설정

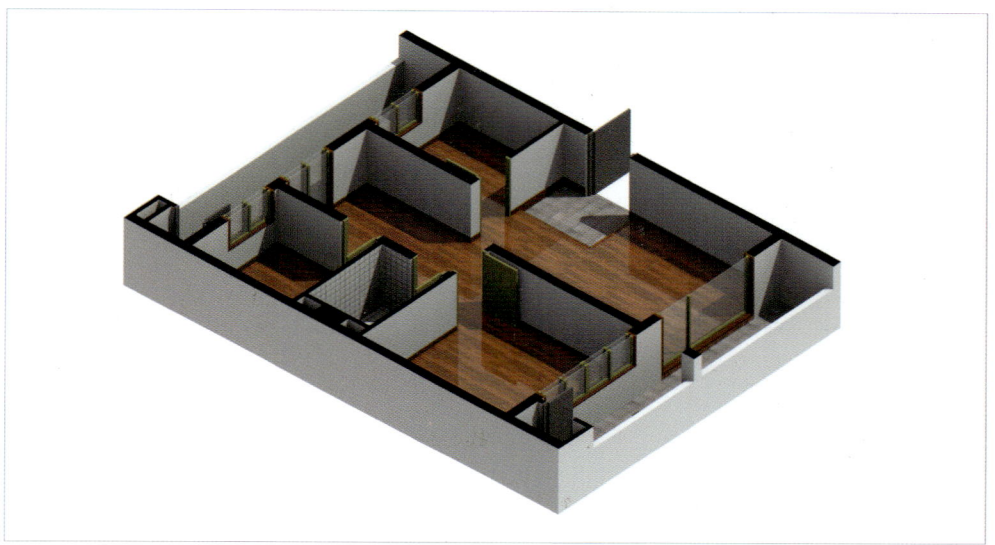

**1** 이번에는 간단하지만 효과적인 조명 및 렌더링 설정을 해 보도록 하겠습니다. 숨겨놓은 객체를 모두 보이도록 설정한 뒤, Create▶Lights▶Standard▶Skylight를 클릭하여 Top 뷰포트에 클릭하여 조명 개체를 추가해 줍니다. 추가된 Skylight 조명 객체의 Multiplier 값을 0.4로 설정해 줍니다.

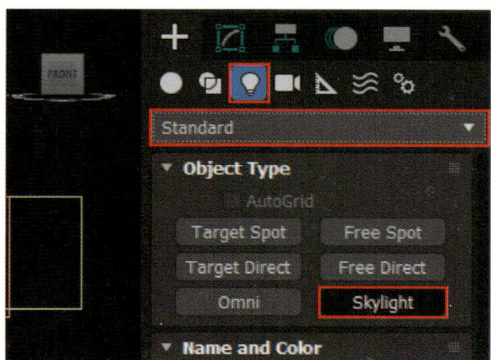 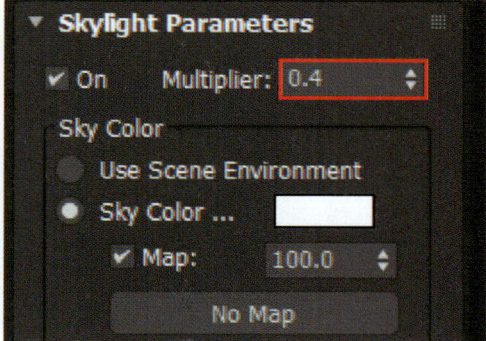

**2** 계속해서 추가된 Skylight 조명 객체의 위치를 아래 그림을 참고하여 비슷한 위치로 이동시켜 줍니다.

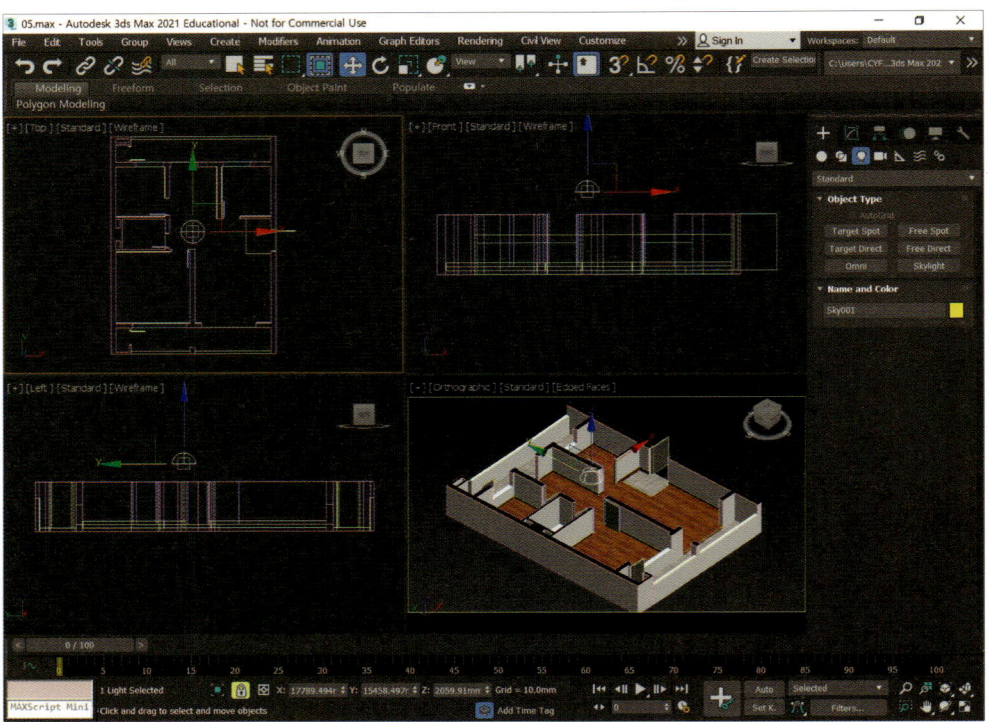

**3** 계속해서 조명을 하나 더 추가해 보도록 하겠습니다. Create▶Lights▶Standard▶Target Direct를 클릭하여 Top 뷰포트에 클릭하여 조명 개체를 추가해 줍니다.

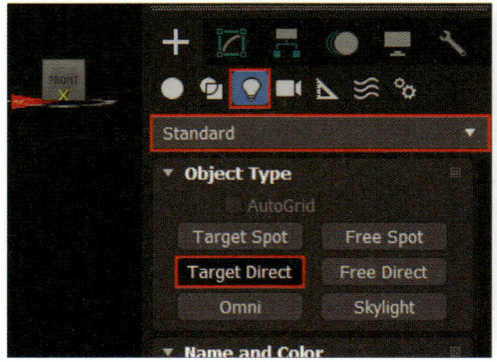
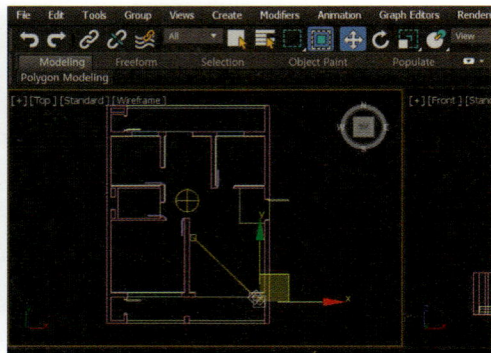

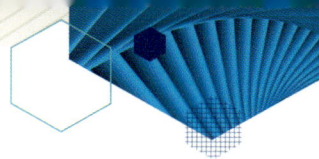

**4** 계속해서 추가된 Target Direct 조명 객체의 위치를 아래 그림을 참고하여 비슷한 위치로 이동시켜 줍니다.

**5** Skylight 조명 객체의 설정값을 아래와 같이 수정해 줍니다. 그림자 표현을 위해 Shadows: On, Ray Traced Shadows로 설정, Multiplier 값을 0.6으로 설정해 줍니다. 계속해서 Directional Parameters에서 Hotspot/Beam: 10000, Falloff/Field: 20000로 설정해 줍니다.

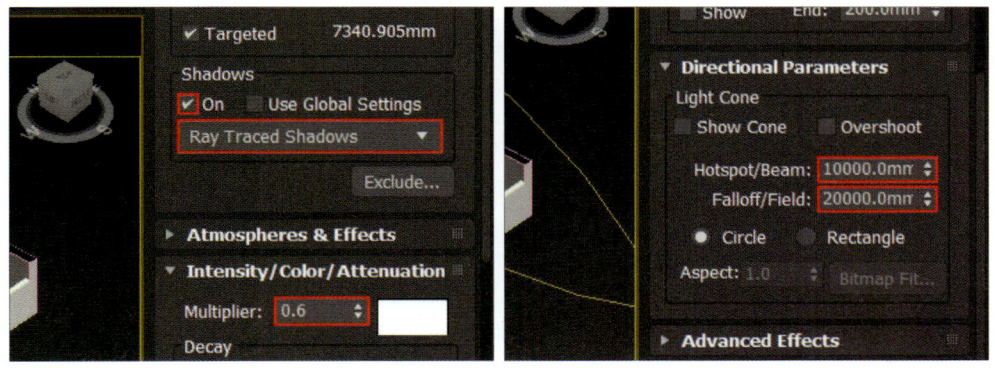

11. 아이소메트릭 제작하기  583

**6** 그림과 같이 조명의 범위가 변경되어 시각적으로 확인할 수 있도록 표시해 줍니다.

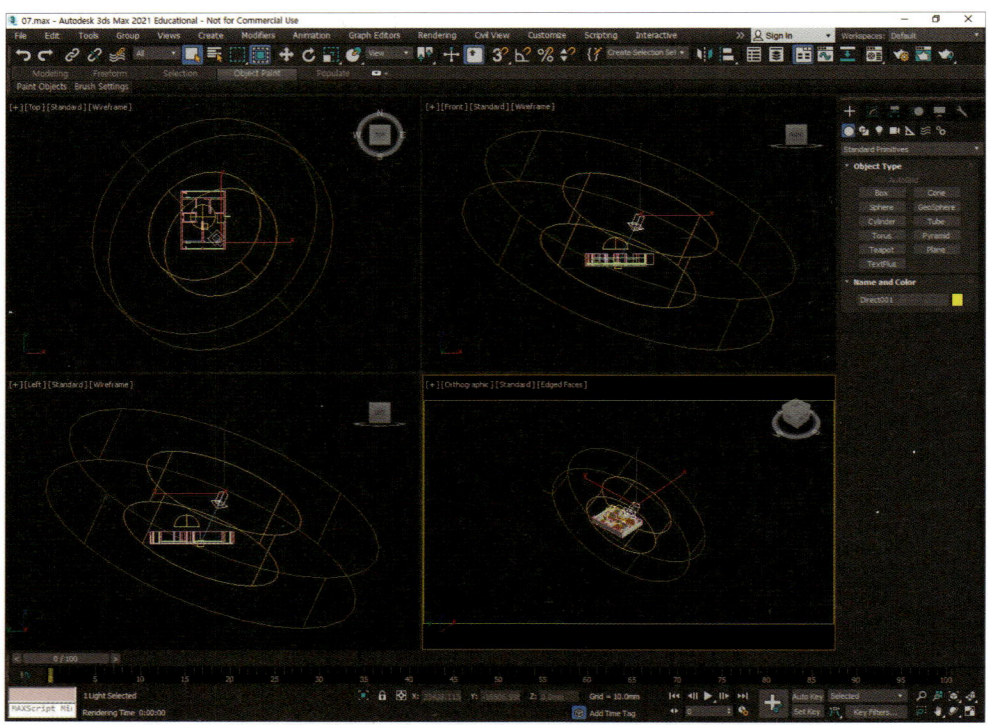

**7** 렌더링 배경 색상을 변경하기 위해서 Rendering▶Environment… 명령을 수행하여 나타나는 Environment and Effects 창에서 Background 색상을 흰색으로 설정해 줍니다.

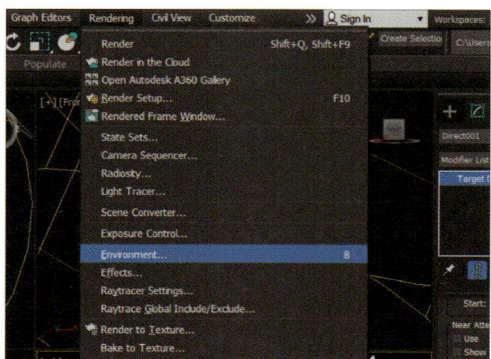
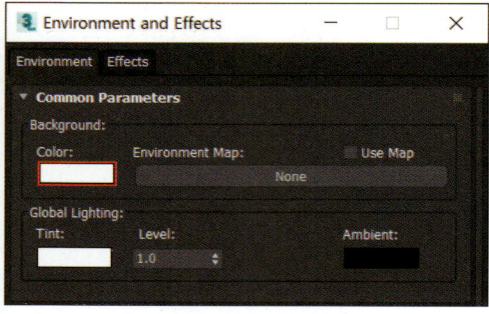

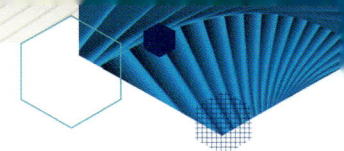

**8** 조명 개체로 인해 뷰포트가 복잡해 보입니다. Display의 Hide by Category에서 Lights 항목을 선택하여 작업 창에 보이는 모든 조명 객체를 보이지 않도록 설정해 줍니다. 이제 렌더링을 수행하기 위해서 Rendering▶Light Tracer…을 클릭해 줍니다.

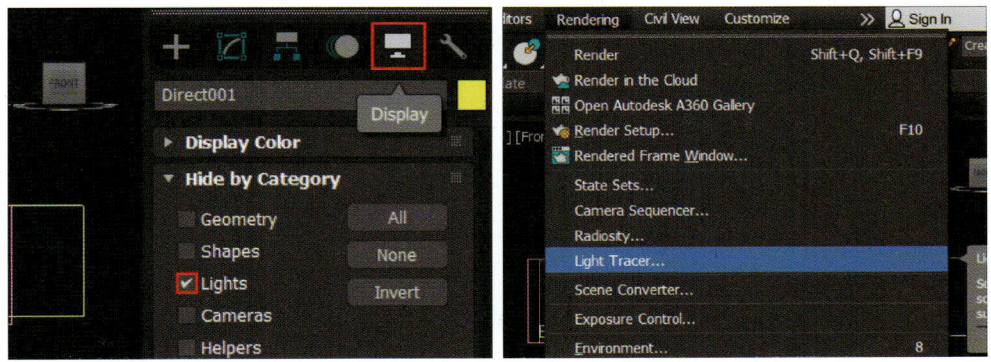

(11\07.max)

**9** 렌더링 결과를 통해 지금까지 작업한 내용을 확인할 수 있습니다.

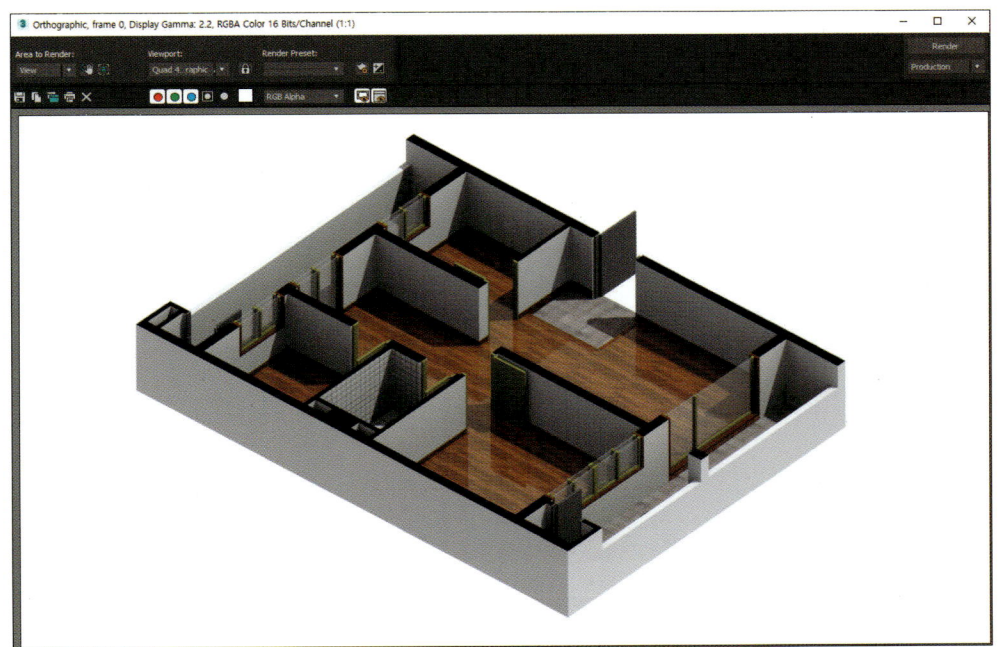

**11.** 아이소메트릭 제작하기

## 5. 준비된 캐드 데이터를 이용한 창문 모델링 및 재질 설정

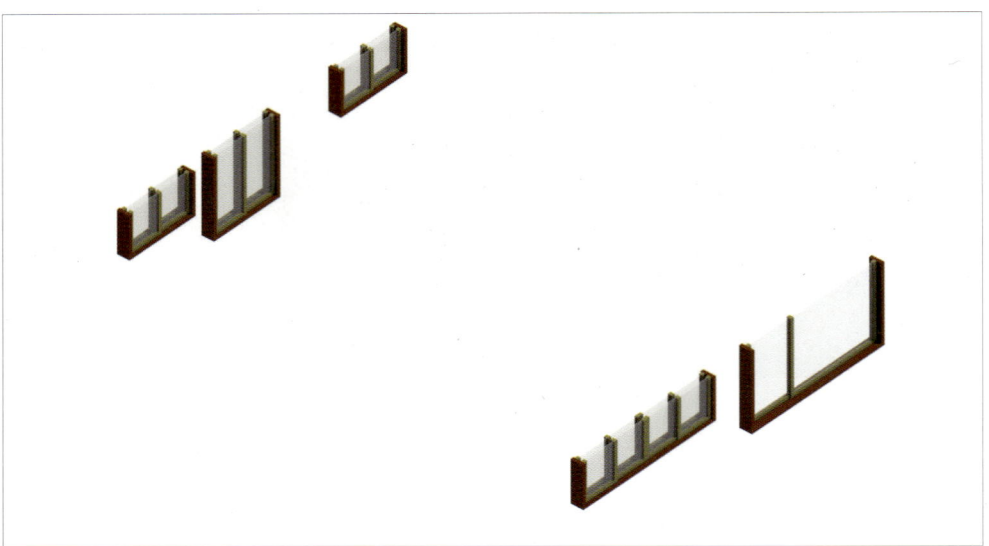

① 이번에는 AutoCAD에서 제작, 준비된 창문 드로잉 파일(11\03.dwg)을 확인한 뒤, MAX에서 File▶Import▶Import... 명령을 수행하여 필요한 객체(3D_××× 레이어)를 불러와 줍니다.

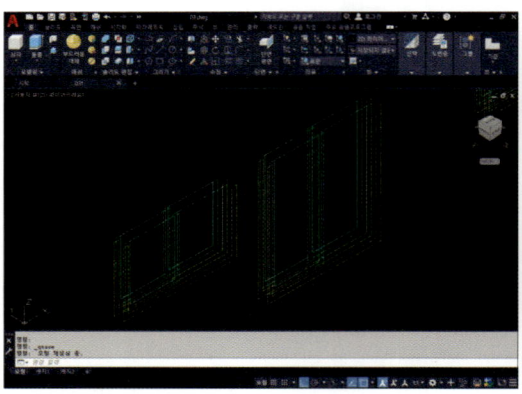 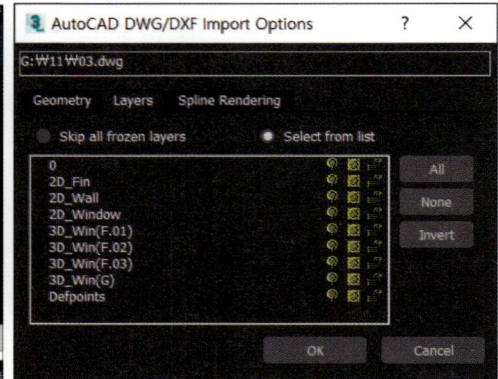

(11\03.dwg)

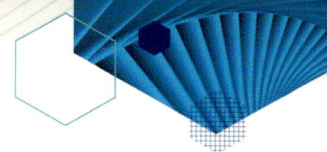

**②** 그림과 같이 불러온 객체(레이어)의 이름과 색상을 변경해 줍니다.

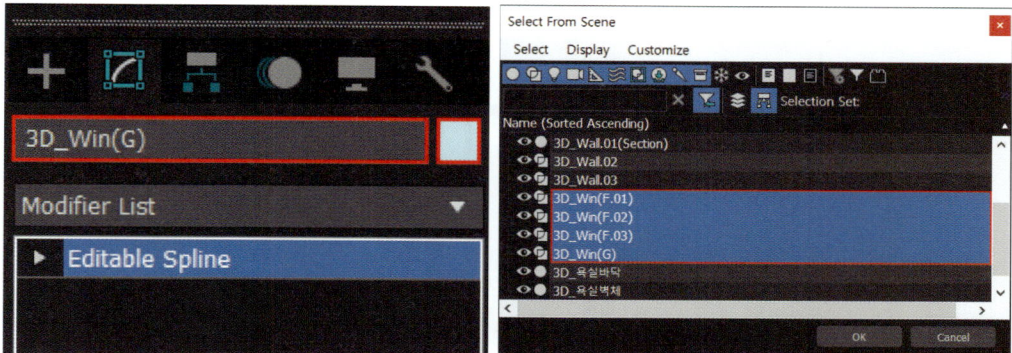

**③** 이제 불러온 캐드 데이터를 이용한 모델링을 진행해 보도록 하겠습니다. '3D_Win (F.01)'을 선택, Extrude 명령을 수행하고 Amount: −100으로 설정해 줍니다. 객체의 재질을 지정하기 위해서 재질 편집기는 앞에서 이미 작성된 재질 중에서 '갈색' 재질을 적용해 줍니다.

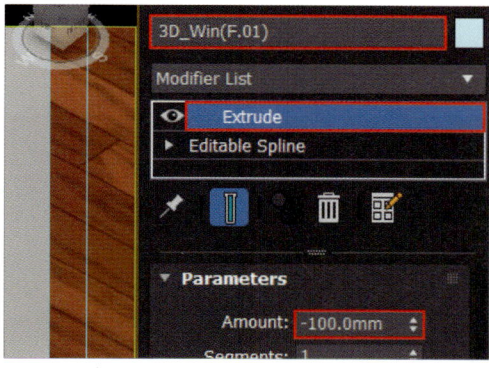

**4** '3D_Win(F.02)'를 선택, Extrude 명령을 수행하고 Amount : -50으로 설정해 줍니다. 객체의 재질을 지정하기 위해서 재질 편집기는 앞에서 이미 작성된 재질 중에서 '황색' 재질을 적용해 줍니다.

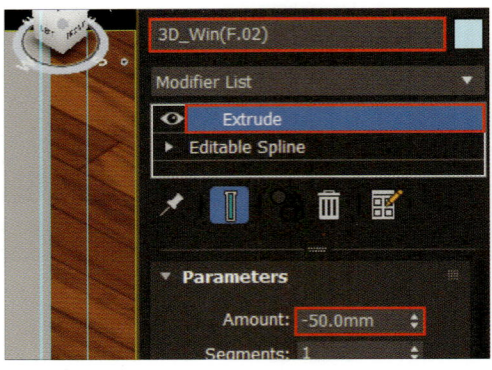 

**5** '3D_Win(F.03)'을 선택, Extrude 명령을 수행하고 Amount : -200으로 설정해 줍니다. 객체의 재질을 지정하기 위해서 재질 편집기는 앞에서 이미 작성된 재질 중에서 '갈색' 재질을 적용해 줍니다.

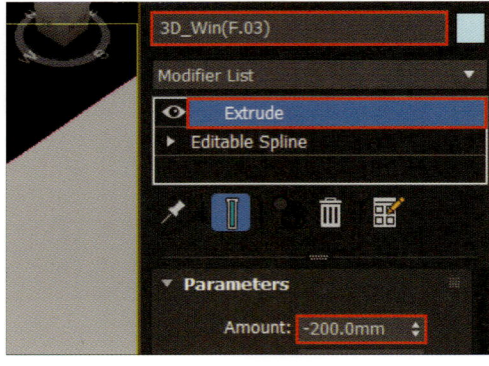 

**6** 마지막으로 '3D_Win(G)'를 선택, Extrude 명령을 수행하고 Amount: -10으로 설정해 줍니다. 재질 편집기(Material Editor)에서 재질 이름을 '유리', Diffuse 색상을 흰색(R: 255, G: 255, B: 255)으로 설정, 광택을 주기 위해서 Specular Level: 100, Glossiness: 30으로 설정, 투명도를 주기 위해서 Opacity: 30으로 설정하여 적용해 줍니다.

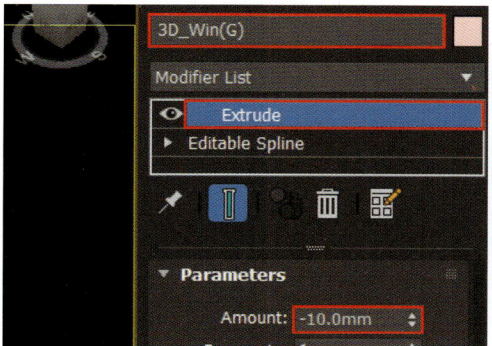
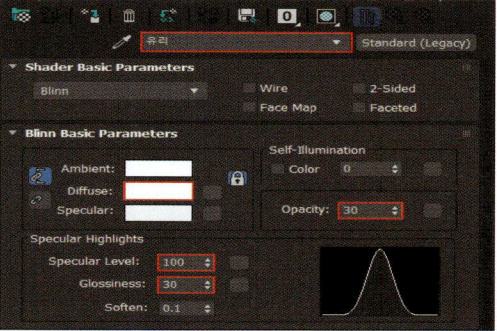

**7** 그림과 같은 결과를 확인할 수 있습니다. 이제 렌더링을 수행하여 결과를 확인해 봅니다.

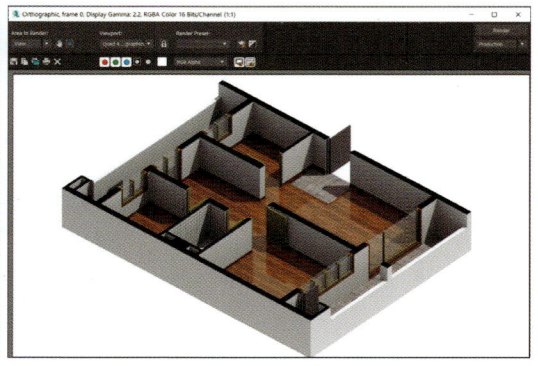

(11\08.max)

## 6. 가구 모델링 데이터 불러오기

**1** 마지막으로 미리 준비된 가구 모델링 데이터를 불러와 보도록 하겠습니다. File▶Import▶Import… 명령을 수행하여 준비된 가구 데이터(11\09(Furni).max)를 불러와 줍니다. 간단한 가구 모델링이며, 위치와 크기를 미리 세팅해 놓았기 때문에 별도의 작업을 수행할 필요는 없습니다.

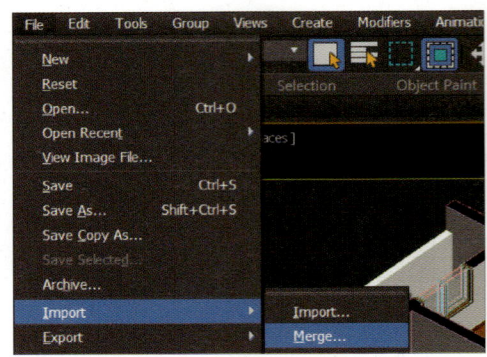

(11\09(Furni).max)

**2** 렌더링을 수행하여 최종 결과를 확인할 수 있습니다.

(11\10.max)

15강으로 익히는 인테리어·건축 디지털 렌더링

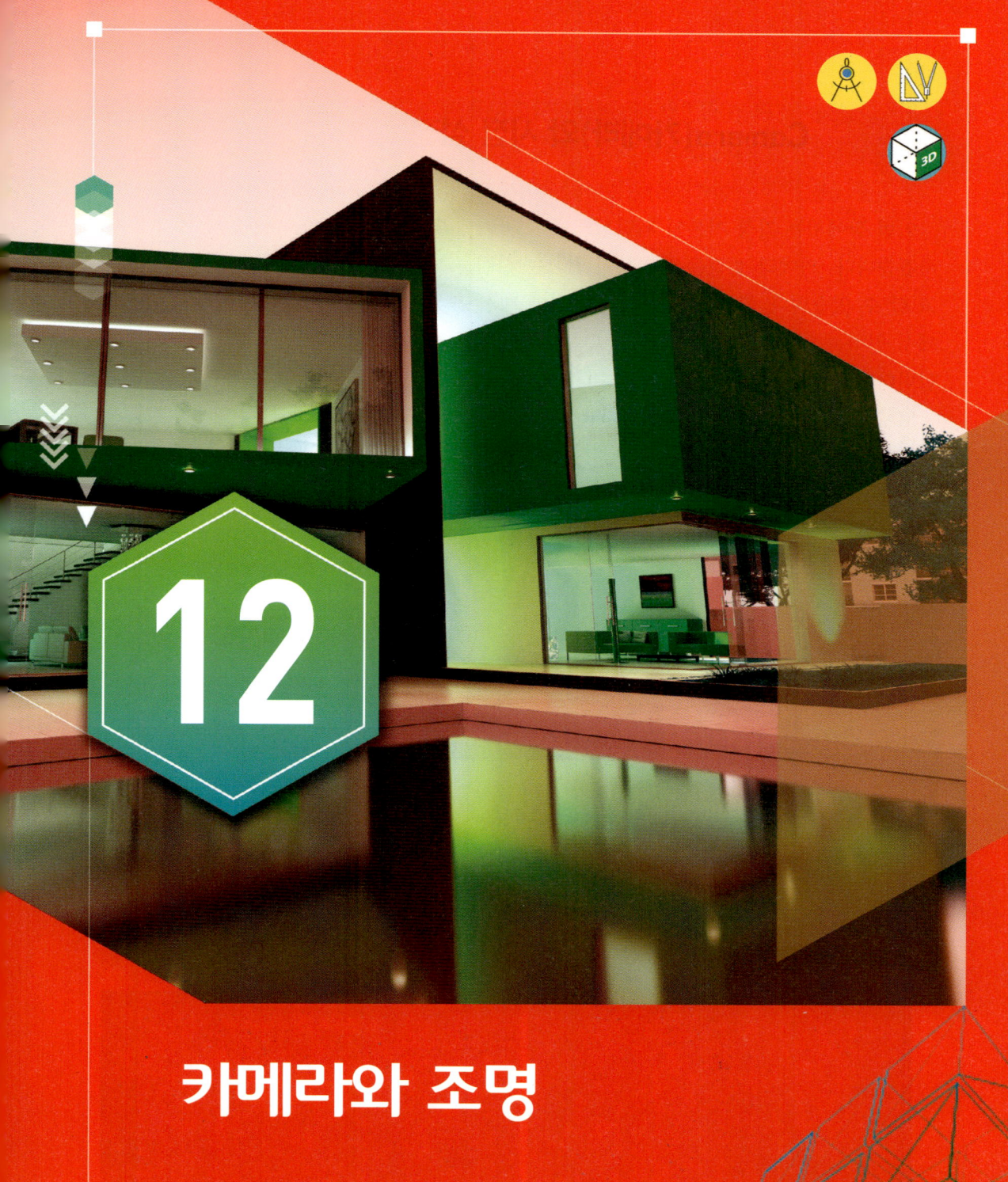

# 12

## 카메라와 조명

# 1. Camera(카메라)와 시점 설정

이번 장에서는 가장 기본이 되면서도 중요한 카메라와 조명 설정에 대해 공부해 보도록 하겠습니다. 카메라 설정은 여러분이 원하는 시점을 보다 정확히 설정하는데 목적이 있다고 할 수 있습니다. 그러나 실제로 카메라에 대한 옵션 및 설정값을 공부하더라도 여러분께서 원하는 시점을 한 번에 찾아낸다는 것은 거의 불가능하며, 많은 시행착오를 거쳐야 합니다.

MAX에서 가장 기본적인 Standard 카메라에는 Physical, Target, Free의 3종류를 제공하고 있습니다.

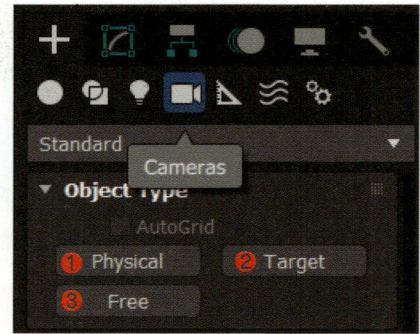

❶ Physical : Physical 카메라는 실제 사용되는 카메라의 물리적 속성을 가진 카메라를 작성해 줍니다. 예를 들면 셔터 스피드, 필름 크기, 필름 감도, 피사체와의 거리 및 노출 등의 설정을 통해 카메라를 작성하게 됩니다.

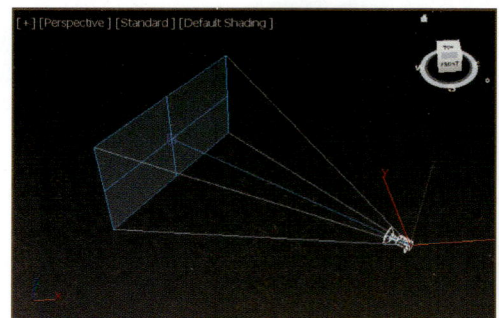 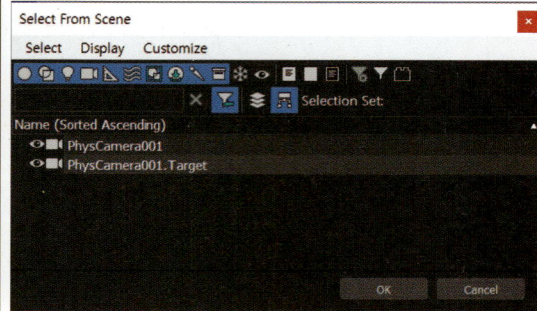

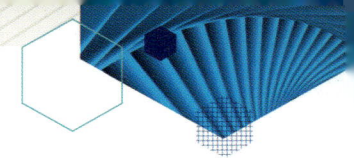

❷ **Target** : Target 카메라는 카메라 개체와 더불어 Target(목표점)이 있는 카메라를 작성하게 됩니다. 조명에서 Target Spot도 동일한 방법으로 추가할 수 있으며, 카메라 뿐만 아니라 Target(목표점)을 조절하여 시점을 변경할 수 있습니다.

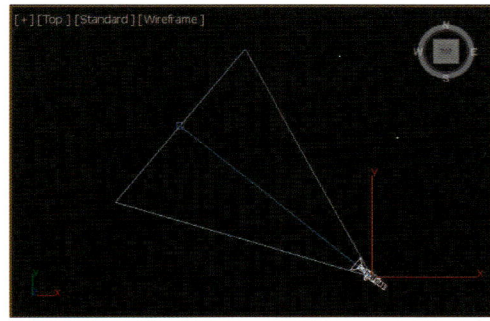
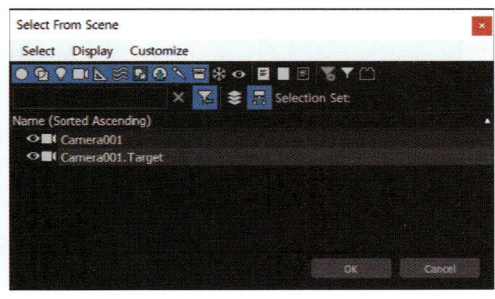

❸ **Free** : Free 카메라는 목표점(Target) 없이 카메라 개체와 방향만을 지정하여 카메라를 생성합니다. 조명에서 Free Spot과 동일한 방법으로 개체를 생성하게 되며, Target Distance를 조절할 수 있다는 점이 Target Camera와는 다른 점입니다.

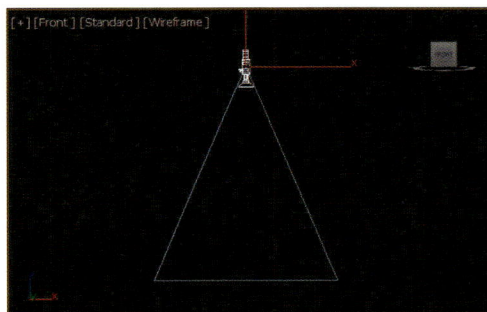
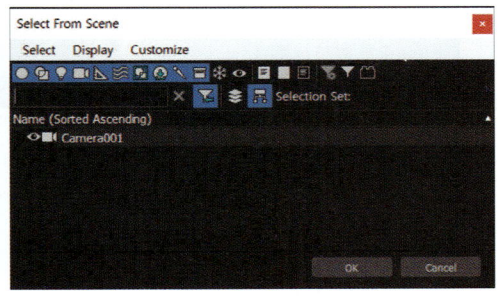

이미 앞에서 설명한 바와 같이 장면에 카메라를 추가한 뒤 원하는 뷰포트를 선택한 뒤, 왼쪽 상단에 쓰여 있는 Orthographic 또는 Perspective를 클릭하여 나타나는 메뉴에서 Cameras▶Camera001을 클릭하면 현재 뷰포트의 시점을 카메라 시점으로 변경할 수 있습니다.

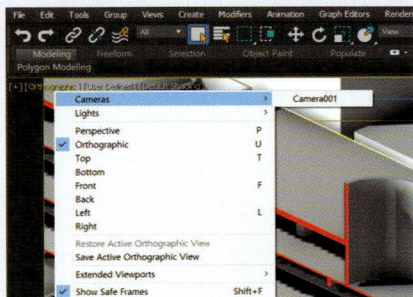
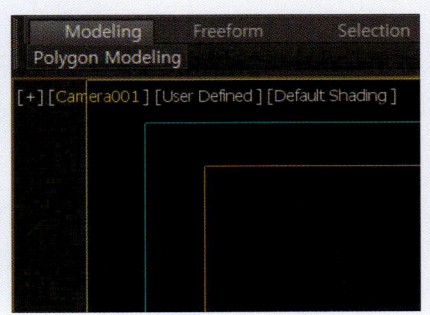

**12.** 카메라와 조명   593

## 2. Camera 옵션

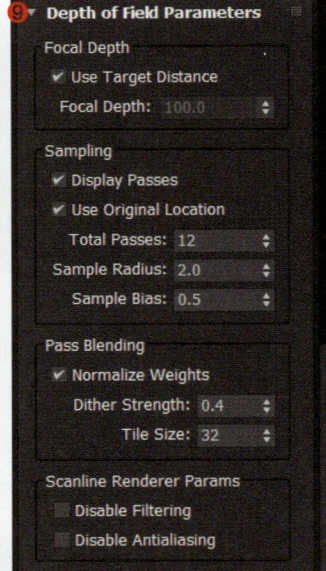
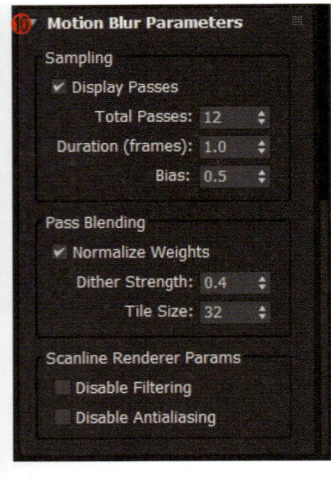

❶ **Lens** : 렌즈는 카메라의 렌즈에서 필름까지의 거리를 의미하게 됩니다. 렌즈의 수치가 작을수록 더 넓은 화면이 보입니다. 그러나 더 넓은 화면이 보이는 반면 화면이 심하게 왜곡되어 보이게 됩니다. Stock Lens에 등록되어 있는 렌즈 크기를 선택하여 사용할 수 있습니다.

❷ **FOV** : 'Field of View'의 약자로 카메라가 볼 수 있는 화각의 범위를 지정하게 됩니다. 카메라의 렌즈와 연동되며, 궁극적으로는 카메라의 렌즈 조절을 의미합니다.

❸ **Stock Lenses** : 기본적으로 가장 많이 사용되는 렌즈 구성을 선택할 수 있습니다.

❹ **Type** : 카메라의 종류, 즉 Target, Free 중에 하나를 선택할 수 있습니다. (※ Show Cone은 카메라에서 보이는 범위를 표시하며, Show Horizon은 카메라의 화면에 수평선을 표시해 주는 옵션입니다.)

❺ **Environment Ranges** : Environment를 위한 옵션으로 Near, Far Range의 수치를 조절하여 안개 효과와 같은 환경을 설정해 줄 수 있습니다. Show는 Near, Far Range를 화면에 표시해 주는 기능을 합니다.

❻ **Clipping Planes** : 사용자 정의에 따라 장면의 앞부분 또는 뒷부분을 잘라 범위를 지정할 수 있습니다.

❼ **Multi-Pass Effect** : 카메라 뷰포트에서 Depth of Field 효과, Motion Blur 효과를 지정할 수 있습니다.

❽ **Target Distance** : 카메라에서 목표점(Target)까지의 거리를 보여줍니다.

❾ **Depth of Field Parameters** : Depth of Field에 대한 옵션값을 설정합니다.

❿ **Motion Blur Parameters** : Motion Blur에 대한 옵션값을 설정합니다.

## 3. 동적 장면 연출

이번 예제에서는 Standard 카메라 배치 후, 카메라의 속성 및 회전을 통해 동적인 공간 이미지를 연출해 보도록 하겠습니다. 단순해 보이지만 역동적인 이미지를 연출할 경우 매우 효과적인 방법입니다.

**1** 준비된 파일(12\01.max)을 불러옵니다. Create▶Cameras▶Standard에 나타나는 카메라 중에서 Target을 선택합니다.

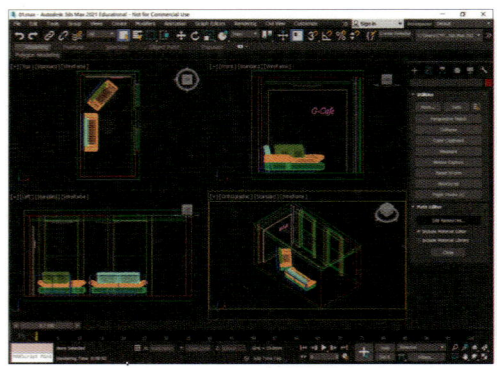

(12\01.max)

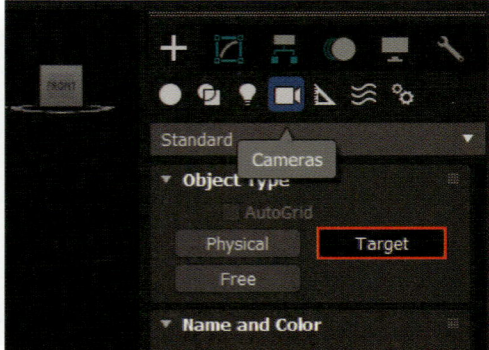

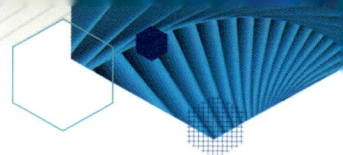

**2** Target 카메라를 이용하여 아래 그림과 같이 카메라(Camera)와 카메라 타깃(Camera Target)의 위치를 지정해 줍니다.

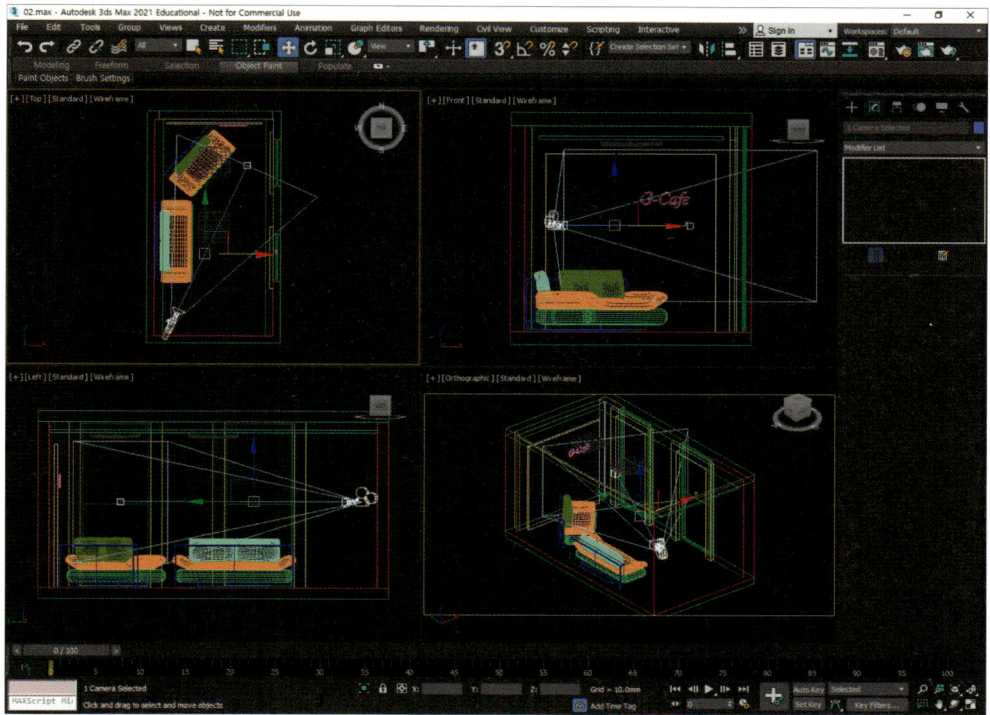

**3** 카메라를 배치하고 Orthographic 뷰를 카메라 뷰로 설정, Wireframe 표현을 Default Shading 방식으로 설정해 줍니다.

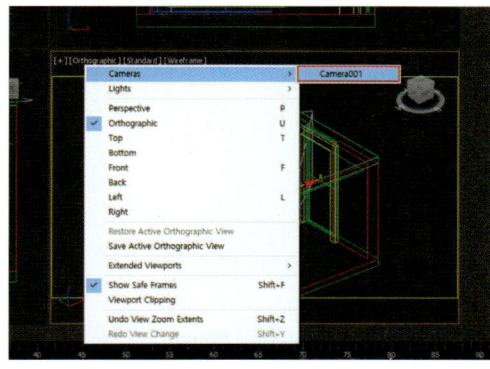
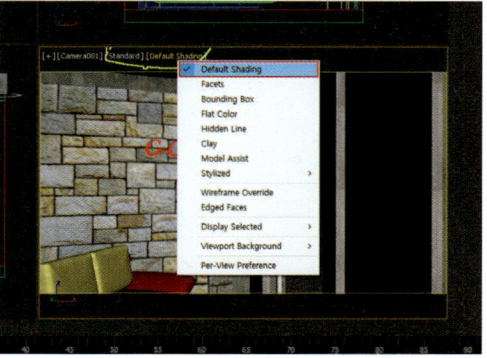

**12.** 카메라와 조명

4 아래 그림과 같은 시점이 설정된 결과를 볼 수 있습니다. 그러나 시야가 너무 좁기 때문에 공간 내부를 충분히 검토하기 어렵습니다. 따라서 카메라 개체를 선택하여 렌즈 크기를 15mm로 변경시켜 줍니다.

 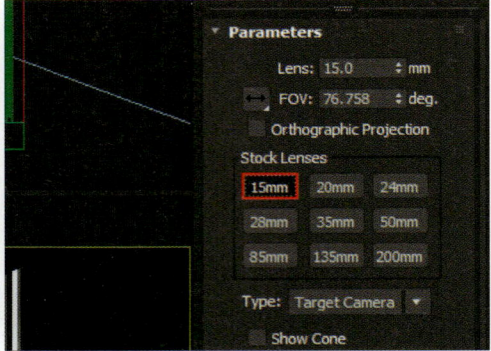

5 아래 그림과 같이 화각이 변경되며, 렌더링을 수행하여 결과를 확인할 수 있습니다. 가장 일반적인 시점 설정 방법입니다.

 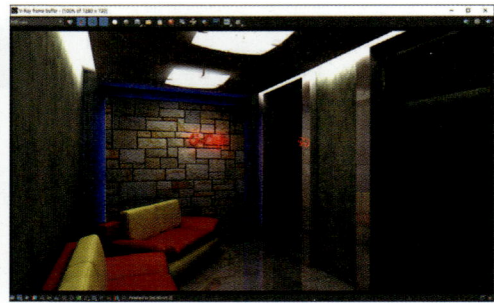

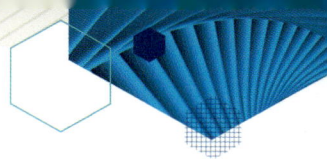

**6** 카메라 뷰포트를 선택합니다. 우측 하단에 위치하고 있는 시점 설정 명령 중에서 Roll Camera 명령을 선택한 뒤, 화면을 드래그하면 그림과 같이 시점을 회전시켜 줄 수 있습니다.

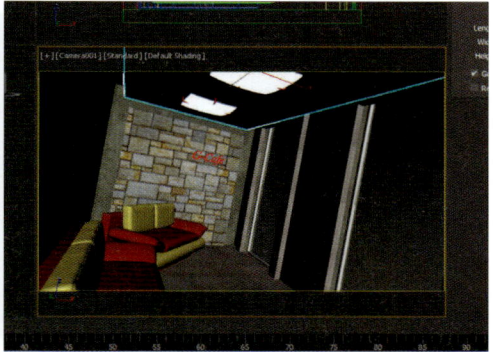

**7** 최종 결과를 만들기 전에 Rendering ▶ Environment … 명령을 수행한 뒤, 나타나는 Environment and Effects 대화상자에서 준비된 이미지를 배경 이미지(12\maps\nightscape_02.jpg)를 배경으로 설정해 줍니다.

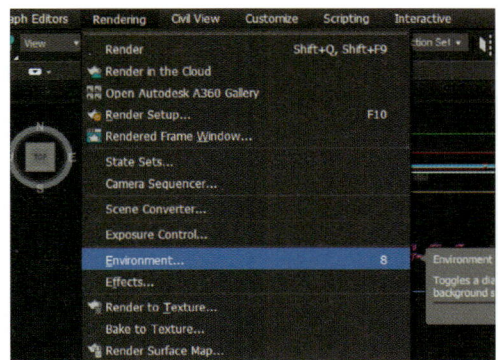
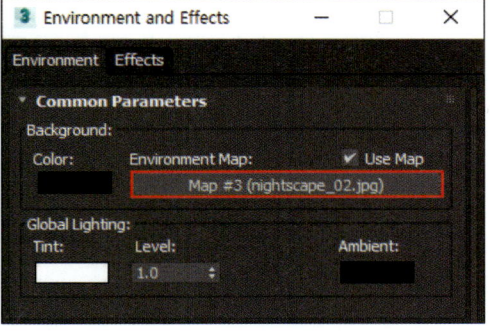

(12\maps\nightscape_02.jpg)

**8** 기본적으로 이미지를 배경으로 설정할 경우 구 형태의 배경으로 설정되어 이상하게 보입니다. 그림과 같이 배경으로 설정된 맵을 선택한 뒤, Environment의 매핑 방법을 Screen으로 설정해 줍니다.

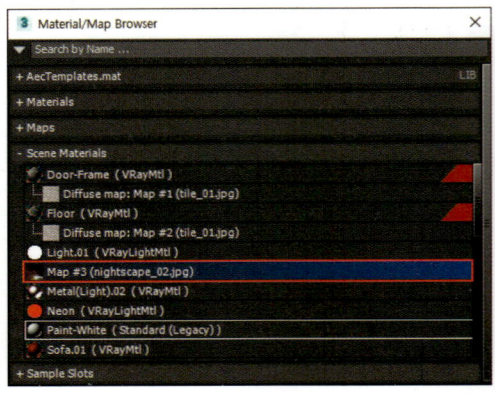
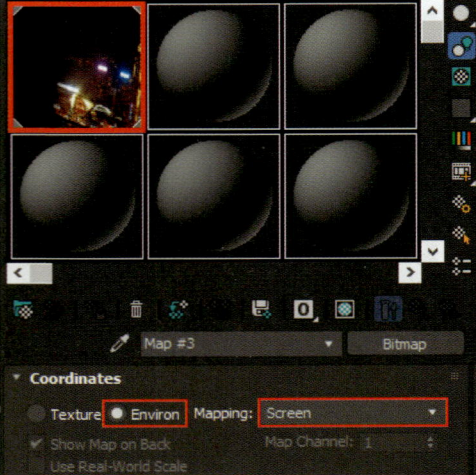

**9** 렌더링을 수행하여 최종 결과를 확인해 봅니다. 단순히 카메라의 설정을 조금 변경함으로써 동적인 느낌의 렌더링 이미지가 만들어졌습니다.

(12\02.max)

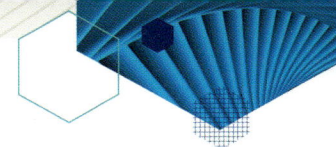

## 4. 카메라를 이용한 정사영 시점 설정

일반적으로 카메라를 이용한 시점은 투시도 형태입니다. 이번에는 카메라의 옵션을 변경하여 카메라 시점이지만 투시도(Perspective) 시점이 아닌 정사영(orthographic) 시점으로 화면을 구성해 보도록 하겠습니다.

1. 준비된 파일(12\03.max)을 불러온 뒤, 3차원 시점을 Perspective로 설정해 줍니다. 소실점이 있는 투시도 형태의 시점으로 설정된 모습을 확인할 수 있습니다.

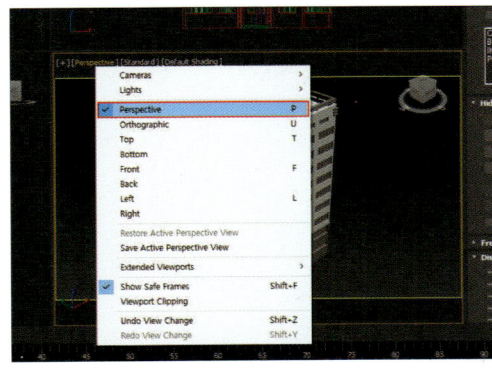 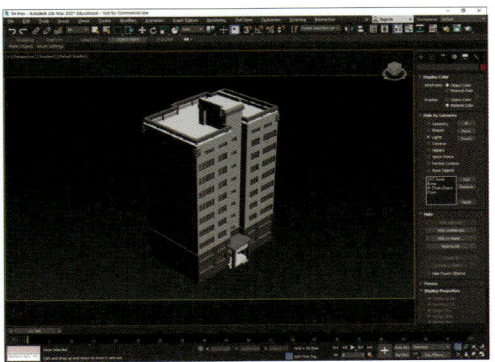

(12\03.max)

**12. 카메라와 조명**

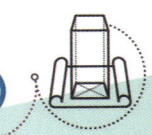

**2** 이번에는 3차원 시점을 Orthographic으로 설정해 줍니다. 이번에는 소실점이 없는 정사영 시점으로 설정된 모습을 확인할 수 있습니다.

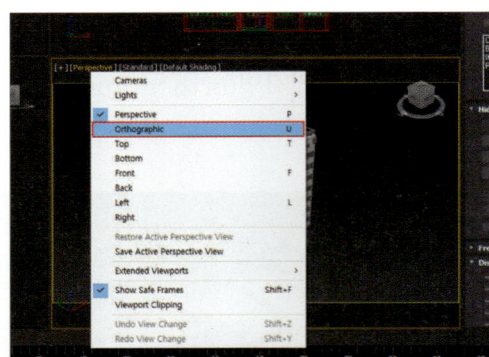 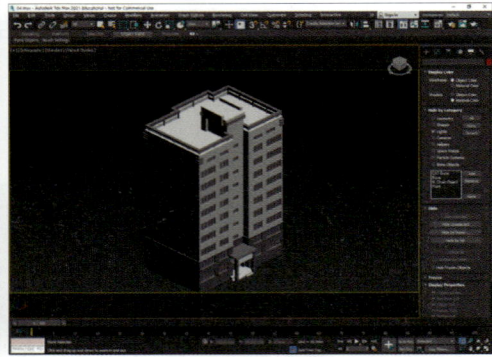

**3** 이번에는 Create▶Cameras▶Standard에 나타나는 카메라 중에서 Target을 이용하여 원하는 시점을 설정해 줍니다. 카메라를 배치한 뒤, 시점을 카메라 시점으로 설정해 줍니다. 카메라 시점은 기본적으로 투시도 형태의 시점으로 표현됩니다.

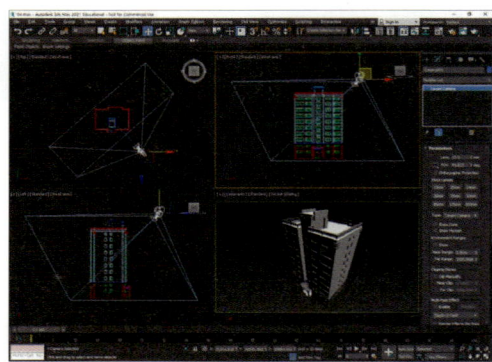 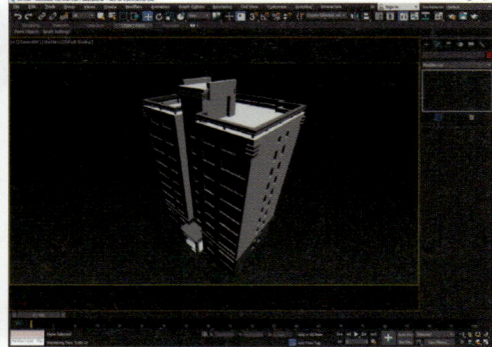

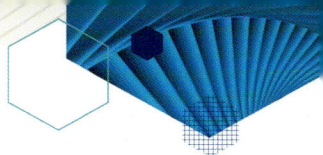

4 설정된 카메라의 옵션에서 Orthographic Projection 옵션을 설정하면, 카메라 시점임에도 불구하고 정사영 시점으로 화면을 구성해 줄 수 있습니다.

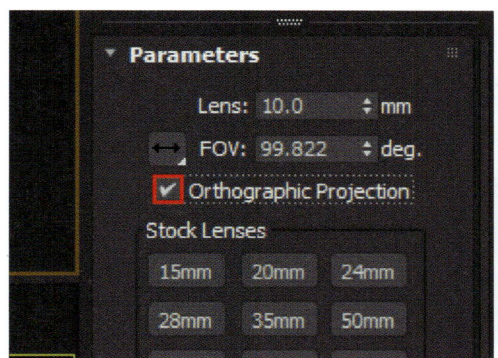
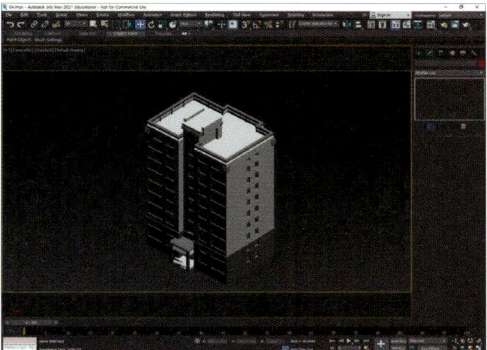

(12\04.max)

5 아래 그림은 하나의 카메라의 투시도 및 정사영 시점을 렌더링한 모습이며, 각각의 차이를 쉽게 이해할 수 있습니다.

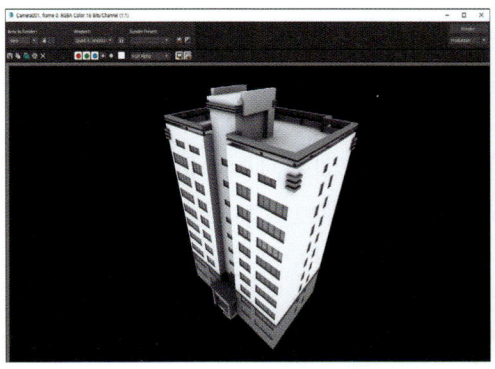
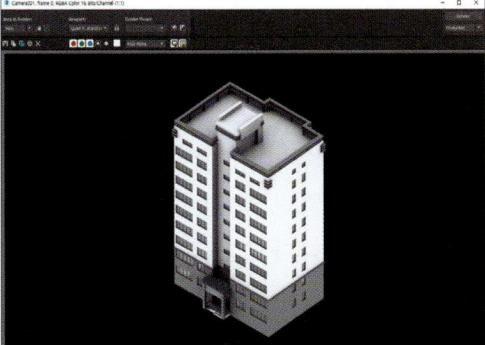

▲ Perspective               ▲ Orthographic

**12.** 카메라와 조명   603

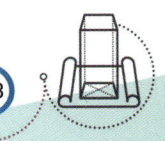

## 5. 단면 투시 시점 연출

이번 예제에서는 설정된 카메라의 옵션 중에서 Clipping Planes 옵션을 이용하여 내부 공간을 볼 수 있는 시점으로 설정해 보도록 하겠습니다. 단순한 옵션 설정을 통해 독특한 렌더링 이미지를 제작할 수 있습니다.

**1** 준비된 파일(12\05.max)을 불러온 뒤, 렌더링을 수행하여 준비된 데이터의 내용을 확인할 수 있습니다. 특별한 것 같지 않지만 준비된 모델링 데이터는 내부 구조와 조명이 표현된 모델링 데이터입니다. 당연히 현재는 외관을 보고 있기 때문에 내부가 전혀 보이지 않습니다.

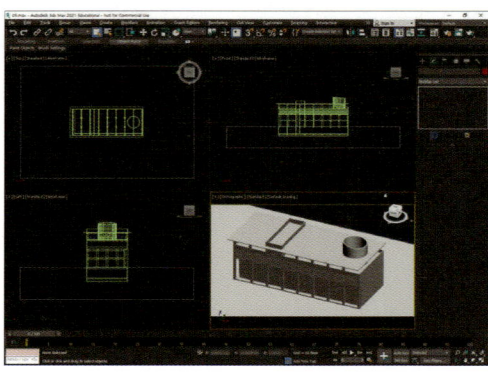 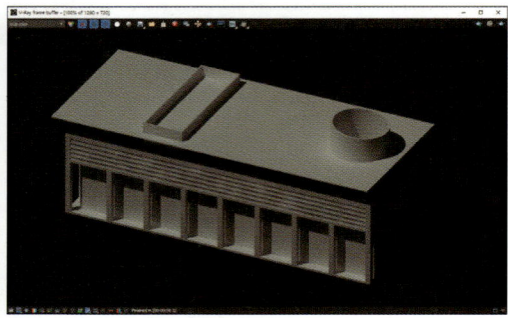

(12\05.max)

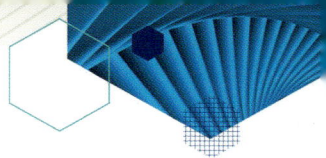

② 타깃 카메라를 이용하여 그림과 같이 카메라를 배치해 봅니다. 가급적 카메라의 위치와 타깃의 위치를 비슷하게 위치시켜 줍니다.

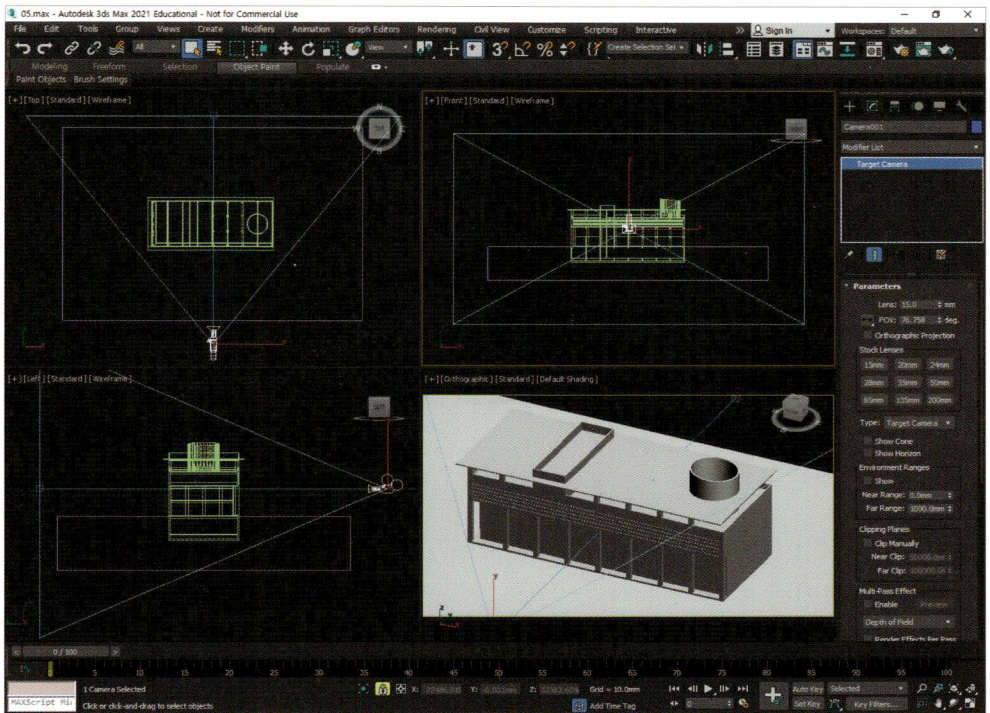

③ 설정된 카메라의 렌즈 크기를 15mm로 설정한 뒤, 3차원 시점을 준비된 카메라 시점으로 설정해 줍니다.

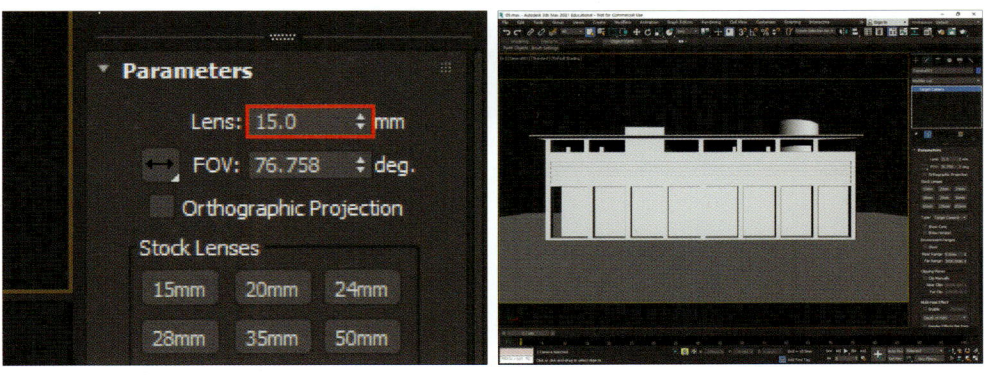

12. 카메라와 조명

4 카메라 설정 중에서 Clipping Planes의 Clip Manually 옵션을 설정, Near Clip: 50000, Far Clip: 100000으로 설정해 줍니다. 설정값의 의미는 카메라 위치를 기준으로 50,000mm부터 100,000mm 사이의 객체만 렌더링해 준다는 의미입니다.

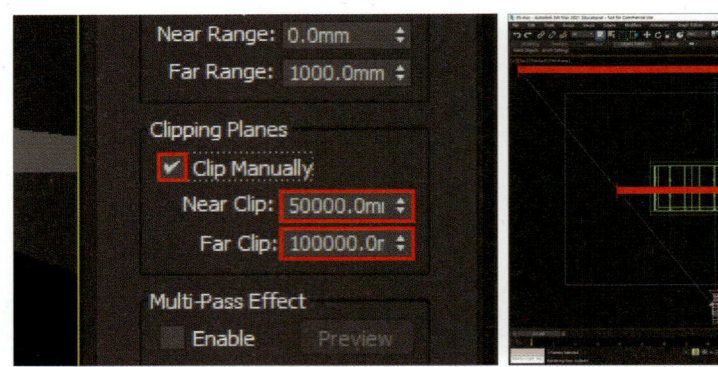

(12\06.max)

5 이제 설정된 카메라를 이용하여 렌더링을 수행해 봅니다. 마치 단면도와 같은 렌더링 결과를 확인해 줄 수 있습니다.

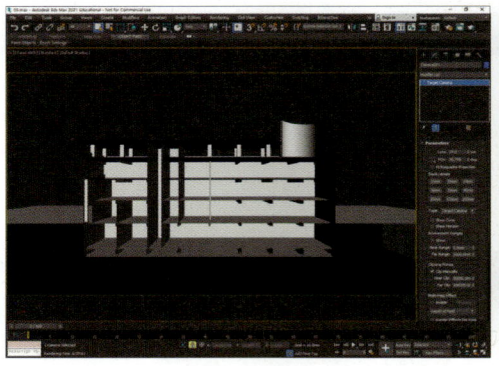 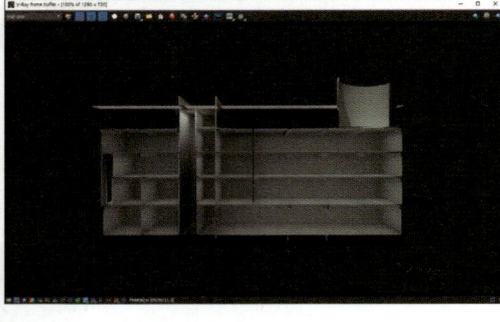

# 6. Standard 조명의 이해와 활용

이번에는 MAX에서 제공하는 가장 기본적인 조명, 즉 Standard Light에 대하여 학습해 보도록 하겠습니다. 대부분의 실무에서는 다음에 학습할 VRay 렌더러를 이용하여 작업하기 때에 VRay 조명을 사용하게 됩니다. 그러나 VRay를 사용한다고 하더라도 보조적으로 Standard 조명이 사용되며, 그 원리가 비슷하기 때문에 반드시 익히고 가도록 하겠습니다.

일반적인 환경 속에서 빛은 우리가 물체가 어떻게 생겼는지 형태를 인식할 수 있도록, 그리고 물체가 가지고 있는 고유한 표면 재질 및 색상을 구별할 수 있도록 해 줍니다. 즉 빛이 전혀 없다면 우리는 사물을 전혀 볼 수 없게 되는 것입니다. 이러한 빛은 일상생활에서 존재하는 물체에 닿았을 때 반사, 굴절 등의 반응을 나타내지만, MAX에서 기본적으로 제공하는 Standard 라이팅의 경우, 밝기, 즉 조도만을 가질 뿐이며 반사와 굴절을 표현해 주지는 못합니다.

MAX에서는 Light Tracer, Raytrcing, Anold 렌더링 방법을 이용하여 현실적인 렌더링 방법을 제공하고 있으며, 그럼에도 불구하고 Standard Light를 이용한 기본적인 설정 방법은 반드시 익혀야 합니다. 더불어 다음 장에서 설명할 VRay를 추가적으로 학습, 활용함으로써 실사에 가까운 이미지 장면을 만들어 보도록 하겠습니다.

일상생활에서의 빛은 광원과 물체 사이의 거리에 따라 조도의 변화가 발생하게 되며, 광원의 위치로부터 가까운 위치에 있는 물체는 밝게 보이지만 멀리 떨어져 있는 물체는 어둡게 보이게 됩니다. GI(Global Illumination) 방식으로는 위에서 설명된 거리에 따른 조도 값의 변화가 당연히 계산되지만, Standard 조명의 경우에는 거리에 따른 빛의 조도 변화는 없으며, 빛과 물체의 면이 이루는 각도에 의해서만 밝기가 변하게 됩니다. 만약 빛의 방향과 물체의 면이 이루는 각도가 90에 가까울수록 밝게 처리되고 각도가 좁아질수록 어둡게 처리되며, 거리에 따른 빛의 감쇠를 표현하기 위해서 조명 옵션 중에서 Attenuation 값을 설정해야 합니다.

▲ 조명 개체의 설정 전 렌더링 이미지

▲ 조명 개체의 설정 후 렌더링 이미지

MAX를 실행한 뒤, Scanline 렌더러에서는 조명이 없어도 기본적으로 제공되는 조명값으로 렌더링이 수행됩니다. 그러나 조명 개체를 하나라도 추가할 경우, 기본으로 설정되어 있던 조명은 비활성으로 속성이 변하면서 여러분께서 설정하신 조명으로만 작동하게 됩니다.

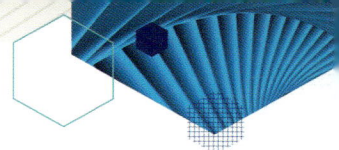

## 7. Standard Light와 Sky Light의 이해

　조명은 앞에서 설명한 바와 같이 대단히 다양한 형태로 존재하며, 이러한 여러 조명 개체를 이용한 작업에 따라 같은 모델링, 매핑 후에서도 전혀 다른 분위기의 결과를 만들어 낼 수 있습니다. 처음으로 연습할 내용은 실전 작업에 임하기 전에 간단한 모델링 데이터를 이용하여 Standard Light에 대하여 이해해 보도록 하겠습니다.

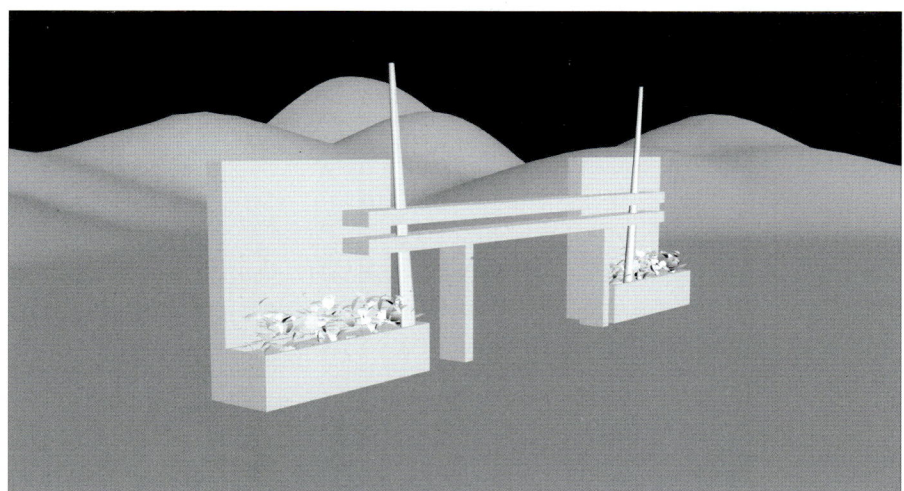

▲ 조명 개체의 설정 전 렌더링 이미지

▲ 조명 개체의 설정 후 렌더링 이미지

① 준비된 예제 파일(12\07.max)을 불러옵니다. 준비된 파일은 조명에 대한 이해를 위해 준비한 모델링 데이터입니다. 일단 렌더링을 수행하여 현재 상태를 확인해 봅니다.

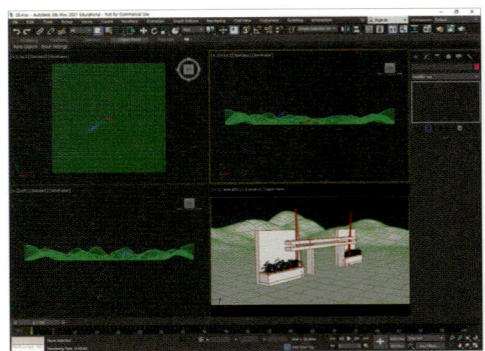 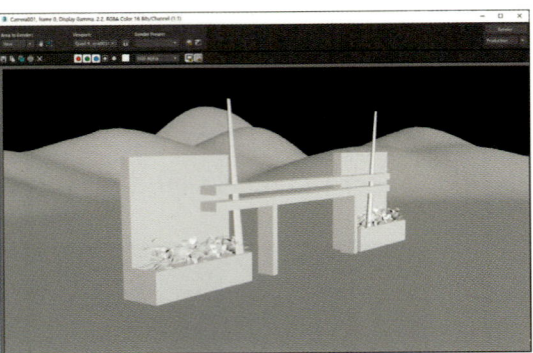

(12\07.max)

예제에서는 특정한 장면을 연출하기 위한 설정보다는 Standard Light의 여러 설정값에 따른 렌더링 이미지의 변화 및 조명의 위치에 따른 렌더링 결과를 통해 기본적인 조명에 대한 이해를 돕기 위한 것입니다. 따라서 여기서 설명되지 않는 내용이라도 여러 옵션을 직접 조절해가면서 조명에 대한 이해도를 높이길 바랍니다.

② 가장 기본적으로 확산광의 속성을 가진 Omni를 추가해 보도록 하겠습니다. 아래 화면과 같이 커맨드 패널에서 Create ▶ Lights ▶ Standard를 클릭하여 나타나는 여러 조명 개체 중에서 Omni를 클릭하여 선택합니다.

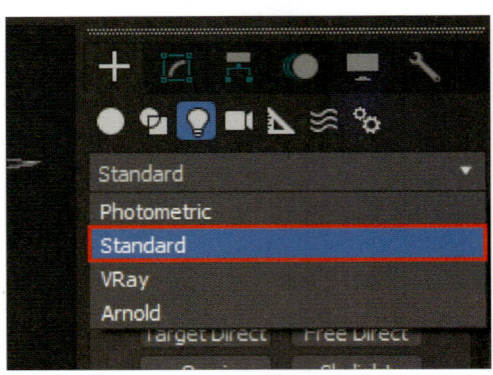 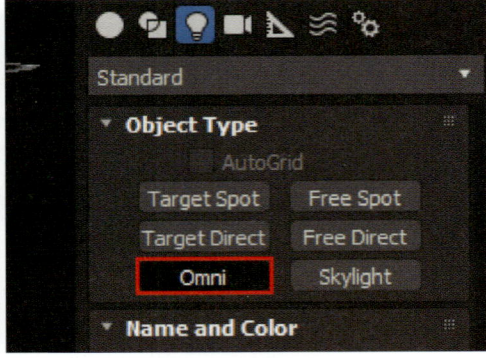

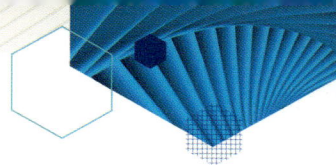

**3** Omni 조명을 추가한 뒤, 아래 그림을 참고하여 비슷한 위치로 이동시켜 줍니다.

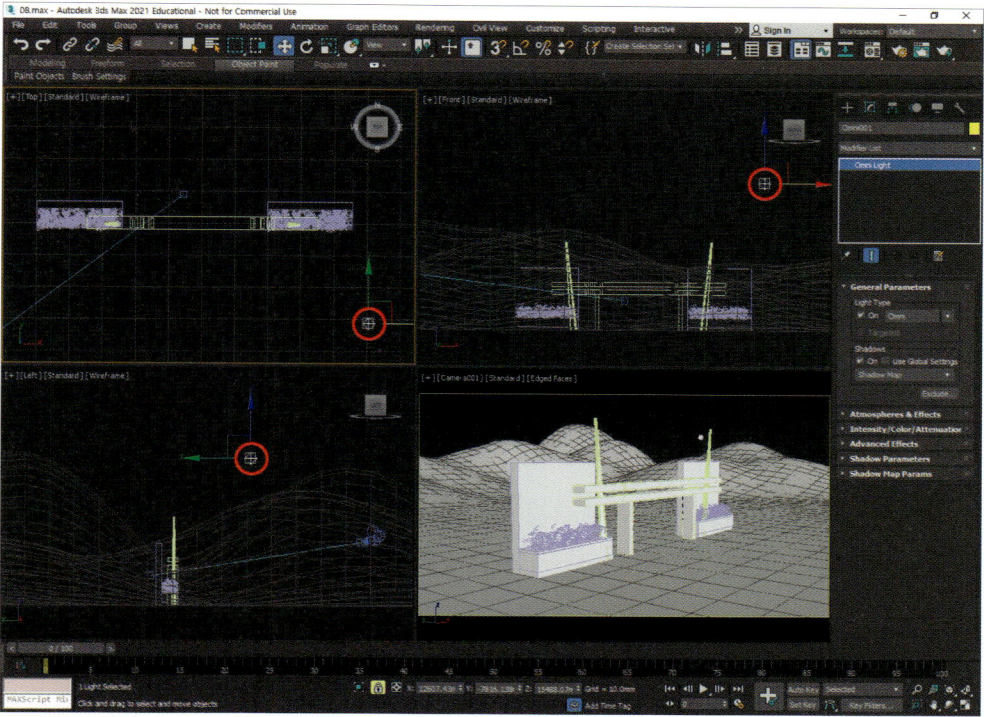

**4** 조명 개체의 위치를 이동한 뒤, 카메라 뷰의 시각적 표현 상태를 다양하게 설정해 봅니다. High Quality의 설정을 통해 좀 더 정확한 결과를 확인할 수 있지만, 실시간 렌더링이기 때문에 컴퓨터에 많은 부담을 주게 됩니다. 이제 렌더링을 수행해 봅니다.

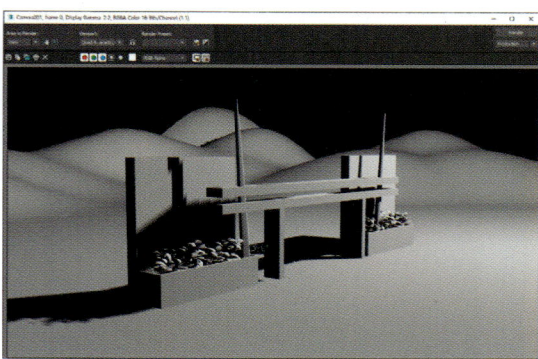

**12.** 카메라와 조명

5 조명의 밝기를 조절하기 위해서 설정된 조명 개체('Omni01')를 선택한 뒤, Modify 버튼을 클릭해 줍니다. 선택한 조명 개체에 대한 옵션값이 나타나면 그림과 같이 Multiplier 값을 '2.0'으로 변경해 줍니다. 렌더링을 수행하면, 이전보다 훨씬 밝아진 것을 확인할 수 있습니다.

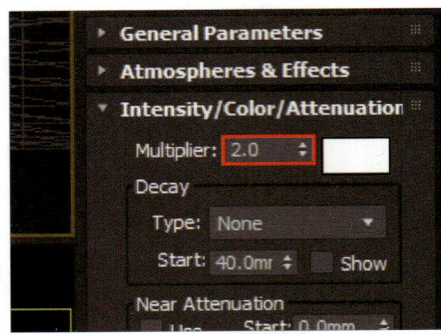 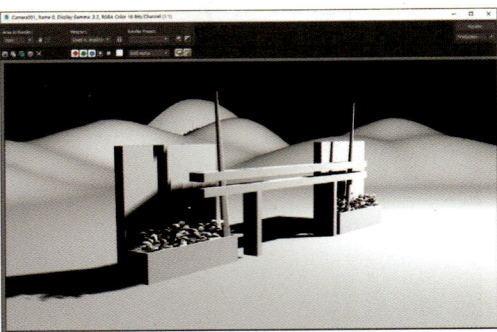

6 이번에는 조명에 의해 발생되는 그림자를 설정해 보도록 하겠습니다. 기본적으로 조명을 설정하면 그림과 같이 Shadows 항목에서 On 옵션이 선택되어 있으며, 설정값을 빼고 렌더링을 수행해 봅니다.

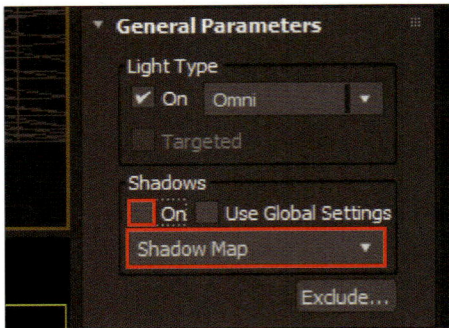 

▲ Shadows 옵션 : Off

▲ Shadows 옵션 : On

15강으로 익히는 인테리어·건축 디지털 렌더링

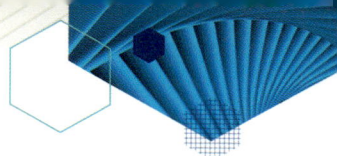

**7** 이번에는 Shadow Parameters 항목에 위치하고 있는 Dens 옵션의 설정값을 '1.0'에서 '0.7'로 변경하고, Shadow Map Params 항목의 Size 옵션값을 '512'에서 '2000'으로 변경해 줍니다.

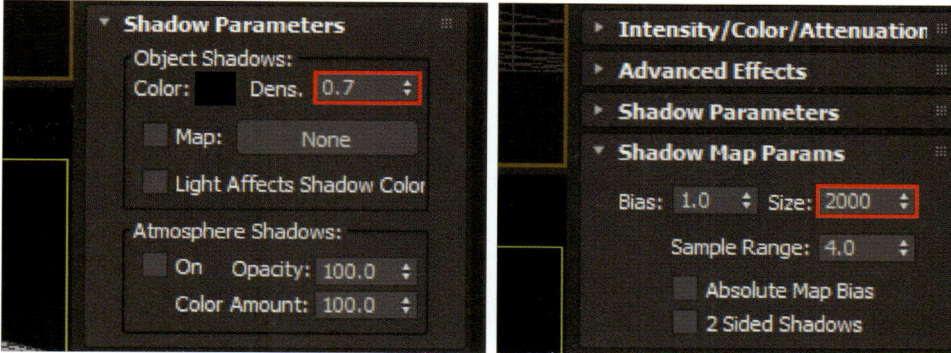

**8** 렌더링을 수행하여 결과를 확인해 보면, 그림자의 진함 정도가 약해졌으며, 그림자 경계가 선명하게 만들어진 것을 확인할 수 있습니다.

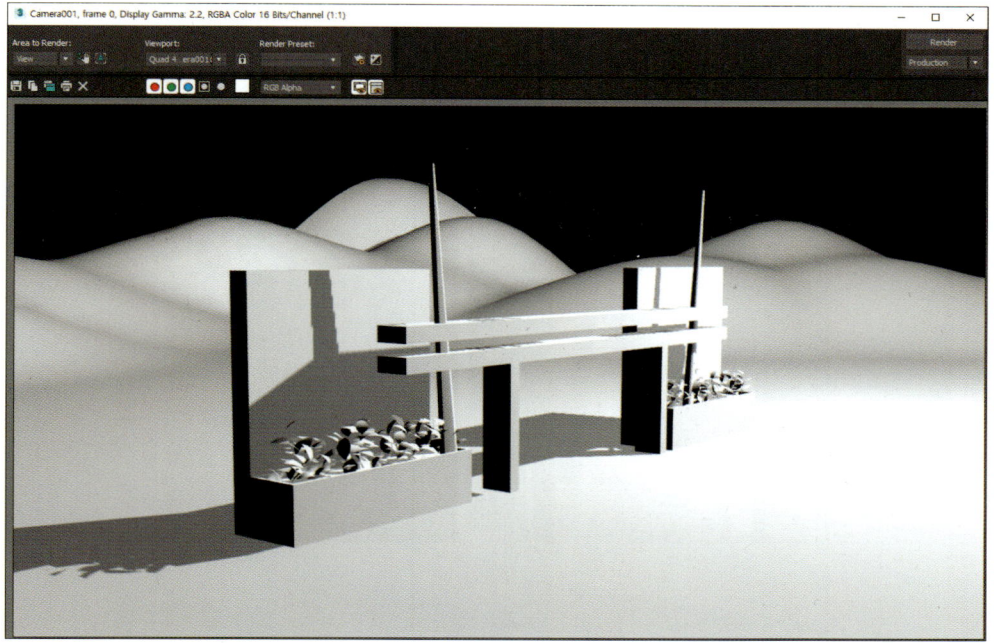

**12.** 카메라와 조명

**9** 계속해서 이번에는 조명 개체의 옵션을 수정하는 것이 아니라, 조명 개체의 위치를 변경해 보도록 하겠습니다. 그림과 같이 Top 뷰에서 구조물의 중앙 상단으로 조명 개체의 위치를 이동시켜 준 뒤, 렌더링을 수행해 봅니다. 결과를 확인해 보면 음영뿐만 아니라 그림자의 발생 방향도 변경된 것을 확인할 수 있습니다.

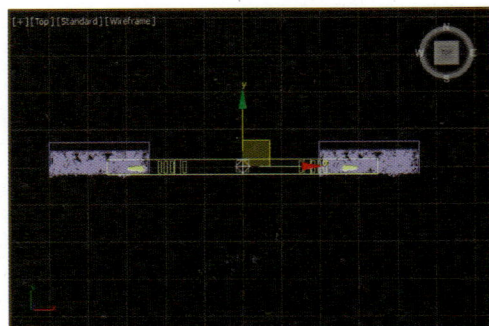

(12\08.max)

**10** 이번에는 조명 개체의 속성을 점광원(확산 광원)인 아닌 일방향의 조명 개체를 만들어 보도록 하겠습니다. 현재의 조명 개체인 'Omni01'을 삭제한 뒤, 뷰포트의 설정값을 High Quality로 변경해 줍니다. 계속해서 조명을 추가하기 위해 'Target Spot' 조명을 선택해 줍니다.

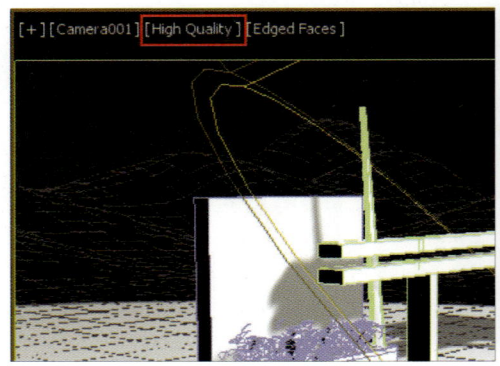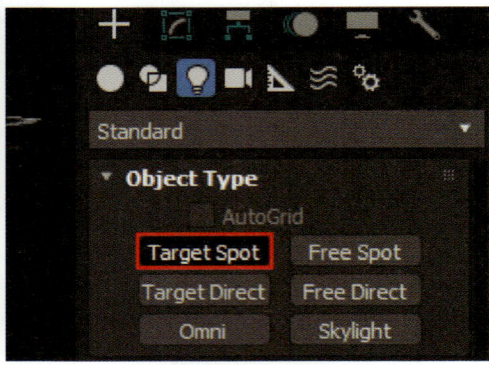

15강으로 익히는 인테리어·건축 디지털 렌더링

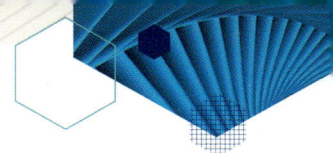

**11** 그림을 참고하여 조명과 타깃의 위치를 비슷하게 설정해 줍니다.

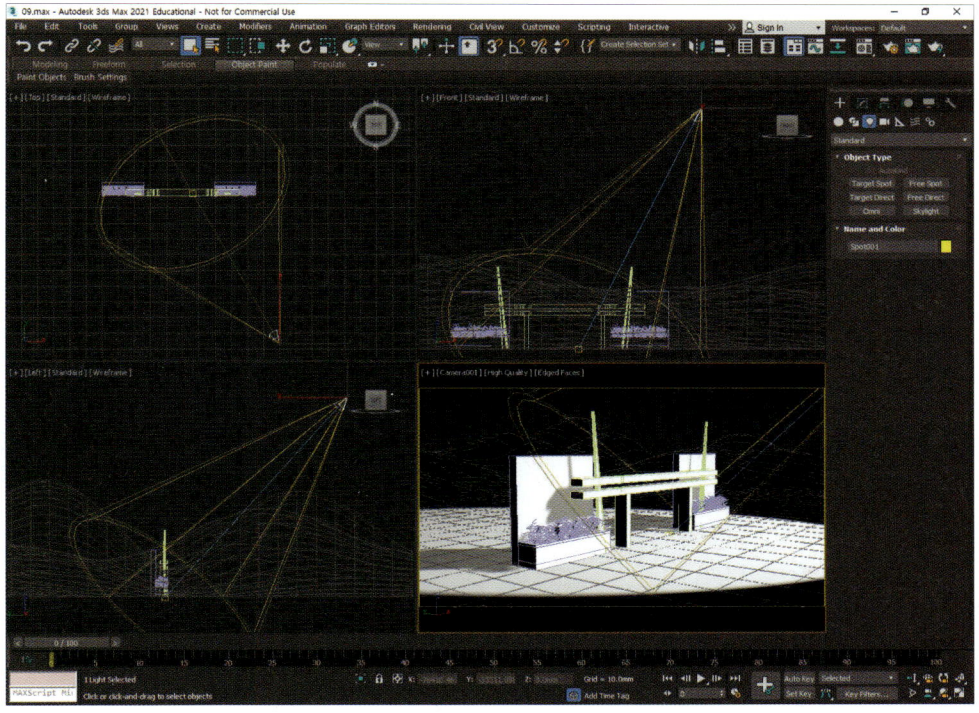

**12** 그림자 설정을 위해서 Shadows: On, 'Ray Traced Shadows', Multiplier 값을 '1.2', Color를 흰색으로 설정하여 렌더링을 수행해 봅니다.

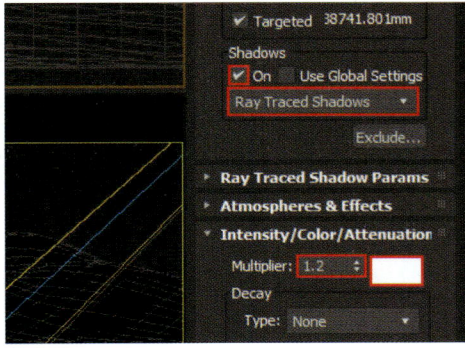
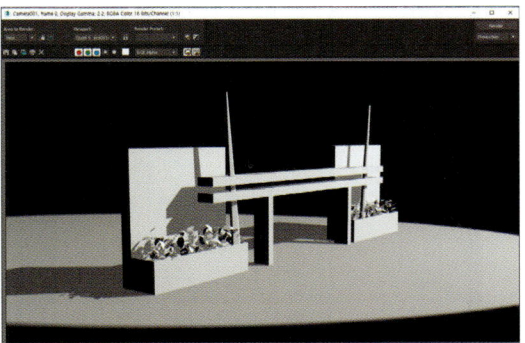

Shadows를 'Ray Traced Shadows'로 설정할 경우, 별도의 Size 옵션 설정 없이 그림자의 경계면이 명확한 결과를 만들 수 있습니다. 이러한 이유 때문에 건축 분야, 특히 입면 표현을 위한 그림자 제작에서 'Ray Traced Shadows' 방법이 자주 사용됩니다.

**12. 카메라와 조명** 615

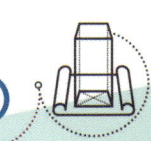

⑬ 렌더링 이미지를 유심히 살펴보면, 조명이 비춰진 영역의 모양이 원형으로 나타나게 됩니다. 물론 무대 조명이나 특수한 영역에서는 위와 같은 조명의 형태가 나타나는 것이 좋지만, 일반적인 경우에는 조명이 비춰진 영역의 모양이 자연스럽게 사라지도록 설정하는 것이 좋습니다. 따라서 아래 그림과 같이 Spotlight Parameters의 Hotspot/Beam: 20, Falloff/Field: 60으로 설정한 뒤, 렌더링을 수행합니다. 결과를 살펴보면 조명 모양이 자연스럽게 사라지는 모습을 확인할 수 있습니다.

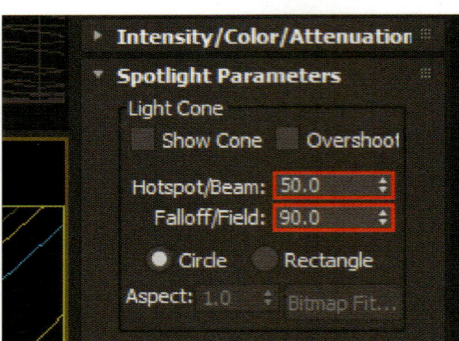 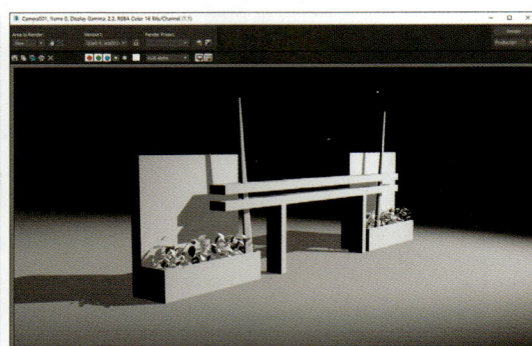

⑭ Shadow Parameters의 Dens값을 다시 '1.0'으로 변경하여 그림자를 진하게 표현시켜 줍니다.

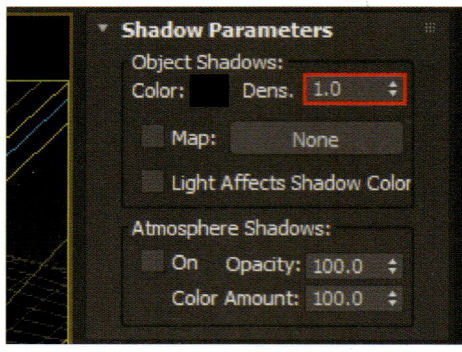 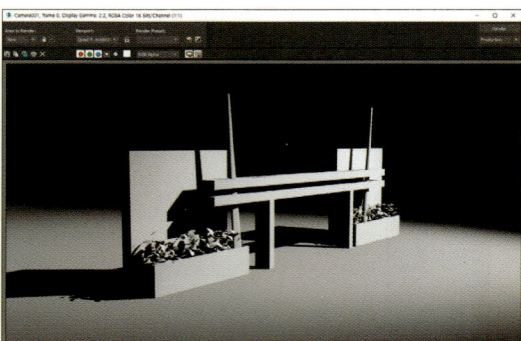

(12\09.max)

**15** 이번에는 Standard 조명 중에서 Skylight를 그림과 비슷한 위치에 추가해 줍니다.

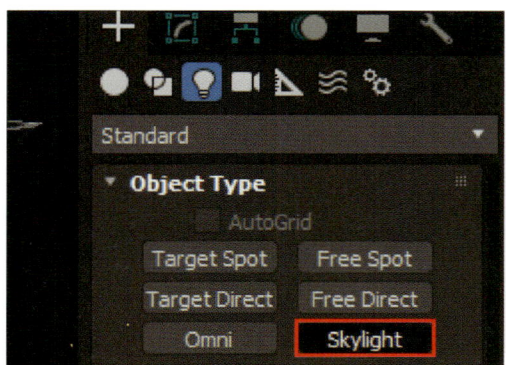 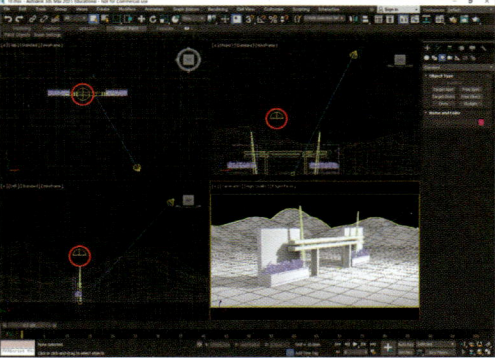

**16** 추가된 Skylight 조명 개체의 Multiplier:0.5로 설정한 뒤, Rendering▶Light Tracer… 명령을 이용하여 렌더링을 수행합니다.

**17** 전보다 렌더링 시간이 훨씬 많이 소요되지만, 퀄리티 높은 결과를 확인할 수 있습니다.

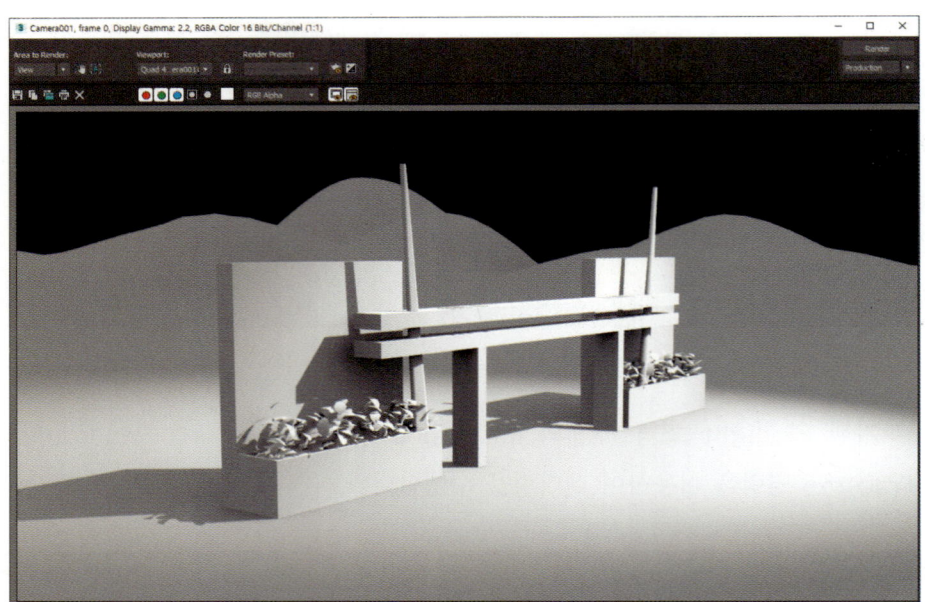

(12\10.max)

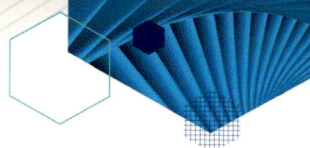

 **Skylight 조명과 Light Tracer를 이용한 렌더링**

이번에는 앞에서 연습한 방법으로 제시되는 모델링을 불러온 뒤, Skylight 조명과 Light Tracer를 이용하여 아래 그림과 같은 렌더링 결과를 만들어 보시기 바랍니다.

- 준비된 모델링 데이터

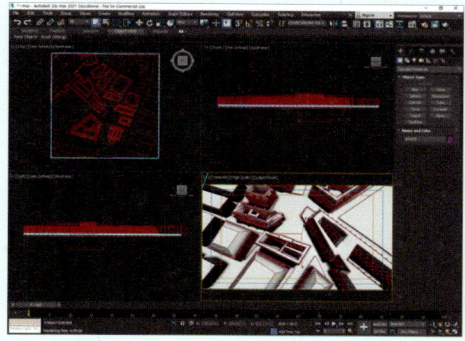

(12\11.max)

 **실습 예제**

■ Skylight 조명과 Light Tracer를 이용한 렌더링 작업

 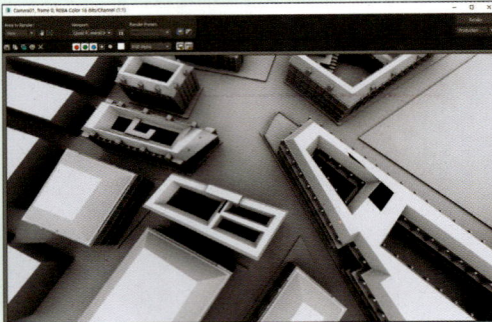

(12\12.max)

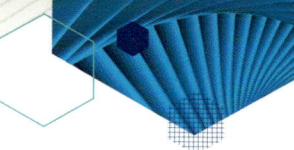

## 8. Omni, Target Spot 조명을 이용한 야경 제작

이번에는 준비된 모델링 개체를 이용하여 업라이트 및 백라이트 효과를 통해 야경을 표현해 보도록 하겠습니다. 장면의 분위기를 조성하는 방법은 기본적으로 모델링 및 재질 설정이 완성도 있게 작성되어야 합니다. 그러나 원하는 분위기의 장면을 만들기 위해서는 조명 설정도 중요한 역할을 합니다.

**①** 준비된 예제 파일(12\13.max)을 불러온 뒤, 렌더링을 수행하여 현재 상태를 확인해 봅니다.

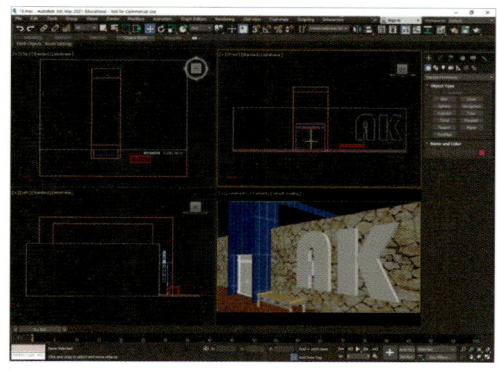

(12\13.max)

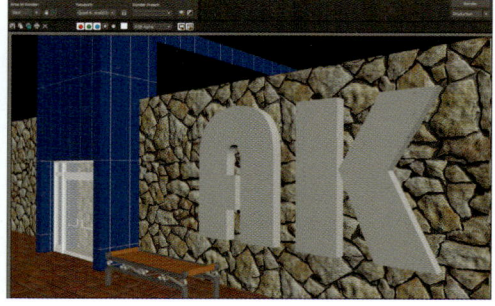

**12.** 카메라와 조명

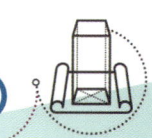

❷ 렌더링 결과를 확인한 뒤 Target Spot 조명 개체를 추가하기 위해 커맨드 패널에서 Create▶Lights▶Standard를 클릭, 여러 조명 개체 중에서 Target Spot을 선택해 줍니다.

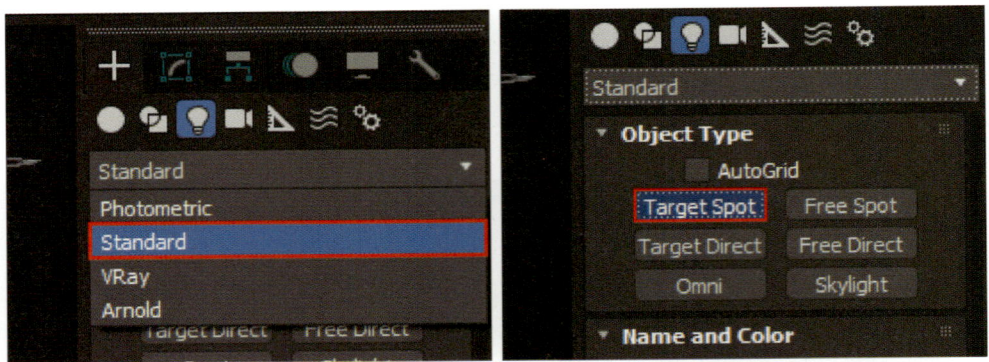

❸ 스폿(Target Spot) 조명을 추가한 뒤, 아래 그림을 참고하여 조명의 위치를 이동시켜 줍니다.

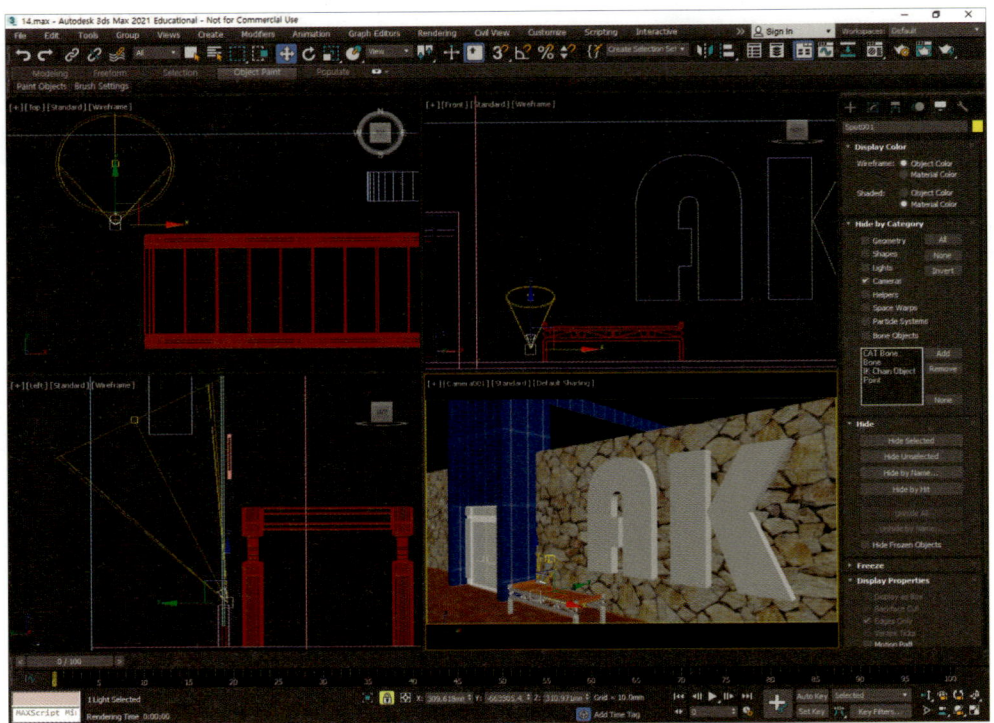

4 조명을 배치한 뒤, 렌더링 결과를 확인해 보면 설정된 조명(Spot)으로 그림과 같은 결과를 확인할 수 있습니다. 이번에는 설정된 조명 개체의 옵션값을 변경하여 좀 더 자연스러운 이미지를 만들어 보도록 하겠습니다. 조명 옵션 중에서 Multiplier: 1.5로, 색상은 흰색으로 설정해 줍니다.

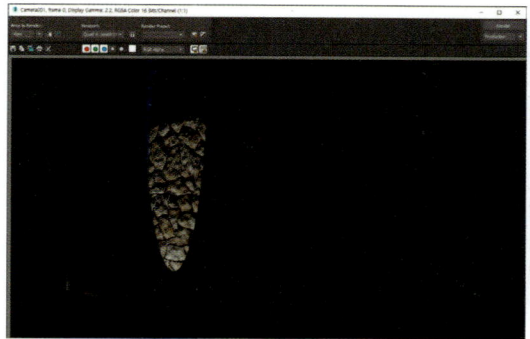
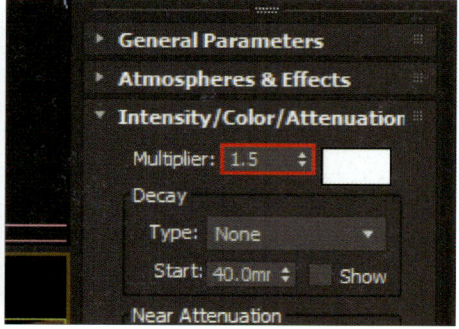

5 빛의 퍼짐 정도를 넓게 설정하기 위해서 Spotlight Parameters에서 Hotspot/Beam: 10, Falloff/Field: 80으로 설정해 줍니다. 렌더링을 수행하면 이전과는 달리 빛의 경계면도 부드럽게 표현되는 것을 확인할 수 있습니다.

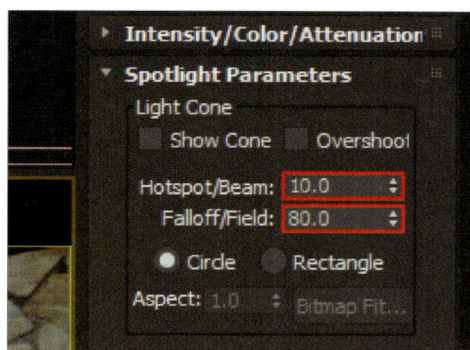
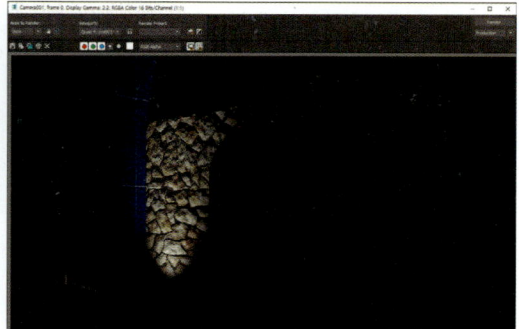

**6** 작성된 조명 개체를 선택(조명과 Target을 모두 선택)하여 Shift 키를 누른 상태에서 이동하여 그림과 같이 복사해 줍니다. 조명 개체를 복사한 뒤, 렌더링을 수행하여 결과를 확인할 수 있습니다.

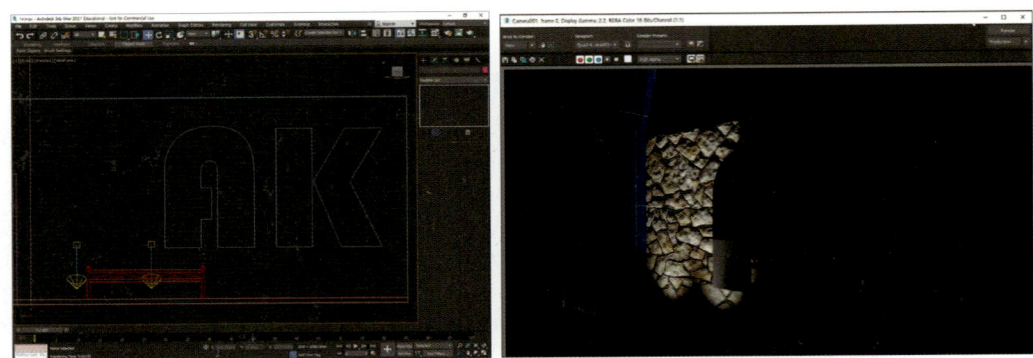

**7** 전체적으로 너무 어둡기 때문에 아래 그림과 같이 Omni 조명을 추가해 줍니다.

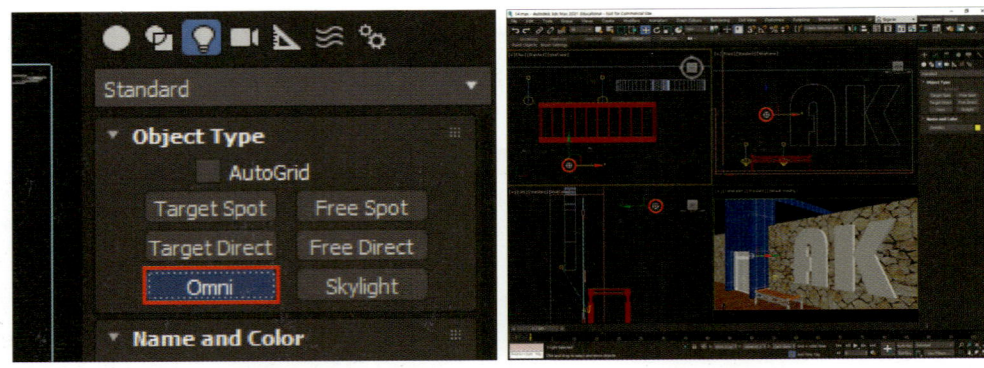

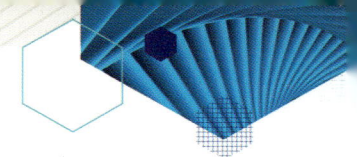

**8** 추가된 Omni 조명 객체의 Shadows: On, Shadow Map으로 설정, 조명의 강도 (Multiplier)를 '0.2'로 수정합니다. 계속해서 빛의 세기를 감쇠될 수 있도록 Near Attenuation의 Use와 Show 옵션을 설정, Start: 0, End: 1000으로 설정하고 Far Attenuation의 Use와 Show 옵션을 설정, Start: 2000, End: 5000으로 설정해 줍니다.

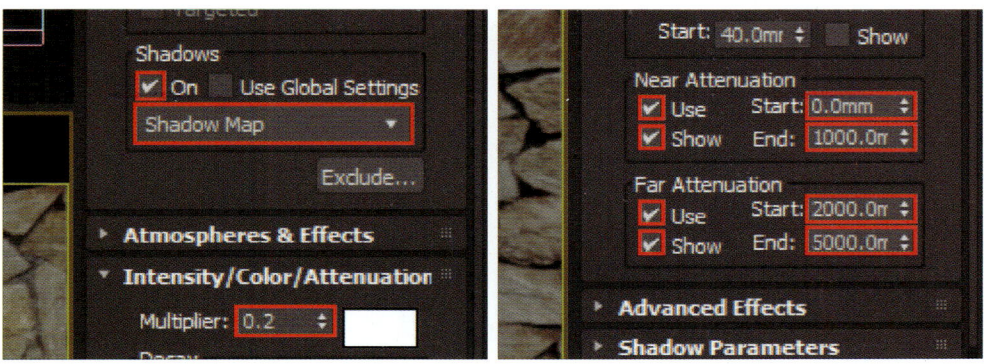

**9** 작성된 Omni 조명을 아래 그림과 같이 복사한 뒤, 렌더링을 수행하여 결과를 확인합니다.

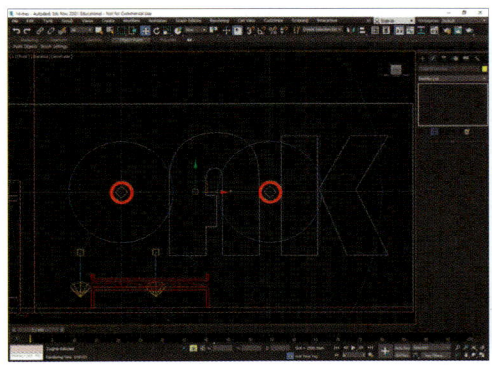 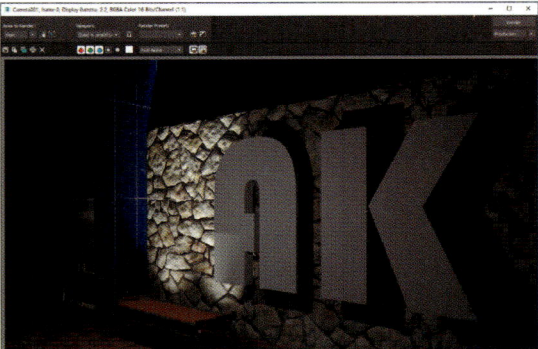

**12.** 카메라와 조명　625

**10** 그림과 같이 Omni 조명을 추가한 뒤, 아래 그림을 참고하여 위치를 설정해 줍니다. 옵션값을 수정하여 간접 조명과 같은 효과를 만들어 보도록 하겠습니다.

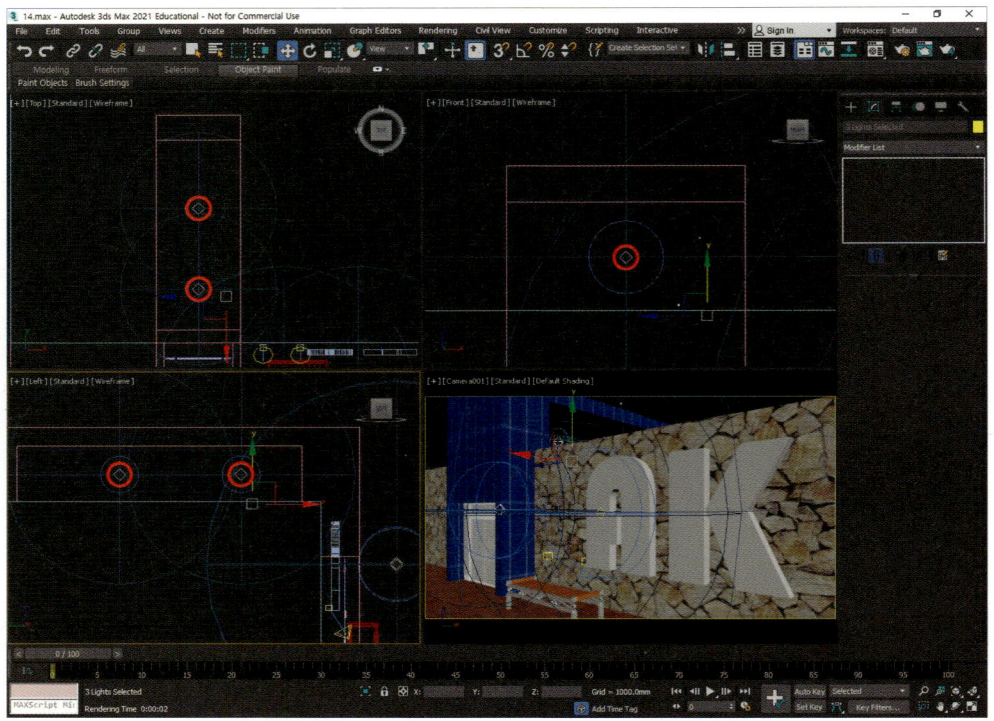

**11** 추가된 조명의 그림자 설정을 해제하고, 조명의 강도(Multiplier)를 '1.0'으로 설정해 줍니다. 계속해서 빛의 세기를 감쇠하도록 설정하기 위해서 Near Attenuation의 Use, Show 옵션을 설정, Start: 0, End: 500으로, Far Attenuation의 Use, Show 옵션을 설정, Start: 1000, End: 3000으로 설정해 줍니다.

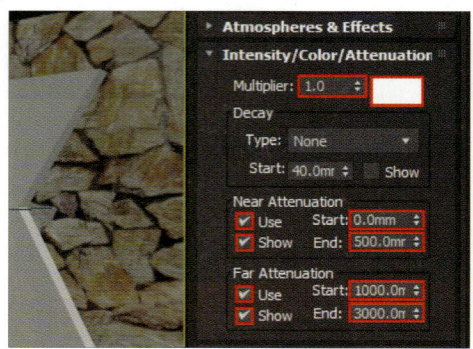 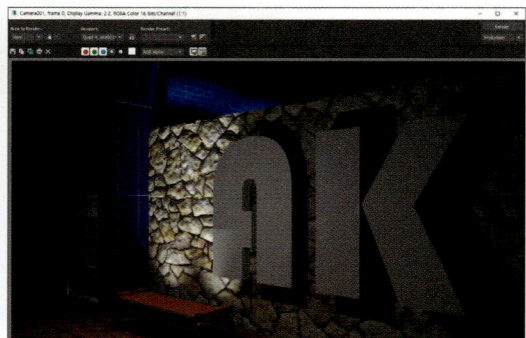

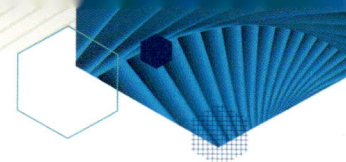

**12** 이번에는 사인물과 벽 사이에 Omni 조명의 추가와 위치를 이동해 봅시다. 추가된 조명의 그림자 옵션을 설정하지 않고, 조명의 강도(Multiplier)를 '1.0'으로 합니다. 계속해서 빛의 세기를 감쇠되도록 설정하기 위해서 Near Attenuation의 Use 옵션을 설정, Start: 0, End: 200으로 설정하고 Far Attenuation의 Use 옵션을 설정, Start: 500, End: 1000으로 설정해 줍니다.

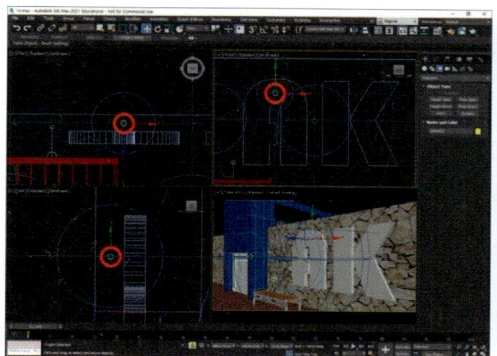
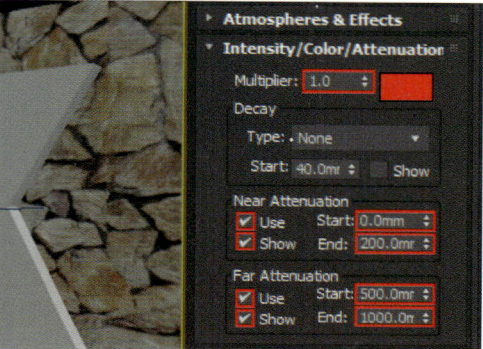

**13** 설정 후의 결과를 렌더링하여 확인한 뒤, 작성된 Omni 조명을 아래 그림과 같이 복사해 줍니다. 복사할 때 나타나는 Clone Options 대화상자에서 Object 항목을 Instance로 설정하면 원본 조명의 옵션을 수정할 경우 나머지 복사된 개체의 옵션이 자동으로 수정되기 때문에 작업의 편의성을 확보할 수 있습니다.

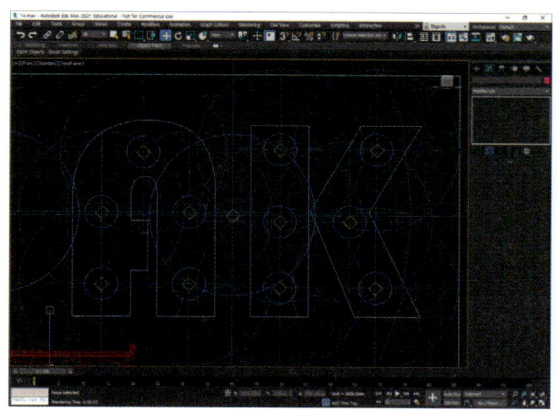
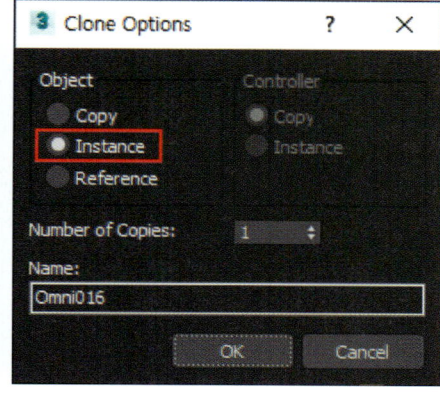

(12\14.max)

**14** 렌더링 결과를 확인합니다.

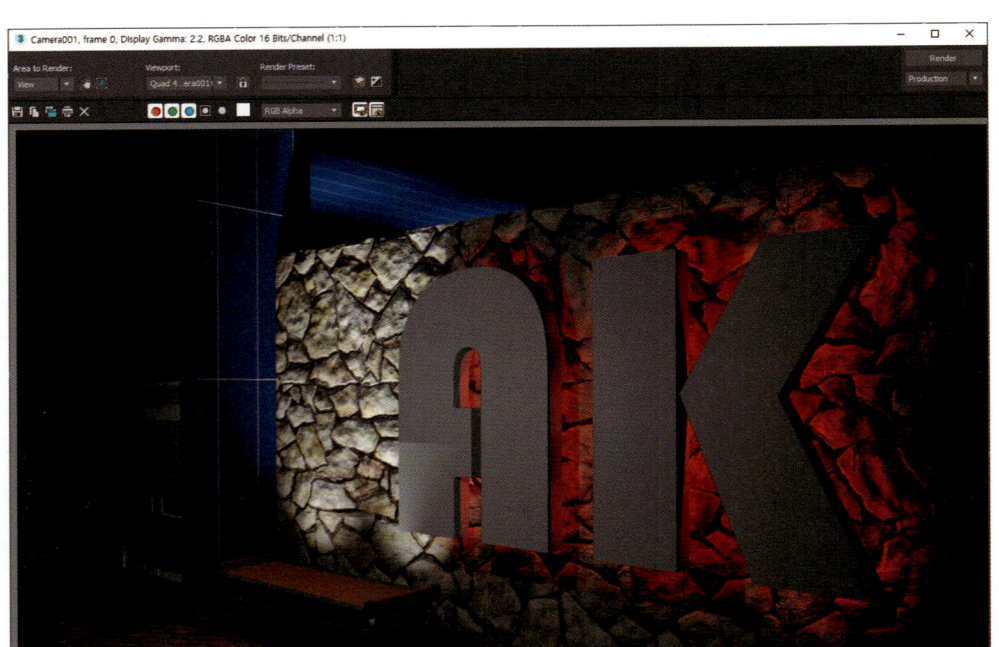

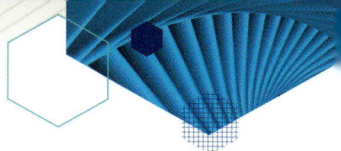

## 9. Standard 조명의 Attenuation 설정값의 이해

이번에 수행될 내용은 Standard Light의 Omni 개체를 이용하여 야간 경관에 대한 조명 설정을 수행해 보도록 하겠습니다. 특히 이번 예제에서 중요한 것은 빛의 범위를 한정해 줄 수 있는 Attenuation의 옵션을 활용한 장면을 연출해 보도록 하겠습니다.

**1** 준비된 예제 파일(12\15.max)을 불러온 뒤, 렌더링을 수행하여 준비된 예제의 모습을 확인해 봅니다.

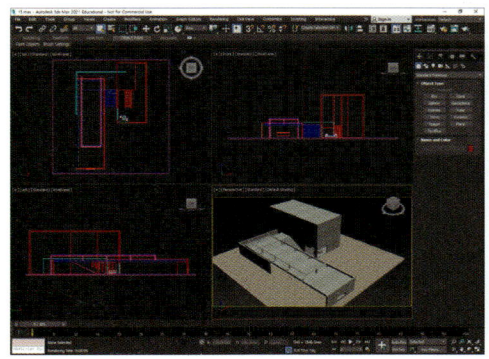
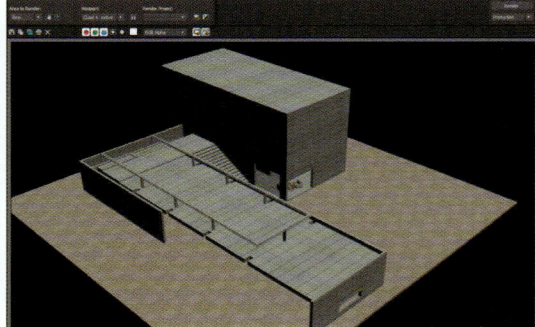

(12\15.max)

**12.** 카메라와 조명  629

❷ 아래 그림을 참고하여 타깃 카메라를 추가한 뒤, 비슷한 시점을 만들어 줍니다. 시점을 설정한 뒤, 렌더링을 수행한 모습을 확인할 수 있습니다.

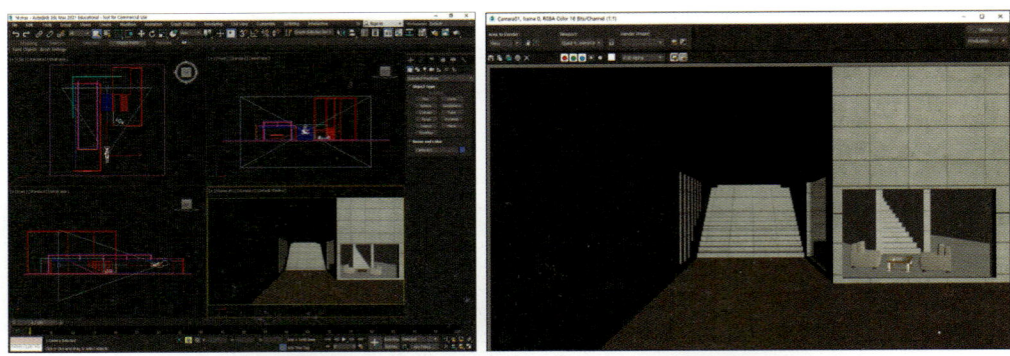

❸ 준비된 이미지(12\maps\background_01.jpg)를 배경 이미지로 설정한 뒤, 렌더링을 수행합니다. 결과를 확인해 보면 지금까지 작업한 내용만으로도 그럭저럭 볼만 하지만 어딘가 모르게 부족한 부분이 많이 느껴집니다.

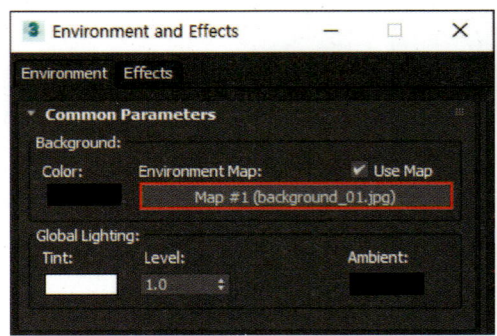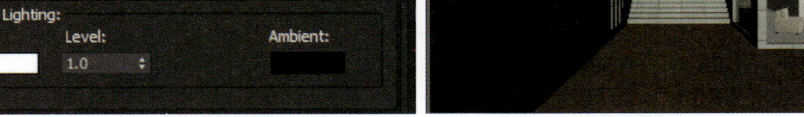

(12\maps\background_01.jpg)

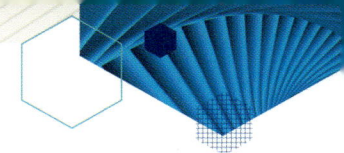

4) 지금부터는 조명을 설정해 보도록 하겠습니다. 먼저 실내에 아래 그림과 같이 Omni 조명 개체 하나를 추가하여 렌더링 결과를 확인해 봅니다. 실내에 설치된 조명이 유리 개체를 통과하지 못하기 때문에 내부 공간만 조명 효과가 표현된 모습을 확인할 수 있습니다.

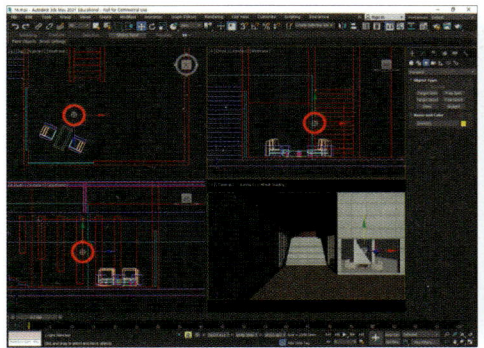
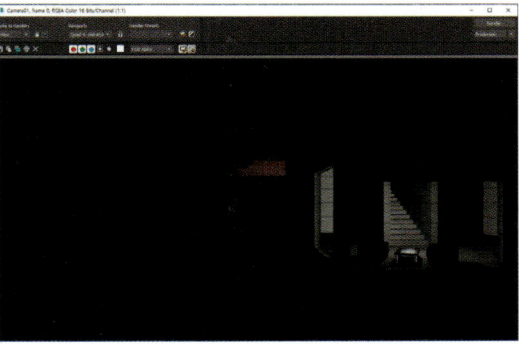

5) 먼저 Multiplier 값을 '1.2'로, 색상은 흰색으로 설정한 뒤, 그림자(Shadows) 옵션을 설정해 보도록 하겠습니다. Shadows: On, 'Ray Traced Shadows'로 설정해 줍니다.

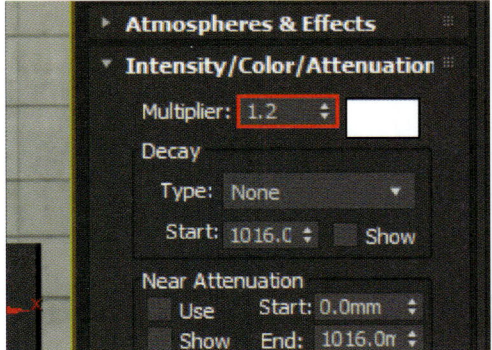

**12.** 카메라와 조명

**6** 그림자 옵션을 설정한 뒤, 렌더링을 수행해 보면 내부 조명에 의한 그림자가 설정되어 그림과 같은 렌더링 이미지가 만들어집니다.

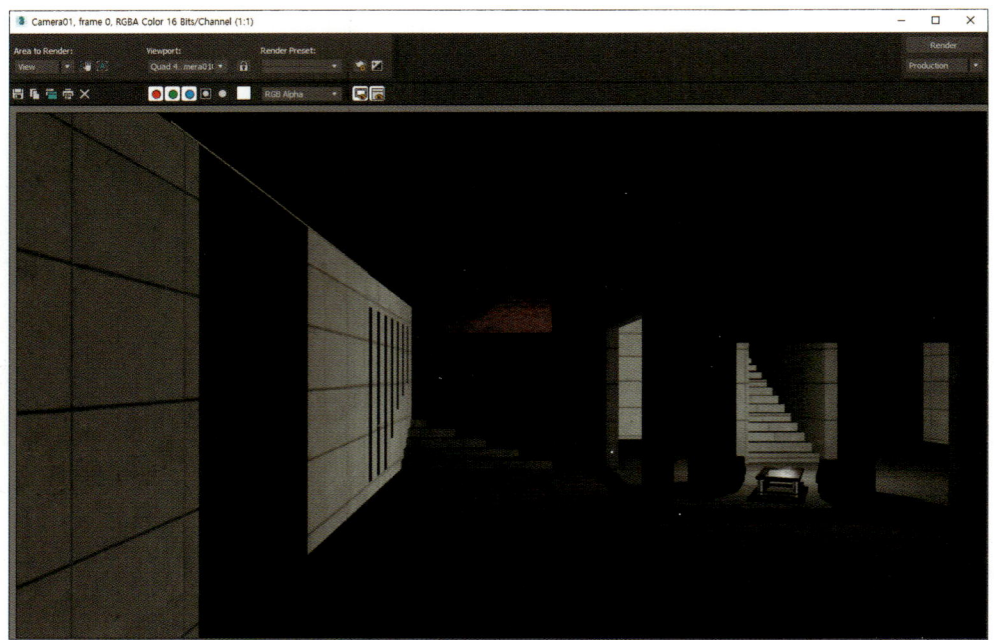

**7** 마지막으로 Shadow Parameters의 Dens 값을 0.4로 설정한 뒤, 렌더링을 수행하여 결과를 확인해 봅니다. 결과 이미지를 자세히 살펴보면 조명 개체의 속성이 무한 확산 광이기 때문에 조명 개체로부터 멀리 떨어져 있는 벽체까지도 조명의 영향을 받고 있습니다.

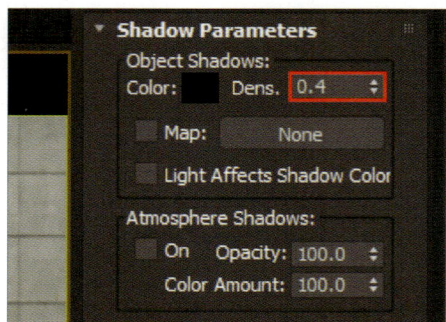 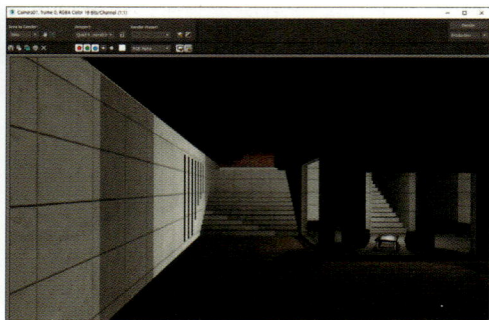

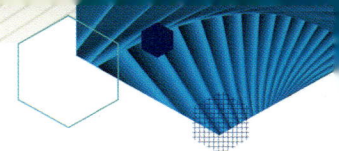

**8** 이번에는 Standard Light의 Attenuation을 이용하여 거리가 멀어지면서 빛의 강도가 점차 약해지는 표현을 해보도록 하겠습니다. 조명 개체를 선택한 상태에서 Near Attenuation의 Use 설정, Start: 0, End: 2000으로 설정하고, Far Attenuation의 Use 설정, Start: 3000, End: 5000으로 설정해 줍니다. 렌더링을 수행해 보면 아래 그림과 같은 모습을 확인할 수 있습니다.

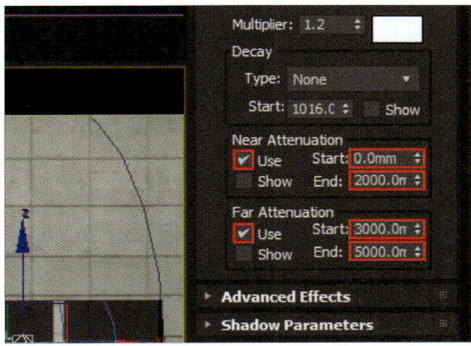 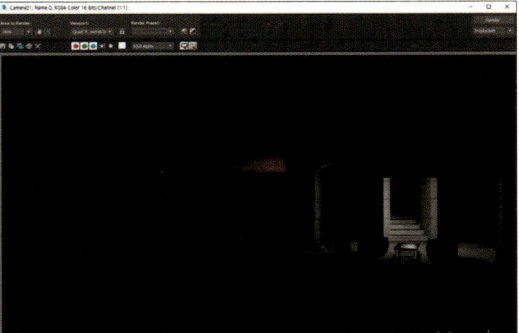

**9** 이제 설정된 조명을 복사하여 그림과 같은 위치로 이동한 뒤, 렌더링 결과를 확인해 봅니다.

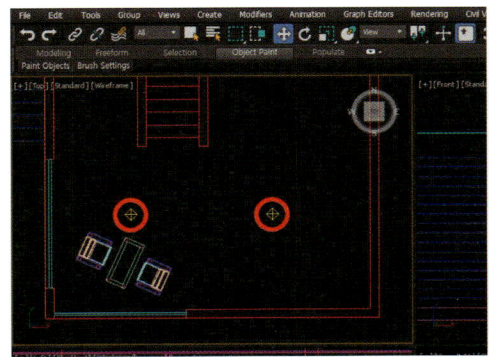 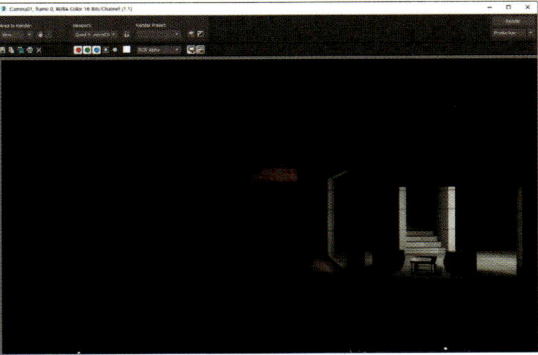

**10** 계속해서 이번에는 옥외 바닥조명을 설정해 보도록 하겠습니다. Omni 조명 개체를 추가, 아래 그림을 참고하여 비슷한 위치로 이동시켜 줍니다.

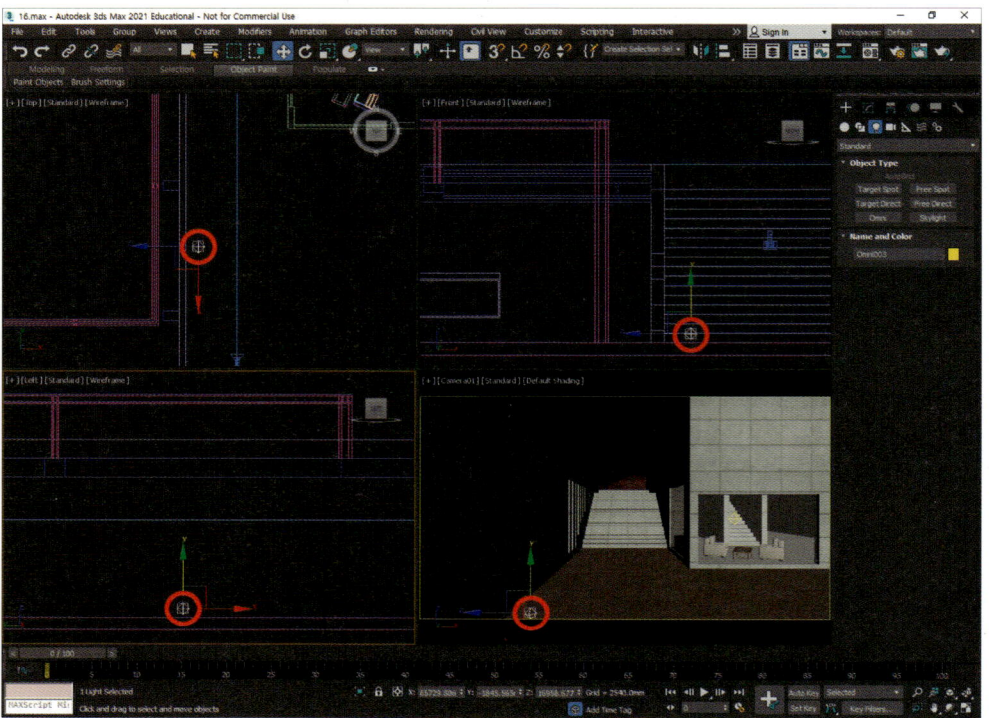

**11** 설정된 조명 객체의 Shadows 설정을 해제한 뒤, Multiplier: 1.0, Near Attenuation의 Use 설정, Start: 0, End: 100으로 설정하고, Far Attenuation 항목의 Use 설정, Start: 200, End: 3000으로 설정해 줍니다.

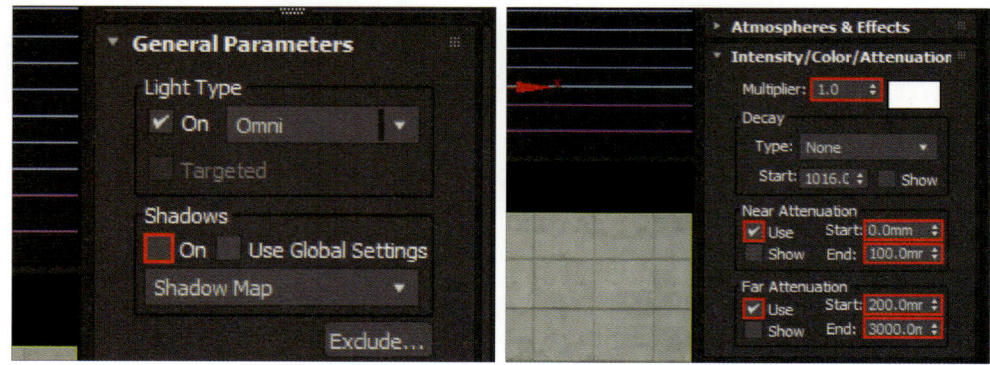

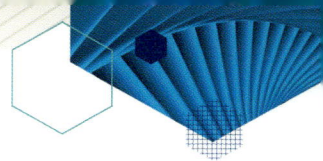

**12** 계속해서 아래 그림을 참고하여 설정된 조명 객체를 복사, 이동해 줍니다.

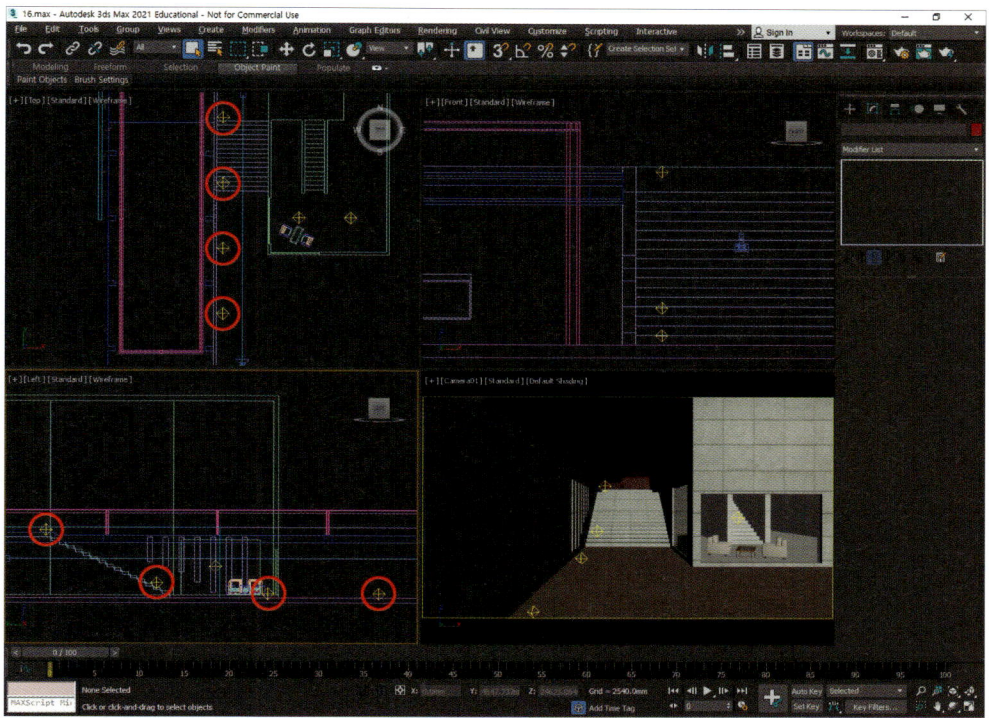

**13** 마지막으로 전체적인 밝기를 높이기 위해서 Skylight를 추가한 뒤, 아래 그림과 비슷한 위치로 이동시켜 줍니다. 노을의 저녁 분위기를 연출하기 위해서 조명의 Multiplier 값을 0.5, Sky Color 색상을 R: 120, G: 100, B: 80으로 설정해 줍니다.

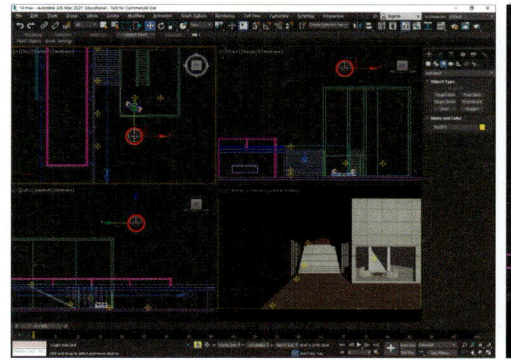 

**12. 카메라와 조명** 635

**14** File▶Import▶Merge... 명령을 수행하여 준비된 덩굴 모델링 데이터(12\16(Tree).max)를 불러와 줍니다.

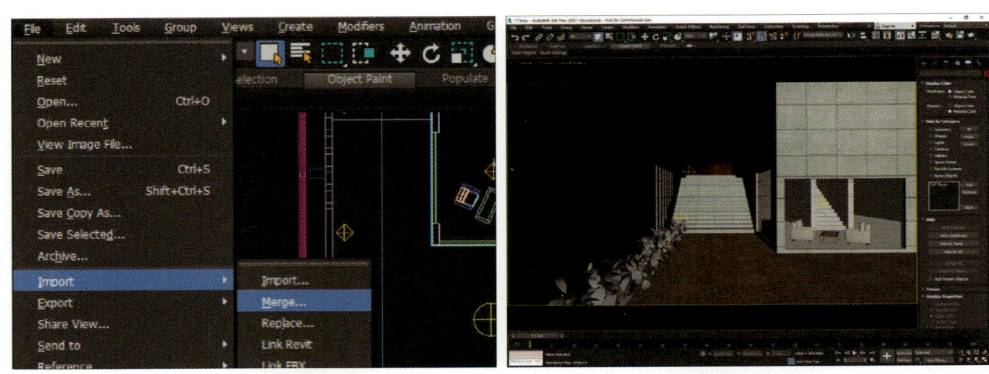

(12\16(Tree).max)

**15** 이제 Rendering▶Light Tracer... 명령을 수행하여 렌더링을 진행해 줍니다.

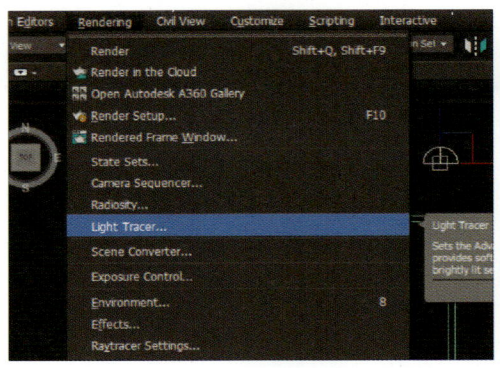 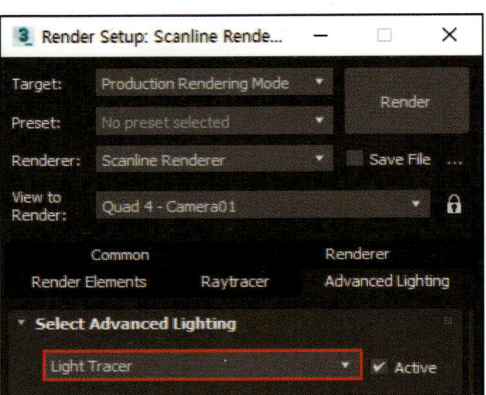

(12\17.max)

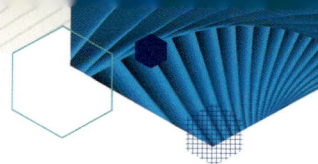

**16** 아래 그림과 같은 렌더링 결과를 확인해 줄 수 있습니다. Anold, VRay와 같은 별도의 렌더러를 이용하지 않더라고 Standard 조명을 조금만 사용할 수 있다면 퀄리티 있는 렌더링 결과를 만들 수 있습니다.

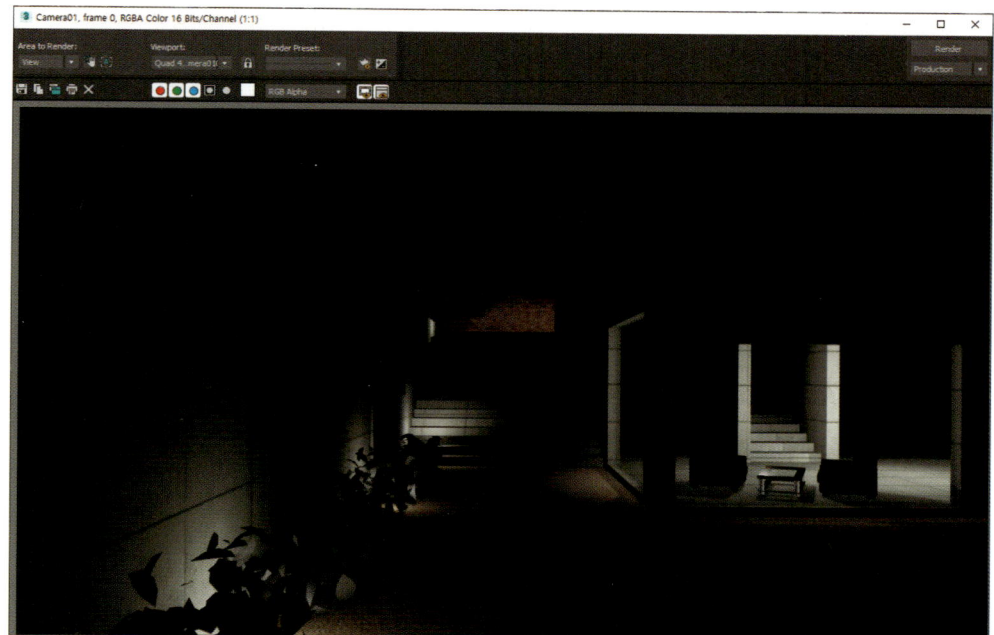

# MEMO
15강으로 익히는 인테리어 건축 디지털 렌더링

# 13

## VRay (1)

# 1. VRay(VRay 환경 설정과 재질, 조명 설정 방법)

이번 장에서는 VRay 렌더러를 이용한 작업방법에 대하여 학습해 보도록 하겠습니다. 과거와는 달리 높은 수준의 렌더링 이미지가 요구되고 있으며, 높은 사양의 PC가 대중화되면서 인테리어 및 건축에서는 VRay가 널리 사용되고 있습니다. 물론 VRay를 제대로 학습하기 위해서는 엄청난 분량의 학습이 요구되지만, 본서에는 간단한 설정을 통해서 수준 높은 이미지를 만들어 보도록 하겠습니다.

VRay란 작성된 모델링 데이터를 이미지로 연산해 주는 일종의 렌더러(Renderer)라고 할 수 있습니다. 지금까지 본서를 충실히 학습하셨다면, MAX에서 모델링, 재질 등의 작업 과정을 아실 것으로 생각됩니다. 더불어 마지막에 결과물을 제작하는 과정, 즉 렌더링이라는 과정을 거쳐야 결과물이 만들어지는 것도 아실 것입니다. 이와 같이 최종 결과물의 제작을 담당하는 것이 렌더러(Renderer)인데 MAX에서는 Scanline, Anold, ART(이전에는 Mental Ray가 사용되었으나 현재는 지원안 함)라는 렌더러를 사용하고 있습니다. 현재 유저층이나 정보면에서 가장 많이 사용되는 것이 VRay이기 때문에 여기서도 VRay를 다루어 보도록 하겠습니다.

▲ VRay를 이용한 장면 연출

그렇다면 MAX에 기본적으로 탑재되어 있는 스캔라인, 아놀드와 같은 렌더러가 있음에도 불구하고 왜 VRay를 사용할까요? 스캔라인(Scanline) 렌더러는 가장 기본적인 렌더러로 빛의 분산을 계산하지 못합니다. 여기서 말하는 빛의 분산이란 우리가 사는 세상을 보면 빛이 물체에 비췄을 때 그 빛이 반사가 되고, 또 다른 물체에 비치고 또 반사되어 비치면서 구석구석까지 빛의 영향을 주게 됩니다. 쉽게 말하면 빛이 비춰지는 공간에서 완전히 어두운 부분이란 사실상 없는 것에 비하여 스캔라인 렌더러는 그런 계산을 하지 못하게 됨으로써 빛이 직접 비치지 않는 곳은 완전 검은색으로 표현해 버립니다. 따라서 처음 MAX를 사용하는 초심자의 경우는 실내 공간 연출이 매우 어색하게 보이게 됩니다.

VRay의 경우에는 일반적으로 G.I 렌더러로 부릅니다. 여기서 G.I는 Global Illumination의 약자인데, 앞에서 언급한 바와 같이 빛이 반사되는 효과를 줄 수 있는 렌더러를 G.I 렌더러라고 부릅니다. G.I 렌더러의 장점은 매우 사실적인 분위기를 만들 수 있지만, 빛의 연산 과정이 그만큼 많기 때문에 렌더링 시간이 그만큼 오래 걸리게 됩니다. 이와 같이 G.I 렌더러에는 다양한 종류가 많은데, 그 중에서도 사용하기 쉽고 빠른 렌더링 속도를 보이는 VRay가 많이 사용되고 있습니다.

▲ VRay 렌더러를 이용한 렌더링 이미지

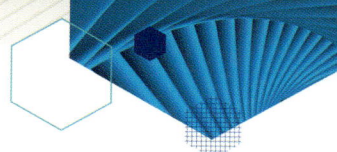

## 2. VRay 환경 설정, 재질 및 렌더링 작업 과정

 이번 예제에서는 VRay의 렌더링 환경 설정, 기본적인 재질 설정 및 렌더링 과정을 통해 VRay 렌더러를 이용한 전체적인 작업 과정에 대하여 살펴보도록 하겠습니다. VRay에는 수많은 옵션, 설정 변수가 있지만 여기서 언급하는 부분만 익혀도, 충분히 원하는 퀄리티의 결과물을 얻을 수 있을 것입니다.

▲ VRay 렌더러를 이용한 렌더링 이미지

▲ Scanline 렌더러를 이용한 렌더링 이미지

**13.** VRay (1)

## ❋ 스캔라인 렌더링(Standard Light를 이용한 렌더링)

**1** 우선 지금까지 학습한 스캔라인 렌더러를 이용한 렌더링 방법을 살펴보도록 하겠습니다. 3DS MAX에서 준비된 데이터를 불러온 뒤, 렌더링을 진행하여 예제 파일의 내용을 확인해 봅니다.

(13\01.max)

아마도 여러분께서는 지금까지 특별한 설정 없이 렌더링 작업을 진행하셨을 것입니다. 이유는 스캔-인 렌더러의 경우 MAX에서 기본값으로 설정이 된 경우가 많기 때문입니다.

**2** 계속해서 이번에는 기본적으로 설정된 조명 객체 중에서 'Omni01~Omni04' 객체를 삭제한 뒤, 렌더링 결과를 확인해 봅니다. 조명이 삭제됨에 따라 어둡게 렌더링되는 결과를 확인할 수 있습니다.

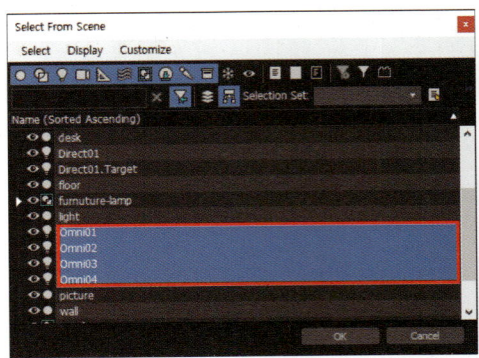 

(13\02.max)

## VRay 렌더러를 이용한 렌더링 설정

**1** 지금부터는 VRay 렌더러를 이용하여 렌더링 작업을 진행해 보도록 하겠습니다. 가장 먼저 지금까지 사용하던 스캔라인 렌더러를 VRay 렌더러로 변경하기 위해서 Rendering▶Render Setup... 명령을 수행한 뒤, 나타나는 대화상자 상단의 Renderer를 살펴보면 그림과 같이 Scanline Renderer로 설정되어 있습니다.

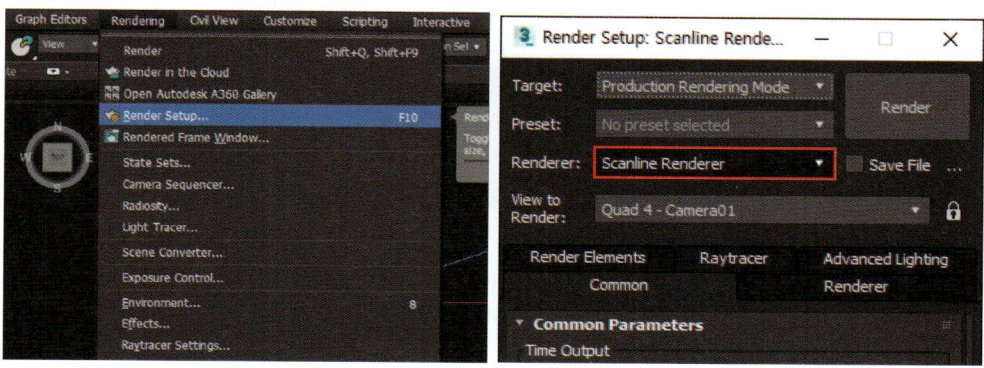

**2** Scanline Renderer로 설정되어 있는 항목을 그림과 같이 VRay 렌더러로 변경해 줍니다. 버전에 따라 조금씩 모양이 다르기 때문에 필요한 렌더러로 설정시켜 줍니다. 렌더러를 변경한 뒤, 꼭 필요한 VRay 옵션만을 설정해 보도록 하겠습니다. 가장 먼저 V-Ray 탭을 클릭한 뒤, Frame buffer의 Enable built-in frame buffer 옵션을 해제해 줍니다.

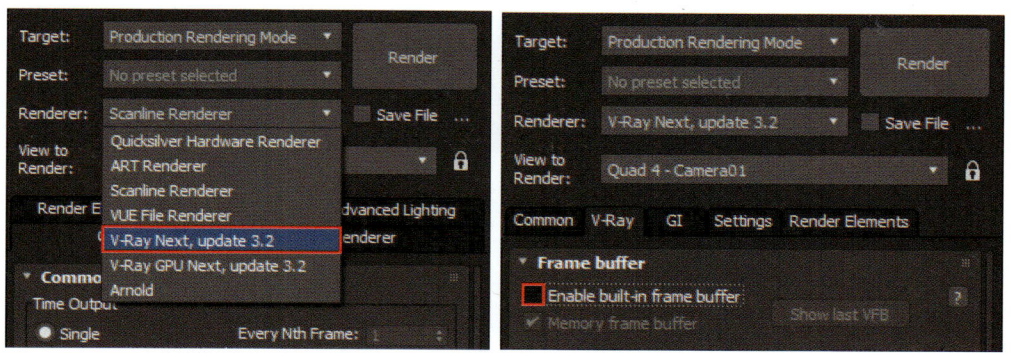

③ GI 탭을 클릭한 뒤, Global illumination의 Enable GI 옵션이 반드시 설정되어 있어야 하며, Primary engine: Irradiance map, Secondary engine: Brute Force으로 설정해 줍니다. 계속해서 Irradiance map 카테고리에서 아래 그림과 같이 Current preset을 'Very low'로 설정해 줍니다.

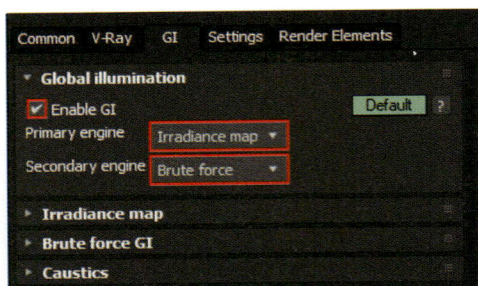 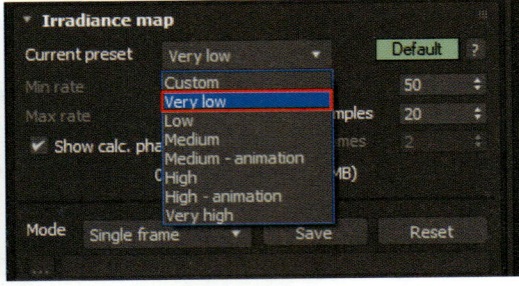

④ 이제 설정된 값으로 렌더링을 수행해 봅니다. 아직까지 추가로 조명을 설치하지 않았기 때문에 어둡게 렌더링되지만, 이전보다는 조금 밝아지는 것을 볼 수 있습니다. 이제 VRay 조명을 추가해 보도록 하겠습니다. 그림과 같이 Create▶Lights▶VRay 메뉴가 보이도록 설정한 뒤, VRayLight 항목을 선택해 줍니다.

 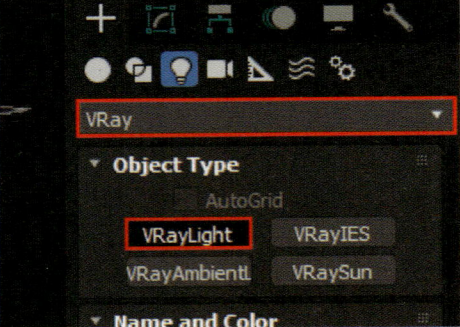

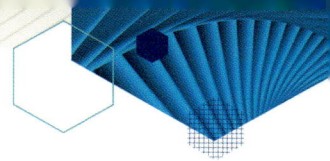

**5** 아래 그림을 참고하여 VRayLight로 비슷한 크기로 조명을 추가한 뒤, 위치를 이동시켜 줍니다. 일단 크기와 위치는 정확히 동일할 필요는 없으나, 위치나 크기에 따라서 렌더링 결과가 달라지기 때문에 주의하시기 바랍니다.

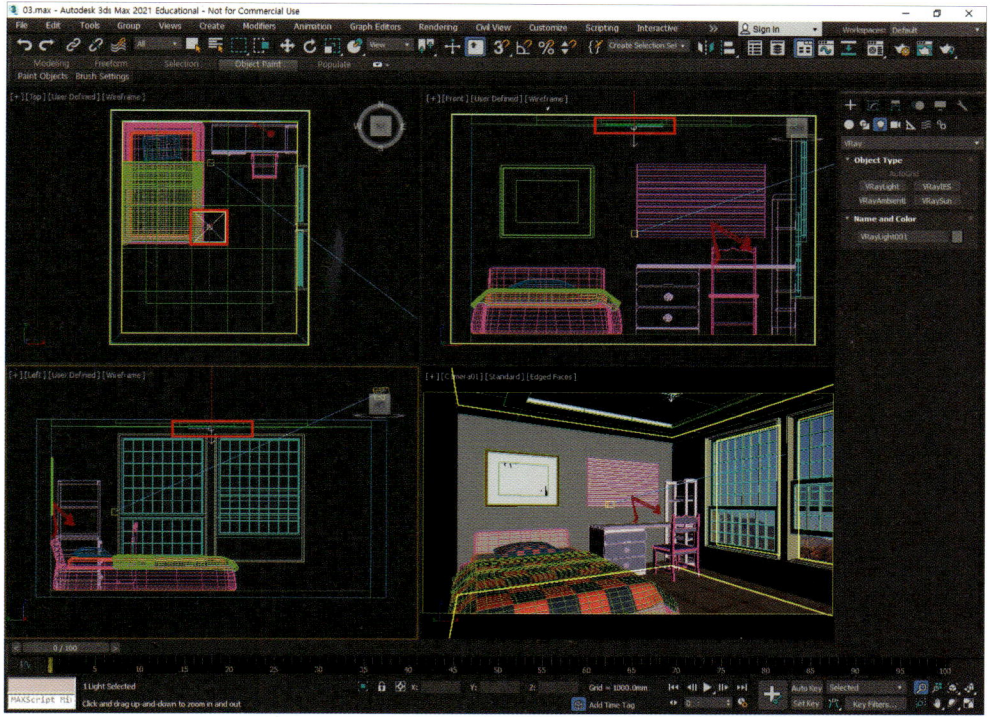

**6** 조명을 추가한 뒤, 그림과 같이 Multiplier: 25, Color: 흰색으로 설정하고, 크기(Size)는 Length: 600, Width: 600으로 설정해 줍니다. 렌더링을 진행하여 결과를 확인해 보면 그림과 같이 향상된 렌더링 결과물이 만들어진 것을 확인할 수 있습니다.

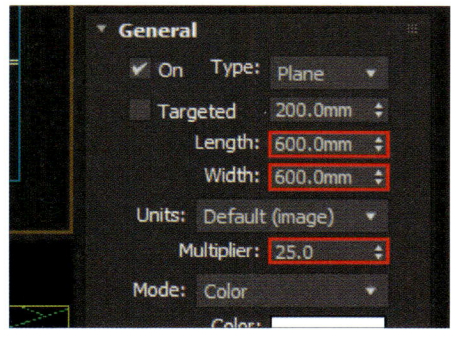 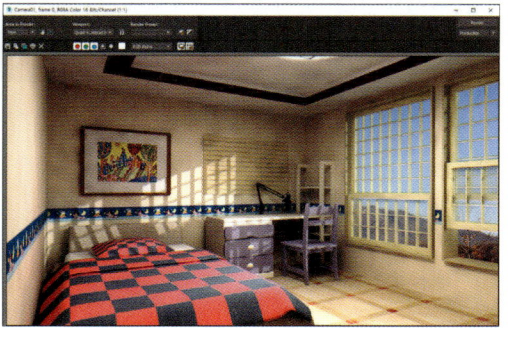

**13.** VRay (1)

**7** 계속해서 조명의 설정값을 수정해 보도록 하겠습니다. Options 항목에서 Invisible 옵션을 설정하여 조명 객체가 보이지 않도록 설정하고, Affect reflections 옵션을 해제하여 조명 객체가 반사되어 보이지 않도록 설정해 줍니다. 마지막으로 렌더링을 조밀하게 진행함으로써 렌더링 결과에 얼룩지는 현상을 줄이기 위해서 그림과 같이 Render Setup 창에서 Global DMC의 Use local subdivs 옵션을 설정해 줍니다.

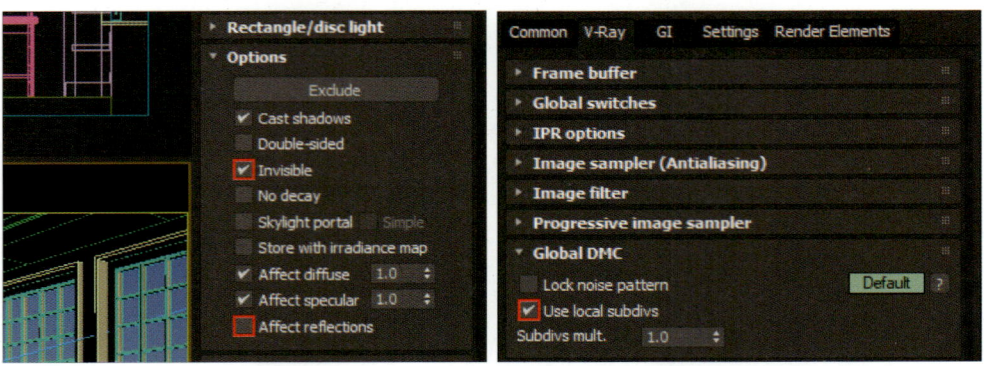

**8** 다시 설정된 조명 객체의 Sampling 항목의 Subdivs 값을 80으로 변경해 줍니다. 추가로 미리 설정되어 있던 Direct 조명 객체를 선택해 줍니다.

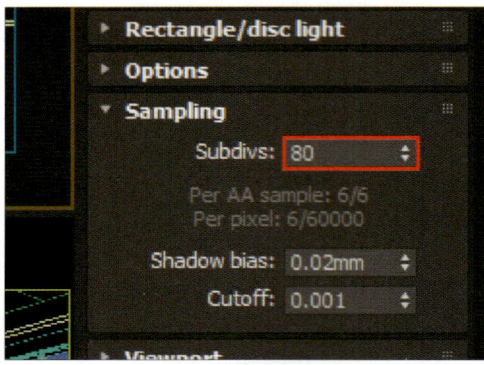 

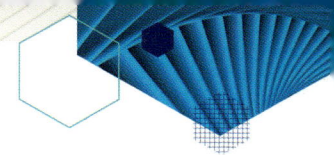

**9** Shadows의 그림자 설정 방법을 VRayShadow로 변경한 뒤, 렌더링을 수행하여 결과를 확인해 봅니다.

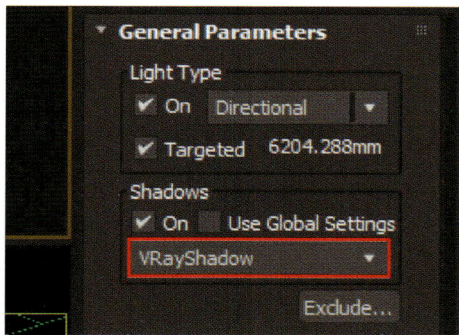

**10** 기본적으로 사용되던 재질만으로도 어느 정도 향상된 퀄리티의 렌더링 이미지를 만들어낼 수 있습니다. 그러나 모든 것은 필요 없지만 꼭 필요한 부분의 재질을 VRay 재질로 변경시킴으로써 퀄리티 있는 렌더링 이미지를 만들 수 있습니다. 우선 Material Editor에서 첫 번째 빈 슬롯을 선택한 뒤, Get Material 명령을 수행합니다. 나타나는 Material/Map Browser에서 아래 그림과 같이 Scene Materials 항목에서 'win-glass' 재질을 선택하여, 현재 사용 중인 재질 중에 유리 재질을 선택해 줍니다.

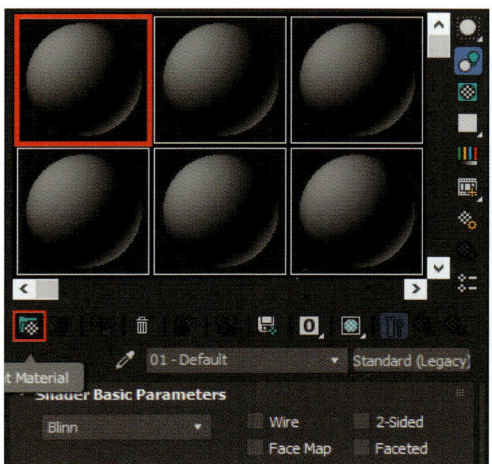
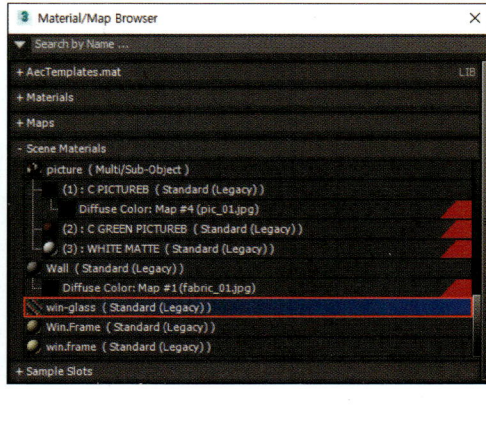

수정된 재질은 다시 객체에 적용할 필요는 없습니다. 이미 객체에 적용된 재질의 경우, 객체와 재질은 서로 연결되어 있기 때문에 재질의 속성이 변경되면 재질이 적용된 객체도 자동으로 변경됩니다.

⑪ 재질 중, VRay 재질을 이용한 재질을 설정하기 위해서 Standard로 설정되어 있는 항목을 클릭하여 나타나는 Material/Map Browser에서 아래 그림과 같이 Materials▶V-Ray 항목을 클릭하여 보이도록 설정해 줍니다. 나타나는 여러 항목 중에서 가장 일반적인 VRayMtl을 클릭하여 설정해 줍니다.

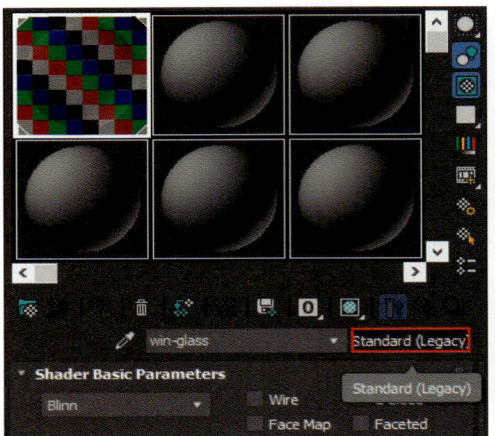 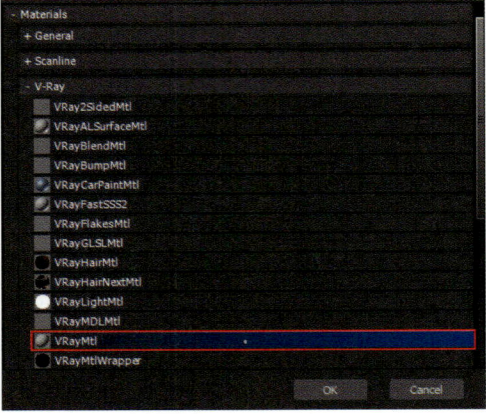

⑫ Diffuse 항목의 색상을 흰색으로 설정하고, 유리의 반사 효과를 주기 위해서 Reflect의 색상을 어두운 회색(R: 100, G: 100, B: 100)으로, Fresnel reflections 옵션은 해제, 투명도를 설정을 위해 Refract 색상을 밝은 회색(R: 230, G: 230, B: 230)으로 설정해 줍니다.

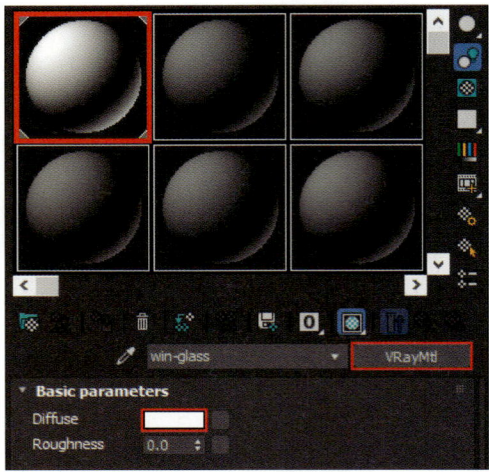 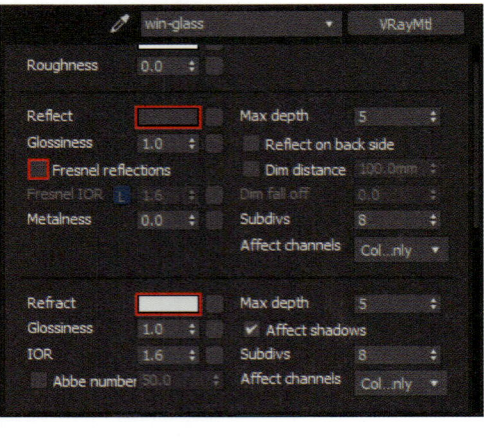

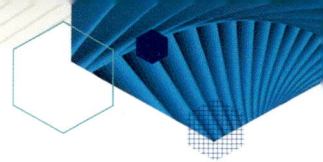

**13** 계속해서 이번에는 바닥 재질로 사용되고 있는 'Floor' 재질을 불러온 뒤, VRayMtl 재질로 변경해 줍니다. VRay 재질로 변경한 뒤, Diffuse 항목에 준비된 비트맵 이미지 (13\maps\floor_01.jpg)를 적용해 줍니다.

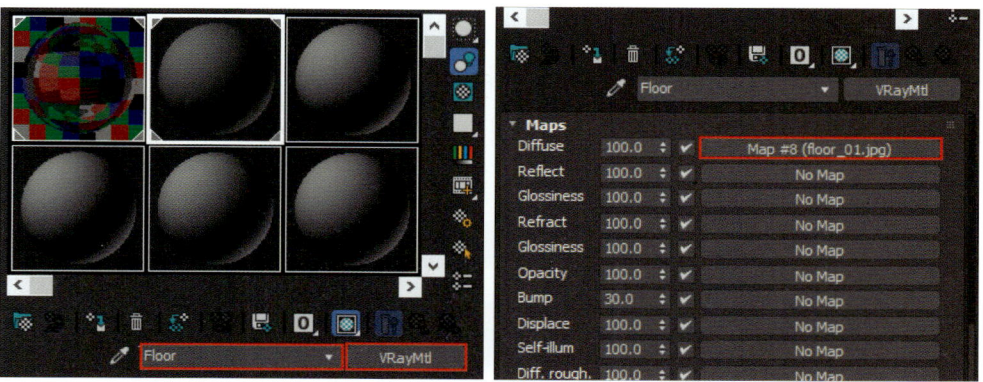

(13\maps\floor_01.jpg)

**14** 계속해서 이번에는 Reflect 색상을 R: 100, G: 100, B: 100으로 설정하고, Reflct Glossiness: 0.8, Fresnel reflections 옵션은 해제로 설정해 줍니다. 반사와 광택 정도를 설정한 뒤, 렌더링을 진행하여 결과를 확인해 봅니다. 유리창과 바닥 재질의 결과를 유심히 관찰해 보면 이전보다 훨씬 현실감 있는 재질 표현 결과가 나타난 것을 확인할 수 있습니다.

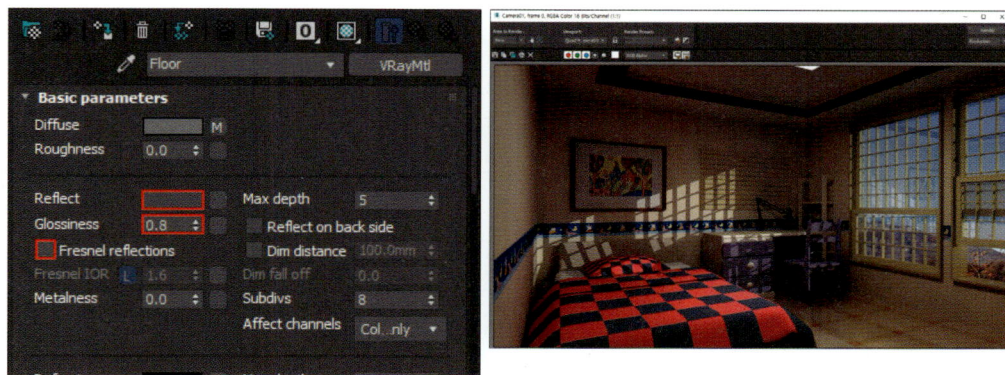

(13\03.max)

## 3. VRay를 이용한 재질 및 간접 조명 설정

이번 예제에서는 VRay의 환경 및 재질 설정, 그리고 아래 그림과 같은 간접 조명에 의한 실내 공간을 연출해 보도록 하겠습니다. VRay를 활용한 조명 설정은 실제 조명의 위치와 비슷한 설정을 통해 진행할 수 있습니다. 따라서 조명을 설정하기 전에 필요한 공간 연출을 위해 실제로 어떤 조명이 어느 위치에 설치되어 있는지 유심히 관찰해 보시기 바랍니다.

1 준비된 데이터(13\04.max)를 불러온 뒤, 렌더링을 진행하여 예제 파일의 내용을 확인해 봅니다. 모델링과 카메라만 설정되어 있으며, 재질, 조명은 설정되어 있지 않은 예제 파일입니다.

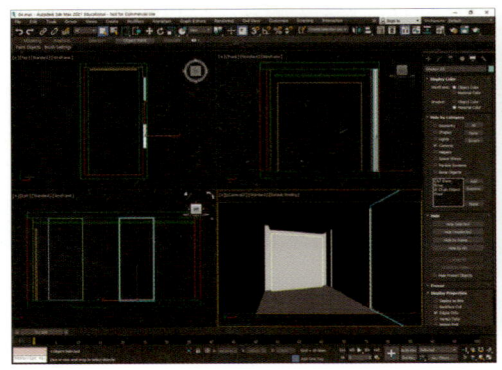 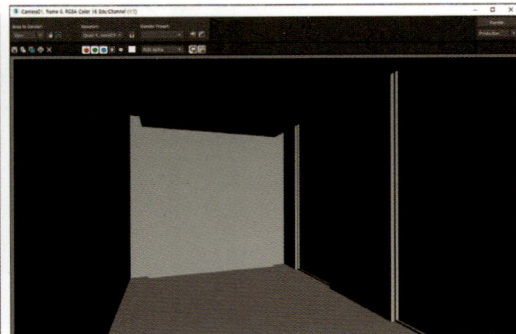

(13\04.max)

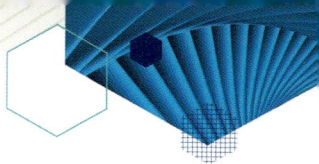

**2** 지금부터는 VRay 렌더링 환경을 설정해 보도록 하겠습니다. 가장 먼저 앞에서 수행한 방법과 같이 렌더러를 VRay로 설정해 줍니다. 계속해서 Global illumination에서 그림과 같이 Primary engine: Irradiance map, Secondary engine: Brute force로 설정한 뒤, Irradiance map의 Current preset을 'Very low'로 설정해 줍니다.

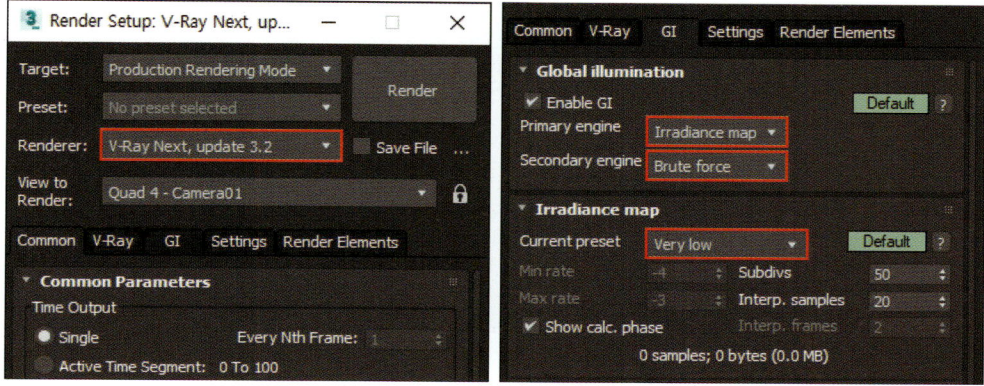

**3** 컬러 브리딩 현상을 줄여주기 위해서 Global illumination의 Default 항목으로 Advanced로 변경한 뒤, 나타나는 Saturation 값을 0.5로 설정해 줍니다.

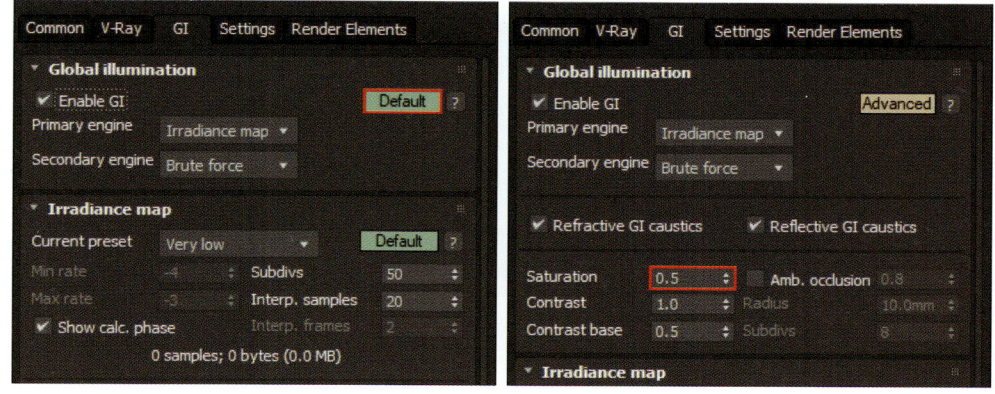

④ 추가적인 설정을 해 보도록 하겠습니다. 그림과 같이 V-Ray 탭을 클릭하여 나타나는 Frmae buffer에서 Enable Built-in frame buffer를 해제, Global DMC의 Use local subdivs 옵션을 설정해 줍니다.

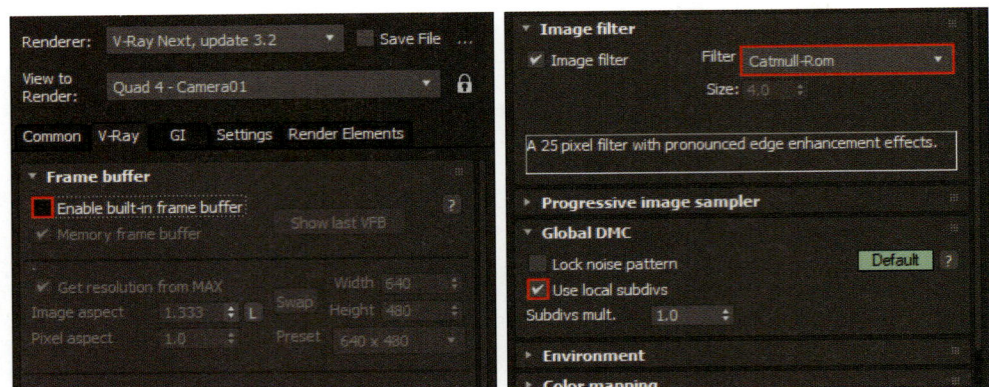

⑤ 이제 V-Ray로 세팅한 뒤, 렌더링을 수행해 봅니다. 조명이 설정되어 있지 않기 때문에 아무것도 보이지 않습니다.

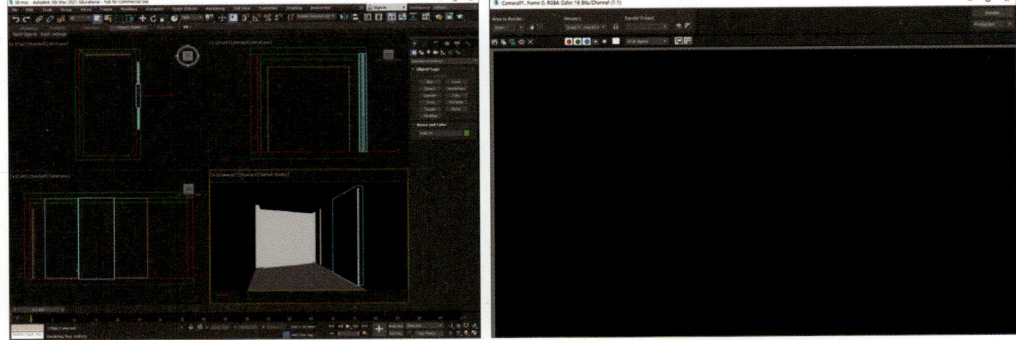

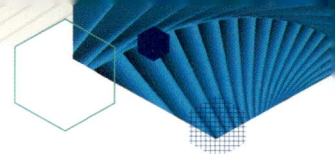

**6** 이번에는 미리 준비된 조명 모델링 객체(13\05(Toplight).max)를 불러와 배치해 보도록 하겠습니다. File▶Import▶Merge… 명령을 수행하여 준비된 조명 객체를 불러와 줍니다.

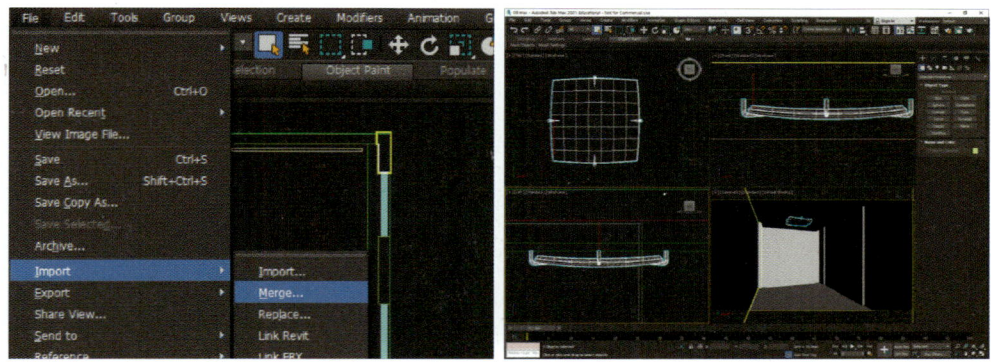

(13\05(Toplight).max)

**7** 불러온 객체 중에서 'light.001' 객체를 선택한 뒤, 자체 발광의 재질 속성을 작성하여 적용해 보도록 하겠습니다. 재질 편집기에서 재질의 이름을 'Light', 재질 속성을 'VRayLightMtl', Color 값은 흰색으로 설정하고 값을 2.0으로 설정해 줍니다. VRay 재질 중에서 'VRayLightMtl' 재질 속성은 자체 발광의 속성을 가지고 있으며, 실제 조명으로 사용할 수 있습니다.

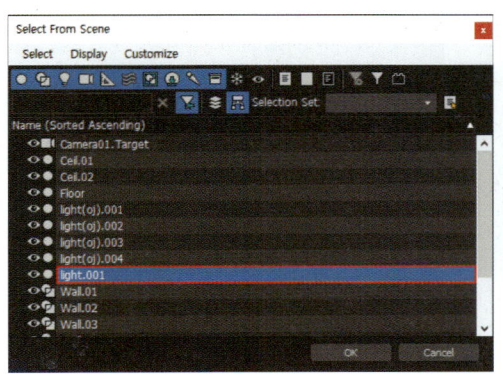
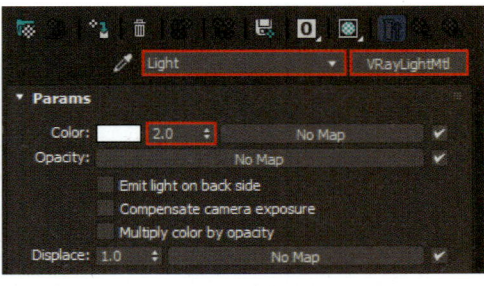

**8** 렌더링을 진행해 보면 'VRayLightMtl' 재질의 속성이 설정된 조명 객체에서 약한 빛이 발산되는 효과를 확인할 수 있습니다.

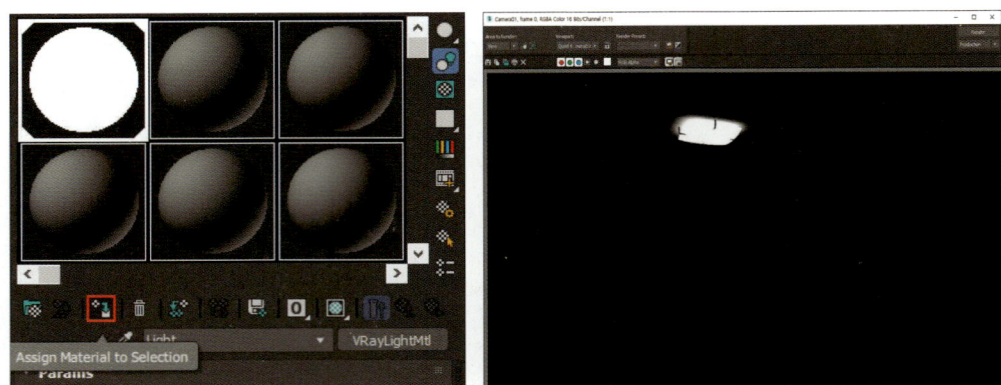

**9** 계속해서 이번에는 'light(oj).001~light(oj).004' 객체를 선택하고 재질 편집기에서 빈 슬롯을 선택하여 재질의 이름을 'Metal'로 설정, 재질 속성을 'VRayMtl'로 설정해 줍니다. 기본적으로 재질의 색상(Diffuse Color)을 회색(R: 200, G: 200, B: 200)으로 설정하고, 반사(Reflection) 색상 값을 R: 150, G: 150, B: 150, 광택(Refl. glossiness) 값을 0.5, Fresnel reflections 설정을 해제하여 설정된 재질을 적용시켜 줍니다.

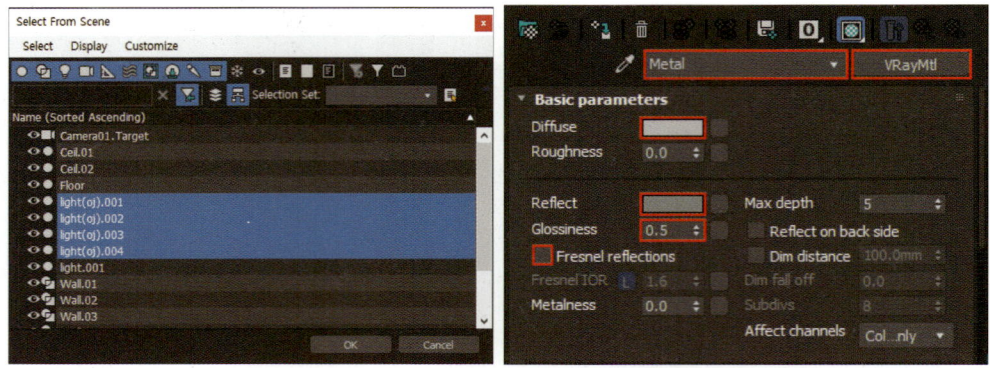

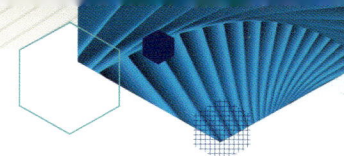

**10** 이제 'light.001'와 'light(oj).001~light(oj).004'를 선택한 뒤, Group▶Group 명령을 수행하여 'Top_Light.001'이라는 이름으로 그룹으로 묶어줍니다. 이제 그룹으로 묶어준 그룹 객체를 그림과 같이 복사해 줍니다.

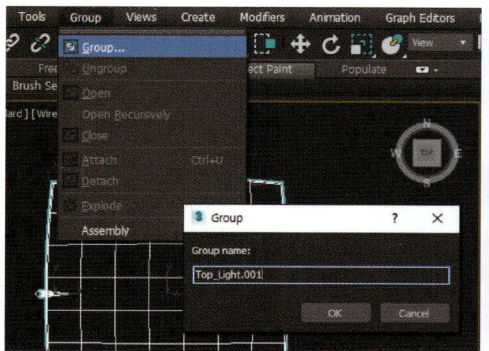
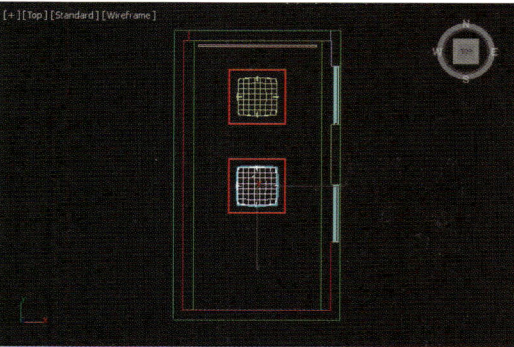

 객체를 복사하는 방법은 Shift 키를 누른 상태에서 이동 명령을 이용하거나, Clone 명령을 이용하여 복사해 줄 수 있습니다.

**11** 이번에는 Create▶Lights▶VRay에서 면 형태의 VRayLight 조명 객체를 그림과 같이 조명 그룹 객체 밑으로 추가합니다.

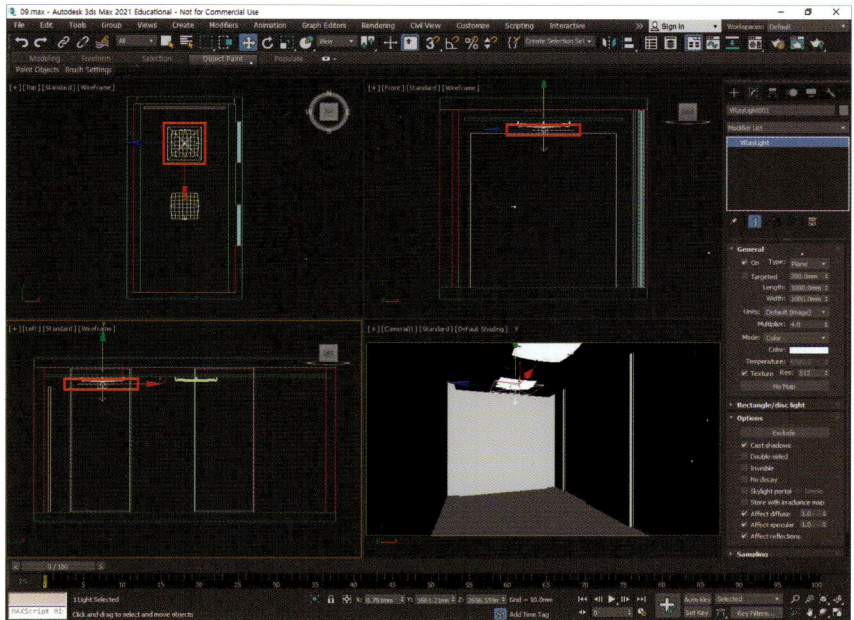

**13.** VRay (1)

**12** 계속해서 추가된 조명 객체의 옵션을 변경해 보도록 하겠습니다. 설정된 조명의 크기는 Length: 1000, Width: 1000 Multiplier: 4, Color: 흰색으로 설정해 줍니다. 계속해서 조명의 Options에서 Invisible 옵션을 설정하여 조명 객체가 보이지 않도록 설정하고, Affect reflections 옵션은 해제하여 조명 객체가 반사되어 보이지 않도록 설정해 줍니다. 마지막으로 Sampling 항목의 Subdivs 값을 40으로 변경하여 렌더링을 조밀하게 진행함으로써 렌더링 결과가 얼룩되는 현상을 줄이도록 설정해 줍니다.

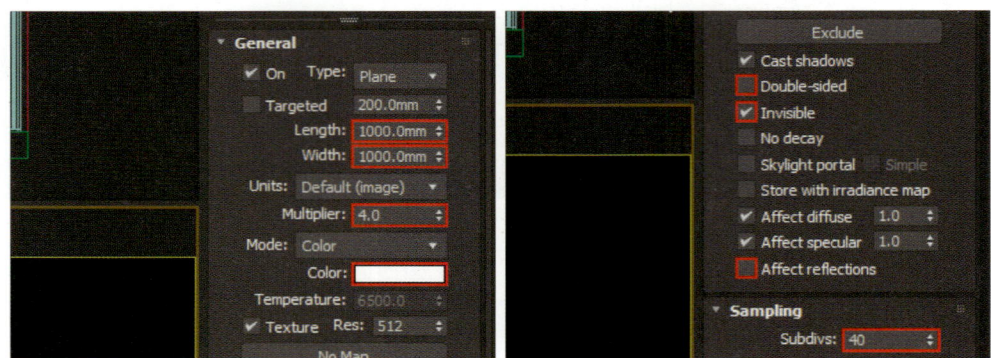

**13** 설정된 조명 객체도 그림과 같이 복사한 뒤, 렌더링을 진행하여 결과를 확인해 봅니다.

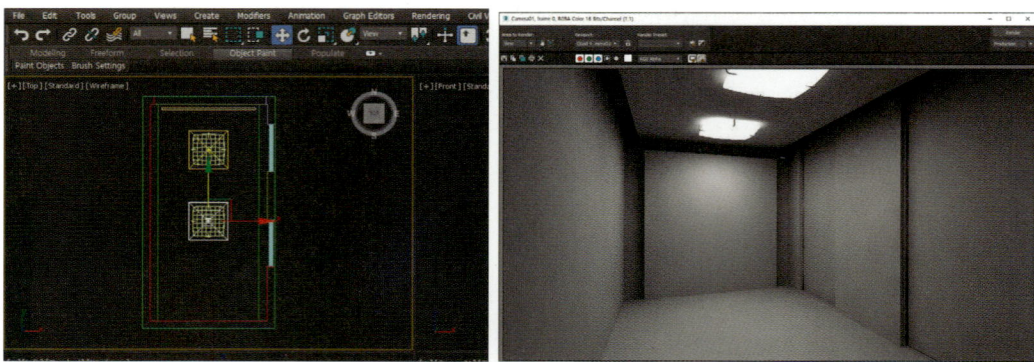

**14** 계속해서 그림을 참고하여 VRayLight 명령을 이용하여 비슷한 크기와 위치에 조명을 추가한 뒤, 조명 객체의 이름을 'VRayLight(간접).001'로 수정해 줍니다. VRay 조명 객체는 동일한 크기와 위치에 놓일 필요는 없으나, 위치나 크기에 따라서 렌더링 결과가 달라지기 때문에 주의하시기 바랍니다.

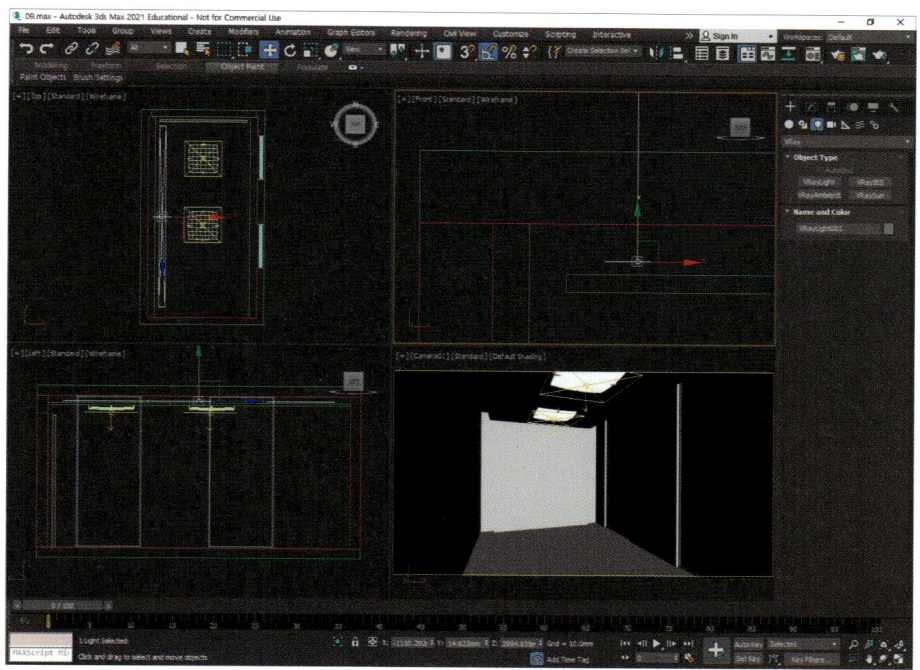

**15** 이제 추가된 조명 객체의 속성 중에서 크기(Size)는 Length: 100, Width: 5000으로 Multiplier: 20, Color: 흰색으로 설정해 줍니다. 렌더링을 진행하여 설정된 조명 효과를 확인한 뒤, 그림과 같이 반대편에도 복사해 줍니다.

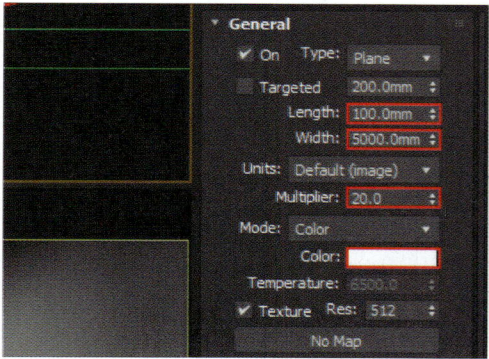 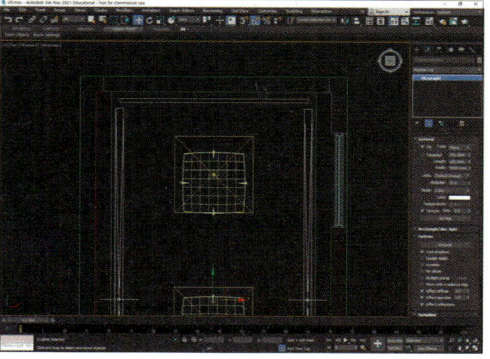

16 이제 렌더링을 진행하여 지금까지 작업한 내용의 결과를 확인할 수 있습니다. 전체적인 조명과 더불어 간접 조명에 의한 효과도 확인할 수 있습니다.

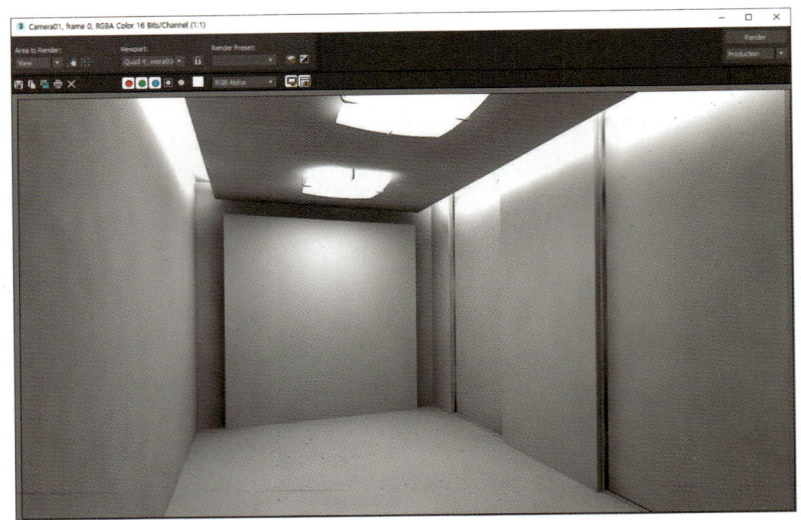

17 계속해서 그림을 참고하여 VRayLight로 비슷한 크기의 조명을 추가해 줍니다. 추가된 조명 객체의 이름을 'VRayLight(빨강).001'로 수정한 뒤, 그림을 참고하여 위치를 이동시켜 줍니다.

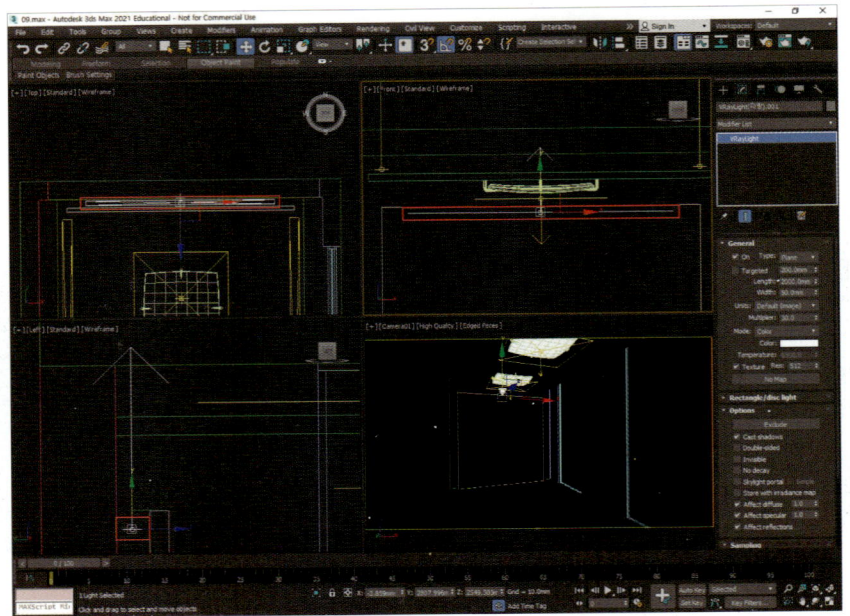

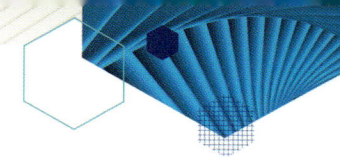

**18** 빨간색의 간접 조명 효과를 주기 위해서 Length: 2000, Width: 1000, Multiplier: 30, Color: 빨간색(R: 255, G: 0, B: 0)으로 설정한 뒤, 렌더링을 진행하여 설정된 조명 효과를 확인해 봅니다.

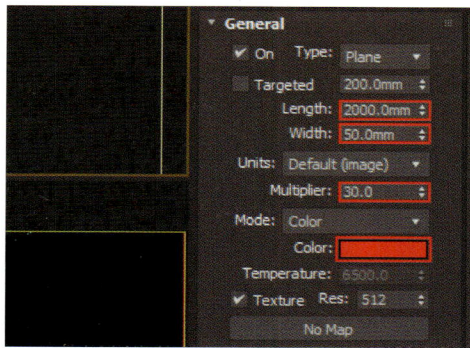
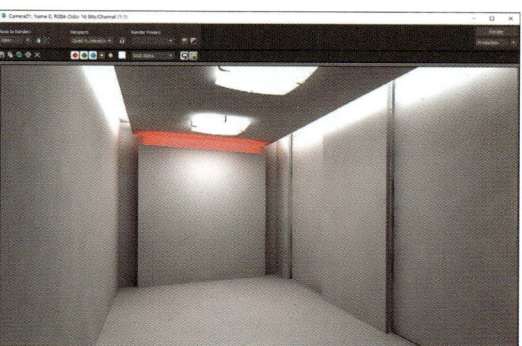

**19** 이제 설정된 조명 객체를 Shift 키를 누른 상태에서 회전, 이동시켜 아래 그림과 같이 복사한 뒤, 렌더링을 진행하여 그 결과도 확인할 수 있습니다.

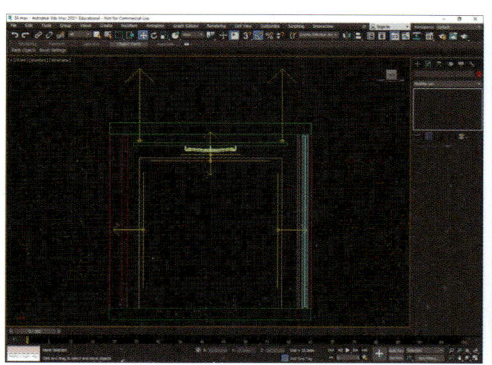

스캔라인(Scanline) 렌더러와 기본(Standard) 조명을 이용하여 간접(Indirect) 조명 효과를 표현하는 작업은 불가능한 것은 아니나 매우 어렵고 많은 노하우가 요구됩니다. 다만 지금까지 학습한 바와 같이 VRay를 이용하여 작업할 경우 간단한 작업만으로도 쉽게 원하는 효과가 표현된 결과를 만들 수 있습니다.

**13.** VRay (1)

**20** 렌더링 결과를 보면 전체적으로 너무 밝아 간접 조명의 효과를 쉽게 확인하기 어려운 것 같습니다. 전체적인 조도(밝기)를 어둡게 처리해 보도록 하겠습니다. 객체 중에서 'VRayLight001' 객체를 선택한 뒤, Length: 600, Width: 600, Multiplier: 1.0으로 설정한 뒤, 렌더링을 수행해 봅니다.

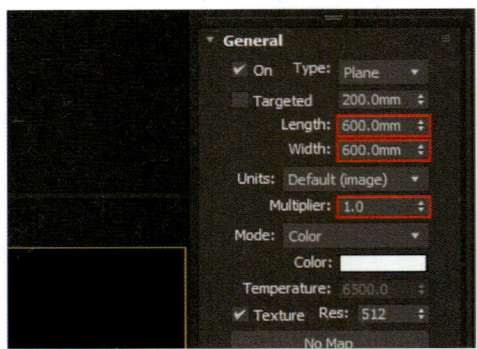 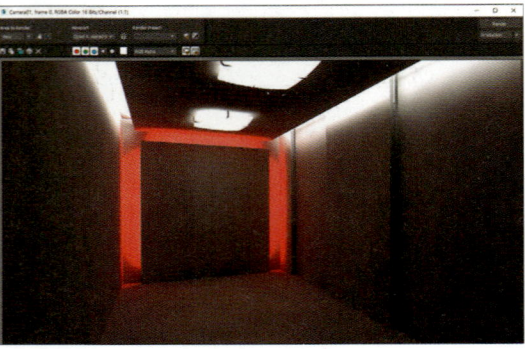

**21** 이번에는 미리 준비된 사인 객체를 불러와 보도록 하겠습니다. File▶Import▶Merge… 명령을 수행하여 준비된 사인 객체(13\06(Sign).max)를 불러와 줍니다.

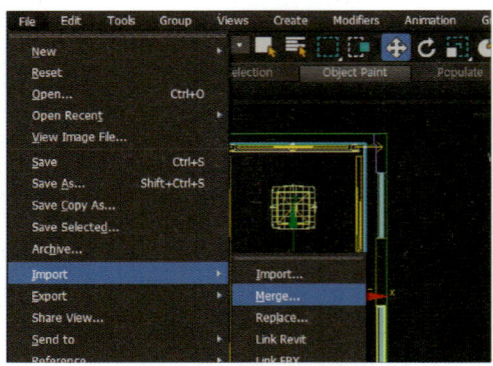 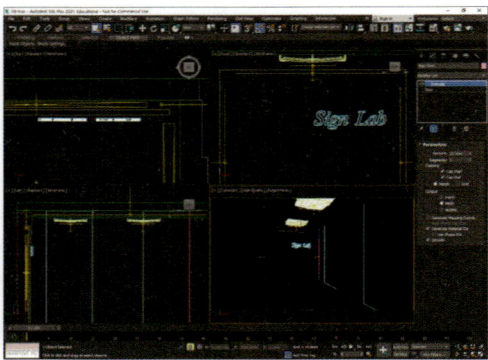

(13\06(Sign).max)

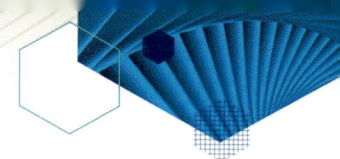

**22** 불러온 사인 객체(Sign.Text)를 선택한 뒤, 재질 편집기에서 빈 슬롯을 선택, 재질의 이름을 'Neon(Red)'로 설정, 재질 속성을 'VRayLightMtl', Color 값은 빨간색(R: 255, G: 0, B: 0)으로 설정값을 2.0으로 설정해 줍니다. 설정된 재질을 선택된 객체에 부여한 뒤, 렌더링 결과를 확인한 후 렌더링을 수행하면 작업한 네온사인 효과의 글씨 객체가 선명하게 보이는 것을 확인할 수 있습니다.

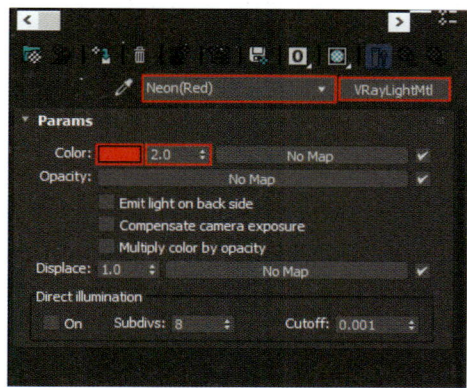
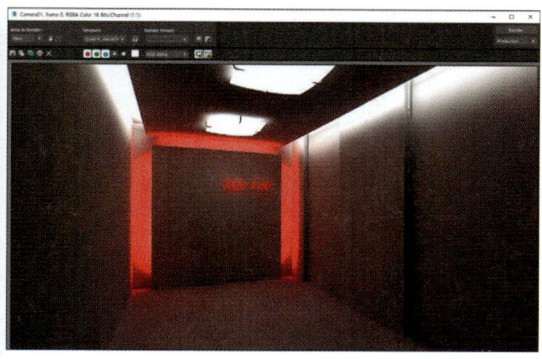

**23** 계속해서 이번에는 브라켓(벽등) 조명 효과를 만들어 보도록 하겠습니다. File▶Import ▶Merge… 명령을 수행하여 준비된 브라켓 조명 객체(13\07(Bracket).max)를 불러와 줍니다.

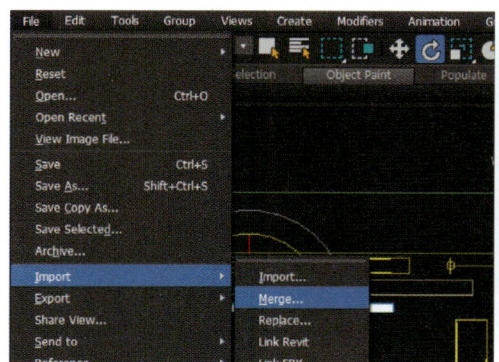
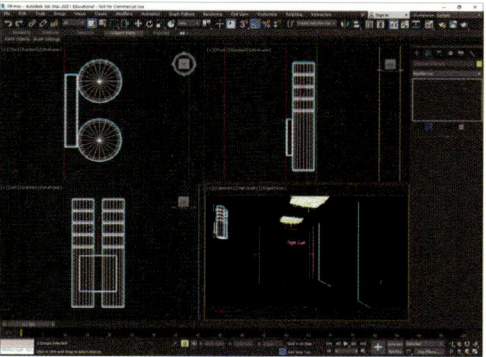

(13\07(Bracket).max)

**24** 불러온 브라켓 조명 객체 중에서 'bracket(light).001' 객체를 선택한 뒤, 앞에서 작성했던 'Light' 재질을 적용해 줍니다.

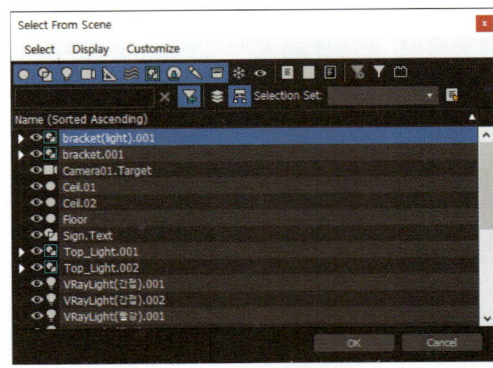 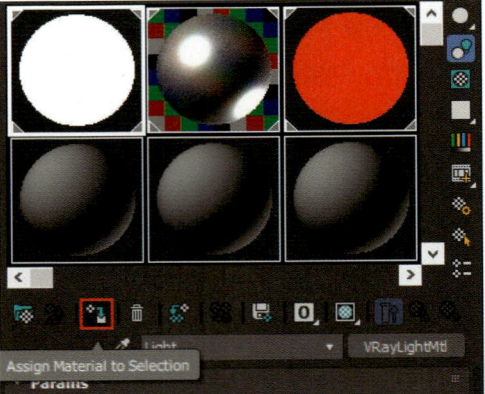

**25** 계속해서 'bracket.001' 객체를 선택하고 재질 편집기(Material Editor)에서 빈 슬롯을 선택, 재질의 이름을 'Metal(Black)'로 설정해 줍니다. 계속해서 Diffuse 색상을 검은색(R: 0, G: 0, B: 0)으로 설정, Reflect(반사 속성) 색상을 R: 150, G: 150, G: 150으로 설정하여 적용해 줍니다.

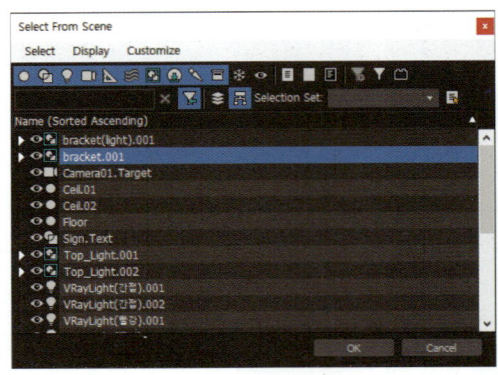 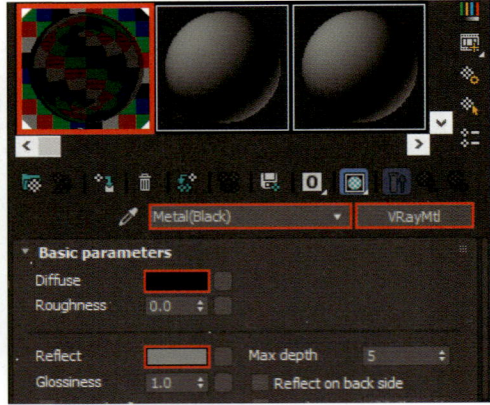

**26** 이제 'bracket(light).001'과 'bracket.001' 객체를 선택한 뒤, Group▶Group... 명령을 수행하여 'bracket.001' 이름으로 묶어줍니다.

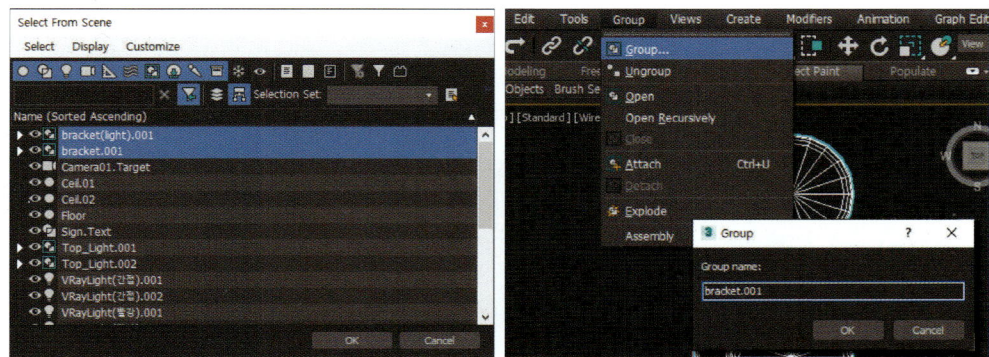

**27** 이제 재질이 적용된 브라켓 그룹 객체를 그림과 같이 필요한 개수만큼 복사해 줍니다. 복사한 뒤, 렌더링을 진행하면 아래 그림과 같이 조명 및 재질의 효과가 적용된 결과를 확인할 수 있습니다.

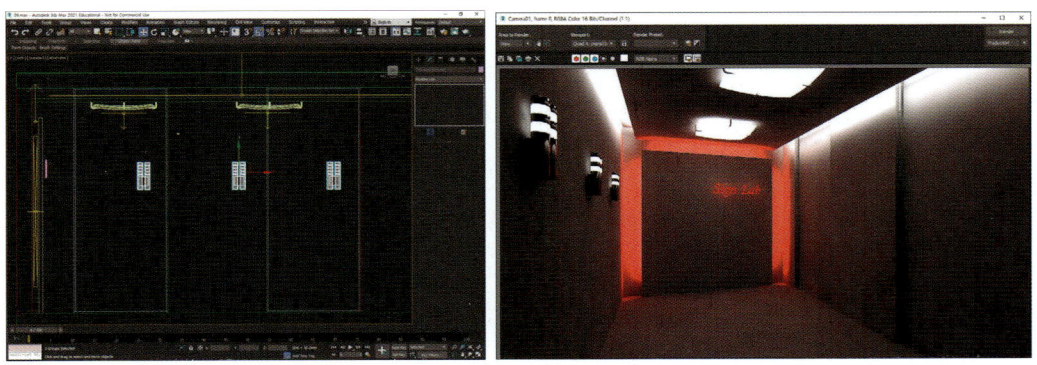

(13\09.max)

28 이제 남아있는 객체의 재질을 하나씩 만들어가면서, 설정된 재질값에 대한 학습을 해보도록 하겠습니다. 'Wall.01~Wall.04' 객체를 선택한 뒤, 재질의 이름을 'Conc'로 설정, 재질 속성을 'Standard', Diffuse에 콘크리트 이미지(13\maps\conc_01.jpg)를 적용해 줍니다.

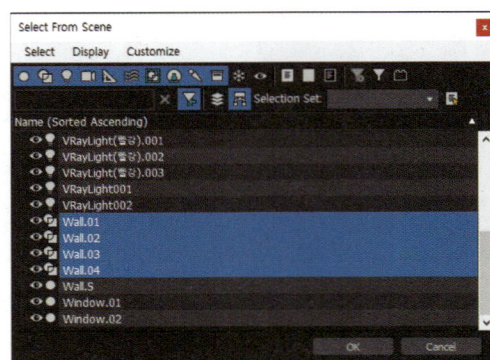

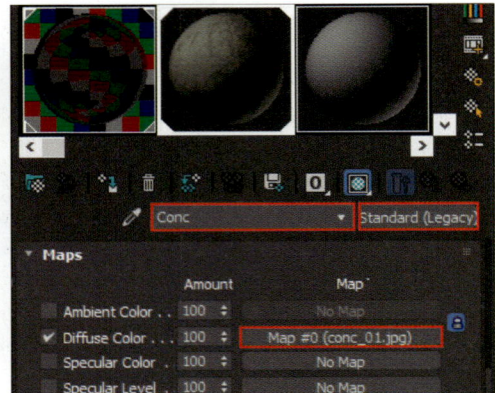

(13\maps\conc_01.jpg)

VRay 렌더러를 사용한다고 하여 모든 재질을 VRay 재질로 설정할 필요는 없습니다. 물론 유리, 메탈, 광택이 있는 페인트, 세라믹, 물과 같은 재질의 경우 매우 효과적이지만, 일반적인 경우에는 Standard 속성의 재질을 표현하여도 효과적인 표현을 완성하실 수 있습니다.

29 계속해서 재질의 방향을 설정하기 위해서 UVW Map 명령을 수행한 뒤, 매핑 방법은 Box, 크기는 모두 2000으로 설정해 줍니다.

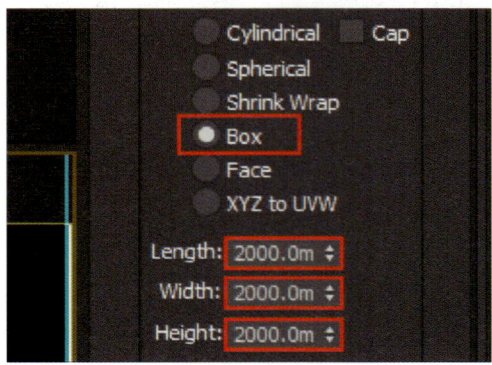

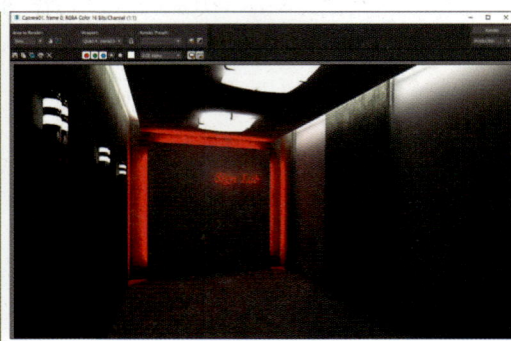

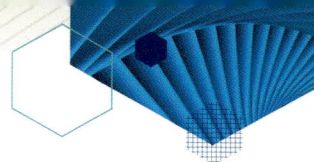

**30** 계속해서 이번에는 'Wall.S' 객체를 선택, 재질 편집기에서 재질의 이름을 'Brick'으로 설정, 재질 속성을 'VRay'로 설정해 줍니다. 설정된 재질에 준비된 돌 마감 이미지 (13\maps\stone_01.jpg)를 적용하고, Bump 맵에도 요철을 표현하기 위해서 준비된 이미지(13\maps\stone_01(bump).jpg)를 적용하고 Amount 값을 100으로 설정해 줍니다.

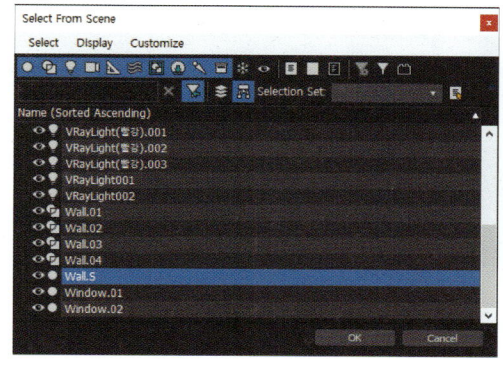
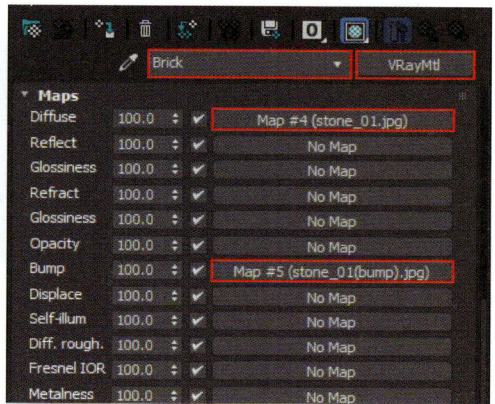

(13\maps\stone_01.jpg, stone_01(bump).jpg)

**31** 계속해서 재질의 방향을 설정하기 위해서 UVW Map 명령을 수행해 줍니다. 매핑 방법은 Box, 크기는 모두 2000으로 설정한 뒤, 렌더링을 수행하여 결과를 확인해 봅니다.

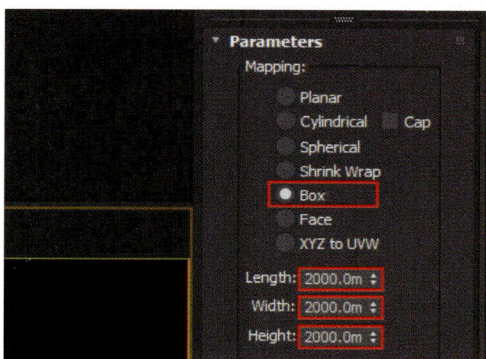

**32** 이번에는 'Floor' 객체를 선택한 뒤, 재질 편집기에서 재질의 이름을 'Floor'로 설정, 재질 속성을 'VRayMtl'로 설정해 줍니다. 계속해서 Diffuse 항목에 준비된 나무 바닥 이미지(13\maps\wood_01.jpg)를 적용해 줍니다.

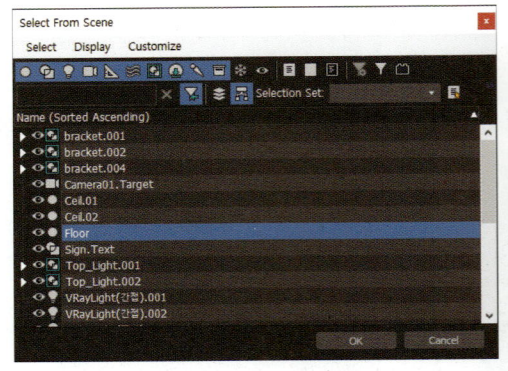
(13\maps\wood_01.jpg)

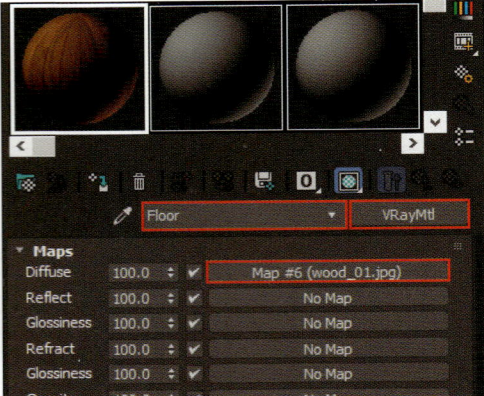

**33** 계속해서 나무 바닥의 반사 속성을 설정하기 위해서 Reflect의 색상을 회색(R: 100, G: 100, G: 100), Glossiness: 0.8, Fresnel reflections 해제하여 적용해 줍니다. 물론 UVW Map 명령을 수행한 뒤, 매핑 방법은 Box, 크기를 모두 2000으로 설정해 줍니다.

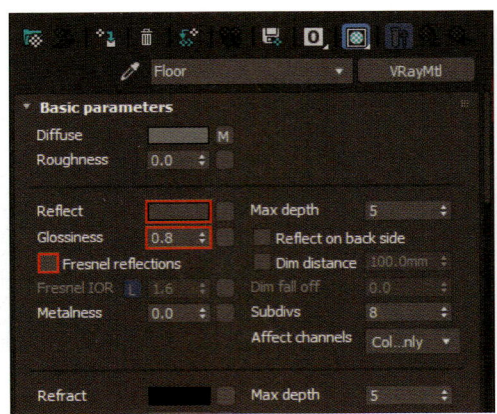

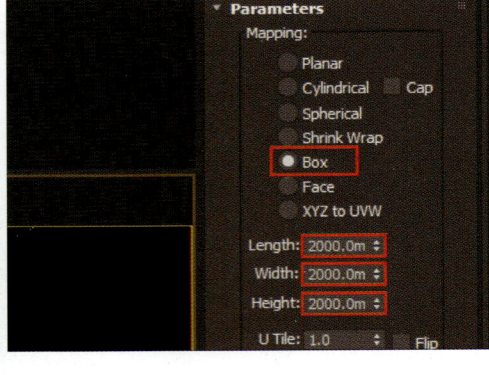

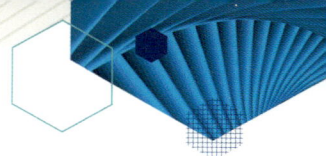

**34** 렌더링을 수행하여 결과를 확인해 봅니다.

**35** 계속해서 이번에는 유리 재질을 만들어 보도록 하겠습니다. 유리 재질의 경우 투명 및 반사의 속성을 모두 포함하고 있기 때문에 객체에 부여될 투명 재질의 속성을 확인하기 위해서 Rendering▶Environment… 명령을 수행한 뒤, 나타나는 Environment and Effects 대화상자에서 준비된 배경 이미지(13\maps\nightscape_01.jpg)를 설정해 줍니다.

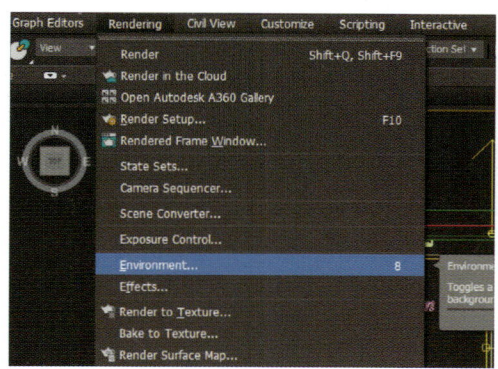
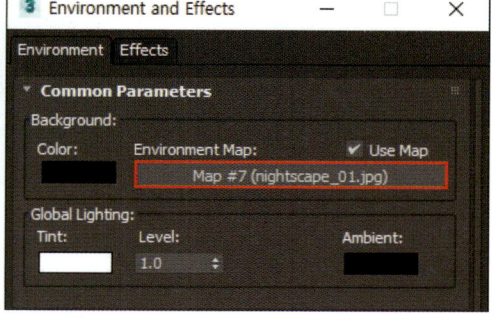

(13\maps\nightscape_01.jpg)

**13.** VRay (1)

**36** 'window.01~window.02' 객체를 선택한 뒤, 재질 편집기에서 빈 슬롯을 선택하고 AecTemplates 재질 라이브러리에서 'Window-Templates' 재질 속성을 불러와 줍니다.

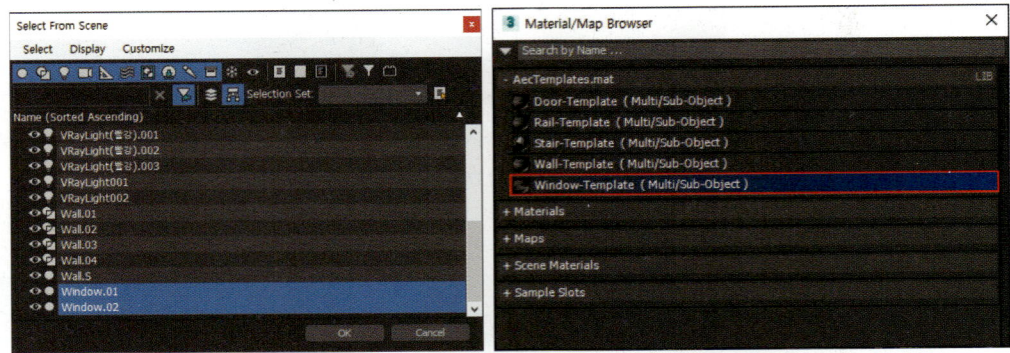

**37** 'ID3'에 설정되어 있는 'Panels' 재질을 선택한 뒤, 재질 속성을 'VRayMtl'로 설정해 줍니다. Reflect(반사) 색상 값을 R: 100, G: 100, G: 100, Glossiness: 1.0, Fresnel reflections를 해제해 줍니다. 계속해서 투명 재질의 속성을 표현하기 위해서 Refract(굴절) 설정값을 아래와 같이 R: 230, G: 230, G: 230으로 설정해 줍니다.

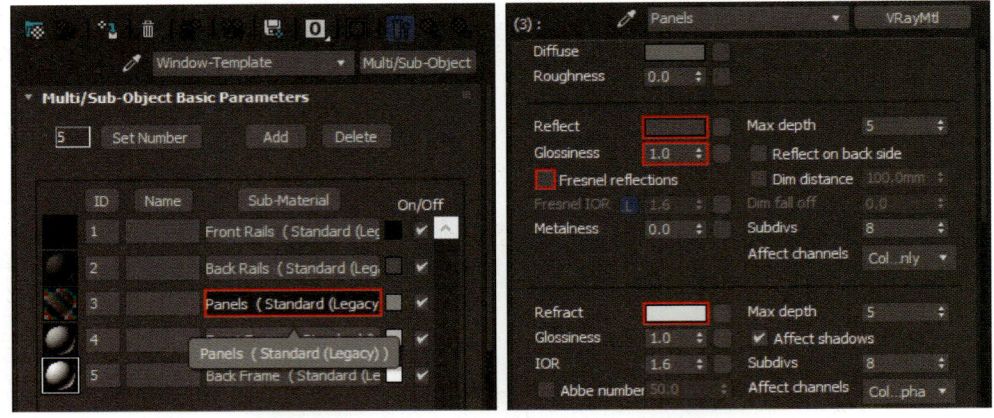

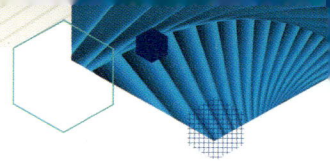

**38** 상위 항목으로 이동한 뒤, 앞에서 미리 설정된 'Metal(Black)' 재질을 선택, 드래그하여 아래 그림과 같이 나머지 재질 항목(ID1, ID2, ID4, ID5)에 적용(복사)해 줍니다.

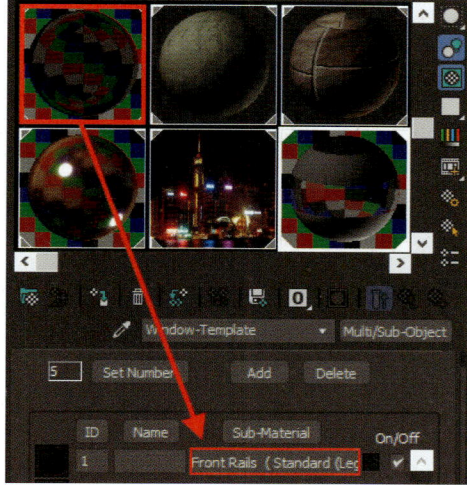
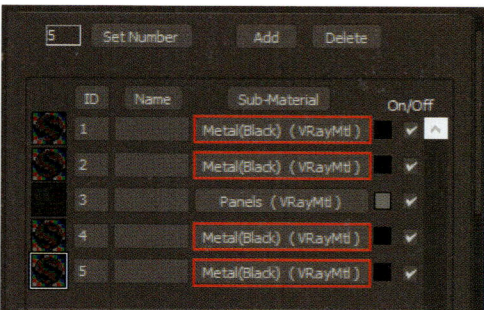

**39** 렌더링을 수행하면 아래 그림과 같은 결과를 볼 수 있으며, 조명 객체의 속성뿐만 아니라 마감재에 의해 발생하는 빛이 산란, 반사 정도에 의해 공간의 조도가 다르게 나타나는 모습을 확인할 수 있습니다.

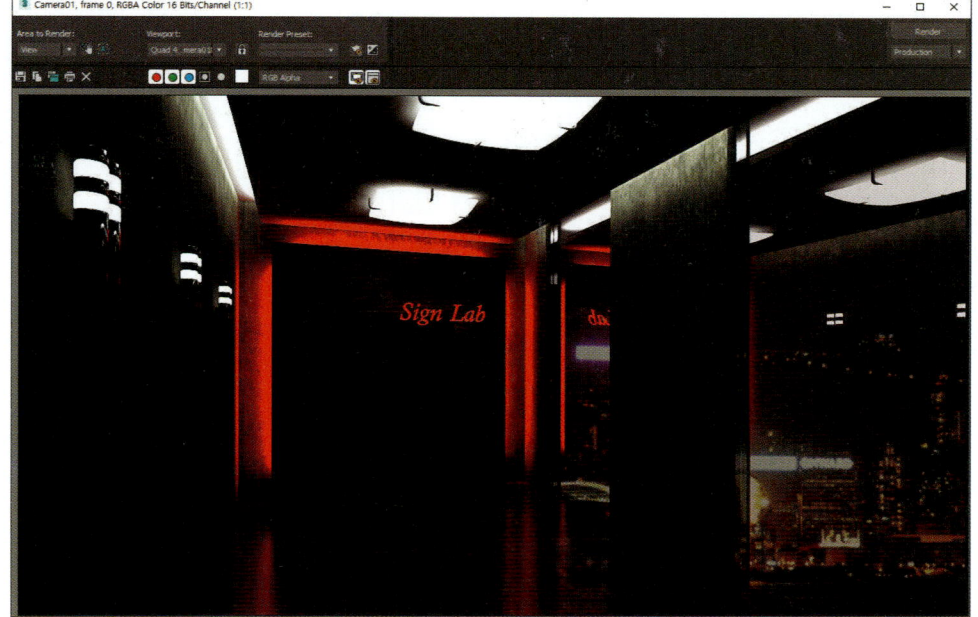

**13.** VRay (1)

**40** 실내에 전체적인 조도를 올리기 위해, 다시 'VRayLights001' 객체를 선택한 뒤, Multiplier 값을 10.0으로 변경시켜 줍니다.

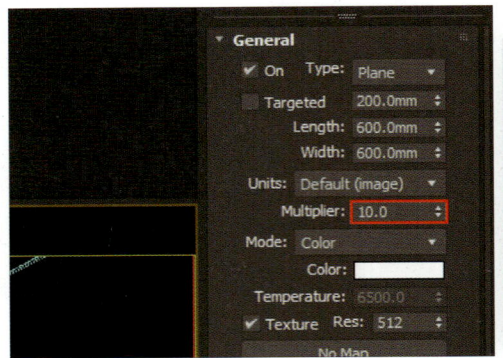 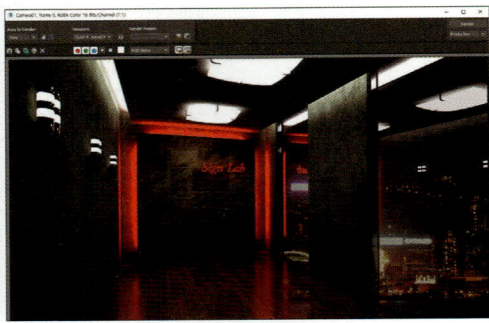

**41** 마지막으로 File▶Import▶Merge… 명령을 수행하여 준비된 테이블 및 의자 객체를 불러와 배치해 줍니다.

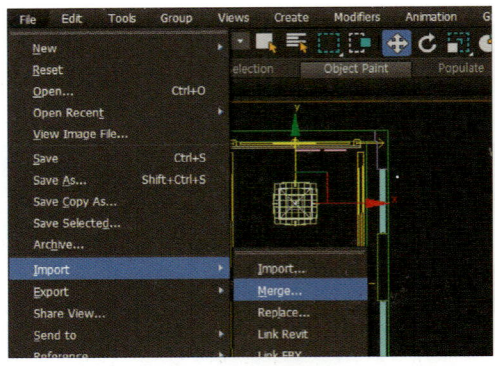 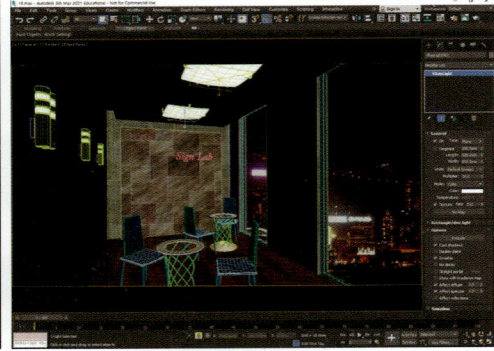

(13\08(Table).max)

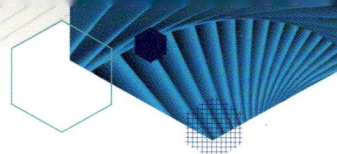

**42** 마지막으로 최종 렌더링의 품질을 높이기 위해서 그림과 같이 Render Setup 대화상자에서 GI 탭을 클릭한 뒤, Irradiance map의 Current preset 값을 'High'로 설정하여 렌더링을 수행해 봅니다.

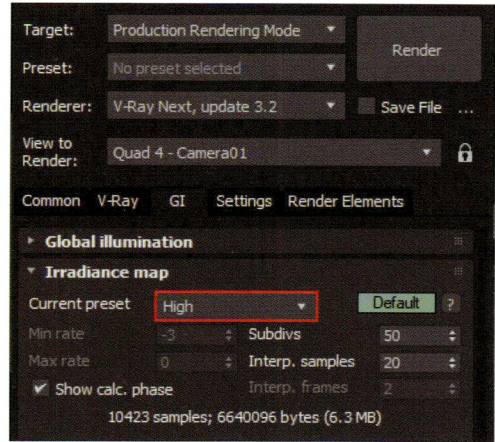
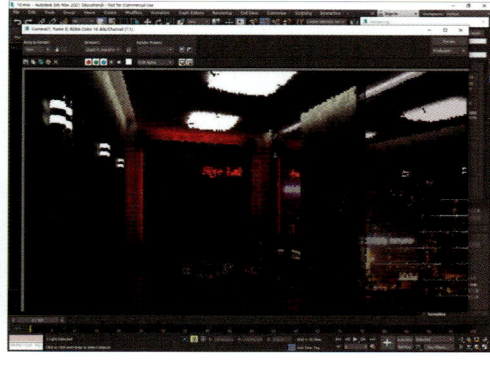

(13\10.max)

필자의 생각으로 굳이 Current preset 항목을 High로 설정할 필요는 없을 것 같습니다. 모든 작업에 있어서 렌더링 시간에 비례한 결과물의 퀄리티가 매우 중요한데 Current preset 항목을 High로 설정할 경우 렌더링 시간이 매우 오래 걸리는 반면 퀄리티가 크게 향상되지는 않기 때문입니다.

**43** 최종 렌더링 결과입니다.

**13.** VRay (1) **673**

 **VRay 환경 설정 및 조명 설정 연습 (1)**

앞에서 연습한 방법을 응용하여 준비된 예제 파일을 이용하여 아래 그림과 같은 결과를 만들어 봅시다.

- 완성된 렌더링 결과

- 제공되는 모델링 데이터

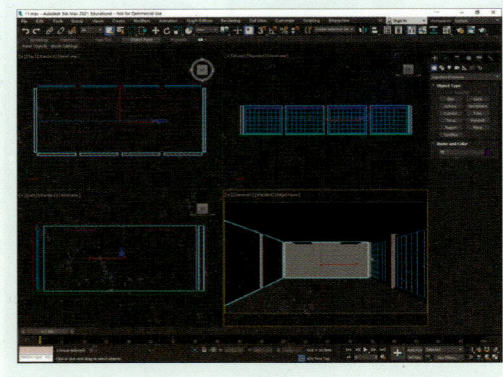

(13\11.max)

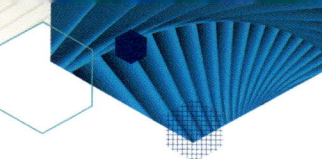

- VRay 환경 및 조명, 재질 설정 과정

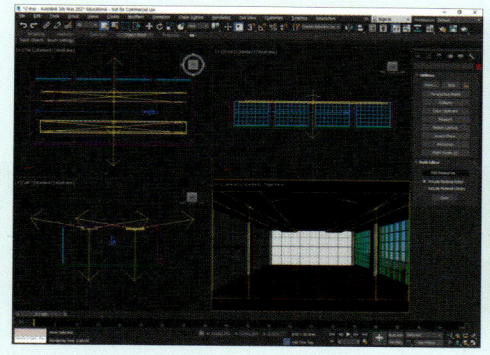
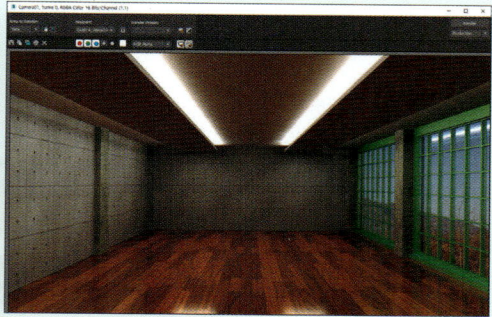

(13\12.max)

- 가구 모델링

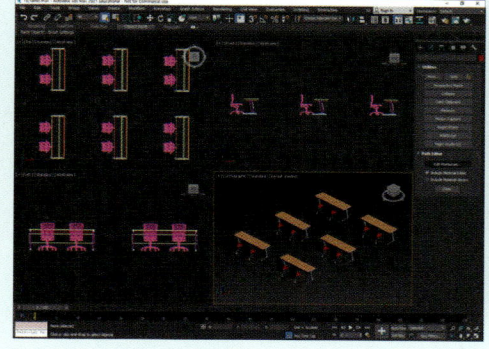
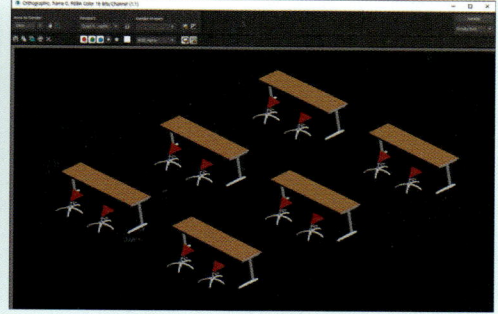

(13\13(Table).max)

- 가구 삽입 후 렌더링 결과

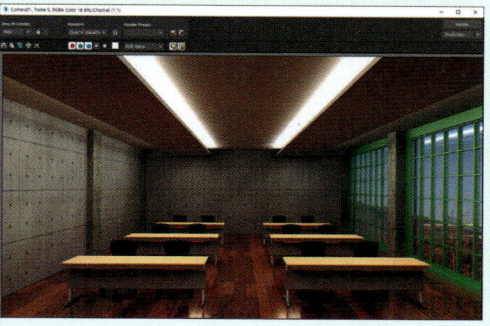

(13\14.max)

 ## 실습 예제    VRay 환경 설정 및 조명 설정 연습 (2)

앞에서 연습한 방법을 응용하여 준비된 예제 파일을 이용하여 아래 그림과 같은 결과를 만들어 봅시다.

■ 완성된 렌더링 결과

■ 제공되는 모델링 데이터

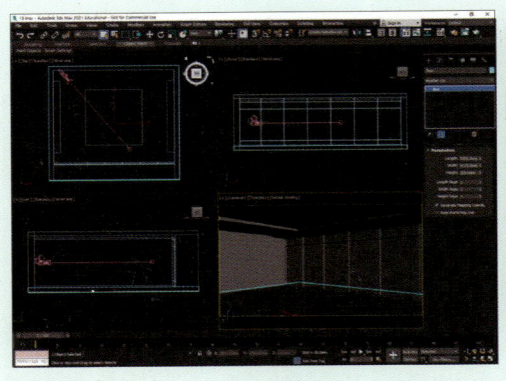

(13\15.max)

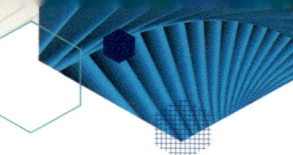

- VRay 환경 및 조명, 재질 설정 과정

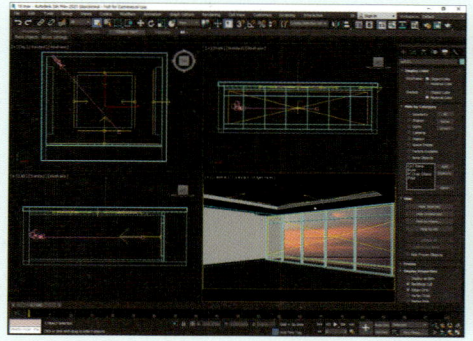

(13\16.max)

- 가구 모델링 데이터

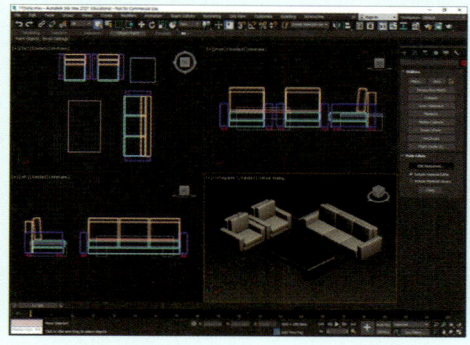
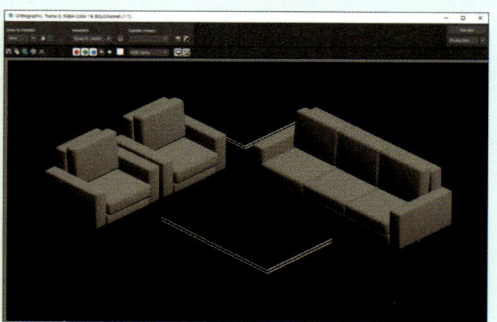

(13\17(Sofa).max)

- 가구 삽입 및 최종 렌더링 결과

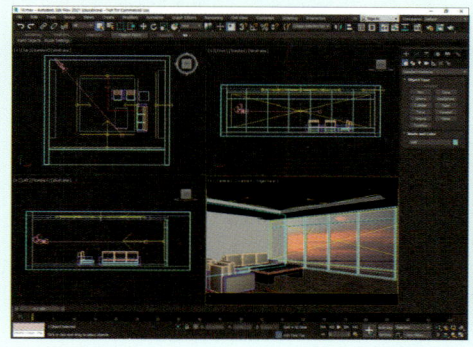

(13\18.max)

# MEMO
**15강으로 익히는** 인테리어 건축 디지털 렌더링

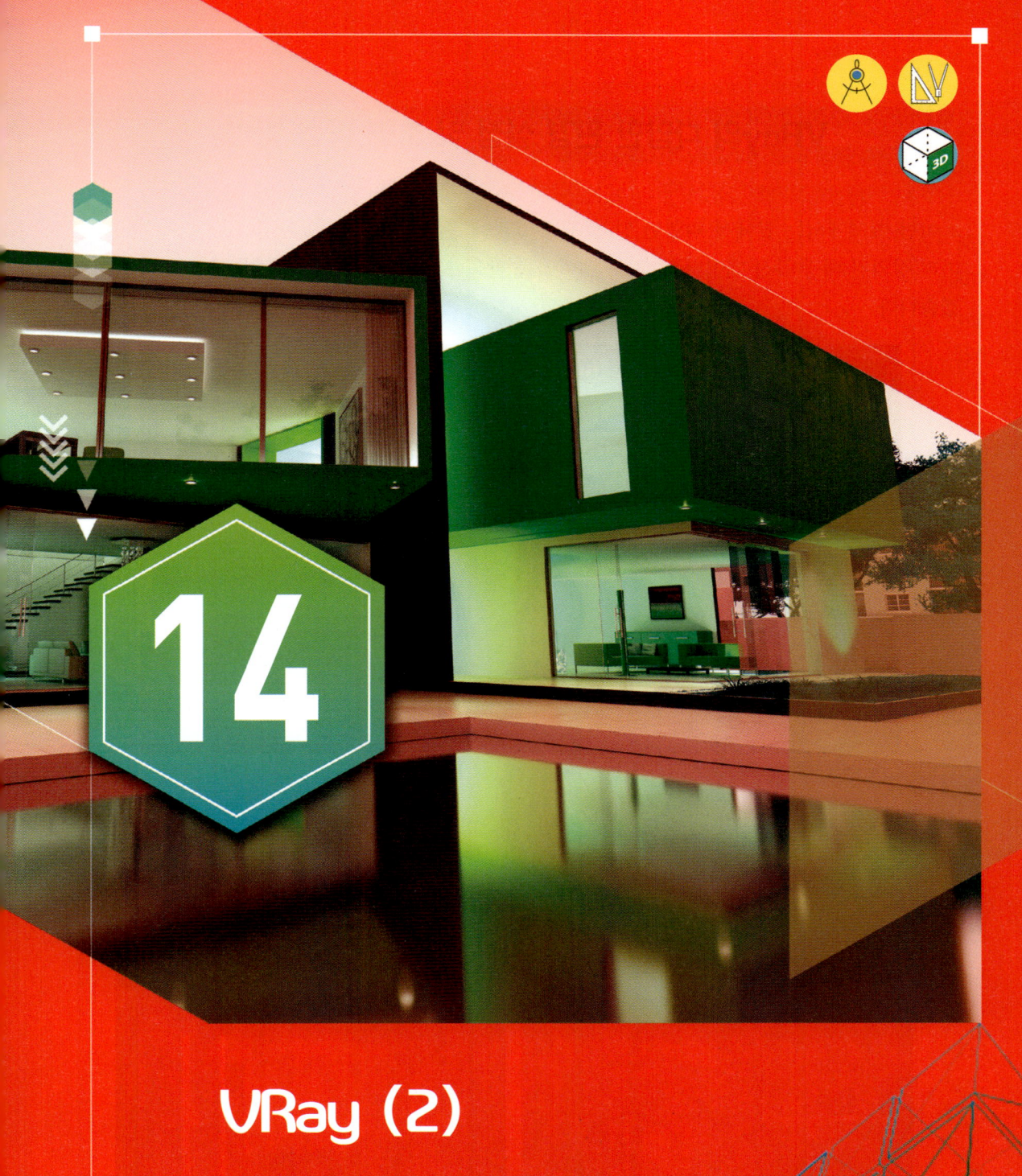

# 14

## VRay (2)

# 1. VRay의 다양한 환경 설정 및 조명 활용 방법

이번 예제에서는 앞에서 익혔던 간접 조명 효과에 추가하여, VRay 환경 변수의 이해와 미리 정의된 배광 곡선 데이터, 즉 IES 데이터를 활용한 스폿 조명 효과를 만들어 보도록 하겠습니다.

**1** 준비된 데이터(14\01.max)를 불러온 뒤, 렌더링을 진행하여 예제 파일의 내용을 확인해 봅니다. 간단한 재질만 적용된 모델링과 카메라만 설정되어 있으며, 조명과 VRay 환경은 설정되어 있지 않은 예제 파일입니다.

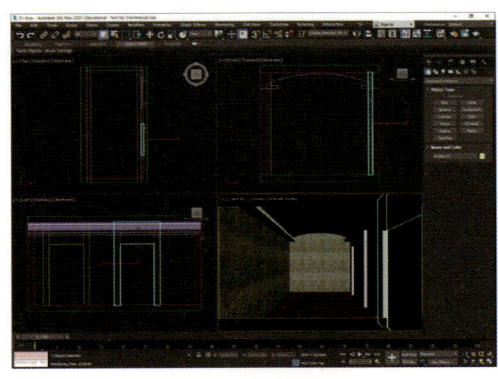 

(14\01.max)

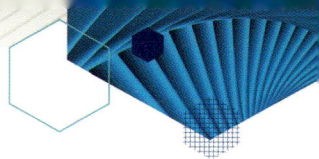

**2** 이제 앞에서 학습한 내용을 바탕으로 VRay 렌더러를 이용한 렌더링 환경을 설정해 보도록 하겠습니다. 우선 렌더러를 VRay로 설정한 뒤, Primary engine: Irradiance map, Secondary engine: Brute force로 설정한 뒤, Irradiance map의 Current Preset을 Very low로 설정해 줍니다. 계속해서 GI 탭을 클릭한 뒤, Advanced를 클릭하여 추가로 나타나는 Saturation 값을 기본 설정값인 1.0으로 그대로 설정해 줍니다.

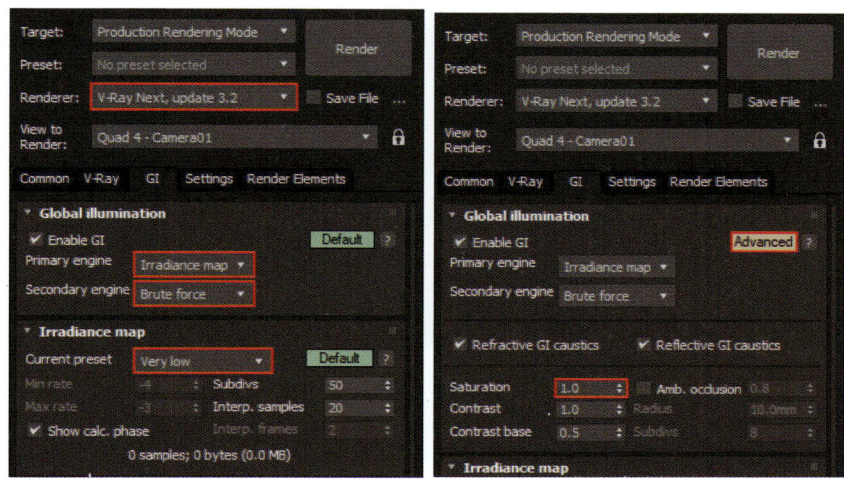

**3** 이제 간접 조명 효과를 설정해 보도록 하겠습니다. VRayLight를 이용하여 아래 그림과 비슷한 크기와 위치에 조명을 추가해 줍니다.

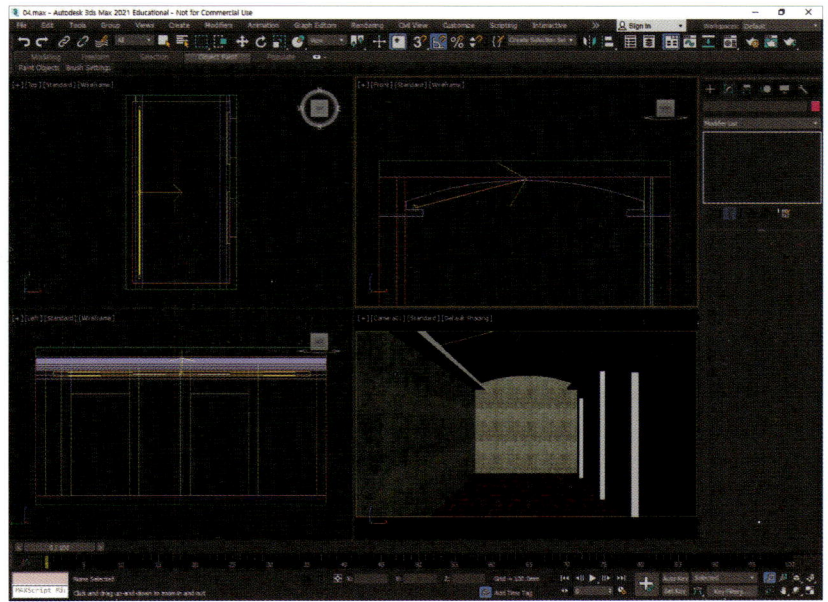

**4** 간접 조명 효과를 위한 조명 개체를 추가한 뒤, 그림과 같이 크기(Size)는 Length: 100, Width: 5400, Multiplier: 15, Color: 흰색으로 설정해 줍니다. 계속해서 Options 항목에서 Invisible 옵션을 설정, Affect reflections 옵션을 해제, Sampling 항목의 Subdivs 값을 20으로 변경해 줍니다.

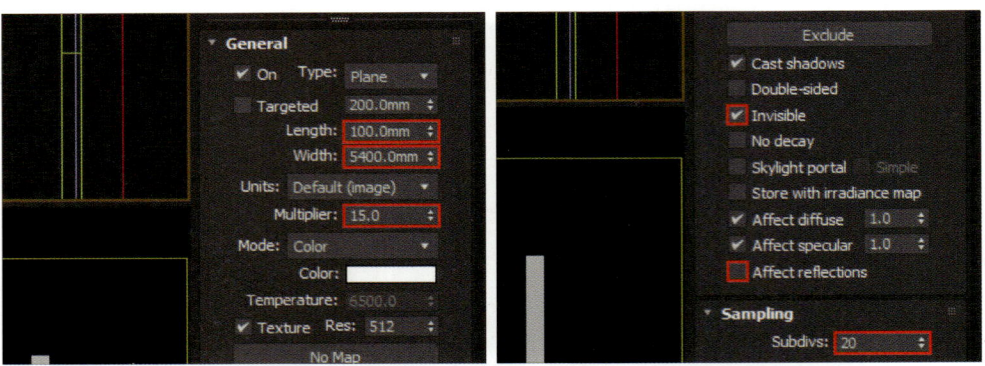

**5** 이제 설정된 조명 개체를 Shift 키를 누른 상태에서 이동, 회전시켜 아래 그림과 같이 대칭으로 위치할 수 있도록 복사한 뒤, 렌더링을 진행하여 그 결과도 확인할 수 있습니다. 결과를 자세히 살펴보면 빛이 천장에 적용된 파란색의 이미지에 비춰짐에 따라서, 공간 전체가 파랗게 보이는 Color Bleeding 현상이 일어나게 됩니다.

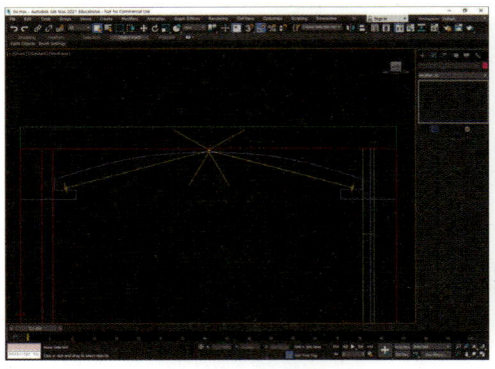 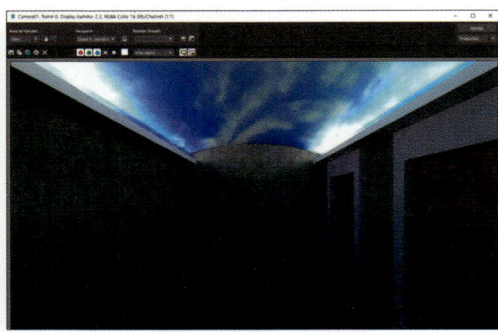

**6** 앞에서 언급한 바와 같이 Color Bleeding 현상을 의도적으로 줄여주기 위해서는 아래 그림과 같이 Render Setup 창의 GI 탭을 클릭하여 나타나는 Saturation 값을 0.3으로 변경해 줍니다. 렌더링을 수행하여 결과를 확인해 보면 공간 전체에서 느껴지는 푸른색의 느낌이 사라진 것을 알 수 있습니다.

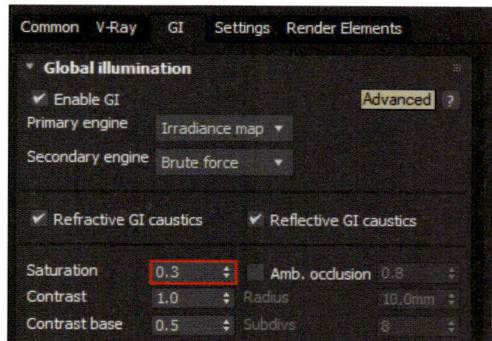

**7** 계속해서 공간 전체를 밝게 처리하기 위해서 VRayLight를 이용하여 아래 그림과 비슷한 크기와 위치에 조명을 추가해 줍니다.

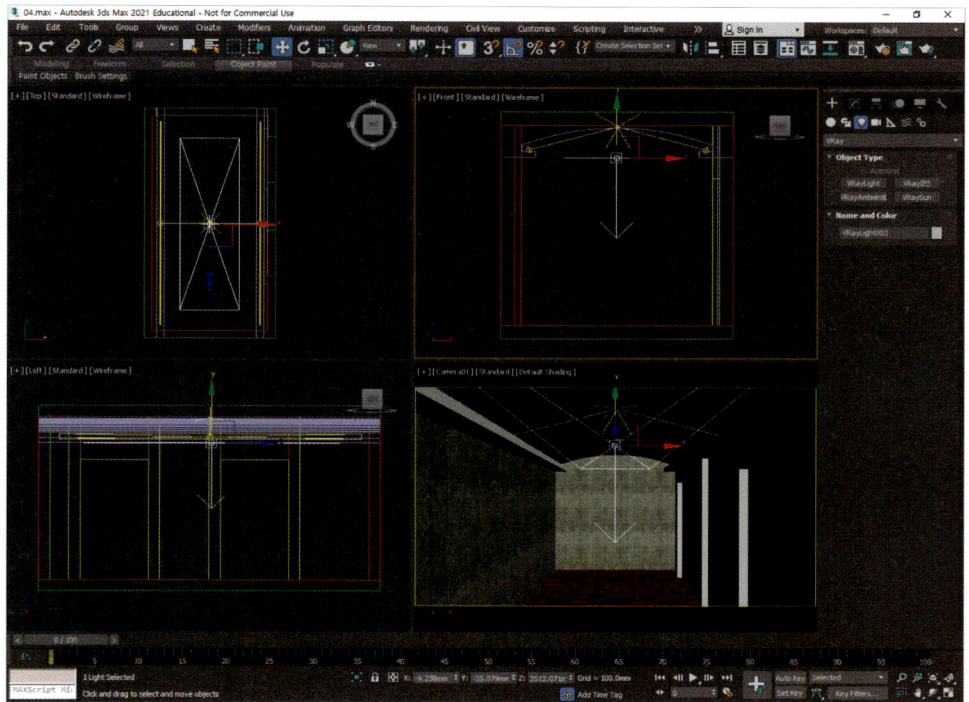

8 추가된 조명의 설정값을 변경해 보도록 하겠습니다. 크기는 Length: 1000, Width: 2700으로 Multiplier: 1.0, Color: 흰색으로 설정해 줍니다. 계속해서 조명의 Options 항목에서 Invisible 옵션을 설정, Affect reflections 옵션을 해제, Sampling 항목의 Subdivs 값을 40으로 변경해 줍니다.

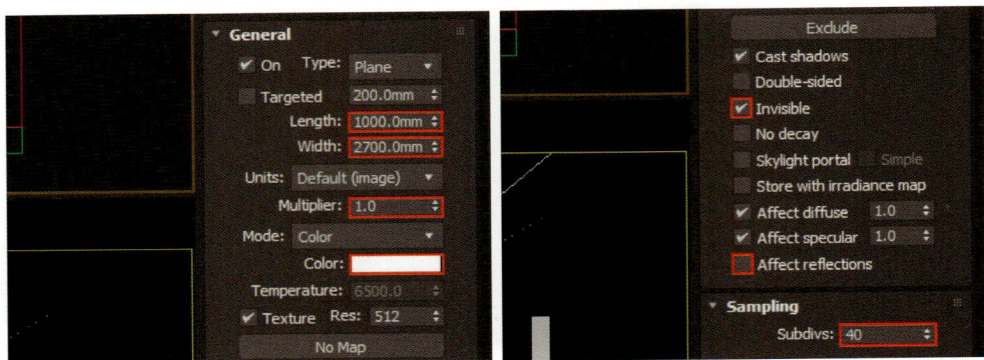

9 렌더링을 진행하여 설정된 조명 효과를 확인해 봅니다.

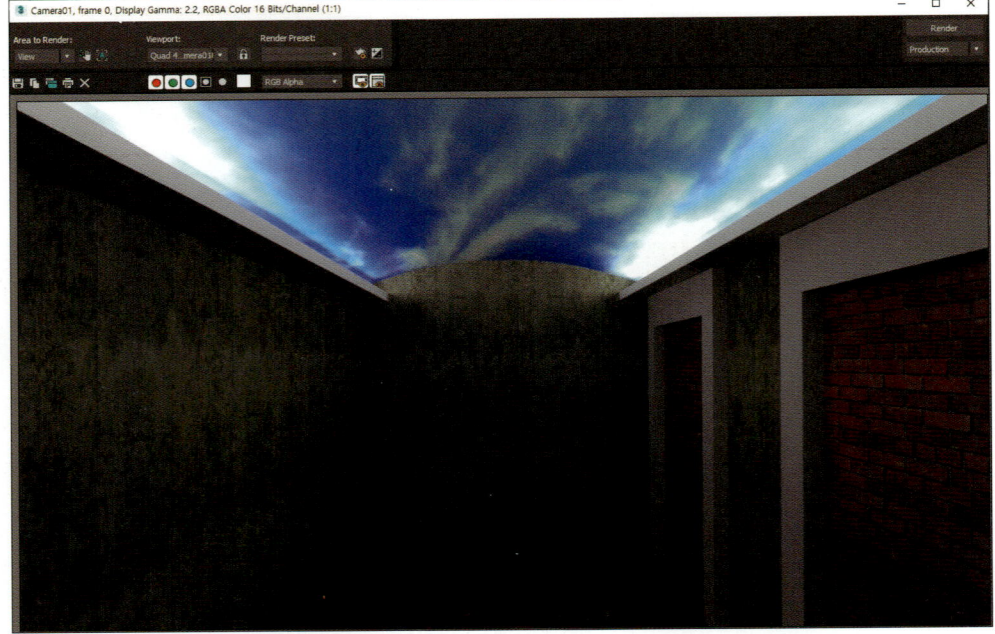

**10** 이제 적용되어 있던 재질 중 필요한 재질을 VRay 속성으로 변경시켜 보도록 하겠습니다. 먼저 'Floor' 재질을 불러온 뒤, 재질의 속성을 'VRayMtl'로 변경, Diffuse 색상에 설정되어 있던 이미지(14\maps\wood_04.jpg)를 다시 적용해 줍니다. 계속해서 반사 및 광택 속성을 설정하기 위해서 Reflect 색상을 R: 50, G: 50, G: 50, Glossiness 값을 0.9, Fresnel reflections는 설정을 해제해 줍니다.

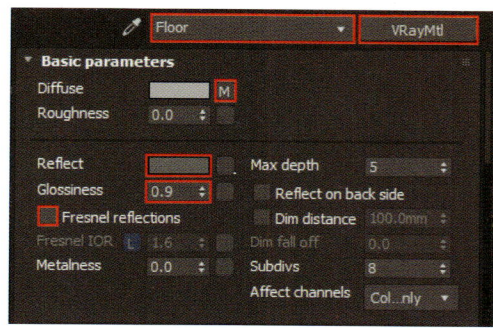 

(14\maps\wood_04.jpg)

**11** 이번에는 'Metal(Black)' 재질을 불러온 뒤, 재질의 속성을 'VRayMtl'로 변경, Diffuse 색상을 검은색으로 설정해 줍니다. 반사 및 광택 속성을 설정하기 위해서 Reflect의 색상을 R: 30, G: 30, G: 30으로 설정, Glossiness 값을 0.8, Fresnel reflections는 해제로 설정해 줍니다. 재질의 속성을 변경한 뒤, 렌더링을 수행하여 결과를 확인해 봅니다.

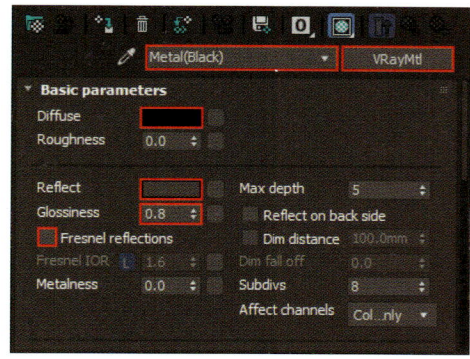 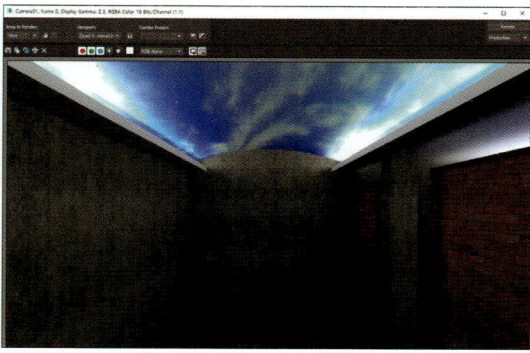

**12** 계속해서 'Brick' 재질을 불러온 뒤, 재질의 속성을 'VRayMtl'로 변경시켜 줍니다. Diffuse 색상을 회색(R: 128, G: 128, G: 128)으로 설정, 반사 및 광택 속성을 설정하기 위해서 Reflect의 색상을 R: 100, G: 100, B: 100, Glossiness: 1.0, Fresnel reflections 옵션을 해제해 줍니다. 계속해서 벽돌 대신 유리 속성의 투명도를 설정하기 위해서 Refract의 색상을 R: 200, G: 200, B: 200으로 설정해 줍니다.

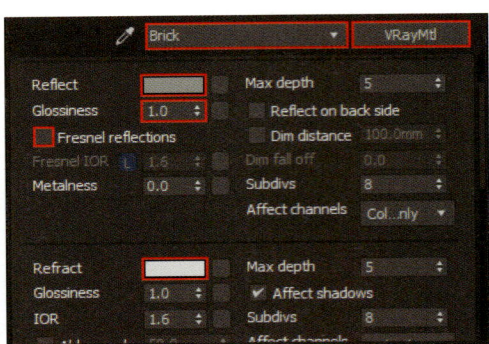 

**13** 계속해서 스폿 조명 효과를 만들어 보도록 하겠습니다. File▶Import▶Merge... 명령을 수행하여 준비된 스폿(Spot) 조명 개체를 불러와 줍니다.

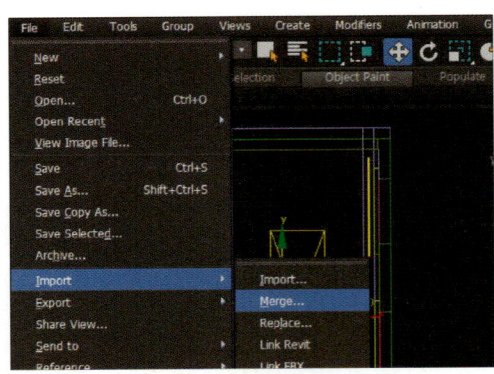 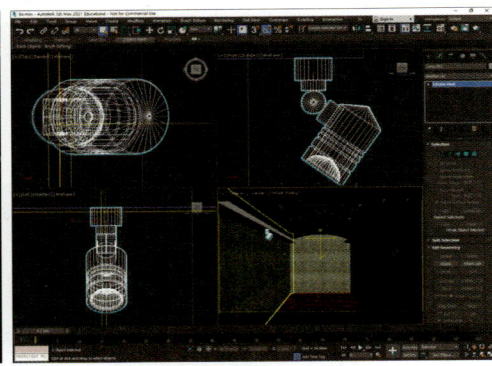

(14\02(lamp).max)

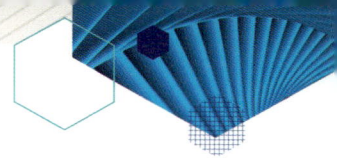

**14** 이번에 추가할 조명은 그림과 같이 Photometric ▶ Target Light 조명을 선택해 줍니다.

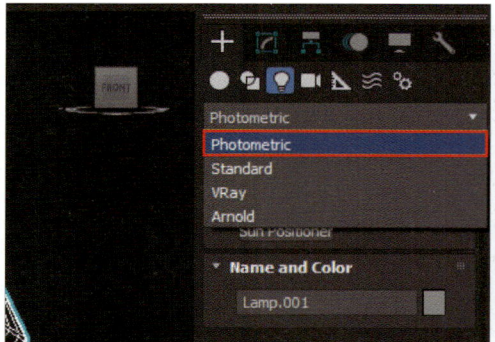
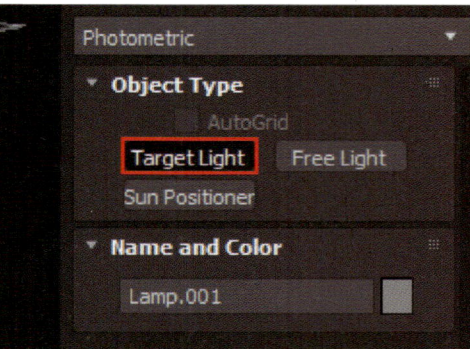

**15** 선택한 Target Light 조명을 그림을 참고하여 추가해 줍니다. 물론 정확히 동일한 위치에 놓일 필요는 없지만, 가급적 비슷한 위치에 놓이도록 수정해 줍니다.

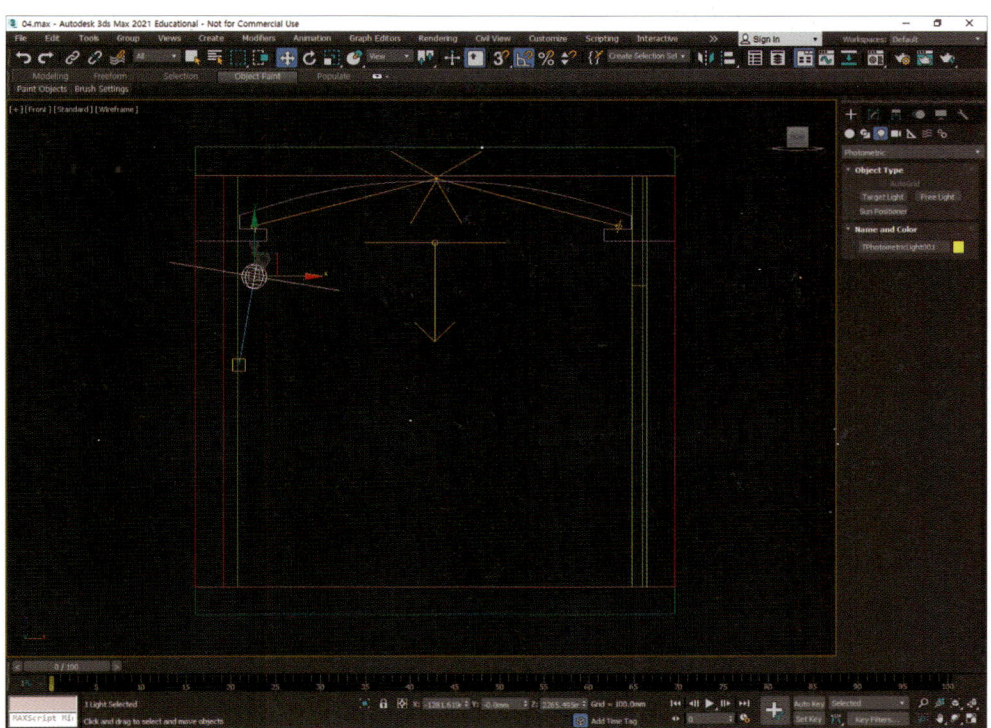

**14.** VRay (2)

**16** 추가된 조명 개체를 선택한 뒤, 그림과 같이 Light Distribution(Type) 항목을 Photometric Web으로 변경한 뒤, Distribution(Photometric Web) 항목에 미리 준비된 IES 데이터(14\spot.ies)를 불러와 적용시켜 줍니다.

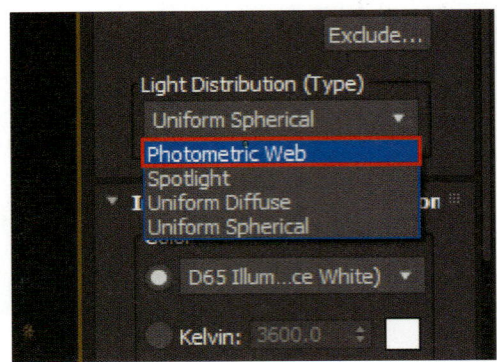 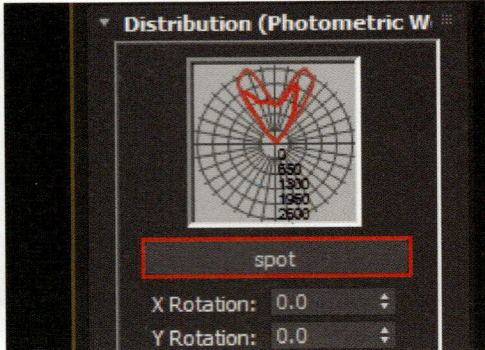

(14\spot.ies)

**17** 계속해서 Intensity/Color/Attenuation에서 Intensity 값을 2000(cd)으로 변경하여 빛의 강조(조도)를 설정해 줍니다. 아래 그림과 같은 스폿 조명 효과가 만들어진 것을 확인할 수 있습니다.

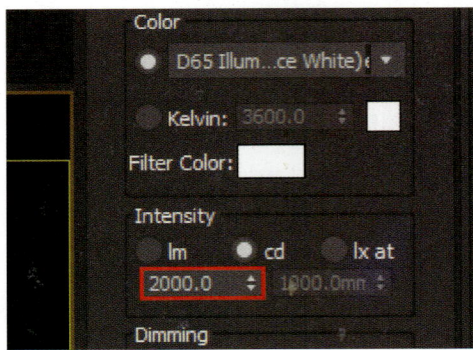 

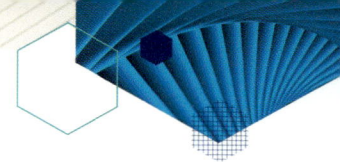

**18** 이제 설정된 조명 개체를 아래 그림을 참고하여 복사한 뒤, 렌더링을 진행하여 결과를 확인할 수 있습니다.

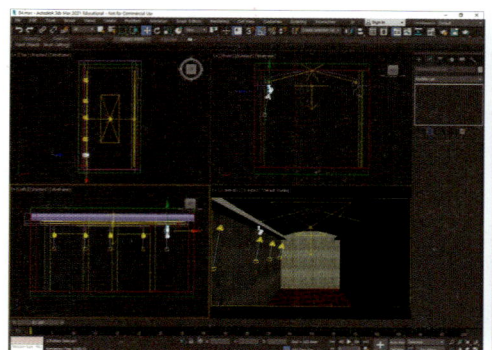 

IES는 조명의 배광곡선(配光曲線) 데이터입니다. MAX에서는 IES를 활용하여 실제와 같은 조명 효과를 표현할 수 있으며, 조명회사에서 제공되는 데이터를 활용하여 설계 및 시뮬레이션에서 활용될 수 있습니다.

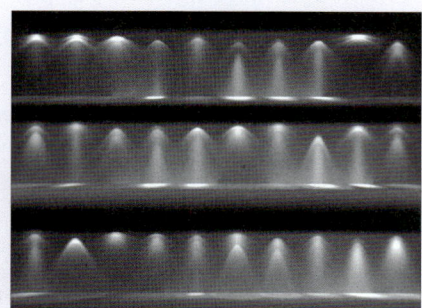 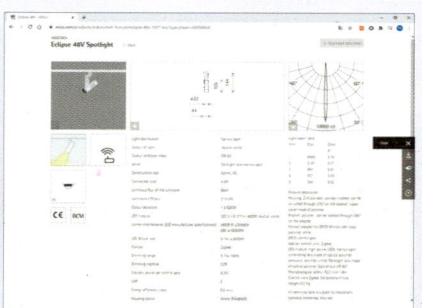

▲ 다양한 배광 곡선　　　　▲ 업체에서 제공되는 IES 데이터

**19** 조명의 효과와 공간 분위기를 만들기 위해서, File▶Import▶Merge... 명령을 수행하여 준비된 액자 데이터(14\03(picture).max)를 불러와 배치해 줍니다.

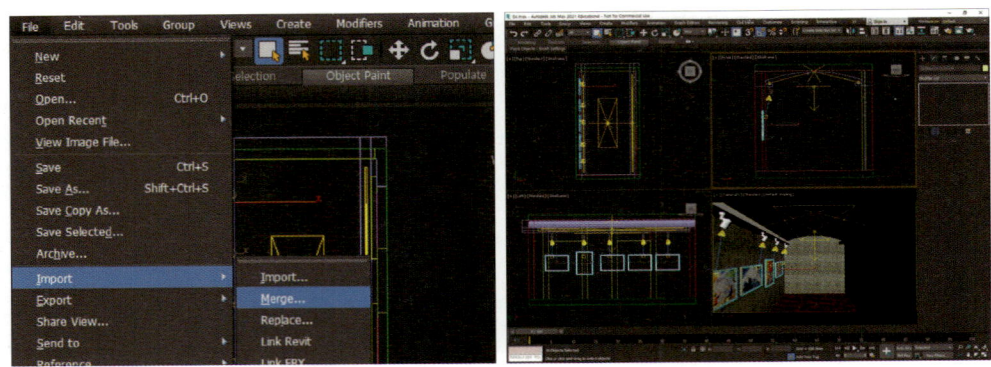

(14\03(picture).max)

**20** 배경을 설정하기 위해서 Rendering▶Environment... 명령을 수행하여 나타나는 Environment 창에서 준비된 야경 이미지(14\maps\nightscape.jpg)로 설정해 줍니다.

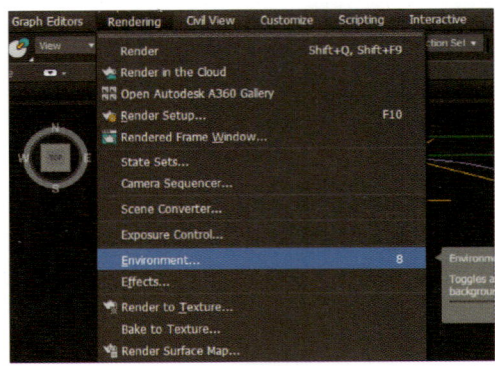 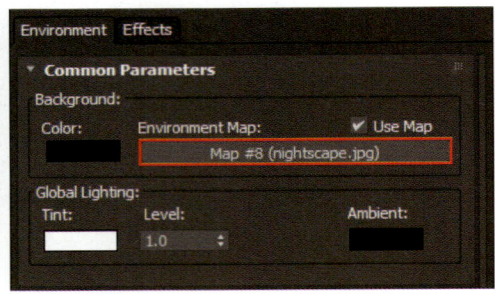

(14\maps\nightscape.jpg)

**21** 렌더링을 수행하여 결과를 확인해 봅니다. 배경이 야경으로 설정되어 유리창 너머로 멋지게 표현되었지만, 내부가 너무 밝아서 전체적인 분위기가 어색한 것 같습니다.

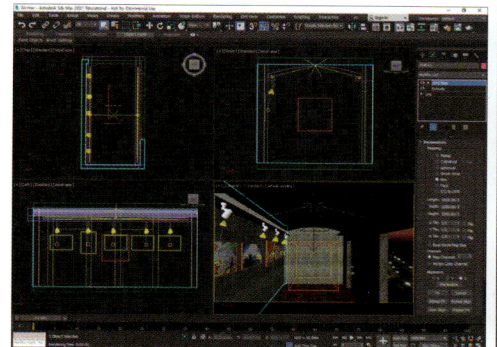 

**22** 공간 전체를 비춰주고 있는 VRay 조명 객체를 선택한 뒤, General의 On 옵션을 해제하여 설정된 조명을 꺼 줍니다.

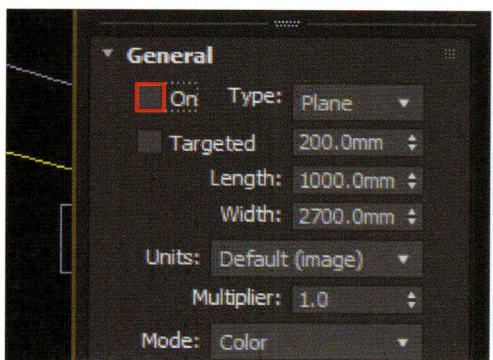 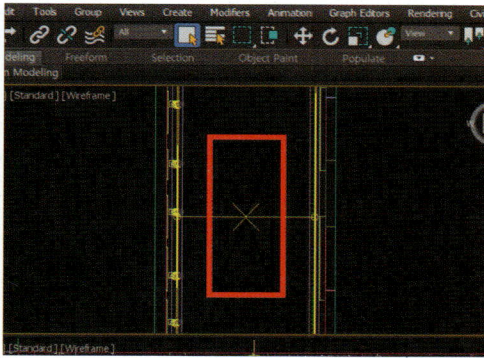

**23** 렌더링을 수행하여 결과를 확인할 수 있습니다.

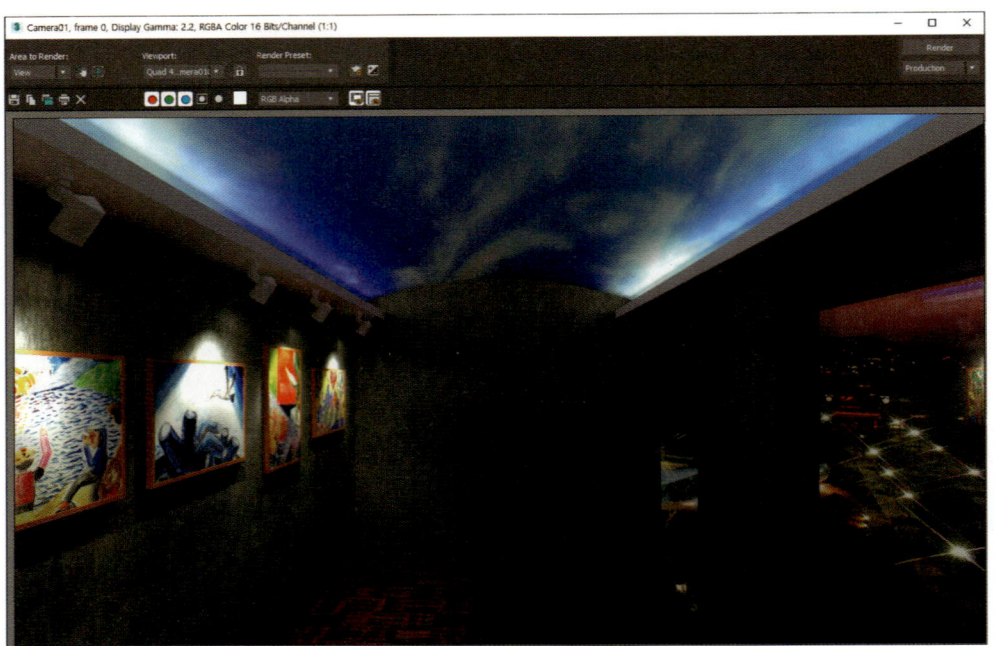

(14\04.max)

## 2. VRayLightMtl을 활용한 스크린 화면 연출

　이번에는 극장이나 영상관 같은 이미지를 만들어 보도록 하겠습니다. 실제 극장이나 영상관의 경우 조명이 전혀 없으며, 단지 스크린에서 나타나는 영상이 실내공간의 조명 역할을 하게 됩니다. 따라서 VRay 재질 속성 중에서 VRayLightMtl을 활용하여 그림과 같이 스크린 화면과 공간 분위기를 연출해 보도록 하겠습니다.

**1** 준비된 데이터(14\05.max)를 불러온 뒤, 렌더링을 진행하여 내용을 확인해 봅니다. 기본적인 재질과 카메라만 설정되어 있으며, 조명과 VRay 환경은 설정되어 있지 않은 예제 파일입니다. 이제 앞에서 학습한 내용을 바탕으로 VRay 렌더러와 재질을 이용한 렌더링 환경을 설정해 보도록 하겠습니다.

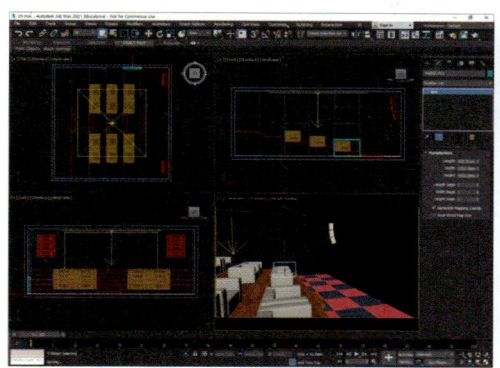 

(14\05.max)

② 설정되어 있는 조명 객체(VRayLight001)를 선택한 뒤, General의 On 옵션을 해제하여 설정된 조명을 꺼주도록 합니다. 조명 효과가 전혀 없기 때문에 렌더링을 진행하면 그림과 같이 아무것도 보이지 않는 렌더링 결과가 나타납니다.

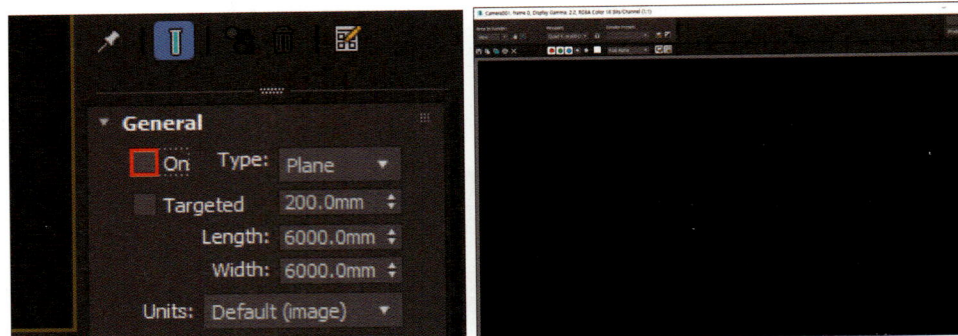

③ 재질 편집기를 실행한 뒤, 미리 적용되어 있던 '스크린' 재질을 불러옵니다. 우선 재질의 속성을 'VRayLightMtl'로 변경, 그림과 같이 Color 항목에 스크린에 표현될 영상 이미지(14\maps\screen.jpg)를 설정해 줍니다. 물론 'Screen' 개체를 선택한 뒤, UVW 명령을 수행하여 크기에 맞는 재질 표현 방법 및 크기 등을 설정해 줍니다.

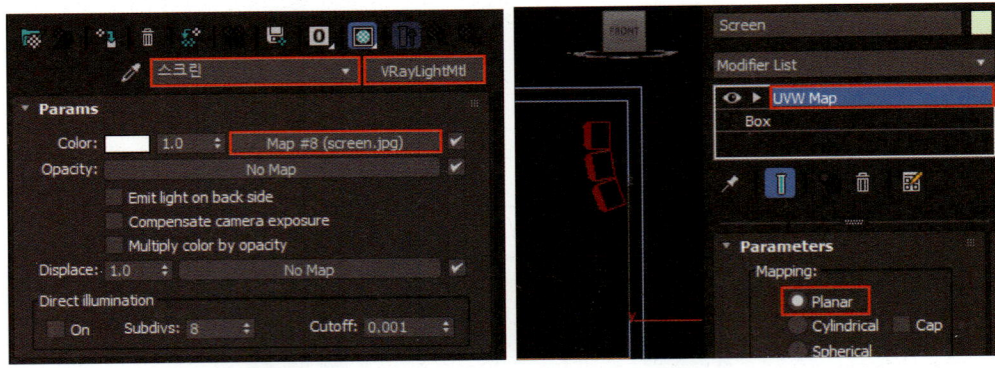

(14\maps\screen.jpg)

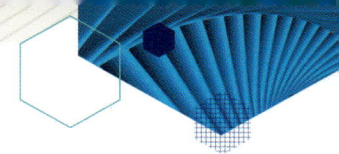

**4** 필요에 따라서 Gizmo를 회전하거나 그림과 같이 Alignment의 축, 또는 Fit 명령을 이용하여 스크린에 맞게 매핑을 설정하여 아래 그림과 같은 결과를 만들어 줍니다. 렌더링을 확인해 보면 영상물이 나타나면서 스크린 자체가 광원의 역할을 하여 스크린 주변에 약하지만 광원 효과가 나타남을 알 수 있습니다.

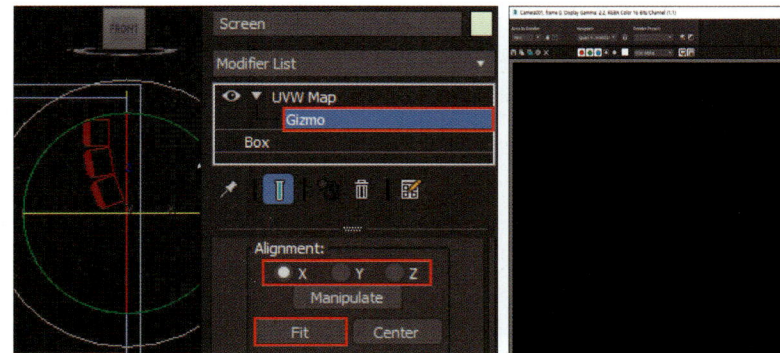

**5** 약한 광원의 효과가 있지만 조금 부족하기 때문에 VRayLight를 이용하여 필요한 조명을 추가해 보도록 하겠습니다. Lights▶VRay▶VRayLight 명령을 수행합니다.

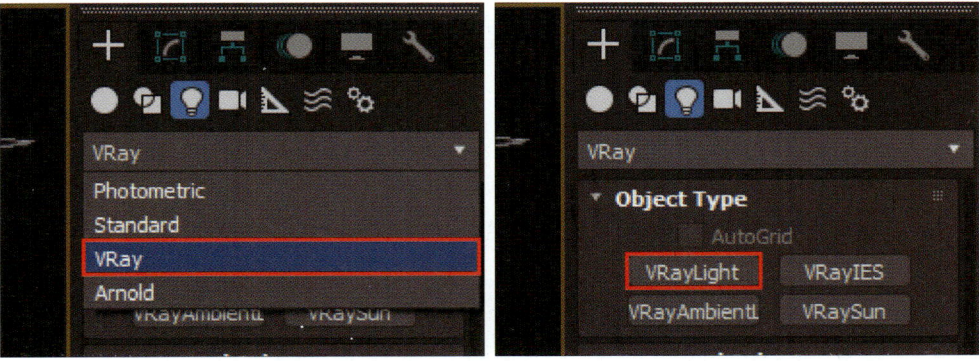

**14.** VRay (2)

**6** 그림과 비슷한 크기, 위치, 방향을 가지는 조명을 추가해 줍니다.

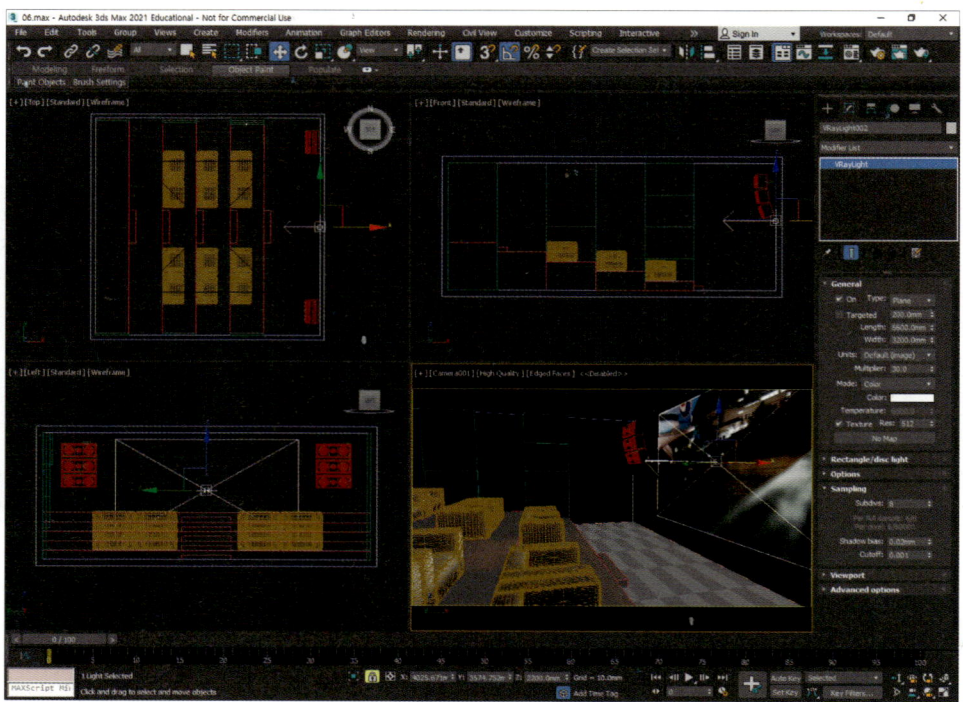

**7** 추가된 조명을 선택한 뒤, 그림과 같이 크기는 Length: 5600, Width: 3200, Multiplier: 10.0, Color: 흰색으로 설정하고, 무엇보다도 중요한 점은 Texture 항목에 준비된 영상 이미지(14\maps\screen.jpg)를 적용하여 영상에 의한 조명 효과를 만들어 줍니다. 계속해서 조명의 Options 항목에서 Invisible 옵션을 설정, Sampling 항목의 Subdivs 값을 30으로 변경해 줍니다.

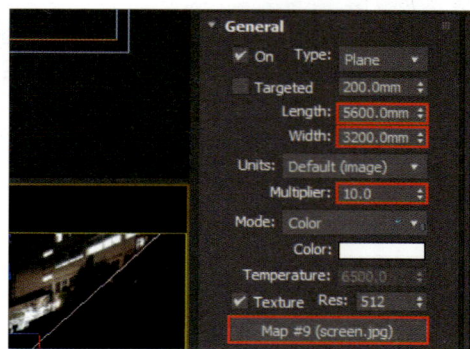 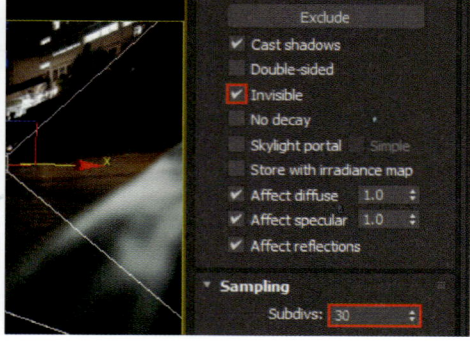

(14\maps\screen.jpg)

15강으로 익히는 인테리어·건축 디지털 렌더링

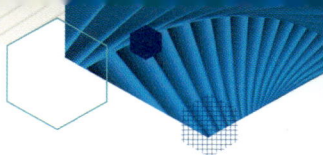

**8** 렌더링을 수행하면, 그림과 같이 스크린이 조명 효과를 만들어 주는 것과 같은 결과를 확인할 수 있습니다.

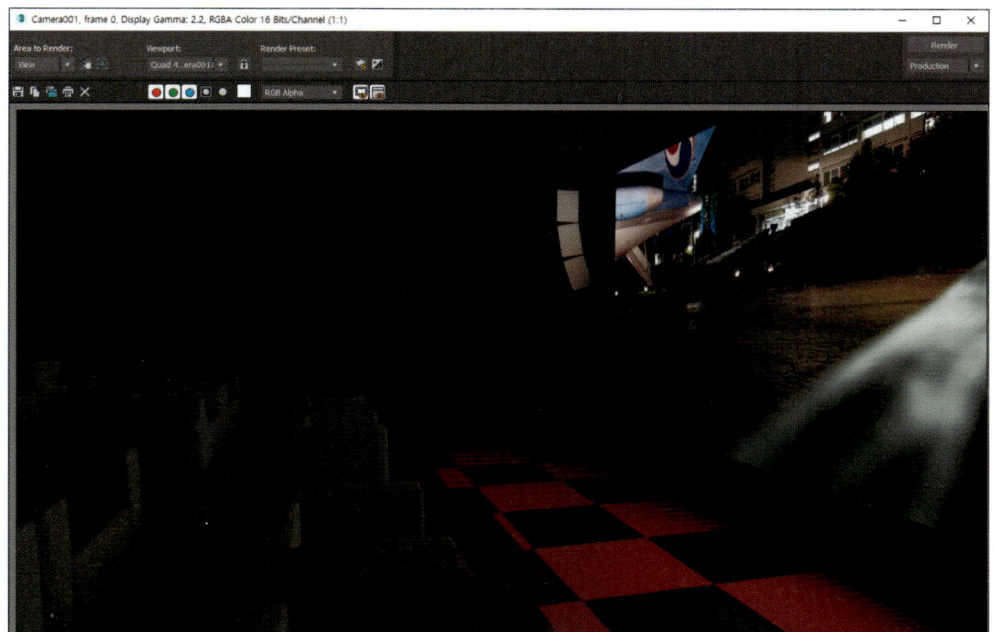

 ## VRay 재질 및 조명 설정을 이용한 렌더링 연습

지금까지 학습한 내용을 바탕으로 준비된 모델링 데이터를 이용하여 아래 그림과 같은 렌더링 결과물을 작성해 봅시다.

■ 완성된 렌더링 결과

■ 제공되는 모델링 데이터

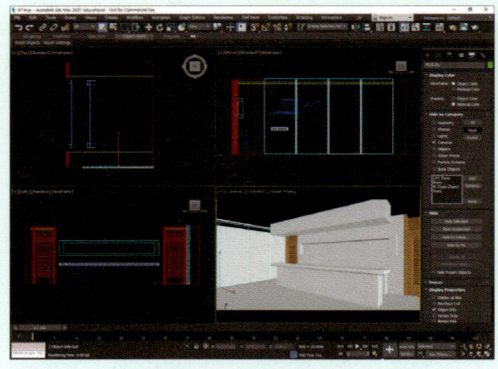

(14\07.max)

- 제공되는 가구(바 의자) 모델링 데이터

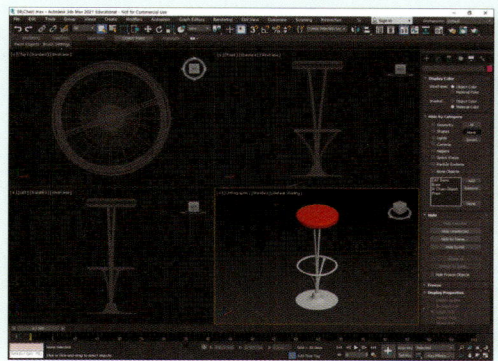
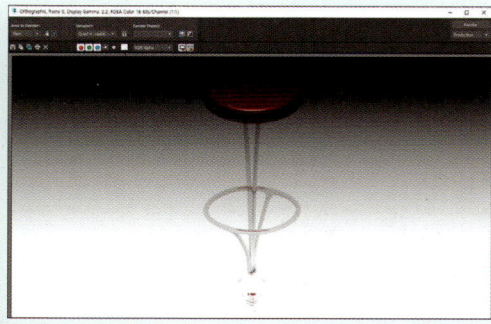

(14\08(Chair).max)

- 렌더러, 조명, 재질 설정 후 최종 렌더링 결과

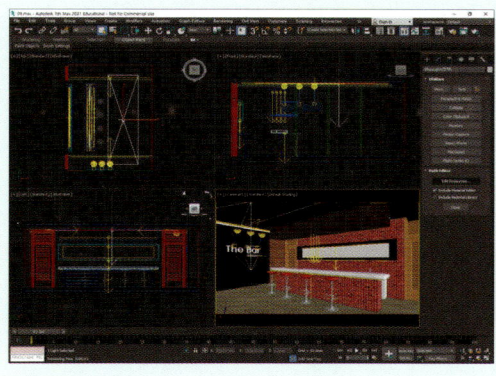

(14\09.max)

# MEMO
15강으로 익히는 인테리어 건축 디지털 렌더링

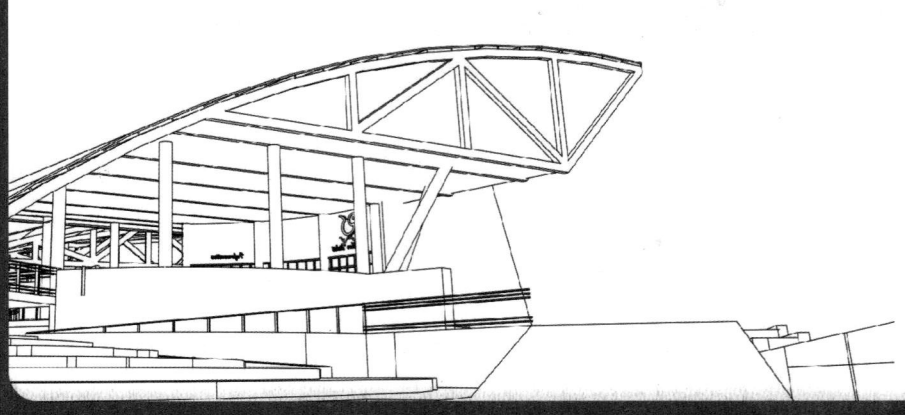

# 15

## 연습하기/편리한 기능들

# 1. 애니메이션 기능을 이용한 다중 이미지 제작

　MAX에서 제공하는 애니메이션 기능을 이용하여 여러 장면을 연속해서 렌더링을 진행하는 방법에 대해 살펴보도록 하겠습니다. 실제 작업에서 모든 작업을 마친 뒤, 다수의 카메라를 배치하여 원하는 장면을 얻게 됩니다. 그러나 시간이 많이 소요되는 고해상도의 렌더링 이미지를 제작할 경우에는 상당한 시간을 기다려야 되며, 다른 카메라를 선택하여 다시 렌더링 작업을 진행해야 하는 불편이 있습니다. 여기서는 순차적으로 여러 시점의 렌더링 작업을 진행하는 방법에 대하여 살펴보도록 하겠습니다.

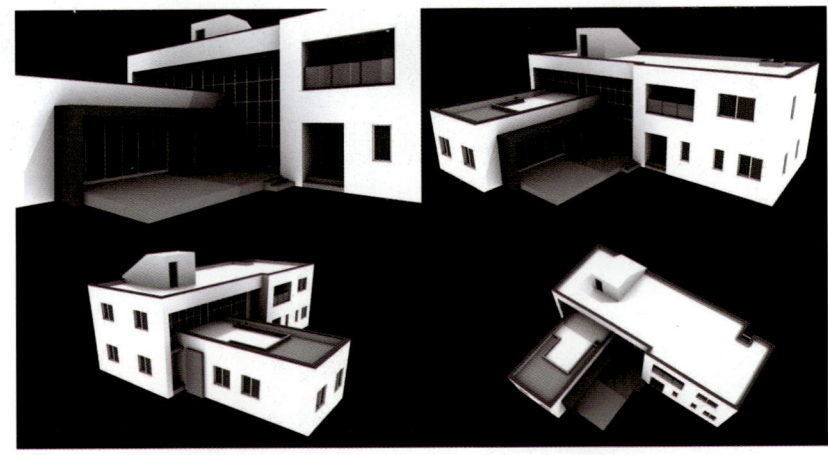

**1** 준비된 파일(15\01.max)을 불러온 뒤, 렌더링을 진행하여 준비된 데이터의 내용을 확인할 수 있습니다.

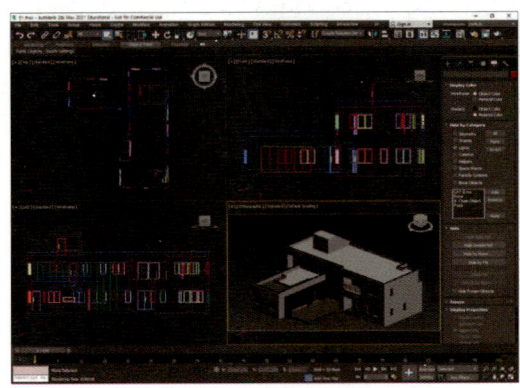
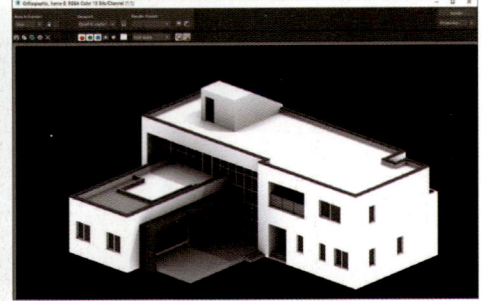

(15\01.max)

② 이제 그림과 같이 원하는 시점의 카메라를 추가하여 필요한 장면을 설정한 뒤, 렌더링을 진행하여 그 결과를 확인할 수 있습니다

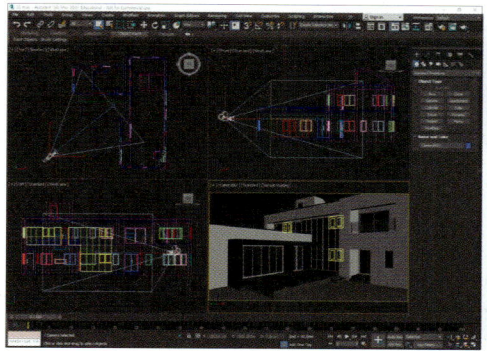

③ 지금부터는 MAX의 애니메이션 기능을 이용하여 하나의 카메라를 이용하여 여러 장면을 설정해 보도록 하겠습니다. 화면 우측 하단에 위치하고 있는 Time Configuration 명령을 수행하여 나타나는 Time Configuration 대화상자에서 아래 그림과 같이 Animation 항목의 Start Time을 '1'로, End Time 항목을 '4'로 설정해 줍니다. 의미는 모두 4 Frame, 즉 4개의 장면을 제작해 본다는 의미입니다.

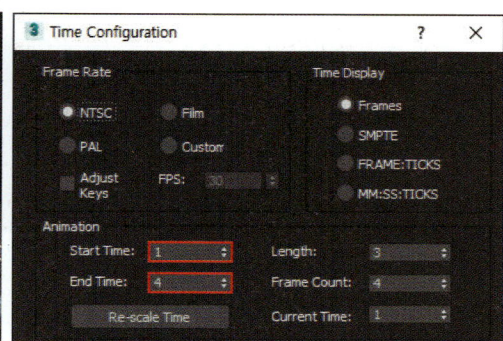

**④** 카메라 이동을 통한 시점 작업을 수행하기 전에 아래 그림과 같이 화면 하단에 위치하고 있는 Auto Key 버튼을 클릭해 줍니다.

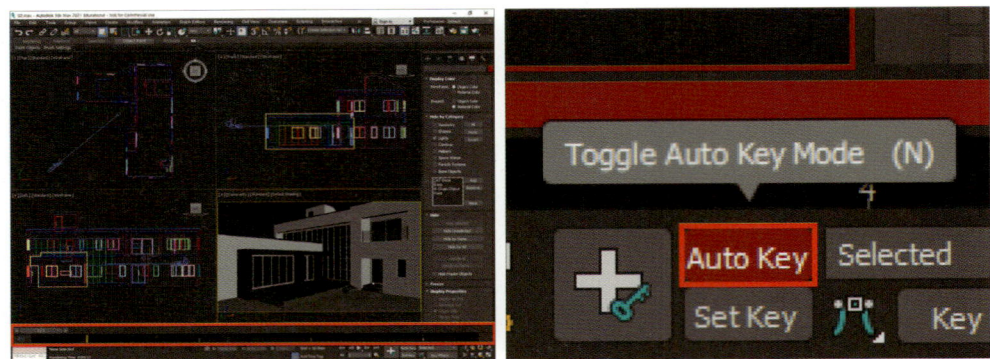

**⑤** 화면 하단에 위치하고 있는 슬라이드 바를 이동시켜 1/3로 설정한 뒤, Set Keys 버튼을 클릭하여 현재 프레임에 키 프레임, 즉 현재 장면을 저장해 줍니다.

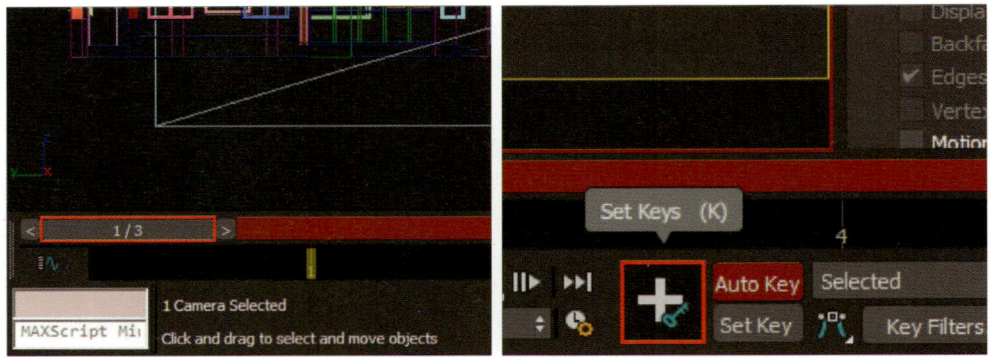

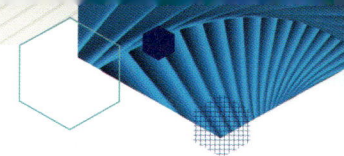

**6** 이제 화면 하단 중간에 위치하고 있는 타임 슬라이더 바를 드래그하여 2/3로 설정한 뒤, 카메라와 카메라 타깃을 원하는 장면이 연출되도록 이동시켜 줍니다.

 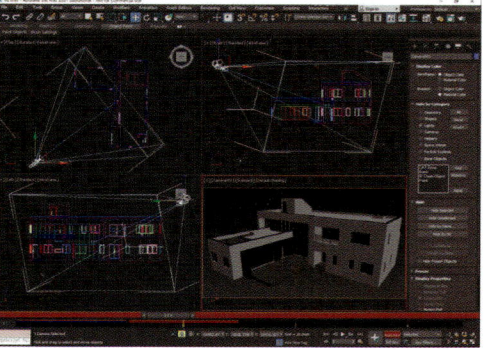

**7** 계속해서 타임 슬라이더 바를 드래그하여 3/3으로 설정한 뒤, 카메라와 카메라 타깃을 이동하여 다른 장면이 연출되도록 설정해 줍니다.

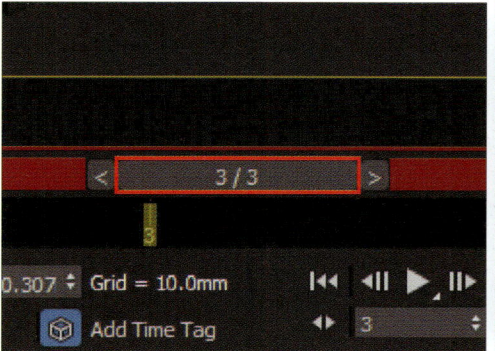 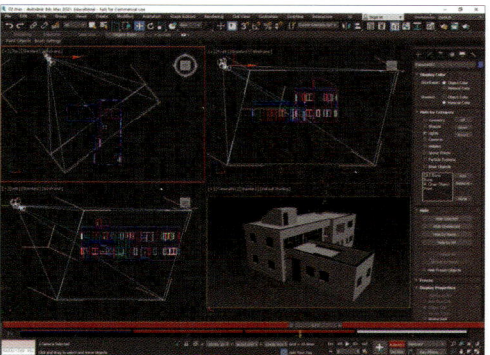

**15.** 연습하기/편리한 기능들

**8** 마지막으로 타임 슬라이더 바를 드래그하여 4/3로 설정한 뒤, 카메라와 카메라 타깃을 이동하여 다른 장면이 연출되도록 설정해 줍니다.

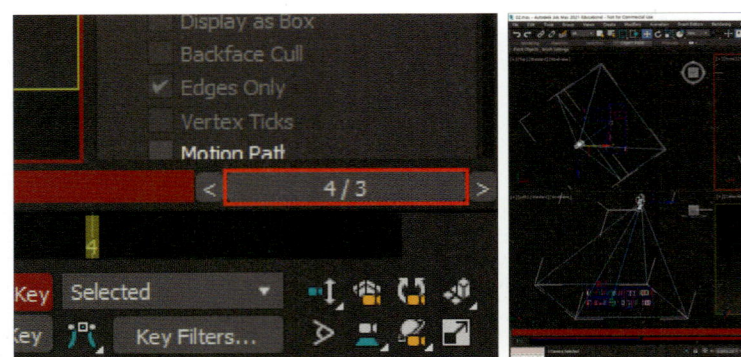

**9** 마지막으로 AutoKey 버튼을 클릭하여 애니메이션 작업을 종료한 뒤, 슬라이드 바를 드래그하면서 카메라와 카메라 타깃의 위치 변화를 확인할 수 있으며, 하나의 카메라가 이동되면서 여러 장면이 연출되는 모습도 확인할 수 있습니다.

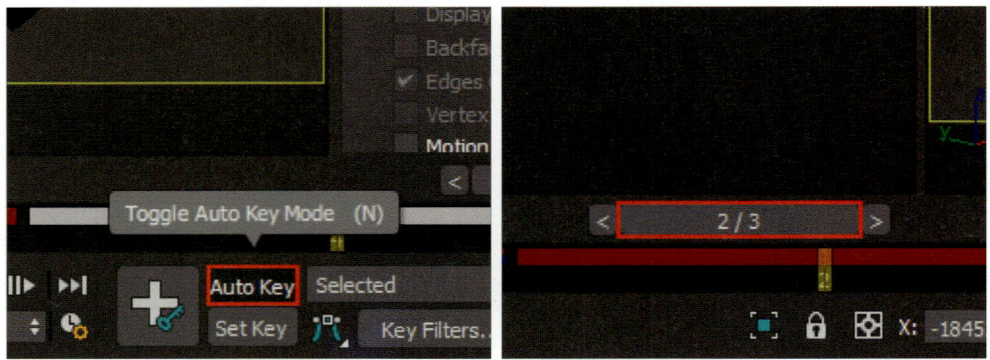

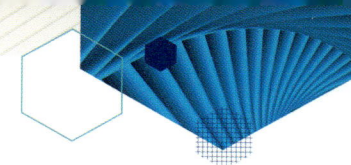

**10** 이제 설정된 카메라를 이용한 렌더링 이미지를 제작해 보도록 하겠습니다. Rendering ▶Render Setup… 명령을 수행하여 나타나는 Render Setup 대화상자에서 그림과 같이 Time Output 항목을 Active Time Segment로 설정한 뒤, 렌더링 이미지의 크기를 설정해 줍니다. 여기서는 Full HD 해상도인 1920×1080으로 설정해 줍니다.

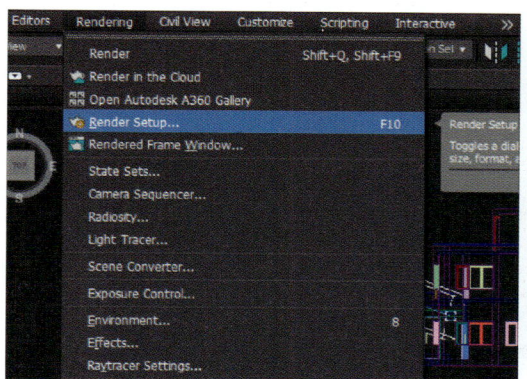
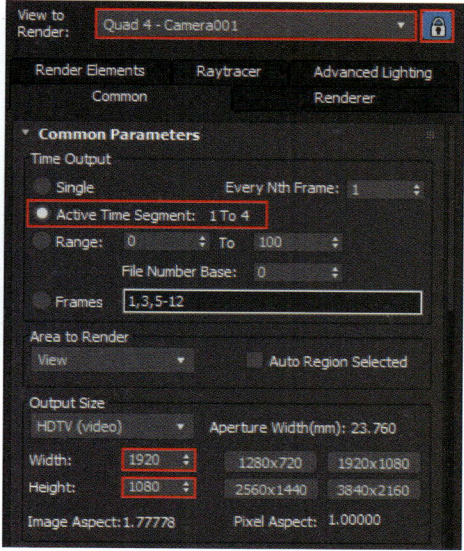

**11** 계속해서 Render Output 항목의 Files…을 클릭한 뒤, 나타나는 Render Output File 대화상자에서 렌더링 결과가 저장될 파일명과 포맷을 설정해 줍니다. 연속되어 렌더링 이미지가 제작되기 때문에 파일명은 자동으로 파일명 뒤에 숫자가 추가됩니다.

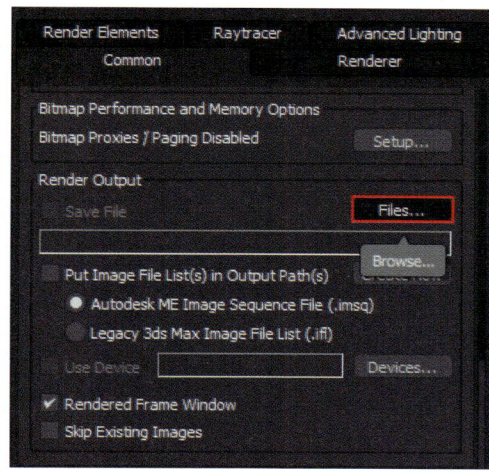
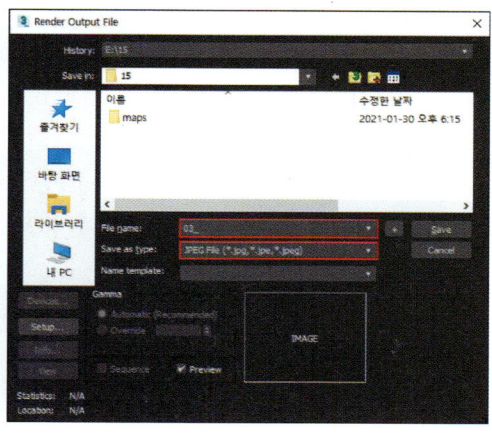

**12** 파일명을 지정한 뒤, 나타나는 JPEG Image Control 창에서 그림과 같이 가장 좋은 퀄리티로 옵션을 설정하여 렌더링을 진행해 줍니다.

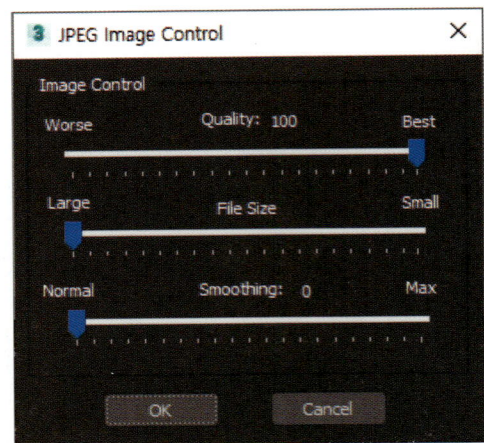 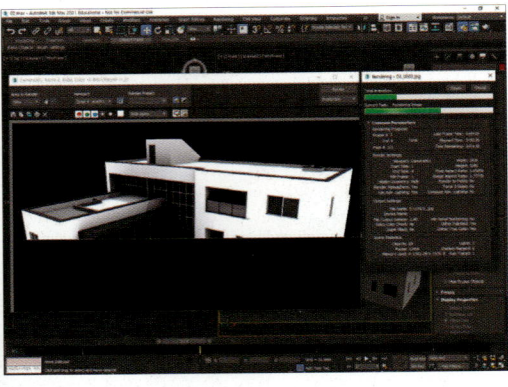

(15\02.max)

**13** 설정된 시점을 이용한 렌더링 작업이 진행되며, 렌더링 이후에는 자동으로 파일명이 지정되면서 렌더링 결과가 만들어지는 모습을 확인할 수 있습니다.

 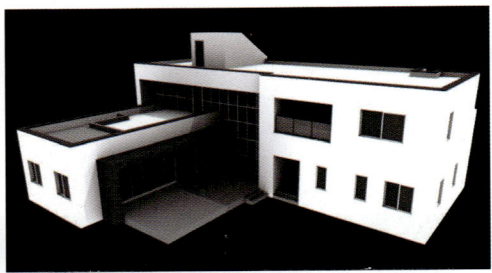

(15\03_0001.jpg)　　　　　　　　　　(15\03_0002.jpg)

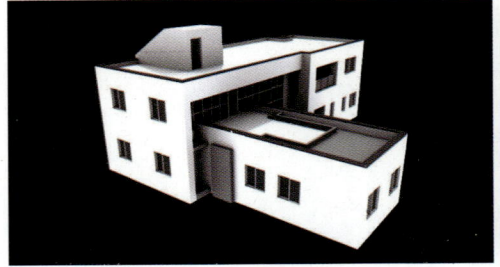 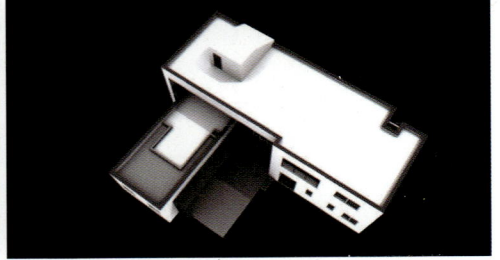

(15\03_0003.jpg)　　　　　　　　　　(15\03_0004.jpg)

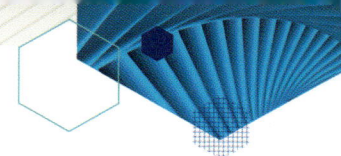

## 2. 실내 파노라마 이미지 제작

이번에는 앞에서 연습한 렌더링 방법을 이용하여 시퀀스 이미지를 작성한 뒤, 작성된 시퀀스 이미지를 하나의 이미지로 연결하여 그림과 같은 광시야각의 파노라마 이미지를 제작해 보도록 하겠습니다.

▲ 합성된 파노라마 이미지

▲ 렌더링된 연속된(시퀀스) 이미지

**1** 준비된 파일(15\04.max)을 불러온 뒤, 렌더링을 진행하여 준비된 데이터 내용을 확인해 줍니다.

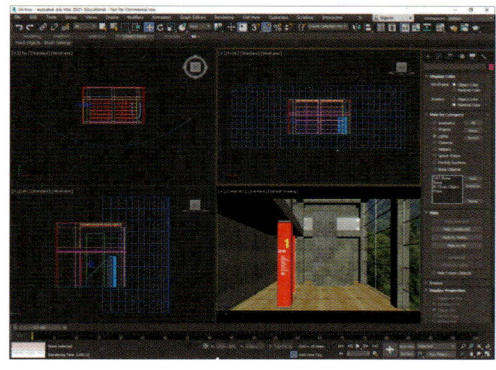
(15\04max)

② 카메라를 선택한 뒤, 카메라의 타입을 Free Camera로 변경한 뒤, Top 뷰에서 Rotate 명령을 이용하여 그림과 같이 회전시켜 카메라의 시점을 변경해 줍니다.

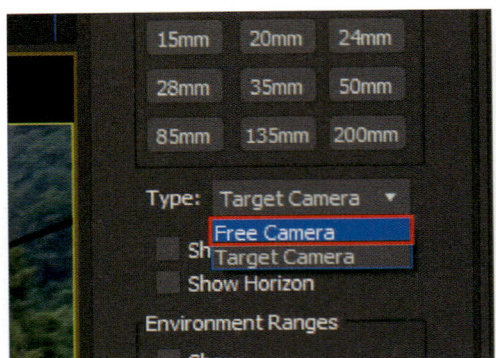 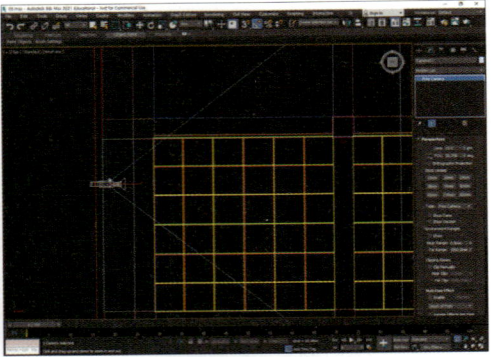

③ Render Setup 대화상자가 나타나면 Output 항목에서 렌더링 이미지의 크기를 800×600으로 설정합니다. 뷰포트 창에서 렌더링 이미지의 크기, 비례를 확인하기 위해서 그림과 같이 Show Safe Frames 명령을 수행합니다.

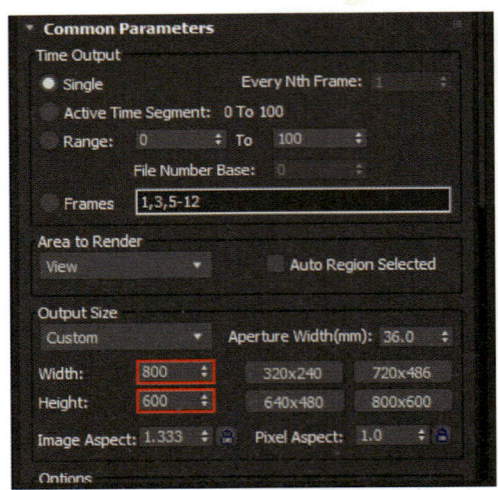 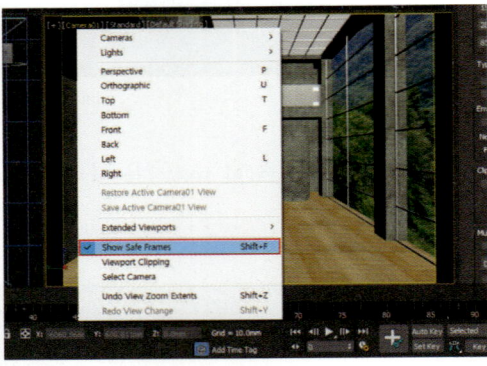

**4** Show Safe Frames 명령을 수행하여 뷰포트 창을 확인한 뒤, 렌더링을 수행하여 결과를 확인해 줍니다.

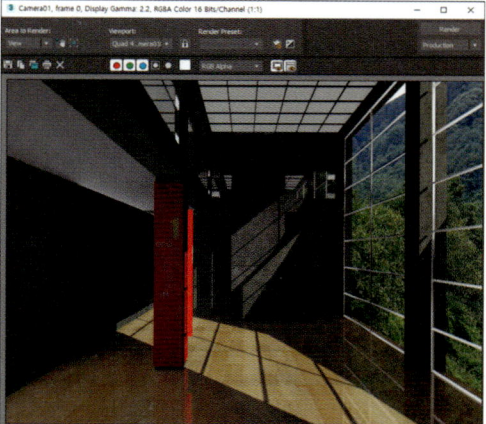

**5** 이제 화면 우측 하단에 위치하고 있는 Time Configuration 명령을 수행합니다. 나타나는 Time Configuration 대화상자에서 그림과 같이 Animation 항목의 Start Time을 '1'로, End Time 항목을 '5'로 설정해 줍니다.

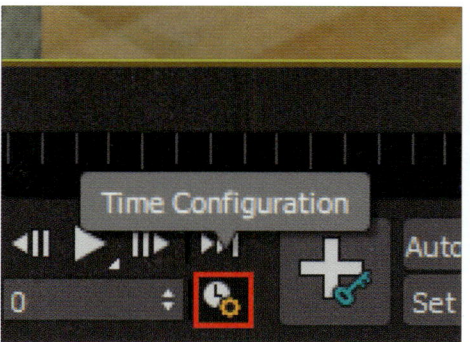
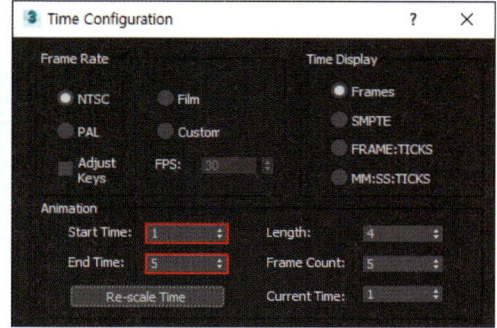

**6** 카메라의 시점 회전을 수행하기 전에 그림과 같이 화면 하단에 위치하고 있는 Auto Key 버튼을 클릭해 줍니다. 계속해서 하단에 위치하고 있는 타임 슬라이더 바를 드래그하여 1/4로 설정해 줍니다.

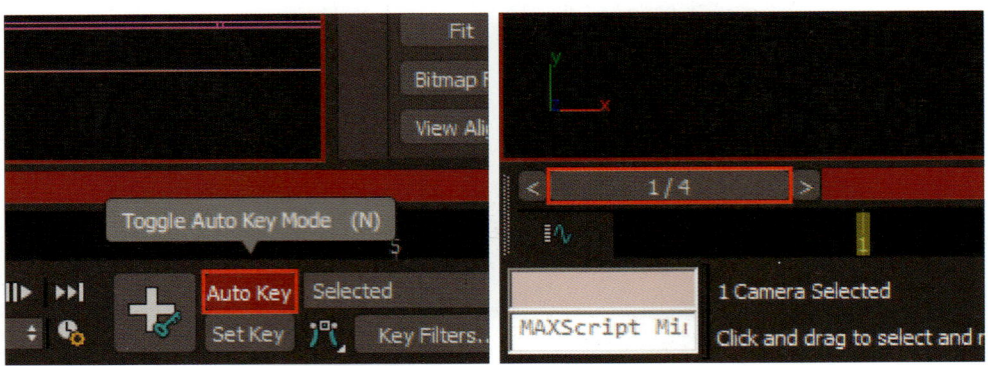

**7** 그림과 같이 Rotate 명령을 이용하여 카메라 시점을 회전한 뒤, Set Keys 명령을 수행하여 현재 상태의 키 프레임, 즉 설정값을 저장해 줍니다.

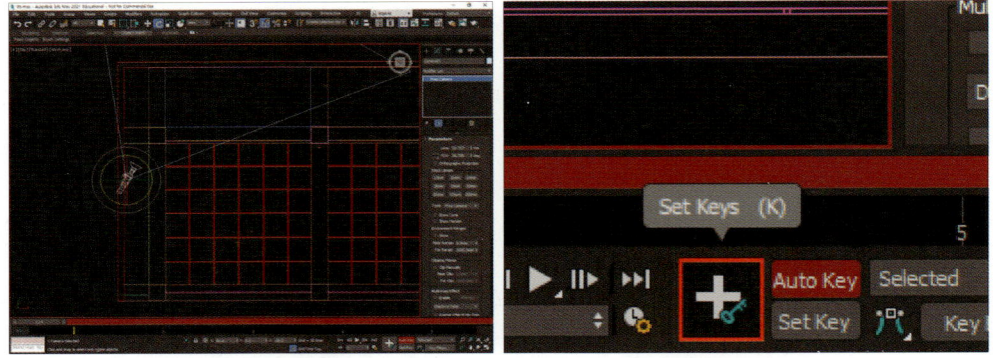

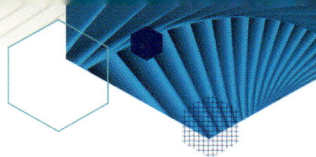

**8** 계속해서 타임 슬라이더 바를 드래그하여 3/4으로 설정한 뒤, 카메라를 회전하여 그림과 같은 방향으로 설정해 줍니다.

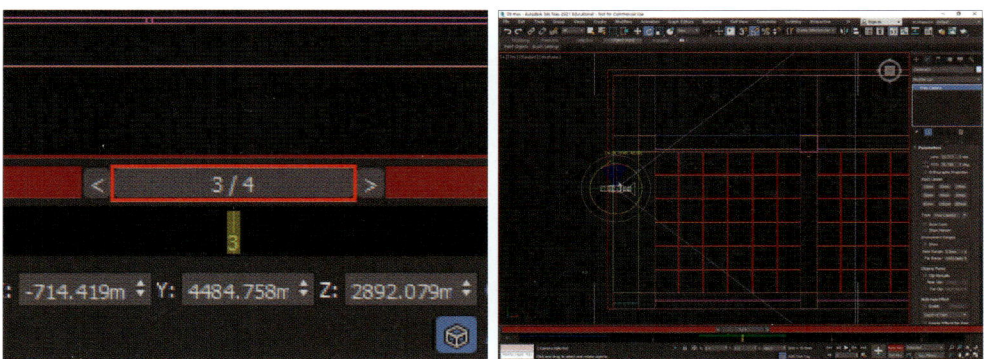

**9** 계속해서 타임 슬라이더 바를 드래그하여 5/4로 설정한 뒤, 카메라를 회전하여 그림과 같은 방향으로 설정해 줍니다.

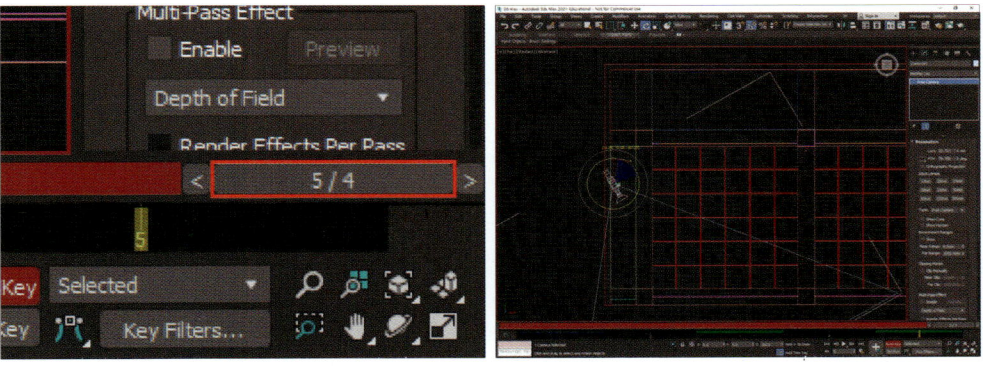

**15.** 연습하기/편리한 기능들

**10** 마지막으로 Auto Key 버튼을 클릭하여 애니메이션 작업을 종료합니다. 슬라이드 바를 드래그하거나 Next Frame 버튼을 클릭하면서 카메라의 방향과 뷰를 확인하면 하나의 카메라가 회전되면서 연속적인 장면이 연출되는 모습을 확인할 수 있습니다.

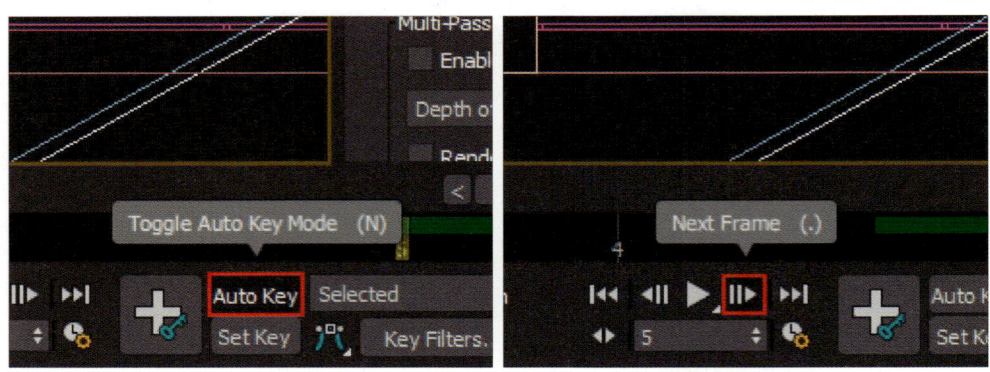

**11** 작성된 카메라 회전을 이용하여 최종 렌더링 결과를 만들어 보도록 하겠습니다. Rendering▶Render Setup... 명령을 수행하여 나타나는 Render Setup 대화상자에서 그림과 같이 Time Output 항목을 Active Time Segment로 설정하고 Render Output 항목의 Files... 버튼을 클릭해 줍니다.

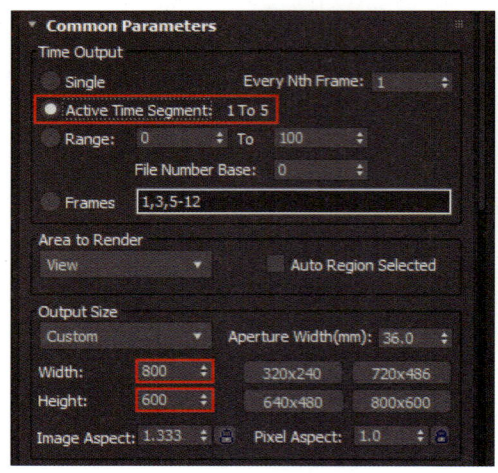 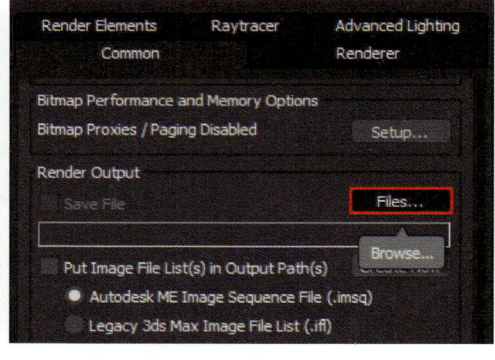

15강으로 익히는 인테리어·건축 디지털 렌더링

**12** 나타나는 Render Output File 대화상자에서 렌더링 결과가 저장될 파일명과 포맷을 설정한 뒤, 렌더링을 진행해 줍니다. 렌더링을 진행하면, 하나의 장면만 렌더링되는 것이 아니라 설정된 여러 연속된 장면이 연속되어 진행됩니다.

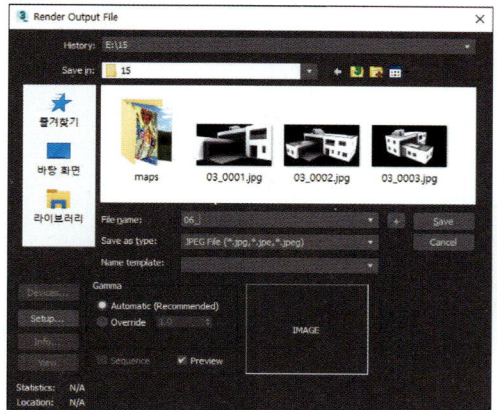
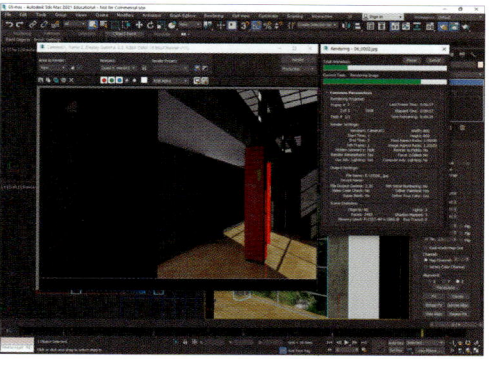

**13** 그림과 같이 연속되어 렌더링 작업이 진행되면서 결과물(렌더링 이미지)이 제작되는 것을 확인할 수 있습니다.

(15\06_0001.jpg~06_0005.jpg)

**14** 이제 연속된 이미지를 하나의 파노라마 이미지로 제작하기 위해서 포토샵을 실행한 뒤, 파일▶열기… 명령을 수행하여 작성된 5개의 연속된 이미지를 불러옵니다. 계속해서 파일▶자동화▶Photomerge… 명령을 수행합니다.

**15** 아래 그림과 같이 Photomerge 대화상자가 나타나면 [열린 파일 추가] 버튼을 클릭하여 열려있는 모든 렌더링 파일을 불러온 뒤, 확인 버튼을 클릭해 줍니다. 아래 그림과 같이 여러 장의 연속된 이미지가 하나의 파노라마 이미지로 붙여지는 모습을 볼 수 있습니다.

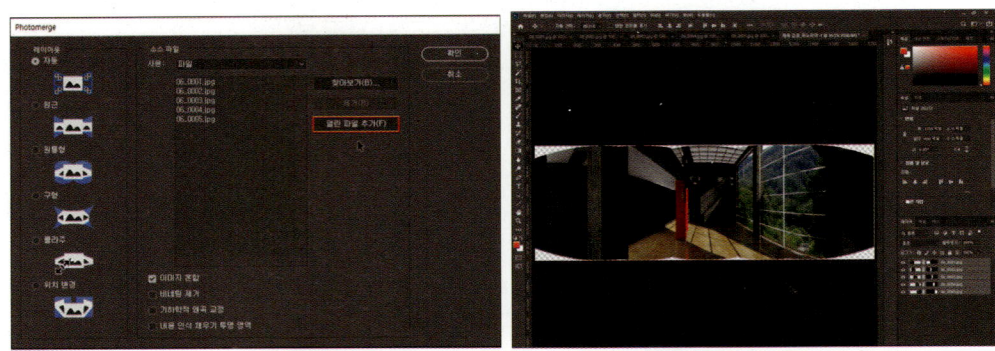

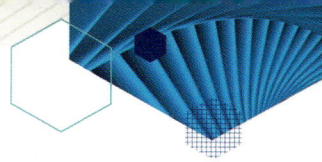

**16** 자르기 도구 명령을 이용하여 불필요한 부분을 잘라내어 아래 그림과 같이 최종 결과를 만들어 줍니다.

**17** 완성된 파노라마 이미지입니다.

(15\07.jpg)

MAX 최신 버전에는 Panorama Exporter 명령이 있으며, 자동으로 완전 구체의 360 VR 이미지를 제작해 줄 수 있습니다. 렌더링 후에는 자동으로 Viewer가 실행되어 결과를 확인해 줄 수 있습니다.

15. 연습하기/편리한 기능들

## 3. 렌더링 이미지 저장 및 합성

　이번 예제에서는 인테리어 및 건축 프레젠테이션에서 가장 많이 사용되는 툴 중에서 MAX와 포토샵을 이용한 배경 합성 작업을 진행해 보도록 하겠습니다. 인테리어나 건축 디자인을 전공하는 분이라면 대부분 캐드, 포토샵, 일러스트레이터, 3DS MAX, 스케치업과 같은 프로그램에 대한 학습을 기본적으로 학습하고 있을 것입니다. 이에 따라서 본 예제에서는 알파 채널의 원리를 이용한 합성, 즉 리터치 예제를 다루어 보도록 하겠습니다.

▲ 렌더링 이미지　　　　　　　　　　　▲ 배경 이미지

▲ 렌더링 이미지와 배경 이미지를 합성한 결과

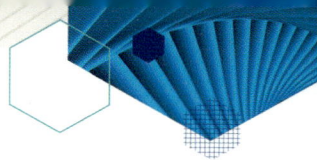

① 3MAX를 실행하여 준비된 예제 파일(15\08.max)을 불러온 뒤, 렌더링을 수행하여 데이터를 확인해 줍니다. 준비된 파일은 간단하게 제작된 인테리어 모델링 파일입니다.

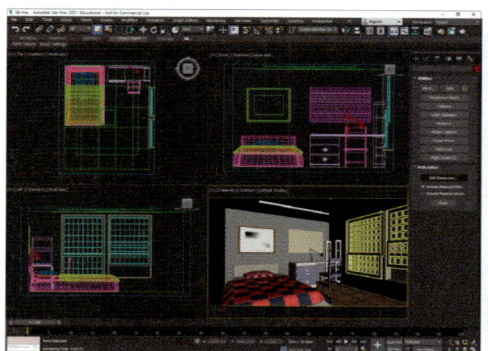
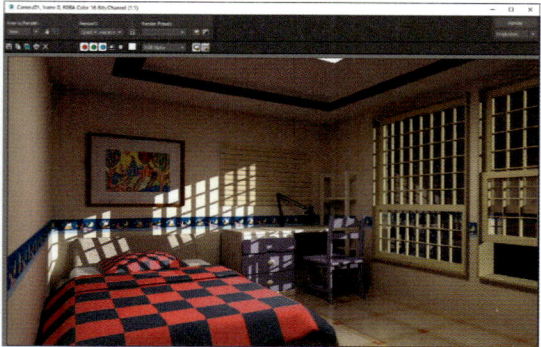

(15\08.max)

② 준비된 예제의 재질을 변경해 보도록 하겠습니다. 재질 편집기에서 현재 사용 중인 'win-glass' 재질을 불러온 뒤, Reflect의 Affect channels 값을 'Color+alpha'로 설정해 줍니다. 동일한 방법으로 Refract의 Affect channels 값을 'Color+alpha'로 설정해 줍니다.

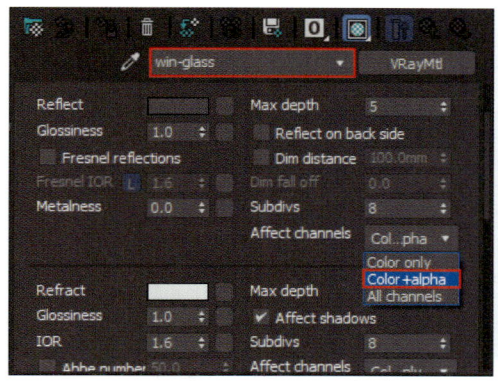
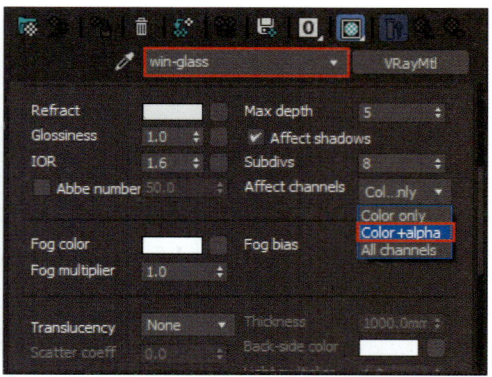

15. 연습하기/편리한 기능들

③ 렌더링을 진행하기 위해서 Rendering▶Render Setup... 명령을 클릭하여 나타나는 대화상자에서 결과 이미지의 파일명과 포맷을 설정하기 위해서 그림과 같이 Files... 버튼을 클릭합니다. Render Output File 대화상자가 나타나면 아래 그림과 같이 저장될 파일 이름을 설정한 뒤, 파일 형식(포맷)을 TIF로 설정해 줍니다.

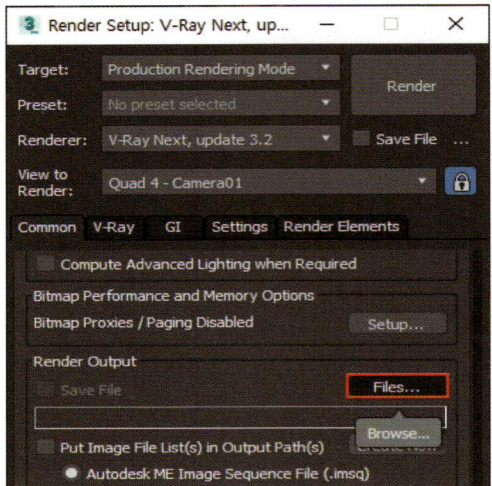
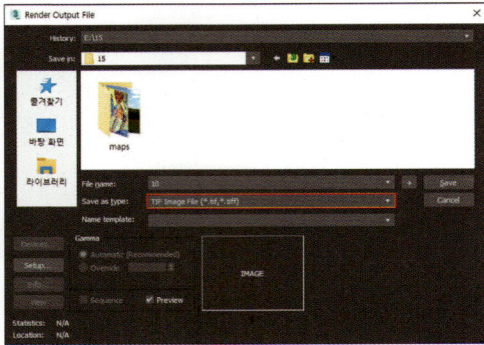

④ 파일명과 형식을 설정하고 Save 버튼을 누르면 TIF Image Control 대화상자가 나타나며, 그림과 같이 Store Alpha Channel 옵션을 설정하여 렌더링을 진행해 줍니다.

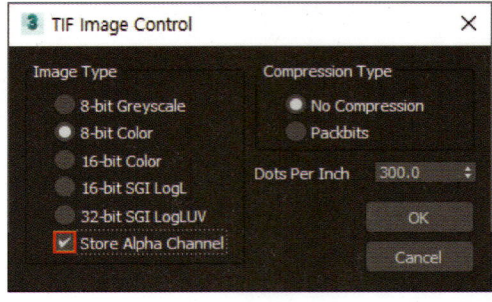

(15\10.tif)

> 본 예제에서 가장 핵심 부분은 바로 앞에서 수행하였던 'Color+alpha'와 'Store Alpha Channel' 옵션의 설정입니다. 이를 통해서 포토샵에서의 배경 합성 작업을 쉽게 수행할 수 있습니다.

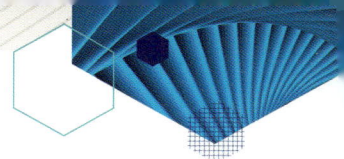

**5** 포토샵에서 저장된 렌더링 이미지 파일(15\10.tif)을 불러옵니다. 이미지를 불러온 뒤, 레이어 팔레트에서 레이어 이름을 '투시도'로 변경시켜 줍니다. 즉 레이어의 속성을 배경 레이어에서 일반 레이어로 변경시켜 줍니다.

 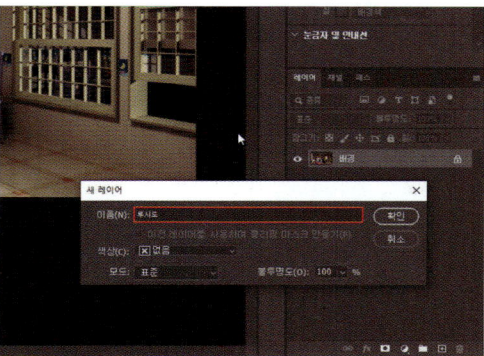

**6** 선택▶선택 영역 불러오기… 명령을 수행합니다. 나타나는 선택 영역 불러오기 창에서 채널 항목을 'Alpha 1'로 설정해 줍니다.

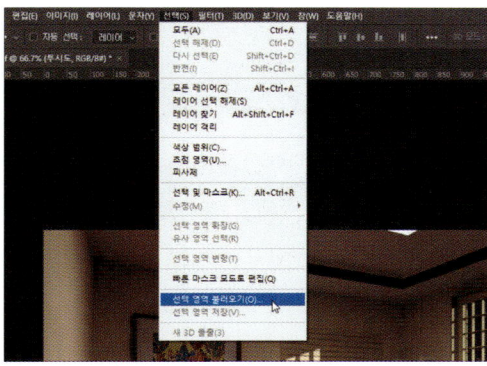 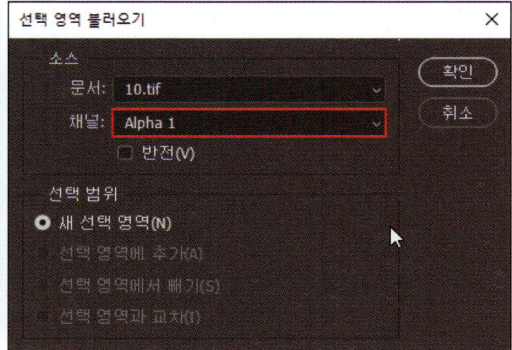

**15.** 연습하기/편리한 기능들

**7** 창문의 배경을 제외한 부분이 선택되며, 선택 영역을 반전시키기 위해서 선택▶반전 명령을 수행합니다. 선택 영역을 삭제하기 위해서 편집▶잘라내기 명령을 수행합니다.

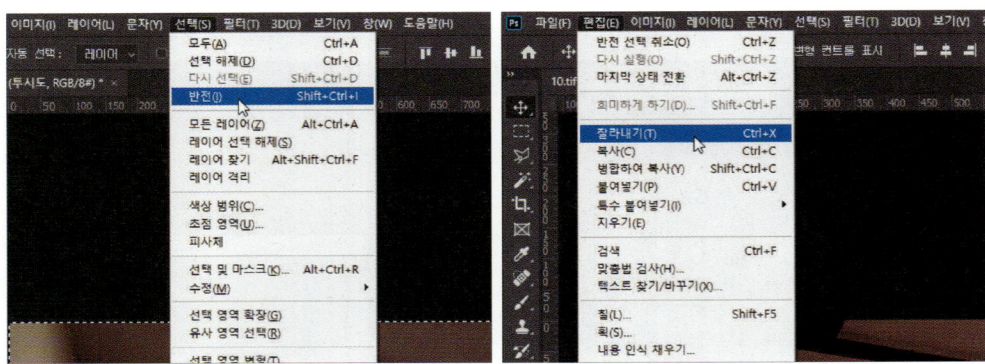

**8** Cut 명령을 수행하고 나면 그림과 같이 유리창 뒤의 배경 부분이 삭제된 것을 볼 수 있습니다. 이제 File▶Open 명령을 수행하여 배경 이미지로 사용될 이미지(15\11(Back).jpg)를 불러옵니다.

(15\11(Back).jpg)

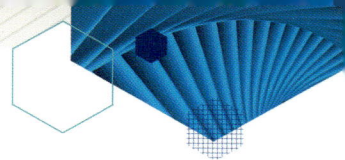

**9** 배경 이미지를 복사한 뒤, 레이어 팔레트에서 투시도 레이어 아래로, 레이어의 이름을 '배경'으로 변경하여 붙여 넣습니다.

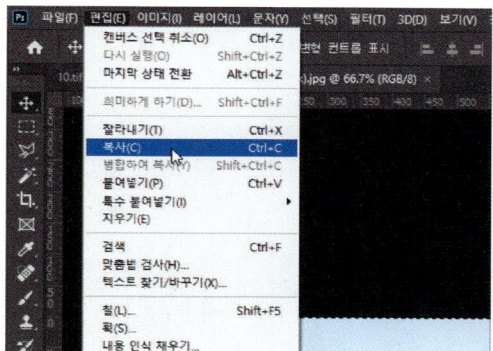 

**10** Move 툴을 이용하여 배경 이미지의 위치를 조정하여 결과를 완성해 줍니다. 그림과 같이 렌더링 이미지와 배경 이미지가 자연스럽게 합성된 모습을 확인할 수 있습니다.

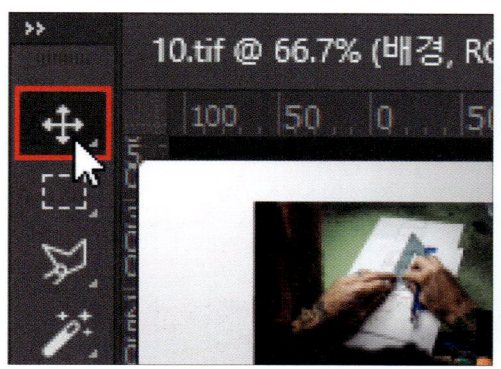 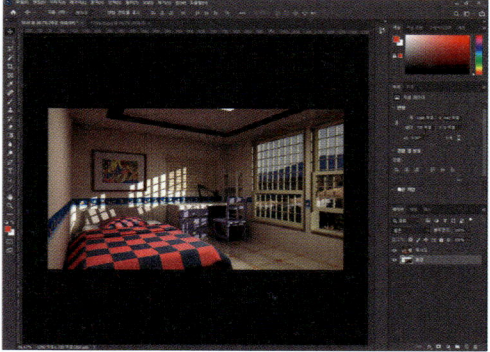

(15\12.psd)

15. 연습하기/편리한 기능들

**11** 최종 합성 렌더링 이미지입니다.

(15\13.jpg)

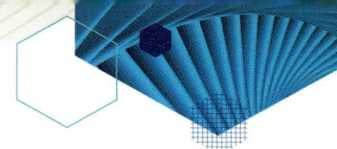

 **실습 예제** **CAD 도면을 이용한 인테리어 투시도 연습**

 지금까지 학습한 내용을 바탕으로 준비된 도면, 모델링 데이터 및 배경 이미지를 이용하여 그림과 같은 투시도 이미지를 제작해 봅시다. 특히 앞에서 학습한 알파 채널을 이용하여 다양한 배경 이미지를 합성해 보길 바랍니다.

■ 완성된 렌더링 이미지

❶ 준비된 도면을 확인해 줍니다.

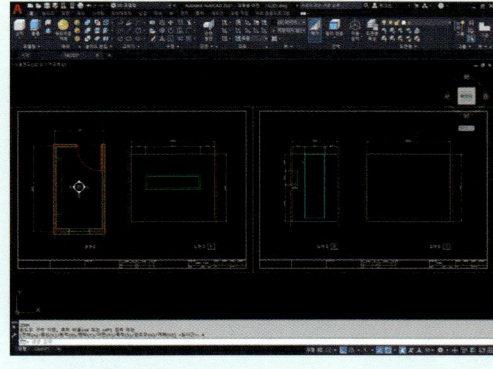
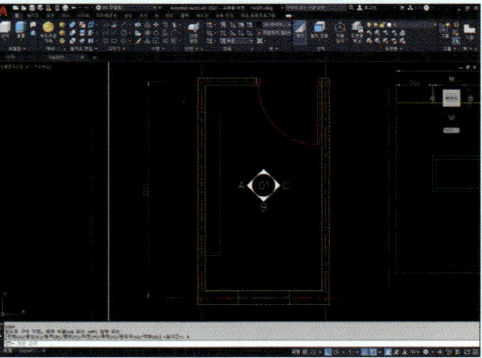

(15\14(2D).dwg)

**15.** 연습하기/편리한 기능들

 **실습 예제**

❷ 준비된 2D 도면을 이용하여 3D 모델링 데이터를 작성해 줍니다.

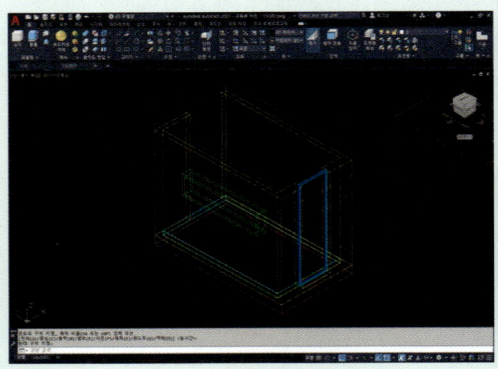
(15\15(3D).dwg)

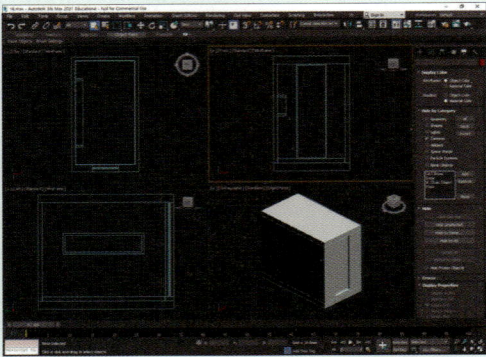
(15\16.max)

❸ 아래의 제시되는 조건에 맞게 매핑 및 렌더링 환경을 설정해 줍니다.
- 벽 재질: 흰색 도장
- 걸레받이 재질: 지정색 도장(R: 30, G: 15, B: 0)
- 고정창의 재질: 메탈(붉은색) 프레임 + 유리
- 선반 재질: 우드 필름
- 바닥 재질: 우드 플로어링
- VRay 환경 설정 및 최종 렌더링 크기(400×600pixel)

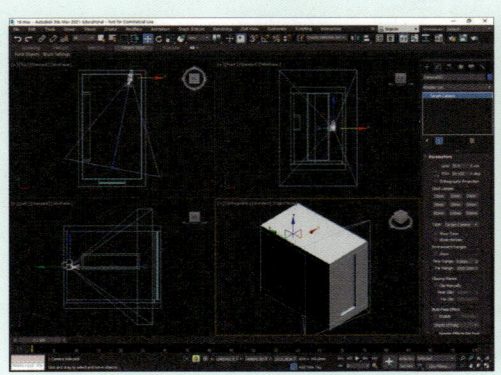
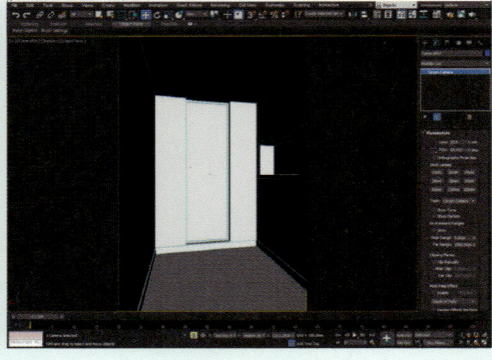

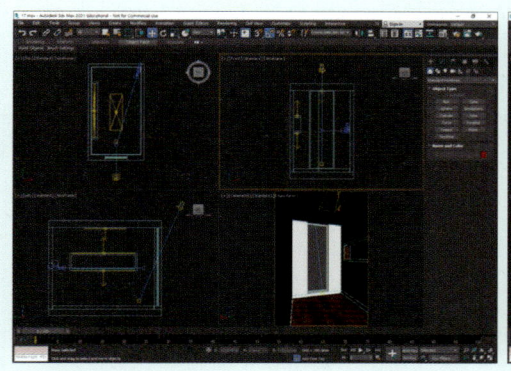

(15\17.max)

❹ 준비된 액자 및 조명 객체 모델링의 데이터를 확인합니다.

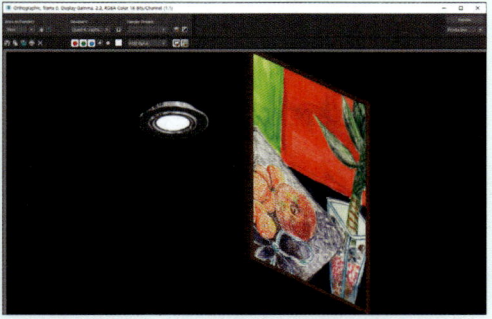

(15\18(소품).max)

**15.** 연습하기/편리한 기능들

❺ 작성 중인 데이터에 삽입 후 준비된 IES 데이터를 이용한 스폿 조명을 추가해 줍니다.

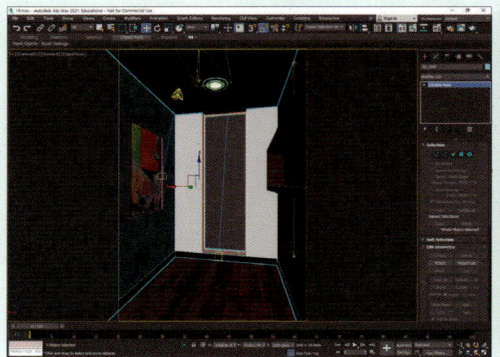
(15\spot.ies)

(15\19.max)

❻ 창호(유리) 배경을 합성하기 위해 TIF 포맷으로 렌더링 결과를 만들어 줍니다.

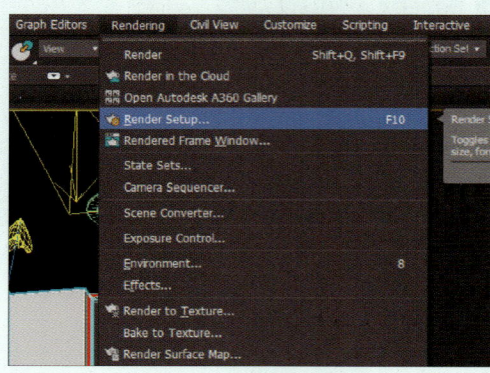
(15\20.tif)

❼ 포토샵에서 Alpha Channel 또는 Layer Mask를 이용하여 유리창 뒤의 배경 이미지 합성 작업을 진행해 줍니다.

(15\maps\배경_01~03.jpg)

(15\21.psd)

❽ 배경 합성 후 완성된 투시도 이미지입니다.

(15\21_1.jpg)

(15\21_2.jpg)

(15\21_3.jpg)

**3DS MAX + AutoCAD + Photoshop**

**15강으로 익히는**
## 인테리어·건축 디지털 렌더링

| | |
|---|---|
| 발 행 일 | 2021년 3월 10일  제1판 제1인쇄 |
| | 2021년 3월 15일  제1판 제1발행 |
| 지 은 이 | 이 혁 준 |
| 펴 낸 이 | 차 승 녀 |
| 펴 낸 데 | 도서출판 건기원 |
| 주   소 | 경기도 파주시 연다산길 244(연다산동) |
| 전   화 | (02) 2662-1874~5(代) |
| 팩   스 | (02) 2665-8281 |
| 등   록 | 제11-162호 |

홈페이지 www.kkwbooks.com

값 33,000원

ISBN 979-11-5767-583-8 13560

▶ 건기원은 여러분을 책의 주인공으로 만들어 드리며 출판 윤리 강령을 준수합니다.
▶ 본 교재를 복제·변형하여 판매·배포·전송하는 일체의 행위를 금하며, 이를 위반할 경우 저작권법 등에 따라 처벌받을 수 있습니다.